Wolfram Mewes, Eckehard Pfeifer, Helma Spona

Microsoft Excel – Programmier-Rezepte

D1666171

Wolfram Mewes, Eckehard Pfeifer, Helma Spona

Microsoft Excel – Programmier-Rezepte

Wolfram Mewes, Eckehard Pfeifer, Helma Spona:
Microsoft Excel Programmier-Rezepte
Microsoft Press Deutschland, Konrad-Zuse-Str. 1, 85716 Unterschleißheim
Copyright 2005 by Microsoft Press Deutschland

15 14 13 12 11 10 9 8 7 6 5 4 3 2 1
07 06 05

ISBN 3-86063-089-X

© Microsoft Press Deutschland
(ein Unternehmensbereich der Microsoft Deutschland GmbH)
Konrad-Zuse-Str. 1, D-85716 Unterschleißheim
Alle Rechte vorbehalten

Fachlektorat: Georg Weiherer, Münzenberg
Satz: Klaus Löffelmann, Lippstadt (http://loeffelmann.de)
Umschlaggestaltung: Hommer Design GmbH, Haar (www.HommerDesign.com)
Layout und Gesamtherstellung: Kösel, Krugzell (www.KoeselBuch.de)

Inhaltsverzeichnis

Vorwort

Excel-Bücher gibt es wie Sand am Meer. Gute und andere, die man besser nicht gekauft hätte. Wenn Sie dieses Buch in Händen halten, haben Sie sich entweder schon entschieden oder Sie haben diese Entscheidung noch vor sich. Im ersten Fall haben Sie hoffentlich eine gute Entscheidung getroffen und dieses Buch hilft Ihnen bei der Lösung vieler kleiner oder großer kniffliger Probleme. Haben Sie sich noch nicht entschieden, so benötigen Sie für sich Argumente, dies zu tun oder zu lassen.

Für dieses Buch sprechen sicher die Erfahrung und die Kenntnisse der Autorin und der Autoren, die sich diese im jahrelangen Umgang mit Excel erworben haben. Dieses Wissen, das durch gehaltene Seminare, geschriebene Artikel in Fachzeitschriften, durchgeführte Projekte und auch durch andere geschriebene Bücher erworben wurde, haben wir in diesem Buch auf den Punkt gebracht. Es wird Ihnen, und da sind wir uns sicher, bei Ihrem täglichen Umgang mit Excel und VBA begleiten und unterstützen.

Natürlich gibt es auch Gründe, sich nicht für dieses Buch zu entscheiden. Sie wissen gar nicht, was VBA ist. Oder Sie wissen nicht, dass es sich bei Excel und die leistungsfähigste Tabellenkalkulation handelt, die derzeit am Markt erhältlich ist. Auch Anfänger seien gewarnt. Dieses Buch führt Sie nicht in die VBA-Programmierung ein, sondern beginnt dort, wo andere Bücher aufhören.

Schrecken Sie diese Gegenargumente nicht ab, dann sollten Sie einen Blick auf die Vita der Autorin/Autoren werfen, die sie nachstehend in alphabetischer Reihenfolge finden.

Wolfram E. Mewes

leitete nach einem Marketingstudium und mehrjähriger DV-Tätigkeit in der Industrie den Seminarbereich einer Unternehmensberatung. Seit 1990 ist er Geschäftsführer der M-SOFT Marketingberatung GmbH in Reutlingen, die 2002 in MEWES IT-GmbH umbenannt wurde. Er ist als Dozent und Berater tätig und schreibt Bücher speziell zum Thema Excel, mit dem er sich seit 1988 beschäftigt. Außerdem ist er der leitende Fachredakteur der Zeitschriften »inside Excel« und »inside Access«. Sie erreichen ihn über seine Webseite *www.mewes-it.de*.

Dr. Eckehard Pfeifer

ist habilitierter Mathematiker und war die letzten Jahre in einer privaten Bildungseinrichtung als Dozent tätig. Im Nebenberuf und jetzt als Freiberufler hat er Microsoft Office hinsichtlich seiner Programmier-Schnittstellen erkundet und die Verbindung der Anwendungen untereinander und nach außen zu seinem Spezialgebiet gemacht. Bei Fachtagungen wie beispielsweise der ViBAT trat er als Sprecher auf. Schriftstellerisch ist er für Microsoft Press und diverse Fachzeitschriften tätig, wie beispielsweise das »VBA-Magazin« und »dotnetpro«. Außerdem ist er als Programmierer in der Office-Umgebung tätig. Sie erreichen ihn entweder über seine Webseite *www.dr-e-pfeifer.de* oder über *www.ppt-user.de*, das PPT-Userforum, dessen Mitbegründer es ist.

Helma Spona

studierte Wirtschaftswissenschaft mit Schwerpunkt Betriebsinformatik und eröffnete nach Abschluss ihres Studiums 1996 eine EDV-Beratung in Kerken, die sich auf Datenbankentwicklung und Webdesign spezialisiert hat. Außerdem schreibt sie regelmäßig Beiträge für verschiedene Zeitschriften sowie Bücher zu Programmier- und Datenbankthemen. Sie erreichen sie über ihre Webseite *www.helma-spona.de.*

Nicht ganz unwesentlich für die Entscheidung, ein Buch zu kaufen, ist natürlich der Inhalt. Nachstehend finden Sie einen stichwortartigen Überblick über die Kapitel, den das Inhaltsverzeichnis noch vertieft. Diese Kapitel müssen nicht nacheinander durchgearbeitet werden. Dies würde auch dem Charakter des Buchs widersprechen. Jedes Kapitel ist eigenständig aufgebaut, enthält jedoch Verweise auf andere Kapitel, sofern uns dies für das Verständnis und die Sache notwendig erschien.

Die Beispiele wurden unter Windows mit Excel 2000, XP und 2003 getestet. Bis auf wenige Ausnahmen sind alle Beispiele so gestaltet, dass sie abhängig von der Excel-Version mit Hilfe von bedingter Kompilierung unterschiedlichen Code ausführen. Insbesondere beim Kapitel über das Dateisystem sind alle Beispiele einmal mit VBA und einmal mit dem FSO erstellt.

Einige Beispiele wurden zusätzlich auf dem Apple Macintosh mit Office V. X für Mac und 2004 getestet. In diesen Fällen wird besonders darauf hingewiesen. Grundsätzlich gilt, dass alle Excel-Versionen für den Mac nur VBA 5.0 unterstützen, daher stehen VBA 6-Befehle wie *Split, Replace* und *Join* dort nicht zur Verfügung. Auch die Beispiele mit den integrierten Dialogfeldern von Excel funktioniert auf dem Mac nur mit Einschränkungen. Dennoch gibt es einige wenige Beispiele, die auf dem Mac nicht funktionieren, weil es dort die entsprechende Methode oder das Objekt nicht gibt oder wie beim Kapitel zum Steuern von Anwendungen die notwendige Objektbibliothek nicht vorhanden ist.

Beispieldateien

HINWEIS: Die Beispieldateien zu diesem Buch können Sie unter der folgenden Adresse herunterladen:

http://www.microsoft.com/germany/mspress/begleitdateien

Geben Sie hier die Buchnummer 089 ein.

Inhalt des Buches

Kapitel 1: VBA-Programmierrezepte

Ob es nun darum geht, Zeichenketten mit fester Länge zu definieren, VBA-Anweisungen unter einem Namen zusammenzufassen oder mehrere Werte aus Prozeduren zurück zugeben, hier werden Sie fündig.

Kapitel 2: Excel-Objekte nutzen

Alles rund um Objekte und Auflistungen, Arbeitsmappen und Tabellen, Zellen und Zellbereiche, Filter, Listen und vieles mehr ist in diesem Kapitel enthalten

Kapitel 3: Objektorientierte Programmierung

VBA als objektorientierte Programmiersprache. Hier lernen Sie den Unterschied zwischen Klassen und Objekten kennen.

Kapitel 4: Zugreifen auf das Dateisystem

Das Arbeiten mit Dateien gehört mit zum grundsätzlichen Umgang bei der Arbeit mit Excel. Dazu gehört auch das Anlegen, Wechseln und Durchsuchen von Verzeichnissen. Ebenso die Prüfung auf die Existenz einer gesuchten Datei. Diese und weitere Techniken im Umgang mit Dateien finden Sie hier.

Kapitel 5: Dialoge einsetzen und gestalten

Mit Excel kommunizieren, dazu sind Dialogfelder ideal geeignet. Hier wird Ihnen gezeigt, wie sich Standarddialogfelder einsetzen und eigene Dialogfelder programmieren lassen

Kapitel 6: Die Benutzeroberfläche optimieren

Wollen Sie die Standard-Oberfläche Ihren eigenen Bedürfnissen anpassen? Eigene Menü- und Symbolleisten entwerfen? Formatierte Meldungen mit dem Office-Assistenten ausgeben? Dann schauen Sie in dieses Kapitel. Hier finden Sie die entsprechenden Anleitungen.

Kapitel 7: Datenanalyse mit Excel

Datenbanken mit DAO und ADO abfragen. PivotTables per Programmcode erstellen und Pivotdaten zuordnen. Daten in beliebige Datenbanken mit eigenen Strukturtabellen importieren. Erstellen und Arbeiten mit OLAP-Cubes. Zugreifen auf den SQL-Server. Verwenden des DataAnalyzers. Dies und mehr ist Bestandteil des Kapitels 7.

Kapitel 8: Rund um Charts und Diagramme

Ein Bild sagt mehr als tausend Worte. Dass hinter diesem abgedroschenen Spruch mehr steckt als eine Binsenweisheit, vermittelt Ihnen das Kapitel 8.

Kapitel 9: Auf Ereignisse reagieren

VBA ist auch eine ereignisorientierte Programmiersprache. In diesem Kapitel lernen Sie, wie Sie sich die Ereignisse von Workbook und Co. zu nutze machen.

Kapitel 10: Excel und andere Anwendungen steuern

Neben Excel gibt es auch noch andere Office-Anwendungen im Paket. Diese lassen sich von Excel aus nicht nur fernsteuern, sondern auch mit Daten versorgen.

Kapitel 11: Excel und die Windows API

Application Programming Interface, die Schnittstelle zu den Windows-Funktionen. Ein Buch über Excel-Programmierung wäre nicht vollständig, wenn dieses Thema nicht behandelt werden würde.

Ob nun Ordner oder Dateien geöffnet, INI-Dateien oder die Windows-Registry gelesen oder geschrieben werden sollen, hierfür und bei vielen anderen kleinen Problemen helfen Ihnen diese Funktionen.

Kapitel 12: Excel und die Markup-Sprachen

HTML, DHTML und XML sind Markup-Sprachen, die heute einen Standard darstellen. Auch beim Umgang mit Excel kommen Sie heute um die Verwendung nicht mehr herum. Dieses Kapitel gibt Ihnen Hilfestellung und Erklärung.

Kapitel 13: Add Ins und Code-Bibliotheken erstellen und nutzen

Excel kann sehr viel und mit Add-Ins noch viel mehr. Lernen Sie, wie Sie Excel um selbst erstellte Funktionalität in Form von Add-Ins leistungsfähiger machen können. Aber auch die Verwendung mitgelieferter Add-Ins bringt die potentielle Lösung für viele Probleme mit sich. Speziell angesprochen wird hier das Add-In *Solver*.

Kapitel 14: Excel und .NET

.NET wird in der Zukunft Betriebssystem und Programmierung stark beeinflussen. Welche Werkzeuge stehen Ihnen zur Verfügung, was sind SmartTags und wie lassen sie sich programmieren? Was sind SmartDocuments und wie können Sie diese nutzen. Diese Fragen und andere beantwortet Ihnen Kapitel 14.

Anhang A: Argumente für integrierte Dialogfelder

Hier finden Sie die Argumente für die integrierten Dialogfelder, die sich mit dem *Dialogs*-Auflistungsobjekt verwenden lassen.

Anhang B: Tastencodes für die *SendKeys*-Anweisung

Mit der Anweisung *SendKeys* lassen sich Tastenkombinationen an das aktive Fenster senden. Hier finden Sie eine komplette Liste der möglichen Kombinationen

Ein solches Buch entsteht natürlich nicht nebenbei. Aus diesem Grund danken wir unseren Familien für das Verständnis und die Geduld, die sie während der Erstellung des Buchs für uns aufgebracht haben.

Ebenso danken wir Thomas Pohlmann von Microsoft Press, der uns als Lektor betreute und wichtige Hinweise für die Erstellung des Buches gab. In Georg Weiherer fanden wir einen kritischen Fachlektor, der uns in fairer und augenzwinkernder Weise wieder auf den richtigen Weg brachte, wenn über uns die Wellen der Programmieralgorithmen und der deutschen Sprachen zusammenzuschlagen drohten. Auch ihm gilt unser herzlicher Dank.

Wolfram E. Mewes
Helma Spona
Dr. Eckehard Pfeifer

1 VBA-Programmier-Rezepte

In diesem ersten Kapitel drehen sich alle Rezepte um die VBA-Programmierung. Es werden Lösungen vorgestellt, die Sie nicht nur in Excel, sondern meist auch in anderen VBA-Hostanwendungen nutzen können und die immer wieder vorkommende Probleme lösen.

1.1 Zeichenketten mit fester Länge definieren

Das Codemodul *K01_01* mit dem Listing finden Sie innerhalb der Begleitdateien zum Buch in der Datei *K01.xls*.

Problem

Sie möchten sicherstellen, dass eine Zeichenkette unabhängig von der Länge ihres Inhalts eine bestimmte festgelegte Zeichenzahl hat.

Lösung

Sie definieren eine Zeichenkette fester Länge.

Erläuterungen

Zeichenketten fester Länge unterscheiden sich von normalen Zeichenketten dadurch, dass sie immer eine definierte Länge haben, auch wenn Sie ihr weniger Zeichen zuweisen. Die Länge der Zeichenkette geben Sie bei der Deklaration mit einem Sternchen und der Anzahl der Zeichen an. Die folgende Codezeile definiert eine Zeichenketten-Variable mit 10 Zeichen Länge.

```
Dim strName As String * 10 'Definiert eine Zeichenkette mit 10 Zeichen Länge
```

Weisen Sie dieser Variablen später beispielsweise die Zeichenkette »abc« zu, wird der Rest mit Leerzeichen aufgefüllt: »abc   «.

HINWEIS: Zeichenketten fester Länge werden anders als Zeichenketten mit variabler Länge in voller Länge auf dem Stapelspeicher gespeichert. Da dieser Platz begrenzt ist, sollten Sie Zeichenketten fester Länge sparsam einsetzen.

Es gibt aber noch eine zweite Möglichkeit, die zum einen Platz auf dem Stack (Stapelspeicher) einspart und außerdem auch dann funktioniert, wenn die Länge der Zeichenkette erst zur Laufzeit feststeht. Dazu definieren Sie einfach eine Funktion, die eine Zeichenkette zurückgibt und der Sie den Wert der Zeichenkette und die gewünschte Länge als Parameter übergeben. Die hier verwendete *Space*-Funktion erzeugt eine Zeichenkette aus Leerzeichen mit der als Parameter übergebenen Länge. Diese berechnet sich hier aus der Differenz der gewünschten Länge der Zeichenkette und der Länge des übergebenen Parameters *strWert*, die Sie mit der *Len*-Funktion ermitteln können. Danach müssen Sie an die Zeichenkette *strWert* nur noch die so erzeugte leere Zeichenkette anhängen und das Ergebnis als Funktionswert zurückgeben.

```
Function getZK(bytLaenge As Byte, strWert As String) As String
   getZK = strWert & Space(bytLaenge - Len(strWert))
End Function
```

Listing 1.1: Funktion zur Rückgabe einer Zeichenkette mit einer vorgegebenen Länge

Sie können die Funktion nun jederzeit aufrufen und den Rückgabewert einer Zeichenkette variabler Länge zuweisen. Dies hat den Vorteil, dass nur der Verweis auf die Variable auf dem Stack gespeichert wird und dadurch in der Regel weniger Stapelspeicher belegt wird als bei der vorherigen Variante mit der Zeichenkette fester Länge. Der Aufruf könnte beispielsweise wie folgt lauten:

```
getZK(10, "abc")
```

1.2 Mehrere Werte aus Prozeduren zurückgeben

Das Codemodul *K01_02* mit dem Listing finden Sie innerhalb der Begleitdateien zum Buch in der Datei *K01.xls*.

Problem

Sie möchten nicht nur einen, sondern mehrere Werte aus einer Prozedur zurückgeben, oder Sie möchten einen Wert aus einer Unterprozedur zurückgeben.

Lösung

Sie definieren eine Prozedur mit mindestens so vielen Parametern, wie Sie Werte zurückgeben möchten und übergeben diesen Parametern die Werte als Referenz.

Erläuterungen

Es gibt zwei Möglichkeiten, um Werte an Prozeduren zu übergeben: als Wert und als Referenz. Standardmäßig werden Parameter als Wert übergeben. Ausgenommen sind dabei jedoch Zeichenketten variabler Länge, die immer als Referenz übergeben werden, sofern sie in einer Variablen gespeichert sind. Konstante Zeichenketten werden wie Zeichenketten fester Länge als Wert übergeben. Die Übergabe eines Wertes als Referenz bedeutet, dass nicht der Wert selbst übergeben wird, sondern nur die Adresse der Speicherstelle im Hauptspeicher des Rechners, an der der Wert gespeichert ist.

Weisen Sie dem Parameter innerhalb der Funktion einen neuen Wert zu, wird dieser an die gleiche Speicherstelle geschrieben und kann somit auch außerhalb der Prozedur abgerufen werden, indem Sie den Variablenwert der Variablen ermitteln, die Sie als Parameter an die Prozedur übergeben haben. Auf diese Weise können Sie also fast beliebig viele Werte aus Unterprozeduren und Funktionen zurückgeben. Die Rückgabe eines Wertes als Funktionswert ist hiervon unabhängig. Die folgende Unterprozedur berechnet aus den übergebenen Parametern die Fläche eines Vierecks. Dazu werden die Länge, die Breite und die Fläche als Referenz übergeben. Dies wird durch das Schlüsselwort *ByRef* vor dem Parameternamen bestimmt.

Auf diese Weise können Sie nicht nur die Fläche berechnen, wenn Länge und Breite übergeben werden, sondern auch die fehlende Größenangabe, wenn nur die Länge oder nur die Breite und die Fläche übergeben werden. Auf diese Weise können Sie also drei verschiedene Berechnungen durch eine Prozedur ausführen lassen. Sie müssen dazu nur in der Prozedur prüfen, welcher Parameter den Wert 0 hat, und abhängig davon die richtige Berechnung durchführen. Dabei weisen Sie einfach dem Parameter mit dem Wert 0 den neu berechneten Wert zu.

```
Sub Flaeche(ByRef sngLaenge As Single, ByRef sngBreite As Single, _
    ByRef sngFlaeche As Single)
    If sngLaenge = 0 Then
        sngLaenge = sngFlaeche / sngBreite
    ElseIf sngBreite = 0 Then
        sngBreite = sngFlaeche / sngLaenge
    ElseIf sngFlaeche = 0 Then
        sngFlaeche = sngBreite * sngLaenge
    End If
End Sub
```

Listing 1.2: *Eine Unterprozedur, die drei Werte aus der Prozedur zurückgeben kann*

Um die Berechnungsergebnisse zu ermitteln, müssen Sie dafür sorgen, dass die Werte tatsächlich als Adressverweis (Referenz) an die Prozedur übergeben werden können. Dazu müssen Sie für jeden Parameter eine Variable des entsprechenden Typs definieren und diesen Variablen die zu übergebenden Werte zuweisen. Danach rufen Sie die Prozedur auf und übergeben die Variablen als Parameter. Da die Prozedur den Parametern teilweise neue Werte zuweist und diese die gleichen Speicherstellen belegen wie die Variablen *sngL*, *sngB* und *sngF*, können Sie die neuen Werte (das Berechnungsergebnis) ausgeben, indem Sie die definierten Variablen nach dem Prozeduraufruf ausgeben.

```
Sub TestK01_2()
    Dim sngL As Single
    Dim sngB As Single
    Dim sngF As Single
    sngL = 15
    sngB = 20
    sngF = 0
    Flaeche sngL, sngB, sngF
    Debug.Print "Breite: " & sngB
    Debug.Print "Laenge: " & sngL
    Debug.Print "Flaeche: " & sngF
End Sub
```

Listing 1.3: *Aufrufen der Prozedur sowie Übergabe und Rückgabe der Werte*

TIPP: Sie können natürlich auch Werte, die standardmäßig als Referenz übergeben werden, als Wert an eine Prozedur übergeben. Dazu geben Sie vor dem Parameternamen das Schlüsselwort *ByVal* anstelle von *ByRef* an.

1.3   Beliebig viele Parameter an Prozeduren übergeben

Das Codemodul *K01_03* mit dem Listing finden Sie innerhalb der Begleitdateien zum Buch in der Datei *K01.xls*.

Problem

Sie benötigen eine Prozedur, bei der Sie eine Anzahl von Parametern übergeben können, deren genaue Zahl erst zur Laufzeit feststeht.

Lösung

Sie können ein Array mit Werten übergeben oder ein Parameterarray definieren.

Erläuterungen

Für die Übergabe von mehreren Parametern, deren genaue Zahl zur Entwurfszeit nicht feststeht, gibt es prinzipiell mehrere Möglichkeiten. Die beiden gängigsten bestehen aus der Übergabe eines Arrays oder einer Parameterliste.

HINWEIS: Mehr Informationen zu Arrays finden Sie in den ▶ Abschnitten »1.13 Gleichartige Daten verwalten«, »1.14 Ein Array mit vordefinierter Größe erstellen«, »1.17 Arrays an Prozeduren übergeben« und »1.18 Anzahl der Dimensionen eines Arrays feststellen« weiter hinten in diesem Kapitel.

Das Array bietet sich dann an, wenn die Werte schon in Form eines Arrays vorliegen. Sie benötigen dazu eine Variable des Typs *Variant*, die das Array speichert. Diese können Sie dann ebenfalls als *Variant*-Parameter an die Prozedur übergeben, wie dies die Prozedur *WerteUebergeben1* zeigt. Innerhalb der Prozedur können Sie dann auf die *Variant*-Variable wie auf ein Array zugreifen. Hier wird beispielsweise eine *For Each*-Schleife verwendet, um alle Werte des Arrays zu durchlaufen und auszugeben.

```
Sub WerteUebergeben1(varWerte As Variant)
    Dim varWert As Variant
    For Each varWert In varWerte
        Debug.Print varWert
    Next varWert
End Sub
```

Listing 1.4: Mehrere Werte als Array übergeben

Alternativ können Sie aber auch den letzten oder einzigen Parameter einer Prozedur als Parameterliste definieren, indem Sie ihm das Schlüsselwort *ParamArray* voranstellen. Wichtig ist dann aber, dass es danach wirklich keine Parameter mehr gibt und dass Sie nach dem Parameternamen ein leeres rundes Klammerpaar angeben. Damit machen Sie kenntlich, dass es sich um ein Array handelt. Als Datentyp für den Parameter müssen Sie zwingend *Variant* angeben.

Innerhalb der Prozedur können Sie auf die Werte beispielsweise wieder über eine *For Each*-Schleife zugreifen. Alternativ können Sie aber auch mit den Funktionen *LBound* und *UBound* die untere und obere Indexgrenze ermitteln und über den Index auf die Arraywerte zugreifen. Die erste Variante zeigt die Prozedur *WerteUebergeben2*, die zweite Variante sehen Sie in der Prozedur *WerteUebergeben3*.

```
Sub WerteUebergeben2(ParamArray varWerte() As Variant)
    Dim varWert As Variant
    For Each varWert In varWerte
        Debug.Print varWert
    Next varWert
End Sub

Sub WerteUebergeben3(ParamArray varWerte() As Variant)
```

```
    Dim lngI As Long
    For lngI = LBound(varWerte) To UBound(varWerte)
        Debug.Print varWerte(lngI)
    Next lngI
End Sub
```

Listing 1.5: *Mehrere Werte als Parameterarray übergeben*

Beide Möglichkeiten erfüllen ihren Zweck. Auf den ersten Blick scheint dies auch auf die gleiche Weise zu geschehen. Erst beim Aufruf sehen Sie den Unterschied. Während Sie bei der ersten Variante einfach das gefüllte Array übergeben, können Sie den beiden anderen Prozeduren beim Aufruf einzelne Parameter übergeben.

```
Sub TestK01_3()
    Dim arrWerte As Variant
    arrWerte = Array("Maier", "Müller", "Schulze")
    WerteUebergeben1 arrWerte
    WerteUebergeben2 "1", 2, 17.5
    WerteUebergeben3 "1", 2, 17.5
End Sub
```

Listing 1.6: *Aufruf der drei Varianten, und Übergabe verschiedener Werte*

HINWEIS: Die Anzahl der Parameter, die an eine Prozedur übergeben werden können, ist in Excel 2002 und Excel 2003 auf 30 begrenzt. Möchten Sie also mehr als 30 Parameter übergeben, sollten Sie die Möglichkeit mit dem Array nutzen, auch wenn das Definieren und Füllen des Arrays aufwändiger ist, als die direkte Übergabe der Werte über eine Parameterliste.

1.4   Prüfen, ob eine Zahl gerade ist

Das Codemodul *K01_04* mit dem Listing finden Sie innerhalb der Begleitdateien zum Buch in der Datei *K01.xls*.

Problem

Sie möchten wissen, ob eine Zahl gerade oder ungerade ist.

Lösung

Prüfen Sie, ob die Zahl ohne Rest durch 2 teilbar ist. In diesem Fall ist sie gerade, andernfalls ungerade.

Erläuterungen

Wenn Sie prüfen möchten ob eine Zahl ohne Rest durch eine andere teilbar ist, verwenden Sie zur Division einfach den *Mod*-Operator. Er berechnet den Rest einer Division. Der Ausdruck *5 Mod 2* gibt beispielsweise den Wert 1 zurück, weil die ganzzahlige Division einen Rest von eins ergibt. Die Zahl 5 ist somit nicht gerade, weil die Division mit dem *Mod*-Operator einen Wert ungleich 0 ergibt. Wenn Sie im Code prüfen möchten, ob eine Zahl *lngWert* gerade ist, geben Sie einfach an:

```
If lngWert Mod 2=0 Then …
```

Der *Then*-Zweig wird also dann ausgeführt, wenn die Zahl gerade ist. Alternativ können Sie sich aber auch eine Funktion *gerade* erstellen. Ihr übergeben Sie einfach die zu prüfende Zahl. Sie gibt *True* zurück, wenn die Zahl gerade ist, oder *False*, wenn sie nicht gerade ist.

```
Function gerade(lngWert As Long) As Boolean
    If lngWert Mod 2 = 0 Then
        gerade = True
    Else
        gerade = False
    End If
End Function
```

Listing 1.7: *Die Funktion gerade prüft, ob eine Zahl gerade ist*

Es geht aber auch noch kürzer. Sie können der Funktion als Rückgabewert auch einfach das Ergebnis des Ausdrucks *lngWert Mod 2=0* zuweisen:

```
Function gerade2(lngWert As Long) As Boolean
    gerade2 = lngWert Mod 2 = 0
End Function
```

Listing 1.8: *Die Kurzform der Funktion*

HINWEIS: Sie sollten keinesfalls anstelle der *If...Then...Else*-Verzweigung in der Funktion *gerade* die *IIf*-Funktion verwenden. Sie verlangsamt den Code extrem, was bei häufiger Verwendung zu einer schlechten Performance Ihres Codes führt.

1.5   Prüfen, ob eine Zahl eine Primzahl ist

Das Codemodul *K01_05* mit dem Listing finden Sie innerhalb der Begleitdateien zum Buch in der Datei *K01.xls*.

Problem

Sie möchten eine Zahl möglichst schnell daraufhin prüfen, ob es sich um eine Primzahl handelt.

Lösung

Versuchen Sie, eine Zahl zu finden, durch die die fragliche Zahl teilbar ist. Gibt es eine, handelt es sich nicht um eine Primzahl.

Erläuterungen

Bei dieser Lösung geht es eher darum, die Performance zu maximieren, als um die eigentliche Lösung des Problems. Möchten Sie prüfen, ob die Zahl 10 eine Primzahl ist, müssen Sie die Zahl 10 einfach nur durch alle Zahlen von 9 bis 2 teilen und prüfen, ob eine Division einen Rest von 0 ergibt. Dabei ist es allerdings viel günstiger eine Schleife zu verwenden, die bei 2 beginnt und die Laufvariable erhöht, als eine Schleife, die abwärts zählt. Dies liegt daran, dass die Wahrscheinlichkeit, eine kleine Zahl zu finden, durch die die zu prüfende Zahl teilbar ist, sehr viel größer als bei einer großen Zahl ist. Je früher eine Zahl gefunden wird, desto schneller wird die Schleife verlassen und das Ergebnis steht fest. Die Funktion *primzahl2* bringt gegenüber der Funktion *primzahl1* bereits einen Geschwindigkeitsvorteil von fast zwei Minuten, wenn Sie damit alle Primzahlen zwischen 1 und 100.000 ausgeben lassen.

```
Function primzahl1(lngZahl As Long) As Boolean
    'Zeitbedarf für Zahlen von 1 bis 100.000: 00:03:10
    Dim lngI As Long
    primzahl1 = True
    For lngI = lngZahl - 1 To 2 Step -1
        If lngZahl Mod lngI = 0 Then
            primzahl1 = False
            Exit For
        End If
    Next lngI
End Function

Function primzahl2(lngZahl As Long) As Boolean
    'Zeitbedarf für Zahlen von 1 bis 100.000: 00:00:27
    Dim lngI As Long
    primzahl2 = True
    For lngI = 2 To lngZahl - 1
        If lngZahl Mod lngI = 0 Then
            primzahl2 = False
            Exit For
        End If
    Next lngI
End Function
```

Listing 1.9: *Zwei einfache Funktionen zur Prüfung einer Zahl*

Sie können die Funktion *primzahl2* aber noch weiter optimieren. Die Zahl 2 ist beispielsweise auch eine Primzahl, da sie nur durch 1 und durch sich selbst teilbar ist. Eine gerade Zahl, die größer als zwei ist, kann beispielsweise nie eine Primzahl sein, da sie immer durch 2 teilbar ist. Somit ist es von Vorteil, vor der Schleife, die die Divisionen prüft, zunächst zu prüfen, ob es sich um die Zahl 2 oder eine gerade Zahl handelt und in diesem Fall die Werte *True* bzw. *False* zurückzugeben. Die Anweisung *Exit Function* sorgt dafür, dass die Funktion vorzeitig verlassen wird.

Da Sie wissen, dass gerade Zahlen größer als 2 keine Primzahlen sein können, brauchen Sie folglich auch nur noch ungerade Zahlen größer als 2 prüfen. Um das sicherzustellen, wird die Funktion mit *Exit Function* verlassen, falls die Zahl *lngZahl* gerade ist. Außerdem bedeutet das natürlich auch, dass eine Zahl nur dann eine Primzahl sein kann, wenn sie nicht durch eine gerade Zahl teilbar ist, dann wäre die Zahl selbst nämlich gerade. Sie brauchen daher in der Schleife nur noch durch die ungeraden Zahlen teilen, die größer als 2 und kleiner als die zu prüfende Zahl sind. Die Schleife kann also bei drei beginnen. Die Angabe *Step 2* sorgt dafür, dass die Schleifenvariable *lngZahl* nach dem Schleifendurchlauf nicht um 1, sondern um 2 erhöht wird. Damit wird die zu prüfende Zahl also nur durch die ungeraden Zahlen geteilt und der Restwert ermittelt. Bei der Prüfung der Zahlen von 1 bis 100.000 benötigt die Funktion inklusive der Ausgabe der Primzahlen nur noch 15 Sekunden und damit 12 Sekunden weniger als die vorherige.

```
Function primzahl3(lngZahl As Long) As Boolean
    'Zeitbedarf für Zahlen von 1 bis 100.000: 00:00:15
    Dim lngI As Long
    primzahl3 = True
    If (lngZahl = 2) Then
        'Zahl ist =2
        primzahl3 = True
```

```
            Exit Function
        End If
        If ((lngZahl Mod 2) = 0) Then
            'Zahl ist gerade
            primzahl3 = False
            Exit Function
        End If
        For lngI = 3 To lngZahl - 1 Step 2
            If lngZahl Mod lngI = 0 Then
                primzahl3 = False
                Exit For
            End If
        Next lngI
End Function
```

Listing 1.10: Die optimierte Funktion zur Prüfung von Zahlen auf die Primzahlen-Eigenschaft

1.6   Rechnen mit großen Zahlen

Das Codemodul *K01_06* mit dem Listing finden Sie innerhalb der Begleitdateien zum Buch in der Datei *K01.xls*.

Problem

Sie möchten mit großen Zahlen Berechnungen durchführen, erhalten aber beispielsweise bei einer Multiplikation und Potenzierung immer Überlauffehler.

Lösung

Definieren Sie die Variablen mit entsprechenden Datentypen und kennzeichnen Sie auch Konstanten mit einem Datentyp.

Erläuterungen

Führen Sie Berechnungen mit Zahlen durch, die zu sehr großen oder zumindest für die Datentypen der beteiligten Werte zu großen Ergebnissen führen, kann dies zu einem Überlauffehler führen, selbst wenn Sie das Ergebnis einer Variablen zuweisen, die entsprechend große Zahlen aufnehmen kann. Folgendes Beispiel demonstriert das. Bei dieser einfachen Multiplikation kommt es trotz korrekter Datentypen zu einem Überlauffehler und zwar nicht erst bei der Zuweisung des Ausdrucks *bytZahl1 * bytZahl2* an die Variablen *lngErg*, sondern schon bei der Berechnung des Ausdrucks. Sie können dies daran erkennen, dass der gleiche Fehler auch auftritt, wenn Sie das Berechnungsergebnis mit *Debug.Print* ausgeben. Die Ursache des Fehlers liegt darin, dass VBA verschiedene Multiplikationsroutinen verwendet, abhängig von den Datentypen der Operanden. Sie liefern immer ein Ergebnis, dessen Datentyp dem der Operanden entspricht. Wenn Sie zwei Byte-Variablen als Faktoren für eine Multiplikation benutzen, verwendet VBA intern die Multiplikationsroutine für Byte-Werte. Diese kann aber nur einen Byte-Wert als Ergebnis liefern. In diesem Fall führt die Berechnung zu einem Überlauf, da das Ergebnis der Multiplikation für einen Byte-Wert zu groß ist.

```
Sub fehlerhaft()
    Dim bytZahl1 As Byte
    Dim bytZahl2 As Byte
    Dim lngErg As Long
```

```
    bytZahl1 = 16
    bytZahl2 = 200
    lngErg = bytZahl1 * bytZahl2
End Sub
```

Listing 1.11: *Überlauffehler bei fehlerhafter Multiplikation*

Die Lösung des Problems ist, VBA dazu zu bringen, die Routine für die Berechnung zu verwenden, die dem Ergebnis entspricht. Im Prinzip ist das ganz einfach. Sie müssen lediglich einen Operanden der Berechnung mit dem Datentyp versehen, der dem Ergebnis entspricht. VBA verwendet bei Operanden verschiedener Typen nämlich immer die Routine für den größten Datentyp. Es reicht also aus, einen Operanden mit einem anderen Datentyp zu versehen, damit VBA eine andere Routine für die Berechnung verwendet.

```
Sub richtig()
    Dim bytZahl1 As Byte
    Dim intZahl2 As Integer
    Dim intErg As Integer

    bytZahl1 = 16
    intZahl2 = 200
    intErg = bytZahl1 * intZahl2
End Sub
```

Listing 1.12: *Die korrekte Berechnung*

1.7   Zeichenketten in Zahlen umwandeln

Das Codemodul *K01_07* mit dem Listing finden Sie innerhalb der Begleitdateien zum Buch in der Datei *K01.xls*.

Problem

Sie haben einen numerischen Wert in einer Zeichenkette und möchten diesen nun in eine Zahl konvertieren.

Lösung

VBA stellt eine Reihe von Funktionen zur Konvertierung von Datentypen zur Verfügung. Mit deren Hilfe können Sie numerische Datentypen umwandeln oder auch eine Zeichenkette in eine Zahl konvertieren.

Erläuterungen

Eine Zeichenkette, die einen numerischen Wert enthält, können Sie mit Hilfe der Funktionen *CSng* (Zieldatentyp *Single*), *CLng* (Zieldatentyp *Long*), *CCur* (Zieldatentyp *Currency*), *CInt* (Zieldatentyp *Integer*) und *CByte* (Zieldatentyp *Byte*) umwandeln. Diese Zeichenkette darf dann aber wirklich nur Ziffern und Leerzeichen sowie das in den Ländereinstellungen von Windows definierte Dezimaltrennzeichen enthalten. Leerzeichen dürfen am Anfang oder Ende stehen. Folgende Anweisungen konvertieren die als Parameter übergebenen Zeichenketten in numerische Formate:

```
CLng("132")
CInt("132 ")
CSng(" 132")
```

Listing 1.13: Korrekte Versuche, um Zeichenketten zu konvertieren

Der Aufruf von *CSng("133.4")* würde jedoch misslingen. Der Punkt würde einfach ignoriert und die Zahl zu 1334 konvertiert. Korrekt würde jedoch der Aufruf *CSng("133,4")* ausgeführt, da die Zeichenkette das in deutschen Windows-Versionen definierte Dezimaltrennzeichen enthält. Möchten Sie Zeichenketten mit Dezimalpunkt in eine Zahl konvertieren, können Sie die *Val*-Funktion einsetzen: *sngWert = Val("1.4")*.

TIPP: Wenn Sie vor dem Versuch, die Zeichenkette zu konvertieren, prüfen möchten, ob diese überhaupt numerische Inhalte enthält, können Sie dazu die *Isnumeric*-Funktion verwenden. Sie gibt *True* zurück, wenn die als Parameter übergebene Zeichenkette numerisch ist.

1.8 Quersumme berechnen

Das Codemodul *K01_08* mit dem Listing finden Sie innerhalb der Begleitdateien zum Buch in der Datei *K01.xls*.

Problem

Sie möchten die Quersumme einer Zahl berechnen.

Lösung

Die Quersumme berechnet sich aus der Summe alle Ziffern einer Zahl. Die Quersumme von 123 ist somit 1+2+3=6. Für die Berechnung müssen Sie also nur die einzelnen Ziffern der Zahl ermitteln und addieren.

Erläuterungen

Es gibt prinzipiell zwei Möglichkeiten zur Berechnung der Quersumme. Die einfachste besteht darin die Zahl als Zeichenkette zu behandelt und Zeichen für Zeichen abzuschneiden. So verfährt auch die Funktion *Quersumme*. Ihr übergeben Sie die Zahl, deren Quersumme berechnet werden soll, einfach als Parameter. Handelt es sich dabei um eine Zahl, wird sie bei der Parameterübergabe automatisch in eine Zeichenkette konvertiert.

Innerhalb der Funktion sollten Sie dann allerdings prüfen, ob der übergebene Wert numerisch ist. Dazu wird hier die *Isnumeric*-Funktion aufgerufen. Sie gibt *True* zurück, falls die Zeichenkette numerisch ist. In diesem Fall wird eine *For*-Schleife verwendet, die von 1 bis zur Länge der Zeichenkette läuft. Die Länge ermitteln Sie wieder mit der *Len*-Funktion. In jedem Schleifendurchlauf weisen Sie der Variablen *strTeil* das erste Zeichen der Zeichenkette zu. Das können Sie ermitteln, indem Sie es mit der *Mid*-Funktion zurückgeben lassen. Der erste Parameter der Funktion gibt die Zeichenkette an, aus der Sie die Teilzeichenfolge ermitteln möchten, der zweite den Index des ersten Zeichens und der dritte die Länge der Teilzeichenfolge. Der Rest der Zeichenkette wird dann dem Parameter *strWert* zugewiesen und damit das erste Zeichen abgeschnitten. Auf diese Weise wird die ursprüngliche Zeichenfolge im Laufe der Schleifendurchläufe auf 0 Zeichen gekürzt. Das ermittelte erste Zeichen *strTeil* wird in jedem Schleifendurchlauf zum aktuellen Funktionswert addiert. Auf diese Weise gibt die Funktion am Ende die Summe aller Ziffern zurück.

TIPP: Das Schlüsselwort *ByVal* sorgt dafür, dass der Parameter *strWert* als Wert und nicht als Referenz übergeben wird. Ansonsten würde durch das Kürzen der Zeichenkette in der Schleife nach dem Aufruf der Funktion der ursprüngliche Wert nicht mehr zur Verfügung stehen, weil er überschrieben wurde. Weitere Informationen dazu finden Sie im ▶ Abschnitt »1.2 Mehrere Werte aus Prozeduren zurückgeben« am Anfang des Kapitels.

```
Function Quersumme(ByVal strWert As String) As Long
    Dim intI As Integer
    Dim strTeil As String
    If IsNumeric(strWert) Then
        For intI = 1 To Len(strWert)
            strTeil = Mid(strWert, 1, 1)
            strWert = Mid(strWert, 2)
            Quersumme = Quersumme + strTeil
        Next intI
    End If
End Function
```

Listing 1.14: Quersumme berechnen

1.9 Prüfen ob ein Datum gültig ist

Das Codemodul *K01_09* mit dem Listing finden Sie in der Datei *K01.xls* innerhalb der Begleitdateien zum Buch.

Problem

Sie möchten Berechnungen mit Datumsangaben durchführen und dazu prüfen, ob das Datum, das beispielsweise als Text eingegeben wurde, auch gültig ist.

Lösung

Versuchen Sie ein Datum, das als Zeichenkette vorliegt, in einen Wert vom Typ *Date* umzuwandeln oder nutzen Sie die *IsDate*-Funktion.

Erläuterungen

Es gibt zwei Möglichkeiten festzustellen, ob ein Datum gültig ist. Sie nutzen die Methode »Versuch und Irrtum« und probieren einfach aus, ob sich die Zeichenkette mit *CDate* in einen *Date*-Wert konvertieren lässt, oder Sie nutzen die *IsDate*-Funktion.

Mit der *CDate*-Funktion lässt sich jede Zeichenkette, die zu einem gültigen Datum konvertiert werden kann, in einen *Date*-Wert konvertieren. Gültig ist dabei aber auch die Zeichenkette »0.0.000«. Sie wird zum »30.Dez.1899« konvertiert. Die *IsDate*-Funktion prüft, ob das übergebene Datum gültig ist und gibt in diesem Fall *True*, andernfalls *False* zurück. Der Wert »0.0.000« wird dabei als ungültiges Datum angesehen. Welche Methode Sie für die Prüfung verwenden möchten, hängt also davon ab, welche Datumswerte Sie als gültig ansehen möchten. Die Prozedur *TestK01_9b* zeigt die Prüfung mittels »Versuch und Irrtum«. Nachdem die Zeichenkette dazu über die *InputBox*-Funktion eingelesen wurde, folgt die Anweisung *On Error GoTo FEHLER*. Sie bewirkt, dass beim Auftreten eines Laufzeitfehlers zur Sprungmarke *Fehler:* gesprungen und der Code hinter der Sprungmarke ausgeführt wird. In diesem Fall wird einfach nur eine Fehlermeldung ausgegeben und dann mit *Exit Sub* die Prozedur verlassen.

HINWEIS: Die letzte *Exit Sub*-Anweisung im Beispiel wäre nicht unbedingt erforderlich, da danach ohnehin die Prozedur beendet ist. Falls Sie aber die Prozedur um weitere Sprungmarken oder anderen Code ergänzen möchten, stellt die Anweisung sicher, dass nach Ausgabe der Fehlermeldung dieser Code nicht ausgeführt wird.

Tritt beim Konvertieren mit der Funktion *CDate* keine Laufzeitfehler auf, wird das Datum der Variablen *dteDatum* zugewiesen. Das Datum wird dann zur Kontrolle im Direktfenster ausgegeben. Die *Format*-Funktion sorgt für eine formatierte Ausgabe mit zweistelligen Tagesangaben, dreistelligen Monatsnamen und einer vierstelligen Jahreszahl. Die *Exit Sub*-Anweisung vor der Sprungmarke verhindert, dass anschließend die Fehlerbehandlungsanweisungen ausgeführt werden, auch wenn gar kein Fehler aufgetreten ist.

HINWEIS: Ließen Sie diese *Exit Sub*-Anweisung weg, würde nach der Ausgabe des konvertierten Datums auch dann mit der *MsgBox*-Funktion die Fehlermeldung ausgegeben, wenn die Konvertierung in einen *Date*-Wert problemlos geklappt hätte. Diese *Exit Sub*-Anweisung ist daher wirklich notwendig.

```
Sub TestK01_9b()
    Dim strEingabe As String
    Dim dteDatum As Date
    strEingabe = InputBox("Bitte geben Sie ein Datum ein:", _
        "Datum eingeben", "00.00.0000")
    On Error GoTo FEHLER
    dteDatum = CDate(strEingabe)
    Debug.Print Format(dteDatum, "dd.MMM.yyyy")
    Exit Sub
FEHLER:
    MsgBox "Das Datum ist nicht gültig!"
    Exit Sub
End Sub
```

Listing 1.15: Datum prüfen durch den Versuch, die Zeichenfolge in ein Datum zu konvertieren

Bei der zweiten Alternative *TestK01_9a* wird zunächst mit der *IsDate*-Funktion geprüft, ob das Datum gültig ist und nur dann eine Konvertierung mit *CDate* versucht. Daher ist hier keine Fehlerbehandlung erforderlich:

```
Sub TestK01_9a()
    Dim strEingabe As String
    Dim dteDatum As Date
    strEingabe = InputBox("Bitte geben Sie ein Datum ein:", _
        "Datum eingeben", "00.00.0000")
    If IsDate(strEingabe) Then
        dteDatum = CDate(strEingabe)
        Debug.Print Format(dteDatum, "dd.MMM.yyyy")
    Else
        MsgBox "Das Datum ist nicht gültig!"
    End If
End Sub
```

Listing 1.16: Die Variante mit IsDate

1.10 Deutschen Wochentag eines Datums berechnen

Das Codemodul *K01_10* mit dem Listing finden Sie in der Datei *K01.xls* innerhalb der Begleit-dateien zum Buch.

Problem

Sie möchten den deutschen Namen des Wochentags eines Datums ermitteln.

Lösung

Erstellen Sie eine Funktion, die mit Hilfe der Funktionen *Weekday* und *WeekdayName* den Wochentag und dessen Namen ermittelt und den Namen des Wochentags zurückgibt.

Erläuterungen

Eigentlich ist das Ermitteln des Wochentagnamens kein Problem. Zwei Funktionsaufrufe rei-chen dazu aus. Allerdings ist das Ergebnis nicht in jedem Fall auch ein deutscher Name. Bei bestimmten Kombinationen von Excel und Windows, kommt es vor, dass die Namen in engli-scher Sprache zurückgegeben werden. Die Anzahl der Kombinationen, bei denen dieses Prob-lem auftritt ist, ist sehr groß. Daher ist eine Abfrage der Windows- und Excel-Version nicht praktikabel. Viel einfacher ist es, wenn Sie nach der Ermittlung des Wochentags prüfen, ob eine englische Bezeichnung zurückgegeben wurde und diese dann in die entsprechende deut-sche ändern.

Als erstes müssen Sie dazu die Nummer des Wochentags ermitteln, indem Sie die *Weekday*-Funktion aufrufen. Als ersten Parameter geben Sie das Datum als *Date*-Wert an. Mit dem zwei-ten Parameter legen Sie fest, an welchem Wochentag eine Woche beginnt. Die Konstante *vb-UseSystemDayOfWeek* verwendet die Einstellung des aktuellen Systems. Für deutschsprachige Office-Versionen auf deutschsprachigen Windows-Versionen ist dies in jedem Fall die korrekte Einstellung. Haben Sie den Index des Wochentags ermittelt, müssen Sie die *WeekdayName*-Funktion aufrufen und ihr den Index des Wochentags übergeben. Der zweite Parameter be-stimmt, ob die Wochentagnamen abgekürzt werden sollen. Sie sollten hier *False* angeben, da-mit die vollständigen Namen zurückgegeben werden, ansonsten müssen Sie auch die anschlie-ßende *Select Case*-Verzweigung anpassen.

WICHTIG: Mit dem dritten Parameter geben Sie wieder an, mit welchem Tag die Woche be-ginnt. Sie sollten dabei unbedingt den gleichen Wert wie beim Aufruf der Funktion *Weekday* verwenden.

Nun kommt der wichtigste Teil. Nachdem Sie nun den Namen des Wochentags ermittelt und dem Funktionsnamen zugewiesen haben, müssen Sie prüfen, ob ein englischer Name geliefert wurde. Falls ja, muss er übersetzt werden. Dazu prüfen Sie einfach in einer *Select Case*-Verzweigung den Wert des Funktionsnamens und wandeln ihn mit der *UCase*-Funktion in Großbuchstaben um. Das erleichtert den Vergleich mit den englischen Wochentagnamen, da Sie nicht unbedingt wissen können, ob diese mit großen oder kleinen Anfangsbuchstaben zu-rückgeliefert werden. Abhängig vom aktuellen Wert der Funktion wird dem Funktionsnamen in den *Case*-Zweigen dann einfach die deutsche Bezeichnung zugewiesen.

```
Function Wochentag(dteDatum As Date) As String
    Dim Tag As VbDayOfWeek
```

```
Tag = Weekday(dteDatum, vbUseSystemDayOfWeek)
Wochentag = WeekdayName(Tag, False, vbUseSystemDayOfWeek)
Select Case UCase(Wochentag)
Case "SUNDAY":
    Wochentag = "Sonntag"
Case "MONDAY":
    Wochentag = "Montag"
Case "TUESDAY":
    Wochentag = "Dienstag"
Case "WEDNESDAY"
    Wochentag = "Mittwoch"
Case "THURSDAY"
    Wochentag = "Donnerstag"
Case "FRIDAY"
    Wochentag = "Freitag"
Case "SATURDAY"
    Wochentag = "Samstag"
End Select
End Function
```

Listing 1.17: *Rückgabe des deutschen Wochentagnamens*

TIPP: Wenn Sie möchten, können Sie die Funktion noch verbessern. Falls Sie häufiger den Wochentagnamen des aktuellen Datums benötigen, ist es sehr umständlich, die Funktion immer mit *Wochentag(Now())* aufrufen zu müssen. Sie können dies aber ganz leicht ändern, indem Sie den Parameter mit dem Schlüsselwort *Optional* als optional definieren. Dann müssen Sie natürlich vor Verwendung des Parameters prüfen, ob er übergeben wurde. Dazu kennt VBA zwar die *IsMissing*-Funktion, die aber nur korrekt funktioniert, wenn Sie einen Parameter vom Typ *Variant* definiert haben. Da dies hier nicht der Fall ist, müssen Sie sich etwas anderes einfallen lassen. Sie können beispielsweise prüfen, ob der Parameter leer ist, indem Sie dessen Wert mit der VBA-Konstanten *Empty* vergleichen. Wenn der Parameter leer ist, weisen Sie ihm einfach den Rückgabewert der Funktion *Now()* und damit das aktuelle Datum zu. Nun gibt die Funktion bei Aufruf mit *Wochentag()* den Wochentagnamen des aktuellen Tags zurück.

```
Function Wochentag(Optional dteDatum As Date) As String
    Dim Tag As VbDayOfWeek
    If dteDatum = Empty Then
        dteDatum = Now()
    End If
    Tag = Weekday(dteDatum, vbUseSystemDayOfWeek)
    Wochentag = WeekdayName(Tag, False, vbUseSystemDayOfWeek)
    Select Case UCase(Wochentag)
...
    End Select
End Function
```

Listing 1.18: *Einen optionalen Parameter vom Typ Date verwenden*

HINWEIS: Die vorstehende Funktion funktioniert erst ab VBA 6.0, weil nur dort die *WeekdayName*-Funktion vorhanden ist. Soll die Funktion auch unter Excel 97 und früher sowie unter Microsoft Office v. X für Mac laufen, müssen Sie die bedingte Kompilierung einsetzen und abhängig vom Wert der Variablen *Tag* den deutschen Namen des Wochentags ausgeben. Da außerdem in diesen Versionen die Woche einen Tag früher beginnt, müssen Sie zum Wert in der Variablen *Tag* den Wert 1 addieren, um den korrekten Namen des Tages zu er-

---

VBA-Programmier-Rezepte

halten. Mehr über die bedingte Kompilierung erfahren Sie im ▶ Abschnitt »1.24 Code abhängig von der VBA-Version ausführen« in diesem Kapitel.

```
Function Wochentag(Optional dteDatum As Date) As String
    #If Not (Vba6) Then
        Dim Tag As Byte
    #Else
        Dim Tag As VbDayOfWeek
    #End If
    If dteDatum = Empty Then
        dteDatum = Now()
    End If
    Tag = Weekday(dteDatum, vbUseSystemDayOfWeek)
    #If Vba6 Then
        Wochentag = WeekdayName(Tag, False, vbUseSystemDayOfWeek)
        Select Case UCase(Wochentag)
        Case "SUNDAY":
            Wochentag = "Sonntag"
...

        End Select
    #Else
        Select Case Tag + 1
        Case vbSunday:
            Wochentag = "Sonntag"
        Case vbMonday:
            Wochentag = "Montag"
        Case vbTuesday:
            Wochentag = "Dienstag"
        Case vbWednesday
            Wochentag = "Mittwoch"
        Case vbThursday
            Wochentag = "Donnerstag"
        Case vbFriday
            Wochentag = "Freitag"
        Case vbSaturday
            Wochentag = "Samstag"
        End Select
    #End If
End Function
```

Listing 1.19: *Eine VBA 5- und VBA 6-kompatible Version der Funktion*

1.11 Zeitraum zwischen zwei Datumswerten berechnen

Das Codemodul *K01_11* mit dem Listing finden Sie in der Datei *K01.xls* innerhalb der Begleitdateien zum Buch.

Problem

Sie möchten berechnen, wie viel Zeit zwischen zwei Uhrzeiten liegt oder wie viele Tage bzw. Monate zwischen zwei Datumswerten liegen.

Lösung

Mit Datums- und Zeitangaben können Sie ähnlich wie mit anderen numerischen Werten rechnen und diese formatiert ausgeben. Für die Formatierung sorgt die *Format*-Funktion.

Erläuterungen

Die Differenz zwischen zwei Zeiten benötigen Sie beispielsweise für Performance-Messungen. Wie das aussehen könnte, zeigt die Prozedur *Zeitmessen*. Diese misst zunächst mit der Funktion *Time* die aktuelle Zeit und speichert sie in der Variablen *dteAnfang*. Danach wird eine *For*-Schleife ausgeführt, die Ausgaben im Testfenster erzeugt. Diese Schleife simuliert den Code, dessen Zeitbedarf gemessen werden soll. Am Ende der Schleife wird erneut die Zeit gestoppt und in der Variablen *dteEnde* gespeichert. Nun erfolgt die Ausgabe. Mit Hilfe der *Format*-Funktion wird die Differenz beider gemessenen Zeiten im Format »hh:mm:ss« ausgegeben. Die Differenz können Sie einfach berechnen, indem Sie wie hier gezeigt die Anfangszeit von der Endzeit abziehen.

```
Sub Zeitmessen()
    Dim dteAnfang As Date
    Dim dteEnde As Date
    Dim lngI As Long
    dteAnfang = Time()
    For lngI = 1 To 10000
        Debug.Print lngI
    Next lngI
    dteEnde = Time()
    Debug.Print "Zeit: " & _
        Format(dteEnde - dteAnfang, "hh:mm:ss")
End Sub
```

Listing 1.20: Zeitbedarf für eine Schleife messen

Die Berechnung von Tagen, Monaten oder Jahren, die zwischen zwei Datumsangaben liegen ist nicht ganz so einfach. Zwar können Sie Datumsangaben genau wie Zeiten voneinander abziehen und die Differenz berechnen, allerdings funktioniert die Formatierung nicht so schön. Anders als bei einer Zeitdifferenz, die üblicherweise im Format »hh:mm:ss« angegeben wird, werden Differenzen zwischen Datumsangaben meist entweder in Monaten, Monaten und Tagen oder in Jahren, Monaten und Tagen angegeben. In keinem Fall ist jedoch das Format »dd.mm.yy« angebracht. Aufgerufen mit *Debug.Print DiffDatum(#13/01/2004#,date())* würde die Funktion *DiffDatum* zwar die korrekte Differenz ermitteln, allerdings im Format 25.05.00 zurückgeben.

```
Function DiffDatum(dteAnfang As Date, dteEnde As Date) As String
    DiffDatum = Format(dteEnde - dteAnfang, "dd.mm.yy")
End Function
```

Listing 1.21: Bei dieser Funktion scheitert es an der Formatierung

Besser wäre es, die Differenz würde im Format »X Tage« oder »X Monate und Y Tage« zurückgegeben. Wenn es lediglich um eine bessere Formatierung geht, würde es schon helfen das benutzerdefinierte Format zu ändern. Geben Sie beispielsweise *Format(dteEnde - dteAnfang, "yy ""Jahre,"" m ""Monate und ""d ""Tage")* an, würde das Ergebnis wie folgt lauten: »00 Jahre, 5 Monate und 26 Tage«.

Möchten Sie allerdings das Ergebnis nur in Monaten oder nur in Tagen ausgeben, müssen Sie die Monate in Tage umrechnen bzw. die Jahre in Monaten. Dann müssen Sie die Funktion auf jeden Fall erweitern. Wenn Sie zwei Datumswerte voneinander subtrahieren, wird zunächst die Anzahl der Tage zwischen beiden Daten berechnet. Erst durch das Formatieren erhalten Sie die Monate, Tage und die Jahre als getrennte Werte. Wenn Sie ausgehend von den Tagen die Monate und Jahre berechnen möchten, können Sie sich der Funktionen *Month* (gibt die Monate zurück), *Year* (gibt die Jahre zurück) und *Day* (gibt die Tage zurück) bedienen.

ACHTUNG: Die Rückgabe von *Day* ist nicht der gleiche Wert, den die einfache Subtraktion zweier Daten zurückliefert, genauso wie *Month* nicht die Gesamtzahl der Monate zurückgibt. Beide Funktionen liefern nur den Teil der Differenz der beim Format »dd.mm.yy« als Tages- oder Monatszahl zurückgegeben wird. Um die Gesamtzahl der Monate zu berechnen, müssen Sie also noch die Jahre mit 12 multiplizieren und dazu addieren. Auch liefert *Year* nicht die Anzahl der Jahre, sondern die Anzahl der Jahre basierend auf »1900«. Ergeben sich aus einer Berechnung 2 Jahre Differenz und lassen Sie diese mit *Year()* zurückgeben, erhalten Sie den Wert 1902. Sie müssen also von dem Rückgabewert von *Year* noch 1900 abziehen, um die Anzahl Jahre zu erhalten.

Genauso verfährt auch die Funktion *DiffDatum3*, die die Anzahl der Monate zwischen den beiden als Parameter übergebenen Daten berechnet. Die verbleibenden Tage werden als Dezimalstellen angegeben. Um diese zu berechnen, müssen Sie die Anzahl der Tage (Rückgabewert von *Day*) durch 30 teilen.

HINWEIS: Durch die einfache Teilung durch 30 ergibt sich zwar bei Monaten mit 31 Tagen und im Februar eine kleine Differenz, diese ist jedoch in der Regel vernachlässigbar, wenn es um die Angabe eines Zeitraums in Monaten geht. Ebenso kann man die Fehler durch die Rundung der Tage auf zwei Nachkommastellen mit *Round* vernachlässigen. Wie Sie die Rundungsfehler der *Round*-Funktion vermeiden und korrekt runden, können Sie im ▶ Abschnitt »1.26 Richtig runden« weiter hinten in diesem Kapitel nachlesen.

Neben der hier verwendeten einfachen Subtraktion von zwei Datumswerten, gibt es auch die Möglichkeit eine Differenz mit Hilfe der Funktion *DateDiff* zu berechnen.

```
Function DiffDatum3(dteAnfang As Date, dteEnde As Date) As String
    DiffDatum3 = dteEnde - dteAnfang
    DiffDatum3 = ((Year(DiffDatum3) - 1900) * 12) + _
        Month(DiffDatum3) + _
        Round((Day(DiffDatum3) / 30), 2)
End Function
```

Listing 1.22: Rückgabe des Zeitraums in Monaten

1.12 Alter berechnen

Das Codemodul *K01_12* mit dem Listing finden Sie in der Datei *K01.xls* innerhalb der Begleitdateien zum Buch.

Problem

Sie möchten das Alter in Jahren ausgehend von einem Geburtsdatum bis zum heutigen Tag berechnen.

Lösung

Die Berechnung des Alters ist eine Sonderform der Differenz zwischen zwei Zeitpunkten, bei der das Alter ausschließlich in Jahren berechnet wird. Das problematische daran ist, dass Rundungsdifferenzen nicht auftreten dürfen. Schließlich ist es aus rechtlicher Sicht sicherlich nicht unerheblich ob eine Person 17,99 oder 18,01 Jahre alt ist. Sie müssen also dafür sorgen, dass beispielsweise nur dann 18 Jahre ausgegeben werden, wenn die Differenz zum Geburtsdatum mindestens 18 Jahre und maximal 18 Jahre und 365 Tage beträgt, wobei Schaltjahre natürlich zu berücksichtigen sind.

Erläuterungen

Das Alter zu berechnen, ist eigentlich nicht schwer. Problematisch wird es erst dann, wenn ein Jahrhundertwechsel zwischen Geburtsdatum und aktuellem Datum liegt und weil Sie prüfen müssen, ob der Geburtstag im aktuellen Jahr schon gewesen ist oder noch nicht. Denn abhängig davon differiert die Altersangabe um ein Jahr. Dennoch kommen Sie zur Berechnung des Alters mit genau einer Anweisung aus. Wenn Sie eine Funktion daraus machen, sind es zwei Zeilen mehr:

```
Function Alter(dteDatum As Date) as Byte
    Alter = DateDiff("yyyy", dteDatum, Date) + _
        (Month(dteDatum) * 100 + Day(dteDatum) > _
        Month(Date) * 100 + Day(Date))
End Function
```

Listing 1.23: Eine Funktion zum Berechnen des Datums

Die Berechnung ist eigentlich ganz einfach. Der erste Teil der Anweisung *DateDiff("yyyy", dteDatum, Date)* berechnet die Anzahl Jahre zwischen dem Geburtsdatum in der Variablen *dteDatum* und dem aktuellen Datum, das die Funktion *Date* liefert. Der erste Parameter der *DateDiff*-Funktion bestimmt, dass die Differenz der vierstelligen Jahreszahl gebildet wird. Damit haben Sie schon das Problem mit dem Jahrhundertwechsel gelöst. 2001 ist eben immer größer als 1999. Bei einer zweistelligen Jahreszahl wäre das nicht der Fall. Ergebnis dieses ersten Teils ist eine Zahl, beispielsweise 36, wenn 36 Jahre zwischen Geburtsjahr und aktuellem Jahr liegen. Wurde also jemand 1968 geboren, egal an welchem Tag in diesem Jahr, hat der Ausdruck im Jahr 2004 den Wert 36.

Allerdings muss nun natürlich noch berücksichtigt werden, ob der Geburtstag im aktuellen Jahr schon vorbei ist. Das erledigt der zweite Teil: *(Month(dteDatum) * 100 + Day(dteDatum) > Month(Date) * 100 + Day(Date))*

Hier wird ein boolescher Wert berechnet, indem geprüft wird, ob der Monat des Geburtsdatums multipliziert mit einem Faktor (hier 100) zuzüglich dem Tag des Monats, der mit der *Day*-Funktion berechnet wird, größer als der genauso berechnete Wert für das aktuelle Datum ist. Ist der Ausdruck wahr, ist der Geburtstag noch nicht vorbei und der boolesche Ausdruck hat den Wert *True* (=-1). Er wird zu der berechneten Anzahl der Jahre addiert. Das heißt, wenn der Geburtstag noch nicht vorbei ist, wird ein Jahr abgezogen. Damit ist das Datum korrekt berechnet.

Vor allem für medizinische Zwecke wäre es aber sicher wünschenswert, zumindest unterhalb von 2 Jahren das Alter in Monaten zu berechnen. Das zeigt die Funktion *Alter2*. Sie berechnet zunächst das Alter in Jahren und prüft dann, ob es größer als 2 ist. Wenn ja, wird der Zusatz *"Jahr(e)"* angezeigt, wenn nicht, wird das Alter in Monaten berechnet. Dazu wird die Differenz der Jahre berechnet und vorsorglich der Wert 1 abgezogen. Der so berechnete Wert wird mit 12 multipliziert, um das Alter in Monaten zu erhalten. Anschließend müssen Sie noch die Monate vom vorherigen Geburtstag bis heute berechnen. Auch dazu verwenden Sie die *DateDiff*-Funktion, übergeben als ersten Parameter aber *"m"*. Die so berechneten Monate addieren Sie zu den Monaten, die Sie aus den verstrichenen Jahren berechnet haben.

```
Function Alter2(dteDatum As Date) as String
    Alter2 = DateDiff("yyyy", dteDatum, Date) + _
        (Month(dteDatum) * 100 + Day(dteDatum) > _
        Month(Date) * 100 + Day(Date))
    If Alter2 > 2 Then
        Alter2 = Alter2 & " Jahr(e)"
    Else
        Alter2 = (DateDiff("yyyy", dteDatum, Date) - 1) * 12
            Alter2 = DateDiff("m", CDate(Day(dteDatum) & "." & _
        Month(dteDatum) & "." & (Year(dteDatum))), Date)
        Alter2 = Alter2 & " Monat(e)"
    End If
End Function
```

Listing 1.24: *Berechnung des Alters in Monaten oder Jahren*

TIPP: Wenn Sie die Funktionen im Direktfenster ausführen und den Parameter als konstanten Datumswert übergeben möchten, müssen Sie das korrekte Format verwenden: *#Tag/Monat/Jahr#*. Wenn Sie also beispielsweise den 16.02.2001 an die Funktion *Alter* übergeben möchten, rufen Sie die Funktion mit *Alter(#16/2/2001#)* auf.

1.13 Gleichartige Daten verwalten

Das Codemodul *K01_13* mit dem Listing finden Sie in der Datei *K01.xls* innerhalb der Begleitdateien zum Buch.

Problem

Sie möchten eine größere Menge gleichartiger temporärer Daten verwalten, wobei Sie auf einzelne Elemente über einen Index zugreifen möchten.

Lösung

Die Lösung für dieses Problem sind Arrays oder Datenfelder. Sie verwalten Daten gleichen Typs in einer Art virtueller Tabelle, die im Extremfall auf eine Dimension beschränkt ist. In diesem Fall handelt es sich um eine virtuelle Tabelle mit nur einer Zeile aber mehreren Spalten.

Erläuterungen

Arrays oder Datenfelder können lediglich Daten gleichen Typs verwalten. Sie können jedoch sowohl benutzerdefinierte Typen in Arrays speichern als auch Arrays vom Typ *Variant* definieren, die dann faktisch auch unterschiedliche Daten aufnehmen können. Mehr zu benutzerdefinierten Datentypen erfahren Sie im ▶ Abschnitt »1.22 Benutzerdefinierte Datentypen erstellen« weiter hinten in diesem Kapitel. Die einfachste Form eines Arrays ist eine *Variant*-Variable, deren Werte Sie mit der *Array*-Funktion oder der *Split*-Funktion in Form eines Arrays zuweisen. Der *Array*-Funktion übergeben Sie einfach die gewünschten Werte als Parameter, und die Funktion gibt diese Werte als eindimensionales Array zurück. Ein eindimensionales

Array können Sie sich als eine Tabelle vorstellen, die zwar mehrere Spalten aber nur eine Zeile hat. Ein zweidimensionales Array besteht hingegen aus beliebig vielen Spalten und Zeilen, ein dreidimensionales können Sie sich als Würfel vorstellen. Danach versagt zwar die menschliche Vorstellungskraft, dennoch kann ein Array in VBA bis zu 60 Dimensionen haben. Die Größe der einzelnen Felder, das heißt die Anzahl der Werte, die im Array gespeichert werden können, ist nur durch den verfügbaren Hauptspeicher begrenzt.

In der Prozedur *TestK01_13* wird beispielsweise eine Variable *arrNamen* deklariert, der dann die Werte »Maier«, »Müller« und »Schulze« zugewiesen werden. Möchten Sie anschließend auf die Inhalte des Arrays zugreifen, geschieht das über einen Index, der standardmäßig mit 0 beginnt. Mit der Zeile *MsgBox arrNamen(1)* wird also der zweite Wert, »Müller« ausgegeben.

```
Sub TestK01_13()
    Dim arrNamen As Variant
    arrNamen = Array("Maier", "Müller", "Schulze")
    MsgBox arrNamen(1)
End Sub
```

Listing 1.25: *Erzeugen eines Arrays und zugreifen auf dessen Werte*

TIPP: Möchten Sie alle Felder eines Arrays nacheinander abarbeiten, können Sie auch die *For Each*-Schleife verwendet. Wie das geht, finden Sie im ▶ Abschnitt »1.3 Beliebig viele Parameter an Prozeduren übergeben« weiter oben in diesem Kapitel beschrieben.

1.14 Ein Array mit vordefinierter Größe erstellen

Das Codemodul *K01_14* mit dem Listing finden Sie in der Datei *K01.xls* innerhalb der Begleitdateien zum Buch.

Problem

Sie möchten ein Array erstellen, das aus mehren Zeilen und Spalten besteht, deren Anzahl Sie kennen.

Lösung

Sie definieren ein Array mit einer vordefinierten Größe (statisches Array) und können dabei auch die Indexgrenzen frei wählen.

Erläuterungen

Wenn Sie bei der Deklaration eines Arrays die Arraygröße angeben, erstellen Sie damit ein statisches Array, dessen Größe Sie zur Laufzeit nicht mehr ändern können. Die Deklaration erfolgt wie bei jeder Variablen mit der *Dim*-Anweisung. Nach dem Variablennamen geben Sie jedoch noch in Klammern die Größe an. Dabei trennen Sie die Größe für jede Dimension durch Kommata voneinander. Die Größen geben Sie an, indem Sie den maximalen Indexwert angeben. Da der Index bei 0 beginnt, müssen Sie 9 angeben, wenn die Dimension zehn Felder groß sein soll.

HINWEIS: Nähere Erläuterungen dazu, was ein Array ist und was Dimensionen sind, finden Sie im ▶ Abschnitt »Ein Array mit vordefinierter Größe erstellen« weiter oben in diesem Kapitel.

Wenn Sie ein zweidimensionales Array erstellen möchten, das zehn Vor- und Nachnamen speichern kann, benötigen Sie daher ein Array, dessen erste Dimension zwei Werte aufnehmen und dessen zweite Dimension zehn Werte speichern kann. Dazu definieren Sie es mit *Dim arrNamen(1, 9) As String*. Jedes Datenfeld des Arrays hat dann den Datentyp *String*.

Um die Felder zu füllen, weisen Sie den Wert ähnlich einer normalen Variablen zu, nur müssen Sie natürlich die Indizes beider Dimensionen, also Spalten- und Zeilenindex bei einem zwei-dimensionalen Array angeben. Die Prozedur *TestK10_14* weist den Feldern entsprechende Werte zu. In der ersten Spalte steht dann der Vorname, in der zweiten der Nachname und die einzelnen Vor- und Nachnamen stehen untereinander.

Haben Sie das Array einmal gefüllt, können Sie jederzeit auf die Elemente zugreifen, indem Sie in Klammern die Indizes angeben. Die Anweisung *MsgBox arrNamen(1,2)* würde somit »Schulze« ausgeben.

```
Sub TestK10_14()
    Dim arrNamen(1, 9) As String
    arrNamen(0, 0) = "Franz"
    arrNamen(1, 0) = "Maier"
    arrNamen(0, 1) = "Lisa"
    arrNamen(1, 1) = "Franz"
    arrNamen(0, 2) = "Michael"
    arrNamen(1, 2) = "Schulze"
    ...
    arrNamen(0, 9) = "Michael"
    arrNamen(1, 9) = "Müller"
End Sub
```

Listing 1.26: Definieren und füllen eines zweidimensionalen Arrays

Index	0	1
0	Franz	Maier
1	Lisa	Franz
2	Michael	Schulze
...		
9	Michael	Müller

Abbildung 1.1: Das Array nach Ausführen der Prozedur

HINWEIS: Arrays haben, wie andere Variablen auch, einen Gültigkeitsbereich. Wenn Sie also wie hier gezeigt das Array in einer Prozedur definieren, können Sie nach Abschluss der Pro-zedur nicht mehr auf das Array und die Inhalte zugreifen.

TIPP: Sie können festlegen, bei welchem Wert die Indizes beginnen sollen. Dazu gibt es zwei Möglichkeiten. Wenn Sie auf Modulebene, also am Anfang des Quellcodemoduls *Option Base 1* angeben, beginnen standardmäßig alle Indizes bei 1. Um ein Array der gleichen Grö-ße zu definieren, müsste die *Dim*-Anweisung dann *Dim arrNamen(2, 10) As String* lauten.

Alternativ können Sie den Anfang der Array-Grenze bei der Definition des Arrays festlegen. Möchten, Sie beispielsweise, dass der Index der ersten Dimension bei 2 beginnt, der der zweiten aber normal bei 0, können Sie bei gleicher Arraygröße wie zuvor die folgende De-klaration nutzen:

```
Dim arrNamen(2-3, 0-9) As String
```

Sie geben dazu einfach den ersten und letzten Index getrennt durch einen Bindestrich an.

1.15   Die Arraygröße dynamisch anpassen

Das Codemodul *K01_15* mit dem Listing finden Sie in der Datei *K01.xls* innerhalb der Begleitdateien zum Buch.

Problem

Sie möchten ein Array erstellen, wissen aber zur Entwurfszeit noch nicht, wie viele Werte es aufnehmen soll.

Lösung

Sie benötigen dazu ein dynamisches Array. Bei solchen Arrays geben Sie die Größe nicht bei der Deklaration an, sondern erst später mit der *Redim*-Anweisung. Das hat den Vorteil, dass Sie die Größe aufgrund von Benutzereingaben anpassen können. Auch eine nachträgliche Größenänderung zumindest der letzten Dimension ist möglich.

Erläuterungen

Wenn Sie ein dynamisches Array definieren möchten, geben Sie bei der Deklaration nur ein leeres Klammerpaar und den Datentyp an. Damit machen Sie kenntlich, dass es sich um ein Array handelt, das jedoch noch dimensioniert werden muss. Dies geschieht das erste Mal in der vierten Codezeile der Prozedur. Mit der *Redim*-Anweisung legen Sie die Anzahl der Dimensionen und deren Größe fest. Dies erfolgt auf die gleiche Weise, wie bei statischen Arrays in der *Dim*-Anweisung.

ACHTUNG: Wenn Sie die *Redim*-Anweisung auf ein Array anwenden das bereits Daten enthält, werden diese gelöscht, da das Array gelöscht und neu erstellt wird.

Die Prozedur betritt nun eine Schleife, die Werte über die *InputBox*-Funktion einliest. Die Schleife wird verlassen, wenn der Benutzer eine leere Zeichenfolge eingibt, oder auf *Abbrechen* klickt. Der Rückgabewert wird in der Variablen *strErg* gespeichert, die in der folgenden *If*-Verzweigung daraufhin geprüft wird, ob sie ungleich einer leeren Zeichenfolge ist. Ist das der Fall, wird der eingegebene Vor- und Nachname mit der *Split*-Funktion in ein Array aufgeteilt. Das ist der schnellste Weg, um zwei Texte, die durch ein Zeichen – hier ein Leerzeichen – getrennt sind, voneinander zu trennen. Bevor Sie den Vornamen und den Nachnamen nun aber in das dynamische Array schreiben können, müssen Sie prüfen, ob dazu Platz vorhanden ist. Durch die erste *ReDim*-Anweisung wurde eine Zeile eingefügt. Wenn Sie diese aber anschließend mit Werten füllen und erst danach eine neue Zeile erzeugen, hat das Array nach Verlassen der Schleife eine leere Zeile am Ende. Ergänzen Sie die neue Zeile vor dem Einfügen der Werte, ist das Ergebnis das gleiche. In jedem Fall enthält das Array am Ende eine leere Zeile. Das ist für die meisten Verwendungszwecke von Arrays sehr unschön und lässt sich durch das hier gezeigte Verfahren vermeiden.

Zunächst wird dazu mit der Anweisung *If arrNamen(0, UBound(arrNamen, 2)) > "" Then* geprüft, ob das erste Feld in der ersten Spalte (Index 0) und der letzten Zeile mehr als eine leere Zeichenfolge enthält. Die letzte Zeile wird über die *UBound*-Funktion ermittelt. Sie gibt den höchsten Index der als zweiten Parameter angegebenen Dimension zurück. Wurde festgestellt, dass in der ersten Spalte ein Wert steht, muss eine neue Zeile an das Array angefügt werden. Dazu wird erneut die *ReDim*-Anweisung aufgerufen. Dabei sorgt das zusätzliche Schlüsselwort *Preserve* dafür, dass die vorhandenen Werte im Array nicht gelöscht werden. Die Zeile wird einfach dadurch angefügt, dass der aktuelle höchste Index der zweiten Dimension um 1 erhöht

---

wird. Anschließend brauchen Sie den beiden Feldern der letzten Zeile nur noch die beiden Werte des Arrays *arrTemp* zuweisen.

ACHTUNG: Anders als bei den Arraygrenzen beginnen die Indizes der Dimensionen für die *UBound*-Funktion bei 1. Für die erste Dimension geben Sie also wirklich 1 an, für die zweite 2 usw. Um die untere Indexgrenze einer Dimension zu ermitteln, können Sie analog zu *UBound* die *LBound*-Funktion verwenden.

```
Sub TestK01_15()
    Dim strErg As String
    Dim arrNamen() As String
    Dim arrTemp As Variant
    'Festlegen der Anzahl der Dimensionen
    ReDim arrNamen(1, 0)
    Do
        'Einlesen der Eingabe
        strErg = InputBox( _
            "Bitte geben Sie Vor- und Nachname ein!", _
            "Vorname Nachname")
        'Prüfen, ob eine Eingabe erfolgt ist
        If strErg <> "" Then
            arrTemp = Split(strErg, " ")
            If arrNamen(0, UBound(arrNamen, 2)) > "" Then
                'Array vergrößern
                ReDim Preserve arrNamen(1, UBound(arrNamen, 2) + 1)
            End If
            arrNamen(0, UBound(arrNamen, 2)) = arrTemp(0)
            arrNamen(1, UBound(arrNamen, 2)) = arrTemp(1)
        End If
    Loop Until strErg = ""
End Sub
```

Listing 1.27: Ein dynamisches Array zur Laufzeit erweitern

HINWEIS: Mit der *ReDim*-Anweisung können Sie Arrays auch verkleinern. Dann gehen allerdings die Daten in den gelöschten Feldern auch dann verloren, wenn Sie das *Preserve*-Schlüsselwort verwenden. Die Anzahl der Dimensionen können Sie mit der *Redim*-Anweisung nicht verändern, wenn Sie gleichzeitig das *Preserve*-Schlüsselwort nutzen. In diesem Fall können Sie auch nur die Größe der letzten Dimension ändern.

1.16   Arrays löschen

Problem

Sie haben ein Array erstellt und möchten es nun aus dem Speicher entfernen oder seine Werte löschen

Lösung

Zum Löschen von Datenfeldern gibt es die *Erase*-Anweisung. Ihr übergeben Sie einfach die Variable, die das Array enthält.

Erläuterungen

Wenn beispielsweise *arrTemp* eine Variable ist, die ein Array speichert, können Sie mit der Anweisung *Erase ArrTemp* das Array löschen. Löschen ist allerdings nicht gleich löschen. Bei statischen Arrays führt die *Erase*-Methode dazu, dass alle Feldwerte geleert werden. In Arrays vom Typ *String* werden die Werte beispielsweise auf leere Zeichenketten zurückgesetzt, bei numerischen Datentypen erhalten die Arrayfelder den Wert 0. Wenn Sie ein statisches Array komplett aus dem Speicher entfernen wollen, müssen Sie dafür sorgen, dass die Variable mit dem Array den Gültigkeitsbereich verlässt.

Bei dynamischen Arrays führt die *Erase*-Anweisung hingegen dazu, dass das Array komplett aus dem Speicher entfernt wird. Möchten Sie bei einem dynamischen Array die Felder nur leeren, sollten Sie dazu die *ReDim*-Anweisung ausführen, ohne dabei die Arraygröße zu verändern.

1.17 Arrays an Prozeduren übergeben

Das Codemodul *K01_17* mit dem Listing finden Sie in der Datei *K01.xls* innerhalb der Begleitdateien zum Buch.

Problem

Sie haben ein gefülltes Array und möchten dieses an eine Prozedur übergeben, die beispielsweise die Ausgabe der Werte übernimmt.

Lösung

Sie definieren dazu in der Prozedur einen Parameter als dynamisches Array, indem Sie die Arraygrenzen nicht angeben. Innerhalb der Prozedur können Sie dann über die Funktionen *LBound* und *UBound* die unteren und oberen Array-Grenzen ermitteln.

Erläuterungen

Um Daten eines Array zu sortieren, auszugeben oder anderweitig einheitlich zu verarbeiten, können Sie jedes Array an eine Prozedur übergeben. Sie können allerdings das Array nicht unter Angabe seiner Größe übergeben, sondern immer nur als dynamisches Array oder *Variant*-Variable. Um es als dynamisches Array zu übergeben, lassen Sie einfach die Dimensionierung weg und setzen hinter den Parameternamen nur das runde Klammerpaar. Wichtig ist allerdings auch, dass Sie den Parameter mit dem gleichen Datentyp versehen, wie das Array, das übergeben wird. Ist das Array vom Typ *String*, müssen Sie auch einen Parameter vom Typ *String* definieren. Innerhalb der Prozedur können Sie die Indexgrenzen der Dimensionen dann mit den Funktionen *LBound* (untere Indexgrenze) und *UBound* (obere Indexgrenze) ermitteln und die Werte so mit Hilfe von Schleifen ausgeben. Aufrufen können Sie die Prozedur mit der Anweisung *Ausgabe arrNamen*, wobei *arrNamen* das Array beinhaltet.

TIPP: Die Prozedur *Ausgabe* geht in der hier gezeigten Version davon aus, dass das Array zwei Dimensionen hat. Handelt es sich um ein eindimensionales Array, tritt beim Zugriff auf die zweite Dimension ein Laufzeitfehler auf. Das Hauptproblem einer flexiblen Prozedur, die ganz verschiedene Arrays bearbeiten kann, ist also, dass in der Prozedur nicht bekannt ist, wie viele Dimensionen das Array hat. Dazu gibt es zwei Lösungsmöglichkeiten. Zum einen könnten Sie die Anzahl der Dimensionen als zusätzlichen numricheren Parameter an die

Prozedur übergeben, oder eine Funktion programmieren, die das feststellt. Wie eine solche Funktion aussehen kann, finden Sie im ▶ Abschnitt »1.18 Anzahl der Dimensionen eines Arrays feststellen« weiter hinten in diesem Kapitel beschrieben.

```
Sub Ausgabe(arrWerte() As String)
    Dim intZeile As Integer
    Dim intSpalte As Integer
    For intZeile = LBound(arrWerte, 2) To UBound(arrWerte, 2)
        For intSpalte = LBound(arrWerte, 1) To UBound(arrWerte, 1)
            Debug.Print arrWerte(intSpalte, intZeile) & vbTab;
        Next intSpalte
        Debug.Print
    Next intZeile
End Sub
```

Listing 1.28: Übergeben eines Arrays an eine Prozedur und Ausgabe des Inhalts

HINWEIS: Die Ausgabe erfolgt hier im Direktfenster. Damit alle Daten, die im Array in einer Zeile stehen, auch im Ausgabefenster nebeneinander stehen, steht das Semikolon am Ende der *Debug.Print*-Anweisung. Es verhindert einen Zeilenvorschub nach der Ausgabe. Damit aber die nächste Zeile wieder in einen separaten Absatz ausgegeben wird, sorgt die *Debug.Print*-Anweisung nach der inneren Schleifen für die Ausgabe eines Zeilenvorschubs.

1.18 Anzahl der Dimensionen eines Arrays feststellen

Das Codemodul *K01_18* mit dem Listing finden Sie in der Datei *K01.xls* innerhalb der Begleitdateien zum Buch.

Problem

Sie möchten die Anzahl der Dimensionen eines Arrays ermitteln.

Lösung

Prüfen Sie alle möglichen Dimensionen (1–60) daraufhin, ob die *UBound-* oder *LBound-*Funktion einen Wert für den maximalen Index liefert. Kommt es dabei zu einem Laufzeitfehler, gibt es die Dimension nicht.

Erläuterungen

Am einfachsten lässt sich so etwas wieder mit einer Funktion bewerkstelligen, die die Anzahl der Dimensionen zurückliefert. Ihr übergeben Sie das Array als Parameter und rufen dann in einer Schleife, die von 1 bis 60 läuft, die *UBound*-Funktion auf. Dieser übergeben Sie die Schleifenvariable. Die Anweisung *On Error GoTo FEHLER* sorgt dafür, dass im Falle eines Laufzeitfehlers zur Sprungmarke *FEHLER* gesprungen wird. Tritt kein Fehler auf, wird der Funktion die aktuelle Schleifenvariable als Rückgabewert zugewiesen. Tritt ein Fehler auf, sorgt die Anweisung *Exit Function* nach der Sprungmarke dafür, dass die Funktion verlassen wird. Sie gibt dann den letzten Wert der Schleifenvariablen zurück, bei der kein Fehler aufgetreten ist.

```
Function Dimensionen(arrWerte() As String) As Byte
    Dim bytI As Byte
```

```
    Dim lngTemp As Long
    On Error GoTo FEHLER
    For bytI = 1 To 60
        lngTemp = UBound(arrWerte, bytI)
        Dimensionen = bytI
    Next bytI
    Exit Function
FEHLER:
    Exit Function
End Function
```

Listing 1.29: Ermitteln der Anzahl der Dimensionen eines Datenfeldes

1.19   Arrays aus Zeichenketten erzeugen

Das Codemodul *K01_19* mit dem Listing finden Sie in der Datei *K01.xls* innerhalb der Begleitdateien zum Buch.

Problem

Sie haben eine Zeichenkette mit Daten und möchten diese an den durch Trennzeichen gekennzeichneten Stellen aufspalten und die Einzelwerte in ein Array speichern.

Lösung

Verwenden Sie die Funktion *Split*. Allerdings gibt es diese erst ab VBA 6.0, sodass der Code in Excel 97 und früher sowie unter Office v. X für Mac nicht funktioniert.

Erläuterungen

Die *Split*-Funktion spaltet Zeichenketten auf. Das Trennzeichen können Sie dabei frei wählen. Es kann ein Zeichen sein, aber auch eine Zeichenkombination. Sinnvoll ist dies beispielsweise, wenn Sie aus einer Textdatei mit Trennzeichen eine Zeile eingelesen haben und diese nun verarbeiten möchten. Der Aufruf der *Split*-Funktion in der Prozedur *TestK01_19* teilt dabei die Zeichenkette im ersten Parameter am Trennzeichen »;« auf.

Die *Split*-Funktion gibt immer einen *Variant*-Wert zurück, der ein eindimensionales Array enthält. Zur Speicherung des Rückgabewertes müssen Sie daher auch eine *Variant*-Variable definieren. Falls Sie das Array dann an eine Prozedur zur Ausgabe oder Verarbeitung der Werte übergeben möchten, müssen Sie den Parameter der Prozedur auch als einfachen Parameter (kein Array) vom Typ *Variant* deklarieren, wie dies die Prozedur *Ausgabe* zeigt.

```
Sub TestK01_19()
    Dim arrDaten As Variant
    arrDaten = Split("Franz Maier;16.10.1980;Hauptstadt", ";")
    Ausgabe arrDaten
    Erase arrDaten
End Sub

Sub Ausgabe(arrWerte As Variant)
    Dim intZeile As Integer
    For intZeile = LBound(arrWerte) To UBound(arrWerte)
        Debug.Print arrWerte(intZeile)
```

```
        Next intZeile
End Sub
```

Listing 1.30: Aufspalten einer Zeichenkette mit der Split-Funktion

TIPP: Der umgekehrte Weg funktioniert übrigens auch. Sie können den Inhalt eines eindimensionalen Arrays auch in eine Zeichenkette umwandeln. Das geht mit der *Join*-Funktion. Ihr übergeben Sie als ersten Parameter das Array in Form einer *Variant*-Variablen und als zweites das Trennzeichen. Das kann beispielsweise auch die Konstante *vbTab* sein, wenn Sie die Werte durch Tabulatoren trennen möchten. Die *Join*-Funktion gibt dann die fertige Zeichenkette zurück.

1.20 Arrays nach Werten durchsuchen

Das Codemodul *K01_20* mit dem Listing finden Sie in der Datei *K01.xls* innerhalb der Begleitdateien zum Buch.

Problem

Sie haben ein Array mit Werten und möchten wissen, ob ein bestimmter Wert darin vorhanden ist.

Lösung

Erstellen Sie eine Funktion, der Sie das Array und den Suchbegriff übergeben und die *True* zurückgibt, wenn der Suchwert gefunden wurde.

Erläuterungen

Die Prozedur *TestK01_20* erzeugt zunächst ein zweidimensionales Array und übergibt es dann zusammen mit dem Suchbegriff »Maier« an die Funktion *Suche*. Diese Funktion ermittelt wieder die Array-Grenzen und vergleicht dann in einer verschachtelten *For*-Schleife jeden Array-Wert mit dem Suchbegriff. Stimmen beide überein, wird der Funktion der Rückgabewert *True* zugewiesen und die Funktion mit *Exit Function* verlassen. Damit die Funktion *False* zurückgibt, wenn der Wert nicht gefunden wurde, müssen Sie vor der Schleife den Rückgabewert *False* festlegen. Er wird nur dann durch *True* ersetzt, wenn der Wert gefunden wurde.

```
Sub TestK01_20()
    Dim arrNamen(1, 2) As String
    arrNamen(0, 0) = "Franz"
    arrNamen(1, 0) = "Maier"
    arrNamen(0, 1) = "Lisa"
    arrNamen(1, 1) = "Franz"
    arrNamen(0, 2) = "Michael"
    arrNamen(1, 2) = "Schulze"
    Debug.Print Suche(arrNamen, "Maier")
    Erase arrNamen
End Sub

Function Suche(arrWerte As Variant, strSuchb As String)
    Dim intZeile As Integer
    Dim intSpalte As Integer
    Suche = False
    For intZeile = LBound(arrWerte, 2) To UBound(arrWerte, 2)
```

```
        For intSpalte = LBound(arrWerte, 1) To UBound(arrWerte, 1)
            If arrWerte(intSpalte, intZeile) = strSuchb Then
                Suche = True
                Exit Function
            End If
        Next intSpalte
    Next intZeile
End Function
```

Listing 1.31: Durchsuchen eines Arrays nach einem bestimmten Wert

1.21   Arraywerte sortieren

Das Codemodul *K01_21* mit dem Listing finden Sie in der Datei *K01.xls* innerhalb der Begleitdateien zum Buch.

Problem

Sie haben ein eindimensionales Array, das Sie sortieren möchten.

Lösung

Das einfachste Sortierverfahren ist das Bubblesort-Verfahren. Wenn Sie es nutzen möchten,
sollten Sie eine Funktion erstellen, der Sie das Array als Referenz übergeben, das sortiert werden soll. Die Funktion ändert die Werte im Array, sodass das Array anschließend sortiert vorliegt.

Erläuterungen

Wenn Sie mit dem Bubblesort-Verfahren sortieren möchten, vergleichen Sie dazu im Array
immer die hintereinander liegenden Werte und vertauschen diese, wenn die Reihenfolge nicht
stimmt. Wenn Sie aufsteigend sortieren möchten, prüfen Sie beispielsweise ob der erste Wert
größer als der zweite ist. In diesem Fall vertauschen sie die Werte. Danach vergleichen Sie den
zweiten und dritten Wert und vertauschen die Werte gegebenenfalls wieder. Auf diese Weise
wandert der größte Wert automatisch an die letzte Position. Danach wiederholen Sie den Vorgang, bis kein Austausch mehr notwendig ist. Sinnvoll ist es daher eine Variable zu definieren,
in der Sie die Tauschvorgänge je Durchlauf zählen. Sie können die Funktion beenden, wenn
dieser Zähler (im Beispiel die Variable *lngTausch*) den Wert 0 behält.

Die *Join*-Funktion, die hier zur Ausgabe des sortierten Arrays verwendet wird, steht erst ab
VBA 6.0 zur Verfügung, sodass der Code in Excel 97 und früher sowie unter Office v. X für
Mac nicht funktioniert. Die Funktionen *sortieren1* und *sortieren2* sind allerdings VBA 5-
kompatibel.

```
Sub TestK01_21()
    Dim arrZahlen As Variant
    arrZahlen = Array(1, 6, 37, 4, 5, 0)
    sortieren1 arrZahlen
    Debug.Print Join(arrZahlen, " ")
End Sub

Function sortieren1(ByRef arrWerte As Variant)
    'Sortiert ein eindimensionales Array
    Dim lngI As Long
```

```
    Dim varTemp As Variant
    Dim lngTausch As Long
    lngTausch = 0
    Do
        lngTausch = 0
        For lngI = LBound(arrWerte) To UBound(arrWerte) - 1
            If arrWerte(lngI) > arrWerte(lngI + 1) Then
                'Werte tauschen
                lngTausch = lngTausch + 1
                varTemp = arrWerte(lngI + 1)
                arrWerte(lngI + 1) = arrWerte(lngI)
                arrWerte(lngI) = varTemp
            End If
        Next lngI
    Loop Until lngTausch = 0
End Function
```

Listing 1.32: Sortieren eines eindimensionalen Arrays mit dem Bubblesort-Verfahren

TIPP: Zweidimensionale Arrays lassen sich ganz ähnlich sortieren. Sie müssen der Prozedur dazu aber abgesehen von dem Array auch die Nummer der Spalte übergeben, nach der das Array sortiert werden soll. Beim Vertauschen müssen Sie dann aber natürlich alle Felder vertauschen, nicht nur die in der Spalte mit dem Sortierkriterium.

```
Function sortieren2(arrWerte As Variant, lngSpalte As Long)
    Dim lngZ As Long
    Dim lngS As Long
    Dim lngTausch As Long
    Dim varTemp As Variant
    Do
        lngTausch = 0
        For lngZ = LBound(arrWerte, 2) To UBound(arrWerte, 2) - 1
            If arrWerte(lngSpalte, lngZ) > arrWerte(lngSpalte, lngZ + 1) Then
                'Tauschen
                lngTausch = IntTausch + 1
                For lngS = LBound(arrWerte, 1) To UBound(arrWerte, 1)
                    'vertauscht die Feldwerte jeder Spalte der beiden Datensätze
                    varTemp = arrWerte(lngS, lngZ)
                    arrWerte(lngS, lngZ) = arrWerte(lngS, lngZ + 1)
                    arrWerte(lngS, lngZ + 1) = varTemp
                Next lngS
            End If
        Next lngZ
    Loop Until lngTausch = 0
End Function
```

Listing 1.33: Sortieren eine zweidimensionalen Arrays nach einer Spalte Ihrer Wahl

Wenn Sie die Funktion aufrufen, müssen Sie den Spaltenindex der Spalte übergeben, nach der Sie sortieren möchten. Möchten Sie also nach der zweiten Spalte sortieren, müssen Sie den Index 1 angeben, da der Index ja standardmäßig bei 0 beginnt.

1.22 Benutzerdefinierte Datentypen erstellen

Das Codemodul *K01_22* mit dem Listing finden Sie in der Datei *K01.xls* innerhalb der Begleitdateien zum Buch.

Problem

Sie möchten Daten verschiedener Datentypen als eine Einheit verwalten und benötigen daher einen komplexeren Datentyp, als die Standarddatentypen von VBA.

Lösung

Erstellen Sie einen eigenen Datentyp, den Sie ähnlich wie die Standarddatentypen verwenden können.

Erläuterungen

Mit Hilfe der *Type*-Anweisung können Sie eigene Datentypen erstellen, die Sie aus den Standarddatentypen zusammensetzen. Die *Type*-Anweisung beginnt mit *Type*, gefolgt vom Namen des Datentyps und endet mit *End Type*. Dazwischen stehen die einzelnen Teile des Datentyps, die ähnlich wie Variablen deklariert werden.

Type-Anweisungen müssen immer auf Modulebene in einem normalen Modul stehen. In Klassenmodulen, beispielsweise dem Modul *ThisWorkbook*, sind sie nicht erlaubt. Im Beispiel wird ein Datentyp erstellt, der Namen und Vornamen als Zeichenketten sowie das Geburtsdatum als *Date*-Wert speichert.

Möchten Sie den Datentyp verwenden, deklarieren Sie dazu einfach eine Variable und geben den Namen hinter *Type* als Datentyp an. Bei der Zuweisung von Werten behandelt VBA die einzelnen Teile des Typs ähnlich wie Eigenschaften eines Objekts. Sie müssen den Namen der Variablen und den Namen des Teils, dem Sie einen Wert zuweisen bzw. den Sie abrufen möchten, durch einen Punkt voneinander trennen. Die Prozedur *TestK01_22* weist den einzelnen Teilen Werte zu und gibt dann das Geburtsdatum mit der *MsgBox*-Funktion aus.

```
Type GTage
    Vorname As String
    Nachname As String
    Datum As Date
End Type

Sub TestK01_22()
    Dim typG As GTage
    typG.Datum = #10/16/1980#
    typG.Vorname = "Hans"
    typG.Nachname = "Maier"
    MsgBox typG.Datum
End Sub
```

Listing 1.34: Definieren und verwenden eines benutzerdefinierten Datentyps

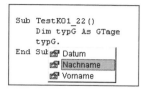

```
Sub TestK01_22()
    Dim typG As GTage
    typG.
End Sub   Datum
          Nachname
          Vorname
```

Abbildung 1.2: IntelliSense zeigt die einzelnen Teile des Datentyps zur komfortablen Auswahl an

1.23 Konstantenlisten definieren und verwenden

Das Codemodul *K01_23* mit dem Listing finden Sie in der Datei *K01.xls* innerhalb der Begleitdateien zum Buch.

Problem

Sie möchten sicherstellen, dass einer Variablen oder einem Parameter nur eine begrenzte Anzahl Werte zugewiesen werden kann.

Lösung

Sie benötigen dazu eine Konstantenliste, die seit Excel 2000 mit dem *Enum*-Schlüsselwort erstellt werden kann. Diese Konstantenliste können Sie anstelle eines Datentyps verwenden und erreichen damit, dass der Variablen nur die in der Konstantenliste definierten Werte zugewiesen werden können und außerdem IntelliSense die verfügbaren Werte anzeigt.

Erläuterungen

Eine Konstantenliste definieren Sie wie benutzerdefinierte Datentypen auf Modulebene. Die Definition beginnt mit dem Schlüsselwort *Enum* gefolgt vom Namen der Konstantenliste. Abschlossen wird die Definition mit *End Enum*. Dazwischen listen Sie die Konstantennamen auf. Geben Sie keine Werte an, erhalten die Konstanten fortlaufende ganzzahlige Werte beginnend bei 1. Alternativ können Sie den Konstanten aber auch wie im Beispiel Werte zuweisen. Zulässig sind aber auch dann nur numerische ganzzahlige Werte innerhalb des Wertebereichs des Datentyps *Long*.

```
Enum Design
    desV01 = 1
    desV02 = 2
End Enum
```

Listing 1.35: Definition einer Konstantenliste mit zwei Konstanten

Haben Sie die Konstantenliste einmal definiert, können Sie sie wie Datentypen verwenden, indem Sie Variablen, Parameter und Funktionen mit dem erzeugten Typ definieren. Beispielhaft zeigt dies die Prozedur *Design*. Sie verfügt über einen Parameter, der den Typ der definierten Konstantenliste hat und den übergebenen Wert in einer Meldung ausgibt.

```
Sub Design(enuDesign As Design)
    MsgBox enuDesign
End Sub
```

Listing 1.36: Eine Konstantenliste in der Parameterdefinition verwenden

Rufen Sie die Prozedur im Code auf, erscheint nach Eingabe des Prozedurnamens automatisch die Konstantenliste von IntelliSense.

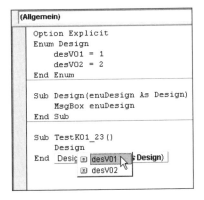

Abbildung 1.3: Anzeige der Konstanten in der Konstantenliste der Programmierhilfe IntelliSense

HINWEIS: Das Schlüsselwort *Enum* steht erst ab VBA 6.0 zur Verfügung, sodass der Code in Excel 97 und früher, sowie unter Office v. X für Mac nicht funktioniert. Mit Hilfe der bedingten Kompilierung können Sie jedoch dafür sorgen, dass es zu keiner Fehlermeldung beim Kompilieren kommt, falls der Code in früheren Excel-Versionen ausgeführt wird. Mehr zur bedingten Kompilierung zeigt der ▶ Abschnitt »1.24 Code abhängig von der VBA-Version ausführen« weiter hinten in diesem Kapitel.

1.24 Code abhängig von der VBA-Version ausführen

Das Codemodul *K01_24* mit dem Listing finden Sie in der Datei *K01.xls* innerhalb der Begleitdateien zum Buch.

Problem

Sie möchten eine VBA-Anwendung erstellen, die nicht nur mit einer, sondern mit mehreren Versionen von VBA funktioniert. Da Sie Anweisungen und Funktionen verwenden möchten, die erst in VBA 6.x hinzugefügt wurden, möchten Sie diese Funktionen für niedrigere Versionen nachprogrammieren.

Lösung

Da es beim Versuch, Anweisungen, Prozeduren und Funktionen zu verwenden, die es in der aktuell vorhandenen VBA-Version nicht gibt, schon beim Kompilieren zu einer Fehlermeldung kommt, bringt eine normale Verzweigung Sie nicht weiter. Zwar würde auch damit die Prozedur nur in der richtigen VBA-Version ausgeführt, der Kompilierfehler bleibt jedoch. Die einzige Möglichkeit, dies zu realisieren, ist die bedingte Kompilierung.

Erläuterungen

Bedingte Kompilierung bedeutet, dass Sie über bestimmte Anweisungen den Compiler steuern. Sie können so Quellcode definieren, den der Compiler nur dann kompiliert, wenn bestimmte Bedingungen erfüllt sind. Auf diese Weise können Sie beispielsweise eine Funktion *Replace* erstellen, die der Compiler nur dann beachtet, wenn die VBA-Version 5.0 verwendet wird. Alle Aufrufe von *Replace* in VBA 6.x-Hostanwendungen rufen dann die integrierte *Replace-*Funktion auf.

Sie können mit Hilfe der bedingten Kompilierung aber nicht nur Funktionen ergänzen, die in älteren VBA-Versionen fehlen, sondern auch abhängig von der VBA-Version diese Funktionen unterschiedlich aufrufen. In jedem Fall kommt dabei die Verzweigung *#if-then-#else* zur Verwendung. Das Beispiel zeigt, wie Sie für Excel 97 und früher (natürlich gilt das auch für andere VBA-5-Hostanwendungen) eine *Replace-*Funktion zum Ersetzen von Teilzeichenfolgen implementieren können. Sie kann zwar nicht alles, was die VBA-Funktion kann, unterstützt aber die wichtigsten Funktionen. Zunächst benötigen Sie dazu eine Verzweigung der bedingten Kompilierung auf Modulebene:

```
Option Explicit

#If VBA6 = False Then
'Code, der nur in Nicht-VBA 6-Umgebungen benötigt wird.
...
#End If
```

Listing 1.37: *Verzweigungen für die bedingte Kompilierung werden mit einem »#« vor den Schlüsselwörtern gekennzeichnet*

Bei der Konstanten *VBA6* handelt es sich um eine vordefinierte Konstante des Compilers, die den Wert *True* hat, wenn VBA 6.x verwendet wird. Ansonsten hat sie den Wert *False*. Innerhalb des *If*-Zweiges definieren Sie dann die Funktion *Replace* für VBA 5.0 Host-Anwendungen. Diese Funktion wird dann nur in VBA 5.0-Anwendungen kompiliert, in VBA 6.x-Anwendungen betrachtet der Compiler sie als Kommentar.

```
Option Explicit

#If VBA6 = False Then
'Code, der nur in Nicht-VBA 6-Umgebungen benötigt wird.
Function Replace(strText As String, _
    strSuchen As String, _
    strErsetzen As String) As String
    'Ersetzt alle Teilzeichenfolgen von
    'strSuchen in strText durch strErsetzen
    Dim strTeil As String
    Dim strRest As String
    Dim strErg As String
    Dim lngPos As String
    strRest = strText
    strErg = ""
    Do
        lngPos = InStr(1, strRest, strSuchen)
        If lngPos > 0 Then
            strErg = strErg & Mid(strRest, 1, lngPos - 1) & strErsetzen
            strRest = Mid(strRest, (lngPos) + Len(strSuchen))
            lngPos = InStr(1, strRest, strSuchen)
        End If
```

```
        Loop Until lngPos <= 0
        Replace = strErg & strRest
End Function
#End If
```

Listing 1.38: *Die benötigte Replace-Funktion für VBA 5.0-Anwendungen*

Wenn Sie die *Replace*-Funktion nutzen möchten, gibt es mehrere Möglichkeiten. Sie können – wie die Prozedur *TestK01_24* zeigt – auch wieder eine Verzweigung der bedingten Kompilierung nutzen und die *Replace*-Funktion unterschiedlich aufrufen.

```
Sub TestK01_24()
    #If VBA6 Then
        Debug.Print Replace(Expression:="123*AAAA**ABD", _
            Find:="*", Replace:="--")
    #Else
        Debug.Print Replace(strText:="123*AAAA**ABD", _
            strSuchen:="*", strErsetzen:="--")
    #End If
End Sub
```

Listing 1.39: *Aufrufen der richtigen Funktion abhängig von der VBA-Version*

TIPP: Wenn Sie wie im Beispiel Ihre eigene *Replace*-Funktion aber so gestalten, dass die benötigten Parameter die gleiche Reihenfolge haben wie in der VBA-Funktion, können Sie auch die bedingte Kompilierung weglassen. Dann sieht der Aufruf wie in der Prozedur *TestK01_24b* aus.

```
Sub TestK01_24b()
    Debug.Print Replace("123*AAAA**ABD", "*", "--")
End Sub
```

Listing 1.40: *Aufrufen der richtigen Funktion auch ohne bedingte Kompilierung*

HINWEIS: Ob Sie eine solche Verzweigung auf Modulebene anordnen oder innerhalb einer Prozedur, hängt vom Inhalt ab. Auf Modulebene definiert, darf sie nur Code enthalten, den Sie auch auf Modulebene definieren dürfen, wie Prozedurdefinitionen, Datentypen und Variablendeklarationen. Innerhalb einer Prozedur dürfen Sie natürlich keine Funktionen und Prozeduren innerhalb der Verzweigung definieren.

1.25 Anweisungen in Abhängigkeit vom Betriebssystem ausführen

Das Codemodul *K01_25* mit dem Listing finden Sie in der Datei *K01.xls* innerhalb der Begleitdateien zum Buch.

Problem

Sie möchten unterschiedlichen Code ausführen, abhängig davon, ob Excel in einer 32-Bit- oder 16-Bit-Windows-Umgebung oder auf dem Mac ausgeführt wird.

Lösung

Auch hier ist die bedingte Kompilierung die Lösung für das Problem. Ebenso wie es definierte Konstanten gibt, die die VBA-Version angeben, gibt es auch definierte Konstanten für das Betriebssystem.

Erläuterungen

Mit bedingter Kompilierung können Sie zwischen 16-Bit- und 32-Bit-Windows-Versionen und Mac-Betriebssystemen unterscheiden. Leider ist es aber nicht möglich, Mac OS X von den Vorgängerversionen zu unterscheiden. Nützlich ist diese Unterscheidung beispielsweise dann, wenn Sie den systemeigenen Editor starten oder bestimmte Systemfunktionen nutzen möchten. Eine solche Verzweigung könnte beispielsweise folgendermaßen aussehen:

```
#If Mac Then
'Hier den Code für den Mac einfügen
...
#ElseIf Win16 Then
'Code für Windows 3.x und Windows NT 3.x
...
#ElseIf Win32 Then
'Code für Windows NT 4.x, Windows 95 u. höher
...
#End If
```

Listing 1.41: Code abhängig vom Betriebssystem ausführen

HINWEIS: Sie können diese Verzweigung sowohl auf Modulebene als auch innerhalb einer Prozedur einfügen und natürlich auch einzelne *ElseIf*-Zweige weglassen.

1.26   Richtig runden

Das Codemodul *K01_26* mit dem Listing finden Sie in der Datei *K01.xls* innerhalb der Begleitdateien zum Buch.

Problem

Sie möchten Zahlen kaufmännisch, ohne Nachkommastellen runden, erhalten aber mit der *Round*-Funktion fehlerhafte Ergebnisse.

Lösung

Die *Round*-Funktion von VBA ist seit vielen Versionen fehlerhaft. Wenn Sie damit Zahlen mit einer Nachkommastelle runden, wird nicht immer korrekt gerundet. Die Zahl 1,5 wird korrekt auf 2 aufgerundet, 2,5 wird hingegen auf 2 abgerundet. Genauso fehlerhaft verfährt die *Round*-Funktion mit den Werten 4,5, 6,5, 8,5 etc. Wenn Sie korrekt runden möchten, benötigen Sie dazu eine eigene Funktion.

Erläuterungen

Das Problem lässt sich relativ einfach lösen, indem Sie zunächst die *Round*-Funktion verwenden, um auf eine Stelle mehr als die gewünschte Nachkommastelle zu runden. Das Ergebnis wandeln Sie in eine Zeichenkette um und prüfen, ob das letzte Zeichen eine 5 ist. Nur dann kann es überhaupt zu diesem Rundungsfehler kommen. Sollte die letzte Ziffer eine 5 sein, addieren Sie zu der Zahl eine sehr kleine Zahl hinzu, beispielsweise 0,00000001. Dies reicht aus, damit die *Round*-Funktion korrekt rundet. Dieses Ergebnis der *Round*-Funktion können Sie dann aus der Funktion zurückgeben.

```
Function runden(dblZahl As Double, bytStellen As Byte)
    Dim strZahl As String
    dblZahl = Round(dblZahl, bytStellen + 1)
    strZahl = CStr(dblZahl)
    If Mid(strZahl, Len(strZahl), 1) = "5" Then
        runden = Round(dblZahl + 0.0000000000001, bytStellen)
    Else
        runden = Round(dblZahl, bytStellen)
    End If
End Function
```

Listing 1.42: Die Funktion zum Runden

HINWEIS: In VBA 5.0 gibt es die *Round*-Funktion noch nicht. Wenn Sie dort runden möchten, müssen Sie sich selbst eine Funktion schreiben. Mit Hilfe der bedingten Kompilierung können Sie jedoch die Funktion *runden* so ändern, dass sie auch in VBA 5.0-Hostanwendungen funktioniert und in den 6.0-Anwendungen korrekt rundet. Der Unterschied zur bisherigen Version der Funktion besteht darin, dass Sie anstelle der *Round*-Funktion die *Format*-Funktion verwenden, um die Zahl auf eine bestimmte Anzahl von Nachkommastellen zu runden.

Mehr zur bedingten Kompilierung finden Sie im ▶ Abschnitt »1.24 Code abhängig von der VBA-Version ausführen« weiter oben in diesem Kapitel.

```
Function runden(dblZahl As Double, _
    bytStellen As Byte)
    Dim strZahl As String
    Dim strFormat As String
    strFormat = "0." & String(bytStellen + 1, "#")
    #If Vba6 Then
        dblZahl = Round(dblZahl, bytStellen + 1)
    #Else
        dblZahl = CDbl(Format(dblZahl, strFormat))
        If bytStellen > 0 Then
            strFormat = "0." & String(bytStellen, "#")
        Else
            strFormat = "0"
        End If
    #End If
    strZahl = CStr(dblZahl)
    If Mid(strZahl, Len(strZahl), 1) = "5" Then
        #If Vba6 Then
            runden = Round(dblZahl + _
            0.000000000001, bytStellen)
        #Else
            runden = CDbl(Format(dblZahl + _
            0.000000000001, strFormat))
        #End If
    Else
        #If Vba6 Then
            runden = Round(dblZahl, bytStellen)
        #Else
```

```
            runden = CDbl(Format(dblZahl + _
            0.000000000001, strFormat))
        #End If
    End If
End Function
```

Listing 1.43: *Eine VBA-5-kompatible Version der Funktion*

2 Excel-Objekte nutzen

Dieses Kapitel beschäftigt sich mit Problemen, die Sie mit Hilfe des Objektmodells von Excel lösen können. Es geht hier also um die Bestandteile von Excel, Arbeitsmappen und Tabellenblättern. Das Objektmodell ist der Teil einer VBA-Hostanwendung der sie von anderen VBA-Hostanwendungen unterscheidet. Vorausgesetzt, die VBA-Version ist identisch, können Sie reinen VBA-Code (wie den aus ▶ Kapitel 1) genauso gut in Word, Excel, PowerPoint oder Access ausführen. Nutzen Sie aber Teile des Objektmodells, ist der Code an ein bestimmtes Programm, beispielsweise Excel gebunden. Auch in den einzelnen Excel-Versionen unterscheiden sich die Objektmodelle. Das Excel-Objektmodell lernen Sie in diesem Kapitel kennen. Jedes Objekt repräsentiert dabei ein bestimmtes Element von Excel oder den Teil einer Arbeitsmappe. So gibt es beispielsweise ein *Workbook*-Objekt, das eine Arbeitsmappe darstellt und ein *Worksheet*-Objekt, das ein Tabellenblatt ist. Über die Eigenschaften und Methoden eines Objekts können Sie es beeinflussen und steuern.

2.1 Arbeitsmappen öffnen

Das Codemodul *K02_01*mit dem Listing finden Sie in der Datei *K02.xls* innerhalb der Begleitdateien zum Buch.

Problem

Sie möchten per VBA eine bestimmte Arbeitsmappe öffnen, deren Speicherort und Namen Sie kennen.

Lösung

Sie benötigen dazu die *Workbooks*-Auflistung des *Application*-Objekts. Über die *Open*-Methode können Sie die gewünschte Arbeitsmappe öffnen.

Erläuterungen

Die *Workbooks*-Auflistung verwaltet alle aktuell in Excel geöffneten Arbeitsmappen als *Workbook*-Objekte. Über einen Index können Sie auf die einzelnen *Workbook*-Objekte der Auflistung zugreifen. Indem Sie eine Arbeitsmappe öffnen, fügen Sie der *Workbooks*-Auflistung ein Element hinzu. Wenn Sie eine Arbeitsmappe schließen, wird das Element automatisch aus der Auflistung entfernt. Zum Öffnen einer Arbeitsmappe gibt es die *Open*-Methode der *Workbooks*-Auflistung. Sie verfügt über eine Reihe Parameter, die jedoch fast alle optional sind. Sie müssen mindestens den Namen (mit Pfad) der zu öffnenden Arbeitsmappe übergeben. Die Prozedur *TestK02_1a* öffnet die Arbeitsmappe *C:\test.xls*.

HINWEIS: Damit Sie das Beispiel testen können, müssen Sie die Arbeitsmappe *test.xls* aus dem Verzeichnis *\Buch\Kap02* auf der Buch-CD in das Stammverzeichnis von Laufwerk C: kopieren. Falls Sie Excel auf dem Macintosh verwenden, müssen Sie das Verzeichnis durch eine Mac-kompatible Pfadangabe ersetzen. Geben Sie beispielsweise *Application.Workbooks.Open "Mac OS X:test.xls"* an, um die Datei vom Startlaufwerk von Mac OS X zu öffnen. Voraussetzung dafür ist, dass dieses Laufwerk den Laufwerksbezeichner *Mac OS X* hat.

```
Sub TestK02_1a()
    'Öffnet die Arbeitsmappe test.xls auf Laufwerk c:\
    Application.Workbooks.Open "c:\test.xls"
End Sub
```

Listing 2.1: Öffnen einer Arbeitsmappe

Oft befindet sich eine Datei aber nicht in einem vorher bereits bekannten Verzeichnis. Wenn Sie beispielsweise eine Datei öffnen möchten, die sich im gleichen Verzeichnis wie die Datei befindet, die den Code ausführt, können Sie den Pfad zur Datei natürlich auch in Form einer Variablen angeben. Dazu können Sie den Pfad der aktuellen Arbeitsmappe problemlos ermitteln. Auf die Arbeitsmappe, in der Sie den Code einfügen, können Sie über das Objekt *ThisWorkbook* zugreifen. Dabei handelt es sich um ein *Workbook*-Objekt, das über die Eigenschaft *Path* den Pfad der Arbeitsmappe zur Verfügung stellt. Der Pfad wird ohne das abschließende Pfadtrennzeichen zurückgegeben. Dieses müssen Sie also zwischen Pfad und Dateinamen noch angeben. Da das Pfadtrennzeichen je nach verwendetem Betriebssystem unterschiedlich ist, sollten Sie das gültige Pfadtrennzeichen über die Eigenschaft *PathSeparator* des *Application*-Objekts ermitteln. Sie gibt das für das jeweilige Betriebssystem gültige Pfadtrennzeichen zurück. Auf dem Mac ist dies der Doppelpunkt (:) und unter Windows der Backslash (\). Dieser kleine Mehraufwand stellt sicher, dass Ihre Anwendung auch auf einem Macintosh noch funktioniert.

```
Sub TestK02_1b()
    'Öffnet die Arbeitsmappe test.xls im gleichen
    'Verzeichnis, in dem diese Arbeitsmappe liegt.
    Dim strPfad As String
    strPfad = Application.ThisWorkbook.Path & _
        Application.PathSeparator
    Application.Workbooks.Open strPfad & "test.xls"
End Sub
```

Listing 2.2: Eine Arbeitsmappe im gleichen Verzeichnis öffnen

TIPP: Besonders interessant sind zwei weitere Parameter der *Open*-Methode, nämlich *Add-ToMru* und *CorruptLoad*. Mit dem Parameter *AddToMru* können Sie festlegen, dass die geöffnete Datei in die Liste der zuletzt geöffneten Dateien eingetragen wird. Dazu müssen Sie dem Parameter den Wert *True* zuweisen. Andernfalls, oder wenn Sie ihn weglassen, wird die Datei nicht eingetragen. Mit dem Parameter *CorruptLoad*, der ab Excel 2002 unter Windows zur Verfügung steht, können Sie eine defekte Arbeitsmappe so öffnen, dass deren Daten und Formeln (sofern sie noch lesbar sind) extrahiert werden. Formatierungen werden jedoch verworfen. Auf diese Weise können beispielsweise Daten aus Arbeitsmappen extrahiert werden, deren Formatierungen bei der Weiterverarbeitung nur stören würden. In diesem Fall sollten Sie jedoch die geöffnete Arbeitsmappe auf keinen Fall speichern. Sie würden damit das Original überschreiben.

Es ist allerdings nicht möglich, die Daten auf diese Weise zu importieren, ohne dass der Benutzer dies merkt. Sobald Sie den Parameter *CorruptLoad* auf *xlExtractData* setzen, erscheint nach dem Öffnen der Arbeitsmappe eine Fehlermeldung.

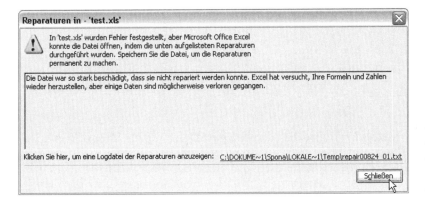

Abbildung 2.1: Meldung bei Nutzung der Datenwiederherstellung beim Öffnen einer Arbeitsmappe

```
Sub TestK02_1c()
    'Öffnet die Arbeitsmappe test.xls im gleichen
    'Verzeichnis, in dem diese Arbeitsmappe liegt.
    'und extrahiert die Daten
    Dim strPfad As String
    strPfad = Application.ThisWorkbook.Path & _
        Application.PathSeparator
    Application.Workbooks.Open Filename:=strPfad & "test.xls", _
        AddToMru:=True, CorruptLoad:=xlExtractData
End Sub
```

Listing 2.3: Öffnen einer Arbeitsmappe im Reparaturmodus

Die *Open*-Methode gibt ein *Workbook*-Objekt zurück, das die geöffnete Arbeitsmappe darstellt. Wenn Sie die Arbeitsmappe nach dem Öffnen noch weiter per VBA bearbeiten möchten, können Sie den Rückgabewert der *Add*-Methode einer Objektvariablen des Typs *Workbook* zuweisen. Das könnte beispielsweise wie folgt aussehen:

```
Sub TestK02_1d()
    'Öffnet die Arbeitsmappe test.xls im gleichen
    'Verzeichnis, in dem diese Arbeitsmappe liegt.
    Dim objWB As Workbook
    Dim strPfad As String
```

Excel-Objekte nutzen

```
    strPfad = Application.ThisWorkbook.Path & _
        Application.PathSeparator
    Set objWB = Application.Workbooks.Open(strPfad & "test.xls")
End Sub
```

Listing 2.4: Nutzung des Rückgabewertes der Open-Methode

2.2 Neue Arbeitsmappen aus einer Vorlage erstellen

Das Codemodul *K02_02* mit dem Listing finden Sie in der Datei *K02.xls* innerhalb der Begleit-dateien zum Buch.

Problem

Sie möchten eine leere Arbeitsmappe aus einer Vorlage erstellen.

Lösung

Sie können mit Hilfe der *Add*-Methode der *Workbooks*-Auflistung eine neue Arbeitsmappe erzeugen. Geben Sie keinen Parameter an, wird eine leere Arbeitsmappe erzeugt. Mit Hilfe eines Parameters können Sie jedoch auch eine Vorlage angeben, aus der die Datei erzeugt wird.

Erläuterungen

Der einzige Parameter der Methode erlaubt die Angabe einer Datei, die als Vorlage dient. Das kann entweder eine XLT-Datei sein oder aber auch eine einfache Arbeitsmappe. Wichtig ist, dass Sie den Pfad mit angeben, da nicht automatisch im Vorlagen-Ordner danach gesucht wird. Möchten Sie im Vorlagen-Ordner nach der Datei suchen, können Sie diesen über die *TemplatesPath*-Eigenschaft des *Application*-Objekts ermitteln.

ACHTUNG: Anders als die *Path*-Eigenschaft des *Workbook*-Objekts gibt die *TemplatesPath*-Eigenschaft das abschließende Pfadtrennzeichen mit zurück.

```
Sub TestK02_2()
    Dim strPfad As String
    strPfad = Application.TemplatesPath
    Application.Workbooks.Add strPfad & "Rechnung.xlt"
End Sub
```

Listing 2.5: Eine Datei anhand einer Vorlage erstellen

HINWEIS: Bevor Sie das Beispiel testen, sollten Sie sicherstellen, dass sich in Ihrem Vorlagen-Verzeichnis eine Datei mit dem Namen *Rechnung.xlt* befindet. Falls nicht, kopieren Sie die Datei *Rechnung.xlt* aus dem Ordner *\Buch\Kap02* der Buch-CD in Ihren Vorlagen-Ordner.

Anstelle einer Datei, die als Vorlage verwendet werden soll, können Sie der *Add*-Methode auch eine Konstante übergeben. Dazu stehen die Werte in Tabelle 2.1 zur Verfügung. Falls Sie eine Konstante angeben, wird eine leere Arbeitsmappe erzeugt, die genau ein Blatt des mit der Konstanten bestimmten Typs enthält.

Konstante	Erzeugtes Blatt
xlWBATChart	Diagrammblatt
xlWBATExcel4IntlMacroSheet	Internationales Excel 4-Makroblatt
xlWBATExcel4MacroSheet	Excel 4-Makroblatt
xlWBATWorksheet	Tabellenblatt

Tabelle 2.1*: Verfügbare Konstanten für die Add-Methode*

2.3   Eine bestimmte Arbeitsmappe aktivieren

Das Codemodul *K02_03* mit dem Listing finden Sie in der Datei *K02.xls* innerhalb der Begleit-dateien zum Buch.

Problem

Wenn mehrere Arbeitsmappen geöffnet sind, möchten Sie eine bestimmte aktivieren.

Lösung

Auf die aktive Arbeitsmappe können Sie über das Objekt *ActiveWorkbook* zugreifen, das von der *ActiveWorkbook*-Eigenschaft des *Application*-Objekts zurückgeben wird. Wenn Sie die aktive Arbeitsmappe festlegen möchten, rufen Sie die *Activate*-Methode des *Workbook*-Objekts der Arbeitsmappe auf.

Erläuterungen

Eigentlich ist es kein Problem die aktive Arbeitsmappe festzulegen. Einzig die Parameterinfor-mation von IntelliSense lässt den Schluss zu, dass ein numerischer Index an die *Workbooks*-Auflistung übergeben werden muss, um die Arbeitsmappe als *Workbook*-Objekt zurückzuge-ben. Das ist allerdings gar nicht notwendig. Statt eines Index können Sie auch den Namen der Arbeitsmappe (ohne Pfad) angeben. Wenn Sie beispielsweise die Arbeitsmappe *Planung.xls* aktivieren möchten, verwenden Sie dazu folgende Anweisung:

```
Application.Workbooks("Planung.xls").Activate
```

HINWEIS: Die Angabe des Dateinamens ohne Pfad ist deshalb immer eindeutig, weil Sie in Excel nicht mehrere Dateien mit dem gleichen Namen öffnen können, auch wenn sich diese in verschiedenen Verzeichnissen befinden. Allerdings kann es sein, dass es mehrere Fenster innerhalb der Excel-Instanz gibt, die die gleiche Arbeitsmappe anzeigen. In diesem Fall wird mit der *Activate*-Methode immer das erste Fenster aktiviert. Möchten Sie auf ein spezielles Fenster zugreifen, finden Sie weitere Informationen dazu im ▶ Abschnitt »2.46 Fenster öff-nen und schließen« weiter hinten in diesem Kapitel.

2.4 Prüfen, ob eine bestimmte Arbeitsmappe geöffnet ist

Das Codemodul *K02_04* mit dem Listing finden Sie in der Datei *K02.xls* innerhalb der Begleitdateien zum Buch.

Problem

Sie möchten prüfen, ob eine bestimmte Arbeitsmappe geöffnet ist, wenn nicht soll sie geöffnet werden.

Lösung

Der einzige Weg, um festzustellen, ob die gesuchte Arbeitsmappe geöffnet ist, ist eine Schleife, die die *Workbooks*-Auflistung durchläuft und für jedes *Workbook*-Objekt prüft, ob es das gesuchte ist.

Erläuterungen

Am einfachsten können Sie das Problem dadurch lösen, dass Sie eine Funktion erstellen, die prüft, ob die Arbeitsmappe geöffnet ist und in diesem Fall *True* zurückgibt. Zum Öffnen der Arbeitsmappe, falls das notwendig sein sollte, erstellen Sie eine zweite Prozedur, die die Funktion aufruft und abhängig vom Ergebnis die Arbeitsmappe öffnet. Dabei sollten Sie aber keinesfalls die Fehlerbehandlung vergessen. Auch wenn die Datei nicht geöffnet ist, könnte es beim Öffnen zu Laufzeitfehlern kommen, nämlich dann, wenn die Datei nicht gefunden werden kann, falls sie in einer anderen Excel-Instanz schon geöffnet ist oder eine Datei gleichen Namens (mit anderem Pfad) geöffnet ist.

TIPP: Auch zum Öffnen der Datei sollten Sie eine Funktion und keine Unterprozedur erstellen, weil Sie dann über den Rückgabewert der aufrufenden Anwendung mitteilen können, ob das Öffnen geklappt hat.

Die Funktion *geoeffnet* durchläuft die *Workbooks*-Auflistung mit der *For Each*-Schleife und wird verlassen, wenn alle Arbeitsmappen abgearbeitet sind oder die gewünschte gefunden wurde. Um zu prüfen, ob eine Arbeitsmappe die gesuchte ist, wird die *FullName*-Eigenschaft der Arbeitsmappe mit dem als Parameter übergebenen vollständigen Pfadnamen der Arbeitsmappe verglichen. Um Unterschiede in der Groß- und Kleinschreibung auszuschließen, werden beide Pfade mit Hilfe der *UCase*-Funktion in Großbuchstaben umgewandelt.

Damit die Funktion *False* zurückgibt, wenn die Arbeitsmappe nicht geöffnet ist, wird der Rückgabewert der Funktion auf *False* gesetzt, bevor die Schleife beginnt. Dieser Wert wird innerhalb der Schleife nur dann geändert, wenn die Arbeitsmappe in der *Workbooks*-Auflistung vorhanden ist.

HINWEIS: Auf dem Macintosh wird in Dateinamen die Groß- und Kleinschreibung beachtet. Falls Sie die Funktion hier einsetzen möchten, sollten Sie überlegen, ob Sie auf die *UCase*-Funktion verzichten. Das bietet sich an, wenn es Ihnen wichtig ist, dass beispielsweise eine Datei namens *daten.xls* anstelle von *Daten.xls* geöffnet wird.

```
Sub TestK02_4()
    Dim strPfad As String
    strPfad = Application.ThisWorkbook.Path & _
        Application.PathSeparator & "Rechnung.xls"
    If oeffnen(strPfad) = False Then
        MsgBox "Beim Öffnen der Datei " & strPfad & _
        " ist ein Fehler aufgetreten!"
    Else
        MsgBox "Die gewünschte Datei ist geöffnet", _
        vbInformation
    End If
End Sub

Function oeffnen(strDatei As String) As Boolean
    oeffnen = True
    If geoeffnet(strDatei) = False Then
        On Error GoTo Fehler
        Application.Workbooks.Open strDatei
        On Error GoTo 0
    End If
    Exit Function
Fehler:
    oeffnen = False
    Exit Function
End Function

Function geoeffnet(strDatei As String) As Boolean
    Dim objWB As Workbook
    geoeffnet = False
    For Each objWB In Application.Workbooks
        If UCase(objWB.FullName) = UCase(strDatei) Then
            geoeffnet = True
            Exit Function
        End If
    Next objWB
End Function
```

Listing 2.6: *Die Funktion geoeffnet prüft, ob die gewünschte Datei schon geöffnet ist*

2.5 Die Arbeitsmappe schließen

Das Codemodul *K02_05* mit dem Listing finden Sie in der Datei *K02.xls* innerhalb der Begleit-dateien zum Buch.

Problem

Sie möchten die Arbeitsmappe schließen.

Lösung

Um eine Arbeitsmappe zu schließen, rufen Sie die *Close*-Methode des *Workbook*-Objekts auf, das die Arbeitsmappe repräsentiert.

Erläuterungen

Abhängig davon, welche Arbeitsmappe Sie schließen möchten, können Sie drei verschiedene Varianten nutzen, um die *Close*-Methode aufzurufen:

Die aktive Arbeitsmappe schließen:

```
Application.ActiveWorkbook.Close
```

Die Arbeitsmappe schließen, die den Code ausführt:

```
ThisWorkbook.Close
```

Eine bestimmte Arbeitsmappe mit dem Namen *Planung.xls* schließen:

```
Application.Workbooks("Planung.xls").Close
```

Egal, welche Arbeitsmappe Sie schließen, Sie können dabei über einen Parameter festlegen, ob die Änderungen gespeichert oder verworfen werden sollen. Dazu geben Sie als ersten Parameter bzw. mit dem Parameternamen *SaveChanges* einen booleschen Wert an. *True* bestimmt, dass die Änderungen gespeichert werden, *False*, dass sie verworfen werden. Geben Sie den Parameter nicht an und gibt es Änderungen an der Arbeitsmappe, wird der Benutzer gefragt, ob die Änderungen gespeichert werden können.

Sollte die Arbeitsmappe noch keinen Namen haben, und möchten Sie die Änderungen speichern, müssen Sie einen Dateinamen über den Parameter *FileName* angeben. Ansonsten wird der Benutzer aufgefordert, einen Namen und Pfad anzugeben. Die Prozedur *NeueAMSchliessen* zeigt den Einsatz der beiden Parameter. Sie erzeugt eine neue Arbeitsmappe, setzt die *Saved*-Eigenschaft auf *False*, um Excel vorzuspielen, dass es nicht gespeicherte Änderungen gibt. Dann wird die Arbeitsmappe unter Verwendung der *Close*-Methode geschlossen.

```
Sub NeueAMSchliessen()
    Dim objWB As Workbook
    Set objWB = Application.Workbooks.Add()
    On Error Resume Next
    objWB.Saved = False
    objWB.Close saveChanges:=True, _
        Filename:=ThisWorkbook.Path & _
        Application.PathSeparator & "Test2.xls"
    If Err.Number <> 0 Then
        MsgBox Err.Description
    End If
End Sub
```

Listing 2.7: Arbeitsmappe erzeugen, schließen und speichern

2.6 Blätter hinzufügen und löschen

Das Codemodul *K02_06* mit dem Listing finden Sie in der Datei *K02.xls* innerhalb der Begleitdateien zum Buch.

Problem

Sie möchten ein Blatt zu einer geöffneten Arbeitsmappe hinzufügen und dafür ein anderes löschen.

Lösung

Verwenden Sie die *Add*-Methode der *Sheets*- oder *Worksheets*-Auflistung zum Erstellen von Tabellelblättern und die *Delete*-Methode um vorhandene Blätter zu löschen. Abhängig von der verwendeten *Add*-Methode können Sie ein Diagramm-, Makro- oder Tabelleblatt oder nur Tabelleblätter (*Worksheets*-Auflistung) hinzufügen.

Erläuterungen

In der *Sheets*-Auflistung eines *Workbook*-Objekts werden alle Blätter der Arbeitsmappe verwaltet. In dieser Liste befinden sich daher *Worksheet*-Objekte (Tabellenblätter), *Chart*-Objekte (Diagramme) etc. Darüber hinaus verfügt das *Workbook*-Objekt über die spezifischen Auflistungen *Charts* und *Worksheets*, die ausschließlich die Diagramm- bzw. Tabellenblätter verwalten. Ein Tabellenblatt ist also Element der *Worksheets*-Auflistung der *Sheets*-Auflistung, und ein Diagrammblatt ist Bestandteil der *Charts*- und *Sheets*-Auflistung. Alle diese Auflistungen verfügen über die *Delete*-Methode zum Löschen von Blättern sowie die *Add*-Methode, um neue zu erzeugen. Das erste Beispiel zeigt, wie Sie Blätter über die *Sheets*-Auflistung erstellen und löschen. Dabei wird der Variablen *objWB* das *Workbook*-Objekt der Arbeitsmappe zugewiesen, die den Code ausführt (*ThisWorkbook*). Möchten Sie das Blatt in einer anderen Arbeitsmappe erstellen oder löschen, müssen Sie der Variablen lediglich einen Verweis auf die Arbeitsmappe zuweisen, beispielsweise mit *Set objWB=Application.Workbooks("Name")*.

Der Unterprozedur *erstellen* übergeben Sie neben dem Namen des Blattes eine *XLSheetType*-Konstante, mit der Sie bestimmen können, welcher Blatttyp erstellt werden soll. Diesen Parameter können Sie dann direkt an den *Type*-Parameter der *Add*-Methode weiterreichen. Die *Add*-Methode der *Sheets*-Auflistung gibt das erzeugte Blatt zurück. Abhängig vom erzeugten Blatttyp ist der Rückgabewert beispielsweise ein *Worksheet*- oder *Chart*-Objekt. Die Variable, die den Rückgabewert aufnimmt sollte daher vom Typ *Object* definiert werden. Den Namen des Blattes können Sie über die *Name*-Eigenschaft des zurückgegebenen Objektes bestimmen. Wenn die Prozedur *erstellen* auch unter Excel v. X für Macintosh funktionieren soll, sollten Sie den Prozedurparameter *typ* als Parameter des Typs *Long* deklarieren, da Sie sonst einen Kompilierfehler erhalten, weil unter Excel v. X der Typ *xlSheetType* nicht bekannt ist. Dies stellt im Übrigen auch eine Abwärtskompatibilität unter Windows sicher.

ACHTUNG: Beim Benennen des Blattes kann es zu Laufzeitfehlern kommen, wenn der Name schon für ein anderes Blatt verwendet wird oder der Name kein gültiger Name für Arbeitsmappenblätter ist. Daher sollten Sie solche Fehler mit *On Error Resume Next* übergehen oder besser noch behandeln. Wie Sie vor dem Umbenennen feststellen, ob der Name schon verwendet wird, zeigt der ▶ Abschnitt »2.4 Prüfen, ob eine bestimmte Arbeitsmappe geöffnet ist« direkt im Anschluss.

Wenn Sie ein Blatt löschen möchten brauchen Sie nur die *Delete*-Methode der *Sheets*-Auflistung aufrufen. Als Indexwert für die *Sheets*-Auflistung übergeben Sie dann einfach den Namen des zu löschenden Blattes. Auch hier werden mögliche Laufzeitfehler wieder mit *On Error Resume Next* übergangen.

HINWEIS: Sie erhalten beim Ausführen der Prozedur *TestK02_6* zweimal die Meldung, dass das Tabellenblatt gewechselt wurde. Diese Meldungen werden durch eine Ereignisprozedur erzeugt die beim Wechseln eines Blattes ausgeführt wird. Wie Sie so etwas machen, erfahren Sie weiter unten im Abschnitt »2.15 Aktionen starten, wenn das Blatt gewechselt wurde«.

```
Sub TestK02_6()
    erstellen "test", xlWorksheet
    loeschen "test"
End Sub

Sub erstellen(strName As String, typ As XlSheetType)
    Dim objWB As Workbook
    Dim objBl As Object
    Set objWB = ThisWorkbook
    'Blatt einfügen
    Set objBl = objWB.Sheets.Add(Type:=typ)
    'Blatt benennen
    On Error Resume Next
    objBl.Name = strName
    Set objWB = Nothing
End Sub

Sub loeschen(strName As String)
    Dim objWB As Workbook
    Set objWB = ThisWorkbook
    On Error Resume Next
    objWB.Sheets(strName).Delete
    Set objWB = Nothing
End Sub
```

Listing 2.8*: Erstellen und löschen von Blättern über die Sheets-Auflistung*

Nicht immer ist es jedoch sinnvoll, die *Sheets*-Auflistung zu verwenden. Wenn Sie die Prozedur *loeschen* nutzen und ein Tabellenblatt namens »test« löschen möchten, kann es passieren, dass ein Diagrammblatt »test« gelöscht wird und es das Tabellenblatt »test« gar nicht gab. Verwenden Sie hingegen die *Charts*- bzw. *Worksheets*-Auflistungen, kann so etwas nicht passieren.

TIPP: Wenn Sie ein Blatt löschen, zeigt Excel standardmäßig eine Warnung an, die der Benutzer mit *Ja* bestätigen muss. Um das zu vermeiden, können Sie vor dem Aufruf der *Delete*-Methode die Eigenschaft *DisplayAlerts* des *Application*-Objekts auf *False* setzen: *Application.DisplayAlerts = False*. Nach dem Löschen schalten Sie die Warnungen mit *Application.DisplayAlerts = True* einfach wieder ein.

2.7   Prüfen, ob ein bestimmtes Blatt existiert

Das Codemodul *K02_07* mit dem Listing finden Sie in der Datei *K02.xls* innerhalb der Begleitdateien zum Buch.

Problem

Sie möchten prüfen, ob ein Blatt mit einem bestimmten Namen vorhanden ist.

Lösung

Sie müssen dazu die *Sheets*-Auflistung durchlaufen und prüfen, ob die *Name*-Eigenschaft des Blattes den gleichen Wert wie der gesuchte Blattname hat.

Erläuterungen

Zur Realisierung bietet sich eine Funktion an, der Sie das *Workbook*-Objekt übergeben, in dem nach dem Blatt gesucht werden soll, sowie den Namen des Blattes. Der Rückgabewert der Funktion ist vom Typ *Boolean* und muss vor Betreten der Schleife auf *False* gesetzt werden, damit die Funktion *False* zurückgibt, falls das Blatt in der Liste nicht gefunden werden konnte. Achten Sie bei der Suche auf eine korrekte Groß-/Kleinschreibung, da sonst das Blatt nicht gefunden werden kann.

```
Sub TestK02_7()
    Debug.Print Blattvorhanden(ThisWorkbook, "Tabelle1")
End Sub

Function Blattvorhanden(objWB As Workbook, _
    strBlatt As String) As Boolean
    Dim objBl As Object
    Blattvorhanden = False
    For Each objBl In objWB.Sheets
        If objBl.Name = strBlatt Then
            Blattvorhanden = True
            Exit For
        End If
    Next objBl
End Function
```

Listing 2.9: Prüfen, ob es ein bestimmtes Blatt gibt

2.8   Tabellenblätter ausblenden

Das Codemodul *K02_08* mit dem Listing finden Sie in der Datei *K02.xls* innerhalb der Begleitdateien zum Buch.

Problem

Sie möchten Tabellenblätter ausblenden, sodass sie für den Benutzer nicht sichtbar sind.

Lösung

Jedes Blatt verfügt über die *Visible*-Eigenschaft, über die Sie es ausblenden können. Sie brauchen diese Eigenschaft nur auf *xlSheetHidden* zu setzen, um es auszublenden.

Erläuterungen

Der *Visible*-Eigenschaft des Blattes können Sie die drei Konstanten *xlSheetHidden*, *xlSheetVisible* oder *xlSheetVeryHidden* zuweisen. Wenn Sie das Blatt einblenden möchten, setzen Sie die Eigenschaft wieder auf *xlSheetVisible*. Um es auszublenden, verwenden Sie *xlSheetHidden* oder *xlSheetVeryHidden*. Der Unterschied zwischen den beiden Konstanten besteht darin, dass der Benutzer ein Blatt, das mit *xlSheetHidden* ausgeblendet wurde, über das Menü *Format/Blatt/Einblenden* wieder einblenden kann. Bei einem mit *xlSheetVeryHidden* ausgeblendeten Blatt geht das nicht, es kann nur per VBA wieder eingeblendet werden, indem Sie die *Visible*-Eigenschaft auf *xlSheetVisible* setzen.

```
Sub BlattAusblenden(objWB As Workbook, strBlatt As String)
    On Error Resume Next
    objWB.Sheets(strBlatt).Visible = xlSheetHidden
End Sub

Sub BlattEinblenden(objWB As Workbook, strBlatt As String)
    On Error Resume Next
    objWB.Sheets(strBlatt).Visible = xlSheetVisible
End Sub

Sub TestK02_8()
    BlattAusblenden ThisWorkbook, "Tabelle1"
    BlattEinblenden ThisWorkbook, "Tabelle1"
End Sub
```

Listing 2.10: *Ein- und ausblenden von Blättern*

2.9 Blätter von einer Arbeitsmappe in eine andere kopieren und verschieben

Das Codemodul *K02_09* mit dem Listing finden Sie in der Datei *K02.xls* innerhalb der Begleitdateien zum Buch.

Problem

Sie möchten ein Tabellenblatt von einer Arbeitsmappe in eine andere verschieben oder kopieren.

Lösung

Verwenden Sie die *Move*-Methode der *Sheets*-Auflistung, um ein Blatt zu verschieben oder die *Copy*-Methode, um es zu kopieren.

Erläuterungen

Mit der *Copy*-Methode können Sie ein Blatt innerhalb der Arbeitsmappe, aber auch in eine andere Arbeitsmappe kopieren. Es ist allerdings damit nicht möglich, ein Blatt in eine vorhandene Arbeitsmappe zu kopieren. Excel erzeugt immer eine neue Arbeitsmappe, die anschließend das kopierte Blatt enthält. Gleiches gilt prinzipiell für die *Move*-Methode, die im Unterschied zur *Copy*-Methode das Blatt aus der ursprünglichen Arbeitsmappe entfernt. Um zu bestimmen, ob das Ziel des Kopier- bzw. Verschiebevorgangs die gleiche Arbeitsmappe ist, wie der Ursprung des Blattes, stehen die beiden optionalen Parameter *Before* und *After* zur Verfügung. Genau einen der beiden Parameter müssen Sie angeben, wenn Sie das Blatt innerhalb einer Arbeitsmappe kopieren bzw. verschieben möchten. Mit *After* geben Sie ein Blatt an, hinter dem das Blatt eingefügt werden soll. Mit *Before* können Sie ein Blatt bestimmen, vor dem das neue eingefügt werden soll. Beiden Parameter weisen Sie nicht etwa den numerischen Index zu, sondern eine Referenz auf das jeweilige Blatt.

Die Prozedur *TestK02_9* demonstriert die Verwendung beider Methoden. Zunächst wird das Tabellenblatt »*Tabelle2*« der Arbeitsmappe, die den Code ausführt, der Variablen *objWS* zugewiesen und mit der *Copy*-Methode in eine neue Arbeitsmappe kopiert. Da die *Copy*-Methode das *Workbook*-Objekt nicht zurückgibt, in dem das Blatt eingefügt wurde, bleibt nur die Möglichkeit, das *Workbook*-Objekt über die Eigenschaft *ActiveWorkbook* zu ermitteln. Sie gibt das *Workbook*-Objekt der aktiven Arbeitsmappe zurück. Über dieses wird im Anschluss ein zweites Blatt eingefügt und danach das ursprünglich eingefügte Blatt mit der *Move*-Methode hinter das zweite Blatt verschoben.

```
Sub TestK02_9()
    Dim objWBZiel As Workbook
    Dim objWS As Worksheet
    Dim objWB As Workbook
    Set objWB = ThisWorkbook
    Set objWS = objWB.Worksheets("Tabelle2")
    'Blatt in neue Arbeitsmappe kopieren
    objWS.Copy
    'Neue Arbeitsmappe zurückgeben
    Set objWBZiel = Application.ActiveWorkbook
    'Blatt hinzufügen
    Set objWS = objWBZiel.Sheets.Add()
    'Kopiertes Tabellenblatt hinter das zweite verschieben
    objWBZiel.Sheets("Tabelle2").Move after:=objWS
End Sub
```

Listing 2.11: Kopieren und verschieben von Blättern

2.10 Arbeitsmappen in verschiedenen Excel-Formaten speichern

Das Codemodul *K02_10* mit dem Listing finden Sie in der Datei *K02.xls* innerhalb der Begleit-dateien zum Buch.

Problem

Sie möchten eine Excel-Arbeitsmappe in ein anderes Format exportieren.

Lösung

Rufen Sie die Methode *SaveAs* des *Workbook*-Objekts auf. Ihr übergeben Sie das gewünschte Format als *xlFileFormat*-Konstante an den Parameter *FileFormat*.

Erläuterungen

Mit Hilfe der *SaveAs*-Methode können Sie eine Arbeitsmappe unter einem anderen Namen speichern und dabei auch ein anderes Format angeben. Auf diese Weise lässt sich eine Ar-beitsmappe in andere Excel-Formate exportieren. Die Prozedur *Exportieren* zeigt dies. Sie er-mittelt zunächst den Namen der Arbeitsmappe, indem der aktuelle Name vor dem Punkt abge-schnitten wird. Dessen Position gibt die *InStr*-Funktion zurück. Mit der *Mid*-Funktion können Sie dann die Teilzeichenkette ermitteln, beginnend bei 1 und endend bei einem Zeichen vor dem Punkt (*lngPos-1*). Beim Aufruf der *SaveAs*-Methode ergänzen Sie diesen Namen um den Pfad der zu exportierenden Arbeitsmappe (*objWB.Path*) sowie die Dateinamenserweiterung für das neue Format. Hier wird zusätzlich vor der Dateinamenserweiterung noch ein »_v5« einge-fügt. Daran lässt sich dann nachvollziehen, dass die Datei im Excel 5-Format gespeichert ist. Würden Sie nur die Dateinamenserweiterung ».xls« anhängen, hätten Sie den gleichen Datei-namen und Pfad wie bei der ursprünglichen Datei erzeugt und würden diese überschreiben.

Mit dem zweiten Parameter bestimmen Sie das Zielformat. Allerdings können Sie nicht alle verfügbaren *XlFileFormat*-Konstanten auch tatsächlich verwenden, um eine ganze Arbeitsmappe zu exportieren. Zudem hängen die verfügbaren Formate auch von den installierten Exportfiltern ab.

```
Sub Export(objWB As Workbook)
'Speichert die Arbeitsmappe im Excel 5-Format
    Dim lngPos As Long
    Dim strName As String
    strName = objWB.Name
    lngPos = InStr(1, strName, ".")
    If lngPos > 0 Then
        strName = Mid(strName, 1, lngPos - 1)
    End If
    objWB.SaveAs objWB.Path & Application.PathSeparator & _
        strName & "_v5.xls", XlFileFormat.xlExcel5
End Sub


Sub TestK02_10()
    Export ThisWorkbook
End Sub
```

Listing 2.12: *Exportieren der Arbeitsmappe in das Excel 5-Format*

TIPP: Wenn Sie vor dem Export prüfen möchten, in welchem Format die aktuelle Arbeitsmappe zur Zeit vorliegt, können Sie das Format über die *FileFormat*-Eigenschaft des *Workbook*-Objekts abrufen. Sie liefert eine *XlFileFormat*-Konstante zurück.

Sie können außerdem auch die *SaveCopyAs*-Methode des *Workbook*-Objekts verwenden. Sie speichert die Arbeitsmappe nicht unter einem anderen Namen, sondern legt eine Kopie unter einem anderen Namen an. Ein anderes Format können Sie dann jedoch nicht angeben.

HINWEIS: Wenn Sie als Zielformat etwas anderes als ein Excel-Arbeitsmappenformat angeben, erhalten Sie einen Laufzeitfehler. Sie können lediglich Tabellenblätter oder Zellbereiche in andere Formate exportieren. Wie das geht, zeigt der ▶ Abschnitt »2.18 Einen Zellbereich in eine CSV-Datei exportieren« weiter hinten in diesem Kapitel.

2.11 Code beim Öffnen der Arbeitsmappe starten

Das Codemodul *K02_11* mit dem Listing finden Sie in der Datei *K02.xls* innerhalb der Begleitdateien zum Buch.

Problem

Sie möchten Code ausführen, wenn die Arbeitsmappe geöffnet wird.

Lösung

Erstellen Sie eine Ereignisprozedur oder eine *Auto_Open*-Prozedur.

Erläuterungen

Es gibt zwei Möglichkeiten, um Code auszuführen, wenn eine Arbeitsmappe geöffnet wird. Bis Excel 97 war dies nur mit Hilfe von *Auto_Open*-Prozeduren möglich. Dazu müssen Sie eine Prozedur mit dem Namen *Auto_Open* erstellen. Diese Prozedur wird automatisch ausgeführt, nachdem Excel die Arbeitsmappe geöffnet hat. Seit Excel 97 können Sie alternativ auch eine Ereignisprozedur für das *Open*-Ereignis der Arbeitsmappe erstellen. Welche Methode Sie wählen, hängt also vornehmlich davon ab, welche Excel-Versionen Ihr Code unterstützen soll. Selbstverständlich können Sie auch beide Prozeduren gleichzeitig verwenden. Sie können dann mit Hilfe der bedingten Kompilierung auch erreichen, dass höhere Excel-Versionen den Code nur einmal (nämlich in der Ereignisprozedur) ausführen. Zunächst benötigen Sie dazu eine normale Prozedur, die den Code enthält, der beim Starten ausgeführt werden soll.

```
Sub Ausgabe()
    MsgBox "Code, der beim Öffnen ausgeführt wird!"
End Sub
```

Listing 2.13: Die auszuführende Prozedur

Außerdem benötigen Sie für Excel 5/7 noch eine *Auto_Open*-Prozedur, die Sie wie die Prozedur *Ausgabe* in einem normalen Modulblatt erstellen können. Wichtig ist nur, dass Sie den korrekten Namen (incl. Groß- und Kleinschreibung) verwenden. In dieser Prozedur rufen Sie die Prozedur *Ausgabe* auf. Damit die Prozedur nur dann vom Compiler berücksichtigt wird, wenn Excel 5 oder 7 verwendet wird, umgeben Sie die Prozedur mit einer *#If*-Verzweigung. Mehr zur bedingten Kompilierung finden Sie in ▶ Kapitel 1. Da Excel v. X für Mac trotz der VBA 5.0-Implementierung die Ereignisprozedur ausführt, benötigen Sie die mit *And* verknüpfte Bedingung. Sie stellt sicher, dass die Prozedur nur dann kompiliert und verwendet wird, wenn eine VBA 5.0-Hostanwendung verwendet wird, die nicht auf dem Macintosh ausgeführt wird.

```
#If (Vba6 = False) And (Mac = False) Then
Sub Auto_Open()
    Ausgabe
End Sub
#End If
```

Listing 2.14: Definieren der Auto_Open-Prozedur für Excel 5 und 7 sowie Excel v. X für Mac

Nun fehlt noch die Ereignisprozedur. Dabei handelt es sich um eine besondere Prozedur, die automatisch ausgeführt wird, wenn das Ereignis (hier das Öffnen der Arbeitsmappe) eintritt. Ereignisprozeduren müssen Sie immer in einem Klassenmodul definieren, für dessen Klasse das Ereignis definiert ist. Klassen definieren, wie ein Objekt aussieht, das heißt, über welche Methoden, Eigenschaften und Ereignisse es verfügt. Die Klasse *Workbook* legt beispielsweise fest, wie ein *Workbook*-Objekt aussieht und über welche Eigenschaft es verfügt. Das Modul *DieseArbeitsmappe*, das automatisch in jeder Arbeitsmappe enthalten ist, basiert auf dieser Klasse, sodass auch das Ereignis *Open* verfügbar ist. Gehen Sie folgendermaßen vor, wenn sie für die Arbeitsmappe eine Ereignisprozedur erstellen möchten.

1. Öffnen Sie das Modul *DieseArbeitsmappe* durch einen Doppelklick im Projekt-Explorer.

2. Wählen Sie aus der Objektliste das Objekt *Workbook* aus. Wenn das Modul noch keine Ereignisprozedur enthält, erzeugt der VBA-Editor nun automatisch eine Ereignisprozedur für das *Open*-Ereignis. Andernfalls müssen Sie dies manuell initiieren, indem Sie mit Schritt 3 fortfahren.

3. Wählen Sie aus der Ereignisliste das *Open*-Ereignis aus.

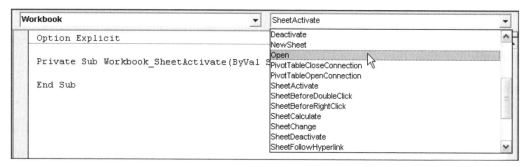

Abbildung 2.2: *Erstellen der Ereignisprozedur für das Open-Ereignis*

Damit haben Sie die Prozedur erstellt – nun brauchen Sie darin nur noch die Prozedur *Ausgabe* aufrufen.

```
Private Sub Workbook_Open()
    Ausgabe
End Sub
```

Listing 2.15: *Inhalt der Ereignisprozedur für das Open-Ereignis*

Wenn Sie nun die Arbeitsmappe speichern, schließen und neu öffnen, werden Sie sehen, dass die Prozedur *Ausgabe* ausgeführt wird.

HINWEIS: Ereignisprozeduren werden nach einem einheitlichen Schema benannt. Die Prozedur beginnt mit dem Namen des Objekts (hier *Workbook*), dann folgt ein Unterstrich und danach der Name des Ereignisses. Manche Ereignisprozeduren verfügen über Parameter, über die Informationen zum Ereignis abgerufen oder über die die Folgen des Ereignisses abgewendet werden können. Innerhalb der Ereignisprozedur können Sie diese Parameter nutzen wie in ganz normalen Prozeduren auch.

Mehr über Ereignisse, Ereignisprozeduren und Klassen erfahren Sie in ▶ Kapitel 3 und in ▶ Kapitel 9.

2.12 Anweisungen beim Schließen einer Arbeitsmappe ausführen

Das Codemodul *K02_12* mit dem Listing finden Sie in der Datei *K02.xls* innerhalb der Begleitdateien zum Buch.

Problem

Sie möchten Code ausführen, wenn die Arbeitsmappe geschlossen wird.

Lösung

Erstellen Sie eine Ereignisprozedur für das *BeforeClose*-Ereignis oder eine *Auto_Close*-Prozedur.

Erläuterungen

Die Ausführung von Code beim Schließen der Arbeitsmappe funktioniert im Prinzip wie das Öffnen (▶ Abschnitt »2.11 Code beim Öffnen der Arbeitsmappe starten« weiter vorne in diesem Kapitel). Lediglich die Prozedur für Excel 5/7 heißt nun *Auto_Close*, und das Ereignis der Ereignisprozedur heißt *BeforeClose*. *BeforeClose* ist deshalb richtig, weil das Ereignis eintritt, unmittelbar bevor eine Arbeitsmappe geschlossen wird. Nach dem Schließen kann ja kein Code mehr ausgeführt werden, der sich in der Datei befindet. Aus diesem Grund verfügt dieses Ereignis auch über den *Cancel*-Parameter. Setzen Sie ihn auf *True*, wird das Schließen der Arbeitsmappe verhindert.

```
Private Sub Workbook_BeforeClose(Cancel As Boolean)
    Dim bytAntw As Byte
    If MsgBox("Wollen Sie die Arbeitsmappe " & _
        "wirklich schließen?", _
        vbInformation + vbYesNo) = vbYes Then
        Ausgabe2
    Else
        Cancel = True
    End If
End Sub
```

Listing 2.16: Die Ereignisprozedur für das BeforeClose-Ereignis

```
Sub Ausgabe2()
    MsgBox "Code, der beim Schließen ausgeführt wird!"
End Sub

#If (VBA6 = False) And (Mac = False) Then
Sub Auto_Close()
    Ausgabe2
End Sub
#End If
```

Listing 2.17: Die Auto_Close-Prozedur und die Prozedur Ausgabe2, die beim Schließen ausgeführt werden soll

2.13 Die Registerfarbe festlegen

Das Codemodul *K02_13* mit dem Listing finden Sie in der Datei *K02.xls* innerhalb der Begleitdateien zum Buch.

Problem

Sie möchten die Registerfarbe eines Blattes definieren.

Lösung

Seit Excel 2002 können Sie einem Tabellenblatt eine Registerfarbe zuweisen. Wenn Sie dies per VBA-Code erledigen möchten, müssen Sie dazu die Eigenschaft *ColorIndex* oder *Color* des *Tab*-Objekts festlegen.

Erläuterungen

Das *Tab*-Objekt stellt eine Registerkarte eines Blattes dar und wird über die *Tab*-Eigenschaft des *Sheet*-, *Worksheet*- und *Chart*-Objekts zurückgegeben. Die Farbe können Sie wahlweise über die *ColorIndex*-Eigenschaft oder die *Color*-Eigenschaft zuweisen. Nutzen Sie die *ColorIndex*-Eigenschaft müssen Sie eine Farbnummer der Excel-Farbpalette als Wert angeben, beispielsweise 3, wenn Sie die Farbe »rot« festlegen möchten.

Mit der *Color*-Eigenschaft können Sie hingegeben Farben nach Wahl mischen, indem Sie den Rückgabewert der *RGB*-Funktion zuweisen. Sie gibt einen Farbwert vom Typ *Long* zurück, der aus den drei Parametern gemischt wird. Der erste Parameter gibt den Rotwert, der zweite den Grünanteil und der Dritte den Blauanteil an. Alle drei Parameter können Werte von 0 bis 255 haben. Um ein reines Rot zu definieren, müssen Sie beispielsweise *RGB(255,0,0)* angeben.

```
Sub TestK02_13()
    On Error Resume Next
    ThisWorkbook.Sheets("Tabelle1").Tab.ColorIndex = 3
    ThisWorkbook.Sheets("Tabelle2").Tab.Color = RGB(100, 0, 25)
End Sub
```

Listing 2.18: *Farbe der Registerkarten festlegen*

Abbildung 2.3: *Das Ergebnis*

HINWEIS: Die *On Error Resume Next*-Anweisung ist wichtig, damit es beim Ausführen des Codes unter Excel 2000 und früheren Versionen nicht zu Laufzeitfehlern kommt, weil es dort das *Tab*-Objekt und die *Tab*-Eigenschaft noch nicht gibt.

2.14 Blätter mit Schreibschutzkennwort versehen

Das Codemodul *K02_14* mit dem Listing finden Sie in der Datei *K02.xls* innerhalb der Begleitdateien zum Buch.

Problem

Sie möchten ein Blatt mit einem Schreibschutzkennwort versehen.

Lösung

Sie müssen die *Protect*-Methode des Blattes aufrufen. Mit ihr können Sie über zahlreiche Parameter bestimmen, was geschützt und welches Kennwort zugewiesen werden soll. Den Schutz können Sie mit der *UnProtect*-Methode wieder aufheben.

Erläuterungen

Sie können in einer Arbeitsmappe sowohl die ganze Arbeitsmappe als auch Tabellenblätter und Diagramme schützen. Immer verwenden Sie dazu die *Protect*-Methode. Allerdings unterscheiden sich die *Protect*-Methoden der Objekte *Workbook*, *Worksheet* und *Chart* voneinander in der Anzahl und Bedeutung der Parameter. Die Prozedur *schuetzen* schützt das als Parameter übergebene Blatt mit dem ebenfalls als *strWK* übergebenen Kennwort. Dadurch, dass die Parameter *AllowFormattingCells*, *AllowFiltering* und *AllowSorting* auf *True* gesetzt werden, wird dem Benutzer erlaubt, Zellen zu formatieren, die Daten zu filtern und zu sortieren. Wenn Sie den Schutz wieder aufheben möchten, übergeben Sie an die *Unprotect*-Methode einfach das Kennwort.

```
Sub TestK02_14()
    Dim objBL As Worksheet
    Set objBL = ThisWorkbook.Worksheets( _
        "Schreibgeschuetzt")
    schuetzen objBL, "test"
    SchutzAufheben objBL, "test"
End Sub

#If (Vba6) And (Win32) Then
Sub schuetzen(objBl As Worksheet, strKW As String)
        objBl.Protect Password:=strKW, _
        AllowFormattingCells:=True, AllowFiltering:=True, _
        AllowSorting:=True
End Sub
#Else
Sub schuetzen(objBl As Worksheet, strKW As String)
        objBl.Protect Password:=strKW
End Sub
#End If

Sub SchutzAufheben(objBL As Worksheet, strKW As String)
        objBL.Unprotect strKW
End Sub
```

Listing 2.19: Ein Blatt schützen und den Schutz wieder aufheben

HINWEIS: In Excel v. X für Macintosh sowie in Excel 2000 und früheren Versionen stehen die benannten Parameter *AllowFormattingCells*, *AllowFiltering* und *AllowSorting* noch nicht zur Verfügung. Sie müssen daher auf die bedingte Kompilierung zurückgreifen, um Mac-kompatiblen Code zu erstellen. Für Excel 2000 nützt das aber nichts, da auch Excel 2000 VBA 6.x verwendet und es sich mit der bedingten Kompilierung nicht von den höheren Versionen unterscheiden lässt. Hier hilft die späte Bindung weiter, wenn Sie den Parameter *objBL* der Prozedur *schuetzen* nicht als *Worksheet*-Objekt sondern nur vom Typ *Object* deklarieren. Der Compiler kann dann nicht prüfen, ob die Parameter richtig sind. Dadurch tritt zwar bei Excel 2000 ein Laufzeitfehler auf, diesen können Sie jedoch problemlos mit *On Error Resume Next* übergehen. Was es mit der späten Bindung auf sich hat und welche Nachteile den Vorteilen gegenüberstehen, erfahren Sie im ▶ Abschnitt »2.55 Auf Steuerelemente in Tabellen zugreifen« weiter hinten in diesem Kapitel.

```
Sub schuetzen(objBl As Object, strKW As String)
        On Error Resume Next
        objBl.Protect Password:=strKW, _
        AllowFormattingCells:=True, AllowFiltering:=True, _
        AllowSorting:=True
End Sub
```

Listing 2.20: Übergabe des Blattes als einfaches Objekt

Statt den Fehler nur zu ignorieren, könnten Sie innerhalb der Prozedur auch die genaue Excel-Version ermitteln und abhängig davon die *Protect*-Methode mit verschiedenen Parametern aufrufen. Wie Sie die Excel-Version ermitteln, erfahren Sie in ▶ Kapitel 3. Dort sehen Sie auch ein Beispiel, wie Sie die Excel-Version nutzen können, um versionsübergreifenden Excel-Code zu erstellen.

2.15 Aktionen starten, wenn das Blatt gewechselt wurde

Das Codemodul *K02_15* mit dem Listing finden Sie in der Datei *K02.xls* innerhalb der Begleitdateien zum Buch.

Problem

Sie möchten darauf reagieren, dass der Benutzer ein Blatt wechselt und abhängig davon, welches Blatt aktiviert wurde, unterschiedlichen Code ausführen.

Lösung

Erstellen Sie eine Ereignisprozedur für das *SheetActivate*-Ereignis der Arbeitsmappe und fragen Sie dort die Eigenschaften des Parameters *Sh* ab.

Erläuterungen

Das Ereignis *SheetActivate* der Arbeitsmappe tritt ein, sobald der Benutzer ein Blatt wechselt und dabei ein neues Blatt aktiviert. Das neue, aktive Blatt wird der Ereignisprozedur als Parameter *Sh* übergeben. Sie können darüber beispielsweise den Typ des Blattes abrufen. Dies können Sie mit Hilfe der *TypeName*-Funktion erledigen. Sie gibt den Klassennamen des Blattes zurück. Bei einer Tabelle ist dies beispielsweise der Name *Worksheet*, bei einem Diagrammblatt wird der Name *Chart* zurückgegeben. Wenn Sie zum Beispiel Code ausführen möchten, wenn ein Tabellenblatt aktiviert wurde, prüfen Sie in einer Verzweigung einfach den Ausdruck *TypeName(Sh) = "Worksheet"*. Ist er wahr, ist das aktive Blatt ein Tabellenblatt. Sie können aber auch andere Eigenschaften prüfen, beispielsweise den Namen, falls Sie Code nur ausführen möchten, wenn ein bestimmtes Blatt aktiviert wurde. Sie können Code auch abhängig von der Registerkartenfarbe ausführen. Ihrer Fantasie sind also keine Grenzen gesetzt.

TIPP: Vergessen Sie die *On Error Resume Next*-Anweisung nicht, falls Sie die *Tab*-Eigenschaft verwenden. Sie ist erst ab Excel 2002 vorhanden. Bedenken Sie außerdem, dass in diesem Beispiel der letzte *ElseIf*-Zweig nur ausgeführt wird, wenn das aktivierte Blatt ein Tabellenblatt ist, nicht »Tabelle2« heißt und keine rote Registerfarbe hat. Dies liegt daran, dass die *ElseIf*-Bedingung nur dann überprüft wird, wenn die vorangegangenen Bedingungen nicht erfüllt sind.

```
Private Sub Workbook_SheetActivate(ByVal Sh As Object)
    On Error Resume Next
    If Sh.Name = "Tabelle2" Then
        MsgBox "Tabelle2"
        'Hier Code einfügen, der ausgeführt werden
        'soll, wenn das Blatt "Tabelle2" aktiviert
        'wurde.
    ElseIf Sh.Tab.ColorIndex = 3 Then
```

```
    MsgBox "Blatt mit rotem Register"
    'Hier Code einfügen, der ausgeführt werden
    'soll, wenn ein Blatt mit rotem Register
    'aktiviert wurde.
  ElseIf TypeName(Sh) = "Worksheet" Then
    MsgBox "Ein anderes Tabellenblatt wurde aktiviert"
    'Hier Code einfügen, der ausgeführt werden
    'soll, wenn ein Tabellenblatt aktiviert wurde
  End If
End Sub
```

Listing 2.21: Code in Abhängigkeit vom aktivierten Blatt ausführen

Die Ereignisprozedur erstellen Sie im Klassenmodul *DieseArbeitsmappe*. Näheres dazu finden Sie im ▶ Abschnitt »2.11 Code beim Öffnen der Arbeitsmappe starten« weiter vorne in diesem Kapitel.

2.16   Prüfen, ob eine Zelle leer ist

Das Codemodul *K02_16* mit dem Listing finden Sie in der Datei *K02.xls* innerhalb der Begleitdateien zum Buch.

Problem

Sie möchten prüfen, ob eine Zelle eines Tabellenblattes leer ist.

Lösung

Stellen Sie fest, ob die Zelle keinen Wert enthält. Ein Wert kann eine Formel, ein Zeichen oder eine Zahl sein.

Erläuterungen

Die Prüfung, ob eine Zelle leer ist, gehört zu den grundlegenden Problemen der Excel-Programmierung. Wenn Sie beispielsweise per VBA Daten an eine vorhandene Tabelle anhängen möchten, müssen Sie zunächst die erste leere Zeile ermitteln. Dazu müsse Sie wiederum prüfen, ob alle Zellen dieser Zeile leer sind. Daher bietet sich eine Funktion an, die prüft, ob eine Zelle leer ist, und in diesem Fall den Wert *True* zurückgibt. Sinnvollerweise sollten Sie der Funktion die Zelle übergeben. Zellen werden in VBA als *Range*-Objekte dargestellt. Ein *Range*-Objekt kann wiederum eine oder mehrere untergeordnete *Range*-Objekte (Zellen) umfassen. Um den Wert einer Zelle abzurufen oder zu setzen, verwenden Sie die *Value*-Eigenschaft. Sie liefert immer den Wert einer Zelle, niemals die Formel. Enthält eine Zelle eine Formel, liefert die *Value*-Eigenschaft das Ergebnis.

Der einfachste Weg zu prüfen, ob eine Zelle leer ist, wäre der Vergleich der *Value*-Eigenschaft mit der *empty*-Konstante von VBA. Dies funktioniert aber leider nur so lange, wie die Zelle keine Formel enthält, die einen Wert liefert, der einer leeren Zeichenfolge entspricht. In diesem Fall würde die Zelle als »leer« erkannt, und beim Löschen oder Überschreiben der Zelle würde damit auch die Formel gelöscht werden. Sie dürfen also nur dann *True* zurückgeben, wenn es keine Formel gibt und die Formel nur Leerzeichen oder eine leere Zeichenfolge enthält. Die *Trim*-Funktion dient dabei dazu, führende und abschließende Leerzeichen abzuschneiden. Bleibt dann nur eine leere Zeichenfolge übrig, stand nur eine leere Zeichenfolge oder eine aus mehreren Leerzeichen bestehende Zeichenfolge in der Zelle. Ob die Zelle eine Formel enthält, können Sie prüfen, indem Sie die *Formula*-Eigenschaft abrufen. Bei Zellen ohne Formel liefert sie eine leere Zeichenfolge.

```
Function Zelleleer(objZelle As Range) As Boolean
    If (objZelle.Value = Empty) And _
        ((Trim(objZelle.Value) = "") And _
        (objZelle.Formula = "")) Then
            Zelleleer = True
    Else
            Zelleleer = False
    End If
End Function
```

Listing 2.22: *Prüfen, ob eine Zelle leer ist*

WICHTIG: Die Arbeitsmappe *K02.xls* enthält mehrere Funktionen namens *ZelleLeer*. Wenn Sie den Code direkt aus dieser Arbeitsmappe ausführen, müssen Sie beim Aufruf in einer Tabellenzelle oder im Direktfenster das Modul angeben, dessen Funktion *ZelleLeer* Sie ausführen möchten, also zum Beispiel *Debug.Print K02_16.Zelleleer(Application.ActiveCell)*. Rufen Sie die Funktion aus einer Prozedur auf, die sich im gleichen Modul wie die Funktion befindet, ist das nicht notwendig. In diesem Fall wird immer die Funktion verwendet die sich im gleichen Modul befindet.

Wenn Sie die Funktion testen möchten, können Sie beispielsweise die aktive Zelle in Excel an die Funktion übergeben: *Debug.Print Zelleleer(Application.ActiveCell)*.

TIPP: Wenn Sie lediglich testen möchten, ob die Zelle eine Formel enthält, können Sie auch die *HasFormula*-Eigenschaft der Zelle abfragen. Sie hat den Wert *True*, wenn die Zelle eine Formel enthält, bzw. *False*, wenn sie keine enthält.

2.17 Auf benachbarte Zellen zugreifen

Das Codemodul *K02_17* mit dem Listing finden Sie in der Datei *K02.xls* innerhalb der Begleitdateien zum Buch.

Problem

Sie möchten – ausgehend von einer Zelle – auf die direkt benachbarten Zellen zugreifen.

Lösung

Über die *Row*- und *Column*-Eigenschaft einer Zelle können Sie den Zeilen- und Spaltenindex ermitteln. Dies stellt die Basis für den Zugriff auf die benachbarten Zellen dar.

Erläuterungen

Möchten Sie auf die benachbarten Zellen zugreifen, benötigen Sie dazu lediglich zwei verschachtelte *For*-Schleifen, in denen Sie den Zeilen- und Spaltenindex hochzählen. Sie beginnen bei einem Wert, der um 1 niedriger als der jeweilige Index der aktuellen Zelle ist, und enden mit einem Wert, der um 1 höher als jener der Zelle ist. Um alle Zellen zu markieren, die um die übergebene Zelle herum angeordnet sind, müssen Sie die Zelladressen aller zu markierenden Zellen als kommaseparierte Liste an die *Range*-Auflistung übergeben. Die *Range*-Auflistung verwaltet alle Zellen eines Tabellenblattes. Über einen Index können Sie auf einzelne Zellen der Auflistung zugreifen. Der Index darf eine gültige Zelladresse (»A1«) oder Bereichsadresse (»A1:B3«) sein. Aber auch eine kommaseparierte Liste aus Adressen ist möglich, beispielsweise »A1:B3,A7,B7:C17«. Diese Adressliste wird innerhalb der Schleife der Variablen *strZellen* zugewiesen, wobei die Adresse der gerade in der Schleife abgearbeiteten Zelle über die *Address*-Eigenschaft des *Range*-Objekts ermittelt wird. Die Zelle selbst wird als *Range*-Objekts aus der *Cells*-Auflistung ermittelt. Diese verwaltet alle Zellen in einem Zellbereich (*Range*) oder Tabellenblatt. Über den Zeilen- und Spaltenindex, die Sie beide durch ein Komma getrennt angeben, können Sie aus der *Cells*-Auflistung eine einzelne Zelle als *Range*-Objekt zurückgeben.

Wenn auf diese Weise alle betroffenen Zellen abgearbeitet sind, wählt die Funktion die Zellen aus, indem die *Select*-Methode des *Range*-Objekts aufgerufen wird. Damit werden die Zellen im Tabellenblatt auch sichtbar markiert. Das *Selection*-Objekt liefert ein Objekt, das bei einer Markierung von Zellen ein *Range*-Objekt ist. Bei Diagrammen kann das *Selection*-Objekt aber auch ein Diagrammbestandteil darstellen. Welches Objekt das *Selection*-Objekt repräsentiert, hängt also von der Markierung ab. Da es hier ein *Range*-Objekt ist, kann es auch dem Rückgabewert der Funktion direkt zugewiesen werden.

```
Function SelectBenachbarte(objZelle As Range) As Range
    Dim lngZeile As Long
    Dim lngSpalte As Long
    Dim objWS As Worksheet
    Dim strZellen As String
    'Blatt ermitteln, auf dem sich die Zelle befindet
    Set objWS = objZelle.Worksheet
    objWS.Activate 'Blatt aktivieren
    For lngZeile = objZelle.Row - 1 To objZelle.Row + 1
        For lngSpalte = objZelle.Column - 1 To objZelle.Column + 1
            If Not ((lngSpalte = objZelle.Column) And _
                (lngZeile = objZelle.Row)) Then
                If strZellen = "" Then
                    strZellen = objWS.Cells(lngZeile, _
                        lngSpalte).Address
                Else
                    strZellen = strZellen & "," & _
                        objWS.Cells(lngZeile, lngSpalte).Address
                End If
            End If
        Next lngSpalte
    Next lngZeile
    objWS.Range(strZellen).Select
    Set SelectBenachbarte = Selection
End Function
```

Listing 2.23: Markieren der benachbarten Zellen

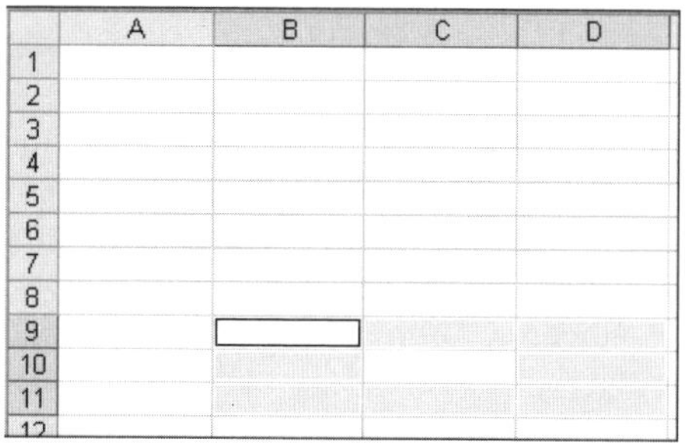

Abbildung 2.4: *Die erzeugte Markierung, wenn die Zelle »C10« an die Funktion übergeben wurde*

ACHTUNG: Wenn Sie Zelle markieren möchten, müssen Sie dafür sorgen, dass das Blatt, in dem sich die Zellen befinden, das aktive Blatt ist. Dazu ruft die Prozedur die *Activate*-Methode des *Worksheet*-Objekts auf, in dem sich die Zelle befindet.

Was Sie nun mit der Markierung machen, hängt von Ihrem Ziel ab. Sie können die Zellen einzeln in einer *For Each...Next*-Schleife durchlaufen oder alle markierten Zellen in einem Rutsch bearbeiten. Die Prozedur *TestK02_17* stellt beide Möglichkeiten vor: Zunächst wird die Funktion *SelectBenachbarte* aufgerufen und ihr Rückgabewert der Variablen *objBereich* zugewiesen. Anschließend wird über das *Selection*-Objekt der markierte Zellbereich rot eingefärbt, indem die *ColorIndex*-Eigenschaft des *Interior*-Objekts gesetzt wird. Das *Interior*-Objekt legt die Formatierungen für das Zellinnere fest. Mit der *ColorIndex*-Eigenschaft definieren Sie somit eine Farbe aus der Excel-Farbpalette als Füllfarbe.

HINWEIS: Alternativ zur *ColorIndex*-Eigenschaft könnten Sie auch der *Color*-Eigenschaft einen *RGB*-Farbwert zuweisen. Mehr zur *RGB*-Funktion finden Sie im ▶ Abschnitt »2.13 Die Registerfarbe festlegen« weiter vorne in diesem Kapitel.

Anschließend wird eine *For Each*-Schleife verwendet, um alle Zellen des Bereichs zu durchlaufen und jeder Zelle ihre Adresse als Wert zuzuweisen.

```
Sub TestK02_17()
    Dim objZelle As Range
    Dim objBereich As Range
    Set objBereich = SelectBenachbarte( _
        ThisWorkbook.Sheets("Tabelle1").Range("C10"))
    Selection.Interior.ColorIndex = 3
    For Each objZelle In objBereich.Cells
        objZelle.Value = objZelle.Address
    Next objZelle
End Sub
```

Listing 2.24*: Die Markierung manipulieren*

2.18 Einen Zellbereich in eine CSV-Datei exportieren

Das Codemodul *K02_18* mit dem Listing finden Sie in der Datei *K02.xls* innerhalb der Begleitdateien zum Buch.

Problem

Sie möchten einen Zellbereich in eine Textdatei mit Trennzeichen exportieren. Das Problem ist, dass Arbeitsmappen nicht komplett in CSV- oder Textdateien exportiert werden können, sondern immer nur einzelne Tabellenblätter, und auch dann kann nur das ganze Blatt exportiert werden, kein bestimmter Zellbereich.

Lösung

Um den Export zu realisieren, müssen Sie den zu exportierenden Zellbereich zunächst in ein neues, leeres Blatt kopieren und dieses Blatt zum aktiven Blatt machen. Dieses exportieren Sie dann.

Erläuterungen

Wenn Sie der Prozedur, die den Exportvorgang vornimmt, die erste Zelle des zu exportierenden Bereichs (*objStartzelle*) und den Dateinamen für die CSV-Datei übergeben, müssen Sie als erstes den zu exportierenden Bereich ermitteln. Dies können Sie über die *CurrentRegion*-Eigenschaft des übergebenen *Range*-Objekts erledigen. Sie gibt einen Zellbereich mit nicht leeren Zellen zurück, die die Zelle übergeben, deren *CurrentRegion*-Eigenschaft Sie abrufen. Außerdem müssen Sie das *Workbook*-Objekt ermitteln in das die übergebene Zelle gehört. Zunächst ermitteln Sie dazu mit *objBereich.Worksheet* das Tabellenblatt, in dem sich der zu exportierende Zellbereich befindet. Dessen *Parent*-Eigenschaft liefert dann das übergeordnete *Workbook*-Objekt.

Als nächstes kopieren Sie den zu exportierenden Bereich mit der *Copy*-Methode in die Zwischenablage und fügen dann ein neues Blatt mit der *Add*-Methode ein. In dieses fügen Sie den Inhalt der Zwischenablage mit der *PasteSpecial*-Methode in die Zelle »A1« ein. Im nächsten Schritt ermitteln Sie den Pfad der aktuellen Arbeitsmappe, in den auch die Textdatei geschrieben werden soll, indem Sie den Pfad mit der *Path*-Eigenschaft abrufen und um das Pfadtrennzeichen (*PathSeparator*) ergänzen. Jetzt kommt das wichtigste. Da immer nur ein Blatt als Textdatei exportiert werden kann, teilen Sie Excel mit, welches das ist, indem Sie es durch Aufruf der *Activate*-Methode aktivieren.

Der eigentliche Export erfolgt jetzt mit der *SaveAs*-Methode unter Angabe einer *XlFileFormat*-Konstante, die das Zielformat bestimmt. Nach dem Export können Sie das zuvor erstellte Tabellenblatt wieder löschen, indem Sie die *Delete*-Methode des *Worksheet*-Objekts aufrufen.

TIPP: Danach sollten Sie die *SaveAs*-Methode erneut aufrufen und die Arbeitsmappe im Excel-Format speichern. Ansonsten gehen beim Schließen der Arbeitsmappe alle Inhalte verloren, die zuvor nicht in die CSV-Datei geschrieben wurden.

```
Sub CSVExport(strDateiname As String, objStartzelle As Range)
    Dim objBereich As Range
    Dim objBl As Worksheet
    Dim strPfad As String
    Dim objWB As Workbook
    Set objBereich = objStartzelle.CurrentRegion
    Set objWB = objBereich.Worksheet.Parent
    'Bereich kopieren
    objBereich.Copy
    'Neues Blatt mit Inhalt einfügen
    Set objBl = objWB.Worksheets.Add()
    objBl.Range("a1").PasteSpecial xlPasteAll
```

```
'Pfad für den Export ermitteln
strPfad = objWB.Path _
    & Application.PathSeparator
'Blatt aktivieren
objBl.Activate
'Exportieren
objWB.SaveAs strPfad & strDateiname, _
    XlFileFormat.xlCSVWindows
'Blatt löschen
objBl.Delete
Set objBl = Nothing
'Erneut in Excel-Format exportieren
objWB.SaveAs strPfad & "K02.xls", _
    XlFileFormat.xlExcel9795
End Sub

Sub TestK02_18()
    Application.DisplayAlerts = False
    CSVExport "Adressen.csv", _
        ThisWorkbook.Worksheets("Tabelle3").Range("A1")
    Application.DisplayAlerts = True
End Sub
```

Listing 2.25: *Exportieren eines Zellbereichs*

Beim Aufruf der Prozedur in der Prozedur *TestK02_18* müssen Sie darauf achten, vorher die Meldungen von Excel über die *DisplayAlerts*-Eigenschaft abzuschalten und hinterher wieder einzuschalten. Das vermeidet die lästigen Warnungen beim Exportieren und Löschen des Tabellenblattes.

ACHTUNG: Anders als beim CSV-Export über das Menü von Excel werden die einzelnen Spalten bei Verwendung der Methode *SaveAs* mit Kommata getrennt und Datumswerte im englischen Datumsformat ausgegeben. Wenn Sie die für deutsche Betriebssysteme übliche Ausgabe erreichen möchten, müssen Sie für den letzten Parameter (*local*) der *SaveAs*-Methode den Wert *True* angeben. Dieser Parameter steht allerdings erst ab Excel 2002 zur Verfügung. Für frühere Versionen von Excel müssen Sie sich daher eine eigene Export-Routine schreiben, wenn Sie Textdateien mit Semikola als Trennzeichen und deutschen Zahlen- und Datumsformaten exportieren möchten. Wie das geht, finden Sie in ▶ Kapitel 5 beschrieben.

2.19   Zellbereiche automatisch durchlaufen

Das Codemodul *K02_19* mit dem Listing finden Sie in der Datei *K02.xls* innerhalb der Begleitdateien zum Buch.

Problem

Sie möchten einen Zellbereich, beispielsweise eine Auswahl, eine Spalte oder Zeile oder ein ganzes Blatt automatisch durchlaufen.

Lösung

Wenn Sie ein solches Makro mit dem Makrorekorder aufzeichnen, wird jede einzelne Zelle aktiviert. Das kostet sehr viel Zeit und macht den Code sehr langsam. Viel einfacher ist es, Sie durchlaufen einen solchen Zellbereich mit der *Cells*-Auflistung und bearbeiten die einzelnen Zellen, ohne sie zuvor zu aktivieren.

Erläuterungen

Die Basis solcher Schleifen ist die *Cells*-Auflistung des *Range*-Objekts, die alle Zellen des Bereichs beinhaltet. Sie können diese Auflistung mit der *For Each*-Schleife durchlaufen, wobei die Schleifenvariable den Typ *Variant*, *Object* oder *Range* haben muss. Über die Schleifenvariable, können Sie dann auf alle Eigenschaften der Zelle zugreifen und diese auch verändern. Der folgende Code gibt die Zellinhalte im Testfenster aus:

```
Sub Zellendurchlaufen(strAdresse As String, _
    objBl As Worksheet)
    Dim objBereich As Range
    Dim objZelle As Range
    Set objBereich = objBl.Range(strAdresse)
    For Each objZelle In objBereich.Cells
        'Hier Code einfügen, der die Zelle bearbeitet.
        'Zum Beispiel:
        Debug.Print objZelle.Value
    Next objZelle
End Sub


Sub TestK02_19()
    Zellendurchlaufen "A1:E20", _
        ThisWorkbook.Worksheets("Tabelle3")
End Sub
```

Listing 2.26: *Bearbeiten aller Zellen in einem Bereich*

2.20 Feststellen, ob eine Zeile oder Spalte leer ist

Das Codemodul *K02_20* mit dem Listing finden Sie in der Datei *K02.xls* innerhalb der Begleitdateien zum Buch.

Problem

Sie möchten prüfen, ob eine Zeile oder Spalte leer ist.

Lösung

Um zu prüfen, ob eine Zeile oder Spalte leer ist, müssen Sie lediglich alle Zellen der Zeile oder Spalte durchlaufen. Sind alle leer, ist die Spalte/Zeile leer.

Erläuterungen

Ganze Zeilen oder Spalten können Sie über die *Rows*- und *Columns*-Auflistung des Blattes als *Range*-Objekte zurückgeben lassen. Sie benötigen dazu lediglich die Zeilen- bzw. Spaltennummer. Es bietet sich daher an, eine Funktion zu erstellen, der Sie die Zeilen bzw. Spalten-nummer übergeben und die dann einen booleschen Wert zurückgibt, der bestimmt, ob die Zeile oder Spalte leer ist.

Wie Sie prüfen, ob eine Zelle leer ist, finden Sie im ▶ Abschnitt »2.16 Prüfen, ob eine Zelle leer ist« weiter vorne in diesem Kapitel beschrieben.

TIPP: Nützlich sind für diese Lösung optionale Parameter. Damit können Sie die gleiche Funktion für Zeilen, wie für Spalten verwenden, indem Sie die Parameter für die Zeilen- und Spaltennummer beide als optional definieren. Soll dann eine Spalte geprüft werden, ge-ben Sie nur die Spaltennummer an, für die Zeile die Zeilennummer. Wichtig ist dabei aller-dings, dass Sie keinen Datentyp für die beiden Parameter verwenden (oder *Variant* ange-ben). Nur dann können Sie nämlich mit der *IsMissing*-Funktion prüfen, ob der Parameter übergeben wurde.

```
Function ZeileSpalteLeer(objBl As Worksheet, _
    Optional lngSpalte, Optional lngZeile) As Boolean
    Dim objBereich As Range
    Dim objZelle  As Range
    If IsMissing(lngZeile) = False Then
        Set objBereich = objBl.Rows(lngZeile)
    End If
    If IsMissing(lngSpalte) = False Then
        Set objBereich = objBl.Columns(lngSpalte)
    End If
    'Zellbereich durchlaufen
    If Not (objBereich Is Nothing) Then
        For Each objZelle In objBereich.Cells
            If Zelleleer(objZelle) Then
                ZeileSpalteLeer = True
            Else
                ZeileSpalteLeer = False
                Exit Function
            End If
        Next objZelle
    End If
End Function

Function Zelleleer(objZelle As Range) As Boolean
    If (objZelle.Value = Empty) And _
        ((Trim(objZelle.Value) = "") And _
        (objZelle.Formula = "")) Then
        Zelleleer = True
    Else
        Zelleleer = False
    End If
End Function

Sub Test02_20()
    Debug.Print ZeileSpalteLeer(ThisWorkbook.Worksheets(1), 1)
    Debug.Print ZeileSpalteLeer(ThisWorkbook.Worksheets(4), , 1)
End Sub
```

Listing 2.27: *Prüfen, ob eine Zeile oder Spalte leer ist*

2.21 Prüfen, ob ein Blatt leer ist

Das Codemodul *K02_21* mit dem Listing finden Sie in der Datei *K02.xls* innerhalb der Begleitdateien zum Buch.

Problem

Sie möchten prüfen, ob ein Tabellenblatt leer ist.

Lösung

Basis für diese Lösung ist die Funktion zur Prüfung auf leere Spalten oder Zeilen (▶Abschnitt »2.21 Prüfen, ob ein Blatt leer ist« weiter vorne in diesem Kapitel). Sie müssen nur die Funktion für jede Spalte oder Zeile aufrufen. Sobald sie einmal einen *False*-Wert liefert, ist das Blatt nicht leer.

Erläuterungen

Um die Laufzeit der Prozedur möglichst kurz zu halten, empfiehlt es sich, die Zeilen des Blattes zu prüfen, da eine Zeile weniger Zellen enthält als eine Spalte und der relevante Bereich des Blattes meist die ersten Zeilen umfasst. Die Wahrscheinlichkeit, wirklich jede Zelle des Blattes prüfen zu müssen, sinkt also, wenn Sie die Zeilen überprüfen, da nach ca. 100 Zeilen meist eine gefüllte Zelle gefunden wird, falls das Blatt nicht leer ist.

Problematisch ist die Laufzeit der Funktion jedoch bei leeren Blättern, wenn Sie tatsächlich alle Zellen durchsuchen möchten. Daher ist es sinnvoll, Sie legen über eine Konstante (oder einen weiten Parameter) fest, bis zu welcher Zeile die Blätter durchsucht werden sollen. Die Funktion *BlattLeer* prüft dazu, ob die Konstante *MaxZeile* größer als 0 ist. Wenn ja, wird ihr Wert als Endwert der *For*-Schleife verwendet, ansonsten wird die letzte Zeilennummer verwendet, die Sie über *Rows.Count* ermitteln können.

Neben der Funktion *BlattLeer* werden die Funktionen *Zelleleer* und *ZeileSpalteLeer* verwendet, die im ▶ Abschnitt »2.20 Feststellen, ob eine Zeile oder Spalte leer ist« sowie im ▶ Abschnitt »2.16 Prüfen, ob eine Zelle leer ist« weiter vorne in diesem Kapitel näher erläutert werden.

```
Option Explicit

Const MaxZeile = 8000

Function BlattLeer(objBl As Worksheet) As Boolean
    Dim lngZeile As Long
    Dim lngEnde As Long
    If MaxZeile > 0 Then
        lngEnde = MaxZeile
    Else
        lngEnde = objBl.Rows.Count
    End If
    For lngZeile = 1 To lngEnde
        If ZeileSpalteLeer(objBl, , lngZeile) = False Then
            BlattLeer = False
            Exit Function
        Else
            BlattLeer = True
```

```
        End If
    Next lngZeile
End Function


Function ZeileSpalteLeer(objBl As Worksheet, _
    Optional lngSpalte, Optional lngZeile) As Boolean
    Dim objBereich As Range
    Dim objZelle  As Range
    If IsMissing(lngZeile) = False Then
        Set objBereich = objBl.Rows(lngZeile)
    End If
    If IsMissing(lngSpalte) = False Then
        Set objBereich = objBl.Columns(lngSpalte)
    End If
    'Zellbereich durchlaufen
    If Not (objBereich Is Nothing) Then
        For Each objZelle In objBereich.Cells
            If Zelleleer(objZelle) Then
                ZeileSpalteLeer = True
            Else
                ZeileSpalteLeer = False
                Exit Function
            End If
        Next objZelle
    End If
End Function


Function Zelleleer(objZelle As Range) As Boolean
    If (objZelle.Value = Empty) And _
        ((Trim(objZelle.Value) = "") And _
        (objZelle.Formula = "")) Then
        Zelleleer = True
    Else
        Zelleleer = False
    End If
End Function


Sub Test02_21a()
    Debug.Print BlattLeer(ThisWorkbook.Worksheets(1))
    Debug.Print BlattLeer(ThisWorkbook.Worksheets(3))
End Sub
```

Listing 2.28: *Prüfen, ob ein Blatt leer ist*

Es gibt allerdings noch eine schnellere Methode, um gerade bei wirklich leeren Blättern zu einem Ergebnis zu kommen. Dazu müssen Sie allerdings wissen, welche Zellen bei einem nicht leeren Blatt die Inhalte enthalten. Steht der Aufbau eines Tabellenblattes fest, können Sie eine Zelle suchen, die bei einem Blatt mit Werten auf jeden Fall einen Wert enthält. Sie prüfen dann, ob die *CurrentRegion*-Eigenschaft mindestens zwei Zellen liefert. Wenn nicht, ist das Blatt leer.

```
Function BlattLeer2(objBl As Worksheet, _
    strAdresse As String) As Boolean
    'objBl.Activate
    If objBl.Range(strAdresse).CurrentRegion.Cells.Count > 1 Then
        BlattLeer2 = False
```

```
    Else
        BlattLeer2 = True
    End If
End Function

Sub Test02_21b()
    Debug.Print BlattLeer2(ThisWorkbook.Worksheets(1), "A1")
    Debug.Print BlattLeer2(ThisWorkbook.Worksheets(4), "A1")
    Debug.Print BlattLeer3(ThisWorkbook.Worksheets("Tabelle6"))
End Sub
```

Listing 2.29: Die Prüfung mit CurrentRegion setzt einen bekannten Tabellenaufbau voraus

ACHTUNG: Bedenken Sie jedoch, dass diese Methode ausschließlich nur dann funktioniert, wenn der Tabellenaufbau bekannt ist. Schon eine leere Zeile oder Spalte an der falschen Stelle kann zu einem fehlerhaften Ergebnis führen.

Es gibt aber noch eine Alternative, um das Problem zu lösen, die für die meisten Zwecke die beste ist. Mit der *UsedRange*-Eigenschaft eines Tabellenblattes können Sie den Zellbereich abfragen, der alle Zellen beinhaltet die nicht leer sind. Wenn das Blatt leer ist, enthält dieser Zellbereich nur eine Zelle. Das könnte jedoch auch der Fall sein, wenn nur eine Zelle einen Wert enthält. Sie brauchen aber nur den Zellbereich zu durchlaufen, den die *UsedRange*-Eigenschaft zurückgibt, und für jede enthaltene Zelle prüfen, ob sie leer ist. Wenn alle leer sind (dann ist es nur eine Zelle), ist das Blatt leer. Diese Methode ist vor allem bei leeren Blättern sehr schnell, sodass Sie sie bevorzugt einsetzen sollten.

```
Function BlattLeer3(objBl As Worksheet) As Boolean
    Dim objZelle As Range
    BlattLeer3 = True
    For Each objZelle In objBl.UsedRange.Cells
        If Zelleleer(objZelle) = False Then
            BlattLeer3 = False
            Exit Function
        End If
    Next objZelle
End Function
```

Listing 2.30: Mit der UsedRange-Eigenschaft prüfen, ob ein Blatt leer ist

2.22 Formeln in Zellen schreiben

Das Codemodul *K02_22* mit dem Listing finden Sie in der Datei *K02.xls* innerhalb der Begleitdateien zum Buch.

Problem

Sie möchten einer Zelle eine Formel zuweisen.

Lösung

Weisen Sie der Zelle die Formel über die *Formula*-Eigenschaft zu. Wichtig ist dabei, dass die Formel als Zeichenkette zugewiesen wird und mit einem Gleichheitszeichen beginnt.

Erläuterungen

Jede Zelle verfügt über eine *Formula*-Eigenschaft und eine *FormulaLocal*-Eigenschaft. Über beide können Sie die Formel der Zelle abrufen und zuweisen. Der Unterschied besteht darin, dass Sie der *Formula*-Eigenschaft immer die Formeln in englischer Sprache zuweisen müssen, während die *FormulaLocal*-Eigenschaft die Sprache der aktuell installierten Excel-Version akzeptiert. In einer deutschen Excel-Version können Sie in den Formeln also die deutschen Funktionsnamen verwenden, in einer spanischen die spanischen Funktionsnamen etc.

TIPP: Für eine VBA-Anwendung, die unter Umständen auch in verschiedenensprachigen Versionen von Excel eingesetzt werden soll, empfiehlt sich daher die Verwendung der *Formula*-Eigenschaft.

Die Prozedur *TestK02_22* zeigt die Verwendung beider Eigenschaften und weist den beiden ersten Zellen des Tabellenblattes »Tabelle4« das aktuelle Datum zu.

```
Sub TestK02_22()
    With ThisWorkbook.Worksheets("Tabelle4")
        .Range("a1").FormulaLocal = "=HEUTE()"
        .Range("a2").Formula = "=TODAY()"
    End With
End Sub
```

***Listing 2.31**: Zuweisen von Formeln*

TIPP: Wenn Sie Formeln zuweisen, die selbst Anführungszeichen enthalten, müssen Sie diese innerhalb der Zeichenkette verdoppeln, zum Beispiel:

```
Range("a1").FormulaLocal = "=""Datum: "" & HEUTE()"
```

2.23   Zellformatierungen festlegen

Das Codemodul *K02_23* mit dem Listing finden Sie in der Datei *K02.xls* innerhalb der Begleitdateien zum Buch.

Problem

Sie möchten den Inhalt einer Zelle formatieren und dabei die Füllfarbe, die Rahmenart und den Rahmenstil sowie die Schriftgröße und Schriftfarbe festlegen.

Lösung

Den Inhalt der Zelle formatieren Sie über das *Interior*-Objekt der Zelle, das Sie über die *Interior*-Eigenschaft des *Range*-Objekts zurückgeben können. Die Eigenschaften der Schrift legen Sie über das *Font*-Objekt und die Rahmeneinstellungen über das *Borders*-Objekt fest. Auch diese Objekte können Sie über die gleichnamige Eigenschaften des *Range*-Objekts zurückgeben.

Erläuterungen

Wenn Sie mehrere Formatierungen für eine Zelle oder einen Zellbereich festlegen möchten, bietet es sich an, die Formatierungen mit Hilfe der *With*-Anweisung festzulegen. Das spart eine Menge Schreibaufwand, insbesondere bei komplexen Rahmenformatierungen. Zunächst legt die Prozedur die Fülleigenschaften fest. Mit der *Color*-Eigenschaft (alternativ auch *ColorIndex*) können Sie die Füllfarbe bestimmen. Sie erwartet im Gegensatz zur *ColorIndex*-Eigenschaft einen RGB-Farbwert vom Typ *Long*. Sie können ihn über die *RGB*-Funktion zurückgeben.

HINWEIS: Mehr zur *RGB*-Funktion finden Sie im ▶ Abschnitt »2.13 Die Registerfarbe festlegen« weiter vorne in diesem Kapitel.

Wenn Sie ein Füllmuster definieren möchten, müssen Sie dazu der *Pattern*-Eigenschaft eine *XlPattern*-Konstante zuweisen, die das Füllmuster festlegt. Darüber hinaus benötigen Sie noch eine zweite Farbe für das Muster, die Sie über die *PatternColor*-Eigenschaft bestimmen.

Alle Schrifteigenschaften können Sie über das *Font*-Objekt festlegen. Mit der *Name*-Eigenschaft des Objekts rufen Sie die Schriftart ab bzw. legen sie fest. Achten Sie dabei unbedingt darauf, den Namen korrekt zu schreiben, sonst wird die Schriftart nicht angezeigt. Wenn Sie möchten, können Sie die Schriftfarbe über die *Color*-Eigenschaft des *Font*-Objekts festlegen. Das funktioniert dann wie bei der Hintergrundfarbe mit der *RGB*-Funktion. Mit der *Size*-Eigenschaft bestimmen Sie die Schriftgröße. Dabei muss es sich um einen numerischen Wert ohne Angabe der Einheit handeln. Möchten Sie die Schrift fett formatieren, weisen Sie der *Bold*-Eigenschaft den Wert *True* zu, für eine kursive Formatierung setzen Sie *Italic* auf *True*.

```
Sub Formatieren(objZelle As Range)
    'Füllfarbe und Füllmuster
    With objZelle.Interior
        .Color = RGB(255, 0, 255) 'Lila-Füllfarbe
        .Pattern = XlPattern.xlPatternChecker 'Füllmuster
        .PatternColor = RGB(255, 255, 255) 'Füllmusterfarbe weiß
    End With
    'Schrifteigenschaften
    With objZelle.Font
        .Name = "Palatino Linotype" 'Schriftart festlegen
        .Size = 12 'Schriftgröße
        .Bold = True 'Schrift=fett
        .Italic = True  'Schrift=kursiv
    End With
    'Rahmen
    With objZelle.Borders
        .Item(xlEdgeBottom).Color = _
            RGB(0, 0, 0) 'Schwarze untere Linie
        .Item(xlEdgeBottom).LineStyle = _
            XlLineStyle.xlDash ' Linie gepunktet
    End With
End Sub
Sub TestK02_23()
    Formatieren ThisWorkbook.Worksheets( _
        "Tabelle4").Range("a1")
    Formatieren Selection
End Sub
```

Listing 2.32: Formatieren von Zellen und Zellbereichen

Über die *Borders*-Auflistung können Sie *Border*-Objekte zurückgeben, mit denen Sie die einzelnen Ränder mit Rahmenlinien versehen können. Im Beispiel wird der untere Rand mit einer schwarzen gepunkteten Linie versehen.

TIPP: Sie können mit der Prozedur aber nicht nur eine einzelne Zelle formatieren, sondern auch einen Zellbereich. Diesen übergeben Sie dazu einfach als *Range*-Objekt an den Parameter *objZelle*. Dies zeigt der zweite Aufruf der Prozedur *Formatieren*, der das *Selection*-

Objekt übergeben wird. Wenn Sie einen Zellbereich übergeben, bezieht sich »untere Rahmenlinie« immer auf den unteren Rand des Bereichs, nicht auf den unteren Rand einer einzelnen Zelle.

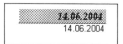

Abbildung 2.5: *Das Ergebnis der Formatierungen, angewandt auf eine Zelle*

2.24 Benutzerdefinierte Zahlenformate zuweisen

Das Codemodul *K02_24* mit dem Listing finden Sie in der Datei *K02.xls* innerhalb der Begleitdateien zum Buch.

Problem

Sie möchten einer Zelle ein benutzerdefiniertes Zahlenformat zuweisen.

Lösung

Weisen Sie die Zeichenkette mit dem Format einfach der *NumberFormat*-Eigenschaft der Zelle zu.

Erläuterungen

Über die Eigenschaft *NumberFormat* einer Zelle können Sie dem Inhalt ein Zahlen- oder Datumsformat zuweisen. Die Prozedur *TestK02_24* weist beispielsweise ein benutzerdefiniertes Datumsformat zu, das das Datum mit einem dreistelligen Monatsnamen anzeigt.

```
Sub TestK02_24()
    Dim objZelle As Range
    Set objZelle = ThisWorkbook.Worksheets( _
        "Tabelle4").Range("a2")
    objZelle.NumberFormat = "dd MMM yyyy"
End Sub
```

Listing 2.33: *Zuweisen eines Zahlenformats*

Nach dieser Formatierung wird das Datum »11.06.2004« in der Form »11 Jun 2004« dargestellt.

TIPP: Wenn Sie das Zahlenformat wieder entfernen möchten, weisen Sie der *NumberFormat*-Eigenschaft eine leere Zeichenfolge zu.

2.25 Bedingte Formatierungen für eine Zelle festlegen

Das Codemodul *K02_25* mit dem Listing finden Sie in der Datei *K02.xls* innerhalb der Begleitdateien zum Buch.

Problem

Sie möchten eine Zelle oder einen Zellbereich mit Hilfe der bedingten Formatierung abhängig von einer Bedingung formatieren.

Lösung

Sie müssen dazu der Zelle zunächst eine Bedingung für die Formatierung zuweisen. Im Anschluss definieren Sie die Formatierung, die angewendet werden soll, wenn die Bedingung erfüllt ist.

Erläuterungen

Die Prozedur *TestK02_25* speichert zunächst einen Verweis auf die zu formatierende Zelle in der Variablen *objZelle*. Sie können der Variablen auch einen Zellbereich zuordnen, wenn Sie mehrere Zellen mit den gleichen Bedingungen formatieren möchten. Mit der *Add*-Methode der *FormatConditions*-Auflistung wird dann eine Bedingung hinzugefügt. Wenn Sie die Formatierung vom Zellwert abhängig machen möchten, geben Sie als ersten Parameter die Konstante *xlCellValue* an. Der zweite Parameter bestimmt den Operator. Dazu stehen die Konstanten in Tabelle 2.2 zur Verfügung.

Konstante	Beschreibung
xlBetween	Der Zellwert liegt zwischen zwei Werten, die durch den dritten und vierten Parameter der *Add*-Methode bestimmt werden.
xlEqual	Der Zellwert ist gleich dem als dritten Parameter angegebenen Wert.
xlGreater	Der Zellwert ist größer als der Vergleichswert.
xlGreaterEqual	Der Zellwert ist größer oder gleich dem Vergleichswert.
xlLess	Der Wert der Zelle ist kleiner als der Vergleichswert.
xlLessEqual	Der Zellwert ist kleiner als oder genauso groß wie der Vergleichswert.
xlNotBetween	Der Wert liegt nicht zwischen den beiden Vergleichswerten. Die Vergleichswerte werden als dritter und vierter Parameter angegeben.
xlNotEqual	Der Zellwert ist ungleich dem Vergleichswert.

Tabelle 2.2: Mögliche Konstanten für die Definition des Vergleichsoperators

Als dritten Parameter geben Sie den ersten Vergleichwert an. Da hier nur einer benötigt wird, entfällt der vierte Parameter. Wählen Sie jedoch einen Operator der zwei Vergleichswerte erfordert, müssen Sie den zweiten Vergleichswert als vierten Parameter angeben. Im Beispiel werden zwei Bedingungen definiert. Die erste lautet »Zellwert < 01.01.2004«, die zweite »Zellwert >= 01.01.2004«.

Damit sind aber erst nur die Bedingungen definiert. Jetzt müssen ihnen noch Formatierungen zugewiesen werden. Dazu geben Sie über den Index der Bedingung die Bedingung aus der *FormatConditions*-Auflistung zurück und weisen ihr die Formatierungen zu. Dazu stehen die gleichen Eigenschaften und Objekte zur Verfügung wie für das *Range*-Objekt. Näheres dazu finden Sie im ▶ Abschnitt »2.23 Zellformatierungen festlegen« weiter vorne in diesem Kapitel.

```
Sub TestK02_25()
    Dim objZelle As Range
    Set objZelle = ThisWorkbook.Worksheets( _
        "Tabelle4").Range("a2")
    objZelle.FormatConditions.Add xlCellValue, _
        XlFormatConditionOperator.xlLess, #1/1/2004#
    objZelle.FormatConditions.Add xlCellValue, _
        XlFormatConditionOperator.xlGreaterEqual, #1/1/2004#
    objZelle.FormatConditions(1).Interior.Color = _
        RGB(200, 200, 255)
    objZelle.FormatConditions(2).Interior.Color = _
        RGB(255, 200, 200)
End Sub
```

Listing 2.34: Erstellen und Zuweisen von bedingten Formatierungen

HINWEIS: Beachten Sie, dass Sie nur maximal zwei Bedingungen je Zelle definieren können. Weitere Aufrufe der *Add*-Methode lösen daher einen Laufzeitfehler aus. Sie können aber natürlich jederzeit eine Bedingung anpassen, indem Sie die *Modify*-Methode des *FormatConditions*-Objekts verwenden oder indem Sie zuvor alle Bedingungen löschen. Dazu rufen Sie die *Delete*-Methode der *FormatConditions*-Auflistung auf, wie in der Prozedur *TestK02_25b* gezeigt.

Im vorstehenden Beispiel wurden die Formatierungen von einem statischen Vergleichswert, einem festen Datum abhängig gemacht. Das ist natürlich nicht immer sinnvoll. Wenn Sie beispielsweise ein Datum, das im aktuellen Jahr liegt, anders als das Datum eines anderen Jahres formatieren möchten, müssen Sie den Vergleichswert so definieren, dass er auch in drei Jahren noch auf das laufende Jahr und nicht auf 2004 Bezug nimmt. Dazu können Sie im Vergleichwert auch Excel-Funktionen angeben. In der folgenden Prozedur wird die Zelle hellblau eingefärbt, wenn der Zellwert dem aktuellen Jahr entspricht bzw. rosa, wenn der Wert ein anderes Jahr angibt.

```
Sub TestK02_25b()
    Dim objZelle As Range
    Set objZelle = ThisWorkbook.Worksheets( _
        "Tabelle4").Range("a3")
    objZelle.Value = 2000
    'Bedingungen löschen
    objZelle.FormatConditions.Delete
    'Bedingungen mit variablen Vergleichswerten festlegen.
    objZelle.FormatConditions.Add xlCellValue, _
        XlFormatConditionOperator.xlEqual, "=JAHR(HEUTE())"
    objZelle.FormatConditions.Add xlCellValue, _
        XlFormatConditionOperator.xlNotEqual, "=JAHR(HEUTE())"
    objZelle.FormatConditions(1).Interior.Color = _
        RGB(200, 200, 255)
    objZelle.FormatConditions(2).Interior.Color = _
        RGB(255, 200, 200)
End Sub
```

Listing 2.35: Vergleichwerte mit Excel-Funktionen definieren

HINWEIS: Sie sollten unbedingt darauf achten, dass solche Formeln immer mit einem Gleichheitszeichen beginnen und dass notwendige Anführungszeichen innerhalb der Formel verdoppelt werden. Ob die zugewiesene Zeichenkette richtig war, können Sie nach Ausführen des Codes erkennen, indem Sie für die Zelle das Dialogfeld *Bedingte Formatierung* aufrufen. Wählen Sie dazu im Menü *Format* den Befehl *Bedingte Formatierung* aus. Die Formeln sollten dann korrekt angezeigt werden:

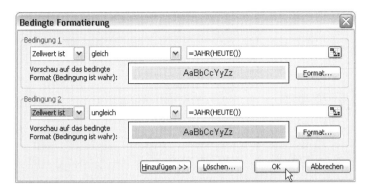

Abbildung 2.6: Das Ergebnis der Prozedur: korrekte Formeln als Vergleichswerte

2.26 Die nächste leere Zeile oder Spalte suchen

Das Codemodul *K02_26* mit dem Listing finden Sie in der Datei *K02.xls* innerhalb der Begleitdateien zum Buch.

Problem

Sie möchten in einem Tabellenblatt, in dem sich tabellarische Daten befinden, die nächste freie Spalte und die nächste freie Zeile ermitteln und dort Daten anfügen.

Lösung

Sie sollten dazu zwei Funktionen erstellen, die mit Hilfe der Funktion *ZeileSpalteLeer* (siehe den ▶ Abschnitt »2.20 Feststellen, ob eine Zeile oder Spalte leer ist« weiter vorne in diesem Kapitel) nach der ersten leeren Spalte und Zeile suchen und deren Index zurückgeben.

Erläuterungen

Für die Suche nach der ersten leeren Zeile durchlaufen Sie die *Rows*-Auflistung, für die Suche nach der ersten leeren Spalte die *Columns*-Auflistung des Blattes. Sie durchsuchen so lange die Auflistung, bis die Funktion für eine Spalte bzw. Zeile den Wert *True* liefert. Die Zeilennummer, die Sie mit der *Row*-Eigenschaft ermitteln können, bzw. die mit *Column* ermittelte Spaltennummer ist dann der Rückgabewert der Funktion.

```
Function LeereSpalte(objBL As Worksheet) As Long
    Dim objSpalte As Range
    For Each objSpalte In objBL.Columns
        If ZeileSpalteLeer(objBL, objSpalte.Column) = True Then
            LeereSpalte = objSpalte.Column
            Exit Function
        End If
    Next objSpalte
End Function
```

```
Function LeereZeile(objBL As Worksheet) As Long
    Dim objZeile As Range
    For Each objZeile In objBL.Rows
        If ZeileSpalteLeer(objBL, , objZeile.Row) = True Then
            LeereZeile = objZeile.Row
            Exit Function
        End If
    Next objZeile
End Function

Function ZeileSpalteLeer(objBL As Worksheet, _
    Optional lngSpalte, Optional lngZeile) As Boolean
...
End Function

Function Zelleleer(objZelle As Range) As Boolean
...
End Function

Sub TestK02_27()
    Debug.Print "Erste leere Spalte: " & _
        LeereSpalte(ThisWorkbook.Worksheets("Tabelle3"))
    Debug.Print "Erste leere Zeile: " & _
        LeereZeile(ThisWorkbook.Worksheets("Tabelle3"))
End Sub
```

Listing 2.36: *Ermitteln des Index der ersten leeren Spalte bzw. der ersten leeren Zeile*

2.27 Zellen und Zellbereiche kopieren und einfügen

Das Codemodul *K02_27* mit dem Listing finden Sie in der Datei *K02.xls* innerhalb der Begleitdateien zum Buch.

Problem

Sie möchten eine oder mehrere Zellen kopieren und an anderer Stelle wieder einfügen.

Lösung

Übergeben Sie den Quell- und Zielbereich des Kopiervorgangs an eine Prozedur. Innerhalb der Prozedur rufen Sie für den Quellbereich die *Copy*-Methode und für den Zielbereich die *PasteSpecial*-Methode auf.

Erläuterungen

Wenn Sie einen Zellbereich oder eine Zelle kopieren möchten, benötigen Sie dazu nur die *Copy*-Methode des *Range*-Objekts. Sie kopiert den Zellbereich einschließlich der Formatierung in die Zwischenablage. Sie können nun die *PasteSpecial*-Methode des Zielbereichs aufrufen, um die kopierten Zellen im Zielbereich einzufügen. Damit dies gelingt, müssen die Größen der Zellebereiche kompatibel sein. Dafür gelten die gleichen Regeln wie in Excel. Sie sollten daher vorsichtshalber eine Fehlerbehandlungsroutine einfügen.

Damit der Markierungsrahmen nach dem Kopiervorgang entfernt wird, müssen Sie zum Schluss noch der *CutCopyMode*-Eigenschaft des *Application*-Objekts den Wert *False* zuweisen.

```
Sub Kopieren(objQuelle As Range, objZiel As Range)
    On Error GoTo Fehler
    objQuelle.Copy
    objZiel.PasteSpecial xlPasteAll
    Application.CutCopyMode = False
    Exit Sub
Fehler:
    MsgBox "Der Kopiervorgang war nicht erfolgreich!" _
        & vbCrLf & Err.Description
    Exit Sub
End Sub

Sub TestK02_27()
    Kopieren ThisWorkbook.Worksheets("Tabelle3").Rows(1), _
        ThisWorkbook.Worksheets("Tabelle3").Rows(20)
End Sub
```

Listing 2.37: *Kopieren einer Zeile*

2.28 Formate von einer Zelle auf einen Zellbereich übertragen

Das Codemodul *K02_28* mit dem Listing finden Sie in der Datei *K02.xls* innerhalb der Begleitdateien zum Buch.

Problem

Sie möchten nur die Formatierungen von einer Zelle oder einem Zellbereich auf einen anderen übertragen.

Lösung

Wenn Sie Formate übertragen möchten, können Sie das ebenfalls am einfachsten über Kopieren und Einfügen erledigen. Über den Parameter der *PasteSpecial*-Methode bestimmen Sie dann, dass nur die Formate eingefügt werden sollen. Dazu übergeben Sie als ersten Parameter die Konstante *xlPasteFormats*.

Erläuterungen

```
Sub FormateUebertragen(objQuelle As Range, objZiel As Range)
    On Error GoTo Fehler
    objQuelle.Copy
    objZiel.PasteSpecial xlPasteFormats
    Application.CutCopyMode = False
    Exit Sub
Fehler:
    MsgBox "Der Kopiervorgang war nicht erfolgreich!" _
        & vbCrLf & Err.Description
    Exit Sub
End Sub
```

```
Sub TestK02_28()
    FormateUebertragen _
        ThisWorkbook.Worksheets("Tabelle3").Rows(1), _
        ThisWorkbook.Worksheets("Tabelle3").Rows(20)
End Sub
```

Listing 2.38: Formate übertragen

2.29 Zellbereiche duplizieren und dabei Zeilen und Spalten vertauschen

Das Codemodul *K02_29* mit dem Listing finden Sie in der Datei *K02.xls* innerhalb der Begleitdateien zum Buch.

Problem

Sie möchten einen Zellbereich kopieren und beim Einfügen die Zeilen und Spalten vertauschen.

Lösung

Sie kopieren den Bereich und fügen ihn an der Zielposition mit der Methode *PasteSpecial* ein. Wichtig ist dabei der Parameter *Transpose*.

Erläuterungen

Der Parameter *Transpose* bestimmt, dass Zeilen und Spalten beim Einfügen vertauscht werden. Dazu setzen Sie ihn auf *True*. *False* ist der Defaultwert, bei dem kein Vertauschen stattfindet. Die Prozedur *KopierenUndVertauschen* kopiert in diesem Beispiel die ersten sechs Zeilen des Tabellenblattes »Tabelle3« und fügt den Bereich mit vertauschten Zeilen und Spalten am Zielbereich »A1« auf dem Blatt »Tabelle5« wieder ein.

```
Sub KopierenUndVertauschen(objQuelle As Range, _
    objZiel As Range)
    On Error GoTo Fehler
    objQuelle.Copy
    objZiel.PasteSpecial Paste:=xlPasteAll, _
        Transpose:=True
    Application.CutCopyMode = False
    Exit Sub
Fehler:
    MsgBox "Der Kopiervorgang war nicht erfolgreich!" _
        & vbCrLf & Err.Description
    Exit Sub
End Sub

Sub TestK02_29()
    KopierenUndVertauschen _
        ThisWorkbook.Worksheets("Tabelle3a").Range("1:6"), _
        ThisWorkbook.Worksheets("Tabelle5").Range("A1")
End Sub
```

Listing 2.39: Kopieren und Einfügen mit Vertauschen von Zeilen und Spalten

	A	B	C	D	E
1	Nachname	Vorname	Strasse	PLZ	Ort
2	Meier	Hans	Haupstr.	D-10000	Haupstadt
3	Müller	Franz	Bahnhofstr.	12000	Neustadt
4	Schulze	Lisa	Hafenstr.	17093	Neukirchen
5	Kaminsky	Luise	Poststr.	10000	Haupstadt
6	Schulte	Guido	Haupstr.	20930	Altstadt

Abbildung 2.7: Der Zellbereich der kopiert wird ...

	A	B	C	D	E	F
1	Nachname	Meier	Müller	Schulze	Kaminsky	Schulte
2	Vorname	Hans	Franz	Lisa	Luise	Guido
3	Strasse	Haupstr.	Bahnhofstr.	Hafenstr.	Poststr.	Haupstr.
4	PLZ	D-10000	12000	17093	10000	20930
5	Ort	Haupstadt	Neustadt	Neukirchen	Haupstadt	Altstadt

Abbildung 2.8: ... nach dem Einfügen

2.30   Einen Zellbereich sortieren

Das Codemodul *K02_30* mit dem Listing finden Sie in der Datei *K02.xls* innerhalb der Begleitdateien zum Buch.

Problem

Sie möchten die Daten eines Zellbereichs nach der ersten und zweiten Spalte sortieren.

Lösung

Rufen Sie die *Sort*-Methode des *Range*-Objekts auf. Wichtig sind dabei der Parameter *Header* sowie die Sortierschlüssel *Key1* und *Key2*.

Erläuterungen

Die *Sort*-Methode gehört zu den Methoden von Excel mit den meisten Parametern. Daher bietet es sich hier an, die benötigten Parameter zu benennen und die Werte getrennt durch ein »:=« dahinter zu notieren. Diese Form der Parameterangabe wird daher hier verwendet, um den Code etwas übersichtlicher zu gestalten.

Wenn Sie einen Bereich zuerst nach der ersten und dann nach der zweiten Spalte sortieren möchten, übergeben Sie das *Range*-Objekt, das die erste Spalte des Bereichs repräsentiert, für den Parameter *Key1* an, die zweite Spalte weisen Sie dem Parameter *Key2* zu.

TIPP: Möchten Sie eine Spalte aus einem Zellbereich ermitteln, beziehen sich die Spaltenindizes immer auf das Blatt. Umfasst der Zellbereich beispielsweise die Spalten 10-19 eines Blattes, und möchten Sie über die *Columns*-Auflistung des Zellbereichs die erste Spalte des Bereichs (also die zehnte Spalte) des Blattes zurückgeben, müssen Sie den Ausdruck *objBl.Range("10:19").Columns(1)* angeben. Unabhängig davon, wo sich der zu sortierende Bereich also befindet, geben Sie immer *Columns(1)* für den Parameter *Key1* an, wenn die erste Spalte das erste Sortierkriterium darstellen soll.

Mit den Parametern *Order1* und *Order2* legen Sie fest, ob nach der entsprechenden Spalte aufsteigend (*xlAscending*) oder absteigend (*xlDescending*) sortiert werden soll.

```
Sub TestK02_30()
    Sortieren ThisWorkbook.Worksheets("Tabelle3").Range("a1").CurrentRegion
End Sub

Sub Sortieren(objBereich As Range)
    objBereich.Sort Key1:=objBereich.Columns(1), _
        Order1:=xlAscending, _
        Key2:=objBereich.Columns(2), _
        Order2:=xlAscending, Header:=xlYes
End Sub
```

Listing 2.40: Einen Zellbereich nach den ersten beiden Spalten sortieren

Mit dem Parameter *Header* können Sie bestimmen, ob der zu sortierende Bereich eine Überschriftenzeile in der ersten Zeile enthält. Ist das der Fall, geben Sie *xlYes* an. Die Zeile wird dann nicht mit sortiert, sodass sie oben stehen bleibt.

TIPP: Sie können einen Bereich auch automatisch sortieren lassen, wenn das Blatt oder in eine andere Zelle gewechselt wurde. Auch zeitgesteuert ist dies möglich. Dazu erstellen Sie eine Ereignisprozedur für das entsprechende Ereignis und rufen dort die Prozedur *Sortieren* auf. Wie Sie Ereignisprozeduren erstellen, wird im ▶ Abschnitt »2.11 Code beim Öffnen der Arbeitsmappe starten« weiter vorne in diesem Kapitel beschrieben. Aber auch in ▶ Kapitel 9 finden Sie die notwendigen Informationen.

2.31 Kommentare in Zellen einfügen, bearbeiten und löschen

Das Codemodul *K02_31* mit dem Listing finden Sie in der Datei *K02.xls* innerhalb der Begleitdateien zum Buch.

Problem

Sie möchten eine Zelle mit einem Kommentar versehen bzw. einen Kommentar ändern oder löschen.

Lösung

Sie sollten dafür eine Prozedur erstellen, der Sie den Text für den Kommentar übergeben. Sollte die Zelle bereits einen Kommentar enthalten, ändern Sie diesen mit dem angegebenen Text. Ist der übergebene Kommentartext eine leere Zeichenfolge, löschen Sie dadurch den Kommentar.

Erläuterungen

Jedes *Range*-Objekt verfügt über die *Comment*-Eigenschaft. Sie gibt ein *Comment*-Objekt zurück, wenn die Zelle einen Kommentar enthält. Dieses Objekt stellt den Kommentar der Zelle dar, ist allerdings schreibgeschützt. Wenn Sie einen Kommentar ändern möchten, heißt das also, dass Sie den Kommentar löschen und neu erstellen müssen. Allerdings vereinfacht das die Prozedur auch erheblich. Es reicht aus, wenn Sie mit der *On Error Resume Next*-Anweisung

Fehlermeldungen unterdrücken und dann nur prüfen, ob ein Text übergeben wurde. Falls ja, löschen Sie zunächst mit der *Delete*-Methode des *Comment*-Objekts den Kommentar und erzeugen ihn neu, indem Sie die *AddComment*-Methode des *Range*-Objekts aufrufen. Dieser Methode übergeben Sie einfach den Kommentartext. Wurde kein Text übergeben, wird der Kommentar gelöscht.

```
Sub Kommentar(objZelle As Range, strText As String)
    On Error Resume Next
    If strText = "" Then
        objZelle.Comment.Delete
    Else
        objZelle.Comment.Delete
        objZelle.AddComment (strText)
    End If
End Sub


Sub TestK02_31()
    Kommentar ThisWorkbook.Worksheets("Tabelle4").Range("C13"), _
        "Bitte geben Sie hier die Artikelnr. ein!"
End Sub
```

Listing 2.41: Einfügen, löschen und ändern von Kommentaren

2.32 Kommentare formatieren und einblenden

Das Codemodul *K02_32* mit dem Listing finden Sie in der Datei *K02.xls* innerhalb der Begleitdateien zum Buch.

Problem

Sie möchten die Kommentare eines ganzen Blattes oder einen einzelnen Kommentar formatieren und einblenden.

Lösung

Standardmäßig zeigt Excel Kommentare immer als Rechteck an. Das muss aber nicht sein. Die Formatierung des Kommentars legt ein *Shape*-Objekt fest, das Sie über die *Shape*-Eigenschaft des *Comment*-Objekts zurückgeben können. Dieses Objekt verfügt über die *AutoShapeType*-Eigenschaft, über die Sie jede AutoForm der *Zeichnen*-Symbolleiste als Kommentar nutzen können. Allerdings sollten Sie bei der Auswahl darauf achten, dass der Text auch darin Platz hat.

Erläuterungen

Die Prozedur *alleKommentareFormatieren* formatiert alle Kommentare des Blattes mit der AutoForm *msoShape24pointStar*. Die Kommentare werden dann in einem Stern mit 24 Spitzen angezeigt. Dazu durchlaufen Sie einfach die *Comments*-Auflistung des Blattes, die alle Kommentare innerhalb des Blattes verwaltet, und setzen für jeden Kommentar die *AutoShapeType*-Eigenschaft des *Shape*-Objekts auf den gewünschten Wert.

Ähnlich verfährt die Prozedur *alleKommentareAnzeigen*. Sie setzt für alle Kommentare des Blattes die *Visible*-Eigenschaft auf *True* und macht sie damit sichtbar. Falls Sie einen Kommentar ausblenden möchten, setzen Sie die Eigenschaft einfach wieder auf *False*.

Die Prozedur *KommentarFormatieren* zeigt, wie ein einzelner Kommentar, dessen Zelle als *Range*-Objekt übergeben wird, formatiert werden kann. Neben der Form, die hier in ein Herz geändert wird, wird auch die Größe der Form über die Eigenschaften *Height* (Höhe) und *Width* (Breite) geändert.

```
Sub TestK02_32()
    alleKommentareFormatieren _
        ThisWorkbook.Worksheets("Tabelle4")
    KommentarFormatieren _
        ThisWorkbook.Worksheets("Tabelle4").Range("C13")
    'Kommentare einblenden
    alleKommentareAnzeigen _
        ThisWorkbook.Worksheets("Tabelle4")
End Sub

Sub KommentarFormatieren(objZelle As Range)
    On Error Resume Next
    With objZelle.Comment.Shape
        .AutoShapeType = msoShapeHeart
        .Width = 100
        .Height = 100
    End With
End Sub

Sub alleKommentareAnzeigen(objBl As Worksheet)
    Dim objKommentar As Comment
    If objBl.Comments.Count > 0 Then
        For Each objKommentar In objBl.Comments
            objKommentar.Visible = True
        Next objKommentar
    End If
End Sub

Sub alleKommentareFormatieren(objBl As Worksheet)
    Dim objKommentar As Comment
    If objBl.Comments.Count > 0 Then
        For Each objKommentar In objBl.Comments
            objKommentar.Shape.AutoShapeType = _
                msoShape24pointStar
        Next objKommentar
    End If
End Sub
```

Listing 2.42: *Kommentare formatieren und einblenden*

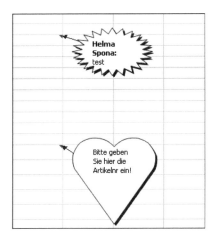

Abbildung 2.9: Das Ergebnis: eingeblendete Kommentare mit ungewöhnlichen Formen

2.33 Einen Bereich benennen

Das Codemodul *K02_33* mit dem Listing finden Sie in der Datei *K02.xls* innerhalb der Begleitdateien zum Buch.

Problem

Sie möchten eine Zelle oder einen Zellbereich mit einem einfach zu merkenden Namen versehen und diesen beim Zugriff auf die Zelle oder den Zellbereich verwenden.

Lösung

Benennen Sie die Zelle oder den Zellbereich entweder manuell über Excel und geben Sie den Namen dann einfach als Index für die *Range*-Auflistung an, wenn sie darauf zugreifen möchten. Alternativ können Sie den Zellbereich natürlich auch per VBA benennen, indem Sie ihn der *Name*-Eigenschaft des *Range*-Objekts zuweisen.

Erläuterungen

Neben einer Adresse, die Sie über die *Address*-Eigenschaft des *Range*-Objekts abrufen können, kann eine Zelle oder ein Zellbereich auch einen Namen haben, den Sie in der *Name*-Eigenschaft finden. Der Vorteil dabei ist, dass Sie den Namen frei wählen können, wobei Sie bestimmte Regeln beachten sollten.

1. Leerzeichen in Bereichsnamen sind nicht erlaubt

2. Groß- und Kleinschreibung wird nicht unterschieden. Sie können also innerhalb einer Arbeitsmappe nicht einen Bereich »Bereich1« und den anderen »bereich1« nennen.

3. alle Bereichsnamen innerhalb einer Arbeitsmappe müssen eindeutig sein.

4. Satzzeichen sind nicht erlaubt, Sie dürfen aber Umlaute und »ß« verwenden. Allerdings sollten Sie dies wenn möglich vermeiden, da es Probleme mit fremdsprachlichen Excel-Versionen geben könnte.

5. Wählen Sie sprechende Namen, nur dann haben Sie überhaupt etwas davon die Bereiche zu benennen.

Möchten Sie einen Zellbereich manuell benennen, aktivieren Sie das Blatt auf dem sich der Zellbereich befindet und blenden über den Menüeintrag *Ansicht/Bearbeitungsleiste* von Excel die Bearbeitungsleiste ein, falls sie nicht sichtbar sein sollte. Markieren Sie nun den Zellbereich, den Sie benennen möchten und geben Sie dann den gewünschten Namen in das Adressfeld der Bearbeitungsleiste ein. Schließen Sie Ihre Eingabe dabei unbedingt mit Eingabe ab.

War das Benennen erfolgreich, wird der Namen nun anstelle der Adresse angezeigt, ansonsten erscheint eine Fehlermeldung oder Excel markiert den Bereich innerhalb der Arbeitsmappe, der bereits mit diesem Namen benannt wurde.

TIPP: Dieses Verhalten von Excel können Sie sich zunutze machen, wenn Sie einen Zellbereich benannt haben und ihn nicht mehr wieder finden. Angezeigt wird der Bereichsname nämlich nur, wenn Sie alle Zellen des Bereichs markiert haben und keine andere Zelle markiert ist, die nicht zum benannten Bereich gehört. Um einen solchen Bereich wieder zu finden, markieren Sie einfach eine Zelle, von der sie wissen, dass sie keinen Namen hat und nicht zu einem benannten Bereich gehört. Geben Sie in das Adressfeld der Bearbeitungsleiste nun den Namen des Bereichs ein. Da das Umbenennen nicht gelingt, zeigt Excel Ihnen den benannten Bereich nun an.

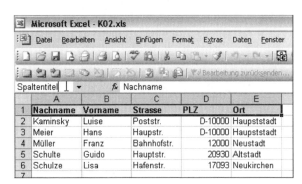

Abbildung 2.10: Einen Zellbereich benennen

HINWEIS: Alternativ können Sie auch das Excel-Dialogfeld verwenden, das Sie mit dem Menüeintrag *Einfügen/Namen/Definieren* aufrufen können. Damit können Sie alle Bereichsnamen anzeigen lassen, neue definieren und auch vorhandene löschen.

Per VBA können Sie den Namen eines Zellbereichs festlegen, indem Sie ihn einfach der *Name*-Eigenschaft des Zellbereichs zuweisen:

```
Sub TestK02_33()
    'Bereich benennen
    ThisWorkbook.Worksheets("Tabelle3a").Range( _
        "A2:E6").Name = "Daten"
End Sub
```

Listing 2.43: Einen Zellbereich per VBA benennen

HINWEIS: Wenn Sie einen ungültigen Namen angeben, beispielsweise einen Namen der bereits für einen anderen Bereich verwendet wurde, erhalten Sie einen Laufzeitfehler, den Sie aber bei Bedarf mit *On Error Resume Next* abfangen können.

Von nun an, können Sie die Bereichsnamen als Index für die Range-Auflistung angeben. Der folgende Code gibt beispielsweise die Inhalte der Zellen im Bereich »Spaltentitel« aus.

```
Sub TestK02_33()
    Dim objZelle  As Range
    'Bereich benennen
    ThisWorkbook.Worksheets("Tabelle3a").Range( _
        "A2:E6").Name = "Daten"
    'Auf Bereiche zugreifen
    For Each objZelle In Range("Spaltentitel").Cells
        Debug.Print objZelle.Value
    Next objZelle
End Sub
```

Listing 2.44: *Zugreifen auf benannte Bereiche*

HINWEIS: An diesem Beispiel können Sie schon einen wesentlichen Vorteil von benannten Zellbereichen erkennen. Sie müssen zum Zugriff auf den Bereich nicht mehr das Tabellenblatt angeben. Dies liegt daran, dass die Bereichsnamen innerhalb der Arbeitsmappe eindeutig sind.

2.34 Zellbezeichner aus dem Tabellenblatt löschen

Das Codemodul *K02_34* mit dem Listing finden Sie in der Datei *K02.xls* innerhalb der Begleitdateien zum Buch.

Problem

Sie möchten einen einmal verwendeten Namen für einen Zellbereich für einen anderen Bereich verwenden. Es gelingt Ihnen aber nicht, den anderen Bereich umzubenennen oder den Namen zu löschen.

Lösung

Das Umbenennen eines Bereichs funktioniert deshalb nicht, weil Sie einem Bereich mehrere Namen zuweisen können. Angezeigt wird in der Bearbeitungsleiste aber immer nur der zuerst zugewiesene Name. Daher hat es den Anschein, als würde der neue Name nicht akzeptiert. Somit besteht das Problem in Wirklichkeit aus zwei Teilproblemen. Sie können einen Bereich nicht umbenennen und nicht löschen, sondern nur neue Namen hinzufügen. Die Lösung ist die *Names*-Auflistung des *Workbook*-Objekts. Sie verwaltet alle Namen in der Arbeitsmappe in Form von *Name*-Objekten. Darüber können Sie nicht nur Bereichsnamen löschen, sondern Sie können sogar komfortabel ermitteln, auf welchen Zellbereich die Namen verweisen

Erläuterungen

Die Prozedur *TestK02_34* zeigt die wichtigsten Funktionen rund um die *Names*-Auflistung. Im ersten Teil wird die Auflistung durchlaufen und für jeden Namen neben dem Namen auch die Adresse ausgegeben, auf die der Name verweist. Dabei wird der Name des Tabellenblattes vorangestellt. Die Ausgabe erfolgt also nach dem Schema *Name:=Tabelle!Adressbereich*. Die Zelladresse auf die der Name verweist können Sie über die *Value*-Eigenschaft ausgeben. Benötigen Sie jedoch eine andere Angabe, können Sie auch auf die Eigenschaft *RefersToRange* zurückgreifen. Sie gibt den Zellbereich, auf den der Name verweist, als *Range*-Objekt zurück. Den Namen des Tabellenblattes können Sie dann über dessen *Worksheet*-Eigenschaft ermitteln und die Adresse (ohne Tabellenname) mit Hilfe der *Address*-Eigenschaft des *Range*-Objekts. Die folgenden beiden Anweisungen würden also innerhalb der *For Each*-Schleife den Namen des Tabellenblatts und die Adresse des Bereichs ausgeben.

```
Debug.Print objName.RefersToRange.Worksheet.Name
Debug.Print objName.RefersToRange.Address
```

Listing 2.45: *Ausgabe der Zellenadresse und des Blattnamens einer benannten Zelle*

Möchten Sie einen Bereich umbenennen, brauchen Sie lediglich über die *Names*-Auflistung den Bereich mit Hilfe des aktuellen Namens zurückzugeben. Dann weisen Sie seiner *Name*-Eigenschaft den neuen Namen zu. Löschen können Sie einen Bereichsnamen, indem Sie ihn wiederum aus der *Names*-Auflistung zurückgeben und dann die *Delete*-Methode aufrufen.

```
Sub TestK02_34()
    Dim objName As Name
    'Namen der Arbeitsmappe auflisten
    For Each objName In ThisWorkbook.Names
        Debug.Print objName.Name & ": " & objName.Value
    Next objName
    'Namen umbenennen
    On Error Resume Next
    ThisWorkbook.Names("üß").Name = "TEST"
    ThisWorkbook.Names("TEST").Name = "üß"
    'Namen löschen
    ThisWorkbook.Names("üß").Delete
End Sub
```

Listing 2.46: *Anzeigen, umbenennen und löschen von Bereichsnamen*

2.35 Zellbereichsnamen hinzufügen, die für den Benutzer nicht sichtbar sind

Das Codemodul *K02_35* mit dem Listing finden Sie in der Datei *K02.xls* innerhalb der Begleitdateien zum Buch.

Problem

Sie möchten einen Zellbereich so benennen, dass er für den Benutzer nicht sichtbar ist, weil er weder im Tabellenblatt bei Auswahl der Zellen angezeigt wird, noch im Dialogfeld *Namen definieren* auftaucht.

Lösung

Dieses Problem lässt sich tatsächlich nur per VBA lösen. Mit Hilfe der *Add*-Methode der *Names*-Auflistung, in der alle Namen der Arbeitsmappe verwaltet werden, können Sie definieren, dass der Name verborgen werden soll.

Erläuterungen

Mit der *Add*-Methode können Sie einen Namen erstellen, indem Sie die wichtigsten Daten mit den ersten drei Parametern definieren. Der erste Parameter bestimmt den Namen, und als zweiten Parameter übergeben Sie ein *Range*-Objekt, auf das der Name verweist. Mit dem dritten Parameter *visible* können Sie bestimmen ob der Name sichtbar sein soll. Geben Sie hier *False* an, bleibt der Name für den Benutzer verborgen. Der Zugriff auf den Zellbereich kann im VBA-Code dennoch über den Namen erfolgen, wie die zweite Anweisung der Prozedur zeigt.

Kennt der Benutzer den Namen, beispielsweise weil er der Entwickler ist und daher die Namen erzeugt hat, kann er ihn dennoch wie gewohnt in Formeln verwenden. Auch über die *Names*-Auflistung können Sie auf den Namen zugreifen und ihn ändern, löschen und umbenennen.

```
Sub TestK02_36()
    ThisWorkbook.Names.Add "Verborgen", _
        ThisWorkbook.Worksheets(1).Range("A1"), False
    Range("Verborgen") = "falsch"
End Sub
```

Listing 2.47: *Erstellen eines verborgenen Namens*

2.36 Eine Funktion erstellen, die als Zellfunktion aufgerufen werden kann

Das Codemodul *K02_36* mit dem Listing finden Sie in der Datei *K02.xls* innerhalb der Begleitdateien zum Buch.

Problem

Sie möchten eine Funktion erstellen, die einen Wert zurückgibt und die Sie als Zellfunktion im Tabellenblatt verwenden können. Alle Ihre Versuche sind bisher daran gescheitert, dass Fehlermeldungen wie »#Wert« in der Zelle angezeigt werden oder dass die Funktion in jeder Zelle den gleichen Wert berechnet, obwohl sie auf unterschiedliche Zellen Bezug nimmt.

Lösung

Greifen Sie immer über das *Range*- oder *Worksheet*-Objekt auf die Zellen zu, dann funktioniert die Funktion auf jeden Fall auch im Tabellenblatt.

Erläuterungen

Zeichnen Sie Code mit dem Makrorekorder auf, um beispielsweise eine Funktion zu erzeugen, die Berechnungen mit Werten anderer Zellen erzeugt, entsteht dabei immer Code, der Zellen, Blätter oder Zellbereiche auswählt und wechselt. Solche Aktionen sind in Funktionen nicht erlaubt, die Sie als Zellfunktion verwenden möchten. Sie würden dann nämlich die aktive Zelle wechseln, das geht aber nicht, weil die aktive Zelle während der Berechnung des Zellinhalts immer die Zelle ist, in der die Funktion eingefügt wird.

Programmieren Sie die Funktion selbst, sind Sie vielleicht auf die Idee gekommen, ausgehend von der aktiven Zelle auf die benachbarten Zellen zuzugreifen, beispielsweise so:

```
SummeRL = ActiveCell.Offset(0, 1).Value + ActiveCell.Offset(0, -1).Value
```

Dies führt dann aber dazu, dass immer nur die beiden Zellen rechts und links von der aktiven Zelle berücksichtigt werden. Die aktive Zelle ist aber immer nur eine Zelle pro Blatt und immer nur jene, die dick umrandet dargestellt ist. Fügen Sie eine solche Funktion in mehrere

Zellen ein, liefert sie in jeder Zelle den gleichen Wert, weil die aktive Zelle ja immer die gleiche ist.

Wenn Sie eine Zellfunktion richtig erstellen möchten, müssen Sie folgende Regeln beachten:

- Die Funktion darf sich selbst nicht aufrufen.
- Die Funktion darf auf keine Zelle oder Funktion Bezug nehmen, die wiederum das Berechnungsergebnis der Funktion benötigt.
- Die Funktion darf nicht die aktive Zelle, das Blatt oder die Arbeitsmappe wechseln.
- Die Funktion darf keine Zellen markieren, löschen oder einfügen
- Die Funktion darf keinen Laufzeitfehler auslösen
- Die Funktion darf nur einfache Werte zurückgeben, also Zahlen und Zeichenketten, aber keine Arrays, Objekte oder benutzerdefinierte Datentypen.

Möchten Sie also die Summe der Zellen bilden, die links und rechts von der Zelle liegen, die die Formel enthält, müssen Sie entweder die Adressen der umliegenden Zellen oder die Adresse der Zelle, die die Funktion enthält, als Parameter an die Funktion übergeben. Das könnte dann beispielsweise wie folgt aussehen. Hier wird die Zelladresse einfach als Zeichenkette an die Funktion übergeben.

```
Function SummeRL(strZ As String)
    Dim objZ As Range
    Set objZ = Range(strZ)
    SummeRL = objZ.Offset(0, 1).Value + _
    objZ.Offset(0, -1).Value
End Function
```

Listing 2.48: Berechnen der Summe der Zellen links und rechts von der Zelle mit der Funktion

Wenn Sie auf diese Weise die Zelladresse übergeben, ist das Problem oft der Tabellenblattname. Sie können so nicht auf andere Tabellenblätter Bezug nehmen, sondern immer nur Adressen des aktuellen Blattes referenzieren, es sei denn, sie übergeben den Tabellennamen als zusätzlichen Parameter. Sie können jedoch die Zelladresse auch so an eine Funktion übergeben, dass der Benutzer die Zelle oder den Zellbereich einfach auswählen kann, wie er das von den Excel-Funktionen kennt. Wie das geht, zeigt der ▶ Abschnitt »2.37 Einen Zellbereich an eine benutzerdefinierte Zellfunktion übergeben« weiter hinten in diesem Kapitel.

2.37 Einen Zellbereich an eine benutzerdefinierte Zellfunktion übergeben

Das Codemodul *K02_37* mit dem Listing finden Sie in der Datei *K02.xls* innerhalb der Begleitdateien zum Buch.

Problem

Sie möchten an eine Zellfunktion eine Zelle oder einen Zellbereich übergeben, sodass Sie die Funktion einfach per AutoAusfüllen-Funktion von Excel in mehrere Zellen kopieren können und die Zellverweise aktualisiert werden. Der Benutzer soll zudem die Zelle oder den Zellbereich über den Zellauswahldialog von Excel auswählen können.

Lösung

Wichtig ist, dass Sie den Parameter, der den Zellbezug aufnehmen soll, als Objekt vom Typ *Range* definieren. Das ist auch schon alles.

Erläuterungen

Möchten Sie die Quersumme eines Zellwertes berechnen, könnten Sie dazu die Funktion *Quersumme* verwenden. Ihr wird die Zelle einfach als *Range*-Objekt übergeben.

```
Function Quersumme(objZelle As Range) As Long
    Dim intI As Integer
    Dim strTeil As String
    Dim strWert As String
    If objZelle.Cells.Count > 1 Then
        Set objZelle = objZelle.Cells(1, 1)
    End If
    strWert = objZelle.Value

    If IsNumeric(objZelle.Value) Then
        For intI = 1 To Len(strWert)
            strTeil = Mid(strWert, 1, 1)
            strWert = Mid(strWert, 2)
            Quersumme = Quersumme + strTeil
        Next intI
    End If
End Function
```

Listing 2.49: *Die Quersumme eines Zellwertes berechnen und zurückgeben*

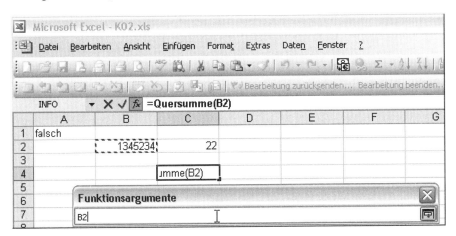

Abbildung 2.11: *Eingeben der Zellreferenz mit Hilfe des Dialogfeldes Funktionsargumente*

ACHTUNG: Da ein *Range*-Objekt eine Zelle oder einen Zellbereich darstellen kann, sollten Sie bei Funktionen, die nur eine Zelle als Parameter benötigen, innerhalb der Funktion sicherstellen, dass das *Range*-Objekt nur eine Zelle beinhaltet. Das geht am einfachsten, indem Sie wie hier gezeigt die *Count*-Eigenschaft der *Cells*-Auflistung prüfen. Liefert sie einen Wert größer als 1, weisen Sie dem Parameter entweder die erste Zelle des Bereichs zu oder brechen die Funktion mit *Exit Function* ab. Falls Sie erreichen möchten, dass in diesem Fall auch »#Wert« in der Zelle angezeigt wird, müssen Sie einen Laufzeitfehler auslösen. Dazu können Sie die *Raise*-Methode des *Err*-Objekts verwenden. Ihr übergeben Sie einfach eine fiktive Fehlernummer, die nicht identisch mit einer Nummer eines vordefinierten Fehlers sein darf. Der zweite und dritte Parameter sind optional. Sie liefern Fehlerinformationen wie die Fehlerquelle und die Beschreibung. Bei einer Zellfunktion werden diese Informationen aber ohnehin nicht angezeigt. Sie können sie aber nutzen, falls Sie die Funktion auch im VBA-Code verwenden. Dann können Sie sie über die Eigenschaften *Number, Err* und *Source* des *Err*-Objekts abfragen.

TIPP: Wenn Sie keinen Zellbereich oder einen, aus Sicht von Excel, anderen variablen Wert an die Funktion übergeben, wird sie nicht neu berechnet, wenn das Arbeitsblatt berechnet wird. Um eine automatische Neuberechnung zu erreichen, fügen Sie einfach innerhalb der Funktion die Anweisung *Application.Volatile* ein. Sie kennzeichnet eine Funktion als variabel, sodass sie automatisch berechnet wird.

```
Function Quersumme2(objZelle As Range) As Long
    Dim intI As Integer
    Dim strTeil As String
    Dim strWert As String
    If objZelle.Cells.Count > 1 Then
        Err.Raise 50000 + 1, "Quersumme2", _
            "Es ist nur eine Zelle als Parameter erlaubt!"
        Exit Function
    End If
    strWert = objZelle.Value
    If IsNumeric(objZelle.Value) Then
        For intI = 1 To Len(strWert)
            strTeil = Mid(strWert, 1, 1)
            strWert = Mid(strWert, 2)
            Quersumme2 = Quersumme2 + strTeil
        Next intI
    End If
End Function
```

Listing 2.50: *Auslösen eines benutzerdefinierten Fehlers, damit im Fehlerfall »#Wert« in der Zelle angezeigt wird*

2.38 Zellen mit bestimmten Füllfarben summieren

Das Codemodul *K02_58* mit dem Listing finden Sie in der Datei *K02.xls* innerhalb der Begleitdateien zum Buch.

Problem

Sie möchten Zellen summieren, die eine bestimmte Füllfarbe haben. Mit der *SummeWenn*-Funktion geht es nicht, weil Sie in der Bedingung, die Sie angeben müssen, nicht auf die Füllfarbe zugreifen können.

Lösung

Erstellen Sie eine benutzerdefinierte Zellfunktion, der Sie den Zellbereich und die Hintergrundfarbe der Zellen übergeben, die sie summieren möchten, und die die Summe zurückgibt.

Erläuterungen

Die Funktion *SummeFORMAT* addiert alle Zellen des als *objZellBereich* angegebenen *Range*-Objekts, wenn diese Zellen die angegebene Füllfarbe haben. Diese können Sie mit den beiden optionalen Parametern angeben. Den ersten können Sie verwenden, um einen Farbwert mit der *RGB*-Funktion anzugeben, den zweiten können Sie verwenden, wenn Sie eine Zelle angeben möchten, die die gleiche Formatierung verwendet. Beide optionale Parameter wurden mit einem speziellen Datentyp anstelle von *Variant* definiert. Das bedeutet, dass Sie deren Existenz nicht mit der *IsMissing*-Funktion abfragen können. Aus diesem Grund wurden ihnen Standardwerte (–1 und *Nothing*) zugewiesen. Wenn Sie die Parameter weglassen, bekommen sie diese Standardwerte, sodass Sie daran innerhalb der Funktion erkennen können, dass sie nicht angegeben wurden.

Am Anfang der Funktion prüfen Sie als erstes, ob die beiden Parameter angegeben wurden und weisen der Variablen *lngFuellfarbe* entweder die Füllfarbe der angegebenen Zelle oder den Wert des Parameters *lngFarbe* zu. Anschließend brauchen Sie nur noch in einer Schleife den Zellbereich zu durchlaufen. Innerhalb der Schleife prüfen Sie, ob die Füllfarbe der Zelle dem Farbwert entspricht. Wenn ja, addieren Sie die Zellwert zur Variablen *dblSumme* zu.

```
Function SummeFORMAT(objZellBereich As Range, _
    Optional lngFarbe As Long = -1, _
    Optional objFarbfeld As Range = Nothing) As Double
    Dim objZ As Range
    Dim lngFuellfarbe As Long
    Dim dblSumme As Double
    If (objFarbfeld Is Nothing) = False Then
        lngFuellfarbe = CLng(objFarbfeld.Interior.Color)
    End If
    If lngFarbe <> -1 Then
        lngFuellfarbe = lngFarbe
    End If
    For Each objZ In objZellBereich.Cells
        If CLng(objZ.Interior.Color) = lngFuellfarbe Then
            dblSumme = dblSumme + objZ.Value
        End If
    Next objZ
    SummeFORMAT = dblSumme
End Function
```

Listing 2.51: Addieren aller Zellen im Bereich, die eine definierte Füllfarbe haben

Wenn Sie die Funktion verwenden möchten, fügen Sie sie wie eine ganz normale Zellfunktion ein. Falls Sie den zweiten Parameter weglassen möchten, geben Sie einfach zwei Semikola nacheinander an. Mit dem dritten und ohne den zweiten Parameter könnte der Aufruf *=SUMMEFORMAT(H2:H5;;J2)* lauten, nur mit dem zweiten Parameter könnte er *=SUMMEFORMAT(H2:H5;255)* lauten. In beiden Fällen haben Sie allerdings das Problem, dass die Formel nur beim Einfügen berechnet wird und bei nachträglichen Wertänderungen im Zellbereich aktualisiert wird. Ändern Sie jedoch die Füllfarben, berechnet Excel die Funktion nicht neu. Das lässt sich allerdings auch nicht ändern. Sie können jedoch mit einem kleinen

Trick dafür sorgen, dass Excel die Funktion zumindest dann neu berechnet, wenn Sie F9 drücken.

TIPP: Damit die Funktion beim Drücken von F9 auch tatsächlich aktualisiert wird, müssen Sie an die Formel der Zelle einen variablen Wert anhängen, der aber natürlich das Ergebnis nicht verändern kann. Dazu eignet sich der Ausdruck *0*Jetzt()* hervorragend. Die aktuelle Zeit wird mit 0 multipliziert und ergibt damit immer 0. Da Excel aber nicht so weit denkt und *Jetzt()* einen variablen Wert liefert, berechnet Excel die Formel neu und wertet damit auch die Funktion neu aus. Ein so erweiterter Aufruf könnte beispielsweise *=SUMMEFORMAT(H2:H5;;J2) + 0*JETZT()* lauten.

2.39 Code ausführen, wenn die aktive Zelle gewechselt wird

Den Quellcode finden Sie im Klassenmodul *Tabelle1* in der Datei *K02.xls* innerhalb der Begleitdateien zum Buch.

Problem

Sie möchten Code ausführen, wenn der Benutzer die Zelle wechselt oder einen anderen Bereich markiert.

Lösung

Erstellen Sie eine Ereignisprozedur für das *SelectionChange*-Ereignis des Tabellenblattes, auf dem Sie die Markierung überwachen möchten

Erläuterungen

Ereignisprozeduren müssen Sie im Klassenmodul der Klasse erstellen, die über dieses Ereignis verfügt. Aus diesem Grund können Sie das Wechseln der Markierung nur innerhalb eines Blattes überwachen. Es steht Ihnen aber frei, in jedem Tabellenblatt der Arbeitsmappe eine solche Ereignisprozedur zu erstellen. Die Ereignisprozedur wird automatisch ausgeführt, wenn das Ereignis eintritt.

Um die Ereignisprozedur für das Tabellenblatt »Tabelle1« zu erstellen, gehen Sie folgendermaßen vor:

1. Klicken Sie im Projekt-Explorer doppelt auf das Modul *Tabelle1* der Arbeitsmappe, um das Modul zu öffnen.

2. Wählen Sie aus der Objektliste des Editors das Objekt *Worksheet* aus. Excel erzeugt dann automatisch die passende Ereignisprozedur.

3. Innerhalb der Prozedur können Sie nun den Code einfügen, der beim Wechseln der Markierung ausgeführt werden soll.

In der Beispieldatei werden zuerst die Adresse der aktiven Zelle und dann die Adresse des ausgewählten Bereichs ausgegeben. Auf den ausgewählten Bereich können Sie über das *Target*-Attribut zugreifen. Damit Sie bei der Arbeit nicht jedes Mal mit Meldungen konfrontiert werden, wenn Sie eine Zelle markieren, erfolgt die Ausgabe der Zelladressen im Testfenster.

```
Private Sub Worksheet_SelectionChange(ByVal Target As Range)
    'Neue Aktive Zelle
    Debug.Print "Aktive Zelle: " & Application.ActiveCell.Address
    'Neuer markierter Bereich
    Debug.Print "Auswahl: " & Target.Address
End Sub
```

Listing 2.52: Ausgeben der aktuellen Zelle und des ausgewählten Bereichs

Mehr zu Ereignissen und wie Sie sie nutzen, erfahren Sie in ▶ Kapitel 9.

2.40 Die Auswahl ganzer Zeilen/Spalten in einem Tabellenblatt erzwingen

Den Quellcode finden Sie im Klassenmodul *Tabelle6* in der Datei *K02.xls* innerhalb der Begleitdateien zum Buch.

Problem

Sie möchten verhindern, dass der Benutzer einen Zellbereich aktiviert, der nicht eine ganze Zeile oder Spalte umfasst. Wenn der Benutzer im Blatt eine Zelle markiert, soll daher immer die ganze Zeile markiert werden.

Lösung

Erstellen Sie eine Ereignisprozedur für das *SelectionChange*-Ereignis des Tabellenblattes, auf dem Sie die Markierung überwachen möchten, und weiten Sie die Markierung auf die ganze Zeile bzw. ganze Spalte aus.

Erläuterungen

Die Eigenschaft *EntireRow* gibt ein *Range*-Objekt zurück, das eine oder mehrere Zeilen umfasst, die von dem *Range*-Objekt repräsentiert werden, auf das Sie die Eigenschaft anwenden. Sie brauchen also in der Ereignisprozedur lediglich die *EntireRow*-Eigenschaft des Parameters *Target* abzurufen und darauf die *Select*-Methode anzuwenden.

```
Private Sub Worksheet_SelectionChange(ByVal Target As Range)
    Target.EntireRow.Select
End Sub
```

Listing 2.53: Markierung auf eine ganze Zeile ausweiten

Analog dazu funktioniert auch die Eigenschaft *EntireColumn,* mit der Sie die Markierung auf die ganze Spalte ausweiten können.

2.41 Integrierte Dokumenteigenschaften auslesen

Das Codemodul *K02_40* mit dem Listing finden Sie in der Datei *K02.xls* innerhalb der Begleitdateien zum Buch.

Problem

Sie möchten die Dokumenteigenschaft von Excel auslesen, die Sie über den Menüeintrag *Datei/Eigenschaften* anzeigen lassen können.

Lösung

Der Zugriff auf die Dateieigenschaften erfolgt über die Auflistung *BuiltinDocumentProperties* des *Workbook*-Objekts. Sie verwaltet die Eigenschaften als *DocumentProperty*-Objekte. Zum Zugriff auf eine einzelne Eigenschaft benötigen Sie deren Namen.

Erläuterungen

Zum effektiven Arbeiten mit den Eigenschaften benötigen Sie zunächst die Namen der Eigenschaften. Am einfachsten geht das, indem Sie eine kleine Prozedur erstellen, die eine Liste der Eigenschaften ausgibt. Dazu können Sie die Auflistung mit der *For Each*-Schleife durchlaufen. Über die *Name*-Eigenschaft des *DocumentProperty*-Objekts können Sie den Namen der Eigenschaft und über die *Value*-Eigenschaft deren Wert abrufen.

```
Sub Liste()
    'Listet alle Eigenschaften auf
    Dim objProp As DocumentProperty
    On Error Resume Next
    For Each objProp In ThisWorkbook.BuiltinDocumentProperties
        Debug.Print objProp.Name & ":" & objProp.Value
    Next objProp
End Sub
```

Listing 2.54: Ausgeben der definierten Eigenschaften

Wenn Sie auf eine bestimmte Eigenschaft zugreifen möchten, übergeben Sie deren Namen einfach als Index an die *BuiltinDocumentProperties*-Auflistung. Die Prozedur *TestK02_40* gibt auf diese Weise beispielsweise das Datum und die Uhrzeit der letzten Speicherung aus.

```
Sub TestK02_40()
    Debug.Print "Zuletzt gespeichert am: " & _
        ThisWorkbook.BuiltinDocumentProperties( _
        "Last save time").Value
End Sub
```

Listing 2.55: Ausgabe des Speicherdatums

2.42 Den Wert einer bestimmten Eigenschaft setzen

Das Codemodul *K02_41* mit dem Listing finden Sie in der Datei *K02.xls* innerhalb der Begleitdateien zum Buch.

Problem

Sie möchten eine Dokumenteigenschaft festlegen oder ändern.

Lösung

Weisen Sie dem *DocumentProperty*-Objekt, das diese Eigenschaft definiert, einen neuen Wert zu.

Erläuterungen

Wenn Sie eine Dokumenteigenschaft setzen möchten, müssen Sie dazu zunächst die Eigenschaft als *Property*-Objekt aus der Auflistung *BuiltinDocumentProperties* zurückgeben. Dazu benötigen Sie den Namen der Eigenschaft, die Sie setzen möchten. Näheres dazu finden Sie im ▶ Abschnitt »2.41 Integrierte Dokumenteigenschaften auslesen« weiter vorne in diesem Kapitel.

HINWEIS: Sollten Sie auf eine Eigenschaft zugreifen, die es nicht gibt, beispielsweise weil Sie einen falschen Namen angeben, kommt es zu einem Laufzeitfehler. Aus diesem Grund sollten Sie vor dem Zugriff auf die Dateieigenschaft die *On Error Resume Next*-Anweisung angeben.

```
Sub TestK02_41()
    On Error Resume Next
    ThisWorkbook.BuiltinDocumentProperties( _
        "Title").Value = "Beispiele zu Kapitel 2"
End Sub
```

Listing 2.56: Die Eigenschaft "Title" auf einen neuen Wert setzen

Abbildung 2.12: Der zugewiesene Wert im Dialogfeld Eigenschaften

2.43 Prüfen, ob es eine bestimmte benutzer-definierte Eigenschaft gibt

Das Codemodul *K02_42* mit dem Listing finden Sie in der Datei *K02.xls* innerhalb der Begleit-dateien zum Buch.

Problem

Sie möchten prüfen, ob es eine bestimmte benutzerdefinierte Eigenschaft gibt.

Lösung

Erstellen Sie eine Funktion, die *True* zurückgibt, wenn es die Eigenschaft gibt. Innerhalb der Funktion durchlaufen Sie die *CustomDocumentProperties*-Auflistung und brechen die Schleife ab, wenn die gesuchte Eigenschaft gefunden wurde.

Erläuterungen

Die Funktion *EigenschaftVorhanden* prüft, ob es die benutzerdefinierte Dokumenteigenschaft *strName* gibt. Wenn ja, gibt sie *True* zurück.

HINWEIS: Wenn Sie die Funktion im Direktfenster oder aus einem anderen Modul aufrufen möchten, als dem, in dem sie definiert ist, müssen Sie den Modulnamen vor den Prozedur-namen setzen, da die Funktion mehrfach vorhanden ist, so dass Sie angeben müssen, welche Funktion verwendet werden soll. Der Aufruf aus dem Direktfenster könnte daher lauten: *Debug.Print K02_42.EigenschaftVorhanden("Autor")*.

```
Function EigenschaftVorhanden(strName As String) As Boolean
    Dim objProp As DocumentProperty
    EigenschaftVorhanden = False
    For Each objProp In ThisWorkbook.CustomDocumentProperties
        If objProp.Name = strName Then
            EigenschaftVorhanden = True
            Exit Function
        End If
    Next objProp
End Function
```

Listing 2.57: Prüfen, ob eine Eigenschaft vorhanden ist

2.44 Eine benutzerdefinierte Eigenschaft hinzufügen

Das Codemodul *K02_43* mit dem Listing finden Sie in der Datei *K02.xls* innerhalb der Begleit-dateien zum Buch.

Problem

Sie möchten eine Dokumenteigenschaft erstellen, nachdem Sie festgestellt haben, dass es sie noch nicht gibt.

Lösung

Mit der *Add*-Methode können Sie der Auflistung *CustomDocumentProperties* eine neue Eigenschaft hinzufügen, nachdem Sie mit der Funktion *EigenschaftVorhanden* (▶ Abschnitt »2.43 Prüfen, ob es eine bestimmte benutzerdefinierte Eigenschaft gibt« weiter vorne in diesem Kapitel) geprüft haben, ob es die Eigenschaft schon gibt.

Erläuterungen

Sie sollten eine Prozedur erstellen, der Sie den Namen und Wert der Eigenschaft übergeben. Innerhalb der Prozedur prüfen Sie dann, ob es die Eigenschaft schon gibt. Falls nicht, rufen Sie die *Add*-Methode auf. Der erste Parameter legt den Namen der Eigenschaft fest, der zweite, ob die Eigenschaft mit Inhalten der Datei verknüpft ist. Diesen Parameter setzen Sie im Normalfall auf *False*. Der dritte Parameter bestimmt den Datentyp der Eigenschaft. Hier wird *msoPropertyTypeString* verwendet und damit eine Zeichenkette als Wert vorausgesetzt. Alternativ könnten Sie hier *msoPropertyTypeBoolean* (Werte *True* und *False*), *msoPropertyTypeDate* (Datum), *msoPropertyTypeFloat* (Fließkommazahl) und *msoPropertyTypeNumber* (Zahl) verwenden. Als letzten Parameter geben Sie den passenden Wert an.

Die *Add*-Methode gibt ein *DocumentProperty*-Objekt zurück, das hier in einer entsprechenden Variablen gespeichert wird. Falls die Funktion *EigenschaftVorhanden* den Wert *True* geliefert hat, wird die Eigenschaft aus der *CustomDocumentProperties*-Auflistung zurückgegeben.

```
Sub TestK02_43()
    EigenschaftSchreiben "Version", "2.0"
End Sub
Function EigenschaftVorhanden(strName As String) As Boolean
    Dim objProp As DocumentProperty
    EigenschaftVorhanden = False
    For Each objProp In ThisWorkbook.CustomDocumentProperties
        If objProp.Name = strName Then
            EigenschaftVorhanden = True
            Exit Function
        End If
    Next objProp
End Function

Sub EigenschaftSchreiben(strName As String, strWert As String)
    Dim objProp As DocumentProperty
    If EigenschaftVorhanden(strName) = False Then
        'Eigenschaft erstellen
        Set objProp = _
            ThisWorkbook.CustomDocumentProperties.Add( _
            strName, False, msoPropertyTypeString, strWert)
    Else
        'Wert setzen
        Set objProp = _
            ThisWorkbook.CustomDocumentProperties( _
            strName)
        objProp.Value = strWert
    End If
End Sub
```

Listing 2.58: Eine benutzerdefinierte Eigenschaft erstellen und ändern

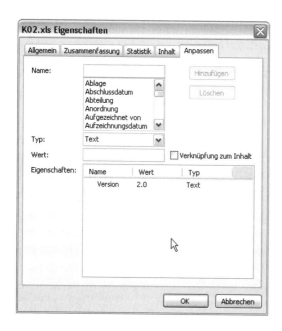

Abbildung 2.13: *Die benutzerdefinierte Eigenschaft »Version«*

2.45 Benutzerdefinierte Eigenschaften lesen

Das Codemodul *K02_44* mit dem Listing finden Sie in der Datei *K02.xls* innerhalb der Begleitdateien zum Buch.

Problem

Sie möchten den Wert einer benutzerdefinierten Eigenschaft ermitteln.

Lösung

Erstellen Sie eine Funktion mit einem *Variant*-Wert als Rückgabewert und übergeben Sie den Namen der Eigenschaft als Parameter an die Funktion. Der Zugriff auf die Eigenschaft innerhalb der Funktion erfolgt dann über die *CustomDocumentsProperties*-Auflistung des *Workbook*-Objekts.

Erläuterungen

Der Versuch, auf eine Eigenschaft zuzugreifen, die nicht existiert, verursacht einen Laufzeitfehler. Daher sollten Sie unbedingt die *On Error Resume Next*-Anweisung am Anfang der Funktion einfügen. Dann können Sie ohne weitere Prüfung versuchen, auf die Eigenschaft zuzugreifen.

```
Function Eigenschaft(strName As String) As Variant
    On Error Resume Next
    Eigenschaft = _
        ThisWorkbook.CustomDocumentProperties( _
        strName).Value
End Function
```

```
Sub TestK02_44()
    Debug.Print Eigenschaft("Version")
End Sub
```

Listing 2.59: Abrufen eines Eigenschaftswertes mit Hilfe der Funktion Eigenschaft

2.46 Fenster öffnen und schließen

Das Codemodul *K02_45* mit dem Listing finden Sie in der Datei *K02.xls* innerhalb der Begleitdateien zum Buch.

Problem

Sie möchten eine bereits geöffnete Arbeitmappe in einem zweiten Fenster öffnen.

Lösung

Rufen Sie die *NewWindow*-Methode des *Workbook*-Objekts auf.

Erläuterungen

Wenn Sie eine Arbeitsmappe öffnen, wird dazu automatisch ein neues Fenster erzeugt. Da eine Arbeitsmappe aber immer nur einmal geöffnet werden kann, können Sie ein zweites Fenster nicht dadurch erzeugen, dass Sie die Arbeitsmappe erneut öffnen. Das *Workbook*-Objekt verfügt jedoch über die *NewWindow*-Methode, mit deren Hilfe Sie ein zweites Fenster erzeugen können.

```
Sub TestK02_45()
    'Öffnet diese Arbeitsmappe in einem neuen Fenster
    ThisWorkbook.NewWindow
End Sub
```

Listing 2.60: Erzeugen eines neuen Fensters

Möchten Sie das Fenster später wieder schließen, wenden Sie dazu die *Close*-Methode der *Windows*-Auflistung an. In der *Windows*-Auflistung werden alle Fenster einer Arbeitsmappe verwaltet. Wenn Sie ein bestimmtes Fenster schließen möchten, müssen Sie dazu nur den Index des Fensters angeben. Falls Sie nach dem Erzeugen des zweiten Fensters das erste wieder schließen möchten, geben Sie also den Index 1 an. Dann wird das erste Fenster geschlossen, das zweite bekommt dann aber die Nummer 1, das dritte die Nummer 2. etc.

```
Sub FensterSchliessen()
    'Schließt das erste Fenster
    ThisWorkbook.Windows(1).Close
End Sub
```

Listing 2.61: Das Fenster schließen

HINWEIS: Auch das *Application*-Objekt verfügt über eine *Windows*-Auflistung. Sie verwaltet die Fenster der geöffneten Arbeitsmappen, sodass Sie über diese *Windows*-Auflistung auf alle Fenster aller Arbeitsmappen zugreifen können. Basis für den Zugriff bilden der Index des Fensters und der Name. Der Fenstername ist identisch mit dem Namen der Arbeitsmappe. Wenn für eine Arbeitsmappe mehrere Fenster vorhanden sind, ergänzen Sie die Namen durch einen Doppelpunkt gefolgt vom Index des Fensters. Das erste Fenster hätte also beispielsweise den Namen »K02.xls:1«, das zweite »K02.xls:2«.

Die *Windows*-Auflistung des *Application*-Objekts bietet eine interessante Möglichkeit, um zwei Arbeitsmappen zu vergleichen. Die beiden Mappen werden dazu neben- oder übereinander angeordnet und Sie können darin synchron scrollen. Wenn Sie in der oberen Arbeitsmappe beispielsweise um sechs Zeilen nach unten scrollen, macht Excel das auch in der unteren. Diese Möglichkeit ist aber an zwei Bedingungen geknüpft:

1. Beide Arbeitsmappen sind geöffnet.

2. Die Arbeitsmappe, die oben angezeigt werden soll, muss die aktive Arbeitsmappe sein.

Die Prozedur *Arbeitsmappenvergleichen* zeigt diese Möglichkeit. Zunächst öffnet sie die Arbeitsmappe *Rechnung.xls*, aktiviert dann aber wieder die Arbeitsmappe, die den Code ausführt, indem sie die *Activate*-Methode des *Workbook*-Objekts aufruft. Die Methode *CompareSideBySideWith* bewirkt dann, dass das als Parameter übergebene Fenster unterhalb der aktiven Arbeitsmappe angezeigt wird. Die Methode *ResetPositionsSideBySide* bewirkt, dass der Versuch des Anwenders, eines der beiden Fenster zu maximieren oder zu minimieren, unterbunden wird, indem die ursprüngliche Anzeige wiederhergestellt wird. Damit der Benutzer aber dennoch die Fenster anders anordnen kann, wird ihm automatisch eine entsprechende Symbolleiste angezeigt.

TIPP: Per VBA können Sie die Anordnung der Fenster aufheben, indem Sie die Methode *Application.Windows.BreakSideBySide* aufrufen.

ACHTUNG: Die Methode *CompareSideBySideWith* steht erst ab Excel 2002 unter Windows zur Verfügung. Damit der Code unter Excel v. X für Macintosh und Excel 2000 oder früher keine Fehler verursacht, sollten Sie die Prozedur mittels der bedingten Kompilierung vor Excel-Versionen für Macintosh verstecken. Den dann immer noch verbleibenden Laufzeitfehler in Excel 2000 können Sie bequem mit *On Error Resume Next* übergehen.

```
#If (VBA6) And (Mac = False) Then
'Erst ab Excel 2002 f. Windows
Sub Arbeitsmappenvergleichen()
    Application.Workbooks.Open _
        ThisWorkbook.Path & Application.PathSeparator _
        & "Rechnung.xls"
    ThisWorkbook.Activate
    On Error Resume Next
    Application.Windows.CompareSideBySideWith "Rechnung.xls"
    Application.Windows.ResetPositionsSideBySide
End Sub
#End If
```

Listing 2.62*: Arbeitsmappen vergleichen*

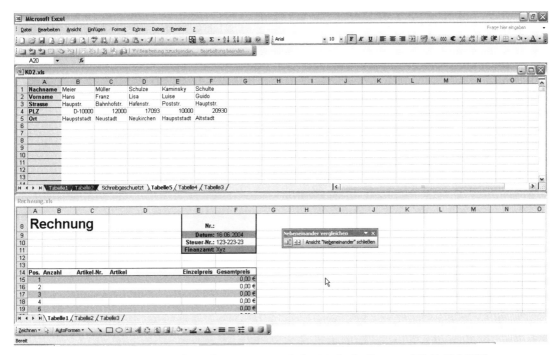

Abbildung 2.14: *Die Darstellung der Arbeitsmappen mit der Methode CompareSideBySideWith*

2.47 Fenster neu anordnen, minimieren und maximieren

Das Codemodul *K02_46* mit dem Listing finden Sie in der Datei *K02.xls* innerhalb der Begleitdateien zum Buch.

Problem

Sie möchten die geöffneten Fenster anders anordnen, maximieren oder minimieren.

Lösung

Verwenden Sie die Methode *Arrange*, um Fenster anzuordnen, und die *WindowState*-Eigenschaft des *Window*-Objekts, um ein Fenster zu maximieren oder zu minimieren.

Erläuterungen

Wenn Sie alle Fenster von Excel anders anordnen möchten, funktioniert dies über die *Windows*-Auflistung ohne Angabe eines einzelnen Fensters. Sie rufen dazu einfach die *Arrange*-Methode auf und übergeben ihr eine Konstante, die bestimmt, wie die Fenster angeordnet werden sollen. Mit der Konstante *xlArrangeStyleTiled* werden die Fenster nebeneinander und untereinander angeordnet. Wie das genau geschieht, hängt von der Anzahl der Fenster ab. Grundsätzlich gilt aber, dass nur die Fenster angeordnet werden, die im Modus »Normal« angezeigt werden, also weder maximiert noch minimiert sind.

TIPP: Das können Sie sich zunutze machen, wenn Sie nicht alle Fenster anordnen möchten. Jene Fenster, die sie aussparen möchten, minimieren oder maximieren Sie zuvor.

Um die Anordnung der Fenster zu demonstrieren, wird in der Beispielsprozedur in einer Schleife die Eigenschaft *WindowState* für jedes Fenster auf *xlNormal* gesetzt. Wenn Sie ein Fenster maximieren möchten, setzen Sie dazu die *WindowState*-Eigenschaft auf *xlMaximize*, zum Minimieren auf *xlMinimize*.

HINWEIS: Maximieren bedeutet nicht, dass das Fenster das ganze Excel-Fenster ausfüllt, sondern nur, dass es den maximal verfügbaren Platz einnimmt. Wenn Sie zuvor bei zwei geöffneten Fenstern die Fenster übereinander angeordnet haben und Sie maximieren eines der beiden Fenster, füllt das nur die Hälfte des Platzes aus. Dies ändert sich auch nicht, wenn Sie danach das zweite Fenster minimieren.

```
Sub TestK02_46()
    Dim objWin As Window
    'Fenster nebeneinander anordnen
    For Each objWin In Application.Windows
        objWin.WindowState = xlNormal
    Next objWin
    Application.Windows.Arrange xlArrangeStyleTiled
    'Ein bestimmtes Fenster maximieren
    Application.Windows(1).WindowState = xlMaximized
    'Ein Fenster minimieren
    Application.Windows(2).WindowState = xlMinimized
End Sub
```

Listing 2.63: Fenster anordnen, maximieren und minimieren

2.48 Ein Fenster ausblenden

Das Codemodul *K02_47* mit dem Listing finden Sie in der Datei *K02.xls* innerhalb der Begleitdateien zum Buch.

Problem

Sie möchten ein bestimmtes Fenster ausblenden.

Lösung

Setzen Sie die *Visible*-Eigenschaft des Fensters auf *False*.

Erläuterungen

Wenn Sie aus der *Windows*-Auflistung ein Fenster zurückgeben möchten, müssen Sie dazu nicht immer den numerischen Fensterindex angeben. Sie können auch den Namen der Arbeitsmappe einschließlich der Dateinamenserweiterung angeben. Damit ist der Zugriff auf ein bestimmtes Fenster wesentlich sicherer möglich, als über den numerischen Index. Den Namen der Arbeitsmappe, ohne Pfad, können Sie über die *Name*-Eigenschaft des *Workbook*-Objekts zurückgeben.

```
Sub TestK02_47()
    On Error Resume Next
    Application.Windows(ThisWorkbook.Name).Visible = False
End Sub
```

Listing 2.64: Ausblenden des Fensters der Arbeitsmappe, die den Code ausführt

HINWEIS: Ein auf diese Weise ausgeblendetes Fenster können Sie wieder einblenden, indem Sie die *Visible*-Eigenschaft auf *True* setzen. Alternativ kann der Benutzer es über das Menü *Fenster* und dessen Eintrag *Einblenden* wieder sichtbar machen.

2.49 Die Arbeitsmappe drucken

Das Codemodul *K02_48* mit dem Listing finden Sie in der Datei *K02.xls* innerhalb der Begleitdateien zum Buch.

Problem

Sie möchten eine Arbeitsmappe drucken und dabei dem Benutzer ermöglichen, einen Drucker zu wählen.

Lösung

Um die Arbeitsmappe oder ein einzelnes Blatt zu drucken, gibt es die *PrintOut*-Methode. Sie ermöglicht zahlreiche Einstellungen, mit denen Sie bestimmen können, was wie oft und auf welchem Drucker gedruckt werden soll.

Erläuterungen

Der Ausdruck selbst ist das kleinste Problem. Möchten Sie die gesamte Arbeitsmappe drucken, genügt dazu ein Aufruf der *PrintOut*-Methode des *Workbook*-Objekts. Es sind dann auch keinerlei Parameter erforderlich, da standardmäßig das Objekt gedruckt wird, auf das Sie die *PrintOut*-Methode anwenden, hier also die Arbeitsmappe. Ausgedruckt wird immer auf dem aktiven Drucker von Excel.

HINWEIS: Der aktive Drucker ist nicht der Standarddrucker des Systems. Bei Arbeitsmappen die noch nie gedruckt wurden, trifft dies zwar zu. Nach einer erfolgten Auswahl eines Druckers ist der aktive Drucker aber immer der zuletzt ausgewählte Drucker bzw. der Drucker, über den die Arbeitsmappe zuletzt ausgedruckt wurde.

Den aktiven Drucker, auf dem gedruckt werden soll, können Sie auf zweierlei Weisen festlegen. Zum einen können Sie den Namen des Druckers (sofern Sie ihn kennen) an den Parameter *ActivePrinter* der *PrintOut*-Methode übergeben. Er wird dann zum Ausdruck verwendet und auch als aktiver Drucker festgelegt. Leider kennt Excel aber keine *Printers*-Auflistung, über die Sie die Namen der installierten Drucker ermitteln können. Wenn Sie das machen möchten, müssen Sie auf die Windows-API zurückgreifen, die auf dem Mac dann natürlich nicht funktioniert. In Excel auf dem Macintosh funktionieren beide Methoden nicht. Die Windows-API steht nicht zur Verfügung und der Aufruf der Dialoge führt zu einem abfangbaren Laufzeitfehler 1004. Sie können den Laufzeitfehler durch *On Error Resume Next* übergehen oder einfach per bedingter Kompilierung gar nicht erst den Versuch zulassen.

HINWEIS: Mehr zur Windows-API und den damit verbundenen Problemen und Möglichkeiten finden Sie in ▶ Kapitel 11.

Alternativ können Sie ein Dialogfeld anzeigen, über den der Benutzer den Drucker auswählen kann. Das funktioniert in Excel etwas anders als in den anderen Office 2002/2003-Anwendungen. In Excel können Sie nämlich einen Standarddialog von Excel verwenden, um den aktiven Drucker festzulegen. Wenn Sie verhindern möchten, dass der Benutzer auch auswählen kann, was gedruckt werden soll, sollten Sie das Dialogfeld *xlDialogPrinterSetup* verwenden. Er zeigt nur eine Druckerliste an, bietet aber keine Möglichkeit, die Druckereinstellungen zu ändern. Um das Dialogfeld anzeigen zu lassen, übergeben Sie die *xlDialogPrint*-Konstante aus der *Dialogs*-Auflistung des *Application*-Objekts und rufen dann die *Show*-Methode auf. Durch Auswahl des Druckers und Schließen des Dialogfeldes wird der aktive Drucker festgelegt und der Ausdruck mit der *PrintOut*-Methode erfolgt auf diesem Drucker.

```
Sub AllesDrucken()
    On Error Resume Next
    Application.Dialogs(xlDialogPrinterSetup).Show
    ThisWorkbook.PrintOut
End Sub
```

Listing 2.65: Auswählen des Druckers und Ausdruck der Arbeitsmappe

Abbildung 2.15: Der Druckerauswahldialog von Excel

Wählt der Benutzer keinen Drucker aus, sondern bricht die Auswahl mit *Abbrechen* ab, führt das dazu, dass der Ausdruck auf einem anderen Drucker dennoch erfolgt. Auch diesen müsste der Benutzer wieder abbrechen, was zu einem Laufzeitfehler führen würde, den die *On Error Resume Next*-Anweisung unterdrücken würde. Aber dafür gibt es natürlich auch eine Lösung. Sie können den Rückgabewert der *Show*-Methode abrufen. Er gibt Auskunft über die Art- und Weise, mit der der Benutzer das Dialogfeld geschlossen hat. Gibt die Methode *True* zurück, hat der Benutzer *OK* angeklickt, wenn nicht, gibt sie *False* zurück. Mit einer entsprechenden *If*-Verzweigung können Sie also den Druck abhängig davon machen, ob der Benutzer einen Drucker gewählt hat.

```
Sub AllesDrucken()
    On Error Resume Next
    If Application.Dialogs(xlDialogPrinterSetup).Show() = True Then
        ThisWorkbook.PrintOut
    End If
End Sub
```

Listing 2.66: Ausdruck nur starten, wenn ein Drucker gewählt wurde

TIPP: Möchten Sie dem Benutzer die Möglichkeit geben, auch zu bestimmen, welche Teile der Arbeitsmappe gedruckt werden sollen, können Sie statt des Dialogsfelds *xlDialogPrinterSetup* auch das Dialogfeld *xlDialogPrint* verwenden.

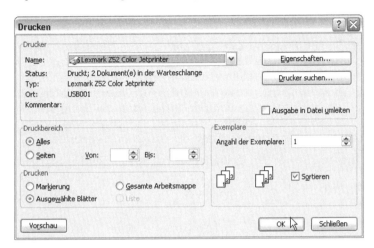

Abbildung 2.16: Das Dialogfeld xlDialogPrint

HINWEIS: Mehr zu den integrierten Dialogfeldern von Excel erfahren Sie in ▶ Kapitel 5.

2.50 Kopf- und Fußzeilen für den Ausdruck definieren

Das Codemodul *K02_49* mit dem Listing finden Sie in der Datei *K02.xls* innerhalb der Begleitdateien zum Buch.

Problem

Sie möchten Kopf- und Fußzeilen einer Arbeitsmappe für den Ausdruck festlegen

Lösung

Kopf- und Fußzeilen lassen sich nicht für die ganze Arbeitsmappe festlegen, sondern nur für einzelne Blätter. Wenn Sie also für alle Blätter die Kopf- und Fußzeilen definieren möchten, müssen Sie dazu eine Schleife verwenden oder alle Blätter zunächst auswählen und dann die Einstellungen für die ganze Auswahl festlegen. Die Einstellung der Seitenränder und weiterer Druckoptionen erfolgt über das *PageSetup*-Objekt, das die *PageSetup*-Eigenschaft des Blattes zurückgibt.

Erläuterungen

Wenn Sie die Druckoptionen festlegen möchten, müssen Sie das *PageSetup*-Objekt des Blattes zurückgeben. Dazu nutzen Sie die Eigenschaft *PageSetup*. Sie verfügt über zahlreiche Eigenschaften, die alle Seiteneinstellungen repräsentieren. Für die Kopf- und Fußzeilen sind die Eigenschaften mit »Footer« und »Header« im Namen zuständig, von denen die Prozedur *TestK02_49* die wichtigsten zeigt. Über die Eigenschaft *LeftFooter* legen Sie den Inhalt des linken Teils der Fußzeile fest. Hier wird dieser Eigenschaft ein fester Wert »DEMO« zugewiesen, der später in der linken unteren Ecke des Blattes zu sehen sein wird. Entsprechend wird mit *RightFooter* der rechte Teil der Fußzeile definiert. Ihm wird das formatierte aktuelle Datum zugewiesen. Alternativ könnten Sie dazu natürlich auch den Platzhalter von Excel »&D« zuweisen. Dann würde das Datum aber bei jedem Ausdruck aktualisiert werden. Weisen Sie das Datum auf diese Weise zu, wird es erst beim erneuten Aufruf der Prozedur geändert.

Analog dazu können Sie auch die Inhalte der Kopfzeile definieren, indem Sie den Eigenschaften *LeftHeader*, *CenterHeader* und *RightHeader* die erforderlichen Werte zuweisen. Formatieren lassen sich die Kopf- und Fußzeilen über die Formatcodes von Excel, die Sie in der Tabelle 2.3 weiter unten finden.

Seit Excel 2002 können Sie auch Grafiken in Kopf- und Fußzeilen einfügen. Das können kleine Logos aber auch große Bilder sein, die dann beispielsweise als Hintergrundgrafik unter dem Seiteninhalt liegen. Der Vorteil gegenüber Hintergrundbildern für Zellbereiche, die es ja schon länger gibt, ist der, dass das Bild nur beim Ausdruck sichtbar ist, aber nicht die Arbeit mit den Daten behindert und Excel unnötig verlangsamt. Möchten Sie ein solches Bild einfügen, geht das über die Eigenschaften *LeftHeaderPicture*, *RightHeaderPicture* und *CenterHeaderPicture* bzw. über die analogen Eigenschaften für die Fußzeile. Diese Eigenschaften geben ein *Picture*-Objekt zurück, über dessen *Filename*-Eigenschaft Sie den Dateinamen mit Pfad festlegen können. Damit das Bild aber auch angezeigt wird, müssen Sie der entsprechenden Kopf- oder Fußzeile noch das Formatzeichen »&G« als Inhalt zuweisen. Über die *Contrast*-Eigenschaft können Sie den Kontrast von Bildern regeln. Zulässig sind Werte von 0 bis 1 (100 %). Analog dazu könnten Sie über die *Brightness*-Eigenschaft des *Picture*-Objekts auch die Helligkeit regulieren.

Damit der Code auch unter Excel v. X für Mac fehlerfrei ausgeführt werden kann, sollten sie die Anweisungen zum Festlegen des Bildes mit Hilfe einer bedingten Kompilierung ausblenden. Die Anweisung *On Error Resume Next* vor der *With*-Anweisung sorgt dafür, dass beim Ausführen mit Excel 2000 kein Laufzeitfehler auftritt. Mehr zur bedingten Kompilierung finden Sie in ▶ Kapitel 1.

Damit das Ergebnis sichtbar wird, ruft die Prozedur zum Schluss die *PrintPreview*-Eigenschaft des Blattes auf, mit der die Seitenvorschau angezeigt wird.

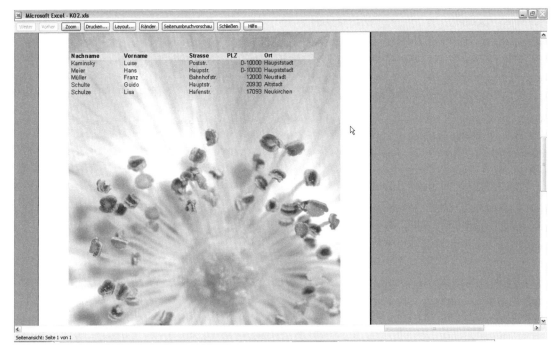

***Abbildung 2.17**: Die Seitenvorschau mit Grafik in der Kopfzeile*

```
Sub TestK02_49()
    Dim objBL As Worksheet
    Set objBL = ThisWorkbook.Worksheets("Tabelle3")
    objBL.PageSetup.LeftFooter = "DEMO"
    objBL.PageSetup.RightFooter = Format(Date, "dd MMM yyyy")
#If (Vba6) And (Mac = False) Then
    On Error Resume Next
    With objBl.PageSetup
        .LeftHeaderPicture.Filename = ThisWorkbook.Path & _
            Application.PathSeparator & "rose.jpg"
        .LeftHeader = "&G"
        .LeftHeaderPicture.Contrast = 0.5
    End With
#End If

    objBL.PrintPreview
End Sub
```

***Listing 2.67**: Kopf- und Fußzeilen bearbeiten*

Formatierungscodes	Beschreibung
&"Schriftart"	Druckt die nachfolgenden Zeichen in der angegebenen Schriftart. Der Name der Schriftart muss von Anführungszeichen umgeben sein.
&&	Druckt ein einzelnes kaufmännisches Und-Zeichen. ▶

Excel-Objekte nutzen

Formatierungscodes	Beschreibung
&A	Druckt den Namen des Blattes.
&B	Schaltet Fettdruck ein oder aus.
&C	Zentriert das nachfolgende Zeichen.
&D	Druckt das aktuelle Datum.
&E	Schaltet Doppelt Unterstreichen ein oder aus.
&F	Druckt den Namen der Arbeitsmappe.
&I	Schaltet Kursivdruck ein oder aus.
&L	Richtet nachfolgende Zeichen links aus.
&N	Druckt die Gesamtanzahl der Seiten eines Dokumentes.
&nn	Druckt die nachfolgenden Zeichen im angegebenen Schriftgrad. Geben Sie eine zweistellige Zahl an, um den Schriftgrad anzugeben.
&P	Druckt die Seitenzahl.
&P+Zahl	Druckt die Seitenzahl zuzüglich der angegebenen Zahl.
&P-Zahl	Druckt die Seitenzahl abzüglich der angegebenen Zahl.
&R	Richtet nachfolgende Zeichen rechts aus.
&S	Schaltet Durchstreichen ein oder aus.
&T	Druckt die aktuelle Zeit.
&U	Schaltet Unterstreichen ein oder aus.
&X	Schaltet Hochstellen ein oder aus.
&Y	Schaltet Tiefstellen ein oder aus.

Tabelle 2.3: *Formatierungscode für Kopf- und Fußzeilen*

Möchten Sie die Formatierungen, die oben einem Tabellenblatt zugewiesen wurden, allen Tabellenblättern der Arbeitsmappe zuweisen, müssen Sie den Code nur in eine Schleife einfügen.

```
Sub TestK02_49b()
    Dim objBL As Worksheet
    For Each objBL In ThisWorkbook.Worksheets
        #If (VBA6) And (Mac = False) Then
        On Error Resume Next
        With objBl.PageSetup
            .LeftHeaderPicture.Filename = ThisWorkbook.Path & _
                Application.PathSeparator & "rose.jpg"
            .LeftHeader = "&G"
            .LeftHeaderPicture.Contrast = 0.5
        End With
        #End If
    Next objBL
    ThisWorkbook.PrintPreview
End Sub
```

Listing 2.68: *Anwenden der Formatierungen auf alle Blätter der Arbeitsmappe*

2.51 Seitenränder festlegen

Das Codemodul *K02_50* mit dem Listing finden Sie in der Datei *K02.xls* innerhalb der Begleitdateien zum Buch.

Problem

Sie möchten die Seitenränder für ein Tabellenblatt festlegen.

Lösung

Legen Sie die *Margin*-Eigenschaften des *PageSetup*-Objekts fest.

Erläuterungen

Für die Seitenränder stehen die Eigenschaften *MarginTop* (oben), *MarginLeft* (links), *MarginBottom* (unten) und *MarginRight* (rechts) zur Verfügung, über die Sie die Seitenränder abrufen und festlegen können. Die festzulegenden Werte werden in der Einheit Punkt angegeben. Damit Sie nicht raten müssen, wie viele Punkte Sie festlegen müssen, um einen Rand mit einer bestimmten Millimeterzahl zu erreichen, stellt Excel die Methoden *CentimetersToPoints* und *InchToPoints* zur Verfügung. Sie wandelt eine Angabe in Zentimeter bzw. Zoll in Punkte um. Als Parameter geben Sie also einfach die gewünschte Zentimeterangabe an und erhalten den Wert in Punkten als Rückgabewert. Die Prozedur *TestK02_50* legt alle Seitenränder auf 3,5 cm fest.

```
Sub TestK02_50()
    Dim objBL As Worksheet
    Const Rand = 3.5 'cm
    Dim lngPunkte As Long
    lngPunkte = Application.CentimetersToPoints(Rand)
    Set objBL = ThisWorkbook.Worksheets("Tabelle3")
    objBL.PageSetup.LeftMargin = lngPunkte
    objBL.PageSetup.TopMargin = lngPunkte
    objBL.PageSetup.LeftMargin = lngPunkte
    objBL.PageSetup.RightMargin = lngPunkte
End Sub
```

Listing 2.69: Festlegen der Seitenränder

HINWEIS: Die Seitenränder wirken sich nicht auf den Abstand der Kopf- und Fußzeilen zum Rand des Blattes aus. Diesen Abstand müssen Sie separat über die Eigenschaften *HeaderMargin* und *FooterMargin* definieren.

2.52 Den Druckbereich festlegen

Das Codemodul *K02_51* mit dem Listing finden Sie in der Datei *K02.xls* innerhalb der Begleitdateien zum Buch.

Problem

Sie möchten kein ganzes Tabellenblatt drucken, sondern einen bestimmen Zellbereich als Druckbereich definieren.

Lösung

Weisen Sie die Eigenschaft *PrintArea* des *PageSetup*-Objekts die Adresse des Zellbereichs zu.

Erläuterungen

Über die Eigenschaft *PrintArea* können Sie den Druckbereich festlegen. Dazu weisen Sie der Eigenschaft die Adresse eines Zellbereichs zu, den Sie beispielsweise über die *Address*-Eigenschaft eines *Range*-Objekts ermitteln können.

```
Sub TestK02_51()
    Dim objBL As Worksheet
    Set objBL = ThisWorkbook.Worksheets("Tabelle3")
    objBL.PageSetup.PrintArea = objBL.Range("A1:E7").Address
End Sub
```

Listing 2.70: Festlegen eines Zellbereichs als Druckbereich

Wenn Sie eine Zeile definieren möchten, die Spaltentitel enthält und die auf jeder Seite oben gedruckt werden soll, geht dies natürlich auch mit der richtigen Eigenschaft. Die Adresse dieses Zellbereichs weisen Sie der Eigenschaft *PrintTitleRows* zu.

HINWEIS: Der Bereich mit den wiederholten Zellen muss nicht unbedingt innerhalb des zuvor definierten Druckbereichs liegen. Liegt er außerhalb des Druckbereichs, wird der Bereich dennoch gedruckt, aber nicht zum Druckbereich hinzugefügt.

```
Sub TestK02_51b()
    Dim objBL As Worksheet
    Set objBL = ThisWorkbook.Worksheets("Tabelle3")
    objBL.PageSetup.PrintArea = _
        objBL.Range("Daten").Address
    objBL.PageSetup.PrintTitleRows = _
        objBL.Range("Spaltentitel").Address
End Sub
```

Listing 2.71: Wiederholten Bereich mit Spaltentiteln festlegen

2.53 Schaltflächen einfügen und beschriften

Den Code finden Sie im Klassenmodul des Blattes »Auftrag« in der Datei *K02.xls* innerhalb der Begleitdateien zum Buch.

Problem

Sie möchten eine Schaltfläche in ein Tabellenblatt einfügen und beschriften, die das aktuelle Blatt druckt.

Lösung

Fügen Sie eine Befehlsschaltfläche aus der Symbolleiste *Steuerelemente-Toolbox* ein und erstellen Sie dafür eine Ereignisprozedur.

Erläuterungen

HINWEIS: Unter Excel v. X auf dem Macintosh stehen Steuerelemente in Tabellenblättern nicht zur Verfügung. Wenn Sie also Excel-Arbeitsmappen erstellen möchten, die auf beiden Systemen funktionieren, sollten Sie auf Steuerelemente wie Schaltflächen und Listenfelder verzichten. Alternativen sind Symbolleisten und Menüeinträge, über die die Benutzer die Makros starten können. Wie Sie diese realisieren, wird in ▶ Kapitel 6 beschrieben.

Anders als in Formularen und Symbolleisten gibt es in Tabellenblättern keine Entwurfsansicht, in der die Schaltflächen zwingend bearbeitet werden müssen. Sie können zwar Makros vorübergehend deaktivieren und damit eine Art Entwurfsansicht für die Tabellenblätter erzeugen, dennoch gibt es auch dann Unterschiede bei der Bearbeitung der Schaltfläche. Wenn Sie eine Schaltfläche einfügen möchten, gehen Sie folgendermaßen vor:

1. Aktivieren Sie das Blatt, in das Sie die Befehlsschaltfläche einfügen möchten.

2. Rufen Sie den Menübefehl *Ansicht/Symbolleisten/Steuerelement-Toolbox* auf, um die Symbolleiste *Steuerelemente-Toolbox* einzublenden.

3. Klicken Sie auf das Werkzeug *Befehlsschaltfläche* und ziehen Sie an der gewünschten Stelle auf dem Tabellenblatt einen Rahmen, um die Befehlsschaltfläche einzufügen.

4. Klicken Sie in das Namensfeld von Excel, und geben Sie dort einen Namen für das Steuerelement ein, beispielsweise »bttDrucken«.

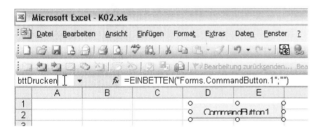

Abbildung 2.18: Benennen der Schaltfläche über das Namensfeld

5. Ändern Sie bei Bedarf die Größe der Schaltfläche, indem Sie an den Markierungspunkten mit der Maus ziehen.

6. Öffnen Sie das Kontextmenü der Befehlsschaltfläche, und wählen Sie daraus den Eintrag *Befehlsschaltfläche-Objekt/Bearbeiten* aus.

7. Überschreiben Sie nun durch Eingabe mit der Tastatur die aktuelle Aufschrift durch die gewünschte Aufschrift, wie beispielsweise »Drucken«.

8. Klicken Sie doppelt auf die Schaltfläche um eine Ereignisprozedur für das *Click*-Ereignis zu erstellen. Ergänzen Sie dort den folgenden Code, um das Blatt zu drucken.

```
Private Sub bttDrucken_Click()
    Dim objBL As Worksheet
    On Error Resume Next
    Set objBL = bttDrucken.Parent
    objBL.PrintOut
End Sub
```

Listing 2.72: Die Ereignisprozedur für die Schaltfläche

---

9. Um den Code zu testen, müssen Sie die Ausführung des Codes wieder aktivieren. Klicken Sie dazu auf die Schaltfläche *Entwurfsmodus beenden* in der Steuerelemente-Toolbox.

2.54 Auswahllisten mit Werten füllen

Den Code finden Sie im Klassenmodul des Blattes »Auftrag« sowie im Modul *K02_53* in der Datei *K02.xls* innerhalb der Begleitdateien zum Buch.

Problem

Sie möchten eine Auswahlliste in einem Tabellenblatt mit Werten aus einem Zellbereich oder beliebigen anderen Werten füllen.

Lösung

Fügen Sie zunächst das Steuerelement *Kombinationsfeld* aus der Steuerelemente-Toolbox in die Seite ein, und füllen Sie die Liste anschließend. Dazu können Sie entweder die Eigenschaft *ListFillRange* setzen oder die Listeneinträge per VBA einfügen.

Erläuterungen

HINWEIS: Unter Excel v. X auf dem Macintosh stehen Steuerelemente in Tabellenblättern nicht zur Verfügung. Wenn Sie also Excel-Arbeitsmappen erstellen möchten, die auf beiden Systemen funktionieren, sollten Sie auf Steuerelemente wie Schaltflächen und Listenfelder verzichten. Alternativen sind Symbolleisten und Menüeinträge, über die die Benutzer die Makros starten können. Wie Sie diese realisieren, wird in ▶ Kapitel 6 beschrieben.

Fügen Sie das Steuerelement *Kombinationslistenfeld* an der gewünschten Stelle ein. Das funktioniert analog zum Einfügen einer Befehlsschaltfläche (siehe dazu den ▶ Abschnitt »2.53 Schaltflächen einfügen und beschriften« weiter vorne in diesem Kapitel). Nennen Sie das Steuerelement *cmbBearbeiter*, wenn Sie den Code unverändert übernehmen möchten.

Über das Symbol *Eigenschaften* der Symbolleiste *Steuerelemente-Toolbox* können Sie nun die Eigenschaften des Steuerelements einstellen, über die Sie dann den Zellbereich festlegen können, aus dem die Listeneinträge verwendet werden. Dazu geben Sie den Namen (hier *Bearbeiterliste*) oder die Adresse des Zellbereichs in das Feld der Eigenschaft *ListFillRange* ein.

Abbildung 2.19: *Festlegen des Zellbereichs, der die Listenwerte enthält*

Wenn Sie nun die Entwurfsansicht beenden, indem Sie in der Symbolleiste *Steuerelemente-Toolbox* auf das Symbol *Entwurfsmodus beenden* klicken, werden Sie merken, dass die Liste gefüllt, ist, wenn Sie sie öffnen.

Alternativ können Sie das Listenfeld aber auch mit VBA füllen. Damit dies beim Aktivieren des Blattes passiert, benötigen Sie eine Ereignisprozedur für das *Activate*-Ereignis des Blattes. Wie Sie diese erstellen, finden Sie im ▶ Abschnitt »2.15 Aktionen starten, wenn das Blatt gewechselt wurde« weiter vorne in diesem Kapitel beschrieben. In dieser Ereignisprozedur rufen Sie dann die Prozedur *ListeFuellen* auf, der Sie das zu füllende Steuerelement übergeben.

```
Private Sub Worksheet_Activate()
    ListeFuellen Me.cmbBearbeiter
End Sub
```

Listing 2.73: *Die Ereignisprozedur, die die Liste beim Aktivieren des Blattes füllt*

In der Prozedur *ListeFuellen* können Sie dann in einer Schleife die Daten aus dem Zellbereich oder aus einem Array mithilfe der *AddItem*-Methode in die Auflistung einfügen. Diese werden dann automatisch an die Liste angehängt. Das heißt aber auch, dass Sie zunächst die eventuell vorhandenen Einträge löschen möchten. Dazu rufen Sie die *Clear*-Methode auf. Sie löscht alle Einträge des Listenfeldes. Alternativ könnten Sie die Einträge auch einzeln mit der *Remove-Item*-Methode löschen. Dieser müssen Sie aber den Index des zu löschenden Eintrags übergeben.

TIPP: In der Prozedur *ListeFuellen* wird ganz als erstes die Eigenschaft *ListFillRange* auf eine leere Zeichenfolge gesetzt. Das ist in der Regel nicht notwendig, sondern nur dann, wenn Sie die Listeneinträge eines Listenfeldes ändern möchten, die über die Eigenschaft *ListFillRange* an einen Zellbereich gebunden sind. Dadurch, dass Sie der Eigenschaft eine leere Zeichenfolge zuweisen, löschen Sie die Anbindung an den Zellbereich und können damit die Listeneinträge manipulieren.

```
Sub ListeFuellen(cmbListe As ComboBox)
    Dim objZ As Range
    'Anbindung an Zellen lösen
    cmbListe.ListFillRange = ""
    'Liste leeren = alte Einträge löschen
    cmbListe.Clear
    'Liste aus Zellbereich füllen
    For Each objZ In Range("BearbeiterListe2").Cells
        cmbListe.AddItem objZ.Value
    Next objZ
End Sub
```

Listing 2.74: *Füllen der Liste*

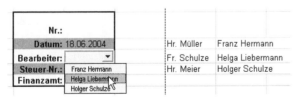

Abbildung 2.20: *Die per VBA gefüllte Liste und der Zellbereich, der als Quelle diente*

2.55   Auf Steuerelemente in Tabellen zugreifen

Den Code finden Sie im Modul *K02_54* in der Datei *K02.xls* innerhalb der Begleitdateien zum Buch.

Problem

Sie möchten auf ein Steuerelement zugreifen, das sich in einem Tabellenblatt befindet.

Lösung

Verwenden Sie ausnahmsweise die späte Bindung, anstelle der sonst üblichen und vorteilhaften frühen Bindung.

Erläuterungen

HINWEIS: Unter Excel v. X auf dem Macintosh stehen Steuerelemente in Tabellenblättern nicht zur Verfügung. Wenn Sie also Excel-Arbeitsmappen erstellen möchten, die auf beiden Systemen funktionieren, sollten Sie auf Steuerelemente, wie Schaltflächen und Listenfelder verzichten. Alternativen sind Symbolleisten und Menüeinträge, über die die Benutzer die Makros starten können. Wie Sie diese realisieren, wird in ▶ Kapitel 6 beschrieben.

In der objektorientierten Programmierung, gibt es zwei Arten von Objektbindung. Bindung bedeutet hier, dass eine Objektvariable ein bestimmtes Objekt zugewiesen bekommt, dessen Schnittstelle durch die Klasse definiert ist, aus der das Objekt erzeugt wurde. Um welchen Objekttyp es sich handelt, wird bei der frühen Bindung schon während der Deklaration bestimmt. Dort legen Sie beispielsweise fest, dass die Variable ein Objekt der Klasse *Worksheet* aufnehmen kann. Gleichzeitig ist damit der Entwicklungsumgebung bekannt, welche Eigenschaften und Methoden das Objekt hat. Das sehen Sie daran, dass IntelliSense Ihnen diese in Form der Elementliste anzeigt, wenn Sie die Objektvariable gefolgt von einem Punkt eingegeben haben.

Zudem hat der Compiler bei der frühen Bindung die Möglichkeit, festzustellen, ob Sie die korrekte Schnittstelle verwenden. Geben Sie beispielsweise eine Eigenschaft ein, die nicht in der Klasse definiert ist, aus der das Objekt erzeugt wurde, erhalten Sie die Compilerfehlermeldung »Methode oder Datenobjekt nicht gefunden«. Bei der frühen Bindung schließt der Compiler aus der Klasse, der das Objekt angehört, auf die verfügbaren öffentlichen Schnittstellenelemente, die die Methoden und Eigenschaften des Objekts darstellen.

Abbildung 2.21: Fehlermeldung bei inkorrekter Verwendung der Schnittstelle und der frühen Bindung

Bei der späten Bindung ist dem Compiler die Art des Objekts nicht bekannt. Er kann daher nur die korrekte Syntax prüfen. Erst zur Laufzeit, wenn die Variable tatsächlich ihren Wert zugewiesen bekommt, steht fest, ob es die verwendeten Eigenschaften und Methoden gibt. Falls Sie Elemente verwenden, die es nicht gibt, erhalten Sie einen Laufzeitfehler angezeigt.

Die späte Bindung sollten Sie also immer dann einsetzen, wenn die genaue Schnittstelle des Objekts zur Entwurfszeit nicht bekannt ist oder von derjenigen abweicht, die durch die Klasse definiert wird. Und genau das ist hier der Fall. Erst zur Laufzeit der Anwendung, also wenn Sie Code ausführen, fügt Excel dem Standard-*Worksheet*-Objekt Eigenschaften hinzu, über die Sie auf Steuerelemente, wie zum Beispiel Listenfelder und Schaltflächen, zugreifen können. Nur eine späte Bindung gewährleistet also, dass Sie den Code für den Zugriff auf die Steuerelemente erstellen können. Deklarieren Sie dazu eine Variable des Typs *Object*, der Sie das Tabellenblatt mit dem Steuerelement zuweisen. Anschließend können Sie über den Namen des Steuerelements das Steuerelement zurückgeben.

TIPP: Sie können sich die späte Bindung auch zunutze machen, wenn Sie Objekte, Methoden und Eigenschaften nutzen möchten, die in älteren Excel-Versionen noch nicht vorhanden sind, und wenn Ihr Code abwärtskompatibel sein soll. Wichtig ist dann allerdings, dass Sie Laufzeitfehler abfangen, beispielsweise mit *On Error Resume Next*.

Das Steuerelement selbst können Sie wieder mit der frühen Bindung nutzen, indem Sie es einer Objektvariablen des passenden Typs, beispielsweise *CommandButton* für eine Schaltfläche zuweisen. Dann steht Ihnen dafür auch IntelliSense zur Verfügung, was die Programmierung natürlich wesentlich erleichtert. In der Prozedur *SchaltflaecheFormatieren* wird auf diese Weise die Schrift- und Hintergrundfarbe der Schaltfläche *bttDrucken* gesetzt.

```
Sub SchaltflaecheFormatieren()
    Dim objBl As Object
    Dim objBtt As CommandButton
    Set objBl = ThisWorkbook.Worksheets("Auftrag")
    Set objBtt = objBl.bttDrucken

    objBtt.BackColor = RGB(200, 0, 100)
    objBtt.ForeColor = RGB(200, 200, 200)
End Sub
```

Listing 2.75: Formatieren eines Steuerelements in einem Tabellenblatt mit Hilfe der späten Bindung

TIPP: Bei der frühen Bindung steht Ihnen nicht nur die Programmierhilfe IntelliSense zur Verfügung, sondern der Code wird auch erheblich schneller ausgeführt. Daher sollten Sie die späte Bindung wirklich nur dann einsetzen, wenn es keine andere Lösung gibt.

Den Vorteil der schnelleren Codeausführung bei später Bindung können Sie allerdings nur dann wirklich nutzen, wenn Sie auch eine starke Typisierung verwenden, also den Datentyp der Variablen exakt bestimmen. Wenn Sie eine Variable deklarieren, können Sie oft nämlich mehrere Datentypen angeben, die alle dazu führen würden, dass der Code ausgeführt werden kann. Eine Variable, der Sie ein *Worksheet*-Objekt zuweisen möchten, können Sie als Variable vom Typ *Variant*, vom Typ *Object*, vom Typ *Sheet* und vom Typ *Worksheet* deklarieren. In jedem Fall funktioniert die Zuweisung. Falls Sie jedoch den Typ *Variant* verwenden, nutzen Sie keinerlei Typisierung, da dem Compiler dann nicht einmal bekannt ist, dass die Variable ein Objekt speichern soll. Eine schwache Typisierung liegt vor, wenn Sie die Typen *Object* oder *Sheet* verwenden. In beiden Fällen erhält der Compiler Anhaltspunkte darüber, was in der Variablen gespeichert werden soll, nämlich ein Objekt bzw. ein *Sheet*-Objekt. Letzteres kann jedoch sowohl ein Tabellenblatt als auch ein Diagrammblatt sein, sodass dem Compiler auch bei *Sheet* nur grob bekannt ist, was die Variable speichern soll. Lediglich bei Verwendung von *Worksheet* liegt eine starke Typisierung vor, weil der Compiler nur dann die komplette Schnittstelle kennt.

2.56 Werte aus Auswahllisten ermitteln

Den Code finden Sie im Modul *K02_55* in der Datei *K02.xls* innerhalb der Begleitdateien zum Buch.

Problem

Sie möchten den Wert ermitteln, den ein Listenfeld nach Auswahl eines Eintrags durch den Benutzer hat.

Lösung

Erstellen Sie eine Funktion, die den Wert der *Value*-Eigenschaft des Steuerelements zurückgibt.

Erläuterungen

Das Problem an der Sache ist nicht, den Wert des Listenfeldes zu ermitteln, sondern der Zugriff auf das Listenfeld. Normalerweise sollte man erwarten, dass ein Steuerelement angesprochen wird, indem Sie dessen Namen als Eigenschaft des *Worksheet*-Objekts angeben, beispielsweise:

```
Debug.Print ActiveSheet.cmbBearbeiter.Value
```

Allerdings funktioniert das so nicht und zwar deshalb, weil das *ActiveSheet*-Objekt bzw. ein beliebiges *Worksheet*-Objekt keine Eigenschaft *cmbBearbeiter* hat. Der Compiler meldet beim Kompilieren also folgerichtig, dass es eine solche Eigenschaft nicht gibt. Tatsächlich würde der Code zur Laufzeit durchaus funktionieren, weil Excel dann eben auch auf die nachträglich hinzugefügten Steuerelemente zugreifen kann. Sie müssen also dafür sorgen, dass sich der Compiler nicht beschwert. Dazu deklarieren Sie die Variable, die das Tabellenblatt speichert, nicht als *Worksheet*-Objekt, sondern vom Typ *Object* und nutzen damit die späte Bindung anstelle der frühen Bindung.

HINWEIS: Was frühe und späte Bindung genau ist, finden Sie ausführlich im ▶ Abschnitt »2.55 Auf Steuerelemente in Tabellen zugreifen« in diesem Kapitel erläutert.

Die Funktion, die den Wert des Listenfeldes *cmbBearbeiter* zurückgibt, müsste damit folgendermaßen lauten:

```
Function WertErmitteln() As String
    Dim objBl As Object
    Set objBl = ThisWorkbook.Worksheets("Auftrag")
    WertErmitteln = objBl.cmbBearbeiter.Value
End Function
```

Listing 2.76: Den Wert eines Listenfeldes ermitteln

2.57 Code ausführen, wenn sich die Werte von Steuerelementen ändern

Den Code finden Sie im Klassenmodul des Blattes »Auftrag« in der Datei *K02.xls* innerhalb der Begleitdateien zum Buch.

Problem

Sie möchten Code ausführen, wenn sich der Wert eines Steuerelements, beispielsweise eines Listenfeldes ändert.

Lösung

Erstellen Sie eine Ereignisprozedur für das *Change*-Ereignis des Steuerelements.

Erläuterungen

Für Steuerelemente in Tabellen können Sie genauso Ereignisprozeduren erstellen, wie für die Tabellenblätter oder die Arbeitsmappe selbst. Sie werden im Klassenmodul des Tabellenblattes erstellt, in dem sich das Steuerelement befindet. Wenn Sie beispielsweise Code ausführen möchten, sobald ein Wert aus einem Listenfeld gewählt wird, gehen Sie dazu folgendermaßen vor:

1. Blenden Sie die Symbolleiste *Visual Basic* ein, falls diese ausgeblendet ist. Rufen Sie dazu den Menübefehl *Ansicht/Symbolleisten/Visual Basic* auf.

2. Aktivieren Sie die Entwurfsansicht, indem Sie in der Symbolleiste auf das Symbol *Entwurfsmodus* klicken.

Abbildung 2.22: *Den Entwurfsmodus aktivieren*

3. Klicken Sie nun doppelt auf das Listenfeld. Excel erzeugt dann automatisch eine Ereignisprozedur für das Standardereignis. Bei Schaltflächen ist es das *Click*-Ereignis, bei anderen Steuerelementen das *Change*-Ereignis. Beide treten ein, wenn der Benutzer das Steuerelement bedient.

4. Geben Sie in die Ereignisprozedur nun den Code ein, der ausgeführt werden soll, wenn das Steuerelement seinen Wert ändert.

```
Private Sub cmbBearbeiter_Change()
    'Hier folgt der Code, der bei
    'Änderung des Wertes ausgeführt
    'werden soll, beispielsweise:
    MsgBox Me.cmbBearbeiter.Value
End Sub
```

Listing 2.77: *Ereignisprozedur für das Change-Ereignis eines Listenfeldes*

2.58 AutoFilter auf tabellarische Daten anwenden

Den Code finden Sie im Modul *K02_56* in der Datei *K02.xls* innerhalb der Begleitdateien zum Buch.

Problem

Sie haben ein Tabellenblatt, in dem sich tabellarische Daten befinden und möchten dafür den AutoFilter aktivieren.

Lösung

Fügen Sie dem Feld mit der Spaltenüberschrift eine AutoFilter-Filterbedingung hinzu, und aktivieren Sie damit den Filter.

Erläuterungen

Wenn Sie eine AutoFilter-Bedingung formulieren, werden die AutoFilter aktiviert. Die Bedingung können Sie mit der *AutoFilter*-Methode des *Range*-Objekts definieren. Bei dem *Range*-Objekt muss es sich um eine Zelle handeln, die die Spaltenüberschriften der Spalten beinhaltet, die die Daten enthalten. Es muss zwingend eine einzelne Zelle, kein Zellbereich sein. Der erste Parameter der Methode definiert die Spalte, der Sie die Bedingung zuweisen möchten. Da hier eine Bedingung für die Spalte *Geburtsdatum* der Tabelle definiert werden soll, ist 6 der richtige Wert, da es sich um die sechste Spalte der Tabelle handelt. Der zweite Parameter bestimmt die erste Bedingung. Das Zeichen »<>« entspricht der Bedingung »nicht leer«. Mit dem dritten Parameter können Sie mittels der Konstanten *xlAnd* bzw. *xlOr* die beiden Teilbedingungen verknüpfen. Die zweite Teilbedingung legt dann der vierte Parameter fest. Hier wird also eine benutzerdefinierte *AutoFilter*-Bedingung definiert, die alle Datensätze filtert, deren Feld *Geburtsdatum* nicht leer ist und deren Geburtsdatum größer als der 01.01.1950 ist.

WICHTIG: Wenn Sie wie hier nach einem Datum filtern möchten, müssen Sie das Datum in eine Zahl des Typs *Long* konvertieren. Ansonsten kann Excel den AutoFilter nicht anwenden. Dazu dient hier die Funktion *CLong*, der Sie das Vergleichsdatum einfach übergeben. Wenn Sie nach Texten oder anderen Zahlen filtern möchten, brauchen Sie nichts Besonderes beachten. Zeichenketten müssen auch nicht noch einmal in Anführungszeichen eingefasst werden. Möchten Sie beispielsweise in der Spalte 5 nach dem Wert »Hauptstadt« filtern, würden Sie die *AutoFilter*-Methode wie folgt aufrufen: *objBl.Range("A1").AutoFilter 5, "=Hauptstadt"*.

```
Sub TestK02_56()
    Dim objBl As Worksheet
    'Tabelle zurückgeben
    Set objBl = ThisWorkbook.Worksheets("Tabelle3")
    'Autofilter konfigurieren
    objBl.Range("A1").AutoFilter 6, "<>", xlAnd, _
        ">" & CLng(#1/1/1950#)
End Sub

Sub AutoFilterEntfernen()
    Dim objBl As Worksheet
    'Tabelle zurückgeben
```

```
    Set objBl = ThisWorkbook.Worksheets("Tabelle3")
    'Filter ausschalten
    If objBl.AutoFilterMode = True Then
        objBl.AutoFilterMode = False
    End If
End Sub
```

Listing 2.78: *AutoFilter aktivieren und entfernen*

Wenn Sie die AutoFilter wieder deaktivieren möchten, setzen Sie einfach die *AutoFilterMode*-Eigenschaft auf *False*.

HINWEIS: Sie können die *AutoFilterMode*-Eigenschaft nur auf *False* setzen bzw. abfragen, ob die *AutoFilterMode*-Eigenschaft den Wert *True* hat, um festzustellen ob ein AutoFilter aktiviert sind. Auf *True* können Sie die Eigenschaft jedoch nicht setzen. Um die AutoFilter einzuschalten, müssen Sie immer die *AutoFilter*-Methode aufrufen.

2.59   Spezialfilter

Den Code finden Sie im Modul *K02_57* in der Datei *K02.xls* innerhalb der Begleitdateien zum Buch.

Problem

Sie haben einen Kriterienbereich für einen Spezialfilter definiert und möchten nun die Tabellendaten entsprechend der Kriterien filtern.

Lösung

Verwenden Sie die *AdvancedFilter*-Methode, um den Spezialfilter zu definieren und zu aktivieren.

Erläuterungen

Die *AdvancedFilter*-Methode funktioniert auch per VBA genauso wie die Spezialfilter von Excel, wenn Sie sie manuell im Tabellenblatt verwenden. Das heißt, zunächst müssen Sie einen Kriterienbereich definieren, der die gleichen Spaltenüberschriften wie der Datenbereich hat und der durch mindestens eine Leerzeile vom Datenbereich getrennt ist. Darüber hinaus benötigen Sie einen Zielbereich, wenn Sie die gefilterten Daten kopieren möchten. Der Zielbereich sollte ausreichend Zeilen für das Filterergebnis haben, und muss inklusive der Spaltentitel aus mindestens zwei Zeilen bestehen.

Im Beispiel wurden sowohl der Kriterienbereich als auch der Zielbereich benannt. Der Zielbereich befindet sich rechts vom Quell- und Kriterienbereich. Im Kriterienbereich definieren Sie unterhalb der Spaltentitel die Filterbedingungen. Alle Bedingungen in einer Zeile werden durch den Operator »Und« verknüpft, mehrere Zeilen im Kriterienbereich werden durch »Oder« verknüpft. Das Beispiel in Abbildung 2.23 definiert somit eine Bedingung, die alle Datensätze ermittelt, die in der Spalte »Vorname« den Wert »Luise« stehen hat und gleichzeitig die PLZ »1000«.

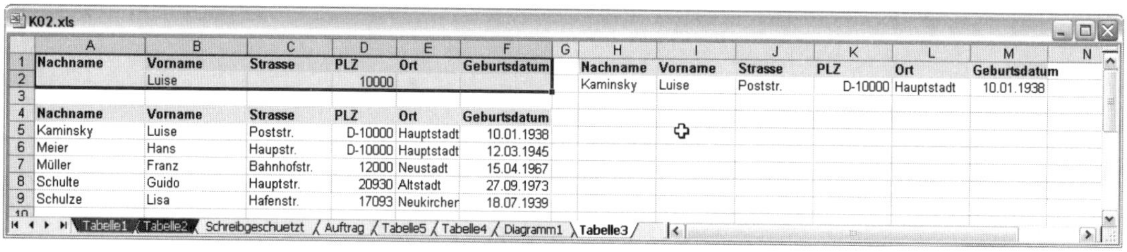

Nachname	Vorname	Strasse	PLZ	Ort	Geburtsdatum		Nachname	Vorname	Strasse	PLZ	Ort	Geburtsdatum
	Luise		10000				Kaminsky	Luise	Poststr.	D-10000	Hauptstadt	10.01.1938
Nachname	Vorname	Strasse	PLZ	Ort	Geburtsdatum							
Kaminsky	Luise	Poststr.	D-10000	Hauptstadt	10.01.1938							
Meier	Hans	Haupstr.	D-10000	Hauptstadt	12.03.1945							
Müller	Franz	Bahnhofstr.	12000	Neustadt	15.04.1967							
Schulte	Guido	Hauptstr.	20930	Altstadt	27.09.1973							
Schulze	Lisa	Hafenstr.	17093	Neukirchen	18.07.1939							

Abbildung 2.23: *Aufbau des Blattes mit Kriterien, Quell- und Zielbereich*

Nach diesen Vorbereitungen, die Sie natürlich auch per VBA erledigen können, rufen Sie einfach die *AdvancedFilter*-Methode auf. Wichtig ist hierbei, dass das *Range*-Objekt, auf das Sie die Methode anwenden, mehr als eine Zelle umfassen muss. Sie sollten den Datenbereich also im Ganzen oder, wie hier gezeigt, die erste Zelle angeben und zunächst über die *CurrentRegion*-Eigenschaft den kompletten Datenbereich als *Range*-Objekt zurückgeben. Der Methode übergeben Sie als ersten Parameter eine Konstante, die bestimmt, ob die Daten an Ort und Stelle gefiltert (*xlFilterInPlace*) oder kopiert (*xlFilterCopy*) werden sollen. Der zweite Parameter legt den Kriterienbereich als *Range*-Objekt fest und der dritte den Zielbereich. Diesen müssen Sie aber nur angeben, wenn Sie die Daten kopieren möchten.

```
Sub TestK02_56()
    Dim objBl As Worksheet
    'Tabelle zurückgeben
    Set objBl = ThisWorkbook.Worksheets("Tabelle3")

    'Spezialfilter konfigurieren
    objBl.Range("A4").CurrentRegion.AdvancedFilter _
        xlFilterCopy, _
        Range("Kriterien"), Range("Ziel")
End Sub
```

Listing 2.79: *Daten mit Spezialfilter filtern*

3 Objektorientierte Programmierung

Dieses Kapitel beschäftigt sich mit den Details der objektorientierten Programmierung. Sie lernen nicht nur weitere wichtige Objekte und Eigenschaften von Excel kennen, die über die Objekte der Arbeitsmappen aus dem vorherigen Kapitel hinausgehen, sondern erfahren auch, wie Sie eigene Klassen erstellen, nutzen und mit Eigenschaften, Methoden und Ereignissen ausstatten.

3.1 Excel-Version ermitteln und verwenden

Das Codemodul *K03_01* mit dem Listing finden Sie in der Datei *K03.xls* innerhalb der Begleitdateien zum Buch.

Problem

Sie möchten abhängig von der Excel-Version unterschiedlichen Code ausführen.

Lösung

Die Version von Excel können Sie über die *Version*-Eigenschaft des obersten Excel-Objekts *Application* ermitteln. Damit können Sie jedoch nicht Excel v.X für Mac von Excel 2002 für Windows unterscheiden, da beide die gleiche Versionsnummer 10.0 haben. Sie müssen also zusätzlich das Betriebssystem ermitteln, wenn Sie die Excel-Version exakt feststellen möchten.

Erläuterungen

Das Betriebssystem ermitteln Sie mit Hilfe der Eigenschaft *OperatingSystem* des *Application*-Objekts. Auf dem Macintosh ist dort immer die Zeichenfolge »Mac« enthalten, unter Windows immer »Win«. Daher brauchen Sie nur in der Zeichenfolge, die *OperatingSystem* liefert, nach den beiden Teilzeichenketten suchen. Dazu verwendet die Funktion *Version* die *InStr*-Funktion. Sie gibt die Position zurück, an der die Teilzeichenkette gefunden wurde. Ist sie größer als 0, dann ist die gesuchte Zeichenfolge enthalten. Dies ist die Basis der Lösung. Zunächst rufen Sie über die *Version*-Eigenschaft die Versionsnummer ab. Innerhalb eines jeden Zweiges der *If...Then...ElseIf*-Verzweigung müssen Sie dann noch prüfen, ob im Namen des Betriebssystems die Zeichenfolgen »Win« oder »Mac« enthalten sind, und abhängig davon den Rückgabewert bestimmen.

```
Function Version() As String
    If Application.Version = "11.0" Then
        If InStr(1, Application.OperatingSystem, _
            "Win") > 0 Then
            Version = "Excel 2003"
        ElseIf InStr(1, Application.OperatingSystem, _
            "Mac") > 0 Then
            Version = "Excel 2004/Mac"
        End If
    ElseIf Application.Version = "10.0" Then
        If InStr(1, Application.OperatingSystem, _
            "Win") > 0 Then
            Version = "Excel 2002"
        ElseIf InStr(1, Application.OperatingSystem, _
            "Mac") > 0 Then
            Version = "Excel v.X/Mac"
        End If
    ElseIf Application.Version = "9.0" Then
        If InStr(1, Application.OperatingSystem, _
            "Win") > 0 Then
            Version = "Excel 2000"
        ElseIf InStr(1, Application.OperatingSystem, _
            "Mac") > 0 Then
            Version = "Excel 2001/Mac"
        End If
```

```
    ElseIf Application.Version = "8.0" Then
        If InStr(1, Application.OperatingSystem, _
            "Win") > 0 Then
            Version = "Excel 97"
        ElseIf InStr(1, Application.OperatingSystem, _
            "Mac") > 0 Then
            Version = "Excel 98/Mac"
        End If
    Else
        Version = "<=Excel 7"
    End If
End Function

Sub TestK03_1()
    'Zeigt, wie Code abhängig von der
    'Excel-Version ausgeführt werden kann.
    If Version() = "Excel 97" Then
        'Hier folgt der Code, der unter Excel 97
        'ausgeführt werden soll.
    ElseIf (Version() = "Excel 2001/Mac") Or _
        (Version() = "Excel v.X/Mac") Then
            'Hier folgt der Code für Excel 2001/v.X für Mac.
    End If
End Sub
```

Listing 3.1: *Ermitteln der genauen Excel-Version*

Die Prozedur *TestK03_1* zeigt, wie Sie die so ermittelte Excel-Version nutzen können, um abhängig von der Excel-Version unterschiedlichen Code auszuführen.

3.2   Den aktiven Drucker ermitteln und festlegen

Das Codemodul *K03_02* mit dem Listing finden Sie in der Datei *K03.xls* innerhalb der Begleitdateien zum Buch.

Problem

Sie möchten den aktuellen Drucker ermitteln und neu festlegen.

Lösung

Genau wie eine Arbeitsmappe verfügt auch Excel selbst über eine *ActivePrinter*-Eigenschaft, die den aktuellen Drucker bestimmt. Sie können diese Eigenschaft abfragen und ihr auch einen neuen Wert zuweisen. Leider funktioniert das jedoch nur unter Windows, weil auf dem Macintosh die Eigenschaft *ActivePrinter* zwar vorhanden, aber schreibgeschützt ist. Dies bedeutet, dass Sie zwar den aktuellen Drucker ermitteln, aber nicht festlegen können.

Erläuterungen

Wenn Sie den aktuellen Drucker ändern möchten, können Sie das tun, indem Sie der *ActivePrinter*-Eigenschaft des *Application*-Objekts einen neuen Wert zuweisen. Das Problem ist allerdings, dass Sie den Namen und den Anschluss des Druckers kennen müssen. Wenn Sie

---

Objektorientierte Programmierung

beispielsweise den Drucker »Microsoft Office Document Image Writer« auswählen möchten, weisen Sie der *ActivePrinter*-Eigenschaft den Druckernamen mit folgender Syntax zu: »Druckername auf Anschlussnamen«. Leider gibt es außer der Windows-API keine andere Möglichkeit, um die installierten Drucker zu ermitteln.

```
Sub AktiverDrucker()
    'On Error Resume Next
    Debug.Print Application.ActivePrinter
    #If Mac=False Then
    Application.ActivePrinter = _
        "Microsoft Office Document Image Writer auf Ne00:"
    #End If
    Debug.Print Application.ActivePrinter
End Sub
```

Listing 3.2: *Festlegen des aktiven Druckers über den Druckernamen*

HINWEIS: Mehr zur Windows-API finden Sie in ▶ Kapitel 11. Auf dem Mac bringt Sie das aber ohnehin nicht weiter. Hier ist das Problem noch viel größer. Die Windows-Version von Excel bietet über die integrierten Dialogfelder die Möglichkeit, den Benutzer den Drucker wählen zu lassen. Das geht in den Mac-Versionen von Excel ebenfalls nicht. Die Prozedur *AktiverDrucker1* zeigt diese Möglichkeit. Sie ruft das Dialogfeld *xlDialogPrinterSetup* mit der *Show*-Methode auf. Optional können Sie dem Dialogfeld einen Parameter mitgeben, der wiederum den vollständigen Namen (mit Anschluss) des Druckers darstellen muss, der dann im Dialogfeld vorab ausgewählt wird. Wenn Sie den Parameter nicht angeben, wird kein Eintrag in der Druckerliste ausgewählt. Die *#If*-Verzweigung sorgt dafür, dass der Code in Excel-Versionen auf dem Macintosh keine Laufzeitfehler verursacht. Details zur bedingten Kompilierung finden Sie in ▶ Kapitel 1.

```
Sub AktiverDrucker1()
    'Funktioniert nur unter Windows
    #If (Mac=False) Then
    On Error Resume Next
    Debug.Print Application.ActivePrinter
    Application.Dialogs(xlDialogPrinterSetup).Show _
        arg1:="Lexmark Z52 Color Jetprinter auf Ne01:"
    Debug.Print Application.ActivePrinter
    #End If
End Sub
```

Listing 3.3: *Den Drucker per Dialogfeld auswählen*

Abbildung 3.1: *Das Dialogfeld zur Druckerauswahl mit vorab ausgewähltem Drucker*

HINWEIS: Mehr Informationen zu den integrierten Dialogfeldern von Excel finden Sie in ▶ Kapitel 5.

3.3 Aktiven Benutzer ermitteln

Das Codemodul *K03_03* mit dem Listing finden Sie in der Datei *K03.xls* innerhalb der Begleitdateien zum Buch.

Problem

Sie möchten den aktuellen Benutzer ermitteln und abhängig davon unterschiedlichen Code ausführen.

Lösung

Den Namen des aktuellen Benutzers können Sie über die Eigenschaft *UserName* des *Application*-Objekts abfragen. Die Eigenschaft liefert den Wert, der auch im Dialogfeld zum Menübefehl *Extras/Optionen* auf der Registerkarte *Allgemein* angezeigt wird.

Erläuterungen

Die Prozedur *TestK03_3* zeigt, wie Sie abhängig vom Benutzer bestimmte Blätter der Arbeitsmappe ausblenden. Hat der aktuelle Benutzer den Namen »Admin«, werden alle Tabellenblätter mit Hilfe einer Schleife eingeblendet, andernfalls werden das zweite und dritte Blatt ausgeblendet.

```
Sub TestK03_3()
    Dim objBL As Worksheet
    If Application.UserName = "Admin" Then
        'Voller Zugriff
        'Alle Blätter einblenden
        For Each objBL In ThisWorkbook.Worksheets
            objBL.Visible = xlSheetVisible
        Next objBL
    Else
        'Blätter ausblenden
        ThisWorkbook.Worksheets(2).Visible = xlSheetVeryHidden
        ThisWorkbook.Worksheets(3).Visible = xlSheetVeryHidden
    End If
End Sub
```

Listing 3.4: Verbergen von Blättern, abhängig vom Benutzernamen

ACHTUNG: Obwohl die Excel-Hilfe aussagt, dass die Eigenschaft den Benutzernamen zurückgibt oder festlegt und ein schreibgeschützter String-Wert ist, können Sie sehr wohl den aktuellen Benutzer ändern, indem Sie der Eigenschaft einen neuen Wert zuweisen, beispielsweise mit *Application.UserName="Admin"*.

3.4 Spezielle Verzeichnisse

Das Codemodul *K03_04* mit dem Listing finden Sie in der Datei *K03.xls* innerhalb der Begleitdateien zum Buch.

Problem

Sie möchten spezielle Verzeichnisse, wie beispielsweise das Vorlagen- und AutoStart-Verzeichnis von Excel ermitteln.

Lösung

Das *Application*-Objekt stellt verschiedene Eigenschaften zur Verfügung, über die Sie Verzeichnisse abrufen können, in denen Excel-Vorlagen, Add-Ins und Dateien gespeichert sind. Damit können Sie auch die Verzeichnisse abrufen, die Sie sonst lediglich über Word einstellen können.

Erläuterungen

Die Prozedur *TestK03_4* zeigt die Ausgabe aller Verzeichnisse. Allerdings steht die Eigenschaft *UserLibraryPath* nur in Excel 2000 und höher unter Windows zur Verfügung. In den Macintosh-Versionen von Excel ist sie nicht verfügbar, auch nicht in der aktuellen Version 2004. Daher müssen Sie die Laufzeitfehler mit der Anweisung *On Error Resume Next* übergehen.

```
Sub TestK03_4()
    Debug.Print "Startup-Ordner: " & Application.StartupPath
    Debug.Print "Vorlagen: " & Application.TemplatesPath
    On Error Resume Next
    Debug.Print "Benutzer-Add-Ins: " & Application.UserLibraryPath
    Debug.Print "Excel-Installations-Pfad: " & Application.Path
    Debug.Print "Benutzer-Ordner: " & Application.DefaultFilePath
End Sub
```

Listing 3.5: Ausgeben der Programmverzeichnisse

TIPP: Sie können jeden Pfad, außer den Installationspfad von Excel, nicht nur abrufen, sondern auch festlegen, indem Sie den Eigenschaften neue Werte zuweisen. Dann müssen die Pfade jedoch gültig sein und bereits existieren. Sie werden nicht angelegt, falls sie nicht vorhanden sind.

3.5 Code ausführen, wenn Arbeitmappen geöffnet und geschlossen werden

Das Listing finden Sie im Klassenmodul *DieseArbeitsmappe* der Arbeitsmappe *K03.xls* innerhalb der Begleitdateien zum Buch.

Problem

Sie möchten Code ausführen, wenn irgendeine Arbeitsmappe geöffnet wird. Es bringt Ihnen also nichts, wenn Sie in einer bestimmten Arbeitsmappe eine *Auto_Open*-Prozedur erstellen.

Lösung

Sie benötigen eine Ereignisprozedur für das *WorkbookOpen*-Ereignis des *Application*-Objekts. Da es aber kein Klassenmodul gibt, in dem Sie eine solche Ereignisprozedur erstellen können, müssen Sie die *WithEvents*-Anweisung bemühen.

Erläuterungen

Zunächst müssen Sie eine Variable des Typs *Excel.Application* erstellen. Das muss zwingend auf Modulebene in einem Klassenmodul geschehen. Sie können dazu beispielsweise das Modul *DieseArbeitsmappe* nutzen. Wichtig ist dabei, dass Sie das Schlüsselwort *WithEvents* verwenden, weil Sie nur dann auch eine Ereignisprozedur erstellen können, die die Ereignisse des

Application-Objekts behandelt. Nachdem Sie die Variable angelegt haben, können Sie die Ereignisprozedur wie folgt erstellen:

1. Wählen Sie aus der Objektliste die erstellte Variable aus.

2. Wählen Sie das Ereignis *WorkbookOpen* aus der Ereignisliste aus.

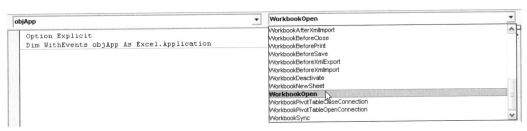

Abbildung 3.2: *Erstellen der Ereignisprozedur für das WorkbookOpen-Ereignis*

3. Ergänzen Sie dann die Ereignisprozedur einfach um den Code, den Sie ausführen möchten, wenn eine Arbeitsmappe geöffnet wird. Auf die Arbeitsmappe, die geöffnet wurde, können Sie über den Parameter der Ereignisprozedur zugreifen.

Nun müssen Sie aber noch dafür sorgen, dass der Variablen *objApp* das *Application*-Objekt von Excel zugewiesen wird. Am besten geschieht dies in der Ereignisprozedur für das *Open*-Ereignis der Arbeitsmappe: *Workbook_Open*.

HINWEIS: Wie Sie eine solche Ereignisprozedur erstellen und damit Code beim Öffnen der Arbeitsmappe ausführen, finden Sie in ▶ Kapitel 2 beschrieben. Mehr zu Ereignisprozeduren enthält ▶ Kapitel 9.

```
Option Explicit
Dim WithEvents objApp As Excel.Application

Private Sub objApp_WorkbookOpen(ByVal Wb As Workbook)
    MsgBox "Geöffnet: " & Wb.Name
End Sub

Private Sub Workbook_Open()
    Set objApp = Application
End Sub
```

Listing 3.6: *Code ausführen, wenn beliebige Arbeitsmappen geöffnet werden*

WICHTIG: Sie können den Code beim Öffnen einer Arbeitsmappe also nur dann ausführen, wenn die Arbeitsmappe in der Sie die Ereignisprozedur erstellt haben, geöffnet ist und deren *Open*-Ereignisprozedur ausgeführt wurde. Wenn Sie nach Eingabe des Codes also die Prozeduren testen möchten, speichern, schließen und öffnen Sie die Arbeitsmappe.

TIPP: Sie können dafür sorgen, dass die Arbeitsmappe automatisch beim Start von Excel geladen wird, indem Sie sie in das Startup-Verzeichnis von Excel kopieren. Wie Sie das Startup-Verzeichnis ermitteln, finden Sie im ▶ Abschnitt »3.4 Spezielle Verzeichnisse« weiter vorne in diesem Kapitel beschrieben.

3.6 Anweisungen nach einer bestimmten Zeitspanne ausführen

Das Codemodul *K03_05* mit dem Listing finden Sie in der Datei *K03.xls* innerhalb der Begleitdateien zum Buch.

Problem

Sie möchten eine Prozedur zu einer bestimmten Uhrzeit oder regelmäßig alle paar Minuten oder Sekunden ausführen.

Lösung

Am einfachsten lässt sich so etwas erreichen, indem Sie die *OnTime*-Methode des *Application*-Objekts verwenden. Ihr können Sie den Zeitpunkt übergeben, zu dem die Prozedur ausgeführt werden soll, sowie den Namen der Prozedur.

Erläuterungen

Mit der *OnTime*-Methode legen Sie fest, dass eine Prozedur zu einem späteren Zeitpunkt ausgeführt werden soll. Das kann eine feste Zeit sein oder auch ein Zeitpunkt, der sich ausgehend von der aktuelle Uhrzeit berechnet.

Die Prozedur *TimerInit* zeigt, wie Sie die Methode nutzen, um eine Prozedur nach 15 Sekunden zu starten. Diese Prozedur *HalloWelt* wird nach der angegebenen Zeitspanne aufgerufen. Sie definiert eine statische Variable *intAnz*, mit deren Hilfe die Anzahl der Aufrufe gezählt wird. Die *If*-Verzweigung dient dazu, nach dem Aufruf die Prozedur *TimerInit* erneut aufzurufen, solange die Prozedur *HalloWelt* weniger als zweimal aufgerufen wurde.

```
Sub TestK03_5()
    TimerInit
End Sub

Sub TimerInit()
    Application.OnTime Now() + TimeValue("00:00:15"), _
        "HalloWelt", , True
End Sub

Sub HalloWelt()
    Static intAnz  As Integer
    intAnz = intAnz + 1
    If intAnz < 2 Then
        TimerInit
    End If
    MsgBox "Hallo Welt!"
End Sub
```

Listing 3.7: Aufrufen einer Prozedur zu einem festgelegten Zeitpunkt mit zweimaliger Wiederholung

3.7 Eine Klasse erstellen

Das Listing finden Sie als Klassenmodul *clsArray* in der Datei *K03.xls* innerhalb der Begleitdateien zum Buch.

Problem

Sie möchten eine eigene Klasse erstellen und für diese Klasse Variablen definieren, die die Daten der Objekte speichert, die aus der Klasse erzeugt werden. Beim Initialisieren der Klasse sollen diese Daten auf leere Werte gesetzt und beim Zerstören der Objekte sollen die Daten gelöscht werden.

Lösung

Klassen erstellen Sie in VBA-Hostanwendungen durch die Erzeugung eines Klassenmoduls. Wichtig ist dabei der Name des Moduls, weil der auch den Namen der Klasse darstellt.

Erläuterungen

Klassen sind eine Art Vorlage für Objekte. Sie definieren das Aussehen eines Objekts. Die Klasse, aus der das *Application*-Objekt von Excel abgeleitet wurde, bestimmt beispielsweise, dass das *Application*-Objekt eine *Version*-Eigenschaft und eine *Path*-Eigenschaft hat. Beide Eigenschaften gehören damit zur öffentlichen Schnittstelle der Klasse. Öffentlich heißt, dass sie nach außen sichtbar sind und von den Modulen, die die Klasse verwenden, aufgerufen werden können. Darüber hinaus verfügt eine Klasse aber auch über private Daten. Diese Daten können private Variablen aber auch Unterprozeduren und Funktionen sein, die nur von den Prozeduren innerhalb der Klasse aufgerufen werden können und nicht nach außen sichtbar sind.

Der Vorgang, bei dem aus einer Klasse ein Objekt erzeugt wird, nennt sich Instanzierung. Objekte werden daher auch als Instanzen der Klasse bezeichnet.

Wenn Sie eine Klasse erstellen möchten, müssen Sie dafür in die Arbeitsmappe ein Klassenmodul einfügen und benennen. Gehen Sie dazu folgendermaßen vor:

1. Rufen Sie in der Entwicklungsumgebung den Menübefehl *Einfügen/Klassenmodul* auf. Das Klassenmodul wird im Projekt-Explorer in der Rubrik *Klassenmodule* aufgeführt.

2. Benennen Sie nun das Modul, indem Sie dessen Name im Eigenschaftenfenster im Feld *Name* eintragen. Wichtig ist, dass Sie einen Namen wählen, der auf die Aufgabe der Klasse schließen lässt. Die hier erstellte Beispielklasse bekommt den Namen *clsArray*, da sie Arrays verwalten soll.

HINWEIS: Was Arrays sind und wie Sie Arrays erstellen, verwalten und verwenden, finden Sie ausführlich in ▶ Kapitel 1 beschrieben.

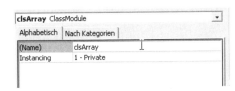

Abbildung 3.3: Benennen der Klasse

Nun fehlt noch der Inhalt der Klasse. Wenn Sie Daten in Form von Arrays speichern möchten, müssen Sie für diese Daten Variablen deklarieren. Daten, auf die alle Prozeduren der Klasse

---

Objektorientierte Programmierung

zugreifen können, deklarieren Sie als Variablen auf Modulebene. Damit diese Variablen nur für die Prozeduren der Klasse sichtbar sind und nicht für die Prozeduren in anderen Modulen, sollten Sie die Variablen mit dem Schlüsselwort *Private* deklarieren:

```
Private arrDaten() As Variant
```

Damit das Array dimensioniert wird, wenn aus der Klasse ein Objekt erzeugt wird, müssen Sie eine Ereignisprozedur für das Ereignis *Initialize* erstellen. Wählen Sie dazu aus der Objektliste den Eintrag *Class* aus. Die Entwicklungsumgebung erzeugt dann automatisch die Ereignisprozedur für das Standardereignis *Initialize*.

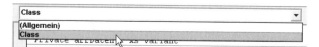

Abbildung 3.4: *Erstellen der Ereignisprozedur für das Initialize-Ereignis*

Außerdem benötigen Sie noch eine Ereignisprozedur für das *Terminate*-Ereignis. Dieses tritt ein, wenn das Objekt zerstört wird, das aus der Klasse abgeleitet wurde. Um die Ereignisprozedur zu erstellen, wählen Sie nun einfach aus der Ereignisliste das Ereignis *Terminate* aus. In beiden Prozeduren benötigen Sie nur eine Anweisung. Mit *ReDim arrDaten(0)* dimensionieren Sie das Array, und mit *Erase arrDaten* entfernen Sie es wieder aus dem Speicher und löschen damit die Daten.

```
Private Sub Class_Initialize()
    ReDim arrDaten(0)
End Sub

Private Sub Class_Terminate()
    Erase arrDaten
End Sub
```

Listing 3.8: *Die notwendigen Ereignisprozeduren der Klasse*

HINWEIS: Damit ist die Klasse im Prinzip einsatzfähig. Es fehlen aber natürlich noch Eigenschaften, Methoden und Ereignisse, damit die Klasse Sinn macht. Wie Sie diese erstellen, erfahren Sie in den nachfolgenden Abschnitten. Wie Sie die Klasse dann instanzieren und nutzen, zeigt der ▶ Abschnitt »3.12 Eine Klasse instanzieren und verwenden« weiter hinten in diesem Kapitel.

3.8 Methoden mit und ohne Rückgabewert hinzufügen

Das Listing finden Sie als Klassenmodul *clsArray* in der Datei *K03.xls* innerhalb der Begleitdateien zum Buch. Die Klasse aus dem ▶ Abschnitt »3.7 Eine Klasse erstellen« wird nachfolgend ergänzt.

Problem

Sie möchten für eine Klasse Methoden mit und ohne Rückgabewert erstellen, die es ermöglichen, die Daten der Klasse zu manipulieren. Insbesondere soll eine Methode erstellt werden, mit der ein Wert der Klasse hinzugefügt werden kann und mit der Sie feststellen können, ob ein bestimmter Wert in der Klasse vorhanden ist.

Lösung

Methoden einer Klasse sind Unterprozeduren und Funktionen, die zur öffentlichen Schnittstelle einer Klasse gehören. Was eine öffentliche Schnittstelle ist, finden Sie im ▶ Abschnitt »3.7 Eine Klasse erstellen« weiter vorne in diesem Kapitel beschrieben.

Erläuterungen

Wenn Sie eine Methode erstellen möchten, definieren Sie dazu eine Unterprozedur oder Funktion, je nachdem, ob Sie einen Rückgabewert benötigen. Standardmäßig sind Prozeduren in einer Klasse jedoch privat, das heißt nur die Prozeduren des Klassenmoduls können sie aufrufen. Um das zu ändern und die Prozeduren zu Methoden zu machen, deklarieren Sie sie mit dem Schlüsselwort *Public*.

Die hier gezeigte *Add*-Methode ist eine Unterprozedur und hat damit keinen Rückgabewert. Sie dient dazu, dem Array einen Wert hinzuzufügen. Dazu wird zunächst geprüft, ob das letzte Feld des Arrays leer ist. Wenn ja, wird der als Parameter übergebene Wert in das letzte Feld geschrieben. Ist dies nicht der Fall, wird das dynamische Array, das in der Variablen *arrDaten* gespeichert ist, um ein Feld vergrößert und dann der Wert in das letzte Feld geschrieben.

Die Methode *inArray* ist hingegen eine Funktion, deren Rückgabewert angibt, ob der als Parameter übergebene Wert im Array enthalten ist. Um das zu prüfen, durchläuft die Funktion einfach das Array in einer *For...Next*-Schleife und weist der Funktion den Rückgabewert *True* zu, wenn ein Arrayfeld gefunden wurde, das den entsprechenden Wert beinhaltet.

HINWEIS: Mehr zu den Schlüsselwörtern *ReDim*, *Preserve* und der Funktion *UBound* finden Sie in ▶ Kapitel 1.

```
'Methoden der Klasse
Public Sub Add(varWert As Variant)
    If arrDaten(UBound(arrDaten)) = Empty Then
        'Wert in letztes Feld schreiben
        arrDaten(UBound(arrDaten)) = varWert
    Else
        'Array vergrößern
        ReDim Preserve arrDaten(UBound(arrDaten) + 1)
        'Wert in letztes Feld schreiben
        arrDaten(UBound(arrDaten)) = varWert
    End If
End Sub


Public Function inArray(varWert As Variant) As Boolean
    Dim varFeld As Variant
    inArray = False
    For Each varFeld In arrDaten
        If varFeld = varWert Then
            inArray = True
            Exit Function
        End If
    Next varFeld
End Function
```

Listing 3.9: Methoden definieren

HINWEIS: Wie Sie die Klasse verwenden und damit die Methoden testen können, finden Sie im ▶ Abschnitt »3.12 Eine Klasse instanzieren und verwenden« weiter hinten in diesem Kapitel beschrieben.

3.9   Eigenschaften erstellen

Das Listing finden Sie als Klassenmodul *clsArray* in der Datei *K03.xls* innerhalb der Begleitdateien zum Buch. Die Klasse aus dem ▶ Abschnitt »3.7 Eine Klasse erstellen« wird nachfolgend ergänzt.

Problem

Es soll eine Eigenschaft erstellt werden, mit der Sie die Größe des Arrays neu festlegen, aber auch abfragen können.

Lösung

Eigenschaften werden in VBA-Klassen mit so genannten *Property*-Prozeduren erstellt, die durch das Schlüsselwort *Property* eingeleitet werden. Damit diese Eigenschaften nach außen sichtbar sind, also zur öffentlichen Schnittstelle der Klasse gehören, müssen Sie auch diese Prozeduren mit dem Schlüsselwort *Public* deklarieren.

Erläuterungen

Wenn Sie eine Eigenschaft erstellen möchten, die Sie sowohl schreiben als auch lesen können, benötigen Sie dazu zwei Prozeduren, eine *Property Let*-Prozedur sowie eine *Property Get*-Prozedur. Letztere wird ausgeführt, wenn der Eigenschaftswert gelesen wird. Die *Property Let*-Prozedur wird ausgeführt, wenn der Eigenschaft ein neuer Wert zugewiesen wird.

HINWEIS: Darüber hinaus gibt es noch *Property Set*-Prozeduren. Sie dienen der Wertzuweisung an eine Eigenschaft des Typs *Object*. Mehr dazu erfahren Sie im ▶ Abschnitt »3.17 Auflistungen mit dem *Collection*-Objekt definieren« weiter hinten in diesem Kapitel.

Beide Prozeduren (*Property Let* und *Property Get*) müssen den gleichen Namen haben. Sie unterscheiden sich aber unter anderem dadurch, dass nur die *Property Let*-Prozedur einen Parameter hat. Dieser muss den gleichen Datentyp wie die *Property Get*-Prozedur haben und übergibt den neuen Wert an die Prozedur. Innerhalb dieser Prozedur müssen Sie diesen Wert in einer privaten Variablen des Moduls speichern, falls Sie ihn nicht wie in diesem Beispiel direkt anderweitig verwenden können. Hier wird der neue Wert verwendet, um das Array neu zu dimensionieren. Damit dabei kein Fehler auftritt wenn der Benutzer der Klasse einen ungültigen Wert (beispielsweise eine negative Zahl) angibt, wird vorher die Anweisung *On Error Resume Next* angegeben. Eine Variable zur Speicherung des Wertes ist nicht notwendig, weil Sie beim Auslesen der Eigenschaft die Anzahl der Werte im Array ermitteln können, indem Sie die untere Indexgrenze von der oberen abziehen. Da Sie aber nicht die Differenz der Indizes, sondern die Anzahl der Elemente ermitteln möchten, müssen Sie noch den Wert 1 dazu addieren.

```
'Eigenschaften der Klasse
Public Property Let Size(lngSize As Long)
    'Legt die Größe neu fest
    On Error Resume Next
    ReDim Preserve arrDaten(lngSize - 1)
End Property
```

```
Public Property Get Size() As Long
   'Gibt die Größe zurück
   Size = UBound(arrDaten) - LBound(arrDaten)+1
End Property
```

Listing 3.10: Definieren einer Eigenschaft, die geschrieben und gelesen werden kann

WICHTIG: Bedenken Sie, dass beim Verkleinern eines Arrays Daten verloren gehen. Ob das sinnvoll ist, müssen Sie vom Einsatzgebiet des Arrays abhängig machen. Sie können aber dem Benutzer der Klasse ermöglichen, auf einen Versuch, das Array zu verkleinern, zu reagieren, indem Sie ein Ereignis definieren, für das er dann eine Ereignisprozedur erstellen kann. Wie Sie eigene Ereignisse zur Klasse hinzufügen, wird im ▶ Abschnitt »3.15 Eigene Ereignisse definieren und auslösen« weiter hinten in diesem Kapitel beschrieben.

Um die Eigenschaften zu testen, müssen Sie die Klasse instanzieren. Das wird weiter hinten in diesem Kapitel im ▶ Abschnitt »3.12 Eine Klasse instanzieren und verwenden« beschrieben.

Wozu werden Eigenschaften gebraucht?

Vielleicht fragen Sie sich, warum man Eigenschaften braucht. Man könnte die von den Eigenschaften verwalteten Daten ja auch in öffentlichen Variablen speichern, die auf Modulebene des Klassenmoduls deklariert werden. Auch diese Variablen werden dann wie Eigenschaften der öffentlichen Schnittstelle einer Klasse zugeordnet und sind daher nach außen sichtbar. Es gibt eigentlich vier wesentliche Argumente die gegen öffentliche Variablen in Klassen sprechen:

1. Sie erreichen damit aus Sicht der strikten Verfechter der objektorientierten Programmierung eine unsaubere Schnittstelle. Die Theorie der objektorientierten Programmierung kennt nämlich keine öffentlichen Variablen in Klassen. Es gibt danach nur Eigenschaften, Methoden und Ereignisse. Daten der Klasse werden in Eigenschaften verwaltet.

2. Nutzen Sie Variablen, könnten Sie zwar versuchen, schreibgeschützte »Eigenschaften« zu definieren, indem Sie auf Klassenebene öffentliche Konstanten definieren. Dann begegnet Ihnen aber eine der Einschränkungen von Klassenmodulen: In Klassenmodulen sind keine öffentlichen Konstanten mehr erlaubt. Damit haben Sie keine Möglichkeit, eine schreibgeschützte »Eigenschaft« mit Hilfe von öffentlichen Konstanten zu definieren.

3. Es gibt keine Möglichkeit, ohne *Property*-Prozeduren »Eigenschaften« zu definieren, die zwar geschrieben, aber nicht gelesen werden können.

4. Wenn Sie beim Zuweisen eines Wertes bzw. beim Abrufen des Wertes mehr machen müssen, als einen Wert zu speichern oder zurückzugeben, weil Sie beispielsweise komplexe Berechnungen durchführen müssen oder Ereignisse auslösen wollen, geht dies mit einfachen öffentlichen Variablen nicht.

3.10 Eine schreibgeschützte Eigenschaft erstellen

Das Listing finden Sie als Klassenmodul *clsArray* in der Datei *K03.xls* innerhalb der Begleitdateien zum Buch. Die Klasse aus dem ▶ Abschnitt »3.7 Eine Klasse erstellen« wird nachfolgend ergänzt.

Problem

Sie möchten der Klasse Eigenschaften hinzufügen, mit denen Sie die untere und obere Indexgrenze zurückgeben können und deren Wert nicht gesetzt werden kann.

Lösung

Eigenschaften, die nur gelesen werden können, werden schreibgeschützte Eigenschaften genannt. Sie erstellen sie wie normale Eigenschaften, allerdings mit dem Unterschied, dass Sie die *Property Let*- bzw. die *Property Set*-Prozedur weglassen.

Erläuterungen

Wenn Sie eine schreibgeschützte Eigenschaft erstellen möchten, benötigen Sie nur die *Property Get*-Prozedur. Die hier zu erstellenden Eigenschaften sollen die Rückgabewerte der Funktionen *UBound* und *LBound* zurückgeben, die Auskunft über den höchsten und niedrigsten Indexwert des Arrays geben.

HINWEIS: Sicherlich wäre es sinnvoll gewesen, die Eigenschaften entsprechend *UBound* und *LBound* zu nennen. Das geht aber nicht, da sich Eigenschaften-, Prozedur- und Variablennamen von den Schlüsselwörtern und Funktionsnamen von VBA unterscheiden müssen. Aus diesem Grund heißen sie *UIndex* und *LIndex*.

```
'Schreibgeschützte Eigenschaften
Public Property Get UIndex() As Long
    'Gibt die obere Indexgrenze zurück
    UIndex = UBound(arrDaten)
End Property

Public Property Get LIndex() As Long
    'Gibt die untere Indexgrenze zurück
    LIndex = LBound(arrDaten)
End Property
```

Listing 3.11: Schreibgeschützte Eigenschaften erstellen

3.11 Eine Eigenschaft gegen Lesen schützen

Das Listing finden Sie als Klassenmodul *clsArray* in der Datei *K03.xls* innerhalb der Begleitdateien zum Buch. Die Klasse aus dem ▶ Abschnitt »3.7 Eine Klasse erstellen« wird nachfolgend ergänzt.

Problem

Sie möchten der Klasse eine Eigenschaft hinzufügen, die nicht gelesen, sondern nur geschrieben werden kann. Diese Eigenschaft soll es ermöglichen, alle Felder des Array auf einen bestimmten Wert zu setzen.

Lösung

Eigenschaften, die zwar geschrieben, aber nicht gelesen werden können, sind in der Praxis zwar selten, aber auch in VBA zu realisieren. Sie müssen nichts weiter tun, als für die Eigenschaft nur die *Property Let-* bzw. *Property Set*-Prozedur zu erstellen.

Erläuterungen

Eigenschaften, die nur gesetzt, aber nicht gelesen werden können, sind eigentlich wenig üblich. Solche Aufgaben lassen sich nämlich genauso gut mit Methoden erledigen. Ob Sie dazu aber eine Methode oder Eigenschaft nutzen, können Sie selbst entscheiden. Nachteile bei Verwendung einer Eigenschaft gibt es nicht.

ACHTUNG: Sie können ein Array zwar mit der *For Each*-Schleife durchlaufen, wenn Sie jedoch die Feldwerte ändern möchten, müssen Sie über den Index auf die Felder zugreifen, weil Sie nur dann den Feldern direkt einen neuen Wert zuweisen können. Nutzen Sie die *For Each*-Schleife, ändern Sie mit der Zuweisung nur den Wert der Schleifenvariablen. Da die aber nur eine Kopie des Feldinhalts darstellt, wird der neue Wert nicht in das Array geschrieben.

```
'Lesegeschützte Eigenschaften
Public Property Let Value(varWert As Variant)
    Dim lngI As Long
    'Setzt alle Array-Felder auf den gleichen Wert
    For lngI = Me.LIndex To Me.UIndex
        arrDaten(lngI) = varWert
    Next lngI
End Property
```

Listing 3.12: Eine lesegeschützte Eigenschaft zum Initialisieren des Arrays

Wie Sie an der Eigenschaft sehr gut erkennen können, lassen sich in der Klasse selbst auch die Eigenschaften und Methoden der Klasse verwenden. Hier wird über das Schlüsselwort *Me* auf die Eigenchaften *LIndex* und *UIndex* zugegriffen, die im ▶ Abschnitt »3.10 Eine schreibgeschützte Eigenschaft erstellen« weiter vorne in diesem Kapitel erstellt wurden. Das Schlüsselwort *Me* repräsentiert immer die Klasse, in der das Schlüsselwort verwendet wird.

3.12 Eine Klasse instanzieren und verwenden

Die verwendete Klasse finden Sie als Klassenmodul *clsArray* in der Datei *K03.xls* innerhalb der Begleitdateien zum Buch. Dies ist die Klasse, die im ▶ Abschnitt »3.7 Eine Klasse erstellen« erstellt wurde. Der Code, der die Instanzierung der Klasse zeigt, befindet sich in Modul *K03_11* in der gleichen Datei.

Problem

Sie haben eine Klasse erstellt und möchten diese nun verwenden und ein oder mehrere Objekte daraus erzeugen.

Lösung

Wenn Sie eine Klasse verwenden möchten, müssen Sie eine Instanz der Klasse, also ein Objekt erzeugen. Dazu gibt es prinzipiell zwei Möglichkeiten: Sie verwenden das Schlüsselwort *New* oder die *CreateObject*-Methode. Die *CreateObject*-Funktion kommt jedoch nicht für benutzerdefinierte Klassen in Frage. Diese können Sie nur mit dem Schlüsselwort *New* instanzieren.

Erläuterungen

Das Schlüsselwort *New* verwenden Sie bereits bei der Deklaration der Variablen, in der Sie das Objekt speichern möchten. Seine Verwendung setzt allerdings voraus, dass Sie die frühe Bindung verwenden. Was das ist, wird im ▶ Abschnitt »3.14 Unterschiede zwischen später und früher Bindung« weiter hinten in diesem Kapitel beschrieben. Kurz gefasst bedeutet frühe Bindung, dass der VBA-Compiler bereits beim Kompilieren die öffentliche Schnittstelle des Objekts kennt. Dies setzt wiederum voraus, dass Sie eine starke Typisierung bei der Variablendeklaration verwenden, also die Variable mit einem möglichst exakten Typ deklarieren. Mehr dazu finden Sie im ▶ Abschnitt »3.13 Typisierung: ohne, schwache und starke Typisierung« im Anschluss.

Wenn Sie eine Klasse mit *New* instanzieren möchten, deklarieren Sie dazu eine Objektvariable mit folgender Syntax: *Dim Variable As New Klasse*. Damit wird die Variable nicht nur deklariert, sondern ihr wird auch gleich ein Objekt zugewiesen, das aus der angegebenen Klasse erzeugt wurde. Alternativ können Sie das *New*-Schlüsselwort auch erst bei der Wertzuweisung verwenden. Wie das geht, zeigt die Prozedur *K03_11*. Zunächst wird hier eine Objektvariable *objArray* definiert, der in der zweiten Zeile eine neue Instanz der Klasse mit *Set* zugewiesen wird, nachdem sie mit dem Schlüsselwort *New* erzeugt wurde. Anschließend können Sie die Objektvariable wie jedes andere Objekt verwenden und die Methode und Eigenschaften der Klasse aufrufen.

```
Sub TestK03_11()
    Dim objArray As clsArray
    Set objArray = New clsArray
...
    Set objArray = Nothing
End Sub
```

Listing 3.13: *Die Klasse instanzieren*

TIPP: Als Klassennamen geben Sie bei benutzerdefinierten Klassen den Namen des Klassenmoduls an. Aus diesem Grund ist es ganz wichtig, dass Sie die Klassen sinnvoll benennen, weil Sie sonst bei mehreren Projekten, die eine Klasse *Class1* enthalten, nicht mehr unterscheiden können, was der Inhalt der einzelnen Klasse ist.

Bei Eingabe der ersten Methode oder Eigenschaft der Klasse merken Sie schon, dass benutzerdefinierte Klassen hinsichtlich der Programmierhilfen der Entwicklungsumgebung keinerlei Einschränkungen unterworfen sind. Nach Eingabe des Punktes hinter der Objektvariablen werden Ihnen wie gewohnt die Elemente der öffentlichen Schnittstelle der Klasse angezeigt.

```
Sub TestK03_11()
    Dim objArray As clsArray
    Set objArray = New clsArray  I
    objArray.
    objArra  Add
    objArra  inArray
    objArra  LIndex
    Debug.I  Size      ay.inArray("1")
    Debug.I  UIndex    ay.inArray("2")
    Debug.I  Value     Größe: " & objArray.Size
    objArra
```

Abbildung 3.5: Bei optimal instanzierten Klassen funktioniert IntelliSense auch bei benutzerdefinierten Klassen ohne Einschränkungen

ACHTUNG: Alternativ zum Schlüsselwort *New* gibt es auch die *CreateObject*-Funktion von VBA. Allerdings können Sie damit nur Klassen instanzieren, die in der Windows-Registrierung eingetragen, also registriert sind. Für benutzerdefinierte VBA-Klassen kommt die Funktion damit nicht in Frage. Wenn Sie mehr über *CreateObject* erfahren möchten, finden Sie dazu Beispiele und Informationen in ▶ Kapitel 10.

TIPP: Immer wenn Sie ein Objekt mit *New* oder *CreateObject* erzeugen, sollten Sie unbedingt dafür sorgen, dass es aus dem Speicher entfernt wird, wenn Sie es nicht mehr benötigen. Dazu setzen Sie alle Objektvariablen, die auf dieses Objekt verweisen, auf *Nothing*. Sobald keine Objektvariable mehr auf das Objekt verweist, wird es aus dem Speicher entfernt. Vergessen Sie dies und hantieren Sie in Ihrem Code häufig mit Objekten, können Sie ansonsten sehr schnell Ressourcenengpässe bekommen.

3.13 Typisierung: ohne, schwache und starke Typisierung

Den Code finden Sie in Modul *K03_12* in der Datei *K03.xls* innerhalb der Begleitdateien zum Buch.

Problem

Sie möchten eine Variable deklarieren, deren genauen Typ (beispielsweise die genaue Klasse) Sie nicht kennen.

Lösung

Sie können für die Variablendeklaration auf eine Typisierung verzichten oder die schwache Typisierung verwenden.

Erläuterungen

Nicht immer ist bereits zur Entwurfszeit bekannt, welchen Typ ein Wert hat, der einer Variablen oder einem Parameter zugewiesen werden soll. Würden Sie beispielsweise eine Variable vom Typ *Worksheet* deklarieren und dann versuchen, dieser kein Tabellenblatt, sondern ein Diagrammblatt zuzuweisen, würde dass zu einem Laufzeitfehler führen. Dies liegt daran, dass durch die Deklaration als Tabellenblatt der Compiler die öffentliche Schnittstelle der Variablen deklariert hat und das zugewiesene *Chart*-Objekt nicht die gleiche öffentliche Schnittstelle besitzt.

HINWEIS: Was eine öffentliche Schnittstelle ist, finden Sie im ▶ Abschnitt »3.7 Eine Klasse erstellen« weiter vorne in diesem Kapitel beschrieben.

Wenn die Möglichkeit besteht, dass einer Variablen unterschiedliche Objekte zugewiesen werden, müssen Sie also die Schnittstelle der Variablen so festlegen, dass dies möglich ist. Im optimalen Fall würden Sie dazu die schwache Typisierung verwenden. Statt eine Variable beispielsweise vom Typ *CommandbarButton* zu deklarieren, der eine Schaltfläche in Symbol- und Menülisten darstellt, könnten Sie die Variable mit einem schwächeren Typ definieren, indem Sie beispielsweise den Typ *CommandbarControl* verwenden würden. Dieser Typ ist der größte gemeinsame Nenner aller Steuerelemente in einer Symbol- oder Menüleiste und kann sowohl eine Schaltfläche als auch eine Auswahlliste oder ein Eingabefeld darstellen. Dieser Typ würde also nur die Teile der öffentlichen Schnittstelle der Klasse festlegen, die allen Steuerelementtypen gemeinsam sind.

Die schwache Typisierung funktioniert aber nur dann, wenn es einen allgemeineren Typ gibt. Im Zweifelsfall ist das der Typ *Object*. Er legt lediglich fest, dass es sich um ein Objekt handelt, welches, spielt keine Rolle. Einer Variablen vom Typ *Object* könnten Sie also sowohl ein *Workbook*-Objekt als auch ein *Chart*-Objekt oder ein *Range*-Objekt zuweisen. Verwenden Sie hingegen anstelle des Typs *Object* gar keine Deklaration oder den Datentyp *Variant*, handelt es sich um eine Deklaration ohne Typisierung. Dies ist immer der denkbar ungünstigste Fall, weil Sie dann auch nicht die Programmierhilfe IntelliSense nutzen können. Das geht nämlich nur bei der schwachen Typisierung (auch nicht in jedem Fall) oder bei der starken Typisierung.

Das folgende Listing demonstriert die schwache und starke Typisierung. Zum Durchlaufen der *Sheets*-Auflistung, die ja verschiedene Arten von Tabellenblättern zurückgeben kann, wird eine Variable des Typs *Object* verwendet. Innerhalb der Schleife wird jedoch der genaue Objekttyp mit Hilfe der *TypeName*-Eigenschaft geprüft, und die Schleifenvariable wird dann einer entsprechenden Variablen des ermittelten Typs zugewiesen. Handelt es sich um ein Diagramm wird die Diagrammfläche hellgrau gefüllt, indem die *Color*-Eigenschaft des *Interior*-Objekts gesetzt wird. Falls es sich um ein Tabellenblatt handelt, wird es aktiviert und die Zelle »A1« ausgewählt.

```
Sub Typisierung()
    Dim varObject As Variant 'ohne Typisierung
    Dim objObject As Object 'schwache Typisierung
    Dim objSheet As Worksheet 'starke Typisierung
    Dim objChart As Chart 'starke Typisierung
    For Each objObject In ThisWorkbook.Sheets
        If TypeName(objObject) = "Chart" Then
            Set objChart = objObject
            objChart.ChartArea.Interior.Color = RGB(200, 200, 200)
        ElseIf TypeName(objObject) = "Worksheet" Then
            Set objSheet = objObject
            objSheet.Activate
            objSheet.Range("a1").Select
        End If
    Next objObject
End Sub
```

Listing 3.14: Nutzung schwacher und starke Typisierung zum Zugriff auf verschiedene Arbeitsmappenblätter

HINWEIS: Die starke und schwache Typisierung ist eng verbunden mit der frühen und späten Objektbindung. Daher sollten Sie unbedingt auch den nachfolgenden ▶ Abschnitt »3.14 Unterschiede zwischen später und früher Bindung« lesen.

3.14 Unterschiede zwischen später und früher Bindung

Den Code finden Sie in Modul *K03_13* in der Datei *K03.xls* innerhalb der Begleitdateien zum Buch.

Problem

Sie möchten eine externe Klasse instanzieren, wie beispielsweise den Internet Explorer.

Lösung

Abhängig davon, ob Sie die frühe oder späte Bindung nutzen, gehen Sie dazu unterschiedlich vor. In jedem Fall müssen Sie aber, wie bei eigenen Klassen auch, eine Instanz der Klasse erzeugen. Dazu können Sie abhängig von der frühen oder späten Bindung das Schlüsselwort *New* oder die *CreateObject*-Funktion verwenden.

Erläuterungen

Bei der Verwendung von Objekten gibt es zwei verschiedene Methoden: die frühe und die späte Bindung. Mit Bindung wird der Moment bezeichnet, in dem einer Variablen ein konkretes Objekt zugewiesen, sie also an dieses Objekt gebunden wird. Bei der frühen Bindung geschieht dies bereits beim Kompilieren der Anwendung, also bevor der Code ausgeführt wird. Das funktioniert aber nur dann, wenn Sie gleichzeitig auch eine starke Typisierung verwenden (siehe dazu den vorstehenden ▶ Abschnitt »3.13 Typisierung: ohne, schwache und starke Typisierung«). Nur dann ist nämlich der Compiler in der Lage, die öffentliche Schnittstelle des Objekts festzustellen, bevor das Objekt im Speicher existiert.

Frühe Bindung liegt beispielsweise vor, wenn Sie eine Variable vom Typ *Workbook* deklarieren, da der Compiler dann mit der starken Typisierung bereits weiß, welche Eigenschaften und Methoden das Objekt hat, das in der Variablen gespeichert ist. Deklarieren Sie die Variable als *Object*, können Sie ihr zwar auch ein *Workbook*-Objekt zuweisen, die Bindung der Variablen an das Objekt kann jedoch erst geschehen, wenn zur Laufzeit der Variablen ihr Wert zugewiesen wird. Die Bindung erfolgt daher erst zur Laufzeit, daher handelt es sich hier um späte Bindung.

Einen Nachteil der späten Bindung bemerken Sie bereits beim Schreiben des Codes. Nur wenn sie die frühe Bindung verwenden, kann IntelliSense die Parameterlisten und Elementlisten anzeigen. Bei der späten Bindung müssen Sie also schon selbst wissen, über welche Elemente das Objekt verfügt. Der zweite Nachteil der späten Bindung ist die langsamere Codeausführung. Dennoch hat natürlich auch die späte Bindung ihre Daseinsberechtigung und auch Vorteile gegenüber der frühen Bindung. Frühe Bindung erfordert eine starke Typisierung und die wiederum macht es erforderlich, dass der Entwicklungsumgebung die Klasse bekannt ist, aus der das Objekt erstellt werden soll. Das ist solange kein Problem, wie Sie ausschließlich auf die Objekte von Excel zugreifen. Erst beim Zugriff auf externe Objekte wie dem Internet Explorer fällt diese Einschränkung auf. Damit Sie die starke Typisierung verwenden und damit auch die frühe Bindung nutzen können, müssen Sie Verweise auf externe Klassen einrichten. Um den Verweis auf die Objektbibliothek des Internet Explorers zu erstellen, gehen Sie folgendermaßen vor:

1. Rufen Sie in der Entwicklungsumgebung den Menübefehl Extras/Verweise auf.

2. Suchen Sie die gewünschte Objektbibliothek in der Liste aus, in diesem Fall also den Eintrag Microsoft Internet Controls, und aktivieren Sie das Kontrollkästchen dieser Bibliothek.

3. Schließen Sie das Dialogfeld mit *OK*.

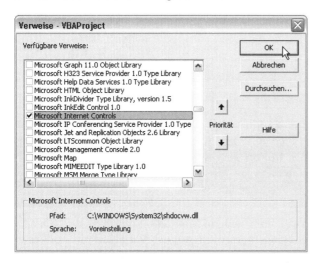

Abbildung 3.6: Setzen des Verweises

Wenn Sie den Verweis erstellt haben, ist der Entwicklungsumgebung die Bibliothek bekannt. Sie können nun die Klasse instanzieren.

HINWEIS: Auf dem Macintosh können Sie zwar auch Verweise erstellen, die Zahl der Bibliotheken ist hier jedoch begrenzt. Die Objektbibliothek für den Internet Explorer steht dort nicht zur Verfügung, auch wenn der Internet Explorer installiert ist. Daher funktioniert der folgende Code auf dem Macintosh nicht.

ACHTUNG: Die Klasse heißt in der Regel nicht genauso wie die Objektbibliothek, auf die Sie den Verweis gesetzt haben. Wenn Sie die Anweisung *As New* eingegeben haben, listet die Programmierhilfe aber die verfügbaren instanzierbaren Klassen auf, sodass Sie den benötigten Eintrag in der Regel problemlos finden.

Möchten Sie den Internet Explorer starten, erzeugen Sie dazu ein Objekt aus der Klasse *InternetExplorer* die sich in der Objektbibliothek *SHDocVw* befindet. Den Namen der Objektbibliothek können Sie getrennt durch einen Punkt vor dem Klassennamen angeben. Sie müssen das aber nicht. Auch die Deklaration *Dim objIE as New InternetExplorer* wäre absolute korrekt. Anschließend können Sie die Elemente der öffentlichen Schnittstelle problemlos nutzen. Mit der *Navigate*-Methode wird beispielsweise der angegebene URL abgerufen, und die Anweisung *Visible=True* blendet das Browserfenster ein.

```
Sub TestK03_13()
    'IE starten
    Dim objIE As New SHDocVw.InternetExplorer
    objIE.Navigate "http://www.helma-spona.de"
```

```
    objIE.Visible = True

    Set objIE = Nothing
End Sub
```

Listing 3.15*: Internet Explorer starten und eine URL laden*

Mit dem notwendigen Verweis bei externen Bibliotheken sind wir auch schon bei dem Problem der frühen Bindung. Zwar ist sie für den Entwickler komfortabel und die Codeausführung ist schnell. Es gibt jedoch immer wieder Probleme mit den Verweisen, wenn die Anwendung auf einem Rechner ausgeführt wird, der über andere Versionen der Objektbibliotheken verfügt oder auf dem sie nicht vorhanden sind. Es gibt prinzipiell zwei Möglichkeiten, um das Problem zu beheben:

1. Sie können die vorhandenen Verweise beim Starten der Anwendung prüfen und gegebenenfalls Verweise wiederherstellen oder den Benutzer anleiten, dies zu tun.

2. Sie können auf die frühe Bindung verzichten und die späte Bindung verwenden.

TIPP: Damit Sie bei der späten Bindung nicht auf die Vorzüge von IntelliSense verzichten müssen, empfiehlt sich die folgende Vorgehensweise:

3. Erstellen Sie den Code unter Verwendung der frühen Bindung.

4. Testen Sie den Code ausführlich.

5. Wenn die Anwendung fertig ist, entfernen Sie den Verweis, indem Sie das Kontrollkästchen vor dem Bibliotheksnamen deaktivieren.

6. Ersetzen Sie nun die Deklarationen mit starker Typisierung, die sich auf die externe Bibliothek beziehen, durch Deklarationen des Typs *Object*. Aus der Anweisung *Dim objIE As New SHDocVw.InternetExplorer* machen Sie also *Dim objIE As Object*.

7. Fügen Sie nun unterhalb einer ehemaligen Deklaration mit *New* eine Anweisung ein, die mit Hilfe der *CreateObject*-Anweisung das benötigte Objekt erzeugt.

Der Code aus Listing 3.15 sähe unter Verwendung der späten Bindung daher nicht viel anders aus. Lediglich die *CreateObject*-Funktion müssen Sie jetzt zur Instanzierung übergeben. Ihr übergeben Sie als Parameter den Namen der Klasse, aus der das Objekt erzeugt werden soll. Leider ist es nicht in jedem Fall so, dass dieser Name identisch mit dem ist, den Sie mit dem *New*-Schlüsselwort verwenden. Das Problem besteht also darin, den Namen der Klasse ausfindig zu machen. Bei den Microsoft-Anwendungen vieler VBA-Host-Anwendungen sollten Sie unbedingt versuchen, an den Namen der Klasse, den Sie bei Verwendung der frühen Bindung von IntelliSense angezeigt bekommen, ein ».Application« anzuhängen. Das ist in vielen Fällen das übergeordnete Automatisierungsobjekt der Klasse.

```
Sub TestK03_13b()
    'IE starten mit später Bindung
    Dim objIE As Object
    Set objIE = CreateObject("InternetExplorer.Application")
    objIE.Navigate "http://www.helma-spona.de"
    objIE.Visible = True
    Set objIE = Nothing
End Sub
```

Listing 3.16*: Den Internet Explorer mit später Bindung starten*

Objektorientierte Programmierung

3.15 Eigene Ereignisse definieren und auslösen

Den Code finden Sie im Klassenmodul *clsArray* in der Datei *K03.xls* innerhalb der Begleitdateien zum Buch. Dabei wird die Klasse, die im ▶ Abschnitt »3.7 Eine Klasse erstellen« und den daran anschließenden Abschnitten erstellt wurde, ergänzt.

Problem

Sie möchten für die Klasse Ereignisse erstellen, die beispielsweise ausgelöst werden, wenn der Benutzer durch Setzen der Eigenschaft *Size* versucht, das Array zu verkleinern. Das Ereignis soll es ermöglichen, die Aktion, die das Ereignis auslöst, abzuwenden.

Lösung

Sie müssen zunächst ein Ereignis und dessen Parameterliste mit der *Event*-Anweisung auf Klassenebene deklarieren. Anschließend können Sie innerhalb der Prozeduren und Eigenschaften das Ereignis mit der *RaiseEvent*-Anweisung auslösen.

Erläuterungen

Mit der *Event*-Anweisung auf Modulebene des Klassenmoduls deklarieren Sie ein Ereignis. Das heißt, Sie legen fest, wie das Ereignis heißt und welche Parameter es besitzt. Die Werte für die Parameter müssen Sie dem Ereignis übergeben, wenn Sie es auslösen. Damit der Benutzer der Klasse das Eintreten des Datenverlustes abwenden kann, benötigen Sie mindestens einen booleschen Parameter den Sie als Referenz übergeben. Wichtig ist bei der Deklaration auch das Schlüsselwort *Public*, damit Sie später eine Ereignisprozedur für das Ereignis erstellen können.

HINWEIS: Mehr zur Parameterübergabe als Wert oder Referenz finden Sie in ▶ Kapitel 1. Wie Sie Ereignisprozedur für das Ereignis erstellen, wird anschließend im ▶ Abschnitt »3.16 Ereignisprozeduren erstellen« erläutert.

```
Option Explicit
#If VBA6 Then
Public Event BeforeLostData(ByRef boolCancel As Boolean)
#End If
Private arrDaten() As Variant
...
```

Listing 3.17: Deklaration des Ereignisses

HINWEIS: In VBA 5.0-Hostanwendungen gibt es die *Event*-Anweisung noch nicht. Wenn Sie VBA 5-kompatiblen Code erstellen möchten, müssen Sie somit die bedingte Kompilierung einsetzen. Mehr dazu erfahren Sie in ▶ Kapitel 1. Wenn Sie das Ereignis nicht definieren können, dürfen Sie es aber natürlich auch nicht auslösen. Auch bei der *RaiseEvent*-Anweisung ist daher die bedingte Kompilierung notwendig.

Wenn Sie das Ereignis definiert haben, können Sie es an jeder beliebigen Stelle in einer Eigenschaft oder Methode auslösen. Dazu verwenden Sie die *RaiseEvent*-Anweisung. Wenn Sie Parameter an das Ereignis übergeben möchten, führen Sie die Parameter durch Kommata getrennt in Klammern hinter dem Ereignisnamen auf.

ACHTUNG: Obwohl das Ereignis keinen Rückgabewert hat, müssen Sie die Parameterliste in runde Klammern einfassen.

Wenn Sie einen booleschen Parameter für das Ereignis definiert haben, mit dem der Benutzer der Klasse die Folgen des Ereignisses (hier das Löschen von Daten) abwenden kann, müssen Sie in der Prozedur, die das Ereignis auslöst, eine Variable des gleichen Typs definieren und mit einem Anfangswert initialisieren. Da der Benutzer ihn auf *True* setzt, um einen Abbruch zu erreichen, sollten Sie den Anfangwert *False* wählen. Dann können Sie nach dem Auslösen des Events erkennen, ob der Benutzer einen Abbruch wünscht. Diese Variable übergeben Sie dann an das Ereignis, wenn Sie es mit der *RaiseEvent*-Anweisung aufrufen.

Danach können Sie den Wert der Variablen abfragen, um zu prüfen, ob der Benutzer den Parameter auf *True* gesetzt hat. Nur wenn der Parameter den Wert *False* behalten hat, führen Sie dann die Aktionen aus, die zum Löschen der Daten führen. In der Ereignisprozedur wird das Ereignis ausgelöst, wenn der neue Wert für *Size-1* kleiner als der für die aktuelle obere Indexgrenze ist. In der Eigenschaft *Value* wird das Ereignis in jedem Fall ausgelöst, da damit die entsprechenden Werte im Array überschrieben werden.

```
Public Property Let Size(lngSize As Long)
    Dim boolCancel As Boolean
    boolCancel = False
    'Legt die Größe neu fest
    On Error Resume Next
    If lngSize - 1 < Me.UIndex Then
        'Ereignis auslösen
        #If VBA6 Then
        RaiseEvent beforeLostData(boolCancel)
        #End If
    End If
    If boolCancel = False Then
        ReDim Preserve arrDaten(lngSize - 1)
    End If
End Property


Public Property Let Value(varWert As Variant)
    Dim lngI As Long
    Dim boolCancel As Boolean
    'Setzt alle Array-Felder auf den gleichen Wert.
    boolCancel = False
    #If VBA6 Then
    'Ereignis auslösen.
    RaiseEvent beforeLostData(boolCancel)
    #End If
    If boolCancel = False Then
        For lngI = Me.LIndex To Me.UIndex
            arrDaten(lngI) = varWert
        Next lngI
    End If
End Property
```

Listing 3.18: *Auslösen des Ereignisses in den Eigenschaftsprozeduren Value und Size*

3.16 Ereignisprozeduren erstellen

Den Code der Klasse, in der die Ereignisse definiert sind, finden Sie im Klassenmodul *clsArray* in der Datei *K03.xls* innerhalb der Begleitdateien zum Buch. Den restlichen Code zum Initialisieren der Klasse finden Sie in Modul *K03_15* sowie im Klassenmodul *DieseArbeitsmappe*.

Problem

Sie haben Ereignisse in einer Klasse erstellt und möchten für diese Ereignisse nun Ereignisprozeduren erstellen.

Lösung

Sie benötigen ein weiteres Klassenmodul, in dem Sie eine Objektvariable mit *WithEvents* deklarieren. Für diese Objektvariable können Sie dann Ereignisprozeduren erstellen. Auch das funktioniert aber nur mit VBA 6.0-Hostanwendungen, weil frühere Versionen die *WithEvents*-Anweisung für benutzerdefinierte Ereignisse nicht unterstützen.

Erläuterungen

Benutzerdefinierte Ereignisse können Sie nur nutzen, wenn Sie innerhalb eines anderen Klassenmoduls, beispielsweise im Modul *DieseArbeitsmappe*, eine Objektvariable definieren, die den Typ der Klasse besitzt. Geben Sie dazu beispielsweise im Modul *DieseArbeitsmappe* auf Modulebene die folgende Anweisung ein:

```
Option Explicit
#If VBA6 Then
    Dim WithEvents objArray As clsArray
#Else
    Dim objArray As clsArray
#End If
```

Listing 3.19: Deklarieren der Objektvariablen mit WithEvents

Als nächstes sollten Sie die Ereignisprozeduren erstellen. Diese fügen Sie im gleichen Klassenmodul ein, in dem Sie auch die Objektvariable *objArray* deklariert haben. Wählen Sie dazu aus der Objektliste die Objektvariable und aus der Ereignisliste das Ereignis aus.

Der Benutzer wird innerhalb der Prozedur gefragt, ob die Daten gelöscht werden sollen. Klickt er auf *Nein*, wird der Parameter *boolCancel* auf *True* gesetzt.

```
#If VBA6 Then
Private Sub objArray_beforeLostData(boolCancel As Boolean)
    If MsgBox("Daten löschen?", vbQuestion + vbYesNo) = vbNo Then
        boolCancel = True
    End If
End Sub
#End If
```

Listing 3.20: Die Ereignisprozedur für das erstellte Ereignis

Nun müssen Sie natürlich noch den Code erstellten, der die Objektinstanz erzeugt und dafür sorgt, dass die Ereignisse auch ausgelöst werden. Am einfachsten ist es, wenn Sie diesen Code ebenfalls im Klassenmodul *DieseArbeitsmappe* speichern. Die Instanzierung erfolgt einfach, indem Sie der auf Modulebene deklarierten Variablen die mit *New* erzeugte Instanz zuweisen.

Durch Zuweisung eines Wertes an die Eigenschaft *Value* wird das Ereignis das erste Mal ausgelöst. Das zweite Mal löst die Eigenschaft *Size* das Ereignis aus.

```
Sub TestK03_15()
    Set objArray = New clsArray
    objArray.Add "1"
    objArray.Add "Test"
    objArray.Value = ""
    Debug.Print objArray.inArray("Test")
    objArray.Size = 1
    Debug.Print objArray.inArray("Test")
End Sub
```

Listing 3.21: *Die Klasse instanzieren und die Ereignisse auslösen*

So funktioniert dieser Code aber leider nur, wenn Sie ihn im Klassenmodul *DieseArbeitsmappe* erstellen. Möchten Sie auf die Variable *objArray* von außerhalb, also aus einem anderen Modul zugreifen, müssen Sie dazu etwas mehr Aufwand betreiben. Dies liegt daran, dass Sie in Excel der Klasse *DieseArbeitsmappe* keine Methoden hinzufügen können. Das wiederum verhindert, dass Sie die erzeugte Instanz der Klasse *clsArray* zurückgeben können, sodass Sie von außerhalb der Klasse Zugriff darauf haben. Lösen lässt sich das Problem mit einer zweiten benutzerdefinierten Klasse. Gleichzeitig entfällt jedoch der komplette Code aus dem Klassenmodul *DieseArbeitsmappe*, den fügen Sie nämlich in die neue Klasse ein.

Das Listing der zweiten Klasse finden Sie als Klassenmodul *clsEventAufruf* in der Datei *K03.xls* innerhalb der Begleitdateien zum Buch. Den restlichen Code zum Initialisieren dieser Klasse finden Sie in Modul *K03_15*.

Die neue Klasse muss die *WithEvents*-Anweisung mit der Variablendeklaration enthalten, sowie die Ereignisprozedur. Beide können eins zu eins aus dem Modul *DieseArbeitsmappe* übernommen werden. Neben der Ereignisprozedur benötigen Sie eine Methode, genauer eine öffentliche Funktion, die ein *clsArray*-Objekt zurückgibt. Innerhalb der Methode erzeugen Sie die Instanz der Klasse und weisen sie der mit *WithEvents* definierten Variablen zu. Diese Variable geben Sie dann auch als Rückgabewert aus der Funktion zurück.

```
#If VBA6 Then
    Dim WithEvents objArray As clsArray
#Else
    Dim objArray As clsArray
#End If
Private Sub objArray_beforeLostData(boolCancel As Boolean)
    If MsgBox("Daten löschen?", vbQuestion + vbYesNo) = vbNo Then
        boolCancel = True
    End If
End Sub

Public Function getObj() As clsArray
    Set objArray = New clsArray
    Set getObj = objArray
End Function
```

Listing 3.22: *Eine benutzerdefinierte Klasse zum Zugriff auf das ereignisauslösende Objekt aus einem normalen Modul*

In jedem anderen Modul oder Klassenmodul müssen Sie nur noch diese Hilfsklasse instanzieren und können dann über die Methode *getObj* das *clsArray*-Objekt zurückgeben. Dies ermöglicht es Ihnen, auf das Objekt von jedem Modul aus zuzugreifen, ohne auf die Nutzung von Ereignisprozeduren verzichten zu müssen. Wie das dann geht, demonstriert die Prozedur *TestK03_25b* in einem normalen Modul. Zunächst deklarieren Sie die Objektvariable *objE* und instanzieren dabei die Hilfsklasse *clsEventAufruf*. Außerdem benötigen Sie noch eine Variable des Typs *clsArray*. Dieser Variablen weisen Sie dann den Rückgabewert der *getObj*-Methode zu. Damit verfügen Sie über ein Objekt der Klasse *clsArray*, dessen Methoden und Eigenschaften Sie nun nutzen können. Die Ereignisse werden mit Hilfe der Ereignisprozedur in der Hilfsklasse behandelt.

```
Sub TestK03_15b()
    Dim objE As New clsEventAufruf
    Dim objA As clsArray
    Set objA = objE.getObj()
    objA.Add "1"
    objA.Add "Test"
    objA.Value = ""
    Debug.Print objA.inArray("Test")
    objA.Size = 1
    Debug.Print objA.inArray("Test")
End Sub
```

Listing 3.23: Instanzieren der Hilfsklasse zur Rückgabe des clsArray-Objekts

3.17 Auflistungen mit dem *Collection*-Objekt definieren

Den Code der Klasse finden Sie im Klassenmodul *clsMenge* in der Datei *K03.xls* innerhalb der Begleitdateien zum Buch. Den restlichen Code zum Initialisieren der Klasse finden Sie in Modul *K03_16*.

Problem

Sie möchten eine eigene Auflistungsklasse erstellen, der Sie mit Hilfe von Methoden und Eigenschaften Elemente hinzufügen und aus der Sie Elemente löschen können. Ferner soll es möglich sein, diese Auflistung mit Hilfe der *For Each…Next*-Schleife zu durchlaufen. Die Auflistung soll eine Menge von Objekten darstellen. Das heißt, doppelte Elemente in der Auflistung sind nicht zulässig. Verwenden können Sie die Auflistung beispielsweise, um eine Menge von Arbeitsmappenblättern zu definieren, die Sie einheitlich bearbeiten möchten und in der Anwendung immer benötigen.

Lösung

Sie erstellen eine Klasse, die zur Speicherung der Daten ein *Collection*-Objekt verwendet. Mit Hilfe des *Collection*-Objekts können Sie eine Auflistung erstellen, die anders als ein Array auch unterschiedliche Daten speichern kann. Zudem brauchen Sie die Auflistung nicht manuell in ihrer Größe zu ändern, um Elemente hinzuzufügen, weil es dafür entsprechende Methoden gibt. Weiterhin haben sie den Vorteil, dass Sie auch über einen alphanumerischen Schlüssel auf die Elemente zugreifen können.

Erläuterungen

Das *Collection*-Objekt ermöglicht die Verwaltung von beliebigen Daten. In einer Auflistung können Sie sowohl numerische Werte als auch Objekte oder benutzerdefinierte Datentypen verwenden. Dies unterscheidet ein *Collection*-Objekt vornehmlich von einem Array, das nur Daten gleicher Art verwalten kann. Der zweite Unterschied besteht darin, dass Sie beim Löschen von Werten mitten in einem Array entweder ein leeres Feld erhalten oder alle nachfolgenden Werte manuell um ein Feld nach vorne verschieben und dann das verbleibende Feld am Ende abschneiden müssen. Das geht nur mit dynamischen Arrays, deren Verwaltung mehr Speicher erfordert, als statische Arrays. Bei großen Datenmengen ist eine solche Datenhaltung also nicht sehr ressourcenschonend. Löschen Sie aus einem *Collection*-Objekt ein Element der Auflistung, rücken die anderen automatisch nach.

HINWEIS: Mehr Informationen zu Arrays finden Sie in ▶ Kapitel 1.

Zunächst müssen Sie die Klasse erstellen, indem Sie das Klassenmodul erstellen und beispielsweise *clsMenge* nennen. Auf Modulebene der Klasse definieren Sie dann eine private Variable des Typs *Collection* und erstellen in der *Initialize*-Ereignisprozedur eine Instanz der *Collection*-Klasse, die Sie der Variablen zuweisen. In der *Terminate*-Ereignisprozedur setzen Sie die Variable auf *Nothing*, um den Speicher des *Collection*-Objekts wieder freizugeben.

```
Option Explicit
Private objCol As Collection

Private Sub Class_Initialize()
    Set objCol = New Collection
End Sub

Private Sub Class_Terminate()
    Set objCol = Nothing
End Sub
```

Listing 3.24: *Initialisieren des Collection-Objekts*

Als nächstes benötigen Sie eine *Add*-Methode, mit der Sie Elemente zur Auflistung hinzufügen können. Ihr müssen Sie den hinzuzufügenden Wert als Parameter übergeben. Wichtig dabei ist, dass die Methode vor dem Anfügen prüft, ob der Wert bereits vorhanden ist. Ist dies der Fall, darf er natürlich nicht hinzugefügt werden, da eine Menge keine doppelten Werte enthalten darf. Daher bietet sich eine Funktion an, die *True* zurückgibt, wenn der Wert eingefügt wurde, und *False*, wenn er nicht eingefügt wurde.

Für die Prüfung, ob der Wert bereits vorhanden ist, sollten Sie eine zweite Methode *Exists* erstellen, weil diese natürlich auch für den Anwender der Klasse interessant ist. In dieser Methode durchlaufen Sie das *Collection*-Objekt mit einer *For Each*-Schleife. Da die Auflistung *Worksheet*-Objekte enthalten soll, müssen Sie die Gleichheit zweier Objekte mit dem *Is*-Operator prüfen. Ist der Ausdruck *objWB is obWert* wahr, stimmt das aktuell in der Schleife bearbeitete Objekt mit dem als Parameter übergebenen Objekt überein. In diesem Fall gibt die Methode *True* zurück. Konnte innerhalb der Auflistung das gesuchte Objekt nicht gefunden werden, gibt die Funktion *False* zurück.

In der Methode *Add* brauchen Sie nun nur noch die *Exists*-Methode aufzurufen und zu prüfen, ob das Element vorhanden ist. Wenn ja, geben Sie einfach *False* zurück, wenn nicht, rufen Sie die *Add*-Methode des *Collection*-Objekts auf und übergeben ihr den einzufügenden Wert. Dabei dürfen Sie allerdings nicht vergessen, den Rückgabewert auf *True* zu setzen.

Objektorientierte Programmierung **149**

```
Public Function Exists(objWert As Worksheet) As Boolean
    Dim objWS As Object
    Exists = False
    For Each objWS In objCol
        If objWS Is objWert Then
            Exists = True
            Exit Function
        End If
    Next objWS
End Function

Public Function Add(objWert As Worksheet) As Boolean
    If (Exists(objWert)) = False Then
        'Einfügen
        objCol.Add objWert
        Add = True
    Else
        'Nicht einfügen
        Add = False
    End If
End Function
```

Listing 3.25: *Die Methoden Add und Exists zum Einfügen der Objekte in die Auflistung*

Sinnvoll ist außerdem eine Methode, mit der Sie ein einzelnes Objekt aus der Auflistung zurückgeben können, sowie eine Methode oder Eigenschaft, die das ganze *Collection*-Objekt zurückgibt, damit der Benutzer es mit einer *For*-Schleife durchlaufen kann.

Die Methode *Item* gibt ein einzelnes Element aus der Auflistung als *Worksheet*-Objekt zurück. Dazu wird die Auflistung durchlaufen und nach einem Element mit dem als Parameter übergebenen Namen gesucht.

Die Methode *Items* soll alle Elemente der Auflistung zurückgeben. Geben Sie jedoch das gesamte *Collection*-Objekt einfach als Funktionswert zurück, würde dies bedeutet, dass der Benutzer der Klasse durch Aufruf der Methoden und Eigenschaften des *Collection*-Objekts auch Elemente löschen oder hinzufügen könnte, wobei dann unerwünschte Duplikate entstehen würden. Leider können Sie nämlich nicht unterbinden, dass der Benutzer die Methoden des *Collection*-Objekts nutzt. Es gibt allerdings Möglichkeiten, wie Sie verhindern können, dass der Benutzer die Auflistung manipuliert. Sie geben einfach nicht die Original-Auflistung zurück, sondern ein Kopie. Dazu erstellt die Methode *Items* ein leeres *Collection*-Objekt und fügt ihm in einer Schleife alle Elemente der Auflistung *objCol* hinzu. Diese Kopie wird dann zurückgegeben. Dies bewirkt, dass Aufrufe der Methoden des *Collection*-Objekts die Original-Auflistung nicht verändert. Dennoch kann der Benutzer die Elemente in einer Schleife durchlaufen und auch Veränderungen an den *Worksheet*-Objekten in der Auflistung vornehmen.

Das funktioniert deshalb, weil Sie beim Zuweisen eines Objektes an eine Variable oder beim Einfügen eines Objekts in die Auflistung niemals Kopien der Objekte erstellen, sondern nur Kopien der Verweise auf das Objekt. Aus diesem Grund ist es auch ganz wichtig, die Elemente der Originalauflistung einzeln in eine neue Auflistung einzufügen, anstatt die Anweisung *Items=objCol* zu verwenden. In diesem Fall würde nämlich die Methode *Items* einen Verweis auf das Original-Objekt zurückgeben. Alle Änderungen daran würden sich dann auch auf den Inhalt der Variablen *objCol* auswirken.

```
Public Function Item(strName As String) As Worksheet
    Set Item = Nothing
    Dim objWs As Object
    For Each objWs In objCol
        If objWs.Name = strName Then
            Set Item = objWs
            Exit Function
        End If
    Next objWs
End Function


Public Function Items() As Collection
    Dim objWs As Variant
    Set Items = New Collection 'Kopie der Auflistung erzeugen
    For Each objWs In objCol
        Items.Add objWs
    Next objWs
End Function
```

Listing 3.26: *Die komplette Liste und ein einzelnes Element zurückgeben*

Die Rückgabe des *Collection*-Objekts aus der Methode *Items* ist jedoch nur eine Möglichkeit und sicherlich nicht die beste. Der Anwender der Klasse dürfe sich nämlich wundern, wenn er Methoden aufrufen kann, die dann aber keine Auswirkung auf den Inhalt der Menge haben. Die Alternative wäre die Rückgabe eines Arrays. Dieses kann der Benutzer dann auch bequem mit Schleifen durchlaufen, aber IntelliSense zeigt ihm keine Methoden und Eigenschaften an, die er nicht benutzen sollte. Statt in der Methode *Items* ein neues *Collection*-Objekt zu erzeugen, erstellen Sie ein leeres dynamisches Array mit Daten des Typs *Worksheet* und legen dessen Größe anschließend mit der *ReDim*-Anweisung auf die Anzahl der Elemente in der Auflistung abzüglich 1 fest. Den Wert 1 müssen Sie abziehen, weil der Index im Array bei 0 beginnt und damit die höchste Arraygrenze um 1 niedriger als die Anzahl der Felder ist.

HINWEIS: Mehr zu Arrays finden Sie in ▶ Kapitel 1. Dort wird auch erklärt, wie Sie bei Bedarf Indexgrenzen individuell festlegen können.

Nach der Dimensionierung des Arrays können Sie es mit den Objekten der Auflistung füllen, indem Sie einfach wieder das *Collection*-Objekt durchlaufen und dessen Inhalte in die Felder des Arrays schreiben. Auch dabei werden allerdings nur Verweise auf die Objekte in das Array geschrieben und nicht etwa Kopien der Objekte erzeugt. Dabei müssen Sie für die Zuweisung zwingend das Schlüsselwort *Set* verwenden, da Sie ja Objekte und keine einfachen Datentypen zuweisen.

Das so gefüllte Array weisen Sie dann einfach der Funktion als Rückgabewert zu. Dieser ist ein Array des Typs *Worksheet*, was Sie durch die Angabe *As Worksheet()* im Prozedurkopf angeben. Alternativ können Sie den Rückgabewert auch als *Variant* (*As Variant*) oder als Objekt-Array (*As Object()*) definieren. Allerdings sollten Sie, wo dies möglich ist, eine starke Typisierung vorziehen. Das geht aber leider nicht, wenn Ihr Code VBA 5.0-kompatibel sein soll. In VBA 5.0 können Sie nämlich keine Arrays aus Funktionen zurückgeben. Daher ist in diesem Fall lediglich die Deklaration mit *As Variant* möglich.

HINWEIS: Zu den Vorteilen einer starken Typisierung finden Sie mehr Informationen im ▶ Abschnitt »3.13 Typisierung: ohne, schwache und starke Typisierung« weiter vorne in diesem Kapitel.

Objektorientierte Programmierung **151**

```
Public Function Items() As Worksheet()
    Dim objWs As Variant
    Dim lngI As Long
    Dim arrWS() As Worksheet
    ReDim arrWS(objCol.Count - 1) 'Kopie der Auflistung erzeugen
    lngI = 0
    For Each objWs In objCol
        Set arrWS(lngI) = objWs
        lngI = lngI + 1
    Next objWs
    Items = arrWS
End Function
```

Listing 3.27: *Eine Alternative, um die komplette Auflistung zurückzugeben*

Damit der Benutzer der Klasse auch Elemente wieder aus der Auflistung entfernen kann, ist eine *Delete*-Methode notwendig. Damit es der Benutzer möglichst einfach hat, sollten Sie zwei optionale Parameter verwenden. Der eine stellt ein *Worksheet*-Objekt dar, der zweite ermöglicht die Angabe des Namens des aus der Auflistung zu löschenden Blattes. Für beide Parameter sollten Sie einen Standardwert angeben, an dem Sie innerhalb der Prozedur erkennen können, ob sie angegeben wurden oder nicht. Diesen Standardwert geben Sie – eingeleitet durch ein Gleichheitszeichen – nach dem Datentyp des Parameters an. Er wird dem Parameter zugewiesen, wenn der Benutzer ihn weglässt. Der erste Parameter der *Delete*-Methode hat damit den Standardwert *Nothing*, der zweite eine leere Zeichenfolge.

Zunächst sollten Sie also prüfen, welcher Parameter übergeben wurde. Dafür sorgt die *If...Then...ElseIf...Else*-Verzweigung. Sie prüft zunächst, ob der erste Parameter übergeben wurde, indem festgestellt wird, ob der Parameter den Wert *Nothing* hat. Wurde er übergeben, prüfen Sie mit der *Exists*-Methode, ob es das zu löschende Element gibt. Falls ja, müssen Sie dessen numerischen Index ermitteln. Dazu durchlaufen Sie die Auflistung mit der *For*-Schleife. Da das erste Element des *Collection*-Objekts den Index 1 hat, muss die Schleifenvariable bei 1 beginnen und bis zur Anzahl der Element in der Auflistung laufen, die Sie über die *Count*-Eigenschaft des Objekts ermitteln können. In der Schleife vergleichen Sie dann das gesuchte Objekt mit dem Objekt der Auflistung. Ist es gleich, stellt die Schleifenvariable den Index dar, den Sie an die *Remove*-Methode übergeben können, um das Element zu löschen. Wird der Name des Elements übergeben, gehen Sie ähnlich vor. Sie durchsuchen die Auflistung mit einer *For...To*-Schleife und ermitteln dabei gleichzeitig den Index, den Sie dann wiederum an die *Remove*-Methode übergeben. Wurde tatsächlich ein Element gelöscht, gibt die Methode *True* zurück, ansonsten *False*.

```
Public Function Delete(Optional objWS As Worksheet = Nothing, _
    Optional strName As String = "") As Boolean
    Dim lngI As Long
    If (objWS Is Nothing) = False Then
        'Objekt wurde übergeben
        If Exists(objWS) = False Then
            'Löschen nicht möglich
            'Element nicht vorhanden
            Delete = False
        Else
            For lngI = 1 To objCol.Count
                If objCol(lngI) Is objWS Then
                    objCol.Remove (lngI)
                    Delete = True
```

```
            Exit For
        End If
    Next lngI
End If
ElseIf strName <> "" Then
    'Nach Element suchen
    Delete = False
    For lngI = 1 To objCol.Count
        If objCol(lngI).Name = strName Then
            objCol.Remove (lngI)
            Delete = True
            Exit For
        End If
    Next lngI
Else
    Delete = False
End If
End Function
```

Listing 3.28: *Eine Methode zum Löschen von Elementen aus der Menge*

Zu guter Letzt fehlen noch drei Eigenschaften, die die Klasse für den sinnvollen Einsatz benötigt. Sie sollten eine Eigenschaft erstellen, mit der sich die Anzahl der Elemente ermitteln lässt. Sie muss also schreibgeschützt sein und die *Count*-Eigenschaft der Auflistung zurückgeben.

```
Public Property Get Count()
    Count = objCol.Count
End Property
```

Listing 3.29: *Die Anzahl der Elemente mit einer schreibgeschützten Eigenschaft ermitteln*

Die zweite Eigenschaft soll es dem Benutzer ermöglichen, den Rückgabewert der *Items*-Methode mit Hilfe der Eigenschaft einer anderen Instanz der Klasse zuzuweisen. Dazu benötigen Sie eine *Property Let*-Prozedur mit einem *Variant*-Parameter, da Arrays nicht an Eigenschaftenprozeduren übergeben werden können. Innerhalb der Prozedur müssen Sie dann in einer Schleife alle Array-Felder auslesen und mit der *Add*-Methode an die Auflistung anhängen. Da dabei aber natürlich wieder keine Duplikate entstehen dürfen, ist es wichtig, dass Sie prüfen, ob das einzufügende Element schon vorhanden ist. Mit der *Exists*-Methode geht das deshalb nicht, weil Sie wegen der fehlenden Typisierung der Arrayinhalte auf diese nur mit einer *Variant*-Variablen zugreifen können. Sie können eine solche Variable nicht an die *Exists*-Methode übergeben, weil diese ein *Worksheet*-Objekt erwartet. Daher müssen Sie die Auflistung innerhalb der Eigenschaftsprozedur durchlaufen und prüfen, ob das Element bereits vorhanden ist. Nur wenn es noch nicht vorhanden ist, rufen Sie die *Add*-Methode auf.

```
Public Property Let Menge(objM As Variant)
    Dim objWs As Variant
    Dim objWsV As Worksheet
    Dim boolGefunden As Boolean
    For Each objWs In objM
        boolGefunden = False
        'Prüfen, ob das Element vorhanden ist
        For Each objWsV In objCol
            If objWsV Is objWs Then
                boolGefunden = True
                Exit For
            End If
```

```
        Next objWsV
        If boolGefunden = False Then objCol.Add objWs
    Next objWs
End Property
```

Listing 3.30: Ein Array von Elementen zur Auflistung hinzufügen

Die letzte Eigenschaft soll den Benutzer der Klasse in die Lage versetzen, die ganze *Worksheets*-Auflistung einer Arbeitsmappe in die Auflistung einzufügen und eventuell vorhandene Auflistungselemente dabei zu löschen. Sie benötigen dazu eine *Property Set*-Prozedur, mit der Sie einer Eigenschaft ein Objekt zuweisen können. Der Parameter der Prozedur sollte den Typ *Object* haben, ansonsten erhalten Sie einen Compilerfehler. Innerhalb der Prozedur löschen Sie zunächst die vorhandenen Elemente aus der Auflistung, indem Sie der Variablen *objCol* ein neues leeres *Collection*-Objekt zuweisen. Danach durchlaufen Sie die übermittelte *Worksheets*-Auflistung und fügen jedes Element mit der *Add*-Methode zur Auflistung hinzu.

```
Public Property Set GanzeMenge(objWert As Object)
    'Liste leeren
    Dim objWS As Worksheet
    Set objCol = New Collection
    For Each objWS In objWert
        objCol.Add objWS
    Next objWS
End Property
```

Listing 3.31: Zuweisen eines Objekts an eine Eigenschaft mit Hilfe einer Property Set-Prozedur

Die Anwendung einer solchen Klasse zeigt die Prozedur *TestK03_16*. Sie erzeugt zwei Instanzen der Klasse und füllt zunächst die erste mit Werten.

HINWEIS: Mehr zur Instanzierung von Klassen finden Sie im ▶ Abschnitt »3.12 Eine Klasse instanzieren und verwenden« weiter oben. Die Definition von Eigenschaften wird im ▶ Abschnitt »3.9 Eigenschaften erstellen« weiter oben beschrieben.

```
Sub TestK03_16()
    Dim objM As New clsMenge
    Dim objM2 As New clsMenge
    Dim objWS As Variant
    'Elemente einfügen
    Debug.Print objM.Add(ThisWorkbook.Worksheets(1))
    Debug.Print objM.Add(ThisWorkbook.Worksheets(1))
    Debug.Print objM.Add(ThisWorkbook.Worksheets(2))
    Debug.Print objM.Add(ThisWorkbook.Worksheets(3))
    'Zufriff per Schleife auf die Elemente
    For Each objWS In objM.Items
        Debug.Print objWS.Name
        objWS.Tab.Color = RGB(255, 250, 50)
    Next objWS
    'Zugriff auf ein einzelnen Element über seinen Namen
    Debug.Print objM.Item("Tabelle1").Name
    'Elemente löschen
    Debug.Print "gelöscht: " & _
        objM.Delete(ThisWorkbook.Worksheets(1))
    Debug.Print "gelöscht: " & _
        objM.Delete(ThisWorkbook.Worksheets(1))
    Debug.Print "gelöscht: " & _
        objM.Delete(, "Tabelle1")
```

```
      Debug.Print "gelöscht: " & _
         objM.Delete(, "Tabelle2")
      'Zweimaliges Zuweisen der Elemente von einer an die andere Auflistung
      objM2.Menge = objM.Items
      objM2.Menge = objM.Items
      'Anzahl der Elemente ausgeben
      Debug.Print "Anzahl: " & objM2.Count
      'Prüfen, ob ein Element existiert
      Debug.Print "vorhanden: " & objM2.Exists( _
         ThisWorkbook.Worksheets(3))
      'Worksheets-Auflistung zuweisen
      Set objM2.GanzeMenge = ThisWorkbook.Worksheets
      'Anzahl der Elemente ausgeben
      Debug.Print "Anzahl: " & objM2.Count
      Set objM = Nothing
      Set objM2 = Nothing
End Sub
```

Listing 3.32: *Testen der Klasse*

4 Zugriffe auf das Dateisystem

In größeren Anwendungen kommt es immer mal wieder vor, dass Sie auf das Dateisystem zugreifen müssen. Sei es, dass Sie alle Excel-Dateien eines Verzeichnisses öffnen oder nur prüfen möchten, ob eine bestimmte Datei auf dem System vorhanden ist. In diesem Kapitel geht es um Lösungen für solche Aufgaben.

Wenn Sie auf das Dateisystem zugreifen möchten, gibt es dazu mehrere Möglichkeiten, nämlich die von VBA zur Verfügung gestellten Anweisungen sowie die Klasse *FileSystemObject*. Dabei handelt es sich um eine externe Bibliothek, die ab Microsoft Office 2000 zusammen mit Microsoft Office installiert wird, aber vorher auch schon mit dem Internet Explorer 4.01 und höher sowie dem Windows Script Host 1.0 und höher installiert wurde. Sie ist damit heute auf so gut wie jedem Rechner vorhanden und kann daher problemlos genutzt werden. Auch die VBA-Anweisungen weisen kaum Versionsunterschiede auf, sodass der Quellcode problemlos von Excel 7 bis 2003 funktioniert.

HINWEIS: Auf dem Macintosh gibt es diese Bibliothek leider nicht. Hier sind Sie auf die Möglichkeiten angewiesen, die VBA bietet. Auch wenn diese nicht ganz so komfortabel sind, können Sie damit dennoch ebenfalls fast alle Probleme lösen. Alternativ könnten Sie auf dem Macintosh natürlich auch AppleScript zum Zugriff auf das Dateisystem einsetzen und die Skripts per VBA aufrufen. Die Kommunikation zwischen Skripts und VBA gestaltet sich jedoch etwas schwierig, weshalb sich dafür lediglich Batch-Bearbeitungen anbieten. Damit Sie keine Probleme bekommen, wenn Sie Macintosh-kompatiblen Code erstellen möchten, werden alle Aufgaben sowohl mit dem VBA-Anweisungen als auch mit dem *FileSystemObject*-Objekt gelöst, sofern das möglich ist.

Darüber hinaus gibt es bei der neuen Version von Excel 2004 für Macintosh gelegentlich Probleme damit, dass einige Standard-VBA-Anweisungen wie beispielsweise die *Mid*-Funktion nicht gefunden werden können. Das macht sich dadurch bemerkbar, dass beim Ausführen des Codes gemeldet wird, dass die Bibliothek nicht gefunden werden kann.

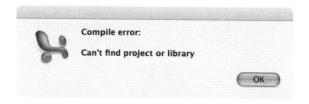

Abbildung 4.1: Fehlermeldung auf dem Mac bei Verwendung bestimmter VBA-Anweisungen

Die Lösung für dieses Problem ist jedoch ganz einfach. Ersetzen Sie einfach im ganzen Projekt die bemängelte Funktion, beispielsweise *Mid* durch *VBA.Mid*. Analog verfahren Sie auch mit anderen VBA-Funktionen, die nicht gefunden werden, wie beispielsweise die *Format*-Funktion. Dann wird der Code korrekt ausgeführt.

ACHTUNG: Wenn Sie die Klasse *FileSystemObject* einsetzen möchten, sollten Sie dazu einen Verweis auf deren Bibliothek einrichten, damit Sie frühe Bindung und IntelliSense nutzen können. Wie das geht, wird im ▶ Abschnitt »4.1 Prüfen, ob ein Verzeichnis existiert« im Anschluss beschrieben. Dieser Verweis wird auch in den nachfolgenden Lösungen benötigt. Was frühe Bindung ist, wird in ▶ Kapitel 3 beschrieben.

HINWEIS: In den nachfolgenden Beispielen wird in der Regel das Verzeichnis verwendet, in dem sich die Datei mit dem Code befindet. Sollten Sie die Beispiele direkt von der CD verwenden, kann das zu Fehlermeldungen führen, wenn Dateien nicht erstellt, gelöscht oder bearbeitet werden können. Daher empfiehlt es sich, das Verzeichnis *\Buch\K04* von der CD auf Ihre Festplatte zu kopieren und den Schreibschutz von den Dateien zu entfernen.

4.1   Prüfen, ob ein Verzeichnis existiert

Das Codemodul *K04_01* mit dem Listing finden Sie in der Datei *K04.xls* innerhalb der Begleitdateien zum Buch.

Problem

Sie möchten prüfen, ob ein Verzeichnis existiert.

Lösung

Um zu prüfen, ob es ein Verzeichnis schon gibt, können Sie die *Dir*-Funktion verwenden oder alternativ die *FolderExists*-Methode des *FileSystemObject*-Objekts.

Erläuterungen

Die *Dir*-Funktion dient dazu, die in einem Verzeichnis enthaltenen Dateien oder Verzeichnisse zu ermitteln. Beim ersten Aufruf übergeben Sie ihr dazu das Verzeichnis und weitere Parameter, die die Art der Prüfung bestimmen. Gibt die Funktion eine leere Zeichenfolge zurück, existiert die Datei oder das Verzeichnis nicht. Ansonsten wird die gesuchte Datei bzw. das gesuchte Verzeichnis zurück gegeben.

Mit diesem Wissen ist die *Dir*-Funktion recht einfach zu verstehen. Rufen Sie sie auf, indem Sie das Verzeichnis als Parameter übergeben, dessen Existenz Sie prüfen möchten. Mit dem zweiten Parameter geben Sie eine Konstante an, die bestimmt, wonach Sie suchen möchten. Die Konstante *vbDirectory* geben Sie an, wenn es sich bei dem ersten Parameter um einen Ordnernamen handelt. Die Funktion gibt den Verzeichnisnamen zurück, wenn der Pfad existiert, ansonsten eine leere Zeichenfolge. Sie brauchen also in einer Verzweigung nur noch den Rückgabewert prüfen und der Funktion den passenden booleschen Wert als Rückgabewert zuweisen.

```
Function VerzVorhanden1(strPfad As String) As Boolean
    Dim strTemp As String
    strTemp = Dir(strPfad, vbDirectory)
    If strTemp = "" Then
        VerzVorhanden1 = False
    Else
        VerzVorhanden1 = True
    End If
End Function
```

Listing 4.1: Prüfen, ob ein Verzeichnis vorhanden ist

Wenn Sie das *FileSystemObject*-Objekt verwenden wollen, ist der Code zwar kürzer, dafür ist aber zunächst ein Verweis zu erstellen.

HINWEIS: Wenn Sie späte Bindung nutzen möchten, brauchen Sie den Verweis nicht zu erstellen. In diesem Fall dürfen Sie die Variable *objFSO* in den folgenden Listings aber nur mit *Dim objFSO as Object* deklarieren. Was frühe Bindung ist, können Sie in ▶ Kapitel 3 nachlesen.

Erstellen Sie zunächst den Verweis, indem Sie wie folgt vorgehen:

1. Rufen Sie in der Entwicklungsumgebung den Menübefehl *Extras/Verweise* auf.

2. Aktivieren Sie das Kontrollkästchen vor dem Eintrag *Microsoft Scripting Runtime*.

3. Klicken Sie auf *OK*, um das Dialogfeld zu schließen.

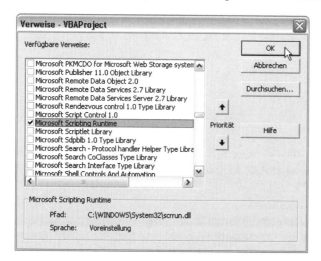

Abbildung 4.2: Den Verweis auf die Bibliothek scrrun.dll *setzen*

Der Code der Funktion ist nun ganz simpel. Zunächst müssen Sie eine Instanz der Klasse *Scripting.FileSystemObject* erstellen. Danach rufen Sie dessen Methode *FolderExists* auf und übergeben ihr den Namen des Verzeichnisses. Die Methode gibt *True* zurück, wenn das Verzeichnis vorhanden ist und *False*, wenn das nicht der Fall ist. Sie können den Rückgabewert der Methode also einfach als Rückgabewert der Funktion verwenden.

```
Function VerzVorhanden2(strPfad As String) As Boolean
    Dim objFSO As New Scripting.FileSystemObject

    VerzVorhanden2 = objFSO.FolderExists(strPfad)
    Set objFSO = Nothing
End Function
```

Listing 4.2: Nutzen der FolderExists-Methode des FileSystemObject-Objekts

Beim Aufruf der beiden Funktionen müssen Sie natürlich eine syntaktisch korrekte Pfadangabe übergeben, das heißt, auf dem Macintosh müssen Sie auch »:« als Pfadtrennzeichen angeben.

```
Sub TestK04_1()
    Debug.Print VerzVorhanden1("C:\Test")
    Debug.Print VerzVorhanden2("C:\Test")
End Sub
```

Listing 4.3: Die Funktionen aufrufen

TIPP: Wenn Sie die Arbeitsmappe mit dem Code unter Excel 2001/2004 für Macintosh öffnen, werden spätestens beim Aufruf der Funktion *VerzVorhanden2* Fehlermeldungen angezeigt, weil die notwendige Objektbibliothek nicht vorhanden ist und daher das *FileSystemObject*-Objekt nicht erzeugt werden kann. Die Lösung für das Problem ist allerdings ganz einfach. Benennen Sie beide Funktionen gleich, beispielsweise *VerzVorhanden* und fassen Sie deren Definition in eine *#If*-Verzweigung ein. Damit steht abhängig vom Betriebssystem nur immer eine der beiden Funktionen zur Verfügung, nämlich die passende. Auch die nachfolgenden Beispiele verwenden die bedingte Kompilierung, um Probleme auf dem Macintosh zu vermeiden. Die hier verwendete Bedingung `#If (Mac) Or (VBA6 = False)` stellt sicher, dass die Funktion, die das *FileSystemObject* (=FSO) nutzt, nur dann ausgeführt wird, wenn die VBA-Hostanwendung VBA 6.0 verwendet. Dann ist nämlich sichergestellt, dass auch die notwendige Objektbibliothek installiert ist. Dies funktioniert, weil auch die Version 2004 von Microsoft Office für Macintosh lediglich VBA 5.0 beinhaltet. Um sich vor zukünftigen Überraschungen zu schützen, wird aber zusätzlich noch geprüft, ob die Compilerkonstante *Mac* den Wert *True* hat. Auch dann wird auf die Funktion mit dem *FileSystemObject*-Objekt verzichtet.

```
#If (Mac) Or (VBA6 = False) Then
Function VerzVorhanden(strPfad As String) As Boolean
    Dim strTemp As String
    strTemp = Dir(strPfad, vbDirectory)
    If strTemp = "" Then
        VerzVorhanden = False
    Else
        VerzVorhanden = True
    End If
End Function
#Else
Function VerzVorhanden(strPfad As String) As Boolean
    Dim objFSO As New Scripting.FileSystemObject
    VerzVorhanden = objFSO.FolderExists(strPfad)
    Set objFSO = Nothing
End Function
#End If
```

Listing 4.4: *Bedingte Kompilierung für Mac-kompatiblen Code nutzen*

Noch einfacher funktioniert der Test, wenn Sie auch den Aufruf mit Hilfe der bedingten Kompilierung passend zum Betriebssystem gestalten:

```
Sub TestK04_1()
    #If Mac Then
        Debug.Print VerzVorhanden("Mac OS X:Test")
    #Else
        Debug.Print VerzVorhanden("C:\Test")
    #End If
End Sub
```

Listing 4.5: *Aufruf der Funktion VerzVorhanden unter Verwendung der bedingten Kompilierung*

HINWEIS: Mehr zur bedingten Kompilierung und der *#If*-Anweisung finden Sie in ▶ Kapitel 1.

4.2   Verzeichnisse anlegen

Das Codemodul *K04_02* mit dem Listing finden Sie in der Datei *K04.xls* innerhalb der Begleitdateien zum Buch.

Problem

Sie möchten ein Verzeichnis erstellen.

Lösung

Sie können die *MkDir*-Anweisung von VBA verwenden, um in einem vorhandenen Verzeichnis ein Unterverzeichnis erstellen. Alternativ können Sie auch die *CreateFolder*-Methode des *File-SystemObject*-Objekts nutzen.

Erläuterungen

Wenn Sie die *MkDir*-Anweisung von VBA verwenden möchten, sollten Sie vorab mit der Funktion *VerzVorhanden* prüfen, ob das Verzeichnis eventuell bereits existiert. Nur wenn nicht, rufen Sie die *MkDir*-Anweisung auf und übergeben ihr den Pfad des zu erstellenden Verzeichnisses.

Den Inhalt der Funktion *VerzVorhanden* finden Sie im ▶ Abschnitt »4.1 Prüfen, ob ein Verzeichnis existiert« weiter vorne in diesem Kapitel.

Nutzen Sie das FSO (zweite Prozedur), erzeugen Sie zunächst wieder eine Instanz der Klasse *FileSystemObject*. Dann können Sie mit der Methode *FolderExists* prüfen, ob das Verzeichnis bereits vorhanden ist. Falls nicht, können Sie das Verzeichnis erstellen, indem Sie die *Create-Folder*-Methode aufrufen. Diese gibt ein *Folder*-Objekt zurück, das den erstellten Ordner darstellt. Allerdings benötigen Sie dieses Objekt jetzt nicht, sodass Sie den Rückgabewert der Methode nicht speichern müssen.

```
Sub TestK04_2()
    PfadErstellen "C:\Test"
End Sub


#If (Mac) Or (VBA6 = False) Then
Sub PfadErstellen(strPfad As String)
    'nutzt VBA
    On Error GoTo fehler
    'Prüfen, ob Verzeichnis vorhanden
    If VerzVorhanden(strPfad) = False Then
        MkDir strPfad
    End If
    Exit Sub
fehler:
    MsgBox "Das Verzeichnis konnte nicht erstellt werden, " & _
        "folgender Fehler ist aufgetreten:" & vbCrLf & _
        Err.Description, vbCritical, "FEHLER!"
    Exit Sub
End Sub
#Else
Sub PfadErstellen(strPfad As String)
    'nutzt das FSO
    Dim objFSO As New FileSystemObject
    On Error GoTo fehler
    If objFSO.FolderExists(strPfad) = False Then
        objFSO.CreateFolder strPfad
    End If
    Set objFSO = Nothing
    Exit Sub
fehler:
    MsgBox "Das Verzeichnis konnte nicht erstellt werden, " & _
        "folgender Fehler ist aufgetreten:" & vbCrLf & _
```

```
          Err.Description, vbCritical, "FEHLER!"
      Exit Sub
  End Sub
  #End If
```

Listing 4.6: *Erstellen von Verzeichnissen*

Beide Methoden, ein Verzeichnis zu erstellen, funktionieren nur dann, wenn das übergeordnete Verzeichnis bereits vorhanden ist. Wenn Sie damit versuchen, ein Verzeichnis *C:\Test\Daten* zu erstellen und das Verzeichnis *C:\Test* nicht existiert, kommt es zu einem Laufzeitfehler.

Falls Sie auch verschachtelte Verzeichnisse erstellen möchten, müssen Sie dazu eine rekursive Prozedur erstellen, also eine Prozedur, die sich immer wieder aufruft. Dabei müssen Sie solange immer den übergeordneten Pfad an die Funktion übergeben, bis eine Verzeichnisebene gefunden ist, die existiert und in der das Verzeichnis erstellt werden kann. Das wesentliche Problem dabei ist die Ermittlung des übergeordneten Pfades. Den liefert die Funktion *getPPfad* zurück, der Sie das Verzeichnis übergeben. Um das übergeordnete Verzeichnis zu ermitteln, müssen Sie die Pfadangabe vor dem letzten Pfadtrennzeichen abschneiden. Allerdings ist das nicht ganz einfach, wenn Sie sich aus Kompatibilitätsgründen auf VBA-5.0-Anweisungen beschränken. Hier stehen nämlich alle Funktionen wie *strReverse* und *Split* nicht zur Verfügung. Aber auch hier hilft Ihnen die bedingte Kompilierung wieder weiter. Sie können damit einfach für VBA-5.0-Hostanwendungen eine eigene *Split*-Funktion definieren und diese oder die von VBA dann in der Funktion *getPPfad* aufrufen. Die *Split*-Funktion gibt ein Array zurück das alle Teile einer Zeichenfolge beinhaltet, die an einem Trennzeichen getrennt wurden. Wichtig ist beim Nachbau solcher Funktionen für frühere Excel-Versionen, dass Sie die gleichen Parameter in der gleichen Reihenfolge angeben, damit keine Fehler bei der Übergabe der Parameter auftreten.

```
Function getPPfad(strPfad As String) As String
    Dim varWerte As Variant
    Dim lngI As Long
    varWerte = Split(strPfad, Application.PathSeparator)
    For lngI = LBound(varWerte) To UBound(varWerte) - 1
        If getPPfad <> "" Then
            getPPfad = getPPfad & Application.PathSeparator _
                & varWerte(lngI)
        Else
            getPPfad = varWerte(lngI)
        End If
    Next lngI
End Function

#If VBA6 = False Then
Function Split(strText As String, strTZ As String) As Variant
    Dim lngPos As Long
    Dim strTemp As String
    Dim arrTeile() As String
    strTemp = strText
    ReDim arrTeile(0)
    Do
        lngPos = InStr(1, strTemp, strTZ)
        If lngPos > 0 Then
            If arrTeile(UBound(arrTeile)) <> "" Then
                'Array vergrößern
```

```
                ReDim Preserve arrTeile(UBound(arrTeile) + 1)
            End If
            arrTeile(UBound(arrTeile)) = _
                Mid(strTemp, 1, lngPos - 1)
            strTemp = Mid(strTemp, lngPos + 1)
        Else
            If arrTeile(UBound(arrTeile)) <> "" Then
                'Array vergrößern
                ReDim Preserve arrTeile(UBound(arrTeile) + 1)
            End If
            arrTeile(UBound(arrTeile)) = strTemp
        End If
    Loop Until (strTemp = "") Or (lngPos <= 0)
    Split = arrTeile
End Function
#End If
```

Listing 4.7: Ermitteln des übergeordneten Pfadnamens

Was nun noch fehlt ist die rekursive Prozedur. Im Unterschied zur ersten Version der Prozedur *PfadErstellen* prüft sie nun, ob das übergeordnete Verzeichnis vorhanden ist, falls das zu erstellende Verzeichnis nicht existiert. Gibt es das übergeordnete Verzeichnis, wird das Verzeichnis im Parameter *strPfad* erstellt. Wenn nicht, ruft die Prozedur sich selbst wieder auf und übergibt als Parameter das übergeordnete Verzeichnis. Danach wird versucht, das Verzeichnis zu erstellen. Falls jedoch dann immer noch nicht das übergeordnete Verzeichnis vorhanden ist, weil beispielsweise ein ungültiges Laufwerk angegeben wurde oder das übergeordnete Verzeichnis aus anderen Gründen nicht erstellt werden konnte, löst das natürlich einen Laufzeitfehler aus, der bei Ausgabe einer Fehlermeldung zu einer Meldung pro Verzeichnisebene führen würde. Das ist für den Benutzer natürlich etwas lästig. Daher werden Fehler an dieser Stelle mit *On Error Resume Next* übergangen.

HINWEIS: Wichtig ist bei rekursiven Prozeduren die Endbedingung. Hier ist dies die Abfrage, ob die Variable *strTemp* leer ist. Falls dies zutrifft und das übergeordnete Verzeichnis immer noch nicht existiert, ist das angegebene Laufwerk nicht vorhanden. Ohne den Abbruch der Prozedur, falls *strTemp* eine leere Zeichenfolge beinhaltet, würde die Prozedur sich endlos aufrufen und dabei einen Stapelüberlauf verursachen.

```
#If (Mac) Or (VBA6 = False) Then
Sub PfadErstellen(strPfad As String)
    Dim strTemp As String
    'nutzt VBA
    On Error GoTo fehler
    'Prüfen, ob Verzeichnis vorhanden
    If VerzVorhanden(strPfad) = False Then
        'Übergeordnetes Verzeichnis ermitteln
        strTemp = getPPfad(strPfad)
        If VerzVorhanden(strTemp) = False Then
        'Übergeordnetes Verzeichnis nicht vorhanden
        'Anlegen durch Aufruf der Prozedur
            If strTemp <> "" Then
                PfadErstellen strTemp
                On Error Resume Next
                MkDir strPfad
                On Error GoTo fehler
            Else
```

```
            MsgBox "Pfad konnte nicht erstellt werden, " & _
                "Laufwerk nicht vorhanden!", _
                vbInformation
                Exit Sub
            End If
        Else
        'Übergeordnetes Verzeichnis vorhanden
        'Ordner anlegen
            MkDir strPfad
        End If
    End If
    Exit Sub
fehler:
    MsgBox "Das Verzeichnis konnte nicht erstellt werden, " & _
        "folgender Fehler ist aufgetreten:" & vbCrLf & _
        Err.Description, vbCritical, "FEHLER!"
    Exit Sub
End Sub

#Else
Sub PfadErstellen(strPfad As String)
    'nutzt das FSO
...
End Sub
#End If
```

Listing 4.8: *Gesamte Pfadstruktur rekursiv erstellen*

Wie funktionieren rekursive Prozeduren?

Rekursive Prozeduren funktionieren immer auf die gleiche Weise. Wie, soll an dieser Stelle am Beispiel der Prozedur *PfadErstellen* erläutert werden. Wenn Sie damit den Pfad *C:\Test\Daten* erstellen möchten, rufen Sie die Prozedur zunächst mit dem Parameter »C:\Test\Daten« auf. Zunächst wird dann geprüft, ob das Verzeichnis bereits vorhanden ist. Wenn die Funktion *VerzVorhanden* den Wert *False* zurück gibt, ist das nicht der Fall. In diesem Fall wird geprüft, ob das übergeordnete Verzeichnis vorhanden ist, das mit der Funktion *getPPfad* ermittelt wird. Existiert auch das nicht, muss es erstellt werden. Dazu ruft sich die Prozedur selbst wieder auf, übergibt aber diesmal den übergeordneten Pfad als »C:\Test« an die Prozedur. Nun wird erst der erneute Prozeduraufruf abgearbeitet. Dazu wird also wieder geprüft, ob das Verzeichnis »C:\Test« existiert. Das ist nicht der Fall, da dieses ja sonst schon der erste Aufruf der Prozedur festgestellt hätte. Es wird also erneut der übergeordnete Pfad »C:« ermittelt. Da er vorhanden ist, wird nun der *Else*-Zweig der Verzweigung ausgeführt und mit *MkDir* der Pfad »C:\Test« erstellt. Damit ist der zweite Aufruf der Prozedur abgearbeitet und der erste Aufruf wird mit der Zeile nach *PfadErstellen strTemp* fortgesetzt. Da in dieser Prozedur der Parameter *strPfad* den Wert »C:\Test\Daten« hat, wird nun mit der *MkDir*-Anweisung das Verzeichnis »C:\Test\Daten« erstellt und dann ebenfalls die Prozedur beendet. Sie sehen, hier kommt es wirklich auf die exakte Reihenfolge der Anweisungen an. Würden Sie zuerst die *MkDir*-Anweisung aufrufen und die Prozedur *PfadErstellen*, würde das nicht funktionieren, weil der übergeordnete Pfad dann immer noch nicht existiert.

Auch die Prozedur *PfadErstellen* für die Verwendung in VBA 6.0-Hostanwendungen müssen Sie natürlich noch rekursiv gestalten. Das ist wesentlich einfacher, weil das *FileSystemObject*-Objekt bereits Methoden und Eigenschaften bietet, mit denen der Zugriff auf das übergeordnete Verzeichnis möglich ist. Der Anfang bleibt unverändert erhalten. Wird allerdings festgestellt, dass das Verzeichnis *strPfad* nicht existiert, wird der Name des übergeordneten Verzeichnisses mit Hilfe der Methode *GetParentFolderName* ermittelt. Ihr übergeben Sie den Pfad, dessen übergeordnetes Verzeichnis Sie ermitteln möchten. Ist dieser Pfad ungleich einer leeren Zeichenfolge, ruft die Prozedur sich selbst auf und übergibt dabei das übergeordnete Verzeichnis. Anschließend wird geprüft, ob der übergeordnete Ordner nun existiert. Wenn ja, wird der Order wieder mit der *CreateFolder*-Methode erzeugt.

```
...
#Else
Sub PfadErstellen(strPfad As String)
    'nutzt das FSO
    Dim objFSO As New FileSystemObject
    Dim strPPfad As String
    On Error GoTo fehler

    If objFSO.FolderExists(strPfad) = False Then
        strPPfad = objFSO.GetParentFolderName(strPfad)
        If strPPfad <> "" Then
            PfadErstellen strPPfad
            If objFSO.FolderExists(strPPfad) = True Then
                objFSO.CreateFolder strPfad
            End If
        Else
            MsgBox "Das Verzeichnis kann nicht erstellt werden, " & _
                "das Laufwerk existiert nicht!", vbInformation
        End If
    End If
    Set objFSO = Nothing
    Exit Sub
fehler:
    MsgBox "Das Verzeichnis konnte nicht erstellt werden, " & _
        "folgender Fehler ist aufgetreten:" & vbCrLf & _
        Err.Description, vbCritical, "FEHLER!"
    Exit Sub
End Sub
#End If
```

Listing 4.9: Verzeichnisse mit dem FileSystemObject-Objekt rekursiv erstellen

4.3   Verzeichnisse löschen

Das Codemodul *K04_03* mit dem Listing finden Sie in der Datei *K04.xls* innerhalb der Begleitdateien zum Buch.

Problem

Sie möchten ein Verzeichnis löschen.

Lösung

Verzeichnisse können Sie mit *RmDir* (= Remove Directory) löschen. Allerdings geht das nur, wenn das Verzeichnis leer ist. Vorher müssen Sie also gegebenenfalls die darin enthaltenen Dateien löschen. Nutzen Sie das *FileSystemObject*-Objekt, können Sie auch die *Delete*-Methode des *Folder*-Objekts oder die *DeleteFolder*-Methode verwenden.

Erläuterungen

Wenn Sie ein Verzeichnis löschen möchten, können Sie dazu die VBA-Anweisung *RmDir* verwenden. Sie löscht das Verzeichnis jedoch nur dann, wenn es leer ist. Befinden sich darin noch Dateien, müssen Sie diese also vorher löschen. Die erste Prozedur *VerzLoeschen* prüft dazu zunächst, ob es das Verzeichnis überhaupt gibt. Nur dann macht Löschen schließlich Sinn.

HINWEIS: Zur Prüfung, ob das Verzeichnis existiert, wird die zuvor schon erstellte Funktion *VerzVorhanden* eingesetzt. Näheres dazu finden Sie im ▶ Abschnitt »4.1 Prüfen, ob ein Verzeichnis existiert« weiter vorne in diesem Kapitel.

Ist das Verzeichnis vorhanden, wird die *Kill*-Anweisung aufgerufen, um alle Dateien im Verzeichnis zu löschen. Dazu wird an das Verzeichnis das Pfadtrennzeichen (*Application.PathSeparator*) sowie der Platzhalter »*.*« angehängt. Damit werden alle Dateien gelöscht. Das geht so aber nur unter Windows. Auf dem Mac müssen Sie stattdessen die *Dir*-Funktion zu Hilfe nehmen. Der Aufruf mit *Dir("")* liefert die erste Datei des Verzeichnisses zurück, die Sie dann mit *Kill* löschen können. Jeder weitere Aufruf innerhalb der Schleife liefert die nächste Datei, die Sie dann beim nächsten Schleifendurchlauf löschen. Nachdem alle Dateien gelöscht sind, können Sie mit *RmDir* das Verzeichnis löschen. Wichtig ist aber, dass Sie auftretende Laufzeitfehler bei der *Kill*-Anweisung ignorieren, da sie einen Laufzeitfehler generiert, wenn keine zu löschende Datei gefunden werden konnten. Dazu dient die *On Error Resume Next*-Anweisung.

HINWEIS: Mehr zur *Kill*-Anweisung finden Sie im ▶ Abschnitt »4.12 Dateien löschen« weiter hinten in diesem Kapitel.

```
Sub TestK04_3()
    VerzLoeschen "C:\Test\Daten\Daten3"
End Sub

#If (Mac) Or (VBA6 = False) Then
    'Code für Mac und VBA5
    Sub VerzLoeschen(strVerz As String)

        Dim strDatei As String
        If VerzVorhanden(strVerz) = True Then
            'Alle Dateien löschen
            #If Mac Then
                ChDir strVerz
                strDatei = Dir("")
                Do While strDatei <> ""
                    Debug.Print strDatei
                    Kill strVerz & Application.PathSeparator & strDatei
                    strDatei = Dir("")
                Loop
            #Else
                Kill strVerz & Application.PathSeparator & "*.*"
```

```
        #End If          On Error GoTo Fehler
        'Verzeichnis löschen
        RmDir strVerz
      End If
      Exit Sub
Fehler:
      MsgBox "Beim Löschen von '" & strVerz & _
        "' ist folgender Fehler aufgetreten: " & vbCrLf & _
        Err.Description
      Exit Sub
    End Sub
#Else
    'Code für VBA6
    Sub VerzLoeschen(strVerz As String)
      Dim objFSO As New Scripting.FileSystemObject
      Dim objFolder As Folder
      On Error GoTo Fehler
      If objFSO.FolderExists(strVerz) = True Then
        'Verzeichnis zurückgeben
        Set objFolder = objFSO.GetFolder(strVerz)
        'Verzeichnis löschen
        objFolder.Delete True
      End If
      Set objFSO = Nothing
      Exit Sub
Fehler:
      MsgBox "Beim Löschen von '" & strVerz & _
        "' ist folgender Fehler aufgetreten: " & vbCrLf & _
        Err.Description
      Set objFSO = Nothing
      Exit Sub
    End Sub
#End If
```

Listing 4.10: *Verzeichnisse löschen per VBA oder mit dem FileSystemObject-Objekt*

Möchten Sie das *FileSystemObject*-Objekt verwenden, fällt der Code ganz ähnlich aus. Zunächst müssen Sie wieder ein *FileSystemObject*-Objekt erstellen, das Sie der Variablen *objFSO* zuweisen. Sinnvoll ist außerdem eine Variable vom Typ *Folder* zu deklarieren. Ein *Folder*-Objekt repräsentiert einen Ordner, der allerdings vorhanden sein muss. Sie dürfen der Variablen nur den Rückgabewert der *GetFolder*-Methode zuweisen, wenn der Pfad, den Sie als Parameter angeben, auch vorhanden ist. Ansonsten tritt ein Laufzeitfehler auf. Aus diesem Grund wird zunächst geprüft, ob das zu löschende Verzeichnis vorhanden ist. Wenn ja, wird der Variablen *objFolder* das *Folder*-Objekt des zu löschenden Ordners zugewiesen. Mit dessen Methode *Delete* können Sie den Ordner löschen. Geben Sie dabei als Parameter *True* an, wird der Ordner auch dann gelöscht, wenn er Dateien enthält.

TIPP: Alternativ können Sie auch die *DeleteFolder*-Methode verwenden. Sie brauchen dann nicht erst das *Folder*-Objekt zurückgeben. Der Code sähe in diesem Fall folgendermaßen aus. Sie müssen dann neben dem Pfad des zu löschenden Ordners auch *erzwingen* als Parameter übergeben. Der zweite Parameter hat dann die gleiche Bedeutung wie der Parameter der *Delete*-Methode.

```
    Sub VerzLoeschen(strVerz As String)
      Dim objFSO As New Scripting.FileSystemObject
```

```
        On Error GoTo Fehler
        If objFSO.FolderExists(strVerz) = True Then
            'Verzeichnis löschen
            objFSO.DeleteFolder strVerz, True
        End If
        Set objFSO = Nothing
        Exit Sub
    Fehler:
        MsgBox "Beim Löschen von '" & strVerz & _
            "' ist folgender Fehler aufgetreten: " & vbCrLf & _
            Err.Description
        Set objFSO = Nothing
        Exit Sub
    End Sub
```

Listing 4.11: Ordner mit der DeleteFolder-Methode löschen

4.4   Verzeichnisse nach Dateien durchsuchen

Das Codemodul *K04_04* mit dem Listing finden Sie in der Datei *K04.xls* innerhalb der Begleitdateien zum Buch.

Problem

Sie möchten alle Dateien eines Verzeichnisses bearbeiten bzw. ausgeben.

Lösung

Mit der *Dir*-Funktion von VBA können Sie nicht nur ein Verzeichnis ermitteln, sondern auch die Dateien eines Verzeichnisses. Sie müssen diese Funktion einfach nur so oft aufrufen, wie Sie einen Rückgabewert liefert, um auf diese Weise alle Dateien eines Ordners zu ermitteln.

Mit dem *FileSystemObject*-Objekt geht es noch einfacher, hier können Sie bequem mit einer Schleife die *Files*-Auflistung durchlaufen, die alle Dateien als *File*-Objekte verwaltet. Darüber haben Sie dann auch Zugriff auf wichtige Dateieigenschaften.

Erläuterungen

Wenn Sie sich auf die von VBA zur Verfügung gestellten Möglichkeiten beschränken möchten, müssen Sie die *Dir*-Funktion verwenden, um alle Dateien eines Verzeichnisses zu ermitteln. Ihr übergeben Sie als ersten Parameter den Pfad des Ordners, in dem gesucht werden soll. Dabei ist es wichtig, dass die Pfadangabe mit einem Pfadtrennzeichen (»\« bzw. auf dem Macintosh »:«) abgeschlossen wird. Um Fehler bei der Parameterübergabe auszugleichen, sollten Sie dazu zuerst prüfen, ob das letzte Zeichen ein Pfadtrennzeichen ist. Dazu verwenden Sie die *Mid*-Funktion. Sie gibt eine Teilzeichenfolge zurück, die Sie mit dem Pfadtrennzeichen des System (*Application.PathSeparator*) vergleichen können. Um mit der *Mid*-Funktion das letzte Zeichen zu ermitteln, geben Sie als zweiten Parameter die Länge der Zeichenfolge an, die Sie mit der *Len*-Funktion zurück geben können. Der dritte Parameter bestimmt die Länge der gewünschten Teilzeichenfolge, also 1, wenn Sie nur ein Zeichen ermitteln möchten.

Handelt es sich bei dem letzten Zeichen nicht um ein Pfadtrennzeichen, hängen Sie das Pfadtrennzeichen an die Zeichenkette an. Nun können Sie die *Dir*-Funktion aufrufen. Der erste Parameter ist das Verzeichnis, in dem die Dateien ermittelt werden sollen. Um alle Dateien zu finden, die keine besonderen Eigenschaften haben, geben Sie die Konstante *vbNormal* als zweiten Parameter an.

TIPP: Wenn Sie stattdessen andere Konstanten verwenden, können Sie damit versteckte Dateien (*vbHidden*), schreibgeschützte Dateien (*vbReadonly*), Unterverzeichnisse (*vbDirectory*) oder Systemdateien (*vbSystem*) ermitteln.

Existiert eine normale Datei in dem Verzeichnis, gibt die *Dir*-Funktion deren Namen zurück. In diesem Fall geben Sie den Namen einfach aus oder bearbeiten die Datei. Danach können Sie in einer Schleife die übrigen Dateien ermitteln. Die Schleife verlassen Sie, wenn der Rückgabewert der *Dir*-Funktion eine leere Zeichenfolge ist. Parameter brauchen Sie keine mehr an die *Dir*-Funktion zu übergeben. Diese arbeitet dann mit den gleichen Parametern, wie beim ersten Aufruf und gibt immer die nächste Datei des Verzeichnisses zurück.

```
Sub testK04_4()
    DateienAuflisten ThisWorkbook.Path
End Sub

#If (Mac) Or (VBA6 = False) Then
    'Code für Mac und VBA5
    Sub DateienAuflisten(strPfad As String)
        Dim strTemp As String
        If Mid(strPfad, Len(strPfad), 1) <> _
            Application.PathSeparator Then
            strPfad = strPfad & Application.PathSeparator
        End If
        strTemp = Dir(strPfad, vbNormal)
        If strTemp <> "" Then
            Debug.Print strTemp
            Do
                strTemp = Dir()
                Debug.Print strTemp
            Loop Until strTemp = ""
        End If
    End Sub
#Else
    'Code für VBA6
    Sub DateienAuflisten(strPfad As String)
        Dim objFSO As New FileSystemObject
        Dim objFolder As Folder
        Dim objFile As File
        If objFSO.FolderExists(strPfad) Then
            Set objFolder = objFSO.GetFolder(strPfad)
            For Each objFile In objFolder.Files
                Debug.Print objFile.Name
            Next objFile
        End If
        Set objFSO = Nothing
    End Sub
#End If
```

Listing 4.12: *Ermitteln von Dateien in einem Verzeichnis*

Mit dem *FileSystemObject*-Objekt ist die Ermittlung der Dateien noch einfach. Zunächst einmal ist es der Methode *getFolder* egal, ob das Pfadtrennzeichen am Ende des Pfades steht. Daher brauchen Sie kein Pfadtrennzeichen anhängen. Mit der *GetFolder*-Methode ermitteln Sie einfach das *Folder*-Objekt des zu durchsuchenden Pfades. Es verfügt über die *Files*-Auflistung, die Sie einfach mit einer *For Each*-Schleife durchlaufen können. Wenn Sie den Namen ausgeben möchten, können Sie diesen mit der *Name*-Eigenschaft abrufen.

4.5   Prüfen, ob eine Datei existiert

Das Codemodul *K04_05* mit dem Listing finden Sie in der Datei *K04.xls* innerhalb der Begleitdateien zum Buch.

Problem

Sie möchten feststellen, ob eine Datei in einem bestimmten Verzeichnis vorhanden ist.

Lösung

Genauso, wie Sie mit der *Dir*-Funktion die Existenz eines Verzeichnisses prüfen können, geht das auch mit Dateien. Mit dem *FileSystemObject*-Objekt geht es noch einfacher. Hier gibt es die *FileExists*-Methode, mit der Sie prüfen können, ob eine Datei vorhanden ist.

Erläuterungen

Wenn Sie prüfen möchten, ob eine Datei vorhanden ist, können Sie dazu zwar die *Dir*-Funktion verwenden, müssen diese aber mit unterschiedlichen Parametern mehrmals aufrufen. Wenn die Funktion, aufgerufen mit *Dir(strPfad, vbNormal)*, eine leere Zeichenfolge zurück gibt, bedeutet das nicht, dass die Datei nicht vorhanden ist, sondern lediglich, dass es keine Datei mit normalen Dateiattributen dieses Namens gibt. Es könnte sich aber um eine schreibgeschützte, versteckte oder Systemdateien handeln, die den entsprechenden Namen und Pfad hat. Sie müssen also prüfen, ob alle Aufrufe mit den verschiedenen Konstanten eine leere Zeichenfolge zurückgeben.

HINWEIS: Obwohl gemäß Online-Hilfe lediglich das Dateiattribut *vbSystem* auf dem Macintosh nicht zur Verfügung steht, löst auch die Übergabe der Konstanten *vbReadOnly* an die *Dir*-Funktion einen Laufzeitfehler aus. Daher müssen Sie wieder die bedingte Kompilierung zu Hilfe nehmen, um für Mac-Anwender eine unterschiedliche Bedingung zu formulieren.

Konstante	Bedeutung
vbNormal	Normale Date
vbHidden	Versteckte Datei
vbReadOnly	Datei ist schreibgeschützt
vbSystem	Datei ist eine Systemdatei

***Tabelle 4.1**: Bedeutung der verschiedenen Konstanten für die Dir-Funktion*

```
Sub TestK04_5()
    #If Mac Then
        Debug.Print DateiVorhanden("MAC OS X:Test:test.txt")
    #Else
        Debug.Print DateiVorhanden("C:\Test\test.txt")
    #End If
End Sub
```

```
#If (Mac) Or (VBA6 = False) Then
Function DateiVorhanden(strPfad As String) As Boolean
    Dim strTemp As String
#If Mac Then
    If (Dir(strPfad, vbNormal) = "") And _
        (Dir(strPfad, vbHidden) = "") Then
    #Else
    If (Dir(strPfad, vbNormal) = "") And _
        (Dir(strPfad, vbHidden) = "") And _
        (Dir(strPfad, vbReadOnly) = "") _
        And (Dir(strPfad, vbSystem) = "") Then
    #End If
        DateiVorhanden = False
    Else
        DateiVorhanden = True
    End If
End Function
#Else
'Code für VBA6 und FSO
Function DateiVorhanden(strPfad As String) As Boolean
    Dim objFSO As New Scripting.FileSystemObject
    DateiVorhanden = objFSO.FileExists(strPfad)
    Set objFSO = Nothing
End Function
#End If
```

Listing 4.13: *Prüfen, ob eine Datei vorhanden ist*

Wenn Sie das *FileSystemObject*-Objekt nutzen möchten, erstellen Sie dazu wieder eine Instanz der Klasse *Scripting.FileSystemObject* und weisen der Funktion dann als Rückgabewert das Ergebnis der Methode *FileExists* zu. Sie gibt analog zu *FolderExists* den Wert *True* zurück, wenn die als Parameter übergebene Datei vorhanden ist.

4.6 Nach einer Datei suchen

Das Codemodul *K04_06* mit dem Listing finden Sie in der Datei *K04.xls* innerhalb der Begleitdateien zum Buch.

Problem

Sie möchten eine Datei suchen, da Sie nicht wissen, in welchem Ordner sich diese befindet.

Lösung

Zur Suche nach Dateien stellt weder VBA noch das *FileSystemObject*-Objekt eine Lösung zur Verfügung. Zwar könnten Sie mit beiden Methoden eine rekursive Funktion oder Prozedur erstellen, die das komplette Dateisystem durchsucht. Das ist jedoch nur dann wirklich praktikabel, wenn zumindest die zu durchsuchenden Ordner und Laufwerke grob eingeschränkt werden können. Bei den heutigen Festplattengrößen jenseits der 40 GB dauert eine Suche sonst extrem lange. Die Alternative ist das *FileSearch*-Objekt, das Sie über die *FileSearch*-Eigenschaft des *Application*-Objekts zurückgeben können. Es stellt die gleichen Suchkriterien und Suchverfahren zur Verfügung wie die in Windows integrierte Dateisuche.

Erläuterungen

Das *FileSearch*-Objekt ist Bestandteil der Microsoft Office-Bibliothek, die alle Objekte beinhaltet, die anwendungsübergreifend genutzt werden können, die also nicht nur in Excel, sondern auch Word, FrontPage, Access etc. zur Verfügung stehen.

HINWEIS: Leider gibt es mit Excel 2002 und Excel 2003 Probleme bei der Nutzung des *File-Search*-Objekts. Der Code löst zwar keine Fehler aus, liefert aber auch keine Suchergebnisse. Woran das liegt, steht leider nicht fest. Der gleiche Code, der in Excel 2000 durchaus funktioniert, wird in den höheren Excel-Versionen nicht ausgeführt. Daher müssen Sie für die Suche in Excel 2002/2003 eine alternative Prozedur erstellen (*Suche2*) und die jeweilige Prozedur abhängig von der Excel-Version aufrufen. Wie das unter Berücksichtigung des Aufrufs für den Macintosh aussehen könnte, zeigt die Prozedur *TestK04_06*.

Ein Verweis auf die Office-Objektbibliothek ist nicht erforderlich, weil der automatisch in jeder neuen Arbeitsmappe vorhanden ist. Einzig, wenn Sie Excel 5- bzw. Excel 7-Dateien oder auf dem Macintosh erzeugte Excel-Dateien öffnen und dort den nachfolgenden Code verwenden möchten, sollten Sie prüfen, ob der Verweis vorhanden ist und ihn gegebenenfalls ergänzen, sofern Sie frühe Bindung verwenden möchten. Rufen Sie dazu in der Entwicklungsumgebung den Menübefehl *Extras/Verweise* auf und prüfen Sie, ob ein Kontrollkästchen für einen Eintrag *Microsoft Office ?? Object Library* aktiviert ist. Wenn Sie Excel 2003 verwenden, müsste der Eintrag *Microsoft Office 11.0 Object Library* heißen. Falls das nicht der Fall ist, suchen Sie den Eintrag in der Liste und aktivieren Sie das Kontrollkästchen, bevor Sie das Dialogfeld mit *OK* schließen.

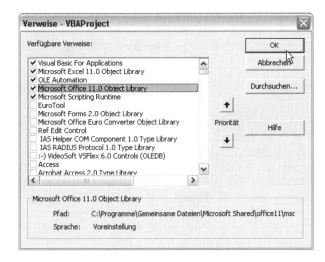

Abbildung 4.3: *Erforderlicher Verweise für die Verwendung des* FileSearch-*Objekts*

HINWEIS: Der Verweis ist allerdings ohnehin nur dann erforderlich, wenn Sie frühe Bindung verwenden möchten. Was das ist und worin der Unterschied zu später Bindung besteht, können Sie in ▶ Kapitel 3 nachlesen.

Das *FileSearch*-Objekt steht allerdings nur unter Windows zur Verfügung. Wenn Sie Macintosh-kompatiblen Code erstellen möchten, benötigen Sie also wieder die bedingte Kompilierung (siehe ▶ Kapitel 1), um abhängig vom Betriebssystem unterschiedlichen Code zu nutzen. Auf dem Macintosh steht als Ersatz die *FileFind*-Eigenschaft des *Application*-Objekts zur Verfügung, die ein *FileFind*-Objekt zurückgibt.

```
Sub TestK04_06()
    #If Mac = False Then
    If Application.Version = "9.0" Then
        'Prozedur für Excel 2000 und älter
        Suche "test.txt", "F:"
    ElseIf (Application.Version = "10.0") Or (Application.Version = "11.0") Then
        'Prozedur für Excel 2002 und 2003
        Suche2 "test.txt", "F:"
    End If
    #Else
        'Aufruf für Mac
        Suche "test.txt", "MAC OS X:"
    #End If
End Sub
```

Listing 4.14: Sucheprozeduren abhängig von der Excel-Version aufrufen

Die Suche mit dem *FileSearch*-Objekt ist im Prinzip ganz einfach. Zunächst deklarieren Sie eine Variable vom Typ *FileSearch*, der Sie dann die *FileSearch*-Eigenschaft des *Application*-Objekts zuweisen. Anschließend sollten Sie wieder prüfen, ob die Pfadangabe im Parameter *strLW* mit einem Pfadtrennzeichen endet und dies gegebenenfalls anhängen. Danach initialisieren Sie die Suchen. Der Aufruf der *NewSearch*-Methode bewirkt, dass Suchkriterien aus dem vorherigen Suchlauf gelöscht werden. Danach können Sie die Kriterien für die Suche bestimmen. Mit der Eigenschaft *Filename* weisen Sie den Dateinamen zu, nach dem gesucht werden soll. Dieser kann die unter Windows üblichen Platzhalter »*« und »?« enthalten und sowohl ein kompletter Name als auch ein Bestandteil des Namens sein. Die Angabe wird als Teil eines Namens behandelt, wenn Sie gleichzeitig die *MatchAllWordForms* auf *True* setzen. Dann sind alle Dateien im Suchergebnis enthalten, die den angegebenen Dateinamen im Namen enthalten. Mit der Eigenschaft *FileType* können Sie den Dateityp festlegen, der berücksichtigt werden soll. Im Beispiel wird nach allen Dateien gesucht.

TIPP: Wenn Sie nur Excel-Dateien berücksichtigen möchten, verwenden Sie stattdessen die Konstante *xlFileTypeExcelWorkbooks*.

Die Eigenschaft *LookIn* legt das Verzeichnis fest, das durchsucht werden soll. Standardmäßig werden dabei keine Unterverzeichnisse durchsucht. Möchten Sie diese ebenfalls durchsuchen, weisen Sie der Eigenschaft *SearchSubFolders* den Wert *True* zu. Gestartet wird die Suche, indem Sie die *Execute*-Methode aufrufen. Sie gibt die Anzahl Suchergebnisse zurück, die in der *FoundFiles*-Auflistung gespeichert sind. Sie brauchen also nur den Rückgabewert der Methode prüfen, um festzustellen, ob Dateien gefunden wurden. In diesem Fall können Sie die Suchergebnisse in der *FoundFiles*-Auflistung in einer Schleife durchlaufen und ausgeben. Über die *Count*-Eigenschaft der *FoundFiles*-Auflistung können Sie dazu die Anzahl ermitteln, sodass Sie die Schleifenvariable von 1 bis zur Anzahl Suchergebnisse hochzählen können.

TIPP: Wenn Sie eine sortierte Ausgabe benötigen, können Sie der Methode *Execute* eine *msoSortBy*-Konstante als Parameter übergeben, mit deren Hilfe Sie die Suchergebnisse nach bestimmten Kriterien, wie dem Datum der letzten Änderung oder dem Dateinamen sortieren können.

Konstante	Erklärung
msoSortByFileName	Sortierung erfolgt nach Dateiname. Dies ist der Standardwert, falls Sie den Parameter nicht angeben.
msoSortByFileType	Sortiert wird nach Dateityp.
msoSortByLastModified	Das Daum der letzten Änderung wird als Sortierkriterium verwendet.
msoSortByNone	Es erfolgt keine Sortierung.
msoSortBySize	Sortiert wird nach Dateigröße.

Tabelle 4.2*: msoSortBy-Konstanten*

```
#If Mac = False Then
'Code für Windows
Sub Suche(strDateiname, strLW As String)
    Dim objFS As Office.FileSearch
    Dim lngAnz As Long
    Dim strDatei As String
    Dim lngI As Long
    Set objFS = Application.FileSearch
    If Mid(strLW, Len(strLW), 1) <> _
        Application.PathSeparator Then
        strLW = strLW & Application.PathSeparator
    End If
    'Suche initialisieren
    With objFS
        .NewSearch
        .Filename = strDateiname
        .FileType = msoFileTypeAllFiles
        .LookIn = strLW
        .SearchSubFolders = True
        .MatchAllWordForms = True
        lngAnz = .Execute()
        If lngAnz > 0 Then
            'Ergebnisse vorhanden
            For lngI = 1 To .FoundFiles.Count
                'Datei gefunden
                'Hier könnte Code stehen, der den Dateinamen
                'an eine andere Prozedur oder Funktion zur
                'Weiterbearbeitung übergibt.
                'Dateiname ausgeben
                Debug.Print .FoundFiles(lngI)
            Next lngI
        End If
    End With
    MsgBox "Fertig!"
End Sub

Sub Suche2(strDateiname As String, strPfad As String)
'Benutzt das FSO, da die Suche
'mit FileSearch nicht unter Excel 2002/2003 funktioniert
    Dim objFSO As New FileSystemObject
    Dim objFolder As Folder
    Dim objSubFolder As Folder
```

```
        Dim objFile As File
        Set objFolder = objFSO.GetFolder(strPfad)
        On Error Resume Next
        If objFolder.SubFolders.Count > 0 Then
            For Each objSubFolder In objFolder.SubFolders
                'Debug.Print objSubFolder.Path
                Suche2 strDateiname, objSubFolder.Path
            Next objSubFolder
        End If
        If objFolder.Files.Count > 0 Then
            For Each objFile In objFolder.Files
                If UCase(objFile.Name) = UCase(strDateiname) Then
                    'Datei gefunden
                    'Hier könnte Code stehen, der den Dateinamen
                    'an eine andere Prozedur oder Funktion zur
                    'Weiterbearbeitung übergibt.
                    'Dateiname ausgeben
                    Debug.Print objFSO.BuildPath(objFolder.Path, objFile.Name)
                End If
            Next objFile
        End If
        Set objFolder = Nothing
        Set objFSO = Nothing
End Sub

#Else
'Code für Mac
...
#End If
```

Listing 4.15: Die Prozeduren zum Suchen nach Dateien unter Windows

Die Prozedur *Suche2* stellt eine rekursive Alternative dar, die das *FileSystemObject*-Objekt verwendet. Sie kann daher natürlich nicht auf dem Macintosh eingesetzt, wohl aber auch in Excel 97 und 2000 verwendet werden. Eine Möglichkeit, nur bestimmte Dateitypen zu berücksichtigen oder das Ergebnis zu sortieren, gibt es allerdings nicht, sodass Sie in der Regel doch zum *FileSearch*-Objekt greifen sollten. Sie erzeugt zunächst wieder eine Instanz der Klasse *FileSystemObject* und je eine Objektvariable der Typen *Folder* und *File*, die zur Speicherung von *Folder*- und *File*-Objekten dienen. Ein *File*-Objekt repräsentiert eine Datei, ein *Folder*-Objekt einen Ordner. Zunächst wird das Startverzeichnis mit der *GetFolder*-Methode als *Folder*-Objekt zurückgegeben. Über die *Count*-Eigenschaft der *SubFolders*-Auflistung wird dann geprüft, ob das Verzeichnis Unterordner hat. Wenn ja, werden diese in einer Schleife durchlaufen und für jeden Ordner ruft sich die Prozedur selbst auf und übergibt dabei den Pfad des Unterorders als zweiten Parameter.

HINWEIS: Diese Form der Programmierung wird rekursive Programmierung genannt. Mehr dazu und ein ausführliches Beispiel finden Sie im ▶ Abschnitt »4.2 Verzeichnisse anlegen« weiter vorne in diesem Kapitel.

Im Anschluss werden alle Dateien durchsucht und geprüft, ob die gesuchte Datei dabei ist. Um Fehler durch unterschiedliche Groß- und Kleinschreibung zu vermeiden, werden sowohl der gesuchte Dateiname als auch der Name der gerade geprüften Datei mit der *UCase*-Funktion in Großbuchstaben umgewandelt. Handelt es sich um eine Datei mit dem gewünschten Namen, können Sie den Namen einschließlich Pfad, wie hier gezeigt, ausgeben oder beispielsweise an eine andere Prozedur übergeben, die die Datei verarbeitet. Um aus dem Namen und Pfad der Datei den vollständigen Dateinamen zusammmen zu setzen, können Sie die *BuildPath*-Methode des *FileSystemObject*-Objekt verwenden. Sie ergänzt fehlende Pfadtrennzeichen bzw. löscht doppelte, sodass Sie immer einen gültigen Pfad erhalten.

In Excel auf dem Macintosh müssen Sie statt des *FileSearch*-Objekts oder dem *FileSystemObject*-Objekt das *FileFind*-Objekt verwenden. Es funktioniert prinzipiell genauso, nur ist es leider so, dass es auch hier mit der neuesten Version von Excel 2004 Probleme gibt. Der gleiche Code, der noch mit Excel v.X problemlos funktioniert, erzeugt hier Laufzeitfehler, weil angeblich Methoden und Eigenschaften nicht vorhanden sind. Auch der Originalcode aus der Hilfe funktioniert hier nicht. Der nachfolgend vorgestellte Code wurde jedoch so gestaltet, dass er unter Excel v.X korrekt funktioniert, unter Excel 2004 aber zumindest keine Fehler verursacht.

```
...
#Else
'Code für Mac

Sub Suche(strDateiname As String, strPfad As String)
    Dim objFF As FileFind
    Dim lngI As Long
    Set objFF = Application.FileFind
    objFF.Filename = strDateiname
    objFF.SearchPath = strPfad
    objFF.SearchSubFolders = True
    objFF.Execute
    For lngI = 0 To objFF.FoundFiles.Count - 1
        Debug.Print objFF.FoundFiles(lngI)
    Next lngI
End Sub
#End If
```

Listing 4.16: *Die Dateisuche für den Macintosh*

4.7 Dateieigenschaften ermitteln

Das Codemodul *K04_07* mit dem Listing finden Sie in der Datei *K04.xls* innerhalb der Begleitdateien zum Buch.

Problem

Sie möchten das Speicherdatum, das Änderungsdatum und die Dateigröße ermitteln.

Lösung

VBA stellt die Funktionen *FileLen* und *FileDateTime* zur Verfügung, über die Sie die Größe der Datei und das Datum der letzten Änderung ermitteln können. Das Erstelldatum können Sie nur ermitteln, wenn es nach dem Erstellen keine Änderungen mehr an der Datei gab.

Das *FileSystemObject*-Objekt ist da etwas flexibler. Es stellt die Eigenschaften *DateLastModified* und *DateCreated* des *File*-Objekts zur Verfügung, mit denen Sie auf beide Datumswerte zugreifen können.

Erläuterungen

Die erste Prozedur *Dateieigenschaften* wird auf dem Macintosh und in VBA-5-Hostanwendungen ausgeführt. Sie ermittelt die Dateieigenschaften mit Hilfe von VBA-Funktionen. Die Funktion *FileLen* gibt die Größe der Datei in Bytes zurück. Wenn Sie die Größe in KByte berechnen möchten, müssen Sie die Angabe also durch 1.024 teilen. Das Änderungsdatum gibt die Funktion *FileDateTime* zurück, der Sie ebenfalls den Dateinamen übergeben. Für die Formatierung sorgt hier die Funktion *Format*. Mehr zur *Format*-Funktion finden Sie in ▶ Kapitel 1.

Nutzen Sie zum Ermitteln der Dateieigenschaften des *FileSystemObject*-Objekts, müssen Sie zunächst eine Instanz aus der Klasse ableiten. Anschließend geben Sie das *File*-Objekt der Datei zurück, deren Eigenschaften Sie ermitteln möchten. Das *File*-Objekt repräsentiert diese Datei und stellt die gesuchten Dateieigenschaften zur Verfügung. Die Dateigröße finden Sie beispielsweise in der *Size*-Eigenschaft, ebenfalls in Byte. Das Erstelldatum wird von der Eigenschaft *DateCreated* zurückgeben und *DateLastModified* gibt das Datum der letzten Änderung zurück. Alle diese Angaben werden im Direktfenster ausgegeben.

```
Sub TestK04_07()
    Dateieigenschaften ThisWorkbook.FullName
End Sub

#If (Mac) Or (VBA6 = False) Then
    'Code für Mac und VBA5
    Sub Dateieigenschaften(strPfad As String)
        On Error Resume Next
        Debug.Print "Dateigröße: " & _
            FileLen(strPfad) / 1024 & " KB"
        Debug.Print "Änderungsdatum: " & _
            Format(FileDateTime(strPfad), "dd.mm.YYYY")
    End Sub
#Else
    'Code für VBA6
    Sub Dateieigenschaften(strPfad As String)
        Dim objFSO As New FileSystemObject
        Dim objFile As File
        Set objFile = objFSO.GetFile(strPfad)
        On Error Resume Next
        Debug.Print "Dateigröße: " & _
            objFile.Size / 1024 & " KB"
        Debug.Print "Änderungsdatum: " & _
            Format(objFile.DateLastModified, "dd.mm.YYYY")
        Debug.Print "Erstelldatum: " & _
            Format(objFile.DateCreated, "dd.mm.YYYY")
        Set objFSO = Nothing
    End Sub
#End If
```

Listing 4.17*: Dateieigenschaften ausgeben*

4.8 Aktuelles Verzeichnis wechseln

Das Codemodul *K04_08* mit dem Listing finden Sie in der Datei *K04.xls* innerhalb der Begleitdateien zum Buch.

Problem

Sie möchten das aktuelle Verzeichnis ermitteln und wechseln.

Lösung

Viele Anwendungen greifen auf das aktuelle Verzeichnis zu. Es zu kennen und ändern zu können, kann also wichtig sein. Abrufen können Sie das aktuelle Verzeichnis mit der *CurDir*-Anweisung. Ändern können Sie es mit *ChDir*.

Erläuterungen

Unter Windows gibt es immer ein aktuelles Laufwerk, aber für jedes Laufwerk einen aktuellen Pfad. Mit der *CurDir*-Funktion können Sie den aktuellen Pfad des aktuellen Laufwerks ausgeben. Falls Sie das aktuelle Verzeichnis eines anderen Laufwerks ausgeben möchten, müssen Sie den Laufwerksbuchstaben als Parameter angeben.

HINWEIS: Auf dem Macintosh wird der Parameter ignoriert. Dort können Sie immer nur den aktuellen Ordner des aktuellen Laufwerks zurückgeben. Die Angabe des Parameters führt aber nicht zu einem Laufzeitfehler.

Mit der *ChDrive*-Anweisung können Sie das aktuelle Laufwerk wechseln. Als Parameter geben Sie dazu unter Windows einen gültigen Laufwerksbuchstaben an. Auf dem Macintosh müssen Sie eine entsprechende Laufwerksbezeichnung angeben.

ACHTUNG: Ein Laufzeitfehler tritt auf, wenn Sie einen Laufwerksbuchstaben oder eine Laufwerksbezeichnung angeben, die nicht existiert.

Wenn Sie das aktuelle Laufwerk geändert haben, können Sie mit Hilfe der *ChDir*-Methode das aktuelle Verzeichnis auf diesem Laufwerk ändern, indem Sie das Verzeichnis absolut oder relativ angeben. Ausgehend vom aktuellen Verzeichnis können Sie beispielsweise mit *ChDir* ".." unter Windows in das übergeordnete Verzeichnis wechseln. Auf dem Macintosh verwenden Sie dazu anstelle von »..« zwei Doppelpunkte: *ChDir* "::".

```
Sub TestK04_08()
    #If Mac Then
    'Aktuelles Verzeichnis des aktuellen Laufwerks ausgeben
    Debug.Print VBA.CurDir
    'Aktuelles Laufwerk festlegen
    VBA.ChDrive "MAC OS X"
    'Aktuelles Verzeichnis festlegen
    ChDir "MAC OS X:Test"
    Debug.Print VBA.CurDir
    #Else
    'Aktuelles Verzeichnis des aktuellen Laufwerks ausgeben
    Debug.Print VBA.CurDir
    'Aktuelles Verzeichnis von Laufwerk C: ausgeben
    Debug.Print VBA.CurDir("C:\")
    'Aktuelles Laufwerk festlegen
    VBA.ChDrive "G:"
```

```
    'Aktuelles Verzeichnis festlegen
    ChDir "G:\Insekten"
    Debug.Print VBA.CurDir
    #End If
End Sub
```

Listing 4.18: *Ausgabe und Wechsel des aktuellen Verzeichnisses und Laufwerks*

4.9   Prüfen, ob eine Datei schreibgeschützt ist

Das Codemodul *K04_09* mit dem Listing finden Sie in der Datei *K04.xls* innerhalb der Begleitdateien zum Buch.

Problem

Sie möchten prüfen, ob eine Datei schreibgeschützt ist.

Lösung

Hier können Sie wieder wahlweise auf das *FileSystemObject*-Objekt oder die VBA-Funktionen und Anweisungen zurückgreifen. Die Funktion *GetAttr* gibt die Dateiattribute einer Datei zurück, deren Namen Sie als Parameter übergeben. Nutzen Sie das *FileSystemObject*-Objekt, können Sie die Dateieigenschaften über die *Attributes*-Eigenschaft des *File*-Objekts ermitteln.

Erläuterungen

Sowohl die Funktion *GetAttr* als auch die *Attributes*-Eigenschaft des *File*-Objekts liefern einen ganzzahligen Wert zurück, der eine Summe aller gesetzten Dateiattribute darstellt. Wenn Sie wissen möchten, ob ein bestimmtes Attribut gesetzt ist, gibt es dazu zwei Möglichkeiten. Sie prüfen mit komplexen Berechnungen, ob ein bestimmter Wert in der Zahl enthalten ist. Das geht zwar, ist aber sehr aufwändig, langsam und fehleranfällig. Viel einfacher geht es mit dem binären *And*-Operator. Der Ausdruck *GetAttr(strDatei) And vbReadOnly* ist beispielsweise wahr, wenn im Rückgabewert von *GetAttr* die Konstante *vbReadOnly* enthalten und somit der Schreibschutz aktiviert ist. Beide Funktionen in Listing 4.19 prüfen auf diese Weise, ob das Schreibschutzattribut gesetzt ist und weisen den Wert des Ausdrucks gleich der Funktion als Rückgabewert zu. Beide geben *True* zurück, wenn die als Parameter übergebene Datei schreibgeschützt ist.

```
Sub TestK04_09()
    Debug.Print Schreibgeschuetzt(ThisWorkbook.Path & _
        Application.PathSeparator & "test.txt")
End Sub

#If (Mac) Or (VBA6 = False) Then
    'Code für Mac und VBA5
    Function Schreibgeschuetzt(strDatei) As Boolean
        On Error Resume Next
        Schreibgeschuetzt = (GetAttr(strDatei) And vbReadOnly)
    End Function
#Else
    'Code für VBA6
    Function Schreibgeschuetzt(strDatei) As Boolean
        Dim objFSO As New FileSystemObject
```

```
        On Error Resume Next
        Schreibgeschuetzt = objFSO.GetFile( _
            strDatei).Attributes And ReadOnly
        Set objFSO = Nothing
    End Function
#End If
```

Listing 4.19: *Prüfen, ob eine Datei schreibgeschützt ist*

4.10 Dateien mit Schreibschutz versehen

Das Codemodul *K04_10* mit dem Listing finden Sie in der Datei *K04.xls* innerhalb der Begleitdateien zum Buch.

Problem

Sie möchten prüfen, ob eine Datei schreibgeschützt ist und sie mit einem Schreibschutz versehen, falls das nicht der Fall ist.

Lösung

Die Funktion *GetAttr* gibt die Dateiattribute einer Datei zurück, deren Namen Sie als Parameter übergeben. Ist darin das Schreibschutzattribut noch nicht enthalten, können Sie es dazu addieren und den neuen Wert mit der *SetAttr*-Anweisung zuweisen. Nutzen Sie das *FileSystemObject*-Objekt, können Sie die Dateieigenschaften über die *Attributes*-Eigenschaft des *File*-Objekts ermitteln und dieser Eigenschaft einfach den neuen Wert zuweisen.

Erläuterungen

Da die *GetAttr*-Funktion genau wie die *Attributes*-Eigenschaft des *File*-Objekts eine Summe aller Dateiattribute zurückgibt, können Sie einfach den Wert eines Attributs addieren, um es hinzuzufügen oder es abziehen, wenn Sie das Attribut entfernen möchten. Sie prüfen also einfach, ob das Schreibschutzattribut gesetzt ist. Dies ist der Fall, wenn der Ausdruck *(intAttr And vbReadOnly)* den Wert *True* aufweist. Dabei enthält die Variable *intAttr* die Summe der Attribute, die zuvor mit der *GetAttr*-Funktion ermittelt und zugewiesen wurden. Der Operator *And* führt hier jedoch keine logische Verknüpfung durch, sondern fungiert als binärer Vergleichsoperator, da keiner der beiden Operanden ein boolescher Wert ist. Ist das Schreibschutzattribut nicht gesetzt, können Sie das Attribut hinzufügen, indem Sie die Konstante *vbReadOnly* addieren. Zumindest theoretisch sollte das so funktionieren.

ACHTUNG: Im praktischen Einsatz gibt es allerdings ein Problem, wenn sich die Datei auf einem komprimierten NTFS-Laufwerk befindet. Dann verfügt sie nämlich zusätzlich über das Attribut »komprimiert« mit dem Wert 2.048. Dieser Wert wird jedoch von der *SetAttr*-Anweisung nicht unterstützt. Sie sieht Werte, die größer als 64 sind, als ungültig an und weist sie nicht zu. Das ist aber bei komprimierten NTFS-Laufwerken auch nicht notwendig, weil das Betriebssystem dafür sorgt, dass für alle Dateien und Verzeichnisse das Attribut »komprimiert« gesetzt wird. Um das Problem zu lösen, müssen Sie vor dem Setzen des Schreibschutzattributs nur prüfen, ob die Datei komprimiert ist. Dazu sollten Sie auf Modulebene eine Konstante mit dem entsprechenden Wert definieren. Der Ausdruck *(intAttr And komprimiert)* ist wahr, wenn die Datei komprimiert ist. In diesem Fall ziehen Sie das Attribut *komprimiert* von den aktuellen Attributen ab und addieren dann die Konstante *vbRead-*

Only dazu. Dann funktioniert die Zuweisung und Windows sorgt dafür, dass das Attribut »komprimiert« wieder zugewiesen wird.

Falls das Attribut gar nicht gesetzt war, können Sie den aktuellen Attributen einfach die Konstante *vbReadOnly* zuweisen und den neuen Wert an die *SetAttr*-Anweisung übergeben.

Die *Attributes*-Eigenschaft des *Files*-Objekts macht hingegen keine Probleme mit komprimierten Dateien. Ihr können Sie daher einfach den neuen Wert zuweisen, der aus dem alten Wert zuzüglich der Konstanten *VbReadOnly* besteht.

ACHTUNG: Wenn Sie versuchen, einer Datei ein Attribut zuzuweisen, tritt ein Laufzeitfehler auf, wenn die Datei geöffnet ist oder sich auf einem schreibgeschützten Medium befindet. Eine schreibgeschützte Datei auf einem Medium, das Schreibvorgänge unterstützt, stellt aber kein Problem dar.

ACHTUNG: Unter Mac OS X hängt der Schreibschutz einer Datei ausschließlich von den Rechten des aktuellen Benutzers ab. Sie können eine Datei also nicht mit dem Schreibschutzattribut versehen oder dieses entfernen. Die Prozedur löst zwar keinen Laufzeitfehler aus, funktioniert aber auch nicht, wenn Sie sie unter Excel v.X oder Excel 2004 ausführen.

```
Const komprimiert = 2048

Sub TestK04_10()
    Schreibschutz (ThisWorkbook.Path & _
        Application.PathSeparator & "test.txt")

End Sub

#If (Mac) Or (VBA6 = False) Then
    'Code für Mac und VBA5
    Sub Schreibschutz(strDatei)
        Dim intAttr As Integer
        On Error Resume Next
        intAttr = GetAttr(strDatei)
        If Not (intAttr And vbReadOnly) Then
            'Schreibschutz hinzufügen
            If (intAttr And komprimiert) Then
                SetAttr strDatei, intAttr - komprimiert + vbReadOnly
            Else
                SetAttr strDatei, intAttr + vbReadOnly
            End If

        End If
    End Sub
#Else
    'Code für VBA6
    Sub Schreibschutz(strDatei)
        Dim objFSO As New FileSystemObject
        On Error Resume Next
        If (objFSO.GetFile( _
            strDatei).Attributes And ReadOnly) = False Then
            objFSO.GetFile(strDatei).Attributes = _
                objFSO.GetFile(strDatei).Attributes + ReadOnly
        End If

        Set objFSO = Nothing
```

```
        End Sub
    #End If
```

Listing 4.20: Schreibschutz-Attribut zuweisen

TIPP: Wenn Sie andere Attribute hinzufügen möchten, funktioniert dies auf die gleiche Weise. Sie addieren einfach die entsprechende Konstante und verwenden diese auch im binären Vergleich mit *And*.

Konstante	Wert	Beschreibung
vbNormal	0	Normal
vbReadOnly	1	Schreibgeschützt
vbHidden	2	Versteckt
vbSystem	4	Systemdatei (steht nur unter Windows zur Verfügung)
vbArchive	32	Datei wurde seit dem letzten Speichern geändert
vbAlias	64	Aliasname (steht nur auf dem Macintosh zur Verfügung)
	2048	komprimiert

Tabelle 4.3: Dateiattribute und ihre numerischen Entsprechungen

4.11   Dateien kopieren

Das Codemodul *K04_11* mit dem Listing finden Sie in der Datei *K04.xls* innerhalb der Begleitdateien zum Buch.

Problem

Sie möchten eine oder mehrere Dateien kopieren.

Lösung

VBA bietet zum Kopieren von Dateien die *FileCopy*-Anweisung an, mit der Sie allerdings nur eine Datei kopieren können. Wenn Sie alle Dateien kopieren möchten, müssen Sie also eine Schleife bemühen. Mit dem *FileSystemObject*-Objekt geht es etwas einfacher, wenn Sie mehrere Dateien kopieren möchten. Dann können Sie nämlich Platzhalter verwenden.

Erläuterungen

Die Prozedur *TestK04_11a* zeigt, wie Sie eine einzelne Datei kopieren können. Dabei wird die Datei *test.txt* im gleichen Verzeichnis wie die Arbeitsmappen die den Code ausführt, kopiert und als *test2.txt* in das gleiche Verzeichnis eingefügt. Der *FileCopy*-Anweisung brauchen Sie nur noch den Namen der Quelldatei und den Namen der Zieldatei als Parameter übergeben. Das Zielverzeichnis muss auf jeden Fall vorhanden sein. Wie Sie das prüfen können, zeigt der ▶ Abschnitt »4.1 Prüfen, ob ein Verzeichnis existiert«. Im ▶ Abschnitt »4.2 Verzeichnisse anlegen« wird erklärt, wie Sie Verzeichnisse erstellen.

HINWEIS: Wenn Sie versuchen eine geöffnete Datei zu kopieren, kommt es zu einem Laufzeitfehler. Das gleiche passiert, wenn Sie eine Zieldatei angeben, die bereits vorhanden ist.

Wenn die Möglichkeit besteht, dass es die Datei schon gibt, löschen Sie sie zuvor mit der *Kill*-Anweisung, dazu müssen Sie aber gegebenenfalls den Schreibschutz entfernen. Mehr zum Löschen von Dateien finden Sie im ▶ Abschnitt »4.12 Dateien löschen« weiter hinten in diesem Kapitel. Das Entfernen des Schreibschutzes wird im Abschnitt ▶ »4.10 Dateien mit Schreibschutz versehen« weiter vorne in diesem Kapitel behandelt.

Mit dem *FileSystemObject*-Objekt funktioniert das Kopieren einzelner Dateien genauso. Nachdem Sie ein *FileSystemObject*-Objekt erzeugt haben, rufen Sie dessen *CopyFile*-Methode auf und übergeben wieder den Quell- und Zielnamen. Der optionale dritte Parameter bestimmt, ob vorhandene Zieldateien überschrieben werden sollen. Geben Sie *True* an, werden die Dateien überschrieben, bei *False* bleiben die vorhandenen Dateien erhalten.

HINWEIS: Falls die Zieldatei bereits vorhanden und schreibgeschützt ist, tritt auch dann ein Laufzeitfehler auf, wenn Sie als dritten Parameter *True* angeben. In diesem Fall müssen Sie erst den Schreibschutz der Zieldatei entfernen. Wie das mit Hilfe der *SetAttr*-Anweisung bzw. der *Attributes*-Eigenschaft in der Fehlerbhandlungsroutine geht, finden Sie im ▶ Abschnitt »4.10 Dateien mit Schreibschutz versehen« weiter vorne in diesem Kapitel beschrieben.

```
Sub TestK04_11a()
    'Datei kopieren
    Dim strZiel As String
    Dim strQuelle As String
    strZiel = ThisWorkbook.Path & _
        Application.PathSeparator & "test2.txt"
    strQuelle = ThisWorkbook.Path & _
        Application.PathSeparator & "test.txt"
    #If (Mac) Or (VBA6 = False) Then
    'Code für Mac und VBA5
        On Error Resume Next
        'Eventuell vorhandene Zieldatei löschen
        SetAttr strZiel, vbNormal 'Alle Attribute entfernen
        Kill strZiel
        On Error GoTo 0
        'Datei kopieren
        FileCopy strQuelle, strZiel
    #Else
    'Code für VBA6 mit FSO
        Dim objFSO As New FileSystemObject
        Dim bytErr As Byte
        On Error GoTo Fehler
        objFSO.CopyFile strQuelle, strZiel, True
        Set objFSO = Nothing
        Exit Sub
Fehler:
        bytErr = bytErr + 1
        If bytErr > 5 Then
            Exit Sub
        Else
            'Schreibschutz entfernen, falls gesetzt.
            objFSO.GetFile(strZiel).Attributes = _
                objFSO.GetFile(strZiel).Attributes - ReadOnly
            'neuer Versuch
            Resume
        End If
```

```
    #End If
End Sub
```

Listing 4.21: *Eine einzelne Datei kopieren*

Möchten Sie mehrere Dateien kopieren, beispielsweise alle Textdateien eines Verzeichnisses, ist das mit dem *FileSystemObject*-Objekt sehr viel einfacher zu erledigen, als mit VBA, obwohl es natürlich auch damit geht. Basis der VBA-Lösung ist wieder die *Dir*-Funktion, mit der Sie alle Textdateien des Verzeichnisses ermitteln können. Jede Datei kopieren Sie dann einzeln mit der *FileCopy*-Anweisung. Auch hier gilt natürlich, dass Sie eventuell vorhandene Zieldateien vorher löschen müssen. Näheres dazu finden Sie im ▶ Abschnitt »4.12 Dateien löschen« weiter vorne in diesem Kapitel. Wie Sie mit der *Dir*-Funktion alle Dateinamen in einem Verzeichnis ermitteln, können Sie im ▶ Abschnitt »4.4 Verzeichnisse nach Dateien durchsuchen« weiter vorne in diesem Kapitel nachlesen. Die Prozedur *TestK04_11b* kopiert mit dieser Methode alle Textdateien des Verzeichnisses, in dem sich die Excel-Datei befindet, in das Unterverzeichnis *Sicherung*. Den Quellpfad speichert dazu die Variable *strQuelle*, den Zielpfad die Variable *strZiel*.

ACHTUNG: Wichtig ist, dass beide Pfadangaben mit einem Pfadtrennzeichen abgeschlossen werden. Wenn Sie diese Verzeichnisse an Ihre Bedürfnisse anpassen, sollten Sie unbedingt darauf achten oder den Code entsprechend anpassen. Bei der *CopyFile*-Methode des *FileSystemObject*-Objekt ist dies die Vorraussetzung dafür, dass der Kopiervorgang gelingt. Immer wenn der Quellpfad Platzhalter enthält (hier »*.txt«), müssen Sie als Ziel einen gültigen Pfad angeben, der mit einem Pfadtrennzeichen endet.

Mit der Variablen *strQName* werden die zu kopierenden Dateien definiert. Die Angabe »*.txt« gibt an, dass alle Dateien mit der Dateinamenserweiterung ».txt« kopiert werden.

HINWEIS: Die Änderungen gegenüber der ursprünglichen Prozedur *TestK04_11a* werden nachfolgend fett hervorgehoben.

```
Sub TestK04_11b()
    'Datei kopieren
    Dim strZiel As String
    Dim strQuelle As String
    Dim strQName As String
    Dim strName As String
    strZiel = ThisWorkbook.Path & _
        Application.PathSeparator & _
        "Sicherung" & Application.PathSeparator
    strQuelle = ThisWorkbook.Path & _
        Application.PathSeparator
    strQName = "*.txt"
    #If (Mac) Or (VBA6 = False) Then
    'Code für Mac und VBA5
        'Zielverzeichnis erstellen
        PfadErstellen strZiel
        'Alle Textdateien kopieren
        #If Mac Then
            strName = Dir(strQuelle & strQName, _
                vbNormal + vbHidden)
        #Else
            strName = Dir(strQuelle & strQName, vbNormal + _
                vbHidden + vbReadOnly)
        #End If
```

```
        Do While strName <> ""
            On Error Resume Next
            'Eventuell vorhandene Zieldatei löschen
            SetAttr strZiel & strName, vbNormal 'Attribute entfernen
            Kill strZiel & strName
            On Error GoTo 0
            'Datei kopieren
            FileCopy strQuelle & strName, strZiel & strName
            'Nächste Datei ermitteln
            strName = Dir()
        Loop
    #Else
    'Code für VBA6 mit FSO
        Dim objFSO As New FileSystemObject
        Dim bytErr As Byte
        On Error GoTo Fehler
        'Zielverzeichnis erstellen
        PfadErstellen strZiel
        objFSO.CopyFile strQuelle & strQName, strZiel, True
        Set objFSO = Nothing
        Exit Sub
Fehler:
        bytErr = bytErr + 1
        If bytErr > 5 Then
            Exit Sub
        Else
            'Zieldateien löschen
            'gesetzt.
            objFSO.DeleteFile strZiel & strQName
            'neuer Versuch
            Resume
        End If
    #End If
End Sub
```

Listing 4.22: *Alle Textdateien eines Verzeichnisses in ein Unterverzeichnis kopieren*

HINWEIS: Natürlich müssen Sie Quell- und Zieldateien für den Kopiervorgang nicht fest im Code vorgeben, sondern können den Benutzer die Dateien bzw. Ordner auch auswählen lassen. Wie das geht, erfahren Sie in ▶ Kapitel 5.

4.12   Dateien löschen

Das Codemodul *K04_12* mit dem Listing finden Sie in der Datei *K04.xls* innerhalb der Begleitdateien zum Buch.

Problem

Sie möchten eine oder mehrere Dateien löschen.

Lösung

VBA stellt mit der *Kill*-Anweisung eine einfache und effiziente Möglichkeit bereit, Dateien zu löschen. Sie scheitert jedoch, wenn die Dateien schreibgeschützt sind. Den Schreibschutz sollten Sie daher vorher entfernen. Wenn Sie das *FileSystemObject*-Objekt nutzen möchten, was in diesem Fall aber einen unnötigen Mehraufwand bedeuten würde, können Sie die *DeleteFile*-Methode nutzen.

Erläuterungen

Die *Kill*-Anweisung von VBA macht eigentlich alles, was Sie möchten. Sie löscht eine einzige Datei, bei Verwendung von Platzhaltern im Dateinamen auch mehrere. Allerdings dürfen die Dateien nicht schreibgeschützt sein. Sie sollten daher den Schreibschutz entfernen. Auf dem Macintosh können Sie allerdings keine Platzhalter verwenden. Wenn Sie hier alle Dateien eines Verzeichnisses löschen möchten, müssen Sie dies in einer Schleife mit der *Dir*-Anweisung erledigen.

Zunächst müssen Sie also prüfen, ob es sich um ein Mac-System handelt. Wenn nicht, entfernen Sie in einer Schleife, die solange läuft, bis die *Dir*-Funktionen eine leere Zeichenkette liefert, den Schreibschutz von den Dateien, indem Sie den Dateien das Attribut »Normal« zuweisen. Anschließend müssen Sie die Dateien des Verzeichnisses löschen. Auch hier müssen Sie zwischen Mac- und Windows-Systemen unterscheiden. Auf dem Mac benötigen Sie eine Schleife, die mit Hilfe der *Dir*-Funktion alle Dateien des Verzeichnisses ermittelt und jede Datei einzeln mit der *Kill*-Anweisung löscht. Um aber ohne Platzhalter (denn die *Dir*-Funktion unterstützt auf dem Mac keine) können Sie alle Dateien nur ermitteln, indem Sie eine leere Zeichenfolge als einzigen Parameter angeben. Damit Sie dann aber nicht die Dateien irgendeines Verzeichnisses, sondern die des gewünschten löschen, müssen Sie vorher mit der *ChDir*-Anweisung das aktive Verzeichnis wechseln. Danach rufen Sie die *Dir*-Funktion mit der leeren Zeichenfolge als Parameter auf und betreten dann eine Schleife, die so lange läuft, bis der Rückgabewert der Funktion eine leere Zeichenfolge ist. Innerhalb der Schleife löschen Sie dann mit *Kill* die Datei, indem Sie ihr den Zielpfad für die Löschaktion, ein Pfadtrennzeichen und den ermittelten Dateinamen übergeben. Danach rufen Sie die *Dir*-Funktion erneut auf.

WICHTIG: Ausnahmsweise müssen Sie innerhalb der Schleife die *Dir*-Funktion erneut mit Parametern aufrufen. Nur so stellen Sie sicher, dass die Schleife auch alle Dateien durchläuft. Die interne Organisation der Datei, die die *Dir*-Funktion beim ersten Aufruf abgerufen hat, würde nämlich bewirken, dass beim Löschen einer Datei der nächste Aufruf der *Dir*-Funktion nicht die nächste, sondern die übernächste Datei zurückgibt. Damit bleiben am Ende immer noch Dateien im Verzeichnis zurück.

Handelt es sich nicht um ein Mac-System, löschen Sie die Dateien einfach mit der *Kill*-Anweisung unter Angabe von Platzhaltern.

Die *DeleteFile*-Methode des *FileSystemObject*-Objekts kann auch schreibgeschützte Dateien löschen. Nutzen Sie diese Methode, brauchen Sie lediglich den Pfadnamen mit Platzhaltern im Dateinamen zu verwenden, um alle Dateien des Verzeichnisses zu löschen.

```
Sub testK04_12()
    Dim strZiel As String
    Dim strTemp As String
    Dim strDatei As String
    'Verzeichnis festlegen in dem sich die
    'zu löschenden Dateien befinden.
    strZiel = ThisWorkbook.Path & _
        Application.PathSeparator & _
        "Sicherung" & Application.PathSeparator#If (Mac) Or (VBA6 = False) Then
    'Code für Mac und VBA5
```

```
'Schreibschutz von allen Zieldateien entfernen
#If Mac = False Then
strTemp = Dir(strZiel & "*.*", vbReadOnly)

Do While strTemp <> ""
    SetAttr strZiel & strTemp, vbNormal
    strTemp = Dir()
Loop
#End If
'Dateien löschen
On Error Resume Next
#If Mac Then
    ChDir strZiel
    strDatei = Dir("")
    Do While strDatei <> ""
        Kill strZiel & Application.PathSeparator & strDatei
        strDatei = Dir("")
    Loop
#Else
    Kill strZiel & "*.*"
#End If
#Else
    'Code für VBA6
    Dim objFSO As New FileSystemObject
    'Dateien löschen
    objFSO.DeleteFile strZiel & "*.*", True
    Set objFSO = Nothing
#End If
End Sub
```

Listing 4.23: Dateien löschen

4.13 Freien Speicherplatz ermitteln

Das Codemodul *K04_13* mit dem Listing finden Sie in der Datei *K04.xls* innerhalb der Begleitdateien zum Buch.

Problem

Sie möchten wissen, ob beispielsweise für einen Kopiervorgang ausreichend Speicherplatz auf einem Laufwerk vorhanden ist. Dazu möchten Sie den verfügbaren Speicherplatz ermitteln.

Lösung

Sie ermitteln den freien bzw. verfügbaren Speicher auf dem Laufwerk. Die einzige Lösung dazu ist allerdings das *FileSystemObject*-Objekt, sodass der Code nicht auf dem Macintosh funktioniert.

Erläuterungen

Das *FileSystemObject*-Objekt stellt eine *Drives*-Auflistung zur Verfügung, die alle Laufwerke des Systems als *Drive*-Objekte verwaltet. Über das *Drive*-Objekt des jeweiligen Laufwerks lässt sich sowohl dessen Gesamtkapazität als auch den freien Speicher ermitteln. Die Funktion *getSpeicherplatz* geht dazu wie folgt vor. Zunächst wird eine neue Instanz der Klasse *File-*

SystemObject sowie eine Objektvariable des Typs *Drive* erstellt. Bevor dieser Variablen aber das *Drive*-Objekt zugewiesen wird, sollten Sie prüfen, ob das als Parameter angegebene Laufwerk existiert. Das können Sie analog zur *FileExists* oder *FolderExists*-Methode mit der Methode *DriveExists* machen. Sie gibt *True* zurück, wenn das Laufwerk vorhanden ist. Existiert das Laufwerk, können Sie dessen *Drive*-Objekt mit der *GetDrive*-Methode zurück geben und in der Variablen *objLW* speichern. Auch wenn das Laufwerk vorhanden ist, kann es jedoch beim Zugriff auf das Laufwerk zu einem Laufzeitfehler kommen, nämlich dann, wenn Sie versuchen, auf einen Wechseldatenträger zuzugreifen, in dem kein Datenträger eingelegt ist. Ob das Laufwerk zum Lesen bereit ist, können Sie mit der *IsReady*-Eigenschaft prüfen. Sie gibt *True* zurück, wenn Lesezugriffe möglich sind. Jetzt sind Sie am Ziel. Mit der *FreeSpace*-Eigenschaft können Sie den freien Speicher in Bytes ermitteln. Um ihn in Megabytes umzurechnen, teilen Sie das Ergebnis einfach zweimal durch 1.024. Allerdings ist es bei den heutigen Festplattenkapazitäten sinnvoll, danach zu prüfen, ob der Wert größer als 10.000 ist und in diesem Fall in Gigabytes umzurechnen, indem Sie erneut durch 1.024 teilen. Mit der *FormatNumber*-Funktion können Sie das Berechnungsergebnis so formatieren, dass nur zwei Nachkommastellen angezeigt werden.

TIPP: Die *FreeSpace*-Eigenschaft gibt den verfügbaren Speicher zurück. Abhängig vom Betriebssystem muss das jedoch nicht der Speicher sein, der für den aktuellen Benutzer zur Verfügung steht. Es könnten beispielsweise Quoten für die einzelnen Benutzer vergeben sein, die jedem nur einen Bruchteil des Speichers zur Nutzung überlassen. Wenn Sie den für den Benutzer verfügbaren Speicher ermitteln möchten, können Sie dazu die Eigenschaft *AvailableSpace* verwenden.

```
#If (Mac) Or (VBA6 = False) Then
    'Code für Mac und VBA5

#Else
    'Code für VBA6
    Sub TestK04_13()
        Debug.Print getSpeicherplatz("C:")
    End Sub

    Function getSpeicherplatz(strLW As String) As String
        Dim objFSO As New FileSystemObject
        Dim objLW As Drive
        If objFSO.DriveExists(strLW) Then
            Set objLW = objFSO.GetDrive(strLW)
            If objLW.IsReady Then
                getSpeicherplatz = ((objLW.FreeSpace / 1024) / 1024)
                If getSpeicherplatz > 10000 Then
                    'umrechnen in GB
                    getSpeicherplatz = FormatNumber( _
                        getSpeicherplatz / 1024, 2) & " GB"
                Else
                    'MB anhängen
                    getSpeicherplatz = _
                        FormatNumber(getSpeicherplatz, 2) & " MB"
                End If
            Else
                getSpeicherplatz = ""
            End If
        End If
```

```
        Set objFSO = Nothing
    End Function
#End If
```

Listing 4.24: Freien Speicherplatz auf einem Laufwerk ermitteln

4.14 Datenträgertyp feststellen

Das Codemodul *K04_14* mit dem Listing finden Sie in der Datei *K04.xls* innerhalb der Begleitdateien zum Buch.

Problem

Sie möchten feststellen, welchen Datenträgertyp ein bestimmtes Laufwerk hat.

Lösung

Das *Drive*-Objekt des *FileSystemObject*-Objekts stellt über die *DriveType*-Eigenschaft Informationen zum Datenträgertyp bereit. Diese müssen Sie lediglich auswerten. Dazu bietet sich eine Funktion an, die abhängig vom ermittelten numerischen Typ des Laufwerks den entsprechenden Text zurückgibt. Ohne das *FileSystemObject*-Objekt gibt es leider (mit Ausnahme der Windows-API) keine Möglichkeit, Informationen zu einem Laufwerk zu ermitteln.

HINWEIS: Mehr zur Windows-API finden Sie in ▶ Kapitel 11.

Erläuterungen

Die *DriveType*-Eigenschaft gibt eine ganze Zahl zurück, die den Datenträgertyp bezeichnet. Mit Hilfe einer *Select*-Anweisung innerhalb der Funktion *getDriveType* können Sie diese numerischen Werte in Texte umsetzen und die entsprechende Bezeichnung zurückgeben. Mit der Methode *DriveExists* sollten Sie auch hierbei prüfen, ob das als Parameter angegebene Laufwerk vorhanden ist.

HINWEIS: Mehr zum *Drive*-Objekt finden Sie im ▶ Abschnitt »4.13 Freien Speicherplatz ermitteln« weiter oben. Grundlagen zum *FileSystemObject*-Objekt enthält der ▶ Abschnitt »4.1 Prüfen, ob ein Verzeichnis existiert« am Anfang dieses Kapitels.

```
#If (Mac) Or (VBA6 = False) Then
    'Code für Mac und VBA5
#Else
    'Code für VBA6 + FSO
    Sub TestK04_14()
        Debug.Print "C: " & getDriveType("C:")
        Debug.Print "D: " & getDriveType("D:")
    End Sub

    Function getDriveType(strPfad)
        Dim objFSO As New FileSystemObject
        Dim objLW As Drive
        If objFSO.DriveExists(strPfad) Then
            Set objLW = objFSO.GetDrive(strPfad)
            Select Case objLW.DriveType
                Case 0: getDriveType = "Unbekannt"
                Case 1: getDriveType = "Wechseldatenträger"
                Case 2: getDriveType = "Festplatte"
```

```
        Case 3: getDriveType = "Netzwerk-Laufwerk"
        Case 4: getDriveType = "CD-ROM"
        Case 5: getDriveType = "RAM-Laufwerk"
      End Select
    End If
  End Function
#End If
```

Listing 4.25: Die Bezeichnung des Laufwerkstyp zurückgeben

Wert	Beschreibung
0	Der Datenträgertyp ist unbekannt.
1	Es handelt sich um einen Wechseldatenträger, wie beispielsweise ein Diskettenlaufwerk.
2	Das Laufwerk ist eine Festplatte.
3	Es handelt sich bei dem Laufwerk um eine verbundene Netzwerkfreigabe.
4	Das Laufwerk ist ein CD- oder DVD-Laufwerk.
5	Bei dem Laufwerk handelt es sich um ein RAM-Laufwerk.

Tabelle 4.4: Datenträgertypen, die von der DriveType-Eigenschaft zurückgegeben werden

4.15   Textdateien erstellen

Das Codemodul *K04_15* mit dem Listing finden Sie in der Datei *K04.xls* innerhalb der Begleitdateien zum Buch.

Problem

Sie möchten eine Textdatei erstellen und dort Werte hineinschreiben, die beispielsweise ein Protokoll der Dateibenutzung darstellt. Dazu sollen bei jedem Öffnen der Arbeitsmappe der Name des aktuellen Benutzers und die Uhrzeit in die Datei geschrieben werden. Beim Schließen der Arbeitsmappe sollen die gleichen Daten geschrieben werden.

Lösung

Textdateien lassen sich sowohl mit VBA als auch mit dem *FileSystemObject*-Objekt schreiben. Beide Möglichkeiten funktionieren ganz ähnlich. Lediglich das Anlegen bzw. Öffnen der Datei differiert stärker. Beschränken Sie sich auf VBA, müssen Sie mit der *Open*-Anweisung eine Datei mit einer Dateinummer verknüpfen und die Dateinummer bei Schreib- und Lesevorgängen angeben. Beim *FileSystemObject*-Objekt verwenden Sie zum Bearbeiten der Textdatei das *Textstream*-Objekt, das eine geöffnete Textdatei darstellt.

Erläuterungen

Wenn Sie ein Protokoll führen möchten, ist das Schreiben einer Textdatei recht einfach, weil Sie lediglich Werte an die Datei anhängen müssen. Das bedeutet, Sie müssen die Datei im Modus »Append« öffnen. Die Prozedur *Protokoll_Schreiben* öffnet die Datei mit der *Open*-Anweisung. Der erste Parameter bestimmt dabei den Dateinamen, den Sie mit und ohne Pfad angeben können.

HINWEIS: Lassen Sie den Pfad weg, wird die Datei im aktuellen Verzeichnis erstellt. Wie Sie dies ermitteln und ändern können, finden Sie im ▶ Abschnitt »4.8 Aktuelles Verzeichnis wechseln« weiter vorne in diesem Kapitel erklärt.

Nach dem Schlüsselwort *For* in der *Open*-Anweisung folgt der Modus, in dem die Datei geöffnet werden soll, hier also *Append*. Alternativ stehen die Schlüsselwörter in Tabelle 4.5 zur Verfügung. Nach *As* geben Sie dann eine Dateinummer an, die Sie frei wählen können, solange sie nicht bereits belegt ist. Wenn Sie bisher noch keine Datei geöffnet haben, ist #1 die erste freie Nummer.

TIPP: Statt eine konstante Dateinummer anzugeben, können Sie auch die nächste freie Nummer ermitteln und in einer Variablen speichern. Das macht die *FreeFile*-Funktion. Sie gibt die Dateinummer als Integer-Wert zurück. Geben Sie den optionalen Parameter nicht an, ist dies eine Zahl von 1 bis 255. Die Variable geben Sie dann einfach nach dem # an.

```
...
Dim bytNr As Byte
bytNr = FreeFile()
strDateiname = ThisWorkbook.Path & _
Application.PathSeparator & strDatei
Open strDateiname For Append As #bytNr
...
```

Listing 4.26: *Die nächste freie Dateinummer ermitteln, speichern und verwenden*

Ist die Datei nicht vorhanden, die Sie in der *Open*-Anweisung verwenden, wird die Datei erzeugt, vorausgesetzt, Sie öffnen die Datei nicht zum Lesen. Dann würde der Versuch, eine nicht vorhandene Datei zu öffnen, zu einem Laufzeitfehler führen. Nach dem Öffnen der Datei können Sie mit der *Print*- oder der *Write*-Anweisung Daten in die Datei schreiben. Die *Write*-Anweisung wird in der Regel verwendet, um Daten in die Datei zu schreiben, die mit *Read* gelesen werden. Beide Anweisungen werden in aller Regel verwendet, um Textdateien mit Trennzeichen zu schreiben. Wie das geht, erfahren Sie im ▶ Abschnitt »4.17 Textdateien mit Trennzeichen importieren« sowie im ▶ Abschnitt »4.18 Excel-Daten als Textdatei mit Trennzeichen exportieren« weiter hinten in diesem Kapitel. Hier wird daher die *Print*-Anweisung verwendet. Sie erwartet als ersten Parameter die Dateinummer, in die die Daten geschrieben werden sollen. Danach geben Sie den auszugebenden Text an. Bei der Ausgabe mit der *Print*-Anweisung wird nach jeder Ausgabe ein Zeilenumbruch geschrieben. Alles was in einer Zeile stehen soll, muss also in einer *Print*-Anweisung ausgegeben werden. Sie dürfen aber natürlich beliebig viele Ausgaben nacheinander mit der *Print*-Anweisung machen. Mit der *Close*-Anweisung wird die Datei anschließend geschlossen.

```
Option Explicit
Const strDatei = "protokoll.txt"

Sub TestK04_15()
    Protokoll_Schreiben "Test"
End Sub

#If (Mac) Or (VBA6 = False) Then
    'Code für Mac und VBA5
    Sub Protokoll_Schreiben(strText As String)
        Dim strDateiname As String
        strDateiname = ThisWorkbook.Path & _
            Application.PathSeparator & strDatei
```

```
        Open strDateiname For Append As #1
        'Ausgabe in die Datei
        Print #1, Format(Now(), "dd.MM.yyyy hh:mm:ss") & _
            " " & strText
        Close #1
    End Sub
#Else
    'Code für VBA6 + FSO
...
#End If
```

Listing 4.27: Der Quellcode für Excel-Anwender ohne FileSystemObject-Objekt

Schlüsselwort für den Modus der Datei	Beschreibung
Append	Öffnet die Datei zum Anhängen. Der Dateizeiger wird dazu automatisch an das Dateiende gesetzt.
Binary	Öffnet die Datei zum binären Zugriff. Damit können Binärdaten geschrieben bzw. gelesen werden.
Input	Öffnet die Datei zum Lesen.
Output	Öffnet die Datei zum Schreiben. Der Dateizeiger steht aber am Anfang der Datei.
Random	Öffnet die Datei im wahlfreien Zugriff. Dabei können Sie die Datei nicht nur von vorne bis hinten durchlaufen, sondern auch rückwärts.

Tabelle 4.5: Schlüsselwörter für den Dateimodus

Mit dem *FileSystemObject*-Objekt geht das Schreiben in die Datei ganz ähnlich. Nachdem Sie eine Instanz der Klasse *FileSystemObject* sowie eine Variable vom Typ *TextStream* erstellt haben, müssen Sie die Datei öffnen. Dazu rufen Sie die Methode *OpenTextFile* auf und übergeben ihr als ersten Parameter den Dateinamen. Der zweite bestimmt auch hier den Modus, in dem die Datei geöffnet werden soll. Zum Anhängen verwenden Sie hier die Konstante *ForAppending*, zum Lesen *ForReading* und zum Schreiben *ForWriting*. Der dritte Parameter bestimmt, ob die Datei erstellt werden soll, wenn sie nicht vorhanden ist. Beim Anhängen ist das in der Regel sinnvoll, weshalb Sie hier *True* angeben. Die Methode gibt die geöffnete Datei in Form eines *TextStream*-Objekts zurück. Dieses müssen Sie in einer entsprechenden Variablen speichern, um mit Hilfe seiner Methoden die Schreib- und Leseoperationen ausführen zu können.

Mit der *WriteLine*-Methode können Sie nun die Inhalte ausgeben. Im Gegensatz zur *Write*-Methode erzeugt die *WriteLine*-Methode nach der Ausgabe einen Zeilenumbruch in der Datei. Nach der Ausgabe schließen Sie die Datei mit der *Close*-Methode des *TextStream*-Objekts. Damit wird die Datei aber nur geschlossen. Um das *TextStream*-Objekts aus dem Speicher zu entfernen, müssen Sie die Variable *objTD* auf *Nothing* setzen.

```
#If (Mac) Or (VBA6 = False) Then
    'Code für Mac und VBA5
#Else
    'Code für VBA6
    Sub Protokoll_Schreiben(strText As String)
        Dim strDateiname As String
        Dim objTD As TextStream
        Dim objFSO As New FileSystemObject
        strDateiname = ThisWorkbook.Path & _
```

```
            Application.PathSeparator & strDatei
        'Datei öffnen
        Set objTD = objFSO.OpenTextFile(strDateiname, ForAppending, True)
        'Ausgabe in die Datei
        objTD.WriteLine Format(Now(), "dd.MM.yyyy hh:mm:ss") & _
            " " & strText
        'Datei schließen
        objTD.Close
        Set objFSO = Nothing
        Set objTD = Nothing
    End Sub
#End If
```

Listing 4.28: *Eine Protokolldatei mit dem FileSystemObject-Objekt führen*

TIPP: Für die *OpenTextFile*-Methode gibt es einen optionalen vierten Parameter. Er bestimmt, ob die Datei als ASCII- oder Unicode-Datei geöffnet wird. Lassen Sie ihn weg oder geben Sie die Konstante *TristateFalse* an, wird die Datei im ASCII-Modus geöffnet. Bei Angabe von *TristateTrue* wird sie als Unicode-Datei geöffnet. Falls Sie *TristateUseDefault* angeben, wird die Datei in dem Standardmodus des Betriebssystems geöffnet.

Damit auch beim Öffnen und Schließen der Arbeitsmappe der entsprechende Text in die Protokolldatei eingefügt wird, benötigen Sie noch zwei Ereignisprozeduren für das *Open*- und *BeforeClose*-Ereignis. Die erstellen Sie, indem Sie folgendermaßen vorgehen:

1. Öffnen Sie das Modul *DieseArbeitsmappe* durch einen Doppelklick im Projekt-Explorer.

2. Wählen Sie in der Objektliste das Objekt *Workbook* aus. Wenn das Modul noch keine Ereignisprozedur enthält, erzeugt der VBA-Editor nun automatisch eine Ereignisprozedur für das *Open*-Ereignis. Andernfalls müssen Sie dies manuell anstoßen, indem Sie mit Schritt 3 fortfahren.

3. Wählen Sie aus der Ereignisliste das *Open*-Ereignis aus.

4. Wählen Sie nun in der Ereignisliste das Ereignis *BeforeClose* aus, um auch die Ereignisprozedur für das *BeforeClose*-Ereignis zu erstellen.

5. Damit haben Sie die Prozedur erstellt – nun brauchen Sie darin nur noch die Prozedur *Protokoll_Schreiben* aufrufen.

```
Private Sub Workbook_BeforeClose(Cancel As Boolean)
    Protokoll_Schreiben ("geschlossen von " & Application.UserName)
End Sub
Private Sub Workbook_Open()
    Protokoll_Schreiben ("geöffnet von " & Application.UserName)
End Sub
```

Listing 4.29: *Das Protokoll beim Öffnen und Schließen der Arbeitsmappe führen*

HINWEIS: Mehr über Ereignisse, Ereignisprozeduren und Klassen erfahren Sie in ▶ Kapitel 3 und in ▶ Kapitel 9.

Wenn Sie nun die Arbeitmappe öffnen und schließen, sehen Sie, dass entsprechende Einträge in der Textdatei erzeugt werden.

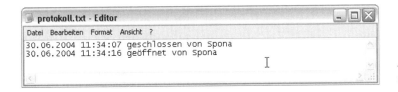

Abbildung 4.4: Die Einträge in der Textdatei

4.16 Eine Textdatei auslesen

Das Codemodul *K04_16* mit dem Listing finden Sie in der Datei *K04.xls* innerhalb der Begleitdateien zum Buch.

Problem

Sie möchten eine Textdatei lesen, um darin einen bestimmten Wert zu suchen. Sie haben beispielsweise eine Protokolldatei geführt und möchten nun wissen, ob ein bestimmter Benutzer heute schon die Datei geöffnet hat.

Lösung

Wenn Sie Textdateien auslesen möchten, müssen Sie dazu die Datei zum Lesen öffnen. Mit der *Open*-Anweisung von VBA müssen Sie dazu den Modus *Input* und die Zugriffsart *Read* verwenden. Nutzen Sie das *FileSystemObject*-Objekt, können Sie die Datei im Modus *ForReading* öffnen.

Erläuterungen

Die hier verwendete Funktion *Protokoll_Lesen* gibt das Datum des letzten Eintrags in der Datei zurück, der mit den beiden Parametern übereinstimmt. Der erste bestimmt den Benutzernamen für den der Eintrag erzeugt wurde, der zweite einen beliebigen Suchtext, der in der Zeile enthalten sein soll.

HINWEIS: Als Textdatei kommt hier die Protokolldatei zum Einsatz, die im ▶ Abschnitt »4.15 Textdateien erstellen« erzeugt wurde. Dort finden Sie auch nähere Hinweise zum Öffnen von Dateien sowie zur Funktion *FreeFile*.

Zunächst müssen Sie wieder die Datei öffnen. Da die ganze Datei gelesen werden soll, müssen Sie in der *Open*-Anweisung den Modus *Input* (*For Input*) angeben. Optional können Sie zusätzlich die Zugriffsart mit *Access Read* auf Lesezugriff festlegen.

Wenn Sie die Datei geöffnet haben, befindet sich der Dateizeiger, der die aktuelle Leseposition darstellt, am Anfang der Datei. Sollte die Datei leer sein, ist dies auch gleichzeitig das Ende der Datei. Damit Sie dann beim Lesen keine Fehlermeldung erhalten, sollten Sie zum Auslesen der Datei immer eine abweisende *While*-Schleife verwenden. Die Bedingung *While Not EOF(bytNr)* sorgt dafür, dass nur dann der Schleifeninhalt abgearbeitet wird, wenn der Dateizeiger nicht am Ende der Datei steht. Innerhalb der Schleife lesen Sie dann die Zeile, an der der Dateizeiger steht, mit der *Input*-Anweisung. Die gelesene Zeile wird dabei in der Variablen *strText* gespeichert, die Sie nachher entsprechend bearbeiten müssen.

Zunächst wird überprüft, ob die Zeile den Benutzernamen enthält, der als *strBenutzer* an die Prozedur übergeben wurde. Dazu wird hier die *InStr*-Funktion verwendet, die einen Wert größer als 0 zurückgibt, wenn die gesuchte Teilzeichenfolge enthalten ist. Der Rückgabewert stellt die Position dar, an der die Teilzeichenfolge beginnt. Ist der Benutzername enthalten, wird noch geprüft, ob auch der gesuchte Text, beispielsweise »geöffnet«, enthalten ist. Ist auch das der Fall, müssen Sie das Datum ausschneiden, um es zurückzugeben. Da es am Zeilenanfang beginnt und mit zehn Zeichen Länge formatiert ist, müssen Sie mit der *Mid*-Funktion nur die ersten zehn Zeichen ausschneiden. Diese können Sie dann mit der *CDate*-Funktion in einen *Date*-Wert konvertieren und dem Rückgabewert der Funktion zuweisen. Wenn auf diese Weise die ganze Datei abgearbeitet ist, enthält der Rückgabewert der Funktion das letzte Datum, auf das die Bedingungen zutreffen.

Um zu prüfen, ob es das aktuelle Datum ist, brauchen Sie in der Prozedur *TestK04_16* nur noch den Rückgabewert mit dem Wert der Funktion *Date* zu vergleichen.

```
Option Explicit
Const strDatei = "protokoll.txt"

Sub TestK04_16()
    Debug.Print Date = Protokoll_Lesen(Application.UserName, _
        "geöffnet")
End Sub

#If (Mac) Or (VBA6 = False) Then
    'Code für Mac und VBA5
    Function Protokoll_Lesen(strBenutzer As String, _
        strSuchtext As String) As Date
        Dim strDateiname As String
        Dim bytNr As Byte
        Dim strText As String
        Dim datDatum As Date
        bytNr = FreeFile()
        On Error Resume Next
        strDateiname = ThisWorkbook.Path & _
            Application.PathSeparator & strDatei
        Open strDateiname For Input Access Read As #bytNr
        'Die Datei zeilenweise lesen
        Do While Not EOF(bytNr)
            Input #bytNr, strText
            'Prüfen ob Benutzername in der Zeile vorkommt
            If InStr(1, strText, strBenutzer) > 0 Then
                'Prüfen, ob auch der Suchbegriff vorhanden ist
                If InStr(1, strText, strSuchtext) > 0 Then
                    'Datum als Rückgabewert festlegen
                    Protokoll_Lesen = CDate(Mid(strText, 1, 10))
                End If
            End If
        Loop
        Close #bytNr
    End Function
```

```
#Else
    'Code für VBA6 + FSO-Objekt
...
#End If
```

Listing 4.30*: Werte in der Protokolldatei suchen und zurückgeben – hier für Rechner ohne
FileSystemObject-Objekt*

Mit dem *FileSystemObject*-Objekt ist die Vorgehensweise wieder annähernd gleich. Die Unterschiede sind daher fett hervorgehoben. Zunächst gilt wieder, dass Sie ein *FileSystemObject*-Objekt erzeugen müssen und eine Variable des Typs *TextStream* definieren sollten. Geöffnet wird die Datei wieder mit der *OpenTextFile*-Methode. Sie gibt ein *TextStream*-Objekt zurück, das die geöffnete Datei darstellt. Näheres zur *OpenTextFile*-Methode finden Sie im ▶ Abschnitt »4.15 Textdateien erstellen« weiter vorne in diesem Kapitel.

Ist die Datei einmal geöffnet, können Sie sie auch wieder zeilenweise lesen. Damit die Schleife bei Erreichen des Dateiendes abgebrochen wird, müssen Sie das Dateiende prüfen. Dies wird beim *TextStream*-Objekt dadurch angezeigt, dass die Eigenschaft *AtEndOfStream* den Wert *True* hat. Um die aktuelle Zeile zu lesen, verwenden Sie die *ReadLine*-Methode. Sie gibt die komplette aktuelle Zeile zurück, die Sie dann genau wie in der ersten Funktion *Protokoll_Lesen* bearbeiten können. Wichtig ist, dass Sie am Ende nicht nur die Datei mit *Close* schließen, sondern auch die beiden Objektvariablen *objFSO* und *objTD* wieder auf *Nothing* setzen, um den Speicher freizugeben.

```
#If (Mac) Or (VBA6 = False) Then
    'Code für Mac und VBA5
...
#Else
    'Code für VBA6 + FSO
    Function Protokoll_Lesen(strBenutzer As String, _
        strSuchtext As String) As Date
        Dim objFSO As New FileSystemObject
        Dim objTD As TextStream
        Dim strDateiname As String
        Dim strText As String
        Dim datDatum As Date
        On Error Resume Next
        strDateiname = ThisWorkbook.Path & _
            Application.PathSeparator & strDatei
        'Datei öffnen
        Set objTD = objFSO.OpenTextFile(strDateiname, _
            ForReading, False)
        'Die Datei zeilenweise lesen
        Do While Not objTD.AtEndOfStream
            strText = objTD.ReadLine
            'Prüfen ob Benutzername in der Zeile vorkommt
            If InStr(1, strText, strBenutzer) > 0 Then
                'Prüfen, ob auch der Suchbegriff vorhanden ist
                If InStr(1, strText, strSuchtext) > 0 Then
                    'Datum als Rückgabewert festlegen
                    Protokoll_Lesen = CDate(Mid(strText, 1, 10))
                End If
            End If
        Loop
        objTD.Close
```

Zugriffe auf das Dateisystem

```
          Set objTD = Nothing
          Set objFSO = Nothing
     End Function
#End If
```

Listing 4.31: Der Code zum Lesen der Datei, diesmal unter Verwendung des FileSystemObject-Objekts

4.17   Textdateien mit Trennzeichen importieren

Das Codemodul *K04_17* mit dem Listing finden Sie in der Datei *K04.xls* innerhalb der Begleitdateien zum Buch.

Problem

Sie möchten eine CSV-Datei bzw. Textdatei mit Trennzeichen importieren und die Daten in ein Tabellenblatt einfügen.

Lösung

Bei einer Textdatei mit Trennzeichen enthält jede Zeile einen Datensatz. Die einzelnen Felder sind durch ein Trennzeichen getrennt. Ob es sich dabei um ein Komma oder ein Semikolon oder ein anderes Zeichen handelt, hängt davon ab, wie die Datei exportiert wurde. Sie benötigen also eine Prozedur, die die Textdatei öffnet, mit einem als Parameter übergebenen Trennzeichen die Daten ausliest und in eine Excel-Tabelle schreibt. Die nachfolgend vorgestellte Prozedur *CSVImport* nimmt den Dateinamen, das Blatt, in das importiert werden soll, die Zeilennummer, bei der der Import beginnen soll, sowie das Trennzeichen als Parameter entgegen. Die beiden letzten Parameter sind optional. Werden Sie weggelassen, wird als Trennzeichen ein Semikolon verwendet und die Zeilen werden beginnend bei Zeile 1 in das Tabellenblatt eingefügt.

Erläuterungen

Der Import einer CSV-Datei oder Textdatei mit Trennzeichen ist im Prinzip nicht viel anders, als das Lesen von Dateien, wie es schon im ▶ Abschnitt »4.16 Eine Textdatei auslesen« zuvor dargestellt wurde. Neben den zusätzlichen Parametern der Prozedur ändert sich vor allem der Code innerhalb der Schleife. Für jede ausgelesene Zeile müssen Sie die Zeichenkette am Trennzeichen aufteilen. Das geht ab VBA 6.0 sehr bequem über die *Split*-Funktion, die ein Array mit den einzelnen Werten zurückgibt. Da die Funktion in VBA 5.0 und damit auf dem Macintosh noch nicht zur Verfügung steht, müssen Sie sich eine solche Funktion selbst erstellen. Wie sie im Detail funktioniert, wurde bereits im ▶ Abschnitt »4.2 Verzeichnisse anlegen« erläutert. Das Array, das die *Split*-Funktion zurückgibt brauchen Sie nur noch in einer Schleife durchlaufen und geben die einzelnen Werte einfach in das Tabellenblatt aus. Wichtig ist dabei, dass Sie vor dem Betreten der *For*-Schleife die Variable *intSpalte* auf 1 zurück setzen und in jedem Schleifendurchlauf um 1 erhöhen. Den Parameter *lngZeile* erhöhen Sie hingegen am Ende jedes Schleifendurchlaufs der *Do While...Loop*-Schleife.

```
Sub TestK04_17()
    CSVImport ThisWorkbook.Path & Application.PathSeparator & _
        "K04.txt", ThisWorkbook.Worksheets(2), vbTab, 1
End Sub
```

```
#If (Mac) Or (VBA6 = False) Then
    'Code für Mac und VBA5
    Function Split(strText As String, strTZ As String) As Variant
        Dim lngPos As Long
        Dim strTemp As String
        Dim arrTeile() As String
        strTemp = strText
        ReDim arrTeile(0)
        Do
            lngPos = InStr(1, strTemp, strTZ)
            If lngPos > 0 Then
                If arrTeile(UBound(arrTeile)) <> "" Then
                    'Array vergrößern
                    ReDim Preserve arrTeile(UBound(arrTeile) + 1)
                End If
                arrTeile(UBound(arrTeile)) = _
                    Mid(strTemp, 1, lngPos - 1)
                strTemp = Mid(strTemp, lngPos + 1)
            Else
                If arrTeile(UBound(arrTeile)) <> "" Then
                    'Array vergrößern
                    ReDim Preserve arrTeile(UBound(arrTeile) + 1)
                End If
                arrTeile(UBound(arrTeile)) = strTemp
            End If
        Loop Until (strTemp = "") Or (lngPos <= 0)
        Split = arrTeile
    End Function

    Sub CSVImport(strDateiname As String, objTab As Worksheet, _
        Optional strTZ As String = ";", _
        Optional lngZeile As Long = 1)
        Dim bytNr As Byte
        Dim strText As String
        Dim arrDaten As Variant
        Dim intI As Integer
        Dim intSpalte As Integer
        bytNr = FreeFile()
        On Error Resume Next
        Open strDateiname For Input Access Read As #bytNr
        'Die Datei zeilenweise lesen

        Do While Not EOF(bytNr)
            Input #bytNr, strText
            'Zeile aufsplitten
            arrDaten = Split(strText, strTZ)
            'Daten in Tabelle einfügen
            intSpalte = 1
            For intI = LBound(arrDaten) To UBound(arrDaten)
                objTab.Cells(lngZeile, intSpalte).Value = arrDaten(intI)
                intSpalte = intSpalte + 1
            Next intI
            'Zeilenzähler erhöhen
            lngZeile = lngZeile + 1
        Loop
        Close #bytNr
```

```
        End Sub

#Else
    'Code für VBA6
    Sub CSVImport(strDateiname As String, objTab As Worksheet, _
        Optional strTZ As String = ";", _
        Optional lngZeile As Long = 1)
...
    End Sub
#End If
```

Listing 4.32*: Der Import von CSV-Dateien mit VBA 5.0-Mitteln*

Wenn Sie das *FileSystemObject*-Objekt verwenden, unterscheidet sich der Code von dem Code aus ▶ Abschnitt »4.16 Eine Textdatei auslesen« nur darin, dass der Inhalt der *Do While...Loop*-Schleife sowie die Parameter ausgetauscht werden müssen.

```
#If (Mac) Or (VBA6 = False) Then
    'Code für Mac und VBA5
...
#Else
    'Code für VBA6 + FSO
    Sub CSVImport(strDateiname As String, objTab As Worksheet, _
        Optional strTZ As String = ";", _
        Optional lngZeile As Long = 1)
        Dim arrDaten As Variant
        Dim intI As Integer
        Dim intSpalte As Integer
        Dim objFSO As New FileSystemObject
        Dim objTD As TextStream
        Dim strText As String
        On Error Resume Next
        'Datei öffnen
        Set objTD = objFSO.OpenTextFile(strDateiname, _
            ForReading, False)
        'Die Datei zeilenweise lesen
        Do While Not objTD.AtEndOfStream
            strText = objTD.ReadLine
            'Zeile aufsplitten
            arrDaten = Split(strText, strTZ)
            'Daten in Tabelle einfügen
            intSpalte = 1
            For intI = LBound(arrDaten) To UBound(arrDaten)
                objTab.Cells(lngZeile, intSpalte).Value = _
                    arrDaten(intI)
                intSpalte = intSpalte + 1
            Next intI
            'Zeilenzähler erhöhen
            lngZeile = lngZeile + 1
        Loop
        objTD.Close
        Set objTD = Nothing
        Set objFSO = Nothing
    End Sub
#End If
```

Listing 4.33*: Textdateien mit Trennzeichen mit Hilfe des FileSystemObject-Objekts importieren*

TIPP: Sie können den Code auch recht einfach so ergänzen, dass damit alle Dateien eines Verzeichnisses importiert und hintereinander gehängt werden. Sie benötigen dazu den Code aus dem ▶ Abschnitt »4.4 Verzeichnisse nach Dateien durchsuchen« und rufen dort innerhalb der Schleife die Prozedur *CSVImport* auf. Die dazu notwendigen Änderungen gegenüber dem ursprünglichen Code sind fett hervorgehoben.

Achten Sie dabei unbedingt darauf, die Startzeile als Variable zu übergeben. Dann können Sie sich nämlich die Parameterübergabe als Referenz Zunutze machen. Dadurch, dass innerhalb der Prozedur *CSVImport* der Parameter für jede Zeile um 1 erhöht wird, wird auch die Variable geändert, die Sie an die Prozedur übergeben. Wenn Sie die gleiche Variable dann auch für den Import der nächsten Datei übergeben, erreichen Sie so automatisch, dass die Inhalte der Textdateien untereinander in das Tabellenblatt geschrieben werden. Mehr zur Parameterübergabe finden Sie in ▶ Kapitel 1.

```
#If (Mac) Or (VBA6 = False) Then
    'Code für Mac und VBA5
    Sub BatchImport(strPfad As String)
        Dim strTemp As String
        Dim lngBeginn As Long
        lngBeginn = 1
        If Mid(strPfad, Len(strPfad), 1) <> _
            Application.PathSeparator Then
            strPfad = strPfad & Application.PathSeparator
        End If
        strTemp = Dir(strPfad & "*.txt", vbNormal)
        If strTemp <> "" Then
            Do
                strTemp = strPfad & strTemp
                CSVImport strTemp, ThisWorkbook.Worksheets(2), _
                    vbTab, lngBeginn
                strTemp = Dir()
            Loop Until strTemp = ""
        End If
    End Sub
#Else
    'Code für VBA6
    Sub BatchImport(strPfad As String)
        Dim objFSO As New FileSystemObject
        Dim objFolder As Folder
        Dim lngBeginn As Long
        Dim objFile As File
        lngBeginn = 1
        If objFSO.FolderExists(strPfad) Then
            Set objFolder = objFSO.GetFolder(strPfad)
            For Each objFile In objFolder.Files
                'Debug.Print objFile.Name
                If objFSO.GetExtensionName( _
                    objFile.Name) = "txt" Then
                    CSVImport objFile.Path, _
                        ThisWorkbook.Worksheets(2), vbTab, lngBeginn
                End If
            Next objFile
        End If
        Set objFSO = Nothing
```

Zugriffe auf das Dateisystem

```
    End Sub
#End If
```

Listing 4.34: Der Batch-Import mit VBA-Bordmitteln und FileSystemObject-Objekt

Der Aufruf für den Batch-Import der Textdateien könnte dann beispielsweise folgendermaßen aussehen:

```
BatchImport ThisWorkbook.Path & Application.PathSeparator & "import"
```

4.18 Excel-Daten als Textdatei mit Trennzeichen exportieren

Das Codemodul *K04_18* mit dem Listing finden Sie in der Datei *K04.xls* innerhalb der Begleitdateien zum Buch.

Problem

Sie möchten Excel-Daten als Textdatei mit Trennzeichen exportieren und dabei die verwendeten Trennzeichen und Formatierungen selbst bestimmen.

Lösung

Erstellen Sie sich eine eigene Prozedur, die den Export vornimmt. Sie können dann unabhängig von den Einstellungen des Betriebssystems die Daten exportieren.

Erläuterungen

Wie Sie Daten als Textdatei oder CSV-Datei exportieren können, indem Sie die *SaveAs*-Methode des *Workbook*-Objekts verwenden, wurde bereits in ▶ Kapitel 2 beschrieben. Damit besteht jedoch das Problem, dass die Daten entweder alle einheitlich mit englischen Formatierungen ausgegeben werden, oder bei Angabe des Parameters *local:=true* mit den Ländereinstellungen der Systemsteuerung. Das ist vor allem dann ein Problem, wenn Sie die exportierten Daten in einem einheitlichen Format benötigen. Es reicht nämlich schon aus, wenn der Benutzer die Ländereinstellungen für die Schweiz verwendet und schon werden andere Datumsformate und Währungsformate ausgegeben.

Das passiert nicht, wenn Sie den Export mit einer eigenen Prozedur durchführen, dann haben Sie die volle Kontrolle über die Formatierungen. Die Prozedur *CSVExport* gibt es dazu wieder einmal in einer Version für den Macintosh, die sich auf VBA-Anweisungen im der VBA-Version 5.0 beschränkt sowie eine Version ab VBA 6.0 mit dem *FileSystemObject*-Objekt.

HINWEIS: Mehr zum *FileSystemObject*-Objekt finden Sie im ▶ Abschnitt »4.1 Prüfen, ob ein Verzeichnis existiert« in diesem Kapitel.

Alle wichtigen Daten, die zum Formatieren notwendig sind, übergeben Sie der Prozedur als Parameter. Der Parameter *strDezimalTZ* legt das Zeichen fest, das als Dezimalzeichen in Zahlen verwendet werden soll. Wird der Parameter weggelassen, wird das Komma verwendet. Mit dem Parameter *strTZ* legen Sie das Trennzeichen zwischen den einzelnen Feldern fest, standardmäßig wird das Semikolon verwendet. Ob Zeichenketten in Anführungszeichen eingefasst werden sollen, können Sie über den Parameter *boolAnfz* festlegen. Geben Sie *True* an, werden Zeichenketten in Anführungszeichen eingefasst, ansonsten nicht. Mit dem letzten Parameter *boolBNum* bestimmen Sie ob die booleschen Werte »WAHR« und »FALSCH« in Excel-

Tabellen als Text oder Zahl ausgegeben werden. Geben Sie *True* an, oder gar keinen Wert, wird der Wert »WAHR« als 1 ausgegeben, und »FALSCH« als 0. Ansonsten werden die Werte »WAHR« und »FALSCH« als Text ausgegeben, wobei auch das angegebene Format für Zeichenketten berücksichtigt wird. Mit dem Parameter *objBereich* bestimmen Sie den zu exportierenden Zellbereich.

Nach den Variablendeklarationen wird dann zunächst eine eventuell vorhandene Zieldatei mit *Kill* gelöscht und dann eine neue Datei zum Schreiben geöffnet. In zwei verschachtelten Schleifen, die den zu exportierenden Zellbereich Zeilen- und Spaltenweise durchlaufen. Für jede Zelle wird dann deren Wert geprüft, um festzustellen, ob die Zelle ein Datum enthält, einen booleschen Wert, eine Zahl oder einen Text enthält. Hier kommt es auf die Reihenfolge der Prüfung an. Wenn Sie schon am Anfang prüfen, ob der Wert numerisch ist, würden auch Zellen mit booleschen Werten als Zahlen erkannt. Gleiches gilt für Datumswerte. Sie sollten also zuerst prüfen, ob es sich um Datum handelt. Wenn ja formatieren Sie es gemäß dem Parameter *strDatumsformat* mit der *Format*-Funktion. Das formatierte Datum hängen Sie mit dem vorangestellten Trennzeichen an die Variable *strTemp* an.

Um zu prüfen, ob eine Zelle einen numerischen Wert enthält, müssen Sie den Wert mit der *CStr*-Funktion in eine Zeichenkette umwandeln. Enthält der Text dann die Werte »WAHR« und »FALSCH« oder ihre englischen Entsprechungen handelt es sich um boolesche Werte. In diesem Fall geben Sie abhängig vom Parameter *boolBNum* die Ziffern 0 oder 1 bzw. die entsprechenden Texte aus.

Erst jetzt dürfen Sie prüfen, ob der Wert numerisch ist. Wenn ja, müssen Sie sicherstellen, dass die gewünschten Formatierungen hinsichtlich Nachkommastellen und Dezimalzeichen berücksichtigt werden. Da bei VBA 5.0 die *FormatNumber*-Funktion noch nicht zur Verfügung steht, müssen Sie die Zahlen mit Hilfe der *Format*-Funktion formatieren und abhängig von der gewünschten Anzahl Nachkommastellen unterschiedliche Formatstrings erzeugen. Dazu dient hier eine Verzweigung, die bei mehr als 0 Nachkommastellen den Formatstring aus »#0.« und einer Folge von Nullen zusammensetzt. Die Anzahl der Nullen ist gleich der Anzahl der Nachkommastellen. Für zwei Nachkommastellen ergibt sich damit der Formatstring »#0.00«.

Excel 97 und früher verfügen auch noch nicht über die Eigenschaft *DecimalSeparator* des *Application*-Objekts, sodass Sie hier davon ausgehen müssen, dass das Komma als Dezimalzeichen dient. Wenn Sie prüfen möchten, ob das gewünschte Dezimaltrennzeichen verwendet wurde, müssen Sie den Parameter *strDezimalTZ* also direkt mit dem Komma vergleichen.

Wenn das falsche Dezimaltrennzeichen verwendet wurde, ermitteln Sie die Position des Dezimaltrennzeichens mit der *InStr*-Funktion und schneiden den ersten Teil der Zeichenkette bis zum Dezimaltrennzeichen aus. Den ersten Teil speichern Sie dann in der Variablen *strTeil1*. Der Variablen *strTeil2* weisen Sie den Teil der Zeichenkette zu, der nach dem Dezimalzeichen folgt. Beide Teile setzen Sie dann getrennt durch das neue Dezimaltrennzeichen zusammen und hängen die neue Zeichenfolge an die Variable *strTemp* an.

Wenn der Wert bisher nicht bearbeitet und ausgegeben wurde, wird nun der *Else*-Zweig abgearbeitet und der Wert als Text behandelt. Dazu wird vor und nach dem Text die Variable *strAnfz* hinzugefügt. Sie hat am Anfang der Prozedur den Wert »""« bekommen, wenn der Parameter *boolAnfz* den Wert *True* hat. Ansonsten ist sie leer, was dazu führt, dass der Text nicht durch Anführungszeichen begrenzt wird. Nach Abarbeitung einer Zeile im Zellbereich haben Sie eine Zeile für die Textdatei erzeugt. Sie beginnt aber immer mit einem Trennzeichen, das Sie daher noch abschneiden sollten. Dies erledigt die *Mid*-Funktion, die die Zeichenkette ab dem zweiten Zeichen ermittelt und der Variablen *strTemp* wieder zuweist. Die so erzeugte Ausgabezeile wird mit der *Print*-Anweisung in die Datei geschrieben.

```
Sub TestK04_18()
    CSVExport ThisWorkbook.Worksheets(2).Range("a1" _
        ).CurrentRegion, _
        ThisWorkbook.Path & Application.PathSeparator & _
        "EXPORT01.txt", , "."
    CSVExport ThisWorkbook.Worksheets(2).Range("a1" _
        ).CurrentRegion, _
        ThisWorkbook.Path & Application.PathSeparator & _
        "EXPORT02.txt", "mm\/dd\/yyyy", ".", 0, vbTab, False, False
End Sub

#If (Mac) Or (VBA6 = False) Then
    'Code für Mac und VBA5
    Sub CSVExport(objBereich As Range, _
        strDateiname As String, _
        Optional strDatumsformat As String = "dd.MM.yyyy", _
        Optional strDezimalTZ As String = ",", _
        Optional bytDezimalStellen As Byte = 2, _
        Optional strTZ As String = ";", _
        Optional boolAnfz As Boolean = True, _
        Optional boolBNum As Boolean = True)
        'Dim strDateiname As String
        Dim objZelle As Range
        Dim lngZeile As Long
        Dim strZahl As String
        Dim lngSpalte As Long
        Dim strTemp As String
        Dim bytNr As Byte
        Dim strAnfz As String
        bytNr = FreeFile()
        'On Error Resume Next
        If boolAnfz = True Then
            strAnfz = """"
        Else
            strAnfz = ""
        End If
        'Vorhandene Datei löschen
        On Error Resume Next
        Kill strDateiname

        'Datei öffnen
        Open strDateiname For Append As #bytNr

        'Zellbereich durchlaufen
        For lngZeile = 1 To objBereich.Rows.Count
            strTemp = ""
            For lngSpalte = 1 To objBereich.Columns.Count
                Set objZelle = objBereich.Cells(lngZeile, lngSpalte)
                If IsDate(objZelle.Value) Then
                    'Datumsformat anwenden
                    strTemp = strTemp & strTZ & Format(objZelle.Value, _
                        strDatumsformat)
                ElseIf (UCase(CStr(objZelle.Value)) = "FALSE") Or _
```

```
                (UCase(CStr(objZelle.Value)) = "TRUE" Or _
                (UCase(CStr(objZelle.Value)) = "FALSCH" Or _
                (UCase(CStr(objZelle.Value)) = "WAHR" Then
                'Format für boolesche Werte
                If (UCase(CStr(objZelle.Value)) = "FALSE" Or _
                    (UCase(CStr(objZelle.Value)) = "FALSCH" Then
                    If boolBNum = True Then
                        strTemp = strTemp & strTZ & "0"
                    Else
                        strTemp = strTemp & strTZ & strAnfz & "FALSE" & _
                            strAnfz
                    End If
                Else
                    If boolBNum = True Then
                        strTemp = strTemp & strTZ & "1"
                    Else
                        strTemp = strTemp & strTZ & strAnfz & _
                            "TRUE" & strAnfz
                    End If
                End If

            End If
        ElseIf IsNumeric(objZelle.Value) Then
            'Format für Zahlen
            If bytDezimalStellen > 0 Then
                strZahl = CStr(Format(objZelle.Value, "#0." _
                    & String(bytDezimalStellen, "0")))
            Else
                strZahl = CStr(Format(objZelle.Value, "#0"))
            End If
            'Wenn als Dezimaltrennzeichen ein anderes
            'Zeichen als ein Punkt
            'angegeben wurde, dann Punkt durch das Zeichen ersetzen
            Dim strTeil1 As String
            Dim strTeil2 As String

            If strDezimalTZ <> "," Then
                strTeil1 = Mid(strZahl, 1, InStr(1, strZahl, _
                    ",") - 1)
                strTeil2 = Mid(strZahl, (InStr(1, strZahl, _
                    ",") + 1))
                If strTeil1 <> "" Then
                    strZahl = strTeil1 & strDezimalTZ & strTeil2
                Else
                    strZahl = strTeil2
                End If
            End If
            strTemp = strTemp & strTZ & strZahl
        Else
            'Format für Zeichenketten
            strTemp = strTemp & strTZ & strAnfz & _
                objZelle.Value & strAnfz
        End If
Next lngSpalte
'Trennzeichen am Zeilenanfang abschneiden
strTemp = Mid(strTemp, 2)
'Zeile in die Datei schreiben
```

```
            Print #bytNr, strTemp
        Next lngZeile
        Close #bytNr
    End Sub
```

...

Listing 4.35: Der Code für den Macintosh und VBA 5.0-Hostanwendungen

Der Code bei Verwendung des *FileSystemObject*-Objekt sieht bis auf den Umgang mit der Datei genauso aus. Insbesondere die Berechnung der Ausgabezeile für die Textdatei erfolgt fast identisch. Sie haben jedoch hier die Möglichkeit, die *FormatNumber*-Funktion zu verwenden, um die Zahlen zu formatieren.

HINWEIS: Die Eigenschaft *DecimalSeparator* des *Application*-Objekts, mit der Sie das Dezimalzeichen des Systems abrufen können, steht leider erst ab Excel 2002 zur Verfügung. Daher bietet es sich an, am Anfang der Prozedur mit einer Verzweigung zu prüfen, ob die Eigenschaft einen Wert liefert. Damit es dabei nicht zu einem Laufzeitfehler kommt, führen Sie zuvor die Anweisung *On Error Resume Next* aus. Hat die Eigenschaft einen Wert, weisen Sie diesen der Variablen *strDTZ* zu, ansonsten weisen sie ihr den Wert »,« zu. Die Variable verwenden Sie dann weiter unten in der Prozedur zur Formatierung der Zahlen.

Die Unterschiede gegenüber der zuvor beschriebenen Version sind fett hervorgehoben. Erläuterungen zu den verwendeten Methoden des *FileSystemObject*-Objekt finden Sie im ▶ Abschnitt »4.15 Textdateien erstellen« weiter vorne in diesem Kapitel.

```
...
#Else
    'Code für VBA6 + FSO
    Sub CSVExport(objBereich As Range, _
        strDateiname As String, _
        Optional strDatumsformat As String = "dd.MM.yyyy", _
        Optional strDezimalTZ As String = ",", _
        Optional bytDezimalStellen As Byte = 2, _
        Optional strTZ As String = ";", _
        Optional boolAnfz As Boolean = True, _
        Optional boolBNum As Boolean = True)
        Dim strTeil1 As String
        Dim strTeil2 As String
        Dim objZelle As Range
        Dim lngZeile As Long
        Dim strZahl As String
        Dim lngSpalte As Long
        Dim strTemp As String
        Dim strAnfz As String
        Dim objTD As TextStream
        Dim objFSO As New FileSystemObject
        Dim strDTZ As String
        On Error Resume Next
            If Application.decimalseparator = "" Then
                strDTZ = ","
            Else
                strDTZ = Application.decimalseparator
            End If
        On Error GoTo 0
        If boolAnfz = True Then
```

```
        strAnfz = """"
Else
        strAnfz = ""
End If
'Vorhandene Datei löschen
If objFSO.FileExists(strDateiname) Then
        objFSO.DeleteFile strDateiname, True
End If
'Datei öffnen
Set objTD = objFSO.OpenTextFile(strDateiname, _
ForAppending, True)
'Zellbereich durchlaufen
For lngZeile = 1 To objBereich.Rows.Count
    strTemp = ""
    For lngSpalte = 1 To objBereich.Columns.Count
        Set objZelle = objBereich.Cells(lngZeile, lngSpalte)
        If IsDate(objZelle.Value) Then
            'Datumsformat anwenden
            strTemp = strTemp & strTZ & Format(objZelle.Value, _
                strDatumsformat)
        ElseIf (UCase(CStr(objZelle.Value)) = "FALSE") Or _
            (UCase(CStr(objZelle.Value)) = "TRUE") Or _
            (UCase(CStr(objZelle.Value)) = "FALSCH") Or _
            (UCase(CStr(objZelle.Value)) = "WAHR") Then
            'Format für boolesche Werte
            If (UCase(CStr(objZelle.Value)) = "FALSE") Or _
                (UCase(CStr(objZelle.Value)) = "FALSCH") Then
                If boolBNum = True Then
                    strTemp = strTemp & strTZ & "0"
                Else
                    strTemp = strTemp & strTZ & strAnfz & "FALSE" & _
                        strAnfz
                End If
            Else
                If boolBNum = True Then
                    strTemp = strTemp & strTZ & "1"
                Else
                    strTemp = strTemp & strTZ & strAnfz & _
                        "TRUE" & strAnfz
                End If
            End If
        ElseIf IsNumeric(objZelle.Value) Then
            'Format für Zahlen
            strZahl = FormatNumber(Expression:=objZelle.Value, _
                NumDigitsAfterDecimal:=bytDezimalStellen)
            'Wenn das Dezimaltrennzeichen ein anderes
            'Zeichen als ein Punkt
            'angegeben wurde, dann Punkt durch dieses Zeichen ersetzen
            If strDezimalTZ <> strDTZ Then
                On Error Resume Next
                strTeil1 = Mid(strZahl, 1, InStr(1, strZahl, _
                    strDTZ) - 1)
                strTeil2 = Mid(strZahl, (InStr(1, strZahl, _
                    strDTZ) + 1))
                If strTeil1 <> "" Then
                    strZahl = strTeil1 & strDezimalTZ & strTeil2
```

```
                Else
                    strZahl = strTeil2
                End If
            End If
            strTemp = strTemp & strTZ & strZahl
        Else
            'Format für Zeichenketten
            strTemp = strTemp & strTZ & strAnfz & _
                objZelle.Value & strAnfz
        End If
    Next lngSpalte
    'Trennzeichen am Zeilenanfang abschneiden
    strTemp = Mid(strTemp, 2)
    'Zeile in die Datei schreiben
    objTD.WriteLine strTemp
    Next lngZeile
    'Datei schließen
    objTD.Close
    Set objFSO = Nothing
    Set objTD = Nothing
    End Sub
#End If
```

Listing 4.36*: Der Code zum CSV-Export mit dem FileSystemObject-Objekt*

Abhängig von den Aufrufparametern können Sie mit dieser Prozedur also ganz verschiedene Typen von Textdateien mit Trennzeichen erstellen.

TIPP: Wenn Sie die einzelnen Teile des Datums durch einen Schrägstrich trennen möchten, dürfen Sie als Format nicht »mm/dd/yyyy« angeben, sondern müssen den Schrägstrich »escapen« und damit »mm\/dd\/yyyy« angeben.

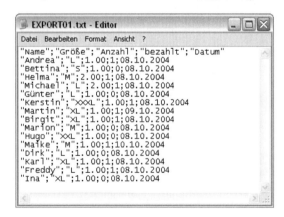

Abbildung 4.5: *Eine CSV-Datei gemäß dem Standard bei deutschem Gebietsschema ist ebenso möglich...*

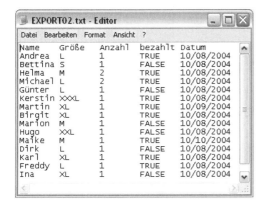

```
EXPORTO2.txt - Editor
Datei  Bearbeiten  Format  Ansicht  ?
Name     Größe  Anzahl  bezahlt  Datum
Andrea   L      1       TRUE     10/08/2004
Bettina  S      1       FALSE    10/08/2004
Helma    M      2       TRUE     10/08/2004
Michael  L      2       TRUE     10/08/2004
Günter   L      1       FALSE    10/08/2004
Kerstin  XXXL   1       TRUE     10/08/2004
Martin   XL     1       TRUE     10/09/2004
Birgit   XL     1       TRUE     10/08/2004
Marion   M      1       FALSE    10/08/2004
Hugo     XXL    1       FALSE    10/08/2004
Maike    M      1       TRUE     10/10/2004
Dirk     L      1       FALSE    10/08/2004
Karl     XL     1       TRUE     10/08/2004
Freddy   L      1       TRUE     10/08/2004
Ina      XL     1       FALSE    10/08/2004
```

Abbildung 4.6: *...wie eine tabulatorgetrennte Variante*

4.19 Textdateien als Programmressourcen nutzen

Das Codemodul *K04_19* mit dem Listing finden Sie in der Datei *K04.xls* innerhalb der Begleit-dateien zum Buch.

Problem

Sie möchten Programmressourcen speichern und laden.

Lösung

Die in Visual Basic und anderen Programmiersprachen möglichen Ressourcendateien gibt es leider in VBA nicht. Wenn Sie Daten speichern möchten, die Sie beispielsweise in mehreren Excel-Dateien benötigen oder auch in anderen Office-Anwendungen nutzen möchten, müssen Sie dazu also einen anderen Weg finden. Neben der Registry bietet sich die Verwendung von XML- oder Textdateien an. Mehr zu XML-Dateien finden Sie in ▶ Kapitel 12.

Erläuterungen

Die hier vorgestellte Lösung zählt den Start einer Prozedur und schreibt die Anzahl in eine Textdatei *starts.txt*. Die Funktion gibt die Anzahl der Starts zurück, erhöht aber gleichzeitig den Wert in der Textdatei bzw. erzeugt die Textdatei beim ersten Start. Sie können diese Funktion beispielsweise verwenden, wenn Sie eine Testversion Ihrer Anwendung erstellen möchten, die Sie auf eine maximale Anzahl von Starts begrenzen möchten. Dann empfiehlt es sich aller-dings, die erstellte Textdatei mit dem Attribut »versteckt« zu versehen, damit der Benutzer sie nicht so schnell findet. Wie das geht, wurde im ▶ Abschnitt »4.10 Dateien mit Schreibschutz versehen« weiter vorne in diesem Kapitel bereits erläutert.

Das Ändern einer Textdatei gehört zu den wenigen Aufgaben, bei denen sich durch die Nut-zung des *FileSystemObject*-Objekts keine Vorteile ergeben. Sie haben nur den Nachteil, dass Sie dann für Macintosh-Benutzer (wenn Sie diese unterstützen möchten) und Benutzer ohne *FileSystemObject*-Objekt doch noch eine Alternative anbieten müssen. Auch mit dem *File-SystemObject*-Objekt müssen Sie die Ursprungsdatei Zeile für Zeile lesen und in eine andere Datei die geänderten Inhalte schreiben. Am Ende löschen Sie die ursprüngliche Datei und geben der neuen Datei den Namen der alten. Es bringt also nichts, sich mit zwei Codeversionen abzumühen, wenn es keine Vorteile bringt.

Zunächst einmal müssen Sie die Datei zum Lesen öffnen. Dann wird die Datei jedoch nicht erzeugt, wenn sie vorhanden ist. Sie müssen also den Laufzeitfehler 53 abfangen, der in diesem Fall auftritt. Tritt der Fehler 53 auf, müssen Sie die Datei erstellen, indem Sie sie einmal zum Anfügen öffnen und wieder schließen. Danach können Sie die Datei erneut zum Lesen öffnen.

In einer *Do While*-Schleife lesen Sie die Datei nun zeilenweise aus und prüfen für jede Zeile, ob der gesuchte Text »Anzahl Starts:« enthalten ist. Dieser Text leitet den gesuchten Wert ein. Enthält die Zeile den Wert nicht, fügen Sie die gelesene Zeile mit einem Zeilenumbruch (*vbCrLf*) an die Variable *strDateiinhalt* an. Sie speichert am Ende den kompletten Dateiinhalt. Wurde der gesuchte Text gefunden, schneiden Sie den Wert nach dem gesuchten Text mit der *Mid*-Funktion aus, wandeln ihn mit *Val* in eine Zahl um und addieren 1 dazu. Den neuen Wert speichern Sie in der Variablen (hier *lngAnz*). Nun ergänzen Sie die Variable *strDateiinhalt* um den gesuchten Text, gefolgt vom neuen Wert. Bei jedem weiteren Schleifendurchlauf bis zum Ende der Datei werden wieder nur die Originalzeilen ergänzt, sodass sich am Ende der vollständige Dateiinhalt in der Variablen befindet. Nun können Sie die Datei wieder schließen.

Nun beginnt der zweite Teil der Prozedur. Sie müssen den um 1 erhöhten Wert der Variablen *lngAnz* wieder in die Datei schreiben. Es kann nun aber zwei Situationen geben: Die Datei ist bisher leer und der Eintrag konnte daher nicht gefunden werden. In diesem Fall hat die Variable *boolGefunden* den Wert *False* und Sie können daran erkennen, dass Sie die Datei einfach zum Anhängen öffnen müssen, um den Wert hineinzuschreiben.

Wurde der gesuchte Wert gefunden, öffnen Sie die Datei im Modus »Output«, um Werte zu schreiben. Das können Sie wieder mit der *Print*-Anweisung außerhalb der Verzweigung erledigen. Sie schreiben einfach den kompletten Inhalt der Variablen *strDateiinhalt* in die Datei und schließen sie danach mit *Close*. Mehr zur *Print*-Anweisung finden Sie im ▶ Abschnitt »4.15 Textdateien erstellen« weiter vorne in diesem Kapitel.

```
Sub K04_19()
    Debug.Print Start(ThisWorkbook.Path & _
        Application.PathSeparator & "starts.txt")
End Sub

Function Start(strDatei As String) As Long
    Dim bytNr As Byte
    Dim strZeile As String
    Dim lngAnz As Long
    Dim boolGefunden As Boolean
    Dim strDateiinhalt
    bytNr = FreeFile()
    Dim lngZeile As Long
    On Error Resume Next
    Open strDatei For Input As #bytNr
    If Err.Number = 53 Then
        Err.Clear
        'Datei nicht gefunden
        'Datei erstellen
        bytNr = FreeFile()
        Open strDatei For Append As #bytNr
        Close #bytNr
        'Datei zum Lesen öffnen
```

```
        Open strDatei For Input As #bytNr
    End If
    'Datei nach einer Zeile mit dem Anfang "Anzahl Starts:" durchsuchen
    lngZeile = 0

    Do While Not (EOF(bytNr))
        Input #bytNr, strZeile
        lngZeile = lngZeile + 1
        If InStr(1, strZeile, "Anzahl Starts:") > 0 Then
            'Zeile gefunden
            boolGefunden = True
            lngAnz = Val(Mid(strZeile, Len("Anzahl Starts:") + 1))
            lngAnz = lngAnz + 1
            'lngZeile = Seek(bytNr)
            strDateiinhalt = strDateiinhalt & "Anzahl Starts:" _
                & lngAnz & vbCrLf
        Else
            strDateiinhalt = strDateiinhalt & strZeile & vbCrLf
        End If
    Loop
    'Datei schließen
    Close #bytNr
    'Datei zum Ändern öffnen
    On Error GoTo 0
    bytNr = FreeFile()
    If boolGefunden = False Then
        Open strDatei For Append As #bytNr
        strDateiinhalt = strDateiinhalt & vbCrLf & _
            "Anzahl Starts:" & lngAnz
        lngAnz = 1
    Else
        Open strDatei For Output Access Write As #bytNr
    End If
    Print #bytNr, strDateiinhalt
    'Datei schließen
    Close #bytNr
    Start = lngAnz
End Function
```

Listing 4.37: *Ändern einer Textdatei*

4.20 INI-Dateien lesen

Das Codemodul *K04_20* mit dem Listing finden Sie in der Datei *K04.xls* innerhalb der Begleitdateien zum Buch.

Problem

Sie möchten Konfigurationsdaten aus einer INI-Datei auslesen.

Lösung

Zwar geht der Trend dahin, Programmdaten nicht mehr in INI-Dateien oder die Registry zur
speichern, sondern in XML-Dateien, dennoch gibt es immer noch Programme, die sich nur
über eine INI-Datei steuern lassen. Daher ist manchmal unumgänglich, auch INI-Dateien mit

VBA zu bearbeiten oder zumindest zu lesen. Die Lösung für dieses Problem wurde im Ansatz bereits im vorstehenden ▶ Abschnitt »4.19 Textdateien als Programmressourcen nutzen« erläutert. Aus den gleichen Gründen wie dort, wird daher auch hier auf die Nutzung des *FileSystem-Object*-Objekts zur Bearbeitung der Datei verzichtet.

Sie müssen eine Textdatei lesen, sich die gesuchte Zeile merken und können diese dann nach erneutem Öffnen der Datei ändern. In INI-Dateien kommt jedoch hinzu, dass es mehrere Abschnitte geben kann, die gleiche Einträge enthalten. Sie dürfen also nicht nur nach einem Eintrag mit einem bestimmten Namen suchen, sondern müssen auch die Abschnittsnamen berücksichtigen. Um die INI-Datei zu lesen, ist eine Funktion sinnvoll, die den Eintrag sucht und die Zeilennummer als Rückgabewert und den Wert des Eintrags über einen Parameter zurückgibt.

HINWEIS: Zum Lesen von INI-Dateien und Registry-Einträgen gibt es auch API-Funktionen. Diese haben jedoch den Nachteil, dass sie abhängig von der Windows-Version Unterschiede aufweisen und außerdem natürlich nicht auf dem Macintosh funktionieren. Näheres zu API-Funktionen enthält das ▶ Kapitel 11.

Erläuterungen

Wenn Sie eine INI-Datei auslesen und bearbeiten möchten, müssen Sie dazu wissen, wie INI-Dateien aufgebaut sind. Sie bestehen aus einem oder mehreren Abschnitten. Jeder Abschnitt beginnt mit einem Abschnittsnamen, der in eckigen Klammern steht und der einzige Text der Zeile ist.

Unterhalb des Abschnittsnamens folgen die Einstellungen als Name/Wert-Paare, die durch Gleichheitszeichen von einander getrennt sind. Alle Namen innerhalb eines Abschnittes müssen eindeutig sein und alle Abschnittsnamen ebenso. Die für die nachfolgenden Tests verwendete Datei sieht beispielsweise folgendermaßen aus:

```
[Lizenz]
Name=Testversion
Lizenznehmer=Franz Mustermann
Nr=Lizenz12345

[Konfiguration]
Nr=1084
...
```

Listing 4.38: Aufbau einer INI-Datei

Um einen bestimmten Wert auszulesen, benötigen Sie also eine Funktion, der Sie den Dateinamen der INI-Datei, den Abschnittnamen sowie den Namen des Wertes übergeben. Wenn Sie außerdem den Wert des Eintrags über einen Parameter zurückgeben möchten, benötigen Sie noch einen Parameter für den Wert, dem Sie das Schlüsselwort *ByRef* voranstellen müssen, damit er als Referenz übergeben wird.

HINWEIS: Details zur Parameterübergabe als Referenz oder Wert finden Sie in ▶ Kapitel 1.

Zunächst öffnen Sie wieder die Datei zum Lesen. Sollte das nicht gelingen, weil die Datei nicht vorhanden ist, legen Sie den Rückgabewert der Funktion auf einen ungültigen Wert für eine Zeilennummer (hier −1) fest. Daran können Sie dann nach Aufruf der Funktion erkennen, dass die Datei nicht gelesen wurde. Weil ohne die Datei natürlich alle nachfolgenden Schritte sinnlos sind, verlassen Sie die Funktion mit *Exit Function*.

Konnte die Datei geöffnet werden, legen Sie die Variable *lngZeile* auf 0 fest. Diese Variable zählt die gelesenen Zeilen bis zur gesuchten. In einer Schleife, die wieder bis zum Dateiende läuft, das erreicht ist, wenn der Ausdruck *Not (EOF(bytNr))* wahr ist, lesen Sie nun Zeile für Zeile aus. Für jede Zeile, die nach dem Ausführen der *Input*-Anweisung in der Variablen *strZeile* gespeichert ist, müssen Sie dann prüfen, ob sie einen Abschnittsnamen enthält. Dieser ist vorhanden, wenn eine öffnende eckige Klammer »[« in der Zeile vorkommt. Falls ein Abschnittsname vorhanden ist, wird der Teil zwischen den beiden Klammern ausgeschnitten und der Variablen *strTempAbschnitt* zugewiesen. Damit haben Sie den Abschnitt ermittelt, zu dem alle folgenden Zeilen (bis zum nächsten Abschnitt) gehören.

Außerdem muss jede Zeile daraufhin geprüft werden, ob sie den gesuchten Wert enthält. Das ist der Fall, wenn der Name des Wertes in Spalte 1 beginnt. Beginnt der Name erst später in der Zeile, handelt es sich in der Regel um eine Kommentarzeile, der ein Semikolon vorangestellt ist.

Haben Sie die Zeile mit dem richtigen Namen gefunden und stimmt auch der Abschnittsname in der Variablen *strTempAbschnitt* mit dem Parameter *strAbschnitt* überein, ist der gesuchte Wert gefunden. In diesem Fall weisen Sie der Funktion den Wert *lngZeile* als Rückgabewert zu, ermitteln den Wert, indem Sie den Text rechts vom Gleichheitszeichen ausschneiden und dem Parameter *strWert* zuweisen und verlassen dann die Schleife mit *Exit Do*. Sie können jetzt die Datei schließen und schließlich noch prüfen, ob der Wert gefunden wurde. Wenn ja, muss die Variable *boolGefunden* den Wert *True* haben. Falls nicht, geben Sie den Wert 0 aus der Funktion zurück.

```
Sub K04_20()
    Dim strWert As String
    strWert = ""
    Debug.Print "Zeile: " & getWert(ThisWorkbook.Path & _
        Application.PathSeparator & "myIni.INI", _
        "Konfiguration", "Nr", strWert)
    Debug.Print "Wert: " & strWert
End Sub

Function getWert(strDatei As String, strAbschnitt As String, _
    strName As String, ByRef strWert As String) As Long
    Dim bytNr As Byte
    Dim lngAnz As Long
    Dim lngPos As Long
    Dim lngZeile As Long
    bytNr = FreeFile()
    Dim strZeile As String
    Dim boolGefunden As Boolean
    Dim strTempAbschnitt As String
    On Error Resume Next
    Open strDatei For Input As #bytNr
    If Err.Number = 53 Then
        Err.Clear
        'Datei nicht gefunden
        strWert = ""
        getWert = -1
        Exit Function
    End If
    'Datei nach einer Zeile mit strName am Anfang durchsuchen
    getWert = -1
```

```
lngZeile = 0
boolGefunden=false
Do While Not (EOF(bytNr))
    lngZeile = lngZeile + 1
    Input #bytNr, strZeile
    'Prüfen ob die Zeile eine Abschnittsnamen enthält
    lngPos = InStr(1, strZeile, "[")
    If lngPos > 0 Then
        'Abschnittnamen gefunden
        'Leerzeichen abschneiden
        strZeile = Trim(strZeile)
        'Abschnittsnamen ermitteln
        strTempAbschnitt = Mid(strZeile, 2, Len(strZeile) - 2)
    End If
    'Prüfen, ob die Zeile mit dem Wertnamen gefolgt von "=" beginnt
    lngPos = InStr(1, UCase(strZeile), UCase(strName) & "=")
    If lngPos = 1 Then
        'Name gefunden, prüfen, ob Abschnitt richtig ist
        If UCase(strTempAbschnitt) = UCase(strAbschnitt) Then
            'Richtiger Eintrag gefunden, Zeile merken
            getWert = lngZeile
            'Wert ermitteln
            lngPos = InStr(1, strZeile, "=")
            strWert = Mid(strZeile, lngPos + 1)
            'Schleife verlassen
            boolGefunden=true
            Exit Do
        End If
    End If
Loop
'Datei schließen
Close #bytNr
If boolGefunden=false Then lngZeile = 0
End Function
```

Listing 4.39: *Einen Wert der INI-Datei ermitteln*

4.21   Einstellungen in INI-Dateien speichern

Das Codemodul *K04_21* mit dem Listing finden Sie in der Datei *K04.xls* innerhalb der Begleit-dateien zum Buch.

Problem

Sie möchten einen Wert in einer INI-Datei ändern, den Sie zuvor ausgelesen haben.

Lösung

Neben der Funktion, die im vorhergehenden ▶ Abschnitt »4.20 INI-Dateien lesen« erstellt wurde, benötigen Sie für die Lösung des Problems eine Prozedur, der Sie die Zeilennummer des zu ändernden Wertes sowie deren Namen und den neuen Wert übergeben. Diese Prozedur öffnet dann zuerst die Datei zum Lesen, liest die Zeilen vor der angegebenen Zeile in eine Variable ein, ergänzt dann den Namen und neuen Wert und alle folgenden Zeilen auf gleiche Weise. Die Variable schreiben Sie zum Schluss nur noch in die Datei.

Erläuterungen

Die Prozedur *setWert* öffnet zunächst die Datei zum Lesen und liest in einer *Do...Loop*-Schleife die Zeilen bis zur angegebenen Zeilennummer (im Parameter *lngZNr*). Jede Zeile hängen Sie an die Variable *strDateiinhalt* gefolgt von einem Zeilenumbruch (*vbcrlf*) an. Haben Sie die gesuchte Zeile erreicht, hängen Sie hingegen den Namen des Wertes, ein »=«-Zeichen und den neuen Wert an die Variable *strDateiinhalt* an. Anders als bei der Suche nach dem Wert dürfen Sie aber jetzt nicht die Schleife verlassen, weil Sie ja auch noch den Rest der Datei bis zum Dateiende auslesen müssen. Bei Erreichen des Dateiendes schließen Sie die Datei und öffnen sie zum schreiben. Schreiben Sie nun einfach die komplette Datei auf einen Rutsch, indem Sie die Variable *strDateiinhalt* an die *Print*-Anweisung übergeben.

HINWEIS: Erläuterungen zur Funktion *getWert* finden Sie im vorhergehenden ▶ Abschnitt »4.20 INI-Dateien lesen«.

```
Sub K04_21()
    Dim strWert As String
    Dim lngZeilennr As Long
    strWert = ""
    lngZeilennr = getWert(ThisWorkbook.Path & _
        Application.PathSeparator & "myIni.INI", _
        "Konfiguration", "Nr", strWert)
    Debug.Print "Wert: " & strWert
    setWert ThisWorkbook.Path & _
        Application.PathSeparator & "myIni.INI", _
        lngZeilennr, "Nr", "XXXX"
End Sub

Sub setWert(strDatei As String, lngZNr As Long, _
    strName As String, strWert As String)
    Dim bytNr As Byte
    Dim lngAnz As Long
    Dim lngPos As Long
    Dim lngZeile As Long
    Dim strDateiinhalt As String
    bytNr = FreeFile()

    Dim strZeile As String
    Dim strTempAbschnitt As String
    On Error Resume Next
    Open strDatei For Input As #bytNr
    If Err.Number = 53 Then
        Err.Clear
        'Datei nicht gefunden
        strWert = ""
        Exit Sub
    End If
    'Datei bis zur gesuchten Zeile auslesen
    lngZeile = 0
    Do While Not (EOF(bytNr))
        lngZeile = lngZeile + 1
        Input #bytNr, strZeile
        If lngZeile = lngZNr Then
            'Gesuchte Zeile gefunden
            strDateiinhalt = strDateiinhalt & strName & "=" & _
```

```
                strWert & vbCrLf
        Else
            'Zeile anhängen
            strDateiinhalt = strDateiinhalt & strZeile & vbCrLf
        End If
    Loop
    'Datei schließen
    Close #bytNr
    'Datei zum Schreiben öffnen
    bytNr = FreeFile()
    Open strDatei For Output Access Write As #bytNr
    'Inhalt in die Datei schreiben
    Print #bytNr, strDateiinhalt
    'Datei schließen
    Close #bytNr
End Sub
```

Listing 4.40: *Einen INI-Eintrag ändern*

5 Dialoge einsetzen und gestalten

Dieses Kapitel beschäftigt sich mit Dialogfeldern, die Sie in Excel verwenden können, um Einstellungen vom Benutzer abzufragen oder Dateneingaben anzufordern. Dabei werden sowohl die wichtigsten integrierten Dialogfelder als auch benutzerdefinierte Formulare in Form von UserForms berücksichtigt.

5.1   Einen Datei- und Verzeichnisnamen vom Benutzer anfordern

Das Codemodul *K05_01* mit dem Listing finden Sie in der Datei *K05.xls* innerhalb der Begleitdateien zum Buch.

Problem

Sie möchten den Benutzer eine Datei auswählen lassen und dazu das Dialogfeld *Datei öffnen* anzeigen lassen.

Lösung

Das *Application*-Objekt stellt die Methode *getOpenFilename* zur Verfügung. Sie zeigt das gewünschte Dialogfeld an und gibt den ausgewählten Namen zurück.

Erläuterungen

Der erste Parameter der Methode bestimmt den Dateifilter. Lassen Sie ihn weg, werden alle Dateien angezeigt. Geben Sie ihn aber an, muss er korrekt sein, das heißt die richtige Syntax aufweisen. Sie besteht aus dem Namen, gefolgt von der Dateinamensweiterung in Klammern dahinter. Danach muss zwingend ein Komma folgen und dann noch einmal die Dateinamenserweiterung mit Platzhalterzeichen: *Name (*.typ), *.typ*.

Wenn Sie mehrere Dateifilter angeben möchten, geben Sie diese nacheinander getrennt durch Kommas an. Bei mehreren Dateifiltern können Sie mit dem zweiten Parameter die Nummer des vorausgewählten Filters bestimmen. Standardmäßig wird der erste Filter ausgewählt. In der Prozedur *TestK05_01* wird nur ein Filter definiert, deshalb ist der zweite überflüssig. Mit dem dritten Parameter können Sie den Titel des Dialogfeldes bestimmen.

HINWEIS: Auf dem Macintosh müssen Sie an dieser Stelle eine kommaseparierte Liste angeben, die die Dateitypen nennen, beispielsweise »XLS8, XLS4«, wenn der Benutzer sowohl Excel 4.0-Dateien als auch Excel-Dateien der Versionen 97 und höher bzw. 2000 und höher für Macintosh auswählen können soll. Anders als unter Windows erkennt Mac OS X die Dateitypen nicht alleine an der Endung. wenn Sie lediglich »XLS4« angeben, kann der Benutzer keine Excel-Dateien auswählen, die im aktuellen Excel-Format erstellt wurden. Um zwischen Mac und Windows zu unterscheiden, müssen Sie also wie in Listing 5.2 gezeigt die bedingte Kompilierung einsetzen

```
Sub TestK05_01()
    Debug.Print Application.GetOpenFilename( _
        "Exceldateien (*.xls), *.xls", , "Bitte eine Datei auswählen")
End Sub
```

Listing 5.1: Rückgabe des ausgewählten Dateinamens mit Pfad

HINWEIS: Schließt der Benutzer das Dialogfeld mit *Abbrechen* ohne eine Datei auszuwählen, gibt die Methode den Text "*FALSCH*" zurück. Das sollten Sie berücksichtigen, wenn Sie den Rückgabewert verwenden.

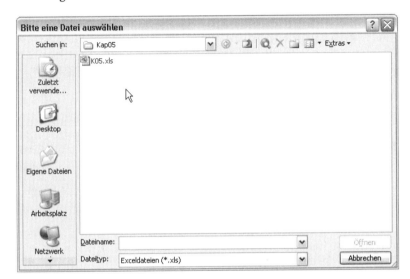

Abbildung 5.1: Das erzeugte Dialogfeld zur Dateiauswahl

TIPP: Analog zur *GetOpenFilename*-Methode können Sie mit der *GetSaveFilename*-Methode ein Dialogfeld anzeigen lassen, in dem der Benutzer den Pfad und Dateinamen auswählen bzw. eingeben kann, unter dem die Datei gespeichert werden kann. Als ersten Parameter können Sie einen Dateinamen vorschlagen, der im Feld *Dateiname* des Dialogfelds angezeigt wird. Wenn Sie den ersten Parameter weg lassen, bleibt das Feld leer. Der zweite Parameter legt die Dateifilter fest, wobei die gleichen Anforderungen an die Syntax gestellt werden, wie bei der *GetOpenFileName*-Methode. Mit dem dritten und vierten Parameter bestimmen Sie den Dialogfeldtitel und die Aufschrift der Schaltfläche.

```
Sub TestK05_01()
    Dim strDateiname As String
    #If Mac = False Then
        strDateiname = Application.GetOpenFilename( _
            "Exceldateien (*.xls), *.xls", , "Bitte eine Datei auswählen")
    #Else
        strDateiname = Application.GetOpenFilename( _
            "XLS8", , "Bitte eine Datei auswählen")
    #End If
    Debug.Print strDateiname
    #If Mac = False Then
        strDateiname = Application.GetSaveAsFilename(, _
            "Exceldateien (*.xls),*.xls", , _
            "Bitte wählen Sie den Speicherort!")
    #Else
```

```
        strDateiname = Application.GetSaveAsFilename(, , , _
            "Bitte wählen Sie den Speicherort!", "Speichern")
    #End If
    Debug.Print strDateiname
End Sub
```

Listing 5.2: Einen Dateinamen zum Speichern auswählen lassen

Der Unterschied zwischen beiden Methoden besteht darin, dass der Dialog, der mit *GetOpen-Filename* angezeigt wird, mit einer *Öffnen*-Schaltfläche ausgestattet ist und bei Bedarf auch mehrere Dateien zurückgeben kann, die Sie dann beispielsweise öffnen können. Die *GetSave-FileName*-Methode kann immer nur einen Dateinamen zurückgeben und verwendet standardmäßig eine Schaltfläche mit der Aufschrift *Speichern*, wenn Sie keine Aufschrift angeben. Die angegebene Aufschrift wird nur auf dem Macintosh verwendet, daher können Sie sie unter Windows auch gleich weglassen. Unter Windows wird die Schaltfläche immer mit »Speichern« beschriftet.

5.2 Mehrere Dateien über das *Öffnen*-Dialogfeld auswählen lassen

Das Codemodul *K05_02* mit dem Listing finden Sie in der Datei *K05.xls* innerhalb der Begleitdateien zum Buch.

Problem

Sie möchten es dem Benutzer ermöglichen, mehrere Dateien auszuwählen, die Sie dann beispielsweise in Excel öffnen oder importieren können.

Lösung

Sie können dem Benutzer über die *GetOpenFilename*-Methode ermöglichen, auch mehrere Dateien auszuwählen. Diese werden dann als eindimensionales Array zurückgegeben. Unter Mac OS X wird sowohl mit Excel 2001 als auch mit Excel 2004 eine Mehrfachauswahl nicht unterstützt.

Erläuterungen

Damit der Benutzer mehr als eine Datei auswählen kann, müssen Sie den letzten Parameter der Methode *GetOpenFilename* auf *True* setzen. Besonderheiten bei den anderen Parametern, die bereits im ▶ Abschnitt »5.1 Einen Datei- und Verzeichnisnamen vom Benutzer anfordern« beschrieben wurden, gibt es nicht. Sie müssen dann allerdings darauf achten, den Rückgabewert der Methode nicht einer *String*-Variablen zuzuweisen, sondern einer Variablen des Typs *Variant*, weil ja ein Array zurückgegeben wird.

Wurde mindestens eine Datei gewählt, ist der Typ des Rückgabewerts, den Sie mit *TypeName* ermitteln können, ungleich »Boolean«. In diesem Fall können Sie das zurückgegebene Array in einer Schleife durchlaufen und die Dateinamen ausgeben oder anderweitig verwenden.

```
Sub TestK05_02()
    Dim varDateien As Variant
    Dim varD As Variant
    #If Mac = False Then
    varDateien = Application.GetOpenFilename( _
        "CSV-Dateien (*.CSV),*.CSV,Text-Dateien (*.TXT),*.TXT", 1, _
        "Dateien auswählen", "Öffnen", True)

    If TypeName(varDateien) <> "Boolean" Then
        For Each varD In varDateien
            'Ausgeben der gewählten Dateien
            'An dieser Stelle könnten Sie die Dateien
            'auch einer Prozedur übergeben, die sie
            'weiter verarbeitet
            Debug.Print varD
        Next varD
    End If
    #Else
    varDateien = Application.GetOpenFilename( _
        FileFilter:="TEXT", MultiSelect:=False)
    Debug.Print varDateien
    #End If
End Sub
```

Listing 5.3: Ermitteln mehrerer Text- bzw. CSV-Dateien

5.3 Ein Verzeichnis vom Benutzer auswählen lassen

Das Codemodul *K05_03* mit dem Listing finden Sie in der Datei *K05.xls* innerhalb der Begleitdateien zum Buch.

Problem

Sie möchten dem Benutzer per Dialogfeld die Auswahl eines Verzeichnisses ermöglichen.

Lösung

Da das *Application*-Objekt keine Möglichkeit bietet, einen Pfad dialoggesteuert auszuwählen, müssen Sie dazu auf eine externe Bibliothek, die *Shell32*-Bibliothek, zurückgreifen, die unter Windows zur Verfügung steht. Für den Macintosh gibt es dafür leider keine Lösung. Entweder programmieren Sie sich hier das Dialogfeld selbst oder verzichten auf eine dialoggesteuerte Auswahl. In diesem Fall wäre eine Schleife hilfreich, die vom Benutzer die Eingabe des Pfades über die *InputBox*-Funktion abfragt. Auch Excel 2000 und früher hat Probleme mit der Verzeichnisauswahl. Hier liegt es aber nicht daran, dass die Bibliothek nicht zur Verfügung steht, sondern dass in diesen Excel-Versionen die Eigenschaft *Hwnd* des *Application*-Objekts nicht zur Verfügung steht. Damit Sie wieder zwischen Mac- und Windows-Systemen unterscheiden können, bietet sich auch hier die bedingte Formatierung an. Details dazu finden Sie in ▶ Kapitel 1.

Erläuterungen

Die Funktion für den Macintosh ist recht einfach aufgebaut. Sie besteht aus einer Schleife, die so lange die Eingabeaufforderung anzeigt, bis diese mit *Abbrechen* geschlossen wurde und somit eine leere Zeichenfolge zurückgegeben wird oder wenn ein vorhandenes Verzeichnis eingegeben wurde. Um zu prüfen, ob das angegebene Verzeichnis vorhanden ist, wird die in ▶ Kapitel 4 vorgestellte Funktion *VerzVorhanden* verwendet. Sie gibt *True* zurück, wenn das angegebene Verzeichnis existiert. Den gleichen Code müssen auch die Excel-Versionen 2000 und früher für Windows ausführen. Bedingte Kompilierung bringt Sie hierbei aber nicht weiter. Stattdessen wird vor Aufruf der Funktion *getPfad* in der Prozedur *TestK05_03* eine Variable des Typs *Long* definiert. Ihr wird versuchsweise der Wert der *Hwnd*-Eigenschaft des *Application*-Objekts zugewiesen. Verfügt die verwendete Excel-Version über die Eigenschaft, gelingt dies und die Variable hat danach einen Wert ungleich 0. Falls es die Eigenschaft nicht gibt, verursacht dies einen Laufzeitfehler, der durch die *On Error Resume Next*-Anweisung übergangen wird. Dies bewirkt dann aber, dass die Variable ihren ursprünglichen Wert 0 behält. Sie brauchen danach also nur noch prüfen, ob die Variable den Wert 0 hat. In diesem Fall wissen Sie, dass die *Hwnd*-Eigenschaft nicht zur Verfügung steht und rufen die Funktion *getPfad1* auf, andernfalls rufen Sie die Funktion *getPfad()* auf.

Für den Code, der die *Shell32*-Bibliothek nutzt, ist zunächst ein Verweis einzurichten. Gehen Sie dazu folgendermaßen vor:

1. Rufen Sie in der Entwicklungsumgebung den Menübefehl *Extras/Verweise* auf.

2. Aktivieren Sie das Kontrollkästchen vor dem Eintrag *Microsoft Shell Controls And Automation*.

3. Schließen Sie das Dialogfeld mit *OK*.

HINWEIS: Der Verweis ist erforderlich, um die Objektbibliothek mit früher Bindung verwenden zu können. Mehr dazu finden Sie in ▶ Kapitel 3.

Haben Sie den Verweis erstellt, können Sie mit der Anweisung *Dim objSh As New Shell32.Shell* ein neues *Shell*-Objekt erzeugen. Es stellt Methoden zur Verfügung, mit dem Sie auf einige Standarddialoge von Windows Zugriff haben. Um den ausgewählten Ordner in einer Variablen speichern zu können, benötigen Sie noch eine Variable des Typs *Folder2* der Objektbibliothek *Shell32*. Möchten Sie den Verzeichnisauswahldialog anzeigen lassen, rufen Sie dazu die Methode *BrowseForFolder* auf. Als ersten Parameter müssen Sie eine Fenster-ID übergeben, das ist eine hexadezimale Zahl, die ein geöffnetes Fenster identifiziert. Diese können Sie über die *Hwnd*-Eigenschaft des *Application*-Objekts abrufen. Der zweite Parameter bestimmt den Text, der als Eingabeaufforderung des Fensters angezeigt wird, der dritte dessen Aussehen. Mit dem Wert 0 erhalten Sie das Standardfenster angezeigt. Die Methode gibt eine leere Zeichenfolge zurück, falls der Benutzer auf *Abbrechen* klickt, oder das ausgewählte Verzeichnis als *Folder2*-Objekt. Daher sorgt die *On Error Resume Next*-Anweisung dafür, dass es nicht zu einem Laufzeitfehler kommt, wenn der Rückgabewert der Variablen zugewiesen wird. Mit dem Ausdruck *getPfad = objFolder.Self.Path* weisen Sie dann der Funktion den Pfad des ausgewählten Ordners als Rückgabewert zu.

```
Sub TestK05_03()
    Dim lngHwnd As Long
    On Error Resume Next
    lngHwnd = Application.HWND
    If lngHwnd = 0 Then
```

```
        Debug.Print getPfad1()
    Else
        Debug.Print getPfad()
    End If
End Sub

Function VerzVorhanden(strPfad As String) As Boolean
    Dim strTemp As String
    strTemp = Dir(strPfad, vbDirectory)
    If strTemp = "" Then
        VerzVorhanden = False
    Else
        VerzVorhanden = True
    End If
End Function

Function getPfad() As String
    Dim objSh As New Shell32.Shell
    Dim objFolder As Shell32.Folder2
    On Error Resume Next
    Set objFolder = objSh.BrowseForFolder(Application.HWND, _
        "Bitte Ordner wählen", 0)
    getPfad = objFolder.Self.Path
    Set objFolder = Nothing
    Set objSh = Nothing
End Function

Function getPfad1() As String
    Do
        getPfad1 = InputBox("Bitte geben Sie den Pfad an:")
    Loop Until getPfad1 = "" Or VerzVorhanden(getPfad1) = True
End Function
```

Listing 5.4: *Auswahl bzw. Eingabeaufforderung für ein Verzeichnis*

Abbildung 5.2: *Das erzeugte Auswahldialogfeld*

TIPP: Über den dritten Parameter können Sie das Aussehen des Dialogfelds bestimmen. Neben dem verwendeten Wert 0 sind die Werte 16 und –1 zulässig. Bei 16, wird unterhalb der

---

Dialoge einsetzen und gestalten

Verzeichnisauswahlliste ein Eingabefeld angezeigt, in dem der Name des aktuell ausgewählten Ordners angezeigt wird. Geben Sie –1 an, kann der Benutzer nur Drucker auswählen.

Abbildung 5.3: *Das Dialogfeld zur Ordnerauswahl mit dem Wert 16 als dritten Parameter*

5.4 Standarddialogfelder von Excel aufrufen und steuern

Das Codemodul *K05_04* mit dem Listing finden Sie in der Datei *K05.xls* innerhalb der Begleitdateien zum Buch.

Problem

Sie möchten ein Dialogfeld von Excel einblenden und mit bestimmten Daten vorkonfigurieren.

Lösung

Alle Dialogfelder von Excel, mit Ausnahme von Fehlermeldungen, werden in der *Dialogs*-Auflistung des *Application*-Objekts verwaltet. Durch Angabe einer entsprechenden Konstante können Sie ein Dialogfeld auswählen und mit der *Show*-Methode anzeigen lassen. Abhängig vom Dialogfeld gibt es für die *Show*-Methode Parameter, über die Sie bestimmte Einstellungen der Dialogfelder definieren können.

Erläuterungen

Integrierte Dialogfelder können Sie beispielsweise einsetzen, wenn Sie dem Benutzer komplexe Formatierungsmöglichkeiten anbieten möchten, deren Nachprogrammierung sehr aufwändig wäre. So können Sie dem Benutzer beispielsweise über das Dialogfeld *xlDialogApplyStyle* die Möglichkeit bieten, dem markierten Zellbereich oder der aktiven Zelle eine Formatvorlage zuzuweisen. Unabhängig von dem anzuzeigenden Dialogfeld funktioniert das immer auf die gleiche Weise. Sie übergeben die Konstante an die *Dialogs*-Auflistung, um das Dialogfeld zurückzugeben, mit dessen *Show*-Methode Sie es dann einblenden.

HINWEIS: Alle Dialogfelder werden modal angezeigt. Das bedeutet, dass die nach *Show* folgende Codezeile erst dann ausgeführt wird, wenn das Dialogfeld geschlossen wurde. Nach dem Schließen führt das Dialogfeld allerdings noch die Standardaktion des Dialogfeldes aus.

Das Dialogfeld *xlDialogApplyStyle* weist also das gewählte Format zu. Entsprechend würde das Dialogfeld *xlDialogOpen* die ausgewählte Arbeitsmappe öffnen. Erst nach dieser Aktion wird der Code fortgesetzt. Das ist insbesondere dann wichtig zu beachten, wenn sich durch die ausgeführte Aktion die aktive Zelle, die Markierung oder die aktive Arbeitsmappe ändert.

Die Prozedur *TestK05_04* zeigt, wie Sie das Dialogfeld zum Zuweisen einer Formatvorlage anzeigen lassen. Speziell diesem Dialogfeld können Sie genau einen Parameter übergeben, der den Namen des vorgeschlagenen Formats bestimmt. Geben Sie das Argument nicht an, wird die Formatvorlage »Standard« ausgewählt.

```
Sub TestK05_04()
    Application.Dialogs(xlDialogApplyStyle).Show "Währung"
End Sub
```

Listing 5.5: Das integrierte Dialogfeld zur Auswahl einer Formatvorlage

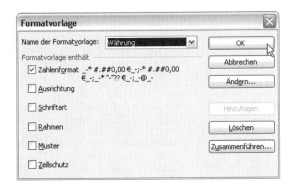

Abbildung 5.4: Das angezeigte Dialogfeld mit vorausgewähltem Format »Währung«

Welche Parameter für die Dialogfelder zur Verfügung stehen, hängt vom jeweiligen Dialogfeld ab. Eine vollständige Liste finden Sie im ▶ Anhang A. Bedenken Sie jedoch, dass nicht alle Dialogfelder auch in allen Excel-Versionen zur Verfügung stehen und dass auch die Parameter variieren können. Geben Sie mehr als die definierten Parameter an, tritt beim Aufruf der *Show*-Methode ein Laufzeitfehler auf.

HINWEIS: Anders als bei den integrierten Dialogfeldern von Word gibt es bei Excel keine Möglichkeit, die Dialogfelder nur anzeigen zu lassen, ohne die Aktion auszuführen. Sie können aber auch hier über den Rückgabewert der *Show*-Methode ermitteln, wie der Benutzer das Dialogfeld geschlossen hat. Gibt die Methode *False* zurück, hat der Benutzer die *Abbrechen*-Schaltfläche gewählt.

ACHTUNG: Nicht alle Dialogfelder stehen auch für die Macintosh-Version zur Verfügung, dafür gibt es hier wiederum Dialogfelder, die die Windows-Version nicht kennt. Sie sind durch die Zeichenfolge »Mac« im Namen gekennzeichnet.

5.5 Eigene Dialogfelder erstellen und anzeigen

Das Codemodul *K05_05* sowie das Formular *frmK05_05* mit dem Listing finden Sie in der Datei *K05.xls* innerhalb der Begleitdateien zum Buch.

Problem

Sie kommen nicht alleine mit den integrierten Dialogfeldern aus und möchten eigene Dialogfelder erstellen, die beispielsweise für die Dateneingabe in eine Tabelle genutzt werden können.

Lösung

Wenn Sie ein Dialogfeld erstellen möchten, fügen Sie ein besonderes Klassenmodul, eine UserForm in das VBA-Projekt ein. Sie können dann über die Werkzeugleiste darauf Steuerelemente anordnen.

Erläuterungen

Benutzerdefinierte Dialogfelder werden in Excel über UserForms realisiert. Das sind spezielle Klassenmodule, die im Projekt-Explorer in der Rubrik *Formulare* angezeigt werden. Gehen Sie folgendermaßen vor, um ein Formular zu erstellen:

1. Rufen Sie in der Entwicklungsumgebung den Menübefehl *Einfügen/UserForm* auf.

2. Geben Sie im Feld *Name* des Eigenschaftenfensters den Namen für das Formular ein. Diesen benötigen Sie später, um das Dialogfeld anzeigen zu lassen. Der Name darf keine Sonderzeichen, Leerzeichen und Satzzeichen enthalten. Einzig zulässiges Sonderzeichen ist der Unterstrich:

3. Nun können Sie noch den Text im Fenstertitel bestimmen, indem Sie ihn in das Feld der Eigenschaft *Caption* eintragen.

Damit haben Sie das Formular erstellt und können nun Steuerelement darauf anordnen. Dazu wählen Sie das Steuerelement in der Werkzeugsammlung aus, indem Sie es anklicken und ziehen dann einen Rahmen in der gewünschten Größe auf der Zeichnungsfläche des Formulars. An dieser Stelle wird das Steuerelement dann erstellt. Sie sollten beispielsweise für jedes Dialogfeld eine *Abbrechen*- oder *OK*-Schaltfläche erstellen, über die der Benutzer das Dialogfeld schließen kann. Dazu fügen Sie nebeneinander zwei Schaltflächen ein.

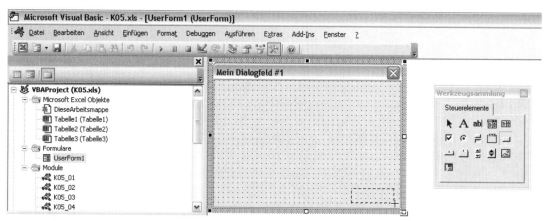

Abbildung 5.5: *Einfügen einer Schaltfläche*

Nachdem Sie die Schaltflächen erstellt haben, sollten Sie mindestens die Eigenschaften *Name* und *Caption* über das Eigenschaftenfenster festlegen, die den Namen und die Aufschrift bestimmen.

Wie werden Steuerelemente ausgewählt und bearbeitet?

Alle Steuerelemente die Sie einfügen, können im Prinzip auf die gleiche Weise bearbeitet werden. Ihre Position und Größe können Sie auch nachträglich ändern, indem Sie sie per Drag & Drop auf der Zeichnungsfläche verschieben oder an den Markierungspunkten der Schaltfläche mit der Maus ziehen. Andere Eigenschaften wie die Namen, Aufschriften, Füll- und Rahmenfarben können Sie über das Eigenschaftenfenster festlegen, wenn das Steuerelement markiert ist. Ein einzelnes Steuerelement markieren Sie durch einen einfachen Mausklick auf das Steuerelement. Möchten Sie mehrere Steuerelemente formatieren, markieren Sie sie, indem Sie einen Rahmen um die Steuerelemente ziehen. Es genügt dabei, wenn nur ein Teil des Steuerelements innerhalb des Rahmens liegt. Haben Sie mehrere Steuerelemente verschiedener Typen markiert, beispielsweise ein Eingabefeld und eine Schaltfläche, werden im Eigenschaftenfenster allerdings nur die Eigenschaften angezeigt, die beide Steuerelemente haben. Wenn Sie auf alle Eigenschaften zugreifen möchten, müssen Sie daher darauf achten, nur Steuerelemente des gleichen Typs gleichzeitig zu markieren.

Falls es nicht möglich ist, ein Steuerelement per Mausklick zu markieren, weil andere Steuerelemente es verdeckten, können Sie alternativ auch das Steuerelement aus der Auswahlliste des Eigenschaftenfensters auswählen (Abbildung 5.6).

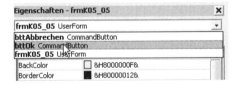

Abbildung 5.6: Auswählen eines Steuerelements

HINWEIS: Nachfolgend werden die Steuerelemente einheitlich mit einem Präfix versehen, sodass Sie am Namen den Steuerelementtyp ableiten können. Schaltflächen bekommen beispielsweise das Präfix »btt«, Listenfelder »lst«, Eingabefelder »txt«. Die beiden Schaltflächen bekommen also die Namen »bttOk« und »bttAbbrechen«. Wichtig ist außerdem, dass Sie die Steuerelemente benennen, bevor Sie Ereignisprozeduren erstellen, weil die Ereignisprozeduren den Steuerelementen über ihren Namen zugewiesen werden.

Den beiden Schaltflächen müssen Sie nun natürlich noch Code zuweisen, der beim Klicken ausgeführt wird und das Dialogfeld schließt. Dazu klicken Sie doppelt auf die beiden Schaltflächen. Die Entwicklungsumgebung erzeugt dann die Ereignisprozeduren für die *Click*-Ereignisse der Schaltflächen. Klickt der Benutzer auf *Abbrechen*, soll das Dialogfeld einfach nur geschlossen werden. Dazu sollten Sie es zunächst mit der *Hide*-Methode ausblenden und dann mit der *Unload*-Anweisung aus dem Speicher entfernen.

HINWEIS: Die *Unload*-Anweisung entfernt ein Objekt aus dem Speicher. Während sie in Visual Basic auf alle Objekte angewendet werden kann, dient sie in VBA lediglich zum Entladen von Formularen aus dem Speicher. Das ist notwendig, weil das *UserForm*-Objekt automatisch erzeugt wird, wenn Sie das Dialogfeld anzeigen lassen und nicht wieder aus dem

Speicher entfernt werden kann, indem Sie eine Objektvariable auf *Nothing* setzen. Das Schlüsselwort *Me* repräsentiert das *UserForm*-Objekt, in dem es steht. Mehr zum Schlüsselwort *Me* und Klassen im Allgemeinen finden Sie in ▶ Kapitel 3.

Schließt der Benutzer das Dialogfeld über die *OK*-Schaltfläche, soll in der Regel eine Aktion ausgeführt werden, wie beispielsweise eine Datenbankabfrage gemacht werden oder die Werte in eine Tabelle geschrieben. Da Sie dazu in der Regel Werte von Steuerelementen des Dialogfelds benötigen, müssen Sie den Code zwingend ausführen, bevor das Dialogfeld aus dem Speicher entfernt wird. Vor allem, wenn die Anweisungen mehr Zeit für die Ausführung benötigen, ist es wichtig, dass Sie sie zwischen *Me.Hide* und *Unload.Me* platzieren. Der Benutzer kann dann nämlich bereits mit der Anwendung weiter arbeiten, ohne auf die Ausführung des Codes warten zu müssen.

```
Private Sub bttAbbrechen_Click()
    Me.Hide
    Unload Me
End Sub

Private Sub bttOk_Click()
    Me.Hide
    'Hier folgt der Code, der
    'die gewünschten Aktionen
    'ausführen soll, hier
    'als Platzhalter eine Meldung
    MsgBox "OK-Button"
    Unload Me
End Sub
```

Listing 5.6: *Ausblenden des Dialogfelds*

Jetzt fehlt noch der Code, der das Dialogfeld anzeigt. Den müssen Sie entweder in einem anderen Dialogfeld definieren oder in einem normalen Modul. Sie geben dazu den Namen der UserForm an und rufen die Methode *Show* auf. Ein Formular mit dem Namen »frmK05_05« rufen Sie also mit der Anweisung *frmK05_05.Show* auf. Standardmäßig werden Dialogfelder modal aufgerufen. Das bedeutet, dass der Code nach dem Aufruf der *Show*-Methode erst ausgeführt wird, wenn das Dialogfeld geschlossen wurde. Wie Sie dies ändern können, erläutert der folgende ▶ Abschnitt »5.6 Dialogfelder nicht modal anzeigen«.

```
Sub TestK05_05()
    frmK05_05.Show
    MsgBox "Code nach Schließen des Dialogfelds"
End Sub
```

Listing 5.7: *Anzeigen eines benutzerdefinierten Dialogfelds*

5.6 Dialogfelder nicht modal anzeigen

Das Codemodul *K05_06* sowie das Formular *frmK05_05* mit dem Listing finden Sie in der Datei *K05.xls* innerhalb der Begleitdateien zum Buch.

Problem

Sie möchten ein benutzerdefiniertes Dialogfeld so anzeigen lassen, dass Sie, während es geöffnet ist, mit der Excel-Arbeitsmappe weiter arbeiten können. Das ist beispielsweise wichtig, wenn Texte aus dem Tabellenfeld in das Dialogfeld kopiert werden sollen.

Lösung

Rufen Sie die *Show*-Methode mit dem Wert *False* als Parameter auf. Dies funktioniert in VBA 5.0-Hostanwendungen allerdings nicht, da die *Show*-Methode hier keinen Parameter hat.

Erläuterungen

Der Wert *False* für den Parameter *Modal* der *Show*-Methode bewirkt, dass das Dialogfeld nicht modal, also nicht an die Anwendung gebunden angezeigt wird. Das führt allerdings gleichzeitig dazu, dass nach Ausführen der *Show*-Methode direkt die nächste Anweisung ausgeführt wird, ohne auf das Schließen des Dialogfeldes zu warten. Direkt nach dem Anzeigen des Dialogfeldes erscheint also mit der Prozedur *TestK05_06* auch die durch *MsgBox* erzeugte Meldung auf dem Bildschirm.

```
Sub TestK05_06()
    #If VBA6 Then
        frmK05_05.Show False
    #Else
        frmK05_05.Show
    #End If
    MsgBox "Code nach Schließen des Dialogfelds"
End Sub
```

Listing 5.8: Anzeigen eines ungebundenen Dialogfeldes

Wenn Sie nach dem Aufruf des Dialogfeldes warten möchten, bis das Dialogfeld geschlossen wurde, ohne aber das Dialogfeld modal anzeigen zu lassen, benötigen Sie dazu eine Variable, an der das Programm erkennen kann, dass das Dialogfeld geschlossen wurde. Deklarieren Sie dazu eine Variable auf Modulebene des aufrufenden Moduls mit dem Schlüsselwort *Public* und setzen Sie deren Wert vor Aufruf des Dialogfelds auf einen definierten Standardwert. In der Ereignisprozedur für das *Terminate*-Ereignis des Dialogfeldes setzen Sie die Variable dann auf einen anderen definierten Wert, an dem Sie erkennen können, dass der Dialog geschlossen wurde. Hier wird dazu die Variable *boolGeschlossen* verwendet, die am Anfang auf *False* steht und nach Schließen des Dialogfelds den Wert *True* hat.

Um die Ereignisprozedur zu erstellen, gehen Sie folgendermaßen vor:

1. Öffnen Sie die UserForm per Doppelklick auf deren Eintrag im Projekt-Explorer.

2. Schalten Sie in die Quellcodeansicht, indem Sie auf das entsprechende Symbol im Projekt-Explorer klicken oder rufen Sie den Menübefehl *Ansicht/Code* auf.

3. Wählen Sie in der Objektliste den Eintrag *UserForm* und aus der Ereignisliste den Eintrag *Terminate* aus.

Innerhalb der so erstellten Ereignisprozedur müssen Sie nun nur noch die Variable auf *True* setzen.

```
Private Sub UserForm_Terminate()
    boolGeschlossen = True
End Sub
```

Listing 5.9: *Setzen der Variablen boolGeschlossen beim Entladen des Dialogfelds*

In dem Modul, in dem Sie das Dialogfeld aufrufen, deklarieren Sie zunächst auf Modulebene die Variable und setzen für diese Variable den Anfangswert vor Aufruf der *Show*-Methode. Nun müssen Sie allerdings noch dafür sorgen, dass mit der Ausführung des Codes erst dann fortgefahren wird, wenn das Dialogfeld geschlossen wurde. Dafür sorgt die *Do Loop...Until*-Schleife. Sie wird verlassen, wenn die Variable *boolGeschlossen* den Wert *True* hat. Erst danach werden die folgenden Anweisungen ausgeführt. Damit Sie aber während der Schleife mit Excel weiterarbeiten können, denn das ist ja das Ziel eines nicht modalen Dialogfeldes, sorgt die *DoEvents*-Anweisung innerhalb der Schleife dafür, dass Ereignisse in Excel, wie beispielsweise Mausklicks etc. abgearbeitet werden.

```
Option Explicit
Public boolGeschlossen As Boolean

Sub TestK05_06b()
    boolGeschlossen = False
    #If VBA6 Then
        frmK05_05.Show False
    #Else
        frmK05_05.Show
    #End If
    Do
        DoEvents
    Loop Until boolGeschlossen = True
    MsgBox "Code nach Schließen des Dialogfelds"
End Sub
```

Listing 5.10: *Der Aufruf des ungebundenen Dialogfelds und warten auf dessen Beendigung*

5.7 Steuerelemente beim Laden des Dialogfelds initialisieren

Das Codemodul *K05_07* sowie das Formular *frmK05_05* mit dem Listing finden Sie in der Datei *K05.xls* innerhalb der Begleitdateien zum Buch.

Problem

Sie möchten beim Anzeigen des Dialogfeldes Steuerelemente mit Standardwerten füllen.

Lösung

Erstellen Sie eine Ereignisprozedur für das *Layout*-Ereignis des Dialogfelds und weisen Sie den Steuerelementen darin die gewünschten Anfangswerte zu.

Erläuterungen

Oft sollen Dialogfelder bereits beim Anzeigen bestimmte Werte anzeigen. Diese können Sie entweder schon beim Formularentwurf fest vorgeben, indem Sie die *Value*-Eigenschaft des

Steuerelements setzen, oder Sie können sie beim Laden des Dialogfeldes in die Steuerelemente schreiben. Diese Vorgehensweise bietet sich beispielsweise dann an, wenn die Standardwerte abhängig vom Datum, der Uhrzeit oder vorherigen Eingaben des Benutzers sind. Alternativ können Sie die Steuerelemente jedoch auch an Tabellenfelder binden. Dann zeigen Sie automatisch die Werte des entsprechenden Feldes an. Allerdings hat dies den Nachteil, dass diese Werte dann überschrieben werden, wenn der Benutzer Änderungen vornimmt. Wenn Sie die Möglichkeit haben möchten, die Vorgabewerte im Formular variabel zu gestalten, gibt es dazu nur zwei Möglichkeiten:

1. Sie definieren Eigenschaften für das Klassenmodul des Formulars und weisen diesen Eigenschaften die entsprechenden Werte zu. Innerhalb des Dialogfeldes nutzen Sie dann die Eigenschaftswerte zur Initialisierung der Steuerelemente.

2. Alternativ können Sie öffentliche Variablen auf Modulebene eines einfachen Moduls erstellen und diesen Variablen die gewünschten Werte zuweisen. Im Klassenmodul der UserForm müssen Sie dann nur noch die Werte als Standardwerte der Steuerelemente verwenden.

Nachfolgend werden beide Versionen realisiert. Zunächst die erste Variante. Dazu werden auf Modulebene im Klassenmodul der UserForm Variablen definiert, die die Werte der Eigenschaften aufnehmen. Für jede Eigenschaft ist eine Variable notwendig und für jedes Steuerelement, das Sie initialisieren möchten, brauchen Sie eine Eigenschaft. Im Beispiel sollen ein Eingabefeld und ein Kontrollkästchen initialisiert und deren Beschriftungen erzeugt werden. Die Beschriftung für das Textfeld wird über ein Bezeichnungsfeld erstellt, deren *Caption*-Eigenschaft Sie setzen müssen, um die Aufschrift zu bestimmen. Das Kontrollkästchen hat ein integriertes Bezeichnungsfeld für die Beschreibung. Sie benötigen daher zwei Eigenschaften vom Typ *String* für die Texte der Bezeichnungsfelder, eine Eigenschaft vom Typ *String* für den Text im Eingabefeld und eine Eigenschaft vom Typ *Boolean*, die den Wert des Kontrollkästchens bestimmt.

HINWEIS: Wie Sie Eigenschaften definieren und was Eigenschaften sind, finden Sie im Detail in ▶ Kapitel 3 beschrieben. Das hier verwendete Formular ist das Formular, das im ▶ Abschnitt »5.5 Eigene Dialogfelder erstellen und anzeigen« weiter vorne in diesem Kapitel erstellt wurde.

```
Dim boolChkKontrollk As Boolean
Dim strLblBeschriftung As String
Dim strLblKontrollk As String
Dim strTxtTextbox As String

Public Property Let Kontrollk(boolWert As Boolean)
    boolChkKontrollk = boolWert
End Property

Public Property Get Kontrollk() As Boolean
    Kontrollk = boolChkKontrollk
End Property

Public Property Let Beschriftung(strWert As String)
    strLblBeschriftung = strWert
End Property

Public Property Get Beschriftung() As String
    Beschriftung = strLblBeschriftung
End Property
```

```
Public Property Let BeschriftungKontrollk(strWert As String)
    strLblKontrollk = strWert
End Property

Public Property Get BeschriftungKontrollk() As String
    BeschriftungKontrollk = strLblKontrollk
End Property

Public Property Let Textbox(strWert As String)
    strTxtTextbox = strWert
End Property

Public Property Get Textbox() As String
    Textbox = strTxtTextbox
End Property
```

Listing 5.11: *Definieren der Eigenschaften*

Damit die Eigenschaften auch den Steuerelementen zugewiesen werden, müssen Sie dafür sorgen, dass diese beim Laden des Formulars die entsprechenden Eigenschaften der Steuerelemente gesetzt werden. Dazu gibt es prinzipiell das *Initialize*- und das *Layout*-Ereignis. Beide werden ausgeführt, wenn das Dialogfeld in den Speicher geladen wird. Das *Initialize*-Ereignis tritt allerdings in dem Moment ein, in dem aus dem Klassenmodul der UserForm ein Objekt erzeugt wird. Da Sie aber erst danach Zugriff auf die Eigenschaften haben, ist das Ereignis für die Lösung des Problems nicht geeignet. Hier müssen Sie daher das *Layout*-Ereignis verwenden. Es tritt ein, wenn das Formular am Bildschirm angezeigt wird und zwar immer dann, wenn es neu dargestellt werden muss. Damit haben Sie ein wenn auch kleines, trotzdem aber neues Problem. Jedes Mal, wenn der Benutzer das Dialogfeld auf dem Bildschirm verschiebt, würden die Steuerelemente neu initialisiert werden. Um das zu vermeiden, definieren Sie in der Ereignisprozedur eine statische Variable. Nur wenn diese den Wert *False* hat, initialisieren Sie die Steuerelemente und setzen dann die Variable auf *True*. Auf diese Weise werden die Steuerelemente nur beim ersten Aufruf der Ereignisprozedur initialisiert.

Um die Ereignisprozedur zu erstellen, sind folgende Schritte erforderlich:

1. Öffnen Sie die UserForm per Doppelklick auf deren Eintrag im Projekt-Explorer.

2. Schalten Sie in die Quellcodeansicht, indem Sie auf das entsprechende Symbol im Projekt-Explorer klicken, oder rufen Sie den Menübefehl *Ansicht/Code* auf.

3. Wählen Sie aus der Objektliste den Eintrag *UserForm* und aus der Ereignisliste den Eintrag *Layout* aus.

```
Private Sub UserForm_Layout()
    Static boolAusgefuehrt As Boolean
    If boolAusgefuehrt = False Then
        Me.txtTextbox.Value = strTxtTextbox
        Me.lblBeschriftung.Caption = strLblBeschriftung
        Me.chkKontrollk.Caption = strLblKontrollk
        Me.chkKontrollk.Value = boolChkKontrollk
        boolAusgefuehrt = True
    End If
End Sub
```

Listing 5.12: *Initialisieren der Steuerelemente*

HINWEIS: Wie sich bereits am Code erkennen lässt, können Sie innerhalb des Klassenmoduls der UserForm mit dem Schlüsselwort *Me* auf das Formular und seine Eigenschaften zugreifen. Jedes Steuerelement tritt dabei als Eigenschaft in Erscheinung, die das entsprechende Steuerelement zurückgibt. Mit der Anweisung *Me.chkKontrollk.Value=boolChkKontrollk* weisen Sie somit dem Kontrollkästchen mit dem Namen *chkKontrollk* den Wert der Variablen *boolChkKontrollk* zu.

Der Aufruf des Dialogfeldes sieht nur etwas anders aus, weil Sie ja vor der Anzeige mit der *Show*-Methode noch die Eigenschaften setzen müssen. Zunächst erstellen Sie eine Objektvariable und weisen dieser gleich bei der Deklaration mit dem *New*-Schlüsselwort eine Instanz der UserForm zu. Anschließend können Sie die Eigenschaften des Formulars setzen und so die Anfangswerte für die Steuerelemente definieren. Damit die UserForm dann angezeigt wird, rufen Sie die *Show*-Methode der Objektvariablen *objForm* auf.

```
Sub TestK05_07()
    Dim objForm As New frmK05_05
    objForm.Kontrollk = True
    objForm.BeschriftungKontrollk = "Kontrollkästchen"
    objForm.Textbox = "Bitte Text eingeben"
    objForm.Beschriftung = "Eingabefeld"
    objForm.Show
    MsgBox "Code nach Schließen des Dialogfelds"
    Set objform = Nothing
End Sub
```

Listing 5.13: Aufrufen der UserForm und setzen der Eigenschaften

TIPP: Abbildung 5.7: Das initialisierte Formular mit dem über die Eigenschaften definierten Wert.

HINWEIS: Sie können das Formular, wie in der Prozedur *TestK05_07* gezeigt, mit dem Schlüsselwort *New* gleich bei der Deklaration der Objektvariablen instanzieren oder in einer separaten Anweisung. Die Unterschiede werden nur deutlich, wenn Sie unsauberen Code schreiben. Solange Sie die Objektvariable wieder explizit auf *Nothing* setzen, wenn Sie das Objekt nicht mehr benötigen und danach auch nicht mehr auf die Objektvariable zugreifen, spielt es keine Rolle, wie Sie die Klasse instanzieren. Greifen Sie allerdings auf die Objektvariable zu, nachdem Sie sie auf *Nothing* gesetzt haben, wird der Unterschied deutlich. Bei Deklaration mit *Dim objForm As New frmK05_05* wird dann nämlich wieder eine neue Instanz automatisch erzeugt. Wenn Sie die Klasse mit zwei Anweisungen:

```
Dim objForm As frmK05_05
Set objForm= New frmK05_05
```

Listing 5.14: Instanzieren der Klasse mit New

instanzieren, erhalten Sie beim Zugriff auf die Objektvariable einen Laufzeitfehler, weil das Objekt nicht mehr vorhanden ist.

TIPP: Es gibt auch eine Möglichkeit, ohne die Eigenschaftendefinitionen im Klassenmodul auszukommen. Sie können nämlich auch direkt auf die Steuerelemente des Formulars zugreifen, wenn Sie zunächst eine Instanz des Formular erzeugen, wie dies die Prozedur *TestK05_07b* zeigt. Dann können Sie die *Layout*-Ereignisprozedur löschen. Der Nachteil ist aber, dass dies voraussetzt, dass die Steuerelemente als Eigenschaften zur öffentlichen Schnittstelle der Klasse gehören (siehe ▶ Kapitel 3). Gerade die Schnittstellendefinitionen und der Umgang mit Klassenmodulen hat sich aber in der Vergangenheit recht häufig ab-

---

hängig von der Excel-Version geändert, sodass Sie sich nicht darauf verlassen können, dass das, was jetzt geht, in der nächsten Excel-Version auch noch funktioniert. Wenn Sie auch eine Kompatibilität für die nächsten Excel-Versionen sicherstellen möchten, ist die erste Variante besser geeignet, selbst wenn sie mehr Aufwand bedeutet.

```
Sub TestK05_07b()
    Dim objForm As New frmK05_05
    objForm.bttOk.Caption = "Speichern"
    objForm.chkKontrollk.Value = True
    objForm.chkKontrollk.Caption = "Kontrollkästchen"
    objForm.txtTextbox.Value = "Bitte Text eingeben"
    objForm.lblBeschriftung.Caption = "Eingabefeld"
    objForm.Show
    MsgBox "Code nach Schließen des Dialogfelds"
    Set objform = Nothing
End Sub
```

Listing 5.15: *Direkter Zugriff auf die Steuerelemente*

Die Alternative zur Verwendung der Klassenschnittstelle zur Übergabe der Werte an das Formular ist die Definition von öffentlichen Variablen, die Sie mit *Public* auf Modulebene eines einfachen Moduls erstellen. Diesen Variablen können Sie dann vor dem Aufruf des Formulars ihre Werte zuweisen und in der *Initialize*-Ereignisprozedur der UserForm den Steuerelementen zuweisen.

```
Public boolChkKontrollk2 As Boolean
Public strLblBeschriftung2 As String
Public strLblKontrollk2 As String
Public strTxtTextbox2 As String

Sub TestK05_07c()
    Dim objform As New frmK05_05
    boolChkKontrollk2 = True
    strLblKontrollk2 = "Kontrollkästchen"
    strTxtTextbox2 = "Bitte Text eingeben"
    strLblBeschriftung2 = "Eingabefeld"
    objform.Show
    MsgBox "Code nach Schließen des Dialogfelds"
    Set objform = Nothing
End Sub
```

Listing 5.16: *Deklarieren der Variablen und zuweisen der Werte vor dem Aufruf des Formulars*

In der *Initialize*-Ereignisprozedur der UserForm müssen Sie dann noch die Variablen den Steuerelementen zuweisen. Wie Sie eine solche Ereignisprozedur erstellen, wurde bereits im ▶ Abschnitt »5.6 Dialogfelder nicht modal anzeigen« weiter vorne für das *Terminate*-Ereignis beschrieben. Gehen Sie wie dort angegeben vor und wählen Sie statt dem Ereignis *Terminate* das Ereignis *Initialize* aus.

```
Private Sub UserForm_Initialize()
    Debug.Print "INIT"
    Me.txtTextbox.Value = strTxtTextbox2
    Me.lblBeschriftung.Caption = strLblBeschriftung2
```

```
Me.chkKontrollk.Caption = strLblKontrollk2
Me.chkKontrollk.Value = boolChkKontrollk2
End Sub
```

Listing 5.17: Initialisieren der Steuerelemente

HINWEIS: Sie können diesen Code nicht zusammen mit der ersten Variante verwenden, weil dann die *Layout*-Ereignisprozedur die Einstellungen wieder überschreiben würde. Sie müssen also dafür sorgen, dass die *Layout*-Ereignisprozedur aus der ersten Variante nicht ausgeführt wird.

5.8 Listenfelder füllen

Das Codemodul *K05_08* sowie das Formular *frmK05_08* mit dem Listing finden Sie in der Datei *K05.xls* innerhalb der Begleitdateien zum Buch.

Problem

Sie möchten ein Listenfeld in einem Formular mit Werten füllen.

Lösung

Abhängig von den Werten, die Sie einfügen möchten, gibt es dazu zwei Möglichkeiten. Sie können das Listenfeld an einen Zellbereich der Arbeitsmappe binden, was zur Folge hat, dass die Werte in diesem Zellbereich in die Liste eingefügt werden. Sie können aber auch manuell Werte einfügen, indem Sie die *AddItem*-Methode des Listenfeldes verwenden.

Erläuterungen

Wenn Sie Listenfelder füllen möchten, können Sie dazu die Listenfelder an einen Zellbereich binden oder die Listeneinträge manuell hinzufügen. Beides zu kombinieren geht nicht. Sie können also nicht, zunächst einen Zellbereich zuweisen und den so erzeugten Einträgen noch eigene Einträge per VBA hinzufügen. Allerdings ist es möglich, die Bindung an einen Zellbereich per VBA aufzuheben und dann auch Werte zu löschen oder neue Werte einzufügen. Die durch den Zellbereich definierten Listeneinträge werden aber mit Aufhebung der Zellbindung gelöscht. Auch diese müssten Sie dann also per VBA hinzufügen.

Den oder die ausgewählten Werte können Sie wahlweise in eine Zelle oder in einen Zellbereich schreiben, die Sie über die *ControlSource*-Eigenschaft definieren oder per VBA auslesen. Wie Sie die Werte der Listenfelder ermitteln, erfahren Sie im ▶ Abschnitt »5.9 Wert eines Listenfeldes ermitteln« sowie im ▶ Abschnitt »5.10 Listenfelder mit erweiterter Mehrfachauswahl auswerten« im Anschluss.

Wenn Sie ein Listenfeld (egal, ob es sich um ein einfaches Listenfeld oder ein Kombinationslistenfeld handelt) mit Werten aus einem Zellbereich der Arbeitsmappe füllen möchten, müssen Sie dazu die Eigenschaft *RowSource* des Steuerelements setzen.

ACHTUNG: In den Macintosh-Versionen von Excel steht diese Eigenschaft aber nicht zur Verfügung, weder im Objektmodell von Excel noch in der Entwurfsansicht des Formulars. Hier können Sie die Listeneinträge also nur per VBA mit der *AddItem*-Methode hinzufügen.

Das können Sie wahlweise zur Entwurfszeit über das Eigenschaftenfenster erledigen oder per VBA. Nutzen Sie das Eigenschaftenfenster, geben Sie dazu den Zellbereich an, indem Sie den

Tabellennamen, gefolgt von einem »!« und der Zellbereichsadresse angeben. Bei der Angabe in Abbildung 5.8 wird das Listenfeld also an den Zellbereich »A1:A7« im Tabellenblatt »Tabelle1« gebunden und zeigt damit die dort gespeicherten Werte an.

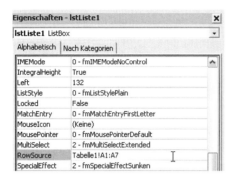

Abbildung 5.8: *Definieren des Zellbereichs an den das Listenfeld gebunden sein soll*

TIPP: Eine solche Angabe wie in Abbildung 5.8 bezieht sich immer auf die aktuelle Arbeitsmappe. Dies kann im Einzellfall zu unerwünschten Ergebnissen führen. Wenn Sie die Arbeitsmappe angeben möchten, auf die sich die Zelladresse beziehen soll, setzen Sie den Arbeitsmappennamen einfach in eckigen Klammern vor den Tabellennamen, etwa wie folgt: *[K05.xls]Tabelle1!A1:A7.*

Möchten Sie den Zellbereich per VBA festlegen, könnte das wie im folgenden Listing aussehen. Dabei weisen Sie der Eigenschaft *RowSource* einfach eine Adresse eines Zellbereichs zu, die Sie bequem über die *Address*-Eigenschaft des *Range*-Objekts abrufen können. Der Code setzt aber voraus, dass das Formular ein Listenfeld mit dem Namen *lstListe1* enthält. Ansonsten müssen Sie den Namen des Listenfeldes entsprechend anpassen.

```
Private Sub UserForm_Initialize()
    #If Mac=False Then
    Me.lstListe1.RowSource = _
        "[" & ThisWorkbook.Name & _
        "]" & ThisWorkbook.Worksheets("Tabelle1").Name & _
        "!" & ThisWorkbook.Worksheets("Tabelle1").Range( _
        "A1:A10").Address
    #End If
End Sub
```

Listing 5.18: Zuweisung des Zellbereichs per VBA

HINWEIS: Hier erfolgt die Zuweisung beim Initialisieren des Formulars in der *Initialize*-Ereignisprozedur. Wie Sie eine solche Prozedur erstellen, finden Sie im ▶ Abschnitt »5.6 Dialogfelder nicht modal anzeigen« weiter vorne in diesem Kapitel beschrieben. Gehen Sie wie dort angegeben vor und wählen Sie statt dem Ereignis *Terminate*, das Ereignis *Initialize* aus.

Wenn Sie in ein Listenfeld keine Werte eines Zellbereichs einfügen möchten, sondern andere Werte, wie Blattnamen oder Werte aus einer Datenbankabfrage, müssen Sie das Listenfeld manuell füllen, indem Sie für jeden hinzuzufügenden Listeneintrag die *AddItem*-Methode des Listenfeldes aufrufen. Die erweiterte *Initialize*-Ereignisprozedur in Listing 5.19 zeigt, wie Sie auf diese Weise die Namen aller Tabellenblätter in eine Kombinationsleiste *cmbListe2* und ein einfaches Listenfeld *lstListe2* einfügen.

HINWEIS: Neben dem unterschiedlichen Aussehen unterscheiden sich beide Listenfelder vor allem in der Nutzung der ausgewählten Einträge. In einem Kombinationslistenfeld kann der Benutzer immer nur einen Wert auswählen. Er kann aber, abhängig von den Eigenschaften des Steuerelements, auch Text in das Textfeld eingeben, der nicht in den Listeneinträgen vorhanden ist. Für ein einfaches Listenfeld können Sie definieren, dass der Benutzer mehrere Einträge mit Hilfe von Mehrfachauswahl oder erweiterter Mehrfachauswahl auswählen kann. Für das Füllen des Listenfeldes spielen diese Unterschiede aber keine Rolle.

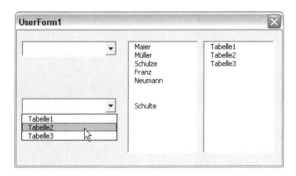

Abbildung 5.9: *Die mit Tabellennamen gefüllten Listenfelder*

Für jeden Eintrag, den Sie der Liste hinzufügen möchten, rufen Sie die *AddItem*-Methode auf und übergeben ihr den Text des Eintrags als Parameter. Die *AddItem*-Methode unterstützt darüber hinaus noch einen optionalen zweiten Parameter. Der bestimmt die Position innerhalb der Liste, an der das Element eingefügt werden soll. Geben Sie ihn nicht an, wird das Element an die Liste angehängt.

```
Private Sub UserForm_Initialize()
    Dim objWS As Worksheet
...
    'Listenfelder füllen
    For Each objWS In ThisWorkbook.Worksheets
        Me.lstListe2.AddItem objWS.Name
    Next objWS

    For Each objWS In ThisWorkbook.Worksheets
        Me.cmbListe2.AddItem objWS.Name
    Next objWS

End Sub
```

Listing 5.19*: Listenfelder per VBA mit der AddItem-Methode füllen*

HINWEIS: Mit der *AddItem*-Methode können Sie immer nur einen Wert einfügen. Daher ist es damit nicht möglich ein mehrspaltiges Listenfeld zu füllen. Wie das geht, erläutert der ▶ Abschnitt »5.11 Mehrspaltige Listenfelder füllen« weiter hinten in diesem Kapitel.

5.9   Wert eines Listenfeldes ermitteln

Das Codemodul *K05_09* sowie das Formular *frmK05_08* mit dem Listing finden Sie in der Datei *K05.xls* innerhalb der Begleitdateien zum Buch.

Problem

Sie möchten ermitteln, welchen Eintrag der Benutzer aus einem Kombinationslistenfeld oder einem Listenfeld ohne Mehrfachauswahl ausgewählt hat.

Lösung

Sie können zu jeder Zeit den aktuell ausgewählten Eintrag eines Listenfeldes ermitteln, indem Sie die *Value*-Eigenschaft oder die *Text*-Eigenschaft des Steuerelements abrufen. Beide geben den aktuellen Wert zurück. Bei einem Kombinationslistenfeld ist das immer der Wert, der im Textfeld angezeigt wird, bei einem einfachen Listenfeld ist dies der Text des markierten Elements.

Erläuterungen

Die Eigenschaft *Text* und *Value* ermöglichen die Abfrage des ausgewählten Wertes. Wo liegt aber der Unterschied? Die *Value*-Eigenschaft ist für Listenfelder schreibgeschützt. Sie können sie also nur verwenden, um den gewählten Wert zu ermitteln. Sie gibt bei einem mehrspaltigen Listenfeld immer den Wert der Spalte des ausgewählten Eintrags zurück, den Sie mit der *BoundColumn*-Eigenschaft festgelegt haben. Die *Text*-Eigenschaft ist nicht schreibgeschützt. Für ein Kombinationslistenfeld können Sie mit Hilfe der *Text*-Eigenschaft einen Listeneintrag auswählen. Dazu muss der Text mit einem Text eines Listeneintrags übereinstimmen. In diesem Fall wird die *ListIndex*-Eigenschaft auf den Index des Listeneintrags gesetzt, der mit dem Text übereinstimmt. Gibt es keinen übereinstimmenden Listeneintrag, wird die *ListIndex*-Eigenschaft auf –1 gesetzt. Bei normalen Listenfeldern können Sie die *Text*-Eigenschaft ebenso festlegen. Dann muss sie aber mit einem Listeneintrag übereinstimmen, sonst erhalten Sie einen Laufzeitfehler.

TIPP: Sie können auf diese Weise beispielsweise die Anfangswerte der Listenfelder festlegen, sodass der Name des aktiven Tabellenblattes ausgewählt wird. Dazu müssen Sie die *Initialize*-Ereignisprozedur wie folgt ergänzen:

```
Private Sub UserForm_Initialize()
...
    On Error Resume Next
    Me.cmbListe2.Text = ThisWorkbook.ActiveSheet.Name
    Me.lstListe2.Text = ThisWorkbook.ActiveSheet.Name
End Sub
```

Listing 5.20: Festlegen der ausgewählten Listeneinträge

Allerdings ändern Sie damit nur beim Kombinationslistenfeld auch den Wert der Eigenschaft *Value*. Beim Listenfeld *lstListe2* wird der Eintrag zwar markiert, rufen Sie danach aber die *Value*-Eigenschaft ab, hat diese weiterhin eine leere Zeichenfolge als Wert.

Normalerweise werden die Werte von Steuerelementen ermittelt, wenn der Benutzer auf *OK* klickt oder eine andere Schaltfläche aktiviert. Abhängig von der Aufgabe des Dialogfelds kann es jedoch sinnvoll sein, schon bei einer Änderung eines Wertes in einem Listenfeld Code auszuführen. Dazu müssen Sie eine Ereignisprozedur für ein Ereignis des Listenfeldes erstellen, das eintritt, wenn der Benutzer einen Eintrag auswählt oder eingibt.

Dafür kommt das Ereignis *Change* in Frage. Es tritt ein, wenn der Wert des Steuerelements geändert wird und zwar auch dann, wenn Sie ihn per VBA ändern. Um eine solche Ereignisprozedur für das *Change*-Ereignisprozedur zu erstellen, gehen Sie folgendermaßen vor:

1. Schalten Sie in die Code-Ansicht des Formulars um, indem Sie den Menübefehl *Ansicht/Code* aufrufen.

2. Wählen Sie aus der Objektliste das Steuerelement aus, für dessen *Change*-Ereignis Sie eine Ereignisprozedur erstellen möchten.

3. Wählen Sie in der Ereignisliste den Eintrag *Change* aus.

Abbildung 5.10: *Erstellen der Ereignisprozedur*

In der so erzeugten Ereignisprozedur können Sie nun den Code einfügen, der den Wert des Steuerelements ermittelt. In Listing 5.21 wird der Wert in einer Meldung ausgegeben. Sie können ihn natürlich auch einer Variablen zuweisen oder an eine Prozedur übergeben. Hier wird das ausgewählte Tabellenblatt mit Hilfe der *Activate*-Methode des *Sheets*-Auflistung aktiviert. Der Code setzt voraus, dass das Listenfeld den Namen *lstListe2* hat. Als Basis dient dazu das Formular und das Listenfeld aus dem ▶ Abschnitt »5.8 Listenfelder füllen« weiter vorne in diesem Kapitel.

Wenn Sie das *Change*-Ereignis für ein Kombinationslistenfeld nutzen, gibt es allerdings ein Problem. Das Ereignis tritt auch dann ein, wenn der Benutzer Text in das Textfeld des Kombinationslistenfelds eingibt und zwar bei jedem einzelnen Tastendruck. Das ist natürlich nicht nur lästig, sondern kann auch zu unerwünschten Ergebnissen führen. Zur Lösung dieses Problems nutzen Sie das *Exit*-Ereignis des Steuerelements, das eintritt, wenn ein anderes Steuerelement aktiviert wird. Das passiert beispielsweise, wenn der Benutzer ein anderes Steuerelement aktiviert, weil er beispielsweise auf eine Schaltfläche klickt. Hier wird in der Ereignisprozedur der Index des gewählten Listeintrags mit der *ListIndex*-Eigenschaft gefolgt vom Text des Steuerelements ausgegeben und danach das gewählte Tabellenblatt aktiviert.

```
Private Sub cmbListe2_Exit(ByVal Cancel As MSForms.ReturnBoolean)
    MsgBox "Ausgewählt: " & Me.cmbListe2.ListIndex _
        & " -> " & Me.cmbListe2.Text
    On Error Resume Next
    ThisWorkbook.Sheets(Me.cmbListe2.Value).Activate
End Sub

Private Sub lstListe2_Change()
    MsgBox Me.lstListe2.Value
    On Error Resume Next
    ThisWorkbook.Sheets(Me.lstListe2.Value).Activate
End Sub
```

Listing 5.21: *Ausgabe des aktuellen Wertes und aktivieren des ausgewählten Tabellenblattes*

5.10 Listenfelder mit erweiterter Mehrfachauswahl auswerten

Das Codemodul *K05_10* sowie das Formular *frmK05_08* mit dem Listing finden Sie in der Datei *K05.xls* innerhalb der Begleitdateien zum Buch.

Problem

Sie haben für ein Listenfeld über die Eigenschaft *MultiSelect* festgelegt, dass mehr als ein Eintrag ausgewählt werden kann und möchten beim Schließen des Formulars alle ausgewählten Listeneinträge ermitteln.

Lösung

Wenn mehr als nur ein Listeneintrag ausgewählt werden sollen, müssen Sie für ein Listenfeld die Eigenschaft *MultiSelect* auf *fmMultiSelectMulti* oder *fmMultiSelectExtended* setzen. In diesem Fall können Sie den ausgewählten Eintrag nicht über die *Value*- oder *Text*-Eigenschaft ermitteln, weil diese dann nur den aktiven, also den zuletzt angeklickten Eintrag zurückgeben würden. Um alle markierten Einträge zu ermitteln, müssen Sie alle Einträge durchlaufen und für jeden einzelnen prüfen, ob er ausgewählt ist. Das können Sie über die *Selected*-Eigenschaft machen.

Erläuterungen

Wenn Sie beim Schließen des Formulars die ausgewählten Einträge ermitteln möchten, müssen Sie den Code in der *Terminate*-Ereignisprozedur ausführen. Wie Sie diese Prozedur erstellen, wurde bereits im ▶ Abschnitt »5.6 Dialogfelder nicht modal anzeigen« zuvor ausführlich erläutert.

Um die Listenelemente des Listenfeldes *lstListe1* des Formulars zu durchlaufen, verwenden Sie eine *For*-Schleife, deren Zählvariable von 0 bis zur Anzahl Listeneinträge abzüglich 1 läuft. Die Zahl der Listeneinträge können Sie über die *ListCount*-Eigenschaft des Steuerelements ermitteln. Bei einem Listenfeld mit Mehrfachauswahl gibt die *Selected*-Eigenschaft des Steuerelements eine Auflistung mit allen ausgewählten Einträgen zurück. Möchten Sie ermitteln, ob ein bestimmter, der aktuell in der Schleife bearbeitete Eintrag ausgewählt ist, übergeben Sie dessen Index an die *Selected*-Eigenschaft als Parameter. Gibt die Eigenschaft *True* zurück, ist der Eintrag ausgewählt. In diesem Fall gibt die Schleife den Text des Eintrags im Direktfenster aus. Stattdessen können Sie natürlich auch den Wert an eine Prozedur übergeben oder anderweitig verarbeiten.

```
Private Sub UserForm_Terminate()
    Dim strWert As String
    Dim lngI As Long
    'Ausgewählte Listeneinträge ausgeben
    For lngI = 0 To Me.lstListe1.ListCount - 1
            If Me.lstListe1.Selected(lngI) = True Then
                strWert = Me.lstListe1.List(lngI)
                Debug.Print strWert
            End If
    Next lngI
End Sub
```

***Listing 5.22**: Ermitteln der ausgewählten Einträge*

5.11 Mehrspaltige Listenfelder füllen

Das Codemodul *K05_11* sowie das Formular *frmK05_11* mit dem Listing finden Sie in der Datei *K05.xls* innerhalb der Begleitdateien zum Buch.

Problem

Sie möchten Listenfelder und Kombinationslistenfelder mit Daten füllen, die in mehreren Spalten angeordnet sein sollen.

Lösung

Auch für mehrspaltige Felder gilt wieder, dass Sie diese an einen Zellbereich binden können, indem Sie die *RowSource*-Eigenschaft auf einen Zellbereich setzen, der aus mehr als einer Spalte besteht. Alternativ können Sie auch der *List*-Eigenschaft ein Array zuweisen, das die gewünschten Daten enthält.

Erläuterungen

Der nachfolgend verwendete Code setzt voraus, dass Sie eine UserForm erstellt haben, die ein Listenfeld mit dem Namen *lstListe* sowie ein Kombinationslistenfeld *cmbListe* enthält. Alternativ können Sie auch statt des Listenfelds ein Kombinationslistenfeld verwenden, das macht keinen Unterschied. Innerhalb des Tabellenblattes mit dem Namen »Tabelle2« sollte es einen Zellbereich mit dem Namen *Daten* geben, der aus mehreren Spalten besteht. Die Daten aus diesem Zellbereich werden in das Listenfeld übernommen.

Am einfachsten füllen Sie ein mehrspaltiges Listenfeld, indem Sie es an einen Zellbereich binden. Dazu müssen Sie allerdings mehr machen, als nur die *RowSource*-Eigenschaft setzen. Zudem funktioniert das nicht in den Macintosh-Versionen von Excel. Unter Windows gehen Sie dazu folgendermaßen vor:

1. Fügen Sie das Listenfeld oder Kombinationslistenfeld in die UserForm ein, wenn das nicht schon geschehen ist.

2. Markieren Sie das Steuerelement und geben Sie für die *RowSource*-Eigenschaft den Zellbereich mit den Daten an, beispielsweise *[K05.xls]Tabelle2!Daten* wenn Sie Daten aus dem Zellbereich »Daten« im Tabellenblatt »Tabelle2« der Datei »K05.xls« einfügen möchten.

3. Stellen Sie nun die Anzahl der Spalten ein, indem Sie die Eigenschaft *ColumnCount* auf 2 setzen, wenn in dem zugewiesenen Zellbereich zwei Spalten vorhanden sind.

TIPP: Sie können auch weniger Spalten einstellen, als der Zellbereich umfasst, wenn nicht alle Spalten sichtbar sein sollen.

TIPP: Sie können auch Spaltenüberschriften anzeigen lassen. Das setzt aber voraus, dass sich in der Zeile über dem Datenbereich, den Sie mit der *RowSource*-Eigenschaft festgelegt haben, die Spaltenüberschriften befinden. Sie dürfen sich keinesfalls innerhalb des zugewiesenen Zellbereichs befinden. Um die Spaltenüberschriften anzeigen zu lassen, setzen Sie zusätzlich die *ColumnHeads*-Eigenschaft auf *True*.

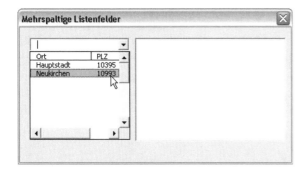

Abbildung 5.11: Das per RowSource gefüllte
Kombinationslistenfeld

Alternativ können Sie ein mehrspaltiges Listenfeld natürlich auch per VBA füllen, indem Sie
die gleichen Eigenschaften setzen, die vorstehend beschrieben wurden.

```
Private Sub UserForm_Initialize()
    'Kombinationslistenfeld füllen
    With Me.cmbListe
        .ColumnHeads = True
        #If Mac = False Then
        .RowSource = "[" & ThisWorkbook.Name & "]Tabelle2!Daten"
        #End If
        .ColumnCount = 2
    End With
    'Listenfeld mit Array füllen
...
End Sub
```

Listing 5.23: *Die gleichen Eigenschaften per VBA zuweisen*

Egal, ob Sie die Daten per VBA oder über das Eigenschaftenfenster über die *RowSource*-
Eigenschaft definieren, haben Sie ein Problem, wenn beispielsweise Daten aus einer Tabelle
verwendet werden sollen, deren Spalten jedoch nicht nacheinander folgen. Haben Sie beispielsweise eine Adressliste mit den Spalten »Nachname«, »Vorname«, »Straße«, »PLZ« und
»Ort«, möchten aber nur »Nachname«, »Vorname« und »Ort« in das Listenfeld einfügen, haben Sie mit der *RowSource*-Eigenschaft keine Chance. Sie müssten vorher die Spalten in ein
anderes Tabellenblatt kopieren, um einen zusammenhängenden Zellbereich zu erhalten, den
Sie dann zuweisen könnten. Viel einfacher ist es da, die benötigten Zellen auszulesen und als
Array dem Listenfeld zuzuweisen. Sinnvoll ist dazu eine Funktion, die das benötigte Array
zurückgibt. Der Funktion übergeben Sie einfach ein Parameterarray mit den Spaltennummern
sowie das Tabellenblatt als *Worksheet*-Objekt aus dem die Daten entnommen werden sollen.
Außerdem sollten Sie einen Parameter definieren, der die maximale Zeilenzahl bestimmt, die
eingelesen werden soll.

HINWEIS: Grundlagen zum Umgang mit Arrays finden Sie in ▶ Kapitel 1.

Die Funktion *getListe* gibt ein Array mit den ermittelten Werten zurück. Damit Sie dieses Array
der *List*-Eigenschaft des Steuerelements zuweisen können, muss die erste Dimension eine Zeile
darstellen, die zweite Dimension die Spalten. Das Problem dabei ist, dass Sie bei einem dynamischen Array nur die zweite Dimension in der Größe ändern können. Das wären hier die
Spalten, die aber durch die auszulesenden Spalten des Tabellenblattes vorgegeben sind. Geändert werden müsste also die erste Dimension, die die Zeilen darstellt. Das geht so aber nicht.
Sie benötigen also zwei Arrays. Eines, in das Sie zunächst die Daten einlesen und bei dem die

erste Dimension die Spalten und die zweite Dimension die Zeilen darstellt. Wenn darin die Daten enthalten sind, lesen Sie diese aus und schreiben Sie mit vertauschten Zeilen und Spalten in das zweite Array.

Die Funktion prüft außerdem mit Hilfe der booleschen Variablen *boolLeer*, ob die gerade gelesene Zelle leer ist. Dazu wird die Variable am Anfang der äußeren *For*-Schleife auf *True* gesetzt. Wenn in der bearbeiteten Zeile der Tabelle eine Zelle vorhanden ist, die nicht leer ist, wird die Variable auf *False* gesetzt. Falls sie nach Abschluss der inneren *For*-Schleife noch den Anfangswert hat, wird die *For*-Schleife mit *Exit For* verlassen, da dann eine leere Zeile erreicht ist und somit angenommen wird, dass der verwendete Bereich der Tabelle zu Ende ist.

Falls die Schleife nicht verlassen wurde, wird nun das Array vergrößert, um den nächsten Datensatz aufzunehmen. Nach Abschluss der äußeren *For*-Schleife müssen Sie das zweite Array dimensionieren. Deren erste Dimension muss die Größe der zweiten Dimension des ersten Arrays bekommen und umgekehrt. Danach lesen Sie das gefüllte Array mit zwei verschachtelten *For*-Schleifen aus und schreiben die Werte mit vertauschen Zeilen- und Spaltenindizes in das neue Array. Dieses weisen Sie dann der Funktion als Rückgabewert zu.

WICHTIG: Wenn Sie den Code auch mit Excel 97 und früher einsetzen möchten, müssen Sie den Rückgabewert der Funktion *getListe* vom Typ *Variant* definieren, weil Excel 97 und früher noch keine Arrays aus Funktionen zurückgeben kann, außer in Form von *Variant*-Werten. Dort würde der Funktionskopf damit lauten:

```
Function getListe(objWS As Worksheet, lngMaxZeile As Long, ParamArray lngSpalten() _
    As Variant) As Variant
Function getListe(objWS As Worksheet, _
    lngMaxZeile As Long, ParamArray _
    lngSpalten() As Variant) As String()
    Dim lngZeile As Long
    Dim arrDaten() As String
    Dim arrDaten2() As String
    Dim varSpalte As Variant
    Dim boolLeer As Boolean
    Dim lngSpalte As Long
    ReDim arrDaten(UBound(lngSpalten), 0)
    'Tabelle auslesen
    For lngZeile = 1 To lngMaxZeile
        boolLeer = True
        lngSpalte = -1
        For Each varSpalte In lngSpalten
            lngSpalte = lngSpalte + 1
            arrDaten(lngSpalte, lngZeile - 1) = _
                objWS.Cells(lngZeile, varSpalte).Value
            If objWS.Cells(lngZeile, _
                varSpalte).Value <> Empty Then
                    boolLeer = False
            End If
        Next varSpalte
        'Ganze Zeile ist leer, dann Schleife verlassen
        If boolLeer = True Then Exit For
        ReDim Preserve arrDaten(UBound(lngSpalten), _
            UBound(arrDaten, 2) + 1)
    Next lngZeile
    'Zeilen und Spalten des Arrays vertauschen
    ReDim arrDaten2(UBound(arrDaten, 2), UBound(arrDaten, 1))
```

```
    For lngZeile = LBound(arrDaten, 1) To UBound(arrDaten, 1)
        For lngSpalte = LBound(arrDaten, 2) To UBound(arrDaten, 2)
            arrDaten2(lngSpalte, lngZeile) = arrDaten(lngZeile, lngSpalte)
        Next lngSpalte
    Next lngZeile
    'Rückgabewert festlegen
    getListe = arrDaten2
End Function
```

Listing 5.24: Das Array mit den Daten für das Listenfeld erzeugen und zurückgeben

Nun müssen Sie die Funktion natürlich noch aufrufen. Damit die Werte des Arrays im Listenfeld dargestellt werden, müssen Sie es der *List*-Eigenschaft des Listenfeldes zuweisen. Den Rest erledigt dann Excel. Anschließend legen Sie noch die Spaltenanzahl über die *ColumnCount*-Eigenschaft fest. Das ist alles.

```
Private Sub UserForm_Initialize()
    'Kombinationslistenfeld füllen
...
    'Listenfeld mit Array füllen
    Me.lstListe.List = _
        getListe(ThisWorkbook.Worksheets("Tabelle3"), 10, 1, 2, 5)
    Me.lstListe.ColumnCount = 3
End Sub
```

Listing 5.25: Die Funktion aufrufen und das Listenfeld füllen

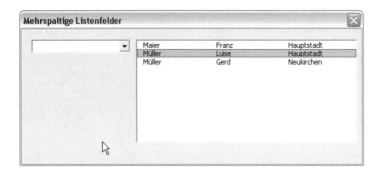

Abbildung 5.12: Das mit Hilfe der Funktion gefüllte Listenfeld

HINWEIS: Wenn Sie ein Listenfeld auf diese Weise füllen, ist es leider nicht möglich, die Spaltenüberschriften anzeigen zu lassen. Selbst wenn Sie die *ColumnHeads*-Eigenschaft auf *True* setzen, gibt es keine Möglichkeit, die Texte für die Spaltentitel festzulegen. Wenn Sie die Spalten beschriften möchten, müssen Sie das über Bezeichnungsfelder oberhalb des Listenfeldes realisieren.

In einem mehrspaltigen Listenfeld können Sie zwar ebenfalls über die *Value*-Eigenschaft den Wert ermitteln, das ist jedoch nur der Wert der ausgewählten Zeile in der Spalte, die Sie mit der Eigenschaft *BoundColumn* festgelegt haben. In der Regel benötigen Sie aber die Werte aller Spalten der ausgewählten Zeile. Um diese zu ermitteln, verwenden Sie ebenfalls die *List*-Eigenschaft. Sie gibt eine Auflistung aller Listeneinträge zurück. Den gerade ausgewählten Eintrag können Sie mit der *ListIndex*-Eigenschaft ermitteln, die Sie dann wiederum als Parameter an die *List*-Auflistung übergeben können. Der zweite Parameter bestimmt den Index der Spalte, aus dem Sie den Wert auslesen möchten. Die erste Spalte hat dabei den Index 0, die zweite 1, etc. Die Ereignisprozedur für das *Change*-Ereignis des Listenfeldes gibt auf diese Weise alle drei Spaltenwerte des ausgewählten Eintrags aus. Näheres zum *Change*-Ereignis des Steuerelements und wie Sie die Ereignisprozedur erstellen finden Sie im ▶ Abschnitt »5.9 Wert eines Listenfeldes ermitteln« weiter vorne in diesem Kapitel.

```
Private Sub lstListe_Change()
    Dim strTemp As String
    On Error Resume Next
    strTemp = Me.lstListe.List(Me.lstListe.ListIndex, 0) & vbCrLf _
        & Me.lstListe.List(Me.lstListe.ListIndex, 1) & vbCrLf & _
        Me.lstListe.List(Me.lstListe.ListIndex, 2)
    MsgBox strTemp
End Sub
```

Listing 5.26: *Spaltenwerte der ausgewählten Zeile ermitteln*

5.12 Alle Einträge aus einen Listenfeld entfernen

Das Codemodul *K05_12* sowie das Formular *frmK05_11* mit dem Listing finden Sie in der Datei *K05.xls* innerhalb der Begleitdateien zum Buch.

Problem

Sie möchten alle Elemente aus einem Listenfeld oder Kombinationslistenfeld entfernen.

Lösung

Ist das Steuerelement an einen Zellbereich gebunden, können Sie die Einträge nur löschen, indem Sie die *RowSource*-Eigenschaft auf eine leere Zeichenfolge zurücksetzen. Bei einem Steuerelement, das Sie mit einem Array oder der *AddItem*-Methode füllen, können Sie die *RemoveItem*-Methode verwenden, um einzelne Einträge zu löschen, oder *Clear*, um die ganzen Listenelemente zu löschen.

Erläuterungen

Aus einem Listenfeld, das an einen Zellbereich gebunden ist, können Sie keine Listeneinträge löschen. Sie müssten dazu die Zellen im Zellbereich löschen, was natürlich nur selten Sinn macht. Wenn Sie eine solche Liste leeren möchten, setzen Sie einfach die *RowSource*-Eigenschaft auf eine leere Zeichenfolge. In ungebundenen Listenfeldern können Sie die *Clear*-Methode aufrufen, um alle Listeneinträge zu löschen.

HINWEIS: Zum Einsatz kommt hier das Formular aus dem vorstehenden ▶ Abschnitt »5.11 Mehrspaltige Listenfelder füllen«. Der Code wird ausgeführt, wenn auf eine Schaltfläche mit dem Namen »bttLeeren« geklickt wird. Wie Sie die *Click*-Ereignisprozedur für die Schaltfläche erstellen, finden Sie im ▶ Abschnitt »5.5 Eigene Dialogfelder erstellen und anzeigen« beschrieben.

```
Private Sub bttLeeren_Click()
    Me.cmbListe.RowSource = ""
    Me.lstListe.Clear
End Sub
```

Listing 5.27: *Beide Listenfelder leeren*

HINWEIS: Die *Clear*-Methode steht leider erst in Excel 97 und höher zur Verfügung. Soll der Code auch unter früheren Versionen laufen oder auf dem Macintosh, müssen Sie wieder zur bedingten Formatierungen greifen. Wie das geht, finden Sie in ▶ Kapitel 1 beschrieben.

Damit können Sie in einer *#If*-Anweisung Code explizit für die passende VBA-Version erstellen. Für VBA 5.0-Hostanwendungen müssen Sie dann die Listeneinträge einzeln mit der *RemoveItem*-Methode löschen. Dabei müssen Sie unbedingt darauf achten, die Liste von hinten nach vorn zu durchlaufen. Beginnen Sie vorne, würde nach Löschen des ersten Eintrags mit dem Index 0, der zweite Eintrag mit dem ursprünglichen Index 1 nun den Index 0 bekommen. Da die Zählvariable in der Schleife danach aber den nächsten Wert bekommt, würde der ursprünglich zweite Eintrag (ebenso der vierte, sechste etc.) nicht gelöscht werden. Der passende Code, der in VBA 5.0-Hostanwendungen die *RemoveItem*-Methode benutzt, in neueren Excel-Versionen aber die *Clear*-Methode, könnte so aussehen:

```
Private Sub bttLeeren_Click()
    #If VBA6 = False Then
    Dim lngI As Long
    For lngI = Me.lstListe.ListCount - 1 To 0 Step -1
        Me.lstListe.RemoveItem lngI
    Next lngI
    #Else
    Me.lstListe.Clear
    #End If
    Me.cmbListe.RowSource = ""
End Sub
```

Listing 5.28: Listeneinträge abhängig von der VBA-Version löschen

5.13   Optionsgruppen korrekt auswerten

Das Codemodul *K05_13* sowie das Formular *frmK05_13* mit dem Listing finden Sie in der Datei *K05.xls* innerhalb der Begleitdateien zum Buch.

Problem

Sie möchten mit Hilfe von Optionsfeldern sicherstellen, dass immer nur einer von mehreren Werten aktiviert werden kann. Ein typischer Fall dafür ist die Auswahl der Anrede für eine Anschrift. Bei Aktivierung einer Option müssen alle anderen deaktiviert werden.

Lösung

Für solche Aufgaben sollten aussschließlich Optionsfelder eingesetzt werden.

Erläuterungen

Wenn Sie mehrere Optionsfelder auf einem Formular anordnen, bilden diese Optionsfelder eine Gruppe. Excel bzw. die ausführende VBA-Hostanwendung stellt dabei sicher, dass innerhalb dieser Gruppe immer nur das zuletzt ausgewählte Optionsfeld aktiviert ist, die übrigen werden automatisch deaktiviert.

Möchten Sie mehrere Optionsgruppen verwenden, müssen Sie die Optionsfelder dazu in übergeordnete Steuerelemente einfügen und damit gruppieren. Dazu wird im Allgemeinen das Steuerelement *Rahmen* verwendet. Wenn Sie damit vorhandene Optionsfelder gruppieren möchten, gehen Sie folgendermaßen vor:

1. Fügen Sie das Steuerelement *Rahmen* in das Formular ein.

2. Markieren Sie die Optionsfelder, die Sie zusammen als Gruppe verwenden möchten, indem Sie einen Rahmen darum ziehen.

3. Schneiden Sie die Steuerelemente aus, indem Sie Strg+X drücken.

4. Markieren Sie den Rahmen und drücken Sie Strg+V. Die Optionsfelder werden dann in den Rahmen eingefügt und bilden damit eine Gruppe, die unabhängig von Optionsfeldern im Formular oder in anderen Rahmen-Steuerelementen funktioniert.

TIPP: Haben Sie die Optionsfelder noch nicht eingefügt, fügen Sie zunächst das Steuerelement *Rahmen* ein, markieren es und fügen dann dort die Optionsfelder direkt ein.

Das Problem mit der Auswertung der gewählten Option besteht nun darin, dass Sie im Prinzip eine *If...Then...ElseIf...Else*-Anweisung oder eine *Select*-Verzweigung benötigen und alle Optionsfelder daraufhin prüfen müssen, ob sie aktiviert sind. Ist das der Fall, müssen Sie einen Wert zurückgeben, der bestimmt, was der Benutzer ausgewählt hat, beispielsweise die zugeordnete Anrede »Herr«, »Frau« oder »Firma«. Bei sehr vielen Optionsfeldern ist das aufwändig und wartungsunfreundlich. Fügen Sie nämlich eine Option hinzu oder ändern Sie den Namen des Optionsfeldes, müssen Sie auch den Code anpassen. Sinnvoll ist es daher, eine Funktion zu verwenden, die die Aufschrift eines Optionsfeldes innerhalb einer Gruppe zurückgibt und dazu alle Optionsfelder der Gruppe in einer Schleife durchläuft. Dieser Funktion übergeben Sie einfach das Formular oder das *Rahmen*-Steuerelement als Parameter. Über dessen *Controls*-Auflistung können Sie alle Steuerelemente des Objekts durchlaufen und mit der *TypeName*-Funktion prüfen, ob es sich um ein Optionsfeld handelt. In diesem Fall gibt die *TypeName*-Funktion die Zeichenkette »OptionButton« zurück. Handelt es sich um ein Optionsfeld, können Sie mit der *Value*-Eigenschaft feststellen, ob es aktiviert (*True*) oder nicht aktiviert ist. Ist es aktiviert, geben Sie einfach den Wert der *Caption*-Eigenschaft zurück. Dies ist die Aufschrift des Optionsfeldes.

ACHTUNG: Auf dem Macintosh müssen Sie die Schleifenvariable zum Durchlaufen der Steuerelemente zwingend mit dem Typ *MSForms.Control* anstelle des Typs *Control* definieren. Ansonsten erhalten Sie einen Kompilierfehler, weil eine Bibliothek nicht gefunden werden kann.

TIPP: Wenn Sie ein Optionsfeld gefunden haben, das aktiviert ist, können Sie die Schleife mit *Exit For* verlassen, weil es nur ein Optionsfeld innerhalb der Gruppe geben kann, das aktiviert ist.

```
Function getWert(objPar As Object) As String
    Dim objControl As MSForms.Control
    On Error Resume Next
    For Each objControl In objPar.Controls
        'Durchlaufen aller Steuerelemente de Objekts objPar
        If TypeName(objControl) = "OptionButton" Then
            If objControl.Value = True Then
                'Option aktiviert
                getWert = objControl.Caption
                Exit For
            End If
        End If
```

```
        Next objControl
End Function
```

Listing 5.29: Die Funktion getWert

Abbildung 5.13: Das Formular mit den zwei auszuwertenden Optionsgruppen

Haben Sie mehrere Optionsgruppen in einem Formular definiert, beispielsweise eine direkt auf Formularebene (siehe linke Gruppe in Abbildung 5.13) und eine innerhalb eines *Rahmen*-Steuerelement, können Sie die Funktion verwenden, um beide Gruppen auszuwerten, wie dies die *Click*-Ereignisprozedur für die Schaltfläche *bttAuswerten* zeigt. Um die Optionsgruppen auf Formularebene auszuwerten, übergeben Sie die UserForm als Objekt in Form des Schlüsselwort *Me*, ansonsten das *Rahmen*-Steuerelement, das das Optionsfeld enthält.

```
Private Sub bttAuswerten_Click()
    MsgBox getWert(Me)
    MsgBox getWert(Me.fraAnrede)
End Sub
```

Listing 5.30: Die Funktion aufrufen

5.14   Bilder anzeigen

Das Codemodul *K05_14* sowie das Formular *frmK05_14* mit dem Listing finden Sie in der Datei *K05.xls* innerhalb der Begleitdateien zum Buch.

Problem

Sie möchten in einem Dialogfeld ein Bild anzeigen lassen.

Lösung

Für die Anzeige von Bildern steht das Steuerelement *Anzeige* zur Verfügung. Es kann verschiedene Bitmap-Formate anzeigen, allen voran die wichtigsten, JPG und BMP. Sie können das anzuzeigende Bild entweder zur Laufzeit laden, indem Sie der *Picture*-Eigenschaft den Rückgabewert der *LoadPicture*-Eigenschaft zuweisen oder indem Sie die *Picture*-Eigenschaft bereits zur Entwurfszeit setzen.

HINWEIS: Auf dem Macintosh steht zwar die *LoadPicture*-Funktion ebenfalls zur Verfügung und Einschränkungen sind der Hilfe nicht zu entnehmen. Dennoch verursacht sie einen Compiler-Fehler, den Sie nur mit bedingter Kompilierung ausschalten können. Das heißt aber dann natürlich auch, dass Sie auf diese Weise keine Bilder in ein Steuerelement laden können.

Erläuterungen

Bilder können Sie nicht nur im Anzeige-Steuerelement anzeigen, sondern auch als Hintergrundbilder von Formularen und bestimmten Steuerelementen. Immer funktioniert das Laden der Bilddatei über die *LoadPicture*-Eigenschaft. Sie gibt das Bild als Bitmap zurück, die Sie direkt der *Picture*-Eigenschaft zuweisen können. Das folgende Beispiel demonstriert das. Beim Laden das Formulars, das lediglich ein *Anzeige*-Steuerelement mit dem Namen »ImgBild« enthält, wird ein *Öffnen*-Dialogfeld angezeigt, mit dem der Benutzer die JPG-Datei auswählen kann.

HINWEIS: Mehr zur *GetOpenFilename*-Methode finden Sie im ▶ Abschnitt »5.1 Einen Datei- und Verzeichnisnamen vom Benutzer anfordern« weiter vorne. Wie Sie eine Ereignisprozedur für das *Initialize*-Ereignis erstellen, finden Sie im ▶ Abschnitt »5.6 Dialogfelder nicht modal anzeigen« ebenfalls weiter vorne in diesem Kapitel. Gehen Sie wie dort angegeben vor, wählen Sie dann aber als Ereignis *Initialize* aus.

Der Rückgabewert der Methode stellt die ausgewählte Datei einschließlich Pfadnamen dar. Diesen können Sie an die *LoadPicture*-Funktion übergeben. Mit der *PictureSizeMode*-Eigenschaft legen Sie fest, wie die Grafik an die Größe des Steuerelements angepasst werden soll. Mit der hier verwendeten Konstanten *fmPictureSizeModeZoom* wird die Grafik so verkleinert oder vergrößert, dass das Steuerelement ohne Änderung des Seitenverhältnisses ausgefüllt wird. Alternativ stehen die Konstanten *fmPictureSizeModeStretch* und *fmPictureSizeModeClip* zur Verfügung. Bei *fmPictureSizeModeStretch* wird das Bild auf die Größe des Steuerelements gedehnt, wobei bei Bedarf auch das Seitenverhältnis geändert wird und damit Verzerrungen auftreten können. Geben Sie die Konstante *fmPictureSizeModeClip* an, wird der Teil des Bildes, der über das Steuerelement hinausragt, abgeschnitten.

```
Private Sub UserForm_Initialize()
    Dim strName As String
    #If Mac = False Then
    strName = Application.GetOpenFilename("Foto (*.jpg), *.jpg")
    If strName <> "" And strName <> "Falsch" Then
            Me.ImgBild.Picture = LoadPicture(strName)
        Me.ImgBild.PictureSizeMode = MSForms.fmPictureSizeModeZoom
    End If
    #End If
End Sub
```

Listing 5.31: Laden der Grafik beim Öffnen des Formulars

TIPP: Wenn Sie eine Grafik einmal mit der *LoadPicture*-Funktion geladen haben, müssen Sie sie nicht erneut laden, wenn Sie sie einem anderen Steuerelement oder dem Formular zuweisen möchten. Soll die geladene Grafik beispielsweise per Klick auf das *Anzeige*-Steuerelement dem Formular als Hintergrundbild zugewiesen werden, müssen Sie dazu nur die folgende Ereignisprozedur für das *Click*-Ereignis des Steuerelements erstellen, indem Sie in der Entwurfsansicht des Formulars doppelt darauf klicken.

```
Private Sub ImgBild_Click()
    Me.Picture = Me.ImgBild.Picture
    Me.PictureSizeMode = Me.ImgBild.PictureSizeMode
End Sub
```

Listing 5.32: Das angezeigte Bild dem Formular als Hintergrundbild zuweisen

Abbildung 5.14: Das geladene Bild zur Laufzeit

TIPP: Sie können dem Benutzer natürlich auch die Möglichkeit bieten, per Mausklick auf das *Anzeige*-Steuerelement das Bild zu vergrößern, indem Sie das Anzeige-Steuerelement auf die Größe des Formulars ausdehnen. Wie das geht, wird im ▶ Abschnitt »5.15 Steuerelemente dynamisch an die Dialogfeldgröße anpassen« im Anschluss beschrieben.

5.15 Steuerelemente dynamisch an die Dialogfeldgröße anpassen

Das Codemodul *K05_15* sowie das Formular *frmK05_14* mit dem Listing finden Sie in der Datei *K05.xls* innerhalb der Begleitdateien zum Buch.

Problem

Sie möchten ein Steuerelement einer UserForm auf die Größe des Dialogfelds ausdehnen, sodass es die komplette Fläche einnimmt und diese auch bei Änderung der Dialogfeldgröße zur Laufzeit behält.

Lösung

Jedes Steuerelement verfügt über die Eigenschaften *Left* und *Top*, die die Position von links und oben innerhalb des übergeordneten Objekts definieren. Bei Steuerelementen, die Sie direkt in die UserForm einfügen, ist das übergeordnete Objekt die UserForm selbst, ansonsten das Steuerelement, in der sich das untergeordnete Steuerelement befindet. Sie müssen das Steuerelement also in dem übergeordneten Steuerelement oder im Formular im Nullpunkt positionieren und können dann die Größe auf die Größe des übergeordneten Steuerelements oder Formulars ausdehnen. Das müssen Sie natürlich auch jedes Mal machen, wenn sich die Größe des Dialogfelds ändert.

Erläuterungen

Wenn Sie die Größe eines Steuerelements auf die komplette Fläche einer UserForm ausdehnen möchten, müssen Sie das Steuerelement zunächst links oben in der UserForm positionieren. Dazu setzen Sie die Eigenschaften *Left* und *Top* des Steuerelements auf 0. Die verfügbare Größe, ohne Fenstertitel und Rahmen des Dialogfeldes, können Sie mit den Eigenschaften *InsideWidth* (Breite) und *InsideHeight* (Höhe) ermitteln und dann den Eigenschaften *Width* und *Height* des Steuerelements zuweisen, um es auf die Fläche des Dialogfelds auszudehnen.

HINWEIS: Die Prozedur *Vergroessern* sorgt dafür, dass das Steuerelement *ImgBild* im Formular aus dem ▶ Abschnitt »5.14 Bilder anzeigen« vergrößert wird. Es empfiehlt sich dazu, eine separate Prozedur zu erstellen, weil Sie den gleichen Code beim Klicken auf das *Anzeige*-Steuerelement und bei einer Größenänderung des Dialogfelds ausführen müssen. Wenn Sie innerhalb der Prozedur mit *Me* auf die *UserForm* zugreifen möchten, müssen Sie sie aber innerhalb des Klassenmoduls der UserForm definieren.

```
Sub Vergroessern()
    'Steuerelemente in der oberen linken Ecke positionieren
    Me.ImgBild.Top = 0
    Me.ImgBild.Left = 0
    'Steuerelement auf Dialogfeldgröße vergrößern
    Me.ImgBild.Width = Me.InsideWidth
    Me.ImgBild.Height = Me.InsideHeight
End Sub
```

Listing 5.33: Größe des Steuerelements auf die Größe der UserForm ausdehnen

Um die Prozedur ausführen, wenn auf das *Anzeige*-Steuerelement geklickt wird, rufen Sie sie in der Ereignisprozedur für das *Click*-Ereignis des Steuerelements auf.

```
Private Sub ImgBild_Click()
    Vergroessern
End Sub
```

Listing 5.34: Aufrufen der Prozedur

Nun müssen Sie noch dafür sorgen, dass die Prozedur auch bei einer Größenänderung des Dialogfelds aufgerufen wird. Dazu erstellen Sie wie folgt eine Ereignisprozedur für das *Resize*-Ereignis der UserForm:

1. Wählen Sie aus der Objektliste der Entwicklungsumgebung den Eintrag *UserForm* aus.

2. Wählen Sie aus der Ereignisliste das Ereignis *Resize* aus.

Innerhalb der so erzeugten Ereignisprozedur rufen Sie nun nur noch die Prozedur *Vergroessern* auf. Das Ereignis tritt ein, wenn sich die Größe des Dialogfelds ändert. Da der Benutzer das Dialogfeld nicht mit der Maus vergrößern und verkleinern kann, sollten Sie ihm eine Schaltfläche »Maximieren« zum Maximieren des Dialogfelds anbieten, für die Sie dann eine *Click*-Ereignisprozedur erstellen.

HINWEIS: Wie Sie eine solche Ereignisprozedur erstellen, finden Sie im ▶ Abschnitt »5.5 Eigene Dialogfelder erstellen und anzeigen« beschrieben.

Möchten Sie ein Dialogfeld vergrößern, ändern Sie einfach seine Breite (*Width*-Eigenschaft) und seine Höhe (*Height*-Eigenschaft). Um das Fenster zu maximieren, müssten Sie dazu aber zunächst die Auflösung von Windows bzw. dem Macintosh-Rechner ermitteln, was mit den Mitteln, die VBA und Excel zur Verfügung stellen, zumindest direkt nicht möglich ist. Es gibt dabei allerdings einen kleinen Trick. Über die *Height*- und *Width*-Eigenschaft des *Application*-Objekts können Sie die Höhe und Breite des Excel-Anwendungsfensters ermitteln. Sie müssen also nur noch das Excel-Anwendungsfenster maximieren und können so die verfügbare Größe feststellen. Damit der Benutzer nicht von flackernden Fenstern irritiert wird, setzen Sie dazu zunächst die *ScreenUpdating*-Eigenschaft auf *False* und schalten damit die Bildschirmaktualisierung ab.

HINWEIS: Dies bewirkt, dass keine Veränderungen, die Sie per VBA an der Anzeige von Excel vornehmen, angezeigt werden. Nützlich ist das nicht nur für diese Zwecke, sondern vor allem, wenn Sie größere Zellbereiche bearbeiten und dabei die Zellen aktivieren müssen. Das sollten Sie zwar vermeiden, in einigen wenigen Fällen lässt sich das jedoch nicht umgehen. Wenn Sie dann die Bildschirmaktualisierung ausschalten, läuft das Makro sehr viel schneller ab.

Solange die Bildschirmaktualisierung ausgeschaltet ist, werden aber auch keine Meldungen und Warnungen angezeigt. Sie sollten also unbedingt darauf achten, die Bildschirmaktualisierung wieder einzuschalten, indem Sie die Eigenschaft *ScreenUpdating* auf *True* setzen, wenn der Bildschirm wieder aktualisiert werden soll.

Über die *WindowState*-Eigenschaft können Sie das Excel-Fenster aktualisieren, indem Sie ihr die Konstante *xlMaximized* zuweisen.

HINWEIS: In den Macintosh-Versionen von Excel steht die Eigenschaft *WindowState* allerdings nicht zur Verfügung, sodass Sie hier das Dialogfeld nicht maximieren können.

Damit Sie aber später den ursprünglichen Zustand des Fensters wiederherstellen können, wird der Wert in der Variablen *varStatus* gespeichert. Sobald Sie das Anwendungsfenster von Excel maximiert haben, können Sie dessen *Height*-Eigenschaft der *Height*-Eigenschaft des Dialogfelds zuweisen. Mit der Breite, in der *Width*-Eigenschaft verfahren Sie genauso. Anschließend weisen Sie der *WindowState*-Eigenschaft wieder den ursprünglichen Wert zu und schalten die Bildschirmaktualisierung wieder ein, indem Sie die *ScreenUpdating*-Eigenschaft auf *True* setzen.

```
Private Sub bttMaximieren_Click()
    Dim varStatus As Variant
    #If Mac=False Then
    Application.ScreenUpdating = False
    'aktuellen Fensterstatus speichern
    varStatus = Application.WindowState
    'Anwendung maximieren
    Application.WindowState = xlMaximized
    Me.Height = Application.Height
    Me.Width = Application.Width
    'alten Zustand wiederherstellen
    Application.WindowState = varStatus
    Application.ScreenUpdating = True
    #End If
End Sub


Private Sub UserForm_Resize()
    Vergroessern
End Sub
```

Listing 5.35: *Das Dialogfeld und das Anzeige-Steuerelement maximieren*

Abbildung 5.15: Die maximierte UserForm mit maximiertem Steuerelement

5.16 Steuerelemente aktivieren und deaktivieren

Das Codemodul *K05_16* sowie das Formular *frmK05_14* mit dem Listing finden Sie in der Datei *K05.xls* innerhalb der Begleitdateien zum Buch.

Problem

Sie möchten Steuerelemente deaktivieren, die aktuell nicht benötigt werden und andere aktivieren, die notwendig sind.

Lösung

Wenn Sie die Lösung im ▶ Abschnitt »5.15 Steuerelemente dynamisch an die Dialogfeldgröße anpassen« betrachten, fällt auf, dass eine *Maximieren*-Schaltfläche in einem bereits maximierten Formular natürlich nicht notwendig ist. Dafür wäre aber eine *Minimieren*-Schaltfläche sinnvoll, mit der der Benutzer das Formular auf die ursprüngliche Größe bekommen kann. Natürlich sollte dann nur die Schaltfläche aktiviert sein, die gerade sinnvoll eingesetzt werden kann. Das realisieren Sie, indem Sie eine zweite Schaltfläche einfügen und für diese Schaltfläche die Eigenschaft *Enabled* der Schaltfläche auf *True* setzen, die aktiviert sein soll, und die der anderen Eigenschaft auf *False* setzen.

Erläuterungen

Die *Enabled*-Eigenschaft legt fest, ob ein Steuerelement bedient werden kann, bei Schaltflächen also, ob der Benutzer sie anklicken kann. Indem Sie der *Enabled*-Eigenschaft des Steuerelements also den passenden Wert zuweisen, können Sie es aktivieren oder deaktivieren. Vo-

---

rausgesetzt, Sie haben eine zweite Schaltfläche in der UserForm definiert, die den Namen *bttMinimieren* hat, können Sie in der *Click*-Ereignisprozedur für die *Maximieren*-Schaltfläche die Anweisung *Me.bttMinimieren.Enabled = True* ausführen, um die *Minimieren*-Schaltfläche zu aktivieren. Mit *Me.bttMaximieren.Enabled = False* deaktivieren Sie entsprechend die *Maximieren*-Schaltfläche.

TIPP: Wenn die Schaltflächen wie hier zumindest teilweise andere Steuerelemente verdecken, sollten Sie sie so anordnen, dass sie möglichst wenig stören. Dazu eignet sich beispielsweise der untere Rand der Userform. Um die Position zu berechnen, müssen Sie von der inneren Höhe, die Sie mit *InsideHeight* ermitteln, einen Abstand abziehen, den die Schaltflächen vom unteren Rand der Userform haben sollen, beispielsweise 10. Davon ziehen Sie dann noch die Höhe der Schaltfläche ab, die Sie über deren *Height*-Eigenschaft abrufen können. Entsprechend berechnen Sie die Position von links, ausgehend von der Breite der UserForm abzüglich des Abstands der Schaltfläche zum rechten Rand und abzüglich der Breite der Schaltfläche.

```
Private Sub bttMaximieren_Click()
    Dim varStatus As Variant
    #If Mac=False Then
    Application.ScreenUpdating = False
    'aktuellen Fensterstatus speichern
    varStatus = Application.WindowState
    'Anwendung maximieren
    Application.WindowState = xlMaximized
    Me.Height = Application.Height
    Me.Width = Application.Width
    'alten Zustand wiederherstellen
    Application.WindowState = varStatus
    Application.ScreenUpdating = True
    Me.bttMinimieren.Enabled = True
    Me.bttMaximieren.Enabled = False
    'Schaltflächen positionieren
    Me.bttMaximieren.Top = Me.InsideHeight - 10 _
        - Me.bttMaximieren.Height
    Me.bttMaximieren.Left = Me.Width - 10 _
        - Me.bttMaximieren.Width
    Me.bttMinimieren.Top = Me.InsideHeight - 10 _
        - Me.bttMinimieren.Height
    Me.bttMinimieren.Left = Me.bttMaximieren.Left - 10 _
        - Me.bttMinimieren.Width
    #End If
End Sub

Private Sub bttMinimieren_Click()
    'Originalgröße wieder herstellen
    Me.Height = 240
    Me.Width = 270
    'Schaltflächen aktivieren/deaktivieren
    Me.bttMinimieren.Enabled = False
    Me.bttMaximieren.Enabled = True
    'Schaltflächen positionieren
    Me.bttMaximieren.Top = Me.InsideHeight - 10 _
        - Me.bttMaximieren.Height
    Me.bttMaximieren.Left = Me.Width - 10 _
        - Me.bttMaximieren.Width
```

```
     Me.bttMinimieren.Top = Me.InsideHeight - 10 _
         - Me.bttMinimieren.Height
     Me.bttMinimieren.Left = Me.bttMaximieren.Left - 10 _
         - Me.bttMinimieren.Width
End Sub
```

Listing 5.36: *Nicht benötigte Schaltflächen deaktivieren*

Abbildung 5.16: *Das Formular mit nur einer aktivierten Schaltfläche*

5.17 Nicht benötigte Steuerelemente ausblenden

Das Codemodul *K05_17* sowie das Formular *frmK05_17* mit dem Listing finden Sie in der Datei *K05.xls* innerhalb der Begleitdateien zum Buch.

Problem

Sie möchten Steuerelemente die aktuell nicht benötigt werden, ausblenden, anstatt sie nur zu deaktivieren.

Lösung

Mit der *Enabled*-Eigenschaft, die im ▶ Abschnitt »5.16 Steuerelemente aktivieren und deaktivieren« verwendet wurde, deaktiviert oder aktiviert man ein Steuerelement nur. Sichtbar bleibt es aber in jeden Fall. Wenn Sie möchten, können Sie die nicht benötigten Steuerelemente aber auch ganz unsichtbar machen, indem Sie anstelle der *Enabled*-Eigenschaft die *Visible*-Eigenschaft setzen. Weisen Sie ihr den Wert *True* zu, ist das Steuerelement sichtbar, bei *False* ist es unsichtbar.

Erläuterungen

Gegenüber dem Code aus ▶ Abschnitt »5.16 Steuerelemente aktivieren und deaktivieren« ergeben sich daher nur wenige Änderungen. Sie tauschen einfach die Eigenschaft *Enabled* gegen *Visible* aus. Bei der Berechnung der Position von Links für die verbleibende Schaltfläche können Sie nun aber die zweite Schaltfläche außer Acht lassen, weil sie ohnehin nicht sichtbar ist.

```
Private Sub bttMaximieren_Click()
...
    'Buttons aus- bzw. einblenden
    Me.bttMinimieren.Visible = True
    Me.bttMaximieren.Visible = False
    'Schaltflächen positionieren
    'Me.bttMaximieren.Top = Me.InsideHeight - 10 _
        - Me.bttMaximieren.Height
    'Me.bttMaximieren.Left = Me.Width - 10 _
        - Me.bttMaximieren.Width
    Me.bttMinimieren.Top = Me.InsideHeight - 10 _
        - Me.bttMinimieren.Height
    Me.bttMinimieren.Left = Me.Width - 10 _
        - Me.bttMinimieren.Width
End Sub

Private Sub bttMinimieren_Click()
    'Originalgröße wieder herstellen
    Me.Height = 240
    Me.Width = 270
    'Schaltflächen aus- bzw. einblenden
    Me.bttMinimieren.Visible = False
    Me.bttMaximieren.Visible = True
    'Schaltflächen positionieren
    Me.bttMaximieren.Top = Me.InsideHeight - 10 _
        - Me.bttMaximieren.Height
    Me.bttMaximieren.Left = Me.Width - 10 _
        - Me.bttMaximieren.Width
    'Me.bttMinimieren.Top = Me.InsideHeight - 10 _
        - Me.bttMinimieren.Height
    'Me.bttMinimieren.Left = Me.bttMaximieren.Left - 10 _
        - Me.bttMinimieren.Width
End Sub
```

Listing 5.37: *Nicht benötigte Schaltflächen ausblenden*

5.18 Werte aus Dialogfeldern zurückgeben

Das Codemodul *K05_18* sowie das Formular *frmK05_18* mit dem Listing finden Sie in der Datei *K05.xls* innerhalb der Begleitdateien zum Buch.

Problem

Sie möchten Werte, die in einer UserForm berechnet oder eingegeben wurden, an die aufrufende Prozedur zurückgeben.

Lösung

Für diese Aufgabe gibt es mehrere Lösungen. Zunächst können Sie der UserForm eigene Eigenschaften hinzufügen, über die Sie die Werte zurückgeben. Wie Sie solche Eigenschaften erstellen, wurde bereits im ▶ Abschnitt »5.7 Steuerelemente beim Laden des Dialogfelds initialisieren« gezeigt. Hier wurden sie jedoch zur Übergabe von Werten an die UserForm verwendet. Das Prinzip ist jedoch das gleiche. Darüber hinaus könnten Sie direkt die Werte der benötigten Steuerelemente abfragen, solange sich das Dialogfeld noch im Speicher befindet. Müssen

Sie nur einen Wert zurückgeben, können Sie auch die *Tag*-Eigenschaft des Formulars verwenden, indem Sie den gewünschten Wert beim Schließen des Dialogfeldes in der *Tag*-Eigenschaft speichern und diesen Wert ermitteln, bevor die Instanz der UserForm aus dem Speicher entfernt wird. Da die *Tag*-Eigenschaft nur einen *String*-Wert akzeptiert, können Sie mehrere Werte nur als trennzeichenseparierte Zeichenfolge speichern. Die Rückgabe von Objekten oder komplexen Daten wie benutzerdefinierten Datentypen scheidet gänzlich aus. Wenn Sie so etwas machen möchten, müssen Sie dazu öffentliche Variablen auf Modulebene in einem normalen Modul deklarieren und innerhalb der UserForm diesen Variablen die entsprechenden Werte zuweisen. Die beiden zuletzt genannten Möglichkeiten sollen nachfolgend vorgestellt werden.

Erläuterungen

Das zur Demonstration benötigte Formular besteht aus einer Schaltfläche »bttOK« und einem Eingabefeld mit dem Namen »txtEingabe«. Beim Klicken auf die *OK*-Schaltfläche wird die *Click*-Ereignisprozedur ausgeführt, die den eingegebenen Wert einmal der *Tag*-Eigenschaft zuweist und außerdem der öffentlichen Variablen *strEingabe*. Danach können Sie die User-Form mit *Me.Hide* ausblenden.

ACHTUNG: Wenn Sie von der aufrufenden Prozedur auf die *Tag*-Eigenschaft zugreifen möchten, dürfen Sie das Formular nun aber nicht mit *Unload Me* entladen. Dann haben Sie keinen Zugriff mehr auf das *UserForm*-Objekt und seine Eigenschaften.

```
Private Sub bttOK_Click()
    Me.Tag = Me.txtEingabe.Value
    strEingabe = Me.txtEingabe.Value
    Me.Hide
End Sub
```

Listing 5.38: Speichern des eingegebenen Wertes in einer Variablen und der Tag-Eigenschaft

In dem Modul, indem Sie sich die Prozedur zum Aufruf des Formulars befindet, müssen Sie auf Modulebene die Variable *strEingabe* deklarieren, die den Wert aus dem Formular aufnimmt. Innerhalb der Prozedur definieren Sie dann eine Objektvariable, als dessen Typ Sie den Namen der UserForm angeben. Danach erzeugten Sie mit dem *New*-Schlüsselwort eine neue Instanz des Formulars und weisen diese der Variablen zu. Sie können nun die *Show*-Methode aufrufen, um das Formular anzuzeigen. Da bei modal angezeigten Dialogfeldern der Code erst nach dem Schließen des Formulars fortgesetzt wird, können Sie unmittelbar nach der *Show*-Methode auf die Rückgabewerte zugreifen. Die beiden *Debug.Print*-Anweisungen geben den Wert der *Tag*-Eigenschaft der UserForm sowie den Wert der öffentlichen Variablen aus.

ACHTUNG: Erst nach der Ausgabe der *Tag*-Eigenschaft dürfen Sie mit der Anweisung *Unload objFrm* die UserForm aus dem Speicher entfernen und dann die Objektvariablen auf *Nothing* setzen. Machen Sie das vorher, ist auch der Wert der Eigenschaft weg.

```
Option Explicit
Public strEingabe As String

Sub TestK05_18()
    Dim objFrm As frmK05_18
    Set objFrm = New frmK05_18
    objFrm.Show
    Debug.Print "Wert der Tag-Eigenschaft: " & objFrm.Tag
    Debug.Print "Wert der öffentlichen Variablen: " & strEingabe
    Unload objFrm
```

```
        Set objFrm = Nothing
End Sub
```

Listing 5.39: Ausgeben des Rückgabewertes

5.19 Dialogfelder regelmäßig anzeigen

Das Codemodul *K05_19* mit dem Listing finden Sie in der Datei *K05.xls* innerhalb der Begleitdateien zum Buch.

Problem

Sie möchten eine Meldung oder eine UserForm in regelmäßigen Abständen anzeigen lassen.

Lösung

Mit der *OnTime*-Methode des *Application*-Objekts können Sie Code zeitgesteuert ausführen.
Ob der Code dabei ein Dialogfeld anzeigt oder andere Aktionen ausführt, spielt dabei keine
Rolle. In dem hier gezeigten Beispiel wird der Benutzer mit Hilfe eines mit *MsgBox* erzeugten
Dialogfelds gefragt, ob er die aktive Arbeitsmappe speichern möchte.

Erläuterungen

Um eine Prozedur zu einem bestimmten Zeitpunkt aufzurufen, übergeben Sie der *OnTime*-
Methode den Zeitpunkt als ersten Parameter. Wenn Sie die Prozedur beispielsweise alle 10
Sekunden aufrufen möchten, addieren Sie die Sekunden zum Wert der Funktion *Now*, die die
aktuelle Uhrzeit ermittelt. Der zweite Parameter bestimmt die aufzurufenden Prozedur. Mit der
Prozedur *TimerInit* erreichen Sie, dass die Prozedur *Speichern* in dem durch *lngSek* angegebenen Intervall in Sekunden aufgerufen wird. Für den Parameter *lngSek* sind damit Werte von 1
bis 59 zulässig. Wichtig ist, dass Sie in der aufgerufenen Prozedur, hier *Speichern*, den Timer
neu initialisieren, damit die Prozedur nach 10 Sekunden erneut aufgerufen wird.

HINWEIS: Damit der ständige Aufruf der Prozedur gestoppt werden kann, wird hier die Prozedur *TimerInit* nur erneut aufgerufen, wenn der Benutzer bestätigt, dass die Arbeitsmappe
gespeichert werden soll. Indem Sie auf *Nein* klicken, stoppen Sie damit auch den erneuten
Aufruf der Prozedur *Speichern*.

```
Sub testK05_19()
    TimerInit 10
End Sub

Sub TimerInit(lngSek As Long)
    Application.OnTime Now() + _
        TimeValue("00:00:" & lngSek), "Speichern", , True
End Sub

Sub Speichern()
    Dim bytAntw As Byte
    bytAntw = MsgBox("Möchten Sie die aktuelle Arbeitsmappe speichern?", _
        vbYesNo + vbQuestion, "Arbeitsmappe speichern?")
    If bytAntw = vbYes Then
        On Error Resume Next
        Application.ActiveWorkbook.Save
        'Timer neu initialisieren
```

```
        TimerInit 10
    End If
End Sub
```

Listing 5.40: *Ein Dialogfeld alle 10 Sekunden anzeigen*

TIPP: Wenn Sie längere Zeitspannen als 59 Sekunden an die Prozedur *TimerInit* übergeben möchten, können Sie auch einen Parameter vom Typ *String* definieren, dem Sie dann die komplette Zeitspanne übergeben.

```
Sub TimerInit2(strIntervall As String)
    Application.OnTime Now() + _
        TimeValue(strIntervall), "Speichern2", , True
End Sub
```

Listing 5.41: *Unterstützung größerer Intervalle durch den geänderten Parameter*

Der Aufruf erfolgt dann also mit *TimerInit2 "00:20:00"*.

5.20 Dialogfelder nach einer bestimmten Zeitspanne ausblenden

Das Codemodul *K05_20* sowie das Formular *frmK05_20* mit dem Listing finden Sie in der Datei *K05.xls* innerhalb der Begleitdateien zum Buch.

Problem

Sie möchten ein Dialogfeld nur eine bestimmte Zeit lang anzeigen lassen, beispielsweise als Begrüßungsbildschirm Ihrer Anwendung.

Lösung

Sie benötigen dazu auf jeden Fall eine UserForm, da es keine Möglichkeit gibt, ein mit *MsgBox* erzeugtes Dialogfeld per VBA-Code zu schließen. Innerhalb der UserForm erzeugen Sie in der *Initialize*-Ereignisprozedur einen Timer mit der *OnTime*-Methode und rufen damit eine Prozedur auf, die die UserForm schließt.

Erläuterungen

Um einen Begrüßungsdialog zu erstellen, erzeugen Sie zunächst eine UserForm und gestalten sie nach Belieben. Bei dem in Abbildung 5.17 gezeigten Dialogfeld wurde der halbtransparente Bereich auf der linken Seiten durch ein GIF-Bild erzeugt, das abwechselnd einen orangefarbenen Pixel und daneben einen transparenten Pixel enthält. Dieses Bild wurde der *Picture*-Eigenschaft eines *Anzeige*-Steuerelements zugewiesen. Damit es gekachelt wird, also so oft wiederholt wird, bis die Fläche gefüllt ist, wurde die Eigenschaft *PictureTiling* auf *True* gesetzt. Damit die Fläche des Dialogfelds mit einem Bild gefüllt wird, weisen Sie der *Picture*-Eigenschaft der UserForm ein Bild Ihrer Wahl zu. Alle Elemente, die Sie dann auf der User-Form anordnen, werden auf das Hintergrundbild gezeichnet. Auf diese Weise lassen sich nicht nur Fotos als Hintergrund anzeigen, sondern auch Farbverläufe definieren, indem Sie ein Bild mit dem Verlauf kacheln. Auch die UserForm selbst verfügt nämlich über die Eigenschaft *PictureTiling*.

Dialoge einsetzen und gestalten

ACHTUNG: Auf dem Macintosh verursachen die Bilder im Steuerelement und im Formular Fehler beim Laden, obwohl beide *Picture*-Eigenschaften auch auf dem Mac die gleichen Dateiformate unterstützen sollen, wie unter Windows. Diese Probleme beim Laden der Bilder können dazu führen, dass das Formular keine Steuerelemente mehr enthält, wenn Sie die Beispieldatei in der Macintosh-Version öffnen.

Abbildung 5.17: Willkommensdialog

TIPP: Wenn Sie ein solches Dialogfeld für mehrere Anwendungen erstellen möchten, definieren Sie Titel und Versionsnummer als öffentliche Konstanten in einem normalen Modul und laden diese Werte beim Initialisieren der UserForm in entsprechende Label- und Textfelder. Sie brauchen dann nur das Klassenmodul der UserForm zu exportieren (Menübefehl *Datei/Datei exportieren*) und können es dann in ein anderes Projekt mit dem Menübefehl *Datei/Datei importieren* einfügen. Anschließend müssen Sie in dem entsprechenden VBA-Projekt nur noch die Konstanten mit anderen Werten definieren, falls das nicht ohnehin schon der Fall ist.

```
Public Const strLizenz = "30-Tage Testversion" 'Lizenztyp
Public Const strAnwendung = "Mein Programm" 'Programmname
Public Const strVersion = "1.0" 'Versionsnummer
Public Const bytSekunden = 30 'Anzeigedauer für den Begrüßungsdialog
```

Listing 5.42: Verwendete Konstanten zum Initialisieren des Begrüßungsdialogfelds

Halten Sie es für sinnvoll, können Sie natürlich auch weitere Konstanten definieren und damit beispielsweise auch ein Hintergrundbild bestimmen. Wie Sie dieses dann laden und der *Picture*-Eigenschaft zuweisen, finden Sie im ▶ Abschnitt »5.14 Bilder anzeigen« weiter vorne in diesem Kapitel erklärt.

Wenn Sie die UserForm fertig gestellt haben, müssen Sie natürlich noch sicherstellen, dass sie auch automatisch ausgeblendet wird. Bei einem Splash-Bildschirm sollte es aber auch so sein, dass der Benutzer ihn nicht vorzeitig über die Schließen-Schaltfläche in der Titelleiste schließen kann. Da sich die Schließen-Schaltfläche nicht ausblenden lässt, müssen Sie deren Funktion deaktivieren. Definieren Sie dazu auf Modulebene im Klassenmodul der UserForm eine boolesche Variable *boolSchliessen*, deren Wert Sie in der *Initialize*-Ereignisprozedur auf *False* setzen. Versucht der Benutzer das Dialogfeld zu schließen, tritt das *QueryClose*-Ereignis ein. In einer Ereignisprozedur für dieses Ereignis prüfen Sie dann den Wert der Variablen *boolSchliessen*. Hat sie den Wert *False*, dann setzen Sie den *Cancel*-Parameter auf *True* und verhindern damit, dass das Dialogfeld geschlossen wird. Um die Ereignisprozedur zu erstellen, wählen Sie aus der Objektliste den Eintrag *UserForm* aus und markieren in der Ereignisliste das Ereignis *QueryClose*.

```
Private boolSchliessen As Boolean

Private Sub UserForm_QueryClose(Cancel As Integer, _
    CloseMode As Integer)
    If boolSchliessen = False Then
        Cancel = True
    End If
End Sub
```

Listing 5.43: Schließen des Dialogfelds verhindern

Nun müssen Sie noch für die Initialisierung des Dialogfelds sorgen, falls Sie die Texte für die Bezeichnungsfelder aus öffentlichen Konstanten laden möchten. Auf jeden Fall müssen Sie aber die Variable *boolSchliessen* auf *False* setzen. Dazu erstellen Sie eine Ereignisprozedur für das *Initialize*-Ereignis der UserForm. Außerdem müssen Sie die *TimerInit*-Prozedur aufrufen, die den Timer initialisiert. Hier wird ihr die Anzahl von Sekunden, die das Dialogfeld geöffnet sein soll, mit Hilfe der Konstanten *bytSekunden* übergeben. Mehr über die Prozedur *TimerInit* finden Sie im ▶ Abschnitt »5.19 Dialogfelder regelmäßig anzeigen« weiter vorne in diesem Kapitel.

ACHTUNG: Auf dem Macintosh funktioniert der Timer nicht, weil die UserForm nicht nur bezüglich der Anwendung modal angezeigt wird, sondern auch Hintergrundprozesse gestoppt werden, solange das Dialogfeld geöffnet ist. Für die Macintosh-Benutzer sollten Sie daher eine Schaltfläche zum Schließen in das Dialogfeld einfügen. Für diese Schaltfläche erstellen Sie eine Ereignisprozedur, die wiederum die Prozedur *Schliessen* aufruft.

```
Private Sub bttMac_Click()
    schliessen
End Sub

Private Sub UserForm_Initialize()
    Me.lblLizenz.Caption = "(" & strLizenz & ")"
    Me.lblTitel.Caption = strAnwendung
    Me.lblVersion.Caption = "Version: " & strVersion
    boolSchliessen = False 'Benutzer darf Formular nicht schließen
    #If Mac = False Then
        TimerInit bytSekunden
        Me.bttMac.Visible = False
    #End If
End Sub

Sub TimerInit(lngSek As Long)
    Application.OnTime Now() + _
        TimeValue("00:00:" & lngSek), "ende", , True
End Sub
```

Listing 5.44: Initialisieren des Dialogfelds und des Timers

Dialoge einsetzen und gestalten

HINWEIS: Mit der *OnTime*-Methode können Sie leider nur Prozeduren aufrufen, die sich in einem normalen Modul befinden. Daher ist es nicht möglich, damit eine Prozedur im Klassenmodul der UserForm aufzurufen. Sie müssen deshalb einen kleinen Umweg in Kauf nehmen und die Prozedur *ende* in dem Modul erstellen, die das Dialogfeld aufruft und von dort eine *schliessen*-Methode der UserForm aufrufen. Sie müssen sie natürlich im Klassenmodul der UserForm definieren.

Wichtig ist daher die Deklaration der Prozedur mit dem Schlüsselwort *Public*, damit Sie sie von außerhalb des Klassenmoduls aufrufen können. Innerhalb der Prozedur müssen Sie die Variable *boolSchliessen* auf *True* setzen, bevor Sie das Dialogfeld mit *Me.Hide* ausblenden und mit *Unload Me* entladen.

```
Public Sub schliessen()
    boolSchliessen = True
    Me.Hide
    Unload Me
End Sub
```

Listing 5.45: Schließen des Dialogfelds mit der schliessen-Methode

Das Ganze funktioniert allerdings nur, wenn Sie die UserForm entsprechend erzeugen und aufrufen. Dazu fügen Sie folgenden Code in ein normales Modul an, beispielsweise das Modul, in dem Sie schon die Konstanten aus Listing 5.42 eingefügt haben. Zunächst müssen Sie auf Modulebene eine Variable *frmDlg* des Typs *frmK05_20* definieren. Da der angegebene Datentyp der Klassenname der UserForm ist, müssen Sie ihn anpassen, wenn Ihre Userform anders als »frmK05_20« heißt.

ACHTUNG: Erzeugen Sie auf keinen Fall direkt eine Instanz der UserForm, indem Sie bei der Deklaration das Schlüsselwort *New* erzeugen. Dies führt dann nämlich dazu, dass bei jeder Verwendung der Objektvariablen eine Instanz des Formulars erzeugt wird, wenn die Objektvariable nicht auf eine gültige Instanz verweist. Diese wird dann aber erst wieder zerstört, wenn die Codeausführung beendet wird und kann daher vor allem bei komplexen Formularen zu Ressourcenengpässen führen. Bei der hier verwendeten Variante ohne das Schlüsselwort *New* wird die Instanz erst dann erzeugt, wenn Sie sie explizit durch Zuweisung mit *Set* erzeugen.

In der Prozedur, mit der Sie das Dialogfeld anzeigen lassen möchten (hier *TestK05_20*), müssen Sie zuerst eine Instanz der UserForm erzeugen und der Variablen *frmDlg* mit dem *Set*-Operator zuweisen. Mit der *Show*-Methode können Sie dann das Dialogfeld anzeigen.

WICHTIG: Sie dürfen jetzt keinesfalls wie sonst die Objektvariable auf *Nothing* zurücksetzen, da Sie mit der Prozedur *ende* noch auf diese Instanz der UserForm zugreifen müssen. Innerhalb der Prozedur *ende* rufen Sie die *schliessen*-Methode der UserForm auf und setzen erst danach die Objektvariable auf *Nothing*.

```
Dim frmDlg As frmK05_20

Sub TestK05_20()
    Set frmDlg = New frmK05_20
    frmDlg.Show
End Sub
```

```
Sub ende()
    frmDlg.schliessen
    Set frmDlg = Nothing
End Sub
```

Listing 5.46: Schließen des Dialogfelds

5.21 Dialogfelder zur komfortablen Dateneingabe

Das Codemodul *K05_21* sowie das Formular *frmK05_21* mit dem Listing finden Sie in der Datei *K05.xls* innerhalb der Begleitdateien zum Buch.

Problem

Sie möchten ein Dialogfeld gestalten, mit dem der Benutzer problemlos Daten in eine Excel-Tabelle eingeben und auch ändern kann. Das Dialogfeld soll ähnlich funktionieren wie die Dateneingabemaske von Excel (Menübefehl *Daten/Maske*), nur mit dem Unterschied, dass die Bedienung einfacher sein soll und das Blättern durch die Daten über eine Navigationsleiste am unteren Rand erfolgen soll.

Lösung

Basis für ein solches Dialogfeld ist wieder eine UserForm. Da Sie aber zur Entwurfszeit nicht unbedingt wissen, wie viele Spalten einer Tabelle damit bearbeitet werden sollen, müssen Sie die Eingabefelder ohnehin per VBA-Code erzeugen. Das geht mit der *Add*-Methode der *Controls*-Auflistung.

HINWEIS: Voraussetzung für die Nutzung des Formulars, ohne dass Anpassungen erforderlich sind, ist ein definierter Tabellenaufbau. Damit die Steuerelemente erstellt und beschriftet werden können, ist es wichtig, dass die zu bearbeitende Tabelle bzw. der angegeben Zellbereich in der ersten Zeile Spaltenüberschriften enthält, die auch als Beschriftungen für die Eingabefelder verwendet werden. Da die Spaltenüberschriften als Namen für die Eingabefelder verwendet werden, dürfen sie keine Leerzeichen, Umlaute und Sonderzeichen enthalten. Sollte das der Fall sein, müssen Sie den Code dahingehend anpassen, dass Sie solche Zeichen aus den Spaltentiteln entfernen, bevor Sie sie als Namen für die Eingabefelder verwenden.

Erläuterungen

Da die Steuerelemente zur Anzeige und Eingabe der Daten automatisch erzeugt werden, benötigen Sie im Formular nur die Navigationsschaltflächen und ein Textfeld für die Navigationsleiste, in der die aktuelle Datensatznummer und die Gesamtanzahl Datensätze angezeigt werden. Die Schaltflächen für die Navigation heißen *bttNaechster*, *bttVorheriger*, *bttAnfang* und *bttEnde*, das Textfeld hat im Beispiel den Namen »txtDS«. Zum Hinzufügen von Datensätzen gibt es die *Plus*-Schaltfläche mit dem Namen »bttPlus« und zum Löschen die Schaltfläche *bttMinus*.

Damit die Navigationsleiste einfach unterhalb des letzten Eingabefeldes positioniert werden kann, sollten Sie alle Elemente der Navigationsleiste in einen Rahmen einfügen. Dann brauchen Sie nämlich nur den Rahmen positionieren. Wie Sie die Schaltflächen innerhalb des Rahmens anordnen, spielt dabei keine Rolle.

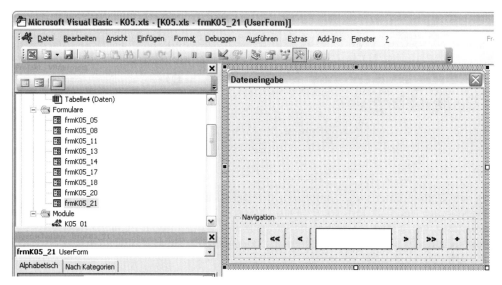

Abbildung 5.18: *Das Formular für die Dateneingabe in der Entwurfsansicht*

Wenn Sie ein Formular erstellen möchten, mit dem Sie beliebige Tabellen bearbeiten können, müssen Sie dem Formular einen Wert übergeben, der bestimmt, welcher Zellbereich als Datenbereich verwendet werden soll. Das können Sie als Zeichenfolge machen, die Sie an die *Tag*-Eigenschaft des Formulars übergeben. Damit dies funktioniert, müssen Sie das Dialogfeld wie folgt aufrufen. Sie erzeugen zunächst mit dem *New*-Schlüsselwort eine Instanz des Formulars und weisen diese der Variablen *frmDaten* zu. Danach weisen Sie der *Tag*-Eigenschaft eine Zeichenkette zu, die den Zellbereich bestimmt. Verwenden Sie dazu die in Excel übliche Syntax, indem Sie das Tabellenblatt getrennt durch ein Semikolon vor dem Zellbereich angeben. In der Prozedur *TestK05_21* wird der benutzte Bereich (*UsedRange*) des Tabellenblattes »Daten« angegeben. Haben Sie den Zellbereich zugewiesen, zeigen Sie das Formular mit der *Show*-Methode an.

```
Sub TestK05_21()
    Dim frmDaten As frmK05_21
    Set frmDaten = New frmK05_21
    frmDaten.Tag = "Daten!" & _
        ThisWorkbook.Worksheets("Daten").UsedRange.Address
    frmDaten.Show
    Set frmDaten = Nothing
End Sub
```

Listing 5.47: *Aufrufen des Dialogfelds*

Das erste, was Sie innerhalb des Klassenmoduls der UserForm machen müssen, ist die Zeichenfolge in der *Tag*-Eigenschaft aufzuspalten und den Zellbereich sowie den Tabellenblattnamen zu ermitteln. Beide Teile benötigen Sie dann nämlich, um der auf Modulebene definierten Objektvariablen *objRange* den Zellbereich als *Range*-Objekt zuzuweisen. Das alles sowie das Einfügen der Steuerelemente und Bezeichnungsfelder übernimmt die Prozedur *Erstellen*, die in der *Layout*-Ereignisprozedur aufgerufen wird.

WICHTIG: Normalerweise würden Sie so etwas natürlich in der *Initialize*-Ereignisprozedur erledigen. Das *Initialize*-Ereignis tritt aber ein, wenn die Instanz der Klasse erzeugt wird, also vor dem Zuweisen des Wertes an die *Tag*-Eigenschaft. Innerhalb der Ereignisprozedur steht daher der Inhalt der *Tag*-Eigenschaft noch nicht zur Verfügung, Als Alternative kommt nur das *Layout*-Ereignis in Frage, das immer dann eintritt, wenn das Dialogfeld neu gezeichnet werden muss. Also auch, wenn es auf dem Bildschirm verschoben wird oder wenn zwischendurch ein anderes Fenster und danach wieder das Dialogfeld aktiviert wurde. Sie müssen daher bei Verwendung des *Layout*-Ereignisses dafür sorgen, dass die Eingabefelder nur beim ersten Aufruf der Ereignisprozedur aufgerufen werden. Dazu wird hier eine statische Variable *boolErstellt* deklariert. Sie hat den Anfangswert *False*. Nur bei diesem Wert wird die Prozedur *Erstellen* aufgerufen und danach die Variable auf *True* gesetzt. Bei allen weiteren Aufrufen der Ereignisprozedur wird die Prozedur *Erstellen* daher nicht mehr aufgerufen.

Die Prozedur *Erstellen* übernimmt das Erzeugen der Eingabe- und Bezeichnungsfelder für die Beschreibungen. Nach den Variablendeklarationen folgen dazu ein paar Konstanten, über deren Werte Sie das Layout anpassen können. Die Konstante *lngHoehe* definiert die Höhe der Eingabe- und Bezeichnungsfelder. Je niedriger der Wert ist, desto mehr Steuerelemente passen also bei gleicher Größe auf das Formular. Die Höhe dürfen Sie aber natürlich nicht so klein wählen, dass die Schrift abgeschnitten wird.

ACHTUNG: Damit die Prozedur auch in den Macintosh-Versionen von Excel funktioniert, müssen Sie der *Mid*-Funktion das Objekt *VBA.* voranstellen und die Variablen *objLabel* und *objText* mit dem Typ *MSForms.Control* definieren. Für die Windows-Versionen reicht auch die Deklaration mit dem Typ *Control* aus.

Mit den beiden Konstanten *lngBreiteLabel* und *lngBreite* definieren Sie die Breite der Eingabe- und Bezeichnungsfelder und mit *lngAbstand* legen Sie die vertikalen und horizontalen Abstände zwischen den Steuerelementen und zwischen Steuerelement und Formularrahmen fest. Nach den Konstantendeklarationen wird die Zeichenfolge in der *Tag*-Eigenschaft auseinander geschnitten. Der Teil vor dem Semikolon wird in der Variablen *strTab* gespeichert, der Teil danach in der Variablen *strBereich*. Die Position des Semikolon wird mit der *InStr*-Funktion ermittelt.

HINWEIS: Alternativ könnten Sie auch die *Split*-Funktion verwenden, müssten dann aber wieder separaten Code für VBA 5.0-Hostanwendungen erstellen. Der Aufwand ist natürlich unangebracht hoch.

Wenn Sie Tabelle und Bereichsadresse ermittelt haben, können Sie das *Range*-Objekt erzeugen und über die *Range*-Auflistung des *Worksheet*-Objekts zurückgeben. Wichtig ist, dass Sie dieses Objekt der auf Modulebene deklarierten Variablen *objRange* zuweisen, da alle Prozeduren zum Anzeigen, Speichern und Löschen von Daten diese Variable benötigen.

```
Dim objRange As Range
Dim lngAktZeile As Long

Private Sub UserForm_Layout()
    Static boolErstellt As Boolean
    If boolErstellt = False Then
        Erstellen
```

```
        boolErstellt = True
    End If
End Sub

Sub Erstellen()
    Dim strTab As String
    Dim strBereich As String
    Dim lngPos As Long
    Dim objLabel As MSForms.Control
    Dim objText As MSForms.Control
    Dim lngZeile As Long
    Dim lngSpalte As Long
    Dim lngY As Long
    Dim lngX As Long
    Dim strSpalte As String
    Const lngHoehe = 20
    Const lngBreiteLabel = 140
    Const lngBreiteText = 140
    Const lngAbstand = 10
    'Tabelle und Zellbereich auseinander schneiden
    lngPos = InStr(1, Me.Tag, "!")
    If lngPos > 0 Then
        strTab = VBA.Mid(Me.Tag, 1, lngPos - 1)
        strBereich = VBA.Mid(Me.Tag, lngPos + 1)
    End If
    Set objRange = ThisWorkbook.Worksheets(strTab _
        ).Range(strBereich)
...
```

Listing 5.48: *Initialisieren des Formulars und ermitteln des Zellbereichs für die Dateneingabe*

Nun können Sie die Steuerelemente erzeugen. Für jede Spalte des Zellbereichs benötigen Sie ein Eingabefeld und ein Bezeichnungsfeld. Sie brauchen also eine Schleife, die alle Spalten durchläuft. Dazu wird hier eine *For*-Schleife verwendet, deren Schleifenvariable von 1 bis zur Spaltenanzahl läuft, die Sie mit der *Count*-Eigenschaft der *Columns*-Auflistung ermitteln können. Für die Beschriftungen benötigen Sie die erste Zelle der Spalte. Der Wert dieser Zelle wird zunächst in der Variablen *strSpalte* gespeichert und dann mit der *Add*-Methode der *Controls*-Auflistung ein Steuerelement eingefügt. Die *Add*-Methode erwartet als ersten Parameter den Klassennamen des Steuerelements. Eine vollständige Liste finden Sie in Tabelle 5.1. Um ein Bezeichnungsfeld zu erstellen, geben Sie daher »Forms.Label.1« an. Der zweite Parameter stellt den Namen des Steuerelements dar. Dieser ist für das Eingabefeld allerdings sehr viel wichtiger als für das Bezeichnungsfeld. Damit es keine Namenskonflikte mit den Namen der Eingabefelder gibt, wird dem ermittelten Spaltennamen das Präfix »lbl« vorangestellt. Der letzte Parameter, hier *True*, gibt an, ob das Steuerelement sichtbar sein soll. Geben Sie *False* an, ist es unsichtbar. Die *Add*-Methode gibt das erzeugte Steuerelement zurück, das Sie in einer Variablen des Typs *Control* speichern können. Wenn Sie weitere Eigenschaften wie beispielsweise die Aufschrift festlegen möchten, ist das aber unbedingt notwendig. Im Anschluss wird über die Variable und deren Eigenschaft die Position mit den Eigenschaften *Left* und *Top* sowie die Aufschrift über *Caption* und die Breite mit der Eigenschaft *Width* bestimmt.

Auf gleiche Weise wird danach ein *Textbox*-Steuerelement für die Eingabe der Daten erzeugt. Als Name wird hier der Spaltentitel definiert. Dies erleichtert später den Zugriff auf die Daten der Eingabefelder. Mit Hilfe der Eigenschaften *Left* und *Top* wird das Steuerelement neben dem Bezeichnungsfeld angeordnet. Danach wird die Variable *lngY* um die Höhe der Steuerelemente und den Abstand in der Konstanten *lngAbstand* erhöht, damit die nächsten beiden Steuerelemente darunter angeordnet werden.

Wurden auf diese Weise alle benötigten Steuerelemente eingefügt, müssen Sie noch die Formularbreite und Formularhöhe anpassen, damit alle Steuerelemente sichtbar sind. Dazu setzen Sie die Breite auf einen Wert, der sich aus dem Abstand multipliziert mit 3 sowie der Bezeichnungsfeld- und Textfeldbreite ergibt. Die Höhe des Formulars berechnet sich aus dem aktuellen Wert der Variablen *lngY* zuzüglich der Höhe der Steuerelemente und viermal dem Abstand sowie der Höhe der Navigationsleiste. Ganz zum Schluss müssen Sie dann noch den Rahmen mit der Navigationsleiste an den unteren Rand des Formulars verschieben.

```
...
    'Steuerelemente einfügen
    lngX = lngAbstand
    lngY = lngAbstand
    For lngSpalte = 1 To objRange.Columns.Count
        strSpalte = objRange.Cells(1, lngSpalte).Value

        Set objLabel = Me.Controls.Add( _
            "Forms.Label.1", "lbl" & strSpalte, True)
        objLabel.Left = lngX
        objLabel.Top = lngY
        objLabel.Caption = strSpalte
        objLabel.Width = lngBreiteLabel

        Set objText = Me.Controls.Add( _
            "Forms.Textbox.1", strSpalte, True)
        objText.Left = lngX + lngAbstand + lngBreiteLabel
        objText.Top = lngY
        objText.Width = lngBreiteText

        lngY = lngY + 10 + lngHoehe
    Next lngSpalte

    'Formulargröße festlegen
    Me.Width = (lngAbstand * 3) + lngBreiteLabel + _
        lngBreiteText
    Me.Height = (lngAbstand * 4) + lngY + lngHoehe + _
        Me.fraNavigation.Height + 30

    'Navigation nach unten schieben
    Me.fraNavigation.Top = Me.InsideHeight - _
        Me.fraNavigation.Height - lngAbstand

    'Ersten Datensatz laden
    DatenLaden 2
End Sub
```

Listing 5.49: *Fortsetzung der Prozedur Erstellen*

Abbildung 5.19: *Das erzeugte Formular zur Laufzeit*

Steuerelementtyp	Klassenname
Anzeige	*Forms.Image.1*
Befehlsschaltfläche	*Forms.CommandButton.1*
Bezeichnungsfeld	*Forms.Label.1*
Bildlaufleiste	*Forms.ScrollBar.1*
Drehfeld	*Forms.SpinButton.1*
Kombinationsfeld	*Forms.ComboBox.1*
Kontrollkästchen	*Forms.CheckBox.1*
Listenfeld	*Forms.ListBox.1*
Multiseiten	*Forms.MultiPage.1*
Optionsfeld	*Forms.OptionButton.1*
Rahmen	*Forms.Frame.1*
Register	*Forms.TabStrip.1*
Textfeld	*Forms.TextBox.1*
Umschaltfeld	*Forms.ToggleButton.1*

Tabelle 5.1: *Steuerelemente und zugehörige Klassennamen*

Nun benötigen Sie natürlich noch den Code, mit dem Sie Datensätze in das Formular laden, eingegebene Daten speichern und den aktuellen Datensatz löschen können. Dazu sind genau drei Prozeduren erforderlich, denen Sie immer die Zeilennummer des Datensatzes übergeben. Da die erste Zeile die Spaltenüberschrift enthält, hat der erste Datensatz die Zeilennummer zwei.

Die Prozedur *DatenLoeschen* löscht den Datensatz mit der als Parameter *lngZeile* übergebenen Zeilennummer. Sie brauchen dazu nur die Zeile zu löschen, indem Sie die *Delete*-Methode des *Row*-Objekts aufrufen. Das Objekt geben Sie über *Rows*-Auflistung zurück, der Sie die Zeilennummer übergeben. Im Anschluss müssen Sie aber den Bereich neu festlegen, der in der Variablen *objRange* gespeichert ist, da er jetzt ja eine Zeile weniger umfasst. Dazu weisen Sie der Variablen einfach wieder die *UsedRange*-Eigenschaft des Blattes zu. Das Tabellenblatt können Sie über die *Worksheet*-Eigenschaft des aktuellen Bereichs abrufen. Danach laden Sie die den neuen Datensatz mit der übergebenen Zeilennummer, der nun nachgerückt ist, in das Formular, indem Sie die Prozedur *DatenLaden* aufrufen.

```
Sub DatenLoeschen(lngZeile As Long)
    objRange.Rows(lngZeile).Delete
    'Bereich neu festlegen
    Set objRange = objRange.Worksheet.UsedRange
    'Daten neu laden
    DatenLaden lngZeile
End Sub
```

Listing 5.50: *Löschen eines Datensatzes*

Wenn Sie die eingegebenen Daten speichern möchten, durchlaufen Sie dazu wieder die Spalten des Zellbereichs und ermitteln die Spaltenüberschrift, die Sie der Variablen *strName* zuweisen. Der Zelle in dieser Spalte, aber in der Zeile, die als Parameter übergeben wurde, weisen Sie dann den Wert des Steuerelements mit dem ermittelten Spaltennamen als Namen zu. Das erledigt die Anweisung *objRange.Cells(lngZeile, lngSpalte).Value = Me.Controls(strName).Value*. Auch jetzt müssen Sie wie beim Löschen des Datensatzes den Zellbereich neu festlegen. Das ist notwendig, weil unter Umständen auch ein neuer Datensatz am Ende angefügt wurde und dieser nun mit berücksichtigt werden muss. Der Aufruf der Prozedur *DatenLaden* am Ende sorgt für eine Aktualisierung der Anzeige in der Navigationsleiste.

```
Sub DatenSpeichern(lngZeile As Long)
    Dim strName As String
    Dim strWert As String
    Dim lngSpalte As Long
    On Error Resume Next
    For lngSpalte = 1 To objRange.Columns.Count
        strName = objRange.Cells(1, lngSpalte).Value
        objRange.Cells(lngZeile, lngSpalte).Value = _
            Me.Controls(strName).Value
    Next lngSpalte
    'Bereich neu festlegen
    Set objRange = objRange.Worksheet.UsedRange
    DatenLaden lngZeile
End Sub
```

Listing 5.51: *Speichern der Daten im Tabellenblatt*

Die wichtigste Prozedur ist *DatenLaden*. Sie zeigt nicht nur die Daten im Formular an, sondern sorgt auch für die Angabe in der Navigationsleiste. Sie durchläuft zunächst wieder alle Spalten und ermittelt den Spaltennamen aus der ersten Zeile und den Wert aus der Zeile, die als Parameter *lngZeile* übergeben wurde. Beide, Namen und Wert, werden entsprechenden Variablen zugewiesen und der Wert dann dem Steuerelement zugewiesen, das den gleichen Namen wie die Spalte hat. Anschließend müssen Sie noch die öffentliche Variable *lngAktZeile* aktualisieren. Sie speichert die Nummer des aktuellen Datensatzes, den Sie für die Navigation benötigen.

Anschließend müssen Sie noch den Text für die Navigationsleiste festlegen. Dazu müssen Sie prüfen, ob der Wert der Variablen *lngAktZeile* größer als die Zeilenzahl des Bereichs ist. In diesem Fall handelt es sich um einen neuen, leeren Datensatz. Wenn nicht, müssen Sie die Zeilennummer des Datensatzes bereinigt um die Zeile mit den Spaltenüberschriften angeben. Ziehen Sie dazu einfach den Wert 1 vom aktuellen Wert der Variablen *lngAktZeile* ab. Genauso verfahren Sie mit der Anzahl der Zeilen, die abzüglich der ersten Zeile mit den Spaltenüberschriften die Anzahl der Datensätze angibt. Bei neuen Datensätzen geben Sie anstelle der Gesamtanzahl und der aktuellen Datensatznummer einfach einen Platzhalter wie »*« oder wie im Beispiel »* neu *« aus.

```
Sub DatenLaden(lngZeile As Long)
    Dim strName As String
    Dim strWert As String
    Dim lngSpalte As Long
    On Error Resume Next
    For lngSpalte = 1 To objRange.Columns.Count
        strName = objRange.Cells(1, lngSpalte).Value
        strWert = objRange.Cells(lngZeile, _
            lngSpalte).Value
        Me.Controls(strName).Value = strWert
    Next lngSpalte
    lngAktZeile = lngZeile
    'Anzeigen der Datensatznummer in der Navigation
    If lngAktZeile <= objRange.Rows.Count Then
        Me.txtDS.Text = lngAktZeile - 1 & " von " _
            & objRange.Rows.Count - 1
    Else
        Me.txtDS.Text = "* neu *"
    End If
End Sub
```

Listing 5.52: *Die Daten anzeigen*

Nun fehlen nur noch die Ereignisprozeduren für die Schaltflächen der Navigation. Erzeugen Sie dazu für jede Schaltfläche eine Ereignisprozedur für das *Click*-Ereignis, indem Sie in der Entwurfsansicht der UserForm doppelt darauf klicken. Beim Klicken auf die vier Navigationsschaltflächen müssen Sie lediglich über die Prozedur *DatenLaden* den ersten, letzten, vorherigen und nächsten Datensatz laden. Dazu übergeben Sie die entsprechenden Zeilennummern an die Prozedur.

Für die *Plus*-Schaltfläche und die *Minus*-Schaltfläche müssen Sie entsprechend die Prozeduren *DatenSpeichern* und *DatenLoeschen* aufrufen.

```
Private Sub bttAnfang_Click()
    DatenLaden 2
End Sub

Private Sub bttEnde_Click()
    DatenLaden objRange.Rows.Count
End Sub

Private Sub bttMinus_Click()
```

```
        DatenLoeschen lngAktZeile
End Sub

Private Sub bttNaechster_Click()
        DatenLaden lngAktZeile + 1
End Sub

Private Sub bttPlus_Click()
        'Speichert die aktuellen Daten in der aktuellen Zeile
        DatenSpeichern lngAktZeile
End Sub

Private Sub bttVorheriger_Click()
        If lngAktZeile > 2 Then
                DatenLaden lngAktZeile - 1
        End If
End Sub
```

Listing 5.53: *Ereignisprozeduren für die Schaltflächen in der Navigationsleiste*

5.22 Einstellungen von Dialogfeldern zwischenspeichern

Das Codemodul *K05_22* sowie die Formulare *frmK05_22a* und *frmK05_22b* mit dem Listing finden Sie in der Datei *K05.xls* innerhalb der Begleitdateien zum Buch.

Problem

Sie möchten nacheinander zwei Dialogfelder anzeigen lassen und die Eingaben aus dem ersten Dialogfeld im zweiten verwenden und umgekehrt.

Lösung

Grundsätzlich gibt es für dieses Problem drei Lösungsmöglichkeiten. Sie können die Daten in öffentlichen Variablen speichern, die Sie auf Modulebene eines normalen Moduls speichern, oder sie schreiben sie in die Registry. Insbesondere in Excel als VBA-Hostanwendung können Sie sie natürlich auch in ein Excel-Tabellenblatt schreiben. Das hat aber natürlich den Nachteil, dass die Daten recht einfach manipuliert werden können, wenn Sie das Tabellenblatt nicht ausblenden. Die Nutzung von Variablen scheidet jedoch dann aus, wenn Sie die Daten beispielsweise als Einstellungen von Assistenten auch beim nächsten Start verwenden möchten. In diesem Fall bleibt nur die Speicherung in Excel oder in der Registry. Beide Möglichkeiten werden nachfolgend vorgestellt.

Erläuterungen

Die Registry von Windows gehört zu den wichtigsten Bausteinen dieses Betriebssystems. Je größer sie ist, desto mehr Daten also in ihr gespeichert werden, desto schwerfälliger wird Windows. Sie sollten das also bedenken, bevor Sie die Registry zur Speicherung von Daten einsetzen. Wenn Sie sie trotzdem nutzen möchten, ist dies mit VBA recht einfach. Mit den Anweisungen *SaveSetting* und *GetSetting* können Sie Registry-Einstellungen schreiben und lesen. Diese werden dabei immer nur für den aktuellen Benutzer in einem besonderen Schlüssel ge-

---

speichert: *HKEY_CURRENT_USER\Software\VB and VBA Program Settings*. Dort wird von der *SaveSetting*-Anweisung ein Unterschlüssel erzeugt, dem Sie Werte hinzufügen können.

HINWEIS: Auch wenn die Registry windowsspezifisch ist, funktionieren die Anweisungen *SaveSetting* und *GetSetting* auch auf dem Macintosh. Dort werden die Angaben in Preferences-Dateien geschrieben und daraus gelesen.

Wenn Sie auf diese Weise eine Eingabe aus einem Dialogfeld speichern und im nächsten Dialogfeld anzeigen möchten, benötigen Sie dazu zwei UserForms. In der ersten, hier *frmK05_22a* müssen Sie ein Dialogfeld einfügen und »txtEingabe« nennen. Außerdem brauchen Sie dort eine *OK*-Schaltfläche, für die Sie eine Ereignisprozedur erstellen. Darin rufen Sie vor dem Entladen des Formulars die *SaveSetting*-Anweisung auf. Der erste Parameter gibt den Namen der Anwendung an, unter dem die Einstellungen gespeichert werden sollen. Dieser bildet in der Registry den Unterschlüssel und bezeichnet auf dem Macintosh die Preferences-Datei. Sie wird im Ordner *Users:Benutzername:Library:Preferences:Microsoft* gespeichert. Mit dem zweiten Schlüssel geben Sie den Unterschlüssel für den ersten Schlüssel der Anwendung dar. In der Datei auf dem Macintosh ist das der Abschnittname der Datei. Der dritte Parameter stellt den Namen des Werts dar, der gesetzt werden soll, der letzte ist dann der zu schreibende Wert.

```
Private Sub bttOK_Click()
    Me.Hide
    SaveSetting "K05", "22A", "Eingabe", Me.txtEingabe.Text
    Unload Me
End Sub
```

Listing 5.54: Speichern der Eingabe in der Registry

Beim Lesen müssen Sie darauf achten, die gleichen Werte für die ersten drei Parameter anzugeben, wie in der *SaveSetting*-Anweisung, damit der gewünschte Wert gefunden wird. Um die gespeicherten Daten im zweiten Dialogfeld wieder zu lesen, fügen Sie dort in der Ereignisprozedur für das *Initialize*-Ereignis des Formulars die *GetSetting*-Funktion ein. Hier können Sie mit dem vierten Parameter der Funktion angeben, welchen Wert die Funktion zurückliefern soll, wenn der Wert in der Registry nicht vorhanden ist. Dieser Default-Wert ist sehr praktisch, um beispielsweise Standardeinstellungen für den ersten Start eines Assistenten zu definieren. Ein Beispiel dazu finden Sie im ▶ Abschnitt »5.23 Unidirektionale Assistenten erstellen« weiter hinten in diesem Kapitel.

```
Private Sub UserForm_Initialize()
    Me.txtAusgabe.Text = _
        GetSetting("K05", "22A", "Eingabe", "-")
End Sub
```

Listing 5.55: Laden der Einstellung aus der Registry

Wenn Sie die beiden Dialogfelder nacheinander anzeigen lassen möchten, müssen Sie sie einfach nur mit der *Show*-Methode aufrufen.

```
Sub K05_22()
    frmK05_22a.Show
    frmK05_22b.Show
End Sub
```

Listing 5.56: Aufrufen der beiden Dialogfelder

Wenn Sie die Eingaben alternativ in einem Tabellenblatt speichern möchten, ist es ratsam die Zellen zuvor zu benennen. Dann brauchen Sie lediglich den Namen, um auf die Zellen zuzugreifen, um die Werte zu lesen und zu schreiben. Der Beispielcode geht davon aus, dass es ein Tabellenblatt »Einstellungen« gibt, in dem eine Zelle mit dem Namen »Eingabe« benannt wurde. In diese Zelle wird dann der Text aus dem Eingabefeld geschrieben.

In der *Click*-Ereignisprozedur für die *OK*-Schaltfläche im ersten Dialogfeld schreiben Sie den Wert dann einfach in die Zelle, indem Sie ihn der *Value*-Eigenschaft zuweisen.

```
Private Sub bttOK_Click()
    Me.Hide
    ThisWorkbook.Worksheets("Einstellungen").Range( _
        "Eingabe").Value = Me.txtEingabe.Text
    Unload Me
End Sub
```

Listing 5.57: Speichern der Eingabe in einer Zelle eines Tabellenblattes

Auch in der *Initialize*-Ereignisprozedur rufen Sie einfach den Wert der Zelle ab und weisen ihn der *Text*-Eigenschaft des Eingabefeldes zu.

```
Private Sub UserForm_Initialize()
    Me.txtAusgabe.Text = ThisWorkbook.Worksheets( _
        "Einstellungen").Range("Eingabe").Value
End Sub
```

Listing 5.58: Auslesen des Zellwertes und einfügen in die Text-Eigenschaft des Steuerelements

5.23 Unidirektionale Assistenten erstellen

Das Codemodul *K05_23* sowie die Formulare *frmK05_23_1* bis *frmK05_23_5* mit dem Listings finden Sie in der Datei *K05.xls* innerhalb der Begleitdateien zum Buch.

Problem

Sie möchten einen Assistenten erstellen, der aus beliebig vielen Dialogfeldern besteht und nacheinander Eingaben vom Benutzer abfragt. Diese Eingaben werden in der Registry bzw. einer Preferences-Datei gespeichert werden.

Lösung

Ein Assistent setzt sich grundsätzlich aus mehreren nacheinander geschalteten UserForms zusammen. Sie können diese aber nicht einfach nacheinander aufrufen, weil Sie dann natürlich nicht merken, wenn der Benutzer den Assistenten abbricht. Macht er das gleich nach dem zweiten Dialogfeld, würde das dritte dennoch angezeigt werden. Für die Anzeige des Assistenten benötigen Sie also eine etwas komplexere Prozedur für den Aufruf der einzelnen Dialogfelder.

Erläuterungen

Es gibt grundsätzlich zwei verschiedene Typen von Assistenten, unidirektionale und bidirektionale. Beide zeigen zwar nacheinander die Dialogfelder an, der Unterschied besteht jedoch darin, dass der Benutzer die Dialoge eines unidirektionalen Assistenten nur in eine Richtung anzeigen lassen kann. Er kann nach dem zweiten Dialogfeld also nur mit dem dritten fortfahren und nicht wieder zum ersten Dialogfeld zurückkehren. Wenn die Navigation in beide Richtungen möglich ist, handelt es sich um einen bidirektionalen Assistenten.

HINWEIS: Wie Sie einen solchen bidirektionalen Assistenten realisieren, wird im ▶ Abschnitt »5.24 Bidirektionale Assistenten programmieren« im Anschluss beschrieben.

Ein unidirektionaler Assistent muss dem Benutzer die Möglichkeit bieten, in jedem Dialogfeld das nächste aufzurufen um den Assistenten fortzusetzen. Außerdem braucht jedes Dialogfeld eine *Abbrechen*-Schaltfläche, über die der Benutzer den Assistenten beenden kann. Beim Aufruf der Dialogfelder müssen Sie somit vor jedem Aufruf prüfen, ob der Benutzer vorher *Abbrechen* gewählt hat. Nur wenn das nicht der Fall war, dürfen Sie das nächste Dialogfeld anzeigen. Außerdem sollte in der Titelleiste eines jeden Dialogfeldes die Nummer des aktuellen Schritts sowie die Gesamtzahl Dialogfelder angezeigt werden. Dadurch kann der Benutzer jederzeit erkennen, wie weit er innerhalb des Assistenten fortgeschritten ist.

HINWEIS: Viele Entwickler kommen auf die Idee, beim Klicken auf die *Weiter*-Schaltfläche des einen Dialogfelds direkt das nächste mit der *Show*-Methode aufzurufen. Das würde jedoch bedeuten, dass alle Aufrufe auf dem Stapelspeicher stehen, bis das letzte Dialogfeld des Assistenten geschlossen ist. Je mehr Dialogfelder das sind, desto größer ist die Wahrscheinlichkeit, dass Sie dadurch Ressourcenprobleme durch einen zu vollen Stapelspeicher bekommen. Zwar können Sie in den neueren Excel-Versionen unter Windows 2000 und höher doch schon sehr viele Aufrufe auf dem Stapelspeicher speichern, in Macintosh-Versionen oder unter Windows 95 bis Windows Me kann das Betriebssystem allerdings den Stapelspeicher nicht unbegrenzt erhöhen, sodass Sie hier recht schnell an Grenzen stoßen. Daher ist es wichtig, Assistenten besonders ressourcenschonend zu gestalten und dafür zu sorgen, dass jedes Dialogfeld aus dem Speicher entfernt wird, bevor das nächste aufgerufen wird. Dies erreichen Sie, indem Sie – wie nachfolgend gezeigt – eine Schleife einsetzen.

Außerdem sollte natürlich im letzten Dialogfeld die *Weiter*-Schaltfläche ausgeblendet werden, da es keinen nächsten Schritt gibt. Auch wenn sich das jetzt kompliziert und aufwändig anhört, ist es doch recht einfach. Sie benötigen zum Aufruf lediglich zwei öffentliche Variablen, die das aktuelle Dialogfeld bestimmen (*bytAkt*) und die maximale Anzahl der Dialogfelder (*bytMax*) definieren. Die Variable *bytMax* können Sie auch als Konstante definieren, da Sie sie ohnehin zur Entwurfszeit festlegen müssen. Sie dient vornehmlich dazu, den Code der Dialogfelder einfach an eine geänderte Anzahl von Dialogfeldern anpassen zu können.

Zum Aufruf des ersten Dialogfeldes weisen Sie der Variablen *bytAkt* den Wert 1 zu. Sie wird dann durch den Code der Dialogfelder entsprechend erhöht oder auf einen ungültigen Wert gesetzt, um den Assistenten abzubrechen. Um die Dialogfelder nacheinander anzeigen zu lassen, verwenden Sie eine *Do Loop*-Schleife, die abgebrochen wird, wenn die Variable *bytAkt* kleiner als 1 ist oder größer als der Wert von *bytMax*. Innerhalb der *Do Loop*-Schleife zeigen Sie dann abhängig vom Wert der Variablen *bytAkt* die passende UserForm an. Sie können dazu wie hier gezeigt, eine *Select*-Anweisung verwenden oder auch eine *If...Then...ElseIf...Else*-Anweisung.

TIPP: Die UserForms sollten Sie nicht schon sofort erstellen, sondern erst den Code sowie die benötigten Steuerelemente, die in allen Dialogfeldern benötigt werden. Diese können Sie dann wie nachfolgend beschrieben duplizieren und sparen sich dadurch eine Menge Arbeit.

```
Public Const bytMax = 5 'Anzahl Dialogfelder im Assistenten
Public bytAkt As Byte 'Nr. des aktuellen Dialogfelds

Sub TestK05_23()
    'unidirektionaler Assistent
```

```
bytAkt = 1
Do
    Select Case bytAkt
        Case 1: frmK05_23_1.Show
        Case 2: frmK05_23_2.Show
        Case 3: frmK05_23_3.Show
        Case 4: frmK05_23_4.Show
        Case 5: frmK05_23_5.Show
    End Select
Loop Until (bytAkt > bytMax) Or (bytAkt < 1)
```

Listing 5.59: *Aufrufen der Dialogfelder*

Wenn Sie die Dialogfelder gestalten, beginnen Sie am besten mit einer UserForm, in der Sie bereits alle Elemente und Codeteile einfügen, die Sie in jedem Dialogfeld benötigen. Dazu gehören die Schaltflächen *Abbrechen* und *Weiter* sowie der Code für diese Schaltflächen. Auch den Fenstertitel erzeugen Sie in jedem Dialogfeld in der *Initialize*-Ereignisprozedur auf gleiche Weise.

Um das erste Dialogfeld des Assistenten zu erstellen, erzeugen Sie eine UserForm und speichern diese unter dem Namen *frmK05_23_1*.

HINWEIS: Selbstverständlich können Sie auch einen anderen Namen verwenden, müssen dann aber den Code in Listing 5.59 entsprechend anpassen.

In der UserForm erstellen Sie zwei Schaltflächen und beschriften diese mit *Weiter* und *Abbrechen*. Sie werden hier *bttWeiter* und *bttAbbrechen* genannt. Auf Wunsch können Sie allerdings auch andere Namen verwenden. Wenn Sie den Assistenten optisch ansprechend gestalten möchten, können Sie dazu Grafiken und andere Steuerelemente einfügen oder Hintergrundfarben und Formatierungen über die Eigenschaften der UserForm bestimmen.

ACHTUNG: Eine Hintergrundfarbe wirkt zwar meist sehr gut, vor allem, wenn sie zu den verwendeten Grafiken passt. Leider stellen die Macintosh-Versionen die Schaltflächen im Mac OS X-Look dar, ohne dass der Hintergrund transparent geschaltet wird. Daher ergeben sich dort sehr unschöne graue Ecken.

Abbildung 5.20: *Unter Mac OS X werden hässliche helle Ecken an den Schaltflächen angezeigt*

Zudem sollen Sie darauf achten, mindestens eine Schriftgröße von 12 Punkt zu verwenden, wenn die Anwendung Mac-kompatibel sein soll, weil eine Schriftgröße mit 10 Punkt und kleiner kaum noch lesbar ist.

TIPP: Wenn Sie unabhängig vom Fenstertitel noch einen einheitlichen Titel für den Assistenten anzeigen lassen möchten, definieren Sie ein einfaches Bezeichnungsfeld, geben ihm den Namen *lblTitel* und weisen ihm beim Initialisieren der UserForm den Wert einer Variablen oder Konstanten zu, die Sie auf Modulebene des Moduls definieren, die auch die Dialogfelder aufruft. Auf diese Weise ist der Titel für alle Dialogfelder einfach anpassbar und einheitlich.

Abbildung 5.21: *Aufbau des Dialogfelds für die Einzeldialoge des Assistenten*

Anschließend müssen Sie noch den Code erstellen. Für die beiden Schaltflächen legen Sie dazu eine Ereignisprozedur für das *Click*-Ereignis an. In der Prozedur für die *Abbrechen*-Schaltfläche setzen Sie die Variable *bytAkt* auf 0. Damit hat sie einen Wert, der ungültig ist und dafür sorgt, dass die Schleife in der aufrufenden Prozedur verlassen wird. In der Ereignisprozedur für die Schaltfläche *Weiter* erhöhen Sie die Variable hingegen um 1.

```
Private Sub bttAbbrechen_Click()
    bytAkt = 0
    Me.Hide
    Unload Me
End Sub

Private Sub bttWeiter_Click()
    Me.Hide
    bytAkt = bytAkt + 1
    Unload Me
End Sub
```

Listing 5.60*: Der Code für die Schaltflächen der UserForm*

Außerdem benötigen Sie noch eine Ereignisprozedur für das *Initialize*-Ereignis der UserForm. Hier legen Sie den Fenstertitel sowie bei Bedarf den Text für das Bezeichnungsfeld fest und ändern im letzten Dialogfeld des Assistenten die Aufschrift der *Weiter*-Schaltfläche auf »Fertig stellen«.

```
Private Sub UserForm_Initialize()
    Me.lblTitel.Caption = strTitel
    If bytAkt = bytMax Then
        'letzter Schritt
        Me.bttWeiter.Caption = "Fertig stellen"
    End If
    Me.Caption = "Schritt " & bytAkt & " von " & bytMax
End Sub
```

Listing 5.61*: Initialisieren des Dialogfelds*

HINWEIS: Die Verwendung der Konstanten *strTitel* setzt voraus, dass Sie sie auf Modulebene deklariert haben, beispielsweise mit *Public Const strTitel = "Uni-Assi"* in dem Modul, das die Dialogfelder aufruft.

Damit ist der grundlegende Aufbau des Assistenten fertig. Sie müssen nun nur noch die User-Form duplizieren, sodass Sie am Ende alle Dialogfelder erstellt haben, die Sie für den Assistenten benötigen. Für das Beispiel sind fünf notwendig. Gehen Sie dazu wie folgt vor:

1. Exportieren Sie die UserForm, indem Sie sie im Projekt-Explorer markieren und den Menübefehl *Datei/Datei exportieren* aufrufen.

2. Geben Sie danach im Eigenschaftenfenster einen neuen Namen für die UserForm ein, beispielsweise den für die zweite UserForm des Assistenten.

3. Importieren Sie nun die Datei, die Sie zuvor exportiert haben, indem Sie den Menübefehl *Datei/Datei importieren* aufrufen.

4. Öffnen Sie die importierte UserForm durch einen Doppelklick auf deren Eintrag im Projekt-Explorer.

5. Benennen Sie nun die soeben importierte UserForm wieder um und importieren Sie die Datei erneut, bis Sie alle Dialogfelder erzeugt haben.

Sie haben nun alle Dialogfelder erstellt und können diese jetzt mit den benötigen Steuerelementen für die Eingaben füllen. Der Beispielassistent enthält Steuerelemente zur Registrierung von Software. Egal, welche Steuerelemente Sie einfügen, müssen Sie den Code der *Initialize*-Ereignisprozedur und der *Click*-Ereignisprozedur für die *Weiter*-Schaltfläche immer dahingehend anpassen, dass Sie schon gespeicherte Werte aus der Registry laden und die neuen Werte beim Klicken auf *Weiter* speichern. Insbesondere wenn der Assistent viele Einstellungen abfragt, sollten Sie die in der Registry bzw. der Preferences-Datei auf dem Macintosh nach Dialogfeldern getrennt speichern. Dies funktioniert ganz einfach, indem Sie als Unterschlüssel ein Präfix, beispielsweise »Dlg«, gefolgt von der aktuellen Dialognummer angeben.

HINWEIS: Grundlagen zu den verwendeten Anweisungen *GetSetting* und *SaveSetting* finden Sie im ▶ Abschnitt »5.22 Einstellungen von Dialogfeldern zwischenspeichern« weiter vorne in diesem Kapitel beschrieben.

TIPP: Damit Sie für alle Einstellungen den gleichen übergeordneten Schlüssel verwenden und sich nicht versehentlich Tippfehler einschleichen, die zu Problemen führen, sollten Sie den Anwendungsnamen in Form einer öffentlichen Variablen oder Konstanten auf Modulebene des Moduls definieren, das den Assistenten startet. Im Beispiel wurde dazu eine Konstante mit *Public Const strApp = "ASSI"* definiert.

Im ersten Dialogfeld des Assistenten werden der Benutzername und der Firmennamen abgefragt. Die dazu eingefügten Steuerelemente *txtBenutzer* und *txtFirma* müssen Sie beim Laden der UserForm mit Werten füllen. Mit Hilfe des letzten Parameters der *getSetting*-Funktion können Sie einen Standardwert festlegen, der zurückgegeben wird, wenn der Registry-Eintrag noch nicht vorhanden ist. Für den Benutzernamen bietet es sich an, den Namen des aktuellen Benutzers von Excel zurückgeben zu lassen, indem Sie die Eigenschaft *UserName* des *Application*-Objekts als vierten Parameter übergeben. Beim Klicken auf *Weiter* im gleichen Dialogfeld speichern Sie die Werte mit der *SaveSetting*-Anweisung.

```
Private Sub bttWeiter_Click()
    Me.Hide
    'Individueller Code für jeden Dialog
    SaveSetting strApp, "Dlg" & bytAkt, _
        "Benutzer", Me.txtBenutzer.Text
    SaveSetting strApp, "Dlg" & bytAkt, _
        "Firma", Me.txtFirma.Text
    'Individueller Code Ende
    bytAkt = bytAkt + 1
    Unload Me
End Sub

Private Sub UserForm_Initialize()
    Me.lblTitel.Caption = strTitel
    If bytAkt = bytMax Then
        'letzter Schritt
        Me.bttWeiter.Caption = "Fertig stellen"
    End If
    Me.Caption = "Schritt " & bytAkt & " von " & bytMax
    'Individueller Code für jeden Dialog
    Me.txtBenutzer.Text = _
        GetSetting(strApp, "Dlg" & bytAkt, "Benutzer", _
        Application.UserName)
    Me.txtFirma.Text = _
        GetSetting(strApp, "Dlg" & bytAkt, "Firma", "")
End Sub
```

Listing 5.62: Laden der gespeicherten Einstellungen und Speichern der Eingaben im ersten Dialogfeld

Im zweiten Dialogfeld sind zwei Kombinationslistenfelder enthalten, mit denen der Benutzer die zu registrierende Software und den Lizenztyp auswählen kann. Diese Listenfelder müssen Sie zunächst also mit geeigneten Werten füllen, indem Sie die *AddItem*-Methode aufrufen. Über die *GetSetting*-Funktion können Sie den gespeicherten Wert aus der Registry abrufen und direkt der *Text*-Eigenschaft des Listenfeldes zuweisen. Dies bewirkt, dass bei einer Übereinstimmung mit einem Listeneintrag dieser ausgewählt wird.

HINWEIS: Details zum Füllen von Listenfeldern und Kombinationslistenfeldern finden Sie im ▶ Abschnitt »5.8 Listenfelder füllen« weiter vorne in diesem Kapitel.

```
Private Sub bttWeiter_Click()
    Me.Hide
    'Individueller Code für jeden Dialog
    SaveSetting strApp, "Dlg" & bytAkt, _
        "Software", Me.cmbSoftware.Text
    SaveSetting strApp, "Dlg" & bytAkt, _
        "Lizenztyp", Me.cmbLizenz.Text
    'Individueller Code Ende
```

```
    bytAkt = bytAkt + 1
    Unload Me
End Sub

Private Sub UserForm_Initialize()
    Me.lblTitel.Caption = strTitel
    If bytAkt = bytMax Then
        'letzter Schritt
        Me.bttWeiter.Caption = "Fertig stellen"
    End If
    Me.Caption = "Schritt " & bytAkt & " von " & bytMax
    'Individueller Code für jeden Dialog
    'Listen füllen
    Me.cmbSoftware.AddItem "Faktura"
    Me.cmbSoftware.AddItem "Vereinsverwaltung"
    Me.cmbSoftware.Text = GetSetting(strApp, "Dlg" & _
        bytAkt, "Software", "")
    Me.cmbLizenz.AddItem "Vollversion"
    Me.cmbLizenz.AddItem "Testversion"
    Me.cmbLizenz.AddItem "Update"
    Me.cmbLizenz.Text = GetSetting(strApp, "Dlg" & _
        bytAkt, "Lizenztyp", "")
End Sub
```

Listing 5.63: *Listenfelder füllen und gespeicherte Werte anzeigen*

Im dritten Dialogfeld befindet sich ein Kombinationslistenfeld sowie eine Textfeld zur Eingabe der Lizenznummer. Das Besondere an diesem Dialogfeld: Das Kombinationslistenfeld soll deaktiviert werden, wenn im vorherigen Dialogfeld nicht *Testversion* als Lizenztyp ausgewählt wurde. Nur wenn das Steuerelement aktiviert ist, muss es mit Werten gefüllt werden, die Sie wieder mit der *AddItem*-Methode hinzufügen. Um zu prüfen, ob das Steuerelement deaktiviert werden muss, müssen Sie also mit der *GetSetting*-Funktion den Wert »Lizenztyp« aus dem vorherigen Dialogfeld abrufen und mit dem gesuchten Wert »Testversion« vergleichen.

ACHTUNG: In der *Click*-Ereignisprozedur für die *Weiter*-Schaltfläche müssen Sie natürlich auch daran denken, den Wert aus der Registry zu löschen, wenn das Steuerelement deaktiviert ist. Dazu können Sie die *DeleteSetting*-Anweisung verwenden, der Sie mit Ausnahme des Wertes die gleichen Parameter übergeben wie der *SaveSetting*-Anweisung. Sie löscht den angegebenen Wert aus der Registry.

```
Private Sub bttWeiter_Click()
    Me.Hide
    'Individueller Code für jeden Dialog
    If Me.cmbTestphase.Enabled = True Then
        SaveSetting strApp, "Dlg" & bytAkt, _
            "Testphase", Me.cmbTestphase.Text
    Else
        On Error Resume Next
        DeleteSetting strApp, "Dlg" & bytAkt, _
            "Testphase"
    End If
    SaveSetting strApp, "Dlg" & bytAkt, "Lizenznummer", _
        Me.txtLizenznummer.Text
    'Individueller Code Ende
    bytAkt = bytAkt + 1
    Unload Me
```

Dialoge einsetzen und gestalten

```
End Sub

Private Sub UserForm_Initialize()
    Me.lblTitel.Caption = strTitel
    If bytAkt = bytMax Then
        'letzter Schritt
        Me.bttWeiter.Caption = "Fertig stellen"
    End If
    Me.Caption = "Schritt " & bytAkt & " von " & bytMax
    'Individueller Code für jeden Dialog
    If GetSetting(strApp, "Dlg" & bytAkt - 1, _
        "Lizenztyp") = "Testversion" Then
        'Listenfeld füllen
        Me.cmbTestphase.AddItem "30 Tage"
        Me.cmbTestphase.AddItem "45 Tage"
        Me.cmbTestphase.Text = GetSetting(strApp, "Dlg" & _
            bytAkt, "Testphase", "30 Tage")
    Else
        'Listenfeld deaktivieren
        Me.cmbTestphase.Enabled = False
    End If
    Me.txtLizenznummer.Text = GetSetting(strApp, "Dlg" & _
        bytAkt, "Lizenznummer")
End Sub
```

Listing 5.64*: Füllen bzw. deaktivieren des Kombinationslistenfeldes mit der Länge der Testphase*

Im vierten Dialogfeld befinden sich zwei Optionsfelder in einem Rahmen, über die der Benutzer wählen kann, ob der die Registrierung per Fax oder E-Mail durchführen möchte. Beim Verlassen des Dialogfelds müssen Sie also das aktivierte Steuerelement ermitteln und dessen Aufschrift in der Registry speichern. Dazu kommt hier erneut die Funktion *getWert* zum Einsatz, die im ▶ Abschnitt »5.13 Optionsgruppen korrekt auswerten« weiter vorne in diesem Kapitel erstellt wurde. Sie gibt die Aufschrift des aktivierten Optionsfeldes zurück, die dann direkt der *SaveSetting*-Anweisung übergeben werden kann.

Beim Initialisieren des Dialogfelds sollten Sie den gespeicherten Wert ermitteln und den gewünschten Standardwert, hier »E-Mail« zurückgeben lassen. Abhängig vom Wert, den *GetSetting* dann liefert, aktivieren Sie das entsprechende Optionsfeld und deaktivieren das andere, indem Sie deren *Value*-Eigenschaft auf *True* oder *False* setzen.

```
Private Sub bttWeiter_Click()
    Me.Hide
    'Individueller Code für jeden Dialog
    SaveSetting strApp, "Dlg" & bytAkt, "Medium", _
        getWert(Me.fraMedium)
    'Individueller Code Ende
    bytAkt = bytAkt + 1
    Unload Me
End Sub

Function getWert(objPar As Object) As String
    Dim objControl As MSForms.Control
    On Error Resume Next
    For Each objControl In objPar.Controls
        'Durchlaufen aller Steuerelemente de Objekts objPar
        If TypeName(objControl) = "OptionButton" Then
```

```
                If objControl.Value = True Then
                    'Option aktiviert
                    getWert = objControl.Caption
                    Exit For
                End If
            End If
        Next objControl
End Function

Private Sub UserForm_Initialize()
    Me.lblTitel.Caption = strTitel
    If bytAkt = bytMax Then
        'letzter Schritt
        Me.bttWeiter.Caption = "Fertig stellen"
    End If
    Me.Caption = "Schritt " & bytAkt & " von " & bytMax
    'Individueller Code für jeden Dialog
    If GetSetting(strApp, "Dlg" & bytAkt, "Medium", _
        "E-Mail") = "E-Mail" Then
        Me.optEmail.Value = True
        Me.optFax.Value = False
    Else
        Me.optEmail.Value = False
        Me.optFax.Value = True
    End If
End Sub
```

Listing 5.65: Auswerten der Optionsgruppe und aktivieren der gespeicherten Option

Das letzte Dialogfeld zeigt alle gespeicherten Einstellungen des Assistenten in Form einer Zu-sammenfassung an. Beim Klicken auf *Fertig stellen*, sollten Sie der Registry außerdem einen Eintrag hinzufügen, aus dem hervorgeht, dass der Assistent abgeschlossen wurde. Daran kön-nen Sie dann erkennen, ob die Registrierung erfolgen soll. Wenn der Benutzer auf *Abbrechen* klickt, sollten Sie gleiche Einstellung auf einen anderen Wert setzen. Hier wird dazu in der Registry ein Wert »abgeschlossen« gespeichert, der die Werte *Wahr* oder *Falsch* haben kann.

Um die gespeicherten Einstellungen auszulesen, können Sie die *GetAllSettings*-Funktion ver-wenden. Diese gibt ein zweidimensionales Array mit allen Einstellungen zurück, die in dem übergeordneten Schlüssel und dem angegebenen Unterschlüssel gespeichert sind. Für jedes Dialogfeld müssen Sie die Funktion in einer Schleife einmal aufrufen, wenn Sie für jeden Schritt des Assistenten einen eigenen Unterschlüssel angegeben haben. Sie können dann in einer *For*-Schleife die Inhalte des Arrays ausgeben. Im ersten Feld der zweiten Dimension fin-den Sie den Namen des Wertes, im zweiten den eigentlichen Wert.

```
Private Sub bttAbbrechen_Click()
    bytAkt = 0
    Me.Hide
    'Individueller Code für jeden Dialog
    SaveSetting strApp, "Dlg" & bytAkt, _
        "abgeschlossen", False
    'Individueller Code Ende
    Unload Me
End Sub

Private Sub bttWeiter_Click()
```

Dialoge einsetzen und gestalten   **281**

```
        Me.Hide
        'Individueller Code für jeden Dialog
        SaveSetting strApp, "Dlg" & bytAkt, _
            "abgeschlossen", True
        'Individueller Code Ende
        bytAkt = bytAkt + 1
        Unload Me
End Sub

Private Sub UserForm_Initialize()
        Me.lblTitel.Caption = strTitel
        If bytAkt = bytMax Then
            'letzter Schritt
            Me.bttWeiter.Caption = "Fertig stellen"
        End If
        Me.Caption = "Schritt " & bytAkt & " von " & bytMax
        'Individueller Code für jeden Dialog
        Dim bytI As Byte
        Dim bytJ As Byte
        Dim arrWerte As Variant
        Dim strTemp As String
        Me.lblZusammenfassung.Caption = ""
        For bytI = 1 To bytMax - 1
            arrWerte = GetAllSettings(strApp, "Dlg" & bytI)
            For bytJ = LBound(arrWerte, 1) To _
                UBound(arrWerte, 1)
                Me.lblZusammenfassung.Caption = _
                    Me.lblZusammenfassung.Caption & _
                    vbCrLf & arrWerte(bytJ, 0) & ": " & _
                    arrWerte(bytJ, 1)
            Next bytJ
        Next bytI
End Sub
```

Listing 5.66: *Auslesen und darstellen aller Einstellungen in der Zusammenfassung*

Abbildung 5.22: *Der fertige Assistent*

Im Anschluss an die Schleife, in der die Dialogfelder des Assistenten aufgerufen werden, können Sie die gespeicherten Werte auslesen und die nach Abschluss des Assistenten notwendigen Aktionen durchführen. Für eine Registrierung könnten Sie die Werte beispielsweise in ein Excel-Tabellenblatt einfügen, damit der Benutzer es drucken und faxen kann, oder an Outlook übergeben und als E-Mail verschicken.

5.24 Bidirektionale Assistenten programmieren

Das Codemodul *K05_24* sowie die Formulare *frmK05_24_1* bis *frmK05_24_3* mit dem Listing finden Sie in der Datei *K05.xls* innerhalb der Begleitdateien zum Buch.

Problem

Sie möchten einen bidirektionalen Assistenten erstellen.

Lösung

Bidirektionale Assistenten unterscheiden sich von unidirektionalen dadurch, dass sie es ermöglichen, nicht nur zum nächsten Schritt des Assistenten zu wechseln, sondern auch zum vorherigen. Dazu müssen Sie jedes Dialogfeld mit einer *Weiter-*, einer *Zurück-* und einer *Abbrechen-*Schaltfläche versehen. Der Code zum Aufruf des Assistenten entspricht dem für unidirektionale Assistenten, nur müssen Sie innerhalb der UserForms in der *Click*-Ereignisprozedur für die *Zurück*-Schaltfläche die Variable um 1 reduzieren, die die Nummer des aktuellen Dialogfelds angibt. Außerdem müssen Sie dafür sorgen, dass im ersten Dialogfeld die *Zurück*-Schaltfläche ausgeblendet wird.

Erläuterungen

Die Änderungen, die gegenüber dem unidirektionalen Assistenten aus ▶ Abschnitt »5.23 Unidirektionale Assistenten erstellen« notwendig sind, halten sich in Grenzen:

1. Fügen Sie eine Schaltfläche mit der Aufschrift »Zurück« in das Formular ein und nennen Sie die Schaltfläche *bttZurueck*.

2. Erstellen Sie eine Ereignisprozedur für das *Click*-Ereignis und fügen Sie dort den gleichen Code wie in der Ereignisprozedur für die *Weiter*-Schaltfläche ein, nur ziehen Sie diesmal den Wert 1 von der Variable *bytAkt* ab.

```
Private Sub bttZurueck_Click()
    bytAkt = bytAkt - 1
    Me.Hide
    Unload Me
End Sub
```

Listing 5.67: Der Code für die zusätzliche Zurück-Schaltfläche

3. Ergänzen Sie die Ereignisprozedur für das *Initialize*-Ereignis um eine *If*-Verzweigung, die prüft, ob die Variable *bytAkt* den Wert 1 hat. Ist dies der Fall, setzen Sie die *Visible*-Eigenschaft der *Zurück*-Schaltfläche auf *False*, um sie im ersten Dialogfeld auszublenden.

```
Private Sub UserForm_Initialize()
    Me.lblTitel.Caption = strTitel
    If bytAkt = bytMax Then
        'letzter Schritt
        Me.bttWeiter.Caption = "Fertig stellen"
    End If
    If bytAkt = 1 Then
        'Zurück-Button ausblenden
        Me.bttZurueck.Visible = False
    End If
    Me.Caption = "Schritt " & bytAkt & " von " & bytMax
End Sub
```

Listing 5.68: Die »Zurück«-Schaltfläche ausblenden

Am Aufruf der Dialogfelder ändert sich nichts. Mit dem gleichen Code wie bei unidirektionalen Assistenten können Sie die Dialogfelder anzeigen lassen und diese durchblättern, und zwar in zwei Richtungen.

HINWEIS: Wenn Sie den Code in der Beispieldatei betrachten, werden Sie dort statt der Variablen und Konstanten *bytAkt*, *bytMax* und *strTitel* die Namen *bytAkt2*, *bytMax2* und *strTitel2* finden. Der Grund liegt darin, dass es nicht möglich ist, den Code für den unidirektionalen und bidirektionalen Assistenten in einer Datei auszuführen, weil beide die gleichen öffentlichen Konstanten und Variablen auf Modulebene benötigen und diese eben nicht zweimal definiert werden können. Daher wurden hier die Variablennamen geändert. Ob Sie die gedruckte Variante oder die in der Beispieldatei verwenden, spielt aber keine Rolle.

5.25 Mehrsprachige Dialogfelder erstellen

Das Codemodul *K05_25* sowie das Formular *frmK05_25* mit dem Listing finden Sie in der Datei *K05.xls* innerhalb der Begleitdateien zum Buch.

Problem

Sie möchten ein Dialogfeld so gestalten, dass es in mehreren Sprachen angezeigt werden kann.

Lösung

Sie benötigen dazu eine Excel-Tabelle mit den entsprechenden Übersetzungen der Steuerelementbeschriftungen. Bei Auswahl einer anderen Sprache, müssen Sie dann nur noch alle Steuerelemente in einer Schleife durchlaufen, die entsprechende Übersetzung im Tabellenblatt suchen und dann die alte Aufschrift durch die neue ersetzen. Das ganze ist mit ein paar Zeilen Code erledigt und kann problemlos auch für bestehende Formulare nachgerüstet werden.

Erläuterungen

Voraussetzung dafür, dass die Übersetzung funktioniert, ist der korrekte Aufbau des Tabellenblattes, in dem sich die Übersetzungen befinden. Wichtig ist, dass die erste Zeile des Blattes oder des genutzten Bereiches des Blattes die Namen der Sprachen enthält. Diese Daten werden ausgelesen und damit das Listenfeld für die Sprachauswahl gefüllt.

	A	B	C
1	Deutsch	English	Français
2	Sprache	Language	Langue
3	Nachname	Last name	Nom de famille
4	Vorname	First name	Prénom
5	Straße	Street	Rue
6	Ort	City	Ville
7	OK	OK	OK
8	Abbrechen	Cancel	Interrompre
9	Bitte den Nachnamen	Please type last name here	
10			

Abbildung 5.23: Aufbau des Tabellenblattes mit den Übersetzungen

Wie viele Sprachen Sie definieren möchten, bleibt Ihnen überlassen. Auch die Reihenfolge, in der Sie die Begriffe untereinander angeben, ist egal. Sie müssen also nicht die Reihenfolge einhalten, in der die Wörter im Formular verwendet werden, sodass Sie die gleiche Tabelle auch für mehrere Formulare verwenden können.

Auch das Formular erfordert nicht allzu viel Aufwand. Zunächst sollten Sie in der *Tag*-Eigenschaft des Formulars den Tabellenblattnamen mit den Übersetzungen speichern. Dann fügen Sie die benötigten Steuerelemente ein und beschriften sie bei Bedarf mit Bezeichnungsfeldern. Das Ergebnis könnte dann wie in Abbildung 5.24 aussehen. Wichtig ist auf jeden Fall eine Möglichkeit, die Sprache auszuwählen. Dazu fügen Sie ein Kombinationslistenfeld mit dem Namen *cmbSprache* ein, das Sie dann in der *Initialize*-Ereignisprozedur mit den Werten aus der Tabelle füllen.

HINWEIS: Selbstverständlich können Sie auch auf die Sprachauswahl verzichten und beispielsweise mit einem *Setup*-Assistenten die Sprache für alle Dialogfelder der Anwendung festlegen und entweder in der Registry oder in einem Feld der Excel-Arbeitsmappe speichern. In diesem Fall würden Sie beim Initialisieren des Formulars den gespeicherten Wert ermitteln und an die Prozedur *Uebersetzen* übergeben. Wie Sie einen Assistenten für das Setup Ihrer Anwendung erstellen können, finden Sie im ▶ Abschnitt »5.23 Unidirektionale Assistenten erstellen« sowie im ▶ Abschnitt »5.24 Bidirektionale Assistenten programmieren« in diesem Kapitel beschrieben.

In der *Initialize*-Ereignisprozedur des Formulars müssen Sie die Liste füllen. Zunächst müssen Sie dazu den benutzten Zellbereich der Tabelle ermitteln. Den Namen der Tabelle lesen Sie aus der *Tag*-Eigenschaft aus und können so das Tabellenblatt aus der *Worksheets*-Auflistung zurückgeben. Über dessen *UsedRange*-Eigenschaft können Sie den Zellbereich als *Range*-Objekt ermitteln.

Die erste Zeile des Zellbereichs, die Sie über die *Rows*-Auflistung ermitteln können, durchlaufen Sie dann in einer Schleife und fügen jeden Zellwert dem Kombinationslistenfeld mit der *AddItem*-Methode hinzu.

HINWEIS: Da auch die Prozedur *Uebersetzen* auf den Zellbereich mit den Übersetzungen zugreifen muss, empfiehlt es sich, die Variable *objRange* auf Modulebene zu definieren.

```
Option Explicit
Dim objRange As Range

Private Sub UserForm_Initialize()
    'Sprachliste füllen
    Dim objZelle As Range
    Set objRange = ThisWorkbook.Worksheets(Me.Tag).UsedRange
    For Each objZelle In objRange.Rows(1).Cells
        Me.cmbSprache.AddItem objZelle.Value
    Next objZelle
End Sub
```

Listing 5.69: Füllen der Sprachauswahlliste

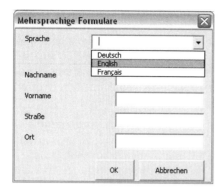

Abbildung 5.24: *Das fertige Formular*

Nun fehlt natürlich noch der wichtigste Code, die Prozedur *Uebersetzen*. Ihr übergeben Sie den Spaltennamen für die Zielsprache und sie durchläuft alle Steuerelemente des Formulars mit Hilfe der *Controls*-Auflistung. Zunächst ermittelt die Prozedur anhand der angegebenen Sprache die Spalte in der die Übersetzung zu finden ist. Sie durchläuft dazu alle Zellen der ersten Spalte. Stimmt der Zellinhalt mit dem Parameter *strZielsprache* überein, ist die Spalte gefunden und die Spaltennummer (*Column*-Eigenschaft) wird der Variablen *lngSpalte* zugewiesen.

Ist die Spalte ermittelt, werden alle Steuerelemente in einer *For Each*-Schleife durchlaufen. Für jedes Steuerelement wird die *Caption*-Eigenschaft ermittelt und der Variablen *strText* zugewiesen. Da aber nicht jedes Steuerelement diese Eigenschaft hat, sorgt die *On Error Resume Next*-Anweisung dafür, dass Fehlermeldungen unterdrückt werden. Der Zellbereich des Tabellenblattes wird dann in einer neuen Schleife durchlaufen und nach einer Zelle gesucht, die dem ermittelten Text des Steuerelements entspricht. Wenn die Zelle gefunden wurde, wird die Zeilennummer (*Row*-Eigenschaft) der Variablen *lngZeile* zugewiesen und die Schleife mit *Exit Sub* verlassen.

Sie verfügen nun über Zeilen und Spaltennummer des gesuchten Wertes und können damit über die *Cells*-Auflistung auf die gesuchte Zelle zugreifen und deren Wert der *Caption*-Eigenschaft des Steuerelements zuweisen. Um die Übersetzung zu starten, rufen Sie die Prozedur einfach in der *Change*-Ereignisprozedur der Auswahlliste auf, oder bei vorher gespeicherter Sprache in der *Initialize*-Ereignisprozedur.

```
Sub Uebersetzen(strZielsprache As String)
    Dim objControl As MSForms.Control
    Dim objZelle As Range
    Dim lngZeile As Long
    Dim lngSpalte As Long
    Dim strText As String
    'Spalte mit der Zielsprache suchen
    For Each objZelle In objRange.Rows(1).Cells
        If objZelle.Value = strZielsprache Then
            'Spalte gefunden, merken
            lngSpalte = objZelle.Column
            Exit For
        End If
    Next objZelle
    'gewünschte Übersetzung ermitteln
    For Each objControl In Me.Controls
        On Error Resume Next
```

```
    strText = objControl.Caption
    For Each objZelle In objRange.Cells
        'Zeile mit der aktuellen Aufschrift
        'ermitteln
        If objZelle.Value = strText Then
            'Zeile gefunden, merken
            lngZeile = objZelle.Row
            Exit For
        End If
    Next objZelle
    'Wert für das Steuerelement ermitteln
    On Error Resume Next
    objControl.Caption = _
        objRange.Cells(lngZeile, lngSpalte).Value
    Next objControl

End Sub
Private Sub cmbSprache_Change()
    Uebersetzen Me.cmbSprache.Text
End Sub
```

Listing 5.70: Übersetzen der Steuerlement-Beschriftungen

TIPP: Wenn Sie möchten, können Sie auch die *ControlTipText*-Eigenschaft der Steuerelemente übersetzen, indem Sie deren Text ermitteln und auf gleiche Weise wie die Aufschriften der Steuerelemente übersetzen. Dann müssen Sie natürlich auch Übersetzungen dafür hinterlegen. Die Eigenschaft bestimmt den Hinweistext, der zu den Steuerelementen angezeigt wird, wenn der Mauszeiger darauf verweilt. Der Code dazu sieht fast identisch mit der Prozedur *Uebersetzen* aus. Wenn Sie allerdings nicht für jeden ToolTiptext auch eine Übersetzung hinterlegt haben, sollten Sie in einer Verzweigung prüfen, ob eine Zeile mit der Übersetzung gefunden werden konnte (*lngZeile>0*) und ansonsten den ToolTiptext auf eine leere Zeichenfolge setzen. Optimal ist das allerdings nicht, weil auch die deutschen ToolTiptext dann erst nach dem nächsten Laden des Formulars angezeigt werden.

```
Sub TooltippsUebersetzen(strZielsprache As String)
    Dim objControl As MSForms.Control
    Dim objZelle As Range
    Dim lngZeile As Long
    Dim lngSpalte As Long
    Dim strText As String
    lngZeile = 0
    'Spalte mit der Zielsprache suchen
    For Each objZelle In objRange.Rows(1).Cells
        If objZelle.Value = strZielsprache Then
            'Spalte gefunden, merken
            lngSpalte = objZelle.Column
            Exit For
        End If
    Next objZelle
    'gewünschte Übersetzung ermitteln
    For Each objControl In Me.Controls
        On Error Resume Next
        strText = objControl.ControlTipText
        For Each objZelle In objRange.Cells
            'Zeile mit der aktuellen Aufschrift
```

```
            'ermitteln
            If objZelle.Value = strText Then
                'Zeile gefunden, merken
                lngZeile = objZelle.Row
                Exit For
            End If
        Next objZelle
        'Wert für das Steuerelement ermitteln
        On Error Resume Next
        If lngZeile > 0 Then
            objControl.ControlTipText = _
                objRange.Cells(lngZeile, lngSpalte).Value
        Else
            objControl.ControlTipText = _
                ""
        End If
    Next objControl
End Sub
```

Listing 5.71: *Eine Prozedur zum Übersetzen der ToolTips*

Abbildung 5.25: *Das Formular mit übersetztem ToolTip*

5.26 Einen Minibrowser erstellen

Das Codemodul *K05_26* sowie das Formular *frmK05_26* mit dem Listing finden Sie in der Datei *K05.xls* innerhalb der Begleitdateien zum Buch.

Problem

Sie möchten mit Hilfe eines Formulars eine Webseite anzeigen lassen, beispielsweise um ein Supportformular oder Downloads für Programmupdates zur Verfügung zu stellen.

Lösung

Über zusätzliche Steuerelemente können Sie auch andere Steuerelemente in Formularen verwenden, als die in der Werkzeugleiste angezeigten. Dazu gehört beispielsweise das *WebBrowser*-Steuerelement des Internet Explorers. Sie müssen es nur in eine UserForm einfügen und können dann mit dessen *Navigate*-Methode eine Webseite laden.

Erläuterungen

HINWEIS: Das *WebBrowser*-Steuerelement des Internet-Explorers steht leider nur auf Windows-Systemen mit Internet Explorer 4.0 oder höher zur Verfügung. Auf dem Macintosh müssten Sie die *Shell*-Funktion verwenden, um den installierten Browser zu starten. Mehr Informationen zur *Shell*-Funktion finden Sie in ▶ Kapitel 10.

Wenn Sie einen kleinen Browser erstellen möchten, müssen Sie dazu zunächst eine UserForm erstellen und in der Entwurfsansicht öffnen. Anschließend gehen Sie folgendermaßen vor, um das Steuerelement einzufügen:

1. Rufen Sie den Menübefehl *Extras/Zusätzliche Steuerelemente* auf. Es öffnet sich daraufhin ein Dialogfeld, das alle verfügbaren Steuerelemente enthält.

HINWEIS: Verfügbar heißt allerdings nur, dass die Steuerelemente installiert und registriert sind. Ob Sie sie tatsächlich in einer VBA-Hostanwendung nutzen können, hängt von verschiedenen Eigenschaften und der Lizenz des Steuerelements ab.

2. Aktivieren Sie nun das Kontrollkästchen vor dem Eintrag *Microsoft Webbrowser* (siehe Abbildung 5.26) und schließen Sie das Dialogfeld mit *OK*.

3. Das Steuerelement wird nun in der Werkzeugsammlung angezeigt. Klicken Sie darauf und ziehen Sie dann einen Rahmen in der gewünschten Größe auf dem Formular auf, um es einzufügen.

4. Benennen Sie das Steuerelement über die *Name*-Eigenschaft des Eigenschaftenfensters beispielsweise »objBrowser«.

Damit haben Sie das Steuerelement eingefügt. Nun fehlt noch der Code, der beim Laden des Formulars die gewünschte Seite lädt. Sie sollten dazu eine Konstante auf Modulebene des Formulars festlegen, die definiert, welche Seite geladen werden soll. Mit Hilfe dieser Konstanten können Sie dann auch erreichen, dass keine andere Seite geladen werden kann, wenn Sie das möchten. In der *Initialize*-Ereignisprozedur laden Sie die gewünschte Seite, indem Sie die URL an die *Navigate*-Methode des Steuerelements übergeben. Den Rest erledigt das Steuerelement.

ACHTUNG: Wenn Sie die Arbeitsmappe unter Excel für Macintosh öffnen wird kommentarlos das Steuerelement enfernt, da es auf dem Mac nicht verfügbar ist. Sie müssen es dann zunächst wieder einfügen, wenn Sie das Beispiel unter Windows testen möchten.

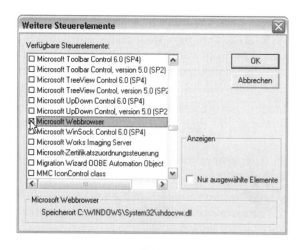

Abbildung 5.26: *Aktivieren des Steuerelements*

```
Option Explicit
Const strURL = "http://www.helma-spona.de"

Private Sub objBrowser_BeforeNavigate2(ByVal pDisp As Object, _
    URL As Variant, Flags As Variant, TargetFrameName As Variant, _
    PostData As Variant, Headers As Variant, Cancel As Boolean)
    If InStr(1, URL, strURL) <= 0 Then
        'fremde URL
        Cancel = True
    End If
End Sub

Private Sub UserForm_Initialize()
    Me.objBrowser.Navigate strURL
End Sub
```

Listing 5.72: *Eine Webseite in das Steuerelement laden*

TIPP: Wenn Sie verhindern möchten, dass andere Seiten als die angegebene geladen werden können, hilft Ihnen dabei das *BeforeNavigate2*-Ereignis des Steuerelements. Es tritt ein, wenn eine Seite geladen wird. Wenn Sie dafür eine Ereignisprozedur wie die in Listing 5.72 erstellen, können Sie innerhalb der Prozedur prüfen, ob in der Konstanten *strURL* die URL vorkommt. Wenn nicht, brechen Sie den Ladevorgang mit *Cancel = True* ab.

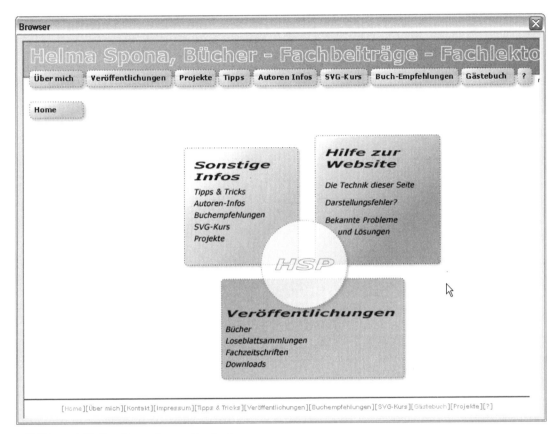

Abbildung 5.27: *Das Formular zur Laufzeit*

6 Die Benutzeroberfläche optimieren

Dieses Kapitel beschäftigt sich mit hilfreichem Zubehör zu einer VBA-Anwendung. Sie erfahren, wie Sie die Benutzeroberfläche für den Anwender bereichern und verbessern, indem Sie eigene Symbol- und Menüleisten erstellen und den Office-Assistenten für Ihre Zwecke nutzen.

6.1 Menü- und Symbolleisten erstellen

Das Codemodul *K06_01* mit dem Listing finden Sie in der Datei *K06.xls* innerhalb der Begleitdateien zum Buch.

Problem

Sie möchten für die Funktionen Ihrer VBA-Lösung eine Menü- oder Symbolleiste erstellen, über die der Benutzer die Prozeduren und Funktionen starten kann.

Lösung

Es gibt prinzipiell zwei Lösungswege für dieses Problem. Zum einen können Sie die Symbol- oder Menüleiste mit dem Befehlsleisten-Editor von Excel erstellen und in der Arbeitsmappe speichern. Das stellt sicher, dass sie auf jedem Rechner verfügbar ist, auf dem die Arbeitsmappe geöffnet wird. Die Alternative ist die Erzeugung der Symbol- oder Menüleiste per VBA. Beide Möglichkeiten haben Vor- und Nachteile, die Sie kennen sollten, bevor Sie sich für eine Methode entscheiden.

Erläuterungen

Menü- und Symbolleisten werden allgemein als Befehlsleisten bezeichnet und stellen im Prinzip nur eine unterschiedliche Darstellungsform der Schaltflächen und Steuerelemente dar. Sie werden in VBA durch das *CommandBar*-Objekt repräsentiert. Beide Möglichkeiten, um Ihre Anwendung mit der Befehlsleiste auszustatten, sind durchaus praxistauglich. Eine statische Befehlsleiste, die Sie an die Arbeitsmappe binden, hat den Vorteil, dass Sie ohne Aufwand Makros mit den Schaltflächen verknüpfen und ohne VBA-Code die Befehlsleiste gestalten können. Sie können außerdem über den Symboleditor auch eigene Symbole kreieren und Symbole von anderen Steuerelementen kopieren und einfügen. Dass Sie dafür keinen VBA-Code benötigen, hat den Vorteil, dass dann natürlich auch keine Fehlermeldungen in älteren Excel-Versionen auftreten können. Der Nachteil ist allerdings, dass Sie bestimmte Elemente wie Eingabefelder und Kombinationslistenfelder nicht einfügen können. Das geht nur mit Hilfe von VBA. Wenn Sie eine Befehlsleiste per VBA erstellen, hat das natürlich auch nicht nur Vorteile. Es gibt in verschiedenen Excel-Versionen Probleme mit dem Ereignishandling der Steuerelemente, sodass die Befehlsleiste nur dann funktioniert, wenn Sie sie nach jedem Bedienvorgang neu erzeugen. Das ist zwar problemlos möglich, kostet aber natürlich gerade auf älteren Rechnern Rechenzeit.

Mit VBA haben Sie zudem keine Möglichkeit die Standardsymbole anzupassen. Wenn Sie andere Symbole verwenden möchten, müssen Sie dazu eine Grafikdatei erstellen, die Sie dann ab Excel 2002 und höhere Versionen in die *Picture*-Eigenschaft der Schaltfläche laden können. In früheren Excel-Versionen haben Sie aber keine Chance, eine andere Grafik als die Standardschaltflächensymbole zu verwenden. Für eine Befehlsleiste ist zudem verhältnismäßig viel Code erforderlich. Sie sollten die VBA-Programmierung für diesen Zweck daher nur dann in Erwägung ziehen, wenn Sie Text- oder Listenfelder verwenden möchten. Aber auch diese könnten Sie einfach per VBA einer vorhandenen Befehlsleiste hinzufügen, wenn Sie möchten.

HINWEIS: Beide Möglichkeiten, eine Befehlsleiste zu erstellen, sollen nachfolgend gezeigt werden. Die Erstellung mit dem Befehlsleisteneditor wird in den späteren Abschnitten aber nicht weiter verfolgt. Dort beschränkt sich die Beschreibung dann auf die VBA-Alternative.

Wenn Sie eine Befehlsleiste erstellen möchten, sollten Sie zum Test zunächst eine Prozedur erstellen, die ohne Parameter auskommt und die Sie dann beim Klicken auf die Steuerelemente aufrufen können. Hier wird die Prozedur *HalloWelt* verwendet, die einfach den Text »Hallo Welt!« als Meldung ausgibt.

```
Sub HalloWelt()
   MsgBox "Hallo Welt!"
End Sub
```

Listing 6.1: *Die Prozedur zum Testen der Befehlsleistensteuerelemente*

HINWEIS: Es ist wichtig, das Sie erst die Prozeduren erstellen, die über die Befehlsleiste aufgerufen werden sollen und danach die Befehlsleiste, sonst können Sie den Steuerelementen die Prozedur nicht zuweisen.

Gehen Sie nun wie folgt vor, um eine Befehlsleiste zu erstellen und an die aktuelle Arbeitsmappe zu binden.

1. Wählen Sie aus dem Menü *Ansicht* den Eintrag *Symbolleisten/Anpassen* aus.

2. Klicken Sie auf *Neu*, um eine neue Befehlsleiste zu erstellen und geben Sie dann in dem eingeblendeten Dialogfeld einen geeigneten Namen für die Befehlsleiste ein. Schließen Sie das Dialogfeld mit *OK*.

3. Fügen Sie nun Steuerelemente in die Befehlsleiste ein, indem Sie die Registerkarte *Befehle* aktivieren.

4. Ziehen Sie den gewünschten Befehl aus dem rechten Listenfeld einfach per Drag & Drop in die Symbolleiste.

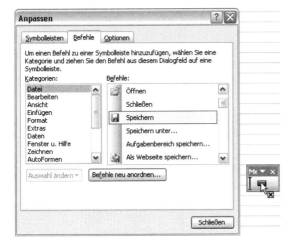

Abbildung 6.1: *Befehle per Drag & Drop einfügen*

5. Sie können nun der Schaltfläche noch ein VBA-Makro zuordnen, wenn Sie nicht die Standardfunktion verwenden möchten. Wählen Sie dazu aus dem Kontextmenü der eingefügten Schaltfläche den Eintrag *Makro zuweisen* aus. Markieren Sie dann in dem eingeblendeten Dialogfeld die gewünschte Prozedur und schließen Sie das Dialogfeld mit *OK*.

TIPP: Sie können natürlich auch direkt einen Befehl einfügen, für den keine Standardaktion hinterlegt ist. Das bietet sich vor allem dann an, wenn die Symbole der Standardbefehle ohnehin nicht für Ihren Zweck geeignet ist. In diesem Fall wählen Sie aus der Kategorie im linken Listenfeld den Eintrag *Makros* aus und ziehen dann den Befehl *Benutzerdefinierte Schaltfläche* in die Befehlsleiste.

1. Wenn Sie möchten, können Sie auch ein Menü einfügen. Dazu wählen Sie in der linken Kategorieliste den Eintrag *Neues Menü* aus der Auswahlliste aus und ziehen den Eintrag

---

Die Benutzeroberfläche optimieren   **295**

Neues Menü der rechten Auswahlliste in die Befehlsleiste. Die Untereinträge können Sie dann wieder einfügen, indem Sie einen Befehl in das geöffnete Menü ziehen.

2. Für jeden eingefügten Befehl können Sie die Aufschrift ändern, indem Sie dessen Kontextmenü öffnen und in das Feld *Name* den gewünschten Text eingeben.

Abbildung 6.2: *Aufschrift einer Schaltfläche ändern*

TIPP: Möchten Sie das Aussehen der Schaltflächen beeinflussen, können Sie beispielsweise per Klick auf den Eintrag *Nur Text (immer)* festlegen, dass nur die Aufschrift angezeigt werden soll. Mit der Option *Nur Text (in Menüs)* wird nur dann kein Symbol angezeigt, wenn sich die Schaltfläche in einem Menü befindet. Wenn Sie die Option *Schaltflächensymbol und Text* wählen, wird immer links das Symbol und rechts daneben der Text angezeigt. Falls Sie nur das Symbol anzeigen lassen möchten, aktivieren Sie die Option *Standard*. Dann wird nur innerhalb von Menüs die Aufschrift angezeigt, sonst aber nur das Symbol.

1. Aktivieren Sie wieder die Registerkarte *Symbolleisten*.

Abbildung 6.3: *Anfügen der Befehlsleiste an die aktuelle Arbeitsmappe*

2. Klicken Sie auf *Anfügen*, um die Befehlsleiste in die Arbeitsmappe zu kopieren.

3. Markieren Sie die erstellte Symbolleiste im linken Listenfeld (siehe Abbildung 6.3) und klicken Sie dann auf *Kopieren >>*, um sie in die aktuelle Arbeitsmappe zu kopieren.

4. Schließen Sie das Dialogfeld mit *OK*.

5. Wenn Sie alle Einstellungen vorgenommen haben, schließen Sie das Dialogfeld mit *Schließen*. Damit haben Sie die Befehlsleiste erstellt.

HINWEIS: Immer, wenn Sie die Befehlsleiste ändern, müssen Sie sie auch erneut an die Arbeitsmappe anfügen, da der Editor immer nur auf die Version zugreift, die in der globalen Datei *excel.xlb* gespeichert ist. Wenn Sie jedoch zahlreiche Befehlsleisten für Ihre Anwendung benötigen und diese mit Ihrer Anwendung weitergeben möchten, können Sie das auch in Form einer XLB-Datei tun. Gehen Sie dazu wie folgt vor:

1. Erstellen Sie alle benötigen Befehlsleisten in Excel und führen Sie bei Bedarf auch Änderungen an den Standard-Symbol- und Menüleisten durch.

2. Blenden Sie alle benötigen Menü- und Symbolleisten über den Menübefehl *Ansicht/Symbolleisten* ein und ordnen Sie sie wie gewünscht an.

3. Schließen Sie Excel.

4. Suchen Sie die Datei *excel.xlb* und benennen Sie diese um, beispielsweise in *meineUmgebung.xlb*.

   Von nun an, können Sie ihn Ihrer Anwendung die XLB-Datei öffnen, um Ihre eigenen und die geänderten Standard-Befehlsleisten zu laden.

Möchten Sie VBA nutzen, um eine Befehlsleiste zu erstellen, müssen Sie dazu ein *CommandBar*-Objekt an die *CommandBars*-Auflistung des *Application*- oder *Workbook*-Objekts anhängen. Das *CommandBar*-Objekt ist in der Microsoft-Office-Objektbibliothek enthalten, auf die standardmäßig ein Verweis eingerichtet ist.

ACHTUNG: Sollten Sie dennoch Probleme beim Ausführen des Codes haben, prüfen Sie über den Menübefehl *Extras/Verweise* in der Entwicklungsumgebung, ob der Verweis auf die Microsoft Office-Objektbibliothek gesetzt ist, die der Version Ihrer Office-Installation entspricht.

Mit der *Add*-Methode der *CommandBars*-Auflistung erzeugen Sie eine neue Befehlsleiste. Der erste Parameter bestimmt dabei den Namen der Befehlsleiste und darf nicht dem Namen einer bereits vorhandenen Befehlsleiste entsprechen. Daher tritt ein Laufzeitfehler auf, falls Sie einen schon existierenden Namen angeben. Mit dem zweiten Parameter können Sie die Position festlegen. Geben Sie keinen Wert an, wird die Befehlsleiste mittig auf dem Bildschirm anzeigt. Der dritte Parameter bestimmt, ob es sich um eine Symbolleiste handelt (*False*) oder eine Menüleiste (*True*). Mit dem letzten Parameter können Sie angeben, ob die Befehlsleiste nur temporär erstellt werden soll (*True*) und beim Beenden von Excel gelöscht wird, oder ob sie gespeichert wird. Die *Add*-Methode gibt die Befehlsleiste zurück, die Sie dann einer entsprechenden Variablen des Typs *CommandBar* zuweisen können.

```
Sub TestK06_01()
    'Befehlsleiste erstellen
    Dim objBL As CommandBar
    Set objBL = Application.CommandBars.Add( _
        "MeineBefehlsleiste2", , False, True)
    Set objBL = Nothing
End Sub
```

Listing 6.2: Erstellen einer temporären Symbolleiste

HINWEIS: Wie Sie vorab prüfen, ob des die Symbolleiste schon gibt, wird im ▶ Abschnitt »6.2 Prüfen, ob eine Menü- oder Symbolleiste vorhanden ist« weiter unten beschrieben. Im ▶ Abschnitt »6.4 Schaltflächen in einer Symbolleiste erstellen« wird erklärt, wie Sie einer Befehlsleiste Schaltflächen hinzufügen.

Die Benutzeroberfläche optimieren

6.2 Prüfen, ob eine Menü- oder Symbolleiste vorhanden ist

Das Codemodul *K06_02* mit dem Listing finden Sie in der Datei *K06.xls* innerhalb der Begleitdateien zum Buch.

Problem

Sie möchten prüfen, ob es eine Befehlsleiste mit einem bestimmten Namen gibt.

Lösung

Wenn Sie feststellen möchten, ob ein bestimmter Name schon für eine Befehlsleiste vergeben ist, müssen Sie dazu die *CommandBars*-Auflistung durchlaufen und für jede Symbolleiste prüfen, ob sie den gesuchten Namen aufweist. Haben Sie eine passende Symbolleiste gefunden, können Sie diese als *CommandBar*-Objekt zurückgeben.

Erläuterungen

Ein *CommandBar*-Objekt verfügt über zwei Namen, zumindest dann, wenn es sich um eine Standard-Befehlsleiste von Excel handelt. Die Eigenschaft *Name* gibt dann den englischen Namen der Befehlsleiste zurück. *NameLocal* gibt die Übersetzung in derjenigen Sprache an, in der Excel installiert ist; bei deutschen Excel-Versionen also den deutschen Namen der Befehlsleiste.

Wenn Sie also eine bestimmte Befehlsleiste suchen, sollten Sie beide Eigenschaften prüfen. Die Funktion *getBL* durchläuft dazu die *CommandBars*-Auflistung und prüft, ob die Eigenschaft *Name* oder *LocalName* mit dem gesuchten Namen im Parameter *strName* übereinstimmen. Falls ja wird das *CommandBar*-Objekt als Rückgabewert dem Funktionsnamen zugewiesen und die Funktion mit *Exit Function* verlassen. Konnte die gesuchte Befehlsleiste nicht gefunden werden, gibt die Funktion *Nothing* zurück, weil dieser Wert schon vor der Schleife als Rückgabewert zugewiesen wurde. Möchten Sie die Funktion aufrufen, sollten Sie den Rückgabewert der Funktion *getBL* einer Variablen des Typs *CommandBar* zuweisen. Sie können dann prüfen, ob die Variable den Wert *Nothing* hat. Wenn ja, wurde die Befehlsleiste nicht gefunden, ansonsten können Sie über die Variable direkt auf die Befehlsleiste zugreifen.

```
Sub TestK06_02()
    Dim objBL As CommandBar
    Set objBL = getBL("Worksheet Menu Bar")
    If (objBL Is Nothing) = False Then
        Debug.Print objBL.Name
    End If
End Sub

Function getBL(strName As String) As CommandBar
    Dim objCB As CommandBar
    Set getBL = Nothing
    For Each objCB In Application.CommandBars
        If (objCB.Name = strName) Or (objCB.NameLocal = strName) Then
```

```
            'gefunden
            Set getBL = objCB
            Exit Function
        End If
    Next objCB
End Function
```

Listing 6.3: Prüfen, ob es eine bestimmte Befehlsleiste gibt

TIPP: Mit Hilfe der Funktion *getCB* können Sie ganz leicht sicherstellen, dass eine Symbolleiste, die Sie erstellen möchten, gelöscht wird, falls Sie schon vorhanden ist. Dazu können Sie die Funktion folgendermaßen einsetzen.

Sie rufen die Funktion auf und weisen ihren Rückgabewert einer Variablen des Typs *CommandBar* zu. Mit der dem Ausdruck *objBL Is Nothing* können Sie dann prüfen, ob die Variable den Wert *Nothing* hat. Wenn nicht, ist der Ausdruck also *False* rufen Sie die *Delete*-Methode auf, und löschen damit die Befehlsleiste.

```
Sub TestK06_02b()
    Dim objBL As CommandBar
    Set objBL = getBL("Worksheet Menu Bar2")
    If (objBL Is Nothing) = False Then
        objBL.Delete
    End If
End Sub
```

Listing 6.4: Löschen einer Befehlsleiste

Wenn Sie prüfen möchten, ob eine Befehlsleiste vorhanden ist, können Sie natürlich auch die Methode Versuch und Irrtum verwenden. Dann versuchen Sie einfach die Befehlsleiste über die *CommandBars*-Auflistung zurückzugeben. Tritt dabei ein Laufzeitfehler auf, übergehen Sie diesen mit *On Error Resume Next*. Dadurch gibt die Funktion dann ebenfalls *Nothing* zurück. Wie das aussehen könnte, zeigt die Funktion *getBL2*. Die Funktion ist zwar sehr viel kürzer und wird sehr viel schneller ausgeführt, dafür müssen Sie ihr zwingend den englischen Namen der Befehlsleiste übergeben. Über die *CommandBars*-Auflistung können Sie nämlich nur darüber auf die Befehlsleiste zugreifen.

```
Sub TestK06_02c()
    Dim objBL As CommandBar
    Set objBL = getBL2("Arbeitsblatt-Menüleiste")
    If (objBL Is Nothing) = False Then
        Debug.Print objBL.Name
        'objBL.Delete
    End If
End Sub

Function getBL2(strName As String) As CommandBar
    Dim objCB As CommandBar
    Set getBL2 = Nothing
    On Error Resume Next
    Set getBL2 = Application.CommandBars(strName)
End Function
```

Listing 6.5: Prüfen, ob eine Befehlsleiste vorhanden ist, mit Versuch und Irrtum

---

Die Benutzeroberfläche optimieren

6.3 Symbol- und Menüleisten positionieren

Das Codemodul *K06_03* mit dem Listing finden Sie in der Datei *K06.xls* innerhalb der Begleit-dateien zum Buch.

Problem

Sie möchten eine Befehlsleiste einblenden und an einer bestimmten Stelle positionieren.

Lösung

Wenn Sie eine Befehlsleiste ein- oder ausblenden möchten, setzen Sie dazu die *Visible*-Eigenschaft. Sie können außerdem deren Position festlegen, indem Sie die *Position*-Eigenschaft sowie die Eigenschaften *Left* und *Top* festlegen.

Erläuterungen

Damit Sie die Eigenschaften für die Positionierung festlegen können, müssen Sie die Befehls-leiste als *CommandBar*-Objekt zurückgeben. Dazu können Sie beispielsweise die Funktion *getBL* aus dem vorherigen ▶ Abschnitt »6.2 Prüfen, ob eine Menü- oder Symbolleiste vorhan-den ist« verwenden. Damit geben Sie die Symbolleiste zurück und können dann die Befehls-leiste mit *Visible* einblenden, indem Sie die Eigenschaft auf *True* setzen. Mit Hilfe der *Position*-Eigenschaft können Sie die Symbolleiste an den vier Rändern des Fensters einrasten oder frei schwebend anzeigen lassen. Die Bedeutung der verfügbaren Konstanten können Sie der Tabelle 6.1 entnehmen. Zusätzlich zur *Position*-Eigenschaft können Sie auch noch über *Left* die Position von Links und über *Top* die Position von oben festlegen. Dabei sind allerdings nicht alle Kombinationen möglich. Wenn Sie die Symbolleiste am linken oder rechten Rand einrasten lassen, können Sie die Position von links natürlich nicht festlegen. Gleiches gilt auch, wenn Sie sie oben oder unten verankern. Dann können Sie die Position von oben nicht defi-nieren.

Die Prozedur *TestK06_03* rastet die Symbolleiste *Standard* am linken Rand ein und positioniert sie mit der Eigenschaft *Top* vertikal in der Mitte des Fensters. Die Mitte wird berechnet in dem die Fensterhöhe durch zwei geteilt wird.

HINWEIS: Ergibt sich eine vertikale Position, die nicht eingehalten werden kann, weil die Symbolleiste zu lang ist, wird sie soweit nach oben verschoben, bis die Symbolleiste am un-teren Fensterrand anstößt.

```
Sub TestK06_03()
    Dim objBL As CommandBar
    Set objBL = getBL("Standard")
    On Error Resume Next
    objBL.Visible = True
    objBL.Position = msoBarLeft
    objBL.Top = (Application.Windows(1).Height \ 2)
End Sub
```

Listing 6.6: Symbolleiste linksbündig einrasten und vertikal mittig positionieren

msoPosition-Konstanten	Beschreibung
msoBarBottom	Rastet die Befehlsleiste am unteren Fensterrand ein.
msoBarFloating	Positioniert die Befehlsleiste frei auf dem Bildschirm.
msoBarLeft	Rastet die Befehlsleiste links ein.
msoBarMenuBar	Zeigt die Befehlsleiste als Menüleiste an.
msoBarPopup	Behandelt die Befehlsleiste als Kontextmenü.
msoBarRight	Rastet die Befehlsleiste auf der rechten Seite ein.
msoBarTop	Rastet die Befehlsleiste am oberen Rand, unterhalb aller anderen sichtbaren Befehlsleisten ein.

Tabelle 6.1: *Konstanten für die Position-Eigenschaft*

HINWEIS: Wenn Sie der *Position*-Eigenschaft den Wert *msoBarPopup* zuweisen, erstellen Sie damit ein zusätzliches Kontextmenü. Mehr zu Kontextmenüs und wie Sie sie verwenden, erfahren Sie im ▶ Abschnitt »6.13 Kontextmenüs erstellen und aufrufen« weiter unten.

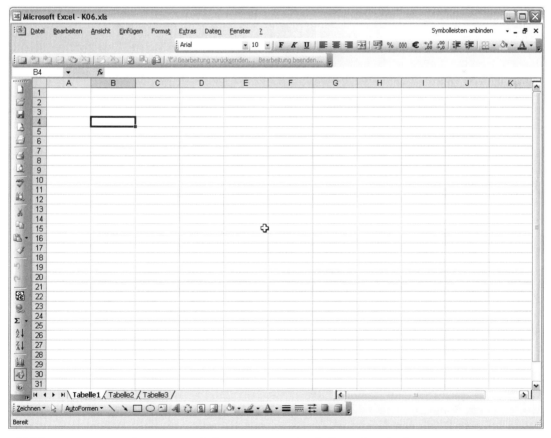

Abbildung 6.4: *Das Excel-Fenster mit links eingerasteter Symbolleiste Standard*

6.4 Schaltflächen in einer Symbolleiste erstellen

Das Codemodul *K06_04* mit dem Listing finden Sie in der Datei *K06.xls* innerhalb der Begleitdateien zum Buch.

Problem

Sie möchten eine Schaltfläche in eine Befehlsleiste einfügen und mit einem Symbol, einem ToolTip und einer Aufschrift versehen.

Lösung

Sie erstellen dazu zunächst eine Befehlsleiste bzw. geben diese als *CommandBar*-Objekt zurück und rufen dann die *Add*-Methode der *Controls*-Auflistung auf. Sie gibt das erzeugte Befehlsleistensteuerelement zurück, das Sie einer entsprechenden Variablen zuweisen können. Anschließend können Sie zusätzliche Eigenschaften der Schaltfläche setzen. Zur Rückgabe der Befehlsleiste können Sie wieder die Funktion *getBL* aus dem ▶ Abschnitt »6.2 Prüfen, ob eine Menü- oder Symbolleiste vorhanden ist« verwenden.

Erläuterungen

Die *Controls*-Auflistung verwaltet alle Steuerelemente einer Befehlsleiste. Das können Schaltflächen, Kombinationslistenfelder oder auch Textfelder und Menüs sein. Mit der *Add*-Methode der Auflistung fügen Sie Steuerelemente hinzu, mit der *Delete*-Methode können Sie vorhandene löschen. Wenn Sie die *Add*-Methode aufrufen, bestimmen Sie mit dem ersten Parameter, welcher Typ von Steuerelement erzeugt werden soll. Die verfügbaren Konstanten dazu finden Sie in Tabelle 6.2. Für Schaltflächen und Menüeinträge eines Menüs verwenden Sie dazu Symbolleistenschaltflächen, die Sie mit der Konstanten *msoControlButton* angeben können. Alle weiteren Parameter sind optional. Sie können beispielsweise mit dem dritten Parameter den Index des Steuerelements festlegen, vor dem das neue eingefügt werden soll. Damit bestimmen Sie also seine Position innerhalb der Befehlsleiste.

HINWEIS: Ein Beispiel dazu finden Sie im ▶ Abschnitt »6.11 Standardmenüleisten ändern und nutzen« weiter unten.

Konstante	Steuerelement-Typ
msoControlEdit	Eingabefeld
msoControlButton	Schaltfläche oder Menüeintrag
msoControlDropdown	Auswahlliste
msoControlComboBox	Kombinationslistenfeld
msoControlPopup	Menü bzw. Untermenü

***Tabelle 6.2**: Steuerelementetypen für Befehlsleisten*

Wenn Sie ein Standard-Steuerelement einfügen möchten (beispielsweise die *Speichern*-Schaltfläche von Excel), können Sie dessen *ID* als zweiten Parameter angeben. Möchten Sie ein benutzerdefiniertes Steuerelement einfügen, brauchen Sie jedoch nur den ersten Parameter angeben.

HINWEIS: Wie Sie die ID der Standardsteuerelemente ermitteln können, finden Sie im ▶ Abschnitt »6.6 Icons in Symbolleisten suchen, kopieren und zuweisen« weiter unten beschrieben.

Nach Speicherung des Rückgabewerts der *Add*-Methode können Sie mit der *Caption*-Eigenschaft die Aufschrift der Schaltfläche festlegen. Sie ist allerdings standardmäßig nicht sichtbar, weil nur das Symbol angezeigt wird, das Sie über die *FaceId*-Eigenschaft bestimmen können. Sie legt die ID des Symbols fest, das angezeigt werden soll. Den Text für den ToolTip legen Sie über die Eigenschaft *TooltipText* fest.

HINWEIS: Alternativ können Sie auch Bilder von anderen Steuerelementen kopieren oder aus Bilddateien laden. Wie das geht, erfahren Sie im ▶ Abschnitt »6.6 Icons in Symbolleisten suchen, kopieren und zuweisen« sowie im ▶ Abschnitt »6.7 Benutzerdefinierte Grafiken als Symbole laden« weiter hinten in diesem Kapitel.

```
Sub TestK06_04()
    Dim objBL As CommandBar
    Dim objBtt As CommandBarButton
    'Befehlsleiste erstellen
    Set objBL = getBL("MeineBefehlsleiste2")
    If (objBL Is Nothing) Then
        Set objBL = Application.CommandBars.Add( _
            "MeineBefehlsleiste2", , False, True)
    End If
    Set objBtt = objBL.Controls.Add(msoControlButton)
    objBtt.Caption = "1."
    objBtt.TooltipText = "Mein erster Button"
    objBtt.FaceId = 256
    Set objBL = Nothing
End Sub
```

Listing 6.7: *Einfügen einer Schaltfläche in eine Befehlsleiste*

Abbildung 6.5: *Die erzeugte Schaltfläche mit Icon und ToolTip*

HINWEIS: Die Befehlsleiste sieht zwar korrekt aus, funktioniert aber noch nicht, weil noch keine VBA-Prozedur zugewiesen wurde, die beim Klicken auf die Schaltfläche ausgeführt wird. Wie Sie das machen, und welche Möglichkeiten es dazu gibt, finden Sie in ▶ Abschnitt »6.10 Auf Benutzeraktionen in Symbol- und Menüleisten reagieren« weiter hinten in diesem Kapitel beschrieben.

6.5 Alle Symbol-IDs der eingebauten Schaltflächensymbole ermitteln

Das Codemodul *K06_05* mit dem Listing finden Sie in der Datei *K06.xls* innerhalb der Begleitdateien zum Buch.

Problem

Sie möchten einer Schaltfläche ein Standardsymbol zuweisen, kennen aber dessen ID nicht. Sie möchten dazu alle IDs der Standardsymbole auflisten.

Lösung

Erstellen Sie dazu eine Symbolleiste und fügen Sie für jedes existierende Symbol eine Schaltfläche ein, die das Symbol anzeigt und im ToolTip der Schaltfläche die ID anzeigt.

Erläuterungen

Abhängig von der Excel-Version gibt es bis zu 1.200 Symbole. Sie benötigen daher eine Schleife, die von 1 bis 1.200 hochzählt und für jeden Wert eine Schaltfläche mit dem entsprechenden Symbol erzeugt.

Allerdings befinden sich darunter dann immer auch Schaltflächen ohne Symbol, da nicht alle Werte definiert sind. Diese lassen sich aber nicht ausfiltern, weil die Zuweisung eines ungültigen Wertes keinen Laufzeitfehler auslöst, sondern lediglich dazu führt, dass kein Symbol angezeigt wird.

Die Prozedur *TestK06_05* verwendet zunächst die Funktion *getBL* aus ▶ Abschnitt »6.2 Prüfen, ob eine Menü- oder Symbolleiste vorhanden ist«, um zu prüfen, ob es die Symbolleiste schon gibt. Wenn ja wird das *CommandBar*-Objekt zurückzugeben und die Symbolleiste mit der *Delete*-Methode gelöscht. Anschließend wird die Symbolleiste mit der *Add*-Methode neu erzeugt und in einer Schleife, deren Schleifenvariable *lngI* von 1 bis 1.200 läuft, für jeden Wert eine Schaltfläche erzeugt. Dabei wird die Eigenschaft *TooltipText* auf »#« gefolgt vom Wert der Laufvariablen gesetzt, der *FaceID*-Eigenschaft wird die Variable *lngI* einfach zugewiesen, um das Symbol festzulegen.

```
Sub TestK06_05()
    Dim objBL As CommandBar
    Dim objBtt As CommandBarButton
    Dim lngI As Long
    'Befehlsleiste erstellen
    Set objBL = getBL("Symbole")
    If (objBL Is Nothing) = False Then
        objBL.Delete
    End If
    Set objBL = Application.CommandBars.Add( _
        "Symbole", , False, True)
    For lngI = 1 To 1200
        On Error Resume Next
        Set objBtt = objBL.Controls.Add(msoControlButton)
        objBtt.TooltipText = "#" & lngI
        objBtt.FaceId = lngI
    Next lngI
    objBL.Visible = True
    Set objBL = Nothing
End Sub
```

Listing 6.8: *Alle Symbole in eine Symbolleiste einfügen*

Abbildung 6.6: Die erzeugte Symbolleiste

Nach dem Verlassen der Schleife wird die Symbolleiste eingeblendet, indem die *Visible*-Eigenschaft auf *True* gesetzt wird. Sie können von nun an einfach mit dem Mauszeiger auf das gewünschte Symbol zeigen und bekommen dann im ToolTip die notwendige *FaceID*-Nummer angezeigt.

6.6 Icons in Symbolleisten suchen, kopieren und zuweisen

Das Codemodul *K06_06* mit dem Listing finden Sie in der Datei *K06.xls* innerhalb der Begleitdateien zum Buch.

Problem

Sie möchten ein bestimmtes Symbol aus einer Standardsymbolleiste verwenden, dessen *FaceID* Sie aber erst zur Laufzeit ermitteln möchten.

Lösung

Durchlaufen Sie die gewünschte Standardsymbolleiste in einer Schleife, bis Sie die gewünschte Schaltfläche gefunden haben. Orientieren können Sie sich dabei beispielsweise am ToolTip-Text oder der Eigenschaft *ID*. Kopieren Sie das Symbol dann in die Zwischenablage und fügen Sie es auf Ihrer Schaltfläche wieder ein.

Die Benutzeroberfläche optimieren **305**

Erläuterungen

Mit den Methoden *CopyFace* und *PasteFace* können Sie Schaltflächensymbole kopieren und woanders wieder einfügen. Das Problem ist also nicht das Kopieren der Schaltflächensymbole, sondern zunächst die Schaltfläche zu finden, von der das Symbol kopiert werden soll.

Kennen Sie die Position des Symbols in der Symbolleiste, ist das kein Problem. Dann können Sie über die *Controls*-Auflistung des *CommandBar*-Objekts auf das Steuerelement zugreifen. Das scheitert aber schon dann, wenn der Benutzer die Symbolleiste angepasst hat und sich daher die Symbolleiste nicht mehr in dem Zustand befindet, auf den Sie den Code ausgerichtet haben. Handelt es sich bei der Schaltfläche, die Sie suchen, um eine Standardschaltfläche, können Sie beispielsweise die Steuerelemente der Symbolleiste durchlaufen und das Steuerelement mit der *ID* suchen, die dem Befehl des Steuerelements entspricht. Aber auch diese müssen Sie natürlich erst einmal ausfindig machen. Sie können sich aber auch einfach an der Aufschrift der Schaltfläche oder dem ToolTip-Text orientieren. Alle drei Möglichkeiten werden nachfolgend kurz vorgestellt.

TIPP: Um die ID von Standardsteuerelementen zu ermitteln, können Sie eine Prozedur erstellen, die bis auf wenige, nachfolgend fett hervorgehobene Änderungen, mit der Prozedur *TestK06_05* aus ▶ Abschnitt »6.5 Alle Symbol-IDs der eingebauten Schaltflächensymbole ermitteln« übereinstimmt. Sie erzeugt eine Symbolleiste, in der Sie über den ToolTip die IDs für die einzelnen Standardbefehle ermitteln können.

```
Sub IDsErmitteln()
    Dim objBL As CommandBar
    Dim objBtt As CommandBarButton
    Dim lngI As Long
    'Befehlsleiste erstellen
    Set objBL = getBL("IDs")
    If (objBL Is Nothing) = False Then
        objBL.Delete
    End If
    Set objBL = Application.CommandBars.Add( _
        "IDs", , False, True)
    For lngI = 1 To 1200
        On Error Resume Next
        Set objBtt = objBL.Controls.Add(msoControlButton, lngI)
        objBtt.TooltipText = "#" & lngI
    Next lngI
    objBL.Visible = True
    Set objBL = Nothing
End Sub
```

Listing 6.9: Symbolleiste mit den Standardbefehlen erzeugen

Wenn Sie alle IDs ermitteln möchten, reichen die ersten 1.200 aber nicht aus. Es gibt *ID*-Werte, die weit über die 5.000er-Grenze gehen. Es bleibt daher zu überlegen, ob Sie lieber mehrere Symbolleisten erstellen, weil Sie es natürlich kaum schaffen werden, über 5.000 Schaltflächen darzustellen.

Um das Steuerelement der Symbolleiste, aus der Sie das Symbol kopieren möchten, zu suchen, benötigen Sie zwei Hilfsfunktionen: eine, die das Steuerelement zurückgibt, das die gesuchte *ID* aufweist, und eine, die das Steuerelement anhand des ToolTips ermittelt und zurückgibt. Beide gehen dazu prinzipiell auf gleiche Weise vor. Sie nehmen als Parameter die ID bzw. den

ToolTip-Text sowie das *CommandBar*-Objekt entgegen und durchlaufen dann die *Controls*-Auflistung des *CommandBar*-Objekts.

WICHTIG: Die verwendete Schleifenvariable der *For...Each*-Schleife muss unbedingt den Typ *Object*, oder *CommandBarControl* haben, weil eine Symbolleiste natürlich mehr als nur Schaltflächen enthalten kann. Daher liefert die *Controls*-Auflistung einen Wert des Typs *CommandBarControl*, der ein allgemeines Befehlsleistensteuerelement darstellt. Wenn Sie ein Symbol kopieren möchten, suchen Sie aber natürlich nach einer Schaltfläche, weshalb Sie innerhalb der Schleife mit der Funktion *TypeName* prüfen sollten, ob es sich um eine Schaltfläche handelt. Nur dann ist es sinnvoll, die benötigte Eigenschaft *ID* oder *TooltipText* abzufragen. Die *TypeName*-Funktion gibt den Klassennamen zurück, aus dem ein Objekt erzeugt wurde, bzw. bei Variablen den Datentyp. Gibt sie für das Steuerelement also den Text »CommandBarButton« zurück, handelt es sich um eine Schaltfläche, die unter Umständen ein zu kopierendes Symbol hat. In diesem Fall prüfen beide Funktionen ob die gesuchte Eigenschaft mit dem entsprechenden Wert im ersten Parameter übereinstimmt. Ist das der Fall, wird das Steuerelement der Funktion als Rückgabewert zugewiesen und die Funktion mit *Exit Function* verlassen.

```
Function getCntrByTT(strText As String, _
    objBL As CommandBar) As CommandBarButton
    Dim objCtrl As CommandBarControl
    For Each objCtrl In objBL.Controls
        If TypeName(objCtrl) = "CommandBarButton" Then
            If objCtrl.TooltipText = strText Then
                Set getCntrByTT = objCtrl
                Exit Function
            End If
        End If
    Next objCtrl
End Function


Function getCntrByID(lngID As Long, objBL As CommandBar) _
    As CommandBarButton
    Dim objCtrl As CommandBarControl
    For Each objCtrl In objBL.Controls
        If TypeName(objCtrl) = "CommandBarButton" Then
            If objCtrl.ID = lngID Then
                Set getCntrByID = objCtrl
                Exit Function
            End If
        End If
    Next objCtrl
End Function
```

Listing 6.10: *Zurückgeben eines gesuchten Steuerelements*

Die Prozedur *TestK06_06* erzeugt eine Symbolleiste »Test« und fügt dort drei Schaltflächen ein. In alle Schaltflächen wird das Symbol der *Speichern*-Schaltfläche aus der Symbolleiste *Standard* eingefügt. Im ersten Fall wird über den Index auf die Schaltfläche zugegriffen, im zweiten Fall über den Rückgabewert der Funktion *getCntrByID*, im dritten Fall über den Rückgabewert der Funktion *getCntrByTT*.

Zunächst wird dazu mit der Funktion *getBL* aus dem ▶ Abschnitt »6.2 Prüfen, ob eine Menü- oder Symbolleiste vorhanden ist« die Symbolleiste *Standard* zurückgegeben und der Variablen

---

Die Benutzeroberfläche optimieren

objBLQuelle zugewiesen. Über die *Controls*-Auflistung wird dann das dritte Steuerelement mit dem Index 3 zurückgegeben und über die *CopyFace*-Methode das Symbol in die Zwischenablage kopiert. Anschließend wird die Symbolleiste erstellt, in die die Schaltflächen eingefügt werden sollen. Dazu wird zunächst versucht, sie mit der *getBL*-Funktion zurückzugeben. Ist der Rückgabewert nicht *Nothing*, wird die aktuelle Symbolleiste mit *Delete* gelöscht. Nach der *If*-Verzweigung wird die Symbolleiste neu erstellt und die erste Schaltfläche eingefügt. Die *Paste-Face*-Methode sorgt dafür, dass das Symbol aus der Zwischenablage in das Steuerelement kopiert wird.

Anschließend wird die Funktion *getCntrByID* aufgerufen. Sie gibt *Nothing* zurück, falls das Steuerelement nicht gefunden werden konnte, bzw. das gesuchte Steuerelement, wenn es vorhanden ist. Um nicht versehentlich auf die Variable zuzugreifen, wenn das Steuerelement nicht gefunden wurde, sollten Sie anschließend prüfen, ob die Objektvariable mit dem Rückgabewert der Funktion den Wert *Nothing* hat. Wenn nicht, können Sie die *CopyFace*-Methode aufrufen, um das Symbol zu kopieren und anschließend in der Symbolleiste *Test* die zweite Schaltfläche erstellen und das Symbol mit *PasteFace* einfügen. Konnte kein Symbol kopiert werden, wird die neue Schaltfläche mit einem leeren Symbol versehen, indem der *FaceID* der Wert 1 zugewiesen wird.

```
Sub TestK06_06()
    Dim objBL As CommandBar
    Dim objBtt As CommandBarButton
    Dim objBttQ As CommandBarButton
    Dim lngI As Long

    Dim objBLQuelle As CommandBar
    Set objBLQuelle = getBL("Standard")
    Set objBttQ = objBLQuelle.Controls(3)
    objBttQ.CopyFace

    'Befehlsleiste erstellen
    Set objBL = getBL("Test")
    If (objBL Is Nothing) = False Then
        objBL.Delete
    End If

    'Symbolleiste erstellen und Steuerelemente einfügen
    Set objBL = Application.CommandBars.Add( _
        "Test", , False, True)
    Set objBtt = objBL.Controls.Add(msoControlButton)
    objBtt.PasteFace

    'Kopieren des Symbols anhand der ID
    Set objBttQ = getCntrByID(3, objBLQuelle)
    If objBttQ Is Nothing = False Then
        objBttQ.CopyFace
        'Steuerelement erstellen und Symbol einfügen
        Set objBtt = objBL.Controls.Add(msoControlButton)
        objBtt.PasteFace
    Else
        'Steuerelement erstellen und Symbol einfügen
        Set objBtt = objBL.Controls.Add(msoControlButton)
        objBtt.FaceId = 1 'Leeres Symbol
    End If
```

```
    'Kopieren des Symbols anhand des Tooltipps
    Set objBttQ = getCntrByTT("&Speichern", objBLQuelle)
    If (objBttQ Is Nothing) = False Then
        objBttQ.CopyFace
        'Steuerelement erstellen und Symbol einfügen
        Set objBtt = objBL.Controls.Add(msoControlButton)
        objBtt.PasteFace
    Else
        'Steuerelement erstellen und Symbol einfügen
        Set objBtt = objBL.Controls.Add(msoControlButton)
        objBtt.FaceId = 1 'Leeres Symbol
    End If
    'Symbolleiste einblenden
    objBL.Visible = True
    Set objBL = Nothing
    Set objBLQuelle = Nothing
End Sub
```

Listing 6.11: Kopieren und einfügen der Symbole

Anschließend wird auf gleiche Weise die dritte Schaltfläche erstellt, nur wird statt der Funktion *getCntrByID* die Funktion *getCntrByTT* aufgerufen. Hier gilt allerdings zu beachten, dass Sie als Text für die *TooltipText*-Eigenschaft nicht immer den Text übergeben müssen, der angezeigt wird, wenn Sie mit der Maus auf das Standardsymbol zeigen. Kann der entsprechende Standardbefehl, zu dem die Schaltfläche gehört, auch über eine Tastenkombination aufgerufen werden, müssen Sie die mit angeben. Den *Speichern*-Befehl aus der Symbolleiste *Standard* können Sie beispielsweise auch über *Datei/Speichern* aufrufen oder über die Taste S bei geöffnetem Menü *Datei*. Dies wird im Menü kenntlich gemacht, indem der Buchstabe »S« unterstrichen wird. Die Unterstreichung wird dadurch erreicht, dass ein »&« in der *Caption*-Eigenschaft vor dem zu unterstreichenden Buchstaben gesetzt wird. Genau so müssen Sie dann auch den Tool-Tip-Text übergeben, nämlich nicht »Speichern« sondern »&Speichern«.

HINWEIS: Auch diese Symbolleiste funktioniert noch nicht, weil noch keine VBA-Prozedur zugewiesen wurde, die beim Klicken auf die Schaltflächen ausgeführt wird. Wie Sie das machen, und welche Möglichkeiten es dazu gibt, finden Sie im ▶ Abschnitt »6.10 Auf Benutzeraktionen in Symbol- und Menüleisten reagieren« weiter hinten in diesem Kapitel beschrieben.

Anstelle der beiden Funktion *getCntrByID* können Sie auch die *FindControl*-Methode des *CommandBar*-Objekts verwenden. Sie gibt auch ein Steuerelement anhand seiner ID zurück. Sie funktioniert aber merkwürdigerweise nicht für jedes Symbol korrekt. Manche Steuerelemente findet sie anhand der ID auch dann nicht, wenn sie definitiv vorhanden sind. Sie sollten diese Funktion also eher vorsichtig einsetzen.

Der erste Parameter der *FindControl*-Methode ist der Steuerelementetyp, den Sie suchen. Hier können Sie die gleichen Konstanten angeben, wie in der *Add*-Methode (siehe Tabelle 6.2). Mit dem zweiten Parameter geben Sie die gesuchte *ID* an. Der Code in der Prozedur *TestK06_06b* fügt auf diese Weise eine Schaltfläche zur Symbolleiste *Test* hinzu und kopiert das Disketten-Symbol der *Speichern*-Schaltfläche in die Schaltfläche.

```
Sub TestK06_06b()
    Dim objBL As CommandBar
    Dim objBtt As CommandBarButton
```

```
Dim objBttQ As CommandBarButton

Dim objBLQuelle As CommandBar
Set objBLQuelle = getBL("Standard")
Set objBttQ = objBLQuelle.FindControl(msoControlButton, 3)
If (objBttQ Is Nothing) = False Then
    objBttQ.CopyFace

    'Befehlsleiste erstellen
    Set objBL = getBL("Test")
    If (objBL Is Nothing) = False Then
        objBL.Delete
    End If
    'Steuerelemente einfügen
    Set objBL = Application.CommandBars.Add( _
        "Test", , False, True)
    Set objBtt = objBL.Controls.Add(msoControlButton)
    objBtt.PasteFace

    'Symbolleiste einblenden
    objBL.Visible = True
End If
Set objBL = Nothing
Set objBLQuelle = Nothing
End Sub
```

Listing 6.12: Suchen eines Steuerelements mit der FindControl-Methode

6.7   Benutzerdefinierte Grafiken als Symbole laden

Das Codemodul *K06_07* mit dem Listing finden Sie in der Datei *K06.xls* innerhalb der Begleitdateien zum Buch.

Problem

Sie möchten nicht die Standardsymbole verwenden, sondern benutzerdefinierte Grafiken laden.

Lösung

Sie können der *Picture*-Eigenschaft der Steuerelemente Grafiken zuweisen, die Sie mit der *LoadPicture*-Funktion laden. Dazu müssen Sie zuvor eine 16×16 Pixel große Grafik im BMP-Format erstellen. Das funktioniert aber leider nicht in den Macintosh-Versionen von Excel. Sie können das Beispiel daher nur unter Windows ausführen.

Erläuterungen

Ab Excel 2002 ist es möglich, zur Laufzeit Grafiken in Schaltflächen einer Symbolleiste laden. Sie benötigen dazu eine 16×16 Pixel große Grafik im Bitmap-Format, die 72 dpi-Auflösung haben sollte. Möchten Sie innerhalb der Grafik transparente Bereiche verwenden, benötigen Sie außerdem eine Maskendatei, die die transparenten Bereiche festlegt. Alle transparenten

Pixel müssen in dieser Maskendatei weiß sein, die sichtbaren schwarz. Auch für diese Datei sollten Sie das BMP-Format verwenden.

Wenn Sie beide Dateien erstellt haben, können Sie einer beliebigen Schaltfläche in einer Symbolleiste diese Grafik zuweisen. Laden Sie die Datei dazu mit der *LoadPicture*-Funktion. Als ersten Parameter geben Sie den Namen und Pfad der Grafikdatei an. In der Prozedur *TestK06_07* befindet sich die Grafik im gleichen Verzeichnis wie die Arbeitsmappe mit dem Code, sodass der Pfad über *Thisworkbook.Path* ermittelt werden kann.

Mit den weiteren optionalen Parametern können Sie beispielsweise Breite, Höhe und Farbpalette der Grafik angeben. Sie können die Parameter aber auch weglassen. Den Rückgabewert der Funktion *LoadPicture* weisen Sie der *Picture*-Eigenschaft der Schaltfläche zu. Möchten Sie transparente Bereiche für die Grafik festlegen, müssen Sie nach dem Laden der Grafik auch die Maskendatei mit der *LoadPicture*-Funktion laden und auf die *Mask*-Eigenschaft zugreifen.

```
Sub TestK06_07()
    Dim objBL As CommandBar
    Dim objBtt As CommandBarButton
    Dim lngI As Long
    'Befehlsleiste erstellen
    Set objBL = getBL("Steuerelemente")
    If (objBL Is Nothing) = False Then
        objBL.Delete
    End If
    Set objBL = Application.CommandBars.Add( _
        "Steuerelemente", , False, True)
    '1. Schaltfläche einfügen
    Set objBtt = objBL.Controls.Add(msoControlButton)
    'Bild laden
    objBtt.Picture = LoadPicture(ThisWorkbook.Path & _
        Application.PathSeparator & "palette.bmp", _
        16, 16, Default)
    '2. Schaltfläche einfügen
    Set objBtt = objBL.Controls.Add(msoControlButton)
    'Bild laden
    objBtt.Picture = LoadPicture(ThisWorkbook.Path & _
        Application.PathSeparator & "palette.bmp", _
        16, 16, Default)
    'Transparenz setzen
    objBtt.Mask = LoadPicture(ThisWorkbook.Path & _
        Application.PathSeparator & "paletteMaske.bmp", _
        16, 16, Default)
    objBL.Visible = True
    Set objBL = Nothing
End Sub
```

Listing 6.13: Laden von Grafiken und Masken in Symbolleistenschaltflächen

TIPP: Die Eigenschaften *Picture* und *Mask* stehen leider erst ab Excel 2002 zur Verfügung. Wenn Sie sie verwenden möchten, müssen Sie bei gewünschter Abwärtskompatibilität aber dafür sorgen, dass die Schaltflächen auf andere Weise beschriftet werden. Dazu eignet sich der Einsatz einer Fehlerbehandlungsroutine und die Verwendung von später Bindung anstelle von früher Bindung. Dazu deklarieren Sie die Variable *objBtt* nicht als *CommandButton* sondern als *CommandBarControl*. Der Compiler kann nicht schon beim Kompilieren feststellen, ob das Steuerelement eine *Picture*-Eigenschaft aufweist. Dies führt dazu, dass es beim Zugriff auf die Eigenschaft zu einem Laufzeitfehler kommt, wenn Excel 2000 oder früher verwendet wird. Diesen können Sie dann mit einer Fehlerbehandlungsroutine abfangen, indem Sie zur Sprungmarke *Fehler:* springen und dann mit der *Style*-Eigenschaft der Schaltfläche festlegen, dass nur die Aufschrift angezeigt werden soll. Dazu weisen Sie der Eigenschaft die Konstante *msoButtonCaption* zu und legen die Aufschrift mit der *Caption*-Eigenschaft fest. Selbstverständlich können Sie die *Caption*-Eigenschaft aber auch generell festlegen, unabhängig davon, ob es die *Picture*-Eigenschaft gibt. Wichtig ist dann nur, dass Sie in der Fehlerbehandlung die *Style*-Eigenschaft so setzen, dass die Aufschrift angezeigt wird.

```
Sub TestK06_07()
    Dim objBL As CommandBar
    Dim objBtt As CommandBarControl
    Dim lngI As Long
    'Befehlsleiste erstellen
    Set objBL = getBL("Steuerelemente")
    If (objBL Is Nothing) = False Then
        objBL.Delete
    End If
    Set objBL = Application.CommandBars.Add( _
        "Steuerelemente", , False, True)
    '1. Schaltfläche einfügen
    Set objBtt = objBL.Controls.Add(msoControlButton)
    On Error GoTo Fehler
    'Bild laden
    objBtt.Picture = LoadPicture(ThisWorkbook.Path & _
        Application.PathSeparator & "palette.bmp", _
        16, 16, Default)
    '2. Schaltfläche einfügen
    Set objBtt = objBL.Controls.Add(msoControlButton)
    'Bild laden
    objBtt.Picture = LoadPicture(ThisWorkbook.Path & _
        Application.PathSeparator & "palette.bmp", _
        16, 16, Default)
    'Transparenz setzen
    objBtt.Mask = LoadPicture(ThisWorkbook.Path & _
        Application.PathSeparator & "paletteMaske.bmp", _
        16, 16, Default)
    objBL.Visible = True
    Set objBL = Nothing
    Exit Sub
Fehler:
    objBtt.Style = msoButtonCaption
    objBtt.Caption = "Palette"
    Resume Next
End Sub
```

Listing 6.14: Anpassungen zur Sicherstellung der Abwärtskompatibilität

Abbildung 6.7: Die erzeugten Schaltflächen, links ohne und rechts mit Transparenzmaske

HINWEIS: Mehr zur frühen und späten Bindung finden Sie in ▶ Kapitel 1 sowie in ▶ Kapitel 3.

6.8 Texteingabe und Auswahllisten in Symbolleisten einfügen

Das Codemodul *K06_08* mit dem Listing finden Sie in der Datei *K06.xls* innerhalb der Begleitdateien zum Buch.

Problem

Anstelle einfacher Schaltflächen möchten Sie Eingabefelder und Auswahllisten in Befehlsleisten verwenden.

Lösung

Auch Textfelder und Auswahllisten fügen Sie einer Befehlsleiste mit der *Add*-Methode der *Controls*-Auflistung hinzu. Sie müssen dann jedoch beachten, dass der Rückgabewert nicht vom Typ *CommandButton* ist. Abhängig vom Typ des eingefügten Steuerelements wird ein *CommandBarControl*-Objekt oder ein *CommandBarCombobox*-Objekt zurückgegeben.

Erläuterungen

Zunächst benötigen Sie wiederum eine Symbolleiste, in der Sie die Steuerelemente einfügen. Hier wird eine Symbolleiste *Steuerelemente* erstellt, die zuvor gelöscht wird, wenn sie schon existiert und danach neu erzeugt wird.

HINWEIS: Wie Sie feststellen, ob eine Befehlsleiste schon vorhanden ist, finden Sie im
▶ Abschnitt »6.2 Prüfen, ob eine Menü- oder Symbolleiste vorhanden ist« weiter vorne in diesem Kapitel erklärt. Dort finden Sie auch den Code der Funktion *getBL*, mit der hier die Symbolleiste zurückgegeben wird.

Möchten Sie ein Textfeld erstellen, geben Sie als ersten Parameter der *Add*-Methode die Konstante *msoControlEdit* an. In diesem Fall gibt die Methode ein *CommandBarControl*-Objekt zurück, das Sie einer entsprechenden Variablen, hier *objTxt*, zuweisen können. Wichtig ist, dass Sie dem Steuerelement einen Namen geben, indem Sie die *Caption*-Eigenschaft festlegen. Über diesen Namen können Sie dann später auf das Steuerelement zugreifen, indem Sie den Namen als Index an die *Controls*-Auflistung übergeben. Beispielsweise können Sie auf das Textfeld mit dem Namen »txtEingabe« mit dem Ausdruck *objBL.Controls("txtEingabe")* zugreifen.

Ähnlich einfach lassen sich auch Auswahllisten erstellen. Dazu verwenden Sie in der *Add*-Methode die *msoControlDropdown*-Konstante. Den Rückgabewert der Methode können Sie einer Variablen des Typs *CommandBarComboBox* zuweisen.

HINWEIS: Der Unterschied zwischen Auswahllisten die Sie mit der Konstanten *msoControlDropdown* erstellen und denen die Sie mit *msoControlCombobox* erzeugen, besteht ausschließlich darin, dass in einem Kombinationslistenfeld (*msoControlCombobox*) auch Eingaben in das Textfeld möglich sind. In einem normalen Listenfeld können nur Einträge der Liste ausgewählt werden. Intern werden jedoch beide Auswahllisten als *CommandBarComboBox*-Objekte verwaltet. Darum klappt auch die Zuweisung des Rückgabewertes an die Variable *objLst*.

Anschließend können Sie mit der *AddItem*-Methode Listeneinträge hinzufügen oder vorhandene mit der *Clear*-Methode löschen. Auch bei einer Auswahlliste dient die *Caption*-Eigenschaft dazu, das Steuerelement zu benennen.

WICHTIG: Sowohl für Auswahllisten als auch für Texteingabefelder gilt, dass der Text der *Caption*-Eigenschaft auch als ToolTip-Text angezeigt wird, wenn Sie diesen nicht hinterher separat über die *TooltipText*-Eigenschaft definieren.

```
Sub TestK06_08()
    Dim objBL As CommandBar
    Dim objTxt As CommandBarControl
    Dim objLst As CommandBarComboBox
    'Befehlsleiste erstellen
    Set objBL = getBL("Steuerelemente")
    If (objBL Is Nothing) = False Then
        objBL.Delete
    End If
    Set objBL = Application.CommandBars.Add( _
        "Steuerelemente", , False, True)
    'Ein Textfeld einfügen und benennen
    Set objTxt = objBL.Controls.Add(msoControlEdit)
    objTxt.Caption = "txtEingabe"
    objTxt.TooltipText = "Eingabe"
    'Benutzerdefinierte Auswahlliste
    Set objLst = objBL.Controls.Add(msoControlDropdown)
    objLst.AddItem "Tabelle1"
    objLst.AddItem "Tabelle2"
    objLst.Caption = "lstTabellen"
    objLst.TooltipText = "Tabellen wechseln"
    objBL.Visible = True
    Set objBL = Nothing
End Sub
```

Listing 6.15: Erzeugen von Text- und Listenfeldern

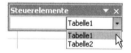

Abbildung 6.8: Die erzeugte Symbolleiste mit einem Texteingabefeld (links) und einer Auswahlliste rechts

HINWEIS: Wie Sie auf die Bedienung der Steuerelemente in der Symbolleiste reagieren, erfahren Sie im ▶ Abschnitt »6.10 Auf Benutzeraktionen in Symbol- und Menüleisten reagieren« weiter hinten in diesem Kapitel.

6.9 Menüleisten mit Menüs und Untermenüs erstellen

Das Codemodul *K06_09* mit dem Listing finden Sie in der Datei *K06.xls* innerhalb der Begleitdateien zum Buch.

Problem

Sie möchten keine Symbolleiste erstellen, sondern eine Menüleiste.

Lösung

Jede Befehlsleiste können Sie sowohl als Menüleiste als auch als Symbolleiste erstellen. Sie müssen dazu nichts Besonderes beachten. Allerdings ist es natürlich nicht sinnvoll, in einer Menüleiste Eingabefelder und Auswahllisten zu verwenden. Stattdessen sollten Sie auf oberster Ebene in einer Menüleiste Menüs erstellen und dort dann wiederum andere Steuerelemente als Menüeintrag einfügen.

Erläuterungen

Eine Menüleiste erstellen Sie, indem Sie als dritten Parameter der *Add*-Methode der *CommandBars*-Auflistung den Wert *True* angeben. Sie können dieser Menüleiste dann Menüs hinzufügen, indem Sie die Konstante *msoControlPopup* an die *Add*-Methode der *Controls*-Auflistung übergeben. Der Rückgabewert der Methode ist dann ein *CommandBarPopup*-Objekt, das das Menü darstellt. Jedes Menü verhält sich fast wie eine Symbolleiste. Es verfügt beispielsweise über eine *Controls*-Auflistung, über deren *Add*-Methode Sie dem Menüeintrag anhängen können. Daher ist es auch ganz wichtig, dass Sie die *Controls*-Auflistung des übergeordneten Menüs und nicht die des *CommandBar*-Objekts verwenden, um die Menüeinträge hinzuzufügen.

Die Prozedur *TestK06_09* erstellt eine Menüleiste mit zwei Menüs, *Datei* und *Ansicht*. In das Menü *Datei* werden zwei Einträge in das Menü *Ansicht* ein Eintrag eingefügt. Der einzige Unterschied zu den vorangegangenen Beispielen besteht darin, dass Sie das erzeugte Menü einer Variablen des Typs *CommandBarPopup* zuweisen und dann deren *Controls*-Auflistung verwenden, um die Einträge zum Menü hinzuzufügen. Die Aufschrift von Menüs und Menüeinträgen legen Sie über die *Caption*-Eigenschaft fest. Untermenüs können Sie erzeugen, indem Sie innerhalb des Menüs erneut ein *CommandBarPopup*-Objekt einfügen und dann dessen *Controls*-Auflistung verwenden, um die Menüeinträge des Untermenüs zu erstellen.

TIPP: Wenn Sie möchten, dass der Benutzer das Menü oder den Eintrag über eine Tastenkombination mit Alt auswählen kann, setzen Sie vor den Buchstaben, der zusammen mit Alt gedrückt werden soll, das Zeichen »&« in der *Caption*-Eigenschaft. Geben Sie also beispielsweise *objMnu.Caption = "&Datei"* an, wenn das Menü *Datei* über Alt+D geöffnet werden soll. Das bedeutet natürlich auch, dass eine Aufschrift kein »&« als normales Zeichen enthält. Falls das notwendig ist, müssen Sie das Zeichen verdoppeln. Die Zeichenfolge »Importieren && Exportieren« in der *Caption*-Eigenschaft erzeugt also die Aufschrift »Importieren & Exportieren«. Die Verwendung von nur einem »&« würde hingegen die Aufschrift »Importieren _Exportieren« erzeugen, weil das nach dem »&« folgende Zeichen (in diesem Fall ein Leerzeichen) unterstrichen wird.

Sie können die Menüeinträge (in Symbolleisten geht das natürlich auch) gruppieren, das heißt durch einen Trennstrich von den vorherigen Einträgen abgrenzen. Dazu setzen Sie für den Menüeintrag, vor dem der Trennstrich angezeigt werden soll, die Eigenschaft *BeginGroup* auf *True*.

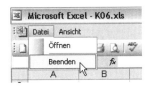

Abbildung 6.9: *Das Menü Datei mit Trennstrich vor dem zweiten Menüeintrag*

Die Benutzeroberfläche optimieren

```
Sub TestK06_09()
    Dim objBL As CommandBar
    Dim objTxt As CommandBarButton
    Dim objMnu As CommandBarPopup
    Dim objCtrl As CommandBarControl
    'Befehlsleiste erstellen
    Set objBL = getBL("MeineMenueleiste")
    If (objBL Is Nothing) = False Then
        objBL.Delete
    End If
    'Menüleiste erstellen
    Set objBL = Application.CommandBars.Add( _
        "MeineMenueleiste", msoBarTop, True, True)
    'Ein Menü "Datei" erzeugen
    Set objMnu = objBL.Controls.Add(msoControlPopup)
    objMnu.Caption = "Datei"
    'Einen Eintrag "Öffnen" einfügen
    Set objTxt = objMnu.Controls.Add(msoControlButton)
    objTxt.Caption = "Öffnen"
    'Einen Eintrag "Beenden" mit Gruppierung einfügen
    Set objTxt = objMnu.Controls.Add(msoControlButton)
    objTxt.Caption = "Beenden"
    objTxt.BeginGroup = True
    'Ein Menü "Ansicht" erzeugen
    Set objMnu = objBL.Controls.Add(msoControlPopup)
    objMnu.Caption = "Ansicht"
    'Einen Eintrag "Statusleiste" einfügen
    Set objTxt = objMnu.Controls.Add(msoControlButton)
    objTxt.Caption = "Statusleiste"
    objTxt.State = msoButtonDown
    objBL.Visible = True
    Set objBL = Nothing
End Sub
```

Listing 6.16: *Eine Menüleiste erzeugen*

Wenn Sie Menüeinträge erstellen möchten, die aktiviert und nicht aktiviert dargestellt werden können, wie beispielsweise den Eintrag *Ansicht/Bearbeitungsleiste* in der Standardmenüleiste von Excel, erzeugen Sie dazu einen normalen Menüeintrag. Anschließend legen Sie dessen *State*-Eigenschaft fest. Der Wert *msoButtonDown* zeigt den Eintrag mit einem Häkchen an. Dieser wird also aktiviert dargestellt. Alternativ können Sie die Konstante *msoButtonUp* zuweisen, um den Eintrag deaktiviert darzustellen.

Abbildung 6.10: *Das Menü Ansicht mit aktivierter Option Statusleiste*

ACHTUNG: Wenn Sie einen solchen Menüeintrag anklicken, ändert sich der Status nicht automatisch. Sie müssen dies in der Ereignisprozedur selbst festlegen. Wie das geht, erfahren Sie im nachfolgenden ▶ Abschnitt »6.10 Auf Benutzeraktionen in Symbol- und Menüleisten reagieren«

Am Ende der Prozedur wird die *Visible*-Eigenschaft auf *True* gesetzt und damit die Menüleiste eingeblendet. Hier zeigt sich auch der wichtigste Unterschied zwischen Symbol- und Menüleisten. Gleichzeitig können Sie zwar beliebig viele Symbolleisten einblenden, aber immer nur eine Menüleiste. Sobald Sie also die Menüleiste einblenden, deaktiviert Excel die Standardmenüleiste. Diese können Sie aber über *Ansicht/Symbolleisten* nicht wieder einblenden, sondern benötigen dazu eine Prozedur.

```
Sub Standardmenuleiste()
    Application.CommandBars("Worksheet Menu Bar").Visible = True
End Sub
```

Listing 6.17: *Einblenden der Standardmenüleiste für Tabellenblätter*

6.10 Auf Benutzeraktionen in Symbol- und Menüleisten reagieren

Den Code finden Sie im Codemodul *K06_10* sowie im Klassenmodul *DieseArbeitsmappe* in der Datei *K06.xls* innerhalb der Begleitdateien zum Buch.

Problem

Sie möchten auf Ereignisse reagieren, die der Benutzer durch die Bedienung der Steuerelemente auslöst. Beispielsweise soll Code ausgeführt werden, wenn der Benutzer auf eine Schaltfläche klickt oder einen Listeneintrag auswählt.

Lösung

Jedes Steuerelement einer Befehlsleiste verfügt über die *OnAction*-Eigenschaft, der Sie eine Prozedur zuweisen können. Diese Prozedur wird ausgeführt, wenn der Benutzer eine Schaltfläche anklickt, einen Text eingegeben hat oder einen Listeneintrag ausgewählt hat. Sie können an die Prozedur aber keinen Wert übergeben. Die Alternative dazu sind Ereignisprozeduren, die Sie erstellen können, indem Sie die Steuerelemente in Objektvariablen speichern, die auf Modulebene in einem Klassenmodul definiert sind. Dazu eignet sich beispielsweise das Klassenmodul *DieseArbeitsmappe*. Wichtig ist dann allerdings, das Sie den Variablen nach dem Erzeugen der Symbolleiste die passenden Steuerelemente zuweisen.

Erläuterungen

Die Zuweisung einer Prozedur über die *OnAction*-Eigenschaft funktioniert in allen Excel-Versionen, die Verwendung von Ereignisprozeduren setzt hingegen eine VBA 6.0-Hostanwendung voraus. Für Anwender von Excel 97 und Excel 2001 bis 2004 für Macintosh müssen Sie also auf die *OnAction*-Eigenschaft ausweichen. Sie kommen ohne die bedingte Kompilierung aber nicht aus.

HINWEIS: Wie die bedingte Kompilierung funktioniert und was das genau ist, finden Sie ausführlich in ▶ Kapitel 1 erläutert.

Sowohl die Ereignisprozeduren als auch die bedingte Kompilierung ist recht aufwändig. Ob sich das lohnt, müssen Sie daher im Einzelfall beurteilen. Oft kommen Sie sehr viel einfacher aus, indem Sie die *OnAction*-Eigenschaft verwenden. Nachfolgend sollen dennoch beide Möglichkeiten vorgestellt werden und zwar an der Symbolleiste, die im ▶ Abschnitt »6.8 Texteingabe und Auswahllisten in Symbolleisten einfügen« erzeugt wurde und ein Textfeld und eine

Auswahlliste enthält. Zusätzlich wird noch eine Schaltfläche erstellt, damit die Bedingung aller drei Steuerelemente gezeigt werden kann.

Erst ab VBA 6.0 wird die *WithEvents*-Anweisung für die Deklaration von Variablen unterstützt, die keine benutzerdefinierten Klassen sondern die von Office und Excel zur Verfügung gestellten Typen verwenden. Daher müssen Sie schon bei der Deklaration der Objektvariablen auf Modulebene im Klassenmodul *DieseArbeitsmappe* auf die bedingte Kompilierung zurückgreifen. Die beiden Variablen, die die Schaltfläche und das Listenfeld speichern, deklarieren Sie für VBA-6.0-Hostanwendungen mit der *WithEvents*-Anweisung, für VBA-5.0-Hostanwendungen jedoch nur mit *Dim*. Die Variable, die das Textfeld speichert, unterstützt auch in VBA 6.0-Hostanwendungen keine Ereignisse, sodass Sie die in beiden Fällen ohne *WithEvents* deklarieren.

```
#If VBA6 Then
    Dim WithEvents objLst As CommandBarComboBox
    Dim WithEvents objBtt As CommandBarButton
    Dim objTxt As CommandBarControl
#Else
    Dim objLst As CommandBarComboBox
    Dim objBtt As CommandBarButton
    Dim objTxt As CommandBarControl
#End If
```

***Listing 6.18**: Deklarieren der notwendigen Variablen*

Die Prozedur *TestK06_10a*, die die Symbolleiste erzeugt, müssen Sie ebenfalls in dem Klassenmodul definieren, in dem Sie die Variablen definiert haben. Ansonsten können Sie nicht auf die Variablen zugreifen.

HINWEIS: Die Änderungen an der Prozedur gegenüber der Version im ▶ Abschnitt »6.8 Texteingabe und Auswahllisten in Symbolleisten einfügen« sind fett hervorgehoben. Neben diesen Hervorhebungen müssen Sie noch die Variablendeklarationen bis auf die verbleibende Deklaration für die Variable *objBL* löschen, da die Variablen ja nun auf Modulebene deklariert sind.

Nach der Auswahlliste wird noch eine Schaltfläche mit einem *Speichern*-Symbol eingefügt, über die es möglich sein soll die Arbeitsmappe zu speichern. Sie können für Schaltflächen, die nicht immer aktiviert sein müssen, die *Enabled*-Eigenschaft auf *False* setzen, um sie zu deaktivieren. Sie werden dann grau dargestellt und können nicht aktiviert werden. Hier bietet es sich an, die Schaltfläche nur dann zu aktivieren, wenn es noch nicht gespeicherte Änderungen in der Arbeitsmappe gibt. Das können Sie feststellen, indem Sie die *Saved*-Eigenschaft abrufen. Sie gibt *True* zurück, wenn es keine Änderungen gibt. Daher können Sie den mit *Not* negierten Wert der Eigenschaft direkt der *Enabled*-Eigenschaft zuweisen.

Um die Prozeduren zu bestimmen, die ausgeführt werden sollen, wenn die Steuerelemente bedient werden, weisen Sie der *OnAction*-Eigenschaft der Steuerelemente den Prozedurnamen zu.

WICHTIG: Die Prozeduren müssen dazu in einem normalen Modul definiert sein und dürfen keine Parameter haben.

Da für das Textfeld keine Ereignisprozeduren zur Verfügung stehen, können Sie der *OnAction*-Eigenschaft unabhängig von der VBA-Version einfach den Prozedurnamen zuweisen. Bei den anderen beiden Steuerelementen soll das *OnAction*-Attribut jedoch nur für VBA-5.0-Hostanwendungen verwendet werden. Daher müssen Sie hier die *#If*-Anweisung der bedingten Kompilierung einsetzen, um nur dann die Prozedur zuzuweisen, wenn es sich nicht um eine VBA-6.0-Hostanwendung handelt. Wenn Sie die bedingte Formatierungen nicht verwenden und Standardmäßig die *OnAction*-Eigenschaft mit einem Wert belegen, funktioniert der Code auch in VBA-6.0-Hostanwendungen. Hier wird dann zuerst die Ereignisprozedur ausgeführt und danach die mit *OnAction* zugewiesene Prozedur. Ob das sinnvoll ist oder zu Fehlern führt, hängt natürlich davon ab, was die Prozedur macht. Soll beispielsweise das aktuelle Blatt gelöscht werden, ist das natürlich problematisch. Nach der Ereignisprozedur wird ein anderes Blatt aktiviert, das dann natürlich von dem zweiten Prozeduraufruf ebenfalls gelöscht wird.

```vba
Sub TestK06_10a()
    Dim objBL As CommandBar
    'Befehlsleiste erstellen
    Set objBL = getBL("Steuerelemente")
    If (objBL Is Nothing) = False Then
        objBL.Delete
    End If
    Set objBL = Application.CommandBars.Add( _
        "Steuerelemente", , False, True)
    'Ein Textfeld einfügen und benennen
    Set objTxt = objBL.Controls.Add(msoControlEdit)
    objTxt.Caption = "txtEingabe"
    objTxt.TooltipText = "Eingabe"
    objTxt.OnAction = "Ausgabe"
    'Benutzerdefinierte Auswahlliste
    Set objLst = objBL.Controls.Add(msoControlDropdown)
    objLst.AddItem "Tabelle1"
    objLst.AddItem "Tabelle2"
    objLst.Caption = "lstTabellen"
#If VBA6 = False Then
        objLst.OnAction = "Tabellewechseln"
#End If
    objLst.TooltipText = "Tabellen wechseln"
    'Speichern-Schaltfläche einfügen
    Set objBtt = objBL.Controls.Add(msoControlButton)
    objBtt.FaceId = 3
    objBtt.Enabled = Not (ThisWorkbook.Saved)
    objBtt.Caption = "bttSpeichern"
    objBtt.TooltipText = "Speichern"
#If VBA6 = False Then
        objBtt.OnAction = "Speichern"
#End If
    objBL.Visible = True
    Set objBL = Nothing
End Sub
```

Listing 6.19: *Die Symbolleiste erstellen und die Prozeduren zuweisen*

Nun müssen Sie noch die Ereignisprozeduren für die Variablen *objBtt* und *objLst* erstellen. Wählen Sie dazu aus der Objektliste im Editorfenster des Klassenmoduls *DieseArbeitsmappe* die Variable aus. Dann wird automatisch für das einzige definierte Ereignis des Steuerelements die passende Ereignisprozedur erstellt. Alle drei Ereignisprozeduren ergänzen Sie dann wie in Listing 6.20 gezeigt.

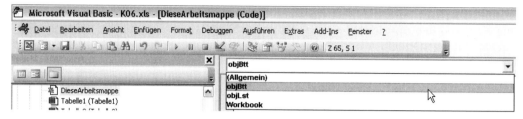

Abbildung 6.11: *Auswählen der Variablen aus der Objektliste*

Außerdem müssen Sie noch sicherstellen, dass die *Speichern*-Schaltfläche auch automatisch aktiviert wird, wenn sich ungespeicherte Änderungen an der Arbeitsmappe ergeben haben. Beim Speichern der Arbeitsmappe müssen Sie außerdem sicherstellen, dass die Schaltfläche wieder deaktiviert wird. Auch dazu sind zwei Ereignisprozeduren notwendig, die Sie erstellen können, indem Sie das Objekt *Workbook* aus der Objektliste auswählen und aus der Ereignisliste rechts daneben einmal das *SheetChange*-Ereignis und als zweites das *BeforeSave*-Ereignis. In der Ereignisprozedur für das *SheetChange*-Ereignis setzen Sie die *Enabled*-Eigenschaft der Schaltfläche auf *True*, in der für das *BeforeSave*-Ereignis setzen Sie sie auf *False*. Die Ereignisprozedur für das *Click*-Ereignis der Schaltfläche speichert die Arbeitsmappe und löst damit auch das *BeforeSave*-Ereignis aus. Sie müssten dort also nicht noch einmal die *Enabled*-Eigenschaft auf *False* setzen. Schaden tut es aber auch nicht. Die *BeforeSave*-Ereignisprozedur ist jedoch notwendig, da der Benutzer auch die *Speichern*-Schaltfläche der *Standard*-Symbolleiste verwenden könnte, eine Tastenkombination oder die Menüleiste zum Speicher nutzen kann. In allen diesen Fällen würde Ihre Ereignisprozedur nicht ausgeführt und die Schaltfläche bliebe aktiviert. In der *Change*-Ereignisprozedur für das Listenfeld können Sie die *Activate*-Methode der *Worksheets*-Auflistung verwenden und damit das gewählte Blatt aktivieren. Den Namen des Blattes können Sie über die *Text*-Eigenschaft des Steuerelements ermitteln.

```
Private Sub objBtt_Click(ByVal Ctrl As _
    Office.CommandBarButton, CancelDefault As Boolean)
    ThisWorkbook.Save
    objBtt.Enabled = False
End Sub

Private Sub objLst_Change(ByVal Ctrl As Office.CommandBarComboBox)
    ThisWorkbook.Worksheets(Ctrl.Text).Activate
End Sub

Private Sub Workbook_SheetChange(ByVal Sh As Object, _
    ByVal Target As Range)
    objBtt.Enabled = True
End Sub

Private Sub Workbook_BeforeSave(ByVal SaveAsUI As Boolean, _
    Cancel As Boolean)
    objBtt.Enabled = False
End Sub
```

Listing 6.20: *Die benötigten Ereignisprozeduren*

Zu guter Letzt müssen Sie noch in einem normalen Modul die drei Prozeduren definieren, die von den VBA 5.0-Hostanwendungen genutzt werden. Da Sie innerhalb dieser Prozeduren keinen Zugriff auf die definierten Variablen im Klassenmodul haben, müssen Sie innerhalb der Prozeduren lokale Variablen definieren und die gewünschten Steuerelemente aus der *Controls*-Auflistung zurückgeben.

```
Sub Ausgabe()
    Dim objInput As CommandBarControl
    On Error Resume Next
    Set objInput = Application.CommandBars( _
        "Steuerelemente").Controls("txtEingabe")
    If (objInput Is Nothing) = False Then
        MsgBox objInput.Text
    End If
    Set objInput = Nothing
End Sub

Sub Tabellewechseln()
    Dim objListe As CommandBarComboBox
    On Error Resume Next
    Set objListe = Application.CommandBars( _
        "Steuerelemente").Controls("lstTabellen")
    If (objListe Is Nothing) = False Then
        ThisWorkbook.Worksheets(objListe.Text).Activate
    End If
    Set objListe = Nothing
End Sub

Sub Speichern()
    Dim objBtt As CommandBarButton
    On Error Resume Next
    Set objBtt = Application.CommandBars( _
        "Steuerelemente").Controls("bttSpeichern")
    If (objBtt Is Nothing) = False Then
        ThisWorkbook.Save
        objBtt.Enabled = False
    End If
    Set objBtt = Nothing
End Sub
```

Listing 6.21: Prozeduren für VBA 5.0-Hostanwendungen

HINWEIS: Wenn Sie das Eingabefeld testen, hat es den Eindruck, als würde die Prozedur nicht ausgeführt. Das liegt daran, dass die Prozedur erst dann ausgeführt wird, wenn das Steuerelement nach Eingabe des Textes beispielsweise mit der Tab-Taste verlassen wird. Geben Sie also den Text ein und drücken Sie dann Tab.

TIPP: Wenn Sie, wie im ▶ Abschnitt »6.9 Menüleisten mit Menüs und Untermenüs erstellen« gezeigt wurde, einen Menüeintrag erstellt haben, der über die *State*-Eigenschaft aktiviert oder deaktiviert angezeigt wird, müssen Sie beim Klicken auf einen solchen Menüeintrag auch dafür sorgen, dass der Status umgeschaltet wird. Dazu können Sie beispielsweise die Prozedur *StatusEinAus* verwenden. Dieser weisen Sie dann über die *OnAction*-Eigenschaft dem Menüeintrag zu. Wichtig ist dabei, dass Sie innerhalb der Prozedur für den Zugriff auf einen Menüeintrag erst einmal das Menü selbst zurückgeben müssen. Dies erreichen Sie hier mit dem Ausdruck *Application.CommandBars("MeineMenueleiste").Controls("Ansicht")*.

Das zurückgegebene Menü verfügt wiederum über eine eigene *Controls*-Auflistung, über die Sie dann auf den Menüeintrag zugreifen können. Wenn Sie das Steuerelement einmal ermittelt haben, können Sie über eine *If*-Verzweigung die *State*-Eigenschaft abrufen. Hat sie den Wert *msoButtonDown*, setzen Sie sie auf *msoButtonUp* und blenden die Statusleiste aus, indem Sie die *DisplayStatusBar*-Eigenschaft des *Application*-Objekts auf *False* setzen. Wenn die Eigenschaft hingegen den Wert *msoButtonUp* aufweist, weisen Sie den beiden Eigenschaften die gegenteiligen Werte zu.

```
Sub StatusEinAus()
    Dim objBtt As CommandBarButton
    On Error Resume Next
    Set objBtt = Application.CommandBars( _
        "MeineMenueleiste").Controls("Ansicht" _
        ).Controls("Statusleiste")
    If objBtt.State = msoButtonDown Then
        objBtt.State = msoButtonUp
        Application.DisplayStatusBar = False
    Else
        objBtt.State = msoButtonDown
        Application.DisplayStatusBar = True
    End If
End Sub


Sub TestK06_10b()
    Dim objBL As CommandBar
    Dim objTxt As CommandBarButton
    Dim objMnu As CommandBarPopup
    Dim objCtrl As CommandBarControl
    'Befehlsleiste erstellen
    Set objBL = getBL("MeineMenueleiste")
    If (objBL Is Nothing) = False Then
        objBL.Delete
    End If
    'Menüleiste erstellen
    Set objBL = Application.CommandBars.Add( _
        "MeineMenueleiste", msoBarTop, True, True)
    'Ein Menü "Datei" erzeugen
    Set objMnu = objBL.Controls.Add(msoControlPopup)
    objMnu.Caption = "Datei"
    'Einen Eintrag "Öffnen" einfügen
    Set objTxt = objMnu.Controls.Add(msoControlButton)
    objTxt.Caption = "Öffnen"
    'Einen Eintrag "Beenden" mit Gruppierung einfügen
    Set objTxt = objMnu.Controls.Add(msoControlButton)
    objTxt.Caption = "Beenden"
    objTxt.BeginGroup = True
    'Ein Menü "Ansicht" erzeugen
    Set objMnu = objBL.Controls.Add(msoControlPopup)
    objMnu.Caption = "Ansicht"
    'Einen Eintrag "Statusleiste" einfügen
    Set objTxt = objMnu.Controls.Add(msoControlButton)
    objTxt.OnAction = "StatusEinAus"
    objTxt.Caption = "Statusleiste"
```

```
        objTxt.State = msoButtonDown
        objBL.Visible = True
        Set objBL = Nothing
    End Sub
```

Listing 6.22: *Umschalten von Optionsschaltflächen in Menüleisten*

6.11   Standardmenüleisten ändern und nutzen

Das Codemodul *K06_11* mit dem Listing finden Sie in der Datei *K06.xls* innerhalb der Begleitdateien zum Buch.

Problem

Sie möchten keine eigene Menüleiste erstellen, sondern lediglich einen Menüeintrag in eine Standardmenüleiste einfügen oder eine Standardfunktion eines Menüeintrags gegen eine eigene Prozedur austauschen oder nicht benötigte Funktionen deaktivieren.

Lösung

Geben Sie die Standardmenüleiste einfach als *CommandBar*-Objekt zurück und greifen Sie dann über die *Controls*-Auflistung oder die *FindControl*-Methode auf die Steuerelemente zu. Über die *Enabled*-Eigenschaft können Sie dann beispielsweise unerwünschte Funktionen deaktivieren. Wenn Sie eigene Einträge einfügen möchten, können Sie diese wie auch in eigenen Menü- und Symbolleisten über die *Add*-Methode hinzufügen.

Erläuterungen

Die Prozedur *TestK06_11* zeigt, wie Sie eine Standardmenüleiste an Ihre Bedürfnisse anpassen. Dazu wird die Menüleiste für Tabellenblätter verändert, die Sie über die *CommandBars*-Auflistung zurückgeben können, wenn Sie den Namen »Worksheet Menu Bar« angeben. Mit der *FindControl*-Methode ermittelt die Prozedur dann die *Drucken*-Schaltfläche im Menü *Datei*. Wichtig ist dabei, dass Sie als letzten Parameter *True* angeben. Nur dann durchsucht die *FindControl*-Methode auch die Menüeinträge und gegebenenfalls vorhandene Untermenüs sowie deren Einträge. Andernfalls würden nur die Menüs berücksichtigt, nicht aber deren Einträge.

ACHTUNG: Wenn Sie über den Namen des Menüs oder Menüeintrags auf das Element zugreifen, wie dies im Beispiel bei der Rückgabe des Menüs *Datei* erfolgt, funktioniert das nur, solange die Benutzer keine fremdsprachliche Version nutzen. Sie sollten daher zumindest mit einer kleinen Fehlerbehandlungsroutine dafür sorgen, dass die Rückgabe auch mit einer englischen Version funktioniert, indem Sie nach der Rückgabe prüfen, ob die Variable den Wert *Nothing* hat. In diesem Fall versuchen Sie es einfach noch mal mit dem englischen Menünamen. Besser ist aber sicherlich der Zugriff über die *FindControl*-Methode und die *ID* des Steuerelements.

Die angegebene ID 4 ist richtig, auch wenn die Symbolleiste IDs aus ▶ Abschnitt »6.6 Icons in Symbolleisten suchen, kopieren und zuweisen« die ID 17 für die *Drucken*-Schaltfläche der Symbolleiste liefert. Die *Drucken*-Schaltfläche und der Menüeintrag *Drucken* sind zwei verschiedene Standardbefehle.

Wenn Sie das Steuerelement zurückgegeben haben, können Sie es deaktivieren, indem Sie die *Enabled*-Eigenschaft des Eintrags auf *False* setzen. Über die Index-Eigenschaft können Sie außerdem die Position innerhalb des Menüs ermitteln. Das ist wichtig, wenn Sie wie hier, vor dem Eintrag einen neuen Eintrag einfügen möchten. Den Index des Eintrags, vor dem Sie den neuen einfügen möchten, müssen Sie nämlich als vierten Parameter an die *Add*-Methode übergeben. Über die *OnAction*-Eigenschaft können Sie einfach dem neuen Menüeintrag die Prozedur zuweisen, die beim Klicken ausgeführt werden soll.

Wenn Sie nur eine Standardfunktion außer Kraft setzen möchten, und mit einer eigenen Funktion belegen wollen, weisen Sie der *OnAction*-Eigenschaft einfach eine eigene Prozedur zu. Auf diese Weise führt der Eintrag *Datei/Speichern* nach Ausführen der Prozedur *TestK06_11* die Prozedur *Speichern* aus ▶ Abschnitt »6.10 Auf Benutzeraktionen in Symbol- und Menüleisten reagieren« aus.

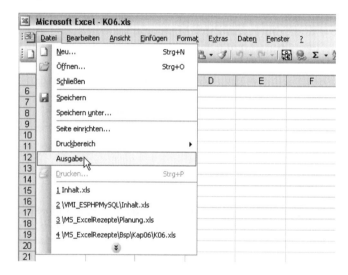

Abbildung 6.12: *Das angepasste Menü mit Eintrag Datei/Ausgabe und deaktiviertem Drucken-Eintrag*

```
Sub TestK06_11()
    Dim objBL As CommandBar
    Dim objMnu As CommandBarPopup
    Dim objBtt As CommandBarButton
    Dim intI As Integer
    Set objBL = Application.CommandBars( _
        "Worksheet Menu Bar")
    'Drucken-Button ausblenden
    Set objBtt = objBL.FindControl( _
        msoControlButton, 4, , , True)
    If (objBtt Is Nothing) = False Then
        objBtt.Enabled = False
    End If
    'Neuen Eintrag vor dem "Drucken"-Eintrag einfügen
    intI = objBtt.Index
    On Error Resume Next
    Set objMnu = objBL.Controls("&Datei")
    If objMnu Is Nothing Then
        Set objMnu = objBL.Controls("&File")
    End If
```

```
    Set objBtt = objMnu.Controls.Add( _
        msoControlButton, , , intI)
    objBtt.Caption = "Ausgabe"
    objBtt.OnAction = "Ausgeben"
    'Eintrag ändern
    Set objBtt = objMnu.Controls("&Speichern")
    objBtt.OnAction = "Speichern"
End Sub

Sub Ausgeben()
    MsgBox "Hallo Welt!"
End Sub
```

Listing 6.23: Eine Standardmenüleiste anpassen

6.12 Änderungen an Befehlleisten rückgängig machen

Das Codemodul *K06_12* mit dem Listing finden Sie in der Datei *K06.xls* innerhalb der Begleitdateien zum Buch.

Problem

Sie möchten Änderungen an Standardmenüleisten oder Symbolleisten wieder rückgängig machen.

Lösung

Rufen Sie die *Reset*-Methode der Befehlsleiste auf, wird die Befehlsleiste auf den Standard zurück gesetzt.

Erläuterungen

Wenn Sie, wie in ▶ Abschnitt »6.11 Standardmenüleisten ändern und nutzen« beschrieben, beispielsweise die Änderungen, die Sie an der Menüleiste vorgenommen haben, wieder rückgängig machen möchten, können Sie dazu die *Reset*-Methode aufrufen. Voraussetzung ist allerdings, dass Sie sie auf die Menü- oder Symbolleiste anwenden, die Sie zurücksetzen möchten. Sie können Sie beispielsweise wie hier über die *CommandBars*-Auflistung als *Command-Bar*-Objekt zurückgeben.

```
Sub Menueleistenstandard()
    Dim objBL As CommandBar
    Set objBL = Application.CommandBars( _
        "Worksheet Menu Bar")
    objBL.Reset
End Sub
```

Listing 6.24: Zurücksetzen der Menüleiste

6.13 Kontextmenüs erstellen und aufrufen

Das Codemodul *K06_13* mit dem Listing finden Sie in der Datei *K06.xls* innerhalb der Begleitdateien zum Buch.

Problem

Sie möchten ein eigenes Kontextmenü erstellen und aufrufen, wenn in einem bestimmten Tabellenblatt die rechte Maustaste gedrückt wird und eine einzelne Zelle markiert ist.

Lösung

Kontextmenüs erstellen Sie als Symbolleisten mit der *Add*-Methode der *CommandBars*-Auflistung. Als Position geben Sie allerdings die Konstante *msoBarPopup* an. Dadurch wird ein Kontextmenü erzeugt, das Sie mit der *ShowPopup*-Methode des *CommandBar*-Objekts anzeigen können.

Erläuterungen

Wenn Sie ein Kontextmenü erstellen möchten, müssen Sie eine Symbolleiste erstellen, dürfen also in der *Add*-Methode der *CommandBars*-Auflistung nicht mit dem dritten Parameter angeben, dass Sie eine Menüleiste erstellen möchten. Gleichzeitig müssen Sie als zweiten Parameter die Konstante *msoBarPopup* angeben. Die Symbolleiste bleibt dann ausgeblendet, bis Sie sie explizit einblenden. Die Prozedur *TestK06_13* erzeugt auf diese Weise ein Kontextmenü mit zwei Einträgen. Die Funktion *getBL* aus ▶ Abschnitt »6.2 Prüfen, ob eine Menü- oder Symbolleiste vorhanden ist« wird wieder verwendet, um die Symbolleiste zurückzugeben, falls sie schon vorhanden ist, und dann zu löschen. Nachdem die Symbolleiste neu erstellt wurde, werden zwei Einträge erzeugt. Diese werden in einem Kontextmenü automatisch unter- und nicht nebeneinander angezeigt. Sie können aber auch Untermenüs erstellen, indem Sie ein Menü (*msoControlPopup*) mit Untereinträgen einfügen.

HINWEIS: Wie Sie Menüs und Menüeinträge erstellen, erfahren Sie im ▶ Abschnitt »6.9 Menüleisten mit Menüs und Untermenüs erstellen« weiter oben. Wie Sie Code ausführen, wenn ein Menüeintrag oder eine Schaltfläche eines Symbolleiste angeklickt wird, steht im ▶ Abschnitt »6.10 Auf Benutzeraktionen in Symbol- und Menüleisten reagieren« weiter oben.

Für beide Menüeinträge wird hier eine Prozedur über die *OnAction*-Eigenschaft festgelegt, die ausgeführt wird, wenn der Benutzer den Menüeintrag auswählt. Über die Prozeduren werden die WENN- bzw. SUMME-Funktion in die aktive Zelle eingefügt. Das soll aber natürlich nur möglich sein, wenn die aktuelle Markierung nur eine Zelle enthält. Am einfachsten erreichen Sie das, indem Sie auch nur dann das Kontextmenü einblenden.

```
Sub TestK06_13()
    'Erstellt ein Kontextmenü
    Dim objBL As CommandBar
    Dim objTxt As CommandBarButton
    Dim objMnu As CommandBarPopup
    'Kontextmenü erstellen
    Set objBL = getBL("MeinKontextmenue")
    If (objBL Is Nothing) = False Then
        objBL.Delete
    End If
    Set objBL = Application.CommandBars.Add( _
```

```
        "MeinKontextmenue", msoBarPopup, False, True)
    'Einen Eintrag einfügen
    Set objTxt = objBL.Controls.Add(msoControlButton)
    objTxt.Caption = "WENN-Funktion"
    objTxt.OnAction = "WENNFunktionEinfuegen"
    'Einen zweiten Eintrag einfügen
    Set objTxt = objBL.Controls.Add(msoControlButton)
    objTxt.Caption = "SUMME-Funktion"
    objTxt.OnAction = "SUMMEFunktionEinfuegen"
    Set objBL = Nothing
End Sub

Sub SUMMEFunktionEinfuegen()
    ActiveCell.FormulaLocal = "=SUMME()"
End Sub

Sub WENNFunktionEinfuegen()
    ActiveCell.FormulaLocal = _
        "=WENN(bedingung;wahr-zweig;falsch-zweig)"
End Sub

Function getBL(strName As String) As CommandBar
    Dim objCB As CommandBar
    Set getBL = Nothing
    For Each objCB In Application.CommandBars
        If (objCB.Name = strName) Or _
            (objCB.NameLocal = strName) Then
            'gefunden
            Set getBL = objCB
            Exit Function
        End If
    Next objCB
End Function
```

Listing 6.25: *Ein Kontextmenü erstellen*

Jetzt fehlt nur noch der Code, der das Kontextmenü sichtbar macht, wenn das Tabellenblatt »Tabelle1« aktiv ist und der Benutzer die rechte Maustaste drückt. Dazu benötigen Sie eine Ereignisprozedur, die Sie folgendermaßen erstellen.

1. Öffnen Sie im Projekt-Explorer das Modul *Tabelle1* per Doppelklick.

2. Wählen Sie aus der Objektliste eine Eintrag *Worksheet* aus.

3. Markieren Sie in der Ereignisliste den Eintrag *BeforeRightClick*.

In der erzeugten Ereignisprozedur können Sie nun über deren Parameter *Target* auf die Markierung zugreifen, für die das Ereignis eingetreten ist. Wenn Sie die *Cells.Count*-Eigenschaft abrufen, können Sie feststellen, wie viele Zellen Inhalt der Markierung sind. Ist es nur eine, zeigen Sie das Kontextmenü mit *ShowPopup* an. Die Anweisung *Cancel = True* im Anschluss sorgt dafür, dass das Standardkontextmenü nicht mehr angezeigt wird.

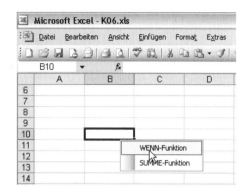

Abbildung 6.13: Das erzeugte Kontextmenü

```
Private Sub Worksheet_BeforeRightClick( _
    ByVal Target As Range, Cancel As Boolean)
    'Benutzerdefiniertes Kontextmenü anzeigen
    If Target.Cells.Count = 1 Then
        'nur eine Zelle ausgewählt
        Application.CommandBars("MeinKontextmenue").ShowPopup
        Cancel = True
    End If
End Sub
```

Listing 6.26: Die Ereignisprozedur zum Anzeigen des Kontextmenüs

6.14 Den Office-Assistenten ein- und ausblenden

Das Codemodul *K06_14* mit dem Listing finden Sie in der Datei *K06.xls* innerhalb der Begleitdateien zum Buch.

Problem

Sie möchten den Office-Assistenten einblenden, damit Meldungen, die Sie mit *MsgBox* ausgeben, mit dem Assistenten angezeigt werden.

Lösung

Seit Office 97 gibt es den Office-Assistenten. Seine VBA-Bibliotheken sind Bestandteil der Microsoft Office-Bibliothek. Sie können sie nutzen, indem Sie das *Assistant*-Objekt über die *Assistant*-Eigenschaft des *Application*-Objekts zurückgeben. Über dessen *Visible*-Eigenschaft können Sie ihn ein- oder ausblenden.

Erläuterungen

Wenn Sie den Office-Assistenten einblenden möchten, setzt das zunächst einmal voraus, dass er installiert ist. Das ist allerdings bei der Standardinstallation immer Fall. Bei einer benutzerdefinierten Installation von Microsoft Office kann er jedoch nicht installiert sein.

Ist er installiert, geben Sie ihn einfach übe die *Assistant*-Eigenschaft des *Application*-Objekts zurück und setzen seine *Visible*-Eigenschaft auf *True*, um ihn einzublenden oder auf *False* um ihn auszublenden. Nur auf dem Macintosh funktioniert das nicht. Hier kann der Benutzer den Office-Assistent ausschließlich manuell über das Menü einblenden.

```
Sub TestK06_14()
    Application.Assistant.Visible = True
End Sub
```

Listing 6.27: Einblenden des Office-Assistenten

6.15 Formatierte Meldungen mit dem Office-Assistenten ausgeben

Das Codemodul *K06_15* mit dem Listing finden Sie in der Datei *K06.xls* innerhalb der Begleitdateien zum Buch.

Problem

Sie möchten den Office-Assistenten verwenden, um Meldungen auszugeben, weil dieser mehr Formatierungsmöglichkeiten zulässt, als gewöhnliche Dialogfelder, die Sie mit *MsgBox* erzeugen.

Lösung

Jede Meldung des Office-Asttistenten stellt ein *Balloon*-Objekt dar. Möchten Sie eine Meldung erzeugen, erstellen Sie also ein solches Objekt mit der *NewBalloon*-Methode. Wenn Sie den Rückgabewert der Methode einer Variablen zuweisen, können Sie damit den Inhalt der Sprechblase bestimmen und formatieren.

Erläuterungen

Das *Balloon*-Objekt erzeugen Sie mit der Methode *NewBalloon* des *Assistant*-Objekts. Die Methode gibt das Objekt zurück, sodass Sie den Rückgabewert einer Variablen des Typs *Balloon* zuweisen können. Darüber haben Sie dann Zugriff auf die Eigenschaft und Methoden des *Balloon*-Objekts. Die wichtigsten werden in der Prozedur *TestK06_15* verwendet, um die Meldung zu erzeugen. Mit der Eigenschaft *Heading* legen Sie beispielsweise den Titel der Meldung fest, mit der *Text*-Eigenschaft deren Inhalt.

Damit Sie eine Meldung anzeigen können, müssen Sie über die Eigenschaft *Button* mindestens eine Schaltfläche definieren. Die Konstante *msoButtonSetYesNo* legt im Beispiel eine *Ja*- und eine *Nein*-Schaltfläche fest, die immer unterhalb des Meldungstextes angezeigt werden. Mit der *Icon*-Eigenschaft können Sie ein optionales Bild festlegen. Die Konstante *msoIconTip* zeigt beispielsweise eine Glühbirne an. Wenn Sie die Meldung anzeigen lassen möchten, rufen Sie dazu die *Show*-Methode auf. Sie gibt eine Konstante zurück, an der Sie bei der *MsgBox*-Funktion erkennen können, mit welcher Schaltfläche die Meldung geschlossen wurde. Hier wird eine Sicherungskopie der Datei angelegt, wenn der Benutzer die Meldung mit *Ja* schließt.

```
Sub TestK06_15()
    Dim objBall As Balloon
    Dim objAssi As Assistant
    Set objAssi = Application.Assistant
    Set objBall = objAssi.NewBalloon()
    objBall.Heading = "Achtung!"
```

```
        objBall.Text = "Sie sollten eine Sicherungskopie " & _
            "der Arbeitsmappe erstellen, bevor Sie größere " & _
            "Änderungen vornehmen. Möchten Sie das jetzt tun?"
        objBall.Button = msoButtonSetYesNo
        objBall.Icon = msoIconTip
        If objBall.Show() = msoBalloonButtonYes Then
            ThisWorkbook.SaveCopyAs ThisWorkbook.FullName & ".Sicherung"
        End If
        Set objBall = Nothing
        Set objAssi = Nothing
End Sub
```

Listing 6.28: *Eine Meldung mit dem Balloon-Objekt erzeugen*

Abbildung 6.14: *Die erzeugte Sprechblase*

6.16 Mehrfachauswahlen mit Hilfe des Office-Assistenten ermöglichen

Das Codemodul *K06_16* mit dem Listing finden Sie in der Datei *K06.xls* innerhalb der Begleit-dateien zum Buch.

Problem

Sie möchten eine Meldung anzeigen, in der mehrere Optionen zur Auswahl stehen und vom Benutzer aktiviert werden können.

Lösung

Für solche Zwecke sind Sprechblasen besonders gut geeignet, weil Sie ansonsten für jede Aus-wahl dieser Art eine UserForm erstellen müssen. Dies sorgt schnell für Ressourcen-Engpässe und für sehr große Excel-Dateien. Mit Hilfe von Sprechblasen können Sie die Auswahllisten jedoch erst zur Laufzeit und sehr flexibel generieren. Für jede Option fügen Sie dazu ein *Label*-Element in die *Labels*-Auflistung des *Balloon*-Objekts ein.

Erläuterungen

Neben normalem Text kann eine Sprechblase auch nummerierte Aufzählungen, Aufzählungen mit Aufzählungszeichen und Aufzählungen mit Optionsschaltflächen enthalten, die der Benutzer anklicken und damit den Rückgabewert der Sprechblase bestimmen kann. Welche Elemente die *Label*-Elemente innerhalb der *Labels*-Auflistung darstellen, bestimmen Sie mit der *BalloonType*-Eigenschaft. Wenn Sie Schaltflächen erstellen möchten, geben Sie als Konstante *msoBalloonTypeButtons* an. Um die Schaltflächen zu erzeugen, wird in der Prozedur *TestK06_16* in einer Schleife der Name jedes Tabellenblattes eingefügt. Sie müssen dazu einfach dem *Label*-Objekt, das Sie mit Hilfe des Indexes aus der *Labels*-Auflistung zurückgeben können, einen Text über dessen *Text*-Eigenschaft zuweisen. Als Text wird hier der Name des Tabellenblattes eingefügt. Dadurch, dass die Eigenschaft *Button* auf die Konstante *msoButtonSetNone* festgelegt wird, wird in der Sprechblase keine Schaltfläche angezeigt, außer den Optionsschaltflächen. Dies funktioniert, weil die Sprechblase durch Anklicken einer Optionsschaltfläche geschlossen wird. Die *Show*-Methode gibt dann den Index der Option zurück. Klickt der Anwender in der Sprechblase in Abbildung 6.15 beispielsweise auf die Schaltfläche *Tabelle3* gibt die *Show*-Methode den Wert 3 zurück. Sie können darüber also problemlos das gewünschte Tabellenblatt aktivieren.

Abbildung 6.15: *Die Sprechblase mit den drei Optionsfeldern*

```
Sub TestK06_16()
    Dim objWS As Worksheet
    Dim objBall As Balloon
    Dim objAssi As Assistant
    Dim lngI As Long
    Set objAssi = Application.Assistant
    Set objBall = objAssi.NewBalloon()
    objBall.Heading = "Bitte wählen Sie!"
    objBall.Text = "Klicken Sie auf den Namen " & _
        "des Tabellenblattes, das Sie aktivieren möchten."
    objBall.Icon = msoIconNone
    objBall.Button = msoButtonSetNone
    objBall.BalloonType = msoBalloonTypeButtons
```

```
For Each objWS In ThisWorkbook.Worksheets
    lngI = lngI + 1
    objBall.Labels(lngI).Text = objWS.Name
Next objWS
lngI = objBall.Show()
'gewähltes Blatt aktivieren
On Error Resume Next
ThisWorkbook.Worksheets(lngI).Activate
Set objBall = Nothing
Set objAssi = Nothing
End Sub
```

Listing 6.29: *Erzeugen einer Mehrfachauswahl mit Hilfe einer Sprechblase*

7 Datenanalyse

In diesem Kapitel wird gezeigt, wie sich mit Hilfe von Excel Daten analysieren lassen. Dabei spielt es keine Rolle, woher diese Daten stammen. Wie sich Daten aus unterschiedlichen Datenbanken programmgesteuert laden und dann auswerten lassen, ist ebenfalls Thema dieses Kapitels. Auch wie sich das Königsinstrument in Excel, die PivotTable, programmieren lässt wird hier gezeigt werden.

7.1 Untypisierte Verbindung zu einer Datenbank aufbauen

Das Codemodul *modK07_01* mit dem Listing finden Sie in der Datei *K07_1.xls* innerhalb der Begleitdateien zum Buch. Ebenfalls in den Begleitdateien ist die Access-Standarddatenbank *Nordwind_2003.mdb* enthalten.

Problem

Es soll eine Verbindung zu einer Datenbank geschaffen werden, ohne dass dabei zur Entwurfzeit das Datenbankzugriffsobjekt festgelegt werden muss.

Lösung

Zum Zugriff auf die Datenbank wird anstelle des typisierten Datenbank-Objekts eine Variable vom Typ *Object* verwendet.

Erläuterungen

Das Zuweisen von Inhalten an eine untypisierte Variable vom Typ *Object* wird als *Late Binding* bezeichnet. Darunter versteht man, wie der Name bereits andeutet, das späte Binden an ein typisiertes Objekt. Dadurch ist normalerweise ein Verweis auf die Bibliothek, die dieses typisierte Objekt enthält, zur Entwurfszeit nicht erforderlich. Worin ist nun der Vorteil der späten Bindung zu sehen? Bei einer frühen Bindung, die auch als *Early Binding* bezeichnet wird, ist zur Laufzeit die referenzierte Bibliothek anzugeben. Befindet sich aber auf dem Entwicklungsrechner eine neuere Bibliothek als auf dem Arbeitsplatzrechner, so kommt es zu einer Fehlermeldung. Dies lässt sich prinzipiell mit *Late Binding* umgehen. Leider funktioniert dies aber bei einer Datenbank nicht in der gewünschten Weise. Mit der Funktion *GetObject* lässt sich zwar ohne Verweis auf die Datenbank zugreifen. Dabei wird allerdings unerwünschter Weise auch Microsoft Access geöffnet. Somit kommt man ohne Kunstgriffe um einen Verweis auf die Objektbibliothek zur Entwurfszeit nicht herum. Damit fällt zumindest bei Datenbanken das Hauptargument für *Late Binding* weg. Allerdings sollen auch andere Nachteile von *Late Binding* nicht verschwiegen werden. Zum einen wird für das Binden zur Laufzeit Zeit benötigt, der Programmablauf wird dadurch etwas verzögert. Zum anderen wird beim Programmieren der Umgang mit der Objekt-Variablen weniger elegant, da diese ihre Methoden und Eigenschaften erst zur Laufzeit kennt.

Neben den Objekt-Variablen für die Datenbank werden auch noch die typisierten Objekt-Variablen für die Excel-Arbeitsmappe und die Excel-Tabelle benötigt. Da keine neue Arbeitsmappe erforderlich ist, wird der Inhalt der vorhandenen Arbeitsmappe der typisierten Objekt-Variablen *xlWB* zugewiesen. Gleiches geschieht mit dem Arbeitsblatt. Die erste Tabelle wird der Objekt-Variablen *xlWS* zugewiesen. Nachdem nun alle Objekt-Variablen initialisiert wurden, kann mit dem Datenimport begonnen werden. Mit der Prozedur *FeldNamenSchreiben* werden die Feldnamen der Datenbanktabelle/Abfrage in die angegebene Zeile geschrieben. Dieser Prozedur werden als Parameter das Recordset, das Excel-Worksheet und die Nummer der Zeile übergeben. Innerhalb der Prozedur wird dann die Anzahl der Felder ermittelt und mit Hilfe einer *For...Next-Schleife* in die Zellen der angegebenen Zeile geschrieben. Der für diese Prozedur ist in Listing 7.2 enthalten.

Das Füllen der Tabelle mit den Daten erfolgt aber nicht sequentiell, wie gerade beschrieben, sondern mit Hilfe einer Methode, die seit Excel 95 zur Verfügung steht. Der Methode *Copy-FromRecordset* wird als Parameter das *Recordset*-Objekt übergeben. Damit werden alle Daten aus dem *Recordset* in das angegebene *Worksheet*-Objekt kopiert. Anschließend werden alle Zellen des Arbeitsblattes markiert und mit Hilfe der Methode *Autofit* dann die Spalten auf eine automatische Breite formatiert. Zum Aufheben der Markierung wird die Zelle A1 selektiert. Den Code für den Zugriff auf die Datenbank mit *Late Binding* entnehmen Sie bitte dem Listing 7.1. Um das Tabellenblatt für die Aufnahme neuer Daten vorzubereiten, werden die Zellen, in denen sich die alten Daten befinden, gelöscht. Dies geschieht mit der Methode *Delete*, die alle Zellen des Arbeitsblattes löscht und durch »neue« Zellen ersetzt. Dies geschieht unter Zuhilfenahme der bereits beschriebenen *Workbook*- und *Worksheet*-Objekte in Listing 7.3.

HINWEIS: Nach Abwägung der dargelegten Vor- und Nachteile wird von einem späten Binden (Late Binding) bei Datenbanken abgeraten.

```
Option Explicit
Sub dbObject()
'*********************************************************
'** Hinweis:
'** Verweis auf Microsoft DAO 3.6 Object Library erforderlich
'*********************************************************
'** Deklaration der Objekt-Variablen
    Dim objDB As Object
    Dim objRST As Object
    Dim xlWB As Excel.Workbook
    Dim xlWS As Excel.Worksheet
'** Deklaration der String-Variablen
    Dim strPfadName As String
    Dim strDBName As String
    Dim strRSTName As String
    Dim strFullName As String
'** Initialisierung
    strPfadName = ThisWorkbook.Path & "\"
    strDBName = "Nordwind_2003.mdb"
    strFullName = strPfadName & strDBName
    strRSTName = "Kunden"
    Set objDB = OpenDatabase(strFullName)
    Set objRST = objDB.OpenRecordset(strRSTName, dbopensnapshot)
    Set xlWB = Excel.ThisWorkbook
    Set xlWS = xlWB.Worksheets(1)
'** Schreiben der Feldnamen in die angegebene Zeile
    FeldNamenSchreiben objRST, xlWS, 1
    xlWS.Range("A2").CopyFromRecordset objRST
    xlWS.Cells.Select
    Selection.Columns.AutoFit
    xlWS.Range("A1").Select
End Sub
```

***Listing 7.1**: Zugriff auf eine Access-Datenbank mit später Bindung (Late Binding)*

```
Sub FeldNamenSchreiben(rst As DAO.Recordset, _
                       xlWS As Excel.Worksheet, _
                       intErsteZeile As Integer)
    Dim intCt As Integer
    Dim intFields As Integer
'** Zählen der Felder in der Tabelle
    intFields = rst.Fields.Count
    For intCt = 0 To intFields - 1
        '** Schreiben der Feldnamen in die angegebene Zeile
        xlWS.Cells(intErsteZeile, intCt + 1).Value = rst.Fields(intCt).Name
    Next
End Sub
```

Listing 7.2: *Funktion zur Übernahme der Feldnamen aus der Tabelle/Abfrage*

```
Sub ZellenLoeschen()
    Dim xlWB As Excel.Workbook
    Dim xlWS As Excel.Worksheet
    Set xlWB = Excel.ThisWorkbook
    Set xlWS = xlWB.Worksheets(1)
    xlWS.Cells.Delete
End Sub
```

Listing 7.3: *Löschen aller Zellen in Tabelle1 der aktiven Arbeitsmappe*

7.2 Untypisierte Verbindung zu einer Access-Datenbank aufbauen

Das Codemodul *modK07_02* mit dem Listing finden Sie in der Datei *K07_2.xls* innerhalb der Begleitdateien zum Buch. Ebenfalls in den Begleitdateien ist die Access-Standarddatenbank *Nordwind_2003.mdb* enthalten.

Problem

Es soll die Verbindung zu einer Access-Datenbank geschaffen werden, ohne dass dabei zur Entwurfzeit ein Verweis auf die Objektbibliothek erforderlich ist.

Lösung

Zum Zugriff auf die Datenbank wird die Methode *OpenDatabase* des *Workbook*-Auflistungsobjekts verwendet.

Erläuterungen

Die im vorigen ▶ Abschnitt »7.1 Untypisierte Verbindung zu einer Datenbank aufbauen« beschriebene Vorgehensweise, mit einem untypisierten Objekt auf eine Datenbank zuzugreifen, hat sich als nicht empfehlenswert erwiesen. Wie dennoch auf eine Access-Datenbank ohne Bibliotheksverweis zugegriffen werden kann, zeigt dieses Beispiel.

Verwendet wird die Methode *OpenDatabase* des *Workbook*-Auflistungsobjekts. Dieser Methode wird als benannter Pflichtparameter *Filename* der Pfad und der Name der Datenbank übergeben. Als optionaler Parameter kann *CommandText* angegeben werden, der den SQL-String der Abfrage beinhaltet. Wenn dieser optionale Parameter weggelassen wird, erscheint das in

Abbildung 7.1 gezeigte Dialogfeld, in dem sich die in dieser Access-Datenbank enthaltenen Tabellen und Abfragen auswählen lassen.

Abbildung 7.1: *Auswahl von Tabelle/Abfrage bei fehlendem Parameter CommandText*

Diese Methode erstellt eine neue Arbeitsmappe und fügt die angegebene Tabelle/Abfrage als Excel-Tabellenblatt einschließlich der Überschriften ein. Damit wäre die eigentliche Aktion beendet.

Da sich die Daten nun in einer neuen, ungespeicherten Arbeitsmappe befinden, soll diese unter einem vorzugebenden Dateinamen, hier *K07_Kunden.xls*, gespeichert werden. Sollte dies bei einem früheren Aufruf bereits geschehen sein und ist diese Mappe noch geöffnet, muss sie, um sie neu speichern zu können, zuerst geschlossen werden. Dazu werden die geöffneten Mappen gezählt und in einer *For…Next*-Schleife geprüft, ob sich der angegebene Dateiname unter den geöffneten Mappen befindet. Ist dies der Fall, wird diese Datei geschlossen.

Da für das Speichern die Methode *SaveAs* verwendet wird, kommt es bei bereits vorhandener Datei zu einer Warnmeldung. Um diese störende Warnmeldung für dieses Speichern auszuschalten, wird die Eigenschaft *DisplayAlerts* auf *False* gesetzt. Nach der Durchführung des Speicherns wird der Alarm allerdings wieder eingeschaltet. Dies geschieht, indem dieser Eigenschaft wieder der Wert *True* zugewiesen wird.

Um das Ergebnis des Datenimports betrachten zu können, wird nun die soeben gespeicherte Mappe wieder geöffnet.

```
Option Explicit
Sub dbWBSOD()
'****************************************************
'** Hinweis:
'** Kein Verweis auf ein Datenzugriffsobjekt erforderlich
'****************************************************
'** Deklaration der Objekt-Variablen
```

```
    Dim xlWB As Excel.Workbook
'** Deklaration der String-Variablen
    Dim strPfadName As String
    Dim strDBName As String
    Dim strFullName As String
    Dim strSQL As String
    Dim strWBName As String
    Dim intCt As Integer
    Dim intWBS As Integer
'** Initialisierung
    strPfadName = ThisWorkbook.Path & "\"
    strDBName = "Nordwind_2003.mdb"
    strFullName = strPfadName & strDBName
    strSQL = "SELECT * FROM Kunden"
    strWBName = "K07_Kunden.XLS"
    Set xlWB = Workbooks.OpenDatabase(Filename:=strFullName, CommandText:=strSQL)
    intWBS = Workbooks.Count
    For intCt = intWBS To 1 Step -1
        If Workbooks(intCt).Name = strWBName Then
            Workbooks(intCt).Close
        End If
    Next
    Application.DisplayAlerts = False
    xlWB.SaveAs strPfadName & strWBName
    Application.DisplayAlerts = True
    Application.Workbooks.Open strPfadName & strWBName
End Sub
```

Listing 7.4: *Zugriff auf die Datenbank-Tabelle Kunden mit Hilfe der Workbooks-Methode OpenDatabase*

7.3 Typisierte Datenbank-Verbindung mit dem Zugriffsobjekt DAO

Das Codemodul *modK07_03* mit dem Listing finden Sie in der Datei *K07_3.xls* innerhalb der Begleitdateien zum Buch.

Problem

Es soll die Verbindung zu einer Access-Datenbank geschaffen werden, wobei der Zugriff über das DAO-Zugriffsobjekt erfolgen soll.

Lösung

Es wird bereits zur Entwurfzeit der erforderliche Verweis auf das Datenbankzugriffsobjekt festgelegt. Der Zugriff erfolgt über die Datenbankobjekte *Database* und *Recordset*.

Erläuterungen

Bis Microsoft Access 97 einschließlich wurden Verbindungen zur Datenbank in fast allen Fällen mit Hilfe von DAO durchgeführt. Dieses Data Access Object, zu Deutsch Datenzugriffsobjekt, befand sich in der Bibliothek *Microsoft DAO 3.51 Object Library*. Dieses änderte sich dann mit der Version Microsoft Access 2000, die auch ein neues Datenzugriffsobjekt namens

ADO mit sich brachte. Hierüber erfahren Sie im folgenden Abschnitt mehr. Neben diesem neuen Zugriffsobjekt gab es auch eine neue Version der DAO-Bibliothek, die den Namen *Microsoft DAO 3.6 Object Library* trägt. Auf diese Bibliothek muss nun verwiesen werden, wenn Zugriffe auf Access-Datenbanken ab Version 2000 erfolgen sollen.

Bei der Deklaration der Objektvariablen sollten Sie darauf achten, dass vor den Variablentyp der Name der Objektbibliothek geschrieben wird: *DAO.Database* beziehungsweise *DAO.Recordset*. In vielen älteren Beispielen, die vor Einführung des neuen Datenzugriffsobjekts ADO geschrieben wurden, findet man beispielsweise immer wieder die Deklaration *Dim rst As Recordset*. Das ist zwar nicht grundsätzlich falsch, aber fehleranfällig und nicht besonders robust. Den Grund, warum diese Schreibweise gefährlich und zu einem Fehler werden kann, nenne ich Ihnen gerne: Nehmen wir einmal an, dass – aus welchem Grund auch immer – ein gleichzeitiger Verweis auf DAO und ADO gesetzt wird (siehe Abbildung 7.2).

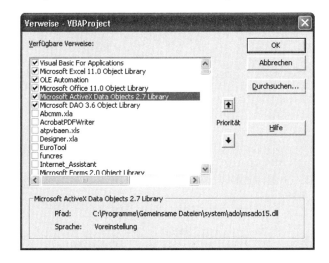

Abbildung 7.2: *Gleichzeitiger Verweis auf ADO und DAO*

Nun ist die Priorität ausschlaggebend, welches Recordset gemeint ist: das aus der DAO-Bibliothek oder das aus der ADO-Bibliothek (abgesehen von der Schwierigkeit, bei Unkenntnis dieser Tatsache die Fehlermeldung richtig zu interpretieren und Abhilfe zu schaffen). Um diese Priorität müssen Sie sich natürlich nicht mehr kümmern, wenn, wie gezeigt, bei der Deklaration der Variablen neben dem Objekttyp die Bibliothek mit angegeben wird.

Doch nun zum Code der in Listing 7.5 abgebildet ist. Nach der Deklaration der Variablen und deren Initialisierung wird der Objekt-Variablen *db* ein Inhalt zugewiesen. Dabei wurde die ausführliche Schreibweise verwendet, die auch die Hierarchie abbildet. Ausgehend von dem *DBEngine*-Objekt folgt die *Workspaces*-Collection, ein Auflistungsobjekt mit dem Indexwert 0. In diesem Auflistungsobjekt soll die Datenbank geöffnet werden, was mit der Methode *OpenDatabase* erfolgt. Diese Methode hat nichts zu tun mit der gleichnamigen Methode aus dem vorherigen Beispiel, sondern ist eine Methode des *Workspace*-Objekts. Anschließend wird das *Recordset-Objekt* mit der Methode *OpenRecordset* initialisiert, einer Methode des Datenbankobjekts.

Was dann folgt, wurde bereits beim untypisierten Zugriff auf eine Datenbank beschrieben. Die Feldnamen der Datenbank-Tabelle werden in die angegebene Zeile geschrieben und dann die Daten mittels der Methode *CopyFromRecordset* in das Tabellenblatt eingefügt.

Den Code für das Schreiben der Feldnamen sowie für das Löschen der Zellen können Sie dem Listing 7.2 und dem Listing 7.3 entnehmen.

Wenn Sie den Code in Listing 7.5 genau angeschaut haben, ist Ihnen sicher aufgefallen, dass einige der Codezeilen auskommentiert wurden. Sollen die importierten Daten nicht in derselben Mappe erscheinen, sondern in einer neuen Arbeitsmappe, muss ein neues Excel-Applikationsobjekt erstellt werden. Diesem Applikationsobjekt wird mit der Anweisung *Set xlWB = xlApp.Workbooks.Add* eine neue Arbeitsmappe hinzugefügt. Die anschließende Anweisung *Set xlWB = Excel.ThisWorkbook* kann damit entfallen. Wie Sie vielleicht wissen, sind Objekte ähnlich wie gewisse Subjekte etwas lichtscheu. Spaß beiseite, Objekte werden nach ihrer Initialisierung im Speicher gehalten. Damit man sie dann auch tatsächlich zu Gesicht bekommt, muss man sie sichtbar machen. Dies geschieht dann auch mit der Anweisung *xlApp.Visible = True*. Erst danach sehen Sie die neue Applikation und damit auch *Workbook* und *Worksheet*.

```
Option Explicit
Sub dbDAO()
'** DAO-Objekte
    Dim db As DAO.Database
    Dim rst As DAO.Recordset
'** Excel-Objekte
'   Dim xlApp As Excel.Application
    Dim xlWB As Excel.Workbook
    Dim xlWS As Excel.Worksheet
'** Deklaration der String-Variablen
    Dim strPfadName As String
    Dim strDBName As String
    Dim strFullName As String
    Dim strRSTName As String
'** Pfadname ermitteln
    strPfadName = ThisWorkbook.Path & "\"
'** Datenbanknamen zuweisen
    strDBName = "Nordwind_2003.mdb"
'** FullName zuweisen
    strFullName = strPfadName & strDBName
'** Recordsetnamen zuweisen
    strRSTName = "Kunden"
'** Bilden der Objektinstanz
    Set db = DBEngine.Workspaces(0).OpenDatabase(strFullName)
    Set rst = db.OpenRecordset(strRSTName)
'   Set xlApp = New Excel.Application
'   Set xlWB = xlApp.Workbooks.Add
    Set xlWB = Excel.ThisWorkbook
    Set xlWS = xlWB.Worksheets(1)
'   xlApp.Visible = True
    '** Schreiben der Feldnamen in die angegebene Zeile
    FeldNamenSchreiben rst, xlWS, 1
    xlWS.Range("A2").CopyFromRecordset rst
    xlWS.Cells.Select
    Selection.Columns.AutoFit
    xlWS.Range("A1").Select
End Sub
```

Listing 7.5: *: Zugriff auf eine Microsoft Access-Datenbank mit DAO*

7.4 Typisierte Datenbank-Verbindung mit dem Zugriffsobjekt ADO

Das Codemodul *modK07_04* mit dem Listing finden Sie in der Datei *K07_4.xls* innerhalb der Begleitdateien zum Buch.

Problem

Es soll die Verbindung zu einer Access-Datenbank geschaffen werden, wobei der Zugriff über das ADO-Zugriffsobjekt erfolgen soll.

Lösung

Es wird bereits zur Entwurfszeit der erforderliche Verweis auf das Datenbankzugriffsobjekt festgelegt. Der Zugriff erfolgt über die Datenbankobjekte *Connection* und *Recordset*.

Erläuterungen

Wie bereits weiter oben erwähnt, wurde das ADO-Zugriffsobjekt (ADO steht für ActiveX Data Access Object) gemeinsam mit Microsoft Access 2000 eingeführt. Das ADO-Zugriffsobjekt ist leistungsfähiger als DAO und wurde auch zum Einsatz in Verbindung mit Client/Server-Datenbanken entwickelt. Es soll DAO und RDO (Remote Data Object) ersetzten. Diese alten Datenzugriffsobjekte werden zwar weiter unterstützt, aber nicht mehr weiterentwickelt. Dennoch erfreut sich DAO, vielleicht aus alter Gewohnheit, nach wie vor großer Beliebtheit. Auf die Vor- und Nachteile, worauf Sie achten sollten und vieles mehr werde ich hier nicht eingehen. Es gibt nicht nur im Verlag, in dem auch dieses Buch erscheint, verschiedene Bücher, die sich speziell diesem Thema widmen.

Der Zugriff auf die Datenbank erfolgt über ein *Connection*-Objekt, das neu erstellt wird. Dies ist bereits der erste offensichtliche Unterschied zu DAO, wo die Datenbank mit *OpenDatabase* geöffnet wird. Gleiches gilt auch für das *Recordset*-Objekt. Dieses wird ebenfalls neu erstellt. Nun wird der Eigenschaft *Provider* des *Connection*-Objekts ein Inhalt zugewiesen, der die Verbindung zur zu öffnenden Datenbank bestimmt. Für Access-Datenbanken ab Version 2000 ist dies *Microsoft.Jet.OLEDB.4.0*, für die Access-Version 97 lautet der Eigenschaftswert *Microsoft.Jet.OLEDB.3.51*.

Ist dies geschehen, wird der Wert für den *Connection-String* gesetzt. Dieser als String zu übergebende Inhalt ist folgendermaßen aufgebaut: *"Data Source=""* & *strFullName* & *""* & *"; user id=Admin"*, wobei *strFullName* den Pfad und den Namen der Datenbank beinhaltet. Anschließend wird das *Connection*-Objekt mit der Methode *Open* geöffnet.

Nun ist das Recordset an der Reihe. Mit *Set rst.ActiveConnection = cnn* wird das Recordset auf die aktive Connection eingestellt. Dann wird der Eigenschaft *CursorType* ein Cursor vom Typ *adOpenForwardOnly* zugewiesen. Im Prinzip ist es in diesem Fall egal, welcher Cursor verwendet wird. Dieser Cursor ist identisch mit einem statischen Cursor, mit dem Unterschied, dass ein Blättern durch die Datensätze nur in Vorwärtsrichtung möglich ist. Dies verbessert die Leistung in Situationen, in denen nur ein einziger Durchlauf durch ein Recordset durchgeführt werden muss, wie dies ja hier der Fall ist. Als letzte Anweisung vor dem Öffnen wird dem Recordset mit *rst.Source = strRSTName* die Datenquelle zugewiesen. Das Öffnen selbst erfolgt dann mit *rst.Open*.

Alle weiteren Anweisungen entsprechen denen der bereits in den vorstehend beschriebenen Beispiele. Dazu gehört die Initialisierung der Excel-Objekte und das Kopieren der Datenbank-Daten mit Hilfe der Methode *CopyFromRecordset*. Entnehmen können Sie den hier beschriebenen Programmcode dem Listing 7.6.

Es gibt allerdings noch einen kleinen Unterschied, der beim Schreiben der Feldnamen zu beachten ist. Anstatt eines *Recordset*-Objekts aus der DAO-Bibliothek muss hier ein *Recordset* aus der ADO-Bibliothek an die Prozedur *FeldNamenSchreiben* übergeben werden. Den Code entnehmen Sie bitte dem Listing 7.7.

```
Option Explicit
'** Verbindung über das Connection-Objekt
Sub dbADO_Connection()
'**********************************************************
'** Hinweis: Verweis auf
'** Microsoft ActiveX Data Objects 2.7 Library erforderlich
'**********************************************************
'** ADO-Objekte
    Dim cnn As ADODB.Connection
    Dim rst As ADODB.Recordset
'** Excel-Objekte
    Dim xlWB As Excel.Workbook
    Dim xlWS As Excel.Worksheet
'** Deklaration der String-Variablen
    Dim strPfadName As String
    Dim strDBName As String
    Dim strFullName As String
    Dim strRSTName As String
'** Pfadname ermitteln
    strPfadName = ThisWorkbook.Path & "\"
'** Datenbanknamen zuweisen
    strDBName = "Nordwind_2003.mdb"
'** FullName zuweisen
    strFullName = strPfadName & strDBName
'** Recordsetnamen zuweisen
    strRSTName = "Kunden"
'** Bilden der Objektinstanz
    Set cnn = New ADODB.Connection
    Set rst = New ADODB.Recordset
'** Provider-Eigenschaft zuweisen
    cnn.Provider = "Microsoft.Jet.OLEDB.4.0"
'** Connectionstring-Eigenschaft zuweisen
    cnn.ConnectionString = "Data Source='" & strFullName & "'" & "; user id=Admin"
'** Verbindung öffnen
    cnn.Open
'** Recordset auf die aktive Connection einstellen
    Set rst.ActiveConnection = cnn
'** Cursor einstellen
    rst.CursorType = adOpenForwardOnly
'** Datenquelle zuweisen
    rst.Source = strRSTName
'** Recordset öffnen
    rst.Open
'** Excel-Objekte initialisieren
    Set xlWB = Excel.ThisWorkbook
```

```
    Set xlWS = xlWB.Worksheets(1)
'** Schreiben der Feldnamen in die angegebene Zeile
    FeldNamenSchreiben rst, xlWS, 1
'** Verwendung der Methode CopyFromRecordset
'** Kopieren des Recordsets in die Excel-Tabelle
    xlWS.Range("A2").CopyFromRecordset rst
'** Markieren der Zellen
    xlWS.Cells.Select
'** Einstellen der automatischen Spaltenbreite
    Selection.Columns.AutoFit
'** Aufheben der Markierung
    xlWS.Range("A1").Select
'** Entfernen der Objekte aus dem Arbeitsspeicher
    Set rst = Nothing
    Set cnn = Nothing
    Set xlWS = Nothing
    Set xlWB = Nothing
End Sub
```

Listing 7.6: Zugriff auf eine Microsoft Access-Datenbank mit ADO

```
Sub FeldNamenSchreiben(rst As ADODB.Recordset, _
                       xlWS As Excel.Worksheet, _
                       intErsteZeile As Integer)
    Dim intCt As Integer
    Dim intFields As Integer
'** Zählen der Felder in der Tabelle
    intFields = rst.Fields.Count
    For intCt = 0 To intFields - 1
    '** Schreiben der Feldnamen in die angegebene Zeile
        xlWS.Cells(intErsteZeile, intCt + 1).Value = rst.Fields(intCt).Name
    Next
End Sub
```

Listing 7.7: Funktion zur Übernahme der Feldnamen aus der Tabelle/Abfrage

7.5 Daten aus einer zeichenseparierten Textdatei in eine Excel-Tabelle einlesen

Das Codemodul *modK07_05* mit dem Listing finden Sie in der Datei *K07_5.xls* innerhalb der Begleitdateien zum Buch.

Problem

Eine Textdatei, in der die Felddaten zeichensepariert vorliegen, soll in eine Excel-Tabelle eingelesen werden. Als Trennzeichen liegt der Strichpunkt (Semikolon) vor. Nach dem Einlesen soll die Tabelle in die Startmappe überführt werden. Anschließend kann die Textdatei wieder geschlossen werden. In der überführten Tabelle sollen die Daten in ausreichend breiten Spalten dargestellt werden.

Lösung

Die *Workbooks*-Auflistung verfügt über die Methode *OpenText*. Diese ist das Kernstück des Textimports und verfügt über eine Reihe benannter Parameter, die nachstehend beschrieben werden. Bevor aber dieser Textimport erfolgt, wird geprüft, ob sich bereits in der aktuellen Arbeitsmappe eine Tabelle mit diesem Namen befindet. Sofern dies der Fall ist, wird diese gelöscht.

Erläuterungen

Die Methode *OpenText* des Auflistungsobjekts *Workbooks* verfügt über die folgenden benannten Parameter. Benannte Parameter sind übrigens Parameter, die durch Nennung ihres Namens nicht in einer festgeschriebenen Reihenfolge angegeben werden müssen. Dies ist besonders dann günstig, wenn optionale Parameter nicht verwendet werden. Diese lassen sich so einfach überspringen.

Dem *Filename* ist der Name der Textdatei als String zu übergeben.

Origin und alle folgenden Parameter sind vom Typ Variant. *Origin* gibt die Herkunft der Textdatei an. Mögliche Werte sind *xlWindows*, *xlMacintosh* und *xlMSDOS*. Diese Parameter geben als ganzzahlige Nummer die verwendete Codeseite an.

StartRow gibt die Zeile in der Textdatei an, ab der die Werte eingelesen werden sollen.

DataType bestimmt das Spaltenformat der Daten in der Datei und kann eine der folgenden *XlTextParsingType*-Konstanten sein: *xlDelimited* oder *xlFixedWidth*. Wird das Argument nicht angegeben, versucht Excel beim Öffnen der Datei das Spaltenformat zu ermitteln.

TextQualifier gibt an, wie Texte übergeben werden.

ConsecutiveDelimiter muss auf *True* gesetzt werden, wenn aufeinander folgende Trennzeichen als ein Zeichen erkannt werden sollen. Der Standardwert ist jedoch *False*.

Nun folgen die möglichen Trennzeichen: *Tab*, *Semicolon*, *Comma*, *Space* und *Other*. Allen wird der Wert *False* zugewiesen, mit Ausnahme des verwendeten Trennzeichens. Dieses erhält logischer Weise den Wert *True* zugewiesen.

FieldInfo ist ein *xlColumnDataType*-Wert und stellt eine Matrix mit Parserinformationen zu den einzelnen Datenspalten dar. Dabei bestimmt der Inhalt von *DataType* deren Interpretation. Werden Trennzeichen verwendet, so ist dieses Argument eine Matrix aus Matrizen mit zwei Elementen. Jede der Matrizen mit zwei Elementen gibt die Umwandlungsoptionen für eine bestimmte Spalte an. Das erste Element ist die Spaltennummer (beginnend mit 1), und das zweite Element ist eine *XlColumnDataType*-Konstante. Dabei sind folgende Konstanten möglich:

Symbolische Konstante	Bedeutung
xlGeneralFormat	Allgemein
xlTextFormat	Text
xlMDYFormat	MDY date
xlDMYFormat	DMY date
xlYMDFormat	YMD date
xlMYDFormat	MYD date
xlDYMFormat	DYM date
xlYDMFormat	YDM date ▶

Symbolische Konstante	Bedeutung
xlEMDFormat	EMD date
xlSkipColumn	Spalte überspringen

Tabelle 7.1: Symbolische Konstanten als Parameter der Methode OpenText

Der letzte übergebene Parameter heißt *TrailingMinusNumbers* und besitzt den Wert *True*.

Nach dem Einlesen der Textdaten in das Excel-Arbeitsblatt, wird dieses in die Start-Arbeitsmappe kopiert. Dazu werden die Variablennamen verwendet. Mit einem kleinen Kniff kann die Variable, in der der Name der Textdatei gespeichert wurde, hierzu verwendet werden. Mit Hilfe der Funktion *Mid* wird der Inhalt der Variablen eingelesen. Begonnen wird mit dem ersten Zeichen. Die Länge des einzulesenden Strings wird mit Hilfe der Funktion *Len* ermittelt und um vier Zeichen, die für den Punkt und die Dateinamenerweiterung stehen, gekürzt. Diese Formel sieht dann so aus:

```
Mid(m_strTextDatei, 1, Len(m_strTextDatei) - 4)
```

Die Textdatei wird nun nicht mehr benötigt und kann geschlossen werden.

Um alle Spalten optimal breit zu machen, wird die ganze Tabelle markiert und mittels der Methode *Autofit* auf die richtige Spaltenbreite gebracht. Die *Select*-Methode hebt dann die Markierung wieder auf.

Bleibt nur noch die Beschreibung für das Löschen einer bereits vorhandenen Tabelle. Dabei werden alle in der Mappe vorhandenen Tabellenblätter durchlaufen, bis man auf das Blatt mit dem gesuchten Namen stößt. Da das Löschen des Tabellenblattes mit der Methode *Delete* eine Warnmeldung produzieren würde, werden für einen reibungslosen Ablauf alle Warnmeldungen ausgeschaltet. Da dies unter Umständen gefährliche Situationen hervorrufen könnte, müssen diese Fehlermeldungen sofort nach dem Löschen wieder eingeschaltet werden. Erreicht wird dies mit der Eigenschaft *DisplayAlerts* und der Zuweisung der booleschen Werte *True* und *False*.

```
Option Explicit
'** Modulvariable deklarieren
    Dim m_strTextDatei As String
Sub TexteZeichenseparriert()
    On Error GoTo fehler
'** Deklaration der Variablen
    Dim strPfad As String
    Dim strNameMappe As String
    Dim strFullName As String
'** Initialisierung der Variablen
    strPfad = ActiveWorkbook.Path & "\"
    m_strTextDatei = "K07_Rechnungen.txt"
    strNameMappe = ThisWorkbook.Name
    strFullName = strPfad & m_strTextDatei
'** Bildschirmaktualisierung ausschalten
    Application.ScreenUpdating = False
'** Makro TextimportLoeschen aufrufen
    TextImportLoeschen
'** Textdatei importieren, Felder sind Semicolon separiert
    Workbooks.OpenText Filename:=strFullName, _
                    Origin:=xlWindows, _
```

Datenanalyse

```
                       StartRow:=1, _
                       DataType:=xlDelimited, _
                       TextQualifier:=xlDoubleQuote, _
                       ConsecutiveDelimiter:=False, _
                       Tab:=False, _
                       Semicolon:=True, _
                       Comma:=False, _
                       Space:=False, _
                       Other:=False, _
                       FieldInfo:=Array(Array(1, 1), Array(2, 1), Array(3, 1), _
                                  Array(4, 1), Array(5, 1), Array(6, 1), _
                                  Array(7, 1), Array(8, 1), Array(9, 1), _
                                  Array(10, 1), Array(11, 1), Array(12, 1), _
                                  Array(13, 1), Array(14, 1), Array(15, 1), _
                                  Array(16, 1), Array(17, 1), Array(18, 1), _
                                  Array(19, 1), Array(20, 1), Array(21, 1), _
                                  Array(22, 1), Array(23, 1), Array(24, 1), _
                                  Array(25, 1), Array(26, 1)), _
                       TrailingMinusNumbers:=True
'** Importierte Textdatei in Startmappe verschieben
    Sheets(Mid(m_strTextDatei, 1, Len(m_strTextDatei) - 4)).Copy _
          After:=Workbooks(strNameMappe).Sheets(1)
'** Textdatei schließen
    Windows("K07_Rechnungen.txt").Close
'** Alle Zellen markieren
    Workbooks(strNameMappe).Sheets(Mid(m_strTextDatei, 1, _
              Len(m_strTextDatei) - 4)).Cells.Select
'** Automatische Spaltenbreite einstellen
    Selection.Columns.AutoFit
'** Bildschirmakrualisierung einschalten
    Application.ScreenUpdating = True
'** Markierung aufheben durch das Selektieren von Zelle A1
    Range("A1").Select
Exit Sub


fehler:
    MsgBox "Fehler: " & Err.Number & vbCrLf & Err.Description
End Sub
```

Listing 7.8: *Texte zeichensepariert einlesen*

```
Sub TextImportLoeschen()
'** Deklaration der Variablen
    Dim intCt As Integer
    Dim myWS As Worksheet
'** Initialisierung des Textdatei-Namens
    m_strTextDatei = "K07_Rechnungen.txt"
'** Prüfen, ob Tabellenblatt mit diesem Namen bereits existiert
    intCt = 1
    For Each myWS In Sheets
        If Sheets(intCt).Name = Mid(m_strTextDatei, 1, Len(m_strTextDatei) - 4) Then
        '** Warnmeldungen ausschalten
            Application.DisplayAlerts = False
        '** Tabellenblatt löschen
            Sheets(Mid(m_strTextDatei, 1, Len(m_strTextDatei) - 4)).Delete
        '** Warnmeldungen wieder einschalten
```

```
            Application.DisplayAlerts = True
        End If
        intCt = intCt + 1
    Next
End Sub
```

Listing 7.9: *Löschen des Arbeitsblatts mit den Textimport-Daten*

7.6 Daten aus einer Textdatei mit Feldern fester Breite in die Datenbank einlesen

Den Code mit den entsprechenden Listings finden Sie in der Datei *K07_6.xls* innerhalb der Begleitdateien zum Buch.

Problem

Es liegen Daten in einer Textdatei vor, die in die Datenbank eingelesen werden sollen. Die Besonderheit besteht darin, dass die Felddaten nicht zeichensepariert vorliegen, sondern mit fester Feldlänge gespeichert wurden. Eine Besonderheit liegt auch noch darin, dass in der Datenbank die entsprechende Tabelle bisher nicht vorhanden ist und erst noch mit Hilfe einer Strukturtabelle erstellt werden muss.

Lösung

Da die Daten in eine beliebige Datenbank eingelesen werden sollen, scheidet der Import über das *DoCmd*-Objekt von Access aus. Aus diesem Grund war es erforderlich, eine Klasse zu erstellen, über deren Methoden und Eigenschaften der Datenimport erfolgt. Ebenfalls über eine Klasse realisiert ist die Erstellung einer neuen Datenbanktabelle, die aus der Excel-Strukturtabelle generiert wird.

Erläuterungen

Prinzipiell kann die Textdatei in jede beliebige Datenbank importiert werden. Zu einer Fehlermeldung kann es allerdings kommen, wenn in einer Datenbank die zu erstellende Tabelle bereits mit Verknüpfungen und Primärschlüsseln vorliegt.

Beschrieben wird im Folgenden zunächst die Erstellung der beiden Klassen, die später über den Programmcode der Form aufgerufen werden.

Das Listing 7.10 zeigt die Erstellung einer Methode in der Klasse *cNeueTabelle*. Dieser Methode mit dem Namen *DBNewTable* werden als String der Name der Datenbank und der Name der Tabelle beziehungsweise der Abfrage übergeben. Nach der Deklaration der Datenbank- und *TableDef*-Variablen und der Initialisierung, wird geprüft, ob eine Tabelle mit dem übergebenen Namen bereits existiert. Ist das der Fall, wird über ein Meldungsfeld abgefragt, ob diese Tabelle gelöscht werden soll. Wird die Frage mit *Ja* beantwortet, erfolgt das Löschen und die Tabelle kann erneut angelegt werden.

War die Tabelle noch nicht vorhanden, wird sie ohne Rückfrage angelegt. In beiden Fällen wird die private, also von außen nicht aufrufbare Prozedur *TabelleAnlegen* aufgerufen.

```
Option Explicit
Public Sub DBNewTable(strDBName As String, strRSName As String)
'** Deklaration der Variablen
```

```
    Dim dbs As DAO.Database
    Dim tbl As DAO.TableDef
'** Lege eine Tabelle in der aktuellen Datenbank an,
'** falls die Tabelle bereits existiert, lösche diese ggf.
    On Error GoTo DBNewTable_Fehler
'** Lade die aktuelle Datenbank
    Set dbs = OpenDatabase(strDBName)
'** prüfe, ob die Tabelle existiert
    Set tbl = dbs.TableDefs(strRSName)
    If (tbl.Name = strRSName) Then
        If MsgBox("Existierende Tabelle löschen", _
            vbYesNo + vbQuestion) = vbYes Then
                dbs.TableDefs.Delete strRSName  ' Löschen ...
        Else
                Exit Sub
        End If
    End If
'** Jetzt lässt sich die neue Tabelle anlegen
    TabelleAnlegen dbs, strRSName, tbl
Exit Sub

DBNewTable_Fehler:
    If Err.Number = 3265 Then
    '** Neue Tabelle anlegen
        TabelleAnlegen dbs, strRSName, tbl
    ElseIf Err.Number = 3281 Then
        MsgBox "Tabelle kann nicht gelöscht werden." _
            & vbCrLf & " Sie ist entweder indiziert, verknüpft oder beides", _
            vbExclamation, "Warnung"
    Else
        MsgBox "Fehler: " & Err.Description, vbCritical, "Fehler"
    End If
End Sub
```

Listing 7.10: *Die Methode DBNewTable*

Dieser Prozedur werden drei Parameter übergeben, nämlich das Datenbankobjekt *dbs*, der Name der Tabelle als String und *tbl* als *TableDef*-Objekt. Nach der erforderlichen Deklaration der Variablen werden die Variablen *strStrukturTabellenName*, *strBereichName* sowie die Excel-Objektvariabeln *xlWB* und *xlsWS* initialisiert. Die Art der Zuweisung muss sicher nicht beschrieben werden, aber der Hintergrund ist höchst interessant.

In der Struktur-Tabelle (siehe Abbildung 7.3) befinden sich *Feldname*, *Datentyp*, *Start*, *Breite* und *DB-Datentyp*. Für die Zellen A4 bis E10 wurde der Zellbereichsname *ArrayStruktur_Kunden* vergeben. Dieser Bereich wird markiert und die Zeilen und Spalten gezählt. In ein dann erstelltes Array werden mit Hilfe einer zweifach geschachtelten *For...Next*-Schleife die Zelleninhalte der Strukturtabelle eingelesen. Danach werden die Excel-Objektvariablen nicht mehr benötigt und mit *Nothing* zerstört.

Nun kann die neue Tabelle angelegt und die Felder können hinzugefügt werden. Dabei werden aus dem Array in einer Schleife der Feldname, der DB-Datentyp und die Länge beziehungsweise Breite des Datenfelds eingelesen. Nachdem dies für alle Felder geschehen ist, kann die neue Tabelle der Datenbank hinzugefügt werden.

```
Private Sub TabelleAnlegen(dbs As DAO.Database, _
                          strRSName As String, _
                          tbl As DAO.TableDef)
    Dim lngRow As Long
    Dim lngCol As Long
    Dim lngCtRows As Long
    Dim lngCtCols As Long
    Dim intCtPos As Integer
    Dim vntStruktur() As Variant
    Dim strStrukturTabellenName As String
    Dim strStrukturDateiPfad As String
    Dim strStrukturDateiName As String
    Dim strBereichName As String
    Dim fld As Field
'** Excel-Objektvariable deklarieren
    Dim xlWB As Excel.Workbook
    Dim xlWS As Excel.Worksheet
    Dim xlRange As Excel.Range
'** Dateivariable für StrukturdateiNamen initialisieren
    strStrukturTabellenName = "Struktur_" & strRSName
    strBereichName = "ArrayStruktur_" & strRSName
'** Arbeiten mit dem Excel-Objekt
    Set xlWB = ActiveWorkbook
    Set xlWS = xlWB.Sheets(strStrukturTabellenName)
'** Markieren des Array-Bereichs
    Set xlRange = xlWB.Sheets(strStrukturTabellenName).Range(strBereichName)
'** Zählen von Zeilen und Spalten
    lngCtRows = xlRange.Rows.Count
    lngCtCols = xlRange.Columns.Count
'** Durchlauf des Arrays festlegen
    intCtPos = CInt(lngCtRows) - 1
'** Erstellen des Arrays
    ReDim vntStruktur(lngCtRows - 1, lngCtCols - 1)
'** Füllen des Arrays mit den Daten aus ArrayBereich
    For lngRow = 1 To lngCtRows
        For lngCol = 1 To lngCtCols
            vntStruktur(lngRow - 1, lngCol - 1) = xlRange.Value2(lngRow, lngCol)
        Next
    Next
'** Excel-Objektvariable zerstören
    Set xlRange = Nothing
    Set xlWS = Nothing
    Set xlWB = Nothing
'** Jetzt lässt sich die neue Tabelle anlegen
    Set tbl = dbs.CreateTableDef()
    tbl.Name = strRSName
    Dim intCt As Integer
    For intCt = 0 To lngRow - 2
    '** Feld erzeugen ...
        Set fld = tbl.CreateField(vntStruktur(intCt, 0), vntStruktur(intCt, 4), _
                vntStruktur(intCt, 3))
    '** ... und dann anfügen
        tbl.Fields.Append fld
    Next
```

```
'** Jetzt die Tabelle in die Datenbank einfügen
    dbs.TableDefs.Append tbl
  End Sub
```

Listing 7.11: *Erstellung der Tabellenerstellungsklasse*

	A	B	C	D	E	F
1	**Strukturtabelle Kunden**					
2	**SatzAufbau**					
3	Feldname:	Datentyp:	Start:	Breite:	DB-Datentyp	Datentyp:
4	id_KundenNr	3	1	6	4	Long
5	KundenName	8	7	30	10	String
6	Strasse	8	37	25	10	String
7	PLZ	8	62	8	10	String
8	Ort	8	70	30	10	String
9	Region	8	100	10	10	String
10	Land	8	110	15	10	String

Abbildung 7.3: *Inhalt der Strukturtabelle Struktur_Kunden*

Dies waren eigentlich nur vorbereitende Schritte. Der eigentliche Textimport erfolgt jetzt mit der Klasse *cTextImport*. Diese Klasse verfügt über vier Eigenschaften und zwei Methoden.

Damit klar wird, wie Klassen, Objekte, Methoden und Eigenschaften zusammenhängen, soll in der nachstehenden Tabelle nochmals der Zusammenhang dargestellt werden. Sie können so leicht erkennen, wie öffentliche Variablen und Eigenschaftenprozeduren, die in einer Klasse definiert werden, zu Eigenschaften eines Objekts werden, ebenso wie Funktionen und Prozeduren (öffentlich in der Klasse deklariert) Methoden des Objekts sind.

Klasse	Objekt
Public Variable	Eigenschaft
Public Eigenschaftenprozedur	
Public Prozedur	Methode
Public Funktion	

Tabelle 7.2: *Der Zusammenhang zwischen Klasse und Objekt*

```
Option Explicit
    Private privDBName As String
    Private privRSName As String
    Private privTXTName As String
    Private privZaehler As Long

Sub TextImport() 'TexteEinlesenArray
On Error GoTo fehler
'** Deklaration der Variablen
    Dim dbs As DAO.Database
    Dim rst As DAO.Recordset
    Dim intKanal As Integer
    Dim strText As String
    Dim intCtPos As Integer
    Dim intPos As Integer
    Dim lngStart As Long
    Dim lngLaenge As Long
```

```
    Dim intType As Integer
    Dim strFeldName As String
'** Array einlesen
    Dim lngRow As Long
    Dim lngCol As Long
    Dim lngCtRows As Long
    Dim lngCtCols As Long
    Dim strStrukturTabellenName As String
    Dim strBereichName As String
'** Excel-Objektvariable deklarieren
    Dim xlWB As Excel.Workbook
    Dim xlWS As Excel.Worksheet
    Dim xlRange As Excel.Range
'** Initialisierung der Datenbankvariblen
    Set dbs = OpenDatabase(privDBName)
    Set rst = dbs.OpenRecordset(privRSName, dbOpenDynaset)
'** Prüfen, ob die Datenbanktabelle bereits Datensätze enthält
'** Ist dies der Fall, sollen diese Datensätze gelöscht werden
    If rst.RecordCount > 0 Then
        frmStart.MousePointer = fmMousePointerHourGlass
        dbs.Execute "DELETE * FROM " & privRSName
        frmStart.MousePointer = fmMousePointerDefault
    End If
'** Dateivariable für StrukturdateiNamen initialisieren
    strStrukturTabellenName = "Struktur_" & privRSName
    strBereichName = "ArrayStruktur_" & privRSName
'** Arbeiten mit dem Excel-Objekt
    Set xlWB = ActiveWorkbook
    Set xlWS = xlWB.Sheets(strStrukturTabellenName)
'** Markieren des Array-Bereichs
    Set xlRange = xlWB.Sheets(strStrukturTabellenName).Range(strBereichName)
'** Zählen von Zeilen und Spalten
    lngCtRows = xlRange.Rows.Count
    lngCtCols = xlRange.Columns.Count
'** Durchlauf des Arrays festlegen
    intCtPos = CInt(lngCtRows) - 1
'** Erstellen des Arrays
    ReDim vntStruktur(lngCtRows - 1, lngCtCols - 1)
'** Füllen des Arrays mit den Daten aus ArrayBereich
    For lngRow = 1 To lngCtRows
        For lngCol = 1 To lngCtCols
            vntStruktur(lngRow - 1, lngCol - 1) = xlRange.Value2(lngRow, lngCol)
        Next
    Next
'** Excel-Objektvariable zerstören
    Set xlRange = Nothing
    Set xlWS = Nothing
    Set xlWB = Nothing
    privZaehler = 0
'** Freie Nummer zuweisen
    intKanal = FreeFile
'** Öffnen der Textdatei
    Open privTXTName For Input As intKanal
'** Textdatei zeilenweise durchlaufen
    Do Until EOF(intKanal)
    '** Ausgabe einer Zeile
```

```
        Line Input #intKanal, strText
'** Feldzähler initialisieren
    intPos = 0
'** Neuen, leeren Datensatz zur Tabelle hinzufügen
    rst.AddNew
'** Datensatzfelder durchlaufen
    For intPos = 0 To intCtPos
    '** Ermittlung des Feldnamens
        strFeldName = vntStruktur(intPos, 0)
    '** Ermittlung des Feldtyps
        intType = CInt(vntStruktur(intPos, 1))
    '** Ermittlung der Anfangsposition des Teilstrings in der Textdatei
        lngStart = CLng(vntStruktur(intPos, 2))
    '** Ermittlung der Länge des Teilstrings in der Textdatei
        lngLaenge = CLng(vntStruktur(intPos, 3))
    '** Daten aus dem Textstring lesen und in das Tabellenfeld schreiben
        If intType = vbString Then
            rst.Fields(strFeldName).Value = Mid(strText, lngStart, lngLaenge)
        ElseIf intType = vbLong Then
            rst.Fields(strFeldName).Value = CLng(Mid(strText, lngStart, lngLaenge))
        ElseIf intType = vbDouble Then
            rst.Fields(strFeldName).Value = CDbl(Mid(strText, lngStart, lngLaenge))
        End If
    Next
'** Daten in neuen Datensatz übernehmen
    rst.Update
    privZaehler = privZaehler + 1
    frmStart.lblImportierteDS.Caption = privZaehler
'** Nächster Datensatz
    Loop
'** Datei schließen
    Close intKanal
Exit Sub
fehler:
    MsgBox "Fehler: " & Err.Description, vbCritical, "Fehler"
End Sub
```

Listing 7.12: *Erstellen der Methode TextImport*

```
Public Property Let DBName(ByVal strDBName As String)
    If Right(UCase(strDBName), 4) = ".MDB" Then
        privDBName = strDBName
    End If
End Property
```

Listing 7.13: *Die Eigenschaften-Prozedur DBName*

```
Public Property Get RSName() As String
    RSName = privRSName
End Property
Public Property Let RSName(ByVal strRSName As String)
    privRSName = strRSName
End Property
```

Listing 7.14: *Die Eigenschaften-Prozedur RSName*

```
Public Property Let TXTName(ByVal strTXTName As String)
    If Right(UCase(strTXTName), 4) = ".TXT" Then
        privTXTName = strTXTName
    End If
End Property
```

Listing 7.15: *Die Eigenschaften-Prozedur TXTName*

```
Function DBNamenErmitteln() As String
    Dim vntFullName As Variant
    vntFullName = Application.GetOpenFilename("Datenbanken (*.mdb), *.mdb")
    If vntFullName = False Then
        DBNamenErmitteln = ""
    Else
        DBNamenErmitteln = vntFullName
    End If
End Function
```

Listing 7.16: *Die Methode DBNamenErmitteln*

```
Public Property Get DSZaehler() As Long
    DSZaehler = privZaehler
End Property
```

Listing 7.17: *Die Eigenschaften-Prozedur DSZaehler*

7.7 Daten aus einer Textdatei mit Feldern fester Breite in eine ADO-Datenbank einlesen

Den Code mit den entsprechenden Listings finden Sie in der Datei *K07_7.xls* innerhalb der Begleitdateien zum Buch.

Problem

Die Aufgabenstellung entspricht der des vorherigen Problems. Allerdings sollen die Daten in eine Datenbank eingelesen werden, auf die mit Hilfe des ADO-Zugriffsobjekts zugegriffen wird.

Lösung

Der eigentliche Import entspricht der Lösung der vorherigen Aufgabenstellung. Unterschiedlich ist jedoch die Art, wie auf die Datenbank zugegriffen wird. Diese erfolgt mit Hilfe von ADO.

Erläuterungen

Der Start erfolgt über das *Worksheet_Activate*-Ereignis der Tabelle *Start*. Aufgerufen wird dabei das Formular *frmStart*. Dabei wird der Ereigniscode der *Userform* ausgeführt.

```
Private Sub UserForm_Activate()
    Dim intWS As Integer
    Dim intCtWS As Integer
    intCtWS = Worksheets.Count
```

```
For intWS = 1 To intCtWS
    If Left(Worksheets(intWS).Name, 9) = "Struktur_" Then
'** Combobox füllen
        cboRS.AddItem Mid(Worksheets(intWS).Name, 10)
    End If
Next
If cboRS.ListCount > 0 Then
'** Ersten Eintrag auswählen
    cboRS.ListIndex = 0
End If
End Sub
```

***Listing 7.18**: Füllen des Kombinationslistenfelds mit den Namen der Strukturtabellen*

Nachdem Sie eine der Strukturtabellen aus dem Kombinationslistenfeld ausgewählt haben, klicken Sie auf die Schaltfläche *Textimport über eine Klasse.*

```
Private Sub cmdTextImportKlasse_Click()
    On Error GoTo fehler
'** Deklaration der Variablen
    Dim oTextImport As cTextImportADO
    Dim strDBName As String
'** Initialisieren des oTextImport-Objekts
    Set oTextImport = New cTextImportADO
'** In das Verzeichnis der Arbeitsmappe wechseln
    ChDir ActiveWorkbook.Path
'** Datenbanknamen ermitteln
    strDBName = oTextImport.DBNamenErmitteln
    If Len(Trim(strDBName)) > 0 Then
        Me.Repaint
'** Eigenschaften des Objekts zuweisen
        With oTextImport
            .DBName = strDBName
            .RSName = cboRS.Value
            .TXTName = ActiveWorkbook.Path & "\" & .RSName & ".TXT"
        End With
        frmStart.Repaint
        Application.ScreenUpdating = False
'** Methode des Objekts aufrufen
        oTextImport.TextImport
        Application.ScreenUpdating = True
        frmStart.Repaint
    Else
        MsgBox "Es wurde keine Datenbank ausgewählt", vbCritical, "Abbruch"
        Set oTextImport = Nothing
    End If
Exit Sub
fehler:
    MsgBox "Fehler: " & Err.Description, vbCritical, "Fehler"
End Sub
```

***Listing 7.19**: Aufruf zum Import der Textdatei*

Nach der Deklaration und Initialisierung des Objekts *oTextImport* wird in das Verzeichnis der aktiven Arbeitsmappe gewechselt. Ist das geschehen, wird die Datenbank ausgewählt, in die die Textdatei importiert werden soll. Im Prinzip kann dies jede beliebige Datenbank sein, für dieses Beispiel wird jedoch empfohlen, die Datenbank *DB_TextImport.mdb* zu verwenden. Wird die

Textdatei in eine Datenbank importiert, in der bereits eine Tabelle mit dem gewählten Namen existiert und ist diese bereits mit anderen Tabellen verknüpft und indiziert, so kann es zu einer Fehlermeldung kommen.

Nachdem die Datenbank ausgewählt wurde, können dem Objekt *oTextImport* die Eigenschaften *DBName*, *RSName* und *TXTName* zugewiesen werden.

```
Function DBNamenErmitteln() As String
    Dim vntFullName As Variant
    vntFullName = Application.GetOpenFilename("Datenbanken (*.mdb), *.mdb")

    If vntFullName = False Then
        DBNamenErmitteln = ""
    Else
        DBNamenErmitteln = vntFullName
    End If
End Function

Public Property Let DBName(ByVal strDBName As String)
    If Right(UCase(strDBName), 4) = ".MDB" Then
        privDBName = strDBName
    End If
End Property

Public Property Let RSName(ByVal strRSName As String)
    privRSName = strRSName
End Property

Public Property Get RSName() As String
    RSName = privRSName
End Property

Public Property Let TXTName(ByVal strTXTName As String)
    If Right(UCase(strTXTName), 4) = ".TXT" Then
        privTXTName = strTXTName
    End If
End Property
```

Listing 7.20: *Zuweisung der Inhalte zu den Eigenschaften*

Dann wird die wichtigste Methode *TextImport* aufgerufen. Deren prinzipielle Funktionsweise wurde bereits in den Erläuterungen zum vorigen Problem beschrieben, wird aber in Listing 7.21 nochmals dargestellt. Die Besonderheit hierbei ist wie erwähnt der Zugriff über das ADO-Objekt.

```
Sub TextImport() 'TexteEinlesenArray
On Error GoTo fehler
'** Deklaration der Variablen
    Dim cnn As ADODB.Connection
    Dim rst As ADODB.Recordset
    Dim intKanal As Integer
    Dim strText As String
    Dim intCtPos As Integer
    Dim intPos As Integer
    Dim lngStart As Long
    Dim lngLaenge As Long
```

```
        Dim intType As Integer
        Dim strFeldName As String
'** Array einlesen
        Dim lngRow As Long
        Dim lngCol As Long
        Dim lngCtRows As Long
        Dim lngCtCols As Long
        Dim vntStruktur() As Variant
        Dim strStrukturTabellenName As String
        Dim strStrukturDateiPfad As String
        Dim strStrukturDateiName As String
        Dim strBereichName As String
'** Excel-Objektvariable deklarieren
        Dim xlWB As Excel.Workbook
        Dim xlWS As Excel.Worksheet
        Dim xlRange As Excel.Range


'** Initialisierung der Datenbankvariablen
'** Bilden der Objektinstanz
        Set cnn = New ADODB.Connection
        Set rst = New ADODB.Recordset
'** Provider-Eigenschaft zuweisen
'** Für Access-Datenbanken ab Version 2000
        cnn.Provider = "Microsoft.Jet.OLEDB.4.0"


'** Connectionstring-Eigenschaft zuweisen
        cnn.ConnectionString = "Data Source='" & privDBName & "'" & "; user id=Admin"


'** Verbindung öffnen
        cnn.Open
'** Recordset auf die aktive Connection einstellen
        Set rst.ActiveConnection = cnn
'** Cursor einstellen
        rst.CursorType = adOpenStatic
'** LockType einstellen
        rst.LockType = adLockOptimistic
'** Datenquelle zuweisen
        rst.Source = privRSName
'** Recordset öffnen
        rst.Open
'** Prüfen, ob die Datenbanktabelle bereits Datensätze enthält
'** Ist dies der Fall, sollen diese Datensätze gelöscht werden
        If rst.RecordCount > 0 Then
            frmStart.MousePointer = fmMousePointerHourGlass
            cnn.Execute "DELETE * FROM " & privRSName
            frmStart.MousePointer = fmMousePointerDefault
        End If
'** Dateivariable für StrukturdateiNamen initialisieren
        strStrukturTabellenName = "Struktur_" & privRSName
        strBereichName = "ArrayStruktur_" & privRSName
'** Arbeiten mit dem Excel-Objekt
        Set xlWB = ActiveWorkbook
        Set xlWS = xlWB.Sheets(strStrukturTabellenName)
'** Markieren des Array-Bereichs
        Set xlRange = xlWB.Sheets(strStrukturTabellenName).Range(strBereichName)
'** Zählen von Zeilen und Spalten
```

```
    lngCtRows = xlRange.Rows.Count
    lngCtCols = xlRange.Columns.Count
'** Durchlauf des Arrays festlegen
    intCtPos = CInt(lngCtRows) - 1
'** Erstellen des Arrays
    ReDim vntStruktur(lngCtRows - 1, lngCtCols - 1)
'** Füllen des Arrays mit den Daten aus ArrayBereich
    For lngRow = 1 To lngCtRows
        For lngCol = 1 To lngCtCols
            vntStruktur(lngRow - 1, lngCol - 1) = xlRange.Value2(lngRow, lngCol)
        Next
    Next
'** Excel-Objektvariable zerstören
    Set xlRange = Nothing
    Set xlWS = Nothing
    Set xlWB = Nothing
    privZaehler = 0
'******************************************************************************
'** Freie Nummer zuweisen
    intKanal = FreeFile
'** Öffnen der Textdatei
    Open privTXTName For Input As intKanal
'** Textdatei zeilenweise durchlaufen
    Do Until EOF(intKanal)
        '** Ausgabe einer Zeile
            Line Input #intKanal, strText
        '** Feldzähler initialisieren
            intPos = 0
        '** Neuen, leeren Datensatz zur Tabelle hinzufügen
            rst.AddNew
        '** Datensatzfelder durchlaufen
            For intPos = 0 To intCtPos
            '** Ermittlung des Feldnamens
                strFeldName = vntStruktur(intPos, 0)
            '** Ermittlung des Feldtyps
                intType = CInt(vntStruktur(intPos, 1))
            '** Ermittlung der Anfangsposition des Teilstrings in der Textdatei
                lngStart = CLng(vntStruktur(intPos, 2))
            '** Ermittlung der Länge des Teilstrings in der Textdatei
                lngLaenge = CLng(vntStruktur(intPos, 3))
            '** Daten aus dem Textstring lesen und in das Tabellenfeld schreiben
                If intType = vbString Then
                    rst.Fields(strFeldName).Value = Mid(strText, lngStart, lngLaenge)
                ElseIf intType = vbLong Then
                    rst.Fields(strFeldName).Value = CLng(Mid(strText, lngStart, lngLaenge))
                ElseIf intType = vbDouble Then
                    rst.Fields(strFeldName).Value = CDbl(Mid(strText, lngStart, lngLaenge))
                End If
            Next
        '** Daten in neuen Datensatz übernehmen
            rst.Update
            privZaehler = privZaehler + 1
'** Nächster Datensatz
    Loop
'** Datei schließen
    Close intKanal
```

```
      frmStart.lblImportierteDS.Caption = privZaehler
Exit Sub
fehler:
      MsgBox Err.Number & vbCrLf & Err.Description
End Sub
```

Listing 7.21: Die Methode TextImport für den Datenbankzugriff mit dem ADO-Zugriffsobjekt

7.8   Struktur einer Access-Tabelle ermitteln

Den Code mit den entsprechenden Listings finden Sie in der Datei *K07_8.xls* innerhalb der Begleitdateien zum Buch.

Problem

Um die Struktur von Microsoft Access-Tabellen ermitteln zu können, muss normalerweise zuerst die Datenbank geöffnet werden und dann die in Frage kommende Tabelle in der Entwurfsansicht. Nun lässt sich die Struktur von Hand abschreiben. Dies ist mühselig und soll automatisiert werden.

Lösung

Mit Hilfe des DAO-Zugriffsobjekts wird auf die Access-Datenbank zugegriffen, und die sich darin befindlichen Tabellen können dann in ein Listenfeld eingelesen werden. Durch Anklicken der gewünschten Tabelle wird deren Struktur in eine Excel-Tabelle ausgelesen. Dabei werden nicht nur die Feldnamen, sondern auch der Wert des Datenbank-Feldtyps, die symbolische Konstante des Datenbank-Feldtyps, der Wert des VBA-Variablentyps, die symbolische Konstante des VBA-Variablentyps sowie die Feldlänge.

Damit nicht nur die Struktur einer Tabelle, sondern bei Bedarf die Strukturen mehrerer Tabellen ausgegeben werden können, lässt sich dies über ein entsprechendes Kontrollkästchen einstellen. Ebenso lassen sich auch alle Strukturtabellen per Mausklick wieder löschen.

Erläuterungen

Beim Öffnen der Tabelle tritt automatisch das *Workbook_Open*-Ereignis der Arbeitsmappe ein, mit dem das Startformular aufgerufen wird (Listing 7.22). In der Abbildung 7.4 ist dieses Startformular zu sehen.

```
Option Explicit
Private Sub Workbook_Open()
'** Startformular aufrufen
    frmK07_08.Show
End Sub
```

Listing 7.22: Aufruf des Startformulars

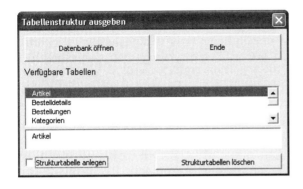

Abbildung 7.4: Startformular zur Ausgabe der Tabellenstruktur

Über die Schaltfläche *Datenbank öffnen* wird mittels der Methode *GetOpenFileName* die gewünschte Datenbank geöffnet. Hinter dieser Methode steckt ein komplettes Dialogfeld, wie es in Abbildung 7.5 gezeigt wird. Nachdem die gewünschte Access-Datenbank ausgewählt wurde, werden die Tabellen in das Listenfeld eingelesen. Allerdings nur Tabellen, die sowohl den Attributwert 0 haben und auch keine Systemtabellen sind. Dabei werden das Listenfeld, das Bezeichnungsfeld und das Textfeld nun sichtbar gemacht.

Wird eine der Tabellen im Listenfeld angeklickt, tritt das gleichnamige Ereignis ein. Dieser Ereigniscode ist in Listing 7.26 enthalten. Nachdem die Bildschirmaktualisierung ausgeschaltet wurde sowie der auszufüllende Bereich gelöscht und die Überschriften eingetragen wurden, wird das *Recordset* initialisiert und die darin befindlichen Felder werden gezählt. Mit Hilfe der ermittelten Feldanzahl wird eine *For...Next*-Schleife durchlaufen und die Struktur der Felder ausgegeben. Dabei kommen drei selbst geschriebene Funktionen zum Einsatz. Dies sind *W2T_db* (Listing 7.28), *W2T_vb* (Listing 7.30) und *DB2VB* (Listing 7.29). Lesen Sie die »2« als den englischen Wert »two«, was phonetisch mit »to«, also *zu* gleichzusetzen ist. W2T bedeutet hier, dass der Wert in einen Text umgewandelt werden soll. Für die Wirkungsweise der Funktion ist diese Schreibweise allerdings unerheblich.

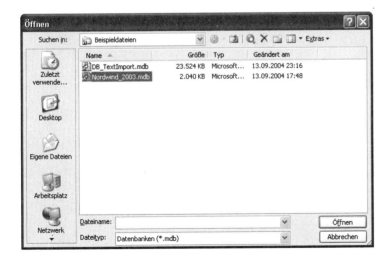

Abbildung 7.5: Dialogfeld, wie es über die Methode GetOpenFileName *aufgerufen wird*

Datenanalyse

Ausgelesen wird der Inhalt von *Type*. Dieser wird als Wert direkt in die entsprechende Zelle geschrieben. In der nächsten Programmzeile kommt nun die Funktion *W2T_db* zum Einsatz. Der *Type*-Wert wird dieser Funktion übergeben und in einer *Case*-Bedingung die zugehörige symbolische Konstante ermittelt. Leider sind die Werte für die symbolischen Konstanten der Datenbank und VBA nicht dieselben. Mit Hilfe der Funktion *DB2VB* werden diese Werte umgewandelt. Um die symbolische VBA-Konstante zu ermitteln, werden in der nächsten Befehlszeile die Funktionen *W2T_vb* und *DB2VB* geschachtelt. Die Ausgabe des Feldnamens und der Feldlänge sind im Gegensatz zum vorstehend beschriebenen einfach zu bewerkstelligen.

Damit die ausgegebenen Werte auch ansprechend dargestellt werden, wird die Autoformatierung verwendet. Gefällt Ihnen das verwendete Autoformat nicht, ändern Sie einfach den Wert des Parameters *Format*. Einige Einzelheiten wie Schriftgröße, Ausrichtung in der Spalte und Spaltenbreite werden anschließend noch nachgebessert. Ist das geschehen, kann auch die Bildschirmaktualisierung wieder eingeschaltet werden.

Wird das Kontrollkästchen *Strukturtabelle anlegen* aktiviert, wird die gleichnamige Prozedur aufgerufen (Listing 7.31). Zunächst wird die Länge des Tabellennamens überprüft, die Anzahl der Blätter ermittelt und dann das Blatt mit dem Namen *Start* hinter das letzte Blatt kopiert. Nun wird geprüft, ob bereits ein Blatt mit dem zu vergebenden Namen existiert. Ist das der Fall, wird es gelöscht. Damit die sonst erscheinenden Warnmeldungen nicht erscheinen, werden diese kurzfristig aus und dann wieder eingeschaltet. Da sich nach dem eventuellen Löschen des Blattes die Anzahl der vorhandenen Blätter geändert haben könnte, werden diese nochmals gezählt. Da das letzte Blatt die kopierte Tabelle ist, wird für diese der Name geändert. Da nun die Tabellenstruktur sowohl in der Starttabelle als auch in der Strukturtabelle vorhanden ist, werden alle Zellen der Starttabelle gelöscht. Nun bleibt (mit Ausnahme des Schließens des Formulars) nur noch eines übrig: das Löschen der erstellten Strukturtabellen (Listing 7.25). Neben bereits beschriebenen Techniken ist hier die Funktion *InStr* besonders wichtig. Mit deren Hilfe wird überprüft, ob in einem der vorhandenen Blattnamen *Struktur_* enthalten ist. Ist dies der Fall, ist der Rückgabewert dieser Funktion größer 0 und das Blatt kann gelöscht werden.

```
Option Explicit
Private Sub cmdDBOeffnen_Click()
    Dim intCt As Integer
    Dim intCtTables As Integer
'** Öffentliche Datenbankvariable initialisieren
    Set g_MyDB = DAO.OpenDatabase(DBNamenErmitteln)
'** Anzahl der Tabellen ermitteln
    intCtTables = g_MyDB.TableDefs.Count - 1
'** Listenfeld leeren
    lstTabellen.Clear
    For intCt = 0 To intCtTables
    '** Nur Tabellen anzeigen, die den Attributwert 0 haben
    '** und keine Systemtabellen sind
        If (g_MyDB.TableDefs(intCt).Attributes And DB_SYSTEMOBJECT) = 0 Then
        '** Tabelle dem Listenfeld hinzufügen
            lstTabellen.AddItem g_MyDB.TableDefs(intCt).Name
        End If
    Next
'** Bezeichnungsfeld beschriften
    lblTabellen.Caption = "Verfügbare Tabellen"
'** Steuerelemente sichtbar machen
    lstTabellen.Visible = True
```

```
    lblTabellen.Visible = True
    txtTabellenName.Visible = True
End Sub
```

Listing 7.23*: Datenbank öffnen*

```
Private Sub cmdEnde_Click()
'** Zellen in der ersten Tabelle beim
'** Schließen der Form löschen
    Sheets("Start").Activate
    Cells.Select
    Selection.Delete Shift:=xlUp
    Range("A1").Select
    Unload Me
End Sub
```

Listing 7.24*: Startformular schließen*

```
Private Sub cmdStrukturTabellenLoeschen_Click()
'** Löschen aller Strukturtabellen in der Arbeitsmappe
    Dim xlWB As Excel.Workbook
    Dim xlWS As Excel.Worksheet
    Dim intWS As Integer
    Dim intWSCt As Integer
'** Objektvariable initialisieren
    Set xlWB = ActiveWorkbook
'** Blätter zählen
    intWSCt = xlWB.Sheets.Count
'** Blätter rückwärts durchlaufen
    For intWS = intWSCt To 1 Step -1
    '** Wenn im Tabellenblattname "Struktur_" enthalten ist...
        If InStr(1, xlWB.Sheets(intWS).Name, "Struktur_") > 0 Then
        '** ... Warnmeldungen ausschalten ...
            Application.DisplayAlerts = False
        '** Tabellenblatt löschen ...
            xlWB.Sheets(intWS).Delete
        '** Warnmeldungen wieder einschalten
            Application.DisplayAlerts = True
        End If
    Next
End Sub
```

Listing 7.25*: Strukturtabellen löschen*

```
Private Sub lstTabellen_Click()
    Dim rst As DAO.Recordset
    Dim intFld As Integer
    Dim intCtFlds As Integer
'** Bildschirmaktualisierung ausschalten
    Application.ScreenUpdating = False
'** Erstes Tabellenblatt auswählen
    Sheets("Start").Activate
'** Zellbereich leeren
    Range("A1:F200").Clear
'** Ausgewählten Wert in Textfeld schreiben
    txtTabellenName.Text = lstTabellen.Value
'** Vorbelegung der Überschriften und Bezeichnungen
    Range("A1").Value = "Datenbank: " & g_vntFullName
```

Datenanalyse   **361**

```
    Range("A2").Value = "Tabelle:    " & txtTabellenName.Text
    Range("A3").Value = "Strukturaufbau"
    Range("A4").Value = "Feldname"
    Range("B4").Value = "db-Datentyp (Wert)"
    Range("C4").Value = "db-Datentyp"
    Range("D4").Value = "vb-Datentyp (Wert)"
    Range("E4").Value = "vb-Datentyp"
    Range("F4").Value = "Feldlänge"
'** Ausgangsposition wählen
    Range("A5").Select
'** Initialisierung des Recordset-Objekts
    Set rst = g_MyDB.OpenRecordset(txtTabellenName.Text)
'** Zählen der Felder des gewählten Recordset-Objekts
    intCtFlds = rst.Fields.Count
'** Schleifendurchlauf, Wiederholung entspricht der Anzahl der Felder
    For intFld = 0 To intCtFlds - 1
    '** Feldname
        ActiveCell.Value = rst.Fields(intFld).Name
    '** Datentyp (db-Wert)
        ActiveCell.Offset(0, 1).Value = rst.Fields(intFld).Type
    '** Datentyp (db)
        ActiveCell.Offset(0, 2).Value = W2T_db(rst.Fields(intFld).Type)
    '** Datentyp (vb-Wert)
        ActiveCell.Offset(0, 3).Value = DB2VB(rst.Fields(intFld).Type)
    '** Datentyp (vb)
        ActiveCell.Offset(0, 4).Value = W2T_vb(DB2VB(rst.Fields(intFld).Type))
    '** Feldlänge
        ActiveCell.Offset(0, 5).Value = rst.Fields(intFld).Size
    '** Nächste Zeile auswählen
        ActiveCell.Offset(1, 0).Select
    Next
'** Formatierung der Ausgabezellen
    Range("A1").Select
'** Formatierung der Auswahl mit dem Autoformat
    Selection.AutoFormat _
            Format:=xlRangeAutoFormatList2, _
            Number:=True, _
            Font:=True, _
            Alignment:=True, _
            Border:=True, _
            Pattern:=True, _
            Width:=True
'** Alle Zellen markieren
    Cells.Select
'** Schrift ARIAL und Schriftgröße 12 einstellen
    With Selection.Font
        .Name = "Arial"
        .Size = 12
    End With
'** Automatische Spaltenbreite einstellen
    Selection.Columns.AutoFit
'** Spezielle Ausrichtung der Spalten, abweichend
'** von der Autoformatierung
    Columns("A:A").ColumnWidth = 25
    Columns("A:A").HorizontalAlignment = xlLeft
    Columns("B:B").HorizontalAlignment = xlCenter
```

```
      Columns("D:D").HorizontalAlignment = xlCenter
      Columns("F:F").HorizontalAlignment = xlCenter
'** Bildschirmaktualisierung einschalten
      Application.ScreenUpdating = True
'** Markierung der Zellen aufheben
      Range("A1").Select
'** Wenn das Kontrollkästchen aktiviert wurde
      If chkStrukturtabelle Then
         '** Prozedur aufrufen und als Parameter den
         '** Tabellennamen übergeben
            StrukturTabelleAnlegen txtTabellenName.Text
      End If
End Sub
```

Listing 7.26*: Struktur der Datenbank-Tabelle ausgeben*

```
Option Explicit
Public g_MyDB As DAO.Database
Public Const DB_SYSTEMOBJECT = &H80000002
Public g_vntFullName As Variant
Function DBNamenErmitteln() As String
'** Ermittlung des Datenbanknamens mit Hilfe der
'** Excel-Methode GetOpenFileName
      g_vntFullName = Application.GetOpenFilename("Datenbanken (*.mdb), *.mdb")

      If g_vntFullName = False Then
         DBNamenErmitteln = ""
      Else
         DBNamenErmitteln = g_vntFullName
      End If
End Function
```

Listing 7.27*: Datenbank auswählen und öffnen*

```
Function W2T_db(intTyp As Integer) As String
'** Werte in symbolische Datenbank-Konstanten umwandeln
      Select Case intTyp
         Case 1
            W2T_db = "dbBoolean"
         Case 2
            W2T_db = "dbByte"
         Case 3
            W2T_db = "dbInteger"
         Case 4
            W2T_db = "dbLong"
         Case 5
            W2T_db = "dbCurrency"
         Case 6
            W2T_db = "dbSingle"
         Case 7
            W2T_db = "dbDouble"
         Case 8
            W2T_db = "dbDate"
         Case 9
            W2T_db = "dbBinary"
         Case 10
            W2T_db = "dbText"
```

```
        Case 11
            W2T_db = "dbLongbinary"
        Case 12
            W2T_db = "dbMemo"
        Case 15
            W2T_db = "dbGuid"
        Case 16
            W2T_db = "dbBigint"
        Case 17
            W2T_db = "dbVarbinary"
        Case 18
            W2T_db = "dbChar"
        Case 19
            W2T_db = "dbNumeric"
        Case 20
            W2T_db = "dbDecimal"
        Case 21
            W2T_db = "dbFloat"
        Case 22
            W2T_db = "dbTime"
        Case 23
            W2T_db = "dbTimestamp"
        Case Else
            MsgBox "Prüfen"
    End Select
End Function
```

Listing 7.28: *Datenbank-Feldtyp in symbolische Datenbank-Konstante umwandeln*

```
Function DB2VB(intTyp As Integer) As Integer
'** Übergeben wird der Wert des db-Typs, der in den Wert des vb-Typs umgewandelt wird
    Select Case intTyp
        Case 3
        '** dbInteger in vbInteger
            DB2VB = 2
        Case 4
        '** dbLong in vbLong
            DB2VB = 3
        Case 5
        '** dbCurrency in vbCurrency
            DB2VB = 6
        Case 6
        '** dbSingle in vbSingle
            DB2VB = 4
        Case 7
        '** dbDouble in vbDouble
            DB2VB = 5
        Case 8
        '** dbDate in vbDate
            DB2VB = 7
        Case 10
        '** dbText in vbString
            DB2VB = 8
        Case 20
        '** dbDecimal in vbDecimal
            DB2VB = 14
```

```
        End Select
End Function
```

Listing 7.29: *Datenbank-Feldtyp in VBA-Feldtyp umwandeln*

```
Function W2T_vb(intTyp As Integer) As String
'** Werte in symbolische VBA-Konstanten umwandeln
    Select Case intTyp
        Case 0
            W2T_vb = "vbEmpty"
        Case 1
            W2T_vb = "vbNull"
        Case 2
            W2T_vb = "vbInteger"
        Case 3
            W2T_vb = "vbLong"
        Case 4
            W2T_vb = "vbSingle"
        Case 5
            W2T_vb = "vbDouble"
        Case 6
            W2T_vb = "vbCurrency"
        Case 7
            W2T_vb = "vbDate"
        Case 8
            W2T_vb = "vbString"
        Case 9
            W2T_vb = "vbObject"
        Case 10
            W2T_vb = "vbError"
        Case 11
            W2T_vb = "vbBoolean"
        Case 12
            W2T_vb = "vbVariant"
        Case 13
            W2T_vb = "vbDataObject"
        Case 14
            W2T_vb = "vbDecimal"
        Case 36
            W2T_vb = "vbUserdefindType"
        Case 8192
            W2T_vb = "vbArray"
        Case Else
            MsgBox "Prüfen"
    End Select
End Function
```

Listing 7.30: *VBA-Typ in symbolische VBA-Konstante umwandeln*

```
Sub StrukturTabelleAnlegen(strTabellenName As String)
'** Anlegen einer Excel-Strukturtabelle
    Dim xlWB As Excel.Workbook
    Dim xlWS As Excel.Worksheet
    Dim intWS As Integer
    Dim intWSCt As Integer
'** Blattname darf insgesamt nicht länger sein als 31 Zeichen
'** da der Vorsatz "Struktur_" 9 Zeichen lang ist, bleiben
```

```
'** noch 22 Zeichen übrig
    If Len(strTabellenName) > 22 Then
        strTabellenName = Left(strTabellenName, 22)
    End If
'** Workbook-Objekt-Variable initialisieren
    Set xlWB = ActiveWorkbook
'** Vorhandene Blätter zählen
    intWSCt = xlWB.Sheets.Count
'** Blatt Start kopieren und Kopie als letztes Blatt einfügen
    Sheets("Start").Copy After:=Sheets(intWSCt)
    strTabellenName = "Struktur_ " & strTabellenName
    For intWS = 1 To intWSCt
        If xlWB.Sheets(intWS).Name = strTabellenName Then
            Application.DisplayAlerts = False
            xlWB.Sheets(intWS).Delete
            Application.DisplayAlerts = True
        End If
    Next
    intWSCt = xlWB.Sheets.Count
    Set xlWS = xlWB.Sheets(intWSCt)
    xlWS.Name = strTabellenName
'** Zellen löschen
    xlWB.Sheets("Start").Activate
    Cells.Select
    Selection.Delete Shift:=xlUp
    Range("A1").Select
End Sub
```

Listing 7.31: Anlegen der Strukturtabelle

7.9   Abfragen mit VBA einrichten

Das Codemodul *modK07_09* mit dem Listing finden Sie in der Datei *K07_09.xls* innerhalb der Begleitdateien zum Buch.

Problem

Mittels einer SQL-Abfrage soll auf eine Datenbank zugegriffen werden. Diese SQL-Abfrage soll programmgesteuert an Microsoft Access geschickt werden.

Lösung

Mit Hilfe des DAO-Zugriffsobjekts wird auf eine Microsoft Access-Datenbank zugegriffen. Dabei wird bei der Initialisierung des *Recordset*-Objekts kein Tabellenname verwendet, sondern eine SQL-Abfrage.

Erläuterungen

Eine solche Abfrage kann man selbst schreiben. Oder man lässt sich dabei von Microsoft Query oder Microsoft Access helfen, die solche Abfragen ja im Hintergrund generieren. Den entsprechenden SQL-String kann man dann in der Abfrage kopieren und in den VBA-Code einfügen.

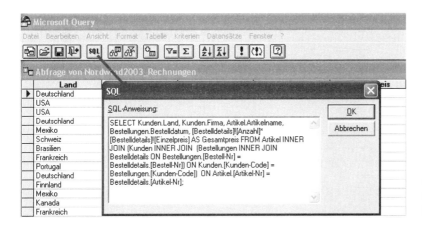

Abbildung 7.6: *Erstellen einer SQL-Abfrage mit Microsoft Query*

Abbildung 7.7: *Erstellen einer SQL-Abfrage mit Microsoft Access*

```
Option Explicit
Private Sub Workbook_Open()
'** Formular starten, Parameter erst ab Excel 2000 zulässig
    frmK07_09.Show vbModeless
End Sub
```

Listing 7.32: *Open-Ereignis des Workbook-Objekts*

```
Option Explicit
Private Sub cmdDatenImportVBA_Click()
    DAOAbfrageMitSQL
End Sub

Private Sub cmdEnde_Click()
'** Formular schließen
    Unload Me
End Sub
```

```
Private Sub cmdImportLoeschen_Click()
'** Aufruf der Prozedur zum Löschen der Tabelle
    Dim xlWS As Excel.Worksheet
    TabelleLoeschen xlWS
End Sub
```

Listing 7.33*: Ereignisprozeduren im Formular*

```
Option Explicit
    Public g_strTabellenName As String
Sub DAOAbfrageMitSQL()
'*******************************************************************************
'** Verweis auf Microsoft DAO Object Library einrichten
'*******************************************************************************
    Dim db As DAO.Database
    Dim rst As DAO.Recordset
    Dim strDBQ As String
    Dim strSQL As String
    Dim xlWB As Excel.Workbook
    Dim xlWS As Excel.Worksheet
    Dim strPfadName As String
    Dim intFld As Integer
    Dim intCtFlds As Integer
'** Tabellennamen vergeben
    g_strTabellenName = "DatenImport"
'** Prüfen, ob Tabellenblatt bereits existiert
    TabelleLoeschen xlWS
    strPfadName = ThisWorkbook.Path & "\"
    strDBQ = "Nordwind_2003.mdb"
'** Achtung: Keine Anführungszeichen (") im SQL-String
    strSQL = " SELECT Kunden.Land, Kunden.Firma, Artikel.Artikelname, " & _
            " Bestellungen.Bestelldatum, [Bestelldetails]![Anzahl]* " & _
            " [Bestelldetails]![Einzelpreis] AS Gesamtpreis " & _
            " FROM Artikel INNER JOIN (Kunden INNER JOIN " & _
            " (Bestellungen INNER JOIN Bestelldetails ON " & _
            " Bestellungen.[Bestell-Nr] = Bestelldetails.[Bestell-Nr]) " & _
            " ON Kunden.[Kunden-Code] = Bestellungen.[Kunden-Code]) " & _
            " ON Artikel.[Artikel-Nr] = Bestelldetails.[Artikel-Nr];"
    Set db = OpenDatabase(strPfadName & strDBQ)
    Set rst = db.OpenRecordset(strSQL)
    Set xlWB = ActiveWorkbook
    Set xlWS = xlWB.Worksheets.Add
    xlWS.Name = g_strTabellenName
    intCtFlds = rst.Fields.Count - 1
    xlWS.Range("A1").Select
    For intFld = 0 To intCtFlds
        ActiveCell.Offset(0, intFld).Value = rst.Fields(intFld).Name
    Next
    xlWS.Range("A2").CopyFromRecordset rst
    xlWS.Cells.Select
    xlWS.Columns.AutoFit
    xlWS.Range("A1").Select
End Sub

Sub TabelleLoeschen(xlWS As Worksheet)
'** Prüfen, ob Tabellenblatt bereits existiert
```

```
For Each xlWS In Worksheets
    If xlWS.Name = g_strTabellenName Then
        Application.DisplayAlerts = False
        Sheets(g_strTabellenName).Delete
        Application.DisplayAlerts = True
        Exit For
    End If
Next
End Sub
```

Listing 7.34: *Prozedurcode im Modul modK07_09*

7.10 Abfragen erstellen und updaten

Das Codemodul *modK07_10* mit dem Listing finden Sie in der Datei *K07_10.xls* innerhalb der Begleitdateien zum Buch.

Problem

Daten sollen mit Hilfe einer Abfrage aus einer Datenbank abgerufen und aktualisiert werden.

Lösung

Mit Hilfe einer *QueryTable*, also einer Abfragetabelle, lässt sich ebenfalls sehr komfortabel auf eine Access-Datenbank zugreifen. Dabei wird wie im vorherigen Beispiel ein SQL-String für die Abfrage verwendet.

Erläuterungen

Um auf diese Art auf eine Datenbank zugreifen zu können, müssen die Variablen für den Datenbank-Provider, den Datenbank-Namen, das Standard-Verzeichnis und den Datenbank-Treiber initialisiert werden. Dann erfolgt die Zuweisung zum SQL-String.

Die Inhalte dieser Variablen mit Ausnahme des SQL-Strings werden einer weiteren Variablen mit dem Namen *strCNN* übergeben. Mit dieser Variablen wird im Anschluss die Verbindung zur Datenbank hergestellt. Diese Verbindung wird mit Hilfe des Auflistungsobjekts *QueryTables* und der Zuweisung des SQL-Strings hergestellt. Außerdem wird ein Name für diese Abfrage erstellt. Dies ist zwar nicht zwingend erforderlich, da andernfalls Excel einen eigenen Namen vergibt, aber sehr praktisch, da die Abfrage über diesen Namen erneut angesprochen werden kann. Ebenso lässt sie sich gezielter löschen, wenn ein expliziter Name existiert. Mit der Methode *Refresh* wird die Aktualität der Anzeige gewährleistet.

```
Option Explicit
Private Sub Workbook_Open()
'** Formular starten, Parameter erst ab Excel 2000 zulässig
    frmK07_10.Show vbModeless
End Sub
```

Listing 7.35: *Open-Ereignis des Workbook-Objekts*

```
Option Explicit
Private Sub cmdAbfrageLoeschen_Click()
'** Abfrage löschen
    AbfrageLoeschen
End Sub
```

Datenanalyse

```
Private Sub cmdDataQuery_Click()
'** Abfrage erstellen
    AbfrageTabelle
End Sub

Private Sub cmdEnde_Click()
'** Formular schließen
    Unload Me
End Sub

Private Sub cmdZellenLoeschen_Click()
'** Zellen löschen
    ZellenLoeschen
End Sub
```

Listing 7.36: *Ereignisprozeduren im Formular*

```
Option Explicit
Sub AbfrageTabelle()
    Dim qtAbfrage As QueryTable
    Dim strSQL As String
    Dim strCNN As String
    Dim strProvider As String
    Dim strDBName As String
    Dim strDBQ As String
    Dim strDefaultDir As String
    Dim strDriver As String
    strProvider = "ODBC;"
    strDBName = "Nordwind_2003.mdb;"
    strDBQ = "DBQ=" & ThisWorkbook.Path & "\" & strDBName & ";"
    strDefaultDir = "DefaultDir=" & ThisWorkbook.Path & ";"
    strDriver = "Driver={Microsoft Access-Treiber (*.mdb)};"
    strSQL = " SELECT Kunden.Land, Kunden.Firma, Artikel.Artikelname, " & _
            " Bestellungen.Bestelldatum, [Bestelldetails]![Anzahl]* " & _
            " [Bestelldetails]![Einzelpreis] AS Gesamtpreis " & _
            " FROM Artikel INNER JOIN (Kunden INNER JOIN " & _
            " (Bestellungen INNER JOIN Bestelldetails ON " & _
            " Bestellungen.[Bestell-Nr] = Bestelldetails.[Bestell-Nr]) " & _
            " ON Kunden.[Kunden-Code] = Bestellungen.[Kunden-Code]) " & _
            " ON Artikel.[Artikel-Nr] = Bestelldetails.[Artikel-Nr];"
    strCNN = strProvider & _
            strDBQ & _
            strDefaultDir & _
            strDriver
'** Zellen löschen
    ZellenLoeschen
'** Abfrage ausführen
    With ActiveSheet.QueryTables
        With .Add(Connection:=strCNN, Destination:=Range("A1"), Sql:=strSQL)
            .Name = "qryNordwind_2003"
            .Refresh
        End With
    End With
End Sub
```

```
Sub AbfrageLoeschen()
    Dim qtAbfrage As QueryTable
    Dim strAbfrage As String
    For Each qtAbfrage In Worksheets("DBAbfrage").QueryTables
        strAbfrage = qtAbfrage.Name
        qtAbfrage.Delete
        MsgBox "Die Abfrage " & strAbfrage & " wurde gelöscht"
    Next
End Sub

Sub ZellenLoeschen()
'** Alle Zellen löschen
    Cells.Select
    Selection.Delete Shift:=xlUp
    Range("A1").Select
End Sub
```

Listing 7.37: *Prozedurcode im Modul modK07_10*

7.11   Bestehende Abfragen manipulieren

Das Codemodul *modK07_11* mit dem Listing finden Sie in der Datei *K07_11.xls* innerhalb der Begleitdateien zum Buch.

Problem

Daten sollen aus einer Datenbank abgerufen werden und in Excel je nach getroffener Auswahl dargestellt werden.

Lösung

Auf die Datenbank wird mit Hilfe einer parametrisierten SQL-Abfrage zugegriffen. Der Parameter lässt sich mittels eines Dropdown-Feldes auswählen.

Erläuterungen

Beim Aktivieren des Formulars wird das Kombinationsfeld mit Hilfe der Methode *AddItem* gefüllt.

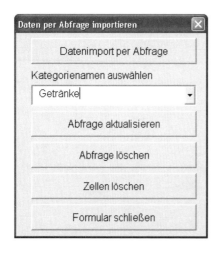

Abbildung 7.8: Formular zur Durchführung einer Abfrage mit unterschiedlichen Werten

Durch einen Klick auf die Schaltfläche *Datenimport per Abfrage* wird eine Abfrage erstellt. Diese gleicht der, die in der vorigen Lösung beschrieben wurde. Lediglich der SQL-String weist einen Unterschied auf. Er beinhaltet eine *WHERE*-Klausel, die den Parameter enthält:

```
" WHERE (((Kategorien.Kategoriename)='" & frmK07_11.cboAbfrageKategorie.Value & "'));"
```

Wie an anderer Stelle bereits erwähnt, dürfen sich innerhalb des SQL-Strings keine Anführungszeichen befinden. Zumindest nicht die gleichen, die zur Einfassung des Strings verwendet werden. Innerhalb des SQL-Strings soll aber eine Variable ausgewertet werden. Dabei spielte es keine Rolle, ob es sich wirklich um eine Variable oder wie in diesem Beispiel um den Wert der Eigenschaft *Value* des Kombinationsfeldes handelt. Um diesen ausgewerteten Variableninhalt auch als Text darstellen zu können, wird ein anderer Anführungszeichentyp verwendet. Hier wurde das so genannte Hochkomma, also das einfache Anführungszeichen genommen. Die Abfrage kann sich nun so verhalten, als ob dieser Wert direkt in die Abfrage eingegeben worden wäre.

Wird eine andere Kategorie ausgewählt, wird über das *Change*-Ereignis die Prozedur *Abfrage-Aktualisieren* aufgerufen. Mit Hilfe der Eigenschaft *CommandText* wird nochmals der SQL-String übergeben und mit Hilfe der *Refresh*-Methode aktualisiert.

Nun könnte man denken, dass die Schaltfläche *Abfrage aktualisieren* gar nicht gebraucht würde. Das ist aber nicht der Fall. Wenn sich innerhalb der Datenbank ein Wert ändert und es soll die gleiche Auswahl, allerdings aktualisiert, angezeigt werden, dann genügt ein Klick auf diese Schaltfläche.

```
Private Sub Workbook_Open()
'** Formular starten, Parameter erst ab Excel 2000 zulässig
    frmK07_11.Show vbModeless
End Sub
```

***Listing 7.38**: Open-Ereignis des Workbook-Objekts*

```
Option Explicit
Private Sub cboAbfrageKategorie_Change()
'** Abfrage aktualisieren
    AbfrageAktualisieren
End Sub
```

```
Private Sub cmdAbfrageLoeschen_Click()
'** Abfrage löschen
    AbfrageLoeschen
End Sub


Private Sub cmdDataQuery_Click()
'** Abfrage erstellen
    AbfrageTabelle
End Sub


Private Sub cmdEnde_Click()
'** Formular schließen
    Unload Me
End Sub
Private Sub cmdZellenLoeschen_Click()
'** Zellen löschen
    ZellenLoeschen
End Sub


Private Sub UserForm_Activate()
'** Kombinationsfeld füllen
    With cboAbfrageKategorie
        .AddItem "Getränke"
        .AddItem "Gewürze"
        .AddItem "Süßwaren"
        .AddItem "Milchprodukte"
        .AddItem "Getreideprodukte"
        .AddItem "Fleischprodukte"
        .AddItem "Naturprodukte"
        .AddItem "Meeresfrüchte"
    End With
    cboAbfrageKategorie.ListIndex = 0
End Sub
```

Listing 7.39: *Ereignisprozeduren im Formular frmK07_11*

```
Option Explicit
Sub AbfrageTabelle()
    Dim strSQL As String
    Dim strCNN As String
    Dim strProvider As String
    Dim strDBName As String
    Dim strDBQ As String
    Dim strDefaultDir As String
    Dim strDriver As String
    strProvider = "ODBC;"
    strDBName = "Nordwind_2003.mdb;"
    strDBQ = "DBQ=" & ThisWorkbook.Path & "\" & strDBName & ";"
    strDefaultDir = "DefaultDir=" & ThisWorkbook.Path & ";"
    strDriver = "Driver={Microsoft Access-Treiber (*.mdb)};"
'** SQL-String für die Abfrage zusammenstellen
    strSQL = " SELECT Kunden.Land, Kunden.Firma, Artikel.Artikelname, " & _
" Bestellungen.Bestelldatum, [Bestelldetails]![Anzahl]* " & _
" [Bestelldetails]![Einzelpreis] AS Gesamtpreis " & _
" FROM Kategorien INNER JOIN (Kunden INNER JOIN " & _
```

```
" (Bestellungen INNER JOIN (Artikel INNER JOIN " & _
" Bestelldetails ON Artikel.[Artikel-Nr] = Bestelldetails.[Artikel-Nr]) " & _
" ON Bestellungen.[Bestell-Nr] = Bestelldetails.[Bestell-Nr]) " & _
" ON Kunden.[Kunden-Code] = Bestellungen.[Kunden-Code]) " & _
" ON Kategorien.[Kategorie-Nr] = Artikel.[Kategorie-Nr] " & _
" WHERE (((Kategorien.Kategoriename)='" & frmK07_11.cboAbfrageKategorie.Value & "'));"

'** Connection-String zusammenstellen
    strCNN = strProvider & _
            strDBQ & _
            strDefaultDir & _
            strDriver
'** Zellen löschen
    ZellenLoeschen
'** Abfrage ausführen
    With ActiveSheet.QueryTables
        With .Add(Connection:=strCNN, Destination:=Range("A1"), Sql:=strSQL)
            .Name = "qryNordwind_2003"
            .Refresh
        End With
    End With
End Sub


Sub AbfrageLoeschen()
    Dim qtAbfrage As QueryTable
    Dim strAbfrage As String
    For Each qtAbfrage In Worksheets("DBAbfrage").QueryTables
        strAbfrage = qtAbfrage.Name
        qtAbfrage.Delete
        MsgBox "Die Abfrage " & strAbfrage & " wurde gelöscht"
    Next
End Sub


Sub AbfrageAktualisieren()
    Dim qtAbfrage As QueryTable
    Dim intCtQT As Integer
    intCtQT = Worksheets("DBAbfrage").QueryTables.Count
    For Each qtAbfrage In Worksheets("DBAbfrage").QueryTables
        If qtAbfrage.Name = "qryNordwind_2003" Then
            qtAbfrage.CommandText = _
" SELECT Kunden.Land, Kunden.Firma, Artikel.Artikelname, " & _
" Bestellungen.Bestelldatum, [Bestelldetails]![Anzahl]* " & _
" [Bestelldetails]![Einzelpreis] AS Gesamtpreis " & _
" FROM Kategorien INNER JOIN (Kunden INNER JOIN " & _
" (Bestellungen INNER JOIN (Artikel INNER JOIN Bestelldetails " & _
" ON Artikel.[Artikel-Nr] = Bestelldetails.[Artikel-Nr]) " & _
" ON Bestellungen.[Bestell-Nr] = Bestelldetails.[Bestell-Nr]) " & _
" ON Kunden.[Kunden-Code] = Bestellungen.[Kunden-Code]) " & _
" ON Kategorien.[Kategorie-Nr] = Artikel.[Kategorie-Nr] " & _
" WHERE (((Kategorien.Kategoriename)='" & frmK07_11.cboAbfrageKategorie.Value & "'));"

        qtAbfrage.Refresh
        End If
    Next
End Sub
```

```
Sub ZellenLoeschen()
'** Alle Zellen löschen
    Cells.Select
    Selection.Delete Shift:=xlUp
    Range("A1").Select
End Sub
```

Listing 7.40: Prozedurcode im Modul modK07_11

7.12 PivotTables einrichten

Das Codemodul *modK07_12* mit dem Listing finden Sie in der Datei *K07_12.xls* innerhalb der Begleitdateien zum Buch.

Problem

Mit Hilfe von PivotTables lassen sich große Datenbestände hervorragend auswerten und analysieren. Das Handling und die manuelle Erstellung einer PivotTable sind nicht schwierig, wenn man sich einmal die Mühe gemacht hat, das dahinter stehende Prinzip zu verstehen. Dennoch taucht sehr oft die Forderung auf, eine PivotTable auf Knopfdruck erstellen und gegebenenfalls auch aktualisieren zu können.

Lösung

Mit Hilfe von VBA lässt sich die oben geschilderte Aufgabenstellung lösen. Eine schnelle Erstellung auf Knopfdruck lässt sich auch von Personen durchführen, die über wenig praktische Erfahrung bei der Erstellung von PivotTables verfügen. Die Bedienung erfolgt menügesteuert.

Erläuterungen

Damit der Anwender gleich in den Genuss des einfachen Bedienmenüs kommt, wird dieses beim Öffnen der Arbeitsmappe gestartet

```
Private Sub Workbook_Open()
'** Beim Öffnen der Mappe wird das Formular angezeigt
'** Der Parameter darf erst ab Excel 2000 verwendet werden
    frmK07_12.Show vbModeless
End Sub
```

Listing 7.41: Ereigniscode des Arbeitsmappen-Objekts

Das Formular verfügt über die Schaltflächen *PivotTable erstellen*, *PivotTable löschen* und *Formular schließen*. Die Schaltfläche *PivotTable löschen* ist zu Beginn deaktiviert und wird erst nach der Erstellung einer PivotTable aktiviert. Des Weiteren sind in einem Rahmen zwei Optionsfelder enthalten, mit deren Hilfe ausgewählt werden kann, ob die neu zu erstellende PivotTable über Zeilenfelder oder aber auch über ein Seitenfeld verfügen soll. Vorbelegt durch eine Zuweisung im *Activate*-Ereignis des Formulars ist das Optionsfeld *Zeilenfeld*.

```
Option Explicit
Private Sub cmdEnde_Click()
'** Formular schließen
    Unload Me
End Sub

Private Sub cmdPivotTableErstellen_Click()
```

```
'** PivotTable erstellen
    PivotTable_DB
End Sub

Private Sub cmdPivotTableLoeschen_Click()
'** Aufruf der Prozedur zum Löschen der PivotTable
    Dim xlWS As Excel.Worksheet
    PivotTableLoeschen xlWS
End Sub

Private Sub UserForm_Activate()
'** Eigenschaftswert beim Aktivieren der Form zuweisen
    optZeilenfeld.Value = True
End Sub
```

Listing 7.42: Programmcode des Formulars frmK07_12

Erstellen Sie nun eine neue PivotTable durch Anklicken der gleichnamigen Schaltfläche, wird die Prozedur *PivotTable_DB* aufgerufen. Nach der Deklaration der Variablen und deren Initialisierung wird der so genannte SQL-String zusammengestellt. Solche Strings lassen sich auf relativ einfache Art und Weise erstellen. Befinden Sie sich in MS-Access in einem Abfrageentwurf, so müssen Sie lediglich bei *Ansicht* in *SQL-Ansicht* wechseln und den SQL-String markieren und kopieren. Im Programmcode verwenden Sie ihn durch Zuweisung zu einer String-Variablen. Übrigens stammt dieser String direkt aus einer Abfrage der Datenbank *Nordwind_2003.mdb*.

Nun wird für das Tabellenblatt, das die PivotTable aufnehmen soll, ein Name vergeben. Existiert bereits ein solches Blatt, soll es gelöscht werden. Dies nimmt die Prozedur *PivotTableLoeschen* vor, die sich im Modul *modK07_12* befindet. Als Parameter wird dieser Prozedur eine Variable vom Typ *Worksheet*-Objekt mitgegeben. Nun wird ermittelt, ob ein entsprechendes Tabellenblatt vorhanden ist und unter Ausschaltung der (manchmal lästigen) Warnmeldungen gelöscht. So lästig diese Warnmeldungen auch sind, sie erfüllen einen guten, ja sogar höchst nützlichen Zweck. Wie schnell ist mal unabsichtlich eine wichtige Datei durch Unachtsamkeit vom Löschen bedroht. Hier hilft die Fehlermeldung, viel Schaden zu vermeiden. Aus diesem Grund dürfen Sie niemals vergessen, eine kurzfristig ausgeschaltete Warnmeldung unmittelbar nach Ausführung des entsprechenden Befehls wieder einzuschalten.

Um für die neue PivotTable ein Tabellenblatt zur Verfügung zu haben, wird die aktive Arbeitsmappe einem *Workbook*-Objekt zugewiesen. Diesem *Workbook*-Objekt wird anschließend ein neues Tabellenblatt hinzugefügt und mit dem vordefinierten Namen versehen. Damit ist sichergestellt, dass immer die richtige Tabelle angesprochen wird.

Mit der Methode *PivotCaches* wird eine Auflistung erstellt, die alle Cache-Speicher der Pivot-Table in einer Arbeitsmappe enthält. Mit Hilfe dieser Cache-Speicher kann dann der eigentliche PivotTable-Bericht zurückgegeben werden.

Die darauf folgende *Connection*-Eigenschaft ermöglicht es Excel, über OLEDB eine Verbindung zur gewünschten Datenbank herzustellen.

Mit der *CommandType*-Eigenschaft wird die Befehlszeichenfolge für die Abfrage festgelegt. Dies ist hier eine SQL-Abfrage. Übrigens sollte die *CommandText*-Eigenschaft immer anstelle der SQL-Eigenschaft verwendet werden. Diese gibt es nur noch aus Kompatibilitätsgründen zu früheren Versionen von Microsoft Excel. Sollten beide Eigenschaften verwendet werden, hat der Wert der *CommandText*-Eigenschaft Vorrang.

Die *CreatePivotTable*-Methode erstellt nun den PivotTable-Bericht, der auf dem soeben erwähnten *PivotCache*-Objekt basiert. Dieser PivotTable-Bericht ist im Moment natürlich noch ein leerer Rahmen, der jetzt mit Inhalten gefüllt wird.

Dieses Füllen ist abhängig davon, welches Optionsfeld vor der Erstellung der PivotTable gewählt wurde. Wurde die Vorbelegung *Zeilenfeld* nicht geändert, wird die Erstellung des Seitenfelds übersprungen und mit der Erstellung des Spaltenfelds begonnen.

Sowohl beim Spaltenfeld als auch beim Zeilenfeld, Seitenfeld und Datenfeld wurde die Arbeit mit einem Array vorbereitet. Sollten mehr Felder angezeigt werden, kann hier die Voreinstellung sehr einfach geändert werden. Es darf allerdings nicht vergessen werden, dass mit *ReDim* auch die neue Anzahl der Array-Elemente korrekt eingestellt wird.

Dann erfolgt das Füllen der Zeilenfelder, dies sind beim gewählten Beispiel der Kategoriename und der Artikelname. Nun steht dem Füllen der Datenfelder nichts mehr im Wege. Die Werte werden in Euro formatiert ausgegeben. Achten Sie hier im Programmcode auf die amerikanische Schreibweise des Formats.

Damit ist die Erstellung der PivotTable abgeschlossen und Sie können Ihr Werk betrachten.

```
Option Explicit
    Public g_strTabellenName As String

Sub PivotTable_DB()
    Dim strProvider As String
    Dim strDBQ As String
    Dim strDefaultDir As String
    Dim strDriverID As String
    Dim strFIL As String
    Dim strMaxBufferSize As String
    Dim strMaxScanRows As String
    Dim strPageTimeout As String
    Dim strSafeTransactions As String
    Dim strThreads As String
    Dim strUID As String
    Dim strUserCommitSync As String
    Dim strSQL As String
    Dim strZielTabelle As String
    Dim lngPTVersion As Long
'** Excel-Objekte
    Dim xlWB As Excel.Workbook
    Dim xlWS As Excel.Worksheet
'** Namen der Seitenfelder
    Dim intSeitenfeld As Integer
    Dim vntSeitenfeld() As Variant
'** Namen der Spaltenfelder
    Dim intSpaltenfeld As Integer
    Dim vntSpaltenfeld() As Variant
'** Namen der Zeilenfelder
    Dim intZeilenfeld As Integer
    Dim vntZeilenfeld() As Variant
'** Namen der Datenfelder
    Dim intDatenfeld As Integer
    Dim vntDatenfeld() As Variant
'** Connection
    strProvider = "ODBC;"
```

```
    strDBQ = "DBQ=" & ThisWorkbook.Path & "\" & "Nordwind_2003.mdb;"
    strDefaultDir = "DefaultDir=" & ThisWorkbook.Path & _
                    ";Driver={Microsoft Access-Treiber (*.mdb)};"
    strDriverID = "DriverId=25;"
    strFIL = "FIL=MS Access;"
    strMaxBufferSize = "MaxBufferSize=2048;"
    strMaxScanRows = "MaxScanRows=8;"
    strPageTimeout = "PageTimeout=5;"
    strSafeTransactions = "SafeTransactions=0;"
    strThreads = "Threads=3;"
    strUID = "UID=admin;"
    strUserCommitSync = "UserCommitSync=Yes;"
'** CommandText
'** Umsätze nach Artikeln
'** Nordwind_2003-Datenbank
    strSQL = " SELECT Kategorien.Kategoriename, Artikel.Artikelname, " & _
" Sum(CCur(Bestelldetails.Einzelpreis*[Anzahl]*(1-[Rabatt])/100)*100) " & _
" AS Artikelumsätze, 'Qtr' & DatePart('q',[Lieferdatum]) AS Lieferquartal " & _
" FROM Kategorien INNER JOIN (Bestellungen INNER JOIN (Artikel INNER JOIN " & _
" Bestelldetails ON Artikel.[Artikel-Nr] = Bestelldetails.[Artikel-Nr]) " & _
" ON Bestellungen.[Bestell-Nr] = Bestelldetails.[Bestell-Nr]) " & _
" ON Kategorien.[Kategorie-Nr] = Artikel.[Kategorie-Nr] " & _
" WHERE (((Bestellungen.Lieferdatum) Between #1/1/1997# And #12/31/1997#)) " & _
" GROUP BY Kategorien.Kategoriename, Artikel.Artikelname, " & _
" 'Qtr' & DatePart('q',[Lieferdatum]);"
'** Tabellennamen vergeben
    g_strTabellenName = "PivotTable_ArtikelUmsatz"
'** Schaltfläche aktivieren
    frmK07_12.cmdPivotTableLoeschen.Enabled = True
    PivotTableLoeschen xlWS
'** Leeres Excel-Tabellenblatt hinzufügen
    Set xlWB = ActiveWorkbook
    Set xlWS = xlWB.Worksheets.Add
    xlWS.Name = g_strTabellenName
'** Ausgangsposition bestimmen
    strZielTabelle = "[" & ThisWorkbook.Name & "]" & g_strTabellenName & "!R3C1"
    lngPTVersion = xlPivotTableVersion10
'** CreatePivotTable
    With ActiveWorkbook.PivotCaches.Add(SourceType:=xlExternal)
        .Connection = _
                strProvider & _
                strDBQ & _
                strDefaultDir & _
                strDriverID & _
                strFIL & _
                strMaxBufferSize & _
                strMaxScanRows & _
                strPageTimeout & _
                strSafeTransactions & _
                strThreads & _
                strUID & _
                strUserCommitSync
        .CommandType = xlCmdSql
        .CommandText = strSQL
        .CreatePivotTable TableDestination:=strZielTabelle, _
                    TableName:=g_strTabellenName, _
```

```
                        DefaultVersion:=lngPTVersion
        End With
'*******************************************************************************
'** Inhalte der PivotTable erstellen
'** Kategoriename
'** ...
'** ...
'*******************************************************************************
    If frmK07_12.optSeitenfeld Then
        ReDim vntSeitenfeld(0)
            vntSeitenfeld(0) = "Kategoriename"
        '     vntSeitenfeld(1) = ""
        '** Erstellen der Seitenfelder
            For intSeitenfeld = LBound(vntSeitenfeld) To UBound(vntSeitenfeld)
                With ActiveSheet.PivotTables(g_strTabellenName).PivotFields _
                    (vntSeitenfeld(intSeitenfeld))
                    .Orientation = xlPageField
                    .Position = 1
                End With
            Next
    End If
'*******************************************************************************
'** Erstellen der Spaltenfelder
    ReDim vntSpaltenfeld(0)
    vntSpaltenfeld(0) = "Lieferquartal"
'     vntSpaltenfeld(1) = ""
    For intSpaltenfeld = LBound(vntSpaltenfeld) To UBound(vntSpaltenfeld)
        With ActiveSheet.PivotTables(g_strTabellenName).PivotFields _
            (vntSpaltenfeld(intSpaltenfeld))
            .Orientation = xlColumnField
            .Position = intSpaltenfeld + 1
        End With
    Next
'*******************************************************************************
'** Erstellen der Zeilenfelder
    If frmK07_12.optZeilenfeld Then
        ReDim vntZeilenfeld(1) As Variant
        vntZeilenfeld(0) = "Kategoriename"
        vntZeilenfeld(1) = "Artikelname"
    Else
        ReDim vntZeilenfeld(0) As Variant
        vntZeilenfeld(0) = "Artikelname"
    End If
    For intZeilenfeld = LBound(vntZeilenfeld) To UBound(vntZeilenfeld)
        With ActiveSheet.PivotTables(g_strTabellenName).PivotFields _
            (vntZeilenfeld(intZeilenfeld))
            .Orientation = xlRowField
            .Position = intZeilenfeld + 1
        End With
    Next
    Range("A5").Select
'*******************************************************************************
'** Erstellen der Datenfelder
    ReDim vntDatenfeld(0) As Variant
    vntDatenfeld(0) = "Artikelumsätze"
    'vntDatenfeld(1) = ""
```

```
    For intDatenfeld = LBound(vntDatenfeld) To UBound(vntDatenfeld)
        With ActiveSheet.PivotTables(g_strTabellenName)
            .AddDataField ActiveSheet.PivotTables(g_strTabellenName).PivotFields _
                (vntDatenfeld(intDatenfeld)), "_" & vntDatenfeld(intDatenfeld), xlSum
        '** In Euro formatieren
            .PivotFields("_" & vntDatenfeld(intDatenfeld)).NumberFormat = "#,##0.00  "
        End With
    Next
End Sub
```

Listing 7.43: *Erstellen der PivotTable*

Ein Löschen der PivotTable kann nicht nur, wie vorstehend beschrieben, vor dem Erstellen einer neuen Tabelle erfolgen, sondern auch zu einem anderen Zeitpunkt. Beispielsweise wenn Sie die Arbeitsmappe schließen, die PivotTable aber nicht mitspeichern wollen. Für dieses Löschen wird dieselbe Prozedur über die Schaltfläche *PivotTable löschen* aufgerufen. Wichtig ist auch hier, dass der Löschprozedur ein *Worksheet*-Objekt als Parameter übergeben wird.

```
Sub PivotTableLoeschen(xlWS As Worksheet)
'** Prüfen, ob Tabellenblatt bereits existiert
    For Each xlWS In Worksheets
        If xlWS.Name = g_strTabellenName Then
            Application.DisplayAlerts = False
            Sheets(g_strTabellenName).Delete
            Application.DisplayAlerts = True
            Exit For
        End If
    Next
End Sub
```

Listing 7.44: *Blatt mit PivotTable löschen*

7.13   PivotTables bearbeiten

Das Codemodul *modK07_13* mit dem Listing finden Sie in der Datei *K07_13.xls* innerhalb der Begleitdateien zum Buch. Dieser entspricht inhaltlich der Datei *K07_12.xls*.

Problem

Daten einer PivotTable sollen detailliert werden.

Lösung

Mittels Doppelklick und Verschieben von Zeilen, Spalten und Seitenfeldern lassen sich auf einfache Weise völlig neue Erkenntnisse über die Zusammensetzung der Daten gewinnen

Erläuterungen

Angenommen, Sie haben mit Hilfe des Programmcodes eine PivotTable erstellt, die Sie jetzt manuell verändern wollen. Durch ein Verschieben des Zeilenfeldnamens in den Seitenfeldbereich erhalten Sie eine andere Ansicht.

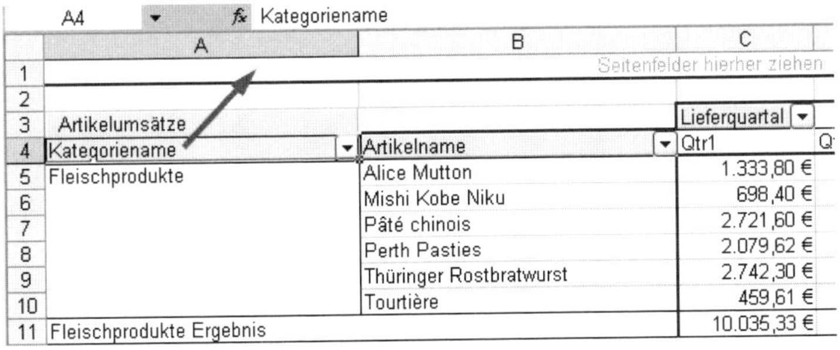

Abbildung 7.9: *PivotTable ohne Seitenfeld*

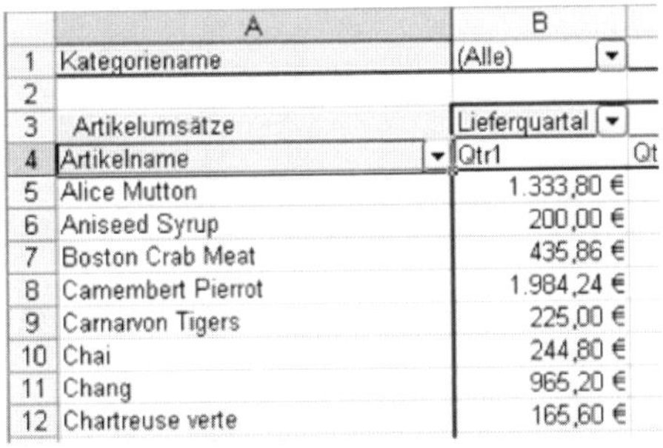

Abbildung 7.10: *PivotTable nach dem Verschieben des Zeilenfelds in das Seitenfeld*

Wollen Sie diese Änderung im Programmcode vornehmen, ist dies auch ohne größere Probleme möglich. Sollen beispielsweise zwei Seitenfelder automatisch generiert werden, muss der Wert für das Array *Seitenfeld* auf 1 gesetzt werden. Arrays beginnen übrigens immer bei 0. Einem Element dieses Arrays wird dann das gewünschte Seitenfeld zugewiesen, wie dies auch in Listing 7.45 gezeigt wird.

Die gleiche Vorgehensweise wählen Sie auch bei Zeilen-, Spalten- und Datenfeldern.

```
'*********************************************************************************
'** Inhalte der PivotTable erstellen
'** Kategoriename
'** ...
'** ...
'*********************************************************************************
    If frmK07_13.optSeitenfeld Then
        ReDim vntSeitenfeld(0)
            vntSeitenfeld(0) = "Kategoriename"
    '       vntSeitenfeld(1) = ""

        '** Erstellen der Seitenfelder
            For intSeitenfeld = LBound(vntSeitenfeld) To UBound(vntSeitenfeld)
                With ActiveSheet.PivotTables(g_strTabellenName).PivotFields _
                    (vntSeitenfeld(intSeitenfeld))
                    .Orientation = xlPageField
                    .Position = 1
                End With
            Next
    End If
```

```
'*********************************************************************
'** Erstellen der Spaltenfelder
    ReDim vntSpaltenfeld(0)
    vntSpaltenfeld(0) = "Lieferquartal"
'    vntSpaltenfeld(1) = ""

    For intSpaltenfeld = LBound(vntSpaltenfeld) To UBound(vntSpaltenfeld)
        With ActiveSheet.PivotTables(g_strTabellenName).PivotFields _
            (vntSpaltenfeld(intSpaltenfeld))
            .Orientation = xlColumnField
            .Position = intSpaltenfeld + 1
        End With
    Next


'*********************************************************************
'** Erstellen der Zeilenfelder
    If frmK07_13.optZeilenfeld Then
        ReDim vntZeilenfeld(1) As Variant
        vntZeilenfeld(0) = "Kategoriename"
        vntZeilenfeld(1) = "Artikelname"
    Else
        ReDim vntZeilenfeld(0) As Variant
        vntZeilenfeld(0) = "Artikelname"
    End If

    For intZeilenfeld = LBound(vntZeilenfeld) To UBound(vntZeilenfeld)
        With ActiveSheet.PivotTables(g_strTabellenName).PivotFields _
            (vntZeilenfeld(intZeilenfeld))
            .Orientation = xlRowField
            .Position = intZeilenfeld + 1
        End With
    Next
    Range("A5").Select


'*********************************************************************
'** Erstellen der Datenfelder
    ReDim vntDatenfeld(0) As Variant
    vntDatenfeld(0) = "Artikelumsätze"
    'vntDatenfeld(1) = ""

    For intDatenfeld = LBound(vntDatenfeld) To UBound(vntDatenfeld)
        With ActiveSheet.PivotTables(g_strTabellenName)
            .AddDataField ActiveSheet.PivotTables(g_strTabellenName).PivotFields _
                (vntDatenfeld(intDatenfeld)), "_" & vntDatenfeld(intDatenfeld), xlSum
            '** In Euro formatieren
            .PivotFields("_" & vntDatenfeld(intDatenfeld)).NumberFormat = "#,##0.00  "
        End With
    Next
```

Listing 7.45: *Ausschnitt aus dem Codemodul modK07_13*

7.14 Pivotdaten zuordnen

Das Codemodul *modK07_14* mit dem Listing finden Sie in der Datei *K07_14.xls* innerhalb der Begleitdateien zum Buch. Das beschriebene Add-In trägt den Namen *wmK07_14.xla* und ist an gleicher Stelle zu finden.

Problem

Aus einer PivotTable sollen bestimmte Daten extrahiert und in einer separaten Tabelle dargestellt werden. Je nach Aufgabenstellung kann es vorkommen, dass die Darstellung dynamisch, also per Funktion, oder statisch als Wert erfolgen soll. Leider hat sich bei der hierzu verwendbaren Funktion *PivotDatenZuordnen* ab der Version Excel 2002 die Art und Anzahl der zu übergebenden Parameter geändert. Dadurch scheint es zu einigen Verwirrungen gekommen zu sein.

Lösung

Die Idee von Excel, mit Hilfe der Funktion *PivotDatenZuordnen* hat einiges für sich, scheint aber manchem Anwender gewisse Schwierigkeiten zu bereiten. Mit Hilfe des vorgestellten Add-Ins lassen sich diese Probleme lösen und die Funktion recht einfach einsetzen. Ach hier genügt beinahe ein Knopfdruck, um zu sehenswerten Ergebnissen zu gelangen. Außerdem wird auf die Unterschiede eingegangen, die sich aus der Umstellung der Funktion *PivotDatenZuordnen* ergeben haben.

Erläuterungen

Damit dem Bedienkomfort genüge getan wird, soll das nachstehende Add-In zur Pivotdatenzuordnung über die Menüleiste gestartet werden können. Zur Einbindung in Excel gibt es nun zwei Möglichkeiten. Entweder Sie starten die Datei durch einen Doppelklick aus dem Datei-Explorer, dann ist die Datei als Add-In nicht fest eingebunden und steht beim nächsten Start von Excel nicht mehr zur Verfügung. Oder Sie binden das Add-In, so wie es sich gehört über den Add-In-Manager ein. Dazu rufen Sie diesen aus dem Menü *Extras* auf, klicken auf die Schaltfläche *Durchsuchen*, stellen das entsprechende Verzeichnis und wählen die Datei *wmK07_14.xla* aus. Je nachdem wo sich die Datei befindet, kann eine MsgBox angezeigt werden, in der die Frage gestellt wird, ob Sie die Datei in Ihre Add-In-Bibliothek übernehmen wollen. Diese Frage beantworten Sie mit JA.

Abbildung 7.11: Übernahme der Datei in die Add-In-Bibliothek

Beim Öffnen der verborgenen Arbeitsmappe dieses Add-Ins wird ein Makro zum Einfügen des Untermenüs aufgerufen. Diesen Untermenüpunkt finden Sie als letzten Eintrag im Menü *Daten*. Er trägt den Namen *Pivotdaten zuordnen*.

Zur Auswertung wird die Datei *K07_14.xls* verwendet, deren Programmcode inhaltlich identisch mit dem der Datei *K07_12.xls* ist. Aus diesem Grund wird nachstehend nur der Code des Add-In *wmK07_14.xla* beschrieben.

```
Option Explicit
Private Sub Workbook_BeforeClose(Cancel As Boolean)
    SubMenueEntfernen
End Sub


Private Sub Workbook_Open()
'** Untermenüpunkt im Hauptmenü Daten
    UnterMenueEinfuegen
End Sub
```

Listing 7.46: *Ereigniscode aus dem Workbook-Objekt, der beim Öffnen und vor dem Schließen der Mappe ausgeführt wird*

Die Prozedur *UnterMenueEinfuegen* prüft, ob der Eintrag im Menü *Daten* bereits vorhanden ist. Ist das der Fall, wird der Vorgang mit einem Eintrag in die Statusleiste abgebrochen. Anderenfalls erfolgt der Eintrag als letzter Punkt in das Menü. Mit Hilfe der *OnAction*-Eigenschaft wird diesem Untermenüpunkt die Prozedur *DialogMenuePivot* zugeordnet, die bei Anklicken des Menüpunkts ausgeführt werden soll.

```
Option Explicit
'** Modulvariable deklarieren
    Public g_strMenuName As String

Sub UnterMenueEinfuegen()
    Dim intCtl As Integer
    Dim intCtCtls As Integer
    Dim intCtSubCtls As Integer
    Dim cbcMainMenue As CommandBarControl
    Dim cbcSubMenue As CommandBarControl
    Dim cbcSubCtl As CommandBarControl
    For Each cbcSubCtl In Application.CommandBars("Data").Controls
    '** Prüfen, ob der Eintrag "Pivotdaten zuordnen bereits vorhanden ist
        If cbcSubCtl.Caption = "Pivotdaten zuordnen" Then
            Application.StatusBar = "Eintrag bereits vorhanden"
            Exit Sub
        End If
    Next
''*************************************************************************************
'** Hinzufügen des Untermenüpunktes "PivotDaten zuordnen" vom Typ Button
    Set cbcSubMenue = Application.CommandBars("Data").Controls.Add _
                    (Type:=msoControlButton)
    With cbcSubMenue
        .Caption = "Pivotdaten zuordnen"
        .FaceId = 2608
        .Style = msoButtonIconAndCaption
        .OnAction = "DialogMenuePivot"
    End With
End Sub

Sub SubMenueEntfernen()
    On Error Resume Next
    Dim cbcSubCtl As CommandBarControl
```

```
    For Each cbcSubCtl In Application.CommandBars("Data").Controls
        If cbcSubCtl.Caption = "Pivotdaten zuordnen" Then
            cbcSubCtl.Delete
        End If
    Next
End Sub
```

Listing 7.47: Eintragen und Löschen des Untermenübefehls

Mit der Prozedur *DialogMenuePivot* wird dann das Formular *frmPivotXP* aufgerufen. Achten Sie darauf, dass Sie den Parameter *vbModeless* weglassen, falls Sie mit Excel 97 arbeiten sollten.

```
Option Explicit
Sub DialogMenuePivot()
'** Aufruf der Form frmSymbolLeiste
'** Ab Excel 2000, vorher ohne Parameter vbModeless
    frmPivotXP.Show vbModeless
End Sub
```

Listing 7.48: Aufruf des Formulars

Um die *PivotDaten* schnell und problemlos zuordnen zu können, bedarf es jedoch noch etwas Vorbereitungsarbeit. In eine neue Tabelle müssen die Zeilenfelder, deren Werte man zuordnen möchte, eingetragen werden, anschließend die Inhalte der Zeilenfelder und als Letztes noch der Name des Feldes dessen Werte dargestellt werden sollen. Das kann dann beispielsweise so aussehen wie dies Abbildung 7.12 zeigt.

	A	B	C
1	Kategoriename	Artikelname	Artikelumsätze
2	Fleischprodukte	Alice Mutton	
3	Fleischprodukte	Mishi Kobe Niku	
4	Fleischprodukte	Pâté chinois	
5	Fleischprodukte	Perth Pasties	
6	Fleischprodukte	Thüringer Rostbratwurst	
7	Fleischprodukte	Tourtière	

Abbildung 7.12: Vorbereitung zum Abruf der Daten

Nun kann der Aufruf erfolgen. Beim Aktivieren der Form werden zunächst die Namen der Tabellen ermittelt die PivotTables enthalten und danach die Namen der anderen Tabellen. Diese Namen werden den jeweiligen Kombinationsfeldern hinzugefügt. Sofern vorhanden, wird jeweils das erste Element des Kombinationsfeldes angezeigt.

```
Private Sub UserForm_Activate()
    Dim intCtWS As Integer
    Dim intCt As Integer
    Dim intPivotTable As Integer
    Dim intCtPivotTables As Integer
    intCtWS = ActiveWorkbook.Worksheets.Count
    For intCt = 1 To intCtWS
        intCtPivotTables = ActiveWorkbook.Worksheets(intCt).PivotTables.Count
        If intCtPivotTables > 0 Then
        '** Tabellen, die eine PivotTable enthalten
            cboPivotTabellen.AddItem ActiveWorkbook.Worksheets(intCt).Name
        Else
        '** Tabellen, die KEINE PivotTable enthalten
            cboAuswerteTabellen.AddItem ActiveWorkbook.Worksheets(intCt).Name
        End If
```

```
      Next
'** Erstes Element in Kombinationsfeld anzeigen, sofern vorhanden
    If cboPivotTabellen.ListCount > 0 Then
        cboPivotTabellen.ListIndex = 0
    End If
'** Erstes Element in Kombinationsfeld anzeigen, sofern vorhanden
    If cboAuswerteTabellen.ListCount > 0 Then
        cboAuswerteTabellen.ListIndex = 0
    End If
End Sub
```

Listing 7.49: Ausgeführter Ereigniscode beim Aktivieren des Formulars

Sollten in der Mappe mehrere PivotTables und mehrere andere, auch leere Tabellen vorhanden sein, so müssen zunächst die gewünschte PivotTable und die Tabelle, die zur Aufnahme der Daten vorbereitet wurde, ausgewählt werden. Dann wird die Startzelle ausgewählt. Dies ist die Zelle, in der sich der erste Zeilenfeldname befindet. Sofern Sie mit einer Excel-Version ab 2002 arbeiten und das entsprechende Optionsfeld angeklickt haben, müssen Sie sich um die Anzahl der Spalten keine Gedanken machen. Wie schon im Vorspann erwähnt, kann das Ergebnis als Wert oder als Formel ausgegeben werden. Unabhängig davon lassen sich die Ausgabewerte im Euro-Format darstellen. Lassen Sie die Voreinstellung in diesem Punkt unverändert und sich die Daten als Formel ausgeben. Dazu klicken Sie auf die Schaltfläche *Daten übernehmen*.

```
Private Sub cmdUebernahme_Click()
'** Prüfen, ob sich überhaupt eine PivotTable im aktiven
'** Workbook befindet
    If cboPivotTabellen.ListCount = 0 Then
        MsgBox "Es befindet sich keine PivotTable im aktiven Workbook", _
                vbInformation, "PivotTable-Information"
        Unload Me
    Else
        If chkVersion.Value Then
        '** Prozedur für Excel 2002 und höher aufrufen
            PivotDatenVerwendenXP
        ElseIf Not chkVersion.Value Then
        '** Prozedur für Excel 2000 und kleiner aufrufen
            PivotDatenVerwenden
        Else
            MsgBox "Prüfen Sie die Einstellungen der Eigenschaften", _
                    vbCritical, "Fehler"
        End If
    End If
End Sub
```

Listing 7.50: Code des Click-Ereignisses Daten übernehmen

Im Ereigniscode der Schaltfläche *cmdUebernahme* wird nun zunächst geprüft, ob sich in der aktiven Arbeitsmappe überhaupt eine PivotTable befindet. Nachdem dies sichergestellt ist, wird das Kontrollkästchen ausgewertet, mit dem die Excel-Version angegeben werden kann. Bei aktiviertem Kontrollkästchen wird die Prozedur *PivotDatenVerwenden* aufgerufen.

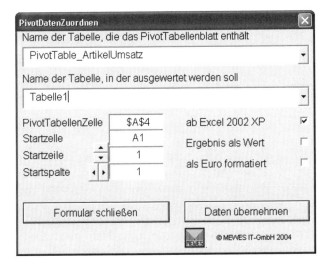

Abbildung 7.13: *Formular* PivotDatenZuordnen

Zur Ermittlung der Zeilenfelder wird ein *PivotTable*-Objekt erstellt und dann die Zeilenfelder ermittelt. Der Startpunkt, der sich aus der Anfangszeile und der Anfangsspalte zusammensetzt, wird aus den Textfeldern des Formulars entnommen. Nun wird ein Array mit den Felddaten gefüllt. Hierbei handelt es sich um die Daten, die der PivotTable entnommen werden sollen.

Jetzt erfolgt das, was vielen Anwendern bei manueller Erstellung Schwierigkeiten bereitet: die Erstellung der Argumente für die Funktion *PivotDatenZuordnen*, die in VBA *GetPivotData* heißt. Dieser String enthält beispielsweise die folgenden Namen: *Feldname*, für den die Formeln/werte ermittelt werden sollen, *Name des PivotTable-Blatts mit Startposition*, den *ersten Zeilenfeldnamen mit Bezeichner, den zweiten Zellenfeldnamen mit Bezeichner*. Bezeichner sind die Kategorienamen bzw. die Artikelnamen, nach denen ausgewertet werden soll.

```
""Artikelumsätze",PivotTable_ArtikelUmsatz!R4C1,"Kategoriename","Fleischprodukte", _
"Artikelname","Alice Mutton""
```

Zusammen mit der Funktion *GetPivotData* (PivotDatenZuordnen) werden die Daten in die jeweils aktive Zelle eingetragen.

Wird das Kontrollkästchen *Ergebnis als Wert* gewählt, wird mit der Befehlszeile

```
ActiveCell.Value = ActiveCell.Value
```

die Formel durch ihren Wert ersetzt.

```
Option Explicit
Sub PivotDatenVerwendenXP()
    On Error GoTo fehler
'** Deklaration der Variablen
    Dim strPivotString As String
    Dim strDatenFeld As String
    Dim strPivotTabellenBlattName As String
    Dim strPivotTabellenZelle As String
    Dim lngRow As Long
    Dim vntFeld() As Variant
    Dim intFirstRow As Integer
    Dim intFirstCol As Integer
    Dim pvtTable As PivotTable
```

Datenanalyse

```
        Dim pvtField As PivotField
        Dim intRowField As Integer
        Dim intCtRowFields As Integer
'** Angabe des Tabellenblatts, das die PivotTable enthält
        strPivotTabellenBlattName = frmPivotXP.cboPivotTabellen.Value
        strPivotTabellenZelle = frmPivotXP.txtPivotTabellenZelle
'*********************************************************************************
'** Ermittlung der Zeilenfelder
'*********************************************************************************
'** Erstellen des PivotTable-Objekts
        Set pvtTable = Worksheets(strPivotTabellenBlattName).Range(strPivotTabellenZelle).PivotTable
        For Each pvtField In pvtTable.RowFields
            intCtRowFields = intCtRowFields + 1
        Next pvtField
'*********************************************************************************
'** Bestimmen des Ausgangspunktes
'*********************************************************************************
'** Initialisierung der Variablen
        intFirstRow = frmPivotXP.txtStartZeile
        intFirstCol = frmPivotXP.txtStartSpalte
'** Füllen des Arrays mit Feld-Daten
        intRowField = 0
        ReDim vntFeld(intCtRowFields, 1)
        For intRowField = 0 To intCtRowFields
            vntFeld(intRowField, 0) = Cells(intFirstRow, intFirstCol + intRowField).Value
        Next
'** Tabellenfeld in der Auswerte-Tabelle
'       strDatenFeld = Cells(intFirstRow, intFirstCol + intCtRowFields).Value
        strDatenFeld = vntFeld(intCtRowFields, 0)
'** Ausgangszelle im Auswerteblatt markieren
        Cells(intFirstRow + 1, intFirstCol + intCtRowFields).Select
'** Schleife so lange durchlaufen, bis kein Zeilenfeldwert mehr vorhanden ist
        Do While Not ActiveCell.Offset(0, -intCtRowFields).Value = ""
        '** Zeilenzähler der Tabelle erhöhen
            lngRow = lngRow + 1
        '** Zeilenfeld-Zähler zurücksetzen
            intRowField = 0
        '** Array mit Zeilenfeldwerten füllen
            For intRowField = 0 To intCtRowFields
                vntFeld(intRowField, 1) = Cells(intFirstRow + lngRow, _
                        intFirstCol + intRowField).Value
            Next
        '** Argumente für GETPIVOTDATA() sammeln
            strPivotString = """" & strDatenFeld & _
                                """," & strPivotTabellenBlattName & "!R4C1"
        '** Zeilenfeld-Zähler zurücksetzen
            intRowField = 0
            For intRowField = 0 To intCtRowFields - 1
                If Not vntFeld(intRowField, 1) = "" Then
                    strPivotString = strPivotString & _
                                ",""" & vntFeld(intRowField, 0) & ""","" & _
                                vntFeld(intRowField, 1) & """"
                End If
            Next
```

```
'** Formeln in die jeweils aktive Zelle eintragen
    ActiveCell.FormulaR1C1 = "=GETPIVOTDATA(" & strPivotString & ")"
    If frmPivotXP.chkFormel2Wert.Value Then
        ActiveCell.Value = ActiveCell.Value
    End If
'** Formatiert als Euro darstellen
    If frmPivotXP.chkEuroFormat.Value Then
        ActiveCell.NumberFormat = "#,##0.00  "
    End If
    ActiveCell.Offset(1, 0).Select
    Loop
Exit Sub
fehler:
    MsgBox "Fehler " & Err.Number & vbCrLf & Err.Description
End Sub
```

Listing 7.51: Prozedur zur automatischen Zuordnung der Pivot-Daten ab Excel 2002

Deaktivieren Sie das Kontrollkästchen *Ergebnis als Wert* ab Excel XP 2002, wird nach dem Anklicken der Schaltfläche *Daten übernehmen* der Prozedurcode von *PivotDatenVerwenden* aufgerufen. Dieser Code ist in Listing 7.52 abgebildet. Hierbei ist anzumerken, dass der Code auch unter Excel 2002/2003 lauffähig ist. Umgekehrt erhalten Sie eine Fehlermeldung, wenn Sie versuchen, unter Excel 2000 oder früher den Code aus Listing 7.51 laufen zu lassen.

Nach der Initialisierung der Variablen wird auch hier der Ausgangspunkt bestimmt. Dann kommt der wichtigste Teil der Prozedur, die Zusammenstellung des Abfragestrings. Dieser unterscheidet sich deutlich von dem der neuen Excel-Versionen.

```
=PIVOTDATENZUORDNEN(PivotTable_ArtikelUmsatz!A3;$A$2 & " " & $B$2 & " " & $C$1)
```

Der erste Parameter bezieht sich auf einen beliebigen Punkt in der PivotTable, der zweite Parameter gibt das auszuwählende Zeilenfeld an. Sollen mehrere Zeilenfelder ausgewertet werden, lassen sich diese, getrennt durch Leerzeichen, auflisten.

Zusammen mit der Funktion *GetPivotData* (PivotDatenZuordnen) werden die Daten, wie auch bei der vorstehend beschriebenen Prozedur in die jeweils aktive Zelle eingetragen.

Interessant ist übrigens der folgende Sachverhalt. Während Excel 2002/2003 bei falscher Angabe der verwendeten Spaltenzahl die Werte in die angegebene Spalte schreibt, reagiert Excel 2000 und früher mit einer Fehlermeldung.

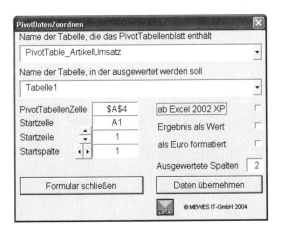

Abbildung 7.14: Dialogfeld bei deaktiviertem Kontrollkästchen Ergebnis als Wert

```
Option Explicit
Sub PivotDatenVerwenden()
    On Error GoTo fehler
'** Deklaration der Variablen
    Dim strPivotString As String
    Dim strBlattName As String
    Dim strPivotTabellenBlattName As String
    Dim strPivotTabellenName As String
    Dim strPivotTabellenZelle As String
    Dim strAusgangsZelle As String
    Dim intCt As Integer
    Dim intFirstRow As Integer
    Dim intFirstCol As Integer
    Dim intAusgewerteteSpalten As Integer
'** Initialisierung der Variablen
    strBlattName = frmPivotXP.cboAuswerteTabellen.Value
    strPivotTabellenBlattName = frmPivotXP.cboPivotTabellen.Value
    strPivotTabellenName = "PT"
    intFirstRow = frmPivotXP.txtStartZeile
    intFirstCol = frmPivotXP.txtStartSpalte
    intAusgewerteteSpalten = CInt(frmPivotXP.txtAusgewerteteSpalten.Text)
'** Angabe des Tabellenblatts, das die PivotTable enthält
    strPivotTabellenZelle = frmPivotXP.txtPivotTabellenZelle
'*************************************************************************************
'** Bestimmen des Ausgangspunktes
'*************************************************************************************
    Sheets(strBlattName).Select
    Cells(intFirstRow + 1, intFirstCol + intAusgewerteteSpalten).Select
'** Zusammenstellen des Abfragestrings
    Do While Not ActiveCell.Offset(0, -intAusgewerteteSpalten).Value = ""
        strPivotString = ""
        For intCt = intAusgewerteteSpalten To 1 Step -1
            If intCt > 1 Then
                strPivotString = strPivotString & ActiveCell.Offset(0, -intCt) _
                                .Address & " & " & """ """ & " & "
            ElseIf intCt = 1 Then
                strPivotString = strPivotString & ActiveCell.Offset(0, -intCt) _
                        .Address & " & " & """ """ & " & " & Cells(intFirstRow, _
                        intAusgewerteteSpalten + 1).Address
            Else
                MsgBox "Fehler"
            End If
        Next
        strPivotString = strPivotTabellenBlattName & "!" & "A3" & "," & strPivotString
    '** Formeln in die jeweils aktive Zelle eintragen
        ActiveCell.Value = "=GETPIVOTDATA(" & strPivotString & ")"
    '** Darstellung als Wert
        If frmPivotXP.chkFormel2Wert.Value Then
            ActiveCell.Value = ActiveCell.Value
        End If
    '** Formatiert als Euro darstellen
        If frmPivotXP.chkEuroFormat.Value Then
            ActiveCell.NumberFormat = "#,##0.00  "
        End If
```

```
            ActiveCell.Offset(1, 0).Select
    Loop
Exit Sub
fehler:
    MsgBox "Fehler in Zelle " & ActiveCell.Address
    Resume Next
End Sub
```

***Listing 7.52**: Prozedur zur automatischen Zuordnung der Pivot-Daten bis Excel 2000*

```
Option Explicit
Private Sub cboAuswerteTabellen_Change()
    ActiveWorkbook.Sheets(cboAuswerteTabellen.Value).Activate
End Sub

Private Sub chkVersion_Click()
        If chkVersion.Value Then
        '** Controls unsichtbar bzw. deaktiviert
            lblAusgeworteteSpalten.Visible = False
            txtAusgeworteteSpalten.Visible = False
            chkFormel2Wert.Enabled = True
        ElseIf Not chkVersion.Value Then
        '** Controls sichtbar bzw. aktiviert
            lblAusgeworteteSpalten.Visible = True
            txtAusgeworteteSpalten.Visible = True
            chkFormel2Wert.Enabled = False
        Else
            MsgBox "Prüfen Sie die Einstellungen der Eigenschaften", _
                    vbCritical, "Fehler"
        End If
End Sub

Private Sub cmdEnde_Click()
    Unload Me
End Sub


Private Sub lblCopyRight_Click()
    Me.Caption = "Version 1.2 --- 16. September 2004"
End Sub

Private Sub sbhStartzeile_Change()
    txtStartZeile.Text = sbhStartzeile.Value
End Sub

Private Sub sbvStartSpalte_Change()
    txtStartSpalte.Text = sbvStartSpalte.Value
End Sub
```

```
Private Sub txtStartSpalte_Change()
On Error GoTo fehler
    sbvStartSpalte.Value = txtStartSpalte
    A1Berechnung
fehler:
End Sub

Private Sub txtStartZeile_Change()
On Error GoTo fehler
    sbhStartzeile.Value = txtStartZeile
    A1Berechnung
fehler:
End Sub

Private Sub UserForm_Deactivate()
    MsgBox cboAuswerteTabellen.Value
End Sub
```

Listing 7.53: *Programmcode der Form frmPivotXP*

Interessant ist die Prozedur *A1Berechnung*. Um die richtigen Spaltenbezeichner angeben zu können, muss der numerische Wert in einen alphabetischen Bezeichner umgewandelt werden. Ausgangsbasis ist das große A, das den ASCII-Wert 65 hat. Nimmt man den Wert 64 und addiert dazu den Wert der Spalte 1, so kommt man auf diesen Bezeichner. Erreichen die Spaltennummern einen Wert größer als 26, werden zwei alphabetische Bezeichner benötigt. Ist der erste Doppelbuchstabe ein A, wird der zweite Buchstabe folgendermaßen berechnet: (Spaltenwert=) 27 + 64 – 26 ergibt 65, also den ASCII-Wert für das große A.

```
Sub A1Berechnung()
'** Bezeichner deklarieren
    Dim strB1 As String
    Dim strB2 As String

    Select Case CInt(frmPivotXP.txtStartSpalte.Text)
        Case Is < 27
            frmPivotXP.txtStartZelle.Text = Chr$(frmPivotXP.txtStartSpalte.Text + 64) _
                & CLng(frmPivotXP.txtStartZeile.Text)
        Case Is < 53
            strB1 = "A"
            strB2 = Chr$(CLng(frmPivotXP.txtStartSpalte.Text + 64) - 26)
            frmPivotXP.txtStartZelle.Text = strB1 & strB2 & _
                CLng(frmPivotXP.txtStartZeile.Text)
        Case Is < 79
            strB1 = "B"
            strB2 = Chr$(CLng(frmPivotXP.txtStartSpalte.Text + 64) - 52)
            frmPivotXP.txtStartZelle.Text = strB1 & strB2 & _
                CLng(frmPivotXP.txtStartZeile.Text)
        Case Is < 105
            strB1 = "C"
            strB2 = Chr$(CLng(frmPivotXP.txtStartSpalte.Text + 64) - 78)
            frmPivotXP.txtStartZelle.Text = strB1 & strB2 & _
                CLng(frmPivotXP.txtStartZeile.Text)
        Case Is < 131
            strB1 = "D"
            strB2 = Chr$(CLng(frmPivotXP.txtStartSpalte.Text + 64) - 104)
            frmPivotXP.txtStartZelle.Text = strB1 & strB2 & _
```

```
            CLng(frmPivotXP.txtStartZeile.Text)
    Case Is < 157
        strB1 = "E"
        strB2 = Chr$(CLng(frmPivotXP.txtStartSpalte.Text + 64) - 130)
        frmPivotXP.txtStartZeile.Text = strB1 & strB2 & _
            CLng(frmPivotXP.txtStartZeile.Text)
    Case Is < 183
        strB1 = "F"
        strB2 = Chr$(CLng(frmPivotXP.txtStartSpalte.Text + 64) - 156)
        frmPivotXP.txtStartZeile.Text = strB1 & strB2 & _
            CLng(frmPivotXP.txtStartZeile.Text)
    Case Is < 209
        strB1 = "G"
        strB2 = Chr$(CLng(frmPivotXP.txtStartSpalte.Text + 64) - 182)
        frmPivotXP.txtStartZeile.Text = strB1 & strB2 & _
            CLng(frmPivotXP.txtStartZeile.Text)
    Case Is < 235
        strB1 = "H"
        strB2 = Chr$(CLng(frmPivotXP.txtStartSpalte.Text + 64) - 208)
        frmPivotXP.txtStartZeile.Text = strB1 & strB2 & _
            CLng(frmPivotXP.txtStartZeile.Text)
    Case Is < 261
        strB1 = "I"
        strB2 = Chr$(CLng(frmPivotXP.txtStartSpalte.Text + 64) - 234)
        frmPivotXP.txtStartZeile.Text = strB1 & strB2 & _
            CLng(frmPivotXP.txtStartZeile.Text)
    Case Else
        MsgBox "Fehler"
    End Select
End Sub
```

Listing 7.54: Berechnung des Spaltenbezeichners

7.15 Erstellen und arbeiten mit OLAP-Cubes

Das Codemodul *modK07_15* mit dem Listing finden Sie in der Datei *K07_15.xls* innerhalb der Begleitdateien zum Buch.

Problem

Die PivotTable ist ein sehr leistungsfähiges Instrument zu Datenanalyse. Soll jedoch mit sehr großen Datenmengen gearbeitet werden, ist es sinnvoll, diese Datenmengen schon vorab zu verdichten.

Lösung

OLAP stellt das Gegenstück zu OLTP dar. OLTP ist die Abkürzung für OnLine Transaction Processing. Hierunter wird die herkömmliche »flache« Transaktionsverarbeitung von Daten verstanden, wie sie beim Umgang mit SQL-Datenbanken üblich ist.

Nachstehend sollen kurz einige Begriffe erklärt werden, die immer wieder auftauchen.

Dimensionen

Bei der Analyse von Daten beschäftigt man sich in der Regel mit verdichteten, also aggregierten bzw. konsolidierten Daten. Diese Daten entstammen meist aus verschiedenen Ebenen. Erst durch diese Verdichtung ist es möglich, einen entsprechenden Überblick zu bekommen. Die oberste Ebene einer solchen Verdichtung wird als Dimension bezeichnet.

Soll beispielsweise eine Dimension Zeit geschafften werden, ließe sich diese über die Stufung Tag, Woche, Monat, Quartal und Jahr aggregieren.

Eine weitere gängige Dimension ist beispielsweise die räumliche Abgrenzung, die als Region bezeichnet werden kann. Hierbei ist Region aber als übergeordneter Begriff zu verstehen.

Diese Dimension ließe sich aus Firma, Ort, Bundesland, Land, untergeordneter Erdteil, Erdteil und Welt aggregieren.

Weitere denkbare Dimensionen sind Produkte, Kostengruppen usw.

Die einzelnen Ausprägungen einer Dimension bezeichnet man als Elemente, wobei auch oft der englische Begriff *members* zu finden ist.

Measures

Als *Measures* bezeichnet man Werte, auf die mit Hilfe der Dimensionen zugegriffen wird. Eine multidimensionale Datenmenge muss mindestens ein, kann aber auch beliebig viele Measures enthalten.

Aggregiert werden die Werte der Measures, wobei in den meisten Fällen summiert wird.

Hierarchien

Elemente von Dimensionen sind meist hierarchisch aufgebaut. Wie bereits weiter vorne erwähnt, kann beispielsweise die Dimension Zeit sich aus Tag, Woche, Monat, Quartal und Jahr zusammensetzen. Diese Elemente sind hierarchisch strukturiert, das heißt, sie bauen auf einander auf.

In Hierarchien kann mit Hilfe von *DrillDown* und *DrillUp* (*RollUp*) eine Datenspreizung oder Datenverdichtung erreicht werden.

Cubes

Ein *Cube* setzt sich aus *Measures* (oder quantitativen Daten wie Umsätzen und Kosten) und Dimensionen (oder beschreibenden Unternehmensdaten wie geografische Regionen, Zeit oder Kundendemografie) zusammen.

Cuberollen legen fest, welche Benutzer oder Benutzergruppen auf die Daten in einem Cube zugreifen und sie abfragen dürfen.

Erläuterungen

Um einen *OLAP-Cube* auswerten zu können, muss dieser zunächst einmal erstellt werden. Die nachstehenden Ausführungen beziehen sich auf eine Erstellung mit Excel 2003. Zugegriffen wird auf die bereits angesprochene und verwendete Datenbank *Nordwind_2003.mdb*.

1. Wählen Sie den Menübefehl *Daten/Externe Daten importieren/Neue Abfrage erstellen*.

2. Deaktivieren Sie das Kontrollkästchen, das den Query-Assistenten einschaltet.

3. Erstellen Sie eine neue Datenquelle, mit dem Namen *Nordwind_2003_Rechnungen*.

4. Wählen Sie als Treiber den Microsoft Access-Treiber aus, möglichst den in deutscher Sprache.

5. Stellen Sie eine Verbindung mit der Datenbank *Nordwind_2003.mdb* her.

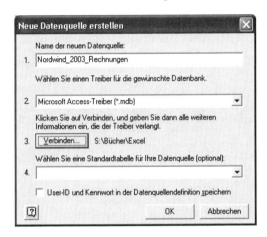

Abbildung 7.15: *Erstellen einer Datenquelle*

6. Nachdem die Datenquelle erstellt wurde, wählen Sie diese durch einen Klick auf *OK* aus.

7. Es erscheint *Microsoft Query*, ein Programm mit dem sich Verbindungen zu Datenbanken erstellen lassen.

8. Erstellen Sie eine Abfrage, die aus den folgenden Tabellen und Feldern besteht.

Tabellenname	Verwendetes Feld
Kunden	Firma
	Land
	Ort
Bestellungen	Bestelldatum
Bestelldetails	Virtuelles Feld »Gesamtpreis«, das sich aus der Multiplikation von Anzahl und Einzelpreis ergibt.
Artikel	Artikelname
Kategorien	Kategoriename

Tabelle 7.3*: Tabellen und Felder, die in der Abfrage verwendet werden*

9. Verknüpfen Sie die Tabellen wie in Abbildung 7.16 gezeigt. Für das virtuelle Feld geben Sie folgenden Inhalt ein: *Anzahl*Bestelldetails.Einzelpreis*. Wählen Sie als Überschrift »Gesamtpreis«.

10. Speichern Sie die Abfrage unter dem Namen *Nordwind_2003_Bestellungen.dqy* ab.

11. Rufen Sie den Menübefehl *Datei/OLAP-Cube* auf.

12. Im ersten Schritt lassen Sie die Angaben unverändert. Als Quellenfeld ist *Gesamtpreis* und bei *Zusammenfassen nach* der Eintrag *Summe* ausgewählt. Gesamtpreis ist ein *Measure*-Feld.

13. Im zweiten Schritt werden die Dimensionen zusammengestellt. Ziehen zuerst Land in den Dimensionsbereich. Ort und Kunde sollen Unterebenen dieser Dimension sein. Ordnen Sie diese so an, wie dies in Abbildung 7.17 gezeigt wird.

14. Kategoriename und Artikel sollen ebenfalls als Dimension Ebene und Unterebene bilden.

15. Als letzte Dimension verwenden Sie das *Bestelldatum*. Diese untergliedert sich automatisch in die gezeigten Unterebenen.

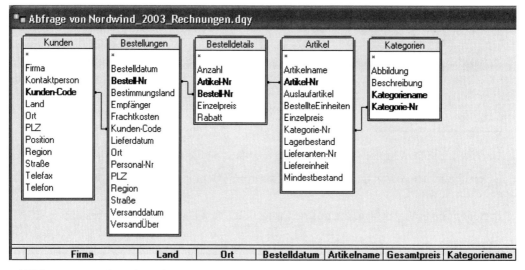

Abbildung 7.16: *Verknüpfung der Tabellen und Anordnung der Felder*

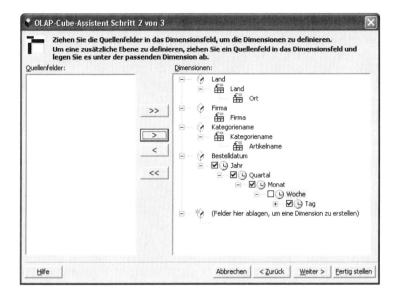

Abbildung 7.17: Schritt 2 von 3: Die Erstellung der Dimensionen

16. Im dritten Schritt speichern Sie den Cube unter dem Namen *Nordwind_2003_Bestellungen.cub* ab. Verwenden Sie dabei die dritte Option, wie sie in Abbildung 7.18 ausschnittsweise abgebildet ist.

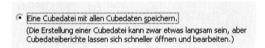

Abbildung 7.18: Die Cubedatei mit allen Cubedaten speichern

17. Geben Sie dann die Daten an Excel zurück.

Abbildung 7.19: Daten an Excel zurückgeben

18. Hier lässt sich dann eine PivotTable auf Basis des Cubes erstellen (Abbildung 7.20).

Datenanalyse

3	Summe von Gesamtpreis		Jahr ▾			
4	Kategoriename ▾	Artikelname	1996	1997	1998	Gesamtergebnis
5	Fleischprodukte		15.146,10 €	43.810,52 €	30.137,79 €	89.094,40 €
6	Getränke	Chai	900,00 €	2.647,80 €	3.591,00 €	7.138,80 €
7		Chang	1.717,60 €	3.800,00 €	3.762,00 €	9.279,60 €
8		Chartreuse verte	1.915,20 €	2.464,20 €	2.196,00 €	6.575,40 €
9		Côte de Blaye	14.756,00 €	25.981,10 €	34.255,00 €	74.992,10 €
10		Guaraná Fantástica	284,40 €	878,40 €	1.228,50 €	2.391,30 €
11		Ipoh Coffee	2.502,40 €	5.759,20 €	4.278,00 €	12.539,60 €
12		Lakkalikööri	1.051,20 €	3.853,80 €	3.492,00 €	8.397,00 €
13		Laughing Lumberjack Lager	28,00 €	455,00 €	798,00 €	1.281,00 €
14		Outback Lager	936,00 €	2.940,00 €	1.860,00 €	5.736,00 €
15		Rhönbräu Klosterbier	372,00 €	2.383,90 €	1.569,38 €	4.325,28 €
16		Sasquatch Ale	504,00 €	1.120,00 €	1.715,00 €	3.339,00 €
17		Steeleye Stout	1.972,80 €	2.928,60 €	2.367,00 €	7.268,40 €
18	Getränke Ergebnis		26.939,60 €	55.212,00 €	61.111,88 €	143.263,48 €
19	Getreideprodukte		4.908,80 €	30.243,48 €	15.211,13 €	50.363,40 €

Abbildung 7.20: *PivotTable, die auf Basis des Cubes erstellt wurde*

Die Besonderheit bei einer PivotTable, die auf Basis eines Cubes erstellt wurde, ist nicht auf den ersten Blick zu sehen. Zunächst scheint die PivotTable aus einem Seitenfeld, einem Zeilenfeld, einem Spaltenfeld und dem Gesamtpreis zu bestehen. Erst wenn man beispielsweise im Seitenfeld auf den Auswahlpfeil hinter *Alle* klickt, offenbart sich die Besonderheit. Es lassen sich die Werte auch nach Ländern und auch nach Städten gezielt auswählen und anzeigen (Abbildung 7.21)

Gleiches gilt auch für das Zeilenfeld, in dem ein DrillDown nach Kategorien und Produkten möglich ist.

In Abbildung 7.22 ist die Auswahl zu sehen und in Abbildung 7.23 das daraus resultierende Ergebnis.

	A	B	C	D	E
1	Land	Alle ▾			
2					
3	Summe von Gesamtpreis	Jahr ▾			
4	Kategoriename ▾	1996	1997	1998	Gesamtergebnis
5	Fleischprodukte	15.146,10 €	43.810,52 €	30.137,79 €	89.094,40 €
6	Getränke	26.939,60 €	55.212,00 €	61.111,88 €	143.263,48 €
7	Getreideprodukte	4.908,80 €	30.243,48 €	15.211,13 €	50.363,40 €
8	Gewürze	9.729,15 €	29.839,50 €	17.278,73 €	56.847,38 €
9	Meeresfrüchte	10.794,80 €	35.660,33 €	24.356,42 €	70.811,55 €
10	Milchprodukte	22.281,65 €	61.955,40 €	41.401,95 €	125.639,00 €
11	Naturprodukte	7.567,10 €	28.859,28 €	16.207,93 €	52.634,30 €
12	Süßwaren	15.755,80 €	43.613,89 €	29.179,87 €	88.549,55 €
13	Gesamtergebnis	113.123,00 €	329.194,38 €	234.885,67 €	677.203,05 €

Abbildung 7.21: *Dimension Land im Seitenfeld*

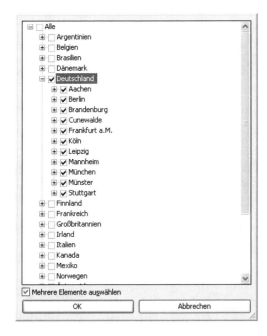

Abbildung 7.22: *Dimension Kategoriename im Zeilenfeld*

Abbildung 7.23: *Darstellung der ausgewählten Getränke*

7.16   Data Analyzer

Problem

Die Daten eines OLAP-Cubes sollen grafisch repräsentiert werden. Dabei soll ad hoc eine grafische Datenanalyse vorgenommen werden.

Lösung

In der Microsoft Office-Familie gibt es ein Produkt, das für diese Problemstellung wie geschaffen scheint, den *Data Analyzer*. Ein Grund, warum dieses Produkt in Deutschland noch nicht den Bekanntheitsgrad erreicht hat, der ihm eigentlich zusteht, ist sicher darin zu suchen, dass es den Data Analyzer nur in englischer Sprache gibt. Dieser Data Analyzer verfügt über eine hoch entwickelte grafische Benutzeroberfläche und arbeitet, wie es sich für ein Produkt aus der

Office-Familie auch gehört, problemlos mit anderen deutschsprachigen Office-Anwendungen zusammen.

Erläuterungen

ACHTUNG: Dieses Beispiel können Sie nur dann am Computer nachvollziehen, wenn Sie im Besitz des Data Analyzers sind. Informationen zu diesem Produkt erhalten Sie auf der englischsprachigen Seite *http://www.microsoft.com/office/dataanalyzer/evaluation/faq.asp.*

Eine 120-Tage-Testversion ist derzeit für $ 9.95 über das Internet unter folgender Adresse bestellbar:

`http://www.microsoft.com/office/dataanalyzer/evaluation/trial.asp bestellbar.`

Eine kleine Einführung soll Sie mit den Möglichkeiten des Microsoft Data Analyzers vertraut machen. Dazu soll der soeben erstellte Cube verwendet werden.

1. Starten Sie den Microsoft Data Analyzer.

2. Sollte das Data Analyzer-Startup-Fenster erscheinen, so schließen Sie dieses.

3. Klicken Sie entweder in der Symbolleiste oder im *File*-Menü auf *New*.

4. Wechseln Sie dann mit *Next* zum nächsten Dialogfeld (Abbildung 7.24).

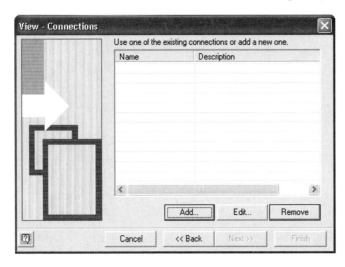

Abbildung 7.24: *Neue Verbindung erstellen*

5. Klicken Sie auf die Schaltfläche *Add*, um eine neue Verbindung zu erstellen. Es erscheint das Dialogfeld *Connection Properties*.

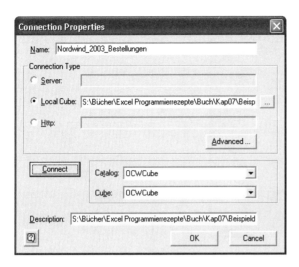

Abbildung 7.25: *Verbindung zum Cube herstellen*

6. Vergeben Sie für die Verbindung den Namen *Nordwind_2003_Bestellungen*.

7. Wählen Sie dann das Optionsfeld *Local Cube* aus und suchen Sie nach der im vorigen Beispiel erstellten Cube-Datei.

8. Ist das geschehen, klicken Sie auf *Connect*. Damit werden automatisch die Einträge für *Catalog*, *Cube* und *Description* eingetragen.

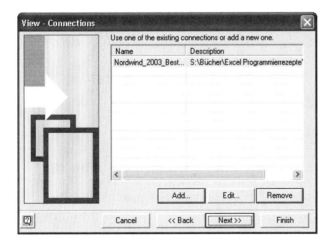

Abbildung 7.26: *Connection-Dialogfeld nach der Herstellung einer neuen Verbindung*

9. Da sich in der Auflistung im Moment nur ein Eintrag befindet, muss dieser nicht extra markiert werden. Klicken Sie auf die Schaltfläche *Next >>*.

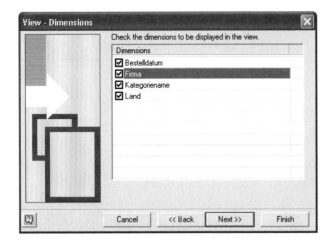

Abbildung 7.27: *Auswahl aller Dimensionen zur Anzeige*

10. Da alle Dimensionen angezeigt werden sollen, wählen Sie alle Kontrollkästchen an.

Abbildung 7.28: *Einstellung der Measures*

11. Da die Daten als Balken angezeigt werden sollen, belassen Sie es bei der Voreinstellung *Length*. Die Farbeinstellung (*Color*) ändern Sie auf *Summe von Gesamtpreis*.

12. Klicken Sie jetzt auf *Finish*, und Sie erhalten eine Ansicht der Daten entsprechend der Abbildung 7.29.

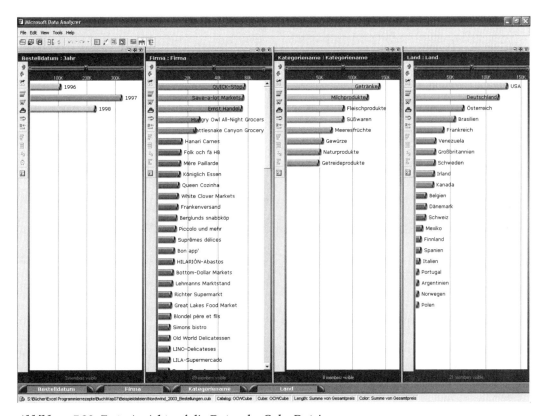

Abbildung 7.29: *Erste Ansicht auf die Daten der Cube-Datei*

Nun können Sie spielen, pardon analysieren. Klicken Sie beispielsweise auf den Balken des Jahres 1996, werden automatisch in den anderen Ansichten die Daten gefiltert und nur noch die Daten für das ausgewählte Jahr angezeigt. Mit Hilfe der Strg-Taste lassen sich auch mehrere Elemente gemeinsam auswählen. Natürlich funktioniert für mehrere nebeneinander liegende Elemente auch die Umschalt-Taste. Wichtig zu wissen ist, dass alle Dimensionsbereiche miteinander verbunden sind.

Für den Umgang mit dem Data Analyzer sind noch folgende Dinge wissenswert:

1. Mittels des Schaltflächen *DrillUp* und *DrillDown* lassen sich Daten verdichten oder detaillieren. Einen *DrillDown* erreichen Sie auch durch einen Doppelklick auf den entsprechenden Balken.

2. Mit der Schaltfläche *Change View* in der Symbolleiste lassen sich die Dimensionen bestimmen, die angezeigt werden sollen.

3. Im gleichen Dialogfeld lassen sich in der Registerkarte *Measures* bereits beschriebene Einstellungen vornehmen.

4. Wichtig ist auch noch die Farbeinstellung. Klicken Sie auf die Schaltfläche *Color Scale*, die sich auch in der Symbolleiste befindet. Sollten die Einstellmöglichkeiten nicht sichtbar sein, klicken Sie auf das Feld mit den Doppelpfeilen und das Fenster vergrößert sich.

5. Mit Hilfe der ersten Schaltfläche in dieser erweiterten Anzeige lassen sich die Farben zurücksetzen, die bei *Min*, *Mid* und *Max* eingestellt werden können.

6. Die zweite Schaltfläche schaltet zwischen manueller und automatischer Farbeinstellung um.

7. Die dritte Schaltfläche bestimmt die Interpretation der Farben. Sind lange Balken gut, weil sie beispielsweise einen hohen Umsatz repräsentieren, sollte *High Values are good* gewählt werden. Handelt es sich um Kosten, sollten die kurzen Balken grün angezeigt werden.

8. Die letzte der Schaltflächen legt fest, ob die Farben auf allen Elementen beruhen sollen (*Choose Absolut High and Low Values*) oder ob die Farben auf den gefilterten Elementen basieren sollen (*Use Highest and Lowest Values*).

7.17   Datenbankdaten in Excel darstellen

Die Beispiele mit den Listings finden Sie in der Datei *K07_17_ADO.xls* bzw. *K07_17_DAO.xls* innerhalb der Begleitdateien zum Buch.

Problem

Damit die Daten allgemein zugänglich sind und so eine zentrale Verfügbarkeit gewährleistet wird, sollen die Daten in einer Datenbank gehalten werden, die hier durch eine Access-Datenbank repräsentiert wird. Die Anwender haben, so die Vorgabe, keinerlei Datenbankkenntnisse und sollen die Bedienung über eine in Excel zu erstellende Oberfläche vornehmen.

Lösung

Mittels einer direkten Anbindung von Excel entweder über das DAO- oder das ADO-Zugriffsobjekt wird auf eine Datenbank zugegriffen. Die Daten werden zur Auswahl in einem Listenfeld dargestellt. Nach Auswahl des gewünschten Datensatzes durch Anklicken stellt Excel diese Daten in einem Formular in Textfeldern dar. Durch einen Wechsel in ein zweites Formular können dort die entsprechenden Buchungen vorgenommen werden. Nach Überprüfung der Änderungen auf Plausibilität werden diese in die Datenbank zurück geschrieben. Aufgezeigt wird die Vorgehensweise am Beispiel einer Urlaubsplanung. Um die unterschiedlichen Zugriffsweisen auf die Datenbank zu demonstrieren, wurde zwischen dem Zugriff auf Datenbanken mit Access 97 und ab Access 2000 unterschieden. Natürlich lässt sich auch mit DAO auf Datenbanken ab Access 2000 zugreifen, was umgekehrt mit ADO aber nicht möglich ist.

Erläuterungen

Beim Start der Mappe wird über das *Workbook_Open*-Ereignis das Formular angezeigt.

```
Option Explicit
Private Sub Workbook_Open()
'** Anzeige der Mitarbeiter
    frmK07_17_Mitarbeiter.Show
End Sub
```

Listing 7.55: *Code des Workbook_Open-Ereignisses K07_17_ADO*

Dies löst das *Activate*-Ereignis des Formulars aus und der zugehörige Ereigniscode wird abgearbeitet. Besonders hervorzuheben ist dabei die Prozedur *DB_Oeffnen*, in der die Datenbankvariablen deklariert und initialisiert werden. Dabei wird auch die Datenbank geöffnet. Wichtig dabei ist zu verstehen, dass in diesem und in allen anderen Fällen das Öffnen der Datenbank nicht gleichzusetzen ist mit dem Öffnen von Microsoft Access.

```
Private Sub UserForm_Activate()
'** Prozedur zum Öffnen der Datenbank aufrufen
    DB_Oeffnen
'** Recordset öffnen
    g_rstMitarbeiter.Open
'** Zum ersten Datensatz gehen
    g_rstMitarbeiter.MoveFirst
'** Einlesen der Mitarbeiter in das Listenfeld
    Do While Not g_rstMitarbeiter.EOF
        lstMitarbeiter.AddItem g_rstMitarbeiter.Fields("Vorname").Value & _
            " " & g_rstMitarbeiter.Fields("Nachname").Value
        g_rstMitarbeiter.MoveNext
    Loop
'** Prüfen, ob mindestens 1 Eintrag vorhanden ist
    If lstMitarbeiter.ListCount > 0 Then
    '** Anzeigen des Eintrags
        lstMitarbeiter.ListIndex = 0
    End If
End Sub
```

Listing 7.56: *Ereigniscode, der beim Öffnen des Formulars frmK07_17_Mitarbeiter ausgeführt wird*

```
Option Explicit
'** Datenbank-Variable festlegen
    Public g_cnnFirma As ADODB.Connection
    Public g_rstMitarbeiter As ADODB.Recordset


Sub DB_Oeffnen()
On Error GoTo fehler
    Dim strDBPfad As String
    Dim strDBName As String
    Dim strDBFullname As String

'** Initialisierung der Variablen
    strDBPfad = ActiveWorkbook.Path & "\"
    strDBName = "Workshop2000_AG_Urlaub.mdb"
    strDBFullname = strDBPfad & strDBName
    Set g_cnnFirma = New ADODB.Connection
    Set g_rstMitarbeiter = New ADODB.Recordset

'** Provider-Eigenschaftswert zuweisen (Access 2000)
    g_cnnFirma.Provider = "Microsoft.Jet.OLEDB.4.0"
'** Connectionstring-Eigenschaftswert zuweisen (Datenquelle)
    g_cnnFirma.ConnectionString = "Data Source='" & strDBFullname & "'"
'** Verbindung öffnen
    g_cnnFirma.Open
'** Aktive Verbindung bestimmen
'** Hier nicht zwingend erforderlich, da nur eine Verbindung geöffnet wurde.
    Set g_rstMitarbeiter.ActiveConnection = g_cnnFirma
'** Cursor Serverseitig einstellen
    g_rstMitarbeiter.CursorLocation = adUseServer
'** Dynamischen Cursor einstellen
```

```
    g_rstMitarbeiter.CursorType = adOpenDynamic
'** LockType einstellen
    g_rstMitarbeiter.LockType = adLockOptimistic
'** Datenquelle zuweisen
    g_rstMitarbeiter.Source = "SELECT tblMitarbeiter.Nachname, " & _
        "tblMitarbeiter.Vorname, tblMitarbeiter.Strasse, " & _
        "tblMitarbeiter.PLZ, tblMitarbeiter.Ort, tblUrlaub.Anspruch, " & _
        "tblUrlaub.Rest FROM tblMitarbeiter INNER JOIN tblUrlaub ON " _
        "tblMitarbeiter.ID_MitarbeiterNr = tblUrlaub.ID_MitarbeiterNr " & _
        "ORDER BY tblMitarbeiter.Nachname, tblMitarbeiter.Vorname;"
Exit Sub
fehler:
    If Err.Number = -2147467259 Then
        MsgBox "Datenbank " & strDBFullname & " lässt sich nicht öffnen" & vbCrLf & _
            "Das Programm wird beendet!!!"
'** Programm beenden
        End
    End If
End Sub
```

Listing 7.57: *Öffnen der Datenbank und Initialisierung der Variablen*

Ist diese Prozedur abgearbeitet, wird in die aufrufende Ereignisprozedur zurückgekehrt. Dort werden die Feldinhalte von Vorname und Nachname der Tabelle *Mitarbeiter* in ein Listenfeld eingelesen. Dieses Listenfeld befindet sich in dem Excel-Formular. Dabei soll der erste Eintrag in diesem Listenfeld angezeigt werden. Dieses Anzeigen löst das Click-Ereignis des Listenfeldes aus.

```
Private Sub lstMitarbeiter_Click()
    On Error Resume Next
'** Deklaration der Variablen
    Dim strVorname As String
    Dim strNachname As String
    Dim strSuche As String
'** Vornamen aus Liste extahieren
    strVorname = Trim(Left(lstMitarbeiter.Value, InStr(lstMitarbeiter.Value, " ") - 1))
'** Nachnamen aus Liste extahieren
    strNachname = Trim(Mid(lstMitarbeiter.Value, InStr(lstMitarbeiter.Value, " ") + 1))
'** Zum ersten Datensatz des Recordsets gehen
    g_rstMitarbeiter.MoveFirst
'** Suchhstring Nachname
    strSuche = "Nachname LIKE '" & strNachname & "'"
'** Suchen nach Nachname
    g_rstMitarbeiter.Find strSuche
    If g_rstMitarbeiter.EOF Then
        '** Nachname des Mitarbeiters wurde nicht gefunden
        MsgBox "Mitarbeiter " & strNachname & " nicht gefunden"
    Else
        '** Suchstring Vorname
        strSuche = "Vorname LIKE '" & strVorname & "'"
        '** Ab der aktuellen Position weitersuchen
        g_rstMitarbeiter.Find strSuche
        If g_rstMitarbeiter.EOF Then
        '** Gesuchter Name wurde nicht gefunden
            MsgBox "Mitarbeiter " & strNachname & " " & strVorname & " nicht gefunden"
        ElseIf Not g_rstMitarbeiter.EOF Then
```

```
'** Ausfüllen der Textfelder
    txtVorname.Text = g_rstMitarbeiter.Fields("Vorname").Value
    txtNachname.Text = g_rstMitarbeiter.Fields("Nachname").Value
    txtStrasse.Text = g_rstMitarbeiter.Fields("Strasse").Value
    txtPLZ.Text = g_rstMitarbeiter.Fields("PLZ").Value
    txtOrt.Text = g_rstMitarbeiter.Fields("Ort").Value
    txtUrlaubsAnspruch.Text = g_rstMitarbeiter.Fields("Anspruch").Value
    txtUrlaubGenommen.Text = g_rstMitarbeiter.Fields("Rest").Value
        End If
    End If
End Sub
```

Listing 7.58: *Ereigniscode des Listenfelds*

Der zugehörige Programmcode füllt dann die Textfelder des Formulars. Für den unvoreinge-nommenen Betrachter ist bei der Betrachtung des Formulars nicht erkennbar, dass diese Werte nicht aus Excel, sondern aus einer Datenbank stammen.

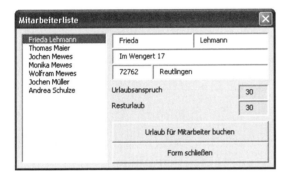

Abbildung 7.30: *Aus der Datenbank eingelesene Mitarbeiterdaten*

Wird ein Klick auf einen anderen im Listenfeld enthaltenen Mitarbeiter ausgeführt, läuft die soeben beschriebene Ereignisprozedur erneut ab.

Soll nun für den ausgewählten Mitarbeiter Urlaub gebucht werden, wird durch einen Klick auf die entsprechende Schaltfläche ein weiteres Formular gestartet und das aktuelle versteckt.

```
Option Explicit
Private Sub cmdAuswahl_Click()
'** Textfelder in der Form Urlaub füllen
    frmK07_17_Urlaub!txtVorname.Text = txtVorname.Text
    frmK07_17_Urlaub!txtNachname.Text = txtNachname.Text
    frmK07_17_Urlaub!txtStrasse.Text = txtStrasse.Text
    frmK07_17_Urlaub!txtPLZ.Text = txtPLZ.Text
    frmK07_17_Urlaub!txtOrt.Text = txtOrt.Text
'** Aktive Form verstecken
    Me.Hide
'** Form Urlaub zeigen
    frmK07_17_Urlaub.Show
End Sub
```

Listing 7.59: *Aufruf und Füllen des Formulars frmK07_17_Urlaub*

Auch bei diesem Formular wird das *Activate-Ereignis* ausgelöst. Dabei wird das Kalendersteu-erelement auf das Tagesdatum eingestellt.

```
Private Sub UserForm_Activate()
'** Kalendersteuerelement einstellen
    With calUrlaub
        .FirstDay = vbSunday
        .ShowDays = True
        .Value = Date
    End With
    calUrlaub.Refresh
End Sub
```

Listing 7.60: *Einstellen des Kalender-Steuerelements*

ACHTUNG: Sollte es bei der Ausführung des Programmcodes zu einem Fehler kommen, prüfen Sie die Eigenschaften des Steuerelements Kalender. Bei früheren Versionen dieses Steuerelements wurden in einem Fall deutsche Bezeichnungen für die Eigenschaftswerte verwendet, wie *ErsterTag* statt *FirstDay* oder *Wert* statt *Value*. Sollten Sie über ein solches Steuerelement verfügen, dann ändern Sie im Programmcode die Eigenschaftsnamen entsprechend ab.

Abbildung 7.31: *Urlaub buchen*

Klicken Sie auf ein Datum im Kalendersteuerelement, wird der Ereigniscode des Click-Ereignisses ausgeführt und die Prozedur *UrlaubBuchen* aufgerufen.

```
Option Explicit
Private Sub calUrlaub_Click()
'** Prozedur UrlaubBuchen aufrufen
    UrlaubBuchen
End Sub
```

Listing 7.61: *Code, der beim Anklicken des Kalendersteuerelements ausgeführt wird*

```
Sub UrlaubBuchen()
'** Prozedur LeereZelle aufrufen
    LeereZelle
'** Wenn beide Textfelder einen Inhalt aufweisen,
'** dann sollen diese Inhalte in die Tabelle
'** übertragen werden.
```

```
'** Anschließend sind die Inhalte der Textfelder
'** zu leeren
    If Len(Trim(frmK07_17_Urlaub.txtErsterUrlaubstag.Text)) > 0 And _
        Len(Trim(frmK07_17_Urlaub.txtLetzterUrlaubstag.Text)) > 0 Then
        If Not CDate(frmK07_17_Urlaub.txtErsterUrlaubstag.Text) _
                <= CDate(frmK07_17_Urlaub.txtLetzterUrlaubstag.Text) Then

            MsgBox frmK07_17_Urlaub.txtErsterUrlaubstag.Text & vbCrLf _
                & "ist größer als" & vbCrLf _
                & frmK07_17_Urlaub.txtLetzterUrlaubstag.Text


        End If
    '** Inhalte in den Textfeldern entfernen
        frmK07_17_Urlaub.txtErsterUrlaubstag.Text = vbNullString
        frmK07_17_Urlaub.txtLetzterUrlaubstag.Text = vbNullString
        frmK07_17_Urlaub.txtAnzahlUrlaubstage.Text = vbNullString
'** Wenn das erste Textfeld keinen Inhalt aufweist,
'** aber das zweite Textfeld bereits ausgefüllt wurde,
'** dann beide Textfelder leeren
    ElseIf Len(Trim(frmK07_17_Urlaub.txtErsterUrlaubstag.Text)) = 0 And _
        Len(Trim(frmK07_17_Urlaub.txtLetzterUrlaubstag.Text)) > 0 Then

        '** Inhalte in den Textfeldern entfernen
        frmK07_17_Urlaub.txtErsterUrlaubstag.Text = vbNullString
        frmK07_17_Urlaub.txtLetzterUrlaubstag.Text = vbNullString

'** Werte aus Kalender in Textfelder übernehmen
    Else
        If Len(Trim(frmK07_17_Urlaub.txtErsterUrlaubstag.Text)) = 0 Then
            frmK07_17_Urlaub.txtErsterUrlaubstag.Text = _
            frmK07_17_Urlaub.calUrlaub.Value
        ElseIf Len(Trim(frmK07_17_Urlaub.txtErsterUrlaubstag.Text)) > 0 Then
            frmK07_17_Urlaub.txtLetzterUrlaubstag.Text = _
            frmK07_17_Urlaub.calUrlaub.Value
        '** Anzahl der Urlaubstage berechnen
            UrlaubstageBerechnen
        End If


    End If
End Sub
```

Listing 7.62: *Die Prozedur UrlaubBuchen*

```
Sub LeereZelle()
'** Prüfung
'** Ausgangsposition festlegen
    Range("A3").Select

'** Prüfen, ob Zelle A2 einen Inhalt hat, wenn ja, springen
    If Not ActiveCell.Offset(1, 0).Value = "" Then
        Selection.End(xlDown).Select
    End If

'** Bildschirmaktualisierung ausschalten
    Application.ScreenUpdating = False
    Do While ActiveCell.Value <> ""
```

```
        ActiveCell.Offset(1, 0).Select
    Loop
'** Bildschirmaktualisierung einschalten
    Application.ScreenUpdating = True
    ActiveCell.Select
End Sub
```

***Listing 7.63**: Prozedur LeereZelle*

```
Option Explicit
Sub UrlaubstageBerechnen()
    Dim datTag As Date
    Dim intUrlaubstage As Integer
'** Ermittlung der Urlaubstage
'** Für jeden Tag, der nicht auf ein Wochenende fällt oder ein
'** Feiertag ist, 1 hinzuaddieren
    For datTag = CDate(frmK07_17_Urlaub.txtErsterUrlaubstag.Text) _
            To CDate(frmK07_17_Urlaub.txtLetzterUrlaubstag.Text)
        If Not IstFeierTag(datTag) Then
            intUrlaubstage = intUrlaubstage + 1
        End If
    Next
'** Ermittelte Urlaubstage in Textfeld schreiben
    frmK07_17_Urlaub.txtAnzahlUrlaubstage.Text = intUrlaubstage
End Sub
```

***Listing 7.64**: Urlaubstage berechnen*

Da die Urlaubsdaten später in die Excel-Tabelle übernommen werden sollen, wird jetzt der Startpunkt in der Excel-Tabelle festgelegt. Nun wird geprüft, ob die Textfelder, die den ersten und letzten Urlaubstag repräsentieren, bereits ausgefüllt sind. Ist das der Fall werden die Inhalte beider Felder gelöscht. Sind keine Inhalte vorhanden, wird der ausgewählte Tag in das erste Textfeld eingetragen.

Ein Klick auf das Datum, bis zu dem Urlaub genommen werden soll, fügt das Datum in das entsprechende Textfeld ein. Dann wird die Funktion *UrlaubstageBerechnen* aufgerufen. Da Wochenenden und Feiertage nicht zu den gebuchten Urlaubstagen hinzuaddiert werden dürfen erfolgt in dieser Prozedur eine entsprechende Prüfung.

Die selbst geschriebene Funktion *IstFeiertag*, der das Datum übergeben wird, ruft ihrerseits die Funktion Ostern auf. Diese ermittelt anhand der Gaußschen Funktion das Osterdatum des aktuellen Jahrs. Dieses Osterdatum ist Ausgangsbasis für alle beweglichen Feiertage.

```
Option Explicit
Function IstFeierTag(Datum As Date) As Boolean
    Application.Volatile
    Dim intJahr As Integer
    Dim datOsterSonntag As Date
    Dim intCtFeiertage As Integer
    Dim bolFeiertag As Boolean
    Dim datFeiertag(14) As Date
    intJahr = Year(Datum)
'** Funktion Ostern zur Berechnung des Osterdatums aufrufen
'** Das Osterdatum liefert die Berechnungsgrundlage für
'** die beweglichen Feiertage
    datOsterSonntag = Ostern(intJahr)
'** Neujahr
```

```
    datFeiertag(1) = CDate("1.1." & CStr(intJahr))
''** Heilige Drei Könige
    datFeiertag(2) = CDate("6.1." & CStr(intJahr))
'** Tag der Arbeit
    datFeiertag(3) = CDate("1.5." & CStr(intJahr))
'** Tag der deutschen Einheit
    datFeiertag(4) = CDate("3.10." & CStr(intJahr))
'** Allerheiligen
    datFeiertag(5) = CDate("1.11." & CStr(intJahr))
'** Heiligabend
    datFeiertag(6) = CDate("24.12." & CStr(intJahr))
'** 1. Weihnachtsfeiertag
    datFeiertag(7) = CDate("25.12." & CStr(intJahr))
'** 2. Weihnachtsfeiertag
    datFeiertag(8) = CDate("26.12." & CStr(intJahr))
'** Sylvester
    datFeiertag(9) = CDate("31.12." & CStr(intJahr))
'** Karfreitag
    datFeiertag(10) = datOsterSonntag - 2
'** Ostersonntag
    datFeiertag(11) = datOsterSonntag + 1
'** Ostermontag
    datFeiertag(12) = datOsterSonntag + 39
'** Pfingstmontag
    datFeiertag(13) = datOsterSonntag + 50
'** Fronleichnam
    datFeiertag(14) = datOsterSonntag + 60
'** boolesche Feiertagsvariable mit FALSE vorbelegen
    bolFeiertag = False
'** Wenn es sich bei dem Datum um ein Wochenende handelt
    If Weekday(Datum, vbSunday) = vbSaturday Or _
       Weekday(Datum, vbSunday) = vbSunday Then
        bolFeiertag = True
        IstFeierTag = bolFeiertag
        Exit Function
    End If
'** Wenn es sich bei dem Datum um einen Feiertag handelt
    For intCtFeiertage = 1 To UBound(datFeiertag)
        If Datum = datFeiertag(intCtFeiertage) Then
            bolFeiertag = True
            Exit For
        End If
    Next intCtFeiertage
'** Rückgabewert der Funktion
    IstFeierTag = bolFeiertag
End Function
```

Listing 7.65: *Ermittlung der Feiertage*

```
Private Function Ostern(intJahr As Integer) As Date
    Dim intZeitraum1 As Integer
    Dim intZeitraum2 As Integer
    Dim intZeitraum3 As Integer
    Dim intZeitraum4 As Integer
    Dim intZeitraum5 As Integer
    Dim intZeitraum6 As Integer
```

```
Dim intZeitraum7 As Integer

intZeitraum1 = intJahr Mod 19 + 1
intZeitraum2 = Fix(intJahr / 100) + 1
intZeitraum3 = Fix(3 * intZeitraum2 / 4) - 12
intZeitraum4 = Fix((8 * intZeitraum2 + 5) / 25) - 5
intZeitraum5 = Fix(5 * intJahr / 4) - intZeitraum3 - 10
intZeitraum6 = (11 * intZeitraum1 + 20 + intZeitraum4 - intZeitraum3) Mod 30

If (intZeitraum6 = 25 And intZeitraum1 > 11) Or intZeitraum6 = 24 Then
    intZeitraum6 = intZeitraum6 + 1
End If

intZeitraum7 = 44 - intZeitraum6

If intZeitraum7 < 21 Then
    intZeitraum7 = intZeitraum7 + 30
End If

intZeitraum7 = intZeitraum7 + 7
intZeitraum7 = intZeitraum7 - (intZeitraum5 + intZeitraum7) Mod 7

If intZeitraum7 <= 31 Then
    Ostern = CDate(CStr(intZeitraum7) & ".3." & CStr(intJahr))
Else
    Ostern = CDate(CStr(intZeitraum7 - 31) & ".4." & CStr(intJahr))
End If
End Function
```

***Listing 7.66**: Berechnung des Osterdatums*

Dann werden die festen Feiertage ermittelt und in ein Array geschrieben. Handelt es sich bei dem übergebenen Datum um eines, das auf ein Wochenende fällt, wird die boolesche Variable auf *True* gesetzt und die Schleife beendet. Diesen Wert gibt die Funktion dann zurück.

In einer *For...Next-Schleife* wird dieser Wert dann ausgewertet. Ist er *False*, wird ein Urlaubstag zu den zu nehmenden Urlaubstagen hinzugezählt, ist er *True*, erfolgt keine Zuzählung.

Wurde der gesamte angegebene Zeitraum durchlaufen, wird der ermittelte Wert in das Textfeld eingegeben.

Genau genommen ist das Ganze bis hier als Urlaubsantrag zu bezeichnen. Denn die eigentliche Buchung erfolgt erst nach dem auf die Schaltfläche *Urlaub buchen* geklickt wurde.

```
Private Sub cmdUrlaub_Click()
On Error GoTo fehler
    '** Prüfen, ob noch genügend Urlaubstage vorhanden sind
        Dim intResturlaub As Integer
        intResturlaub = g_rstMitarbeiter.Fields("Rest").Value - _
            frmK07_17_Urlaub.txtAnzahlUrlaubstage.Text
        If intResturlaub >= 0 Then
        '** In ADO ist kein EDIT mehr erforderlich!!!
        '** Neuen Wert in Feld "Rest" schreiben
            g_rstMitarbeiter.Fields("Rest").Value = intResturlaub
        '** Recordset updaten
            g_rstMitarbeiter.Update
        '** Wenn der erste Urlaubstag kleiner als der letzte Urlaubstag ist
```

```
            If CDate(frmK07_17_Urlaub.txtErsterUrlaubstag.Text) _
                <= CDate(frmK07_17_Urlaub.txtLetzterUrlaubstag.Text) Then
        '** Nachname des Mitarbeiters in die aktive Zelle schreiben
            ActiveCell.Value = txtNachname.Text
        '** Vorname in die Spalte rechts daneben schreiben
            ActiveCell.Offset(0, 1).Value = txtVorname.Text
        '** Ersten Urlaubstag in die 3. Spalte rechts daneben schreiben
            ActiveCell.Offset(0, 2).Value = _
                frmK07_17_Urlaub.txtErsterUrlaubstag.Text
        '** Letzten Urlaubstag in die 4. Spalte rechts daneben schreiben
            ActiveCell.Offset(0, 3).Value = _
                frmK07_17_Urlaub.txtLetzterUrlaubstag.Text
        '** Anzahl Urlaubstage in die 5. Spalte rechts daneben schreiben
            ActiveCell.Offset(0, 4).Value = _
                frmK07_17_Urlaub.txtAnzahlUrlaubstage.Text
        '** Einstellungen für Urlaub zurücksetzten
            frmK07_17_Urlaub.txtErsterUrlaubstag.Text = vbNullString
            frmK07_17_Urlaub.txtLetzterUrlaubstag.Text = vbNullString
            frmK07_17_Urlaub.txtAnzahlUrlaubstage.Text = vbNullString
        Else
            MsgBox "Erster Urlaubstag größer als der Letzte!", _
                    vbInformation, "Hinweis"
        End If
    Else
        MsgBox "Resturlaub zu klein", vbInformation, "Hinweis"
    End If
Exit Sub
fehler:
        MsgBox "Bitte Daten vollständig ausfüllen", vbInformation, "Hinweis"
End Sub
```

***Listing 7.67**: Urlaub buchen*

Zunächst wird geprüft, ob der Resturlaub für den neuen Urlaubsantrag auch noch ausreicht. Ist das der Fall wird der verbleibende Resturlaub in die Datenbank geschrieben. Wenn dann auch das Datum des ersten Urlaubstags nicht größer ist als das des letzten Urlaubstags, können die Werte in die Excel-Tabelle geschrieben werden. Beachten Sie bitte, wie der Wert in die Datenbank zurück geschrieben wird. Bei ADO ist kein *Edit* mehr erforderlich, um den Wert zurück schreiben zu können.

Standardmäßig wird mit der Schaltfläche *Stop* das Programm beendet. Sie können aber auch festlegen, dass lediglich das Urlaubsformular geschlossen wird. Mit den Ereignis-Prozeduren aus Listing 7.68 und Listing 7.69 wird das Formular geschlossen beziehungsweise das Programm beendet.

```
Private Sub cmdEnde_Click()
    Unload Me
End Sub
```

***Listing 7.68**: Schließen des Formulars frmK07_17_Urlaub*

```
Private Sub cmdEnde_Click()
'** Programm beenden
    End
End Sub
```

***Listing 7.69**: Beenden des Programms*

Datenanalyse

Bei der Verwendung des DAO-Zugriffsobjekts bestehen einige Unterschiede beim Aufruf.

```
Private Sub cmdUrlaub_Click()
        If intResturlaub >= 0 Then
        '** In ADO ist kein EDIT mehr erforderlich!!!
        '** Neuen Wert in Feld "Rest" schreiben
            With g_rstMitarbeiter
                .Edit
                .Fields("Rest").Value = intResturlaub
        '** Recordset updaten
                .Update
            End With
.....
End Sub
```

Listing 7.70: *Auszug aus der Ereignisprozedur cmdUrlaub_Click des Form-Moduls frmK07_17_Urlaub_DAO*

```
Private Sub lstMitarbeiter_Click()
'** Suchstring Nachname
    strSuche = "Nachname LIKE '" & strNachname & "' AND Vorname LIKE '" & strVorname & "'"
'** Suchen nach Nachname
    g_rstMitarbeiter.FindFirst strSuche
    If g_rstMitarbeiter.NoMatch Then
End Sub
```

Listing 7.71: *Auszug aus dem Click-Ereignis des Listenfeldes. Es kann gemeinsam nach Nachname und Vorname gesucht werden*

```
Option Explicit
'** Datenbank-Variable festlegen
    Public g_dbFirma As DAO.Database
    Public g_rstMitarbeiter As DAO.Recordset


Sub DB_Oeffnen()
On Error GoTo fehler
    Dim strDBPfad As String
    Dim strDBName As String
    Dim strDBFullname As String
    Dim strSQL As String
'** Initialisierung der Variablen
    strDBPfad = ActiveWorkbook.Path & "\"
    strDBName = "Workshop97_AG_Urlaub.mdb"
    strDBFullname = strDBPfad & strDBName
    strSQL = "SELECT tblMitarbeiter.Nachname, tblMitarbeiter.Vorname, _
            tblMitarbeiter.Strasse, tblMitarbeiter.PLZ, tblMitarbeiter.Ort, _
            tblUrlaub.Anspruch, tblUrlaub.Rest " & _
            "FROM tblMitarbeiter INNER JOIN tblUrlaub ON " & _
            "tblMitarbeiter.ID_MitarbeiterNr = tblUrlaub.ID_MitarbeiterNr " & _
            "ORDER BY tblMitarbeiter.Nachname, tblMitarbeiter.Vorname;"
    Set g_dbFirma = OpenDatabase(strDBFullname)
    Set g_rstMitarbeiter = g_dbFirma.OpenRecordset(strSQL, dbOpenDynaset)
    Exit Sub
fehler:
    If Err.Number = -2147467259 Then
```

```
        MsgBox "Datenbank " & strDBFullname & " lässt sich nicht öffnen" & vbCrLf & _
            "Das Programm wird beendet!!!"
    '** Programm beenden
        End
    End If
End Sub
```

Listing 7.72: *Zugriff auf die Datenbank mit DAO (modK07_17_DBFunktionen_DAO)*

7.18 Zugreifen auf den SQL Server

Das Codemodul *modK07_18* mit dem Listing finden Sie in der Datei *K07_18.xls* innerhalb der Begleitdateien zum Buch.

Problem

Dateien, die auf einem SQL Server liegen, sollen in Excel dargestellt werden.

Lösung

Herstellen einer Verbindung zum SQL Server über das ADO-Zugriffsobjekt unter Verwendung des *Connection*-Objekts.

Erläuterungen

Beim Öffnen der Arbeitsmappe wird das Formular *frm07_18* aufgerufen.

```
Option Explicit

Private Sub Workbook_Open()
    frmK07_18.Show
End Sub
```

Listing 7.73: *Ereigniscode des Workbook_Open-Ereignisses*

Der Ereigniscode füllt das Kombinationssteuerelement mit den Namen möglicher vorhandener SQL Server. Hier müssen Sie den bzw. die Namen Ihrer SQL Server angeben.

```
Private Sub UserForm_Activate()
'** Name des SQL-Servers
    With cboDataSource
        .AddItem "(local)"
        .AddItem "PDC1"
        .AddItem "IBM1000NB"
        .ListIndex = 0
    End With
End Sub
```

Listing 7.74: *Kombinationslisten-Steuerelement füllen*

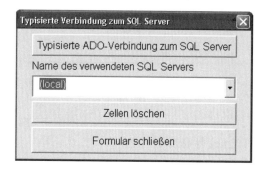

Abbildung 7.32: *Formular zur Auswahl und zur Herstellung einer Verbindung zu einem SQL Server*

```
Option Explicit

Private Sub cmdADO_Click()
    dbADO_Connection
End Sub
```

Listing 7.75: *Aufruf der Prozedur dbADO_Connection*

Durch einen Klick auf die Schaltfläche *Typisierte ADO-Verbindung zum SQL Server*, wird die Prozedur *dbADOConnection* aufgerufen.

Die Verbindung erfolgt über ein *Connection*-Objekt. Zugegriffen wird auf die Datenbank *Northwind*, der englischen Variante der bisher verwendeten *Nordwind_2003*-Datenbank. Üblicherweise wird diese Datenbank bei der Auslieferung des SQL Servers mitgeliefert.

Der Connection-String wurde hier nicht, wie bei den vorherigen Beispielen in seine einzelnen Bestandteile zerlegt, sondern sozusagen »am Stück« übergeben.

Die weitere Vorgehensweise entspricht dem bereits mehrfach beschriebenen Zugriff auf die Microsoft Access-Datenbanken.

```
Option Explicit

'** Verbindung über das Connection-Objekt
Sub dbADO_Connection()
On Error GoTo fehler
'**************************************************************************
'** Hinweis: Verweis auf
'** Microsoft ActiveX Data Objects 2.7 Library erforderlich
'**************************************************************************
'** ADO-Objekte
    Dim cnn As ADODB.Connection
    Dim rst As ADODB.Recordset

'** Excel-Objekte
    Dim xlWB As Excel.Workbook
    Dim xlWS As Excel.Worksheet
'** Deklaration der String-Variablen
    Dim strDBName As String
    Dim strRSTName As String

'** Recordsetnamen zuweisen
    strRSTName = "Customers"
```

```
'** Bilden der Objektinstanz
    Set cnn = New ADODB.Connection
    Set rst = New ADODB.Recordset

'** Name der SQL-Server-Datenbank
    strDBName = "Northwind"

'** Connectionstring-Eigenschaft zuweisen
    cnn.ConnectionString = "Provider=SQLOLEDB.1;Integrated Security=SSPI;" & _
                           "Persist Security Info=False;Initial Catalog=" & _
                           strDBName & ";Data Source=" & frmK07_18.cboDataSource.Value

'** Verbindung öffnen
    cnn.Open

'** Recordset auf die aktive Connection einstellen
    Set rst.ActiveConnection = cnn

'** Cursor einstellen
    rst.CursorType = adOpenForwardOnly

'** Datenquelle zuweisen
    rst.Source = strRSTName

'** Recordset öffnen
    rst.Open

'** Excel-Objekte initialisieren
    Set xlWB = Excel.ThisWorkbook
    Set xlWS = xlWB.Worksheets(1)

'** Schreiben der Feldnamen in die angegebene Zeile
    FeldNamenSchreiben rst, xlWS, 1

'** Verwendung der Methode CopyFromRecordset
'** Kopieren des Recordsets in die Excel-Tabelle
    xlWS.Range("A2").CopyFromRecordset rst

'** Markieren der Zellen
    xlWS.Cells.Select

'** Einstellen der automatischen Spaltenbreite
    Selection.Columns.AutoFit

'** Aufheben der Markierung
    xlWS.Range("A1").Select

'** Entfernen der Objekte aus dem Arbeitsspeicher
    Set rst = Nothing
    Set cnn = Nothing

    Set xlWS = Nothing
    Set xlWB = Nothing

Exit Sub
```

Datenanalyse

```
fehler:
    MsgBox "Folgender Fehler ist aufgetreten: " & Err.Description, _
           vbCritical, "Fehler!"
End Sub
```

Listing 7.76: *Herstellen der Verbindung zum SQL Server*

```
Private Sub cmdZellenLoeschen_Click()
'** Alle Zellen markieren
    Cells.Select
'** Markierte Zellen löschen
    Selection.Delete Shift:=xlUp
'** Markierung aufheben
    Range("A1").Select
End Sub
```

Listing 7.77: *Löschen der Zellen*

```
Sub FeldNamenSchreiben(rst As ADODB.Recordset, _
                       xlWS As Excel.Worksheet, _
                       intErsteZeile As Integer)

    Dim intCt As Integer
    Dim intFields As Integer

'** Zählen der Felder in der Tabelle
    intFields = rst.Fields.Count

    For intCt = 0 To intFields - 1
    '** Schreiben der Feldnamen in die angegebene Zeile
        xlWS.Cells(intErsteZeile, intCt + 1).Value = rst.Fields(intCt).Name
    Next

End Sub
```

Listing 7.78: *Schreiben der Feldnamen*

```
Sub ZellenLoeschen()
    Dim xlWB As Excel.Workbook
    Dim xlWS As Excel.Worksheet

    Set xlWB = Excel.ThisWorkbook
    Set xlWS = xlWB.Worksheets(1)
    xlWS.Cells.Delete
End Sub
```

Listing 7.79: *Eine andere Möglichkeit, um Zellen zu löschen*

8 Rund um Charts und Diagramme

8.1 Erstellen einer Diagrammvorlage

Das Listing finden Sie in der Datei *K08_1.xls* innerhalb der Begleitdateien zum Buch.

Problem

Diagrammdarstellungen sollen für eine spätere Wiederverwendung gespeichert werden.

Lösung

Erstellung einer Diagrammvorlage, aus der bereits gespeicherte Vorlagen schnell abgerufen werden können.

Erläuterungen

Eine eigene Diagrammvorlage lässt sich in Excel sehr schnell erstellen und wieder verwenden. Hierzu sind die folgenden Schritte erforderlich.

1. Wechseln Sie in das Diagramm, das als Vorlage dienen soll.

2. Rufen Sie den Menübefehl *Diagramm/Diagrammtyp* auf.

3. Holen Sie die Registerkarte *Benutzerdefinierte Typen* in den Vordergrund.

4. Aktivieren Sie das Optionsfeld *Benutzerdefiniert*.

5. Klicken Sie auf die Schaltfläche *Hinzufügen*.

6. Weisen Sie den gewünschten Vorlagennamen und optional eine Beschreibung für die Vorlage zu.

7. Bestätigen Sie zweimal mit *OK*.

Die Vorlage wurde erstellt und in der Datei *XLUSRGAL.XLS* gespeichert. Diese Datei finden Sie im Unterverzeichnis *C:\Dokumente und Einstellungen\<IhrName>\Anwendungsdaten\ Microsoft\Excel*.

HINWEIS: XLUSRGAL.XLS steht für Excel User Galery. Verwechseln Sie diese Datei, die die eigenen Diagrammvorlagen enthält nicht mit der Datei XL8GALRY.XLS. In dieser sind die mitgelieferten Standard-Diagrammvorlagen von Excel gespeichert.

Abgerufen wird eine erstellte Vorlage auf ähnlichem Weg:

1. Wechseln Sie in das Diagramm, das formatiert werden soll.

2. Rufen Sie den Menübefehl *Diagramm/Diagrammtyp* auf.

3. Holen Sie die Registerkarte *Benutzerdefinierte Typen* in den Vordergrund.

4. Aktivieren Sie das Optionsfeld *Benutzerdefiniert*.

5. Wählen Sie den gewünschten benutzerdefinierten Diagrammtyp aus.

6. Bestätigen Sie mit *OK*.

Soll die Erstellung einer solchen Vorlage automatisiert werden, bietet sich die Erstellung eines kleinen VBA-Programms an, wie es in Listing 8.3 abgebildet ist. Über ein Dialogfeld lassen sich die erforderlichen Eingaben vornehmen. Sollte allerdings bereits eine Vorlage mit diesem Namen existieren, wird diese ohne Warnung überschrieben.

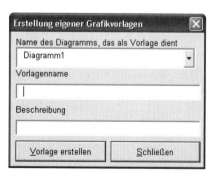

Abbildung 8.1: Dialogfeld zur Eingabe von Diagrammname, Vorlagenname und der Beschreibung

Sollten Sie von der Vorlagenerstellung häufiger Gebrauch machen, empfiehlt es sich, ein Add-In anzulegen. Die Vorgehensweise hierzu wurde bereits mehrfach beschrieben. In diesem Beispiel wird das Dialogfeld beim Start der Arbeitsmappe aufgerufen.

```
Private Sub Workbook_Activate()
'** Dialogfeld anzeigen
    frmGrafikVorlagen.Show vbModeless
End Sub
```

Listing 8.1: Öffnen des Dialogfeldes bei Aktivierung der Arbeitsmappe

Beim Aktivieren der Arbeitsmappe werden zunächst die Diagramme gezählt, die eigenständig
in einem Blatt abgelegt wurden. Eingebettete Diagramme finden in diesem Beispiel keine Berücksichtigung. Ist der ermittelte Zählwert größer 0, werden die Namen der Diagramme in das
Kombinationslistenfeld geschrieben. Befinden sich anschließend die Diagrammnamen im
Kombinationslistenfeld, wird der erste Eintrag markiert. Wurden keine Diagrammnamen im
Kombinationslistenfeld festgestellt, kann auch keine Vorlage erstellt werden. Es erscheint eine
entsprechende Meldung und die Steuerelemente zur Eingabe werden deaktiviert.

```
Private Sub UserForm_Activate()
'** Deklaration der Variablen
    Dim intChart As Integer
    Dim intCtCharts As Integer
'** Zählen der Diagramme in der Arbeitsmappe
'** In Tabellenblätter eingebettete Grafiken werden nicht berücksichtigt
    intCtCharts = ActiveWorkbook.Charts.Count
    For intChart = 1 To intCtCharts
    '** Füllen des Kombinationslistenfelds
        frmGrafikVorlagen.cboDiagrammName.AddItem ActiveWorkbook.Charts(intChart).Name
    Next
'** Wenn sich Diagrammnamen im Kombinationslistenfeld befinden ...
    If frmGrafikVorlagen.cboDiagrammName.ListCount > 0 Then
    '** ... den ersten Eintrag markieren
        frmGrafikVorlagen.cboDiagrammName.ListIndex = 0
    Else
    '** ... wenn keine Einträge vorhanden sind
    '** Feld für Meldung sichtbar machen
        lblMeldung.Visible = True
    '** Meldung schreiben
        lblMeldung.Caption = "Kein Diagramm in der aktiven Arbeitsmappe enthalten"
    '** Deaktivieren der Steuerelemente
        txtVorlagenName.Enabled = False
        txtBeschreibung.Enabled = False
        cmdVorlageErstellen.Enabled = False
    End If
End Sub
```

Listing 8.2: Überprüftes Füllen des Kombinationslistenfelds mit den Diagrammnamen

Nach dem Anklicken der Schaltfläche *Vorlage erstellen* wird geprüft, ob der zu vergebende
Vorlagenname eingegeben wurde. Falls nicht, kann die *Do While*-Schleife nicht verlassen werden.

Nach dem Verlassen der Schleife wird das ausgewählte Diagramm markiert. Die *AddChart-
AutoFormat*-Methode fügt zu den benutzerdefinierten Formatvorlagen eine neue hinzu. Diese
wird entsprechend dem Vorlagennamen benannt und beschriftet.

```
Private Sub cmdVorlageErstellen_Click()
'** Fehlerbehandlung einleiten
    On Error GoTo fehler
'** Schleife zur Abprüfung der Eingabe
```

Rund um Charts und Diagramme

```
    Do While Len(Trim(txtVorlagenName.Text)) = 0
    '** Der Vorlagenname muss eingegeben werden
        If Len(Trim(txtVorlagenName.Text)) = 0 Then
            txtVorlagenName.SetFocus
        End If
    Loop
'** Markieren des ausgewählten Diagramms
    Sheets(cboDiagrammName.Value).Select
'** Neues Chart-Format hinzufügen
    Application.AddChartAutoFormat _
            Chart:=ActiveChart, _
            Name:=txtVorlagenName.Text, _
            Description:=txtBeschreibung.Text
Exit Sub
fehler:
'** Fehlerbehandlung
    If Err.Number = 9 Then
        MsgBox "Falscher oder nicht existierender Diagrammname wurde angegeben", _
            vbCritical, "Hinweis zur Vorlagenerstellung"
    Else
        MsgBox "Fehlernummer:" & Err.Number & vbCrLf & Err.Description
    End If
End Sub
```

Listing 8.3: Programmgesteuertes Hinzufügen einer Vorlage

Die neue Vorlage kann nun verwendet werden.

8.2 Diagramme aus Zellbereichen erstellen

Das Listing finden Sie in der Datei *K08_2.xls* innerhalb der Begleitdateien zum Buch.

Problem

Aus einem markierten Zellbereich soll ein Diagramm erstellt werden.

Lösung

Um schnell Diagramme aus einem markierten Zellbereich zu erstellen, ist es nur erforderlich, die Funktionstaste F11 zu drücken. Sollen die Daten aber im Diagramm bereits in einer bestimmten Form angezeigt werden, kann dies recht einfach per VBA-Code realisiert werden.

Erläuterungen

Beim Start der Arbeitsmappe wird das Formular geöffnet. Hier gilt ebenfalls: wird diese Funktionalität häufiger benötigt, empfiehlt es sich, das Beispiel in ein Add-In zu überführen.

```
Private Sub Workbook_Activate()
    frmGrafikErstellen.Show vbModeless
End Sub
```

Listing 8.4: Aufruf der UserForm beim Aktivieren der Arbeitsmappe

Beim Aktivieren des Formulars erhält das Textfeld *txtVorlagenName* den Fokus. Damit der sich im Textfeld befindliche Text einfach überschrieben werden kann, wird er markiert.

```
Private Sub UserForm_Activate()
'** Fokus auf das Textfeld txtVorlagenName setzen
    txtVorlagenName.SetFocus
    txtVorlagenName.SelStart = 0
    txtVorlagenName.SelLength = Len(txtVorlagenName.Text)
End Sub
```

Listing 8.5: Aktivitäten beim Start des Formulars

Abbildung 8.2: Formular zur Erstellung von Diagrammen, die auf eigenen Vorlagen basieren

Zur Markierung des Zellbereichs und der Tabelle wird das Ereignis *SheetSelectionChange* des Workbooks verwendet. Diese Ereignisprozedur verfügt über die Parameter *Sh* und *Target*. Diese Parameter werden den entsprechenden Textfeldern zugewiesen.

```
Private Sub Workbook_SheetSelectionChange(ByVal Sh As Object, ByVal Target As Range)
    frmGrafikErstellen.txtTabellenName.Value = Sh.Name
    frmGrafikErstellen.txtZellbereich = Target.Address
End Sub
```

Listing 8.6: Zuweisen des Tabellennamens und des Zellbereichs zu den Textfeldern

Die Grafik wird durch einen Klick auf die gleichnamige Schaltfläche erstellt. Wurde kein Zellbereich markiert und somit auch keine Tabelle ausgewählt, wird die Prozedur verlassen. Sind beide ausgewählt, wird zunächst ein neues Diagramm hinzugefügt. Die Daten werden diesem Diagramm durch die *SetSourceData*-Methode zugewiesen. Dann wird das neue Diagramm als eigenständiges Blatt eingefügt. Dies wird durch die Methode *Location* bewirkt. Der letzte Schritt bestimmt das zu verwendende Format.

HINWEIS: Das reibungslose Funktionieren dieses Beispiels beruht darauf, dass das erste Beispiel mit der Erstellung einer eigenen Vorlage ausgeführt wurde. Ist der angegebene Vorlagenname nicht vorhanden, wird eine Fehlermeldung angezeigt und der Diagrammtyp »Standard« verwendet.

Der Methode *ApplyCustomType* werden der Diagrammtyp und der Name des Typs übergeben.

```
Private Sub cmdGrafikErstellen_Click()
On Error GoTo fehler
    If Not Len(txtTabellenName.Text) = 0 Or Not Len(txtZellbereich) = 0 Then
    '** Neues Diagramm hinzufügen
        Charts.Add
    '** Quellbereich markieren
        ActiveChart.SetSourceData Source:=Sheets(txtTabellenName.Text) _
```

```
            .Range(txtZellbereich.Text)
    '** Diagramm in als neues Blatt einfügen
        ActiveChart.Location Where:=xlLocationAsNewSheet
    '** Verwenden des benutzerdefinierten Typs
    '** Parameterübergabe an die Methode ApplyCustomType
    '** Bestimmung von ChartType und TypeName
        ActiveChart.ApplyCustomType _
                ChartType:=xlUserDefined, _
                TypeName:=txtVorlagenName.Text
    End If
Exit Sub
fehler:
    MsgBox Err.Description
End Sub
```

Listing 8.7: *Erstellen des Diagramms*

8.3   Manuelle Datenreihen einfügen

Das Listing finden Sie in der Datei *K08_3.xls* innerhalb der Begleitdateien zum Buch.

Problem

Zu einem bereits existierenden Diagramm soll eine neue Datenreihe hinzugefügt werden.

Lösung

Die einfachste Lösung ist: Datenreihe kopieren, Diagramm auswählen und einfügen. Wer etwas mehr Wert auf Komfort legt, kommt um eine VBA-Lösung nicht herum.

Erläuterungen

Beim Aktivieren der Arbeitsmappe erfolgt wieder der obligatorische Aufruf der UserForm. Dieser Aufruf ist dieses Mal auch in der Tabelle *Basisdaten* enthalten.

```
Private Sub Workbook_Activate()
    frmGrafikDatenEinfügen.Show vbModeless
End Sub

Private Sub Worksheet_Activate()
    frmGrafikDatenEinfügen.Show vbModeless
End Sub
```

Listing 8.8: *Aufruf des Formulars über die Arbeitsmappe und die Tabelle Basisdaten*

Beim Aktivieren des Formulars werden zunächst die Diagrammblätter gezählt. Eingebettete Diagramme werden auch hier nicht berücksichtigt. Mit den Diagrammnamen wird dann das Kombinationslistenfeld gefüllt. Befinden sich Diagrammnamen im Kombinationslistenfeld, wird der erste Eintrag markiert. Anderenfalls erfolgt eine Meldung und die Schaltfläche *Datenreihe einfügen* wird deaktiviert.

```
Private Sub UserForm_Activate()
'** Deklaration der Variablen
    Dim intChart As Integer
    Dim intCtCharts As Integer
'** Zählen der Diagramme in der Arbeitsmappe
```

```
'** In Tabellenblätter eingebettete Grafiken werden nicht berücksichtigt
    intCtCharts = ActiveWorkbook.Charts.Count
    For intChart = 1 To intCtCharts
    '** Füllen des Kombinationslistenfeldes
        frmGrafikDatenEinfügen.cboDiagrammName.AddItem _
            ActiveWorkbook.Charts(intChart).Name
    Next
'** Wenn sich Diagrammnamen im Kombinationslistenfeld befinden ...
    If frmGrafikDatenEinfügen.cboDiagrammName.ListCount > 0 Then
        cmdDatenReiheEinfügen.Enabled = True
    '** ... den ersten Eintrag markieren
        frmGrafikDatenEinfügen.cboDiagrammName.ListIndex = 0
    Else
    '** ... wenn keine Einträge vorhanden sind
    '** Feld für Meldung sichtbar machen
        lblMeldung.Visible = True
    '** Meldung schreiben
        lblMeldung.Caption = "Kein Diagramm in der aktiven Arbeitsmappe enthalten"
        cmdDatenReiheEinfügen.Enabled = False
    End If
End Sub
```

Listing 8.9: Füllen des Kombinationslistenfeldes

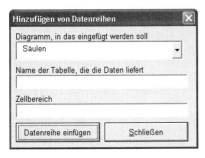

Abbildung 8.3: Formular zum Hinzufügen von Datenreihen

Beim Markieren des Zellbereichs, der in das Diagramm eingefügt werden soll, wird das *Sheet-SelectionChange*-Ereignis ausgelöst. Dabei werden der Tabellenname und der Zellbereich zugewiesen.

```
Private Sub Workbook_SheetSelectionChange(ByVal Sh As Object, ByVal Target As Range)
    frmGrafikDatenEinfügen.txtTabellenName.Text = Sh.Name
    frmGrafikDatenEinfügen.txtZellbereich.Text = Target.Address
End Sub
```

Listing 8.10: Zuweisung des Tabellennamens und des Zellbereichs zu den Textfeldern

Nach einem Klick auf die Schaltfläche *Datenreihe einfügen* wird geprüft, ob das Diagramm auch den »richtigen« Typ besitzt. Dabei stellen die hier zugelassenen Werte nur eine Auswahl dar. Andere Datentypen sind aber durchaus denkbar.

Nun wird die ausgewählte Datenreihe kopiert. Danach wird das ausgewählte Diagramm ausgewählt und die kopierte Datenreihe eingefügt. Um den Laufrahmen von den kopierten Daten zu entfernen, wird der Inhalt aus der Zwischenablage entfernt.

```
Private Sub cmdDatenReiheEinfügen_Click()
On Error GoTo fehler
```

Rund um Charts und Diagramme

```
If Sheets(cboDiagrammName.Value).ChartType = xlColumnClustered Or _
    Sheets(cboDiagrammName.Value).ChartType = xl3DColumnClustered Or _
    Sheets(cboDiagrammName.Value).ChartType = xlColumnStacked Or _
    Sheets(cboDiagrammName.Value).ChartType = xlBarClustered Or _
    Sheets(cboDiagrammName.Value).ChartType = xl3DBarClustered Or _
    Sheets(cboDiagrammName.Value).ChartType = xl3DBarStacked Or _
    Sheets(cboDiagrammName.Value).ChartType = xlLine Or _
    Sheets(cboDiagrammName.Value).ChartType = xlLineMarkers Or _
    Sheets(cboDiagrammName.Value).ChartType = -4111 Then
'** Markierte Datenreihe kopieren
    Selection.Copy
'** Ausgewähltes Diagramm selektieren
    Sheets(cboDiagrammName.Value).Select
'** Kopierte Datenreihe in das Diagramm einfügen
    ActiveChart.SeriesCollection.Paste _
            Rowcol:=xlColumns, _
            SeriesLabels:=True, _
            CategoryLabels:=False, _
            Replace:=False, _
            NewSeries:=True
'** Inhalt aus der Zwischenablage entfernen
    Application.CutCopyMode = False
Else
    MsgBox "Grafiktyp vom Programm nicht zugelassen", vbExclamation, "Information"
End If
'** Inhalt der Textfelder leeren
    frmGrafikDatenEinfügen.txtTabellenName.Value = vbNullString
    frmGrafikDatenEinfügen.txtZellbereich.Value = vbNullString
Exit Sub
fehler:
    MsgBox "Fehler-Nr.: " & Err.Number & vbCrLf & Err.Description
End Sub
```

Listing 8.11: Einfügen der Datenreihen

8.4 Säulen, Balken und Linien bedingt formatieren

Das Listing finden Sie in der Datei *K08_4.xls* innerhalb der Begleitdateien zum Buch.

Problem

In einer Tabelle besteht die Möglichkeit, Zellen und deren Inhalte in Abhängigkeit ihres Wertes zu formatieren. Diese Möglichkeit ist standardmäßig in einem Diagramm nicht gegeben.

Lösung

In einer Schleife werden die Datenpunkte einer Datenreihe ermittelt. Die Größe einer Säule, eines Balkens oder einer Linie lässt sich nur durch das Auslesen der Tabellendaten oder durch das Einblenden des Label-Feldes und Verwendung dieses Werts ermitteln. In diesem Beispiel habe ich mich für den zweiten Weg entschieden. Ist dieser Wert des Datenpunkts erst einmal ermittelt, stellt das Zuweisen der Farbe zur *ColorIndex*-Eigenschaft kein Problem mehr dar.

Erläuterungen

TIPP: Damit die Funktion *ZUFALLSBEREICH()* und andere zusätzliche Funktionen zur Verfügung stehen, ist es erforderlich, über den Add-In-Manager die Analyse-Funktionen und ggfs. auch die Analyse-Funktionen-VBA einzubinden. Anschließend sollte eine Neuberechnung der Funktionen mit Hilfe der Funktionstaste F9 durchgeführt werden. Damit wird verhindert, das statt des gewünschten Zahlenwerts ein Fehlerhinweis wie »#NAME!« oder »#WERT!« in der entsprechenden Zelle erscheint.

Um diesem Beispiel etwas Dynamik zu verleihen, wurde statt der Basiszahlen die Funktion *ZUFALLSBEREICH()* verwendet. Sobald das Tabellenblatt neu berechnet wird, ändern sich die Werte und das Ereignis *SheetCalculate* des *Workbook*-Objekts wird ausgelöst.

	A	B	C	D
1		Produkt A	Produkt B	Produkt C
2	Jan	1.676,00 €	98,00 €	1.020,00 €
3	Feb	852,00 €	277,00 €	188,00 €
4	Mrz	1.875,00 €	95,00 €	362,00 €
5	Apr	1.491,00 €	1.801,00 €	306,00 €
6	Mai	1.914,00 €	253,00 €	1.169,00 €
7	Jun	726,00 €	761,00 €	1.827,00 €
8	Jul	1.259,00 €	1.747,00 €	1.858,00 €
9	Aug	740,00 €	257,00 €	972,00 €
10	Sep	1.376,00 €	81,00 €	1.782,00 €
11	Okt	609,00 €	1.297,00 €	1.905,00 €
12	Nov	800,00 €	1.993,00 €	1.497,00 €
13	Dez	1.083,00 €	144,00 €	1.138,00 €
14				
15				
16	Grenzwerte (keine dynamische Einstellung)			
17	dblGrenzwert1		200 Schwarz	
18	dblGrenzwert2		400 Weiß	
19	dblGrenzwert3		600 Rot	
20	dblGrenzwert4		800 Grün	
21	dblGrenzwert5		1000 Blau	
22	dblGrenzwert6		1200 Gelb	
23	dblGrenzwert7		1400 Magenta	
24	dblGrenzwert8		1600 Hellblau	
25	Größer		1600 Durchsichtig	

Abbildung 8.4: *Daten und Grenzwerte*

Zunächst werden die Variablen für die Grenzwerte deklariert. Ich habe mich hier für insgesamt acht Werte entschieden. Dies kann von Ihnen natürlich an die eigenen Erfordernissen angepasst werden. Gleiches gilt auch für die Grenzwerte selbst.

Um die Veränderungen direkt betrachten zu können, werden eingebettete Diagramme verwendet. Zum Handling dieser Diagramme ist es erforderlich, eine Objektvariable *chtDia* zu deklarieren. Eine weitere Objektvariable wird zur Bearbeitung der Datenreihen benötigt. Diese trägt den Namen *scDatenreihen*.

Zunächst werden alle Diagramme, die sich in dem aktiven Arbeitsblatt befinden, gezählt. In einer Schleife werden diese Diagramme dann durchlaufen. Als Erstes wird für das aktuelle Diagramm die Anzahl der Datenreihen ermittelt. Diese Datenreihen werden in einer weiteren, geschachtelten Schleife durchlaufen. In dieser Schleife werden die *DataLabels*, also die Anzeige der Datenwerte dieser Datenreihe angezeigt. Dann werden die Datenpunkte der aktuellen Datenreihe gezählt und in einer dritten geschachtelten *For...Next*-Schleife abgearbeitet. Für jeden dieser Datenpunkte wird der Inhalt des *DataLabels* ausgewertet und in einer *Select Case*-Bedingung die Farbe zugewiesen.

Rund um Charts und Diagramme **427**

Am Ende können die *DataLabels* wieder ausgeblendet werden, oder man kann sie auch weiter anzeigen lassen. Ich habe mich für Letzteres entschieden und diese Befehlszeile auskommentiert.

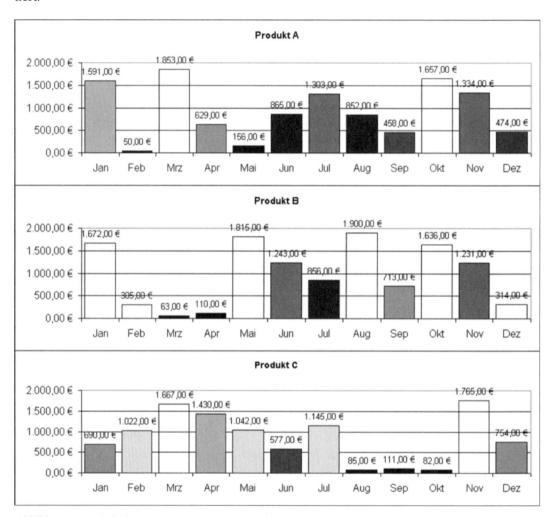

Abbildung 8.5: *Die bedingt formatierten Datensäulen*

```
Private Sub Workbook_SheetCalculate(ByVal Sh As Object)
    On Error GoTo fehler
    Dim intPt As Integer
    Dim intCtPts As Integer
    Dim intSC As Integer
    Dim intCtSC As Integer
    Dim dblGrenzwert1 As Double
    Dim dblGrenzwert2 As Double
    Dim dblGrenzwert3 As Double
    Dim dblGrenzwert4 As Double
    Dim dblGrenzwert5 As Double
    Dim dblGrenzwert6 As Double
```

```
    Dim dblGrenzwert7 As Double
    Dim dblGrenzwert8 As Double

    dblGrenzwert1 = 200
    dblGrenzwert2 = 400
    dblGrenzwert3 = 600
    dblGrenzwert4 = 800
    dblGrenzwert5 = 1000
    dblGrenzwert6 = 1200
    dblGrenzwert7 = 1400
    dblGrenzwert8 = 1600

'** Deklaration der Objekt-Variablen
    Dim chtDia As Chart
    Dim scDatenreihen As SeriesCollection
'** Initialisierung der Objekte
    Dim intDia As Integer
    Dim intCtDia As Integer
    intCtDia = ActiveSheet.ChartObjects.Count
    For intDia = 1 To intCtDia
        Set chtDia = ActiveSheet.ChartObjects(intDia).Chart
        Set scDatenreihen = chtDia.SeriesCollection
    '** Zählen der Datenreihen
        intCtSC = scDatenreihen.Count

        For intSC = 1 To intCtSC
        '** DataLabels zeigen
            scDatenreihen(intSC).ApplyDataLabels Type:=xlDataLabelsShowValue
        '** Zählen der Datenpunkte
            intCtPts = scDatenreihen(intSC).Points.Count
        '** ColorIndex-Werte
            For intPt = 1 To intCtPts
                Select Case CDbl(scDatenreihen(intSC).Points(intPt).DataLabel.Text)
                '** Schwarz = 1
                    Case Is < dblGrenzwert1
                        scDatenreihen(intSC).Points(intPt).Interior.ColorIndex = 1
                '** Weiß = 2
                    Case Is < dblGrenzwert2
                        scDatenreihen(intSC).Points(intPt).Interior.ColorIndex = 2
                '** Rot = 3
                    Case Is < dblGrenzwert3
                        scDatenreihen(intSC).Points(intPt).Interior.ColorIndex = 3
                '** Grün = 4
                    Case Is < dblGrenzwert4
                        scDatenreihen(intSC).Points(intPt).Interior.ColorIndex = 4
                '** Blau = 5
                    Case Is < dblGrenzwert5
                        scDatenreihen(intSC).Points(intPt).Interior.ColorIndex = 5
                '** Gelb = 6
                    Case Is < dblGrenzwert6
                        scDatenreihen(intSC).Points(intPt).Interior.ColorIndex = 6
                '** Magenta = 7
                    Case Is < dblGrenzwert7
                        scDatenreihen(intSC).Points(intPt).Interior.ColorIndex = 7
                '** Hellblau = 8
                    Case Is < dblGrenzwert8
```

```
                    scDatenreihen(intSC).Points(intPt).Interior.ColorIndex = 8
            '** Farblos = 0
                Case Else
                    scDatenreihen(intSC).Points(intPt).Interior.ColorIndex = 0
            End Select
        Next
    '** DataLabels ausblenden
    '        scDatenreihen(intSC).ApplyDataLabels Type:=xlDataLabelsShowNone
        Next intSC
    Next intDia
Exit Sub

fehler:
    MsgBox Err.Description
End Sub
```

Listing 8.12: *Zuweisung von Farben in Abhängigkeit in Abhängigkeit des Wertes des Datenpunkts*

8.5   Datenreihen beschriften

Das Listing finden Sie in der Datei *K08_5.xls* innerhalb der Begleitdateien zum Buch.

Problem

Für eine Säule oder einen Balken den repräsentierten Wert oder Prozentwert anzuzeigen ist in Excel kein Problem mehr. Etwas schwieriger wird es, wenn beides angezeigt werden soll.

Lösung

Das VBA-Programm ermöglicht ein gleichzeitiges Anzeigen von Werten und Prozentwerten.

Erläuterungen

Um das Dialogfeld, mit dem dieses Programm bedient werden kann, zu starten, habe ich bei diesem Beispiel einen anderen Weg gewählt. Es wurde keine XLA-Datei erstellt, sondern eine XLS-Datei, die beim Öffnen einen temporären Eintrag in der Menüleiste vornimmt. Beim Verlassen wird dieser Eintrag wieder entfernt.

```
Option Explicit
Private Sub Workbook_Activate()
'**Menü einfügen
    BeschriftungsMenueEinfuegen
End Sub

Private Sub Workbook_Deactivate()
'** Menü entfernen
    BeschriftungsMenueEntfernen
End Sub

Option Explicit
'** Modulvariable deklarieren
    Public g_strMenuName As String

Sub BeschriftungsMenueEinfuegen()
    Dim intCtl As Integer
```

```
    Dim intCtCtls As Integer
    Dim cbcMainMenue As CommandBarControl
    Dim cbcSubMenue As CommandBarControl
    Dim unterm As CommandBarPopup
'** Beschriftung des Menüpunktes
    g_strMenuName = "Diagrammbeschriftung"
'** Steuerelemente in der Menüleiste "Worksheet Menu Bar" zählen
    intCtCtls = Application.CommandBars("Worksheet Menu Bar").Controls.Count
    For intCtl = 1 To intCtCtls
        '** Sollte der Menüeintrag bereits vorhanden sein, wird die Prozedur beendet
        If Application.CommandBars("Worksheet Menu Bar").Controls(intCtl).Caption = _
            g_strMenuName Then Exit Sub
    Next intCtl
'** Einfügen des Menüpunkts vor dem Menüpunkt "Fenster" vom Typ PopUp
    Set cbcMainMenue = Application.CommandBars("Worksheet Menu Bar").Controls.Add( _
            Type:=msoControlPopup, _
            Before:=intCtCtls - 1, _
            Temporary:=True)
'** Benennen des Menüpunkts
    cbcMainMenue.Caption = g_strMenuName
'****************************************************************************
'** Hinzufügen des Untermenüpunktes "Dialogfeld Beschriftung" vom Typ Button
    Set cbcSubMenue = cbcMainMenue.Controls.Add(Type:=msoControlButton)
    With cbcSubMenue
        .Caption = "Dialogfeld Beschriftung"
        .FaceId = 502
        .Style = msoButtonIconAndCaption
        .OnAction = "FormZeigen"
        .BeginGroup = True
    End With
End Sub

Sub BeschriftungsMenueEntfernen()
On Error Resume Next
    With Application.CommandBars("Worksheet Menu Bar")
        .Controls(g_strMenuName).Delete
    End With
End Sub
```

Listing 8.13: Einfügen und Entfernen eines Eintrags in die Menüleiste

Der eingetragene Menüpunkt heißt *Diagrammbeschriftung*, der Untermenüeintrag *Dialogfeld Beschriftung*. Das aufgerufene Dialogfeld sehen Sie in Abbildung 8.6.

Nach Ermittlung der Anzahl der Tabellenblätter und Diagramme, die in der aktuellen Arbeitsmappe vorhanden sind, werden deren Namen in die Kombinationslistenfelder eingelesen. Der jeweils erste Eintrag wird in die Textfelder *txtTabellenName* und *txtDiagrammName* geschrieben. Für das Diagramm, dessen Name aktuell im Textfeld steht, wird die Anzahl der Datenreihen gezählt und in das Kombinationslistenfeld *cboDatenreihe* geschrieben. Dann werden die jeweils ersten Einträge in den Kombinationslistenfeldern markiert. Dieses Markieren löst das *Click*-Ereignis der Kombinationslistenfelder aus. Dabei wird in der Ereignisprozedur *cboDatenReihe* der Modul-Variable *m_intReihe* der *ListIndex*-Wert des Kombinationslistenfelds um 1 erhöht zugewiesen.

Im Kombinationslistenfeld *cboTabellenName* wird der Name der Tabelle an das Textfeld *txtTabellenName* übergeben. Über die *ListIndex*-Eigenschaft dieses Kombinationslistenfelds wird dann noch die *ListIndex*-Eigenschaft des Kombinationslistenfelds *cboDiagrammname* einge-stellt. Dadurch wird das *Click*-Ereignis von *cboDiagrammname* aufgerufen.

Über die *ListIndex*-Eigenschaft wird der Eintrag im Kombinationslistenfeld ermittelt und dieser Text an das Textfeld *txtDiagrammName* übergeben.

```
txtDiagrammName.Text = cboDiagrammname.List(cboDiagrammname.ListIndex)
```

Entsprechend des zugewiesenen Namens wird dann das Blatt (Tabellenblatt) ausgewählt. Nachdem die Anzahl der Datenreihen ermittelt wurde, wird das Kombinationslistenfeld mit den Ziffern dieser Reihen gefüllt. Markiert wird dann wieder der erste Eintrag. Dies löst wieder das bereits beschriebene *Click*-Ereignis von *cboDatenReihe* aus. Nach dem Markieren des ers-ten Eintrags in *cboDiagrammname* ist dieser Code abgearbeitet.

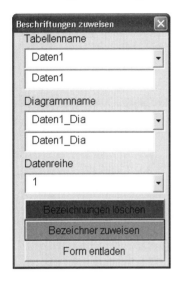

Abbildung 8.6: *Dialogfeld zur Zuweisung der Beschriftungen*

```
Private Sub cboDatenReihe_Click()
On Error GoTo fehler
    m_intReihe = cboDatenreihe.ListIndex + 1
Exit Sub
fehler:
    MsgBox Err.Number & vbCrLf & Err.Description
End Sub

Private Sub cboTabellenName_Click()
On Error GoTo fehler
    txtTabellenName.Text = cboTabellenname.List(cboTabellenname.ListIndex)
'** Zugehörige Tabelle in der ComboBox auswählen
    cboDiagrammname.ListIndex = cboTabellenname.ListIndex
Exit Sub

fehler:
    MsgBox Err.Number & vbCrLf & Err.Description
End Sub

Private Sub cboDiagrammName_Click()
On Error GoTo fehler
```

```
'** Deklaration der Variable
    Dim intReiheGesamt As Integer
    Dim intCt As Integer
    txtDiagrammName.Text = cboDiagrammname.List(cboDiagrammname.ListIndex)
'** Diagramm anzeigen
    Sheets(txtDiagrammName.Text).Select
'** Zugehörige Tabelle im Listenfeld auswählen
    cboTabellenname.ListIndex = cboDiagrammname.ListIndex
'** Anzahl der Datenreihen ermitteln
    intReiheGesamt = Sheets(txtDiagrammName.Text).SeriesCollection.Count
'** Liste mit der Anzahl der Datenreihen füllen
    cboDatenreihe.Clear
    For intCt = 1 To intReiheGesamt
        cboDatenreihe.AddItem intCt
    Next
'** Erstes Element in der Combobox cboDatenreihe markieren
    If cboDatenreihe.ListCount > 0 Then
        cboDatenreihe.ListIndex = 0
    End If
Exit Sub


fehler:
    MsgBox Err.Number & vbCrLf & Err.Description

End Sub
```

Listing 8.14: *Die Click-Ereignisse der Kombinationslistenfelder*

Sollen nun die Bezeichner zugewiesen werden, klicken Sie auf die gleichnamige Schaltfläche. Damit es nicht zu Doppeleinträgen kommt, werden zunächst die vorhandenen Bezeichner gelöscht. Dies zeigt Listing 8.15. Hier wird zuerst das gewünschte Diagramm ausgewählt, dann die Datenreihe und zuletzt die markierten *DataLabels* gelöscht.

```
Sub DatenBezeichnerLoeschen()
On Error GoTo fehler
'** Deklaration der Prozedur-Variablen
    Dim intCt As Integer
    Dim intReiheGesamt As Integer
    Dim intCtTabelle As Integer
    Dim intCtTabellen As Integer
    Dim intCtDiagramm As Integer
    Dim intCtDiagramme As Integer
    Dim dblMaxWert As Double
'** Gültige Namen eingeben
    txtDiagrammName.Text = cboDiagrammname.List(cboDiagrammname.ListIndex)
''** Diagramm und Datenreihe auswählen
    Sheets(txtDiagrammName.Text).Select
    ActiveChart.SeriesCollection(cboDatenreihe.ListIndex + 1).Select

'** Datenbeschriftung auswählen
    Selection.DataLabels.Delete
Exit Sub
fehler:

End Sub
```

Listing 8.15: *Datenbezeichner löschen*

Zurückgekehrt in die aufrufende Prozedur werden die Bereiche festgelegt. Dies ist in diesem Beispiel »fest verdrahtet«. Wie sich Bereiche einfügen lassen, wurde weiter vorne in diesem Kapitel im ▶ Abschnitt »8.3 Manuelle Datenreihen einfügen« behandelt.

Für diese Bereiche wird der Maximalwert beziehungsweise die Summe berechnet. Da VBA nicht über die große Anzahl von Berechnungsfunktionen wie Excel verfügt, wird mit der Eigenschaft *WorksheetFunction* auf die Excel-Funktionen zurückgegriffen. Beinahe überflüssig zu sagen, dass natürlich hier der englische Name der Funktion verwendet werden muss.

Nun erfolgt die Vorgabe, welchen Abstand der eingefügte Wert vom oberen Ende beispielsweise der Säule haben soll. Nach dem Zählen der Datenpunkte, der Auswahl von Diagramm und Datenreihe werden die Datenbezeichnungsfelder (DataLabels) angezeigt. Um ein Flackern beim Einfügen zu vermeiden, wird die Aktualisierung des Bildschirms ausgeschaltet. Nun werden in einer *For...Next*-Schleife die Datenbeschriftungen hinzugefügt.

Um den Inhalt der entsprechenden Zelle auszulesen, wird die Adresse der Zelle »zusammengebastelt«:

```
m_strZelle = CStr(Chr$(65 + m_intReihe)) & CStr(m_intCt + 1)
```

Dabei entspricht *Chr$(65)* dem Buchstaben A in der ASCII-Tabelle. Durch das Hinzuzählen der Datenreihen ergeben sich die Spalten B, C und so weiter. Da die Zeilen ohnehin mit Zahlen bezeichnet werden, ist ein umformen nicht erforderlich. Nach der Auswahl von Diagramm, Datenreihe, Datenbeschriftung und Datenpunkt werden der Inhalt der Zelle sowie der berechnete Wert übergeben. Beide werden durch ein Absatzende-Zeichen getrennt. Es wäre übrigens möglich, entsprechende große Säulen und eine geeignete Schriftgröße vorausgesetzt, auch noch einen oder mehrere weitere Bezeichner zu übergeben.

Nun muss noch die Position, an der das Datenbezeichnungsfeld angezeigt werden soll, zugewiesen werden. Wurden alle Datenpunkte durchlaufen, kann die Bildschirmaktualisierung wieder eingeschaltet werden. Anschließend wird die Markierung des Datenbezeichnungsfelds aufgehoben.

```
Private Sub cmdBezeichnerZuweisen_Click()
On Error GoTo fehler
'** Löschen der bisherigen Beschriftungen
    DatenBezeichnerLoeschen
'** Variablendeklaration
    Dim dblMaxWert As Double
    Dim dblSumme As Double
    Dim dblAnteil As Double

    Dim rngMax As Range
    Dim rngSumme As Range
    Dim rngAnteil As Range
'** Abstand des zweiten Bezeichners vom oberen Ende der Datensäule
    Dim intTop As Integer
'** Festlegung der Bereiche
    Set rngMax = Worksheets("Daten1").Range("B2:B13")
    Set rngSumme = Worksheets("Daten2").Range("B2:B17")
    Set rngAnteil = Worksheets("Daten3").Range("B2:B5")
'** Ermittlung des Maximalwertes bzw. der Summe
    dblMaxWert = Application.WorksheetFunction.Max(rngMax)
    dblSumme = Application.WorksheetFunction.Sum(rngSumme)
    dblAnteil = Application.WorksheetFunction.Sum(rngAnteil)
```

```vba
'** Abstand vom oberen Balkenende einstellen
    intTop = 28
'** Zählen der Datenpunkte in der ausgewählten Datenreihe
    m_intAnzahl = Sheets(txtDiagrammName.Text).SeriesCollection(m_intReihe).Points.Count
    m_intCt = 1
'** Diagramm auswählen
    Sheets(txtDiagrammName.Text).Select
'** Datenreihe auswählen
    ActiveChart.SeriesCollection(m_intReihe).Select
'** Datenbeschriftungen anzeigen
    Selection.ApplyDataLabels Type:=xlShowLabel, LegendKey:=False
'** Bildschirm-Aktualisierung ausschalten
    Application.ScreenUpdating = False
'** Datenbeschriftungen in einer For...Next- Schleife hinzufügen
'** Weil eine Spaltenbeschriftung verwendet wird, muss m_intCt um
'** 1 erhöht werden
    For m_intCt = 1 To m_intAnzahl
    '** Tabelle auswählen
        Sheets(txtTabellenName.Text).Select
    '** Zelle bestimmen
    '** Chr$(65) entspricht A
    '** Durch das Hinzuzählen der Datenreihen ergeben sich die
    '** Spalten B, C usw.
        m_strZelle = CStr(Chr$(65 + m_intReihe)) & CStr(m_intCt + 1)
    '** Beschriftung zuweisen
        m_strBeschriftung = Range(m_strZelle).Value
    '** Diagramm auswählen
        Sheets(txtDiagrammName.Text).Select
    '** Datenreihe auswählen
        ActiveChart.SeriesCollection(m_intReihe).Select
    '** Datenbeschriftung auswählen
        Selection.DataLabels.Select
    '** Auswahl des Datenpunkts
        ActiveChart.SeriesCollection(m_intReihe).Points(m_intCt).DataLabel.Select
    '** Beschriftung dem ausgewählten Datenpunkt zuweisen
        If txtTabellenName.Text = "Daten1" Then
            Selection.Characters.Text = m_strBeschriftung & vbCrLf & _
                Format(Val(m_strBeschriftung) * 100 / dblMaxWert, "#.0") & "%"
        ElseIf txtTabellenName.Text = "Daten2" Then
            Selection.Characters.Text = Format(Val(m_strBeschriftung / 1000), _
                "#,##0.0") & " T " & vbCrLf & _
                Format(Val(m_strBeschriftung) _
                * 100 / dblSumme, "#.0") & "%"
        ElseIf txtTabellenName.Text = "Daten3" Then
            Selection.Characters.Text = Format(Val(m_strBeschriftung) / 1000000, _
                "#,##0.0") & " Mio.  " & _
                vbCrLf & Format(Val(m_strBeschriftung) _
                * 100 / dblAnteil, "#.0") & "%"
        Else
            MsgBox "Fehler"
        End If
    '** Position des eingefügten Textes bestimmen
        Selection.Top = ActiveChart.SeriesCollection(m_intReihe) _
                .Points(m_intCt).DataLabel.Top + intTop
    Next m_intCt
'** Bildschirm-Aktualisierung wieder einschalten
```

```
    Application.ScreenUpdating = True
    Sheets(txtDiagrammName.Text).Deselect
Exit Sub
fehler:
    MsgBox Err.Number & vbCrLf & Err.Description
End Sub
```

Listing 8.16: Datenbezeichner hinzufügen

8.6   Den Diagrammtyp per VBA ändern

Das Listing finden Sie in der Datei *K08_6.xls* innerhalb der Begleitdateien zum Buch.

Problem

Es sollen unterschiedliche Grafiktypen per Mausklick auswählbar sein.

Lösung

Diagramme lassen sich als eigenständige Blätter oder eingebettet in Tabellen darstellen. Mit Hilfe dieser VBA-Applikation lassen sich die Standardtypen auswählen und am gewünschten Ort darstellen.

Erläuterungen

Beim Öffnen der Arbeitsmappe und beim Aktivieren von *Tabelle1* wird das Formular aktiviert.

```
Private Sub Workbook_Open()
'** Formular starten
    frmDiagrammTyp.Show vbModeless
End Sub

Private Sub Workbook_SheetActivate(ByVal Sh As Object)
    If TypeOf Sh Is Worksheet Then
    '** Formular starten
        frmDiagrammTyp.Show vbModeless
        frmDiagrammTyp.ComboFuellen
    End If
End Sub
```

Listing 8.17: Anzeige des Dialogfelds

Beim Start wird festgelegt, dass das Kontrollfeld nur zwei Zustände haben darf. Dann werden die Kombinationslistenfelder *cboDiagrammName* und *cboDiagrammSymbKonstante* gefüllt.

```
Private Sub UserForm_Activate()
'** Nur zwei Zustände des Kontrollkästchens zulassen
    chkSpeicherort.TripleState = False
'** Füllen der ComboBox cboDiagrammName
    ComboFuellen
'** Füllen der ComboBox cboDiagrammSymbKonstante
    ComboFuellenTyp
'** Wenn sich Diagrammnamen im Kombinationslistenfeld befinden ...
    If frmDiagrammTyp.cboDiagrammName.ListCount > 0 Then
    '** ... den ersten Eintrag markieren
        frmDiagrammTyp.cboDiagrammName.ListIndex = 0
```

```
        Else
'** ... wenn keine Einträge vorhanden sind
'** Feld für Meldung sichtbar machen
            lblMeldung.Visible = True
'** Meldung schreiben
            lblMeldung.Caption = "Kein Diagramm im gewählten Bereich enthalten"
'** Deaktivieren der Steuerelemente
            frmDiagrammTyp.cboDiagrammName.Enabled = False
        End If
        cboDiagrammSymbKonstante.ListIndex = 0
End Sub
```

Listing 8.18: *Code, der beim Aktivieren des Formulars abläuft*

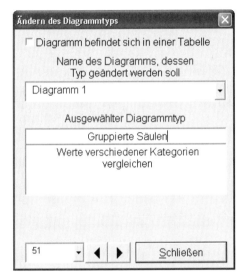

Abbildung 8.7: *Auswahl des gewünschten Diagrammtyps*

Bevor das Kombinationslistenfeld *cboDiagrammName* neu gefüllt wird, müssen zuerst die alten Listeneinträge entfernt werden. Danach wird geprüft, ob das Kontrollfeld aktiviert ist. Dies ist entscheidend dafür, welche Diagrammnamen eingelesen werden. Ist das Kontrollfeld aktiviert, werden die Diagramme in dem aktiven Arbeitsblatt gezählt.

```
Sub ComboFuellen()
'** Deklaration der Variablen
    Dim intCO As Integer
    Dim intCtCO As Integer
    Dim intChart As Integer
    Dim intCtCharts As Integer

'** Einträge entfernen
    cboDiagrammName.Clear
'** Überprüfen ob die CheckBox aktiviert ist
    If chkSpeicherort.Value Then
        '** Nur aktives Worksheet
        intCtCO = ActiveWorkbook.ActiveSheet.ChartObjects.Count
        For intCO = 1 To intCtCO
        '** Füllen der Kombobox
            frmDiagrammTyp.cboDiagrammName.AddItem _
```

Rund um Charts und Diagramme

```
                    ActiveWorkbook.ActiveSheet.ChartObjects(intCO).Name
        Next
    ElseIf Not chkSpeicherort.Value Then
    '** Zählen der Diagramme in der Arbeitsmappe
        intCtCharts = ActiveWorkbook.Charts.Count
        For intChart = 1 To intCtCharts
        '** Füllen der Kombobox
            frmDiagrammTyp.cboDiagrammName.AddItem ActiveWorkbook.Charts(intChart).Name
        Next
    Else
        MsgBox "Fehler", vbCritical, "FEHLER"
    End If

    If cboDiagrammName.ListCount > 0 Then
        cboDiagrammName.ListIndex = 0
    End If
End Sub
```

Listing 8.19: *Füllen des Kombinationslistenfeldes cboDiagrammName*

Das zugegebenermaßen sehr lange Listing 8.20 beinhaltet alle symbolischen Konstanten, die bei der Erstellung von Standard-Diagrammen Verwendung finden.

```
Sub DiagrammTypName(intDiaTyp As Integer)
    Select Case intDiaTyp
'********************************************************************************
    '** Säulen
'********************************************************************************
    '** Gruppierte Säulen
        Case xlColumnClustered
            txtDiagrammTyp.Text = "Gruppierte Säulen"
            txtDiagrammTypBeschreibung.Text = "Werte verschiedener " & _
                "Kategorien vergleichen"
    '** Gestapelte Säulen
        Case xlColumnStacked
            txtDiagrammTyp.Text = "Gestapelte Säulen"
            txtDiagrammTypBeschreibung.Text = "Vergleicht die Beiträge einzelner " & _
                "Werte mit dem Gesamtwert aller Kategorien"
    '** Gestapelte Säulen 100%
        Case xlColumnStacked100
            txtDiagrammTyp.Text = "Gestapelte Säulen 100%"
            txtDiagrammTypBeschreibung.Text = "Vergleicht den Prozentanteil der " & _
                "Einzelwerte mit dem Gesamtwert aller Kategorien"
    '** Gruppierte 3D-Säulen
        Case xl3DColumnClustered
            txtDiagrammTyp.Text = "Gruppierte 3D-Säulen"
            txtDiagrammTypBeschreibung.Text = vbNullString
    '** Gestapelte 3D-Säulen
        Case xl3DColumnStacked
            txtDiagrammTyp.Text = "Gestapelte 3D-Säulen"
            txtDiagrammTypBeschreibung.Text = vbNullString
    '** Gestapelte 3D-Säulen 100%
        Case xl3DColumnStacked100
            txtDiagrammTyp.Text = "Gestapelte 3D-Säulen (100%)"
            txtDiagrammTypBeschreibung.Text = vbNullString
     '** 3D-Säulen
        Case xl3DColumn
```

```
                txtDiagrammTyp.Text = "3D-Säulen"
                txtDiagrammTypBeschreibung.Text = "Vergleicht Kategorien und Serienwerte"
'******************************************************************************
    '** Balken
'******************************************************************************
    '** Gruppierte Balken
        Case xlBarClustered
            txtDiagrammTyp.Text = "Gruppierte Balken"
            txtDiagrammTypBeschreibung.Text = "Vergleicht Kategorien und Serienwerte"
    '** Gestapelte Balken
        Case xlBarStacked
            txtDiagrammTyp.Text = "Gestapelte Balken"
            txtDiagrammTypBeschreibung.Text = "Vergleicht die Beiträge der " & _
                "Einzelwerte mit dem Kategoriengesamtwert"
     '** Gestapelte Balken 100%
        Case xlBarStacked100
            txtDiagrammTyp.Text = "Gestapelte Balken (100%)"
            txtDiagrammTypBeschreibung.Text = "Vergleicht den Prozentanteil " & _
                "der Einzelwerte mit dem Gesamtwert aller Kategorien"
    '** Gruppierte 3D-Balken
        Case xl3DBarClustered
            txtDiagrammTyp.Text = "Gruppierte 3D-Balken"
            txtDiagrammTypBeschreibung.Text = vbNullString
    '** Gestapelte 3D-Balken
        Case xl3DBarStacked
            txtDiagrammTyp.Text = "Gestapelte 3D-Balken"
            txtDiagrammTypBeschreibung.Text = vbNullString
    '** Gestapelte 3D-Balken 100%
        Case xl3DBarStacked100
            txtDiagrammTyp.Text = "Gestapelte 3D-Balken (100%)"
            txtDiagrammTypBeschreibung.Text = vbNullString
'******************************************************************************
    '** Linien
'******************************************************************************
    '** Linie
        Case xlLine
            txtDiagrammTyp.Text = "Linie"
            txtDiagrammTypBeschreibung.Text = "Zeigt Trend über Zeitablauf oder " & _
                "für Kategorie an"
    '** Gestapelte Linie
        Case xlLineStacked
            txtDiagrammTyp.Text = "Gestapelte Linie"
            txtDiagrammTypBeschreibung.Text = "Zeigt den Beitragstrend jedes " & _
                "Wertes  über einen Zeitablauf oder für eine Kategorie an"
    '** Gestapelte Linie 100%
        Case xlLineStacked100
            txtDiagrammTyp.Text = "Gestapelte Linie (100%)"
            txtDiagrammTypBeschreibung.Text = "Zeigt den Prozenttrend für den " & _
                "Beitrag jedes Wertes über einen Zeitablauf oder für eine Kategorie an"
    '** Linie mit Datenpunkten
        Case xlLineMarkers
            txtDiagrammTyp.Text = "Linie mit Datenpunkten"
            txtDiagrammTypBeschreibung.Text = "Zeigt Datenpunkte für jeden " & _
                "Datenwert an"
    '** Gestapelte Linie mit Datenpunkten
        Case xlLineMarkersStacked
```

Rund um Charts und Diagramme

```
            txtDiagrammTyp.Text = "Gestapelte Linie mit Datenpunkten"
            txtDiagrammTypBeschreibung.Text = "Zeigt Datenpunkte für jeden " & _
                "Datenwert an"
    '** Gestapelte Linie mit Datenpunkten 100%
        Case xlLineMarkersStacked100
            txtDiagrammTyp.Text = "Gestapelte Linie mit Datenpunkten (100%)"
            txtDiagrammTypBeschreibung.Text = "Zeigt Datenpunkte für jeden " & _
                "Datenwert an"
    '** 3D-Linie
        Case xl3DLine
            txtDiagrammTyp.Text = "3D-Linie"
            txtDiagrammTypBeschreibung.Text = "Zeigt Linie mit 3D-Effekt an"
'********************************************************************************
    '** Kreise
'********************************************************************************
    '** Kreis
        Case xlPie
            txtDiagrammTyp.Text = "Kreis"
            txtDiagrammTypBeschreibung.Text = "Zeigt die Verteilung der " & _
                "Einzelwerte im Verhältnis zum Gesamtwert an"
    '** 3D-Kreis
        Case xl3DPie
            txtDiagrammTyp.Text = "3D-Kreis"
            txtDiagrammTypBeschreibung.Text = vbNullString
    '** Kreis aus Kreis
        Case xlPieOfPie
            txtDiagrammTyp.Text = "Kreis aus Kreis"
            txtDiagrammTypBeschreibung.Text = "Kreis mit herausgezogenen " & _
                "benutzerdefinierten Werten, die als Kombination in einem zweiten " & _
                "Kreis dargestellt werden."
    '** Explodierter Kreis
        Case xlPieExploded
            txtDiagrammTyp.Text = "Explodierter Kreis"
            txtDiagrammTypBeschreibung.Text = "Zeigt den Beitrag der Einzelwerte " & _
                "im Vergleich zum Gesamtwert an, jedoch mit Betonung auf die " & _
                "Einzelwerte"
    '** Explodierter 3D-Kreis
        Case xl3DPieExploded
            txtDiagrammTyp.Text = "Explodierter 3D-Kreis"
    '** Balken aus Kreis
        Case xlBarOfPie
            txtDiagrammTyp.Text = "Balken aus Kreis"
            txtDiagrammTypBeschreibung.Text = "Kreis mit herausgezogenen " & _
                "benutzerdefinierten Werten, die als Kombination als gestapelter " & _
                "Balken dargestellt werden."
'********************************************************************************
    '** Punkte
'********************************************************************************
    '** Punkte
        Case xlXYScatter
            txtDiagrammTyp.Text = "Punkte"
            txtDiagrammTypBeschreibung.Text = "Vergleicht Werte paarweise"
    '** Punkte
        Case xlXYScatterSmooth
            txtDiagrammTyp.Text = "Punkte"
            txtDiagrammTypBeschreibung.Text = "Zeigt interpolierte Linien mit " & _
```

```
                    "Datenpunkten"
        '** Punkte
            Case xlXYScatterSmoothNoMarkers
                txtDiagrammTyp.Text = "Punkte"
                txtDiagrammTypBeschreibung.Text = "Zeigt interpolierte Linien ohne " & _
                    "Datenpunkte"
        '** Punkte
            Case xlXYScatterLines
                txtDiagrammTyp.Text = "Punkte"
                txtDiagrammTypBeschreibung.Text = "Zeit Punkte mit Linien"
        '** Punkte
            Case xlXYScatterLinesNoMarkers
                txtDiagrammTyp.Text = "Punkte"
                txtDiagrammTypBeschreibung.Text = "Zeigt Punkte mit Linien ohne " & _
                    "Datenpunkte"
'*******************************************************************************
        '** Flächen
'*******************************************************************************
        '** Flächen
            Case xlArea
                txtDiagrammTyp.Text = "Flächen"
                txtDiagrammTypBeschreibung.Text = "Zeigt den Trend für Werte über " & _
                    "Zeitintervall oder für Kategorien an"
        '** Gestapelte Fläche
            Case xlAreaStacked
                txtDiagrammTyp.Text = "Gestapelte Fläche"
                txtDiagrammTypBeschreibung.Text = "Zeigt den Beitragstrend der " & _
                    "Einzelwerte über einen Zeitraum oder für Kategorien an"
        '** Gestapelte Fläche 100%
            Case xlAreaStacked100
                txtDiagrammTyp.Text = "Gestapelte Fläche (100%)"
                txtDiagrammTypBeschreibung.Text = "Zeigt den prozentualen Trend als " & _
                    "Beitrag der Einzelwerte über einen Zeitraum oder für Kategorien an"
         '** 3D-Fläche
            Case xl3DArea
                txtDiagrammTyp.Text = "3D-Fläche"
                txtDiagrammTypBeschreibung.Text = vbNullString
        '** Gestapelte 3D-Fläche
            Case xl3DAreaStacked
                txtDiagrammTyp.Text = "Gestapelte 3D-Fläche"
                txtDiagrammTypBeschreibung.Text = vbNullString
         '** Gestapelte 3D-Fläche 100%
            Case xl3DAreaStacked100
                txtDiagrammTyp.Text = "Gestapelte 3D-Fläche (100%)"
                txtDiagrammTypBeschreibung.Text = vbNullString
'*******************************************************************************
        '** Ringe
'*******************************************************************************
        '** Ring
            Case xlDoughnut
                txtDiagrammTyp.Text = "Ring"
                txtDiagrammTypBeschreibung.Text = "Wie ein Kreis, kann jedoch " & _
                    "mehrfache Serien enthalten"
        '** Explodierter Ring
            Case xlDoughnutExploded
                txtDiagrammTyp.Text = "Explodierter Ring"
```

```
            txtDiagrammTypBeschreibung.Text = "Wie ein explodierter Kreis, kann " & _
                "jedoch mehrfache Serien enthalten"
'*****************************************************************************
    '** Netze
'*****************************************************************************
    '** Netz
        Case xlRadar
            txtDiagrammTyp.Text = "Netz"
            txtDiagrammTypBeschreibung.Text = "Zeigt Veränderungen in Werten " & _
                "relativ zu einem Zentralpunkt an"
    '** Netz
        Case xlRadarMarkers
            txtDiagrammTyp.Text = "Netz"
            txtDiagrammTypBeschreibung.Text = "Zeigt Veränderungen in Werten " & _
                "relativ zu einem Zentralpunkt an, mit Datenpunkten"
    '** Gefülltes Netz
        Case xlRadarFilled
            txtDiagrammTyp.Text = "Gefülltes Netz"
            txtDiagrammTypBeschreibung.Text = "Netz mit Bereich, begrenzt durch " & _
                "farblich kodierte Datenserie"
'*****************************************************************************
    '** 3D-Oberflächen
'*****************************************************************************
    '** 3D-Oberfläche
        Case xlSurface
            txtDiagrammTyp.Text = "3D-Oberfläche"
            txtDiagrammTypBeschreibung.Text = "Zeigt Trend in Werten über zwei " & _
                "Dimensionen in einer fortlaufenden Kurve an"
    '** 3D-Oberfläche (Drahtmodell)
        Case xlSurfaceWireframe
            txtDiagrammTyp.Text = "3D-Oberfläche (Drahtmodell)"
            txtDiagrammTypBeschreibung.Text = "3D-Oberflächendiagramm ohne " & _
                "farbliche Kennzeichnung"
    '** Oberfläche (Ansicht von oben)
        Case xlSurfaceTopView
            txtDiagrammTyp.Text = "Oberfläche (Ansicht von oben)"
            txtDiagrammTypBeschreibung.Text = "Farben stellen Wertebereiche dar"
    '** Oberfläche (Ansicht von oben)
        Case xlSurfaceTopViewWireframe
            txtDiagrammTyp.Text = "Oberfläche (Ansicht von oben)"
            txtDiagrammTypBeschreibung.Text = "Ohne Farbe"
'*****************************************************************************
    '** Blasen
'*****************************************************************************
    '** Blase
        Case xlBubble
            txtDiagrammTyp.Text = "Blase"
            txtDiagrammTypBeschreibung.Text = "Vergleicht drei Werte. Wie ein " & _
                "Punktediagramm, dargestellt mit einem dritten Wert als Größe des " & _
                "Blasengrundwerts"
    '** Blase 3D
        Case xlBubble3DEffect
            txtDiagrammTyp.Text = "Blase 3D"
            txtDiagrammTypBeschreibung.Text = "Vergleicht drei Werte. Wie ein " & _
                "Punktediagramm, dargestellt mit einem dritten Wert als Größe des " & _
                "Blasengrundwerts"
```

```
'********************************************************************************
'** Kurse
'********************************************************************************
'** Kurs: Höchst-Tiefst-Geschlossen
    Case xlStockHLC
        txtDiagrammTyp.Text = "Kurs: Höchst-Tiefst-Geschlossen"
        txtDiagrammTypBeschreibung.Text = "Erfordert drei Serienwerte in " & _
            "dieser Reihenfolge"
'** Kurs: Öffnung-Höchst-Tiefst-Geschlossen
    Case xlStockOHLC
        txtDiagrammTyp.Text = "Kurs: Öffnung-Höchst-Tiefst-Geschlossen"
        txtDiagrammTypBeschreibung.Text = "Erfordert vier Serienwerte in " & _
            "dieser Reihenfolge"
'** Kurs: Volumen-Höchst-Tiefst-Geschlossen
    Case xlStockVHLC
        txtDiagrammTyp.Text = "Kurs: Volumen-Höchst-Tiefst-Geschlossen"
        txtDiagrammTypBeschreibung.Text = "Erfordert vier Serienwerte in " & _
            "dieser Reihenfolge"
'** Kurs: Volumen-Öffnung-Höchst-Tiefst-Geschlossen
    Case xlStockVOHLC
        txtDiagrammTyp.Text = "Kurs: Volumen-Öffnung-Höchst-Tiefst-Geschlossen"
        txtDiagrammTypBeschreibung.Text = "Erfordert fünf Serienwerte in " & _
            "dieser Reihenfolge"
'********************************************************************************
'** Zylindersäulen
'********************************************************************************
'** Zylindersäulen gruppiert
    Case xlCylinderColClustered
        txtDiagrammTyp.Text = "Zylindersäulen gruppiert"
        txtDiagrammTypBeschreibung.Text = vbNullString
'** Zylindersäulen gestapelt
    Case xlCylinderColStacked
        txtDiagrammTyp.Text = "Zylindersäulen gestapelt"
        txtDiagrammTypBeschreibung.Text = vbNullString
'** Zylindersäulen gestapelt(100)
    Case xlCylinderColStacked100
        txtDiagrammTyp.Text = "Zylindersäulen gestapelt(100)"
        txtDiagrammTypBeschreibung.Text = vbNullString
'** Zylinderbalken gruppiert
    Case xlCylinderBarClustered
        txtDiagrammTyp.Text = "Zylinderbalken gruppiert"
        txtDiagrammTypBeschreibung.Text = vbNullString
'** Zylinderbalken gestapelt
    Case xlCylinderBarStacked
        txtDiagrammTyp.Text = "Zylinderbalken gestapelt"
        txtDiagrammTypBeschreibung.Text = vbNullString
'** Zylinderbalken gestapelt 100%
    Case xlCylinderBarStacked100
        txtDiagrammTyp.Text = "Zylinderbalken gestapelt(100%)"
        txtDiagrammTypBeschreibung.Text = vbNullString
'** 3D-Zylinderbalken
    Case xlCylinderCol
        txtDiagrammTyp.Text = "3D-Zylinderbalken"
        txtDiagrammTypBeschreibung.Text = vbNullString
'********************************************************************************
'** Kegelsäulen
```

```vb
'*******************************************************************************
    '** Kegelsäulen gruppiert
        Case xlConeColClustered
            txtDiagrammTyp.Text = "Kegelsäulen gruppiert"
            txtDiagrammTypBeschreibung.Text = vbNullString
    '** Kegelsäulen gestapelt
        Case xlConeColStacked
            txtDiagrammTyp.Text = "Kegelsäulen gestapelt"
            txtDiagrammTypBeschreibung.Text = vbNullString
    '** Kegelsäulen gestapelt 100%
        Case xlConeColStacked100
            txtDiagrammTyp.Text = "Kegelsäulen gestapelt(100%)"
            txtDiagrammTypBeschreibung.Text = vbNullString
'*******************************************************************************
    '** Kegelbalken
'*******************************************************************************
    '** Kegelbalken gruppiert
        Case xlConeBarClustered
            txtDiagrammTyp.Text = "Kegelbalken gruppiert"
            txtDiagrammTypBeschreibung.Text = vbNullString
    '** Kegelbalken gestapelt
        Case xlConeBarStacked
            txtDiagrammTyp.Text = "Kegelbalken gestapelt"
            txtDiagrammTypBeschreibung.Text = vbNullString
    '** Kegelbalken gestapelt 100%
        Case xlConeBarStacked100
            txtDiagrammTyp.Text = "Kegelbalken gestapelt(100%)"
            txtDiagrammTypBeschreibung.Text = vbNullString
    '** 3D-Kegelbalken
        Case xlConeCol
            txtDiagrammTyp.Text = "3D-Kegelbalken"
            txtDiagrammTypBeschreibung.Text = vbNullString
'*******************************************************************************
    '** Pyramidensäulen
'*******************************************************************************
    '** Pyramidensäulen gruppiert
        Case xlPyramidColClustered
            txtDiagrammTyp.Text = "Pyramidensäulen gruppiert"
            txtDiagrammTypBeschreibung.Text = vbNullString
    '** Pyramidensäulen gestapelt
        Case xlPyramidColStacked
            txtDiagrammTyp.Text = "Pyramidensäulen gestapelt"
            txtDiagrammTypBeschreibung.Text = vbNullString
    '** Pyramidensäulen gestapelt 100%
        Case xlPyramidColStacked100
            txtDiagrammTyp.Text = "Pyramidensäulen gestapelt(100%)"
            txtDiagrammTypBeschreibung.Text = vbNullString
    '** Pyramidenbalken gruppiert
        Case xlPyramidBarClustered
            txtDiagrammTyp.Text = "Pyramidenbalken gruppiert"
            txtDiagrammTypBeschreibung.Text = vbNullString
    '** Pyramidenbalken gestapelt
        Case xlPyramidBarStacked
            txtDiagrammTyp.Text = "Pyramidenbalken gestapelt"
            txtDiagrammTypBeschreibung.Text = vbNullString
    '** Pyramidenbalken gestapelt 100%
```

```
        Case xlPyramidBarStacked100
            txtDiagrammTyp.Text = "Pyramidenbalken gestapelt(100%)"
            txtDiagrammTypBeschreibung.Text = vbNullString
    '** 3D-Pyramidenbalken
        Case xlPyramidCol
            txtDiagrammTyp.Text = "3D-Pyramidenbalken"
            txtDiagrammTypBeschreibung.Text = vbNullString
    End Select
End Sub
```

Listing 8.20: *Füllen des Kombinationslistenfelds cboDiagrammName*

```
Sub ComboFuellenTyp()
'** ComboBox füllen
    cboDiagrammSymbKonstante.AddItem xlColumnClustered
    cboDiagrammSymbKonstante.AddItem xlColumnStacked
    cboDiagrammSymbKonstante.AddItem xlColumnStacked100
    cboDiagrammSymbKonstante.AddItem xl3DColumnClustered
    cboDiagrammSymbKonstante.AddItem xl3DColumnStacked
    cboDiagrammSymbKonstante.AddItem xl3DColumnStacked100
    cboDiagrammSymbKonstante.AddItem xl3DColumn
    cboDiagrammSymbKonstante.AddItem xlBarClustered
    cboDiagrammSymbKonstante.AddItem xlBarStacked
    cboDiagrammSymbKonstante.AddItem xlBarStacked100
    cboDiagrammSymbKonstante.AddItem xl3DBarClustered
    cboDiagrammSymbKonstante.AddItem xl3DBarStacked
    cboDiagrammSymbKonstante.AddItem xl3DBarStacked100
    cboDiagrammSymbKonstante.AddItem xlLine
    cboDiagrammSymbKonstante.AddItem xlLineStacked
    cboDiagrammSymbKonstante.AddItem xlLineStacked100
    cboDiagrammSymbKonstante.AddItem xlLineMarkers
    cboDiagrammSymbKonstante.AddItem xlLineMarkersStacked
    cboDiagrammSymbKonstante.AddItem xlLineMarkersStacked100
    cboDiagrammSymbKonstante.AddItem xl3DLine
    cboDiagrammSymbKonstante.AddItem xlPie
    cboDiagrammSymbKonstante.AddItem xl3DPie
    cboDiagrammSymbKonstante.AddItem xlPieOfPie
    cboDiagrammSymbKonstante.AddItem xlPieExploded
    cboDiagrammSymbKonstante.AddItem xl3DPieExploded
    cboDiagrammSymbKonstante.AddItem xlBarOfPie
    cboDiagrammSymbKonstante.AddItem xlXYScatter
    cboDiagrammSymbKonstante.AddItem xlXYScatterSmooth
    cboDiagrammSymbKonstante.AddItem xlXYScatterSmoothNoMarkers
    cboDiagrammSymbKonstante.AddItem xlXYScatterLines
    cboDiagrammSymbKonstante.AddItem xlXYScatterLinesNoMarkers
    cboDiagrammSymbKonstante.AddItem xlArea
    cboDiagrammSymbKonstante.AddItem xlAreaStacked
    cboDiagrammSymbKonstante.AddItem xlAreaStacked100
    cboDiagrammSymbKonstante.AddItem xl3DArea
    cboDiagrammSymbKonstante.AddItem xl3DAreaStacked
    cboDiagrammSymbKonstante.AddItem xl3DAreaStacked100
    cboDiagrammSymbKonstante.AddItem xlDoughnut
    cboDiagrammSymbKonstante.AddItem xlDoughnutExploded
    cboDiagrammSymbKonstante.AddItem xlRadar
    cboDiagrammSymbKonstante.AddItem xlRadarMarkers
    cboDiagrammSymbKonstante.AddItem xlRadarFilled
```

```
cboDiagrammSymbKonstante.AddItem xlSurface
cboDiagrammSymbKonstante.AddItem xlSurfaceWireframe
cboDiagrammSymbKonstante.AddItem xlSurfaceTopView
cboDiagrammSymbKonstante.AddItem xlSurfaceTopViewWireframe
cboDiagrammSymbKonstante.AddItem xlBubble
cboDiagrammSymbKonstante.AddItem xlBubble3DEffect
cboDiagrammSymbKonstante.AddItem xlStockHLC
cboDiagrammSymbKonstante.AddItem xlStockOHLC
cboDiagrammSymbKonstante.AddItem xlStockVHLC
cboDiagrammSymbKonstante.AddItem xlStockVOHLC
cboDiagrammSymbKonstante.AddItem xlCylinderColClustered
cboDiagrammSymbKonstante.AddItem xlCylinderColStacked
cboDiagrammSymbKonstante.AddItem xlCylinderColStacked100
cboDiagrammSymbKonstante.AddItem xlCylinderBarClustered
cboDiagrammSymbKonstante.AddItem xlCylinderBarStacked
cboDiagrammSymbKonstante.AddItem xlCylinderBarStacked100
cboDiagrammSymbKonstante.AddItem xlCylinderCol
cboDiagrammSymbKonstante.AddItem xlConeColClustered
cboDiagrammSymbKonstante.AddItem xlConeColStacked
cboDiagrammSymbKonstante.AddItem xlConeColStacked100
cboDiagrammSymbKonstante.AddItem xlConeBarClustered
cboDiagrammSymbKonstante.AddItem xlConeBarStacked
cboDiagrammSymbKonstante.AddItem xlConeBarStacked100
cboDiagrammSymbKonstante.AddItem xlConeCol
cboDiagrammSymbKonstante.AddItem xlPyramidColClustered
cboDiagrammSymbKonstante.AddItem xlPyramidColStacked
cboDiagrammSymbKonstante.AddItem xlPyramidColStacked100
cboDiagrammSymbKonstante.AddItem xlPyramidBarClustered
cboDiagrammSymbKonstante.AddItem xlPyramidBarStacked
cboDiagrammSymbKonstante.AddItem xlPyramidBarStacked100
cboDiagrammSymbKonstante.AddItem xlPyramidCol
End Sub
```

Listing 8.21: *Füllen des Kombinationslistenfelds cboDiagrammSymbKonstante*

Dann wird das Drehfeld eingestellt, damit die erste Diagrammvorlage angezeigt werden kann.

```
Private Sub cboDiagrammSymbKonstante_Change()
'** Zuweisung des ListIndex-Wertes an die
'** Value-Eigenschaft des Drehfeldes
    sbtnDiagrammTyp.Value = cboDiagrammSymbKonstante.ListIndex
End Sub
```

Listing 8.22: *Einstellen des Drehfeldes*

Das dadurch ausgelöste *Change*-Ereignis des Drehfelds bewirkt eine Prüfung, wo sich die Diagramme befinden. Zunächst wird geprüft, ob sich im aktiven Blatt eingebundene Diagramme befinden. Ist das der Fall, wird der Wert der symbolischen Konstante der Prozedur *Diagramm-TypName* übergeben. Diese Prozedur überprüft diesen Parameter und schreibt den Diagrammtyp und dessen Beschreibung in die dafür vorgesehenen Textfelder *txtDiagrammTyp* und *txtDiagrammTypBeschreibung*. Dann wird das eingebettete Diagramm markiert. Wundern Sie sich nicht, wenn VBA den internen englischen Namen des eingebetteten Diagramms verwendet. Nach dem Selektieren des Diagrammbereichs wird die symbolische Konstante, also der Diagrammtyp, zugewiesen. Als kleines Sahnehäubchen wird auch noch der Diagrammtitel sichtbar gemacht und der Diagrammtyp als Text diesem zugewiesen.

Handelt es sich bei dem Diagramm um ein eigenständiges Blatt, wird *ActiveChart* anstatt *ChartObjects* angesprochen. Anschließend wird wieder in beiden Fällen mit *ActiveChart* gearbeitet.

Arbeiten Sie mit Kurs-Diagrammen sind je nach Auswahl drei, vier oder fünf Datenreihen erforderlich. Verfügt die gewählte Datenbasis nicht über die erforderlichen Datenreihen, erscheint ein Hinweis im Dialogfeld. Im Beispiel wählen Sie in diesem Fall die Diagramme *Kurs 3*, *Kurs 4* oder *Kurs 5* aus.

```
Private Sub sbtnDiagrammTyp_Change()
    On Error GoTo fehler
    Dim intCO As Integer
    Dim intCtCOs As Integer
    cboDiagrammSymbKonstante.ListIndex = sbtnDiagrammTyp.Value
    lblWarnung.Caption = vbNullString
    If chkSpeicherort.Value Then
    '** Prüfen, ob in dem aktiven Blatt eingebundene Diagramme enthalten sind
        intCtCOs = ActiveSheet.ChartObjects.Count
        If intCtCOs > 0 Then
            For intCO = 1 To intCtCOs
            '** Wenn der Name in der ChartObjects-Auflistung enthalten ist
                If ActiveSheet.ChartObjects(intCO).Name = cboDiagrammName Then
                    lblWarnung.Caption = vbNullString
                '** Zuweisen des Diagrammtyps
                    DiagrammTypName CInt(cboDiagrammSymbKonstante.Value)
                '** Diagrammobjekt aktivieren
                    ActiveSheet.ChartObjects(cboDiagrammName.Value).Activate
                    With ActiveChart
                        .ChartArea.Select
                        .ChartType = cboDiagrammSymbKonstante.Value
                        .HasTitle = True
                        .ChartTitle.Characters.Text = txtDiagrammTyp.Text
                    End With
                    Exit For
                Else
                    lblWarnung.Caption = "Das Diagramm ist im ausgewählten " & _
                                         "Arbeitsblatt nicht enthalten"
                End If
            Next
        Else
            MsgBox "Die ausgewählte Tabelle enthält keine eingebundenen Diagramme", _
                    vbInformation, "Hinweis"
        End If
    ElseIf Not chkSpeicherort.Value Then
        Sheets(cboDiagrammName.Value).Select
        DiagrammTypName CInt(cboDiagrammSymbKonstante.Value)
        With ActiveChart
            .ChartType = cboDiagrammSymbKonstante.Value
            .HasTitle = True
            .ChartTitle.Characters.Text = txtDiagrammTyp.Text
        End With
    End If
Exit Sub

fehler:
    MsgBox Err.Number & " " & Err.Description
```

```
    lblWarnung.Caption = "Wählen Sie ein Diagramm mit mehr Datenreihen (Kurs)"
    txtDiagrammTyp.Text = vbNullString
    txtDiagrammTypBeschreibung = vbNullString
End Sub
```

Listing 8.23: Auswahl des gewünschten Diagrammtyps über das Drehfeld

Mit Hilfe des Kontrollfelds *chkSpeicherort* lässt sich der Speicherort bestimmen. Damit im Kombinationslistenfeld *cboDiagrammName* auch die »richtigen« Diagramme angezeigt werden, müssen diese in Abhängigkeit der Auswahl neu eingelesen werden.

```
Private Sub chkSpeicherort_Click()
    Dim intWS As Integer
    Dim intCtWSs As Integer
'** Füllen der ComboBox cboDiagrammName
    ComboFuellen
    If chkSpeicherort.Value Then
    '** Zählen der Tabellen in der Arbeitsmappe
        intCtWSs = ActiveWorkbook.Worksheets.Count
        If intCtWSs > 0 Then
            ActiveWorkbook.Worksheets(1).Select
        End If
    End If
End Sub
```

Listing 8.24: Speicherort des Diagramms wählen

8.7   Chart mit Daten aus Access füllen

Das Listing finden Sie in der Datei *K08_7.xls* innerhalb der Begleitdateien zum Buch.

Problem

Daten, die in Microsoft Access vorhanden sind, sollen per Mausklick in Excel grafisch dargestellt werden.

Lösung

Verwendet wird ein Datenbankzugriff über DAO. Dabei werden die Daten zunächst in ein temporäres Tabellenblatt eingelesen und anschließend in einem neu erstellten Diagrammblatt angezeigt. Wählbar ist per Mausklick die Säulenfarbe.

Erläuterungen

Beim Start der Arbeitsmappe wird ein sehr einfach gehaltenes Dialogfeld aufgerufen. Neben der Einstellung der gewünschten Säulenfarbe lässt sich mittels zweier Schaltflächen das Diagramm erstellen und das Dialogfeld schließen.

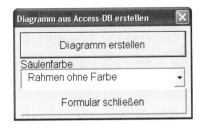

Abbildung 8.8: *Dialogfeld zur Erstellung von Diagrammen, deren Daten aus Microsoft Access stammen*

Beim Aktivieren des Formulars wird das Kombinationslistenfeld gefüllt.

```
Private Sub UserForm_Activate()
'** Zuweisen der Säulenfarbe
    cboSaeulenFarbe.AddItem "Rahmen ohne Farbe"
    cboSaeulenFarbe.AddItem "Schwarz"
    cboSaeulenFarbe.AddItem "Weiß"
    cboSaeulenFarbe.AddItem "Rot"
    cboSaeulenFarbe.AddItem "Grün"
    cboSaeulenFarbe.AddItem "Blau"
    cboSaeulenFarbe.AddItem "Gelb"
    cboSaeulenFarbe.AddItem "Magenta"
    cboSaeulenFarbe.AddItem "Hellblau"
    cboSaeulenFarbe.ListIndex = 0
End Sub
```

Listing 8.25: Füllen des Kombinationslistenfelds

Als Rückgabewert wird die *ListIndex*-Eigenschaft verwendet, die den Farbwert repräsentiert. Aus diesem Grund ist es wichtig, die Farben in dieser Reihenfolge einzulesen. Wurde die gewünschte Farbe ausgewählt, kann mit der Diagrammerstellung begonnen werden.

Aus der Ereignisprozedur der Schaltfläche wird die Prozedur *dbDAO_DiagrammErstellen* aufgerufen. Nach der Deklaration der Variablen und deren Initialisierung wird der SQL-String zusammengestellt. Genauer gesagt, liegt dieser SQL-String schon in fertiger Form vor. Mit diesem String soll aus der Datenbank ermittelt werden, wer die zehn Kunden mit den höchsten Umsätzen sind. Diese Abfrage soll jedoch lediglich als Beispiel dienen und kann jederzeit von Ihnen durch einen eigenen Abfragestring ersetzt werden. Beachten Sie aber hierbei, dass bei zu vielen Daten die Darstellung in einem Säulendiagramm schnell unübersichtlich wird. Sollten Sie eine größere Anzahl von Daten zurückgeben wollen, müssen Sie auch den Bereich anpassen, der an die Methode *SetSourceData* übergeben wird.

```
xlWB.Charts(xlCht.Name).SetSourceData Source:=Sheets(xlWS.Name).Range("A1:B11")
```

Nun erfolgt die Instanzierung der Objektvariablen. Dazu gehören neben den Datenbank-Objekten auch die Excel-Objekte. Da für die Excel-Tabelle und das Excel-Diagramm konkrete Namen vergeben werden, ist es erforderlich, diese vor einer Neuerstellung zu löschen. Dann erfolgt die Ermittlung der im Recordset enthaltenen Feldnamen. Zu diesem Zweck wird die Prozedur *FeldnamenSchreiben* (Listing 8.27) aufgerufen. Die eigentlichen Daten werden mit der Methode *CopyFromRecordset* in die Tabelle geschrieben. Bei der relativ kleinen Datenmenge hätte dies natürlich auch sequentiell wie das Auslesen der Feldnamen erfolgen können. Dann wird diese Tabelle, die im Übrigen den Namen *Temp* erhalten hat, selektiert und die darin befindlichen, zusammenhängenden Daten markiert. Nun kommt die wichtigste Zeile dieser Prozedur, die Übergabe der Daten an das Diagramm. Es folgen noch einige Zuweisungen wie

---

Rund um Charts und Diagramme

das Ausblenden der Legende, die Zuweisung eines Diagrammtitels und dass das Diagramm keine farbigen Hintergrund haben soll. Außerdem wird die gewählte Farbe für die Säulen aus dem Kombinationslistenfeld zugewiesen.

Da die »temporäre Tabelle« nicht zu sehen sein soll, wird sie ausgeblendet.

Etwas später in diesem Kapitel erfahren Sie im ▶ Abschnitt »8.10 Dynamisches Diagramm statisch machen«, wie sich die Daten von der Datenbasis trennen lassen und das Diagramm dadurch statisch wird. Dann kann die temporäre Tabelle nicht nur ausgeblendet, sondern sogar gelöscht werden.

```
Private Sub cmdDiagrammErstellen_Click()
    dbDAO_DiagrammErstellen
End Sub


Option Explicit
Sub dbDAO_DiagrammErstellen()
'*************************************************************
'** Hinweis:
'** Verweis auf Microsoft DAO 3.6 Object Library erforderlich
'*************************************************************
'** DAO-Objekte
    Dim db As DAO.Database
    Dim rst As DAO.Recordset
'** Excel-Objekte
    Dim xlWB As Excel.Workbook
    Dim xlWS As Excel.Worksheet
    Dim xlCht As Excel.Chart
'** Deklaration der String-Variablen
    Dim strPfadName As String
    Dim strDBName As String
    Dim strFullName As String
    Dim strRSTName As String
    Dim intCht As Integer
    Dim intCtChts As Integer
    Dim strDiagrammName As String
    Dim strTabellenName As String
    Dim intWS As Integer
    Dim intCtWSs As Integer
'** Name der Excel-Tabelle
    strTabellenName = "Temp"
'** Name des Excel-Diagramms
    strDiagrammName = "Daten aus Access"
'** Pfadname ermitteln
    strPfadName = ThisWorkbook.Path & "\"
'** Datenbanknamen zuweisen
    strDBName = "Nordwind_2003.mdb"
'** FullName zuweisen
    strFullName = strPfadName & strDBName
'** SQL-String zuweisen
'** Gesucht wird nach den Top 10-Kunden
'** Die Sortierung erfolgt absteigend
    strRSTName = " SELECT TOP 10  Kunden.Firma, Sum(Bestelldetails!Anzahl*" & _
                "Bestelldetails!Einzelpreis) AS Gesamtpreis " & _
                " FROM Kunden INNER JOIN (Bestellungen INNER JOIN " & _
                "(Artikel INNER JOIN Bestelldetails ON Artikel.[Artikel-Nr] = " & _
```

```
                            "Bestelldetails.[Artikel-Nr]) ON Bestellungen.[Bestell-Nr] = " & _
                            "Bestelldetails.[Bestell-Nr]) ON Kunden.[Kunden-Code] = " & _
                            "Bestellungen.[Kunden-Code] " & _
                            " GROUP BY Kunden.Firma " & _
                            " ORDER BY Sum(Bestelldetails!Anzahl*Bestelldetails!Einzelpreis) " & _
                            "DESC;"
'** Bilden der Objektinstanz
    Set db = DBEngine.Workspaces(0).OpenDatabase(strFullName)
    Set rst = db.OpenRecordset(strRSTName)
'** Excel-Objekte instanzieren
    Set xlWB = Excel.ThisWorkbook
    Set xlWS = xlWB.Worksheets.Add
    Set xlCht = xlWB.Charts.Add
'** Tabellenblatt löschen, falls vorhanden
    intCtWSs = xlWB.Worksheets.Count
    For intWS = intCtWSs To 1 Step -1
        If xlWB.Worksheets(intWS).Name = strTabellenName Then
            '** Warnmeldungen ausschalten
            Application.DisplayAlerts = False
            With xlWB.Worksheets(intWS)
            '** Tabellenblatt muss zum Löschen sichtbar sein
                .Visible = True
            '** Tabellenblatt löschen
                .Delete
            End With
            '** Warnmeldungen einschalten
            Application.DisplayAlerts = True
        End If
    Next
'** Namen für Tabellenblatt zuweisen
    xlWS.Name = strTabellenName
'** Diagrammblatt löschen, falls vorhanden
    intCtChts = xlWB.Charts.Count
    For intCht = intCtChts To 1 Step -1
        If xlWB.Charts(intCht).Name = strDiagrammName Then
            '** Warnmeldungen ausschalten
            Application.DisplayAlerts = False
            xlWB.Charts(intCht).Delete
            '** Warnmeldungen einschalten
            Application.DisplayAlerts = True
        End If
    Next
'** Namen für Diagramm zuweisen
    xlCht.Name = strDiagrammName
    xlWB.Charts(xlCht.Name).ChartType = xlColumnClustered
'** Ermitteln der im Recordset enthaltenen Feldnamen
    FeldNamenSchreiben rst, xlWS, 1
'** Daten aus dem Recordset in die temporäre Tabelle auslesen
    xlWS.Range("A2").CopyFromRecordset rst
'** Markieren der temporären Tabelle
    xlWS.Select
'** Zusammenhängenden Bereich markieren
    Selection.CurrentRegion.Select
'** Daten an das Diagramm übergeben
    xlWB.Charts(xlCht.Name).SetSourceData Source:=Sheets(xlWS.Name) _
        .Range("A1:B11"), PlotBy:=xlColumns
```

```
'** Diagramm aktivieren
    xlWB.Charts(xlCht.Name).Select
'** Zuweisungen an das Diagramm
    With xlWB.Charts(xlCht.Name)
    '** Diagrammtitel
        .ChartTitle.Text = "Daten aus Access"
    '** Legende ausblenden
        .HasLegend = False
    '** Farbe für Datenreihe einstellen
        .SeriesCollection(1).Interior.ColorIndex = frmK08_07.cboSaeulenFarbe.ListIndex
    '** Keine Hintergrundfarbe
        .PlotArea.Interior.ColorIndex = xlNone
    End With
'** Excel-Tabelle mit Daten verstecken
    xlWB.Worksheets(xlWS.Name).Visible = vbHidden

End Sub
```

Listing 8.26: Diagramm mit einer SQL-Abfrage aus Microsoft Access erstellen

```
Sub FeldNamenSchreiben(rst As DAO.Recordset, _
                       xlWS As Excel.Worksheet, _
                       intErsteZeile As Integer)
    Dim intCt As Integer
    Dim intFields As Integer
'** Zählen der Felder in der Tabelle
    intFields = rst.Fields.Count

    For intCt = 0 To intFields - 1
    '** Schreiben der Feldnamen in die angegebene Zeile
        xlWS.Cells(intErsteZeile, intCt + 1).Value = rst.Fields(intCt).Name
    Next
End Sub
```

Listing 8.27: Feldnamen in die erste Zeile des Excel-Tabellenblatts schreiben

8.8 Daten mit Ampelfunktionalität markieren

Den Code mit den Listings finden Sie in der Datei *wm_K08_8.xla* innerhalb der Begleitdateien zum Buch.

Problem

Es soll auf kritische Daten in einer Tabelle durch grafische Symbole aufmerksam gemacht werden.

Lösung

Mit Hilfe der Möglichkeit, Formen auf ein Tabellenblatt zu zeichnen, wird jedem markierten Wert ein Kreis mit einer Farbinformation zugeordnet. Die Farbe kann aus acht Werten frei gewählt werden.

Erläuterungen

Um dieses Werkzeug universell einsetzbar zu machen, wurde die Datei als XLA-Datei gespeichert. Beim Hinzufügen dieses Add-Ins, das den Namen *wm_K08_8.xla* trägt, wird automatisch der Eintrag *Grafiktools* in der Menüleiste generiert. Die Vorgehensweise wurde bereits in Kapitel 7 ausführlich beschrieben.

Wird der Untermenüpunkt *Ampelfunktionen* angeklickt, erscheint das in Abbildung 8.9 dargestellte Dialogfeld.

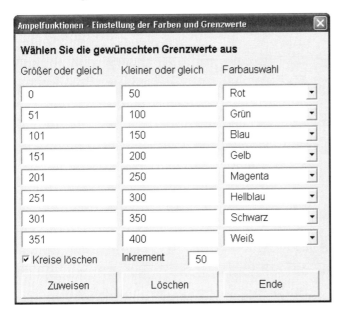

Abbildung 8.9: *Dialogfeld zur Einstellung der Grenzwerte*

Dabei wird das *Activate*-Ereignis des Formulars ausgelöst und der Code aus Listing 8.28 ausgeführt.

```
Private Sub UserForm_Activate()
'** Farben in die Kombinationslistenfelder schreiben
    cboFarbe1.AddItem "Rot"
    cboFarbe1.AddItem "Grün"
    cboFarbe1.AddItem "Blau"
    cboFarbe1.AddItem "Gelb"
    cboFarbe1.AddItem "Magenta"
    cboFarbe1.AddItem "Hellblau"
    cboFarbe1.AddItem "Schwarz"
    cboFarbe1.AddItem "Weiß"
```

Vorstehende Einträge gelten sinngemäß auch für *cboFarbe2* bis *cboFarbe8*:

```
'** Vorgabe, welcher Wert des Kombinationslistenfelds
'** angezeigt werden soll
    cboFarbe1.ListIndex = 0
    cboFarbe2.ListIndex = 1
    cboFarbe3.ListIndex = 2
    cboFarbe4.ListIndex = 3
    cboFarbe5.ListIndex = 4
```

Rund um Charts und Diagramme

```
    cboFarbe6.ListIndex = 5
    cboFarbe7.ListIndex = 6
    cboFarbe8.ListIndex = 7
'** Vorbelegung der Textfelder
    txtWerte1_von.Text = 0
    txtWerte1_bis.Text = 50
    txtWerte2_von.Text = 51
    txtWerte2_bis.Text = 100
    txtWerte3_von.Text = 101
    txtWerte3_bis.Text = 150
    txtWerte4_von.Text = 151
    txtWerte4_bis.Text = 200
    txtWerte5_von.Text = 201
    txtWerte5_bis.Text = 250
    txtWerte6_von.Text = 251
    txtWerte6_bis.Text = 300
    txtWerte7_von.Text = 301
    txtWerte7_bis.Text = 350
    txtWerte8_von.Text = 351
    txtWerte8_bis.Text = 400
'** Einstellung des Kontrollkästchens
'** Nur True und False
    chkLoeschen.TripleState = False
End Sub
```

Listing 8.28: *Zuweisen der Werte*

Das Zuweisen eines Wertes zur *ListIndex*-Eigenschaft löst bei dem zugehörigen Kombinations-listenfeld-Steuerelement das *Change*-Ereignis aus.

```
Option Explicit
    Dim m_intSignalFarbe As Integer
Private Sub cboFarbe1_Change()
'** Starteinstellung ROT
    m_intSignalFarbe = cboFarbe1.ListIndex + 2
End Sub
```

Listing 8.29: *Zuweisung des Farbwerts zur Modulvariablen m_intSignalFarbe*

Die vorstehenden Einträge gelten sinngemäß auch für *cboFarbe2* bis *cboFarbe8*.

Bei der Zuweisung der Farbwerte wird zu einem Kniff gegriffen. Durch Verwendung der *List-Index*-Eigenschaft, die für den ersten Eintrag bei 0 beginnt, wird für die Farbwerte der Wert 2 hinzuaddiert. Wählt der Anwender beispielsweise die Farbe Gelb aus, die sich im Listenfeld an der vierten Stelle befindet und damit den *Listindex*-Wert 3 besitzt, so wird zu diesem Wert 2 hinzuaddiert. Die sich daraus ergebende Summe 5 entspricht dem Farbwert für die Farbe Gelb.

Die Vorbelegung der Textfelder sorgt ebenfalls wieder zur Auslösung des *Change*-Ereignisses. Dieses Mal bei den Textfeldern.

```
Private Sub txtWerte1_bis_Change()
    txtWerte2_von.Value = txtWerte1_bis.Value + 1
End Sub
Private Sub txtWerte2_von_Change()
    txtWerte2_bis.Value = txtWerte2_von.Value + Val(txtInkrement.Text) - 1
End Sub
```

Listing 8.30: *Zuweisen des Bis-Wertes zum nachfolgenden Von-Wert*

Vorstehende Einträge nehmen Sie sinngemäß auch für die Textfelder *txtWerte2_bis* bis *txtWerte8_bis* vor.

Nun können vom Anwender die in Frage kommenden Zahlen markiert werden. Dabei ist allerdings darauf zu achten, dass die Spalte hinter der Markierung leer ist, da in diese Spalte die Signalkreise geschrieben werden.

Ist dies geschehen, kann die Zuweisung erfolgen. Dabei kann gewählt werden, ob die bereits existierenden Kreise gelöscht werden sollen, oder ob diese bestehen bleiben können. Ein Klick auf die gleichnamige Schaltfläche löst das entsprechende Ereignis aus.

```
Private Sub cmdZuweisen_Click()
    Dim oSignal As cSignal
    Dim rngZelle As Range
'** Neues Objekt vom Typ oSignal erstellen
    Set oSignal = New cSignal

'** Vorhandene Signale löschen
    If chkLoeschen.Value Then
'** Aufruf der Methode SignalLoeschen
        oSignal.SignalLoeschen
    End If
'** Markierung durchlaufen
    For Each rngZelle In Selection
        '** Adresse der Zelle als Parameter der Methode
        '** Signalwert übergeben
        oSignal.SignalWert rngZelle.Address
    Next
'** Zerstören des Objekts im Speicher
    Set oSignal = Nothing
End Sub
```

Listing 8.31: Ereigniscode der Schaltfläche Zuweisen

Bei der Initialisierung des Objekts wird das gleichnamige Ereignis ausgeführt und die Farbwerte der Variablen zugeordnet.

```
Private Sub Class_Initialize()
'** Zuweisung der Farben
    SignalFarbe1 = frmSignal.cboFarbe1.ListIndex + 2
    SignalFarbe2 = frmSignal.cboFarbe2.ListIndex + 2
    SignalFarbe3 = frmSignal.cboFarbe3.ListIndex + 2
    SignalFarbe4 = frmSignal.cboFarbe4.ListIndex + 2
    SignalFarbe5 = frmSignal.cboFarbe5.ListIndex + 2
    SignalFarbe6 = frmSignal.cboFarbe6.ListIndex + 2
    SignalFarbe7 = frmSignal.cboFarbe7.ListIndex + 2
    SignalFarbe8 = frmSignal.cboFarbe8.ListIndex + 2

'** Zuweisung der Grenzwerte (Max/Min)
    MinWert1 = frmSignal.txtWerte1_von.Text
    MaxWert1 = frmSignal.txtWerte1_bis.Text

    MinWert2 = frmSignal.txtWerte2_von.Text
    MaxWert2 = frmSignal.txtWerte2_bis.Text
End Sub
```

Listing 8.32: Zuweisung der Farb- und der Grenzwerte

Sinngemäß erfolgt die Zuweisung der MinWerte und MaxWerte bis *MinWert8* beziehungsweise *MaxWert8*.

Das Zuweisen der Signalwerte erfolgt über eine Klasse mit dem Namen *cSignal*. Diese Klasse oder genauer gesagt das davon instanzierte Objekt verfügt über die Methoden *SignalLoeschen* und *SignalWert*. Die Methode *SignalLoeschen* wird ausgeführt, wenn das Kontrollfeld *chkLoeschen* den (voreingestellten) Wert *True* besitzt.

```
Sub SignalLoeschen()
    Dim shpSignal As Shape
    For Each shpSignal In ActiveSheet.Shapes
        If shpSignal.AutoShapeType = msoShapeOval Then
            shpSignal.Delete
        End If
    Next
End Sub
```

Listing 8.33: *Löschen aller Grafikelemente vom Typ msoShapeOval*

Nach Abarbeitung dieses Codes wird die *For Each...Next*-Schleife durchlaufen, in der die markierten Zellen enthalten sind. Diese Schleife führt zum Aufruf der zweiten Methode *Signalwert*, der als Parameter die Adresse der Zelle übergeben wird.

Durch die Initialisierung des Objekts *rngZelle* und die Zuweisung der Adresse kann aus der *Value*-Eigenschaft dieses Objekts der in der Zelle enthaltene Wert in die Variable *dblWert* ausgelesen werden. Diese Variable wird überprüft und mit Hilfe der Min/Max-Werte die Signalfarbe zugeordnet. Bei dieser Farb-Variablen handelt es sich um eine private Variable, die von außerhalb der Klasse nicht ansprechbar ist.

```
Public Function SignalWert(strAdresse As String)
    Dim rngZelle As Range
    Dim dblWert As Double
'** Zellvariable initialisieren
    Set rngZelle = Range(strAdresse)
'** Zuweisung des Zellwerts zur Variablen dblWert
    dblWert = rngZelle.Value
    If dblWert >= MinWert1 And rngZelle.Value <= MaxWert1 Then
    '** Farbzuweisung
        privSignalFarbe = frmSignal.cboFarbe1.ListIndex + 2
    ElseIf dblWert >= MinWert2 And rngZelle.Value <= MaxWert2 Then
    '** Farbzuweisung
        privSignalFarbe = frmSignal.cboFarbe2.ListIndex + 2
    ElseIf dblWert >= MinWert3 And rngZelle.Value <= MaxWert3 Then
    '** Farbzuweisung
        privSignalFarbe = frmSignal.cboFarbe3.ListIndex + 2
    ElseIf dblWert >= MinWert4 And rngZelle.Value <= MaxWert4 Then
    '** Farbzuweisung
        privSignalFarbe = frmSignal.cboFarbe4.ListIndex + 2
    ElseIf dblWert >= MinWert5 And rngZelle.Value <= MaxWert5 Then
    '** Farbzuweisung
        privSignalFarbe = frmSignal.cboFarbe5.ListIndex + 2
    ElseIf dblWert >= MinWert6 And rngZelle.Value <= MaxWert6 Then
    '** Farbzuweisung
        privSignalFarbe = frmSignal.cboFarbe6.ListIndex + 2
    ElseIf dblWert >= MinWert7 And rngZelle.Value <= MaxWert7 Then
    '** Farbzuweisung
```

```
        privSignalFarbe = frmSignal.cboFarbe7.ListIndex + 2
    ElseIf dblWert >= MinWert8 And rngZelle.Value <= MaxWert8 Then
    '** Farbzuweisung
        privSignalFarbe = frmSignal.cboFarbe8.ListIndex + 2
    Else
'       MsgBox "Fehler"
    End If
    SignalErstellen privSignalFarbe, strAdresse
End Function
```

Listing 8.34*: Die Funktion Signalwert*

Nachdem die Signalfarbe ermittelt wurde, wird die *If*-Bedingung verlassen und die Prozedur *SignalErstellen* aufgerufen und dieser die Parameter *privSignalFarbe* und *strAdresse* übergeben. Bei dieser Prozedur handelt es sich nicht um eine Methode, weil diese *Private* deklariert wurde.

Nach der Deklaration der Variablen und der Initialisierung des Objekts *rngZelle* werden alle *Shape*-Objekte, die sich auf dem aktuellen Blatt befinden, gezählt. Mit Hilfe der *AddShape*-Methode wird dann ein *Shape*-Objekt der *Shapes*-Collection hinzugefügt. Die Größe dieses *Shape*-Objekts orientiert sich an der eingestellten Zellhöhe der Tabelle und wird in der Zelle positioniert, die sich rechts neben der Wertezelle befindet. Dann erhält das neue Shape-Objekt einen Namen, der sich aus dem Text *Signal_* und dem Zählwert *intCtShapes* zusammensetzt. Dann wird diesem Objekt die ausgewählte Farbe zugewiesen und die Linienstärke eingestellt.

```
Private Sub SignalErstellen(SignalFarbe As Integer, strAdresse As String)
    Dim intCtShapes As Integer
    Dim strShapeName As String
    Dim rngZelle As Range
    Set rngZelle = Range(strAdresse)
    intCtShapes = ActiveSheet.Shapes.Count
    ActiveSheet.Shapes.AddShape( _
            msoShapeOval, _
            rngZelle.Offset(0, 1).Left + (rngZelle.Height * 0.1), _
            rngZelle.Offset(0, 1).Top + (rngZelle.Height * 0.1), _
            rngZelle.Offset(0, 1).Height - (rngZelle.Height * 0.2), _
            rngZelle.Offset(0, 1).Height - (rngZelle.Height * 0.2)) _
            .Name = "Signal_" & intCtShapes

    strShapeName = "Signal_" & intCtShapes

  With ActiveSheet.Shapes(strShapeName)
       With .Fill
          .Visible = msoTrue
          .Solid
          .ForeColor.SchemeColor = SignalFarbe
          .Transparency = 0#
       End With

       With .Line
          .Weight = 1.5
          .DashStyle = msoLineSolid
          .Style = msoLineSingle
          .Transparency = 0#
          .Visible = msoTrue
          .ForeColor.SchemeColor = 64
```

```
    End With

  End With

End Sub
```

Listing 8.35: Erzeugen des Shape-Objekts und Zuweisung der Signalfarbe

Danach wird in die aufrufenden Prozeduren zurückgekehrt. Wurden mehrere Werte markiert, wird die *For Each…Next*-Schleife in Listing 8.31 ein weiteres Mal durchlaufen.

Ist dieser Durchlauf beendet, wird das Objekt *oSignal* zerstört und der belegte Speicherplatz wieder freigegeben.

Im einen oder anderen Fall passen die voreingestellten Grenzwerte nicht. Wird ein anderer Inkrement-Wert gewünscht, muss dies nicht einzeln in jedem Textfeld eingestellt werden, sondern kann mit Hilfe des Inkrement-Textfeldes vorgegeben werden.

```
Private Sub txtInkrement_Change()
'** Inkrementwert aus dem Textfeld zuweisen
    txtWerte1_bis.Value = Val(txtInkrement.Text)
End Sub
```

Listing 8.36: Ändern des Inkrementwertes

Das Ändern dieses Wertes, der übrigens als Zahl übergeben wird, löst bei den Textfeldern eine Kettenreaktion von *Change*-Ereignissen aus.

Ebenso ist es möglich, die Vorgabe der Farbauswahl zu ändern.

```
Option Explicit
'** Deklaration der Modulvariablen
    Dim m_intSignalFarbe As Integer
Private Sub cboFarbe1_Change()
'** Starteinstellung ROT
    m_intSignalFarbe = cboFarbe1.ListIndex + 2
End Sub
```

Listing 8.37: Zuweisen der Farbwerte bei Änderung der Kombinationslistenfeld-Einstellung

Weisen Sie sinngemäß auch die *ListIndex*-Werte den Kombinationslistenfeldern *cboFarbe2* bis *cboFarbe8* der Modulvariablen *m_intSignalFarbe* zu. Mit Hilfe der Schaltfläche *Löschen* lassen sich alle *Shape*-Objekte löschen. Dazu ist es erforderlich, ein neues *oSignal*-Objekt zu erzeugen. Dann erfolgt der Aufruf der bereits vorstehend beschriebenen Methode *SignalLoeschen*. Nach dem Löschen ist das *oSignal*-Objekt nicht mehr erforderlich und kann zerstört werden.

```
Private Sub cmdLoeschen_Click()
'** Alle Signal-Objekte löschen
    Dim oSignal As cSignal
'** Neues Objekt vom Typ oSignal erstellen
    Set oSignal = New cSignal
'** Aufruf der Methode SignalLoeschen
    oSignal.SignalLoeschen
'** Zerstören des Objekts im Speicher
    Set oSignal = Nothing
End Sub
```

Listing 8.38: Separater Aufruf der Methode SignalLoeschen

8.9 Unterschiedliche Farben für negative Säulen

Das Listing finden Sie in der Datei *K08_9.xls* innerhalb der Begleitdateien zum Buch.

Problem

Die negativen Säulen einer Grafik sollen in frei wählbaren Farben dargestellt werden.

Lösung

Um diese Einstellung zu automatisieren, wurde zu einer VBA-Lösung gegriffen.

Erläuterungen

TIPP: Damit die Funktion *ZUFALLSBEREICH()* und andere zusätzliche Funktionen zur Verfügung stehen, ist es erforderlich, über den Add-In-Manager die Analyse-Funktionen und ggfs. auch die Analyse-Funktionen-VBA einzubinden. Anschließend sollte eine Neuberechnung der Funktionen mit Hilfe der Funktionstaste F9 durchgeführt werden. Damit wird verhindert, das statt des gewünschten Zahlenwerts ein Fehlerhinweis wie »#NAME!« oder »#WERT!« in der entsprechenden Zelle erscheint.

Ausgelöst wird die Prozedur *DatenpunktErmitteln* über das Ereignis *Calculate* des *Chart*-Objekts, welches durch eine Neuberechnung eintritt.

```
Option Explicit
Private Sub Chart_Calculate()
'** Aufruf der Prozedur
    DatenpunktEmitteln
End Sub
```

Listing 8.39: Aufruf der Prozedur, ausgelöst durch das Calculate-Ereignis

Nach der Deklaration der Basisfarbe wird der Name des Diagramms, für das die negativen Balken erstellt werden sollen, der Variablen *strDiagramm* zugewiesen. Hier wird mit einem bestimmten Diagramm gearbeitet. Wie sich Diagramme aus einem Kombinationslistenfeld bestimmen können, wurde bereits an anderer Stelle in diesem Kapitel gezeigt.

Um ein Flackern des Bildschirms zu vermeiden wird die Bildschirmaktualisierung ausgeschaltet. Dann werden die einzelnen Datenreihen durchlaufen und für jede Datenreihe die Anzahl der Datenpunkte bestimmt. Danach werden die einzelnen Datenpunkte durchlaufen und der aktuelle Datenpunkt markiert. Die Vorgehensweise, den Datenpunkt markieren zu müssen, ist nicht besonders elegant, aber auf Grund fehlender Eigenschaften leider nicht zu umgehen. Nun wird sichergestellt, dass das Kontrollfeld *Invertieren falls negativ* deaktiviert ist. Dieses Kontrollfeld würde sonst die nachstehenden Aktionen verhindern.

Für den aktiven Datenpunkt werden die Datenwerte angezeigt, der Inhalt des *DataLabels* ausgelesen und die Farbe des positiven Balkens übernommen. Ist das erste Zeichen im *DataLabel* ein »(«-Zeichen, stellt der Datenpunkt einen negativen Wert dar. In diesem Fall oder wenn sich ein Wert größer 0 darin befindet, wird die Farbauswahl getroffen.

Soll der negative Balken bzw. die negative Säule die gleiche Farbe haben wie der positive Balken bzw. die positive Säule, so wählen Sie die folgende Zuweisung:

```
.ColorIndex = intBasisFarbe
```

Wenn der negativen Balken eine andere Farbe haben soll als der positive Balken, kommentieren Sie die vorstehende Zeile aus und ersetzen Sie diese durch die Zuweisung

```
.ColorIndex = intBasisFarbe + intCtSO
```

Wollen Sie keine Werte angezeigt bekommen, müssen Sie das *DataLabel* wieder ausblenden.

Diese Vorgehensweise wird nun für jede Datenreihe und jeden Datenpunkt wiederholt.

```
Option Explicit
Sub DatenpunktEmitteln()
'** Deklaration der Variablen
    Dim strDiagramm As String
'** SO für die einzelne Reihe
    Dim intCtSO As Integer
'** SC für SeriousCollection
    Dim intCtSC As Integer
'** Pt für DataPoint, den einzelnen Datenpunkt einer Reihe
    Dim intCtPt As Integer
'** Pts für DataPoints, die gesamten Datenpunkte einer Reihe
    Dim intCtPts As Integer
    Dim intCt As Integer
    Dim strBeschriftung As String
    Dim intBasisFarbe As Integer
'** Basisfarbe vorgeben
'** ist nicht wirksam, wenn die Farbe des positiven Balkens/Säule übernommen wird
    intBasisFarbe = 5
'** Name des Diagramms
'** Diagramm befindet sich an der 2. Stelle
    strDiagramm = Sheets(2).Name
'** Auswahl des Diagramms
    Sheets(strDiagramm).Select
'** Anzahl der Datenreihen ermitteln
    intCtSC = ActiveChart.SeriesCollection.Count
'** Bildschirmaktualisierung ausschalten
    Application.ScreenUpdating = False
'** Datenreihen durchlaufen
    For intCtSO = 1 To intCtSC
    '** Verwendung der Standardfarben
        Sheets(strDiagramm).SeriesCollection(intCtSO).Interior.ColorIndex = xlAutomatic
    '** Zählen der Datenpunkte der jeweiligen Datenreihe
        intCtPts = Sheets(strDiagramm).SeriesCollection(intCtSO).Points.Count
    '** Datenpunkte durchlaufen
        For intCtPt = 1 To intCtPts
        '** Datenpunkt selektieren
            Sheets(strDiagramm).SeriesCollection(intCtSO).Points(intCtPt).Select
        '** Kontrollfeld "Invertieren falls negativ" deaktivieren
            Selection.InvertIfNegative = False
        '** Einstellungen für das Diagramm vorgeben
            With Sheets(strDiagramm)
                With .SeriesCollection(intCtSO).Points(intCtPt)
                '** Datenwerte anzeigen
                    .HasDataLabel = True
                '** Inhalt des DataLabels auslesen
                    strBeschriftung = .DataLabel.Text
                '** Farbe des positiven Balkens wird übernommen
                    intBasisFarbe = Selection.Interior.ColorIndex
```

```
'** Wenn das erste Zeichen im DataLabel ein "("-Zeichen ist
'** (negativer Wert)
'** oder sich ein Wert größer 0 darin befindet
    If Left(strBeschriftung, 1) = "(" Or Val(strBeschriftung) < 0 Then
        With Selection.Interior
        '** Farbauswahl treffen
        '** Wenn die negativen Balken/Säulen die gleiche Farbe
        '** haben sollen, wie die positiven Balken/Säulen
            .ColorIndex = intBasisFarbe
        '** Wenn die negativen Balken/Säulen eine andere Farbe
        '** haben sollen, als die positiven Balken/Säulen
            .ColorIndex = intBasisFarbe + intCtSO
            .Pattern = xlSolid
        End With
    End If
    '** DataLabels ausblenden
        .HasDataLabel = False
    End With
    End With
    Next
    Next
'** Bildschirmaktualisierung wieder einschalten
    Application.ScreenUpdating = True
'** Diagramm deselektieren
    Sheets(strDiagramm).Deselect
End Sub
```

Listing 8.40: *Negative Werte farblich anders darstellen*

8.10   Dynamisches Diagramm statisch machen

Das Listing finden Sie in der Datei *K08_10.xls* innerhalb der Begleitdateien zum Buch.

Problem

Ein Diagramm soll an Veränderungen der Datenbasis nicht angepasst werden, also statisch werden.

Lösung

TIPP: Damit die Funktion *ZUFALLSBEREICH()* und andere zusätzliche Funktionen zur Verfügung stehen, ist es erforderlich, über den Add-In-Manager die Analyse-Funktionen und ggfs. auch die Analyse-Funktionen-VBA einzubinden. Anschließend sollte eine Neuberechnung der Funktionen mit Hilfe der Funktionstaste F9 durchgeführt werden. Damit wird verhindert, das statt des gewünschten Zahlenwerts ein Fehlerhinweis wie »#NAME!« oder »#WERT!« in der entsprechenden Zelle erscheint.

Um die grafische Darstellung bestimmter Daten, wie beispielsweise Wochenabschluss, Quartalsabschluss und so weiter unveränderbar darstellen zu können, müssen die dynamischen Bezüge zu den Quelldaten durch deren Werte ersetzt werden.

Rund um Charts und Diagramme   **461**

Erläuterungen

Um die Datenreihe eines Diagramms statisch zu machen, gehen Sie folgendermaßen vor:

Markieren Sie die entsprechende Datenreihe.

1. Öffnen Sie die Bearbeitungsleiste im Diagramm mit F2.
2. Drücken Sie bei geöffneter Bearbeitungsleiste F9.
3. Schließen Sie die Bearbeitungsleiste mit Eingabe.
4. Fertig!

Die Daten werden nicht mehr durch die Formel, sondern durch ihre Werte repräsentiert.

Dem Titel dieses Buchs entsprechend habe ich natürlich auch nach einer automatisierbaren Lösung gesucht, aber leider nur die zweitbeste gefunden.

Diese zweitbeste Lösung besteht darin, dass zur Umwandlung nicht auf Objekte und deren Eigenschaften zurückgegriffen werden konnte, sondern Tastenkombinationen verschickt wurden.

Dies ist eine tendenziell unsichere Lösung und ich bitte Sie, diese vor dem Einbau in eigene Programme ausführlich zu testen. So habe ich zum Beispiel schlechte Erfahrungen gemacht, wenn ich die Prozedur aus Listing 8.42 in ein Dialogfeld einbinde und von dort aus starte. Ebenso funktioniert das Debuggen nicht wie gewünscht. Im Schrittmodus befinden Sie sich natürlich im Programmcode. Wird dort die Funktionstaste F2 aufgerufen, erscheint der Objektkatalog und es wird nicht, wie gewünscht, die Bearbeitungsleiste geöffnet.

Von diesen Unwägbarkeiten abgesehen finden Sie nachstehend die Listings, mit denen Sie zumindest testen können.

In Listing 8.41 wird ein neues Diagramm erstellt. Um auch hier wieder etwas Dynamik in die Sache zu bringen, bestehen die Basiswerte aus Zufallszahlen, die mittels der Funktion *ZUFALLSBEREICH()* erstellt wurden. *ZUFALLSBEREICH()* ist eine Funktion, die im Add-In *Analyse-Funktionen* enthalten ist.

Nach der Erstellung des Diagramms werden die Diagramme gezählt, die sich als eigenständige Blätter in dieser Arbeitsmappe befinden. Dann werden die markierten Werte dem Diagramm zugewiesen. Das neue Diagramm soll in einem eigenen Blatt dargestellt werden, einen Diagrammtitel haben und die Legende soll ausgeblendet werden. Außerdem soll die Zeichnungsfläche keine Hintergrundfarbe haben und die zweite Wertereihe als Linie dargestellt werden. Das Diagramm soll als letztes Blatt eingefügt werden und zu guter Letzt soll das Arbeitsblatt aktiviert werden.

```
Private Sub cmdNeuesDiagramm_Click()
    Dim intCtShts As Integer
'** Bereich markieren
    Range("A1:C13").Select
'** Neues Diagramm erstellen
    Charts.Add
'** Blätter in der Mappe zählen
    intCtShts = Sheets.Count
'** Zuweisungen an das Diagramm
    With ActiveChart
        '** Zuweisung der Werte
        .SetSourceData Source:=Sheets("Basisdaten").Range("A1:C13")
```

```
'** Als eigenständiges Blatt einfügen
    .Location Where:=xlLocationAsNewSheet
'** Diagrammtitel ermöglichen
    .HasTitle = True
'** Diagrammtitel
    .ChartTitle.Text = "Werte statisch machen"
'** Legende ausblenden
    .HasLegend = False
'** Keine Hintergrundfarbe
    .PlotArea.Interior.ColorIndex = xlNone
'** Datenreihe als Linie
    .SeriesCollection(1).ChartType = xlLineMarkers
    End With
'** Als letztes Blatt einfügen
    ActiveSheet.Move After:=Sheets(intCtShts)
'** Tabelle aktivieren
    Worksheets(1).Select
End Sub
```

Listing 8.41: Erstellen eines neuen Diagramms

Nachdem Ihr Arbeitsblatt nun über mindestens ein Diagramm verfügt, kann daran gegangen werden, dessen Datenreihen statisch zu machen. Dazu werden zunächst alle Diagramme gezählt, die in der Arbeitsmappe enthalten sind. Diese werden in einer Schleife durchlaufen und in dieser werden die Datenreihen ermittelt, die sich im jeweiligen Diagramm befinden. Auch diese werden in einer Schleife durchlaufen und durch Senden der Tastenkombinationen statisch gemacht.

```
Private Sub cmdDiagrammStatisch_Click()
'** Variablendeklaration
'** Diagramm
    Dim intCht As Integer
    Dim intCtChts As Integer
'** Datenreihen
    Dim intSC As Integer
    Dim intCtSC As Integer
'** Zählen der Diagramme
    intCtChts = ThisWorkbook.Charts.Count
'** Durchlaufen aller Diagramme
    For intCht = 1 To intCtChts
        '** Zählen der Datenreihen im Diagramm
            intCtSC = Charts(intCht).SeriesCollection.Count
        '** Durchlaufen der Datenreihen im Diagramm
            For intSC = 1 To intCtSC
                '** Diagramm markieren
                    Charts(intCht).Select
                '** Datenreihe markieren
                    Charts(intCht).SeriesCollection(intSC).Select
                '** Taste F2 senden (Bearbeitungszeile öffnen)
                    SendKeys "{F2}", True
                '** Taste F9 senden (Neuberechnung, hier Umwandlung in Werte)
                    SendKeys "{F9}", True
                '** Enter-Taste senden (Bearbeitungsleiste schließen)
                    SendKeys "~", True
            Next
```

```
    Next
End Sub
```

Listing 8.42: *Datenreihen statisch machen*

Um der Vielfalt der so erzeugten Diagramme Herr zu werden, sollten diese auch schnell wieder gelöscht werden können. Die Prozedur aus Listing 8.43 hilft Ihnen dabei. Nach dem Zählen aller Diagrammblätter in der Arbeitsmappe werden diese in einer Schleife gelöscht. Um die in diesem Fall störenden Warnmeldungen auszuschalten, wird die Eigenschaft *DisplayAlerts* auf *False* und anschließend wieder auf *True* gesetzt.

```
Private Sub cmdDiagrammeLoeschen_Click()
'** Deklaration der Variablen
    Dim intCht As Integer
    Dim intCtChts As Integer
'** Zählen der Diagramme
    intCtChts = ThisWorkbook.Charts.Count
'** Rückwärts zählen
    For intCht = intCtChts To 1 Step -1
    '** Warnmeldungen ausschalten
        Application.DisplayAlerts = False
    '** Diagramm löschen
        Charts(intCht).Delete
    '** Warnmeldungen einschalten
        Application.DisplayAlerts = True
    Next
End Sub
```

Listing 8.43: *Löschen aller Diagramme in der Arbeitsmappe*

8.11 Liniendiagramme mit eigenen Markern versehen

Das Listing finden Sie in der Datei *K08_11.xls* innerhalb der Begleitdateien zum Buch.

Problem

In einem Liniendiagramm soll auf den ersten Blick erkannt werden, welche Werte ein vorgegebenes Maximum überschreiten beziehungsweise ein bestimmtes Minimum unterschreiten. Min/Max-Linien sollen nicht verwendet werden

Lösung

TIPP: Damit die Funktion *ZUFALLSBEREICH()* und andere zusätzliche Funktionen zur Verfügung stehen, ist es erforderlich, über den Add-In-Manager die Analyse-Funktionen und ggfs. auch die Analyse-Funktionen-VBA einzubinden. Anschließend sollte eine Neuberechnung der Funktionen mit Hilfe der Funktionstaste F9 durchgeführt werden. Damit wird verhindert, das statt des gewünschten Zahlenwerts ein Fehlerhinweis wie »#NAME!« oder »#WERT!« in der entsprechenden Zelle erscheint.

Jedem Datenpunkt soll automatisch ein eigener Marker zugewiesen werde.

Erläuterungen

Ein Liniendiagramm kann über Marker verfügen, die nicht nur in Größe und Farbe veränderbar sind, sondern auch durch ein grafisches Symbol ersetzt werden können. Dies kann besonders dann interessant sein, wenn Maximal- und Minimalwerte saisonal unterschiedlich sind. Verkauft beispielsweise ein Sportartikelgeschäft 50 Paar Ski im Sommer, dann ist das wahrscheinlich außergewöhnlich gut. Im Winter ist die gleiche Anzahl sicherlich als »unter der Erwartung liegend« zu bezeichnen.

Die Basiszahlen werden wieder durch die Funktion *ZUFALLSBEREICH()* erzeugt. Die Grenzwerte der Funktion wurden auf 150.000 und 250.000 eingestellt. Wird die Funktionstaste F9 betätigt, werden die Werte neu berechnet. In diesem Fall muss auch das Diagramm neu erstellt werden.

Doch der Reihe nach. Per Klick auf die Schaltfläche *Grafik erstellen* wird die Prozedur *Dia_UmsatzGesamt* aufgerufen.

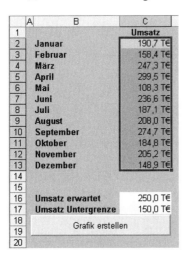

Abbildung 8.10: *Ausgangswerte mit Ober- und Untergrenze*

Nach der Deklaration und Initialisierung wird die Prozedur *Dia_Delete* (Listing 8.45) aufgerufen, mit der die Diagrammfläche des übergebenen Diagramms gelöscht wird.

Dann werden die Ausgangsdaten markiert. Hier bin ich einen anderen als den üblicherweise beschriebenen Weg gegangen. Für den Bereich wurde ein Name (*GesamtUmsatz*) vergeben. Mit der Methode *Goto* wird zu diesem Bereich gesprungen und dieser dadurch selektiert.

```
Application.Goto Reference:=strAuswahl
```

Anschließend wird der markierte Bereich kopiert und dem angegebenen Diagramm als Datenreihe hinzugefügt.

```
.SeriesCollection.Paste
```

Nach dem Löschen der Zwischenablage werden verschiedene Formatierungen am Diagramm vorgenommen. Dazu wird die Prozedur aus Listing 8.46 aufgerufen. Anschließend werden die Ober- und Untergrenzen festgelegt. Hier wurde ebenfalls auf Zellbereiche zugegriffen, für die Namen vergeben wurden. Dann erfolgt der Aufruf der Kern-Prozedur dieses Beispiels: das Zuweisen der Symbole zu den Datenmarkern (Listing 8.47). Nachdem der Datenbereich in der Tabelle markiert wurde, wird jedes Element dieses Bereichs in einer *For Each...Next*-Schleife

---

Rund um Charts und Diagramme   **465**

durchlaufen und mit den Maximal- beziehungsweise Minimalwerten verglichen. Je nachdem wie dieser Vergleich ausfällt, wird der Variant-Variablen *vntBild* der Name des Symbols übergeben, das anschließend aus der Tabelle *Symbole* kopiert wird. Anschließend wird zurück in das Diagramm zum entsprechenden Datenpunkt gewechselt und das kopierte Symbol eingefügt. Möchten Sie, dass andere Symbole als die voreingestellten verwendet werden, aktivieren Sie die auskommentierten Zeilen. Oder Sie kopieren eigene Symbole in die Tabelle und vergeben hierfür eigene Namen.

Damit verfügt Ihr Liniendiagramm über individuelle Marker für die Datenpunkte.

```
Private Sub cmdDiagrammErstellen_Click()
'** Diagrammerstellung
    Dia_UmsatzGesamt
End Sub


Sub Dia_UmsatzGesamt()
'** Deklaration der Variablen
    Dim sngOberGrenze As Single
    Dim sngUnterGrenze As Single
    Dim strAuswahl As String
    Dim strTabellenName As String
    Dim strDiagrammName As String
'** Bildschirm-Aktualisierung ausschalten
    Application.ScreenUpdating = False
'** Zuweisung des TabellenNamens
    strTabellenName = "UmsatzGesamt"
    strDiagrammName = "Liniendiagramm"
'** Auswahl des richtigen Bereichs (Bereichsname)
    strAuswahl = "GesamtUmsatz"
'** Diagrammfläche löschen
    Dia_Delete strTabellenName, strDiagrammName
'** Auswahl der Ausgangsdaten
    Application.Goto Reference:=strAuswahl
'** Kopieren des ausgewählten Daten
    Selection.Copy
'** Einfügen der kopierten Daten
    With Charts(strDiagrammName)
        .SeriesCollection.Paste _
            Rowcol:=xlColumns, _
            NewSeries:=True
        .ChartType = xlLineMarkers
        .HasTitle = True
        .ChartTitle.Characters.Text = "Gesamtumsatz aller Verkaufsgebiete"
        .Axes(xlValue, xlPrimary).HasTitle = True
        .Axes(xlValue, xlPrimary).AxisTitle.Characters.Text = "in Tausend Euro"
    End With
'** Zwischenablage löschen
    Application.CutCopyMode = False
'** Gitternetzlinien, ....
    Dia_Diverses strDiagrammName
'** Zuweisungen der Grenzwerte aus der Tabelle
    sngOberGrenze = Range("=UmsatzErwartet").Value
    sngUnterGrenze = Range("=UmsatzUntergrenze").Value
'** Symbole den Datenpunkten zuweisen
    SymboleZuweisen _
```

```
                strTabellenName, _
                strDiagrammName, _
                sngOberGrenze, _
                sngUnterGrenze, _
                strAuswahl
'** Bildschirm-Aktualisierung einschalten
        Application.ScreenUpdating = True
End Sub
```

Listing 8.44*: Kopieren und Einfügen der ausgewählten Daten*

```
Sub Dia_Delete(strTabellenName As String, strDiagrammName As String)
'** Diagrammfläche löschen
        Sheets(strDiagrammName).ChartArea.Clear
        Sheets(strTabellenName).Select
End Sub
```

Listing 8.45*: Diagrammfläche löschen*

```
Sub Dia_Diverses(strDiagrammName As String)
'** Gitternetzlinien einfügen
        With Charts(strDiagrammName)
                .Axes(xlCategory).HasMajorGridlines = True
                .Axes(xlValue).HasMajorGridlines = True
        '** Linien mit Datenpunkten
                .ChartType = xlLineMarkers
        '** Werte für die X-Achse
                .SeriesCollection(1).XValues = "=UmsatzGesamt!Monate"
        '** Formatieren der Datenlinie
                With .SeriesCollection(1).Border
                        .ColorIndex = 1
                        .Weight = xlThick
                        .LineStyle = xlContinuous
                End With
        End With
End Sub
```

Listing 8.46*: Formatierungen am Diagramm vornehmen*

```
Option Explicit
Sub SymboleZuweisen( _
                strTabellenName As String, _
                strDiagrammName As String, _
                sngOberGrenze As Single, _
                sngUnterGrenze As Single, _
                strAuswahl As String)

        On Error GoTo SymboleZuweisen_Fehler
'** Deklaration der Variablen
        Dim intCt_Point As Integer
        Dim vntBild As Variant
        Dim vntZelle As Variant
        Dim intCt_Series As Integer
'** Diagramm auswählen
'** Werte zuweisen
        intCt_Series = Sheets(strDiagrammName).SeriesCollection.Count
'** Symbole in einer For...Next- Schleife hinzufügen
        Sheets(strTabellenName).Select
```

```
        Select Case strAuswahl
            Case "GesamtUmsatz"
                Range("GesamtUmsatz").Select
        End Select
'** Markierte Zellen durchlaufen
        For Each vntZelle In Selection
            intCt_Point = intCt_Point + 1
            '** Wenn sich kein Fehlerwert in der Variablen befindet
            If Not VarType(vntZelle) = vbError Then
                If vntZelle.Value > sngOberGrenze Then
'                    vntBild = "Gut"
                    vntBild = "Smile_Gut"
                ElseIf vntZelle.Value < sngUnterGrenze Then
'                    vntBild = "Schlecht"
                    vntBild = "Smile_Schlecht"
                Else
'                    vntBild = "Mittel"
                    vntBild = "Smile_Mittel"
                End If
            '** Tabelle auswählen, in der sich die Symbole befinden
            '** Diese tragen die Namen
            '** Gut, Mittel, Schlecht
            '** beziehungsweise
            '** Smile_SehrGut, Smile_Gut,Smile_Mittel,Smile_Schlecht
            '** Tabellenblatt mit den Symbolen selektieren
                Sheets("Symbole").Select
                ActiveSheet.Shapes(vntBild).Select
            '** Kopieren des Bilds
                Selection.Copy
            '** Diagramm auswählen
                Charts(strDiagrammName).Select
            '** Auswahl des Datenpunkts
                Charts(strDiagrammName).SeriesCollection(intCt_Series) _
                    .Points(intCt_Point).Select
            '** Symbol dem ausgewählten Datenpunkt zuweisen
                Selection.Paste
            End If
        Next
'** Datenpunkte deselektieren
        Charts(strDiagrammName).Deselect
Exit Sub
SymboleZuweisen_Fehler:
    If Err = 13 Then
        MsgBox Err & " " & Error, vbCritical, "Fehlermeldung"
    Else
        MsgBox Err.Description
    End If
End Sub
```

Listing 8.47: *Zuweisen der Symbole zu den Datenmarkern*

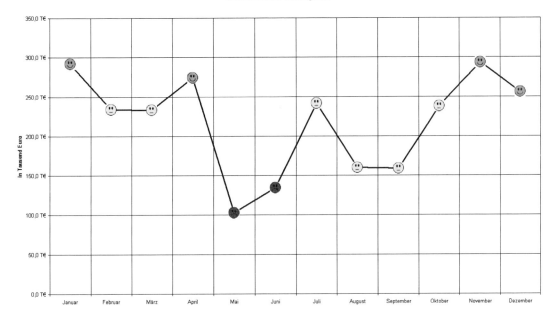

Abbildung 8.11: *Liniendiagramm mit eigenen Datenpunktmarkern*

9 Auf Ereignisse reagieren

Die Herstellung von Programmen, die unter einer grafisch orientierten Benutzeroberfläche wie Windows arbeiten sollen, steht unter anderem auf zwei wesentlichen Füßen:

- Programme benötigen eine »innere« Logik, das heißt, der Entwickler legt fest, bei welchem Zustand welcher Variablen das Programm wie reagiert.

- Die Oberfläche »teilt dem Programm mit«, welche Aktivitäten der Nutzer zu welchem Zeitpunkt unternommen hat (ein Textfeld gefüllt, die Unterhaltung mittels eines Dialogfelds abgebrochen, eine Schaltfläche gedrückt und vieles mehr). Das Programm reagiert also auf Ereignisse, die durch Nutzer, Programm und Betriebssystem angestoßen und ausgewertet werden.

Gerade im zweiten Punkt liegen Vorteile und Herausforderungen auch der Programmierung unter Excel. Kann doch der geplante Ablauf eines Programms in die gewünschten Bahnen gelenkt werden oder aber die ursprünglich gedachten Gleise werden verlassen.

Bevor im Rezeptteil dieses Kapitels die konkrete Nutzung einiger Ereignisprozeduren vorgestellt wird, ist zu klären, welche Ereignisse beim Programmablauf unter Excel eintreten und ausgewertet werden können oder sogar müssen. Das betrifft sowohl unter VBA innerhalb einer Mappe oder eines Add Ins erstellte Programme, aber auch solche, die die so genannte Automation von Excel aus einer anderen Anwendung heraus umsetzen. Derartige Anwendungen können die VBA-fähigen Vertreter der Office-Suite (wie Word oder Project) als auch andere Programmierumgebungen wie Visual Basic (6.0 oder .NET) und Delphi sein. Am einfachsten ist der Blick in den Objektkatalog der Excel-Anwendung wie in Abbildung 9.1, unterstützt durch die entsprechenden Kapitel der Offline-Hilfe.

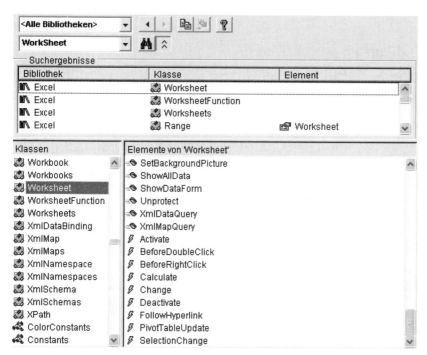

Abbildung 9.1: *Ausgesprochen hilfreich – der Objektkatalog. Ereignisse lassen sich leicht am »Blitz«-Symbol identifizieren.*

Das systematische Durchforsten der durch Objektkatalog und Hilfe gegebenen Informationen fördert Erstaunliches zu Tage: Es gibt für Excel mehr als 80 Ereignisse, deren Prozeduren zur Programmsteuerung eingesetzt werden können.

9.1 Ereignisprozeduren des *Application*-Objekts sichtbar werden lassen

Problem

Die Ereignisprozeduren des *Application*-Objekts sind nicht im Codefenster des Projekts zu sehen.

Lösung

Unabhängig davon, ob Sie unter Excel selbst VBA-Code erstellen oder ob Sie Excel aus einer anderen Anwendung heraus automatisieren – die Vorgehensweise ist immer die gleiche. Sie deklarieren eine globalen Variable *xlApp* in einem Klassenmodul – hier mit Namen *Klasse1* – durch

```
Public WithEvents xlApp As Application
```

und instanzieren diese Klasse an anderer Stelle Ihres Quellcodes. Bei dieser Gelegenheit weisen Sie der deklarierten Variablen *xlApp* das *Application*-Objekt zu:

```
Dim clsEventClass as New Klasse1
Set clsEventClass.xlApp = Application
```

Dann verfügt diese Objektvariable über die gewünschten Ereignisprozeduren, wie Sie im Codefenster beobachten können (Abbildung 9.2).

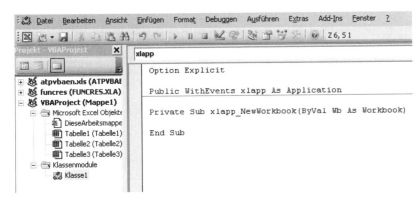

Abbildung 9.2: Durch einen Trick erscheinen die Ereignisprozeduren des Application-Objekts – hier NewWorkbook

Erläuterungen

Die Vorgehensweise der Deklaration mittels *WithEvents* ist nicht auf das *Application*-Objekt beschränkt. Auch andere Objekte lassen Ereignisauswertung zu. Sie können diese Deklaration durchaus mit jedem Objekt, welches Sie kennen, ausprobieren. Stellt das Objekt keine Ereignisprozeduren bereit, wird dies durch die Programmierumgebung erkannt und mit einer entsprechenden Fehlermeldung quittiert.

Auf Ereignisse reagieren

Tabelle 9.1 listet alle Ereignisprozeduren des *Application*-Objekts in alphabetischer Reihenfolge auf. Die Einsatzmöglichkeiten der Prozeduren erklärt sich oft aus deren Namen heraus. Einige Beispiele für den konkreten Einsatz folgen weiter unten in diesem Kapitel.

Ereignisprozedur mit Parametern	Ab Version
NewWorkbook(ByVal Wb As Workbook)	2000
SheetActivate(ByVal Sh As Object)	2000
SheetBeforeDoubleClick(ByVal Sh As Object, ByVal Target As Range, Cancel As Boolean)	2000
SheetBeforeRightClick(ByVal Sh As Object, ByVal Target As Range, Cancel As Boolean)	2000
SheetCalculate(ByVal Sh As Object)	2000
SheetChange(ByVal Sh As Object, ByVal Target As Range)	2000
SheetDeactivate(ByVal Sh As Object)	2000
SheetFollowHyperlink(ByVal Sh As Object, ByVal Target As Hyperlink)	2000
SheetPivotTableUpdate(ByVal Sh As Object, ByVal Target As PivotTable)	XP
SheetSelectionChange(ByVal Sh As Object, ByVal Target As Range)	2000
WindowActivate(ByVal Wb As Workbook, ByVal Wn As Window)	2000
WindowDeactivate(ByVal Wb As Workbook, ByVal Wn As Window)	2000
WindowResize(ByVal Wb As Workbook, ByVal Wn As Window)	2000
WorkbookActivate(ByVal Wb As Workbook)	2000
WorkbookAddinInstall(ByVal Wb As Workbook)	2000
WorkbookAddinUninstall(ByVal Wb As Workbook)	2000
WorkbookAfterXmlExport(ByVal Wb As Workbook, ByVal Map As XmlMap, ByVal Url As String, ByVal Result As XlXmlExportResult)	2003
WorkbookAfterXmlImport(ByVal Wb As Workbook, ByVal Map As XmlMap, ByVal IsRefresh As Boolean, ByVal Result As XlXmlImportResult)	2003
WorkbookBeforeClose(ByVal Wb As Workbook, Cancel As Boolean)	2000
WorkbookBeforePrint(ByVal Wb As Workbook, Cancel As Boolean)	2000
WorkbookBeforeSave(ByVal Wb As Workbook, ByVal SaveAsUI As Boolean, Cancel As Boolean)	2000
WorkbookBeforeXmlExport(ByVal Wb As Workbook, ByVal Map As XmlMap, ByVal Url As String, Cancel As Boolean)	2003
WorkbookBeforeXmlImport(Wb, Map, Url, IsRefresh, Cancel)	2003
WorkbookDeactivate(ByVal Wb As Workbook)	2000
WorkbookNewSheet(ByVal Wb As Workbook, ByVal Sh As Object)	2000
WorkbookOpen(ByVal Wb As Workbook)	2000
WorkbookPivotTableCloseConnection(ByVal Wb As Workbook, ByVal Target As PivotTable)	XP
WorkbookPivotTableOpenConnection(ByVal Wb As Workbook, ByVal Target As PivotTable)	XP
WorkbookSync(ByVal Wb As Workbook, ByVal SyncEventType As Office.MsoSyncEventType)	2003

Tabelle 9.1: *Diese Ereignisse stellt die Excel-Anwendung selbst bereit – Ereignisse des Application-Objekts*

ACHTUNG: Die Namen der Ereignisprozeduren in Tabelle 9.1 wurden der Übersichtlichkeit wegen gekürzt. So steht etwa

```
WorkbookBeforePrint(ByVal Wb As Workbook, Cancel As Boolean)
```

verkürzend für

```
xlapp_WorkbookBeforePrint(ByVal Wb As Workbook, Cancel As Boolean)
```

wobei *xlApp* der von Ihnen vergebene Name des Vertreters des *Application*-Objekts ist.

HINWEIS: Zu den Klassenmodulen im obigen Sinne gehören nicht nur solche, die Sie selbst dem Projekt hinzufügen. Excel stellt mit der Arbeitsmappe das Klassenmodul *DieseArbeitsmappe* sowie mit jedem Tabellenblatt ein Klassenmodul *TabelleXX* zur Verfügung. Word kennt mit seinem Dokument das Klassenmodul *ThisDocument*. In PowerPoint entstehen sichtbare Klassenmodule für jede Folie, wenn Sie auf dieser ein Steuerelement platziert haben, selbst wenn Sie dieses wieder entfernen. Jedes benutzerdefinierte Formular von MS Forms kommt mit einem Klassenmodul. Windows Forms aus Visual Basic 6.0 oder Visual Basic .NET erscheinen als Objekte, denen ein Klassenmodul zugrunde liegt.

9.2 Verwenden von Auto-Makros

Eine Mustervorlage als Begleitdatei zum Test finden Sie unter *K09_01.xlt*.

Problem

Vielleicht nutzen Sie zum Ein- und Ausstieg von Arbeitsmappen die von Ihnen in einem Modul untergebrachten Prozeduren *Auto_Open* und *Auto_Close*. Vorsicht ist beim Mischen dieser »klassischen« Makros mit *Workbook_Open* und *Workbook_BeforeClose* geboten.

Lösung

Um sich die Wirkung des Mischens zu veranschaulichen, schreiben Sie in ein normales Modul Ihrer Arbeitsmappe

```
Sub Auto_Open()
    MsgBox "Auto_Open eingetreten"
End Sub

Sub Auto_Close()
    MsgBox "Auto_Close eingetreten"
End Sub
```

und in die Ereignisprozeduren

```
Private Sub Workbook_BeforeClose(Cancel As Boolean)
    MsgBox "Workbook_BeforeClose eingetreten"
End Sub

Private Sub Workbook_Open()
    MsgBox "Workbook_Open eingetreten"
End Sub
```

Erläuterungen

Nachdem Sie die Mappe gespeichert und geschlossen haben, stellen Sie beim erneuten Öffnen fest, dass zuerst *Workbook_Open* und dann *Auto_Open* eintritt. Beim Schließen ist es zuerst *Workbook_BeforeClose* und dann *Auto_Close*, die eintreten.

Haben Sie Ihre Mappe jedoch als Mustervorlage (Dateiendung *xlt*) gespeichert und verwenden diese zum Erzeugen einer neuen Kopie, so vertauscht sich die Reihenfolge beim Öffnen.

TIPP: Wollen Sie Excel fernsteuern, ist natürlich *Workbook_Open* bzw. *Workbook_BeforeClose* des *Application*-Objekts erste Wahl. Hier behalten Sie die vollständige Kontrolle über das jeweilige Mappen-Objekt.

9.3 Symbolleisten dynamisch an Arbeitsmappen binden

Die Arbeitsmappe mit dem beschriebenen Quellcode finden Sie als Begleit-Datei unter dem Namen *K09_02.xls*.

Problem

Excel bietet zwar die Möglichkeit, selbst erstellte Symbolleisten an Arbeitsmappen anzubinden (anzufügen), damit sie beim Öffnen der Mappe zur Verfügung stehen. Das funktioniert aber eigentlich nur dann zufrieden stellend, wenn hinter den Schaltflächen keine mappenspezifischen Aktionen stehen, die ausschließlich Sinn haben und fehlerfrei funktionieren, wenn die in Frage kommende Mappe nicht nur geöffnet, sondern auch aktiv ist. Unangenehm ist auch, dass diese angebundenen Symbolleisten beim Schließen der aufrufenden Mappe nicht automatisch verschwinden.

Lösung

Die Lösung besteht im dynamischen Erzeugen der Symbolleiste mit ihren Schaltflächen beim Öffnen der Mappe und dem Entfernen beim Deaktivieren bzw. Schließen der Mappe. Das Listing 9.1 zeigt den Rahmencode.

```
Dim cb As CommandBar
Dim cbc As CommandBarButton

Const cstrCBName = "Testsymbolleiste"

Private Sub Workbook_Open()
    On Error GoTo errh
    Set cb = Application.CommandBars(cstrCBName)
    While cb.Controls.Count > 0
        cb.Controls(1).Delete
    Wend
    cb.Visible = True
    Set cbc = cb.Controls.Add(Type:=msoControlButton)
    cbc.Style = msoButtonCaption
    cbc.Caption = "Testschaltfläche"
    cbc.OnAction = "Testmakro"
    Exit Sub
errh:
```

```
    Select Case Err.Number
        Case 5
            Set cb = Application.CommandBars.Add(Name:=cstrCBName)
            Resume Next
        Case Else
            MsgBox Err.Description
    End Select
End Sub


Private Sub Workbook_BeforeClose(Cancel As Boolean)
    On Error Resume Next
    cb.Delete
    Set cbc = Nothing
    Set cb = Nothing
End Sub

Private Sub Workbook_Activate()
    On Error GoTo errh
    cb.Enabled = True
    Exit Sub
errh:
    MsgBox "Symbolleiste nicht vorhanden"
End Sub

Private Sub Workbook_Deactivate()
    On Error GoTo errh
    If Not cb Is Nothing Then
        cb.Enabled = False
    End If
    Exit Sub
errh:
    MsgBox "Symbolleiste nicht vorhanden"
End Sub
```

Listing 9.1: *Das Prinzip dynamischer Symbolleisten und Menüs*

Das Testmakro, welches nach dem Klick auf die erzeugte Schaltfläche ablaufen soll, ist in einem normalen Modul unterzubringen.

Erläuterungen

In *Workbook_Open* wird geprüft, ob eine Symbolleiste gleichen Namens aus irgendwelchen Gründen bereits existiert. Wenn nicht, wird sie in der Fehlerroutine neu erzeugt, wenn ja, werden alle Schaltflächen entfernt. Das ist in dieser strengen Form nicht ganz ungefährlich, aber es soll hier nur das Prinzip erläutert werden. Damit die Symbolleiste sichtbar ist, muss die *Visible*-Eigenschaft explizit auf *True* gesetzt werden.

In *Workbook_BeforeClose* wird die erzeugte Symbolleiste wieder entfernt und die Variable *cb* auf *Nothing* gesetzt. Das ist nicht nur guter Stil, sondern auch notwendig, da das *Deactivate*-Ereignis nach dem *BeforeClose* eintritt.

Das *Activate*- und *Deactivate*-Ereignis werden benutzt, um die Symbolleiste nicht nur sichtbar zu machen bzw. auszublenden, sondern mit der *Enabled*-Eigenschaft wird das Vorhandensein in der Liste der Symbolleisten bestimmt. Die Hinweise in der *Activate/Deactivate*-Ereignis-prozedur sind etwas lapidar und beachten den Umstand, dass der Anwender während der Ar-

---

Auf Ereignisse reagieren

beit mit der Mappe die Symbolleiste gelöscht haben kann. Statt des Hinweises könnte die Symbolleiste neu erzeugt werden, was allerdings beim nächsten Öffnen der Mappe ohnehin geschieht.

HINWEIS: Genauso wie das dynamische Anfügen von Symbolleisten erfolgt das Erstellen und Löschen von Menüeinträgen.

ACHTUNG: Im vorletzten Beispiel dieses Kapitels erfahren Sie, wie eine Schaltfläche, ohne die *OnAction*-Eigenschaft zu belegen, dennoch Aktionen ausführen kann.

9.4 Ereignisprozeduren des *Workbook*-Objekts sichtbar werden lassen

Problem

Das Problem der Sichtbarkeit von *Workbook*-Ereignisprozeduren besteht nicht unter Excel selbst. Hier legt das in jeder Mappe befindliche Klassenmodul *DieseArbeitsmappe* die Ereignisprozeduren offen. Wollen Sie jedoch Excel fernsteuern – und das ist auch beim Schreiben von COM-Add-Ins für Excel der Fall, müssen Sie wie beim *Application*-Objekt zu einem »Trick« greifen.

Lösung

Die Lösung besteht auch hier im Schlüsselwort *WithEvents*. Die Codezeile

```
Public WithEvents xlWb As Workbook
```

ist in einem Klassenmodul Ihrer Wahl unterzubringen und die Klasse – hier *Klasse1* – ist zu instanzieren:

```
Dim clsEventClass as New Klasse1
Set clsEventClass.xlWb = xlApp.ActiveWorkbook
```

Dann verfügt diese Objektvariable über die gewünschten Ereignisprozeduren, wie Sie im Codefenster beobachten können.

Natürlich können Sie eine solche Konstruktion nicht nur bei Automation, sondern auch unter Excel selbst vornehmen.

Erläuterungen

Der obige Code, der die Ereignisse der gerade aktiven Arbeitsmappe verfolgt, funktioniert dann, wenn Sie die Variable *xlApp* mit dem Excel-*Application*-Objekt belegt haben. Unter Excel selbst können Sie allerdings auf das explizite Einführen von *xlApp* verzichten und stattdessen

```
Set clsEventClass.xlWb = Application.ActiveWorkbook
```

schreiben.

Tabelle 9.2 listet die Ereignisprozeduren von *Workbook*-Objekten alphabetisch auf. Ihre Bedeutung erklärt sich oft aus dem Namen selbst.

Ereignisprozedur mit Parametern	Ab Version
Activate()	2000
AddinInstall()	2000
AddinUninstall()	2000
BeforeClose(Cancel As Boolean)	2000
AfterXmlExport(ByVal Map As XmlMap, ByVal Url As String, ByVal Result As XlXmlExportResult)	2003
AfterXmlImport(ByVal Map As XmlMap, ByVal IsRefresh As Boolean, ByVal Result As XlXmlImportResult)	2003
BeforePrint(Cancel As Boolean)	2000
BeforeSave(ByVal SaveAsUI As Boolean, Cancel As Boolean)	2000
BeforeXmlExport(ByVal Map As XmlMap, ByVal Url As String, Cancel As Boolean)	2003
BeforeXmlImport(ByVal Map As XmlMap, ByVal Url As String, ByVal IsRefresh As Boolean, Cancel As Boolean)	2003
Deactivate()	2000
NewSheet(ByVal Sh As Object)	2000
Open()	2000
PivotTableCloseConnection(ByVal Target As PivotTable)	XP
PivotTableOpenConnection(ByVal Target As PivotTable)	XP
SheetActivate(ByVal Sh As Object)	2000
SheetBeforeDoubleClick(ByVal Sh As Object, ByVal Target As Range, Cancel As Boolean)	2000
SheetBeforeRightClick(ByVal Sh As Object, ByVal Target As Range, Cancel As Boolean)	2000
SheetCalculate(ByVal Sh As Object)	2000
SheetChange(ByVal Sh As Object, ByVal Target As Range)	2000
SheetDeactivate(ByVal Sh As Object)	2000
SheetFollowHyperlink(ByVal Sh As Object, ByVal Target As Hyperlink)	2000
SheetPivotTableUpdate(ByVal Sh As Object, ByVal Target As PivotTable)	2000
SheetSelectionChange(ByVal Sh As Object, ByVal Target As Range)	2000
Sync(ByVal SyncEventType As Office.MsoSyncEventType)	2003
WindowActivate(ByVal Wn As Window)	2000
WindowDeactivate(ByVal Wn As Window)	2000
WindowResize(ByVal Wn As Window)	2000

Tabelle 9.2: Ereignisprozeduren, die Arbeitsmappen dem Programmierer bereit stellen

ACHTUNG: Die Namen der Ereignisprozeduren in Tabelle 9.2 wurden so geschrieben, wie sie durch *DieseArbeitsmappe* im Prozedur-Listenfeld der Entwicklungsumgebung angeboten werden. Im Quellcode selbst erscheint statt

```
BeforeClose(Cancel As Boolean)
```

der Ausdruck

```
Workbook_BeforeClose(Cancel As Boolean)
```

Haben Sie *WithEvents* eingesetzt, heißt die Prozedur vollständig

```
xlWb_BeforeClose(Cancel As Boolean)
```

falls *xlWb* der von Ihnen gewählte Name der Objektvariablen ist.

HINWEIS: Einige Ereignisprozeduren des *Workbook*-Objekts klingen vom Namen her wie die des *Application*-Objekts in Tabelle 9.1. Die Tabelle 9.3 zählt einige derartige Ereignisse exemplarisch auf.

Workbook-Objekt	Application-Objekt
Open()	WorkbookOpen(ByVal Wb As Workbook)
BeforeClose(Cancel As Boolean)	WorkbookBeforeClose(ByVal Wb As Workbook, Cancel As Boolean)
Activate()	WorkbookActivate(ByVal Wb As Workbook)

Tabelle 9.3: Ähnlichkeit im Namen – Unterschiede im Gebrauch

Der Unterschied besteht in der Tatsache, dass die Ereignisprozeduren des *Application*-Objekts den Zugriff auf das jeweilige *Workbook*-Objekt über den jeweils ersten Parameter der Prozedur erlauben, die des *Workbook*-Objekts sind an das konkrete Objekt gebunden.

9.5   Blätter korrekt hinterlassen

Der Quellcode zu diesem Beispiel befindet sich in der Begleitdatei *K09_03.xls*.

Problem

Sie arbeiten oft mit einer Mappe, die viele und große Tabellen auf den einzelnen Blättern beinhaltet. Sie haben keine Zeit, nachdem Sie an verschiedenen Stellen Was-wäre-wenn-Szenarios durchgespielt haben, die Mappe in einen »ordentlichen« Grundzustand zu versetzen, ärgern sich aber beim erneuten Öffnen über die erreichte Unübersichtlichkeit.

Lösung

Eine Lösung besteht aus zwei Varianten: Entweder Sie stellen die Ordnung beim Öffnen der Mappe her oder aber Sie tun das beim Speichern bzw. Schließen. Das Listing 9.2 zeigt den Codeansatz.

```
Private Sub Workbook_BeforeSave(ByVal SaveAsUI As Boolean, Cancel As Boolean)
    RangesA1Select
End Sub

Public Sub RangesA1Select(Optional wbk As Workbook)
    Dim wsh As Worksheet
    Dim response As Integer
    If wbk Is Nothing Then
        Set wbk = ActiveWorkbook
    End If
    response = MsgBox("Sollen die Blätter ordentlich abgelegt werden?", _
```

```
        vbYesNo + vbQuestion, "Anfrage vor dem Speichern")
    If response = vbYes Then
        Application.ScreenUpdating = False
        For Each wsh In wbk.Worksheets
            wsh.Activate
            wsh.Cells(1, 1).Select
        Next
        wbk.Worksheets(1).Activate
        Application.ScreenUpdating = True
    End If
End Sub
```

Listing 9.2: Dieser Code schafft Ordnung

Erläuterungen

Die Prozedur *RangesA1Select* ist so angelegt, dass ihr Einsatz sehr variabel erfolgen kann: mit und ohne Parameterübergabe. So kann sie auch einer Schaltfläche zugeordnet werden, um die aktive Mappe in Ordnung zu bringen. *Workbook_BeforeSave* nimmt hier darauf Rücksicht und verzichtet beim Aufruf auf das Argument *ThisWorkbook*.

Rufen Sie *RangesA1Select* im *Workbook_BeforeClose* auf, darf der Anwender die anschließende Frage nach dem Speichern nicht ignorieren. Ein Aufruf im *Workbook_Open* geht diesem Problem aus dem Weg.

TIPP: Bringen Sie als Prozedur in der persönlichen Makro-Arbeitsmappe *Personl.xls* oder einem Add-In unter, steht sie für alle zu öffnenden/schließenden Mappen zu Verfügung. Dabei unterstützt Sie der zu übergebende Parameter *wbk* bei einer konkreten Auswahl.

9.6   Das Ziel von Ereignissen verhindern

Dieses Beispiel finden Sie als Begleitdatei *K09_04.xls*. Zum Experimentieren löschen Sie den Kategorie-Eintrag in den Dokumenteigenschaften.

Problem

Sie möchten verhindern, dass eine Arbeitsmappe geschlossen wird, ohne dass die Dokumenteigenschaften entsprechend einer Vorgabe gesetzt wurden.

Lösung

Sicher ist Ihnen in einigen Ereignisprozeduren der boolesche Parameter *Cancel* aufgefallen. Er dient dazu, die Übergabe des Ereignismoments an die »Eltern«-Anwendung zu verhindern. Das heißt *nicht*, dass der Code der Ereignisprozedur nicht abgearbeitet wird, im Gegenteil, hier kann Wichtiges passieren. Nur erfährt die übergeordnete Anwendung u. U. nicht, dass das Ereignis ausgelöst wurde. Im vorliegenden Problem kann der Code so aussehen:

```
Private Sub Workbook_BeforeClose(Cancel As Boolean)
    Dim strMessage As String
    Dim propCategory As DocumentProperty

    strMessage = "Sie vergaßen, Ihr Dokument zu kategorisieren."

    Set propCategory = ThisWorkbook.BuiltinDocumentProperties("Category")
    If propCategory.Value = "" Then
```

```
        MsgBox strMessage, vbCritical
        Cancel = True
    Else
        Cancel = False
    End If
End Sub
```

Listing 9.3: *Die Arbeitsmappe wird nur dann geschlossen, wenn die Dokumenteigenschaft Kategorie nicht leer bleibt*

Erläuterungen

Sie erkennen in Listing 9.3, dass die Anweisung *Cancel = True* bewirkt, dass die Arbeitsmappe nicht geschlossen wird, wenn sie keinen Eintrag in der Dokumenteigenschaft »Kategorie« besitzt (denkbar ist hier auch zu prüfen, ob gewisse Einträge vorhanden sind oder nicht). Dabei kann die Anweisung nach *Else* entfallen, da *Cancel = False* der Standardzustand ist.

9.7 Ereignisprozeduren des *Worksheet*-Objekts sichtbar werden lassen

Problem

Das Problem der Sichtbarkeit von *Worksheet*-Ereignisprozeduren besteht nicht unter Excel selbst. Hier legt jedes in jeder Mappe befindliche Klassenmodul *TabelleXX* seine Ereignisprozeduren offen. Wollen Sie jedoch Excel und seine Mappen/Blätter fernsteuern, müssen Sie wie beim *Application*-Objekt die zu einem konkreten Tabellenblatt-Objekt gehörende Objektvariable speziell deklarieren.

Lösung

Die Lösung besteht auch hier im Schlüsselwort *WithEvents*. Die Codezeile

```
Public WithEvents xlWsh As Worksheet
```

ist in einem Klassenmodul Ihrer Wahl unterzubringen und die Klasse – hier *Klasse1* – ist zu instanzieren:

```
Dim clsEventClass as New Klasse1
Set clsEventClass.xlWsh = xlApp.ActiveWorkbook.Worksheets("Meine Tabelle")
```

Dann verfügt diese Objektvariable über die gewünschten Ereignisprozeduren, wie Sie im Codefenster beobachten können.

Natürlich können Sie ein solches Vorgehen nicht nur bei Fernsteuerung von Excel wählen, sondern auch unter Excel selbst.

Erläuterungen

Das Objekt *clsEventClass*, welches durch Instanzierung von *Klasse1* lebt, überwacht ab sofort das Tabellenblatt *Meine Tabelle* der gerade aktiven Arbeitsmappe innerhalb der durch *xlApp* beobachteten Instanz von Excel.

Die Tabelle 9.4 listet die Ereignisprozeduren von Arbeitsblättern in alphabetischer Reihenfolge auf.

Ereignisprozedur mit Parametern	Ab Version
Activate()	2000
BeforeDoubleClick(ByVal Target As Range, Cancel As Boolean)	2000
BeforeRightClick(ByVal Target As Range, Cancel As Boolean)	2000
Calculate()	2000
Change(ByVal Target As Range)	2000
Deactivate()	2000
FollowHyperlink(ByVal Target As Hyperlink)	2000
PivotTableUpdate(ByVal Target As PivotTable)	XP
SelectionChange(ByVal Target As Range)	2000

Tabelle 9.4: Die Ereignisse von Arbeitsblättern

ACHTUNG: Die Namen der Ereignisprozeduren in Tabelle 9.4 wurden so geschrieben, wie sie durch jedes Tabellenmodul im Prozedur-Listenfeld der Entwicklungsumgebung angeboten werden. Im Quellcode selbst erscheint statt

```
BeforeDoubleClick(ByVal Target As Range, Cancel As Boolean)
```

der Ausdruck

```
Worksheet_BeforeDoubleClick(ByVal Target As Range, Cancel As Boolean)
```

Haben Sie *WithEvents* eingesetzt, heißt die Prozedur vollständig

```
xlWsh_BeforeDoubleClick(ByVal Target As Range, Cancel As Boolean)
```

falls *xlWsh* der von Ihnen gewählte Name der Objektvariablen ist.

HINWEIS: Die Tabelle 9.1 sowie die Tabelle 9.2 beinhalten eine Reihe von Ereignisprozeduren, die Arbeitsblätter betreffen. Auch Arbeitsblätter selbst stellen Prozeduren mit ähnlichem Namen bereit. Tabelle 9.5 stellt eine exemplarische Auswahl bereit.

Worksheet-Objekt	Workbook-Objekt, Application-Objekt
Activate()	SheetActivate(ByVal Sh As Object)
Change(ByVal Target As Range)	SheetChange(ByVal Sh As Object, ByVal Target As Range)
PivotTableUpdate(ByVal Target As PivotTable)	SheetPivotTableUpdate(ByVal Sh As Object, ByVal Target As PivotTable)

Tabelle 9.5: Ähnlichkeit von Namen in drei Situationen – der Zweck entscheidet über die Auswahl

Der Unterschied ist wiederum der, dass im Falle der Prozeduren aus Tabelle 9.1/Tabelle 9.2 der Zugriff auf das jeweilige Arbeits- oder Diagrammblatt-Objekt über den ersten Parameter ermöglicht wird. Dabei werden beim *Application*-Objekt alle Blätter in allen offenen Mappen überwacht, beim *Workbook*-Objekt nur die eigenen.

Im Falle der Prozeduren aus Tabelle 9.4 sind Sie auf das konkrete Blatt in der Mappe mit dem Quellcode fixiert.

9.8   Zelländerungen protokollieren

Den Code mit dem Listing finden Sie in der Datei *K09_05.xls* innerhalb der Begleitdateien zum Buch.

Problem

Sie nutzen eine Arbeitsmappe, um darin täglich mit konkreten Zahlen denkbare Situationen durchzurechnen. Sie benötigen ein Protokoll, welches die durchgeführten Änderungen erfasst.

Lösung

Das Listing 9.4 zeigt, wie Sie die Eingaben in einer einzelnen Zelle (hier *C2* auf dem Blatt mit Codenamen *Tabelle1*) auf einem zweiten Blatt (Codename *Tabelle2*) protokollieren.

```
Const cstrAddress = "$C$2"

Private Sub Worksheet_Change(ByVal Target As Range)
    Dim i As Integer
    Dim rng As Range
    If Target.Address = cstrAddress Then
        i = Tabelle2.UsedRange.Rows.Count
        Set rng = Tabelle2.Cells(i + 1, 1).EntireRow
        rng.Range("A1") = Now
        rng.Range("B1") = Target.Value
        Tabelle2.UsedRange.Columns.AutoFit
    End If
End Sub
```

Listing 9.4: Änderungen einfach protokolliert

HINWEIS: Die Verwendung des Parameters *Target* wie im hier vorgestellten Codebeispiel ist für den Programmiereinsteiger eventuell gewöhnungsbedürftig. Erwartet er doch, dass man einer Prozedur ihre Parameter übergibt. Dies ist aber keineswegs die Regel. Es sind sogar eigene Prozeduren denkbar, deren Parameter außerhalb der Prozedur abgefragt werden können.

```
Sub Doppelung(a, b)
    a = 2 * b
End Sub

Sub Berechne()
    Dim d
    Doppelung d, 4
    MsgBox d
End Sub
```

Nur scheint es in einem solchen Fall besser, den Einsatz von Funktionsprozeduren vorzuziehen.

Erläuterungen

Der Parameter *Target* gibt Ihnen die Möglichkeit, das Änderungsereignis zu lokalisieren: Stimmt die Adresse dieses *Range*-Objektes mit der gewünschten Adresse überein, wird der von Ihnen eingesetzte Code abgearbeitet. Achten Sie auf die lokale (relative) Ansprechbarkeit von Zellen innerhalb von *EntireRow*.

HINWEIS: Das nächste Beispiel zeigt, wie Sie berechnete Zelländerungen beobachten lassen. Damit lässt sich das obige Beispiel ohne Probleme auf ein sehr umfangreiches Protokoll der Änderungen in einer Mappe erweitern.

9.9 Change- vs. Calculate-Ereignis

Zum Experimentieren steht Ihnen die Arbeitsmappe *K09_06.xls* als Begleitdatei zur Verfügung.

Problem

Das vorhergehende Problem bezog sich auf die manuelle Änderung eines Zellwertes. Steht in einer Zelle ein Formel, ändert sich der angezeigte Wert der Zelle auch, wenn deren Vorgänger ihre Werte ändern. Bei diesem Wechsel tritt allerdings das *Change*-Ereignis nicht ein und somit lässt sich diese Zelle auf dem genannten Wege nicht beobachten.

Lösung

Durch Änderung von Werten in Zellen mit Formeln tritt das *Calculate*-Ereignis ein. Dies ist allerdings nur dann der Fall, wenn die Berechnungsoptionen für die Arbeitsmappe auf »automatisch« eingestellt wurden und durch Änderung anderer Zellen tatsächlich eine Wertänderung von Zellen mit Formeln bewirkt wird. Sind die Berechnungsoptionen auf »manuell« festgelegt, tritt nach der Neuberechnung (Taste F9) das *Calculate*-Ereignis auch nur dann ein, wenn es in der Tat zu Wertänderungen in betroffenen Zellen mit Formeln kommt. Sie können diese mit wenigen Codezeilen testen:

```
Private Sub Worksheet_Calculate()
    MsgBox "Blatt wurde neu berechnet"
End Sub

Private Sub Worksheet_Change(ByVal Target As Range)
    MsgBox Target.Address(False, False) & " wurde geändert."
End Sub
```

Listing 9.5: *Durch Meldungen den Ablauf von Ereignissen erkunden*

Erläuterungen

Die Problematik dieses Beispiels ist ein guter Vertreter der Tatsache, dass es stets notwendig ist, das Eintreten, die Bedeutung und die Reihenfolge von Ereignissen beim Programmieren genauer unter die Lupe zu nehmen. Manchmal ist der Name der Ereignisprozedur auch nicht ganz glücklich gewählt. So sollte »Calculate« vielleicht besser »Calculated« oder gar »ResultsChanged« heißen.

9.10 Formatänderungen lösen keine Ereignisse aus

Auch dieses Beispiel können Sie mit Hilfe der Begleitdatei *K09_06.xls* verfolgen.

Problem

Während die Änderung von Zellinhalten zum Auslösen von Ereignissen führt, ist das bei Formatänderungen nicht der Fall (abgesehen von der Änderung, die durch bedingte Formatierung erzwungen wird). Wollen Sie etwa gewisse Zellen des Arbeitsblattes vor Füllfarbwechsel schützen, so gehen sie wie folgt vor.

Lösung

Der Code in Listing 9.6 geht davon aus, dass Sie die Zelle *B2* auf dem Blatt mit dem Codenamen *Tabelle2* hinsichtlich der Füllfarbe schützen wollen.

```
Public Const gcstrAddressToProtect = "$B$2"
Public Const gcintColorIndexToProtect = 11
Public grngLeft As Range

Private Sub Workbook_Open()
    Set grngLeft = Tabelle2.Range(gcstrAddressToProtect)
End Sub

Private Sub Workbook_BeforePrint(Cancel As Boolean)
    ResetColorIndex Tabelle2.Range(gcstrAddressToProtect)
End Sub

Private Sub Workbook_BeforeSave(ByVal SaveAsUI As Boolean, Cancel As Boolean)
    ResetColorIndex Tabelle2.Range(gcstrAddressToProtect)
End Sub

Sub ResetColorIndex(rng As Range)
    'setzt den ColorIndex zurück
    With rng.Interior
        If .ColorIndex <> gcintColorIndexToProtect Then
            .ColorIndex = gcintColorIndexToProtect
        End If
    End With
End Sub

Private Sub Worksheet_SelectionChange(ByVal Target As Range)
    If Target.Address = gcstrAddressToProtect Then
        Set grngLeft = Target
    Else
        If grngLeft.Address = gcstrAddressToProtect Then
            If grngLeft.Interior.ColorIndex <> gcintColorIndexToProtect Then
                MsgBox "Zellfarbe wird zurück gesetzt."
                grngLeft.Interior.ColorIndex = gcintColorIndexToProtect
            End If
            Set grngLeft = Target
        End If
    End If
End Sub
```

Listing 9.6: *Füllfarbschutz – der Code ist auf mehrere Module verteilt*

Erläuterungen

Im *Workbook_Open*-Ereignis wird der globalen Variablen *grngLeft* (Zelle, deren Verlassen protokolliert werden soll) die zu beobachtende Zelle zugewiesen. Alle globalen Variablen und Konstanten (Sie erkennen diese am Präfix *g* bzw. *gc*) wurden in einem normalen Modul deklariert. Die eigentliche Beobachtung obliegt der Ereignisprozedur *SelectionChange* im gegebenen Blatt, die das »Betreten«, jedoch nicht das »Verlassen« einer Zelle beobachtet. Wird eine andere Zelle aktiviert, so kommt es zur Prüfung, ob die vorher aktivierte Zelle die war, welche es zu beobachten gilt. Wenn ja, wird geschaut, ob der *ColorIndex* noch der richtige ist.

Da die Mappe bei aktivierter Zelle *B2* und nach einem Füllfarbwechsel dieser Zelle gespeichert oder gedruckt werden kann, ohne die Zelle zu verlassen, übernehmen *Workbook_BeforePrint* und *Workbook_BeforeSave* den Rest der Überwachung.

9.11 Nicht typisierte Objekte in *Sheet*-Ereignisprozeduren

Problem

In den Ereignisprozeduren aus Tabelle 9.1 und Tabelle 9.2, die sich mit *Worksheet*-Objekten befassen, fällt auf, dass die Parameter *Sh As Object* nicht typisiert sind und somit IntelliSense im Quellcode nicht funktioniert.

Lösung

Sie können dem begegnen, indem Sie innerhalb der genannten Prozeduren Anweisungen wie

```
Dim wshToObsevate as WorkSheet
If Sh.xlSheetType = xlWorkSheet Then
    Set wshToObsevate = Sh
End If
```

verwenden.

Erläuterungen

Im Falle des richtigen Typs des Blattes *Sh* wird es durch ein Objekt *wshToObsevate* vertreten, welches dem Programm vom Typ her bekannt ist.

Das hat natürlich nicht nur Vorteile für das komfortable Schreiben von Quellcode, sondern ist zugleich eine Möglichkeit, Arbeitsblätter gegenüber anderen Blättern zu unterscheiden. Das sind in der Regel Diagrammblätter, da Makroblätter und Excel 5.0-Dialoge wohl keine Rolle mehr spielen dürften.

9.12 Ereignisprozeduren des *Chart*-Objekts sichtbar werden lassen

Problem

Chart-Objekte tauchen unter Excel in zwei Formen auf: als Objekte von Diagrammblättern und als eingebettete Diagramme auf Arbeitsblättern. Wollen Sie Ereignisprozeduren nutzen, stehen diese für Diagrammblätter im Codefenster des Projekts bereit. Nicht jedoch für eingebettete Diagramme und nicht, wenn Sie Excel aus einer anderen Anwendung heraus steuern möchten.

Lösung

Die Lösung besteht in der Verwendung des Schlüsselworts *WithEvents* bei der Deklaration einer Objektvariablen, die auf ein *Chart*-Objekt zeigt. Die Anweisung

```
Public WithEvents cht As Chart
```

ist in einem Klassenmodul Ihrer Wahl unterzubringen und die Klasse ist zu instanzieren. Dann verfügt diese Objektvariable über die gewünschten Ereignisprozeduren, wie Sie im Codefenster beobachten können. Das Listing 9.7 benutzt als Klassenmodul *DieseArbeitsmappe*, sodass die Instanz bereits beim Öffnen existiert und nicht per Programm eingeleitet werden muss.

```
Public WithEvents cht As Chart

Private Sub Workbook_Open()
    Dim wsh As Worksheet
    Dim cho As ChartObject
    Dim ser As Series

    Set wsh = ThisWorkbook.Worksheets(1)
    Set cho = wsh.ChartObjects(1)

    Set cht = cho.Chart
    Set ser = cht.SeriesCollection(1)
    MsgBox ser.Formula
End Sub
```

Listing 9.7: Der Zugriff auf ein eingebettetes Diagramm-Objekt

Erläuterungen

Der Zugriff auf das *Chart*-Objekt, welches sich als erstes auf dem ersten Arbeitsblatt befinden soll, ist unproblematisch. Der Code ist trotzdem etwas länger als vermutet, da weder durch *Worksheets(1)* noch durch *ChartObjects(1)* oder *SeriesCollection(1)* typisierte Objekte zurück gegeben werden. Um hier nicht im »Urwald« der möglichen Eigenschaften und Methoden den Weg zu verlieren, ist die explizite Deklaration von *wsh*, *cho* und *ser* ein guter Kompass.

Die Tabelle 9.6 listet die Ereignisprozeduren von *Chart*-Objekten alphabetisch auf.

Ereignisprozedur mit Parametern	Ab Version
Activate()	2000
BeforeDoubleClick(ByVal ElementID As Long, ByVal Arg1 As Long, ByVal Arg2 As Long, Cancel As	2000

| --- | --- |
Boolean)	
BeforeRightClick(Cancel As Boolean)	2000
Calculate()	2000
Deactivate()	2000
DragOver()	2000
DragPlot()	2000
MouseDown(ByVal Button As Long, ByVal Shift As Long, ByVal x As Long, ByVal y As Long)	2000
MouseMove(ByVal Button As Long, ByVal Shift As Long, ByVal x As Long, ByVal y As Long)	2000
MouseUp(ByVal Button As Long, ByVal Shift As Long, ByVal x As Long, ByVal y As Long)	2000
Resize()	2000
Select(ByVal ElementID As Long, ByVal Arg1 As Long, ByVal Arg2 As Long)	2000
SeriesChange(ByVal SeriesIndex As Long, ByVal PointIndex As Long)	2000

Tabelle 9.6: Ereignisprozeduren von Chart-Objekten, unabhängig davon, wo das entsprechende Diagramm platziert wurde

Diese Prozeduren sehen Sie, wenn Sie im Projekt-Explorer der Entwicklungsumgebung auf ein Blatt doppelt klicken, welches beim Einfügen eines Diagramms als dessen Platzierung gewählt wurde. Ein auf einem Arbeitsblatt eingebettetes Diagramm-Objekt kennt die gleichen Ereignisse, sichtbar werden sie durch ein Vorgehen wie in Listing 9.7.

ACHTUNG: Die Tabelle 9.6 nutzt die Prozedurnamen, wie sie durch ein Diagrammblatt in der Prozedur-Auswahlliste der Entwicklungsumgebung angeboten werden. Im Quellcode selbst steht etwa

```
Chart_Activate()
```

für *Activate*, haben Sie *WithEvents* eingesetzt, so entsteht

```
cht_Activate()
```

falls Sie das Objekt mit *cht* deklariert haben.

9.13 Diagrammquellen schützen

Die Begleitdatei zu diesem Beispiel finden Sie unter dem Namen *K09_07.xls*.

Problem

Es existieren zwar eine Reihe integrierter Schutzmechanismen gegen das Verändern von Arbeitsblättern, u.U. kann es aber gewünscht sein, den Schutz individuell zu organisieren. So ist es in einem ungeschützten Arbeitsblatt möglich, wie in Abbildung 9.3 durch Größenänderung von Diagrammsäulen die Diagrammquelldaten zu verändern.

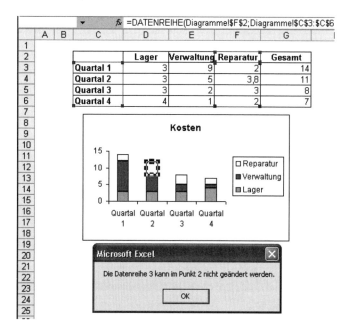

Abbildung 9.3: *Datenmanipulation am Diagramm*

Für Prognose- und Was-wäre-wenn-Rechnungen ist dies ein wunderbares Instrument, springt doch sogar die Zielwertsuche an, wenn in den Zellen mit den Quelldaten Formeln stehen. Nicht immer ist aber eine solche Manipulationsmöglichkeit gewünscht.

Lösung

Ein Lösungsansatz besteht in der Automatisierung des Diagramm-Objekts und dem Abfangen von Ereignissen wie in Listing 9.8.

```
Dim cls As clsEventClass

Private Sub Workbook_Open()
    Dim cho As ChartObject
    Set cls = New clsEventClass
    Set cho = Tabelle1.ChartObjects(1)
    Set cls.xlChart = cho.Chart
End Sub

Public WithEvents xlChart As Chart

Private Sub xlChart_SeriesChange(ByVal SeriesIndex As Long, ByVal PointIndex As Long)
    Dim strFormula As String
    MsgBox "Die Datenreihe " & SeriesIndex & " kann im Punkt " & PointIndex & _
        " nicht geändert werden."
    Application.Undo
    Select Case SeriesIndex
        Case 1
            strFormula = "=DATENREIHE(Diagramme!$D$2;Diagramme!$C$3:$C$6;" & _
                        "Diagramme!$D$3:$D$6;1)"
        Case 2
            strFormula = "=DATENREIHE(Diagramme!$E$2;Diagramme!$C$3:$C$6;" & _
```

```
                "Diagramme!$E$3:$E$6;2)"
        Case 3
            strFormula = "=DATENREIHE(Diagramme!$F$2;Diagramme!$C$3:$C$6;" & _
                    "Diagramme!$F$3:$F$6;3)"
    End Select
    xlChart.SeriesCollection(SeriesIndex).FormulaLocal = strFormula
End Sub
```

Listing 9.8: *Quelldaten eines Diagramms schützen*

Erläuterungen

Der Start der Umsetzung beginnt hier mit dem Anlegen eines Klassenmoduls *clsEventClass*, in welchem über *WithEvents* die Stellvetetervariable für den in Frage kommenden *Chart* deklariert wird. Genutzt wird dann, nachdem eine Instanz der Klasse im *Workbook_Open* hergestellt wurde, das *SeriesChange*-Ereignis eines *Chart*-Objekts. Die Zuweisung der korrekten Datenquelle über die Eigenschaft *FormulaLocal* eines *SeriesCollection*-Objekts ist technischer Natur, da Diagramme beim Nachbessern zwar nicht die Quelldaten verlieren, jedoch sind die blauen Bereichsgrenzen in Abbildung 9.3 nicht mehr vorhanden.

HINWEIS: In der Beispieldatei finden Sie einen weiteren Ansatz, um das Hereinziehen nicht gewünschter Datenquellen per Drag & Drop zu verhindern. Dazu werden das *DragOver-*, *DragPlot-* und *Calculate*-Ereignis eines *Chart*-Objekts abgefangen. Der Phantasie zur Ausgestaltung der zugehörigen Ereignisprozeduren sind keine Grenzen gesetzt.

9.14 Datenquellen bei Abfragen im Griff behalten

Die Begleitdatei zu diesem Beispiel heißt *K09_08.xls*.

Problem

Verweise auf Datenquellen, die unter Excel mit Hilfe von Abfragen oder PivotTable-Berichten erstellt wurden, haben manchmal die unangenehme Eigenschaft, den Pfad zur Datenquelle absolut zu hinterlegen. Das ist dort vernünftig, wo im Unternehmen der Zugriff von verschiedenen Clients gesichert wird, indem die Datenquelle ihren festen Speicherort hat. Wird jedoch eine lokale Datenquelle benutzt, können Aufräumarbeiten auf dem Rechner leicht dazu führen, dass die Datenquelle von ihrem ursprünglichen Platz verschoben wird. Excel reagiert zwar in solchen Fällen mit einem entsprechenden Dialogfeld, der Erfolg einer arbeitsfähigen Mappe ist aber nicht gesichert. Sie möchten sich in den Reparaturprozess einschalten.

Lösung

Die Lösung liegt in den beiden Ereignisprozeduren aus Tabelle 9.7, die nur erscheinen, wenn das zugehörige Objekt unter Zuhilfenahme von *WithEvents* deklariert wurde.

Ereignisprozedur mit Parametern	Ab Version
AfterRefresh(ByVal Success As Boolean)	2000
BeforeRefresh(Cancel As Boolean)	2000

Tabelle 9.7: *Auch Abfragen können, zumindest in wichtigen Momenten, reagieren*

Das Listing 9.9 zeigt den möglichen Einsatz der Ereignisprozeduren des *QueryTable*-Objekts.

```
Public WithEvents xlQT As QueryTable
Const cstrConnectionText = "ODBC;DSN=Microsoft Access-Datenbank;" & _
                           "DBQ=F:\Programme\Microsoft Office\OFFICE11\SAMPLES\" & _
                           "Nordwind.mdb;DefaultDir=F:\Programme\Microsoft Office\" & _
                           "OFFICE11\SAMPLES;DriverId=25;FIL=MS Access;" & _
                           "MaxBufferSize=2048;PageTimeout=5;"

Function GetDatabaseFullname(strConnection As String)
    'Extrahiert den Datenbankpfad aus der Verbindungszeichenfolge
    Dim strDummy As String

    Dim intPosition As Integer
    intPosition = InStr(1, strConnection, "DBQ=")
    strDummy = Right(strConnection, Len(strConnection) - intPosition - 3)
    intPosition = InStr(1, strDummy, ";DefaultDir")
    strDummy = Left(strDummy, intPosition - 1)

    GetDatabaseFullname = strDummy
End Function

Private Sub Workbook_Open()
    Set xlQT = Tabelle1.QueryTables(1)
End Sub

Private Sub xlQT_AfterRefresh(ByVal Success As Boolean)
    If Not Success Then
        MsgBox "Update fehlgeschlagen"
    Else
        MsgBox "Daten wurden aktualisiert"
    End If
End Sub

Private Sub xlQT_BeforeRefresh(Cancel As Boolean)
    Dim fso As Object
    Set fso = CreateObject("Scripting.Filesystemobject")
    If fso.FileExists(GetDatabaseFullname(Tabelle1.QueryTables(1).Connection)) Then
        MsgBox "Datenquelle vorhanden"
        Cancel = False
    Else
        MsgBox "Datenquelle nicht vorhanden" 'AfterRefresh tritt nicht ein
        Cancel = True 'Hier kann nun ein benutzerdefinierter Dialog aufgerufen werden
    End If
End Sub

Sub ApplyConnectionString()
    'Hilft per Hand die richtige oder falsche Verbindungszeichenfolge zu setzen
    Tabelle1.QueryTables(1).Connection = cstrConnectionText
End Sub
```

Listing 9.9: *Dieser Code liefert den Einstieg in die Verhaltenssteuerung einer Abfrage*

Erläuterungen

Im *Workbook_Open* wird das Objekt, welches unter Verwendung von *WithEvents* deklariert wurde, zum Leben gebracht. Es soll die erste Abfrage-Tabelle auf dem Blatt mit Codenamen *Tabelle1* sein. Damit stehen die genannten Ereignisprozeduren zur Verfügung. In der Konstanten *cstrConnectionText* befindet sich die Zeichenfolge, die entsteht, wenn die Abfrage auf die *Nordwind*-Datenbank verweist. Das hilft in Zusammenhang mit der Prozedur *ApplyConnectionString* beim Experimentieren und Testen. Die Funktion *GetDatabaseFullname* hilft beim Extrahieren des Pfades aus der originalen Verbindungzeichenfolge.

Was passieren soll, falls die erwartete Datenquelle nicht gefunden wird, hängt von der konkreten Situation ab: Aufforderung zum Suchen der Quelle, Hinweis auf Nichtaktualität der Daten, Mitteilung an den Administrator usw.

9.15   Zoom sperren

Die bisher besprochenen Ereignisprozeduren bezogen sich auf das Objektmodell von Excel. Zum Funktionsumfang gehören aber noch weitere Bibliotheken: die von Office und im Falle des Einsatzes benutzerdefinierter Formulare die von MS Forms.

Die Mappe *K09_09.xls* enthält den Quellcode zu folgendem Beispiel.

Problem

Gelegentlich wollen Sie den Einsatz von Office-Schaltflächen individuell beeinflussen, etwa um dem Druckvorgang ein individuelles Dialogfeld vorzuschalten, das Einfügen von Grafiken zu verhindern, Farbänderungen vorzubeugen u.v.m. Exemplarisch soll hier gezeigt werden, wie eine Zoom-Änderung unterbunden werden kann.

Lösung

Der Quellcode zur Umsetzung ist, wie Listing 9.10 zeigt, überraschend kurz.

```
Public WithEvents ctlZoom As CommandBarComboBox

Private Sub Workbook_Open()
    Set ctlZoom = Application.CommandBars.FindControl(ID:=1733)
End Sub

Private Sub ctlZoom_Change(ByVal Ctrl As Office.CommandBarComboBox)
    Ctrl.Text = "100%"
End Sub
```

Listing 9.10: *Zoom-Änderungen verhindern*

Erläuterungen

Im Klassenmodul *DieseArbeitsmappe* wird mit *WithEvents* ein *CommandBarComboBox*-Objekt deklariert und im *Workbook_Open* mit dem Zoom-Kombinationsfeld identifiziert. Damit kann dessen *Change*-Ereignis abgefangen und geeignet eingegriffen werden.

TIPP: Zum Ansprechen des gesuchten Steuerelements sollten Sie auf Nummern von Symbolleisten und Steuerelementen wie

```
Set myControl = Application.Commandbars(3).Controls(7)
```

Auf Ereignisse reagieren

verzichten, auch das Ansprechen per Namen (*Caption*) ist wegen internationaler Versions-konflikte nicht so günstig. Nutzen Sie stattdessen die *FindControl*-Methode unter Einsatz der Steuerelement-*ID*.

Eine Liste aller *IDs* erhalten Sie schnell durch folgenden Code:

```
Sub ListControls()
    Dim cb As CommandBar
    Dim cbc As CommandBarControl
    Dim i As Integer

    i = 1
    Tabelle1.UsedRange.Clear
    For Each cb In Application.CommandBars
        For Each cbc In cb.Controls
            Tabelle1.Cells(i, 1).Value = cbc.Caption
            Tabelle1.Cells(i, 2).Value = cbc.ID
            i = i + 1
        Next
    Next
End Sub
```

Die Tabelle 9.8 zeigt, welche Ereignisse mit Prozeduren in der Office-Bibliothek vorhanden sind.

Ereignisprozedur mit Parametern	Ab Version
Click(ByVal Ctrl As Office.CommandBarButton, CancelDefault As Boolean)	2000
Change(ByVal Ctrl As Office.CommandBarComboBox)	2000
OnUpdate()	2000
EnvelopeHide()	XP
EnvelopeShow()	XP

Tabelle 9.8: *Office-Ereignisprozeduren für Steuerelemente, Symbolleisten und Briefumschläge*

9.16 Schaltflächen mit Maus und Zusatztaste ansprechen

Dieses Codebeispiel finden in der Arbeitsmappe *K09_09.xls*.

Problem

Im ▶ Abschnitt »9.3 Symbolleisten dynamisch an Arbeitsmappen binden« in diesem Kapitel hatten Sie die Erzeugung eigener Symbolleisten per VBA kennen gelernt und einer Schaltfläche eine Aktivität durch Zuweisung der *OnAction*-Eigenschaft verliehen. Sie möchten stattdessen das *Click*-Ereignis auf diese Schaltfläche abfangen und in Abhängigkeit von einer zusätzlich gedrückten Taste reagieren.

Lösung

Das Listing 9.11 zeigt das prinzipielle Vorgehen.

```
Public Const VK_CONTROL = &H11
Public Declare Function GetAsyncKeyState Lib "user32" (ByVal vKey As Long) As Integer

Public WithEvents ctlMyControl As CommandBarButton
Dim cb As CommandBar

Private Sub ctlMyControl_Click(ByVal Ctrl As Office.CommandBarButton, _
        CancelDefault As Boolean)
    If GetAsyncKeyState(VK_CONTROL) <> 0 Then
        MsgBox "Steuerungstaste gedrückt."
    Else
        MsgBox "Steuerungstaste nicht gedrückt."
    End If
End Sub

Private Sub Workbook_Open()
    Set cb = Application.CommandBars.Add(Name:="Test")
    cb.Visible = True
    Set ctlMyControl = cb.Controls.Add(msoControlButton)
    ctlMyControl.Caption = "Steuerungstaste"
    ctlMyControl.Style = msoButtonCaption
End Sub
```

Listing 9.11: Steuerungstaste bei Mausklick mit abfragen

Erläuterungen

Die ersten beiden Codezeilen befinden sich in einem normalen Modul und binden eine Funktion des Windows API in Ihr Projekt ein. Der Rest steht im Klassenmodul *DieseArbeitsmappe*.

In *Workbook_Open* wird eine Symbolleiste angelegt, die Sie in *Workbook_BeforeClose* wieder entfernen sollten. Darauf befindet sich eine Schaltfläche, die Sie mit einer über *WithEvents* deklarierten Objektvariablen verbinden. Damit haben Sie das *Click*-Ereignis fest in der Hand und können erfolgreich auf *OnAction* verzichten.

TIPP: Mit der gleichen Technik können Sie auch Schaltflächen integrierter Symbolleisten in den Griff bekommen. Es stört Sie zum Beispiel, dass beim Klick auf die *Drucken*-Schaltfläche sofort und ohne Nachfrage der Ausdruck auf dem Standarddrucker beginnt. Dem begegnen Sie durch

```
Public WithEvents ctlPrint As CommandBarButton
Set ctlPrint = Application.CommandBars.FindControl(ID:=2521)
```

und einer Ereignisprozedur nach dem Muster

```
Private Sub ctlPrint_Click(ByVal Ctrl As Office.CommandBarButton, CancelDefault As Boolean)
    If GetAsyncKeyState(VK_SHIFT) = 0 Then
        CancelDefault = True
        Application.Dialogs(xlDialogPrint).Show
    End If
End Sub
```

Ab sofort wird nur dann unmittelbar gedruckt, wenn beim Klick auf die Schaltfläche zusätzlich die Taste Umschalt gedrückt gehalten wird.

Auf Ereignisse reagieren

WICHTIG: Beim Experimentieren mit Ereignisprozeduren kann es vorkommen, dass sich Objekte (also auch Schaltflächen) nicht so verhalten, wie sie sollten. Das liegt dann oft daran, dass Quellcodeänderungen die Existenz von per *WithEvents* deklarierten und bereits belegten Variablen zerstören. Durch geeignete *Init*-Prozeduren sind die Belegungen neu vorzunehmen. Auch das erneute Aufrufen von *Workbook_Open* ist eine Möglichkeit der Neuinitialisierung, falls dort die Belegung erfolgt. Prozeduren mit Parametern lassen sich nicht manuell starten.

9.17 Steuerelemente während der Laufzeit erzeugen

Problem

So wie die Elemente von Symbolleisten lassen sich alle Steuerelemente während der Laufzeit erzeugen. Dies betrifft auch solche auf benutzerdefinierten Formularen oder Tabellenblättern.

Lösung

Genau wie im vorigen Beispiel erfolgt die Deklaration der das Steuerelement repräsentierenden Variablen über *WithEvents*.

Die Ereignisprozeduren des nun entstehenden Objekts sind in der Entwurfszeit zu füllen. Während der Laufzeit und abhängig von der Situation wird das Steuerelement durch den entsprechenden *Add*-Befehl erzeugt und reagiert ab sofort wie im Entwurf geplant.

Erläuterungen

Obwohl die beschriebene Methode sehr elegant ist, wird sie doch eher selten Verwendung finden. Sehr oft greift der Programmierer zu Eigenschaften wie *Visible* oder *Enabled*, um Steuerelemente zur Verfügung zu stellen oder nicht. Bei komplizierten Benutzeroberflächen eines Formulars entsteht so aber schnell Unübersichtlichkeit, der man mit konzentriertem und dynamisch wirkendem Code erfolgreich gegenüber stehen kann.

10 Excel und andere Anwendungen steuern

Dieses Kapitel widmet sich den Möglichkeiten, andere Anwendungen per VBA zu starten, zu steuern, zu manipulieren oder einfach nur zu nutzen. Der Schwerpunkt des Kapitels liegt dabei auf der Zusammenarbeit mit Word. Aber das Prinzip gilt für alle VBA-Hostanwendungen. Die Steuerung von Anwendungen ohne VBA-Unterstützung kann leider nur über Tastenkombination oder Parameter erfolgen. Aber auch das wird in diesem Kapitel erläutert.

ACHTUNG: Nicht alle Beispiele dieses Kapitels werden auf jedem Rechner funktionieren. Zum einen benötigen Sie die Anwendung, die gestartet wird, wie beispielsweise den Windows Media Player, Word oder PowerPoint. Nicht alle diese Programme stehen auch auf dem Macintosh zur Verfügung. Insbesondere hinsichtlich der Objektautomation haben Sie auf dem Macintosh auch nicht so viele Einsatzmöglichkeiten von Objektbibliotheken wie unter Windows. Auf dem Macintosh lassen sich auf diese Weise fast ausschließlich VBA-Hostanwendungen steuern.

Sollten Sie Fehlermeldungen beim Öffnen von Dateien erhalten, weil Verweise nicht korrekt funktionieren, öffnen Sie die Entwicklungsumgebung mit Alt+F11 und rufen Sie den Menübefehl *Extras/Verweise* auf. Finden Sie dort einen fehlerhaften Verweis, beispielsweise auf die Word 11.0-Objektbibliothek, und Sie verfügen nur über Word 2000 oder Word 2002, löschen Sie den Verweis, indem Sie das Kontrollkästchen deaktivieren. Setzen Sie danach stattdessen einen Verweis auf die Word 2000- bzw. Word 2002-Objektbibliothek. Dann sollte der Code reibungslos funktionieren.

10.1 Fremde Anwendungen per VBA starten und steuern

Das Codemodul *K10_01* mit dem Listing finden Sie in der Datei *K10.xls* innerhalb der Begleitdateien zum Buch.

Problem

Sie möchten per VBA eine andere Anwendung starten und manipulieren.

Lösung

Um andere Anwendungen zu starten, gibt es zwei Möglichkeiten: Objektautomation und der Start über die *Shell*-Funktion. Bei der Objektautomation benötigen Sie eine Anwendung, die VBA unterstützt oder zumindest eine Objektbibliothek zur Verfügung stellt, die Sie mit VBA nutzen können. Sie erzeugen dann ein Objekt, dass die Anwendung darstellt und starten diese damit. Über die Eigenschaften und Methoden des erzeugten Objektes können Sie dann Dateien öffnen, ändern, erzeugen etc., je nachdem, was die Objektbibliothek Ihnen an Möglichkeiten zur Verfügung stellt.

Anwendungen, die Objektautomation nicht unterstützen, können Sie mit der *Shell*-Funktion starten. Sie haben dabei die Möglichkeit, sie über Tastenkombinationen zu steuern, wenn die Anwendung Tastenkombinationen unterstützt und ein Fenster hat. Das heißt, bei Batchdateien und WSH-Skripts funktioniert das nicht. Mehr über die Steuerung von Anwendungen über Tastenkombinationen erfahren Sie im ▶ Abschnitt »10.4 Tastenkombinationen an ein Fenster senden« weiter unten.

Erläuterungen

Die Steuerung anderer Anwendungen per Objektautomation ist recht einfach. Im Prinzip passiert dabei nicht viel anderes, als wenn Sie das *FileSystemObject*-Objekt (▶ Kapitel 3) verwenden. Sie erzeugen ein Objekt, das die Anwendung darstellt und nutzen dessen Eigenschaften und Methoden. Wenn Sie die frühe Bindung nutzen, müssen Sie dazu einen Verweis auf die Objektbibliothek der Anwendung erstellen. Der Nachteil dabei ist, dass es zu Problemen mit den Verweisen kommen kann, wenn die benötigte Objektbibliothek auf dem Zielrechner Ihrer Anwendung in einer anderen Version vorliegt. Nicht in jedem Fall kann Excel oder die den Code ausführende VBA-Hostanwendung dann die Verweise korrigieren. Fehlerhafte Verweise führen aber zu lästigen Fehlermeldungen beim Öffnen der Datei und in aller Regel dazu, dass der Code nicht fehlerfrei ausgeführt werden kann. Objektautomation ist also nicht ganz unproblematisch, wenn sich auf dem Zielrechner die Objektbibliotheken nicht in der gleichen Version befinden wie auf dem Rechner, auf dem Sie den Code erstellt haben.

WICHTIG: Sie können für die Objektautomation die frühe oder späte Bindung verwenden. Zumindest für die Codeerstellung sollten Sie die frühe Bindung nutzen, da Sie sonst nur raten können, welche Eigenschaften und Methoden zur Verfügung gestellt werden. Sind Sie mit der Codeerstellung fertig, können Sie den für die frühe Bindung notwendigen Verweis löschen und die Objektvariable als Variablen vom Typ *Object* deklarieren. Sie benutzen dann die späte Bindung. Dabei ist die Codeausführung zwar langsamer, aber Sie vermeiden Probleme mit den Verweisen. Am folgenden Beispiel erfahren Sie Schritt für Schritt, wie Sie den fertigen Code von früher Bindung auf späte Bindung umstellen.

Mehr zur frühen und späten Bindung finden Sie in ▶ Kapitel 2 und in ▶ Kapitel 3.

HINWEIS: Das folgende erste Beispiel setzt voraus, dass auf Ihrem Rechner der Windows Media Player installiert ist. Daher funktioniert es auf dem Macintosh nicht. Das prinzipielle Vorgehen ist jedoch auf dem Macintosh das gleiche, wenn Sie beispielsweise Word starten möchten. Dazu folgen noch zahlreiche Beispiele, die Sie dann auch auf dem Macintosh nachvollziehen können.

Die Prozedur *TestK10_01a* zeigt, wie Sie mit Hilfe von Objektautomation den Media Player starten und eine Datei abspielen können. Voraussetzung dazu ist, zumindest für die frühe Bindung zur Codeerstellung, ein Verweis auf die Objektbibliothek des Windows Media Players. Gehen Sie dazu wie folgt vor:

1. Öffnen Sie die Datei, in der Sie den Media Player verwenden möchten und rufen Sie die Entwicklungsumgebung mit Alt+F11 auf.

2. Rufen Sie den Menübefehl *Extras/Verweise* auf.

3. Aktivieren Sie das Kontrollkästchen vor dem Eintrag *Windows Media Player*.

4. Schließen Sie das Dialogfeld mit *OK*.

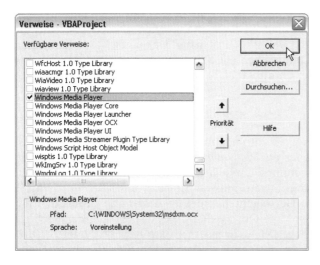

Abbildung 10.1: *Den Verweis setzen*

Damit ist der Verweis gesetzt. Sie können nun am Anfang der Prozedur eine Variable des Typs *MediaPlayer.MediaPlayer* deklarieren. Das sieht etwas ungewöhnlich aus, kommt aber in dieser Form häufiger vor. Der Teil vor dem Punkt ist der Name der Objektbibliothek, der Teil danach ist der Klassenname. Solche Konstrukte finden Sie häufig, es sieht hier nur deshalb so merkwürdig aus, weil die Klasse den gleichen Namen wie die übergeordnete Objektbibliothek hat.

HINWEIS: Wenn Sie vor dem Klassennamen das Schlüsselwort *New* angeben, wird eine Instanz der Klasse erzeugt. Sie brauchen dazu dann keine separate Anweisung mehr. Alternativ könnten Sie die etwas längere Form

```
Dim objMP As MediaPlayer.MediaPlayer
Set objMP = New MediaPlayer.MediaPlayer
```

verwenden.

Beide Möglichkeiten können Sie verwenden, sie führen jedoch nicht zu einem identischen Verhalten des Codes. Die Unterschiede sind jedoch zu vernachlässigen, wenn Sie sauberen Code erstellen. Dazu gehört, dass Sie Objekte löschen, indem Sie alle Objektvariablen, die auf die Instanz verweisen, auf *Nothing* setzen und danach die Objektvariable nicht mehr verwenden, ohne dass Sie ihr explizit eine neue Instanz zugewiesen haben.

Verwenden Sie die einzeilige Variante, bei der das Schlüsselwort *New* bereits in der Variablendeklaration verwendet wird, wird das Objekt nicht sofort erzeugt. Dies geschieht erst dann, wenn Sie die Objektvariable das erste Mal verwenden, indem Sie eine Eigenschaft oder Methode des Objekts aufrufen. Nutzen Sie die Objektvariable aus irgendeinem Grund dann doch nicht, wird das Objekt auch nicht erzeugt. Andererseits führt diese Variante dazu, dass auch dann immer wieder eine neue Instanz erzeugt wird, wenn Sie die Objektvariable auf *Nothing* gesetzt haben und danach wieder nutzen. Schon wenn Sie danach mit *Is Nothing* prüfen, ob sie den Wert *Nothing* hat, wird eine neue Instanz erzeugt. Wenn die Objektvariable auf *Nothing* gesetzt haben, sollten Sie daher die Variable nicht mehr anrühren. Bei der zweizeiligen Variante verhält sich der Code etwas anders. Das Objekt wird sofort erzeugt, wenn Sie es mit einer *Set*-Anweisung der Variablen zuweisen. Haben Sie die Objektvariable einmal auf *Nothing* gesetzt, wird nicht automatisch wieder ein Objekt erzeugt. Sie

erhalten daher beim Zugriff auf eine Eigenschaft oder Methode einen Laufzeitfehler, was a-
ber natürlich nicht immer schlecht ist. So finden Sie Fehler im Code doch recht schnell.

Wenn Sie das Objekt einmal erzeugt haben, können Sie mit der *Open*-Methode die Datei öff-
nen und übergeben dazu den Namen und Pfad der Datei an die *Open*-Methode. Hier ist es die
Datei *notify.wav*, die im gleichen Verzeichnis wie die Arbeitsmappe gespeichert ist. Durch das
Öffnen der Datei wird sie abgespielt.

```
#If Mac = False Then
Sub TestK10_01a()
    'Objektautomation
    Dim objMP As New MediaPlayer.MediaPlayer
    objMP.Open ThisWorkbook.Path & _
        Application.PathSeparator & "notify.wav"
    Set objMP = Nothing
End Sub
#End If
```

Listing 10.1: *Eine Datei mit dem Windows Media Player abspielen*

Wenn Sie den Code getestet haben, können Sie ihn so ändern, dass eine späte Bindung verwendet wird. Gehen Sie dazu folgendermaßen vor:

1. Ändern Sie alle Objektvariablen die einen Verweis auf die eingebundenen Objektbibliothek
   verwenden, in den Datentyp *Object*. Hier betrifft dies also nur die Variable *objMP*.

   ```
   Dim objMP As Object
   ```

2. Wenn Sie zuvor ein Objekt mit dem Schlüsselwort *New* erzeugt haben (egal ob in der *Dim*-
   Anweisung oder in einer separaten Anweisung), löschen Sie diese Anweisung und ersetzen
   Sie sie durch den Aufruf der *CreateObject*-Funktion. Ihr übergeben Sie als Parameter den
   Klassennamen, aus dem das Objekt erzeugt werden soll. In aller Regel entspricht dieser
   dem Klassennamen, den Sie zuvor auch in der *New*-Anweisung angegeben haben:

   ```
   Set objMP = CreateObject("MediaPlayer.MediaPlayer")
   ```

3. Rufen Sie nun den Menübefehl *Extras/Verweise* auf und deaktivieren Sie das Kontrollkästchen vor dem Eintrag *Windows Media Player*.

4. Schließen Sie das Dialogfeld mit *OK*.

```
Sub TestK10_01b()
    'Objektautomation
    Dim objMP As Object
    Set objMP = CreateObject("MediaPlayer.MediaPlayer")
    objMP.Open ThisWorkbook.Path & _
        Application.PathSeparator & "notify.wav"
    Set objMP = Nothing
End Sub
```

Listing 10.2: *Das Listing mit später Bindung*

Wenn Sie eine Anwendung starten möchten, die keine Objektbibliothek zur Verfügung stellt,
können Sie die *Shell*-Funktion nutzen, um ein Programm auszuführen. Der *Shell*-Funktion
müssen Sie mindestens den Namen des auszuführenden Programms übergeben. Optional können Sie aber auch als zweiten Parameter eine Konstante übergeben, die bestimmt, wie das
Fenster der Anwendung angezeigt werden soll. Die verfügbaren Konstanten finden Sie in
Tabelle 10.1.

HINWEIS: Mit der *Shell*-Funktion können Sie nur ausführbare Dateien starten, also EXE- und COM-Dateien. Allerdings können Sie Parameter an die Programme übergeben, wenn sie dies überstützen, und auf diese Weise beispielsweise über die Windows-Befehlszeile oder eine Mac OS X-Shell auch Skripts und Batchdateien ausführen. Wie Sie Parameter an ein Programm übergeben, lesen Sie in ▶ Abschnitt »10.3 Parameter an Programme übergeben« im Anschluss.

Die Prozedur *TestK10_01c* startet einen Texteditor. Unter Windows ist das Notepad. Da die ausführbare Datei im Windows-Systemordner gespeichert ist, brauchen Sie hier keinen Pfad anzugeben. Die Konstante *vbNormalFocus* sorgt dafür, dass das Editorfenster den Fokus hat und weder maximiert noch minimiert wird.

Konstante	Beschreibung	Wert
vbHide	Das Fenster ist ausgeblendet, und das ausgeblendete Fenster erhält den Fokus. Die Konstante vbHide gilt nicht für Macintosh-Plattformen.	0
vbNormalFocus	Das Fenster hat den Fokus, und die ursprüngliche Größe und Position wird wiederhergestellt.	1
vbMinimizedFocus	Das Fenster wird als Symbol mit Fokus angezeigt.	2
vbMaximizedFocus	Das Fenster wird maximiert mit Fokus angezeigt.	3
vbNormalNoFocus	Die zuletzt verwendete Größe und Position des Fensters wird wiederhergestellt. Das momentan aktive Fenster bleibt aktiv.	4
vbMinimizedNoFocus	Das Fenster wird als Symbol angezeigt. Das momentan aktive Fenster bleibt aktiv.	6

Tabelle 10.1: Konstanten für die Fenstergröße in der Shell-Funktion

ACHTUNG: Auf dem Macintosh können Sie der *Shell*-Funktion theoretisch entweder den Pfad- und Dateinamen oder die MacID des Programms übergeben. Die MacID erzeugen Sie mit der Funktion *MacID*, der Sie ein Kürzel der Anwendung übergeben, beispielsweise »MSWD« für Microsoft Word. Das Problem ist nur: egal welche der beiden Methoden Sie wählen, keine funktioniert richtig zuverlässig:

Der Macintosh-Code in der Prozedur *TestK10_01c* startet weder den Editor BBEdit noch Word, falls bereits eine Instanz von Word gestartet ist. Wenn Word jedoch noch nicht läuft, können Sie mit der MacID Word tatsächlich starten. Aus diesem Verhalten lässt sich nur der Schluss ableiten, dass die *Shell*-Funktion zumindest unter Mac OS X nicht mit Pfadangaben funktioniert; Sie sind daher auf die Nutzung der MacID angewiesen. Und auch damit klappt es nicht immer. Obwohl »TEXT« eine gültige Ressource-ID ist, die Sie an die MacID-Funktion übergeben können, wird trotzdem kein Texteditor gestartet. Die Ressource-ID bezeichnet den Dateityp und die *MacID*-Funktion liefert eine ID des Programms, mit dem diese Dateitypen geöffnet werden können. Eine Liste einiger gültiger Ressource-IDs finden Sie in Tabelle 10.2.

Ressource-ID	Dateityp	
TEXT	Textdateien	
XLS5	Excel 5.0-Dateien	
XLS8	Excel 97-Dateien und höher	▶

Ressource-ID	Dateityp
W6BN	Word 6.0-Dateien
W8BN	Word 97-Dateien und höher

Tabelle 10.2: Gültige Ressourcen-IDs für die MacID-Funktion

```
Sub TestK10_01c()
    'Shell zum Starten verwenden
    Dim strDatei As String
    #If Mac = False Then
        'Code für Windows
        strDatei = "notepad.exe"
        Shell strDatei, vbNormalFocus
    #Else
        On Error Resume Next
        Shell "MAC OS X:Applications:BBEdit 7.1:BBEdit", _
            vbNormalFocus
        Shell MacID("MSWD")
    #End If
End Sub
```

Listing 10.3: Einen Texteditor mit Shell starten

Die *Shell*-Funktion wird asynchron ausgeführt. Das bedeutet, dass die Anweisung nach Shell ausgeführt wird, sobald die *Shell*-Funktion den Start des Programms angestoßen hat. Benötigt die Anwendung längere Zeit zum Starten, könnten Sie mit den nachfolgenden Anweisungen noch nicht auf die Anwendung zugreifen. Sie sollten daher dafür sorgen, dass der Code nach der *Shell*-Funktion erst fortgesetzt wird, wenn die Anwendung gestartet wurde. Das erreichen Sie am besten, indem Sie den Rückgabewert der *Shell*-Funktion einer Variablen zuweisen. Der Rückgabewert stellt die Task-ID der Anwendung dar und wird erst zurückgegeben, wenn die Anwendung fertig gestartet wurde. Der positive Nebeneffekt ist, dass Sie jederzeit das Anwendungsfenster aktivieren können, weil Sie die Task-ID auch an die Prozedur *AppActivate* übergeben können, mit der Sie ein bestimmtes Fenster aktivieren können.

Wenn Sie auf den Rückgabewert der *Shell*-Funktion warten, erstellen Sie einfach eine Schleife, die so lange läuft, bis die Variable, der Sie den Rückgabewert zuweisen, einen Wert größer als 0 hat. Die *DoEvents*-Anweisung sorgt dafür, dass in der Zwischenzeit Ereignisse verarbeitet werden. Das stellt sicher, dass die VBA-Hostanwendung bedienbar bleibt. Die Prozedur *TestK10_01d* demonstriert die *Shell*-Funktion und die *AppActivate*-Anweisung. Zunächst wird wieder die *Shell*-Funktion aufgerufen, ihr Rückgabewert wird allerdings der Variablen *dblTask* zugewiesen. Anschließend wird die Schleife betreten und wieder verlassen, wenn die Variable einen Wert größer als 0 hat. Das ist der Fall, sobald die Anwendung gestartet ist. Da dies mit einer Meldung in Excel ausgegeben werden soll, durch die Angabe *vbNormalFocus* in der *Shell*-Funktion aber die gestartete Anwendung den Fokus hat, müssen Sie das Excel-Fenster aktivieren. Dazu übergeben Sie der *AppActivate*-Anweisung einfach den Titel des zu aktivierenden Fensters, den Sie über die *Caption*-Eigenschaft des Fensters abrufen können.

ACHTUNG: Der Zugriff auf das Fenster der Arbeitsmappe, die den Code ausführt, funktioniert nur dann, wenn die Arbeitsmappe auch über ein Fenster verfügt. Das ist nicht der Fall, wenn es sich um ein Add-In oder gar ein COM-Add-In handelt. In COM-Add-Ins dürfen Sie aber auch das Schlüsselwort *ThisWorkbook* nicht verwenden. Mehr zu Add-Ins erfahren Sie in ▶ Kapitel 13.

Wenn Sie nach Ausgabe der Meldung wieder das Fenster der gestarteten Anwendung aktivieren möchten, können Sie alternativ zum Fenstertitel auch die Task-ID der Anwendung übergeben, die Sie durch den Rückgabewert der *Shell*-Funktion erhalten haben.

```
Sub TestK10_01d()
    'Shell zum Starten verwenden
    Dim strDatei As String
    Dim dblTask As Double
    #If Mac = False Then
        'Code für Windows
        strDatei = "notepad.exe"
        dblTask = Shell(strDatei, vbNormalFocus)
        Do
            DoEvents
        Loop Until dblTask > 0
        AppActivate ThisWorkbook.Windows(1).Caption
        MsgBox "Editor ist gestartet"
        'Fenster aktivieren
        AppActivate dblTask, True
    #End If
End Sub
```

Listing 10.4: *Warten auf den Start der Anwendung*

ACHTUNG: Sie können zwar sowohl die Task-ID als auch den Fenstertitel an die *AppActivate*-Anweisung übergeben, beides liefert aber nicht zwangsläufig das gleiche Ergebnis. Beispielsweise können Sie als Fenstertitel auch nur den Anfang des Titels übergeben. Stimmt nämlich kein Fenstertitel mit dem angegebenen Titel überein, wird ein Fenster aktiviert, das mit dem angegebenen Titel beginnt. Sollte es mehrere Fenster geben, die diese Bedingung erfüllen, wird eines zufällig ausgewählt. Sie haben also nicht die volle Kontrolle darüber, welches Fenster aktiviert wird. Das ist bei Übergabe der Task-ID anders. Sie identifiziert immer eindeutig einen Task. Es besteht daher kein Zweifel darüber, welches Fenster aktiviert wird.

10.2 Code erst fortsetzen, wenn die Anwendung beendet wurde

Das Codemodul *K10_02* mit dem Listing finden Sie in der Datei *K10.xls* innerhalb der Begleitdateien zum Buch.

Problem

Sie möchten per VBA eine andere Anwendung starten, den Code aber erst weiter fortsetzen, wenn die gestartete Anwendung vom Anwender geschlossen wurde.

Lösung

Sie können sich zunutze machen, dass die *AppActivate*-Anweisung einen Laufzeitfehler auslöst, wenn Sie eine Task-ID übergeben, die es nicht gibt. Sie brauchen also nur in einer Schleife solange warten, bis der Versuch, das Anwendungsfenster der gestarteten Anwendung zu aktivieren, scheitert.

Erläuterungen

Die Prozedur *K10_02* startet wieder einen Editor, unter Windows ist das Notepad, und wartet solange, bis der Editor gestartet ist. Wie Sie auf den Start der Anwendung warten, wurde bereits in ▶ Abschnitt »10.1 Fremde Anwendungen per VBA starten und steuern« weiter oben beschrieben. Ist die Anwendung gestartet, wird in einer zweiten Schleife auf die Beendigung der Anwendung gewartet. Dazu wird nach der *DoEvents*-Anweisung innerhalb der Schleife die *AppActivate*-Anweisung aufgerufen und ihr die Task-ID übergeben. Gibt es den Task nicht mehr, weil die Anwendung geschlossen wurde, löst dies einen Laufzeitfehler aus. Sie können also die *Err.Number*-Eigenschaften als Austrittsbedingung für die Schleife verwenden und sie verlassen, wenn die Eigenschaft einen Wert größer als 0 hat. Danach gibt die Prozedur die Meldung aus, dass die Anwendung geschlossen wurde.

```
Sub TestK10_02()
    'Shell zum Starten verwenden
    'Code fortsetzen, wenn die Anwendung
    'beendet wurde
    Dim strDatei As String
    Dim dblTask As Double
    #If Mac = False Then
        'Code für Windows
        strDatei = "notepad.exe"
        dblTask = Shell(strDatei, vbNormalFocus)
        'Warten bis die Anwendung gestartet wurde
        Do
            DoEvents
        Loop Until dblTask > 0
        'Warten, bis die Anwendung beendet wurde
        On Error Resume Next
        Do
            DoEvents
            'Fenster versuchen zu aktivieren
            AppActivate dblTask, True
        Loop Until Err.Number > 0
        MsgBox "Die Anwendung wurde beendet!"
    #End If
End Sub
```

Listing 10.5: Warten, bis eine Anwendung beendet wurde

10.3 Parameter an Programme übergeben

Das Codemodul *K10_03* mit dem Listing finden Sie in der Datei *K10.xls* innerhalb der Begleitdateien zum Buch.

Problem

Sie möchten eine Anwendung starten und dabei einen oder mehrere Parameter übergeben. Mit dem Parameter können Sie beispielsweise festlegen, welche Datei geöffnet werden soll.

Lösung

Bei den meisten Programmen geben Sie die Parameter getrennt durch ein Leerzeichen oder ein Leerzeichen und einen Schrägstrich nach dem Programmnamen an. Sie müssen beim Aufruf der Anweisung mit der *Shell*-Funktion also lediglich den Programmnamen um den Parameter ergänzen.

Erläuterungen

Die Prozedur *K10_03* zeigt, wie Sie den Windows-Editor starten und eine Datei »Test.txt« öffnen, die sich im gleichen Verzeichnis wie die Arbeitsmappe befindet. Falls die Datei nicht existiert, wird sie nach Rückfrage neu angelegt. Wichtig ist dabei, dass Sie Namen und Pfad der Datei nach dem Namen der Anwendung angeben und durch ein Leerzeichen davon trennen. Bei einigen wenigen Anwendungen ist es notwendig, die Parameter durch einen »/« einzuleiten.

```
Sub TestK10_03()
    'Shell zum Starten verwenden
    Dim strDatei As String
    #If Mac = False Then
        'Code für Windows
        strDatei = "notepad.exe"
        Shell strDatei & " " & ThisWorkbook.Path & _
            Application.PathSeparator & "test.txt", vbNormalFocus
    #End If
End Sub
```

Listing 10.6: Übergeben eines Parameters an eine Anwendung

10.4 Tastenkombinationen an ein Fenster senden

Das Codemodul *K10_04* mit dem Listing finden Sie in der Datei *K10.xls* innerhalb der Begleitdateien zum Buch.

Problem

Sie möchten eine mit *Shell* gestartete Anwendung manipulieren, indem Sie Tastenfolgen an die Anwendung senden.

Lösung

Fast alle Anwendungen lassen sich mit Hilfe von Tastenkombinationen bedienen. Diese können Sie mit der *SendKeys*-Anweisung an das aktive Fenster senden. Wenn Sie eine Anwendung mit Tastenkombinationen bedienen möchten, müssen Sie als nur die Anwendung starten, das Fenster aktivieren und in der richtigen Reihenfolge die richtigen Tasten senden.

Erläuterungen

Das Prinzip zur Steuerung von Anwendungen mit Tastenanschlägen ist eigentlich ganz einfach. Dennoch sollte diese Methode in der Praxis die letzte Möglichkeit bleiben, da Sie immer auch den Faktor Mensch berücksichtigen müssen. Grundsätzlich werden alle mit *SendKeys* gesendeten Tastenanschläge an das Fenster gesendet, das den Fokus hat. Dies kann der Benutzer aber natürlich beeinflussen, in dem er das Fenster wechselt. Das alleine würde schon dazu führen, dass die Tastenkombination an ein anderes Fenster geschickt wird und das kann verheerende Folgen haben. Während die Tastenkombination in der gewünschten Zielanwendung vielleicht dazu geführt hätte, dass eine neue Datei erstellt wird, sorgt sie in der nun aktivieren Anwendung unter Umstanden dafür, dass Daten oder die Datei gelöscht werden.

Darüber hinaus kann alleine ein Update der Programmversion oder die Installation einer fremdsprachigen Version des Programms dazu führen, dass die Tastenkombinationen nicht mehr funktionieren, weil es für die gleiche Programmfunktion andere Tastenkombinationen gibt. Auch das würde bedeuten, dass Ihr Code nicht mehr funktioniert.

HINWEIS: Die *SendKeys*-Anweisung funktioniert nicht auf dem Macintosh. Dort können Sie Anwendungen nur über Parameter oder über Objektautomation steuern. Außerdem ist es mit der *SendKeys*-Anweisung nicht möglich einen Bildschirmausdruck zu machen, da die Druck-Taste die einzige ist, die Sie nicht mit *Sendkeys* senden können.

Die Prozedur *K10_04* zeigt, wie Sie nach dem Start des Windows-Editors eine Zeile in die aktuelle Datei einfügen und dann die Datei mit dem Menübefehl *Datei/Speichern* speichern. Sie sehen schon an der Menge der Codezeilen, wie viel Aufwand selbst eine so kleine Aufgabe erfordert. Zudem werden Sie auch sehr schnell merken, dass sich nicht jede Anwendung exakt so verhält, als wenn die Steuerelemente tatsächlich ausgewählt werden. Beispielsweise macht es beim Windows-Editor, zumindest unter Windows XP Pro SP 1 einen erheblichen Unterschied, ob Sie den Eintrag *Datei/Speichern* durch Strg+S auswählen oder über Alt+D, S. Letzteres entspricht dem Öffnen des Menüs *Datei* über Alt+D und dem anschließenden Drücken der Taste S. Die Tastenkombination mit *Strg* führt dazu, dass das *Speichern*-Dialogfeld nicht den Fokus bekommt. Das heißt dann aber auch, dass die Tastenfolgen, die den Namen in das Feld *Dateiname* eintragen sollen, nicht an das Dialogfeld *Speichern unter* gesendet, sondern in die Textdatei geschrieben wird.

Zunächst stellt die Prozedur sicher, dass der Editor gestartet wurde. Erst nach Verlassen der *Do Loop...Until*-Schleife wird die erste Tastenfolge gesendet. Dabei handelt es sich um den einzufügenden Text, der mit einer Absatzmarke (Eingabe) abgeschlossen wird. Sondertasten, wie beispielsweise Eingabe, werden in geschweifte Klammern eingefasst. Normale Buchstaben und Ziffern können Sie einfach so angeben und als Gesamtzeichenfolge an die *SendKeys*-Anweisung übergeben.

HINWEIS: Eine vollständige Liste der Tastenfolgen und Codes für die Sondertasten, finden Sie in Tabelle 10.3.

Die zweite *SendKeys*-Anweisung wählt aus dem Menü *Datei* den Eintrag *Speichern* aus. Dadurch öffnet sich das Dialogfeld *Speichern unter*, weil die Datei noch keinen Namen hat. Das Zeichen »%« stellt dabei die Taste Alt dar. Die gleichzeitig zu drückenden Tasten geben Sie dahinter an. Optional können Sie der *SendKeys*-Anweisung einen booleschen Wert übergeben. Der legt fest, ob auf die Abarbeitung der Tastenfolgen gewartet werden soll (*True*) bevor mit der nächsten Anweisung fortgefahren wird.

Nun müssen Sie den Namen der Datei in das Eingabefeld *Dateinamen* eintragen. Dabei ergibt sich das nächste Problem. Bedienen Sie das Dialogfeld manuell, ist beim Öffnen des Dialogfelds bereits der vorgeschlagene Dateiname »*.txt« markiert. Geben Sie dann den neuen Dateinamen ein, wird die Markierung durch diese Eingabe ersetzt. Versuchen Sie das mit der *SendKeys*-Anweisung, führt dies zu sehr merkwürdigen Ergebnissen. Offenbar ist es dann nämlich so, dass zwar die Markierung durch das erste eingegebene Zeichen ersetzt wird, danach wird aber die Markierung auf dieses Zeichen ausgedehnt. Danach führt das Senden des zweiten Zeichens dazu, dass das erste überschrieben wird, wodurch immer nur das letzte Zeichen als Dateiname verwendet wird.

Taste	Tastencode
A bis Z	A bis Z
Alt	%
Bild ab	{PGDN}
Bild auf	{PGUP}
CapsLock	{CAPSLOCK}
Druck	{PRTSC}
Einfg	{INSERT} oder {INS}
Eingabe	{ENTER}oder ~
Ende	{END}
Entf	{DELETE} oder {DEL}
Esc	{ESC}
F1 bis F16	{F1} bis {F16}
NumLock	{NUMLOCK}
Pause	{BREAK}
Pfeil links	{LEFT}
Pfeil oben	{UP}
Pfeil rechts	{RIGHT}
Pfeil unten	{DOWN}
Pos1	{HOME}
Rück	{BACKSPACE}, {BS} oder {BKSP}
ScrollLock	{SCROLLLOCK}
Strg	^
Tab	{TAB}
Umschalt	+

Tabelle 10.3: *Verfügbare Tastencodes*

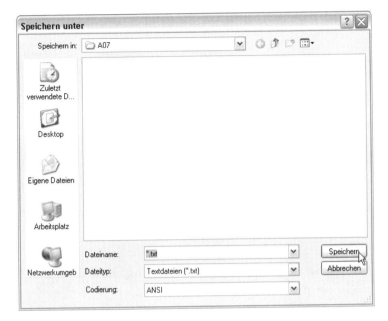

Abbildung 10.2: *Die Markierung des Dateinamens funktioniert beim Senden von Tastenfolgen anders*

Aus diesem Grund müssen Sie etwas anders vorgehen, um die Zeichenkette für den Dateinamen zu senden. Zunächst senden Sie mit »{HOME}« die Taste Pos1, um den Cursor an den Anfang des Textfeldes zu setzen. Dann markieren Sie das erste Zeichen »*« der Markierung, indem Sie mit »+{RIGHT}« die Tastenfolge Umschalt+Pfeil rechts senden. Jetzt können Sie den gewünschten Dateinamen, hier »test« senden, der dann die Markierung ersetzt. Weil die Markierung ja nur das erste Zeichen umfasst und der Rest des Feldes stehen geblieben ist, steht nun im Feld *Dateiname* der Name »test.txt«. Mit der Tastenfolge »%S« senden Sie anschließend Alt+S an das geöffnete Fenster und simulieren dadurch einen Klick auf die Schaltfläche *Speichern*. Die letzte *SendKeys*-Anweisung schließt den Editor, indem das Menü *Datei* mit Alt+D geöffnet und dort der Eintrag *Beenden* durch Drücken der Taste B ausgewählt wird.

```
Sub TestK10_03()
    'Shell zum Starten verwenden
    Dim strDatei As String
    Dim dblTask As Double
    #If Mac = False Then
        'Code für Windows
        ChDir ThisWorkbook.Path
        strDatei = "notepad.exe"
        dblTask = Shell(strDatei, vbNormalFocus)
        Do
            DoEvents
        Loop Until dblTask > 0
        'Textzeile einfügen
        SendKeys "Dies ist eine eingefügte Zeile{ENTER}"
        'Menü Datei öffnen und Speichern auswählen
        SendKeys "%DS", True '[Alt]+[D],[S]
        'Cursor an den Anfang der Zeile
        SendKeys "{HOME}", True '[Pos1]
        '1. Zeichen markieren
        SendKeys "+{RIGHT}", True  '[Umsch]+[Pfeil nach rechts]
```

```
    'Dateiname angeben
    SendKeys "test", True
    'Auf Speichern klicken
    SendKeys "%S", True '[Alt]+[S]
    'Editor schließen
    SendKeys "%DB", True '[Alt]+[D],B
  #End If
End Sub
```

Listing 10.7: Text in eine Datei schreiben und unter dem Namen »test.txt« speichern

HINWEIS: Wenn Sie den Code ausführen, wird die Datei in dem Verzeichnis gespeichert, das zuletzt im Editor ausgewählt wurde. Auch das können Sie natürlich ändern, indem Sie beispielsweise mit der Tab-Taste die Auswahlliste für den Ordner aktivieren und den Ordner auswählen. Das ist allerdings sehr aufwändig und funktioniert natürlich nur bei einen gegebenen Dateisystem. Kennen Sie die Ordnerstruktur nicht genau, wählen Sie womöglich den falschen Listeneintrag und damit den falschen Ordner aus. Zudem gibt es ein weiteres Problem. Ist die Datei schon vorhanden, weil Sie das Skript das zweite Mal ausführen, wird der Benutzer gefragt, ob die Datei überschrieben werden soll. Dadurch wird die letzte Zeichenfolge nicht an das Anwendungsfenster gesendet, sondern an das Meldungsfenster, das damit aber nichts anfangen kann. Daher wird weder das Meldungsfenster noch das Anwendungsfenster geschlossen.

Wie Sie sehen, ist die Verwendung von Tastenfolgen zur Steuerung von Anwendungen alles andere als ideal. Sie sollten daher, wo immer möglich, auf die Objektautomation setzen, der auch die nachfolgenden Abschnitte gewidmet sind.

10.5 Word aus Excel starten

Das Codemodul *K10_05* mit dem Listing finden Sie in der Datei *K10.xls* innerhalb der Begleitdateien zum Buch.

Problem

Sie möchten Word mit Hilfe der Objektautomation starten.

Lösung

Erstellen Sie ein Word-*Application*-Objekt, indem Sie es aus der Klasse *Word.Application* erzeugen. Das *Application*-Objekt von Word stellt (wie auch in Excel) das oberste Objekt der Objekthierarchie dar und repräsentiert die Anwendung selbst.

Erläuterungen

Word zu starten ist im Prinzip gar nicht schwer. Möchten Sie die frühe Bindung verwenden, benötigen Sie jedoch einen Verweis auf die Word-Objektbibliothek. Rufen Sie dazu in der Entwicklungsumgebung den Menübefehl *Extras/Verweise* auf und aktivieren Sie das Kontrollkästchen vor dem Eintrag *Microsoft Word ??.0 Object Library*. Für Word 2003 müssen Sie also den Eintrag *Microsoft Word 11.0 Object Library* aktivieren, für Microsoft Word 2000 wäre es der Eintrag *Microsoft Word 9.0 Object Library*. Schließen Sie dann das Dialogfeld mit *OK*.

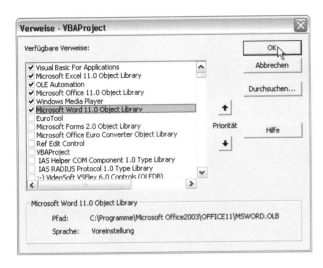

Abbildung 10.3: *Den Verweis auf die Word-Objektbibiliothek setzen*

Ist der Verweis gesetzt, deklarieren Sie zunächst eine Variable des Typs *Word.Application.* und weisen dieser in der zweiten Zeile ein neue Instanz des *Word.Application*-Objekts zu.

ACHTUNG: Auf dem Macintosh erzeugt der Versuch, Word zu starten, wenn es schon gestartet ist, eine Fehlermeldung. Das liegt daran, dass immer nur eine Instanz einer Office-Anwendung ausgeführt werden kann. Daher ist es gerade auf dem Macintosh sehr wichtig, vorab zu prüfen, ob Word schon gestartet ist. Wie das geht, finden Sie in ▶ Abschnitt »10.6 Prüfen, ob Word schon gestartet ist« weiter unten erklärt.

HINWEIS: Sie könnten das Schlüsselwort *New* auch gleich bei der Deklaration der Objektvariablen verwenden. Das Ergebnis ist aber nicht ganz das gleiche. Wo die Unterschiede liegen, finden Sie in ▶ Abschnitt »10.1 Fremde Anwendungen per VBA starten und steuern« weiter oben erklärt.

Mit Erzeugen des *Word.Application*-Objekts wird auch Word gestartet. Das geschieht zwar im Hintergrund, dennoch dauert es in der Regel etwas. Erst wenn der Start komplett erfolgt ist, wird mit der Anweisung nach der Instanzierung fortgefahren. In der Prozedur *TestK10_05a* wird Word dann sichtbar gemacht, indem die *Visible*-Eigenschaft des *Word.Application*-Objekts auf *True* gesetzt wird. Ansonsten würde Word komplett unsichtbar bleiben, was nicht in jedem Fall sinnvoll ist und u. U. auch zu Fehlern führen kann.

Mit der *Quit*-Methode des *Word.Application*-Objekts wird Word beendet und danach die Objektvariable freigegeben, indem sie auf *Nothing* gesetzt wird.

WICHTIG: Achten Sie unbedingt darauf, Word wieder zu beenden, indem Sie die *Quit*-Methode aufrufen, wenn Sie es nicht mehr benötigen. Bei Objekten, die eigene Tasks darstellen, reicht es nämlich nicht aus, wenn Sie die Instanz zerstören. Dadurch wird nicht der Task beendet. Sie müssen also immer erst die *Quit*-Methode aufrufen und sollten danach die Objektvariable auf *Nothing* setzen.

```
Sub TestK10_05a()
    'Word mit früher Bindung starten
    Dim objWord As Word.Application
    Set objWord = New Word.Application
    'Word sichtbar machen
```

Excel und andere Anwendungen steuern

```
    objWord.Visible = True
    'Word schließen
    objWord.Quit
    Set objWord = Nothing
End Sub
```

Listing 10.8: Word starten und beenden

Bei einer späten Bindung ist kein Verweis erforderlich. Stattdessen erzeugen Sie das Objekt über die *CreateObject*-Funktion, der Sie den Klassennamen *"Word.Application"* übergeben. Ansonsten gibt es keine Unterschiede im Code gegenüber der Instanzierung von Word mit früher Bindung.

```
Sub TestK10_05b()
    'Word mit später Bindung starten
    Dim objWord As Object
    Set objWord = CreateObject("Word.Application")
    'Word sichtbar machen
    objWord.Visible = True
    'Word schließen
    objWord.Quit
    Set objWord = Nothing
End Sub
```

Listing 10.9: Word mit später Bindung starten und beenden

ACHTUNG: Word gehört zu den wenigen Anwendungen, bei denen Sie keinen Einfluss darauf haben, welche Version von Word gestartet wird, wenn Sie das *Word.Application*-Objekt erzeugen und mehrere Word-Versionen installiert haben. Windows startet immer die Version von Word, die Sie zuletzt manuell gestartet haben.

10.6   Prüfen, ob Word schon gestartet ist

Das Codemodul *K10_06* mit dem Listing finden Sie in der Datei *K10.xls* innerhalb der Begleitdateien zum Buch.

Problem

Sie möchten Word nur dann starten, wenn es noch nicht gestartet ist. Dazu möchten Sie feststellen, ob Word bereits gestartet ist oder nicht.

Lösung

Sie können nicht nur die *CreateObject*-Funktion verwenden, um ein Objekt zu erstellen, sondern Sie können auch mit der *GetObject*-Funktion ein vorhandenes Objekt zurückgeben. Gelingt das nicht, tritt ein abfangbarer Laufzeitfehler auf. Sie brauchen also nur zu versuchen das *Word.Application*-Objekt mit der *GetObject*-Methode zurückzugeben. Gelingt das, ist Word gestartet.

Erläuterungen

Die Funktion *WordGestartet* macht genau das. Sie deklariert eine Variable des Typs *Word.Application* und weist ihr dann den Rückgabewert der *GetObject*-Methode zu. Die Anweisung *On Error Resume Next* sorgt dafür, dass keine Laufzeitfehler auftreten, wenn die

Rückgabe des Objekts nicht gelingt. Die *GetObject*-Funktion dient eigentlich dazu, beispielsweise Dateien zu öffnen. Sie können ihr dazu einen Namen und Pfad einer Word-Datei als ersten Parameter übergeben und erhalten dann ein *Word.Document*-Objekt zurück. Wenn Sie den ersten Parameter nicht angeben, können Sie den zweiten angeben. Das ist der Name der Klasse, aus der das Objekt erzeugt wurde, das Sie zurückgeben möchten. Wenn Sie also das *Word.Application*-Objekt zurückgeben möchten, geben Sie "*Word.Application*" als Klassennamen an.

Nach Aufruf der Funktion prüfen Sie einfach, ob die Objektvariable den Wert *Nothing* hat. Falls ja, ist Word noch nicht gestartet und die Funktion gibt *False* zurück, ansonsten wird *True* zurückgegeben.

HINWEIS: Wenn Sie die späte Bindung verwenden möchten, ersetzen Sie einfach die Deklaration *Dim objWord As Word.Application* durch *Dim objWord As Object*. Für die hier verwendete frühe Bindung benötigen Sie den Verweis auf die Objektbibliothek von Word. In ▶ Abschnitt »10.5 Word aus Excel starten« finden Sie erläutert, wie Sie diesen Verweis erstellen.

```
Function WordGestartet() As Boolean
    'Prüfen, ob Word gestartet ist
    Dim objWord As Word.Application
    On Error Resume Next
    Set objWord = GetObject(, "Word.Application")
    If objWord Is Nothing Then
        'Word ist nicht gestartet
        WordGestartet = False
    Else
        'Word ist gestartet
        WordGestartet = True
    End If
    Set objWord = Nothing
End Function


Sub TestK10_06a()
    If WordGestartet() = False Then
        'Word ist nicht gestartet
        MsgBox "Word ist nicht gestartet"
    Else
        'Word ist gestartet
        MsgBox "Word ist gestartet"
    End If
End Sub
```

Listing 10.10: Prüfen, ob Word bereits gestartet ist

Wenn Sie die Funktion einsetzen möchten, um Word zu starten, falls es nicht gestartet ist, könnte das wie in der Prozedur *TestK10_06b* aussehen. Die Prozedur verwendet die Funktion *WordGestartet* und weist dann der Variablen *objWord* das neue oder bereits vorhandene *Word.Application*-Objekt zu, sodass Sie anschließend über diese Variable auf die Instanz von Word zugreifen können. Zur Kontrolle, dass die Variable nach der *If*-Verzweigung auch tatsächlich ein *Word.Application*-Objekt beinhaltet wird Word sichtbar gemacht, indem der *Visible*-Eigenschaft des *Word.Application*-Objekts der Wert true zugewiesen wird..

```
Sub TestK10_06b()
    Dim objWord As Word.Application
```

```
    If WordGestartet() = False Then
        'Word ist nicht gestartet -> Starten
        Set objWord = CreateObject("Word.Application")
    Else
        'Word ist gestartet -> zurückgeben
        Set objWord = GetObject(, "Word.Application")
    End If
    objWord.Visible=True
End Sub
```

Listing 10.11: Word starten bzw. zurückgeben

10.7 Eine Word-Datei unmittelbar öffnen

Das Codemodul *K10_07* mit dem Listing finden Sie in der Datei *K10.xls* innerhalb der Begleit-dateien zum Buch.

Problem

Sie möchten eine Word-Datei öffnen, ohne dazu vorab ein *Word.Application*-Objekt erzeugen zu müssen.

Lösung

Mit Hilfe der *GetObject*-Funktion können Sie vorhandene Objekte zurückgeben. Diese müssen aber nicht schon im Speicher existieren, sondern können auch in Form einer Datei vorhanden sein. So können Sie beispielsweise aus einer Word-Datei ein *Word.Document*-Objekt erzeugen, das eine Word-Datei darstellt. Damit wird die Datei geöffnet und Sie können etwa über die *Parent*-Eigenschaft des *Document*-Objekts auch auf das *Word.Application*-Objekts zugreifen.

Erläuterungen

Zunächst erzeugt die Prozedur *TestK10_07* zwei Objektvariablen und weist dann der Variablen *objDoc* den Rückgabewert der *GetObject*-Funktion zu. Ihr übergeben Sie einfach den Pfad und Namen der zu öffnenden Word-Datei, die sich hier im gleichen Verzeichnis wie die Arbeits-mappe befindet. Jetzt ist die Word-Datei geöffnet und Sie können sie über Ihre Eigenschaften und Methoden bearbeiten. Die *Parent*-Eigenschaft gibt beispielsweise das *Application*-Objekt der Word-Instanz zurück, in der die Datei geöffnet ist.

ACHTUNG: Auf dem Macintosh bewirkt die *GetObject*-Funktion nur, dass Word gestartet wird, wenn das nicht schon der Fall ist. Die gewünschte Datei wird aber nicht geöffnet. Sie ist weder sichtbar, noch lässt sie sich mit der *Close*-Methode schließen. Allerdings hat die Objektvariable *objDoc* einen Wert, der dem *Document*-Objekt des geöffneten Dokuments entspricht, weil die *Name*-Eigenschaft tatsächlich den Wert »Test.doc« enthält. Es ist daher nicht zu erklären, warum die *Close*-Methode einen Fehler auslöst.

Möchten Sie die Datei schließen, gibt es dazu zwei Möglichkeiten. Zum einen können Sie die *Close*-Methode der *Documents*-Auflistung verwenden, zum anderen die *Close*-Methode des *Document*-Objekts. Genau betrachtet ist das natürlich die gleiche Methode, weil die *Docu-ments*-Auflistung des *Word.Application*-Objekts auch ein *Document*-Objekt zurückgibt, dessen Namen Sie als Index an die Auflistung übergeben. Die *Documents*-Auflistung verwaltet alle geöffneten Word-Dokumente.

Genau wie in Excel verfügt auch die *Close*-Methode von Word über einen Parameter *Save-Changes*. Setzen Sie den auf *True*, werden die Änderungen ohne Rückfrage gespeichert, geben Sie *False* an, werden sie ebenfalls ohne Rückfrage verworfen.

ACHTUNG: Anschließend werden die beiden Objektvariablen zwar auf *Nothing* gesetzt, das bewirkt aber nicht, das Word geschlossen wird. Dazu müsste vorher die *Quit*-Methode aufgerufen werden.

```
Sub TestK10_07()
    Dim objDoc As Word.Document
    Dim objWord As Word.Application
    'Datei öffnen
    Set objDoc = GetObject(ThisWorkbook.Path & _
        Application.PathSeparator & "test.doc")
    'Auf Word.Application-Objekt zugreifen
    Set objWord = objDoc.Parent
    'Datei schließen
    objWord.Documents(objDoc.Name).Close False
    'ALTERNATIV
    'objDoc.Close False
    'Variablen freigeben
    Set objDoc = Nothing
    Set objWord = Nothing
End Sub
```

Listing 10.12: *Eine Word-Datei öffnen*

HINWEIS: Damit der Code funktioniert, benötigen Sie einen Verweis auf die Objektbibliothek von Word. Wie Sie diesen erstellen, wird in ▶ Abschnitt »10.1 Fremde Anwendungen per VBA starten und steuern« weiter oben erklärt. Alternativ können Sie auch späte Bindung verwenden. Was das ist, finden Sie in ▶ Kapitel 2 näher erklärt. In diesem Fall deklarieren Sie die beiden Variablen mit dem Typ *Object* und können dann auf den Verweis verzichten. Wie Sie Word mit der *Quit*-Methode beenden, finden Sie in ▶ Abschnitt »10.5 Word aus Excel starten« weiter oben erklärt.

10.8   Ein Word-Dokument öffnen

Das Codemodul *K10_08* mit dem Listing finden Sie in der Datei *K10.xls* innerhalb der Begleitdateien zum Buch.

Problem

Sie möchten ausgehend von einer bestehenden Word-Instanz ein Word-Dokument öffnen.

Lösung

Wenn Sie das *Word.Application*-Objekt erzeugt oder mit *GetObject* zurückgegeben haben, können Sie mit der *Open*-Methode der *Documents*-Auflistung eine Datei öffnen.

Erläuterungen

Falls Sie eine vorhandene Instanz von Word nutzen möchten und nicht in jedem Fall eine neue erzeugen möchten, sollten Sie die Funktion *WordGestartet* verwenden, um zu prüfen, ob Word schon gestartet ist. Sie wurde in ▶ Abschnitt »10.6 Prüfen, ob Word schon gestartet ist« weiter oben erstellt und erklärt. Ist Word noch nicht gestartet, können Sie die *CreateObject*-Funktion verwenden, um Word zu starten, ansonsten geben Sie das *Word.Application*-Objekt mit der *GetObject*-Funktion zurück. Anschließend können Sie die *Open*-Methode der *Documents*-Auflistung verwenden um die Datei zu öffnen. Sie gibt die geöffnete Word-Datei als *Document*-Objekt zurück, sodass Sie sie einer entsprechenden Variablen zuweisen können.

```
Sub TestK10_08a()
    Dim objWord As Word.Application
    Dim objDoc As Word.Document
    If WordGestartet() = True Then
        Set objWord = GetObject(, "Word.Application")
    Else
        Set objWord = CreateObject("Word.Application")
    End If
    'Datei öffnen
    Set objDoc = objWord.Documents.Open( _
        ThisWorkbook.Path & Application.PathSeparator & "test.doc")
    Set objWord = Nothing
    Set objDoc = Nothing
End Sub
```

Listing 10.13: *Eine Datei öffnen*

Wenn Sie eine Datei öffnen möchten, die sich in Word in der Liste der zuletzt geöffneten Dateien befindet, benötigen Sie nur den Namen der Datei, nicht aber deren Pfad. Sie können dann nämlich die Liste der zuletzt geöffneten Dateien durchlaufen. Sie wird von der *RecentFiles*-Auflistung des *Application*-Objekts zurückgeben. Über deren *Count*-Eigenschaft können Sie die Anzahl der Einträge ermitteln, sodass Sie problemlos die Schleifenvariable einer *For*-Schleife von *1* bis zum Wert der *Count*-Eigenschaft hoch zählen können. Über den Index können Sie dann einen bestimmten Eintrag ermitteln und mit dem gesuchten Dateinamen vergleichen. Stimmen beide überein, rufen Sie einfach die *Open*-Methode des aktuellen Elements der Auflistung auf. Damit wird dann die Datei geöffnet, ohne dass sie deren Verzeichnis kennen müssen.

```
Sub Oeffnen(strName As String)
    'Öffnet die Datei strName in der
    'Liste der zuletzt geöffneten Dateien
    Dim objWord As Word.Application
    Dim objDoc As Word.Document
    Dim bytI As Byte
    If WordGestartet() = True Then
        Set objWord = GetObject(, "Word.Application")
    Else
        Set objWord = CreateObject("Word.Application")
    End If
    'Datei öffnen
    For bytI = 1 To objWord.RecentFiles.Count
        If objWord.RecentFiles(bytI) = strName Then
            objWord.RecentFiles(bytI).Open
        End If
    Next bytI
    Set objWord = Nothing
    Set objDoc = Nothing
End Sub
```

```
Sub TestK10_08b()
    Oeffnen "test.doc"
End Sub
```

Listing 10.14: Öffnen einer Datei aus der Liste der zuletzt geöffneten Dateien

10.9 Excel-Daten in ein Word-Dokument übertragen

Das Codemodul *K10_09* mit dem Listing finden Sie in der Datei *K10.xls* innerhalb der Begleitdateien zum Buch.

Problem

Sie möchten Daten aus Excel, beispielsweise Adressdaten, in ein Word-Dokument einfügen.

Lösung

Wenn Sie Texte in Word einfügen möchten, müssen Sie dazu ein *Paragraph*-Objekt erzeugen und an die *Paragraphs*-Auflistung anhängen. Den Inhalt des Absatzes weisen Sie dann der *Text*-Eigenschaft des *Range*-Objekts des *Paragraph*-Objekts zu.

Erläuterungen

Die *Paragraphs*-Auflistung stellt alle Absätze des Dokuments dar. Ein Absatz kann wiederum beliebig viele Zeilen Text enthalten, der einfach über das *Range*-Objekt des Absatzes zugewiesen wird. Das folgende Beispiel zeigt, wie Sie mit Hilfe einer Funktion eine Adresse in Word einfügen, die in einem Excel-Tabellenblatt gespeichert ist. Dabei werden zwei verschiedene Varianten gezeigt. Die Prozedur *Adresse1* erzeugt eine Adresse, deren einzelne Zeilen nur mit einem Zeilenumbruch voneinander getrennt sind. Alle Zeilen der Adresse bilden daher einen gemeinsamen Absatz. In der zweiten Version, erzeugt durch die Prozedur *Adresse2*, wird jede Zeile als eigener Absatze eingefügt.

Beiden Prozeduren übergeben Sie dazu das geöffnete Word-Dokument sowie die Datensatznummer in der Excel-Tabelle. Da diese in der ersten Zeile die Spaltenüberschriften enthält, müssen Sie zum Zugriff auf die Daten innerhalb der Prozeduren noch den Wert 1 addieren.

	A	B	C	D	E
1	Name	Strasse	PLZ	Ort	Land
2	Franz Meier	Hauptstr. 17	10001	Beispielstadt	Deutschland
3	Hannelore Franzen	Bahnhofstr.	10000	Beispielstadt	Deutschland
4					

Abbildung 10.4: Aufbau der Excel-Tabelle mit den Daten

Wichtig ist, dass Sie das *Word.Document*-Objekt nicht als Referenz, sondern als Wert übergeben. Sonst bewirkt nämlich das Setzen des Parameters auf *Nothing* am Ende der Prozedur *Adresse1*, dass auch die Objektvariable *objDoc* in der aufrufenden Prozedur auf *Nothing* gesetzt wird. Diese wird dann jedoch erneut an die Prozedur *Adresse2* übergeben und hat damit für den Zugriff auf das Dokument keinen gültigen Inhalt. Geben Sie vor dem Parameter das Schlüsselwort *ByVal* an, wird eine Kopie des Objekts erzeugt und übergeben. Das Original bleibt also erhalten und kann damit problemlos an die Prozedur *Adresse2* übergeben werden.

HINWEIS: Was es mit der Parameterübergabe als Referenz und Wert genau auf sich hat, können Sie in ▶ Kapitel 1 nachlesen.

```
Sub TestK10_09()
    Dim objWord As Word.Application
    Dim objDoc As Word.Document
    If WordGestartet() = True Then
        Set objWord = GetObject(, "Word.Application")
    Else
        Set objWord = CreateObject("Word.Application")
    End If
    'Datei öffnen
    Set objDoc = objWord.Documents.Open( _
        ThisWorkbook.Path & Application.PathSeparator & "test.doc")
    'Adresse einfügen
    Adresse1 objDoc, 1
    Adresse2 objDoc, 2
    Set objWord = Nothing
    Set objDoc = Nothing
End Sub
```

Listing 10.15: Öffnen der Datei und aufrufen der beiden Prozeduren

Die Prozedur *Adresse1* definiert zunächst eine Objektvariable des Typs *Word.Paragraph* sowie eine Variable des Typs *Worksheet*, der dann das Tabellenblatt zugewiesen wird, in dem sich die Daten befinden. Danach wird einer *String*-Variablen *strText* der gewünschte Text zugewiesen. Dazu wird zwischen jeder Zeile der Adresse ein weicher Zeilenumbruch eingefügt. Dieses nicht druckbare Zeichen, das in Word durch einen kleinen rechtwinkligen Pfeil dargestellt wird, erzeugen Sie einfach mit der *Chr*-Funktion, indem Sie ihr den ASCII-Code des Zeichens, hier 11 übergeben.

Nun erzeugen Sie mit der *Add*-Methode der *Paragraphs*-Auflistung einen neuen Absatz. Standardmäßig wird dieser immer am Ende angefügt. Ansonsten müssen Sie der *Add*-Methode ein *Range*-Objekt übergeben, vor dem der Absatz erstellt werden soll.

HINWEIS: Auch ein *Range*-Objekt, das einen Bereich, wie beispielsweise eine Markierung darstellt, kann mehrere Absätze enthalten und hat daher auch eine *Paragraphs*-Auflistung. Wenden Sie die *Add*-Methode auf eine Auflistung einer Markierung an, wird der neue Absatz nach der Markierung eingefügt.

Die *Add*-Methode gibt den neuen Absatz als *Paragraph*-Objekt zurück, über dessen *Range*-Eigenschaft Sie auf den Bereich des Absatzes zugreifen können. Der *Text*-Eigenschaft des *Range*-Objekts weisen Sie dann einfach den gewünschten Inhalt für den Absatz zu. Das gilt allerdings nicht, wenn es sich um den letzten Absatz des Dokuments handelt. Dann wird der vorhandene letzte Absatz von der *Add*-Methode zurückgegeben und folglich überschrieben, wenn Sie der *Text*-Eigenschaft einen neuen Wert zuweisen.

Um dieses Problem zu vermeiden, wenn Sie die Prozedur *Adresse2* ausführen und damit die erste Adresse zu überschreiben, müssen Sie explizit dafür sorgen, dass am Ende ein neuer leerer Absatz eingefügt wird. Sie können dazu über die *Content*-Eigenschaft den kompletten Inhalt des Word-Dokuments als *Word.Range*-Objekt zurückgeben und dessen *Paragraphs*-Auflistung verwenden, um einen Absatz einzufügen. Wenn Sie danach die *InsertAfter*-Methode des *Range*-Objekts aufrufen, wird der nun neue letzte Absatz des Dokuments mit dem Wert gefüllt, den Sie an die Methode übergeben. Das ist wieder die Adresse, deren Teile aber nun mit der Konstanten *vbCrLf* durch eine Absatzmarke getrennt werden.

ACHTUNG: Für den Macintosh müssen der *Chr*-Funktion den Bibliotheksnamen *VBA.* voranstellen, damit die Funktion gefunden werden kann.

```
Sub Adresse1(ByVal objD As Word.Document, lngI As Long)
    'Fügt eine Adresse mit weichen Zeilenumbrüchen ein
    Dim objWS As Worksheet
    Dim strText As String
    Dim objPar As Word.Paragraph
    Set objWS = ThisWorkbook.Worksheets("Daten")
    strText = objWS.Cells(lngI + 1, 1).Value & _
        VBA.Chr(11) & objWS.Cells(lngI + 1, 2).Value _
        & VBA.Chr(11) & objWS.Cells(lngI + 1, 3).Value & _
        VBA.Chr(11) & objWS.Cells(lngI + 1, 4).Value
    Set objPar = objD.Paragraphs.Add()
    objPar.Range.Text = strText
    Set objPar = Nothing
    Set objD = Nothing
    Set objWS = Nothing
End Sub


Sub Adresse2(ByVal objD As Word.Document, lngI As Long)
    'fügt eine Adresse ein, mit Absatzmarke nach
    'jeder Zeile
    Dim objWS As Worksheet
    Dim strText As String
    Set objWS = ThisWorkbook.Worksheets("Daten")
    strText = objWS.Cells(lngI + 1, 1).Value & _
        vbCrLf & objWS.Cells(lngI + 1, 2).Value _
        & vbCrLf & objWS.Cells(lngI + 1, 3).Value & _
        vbCrLf & objWS.Cells(lngI + 1, 4).Value
    'Am Ende neuen Absatz einfügen
    objD.Content.Paragraphs.Add
    'Inhalt der Variablen strText am Ende anfügen
    objD.Range.InsertAfter strText
    Set objD = Nothing
    Set objWS = Nothing
End Sub
```

Listing 10.16*: Adressen aus Excel-Daten in Word einfügen*

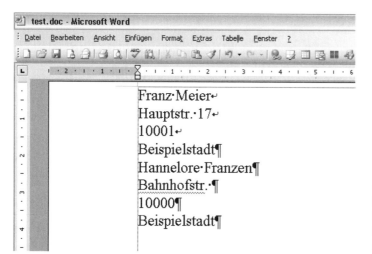

Abbildung 10.5: *Die beiden eingefügten Adressen, oben mit weichen Zeilenumbrüchen, die untere mit nur einer Zeile je Absatz*

HINWEIS: Damit Sie die unterschiedlichen Steuerzeichen in Word angezeigt bekommen und damit den Unterschied auch sehen, müssen Sie in Word die Anzeige der nicht druckbaren Zeichen eingeschaltet haben. Dazu rufen Sie den Menübefehl *Extras/Optionen* auf und aktivieren die Registerkarte *Ansicht*. Dort aktivieren Sie das Kontrollkästchen *Alle* in der Gruppe *Formatierungszeichen*. In der Macintosh-Version wählen Sie *Word/Einstellungen* aus und erhalten dann ebenfalls ein Dialogfeld dargestellt, in dem jedoch anstelle von Registerkarten Rubriken angezeigt werden. Standardmäßig ist die Rubrik *Ansicht* bereits aktiviert.

10.10 Daten in Textmarken schreiben

Das Codemodul *K10_10* mit dem Listing sowie die UserForm *frmK10_10* finden Sie in der Datei *K10.xls* innerhalb der Begleitdateien zum Buch. Dort ist auch die verwendete Dokumentvorlage *brief.dot* enthalten.

Problem

Sie möchten Inhalte aus Excel, oder solche, die der Benutzer über ein Dialogfeld eingegeben hat, an exakt definierten Stellen in ein Dokument schreiben. Diese Stellen sind im Word-Dokument als Textmarken definiert.

Lösung

Auf die im Dokument definierten Textmarken können Sie über die *Bookmarks*-Auflistung des *Word.Document*-Objekts zugreifen. Ersetzen Sie aber deren Inhalt, löscht Word auch die Textmarkendefinition. Das ist solange kein Problem, wie Sie die Textmarken anschießend nicht mehr brauchen oder sie wieder erstellen.

Erläuterungen

TIPP: Damit Sie die Textmarken im Dokument angezeigt bekommen, ist es notwendig, dass Sie die Textmarkendefinitionen einblenden. Rufen Sie dazu den Menübefehl *Ex-*

tras/Optionen auf und aktivieren Sie die Registerkarte *Ansicht*. Aktivieren Sie die das Kontrollkästchen *Textmarken* und schließen Sie das Dialogfeld mit *OK*.

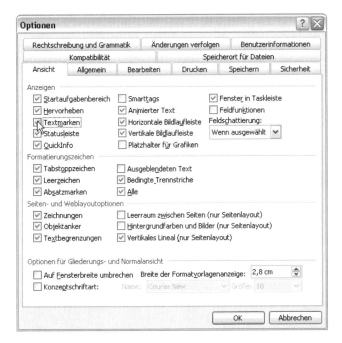

Abbildung 10.6: *Einblenden der Textmarken-Markierungen über die Word-Optionen*

Textmarken werden nun mit grauen, eckigen Klammern angezeigt, sodass Sie im Dokument erkennen können, wo welche definiert sind und welchen Inhalt sie haben.

Sinnvoll für eine solche Anwendung ist eine Dokumentvorlage, in der die Textmarken definiert sind. Für das Beispiel wird die Dokumentvorlage *brief.dot* verwendet, die sich im gleichen Verzeichnis wie die Arbeitsmappe mit dem Quellcode verwendet. Sie definiert verschiedene Textmarken für die Stellen im Dokument, an der die Anschrift, die Anrede und der Name des Anwenders und der Text eingefügt werden sollen.

HINWEIS: Textmarken müssen keinen Inhalt haben. Falls sie einen haben, muss der natürlich auch nicht ausschließlich aus Großbuchstaben bestehen. Hier wurden die Platzhalter nur deshalb in Großbuchstaben definiert, damit Sie besser zu erkennen sind.

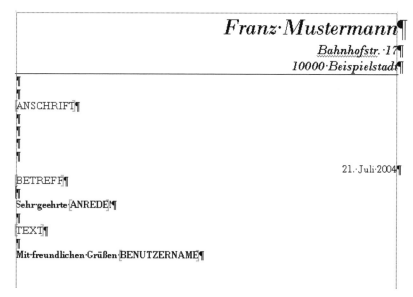

Franz·Mustermann¶
Bahnhofstr.·17¶
10000·Beispielstadt¶

¶
¶
ANSCHRIFT¶
¶
¶
¶
¶

21.·Juli·2004¶

¶
BETREFF¶
¶
Sehr·geehrte·ANREDE!¶
¶
TEXT¶
¶
Mit·freundlichen·Grüßen·BENUTZERNAME¶

Abbildung 10.7: *Die Dokumentvorlage mit den Textmarkendefinitionen*

TIPP: Falls Sie eine eigene Vorlage erstellen möchten und dort Textmarken einfügen möchten, gehe Sie dazu folgendermaßen vor:

1. Stellen Sie den Cursor an die Stelle, an der Sie die Textmarke einfügen möchten oder markieren Sie den Text, der als Platzhalter dienen soll.

2. Rufen Sie den Menübefehl *Einfügen/Textmarke* auf.

3. Geben Sie den Namen für die Textmarke in das Eingabefeld des Dialogfeldes ein.

4. Klicken Sie auf *Hinzufügen*.

Wenn Sie die Dokumentvorlage erstellt und wieder geschlossen haben, benötigen Sie nur eine Prozedur, die daraus ein neues Dokument erzeugt. Außerdem brauchen Sie natürlich eine UserForm, in der der Benutzer beispielsweise die Adresse aus der Adressliste in Excel auswählen und die übrigen Texte eingeben kann. Zum Schluss sollten Sie den Inhalt der Textmarke *TEXT* markieren, damit der Benutzer sie direkt mit dem gewünschten Text für den Brief überschreiben kann.

Erstellen Sie zunächst die UserForm und nennen Sie sie *frmK10_10.* bzw. ersetzen Sie später im Code den Namen durch den Ihrer Userform, wenn Sie einen anderen Namen wählen. Wie Sie die UserForm erstellen und Steuerelemente einfügen und Listenfelder füllen, finden Sie in ▶ Kapitel 5 erklärt.

In die UserForm fügen Sie zunächst ein Kombinationslistenfeld (*cmbAdresse*) ein, über die der Benutzer den Namen des Adressaten auswählen kann. Außerdem benötigen Sie ein Textfeld zur Eingabe der Betreffzeile (*txtBetreff*), ein Kombinationslistenfeld (*cmbAnrede*) zur Auswahl der Anrede sowie ein Textfeld (*txtBenutzer*) zur Eingabe des Benutzernamens. Zum Abschicken der Daten und Schließen des Dialogfelds fügen Sie außerdem noch eine *OK*-Schaltfläche mit dem Namen *bttOK* ein

In der *Initialize*-Ereignisprozedur müssen Sie nun die Listenfelder füllen. Das könnten Sie zwar auch, indem Sie sie mit der *RowSource*-Eigenschaft an einen Zellbereich binden, dass würde dann aber nicht auf dem Macintosh funktionieren, weil dort die *RowSource*-Eigenschaft nicht existiert. In das Textfeld *txtBenutzer* tragen Sie den Benutzernamen ein, den Sie über die *UserName*-Eigenschaft des *Application*-Objekts abrufen können. So muss der Benutzer nicht jedes Mal seinen Namen eintragen, falls er ihn korrekt in Excel hinterlegt hat.

Zunächst füllt die Ereignisprozedur für das *Initialize*-Ereignis die beiden Listen. Um die Namen der Adressliste einzufügen, verwenden Sie einfach eine Schleife, die alle Zeilen des benutzten Bereichs des Tabellenblattes durchläuft. Den benutzten Bereich des Blattes rufen Sie über die *UsedRange*-Eigenschaft des *Worksheet*-Objekts ab.

Die *Click*-Ereignisprozedur für die *OK*-Schaltfläche muss lediglich dafür sorgen, dass das Dialogfeld ausgeblendet wird. Sie dürfen dabei aber auf keinen Fall die *Unload*-Anweisung verwenden. Dann können Sie nämlich nicht mehr auf die Werte in den Steuerelementen zugreifen.

```
Private Sub bttOK_Click()
    Me.Hide
End Sub

Private Sub UserForm_Initialize()
    Dim objWs As Worksheet
    Dim objZeile As Range
    Me.cmbAnrede.AddItem "Frau"
    Me.cmbAnrede.AddItem "Herr"
    Set objWs = ThisWorkbook.Worksheets("Daten")
    For Each objZeile In objWs.UsedRange.Rows
        If objZeile.Row > 1 Then
            Me.cmbAdresse.AddItem objZeile.Cells(1, 1)
        End If
    Next objZeile
    Me.txtBenutzer.Value = Application.UserName
    Set objWs = Nothing
    Set objZeile = Nothing
End Sub
```

Listing 10.17: *Der Code der UserForm*

In einem normalen Modul können Sie die UserForm nun aufrufen. Der hier gezeigte Code verwendete frühe Bindung und benötigt daher einen Verweis auf die Objektbibliothek von Word. Wie Sie den erstellen beschreibt ▶ Abschnitt »10.5 Word aus Excel starten« weiter oben.

Nach den Variablendeklarationen prüft die Prozedur *TestK10_10* mit der Funktion *WordGestartet* aus dem ▶ Abschnitt »10.6 Prüfen, ob Word schon gestartet ist« zunächst, ob Word gestartet ist. Abhängig davon wird Word gestartet oder eine Instanz mit *GetObject* zurückgegeben. Anschließend wird eine neue Instanz der UserForm erzeugt und dessen *Show*-Methode aufgerufen, um das Dialogfeld einzublenden.

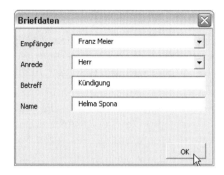

Abbildung 10.8: Das Dialogfeld für die Benutzereingaben

Der Benutzer kann nun die erforderlichen Eingaben vornehmen und das Dialogfeld mit *OK* schließen. Sobald das Dialogfeld geschlossen ist, werden die Anweisungen nach Aufruf der *Show*-Methode ausgeführt und die Werte der Eingabefelder und Auswahllisten in lokalen Variablen gespeichert. Das Dialogfeld wird dann mit der *Unload*-Anweisung aus dem Speicher entfernt und die Objektvariable auf *Nothing* gesetzt.

```
Sub TestK10_10()
    Dim objWord As Word.Application
    Dim objDoc As Word.Document
    Dim strBenutzer As String
    Dim strBetreff As String
    Dim strAnrede As String
    Dim strAdresse As String
    Dim lngAdressZeile As Long
    Dim frmDaten As frmK10_10
    Dim objWs As Worksheet
    If WordGestartet() = True Then
        Set objWord = GetObject(, "Word.Application")
    Else
        Set objWord = CreateObject("Word.Application")
    End If
    'Formular anzeigen
    Set frmDaten = New frmK10_10
    frmDaten.Show
    'Daten aus Formular ermitteln und Formular entladen
    strBenutzer = frmDaten.txtBenutzer.Text
    strAnrede = frmDaten.cmbAnrede.Text
    If strAnrede = "Herr" Then
        strAnrede = "r " & strAnrede
    Else
        strAnrede = " " & strAnrede
    End If
    strBetreff = frmDaten.txtBetreff.Text
    lngAdressZeile = frmDaten.cmbAdresse.ListIndex + 2
    'Formular entladen
    Unload frmDaten
    Set frmDaten = Nothing
...
```

Listing 10.18: *Der erste Teil der Prozedur TestK10_10*

Als nächstes wird die Adresse aus der Excel-Tabelle ermittelt und als Zeichenfolge zusammengesetzt. Die einzelnen Zeilen werden dabei durch einen weichen Zeilenumbruch getrennt, der mit der *Chr*-Funktion erzeugt wird. Sie gibt ein Zeichen zurück, dessen ASCII-Code Sie als Parameter übergeben. Das Zeichen mit dem ASCII-Code 11 stellt einen Zeilenumbruch dar.

Anschließend wird noch die Anrede um den Namen in der ersten Tabellenspalte ergänzt und danach die Objektvariable *objWs* wieder auf *Nothing* gesetzt. Damit stehen alle Daten fest. Sie können nun das Word-Dokument erstellen. Dazu rufen Sie die *Add*-Methode der *Documents*-Auflistung auf. Geben Sie keine Parameter an, wird ein neues, leeres Dokument erzeugt. Sie können aber auch hier den Namen und Pfad einer Dokumentvorlage angeben. Dann wird das Dokument aus der Dokumentvorlage erzeugt. Die *Add*-Methode gibt das erzeugte *Document*-Objekt zurück, das Sie dann einer entsprechenden Variablen zuweisen können.

Wenn Sie das Dokument erzeugt haben, können Sie über die *Bookmarks*-Auflistung auf die Textmarken im Dokument zugreifen. Sie verfügen über eine *Range*-Eigenschaft, die ein *Word.Range*-Objekt zurückgibt, über dessen Text-Eigenschaft Sie den Platzhalter mit dem gewünschten Text überschreiben können. Am Ende wird für die letzte verbleibende Textmarke die *Select*-Anweisung aufgerufen. Damit wird der Inhalt der Textmarke markiert und könnte nun vom Benutzer überschrieben werden. Mit der *Activate*-Methode des *Word.Application*-Objekts wird Word dann aktiviert und damit zur aktiven Anwendung gemacht. Damit das gelingt, müssen Sie jedoch dafür sorgen, dass Word sichtbar ist, indem Sie dessen *Visible*-Eigenschaft auf *True* setzen.

```
...
    'Adresse ermitteln
    Set objWs = ThisWorkbook.Worksheets("Daten")
    strAdresse = objWs.Cells(lngAdressZeile, 1).Value & VBA.Chr(11) & _
        objWs.Cells(lngAdressZeile, 2).Value & VBA.Chr(11) & VBA.Chr(11) & _
        objWs.Cells(lngAdressZeile, 4).Value & " " & _
        objWs.Cells(lngAdressZeile, 5).Value
    'Anrede um Namen ergänzen
    strAnrede = strAnrede & " " & objWs.Cells(lngAdressZeile, 1).Value
    Set objWs = Nothing
    'Datei öffnen
    Set objDoc = objWord.Documents.Add( _
        ThisWorkbook.Path & Application.PathSeparator & "brief.dot")
    'Adresse einfügen
    objDoc.Bookmarks("ANSCHRIFT").Range.Text = strAdresse
    objDoc.Bookmarks("ANREDE").Range.Text = strAnrede
    objDoc.Bookmarks("BENUTZERNAME").Range.Text = strBenutzer
    objDoc.Bookmarks("BETREFF").Range.Text = strBetreff
    objDoc.Bookmarks("TEXT").Select
    objWord.Visible=True
    objWord.Activate
    Set objWord = Nothing
    Set objDoc = Nothing
End Sub
```

***Listing 10.19**: Die Daten an Word übergeben – Teil zwei der Prozedur TestK10_10*

10.11 Word-Formulare mit Excel-Daten füllen

Das Codemodul *K10_11* mit dem Listing sowie die UserForm *frmK10_10* finden Sie in der Datei *K10.xls* innerhalb der Begleitdateien zum Buch. Dort ist auch die verwendete Dokumentvorlage *form.dot* enthalten.

Problem

Sie möchten Daten aus Excel bzw. Daten, die der Benutzer eingegeben hat, in Word-Formularfelder schreiben.

Lösung

Wenn Sie Word-Formularfelder einfügen, werden automatisch auch Textmarken von Word definiert. Noch einfacher ist aber der Zugriff über die *FormFields*-Auflistung. Zur Eingabe der Daten können Sie wieder ein Dialogfeld aus ▶ Abschnitt »10.10 Daten in Textmarken schreiben« verwenden. Was sich unterscheidet, ist dann nur die Prozedur, die das Dialogfeld anzeigt und die Daten an Word übergibt.

Erläuterungen

Damit Sie die Daten in die Formularfelder einfügen können, müssen Sie auf diese zugreifen können. Wenn Sie die Formularfelder eingefügt haben, müssen Sie daher über das Eigenschaften-Dialogfeld noch den Namen für die Textmarke festlegen. Dieses Dialogfeld rufen Sie auf, indem Sie aus dem Kontextmenü des Formularfeldes den Eintrag *Eigenschaften* auswählen. Tragen Sie den Namen in das Feld *Textmarke* ein und schließen Sie das Dialogfeld mit *OK*.

Abbildung 10.9: *Definieren des Formularfeldnamens*

Wenn Sie auf diese Weise alle Formularfelder benannt und sogar die gleichen Namen verwendet haben, wie in der Dokumentvorlage aus ▶ Abschnitt »10.10 Daten in Textmarken schreiben«, sind nur minimale Änderungen am Code erforderlich. Zum Schluss müssen Sie aber noch das Formular für die Formulareingabe schützen. Blenden Sie dazu über das Menü *Ansicht* und den Eintrag *Symbolleisten* die Symbolleiste *Formular* ein und klicken Sie auf die Schaltfläche *Formular schützen*.

Die Unterschiede im Code sind gegenüber dem Beispiel aus ▶ Abschnitt »10.10 Daten in Textmarken schreiben« weiter oben wirklich minimal und im Listing fett hervorgehoben. Sie tauschen die *Bookmarks*-Auflistung gegen die *FormFields*-Auflistung aus, in der alle Formularfelder verwaltet werden. Anstatt aber der *Text*-Eigenschaft des *Range*-Objekts einen neuen Wert zuzuweisen, weisen Sie den neuen Wert der *Result*-Eigenschaft zu.

HINWEIS: Sie können auch wie bei den Textmarken die Eigenschaft *.Range.Text* verwenden. Das geht jedoch nicht, wenn Sie den Formularschutz aktiviert haben und würde ohne Formularschutz dazu führen, dass Textmarken und Formularfelder durch den neuen Inhalt ersetzt werden. Sie haben damit im Prinzip nichts anderes erreicht, als wenn Sie Textmarken verwenden.

```
Sub TestK10_11()
    Dim objWord As Word.Application
    Dim objDoc As Word.Document
    Dim strBenutzer As String
    Dim strBetreff As String
    Dim strAnrede As String
    Dim strAdresse As String
    Dim lngAdressZeile As Long
    Dim frmDaten As frmK10_10
    Dim objWs As Worksheet
    If WordGestartet() = True Then
        Set objWord = GetObject(, "Word.Application")
    Else
        Set objWord = CreateObject("Word.Application")
    End If
    'Formular anzeigen
    Set frmDaten = New frmK10_10
    frmDaten.Show
    'Daten aus Formular ermitteln und Formular entladen
    strBenutzer = frmDaten.txtBenutzer.Text
    strAnrede = frmDaten.cmbAnrede.Text
    If strAnrede = "Herr" Then
        strAnrede = "r " & strAnrede
    Else
        strAnrede = " " & strAnrede
    End If
    strBetreff = frmDaten.txtBetreff.Text
    lngAdressZeile = frmDaten.cmbAdresse.ListIndex + 2
    'Formular entladen
    Unload frmDaten
    Set frmDaten = Nothing
    'Adresse ermitteln
    Set objWs = ThisWorkbook.Worksheets("Daten")
    strAdresse = objWs.Cells(lngAdressZeile, 1).Value & VBA.Chr(11) & _
        objWs.Cells(lngAdressZeile, 2).Value & VBA.Chr(11) & VBA.Chr(11) & _
        objWs.Cells(lngAdressZeile, 4).Value & " " & _
        objWs.Cells(lngAdressZeile, 5).Value
    'Anrede um Namen ergänzen
    strAnrede = strAnrede & " " & objWs.Cells(lngAdressZeile, 1).Value
    Set objWs = Nothing
    'Datei öffnen
    Set objDoc = objWord.Documents.Add( _
        ThisWorkbook.Path & Application.PathSeparator & "form.dot")
```

```
'Adresse einfügen
'objDoc.Goto wdGoToField, , , "ANSCHRIFT"
'objDoc.Range.Text = strAdresse

    objDoc.FormFields("ANSCHRIFT").Result = strAdresse
    objDoc.FormFields("ANREDE").Result = strAnrede
    objDoc.FormFields("BENUTZERNAME").Result = strBenutzer
    objDoc.FormFields("BETREFF").Result = strBetreff
    objWord.Visible=True
    objWord.Activate
    Set objWord = Nothing
    Set objDoc = Nothing
End Sub
```

Listing 10.20: *Daten in Formularfelder schreiben*

10.12 Word-Dokumente speichern

Das Codemodul *K10_12* mit dem Code finden Sie in der Datei *K10.xls* innerhalb der Begleitdateien zum Buch.

Problem

Sie haben ein Dokument erstellt oder bearbeitet und möchten es nun speichern.

Lösung

Rufen Sie die *Save* oder *SaveAs*-Methode auf. Beide speichern das Dokument. Bei der *SaveAs*-Methode müssen Sie allerdings einen Dokumentnamen (inkl. Pfad) angeben, weil das Dokument unter einem anderen Namen gespeichert wird. Wurde das Dokument noch nicht gespeichert, müssen Sie die *SaveAs*-Methode verwenden. Damit Sie feststellen können, welche Methode Sie einsetzen müssen, müssen Sie zunächst prüfen, ob die *Path*-Eigenschaft des Dokuments einen Wert hat. Wenn ja, wurde die Datei bereits einmal gespeichert, falls nicht, müssen Sie den Namen und Pfad vom Benutzer ermitteln und die *SaveAs*-Methode verwenden.

Erläuterungen

Die Prozedur *TestK10_12a* öffnet zunächst ein Dokument und weist dieses der Variablen *obj-Doc* zu. Diese wird dann als Parameter an die Prozedur *Speichern* übergeben. Anschließend wird der Variablen *objDoc* ein neues Word-Dokument zugewiesen und dieses dann ebenfalls an die Prozedur übergeben.

HINWEIS: Um zu prüfen, ob Word schon gestartet ist, wird wieder die Funktion *WordGestartet* aus ▶ Abschnitt »10.6 Prüfen, ob Word schon gestartet ist« verwendet. Außerdem wird die frühe Bindung verwendet, was einen Verweis auf die Objektbibliothek von Word notwendig macht. Wie Sie diesen Verweis erstellen, erfahren Sie im ▶ Abschnitt »10.5 Word aus Excel starten« weiter oben.

```
Sub TestK10_12a()
    Dim objWord As Word.Application
    Dim objDoc As Word.Document
    Dim strDateiname As String
    If WordGestartet() = True Then
        Set objWord = GetObject(, "Word.Application")
```

```
        Else
            Set objWord = CreateObject("Word.Application")
        End If
        'Datei öffnen
        Set objDoc = objWord.Documents.Open( _
            ThisWorkbook.Path & Application.PathSeparator & "test.doc")
        speichern objDoc
        Set objDoc = objWord.Documents.Add()
        speichern objDoc
        'Dokument speichern
        Set objWord = Nothing
        Set objDoc = Nothing
End Sub
```

Listing 10.21: *Aufrufen der Prozedur speichern*

Die Prozedur *speichern* prüft zunächst die *Path*-Eigenschaft des Dokuments, das als Parameter übergeben wurde. Ist sie ungleich einer leeren Zeichenfolge, wurde die Datei schon einmal gespeichert und der Aufruf der *Save*-Methode reicht, um die Datei zu speichern. Andernfalls muss der Dateiname ermittelt werden. Solange Sie den Code in Excel ausführen, können Sie dazu auch die Möglichkeiten verwenden, die Excel bietet, wie beispielsweise die *GetSaveAsFilename*-Methode des *Application*-Objekts. Sie zeigt das Dialogfeld *Speichern unter* von Excel an und gibt den eingegebenen Pfad mit Dateinamen zurück.

HINWEIS: Mehr zu dieser Methode finden Sie in ▶ Kapitel 5.

Der ermittelte Dateiname wird dann einfach an die *SaveAs*-Methode übergeben, die die Datei speichert.

```
Sub speichern(objDoc As Word.Document)
    Dim strDateiname As String
    If objDoc.Path <> "" Then
        objDoc.Save
    Else
        'Dateiname ermitteln
        #If Mac = False Then
            strDateiname = Application.GetSaveAsFilename( _
                "*.DOC", "Word-Dokumente (*.doc),*doc")
        #Else
            strDateiname = Application.GetSaveAsFilename( _
                "*.DOC", "DOC8,DOC9")
        #End If
        If strDateiname <> "FALSCH" Then
            objDoc.SaveAs strDateiname
        End If
    End If
End Sub
```

Listing 10.22: *Speichern eines Dokuments*

Alternativ zur *GetSaveAsFilename*-Methode von Excel können Sie auch einen der Standarddialoge von Word verwenden. Genau wie Excel verfügt auch das *Application*-Objekt von Word über eine *Dialogs*-Auflistung. Sie können hier ebenfalls über die *Show*-Methode das Dialogfeld anzeigen und die definierte Aktion des Dialogfelds ausführen lassen.

WICHTIG: Wenn Sie den Code in einer anderen Anwendung als Word ausführen, sollten Sie Word allerdings mit der *Activate*-Methode des *Word.Application*-Objekts aktivieren damit

---

Excel und andere Anwendungen steuern

der Benutzer das Dialogfeld auch zu sehen bekommt. Ebenso sollten Sie anschließend wieder Excel aktivieren. Da das *Excel.Application*-Objekt jedoch keine *Activate*-Methode hat, müssen Sie dazu auf die *AppActivate*-Anweisung zurückgreifen. Mehr dazu finden Sie in ▶ Abschnitt »10.1 Fremde Anwendungen per VBA starten und steuern« weiter oben.

Die *Show*-Methode zeigt das Dialogfeld an und sorgt auch für die Speicherung des Word-Dokuments wenn der Benutzer auf *Speichern* klickt. Allerdings funktioniert das nicht auf dem Macintosh.

```
Sub speichern2(objDoc As Word.Document)
    Dim objWord As Word.Application
    #If Mac=False Then
    If objDoc.Path <> "" Then
        objDoc.Save
    Else
        'Dateiname ermitteln
        Set objWord = objDoc.Parent
        objWord.Visible = True
        objWord.Activate
        With objWord.Dialogs(wdDialogFileSaveAs)
            .Show
        End With
        AppActivate ThisWorkbook.Windows(1).Caption
    End If
    #End If
End Sub
```

Listing 10.23: Speichern mit dem Dialogfeld Speichern unter von Word

TIPP: Im Gegensatz zu den Dialogfeldern von Excel können Sie jene von Word auch anzeigen lassen und die Standardaktion erst später ausführen. Dazu verfügen die Dialogfelder über die Methoden *Display* zum Anzeigen und *Execute*, um die Aktion auszuführen. Mit der *Execute*-Methode können Sie die Standardaktion aber auch ausführen, ohne das Dialogfeld anzeigen zu lassen. Mit der Prozedur *AllesAnzeigen* wird beispielsweise eine Standardeinstellung im *Optionen*-Dialogfeld von Word geändert (siehe Abbildung 10.6), indem das Kontrollkästchen *Alle* aktiviert und dann die Einstellungen mit der *Execute*-Methode übernommen werden. Um das Kontrollkästchen zu aktivieren, übergeben Sie den Wert *True* an die Eigenschaft *ShowAll*. Die Eigenschaften entsprechen den Parameternamen der integrierten Dialogfelder von Word. Anders als in Excel gibt es hier nämlich benannte Parameter und nicht nur Parameterlisten wie in Excel.

```
Sub AllesAnzeigen()
    Dim objWord As Word.Application
    If WordGestartet() = True Then
        Set objWord = GetObject(, "Word.Application")
    Else
        Set objWord = CreateObject("Word.Application")
    End If
    With objWord.Dialogs(wdDialogToolsOptionsView)
        .ShowAll = True
        .Execute
    End With
End Sub
```

Listing 10.24: Einstellungen von Word über integrierte Dialogfelder ändern

10.13 Word-Dokumente ausdrucken

Das Codemodul *K10_13* mit dem Code finden Sie in der Datei *K10.xls* innerhalb der Begleit-dateien zum Buch.

Problem

Sie möchten ein Word-Dokument ausdrucken.

Lösung

Word bietet genau wie Excel eine *PrintOut*-Methode an, mit der Sie ein Dokument drucken können. Das Problem ist jedoch, dass Word damit keinen Ausdruck im Hintergrund ausführt. Wenn Sie also drucken möchten, müssen Sie den Ausdruck im Vordergrund starten, was be-deutet, dass Word während dieser Zeit blockiert ist.

Erläuterungen

HINWEIS: Zur Prüfung, ob Word bereits gestartet ist, wird wieder die Funktion *WordGestar-tet* aus dem ▶ Abschnitt »10.6 Prüfen, ob Word schon gestartet ist« verwendet. Für die frühe Bindung benötigen Sie einen Verweis auf die Objektbibliothek von Word. Wie Sie diesen erstellen, erfahren Sie im ▶ Abschnitt »10.5 Word aus Excel starten« weiter oben.

Wenn Sie ein Dokument drucken möchten, rufen Sie die *PrintOut*-Methode des entsprechen-den *Document*-Objekts auf. Wichtig ist dabei, dass Sie als ersten Parameter den Wert *False* angeben. Damit wird der Hintergrunddruck verhindert, sodass der Ausdruck auch erfolgt.

HINWEIS: Problematisch ist der Hintergrunddruck in Word 97 und Word 2000. Die neueren Versionen Word 2002 und Word 2003 sowie die Macintosh-Versionen haben keine Proble-me mehr damit.

```
Sub TestK10_13a()
    Dim objWord As Word.Application
    Dim objDoc As Word.Document
    If WordGestartet() = True Then
        Set objWord = GetObject(, "Word.Application")
    Else
        Set objWord = CreateObject("Word.Application")
    End If
    Set objDoc = objWord.Documents.Open( _
        ThisWorkbook.Path & Application.PathSeparator & "test.doc")
    objDoc.PrintOut False
    Set objWord = Nothing
    Set objDoc = Nothing
End Sub
```

Listing 10.25: Ausdrucken eines Dokuments

Alternativ zur *PrintOut*-Methode können Sie auch die *Execute*-Methode des *Drucken*-Dialogfeldes verwenden, wie dies die Prozedur *TestK10_13b* zeigt. Mehr zu den integrierten Dialogfeldern von Word finden Sie im vorstehenden ▶ Abschnitt »10.12 Word-Dokumente speichern«.

```
Sub TestK10_13b()
    Dim objWord As Word.Application
    Dim objDoc As Word.Document
```

```
    If WordGestartet() = True Then
        Set objWord = GetObject(, "Word.Application")
    Else
        Set objWord = CreateObject("Word.Application")
    End If
    Set objDoc = objWord.Documents.Open( _
        ThisWorkbook.Path & Application.PathSeparator & "test.doc")
    objWord.Dialogs(wdDialogFilePrint).Execute
    Set objWord = Nothing
    Set objDoc = Nothing
End Sub
```

Listing 10.26: *Ausdruck über die integrierten Dialogfelder starten*

In beiden Fällen können Sie natürlich auch die Anzahl Kopien, den Drucker sowie weitere Einstellungen festlegen. Nutzen Sie das integrierte Dialogfeld legen Sie die Einstellungen vor Aufruf der *Execute*-Methode über die Eigenschaften des Dialogfelds fest, bei Nutzung der *PrintOut*-Methode übergeben Sie die Einstellungen als Parameter.

10.14 Word-Ereignisse nutzen – verhindern, dass ein Dokument geschlossen wird

Das Codemodul *K10_14* mit dem Code finden Sie in der Datei *K10.xls* innerhalb der Begleitdateien zum Buch. Ein Teil des Codes steht im Klassenmodul *DieseArbeitsmappe* der Datei *K10.xls*.

Problem

Sie möchten in Excel auf Ereignisse von Word reagieren, weil Sie beispielsweise verhindern möchten, dass der Benutzer eine Word-Datei schließt, die Sie in Excel noch benötigen.

Lösung

Sie deklarieren dazu in einem Klassenmodul von Excel, beispielsweise im Modul *DieseArbeitsmappe* eine Objektvariable des Typs *Word.Application* bzw. *Word.Document*, je nachdem ob Sie ein Ereignis der Anwendung Word oder eines bestimmten Dokuments abfangen möchten. Anschließend erstellen Sie eine Ereignisprozedur für diese Variable und weisen ihr, beispielsweise beim Öffnen der Arbeitsmappe oder in einer anderen Prozedur, hier *TestK10_14a*, eine Instanz der entsprechenden Klasse zu.

Erläuterungen

Wenn Sie verhindern möchten, dass eine bestimmte Datei geschlossen wird, benötigen Sie eine Ereignisprozedur mit einem *Cancel*-Parameter und ein Ereignis, das eintritt, bevor und nicht nachdem die Datei geschlossen wird. Außerdem müssen Sie natürlich ermitteln können, ob die definierte Datei und nicht irgendeine andere Datei geschlossen wird. Dazu müssen Sie die Ereignisse des *Word.Application*-Objekts abfangen und müssen daher eine Objektvariable des Typs *Word.Application* mit *WithEvents* auf Modulebene eines Klassenmodus (hier *DieseArbeitsmappe*) definieren.

Außerdem benötigen Sie noch eine Variable, auf die Sie im Klassenmodul zugreifen können und die das *Document*-Objekts des Word-Dokuments speichert. Diese können Sie aber ohne

WithEvents ebenfalls auf Modulebene definieren. Beide Variablen müssen Sie mit dem Schlüsselwort *Public* definieren, damit Sie aus einem anderen Modul darauf zugreifen können. Ansonsten müssten Sie die beiden Prozeduren *TestK10_14a* und *TestK10_14b* ebenfalls in das Klassenmodul kopieren.

Um die Ereignisprozedur zu erstellen, wählen Sie nun aus der Objektliste die Variable aus, die den Typ *Word.Application* hat. Hier ist dies die Variable *objWApp*. Anschließend wählen Sie aus der rechten Ereignisliste das Ereignis *DocumentBeforeClose* aus.

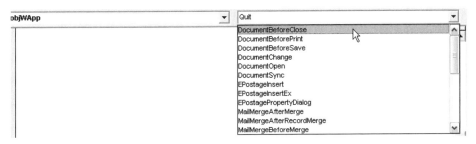

Abbildung 10.10: *Erstellen der Ereignisprozedur*

Die Ereignisprozedur hat zwei Parameter. Der erste gibt das Word-Dokument an, das geschlossen werden soll, mit dem zweiten können Sie das Schließen unterbinden, indem Sie den Parameter *Cancel* auf *True* setzen. Innerhalb der Prozedur brauchen Sie also nur noch prüfen, ob die zu schließende Datei im Parameter *Doc* die gleiche ist, wie die in der Variablen *objDoc*. Am einfachsten schaffen Sie das, indem Sie den *Is*-Operator verwenden. Er vergleicht zwei Objektvariablen daraufhin, ob sie auf das gleiche Objekt verweisen. Ist das der Fall, setzen Sie den Parameter *Cancel* auf *True* und geben eine Meldung aus. Damit die für die Benutzer, der sich ja gerade in Word als aktiver Anwendung befindet, auch sichtbar wird, sollten Sie vorher Excel aktivieren und nach der Meldung wieder Word. Um Word zu aktivieren, können Sie die *Activate*-Methode des *Word.Application*-Objekts aufrufen. Excel können Sie nur über die *AppActivate*-Anweisung aktivieren. Mehr dazu finden Sie im ▶ Abschnitt »10.1 Fremde Anwendungen per VBA starten und steuern« weiter oben.

HINWEIS: Das Beispiel funktioniert nur mit früher Bindung. Daher ist ein Verweis auf die Objektbibliothek von Word unbedingt notwendig. Wie Sie den erstellen, wird im ▶ Abschnitt »10.5 Word aus Excel starten« weiter oben erklärt.

```
Public WithEvents objWApp As Word.Application
Public objDoc As Word.Document

Private Sub objWApp_DocumentBeforeClose( _
    ByVal Doc As Word.Document, Cancel As Boolean)
    If Doc Is objDoc Then
        Cancel = True
        AppActivate ThisWorkbook.Windows(1).Caption
        MsgBox "Sie dürfen das Dokument nicht schließen"
        objWApp.Activate
    End If
End Sub
```

Listing 10.27: *Die Ereignisprozedur, die ausgeführt wird, wenn eine Datei geschlossen werden soll*

Excel und andere Anwendungen steuern

Nun fehlt natürlich noch etwas Code mit dem Sie Word starten und das Dokument öffnen. Sowohl das *Word.Application*-Objekt als auch das *Document*-Objekt der benötigten Datei weisen Sie den beiden Variablen des Klassenmoduls zu. Auf die können Sie über das Objekt *ThisWorkbook* zugreifen, weil sie sich im Klassenmodul *DieseArbeitsmappe* befinden. Das erledigt die Prozedur *TestK10_14a*.

WICHTIG: Sie dürfen auf keinen Fall am Ende der Prozedur *TestK10_14a* die Objektvariablen auf *Nothing* setzen. Dann würde nämlich die Ereignisprozedur nicht mehr ausgeführt werden bzw. der Vergleich mit dem *Is*-Operator nicht funktionieren. Allerdings haben Sie damit auch schon die Lösung, wie Sie dem Benutzer irgendwann doch gestatten können, die Datei zu schließen. Benötigen Sie die Word-Datei nicht mehr, setzen Sie beide Objektvariablen auf *Nothing* (siehe Prozedur *TestK10_14b*). Optional können Sie das dem Benutzer dann natürlich auch einer Meldung mitteilen.

```
Sub TestK10_14a()
    'Word starten
    Set ThisWorkbook.objWApp = CreateObject("Word.Application")
    'Dokument öffnen
    Set ThisWorkbook.objDoc = ThisWorkbook.objWApp.Documents.Open( _
        ThisWorkbook.Path & Application.PathSeparator & "test.doc")
    ThisWorkbook.objWApp.Visible = True
End Sub

Sub TestK10_14b()
    'Wordobjekte zerstören
    Set ThisWorkbook.objWApp = Nothing
    Set ThisWorkbook.objDoc = Nothing
End Sub
```

Listing 10.28: Initialisieren und freigeben der Objektvariablen

10.15 PowerPoint aufrufen

Das Codemodul *K10_15* mit dem Code finden Sie in der Datei *K10.xls* innerhalb der Begleitdateien zum Buch.

Problem

Sie möchten aus Excel heraus PowerPoint starten.

Lösung

PowerPoint (ab Version 97) können Sie ebenso wie Word auch per Objektautomation steuern. Sie können eine Instanz der Klasse *PowerPoint.Application* mit der *CreateObject*-Funktion oder mit dem Schlüsselwort *New* erzeugen. Auch bei PowerPoint ist das oberste Objekt der Hierarchie das *Application*-Objekt.

Erläuterungen

Wenn Sie PowerPoint steuern möchten, ist auch dazu wieder die frühe Bindung zu empfehlen. Sie müssen dazu zuerst einen Verweis auf die PowerPoint-Objektbibliothek erstellen.

HINWEIS: Was frühe und späte Bindung ist, wird in ▶ Kapitel 2 näher erklärt.

Um den Verweis zu erstellen, gehen Sie analog zu Word (siehe den ▶ Abschnitt »10.5 Word aus Excel starten« weiter oben) wie folgt vor:

1. Rufen Sie in der Entwicklungsumgebung den Menübefehl *Extras/Verweise* auf.

2. Aktivieren Sie das Kontrollkästchen *Microsoft PowerPoint ??.0 Object Library*. Möchten Sie beispielsweise PowerPoint 2003 nutzen, heißt die Objektbibliothek *Microsoft Power-Point 11.0 Object Library*

3. Schließen Sie das Dialogfeld mit *OK*.

Nun können Sie PowerPoint starten, indem Sie in der Prozedur eine Variable des Typs *Power-Point.Application* definieren. Ihr weisen Sie dann den Rückgabewert der *CreateObject*-Methode zu, der Sie den Klassennamen *PowerPoint.Application* übergeben. Genau wie Word wird auch PowerPoint zunächst im Hintergrund gestartet. Erst nachdem Sie der *Visible*-Eigenschaft die Konstante *msoTrue* zugewiesen haben, wird die Anwendung sichtbar.

Beenden lässt sich PowerPoint wie Word mit der *Quit*-Methode. Auch danach sollten Sie die Objektvariable auf *Nothing* setzen, um den Speicher freizugeben.

```
Sub TestK10_15()
    Dim objPP As PowerPoint.Application
    'PowerPoint, starten
    Set objPP = CreateObject("PowerPoint.Application")
    'PowerPoint einblenden
    objPP.Visible = msoTrue
    'PowerPoint schließen
    objPP.Quit
    Set objPP = Nothing
End Sub
```

Listing 10.29: PowerPoint starten, einblenden und beenden

10.16 Eine bestimmte Präsentation starten

Das Codemodul *K10_16* mit dem Code finden Sie in der Datei *K10.xls* innerhalb der Begleit-dateien zum Buch.

Problem

Sie möchten aus Excel heraus PowerPoint aufrufen und eine PowerPoint-Präsentation öffnen und starten.

Lösung

Starten Sie PowerPoint und öffnen Sie über die *Open*-Methode der *Presentations*-Auflistung eine PowerPoint-Datei. Anschließend legen Sie bei Bedarf die benötigten Einstellungen für die Folienübergänge fest und starten dann die Präsentation über das *SlideShowSettings*-Objekt.

Erläuterungen

Auch dieses Beispiel verwendet die frühe Bindung. Wie Sie den dazu notwendigen Verweis erstellen, finden Sie im ▶ Abschnitt »10.15 PowerPoint aufrufen« weiter oben.

Zunächst deklarieren Sie wieder die Variablen. Neben der Variablen *objPP* brauchen Sie dazu eine Variable des Typs *PowerPoint.Presentation*, die eine geöffnete PowerPoint-Datei speichern kann. Außerdem benötigen Sie ein Variable des Typs *PowerPoint.Slide*, wenn Sie die Folieneinstellungen ändern möchten. Nach den Variablendeklarationen starten Sie zunächst PowerPoint mit der *CreateObject*-Methode. Anschließend können Sie die Präsentation mit der *Open*-Methode der *Presentations*-Auflistung öffnen. Diese Auflistung verwaltet, analog zur *Workbooks*-Auflistung von Excel, alle geöffneten Dateien in PowerPoint. Die *Open*-Methode gibt ein *Presentation*-Objekt zurück, das Sie der Variablen *objPR* zuweisen können.

Möchten Sie alle Folien bearbeiten und beispielsweise deren Übergangseffekt definieren, durchlaufen Sie dazu am besten die *Slides*-Auflistung in einer *For Each...Next*-Schleife. Jede Folie stellt ein *Slide*-Objekt dar, das in der *Slides*-Auflistung verwaltet wird. Die Eigenschaft *SlideShowTransition* des *Slide*-Objekts gibt ein *SlideShowTransition*-Objekt zurück, über dessen Eigenschaften Sie den Folienübergang bestimmen können. Durch den Wert *msoTrue* für die Eigenschaft *AdvanceOnTime* legen Sie fest, dass der Folienübergang automatisch nach einer vorgegebenen Zeit erfolgt. Diese Zeitspanne in Sekunden legen Sie dann mit der *AdvanceTime*-Eigenschaft fest. Den Übergangseffekt, genauer gesagt, den Effekt, der beim Anzeigen der Folie verwendet wird, bestimmt dann die *EntryEffect*-Eigenschaft. Die hier zugewiesene Konstante *ppEffektBlindsVertical* erzeugt einen Einblendeffekt aus vertikalen Balken.

ACHTUNG: Für den Macintosh müssen Sie für alle Konstanten auch die Bibliothek (*PowerPoint*) sowie die Konstantenliste angeben, in der sie definiert sind. Anstelle der Konstante *ppEffektBlindsVertical* geben Sie also *PowerPoint.PpEntryEffect.ppEffectBlindsVertical* an. Die Namen der Konstantenlisten finden Sie im Objektkatalog.

Nach der Schleife startet die Prozedur *TestK10_16* die Präsentation. Zunächst müssen Sie dafür sorgen, dass die Einstellungen der einzelnen Folien beachtet werden, indem Sie die *AdvanceMode*-Eigenschaft des *SlideShowSettings*-Objekts auf den Wert *ppSlideShowUseSlideTimings* setzen. Dieses Objekt wird von der *SlideShowSettings*-Eigenschaft zurückgegeben. Wenn Sie die Nummer der Startfolie und der letzten Folie festlegen möchten, können Sie das über die Eigenschaften *StartingSlide* und *EndingSlide* machen. Die Eigenschaft *LoopUntilStopped* setzen Sie auf *msoTrue*, wenn Sie eine Endlospräsentation erzeugen möchten.

ACHTUNG: Mit der Methode *Run* wird die Bildschirmpräsentation gestartet. Damit sie auch komplett angezeigt und nicht sofort wieder abgebrochen wird, dürfen Sie danach auf keinen Fall die Anwendung PowerPoint beenden.

```
Sub TestK10_16()
    Dim objPP As PowerPoint.Application
    Dim objPR As PowerPoint.Presentation
    Dim objSL As PowerPoint.Slide
    'PowerPoint, starten
    Set objPP = CreateObject("PowerPoint.Application")
    'PowerPoint einblenden
    objPP.Visible = msoTrue
    'Datei öffnen
    Set objPR = objPP.Presentations.Open( _
        ThisWorkbook.Path & Application.PathSeparator & _
        "praesentation.ppt")
    'Für alle Folien die Anzeigedauer auf 2 Sek. setzen
    For Each objSL In objPR.Slides
        objSL.SlideShowTransition.AdvanceOnTime = msoTrue
        objSL.SlideShowTransition.AdvanceTime = 2
```

```
#If Mac = False Then
    objSL.SlideShowTransition.EntryEffect = _
        ppEffectBlindsVertical
#Else
    objSL.SlideShowTransition.EntryEffect = _
        PowerPoint.PpEntryEffect.ppEffectBlindsVertical
#End If
Next objSL
'Präsentation starten
With objPR.SlideShowSettings
    .AdvanceMode = _
        PowerPoint.PpSlideShowAdvanceMode.ppSlideShowUseSlideTimings
    .LoopUntilStopped = msoTrue
    .StartingSlide = 1
    .EndingSlide = 3
    .Run
End With
End Sub
```

Listing 10.30: PowerPoint-Präsentation öffnen und starten

10.17 Adressdaten aus Outlook in Excel importieren

Das Codemodul *K10_17* mit dem Code finden Sie in der Datei *K10.xls* innerhalb der Begleitdateien zum Buch.

Problem

Sie möchten Adressdaten aus Outlook in Excel importieren.

Lösung

Starten Sie Outlook im Hintergrund und durchlaufen Sie die Adressen des Adressbuchs. Über die Eigenschaft der Adressbucheinträge können Sie die Daten des Kontaktes abrufen in eine Excel-Tabelle importieren.

ACHTUNG: Auf dem Macintosh funktioniert der Code nicht, weil dort die neueren Office-Versionen kein Outlook mehr enthalten, sondern stattdessen Entourage.

Erläuterungen

Excel können Sie ebenfalls über die *CreateObject*-Funktion starten und deren Rückgabewert einer Variablen des Typs *Outlook.Application* zuweisen. Dazu ist ein Verweis auf die Objektbibliothek von Outlook notwendig, den Sie analog zu dem Verweis für Word und PowerPoint (siehe ▶ Abschnitt »10.5 Word aus Excel starten« sowie ▶ Abschnitt »10.15 PowerPoint aufrufen« in diesem Kapitel) erstellen können (Abbildung 10.11).

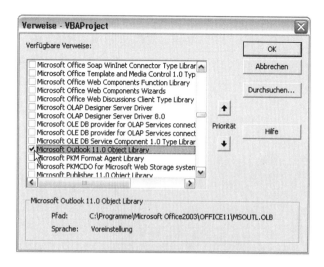

Der Zugriff auf die Elemente von Outlook ist vergleichsweise kompliziert. Die Prozedur *Import* zeigt, wie Sie alle Outlook-Kontakte in ein Tabellenblatt importieren können. Das Tabellenblatt übergeben Sie dabei als Parameter an die Prozedur. Zuerst werden dazu einige Variablen deklariert. Die Objektvariable *objOL* speichert das *Outlook.Application*-Objekt, das die Anwendung Outlook darstellt und das oberste Objekt der Hierarchie ist. Die Variable des Typs *Namespace* speichert einen Namensraum. Zwar stellt Outlook eine Auflistung von Namensräumen zur Verfügung, aktuell ist jedoch nur einer definiert. Der hat den Namen »MAPI«. Ihm untergeordnet sind die MAPI-Ordner, die beispielsweise die E-Mails, Kontakte, Termine etc. speichern. Um einen Verweis auf einen solchen Ordner zu speichern, verwenden Sie die Objektvariable *objFolder* des Typs *Outlook.MAPIFolder*. Ein einzelner Kontakt wird durch ein *ContactItem*-Objekt dargestellt, das der Variablen *objKontakt* zugewiesen werden kann.

Nach den Variablendeklarationen wird zunächst das Tabellenblatt der Variablen *objWS* zugewiesen und die Variable, *lngZeile*, die die Zeilennummer der Zeile speichert, in die die Daten geschrieben werden.

Danach wird Outlook mit Hilfe der *CreateObject*-Methode gestartet. Als Klassennamen übergeben Sie dabei *Outlook.Application*. Mit der *GetNameSpace*-Methode geben Sie dann den MAPI-Namensraum zurück und speichern einen Verweis auf dieses Objekt in der Variablen *objNS*. Mit der Methode *GetDefaultFolder* des *Namespace*-Objekts können Sie die Ordner zurückgeben, auf den Sie zugreifen möchten. Wenn Sie die Kontaktdaten benötigen, übergeben Sie dazu die Konstante *olFolderContacts*. Anschließend können Sie die *Items*-Auflistung des Ordners in einer Schleife durchlaufen, um alle Elemente des Orders zu bearbeiten. Hier werden die Namen, Telefonnummern und E-Mail-Adressen in das Tabellenblatt geschrieben.

ACHTUNG: Sobald Sie auf irgendein Feld mit einer E-Mail-Adresse innerhalb der Kontaktdaten zugreifen, blendet Outlook 2000 und höher eine Warnung ein. Bestätigt der Benutzer diese Warnung nicht, kann die Prozedur nicht zu Ende ausgeführt werden.

Abbildung 10.12: *Warnung beim Zugriff auf die E-Mail-Adressen*

Möchten Sie eine solche Meldung vermeiden, dürfen Sie nicht auf die E-Mail-Adressen der Kontakte zugreifen.

Zum Schluss wird Outlook wieder mit der *Quit*-Methode geschlossen und die Objektvariable auf *Nothing* gesetzt.

```
Sub TestK10_17()
    Import "Tabelle2"
End Sub

Sub Import(strTab As String)
    Dim objOL As Outlook.Application
    Dim objNS As Outlook.Namespace
    Dim objFolder As Outlook.MAPIFolder
    Dim objKontakt As Outlook.ContactItem

    Dim objWs As Worksheet
    Dim lngZeile As Long
    Set objWs = ThisWorkbook.Worksheets(strTab)
    lngZeile = 2
    'Outlook starten
    Set objOL = CreateObject("Outlook.Application")
    'Kontakte-Ordner ermitteln
    Set objNS = objOL.GetNamespace("MAPI")
    Set objFolder = objNS.GetDefaultFolder(olFolderContacts)
    For Each objKontakt In objFolder.Items
        objWs.Cells(lngZeile, 1).Value = objKontakt.LastName
        objWs.Cells(lngZeile, 2).Value = objKontakt.FirstName
        objWs.Cells(lngZeile, 3).Value = objKontakt.TTYTDDTelephoneNumber
        objWs.Cells(lngZeile, 4).Value = objKontakt.EmaillAddress
        lngZeile = lngZeile + 1
    Next objKontakt
    'OL schließen
    objOL.Quit
    Set objOL = Nothing
End Sub
```

Listing 10.31: *Importieren der Outlook-Kontakte in Excel*

Genauso, wie Sie Daten aus Outlook abrufen können, können Sie natürlich auch Daten aus Excel in Outlook übertragen und beispielsweise einen neuen Kontakt anlegen. Das zeigt die Prozedur *Export*. Sie fügt einen Kontakt ein, der aus den als Parameter übergebenen Werten besteht. Nachdem wieder wie in der Prozedur *Import* der Ordner mit den Kontakten der Variablen *objFolder* zugewiesen wurde, wird der Variablen *objKontakt* der Rückgabewert der *Add*-Methode der *Items*-Auflistung zugewiesen. Damit wird ein neuer Kontakt erzeugt. Dessen Da-

---

Excel und andere Anwendungen steuern

ten können Sie danach über die Eigenschaften des *Contact*-Objekt setzen und den Kontakt mit der *Save*-Methode speichern.

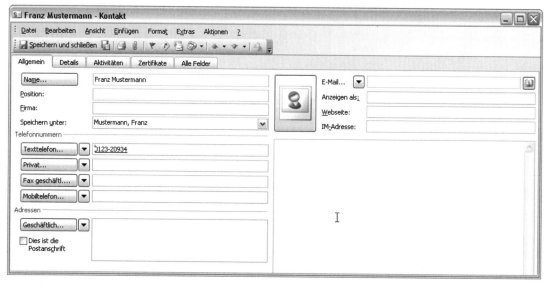

Abbildung 10.13: *Der erzeugte Kontakt*

```
Sub TestK10_17()
    Import "Tabelle2"
    Export "Mustermann", "Franz", "0123-20934"
End Sub


Sub Export(strName As String, strVorname As String, strTelefon As String)
    Dim objOL As Outlook.Application
    Dim objNS As Outlook.Namespace
    Dim objFolder As Outlook.MAPIFolder
    Dim objKontakt As Outlook.ContactItem
    'Outlook starten
    Set objOL = CreateObject("Outlook.Application")
    'Kontakte-Ordner ermitteln
    Set objNS = objOL.GetNamespace("MAPI")
    Set objFolder = objNS.GetDefaultFolder(olFolderContacts)
    'Neuen Kontakt anlegen
    Set objKontakt = objFolder.Items.Add()
    objKontakt.LastName = strName
    objKontakt.FirstName = strVorname
    objKontakt.TTYTDDTelephoneNumber = strTelefon
    objKontakt.Save
    'OL schließen
    objOL.Quit
    Set objOL = Nothing
End Sub
```

Listing 10.32: *Einen Kontakt erstellen*

10.18 Termine in Excel übernehmen

Das Codemodul *K10_18* mit dem Code finden Sie in der Datei *K10.xls* innerhalb der Begleitdateien zum Buch.

Problem

Sie möchten die Termine für den aktuellen Tag aus Outlook in Excel importieren.

Lösung

Starten Sie Outlook im Hintergrund und durchlaufen Sie die Termine des Kalenders. Prüfen Sie für jeden Termin, ob er das heutige Datum hat. Wenn ja, schreiben Sie ihn in die gewünschte Excel-Tabelle.

ACHTUNG: Auf dem Macintosh funktioniert der Code nicht, weil dort die neueren Office-Versionen kein Outlook mehr enthalten, sondern stattdessen Entourage.

Erläuterungen

Der Code baut auf der vorstehend erläuterten Prozedur *Import* aus ▶ Abschnitt »10.17 Adressdaten aus Outlook in Excel importieren« auf. Die wenigen Unterschiede sind daher fett hervorgehoben. Termine werden in Outlook als *AppointmentItem*-Objekte erzeugt. Zum Zugriff auf die Termine müssen Sie jedoch den Ordner *olFolderCalendar* durchlaufen, da die Termine im Kalender definiert sind. Das größte Problem ergibt sich allerdings beim Prüfen des Datums. Termine, die für einen ganzen Tag definiert sind, enthalten in der *Start*-Eigenschaft nur das Datum. Ist aber auch eine Uhrzeit hinterlegt, wird diese ebenfalls angehängt. Ein direkter Vergleich mit dem aktuellen Datum scheidet daher aus. Sie können aber sowohl die *Start*-Eigenschaft als auch das aktuelle Datum, das mit der *Date*-Funktion zurückgegeben wird, mit der *CStr*-Funktion in eine Zeichenkette verwandeln. Dann können Sie mit der *InStr*-Funktion prüfen, ob das aktuelle Datum in der Zeichenkette der *Start*-Eigenschaft vorkommt. Falls dies der Fall ist, wird das Anfangsdatum der Eigenschaft *Start*, das Enddatum in der Eigenschaft *End* und der Text des Termins in der Eigenschaft *Subject* in die Excel-Tabelle geschrieben.

```
Sub TestK10_18()
    ImportTermine "Tabelle3"
End Sub

Sub ImportTermine(strTab As String)
    Dim objOL As Outlook.Application
    Dim objNS As Outlook.Namespace
    Dim objFolder As Outlook.MAPIFolder
    Dim objTermin As AppointmentItem

    Dim strTermin As String
    Dim objWs As Worksheet
    Dim lngZeile As Long
    Set objWs = ThisWorkbook.Worksheets(strTab)
    lngZeile = 2
    'Outlook starten
    Set objOL = CreateObject("Outlook.Application")
    'Kalender-Ordner ermitteln
    Set objNS = objOL.GetNamespace("MAPI")
    Set objFolder = objNS.GetDefaultFolder(olFolderCalendar)
```

```
For Each objTermin In objFolder.Items
    strTermin = CStr(objTermin.Start)
    If InStr(1, strTermin, CStr(Date)) > 0 Then
        objWs.Cells(lngZeile, 1).Value = objTermin.Start
        objWs.Cells(lngZeile, 2).Value = objTermin.End
        objWs.Cells(lngZeile, 3).Value = objTermin.Subject
        lngZeile = lngZeile + 1
    End If
Next objTermin
'OL schließen
objOL.Quit
Set objOL = Nothing
End Sub
```

Listing 10.33: *Termine in Excel importieren*

10.19 Excel von anderen Anwendungen aus starten

Das Codemodul *K10_19* mit dem Code finden Sie in der Word-Datei *K10.doc* innerhalb der Begleitdateien zum Buch.

Problem

Sie möchten Excel aus einer anderen Anwendung, zum Beispiel Word, starten.

Lösung

Excel können Sie genauso aus Word starten, wie Word aus Excel. Sie erstellen einen Verweis innerhalb des VBA-Projektes auf die Excel-Bibliothek, falls Sie eine frühe Bindung nutzen möchten, oder Sie rufen die *CreateObject*-Funktion auf. Dann können Sie auch die späte Bindung verwenden.

Erläuterungen

Wenn Sie die späte Bindung verwenden, deklarieren Sie eine einfache Objektvariable und weisen ihr den Rückgabewert der *CreateObject*-Funktion zu. Als Klassenname übergeben Sie ihr *Excel.Application*. Sichtbar wird Excel erst, wenn Sie dessen *Visible*-Eigenschaft auf *True* setzen.

```
Sub Excelstarten1()
    'späte Bindung
    Dim objEx As Object
    Set objEx = CreateObject("Excel.Application")
    objEx.Visible = True
    'Excel schließen
    objEx.Quit
    Set objEx = Nothing
End Sub
```

Listing 10.34: *Excel mit später Bindung starten*

Wenn Sie die frühe Bindung nutzen, benötigen Sie wieder einen Verweis, den Sie auch in Word in der Entwicklungsumgebung erstellen, indem Sie den Menübefehl *Extras/Verweise* aufrufen und das Kontrollkästchen vor dem Eintrag *Microsoft Excel 11.0 Object-Library* aktivieren. Wenn Sie eine frühere Version als Excel 2003 bzw. Excel 2004 für Macintosh verwenden möchten, ändert sich nur die Versionsnummer der Objektbibliothek.

```
Sub Excelstarten2()
    'frühe Bindung
    Dim objEx As Excel.Application
    Set objEx = CreateObject("Excel.Application")
    objEx.Visible = True
    'Excel schließen
    objEx.Quit
    Set objEx = Nothing
End Sub
```

Listing 10.35: *Excel mit früher Bindung starten und beenden*

10.20 Eine Arbeitsmappe unsichtbar erzeugen

Das Codemodul *K10_20* mit dem Code finden Sie in der Word-Datei *K10.doc* innerhalb der Begleitdateien zum Buch.

Problem

Sie möchten Excel aus einer anderen Anwendung, beispielsweise Word, starten und eine Arbeitsmappe erstellen, ohne dass Excel sichtbar ist.

Lösung

Starten Sie Excel und setzen Sie die *Visible*-Eigenschaft nicht auf *True*. Dadurch bleibt Excel unsichtbar im Hintergrund. Anschließend können Sie über das *Application*-Objekt von Excel die *Workbooks*-Auflistung verwenden, um eine Arbeitsmappe zu erstellen.

Erläuterungen

Wenn Sie Excel aus einer anderen Anwendung steuern, funktioniert fast alles wie in Excel. Statt aber *Application.* gefolgt von den aufzurufenden Eigenschaften und Methoden zu schreiben, ersetzen Sie *Application* einfach durch den Namen der Objektvariablen, die auf das *Application*-Objekt verweist.

```
Sub TestK10_20()
    'frühe Bindung
    Dim objEx As Excel.Application
    Dim objWB As Excel.Workbook
    Set objEx = CreateObject("Excel.Application")
    'Arbeitsmappe erstellen
    Set objWB = objEx.Workbooks.Add()

    'Excel schließen
    objEx.Quit
    Set objEx = Nothing
    Set objWB = Nothing
End Sub
```

Listing 10.36: *Excel im Hintergrund starten und eine Arbeitsmappe erzeugen*

ACHTUNG: Nicht immer gelingt es, von Anfang an sauber zu programmieren. So kann es vorkommen, dass durch Objektautomation Excel im Hintergrund gestartet wird, ein Schließen kommt aber nicht mehr zustande. Die Quittung ist oft: Ab jetzt scheint nichts mehr zu gelingen. Ursache ist das u. U. mehrmalige Erscheinen von Excel im Task-Manager, wo der jeweilige Prozess durch Sie einfach geschlossen werden muss.

Dieser Effekt ist auch beim Steuern von Word oder PowerPoint zu beobachten.

10.21 Prüfen, ob Excel schon gestartet ist

Das Codemodul *K10_21* mit dem Code finden Sie in der Datei *K10.doc* innerhalb der Begleitdateien zum Buch.

Problem

Sie möchten prüfen, ob Excel bereits gestartet ist.

Lösung

Die Prüfung, ob Excel gestartet ist, können Sie analog zur Funktion *WordGestartet* aus ▶ Abschnitt »10.6 Prüfen, ob Word schon gestartet ist« erstellen.

Erläuterungen

Wenn Sie prüfen möchten, ob Excel bereits gestartet ist, versuchen Sie einfach mit der *GetObject*-Funktion ein vorhandenes *Excel.Application*-Objekt zurückzugeben. Das gelingt nicht, wenn Excel nicht gestartet ist. Damit dann kein Laufzeitfehler auftritt, verwenden Sie die Anweisung *On Error Resume Next*. Nach Aufruf der *GetObject*-Funktion müssen Sie den Rückgabewert prüfen. Hat er den Wert *Nothing*, ist Excel noch nicht gestartet.

```
Sub K10_21()
    If ExcelGestartet() = True Then
        MsgBox "Excel ist bereits gestartet!"
    Else
        MsgBox "Excel ist nicht gestartet!"
    End If
End Sub
Function ExcelGestartet() As Boolean
    'Prüfen, ob Excel gestartet ist
    Dim objExc As Excel.Application
    On Error Resume Next
    Set objExc = GetObject(, "Excel.Application")
    If objExc Is Nothing Then
        'Excel ist nicht gestartet
        ExcelGestartet = False
    Else
        'Excel ist gestartet
        ExcelGestartet = True
    End If
    Set objExc = Nothing
End Function
```

Listing 10.37: Prüfen, ob Excel gestartet ist

10.22 Spezielle Ordner nutzen

Den Quellcode finden in der Begleitdatei *K10-02.xls*.

Problem

Excel bietet einige Eigenschaften des *Application*-Objekts, mit deren Hilfe Sie auf spezielle Ordner des Dateisystems zugreifen können, die für den Gebrauch von *Excel* interessant sind: *AltStartUpPath*, *DefaultFilepath*, *LibraryPath*, *NetworkTemplatesPath*, *StartupPath*, *TemplatesPath*, *UserLibraryPath*. Die Bedeutung dieser Ordner erklärt sich aus deren Namen. Vielleicht möchten Sie aber auch auf das *Windows*-Verzeichnis oder das Verzeichnis mit den temporären Dateien von Windows zugreifen oder gar einen Zugriff auf den Ordner *Anwendungsdaten* oder *SendTo* umsetzen.

Lösung

Die Lösung dieses Problems liegt im Einsatz der Bibliothek *Windows Script Host Object Model*, welche sich in der Datei *wshom.ocx* im *System32*-Verzeichnis von Windows befindet. Damit es aber richtig komfortabel wird, sollten Sie noch eine zweite Bibliothek einsetzen: *Microsoft Shell Controls And Automation*.

ACHTUNG: Da auf dem Macintosh die entsprechenden Objektbibliotheken nicht nur Verfügung stehen, funktioniert dieses und alle folgenden Beispiele nur unter Windows.

Erläuterungen

Setzen Sie zunächst in der Entwicklungsumgebung über den Menübefehl *Extras/Verweise* jeweils einen Verweis auf die genannten Dateien. Das Listing 10.38 zeigt das prinzipielle Vorgehen zum Ermitteln der Pfadnamen.

```
Sub InfoAboutSpecialFoldersWSH()
    Dim fso As New FileSystemObject
    MsgBox fso.GetSpecialFolder(WindowsFolder).Name
    MsgBox fso.GetSpecialFolder(TemporaryFolder).Name
    Dim wsh As New WshShell
    MsgBox wsh.SpecialFolders("AppData")
End Sub
```

Listing 10.38: Spezielle Ordner ermitteln – Fremdbibliotheken machen es möglich

Sowohl *FileSystemObject* als auch *WshShell* sind Klassen des WSH-Objekt-Modells. *WindowsFolder* ist eine von drei Konstanten der Auflistung *SpecialFolderConstant*, die durch *GetSpecialFolder* akzeptiert werden.

Woher ist nun bekannt, dass die *SpecialFolders*-Methode des *WshShell*-Objekts eine Zeichenkette wie *AppData* akzeptiert? Hier hilft wohl nur ein Studium des Objektkatalogs von *Microsoft Shell Controls And Automation*.

Dieses Objektmodell kennt ebenfalls eine Auflistung *ShellSpecialFolderConstants*. Deren Mitglieder haben Namen wie *ssfAPPDATA*, *ssfCOOKIES*, *ssfDESKTOP*, *ssfMYPICTURES* usw. Und gerade diese Namen werden ohne das jeweilige Präfix »ssf« durch das *WshShell*-Objekt bei *SpecialFolders* als Argument akzeptiert. Haben Sie den Pfadnamen im Griff, können Sie weiter mit dem *FileSystemObject*-Objekt und der *Folders*-Auflistung arbeiten (siehe ▶ Kapitel 4) oder aber die integrierten Dialogfelder von Excel und die *Save*- und *SaveAs*-Methode einsetzen.

HINWEIS: Die Verweise auf die beiden Objektbibliotheken wurden eingefügt, um deren Objektmodell im Objektbrowser sichtbar zu haben. Außerdem wurde die frühe Objektbindung verwendet. Mehr zur frühen Bindung finden Sie in ▶ Kapitel 2. Natürlich können Sie die benötigten Objekte auch mit *CreateObject* erzeugen. Die Befehle hierzu lauten im vorliegenden Fall:

```
Set fso = CreateObject("Scripting.FileSystemObject")
Set wsh = CreateObject("Wscript.Shell")
```

Möchten Sie die späte Bindung verwenden, müssen Sie die Variablen außerdem mit *Dim fso As Object* deklarieren.

10.23 Einen Shortcut zu einer Datei oder einem Ordner erstellen

Den Quellcode finden in der Begleitdatei *K10-02.xls*.

Problem

Sie haben die Absicht, eine Arbeitsmappe zu verteilen und möchten dem Anwender zur Bequemlichkeit einen Shortcut zu dieser Arbeitsmappe einrichten.

Lösung

Die Lösung dieser Aufgabe liegt wieder in der Benutzung des *Windows Script Host*-Objektmodells. Angenommen, Sie wollen den Shortcut auf dem Desktop des jeweiligen Benutzers einrichten. Dann liefert das Listing 10.39 den Ansatz.

```
Private Sub Workbook_Open()
    Dim wsh As New WshShell
    Dim strDesktopPath As String
    Dim shc As WshShortcut
    strDesktopPath = wsh.SpecialFolders("Desktop")
    Set shc = wsh.CreateShortcut(strDesktopPath & "\Meine Mappe.lnk")
    shc.TargetPath = ThisWorkbook.FullName
    shc.Save
End Sub
```

Listing 10.39: Kurzer Zugriff zur Mappe auf dem Desktop

Mögliche andere Ordner zum Platzieren der Verknüpfung finden Sie im vorigen Beispiel.

Erläuterungen

Der Code hat nichts Spektakuläres. Wichtig ist es, zunächst mit einem Verweis zu arbeiten, um nicht hinsichtlich von Eigenschaften und Methoden im Dunkeln zu stehen und vor allem das Überwachungsfenster zum Studium des Objektmodells einsetzen zu können. Außerdem können Sie nur dann die hier gezeigte frühe Bindung nutzen (siehe ▶ Kapitel 2).

Zwei Überraschungen gibt es dennoch: *CreateShortcut* bleibt ohne die *Save*-Methode ohne Wirkung. Und Sie können den Vorgang beliebig oft wiederholen, es bleibt bei einem Link und Ihnen somit die Prüfung der Existenz erspart.

ACHTUNG: Natürlich hat das eben Gesagte auch Nachteile. Wollen Sie den gleichen Vorgang aus einer Mustervorlage heraus umsetzen, bedarf es sehr wohl einer genauen Untersuchung des Zielordners auf bereits bestehende Verknüpfungen.

10.24 Einen Drucker im Code auswählen

Den Quellcode finden in der Begleitdatei *K10-02.xls*.

Problem

Sie möchten ohne den entsprechenden integrierten Druckerdialog aufzurufen, eine Mappe oder ihre Teile per Fax versenden, in eine PDF-Datei umwandeln oder nur auf einem speziellen Drucker im Netzwerk ausdrucken.

Lösung

Auch diese Aufgabe kann mit Hilfe des *Windows Script Host*-Objektmodells gelöst werden. Das Listing 10.40 zeigt den Lösungsansatz. Er erfordert wiederum einen Verweis auf die Objektbibliothek *Windows Script Host* (siehe dazu den ▶ Abschnitt »10.22 Spezielle Ordner nutzen« weiter oben).

```
Private Sub SpecialPrint()
    Dim wsn As New WshNetwork
    Dim strPrinterToSelect As String
    Dim strDummy As String
    Dim i As Integer

    On Error GoTo errh

    For i = 1 To wsn.EnumPrinterConnections.Length - 1 Step 2
        strDummy = wsn.EnumPrinterConnections(i)
        If InStr(strDummy, "Distiller") > 0 Then
            strPrinterToSelect = strDummy
            Exit For
        End If
    Next
    ActiveSheet.PrintOut ActivePrinter:=strPrinterToSelect
    Set wsn = Nothing
    Exit Sub
errh:
    Select Case Err.Number
        Case Else
            MsgBox Err.Description
    End Select
End Sub
```

Listing 10.40: Ausdruck über den Acrobat Distiller

Voraussetzung für das Funktionieren ist, dass Sie den *Acrobat Distiller* installiert haben (lokal oder im Netz).

Erläuterungen

In Listing 10.40 greift der Code auf die Klasse *WshNetwork* zu, die es mittels *EnumPrinter-Connections* erlaubt, eine Liste der aktuell installierten Drucker in einer *WshCollection* aufstellen zu lassen. In dieser Liste erscheint jeder Drucker zwei Mal: einmal mit seinem Port und einmal mit seinem UNC-Namen. Dabei handelt es sich um Zeichenketten.

ACHTUNG: Die Eigenschaft *ActivePrinter* des *Application*-Objekts liefert einen etwas anderen Namen des aktiven Druckers als die eben beschriebene Liste.

Sie müssen nun innerhalb der Liste den Drucker an seinem Namen erkennen, was u.U. in fremder Umgebung ein Problem darstellt. Hier ist es der Teil *Distiller*, der bei korrekter Installation im Namen erscheinen sollte. Zum Druck übergeben Sie den vollständigen Namen an die *PrintOut*-Methode eines *Range-*, *Chart-*, *Worksheet-* oder *Workbook*-Objekts, wobei Sie das benannte Argument *ActivePrinter* nutzen können.

Wollen Sie das Ganze etwas wasserdicht machen, können Sie testen, ob es überhaupt etwas zu Drucken gibt. Eine saubere Fehlerbehandlung (was ist, wenn der Drucker im Netzwerk nicht zur Verfügung steht usw.) bedarf sicher einiger Tests.

HINWEIS: Mit Hilfe der Methode *SetDefaultPrinter* des *WshNetwork*-Objekts lässt sich der Standarddrucker des Rechners einstellen. Eine Methode, diesen abzufragen, scheint es nicht zu geben. *ActivePrinter* des *Application*-Objekts ist hier auch nicht unbedingt tauglich, da der aktive *Excel*-Drucker nicht mit dem Standarddrucker übereinstimmen muss.

10.25 Dictionary – eine Alternative zum *Collection*-Objekt

Den Quellcode finden in der Begleitdatei *K10-03.xls*.

Problem

Sie haben die Absicht, aus eine Excel-Liste mit Personennamen, Artikel-, Kunden- oder Lieferanteninformationen, die etwa durch Protokollierung entstanden ist, Duplikate herauszufiltern und so Stamminformationen nur einmal in einer anderen Liste zu halten. Die Abbildung 10.14 zeigt ein einfaches Beispiel, wo es darauf ankommt, die »Adressdaten« der Personen zu extrahieren.

	A	B	C	D
1	**Name**	**Vorname**	**Ort**	**Summe**
2	Meier	Hans	Dresden	123,00 €
3	Müller	Gottfried	München	234,00 €
4	Meier	Hans	Dresden	345,00 €
5	Müller	Gottfried	München	456,00 €
6	Schulze	Georg	Berlin	678,00 €
7	Meier	Hans	Dresden	789,00 €

Abbildung 10.14: Einfache Liste mit Duplikaten in den »Adressen«

Lösung

Es gibt verschiedene Lösungsansätze, die von Filtertechniken über Abfragen mit MS Query bis zu VBA reichen. Das Listing 10.41 zeigt den Lösungsansatz unter Verwendung des *Dictionary*-Objekts. Dieses ist in der *Scripting Runtime*-Bibliothek enthalten.

```
Sub SeekForDuplicatesDic()
    Dim dic As New Dictionary
    Dim rng As Range
    Dim rngFirstColumnUsed As Range
    Dim i As Integer
    Dim it As Variant
    Dim strKey As String

    On Error GoTo errh
    Set rngFirstColumnUsed = Intersect(Tabelle1.UsedRange, Tabelle1.Columns(1).Cells)

    For Each rng In Intersect(Tabelle1.UsedRange, Tabelle1.Columns(1).Cells)
        strKey = rng.EntireRow.Range("A1") & "#" & rng.EntireRow.Range("B1") _
        & "#" & rng.EntireRow.Range("C1")
        If Not dic.Exists(strKey) and rng.row > 1 Then
            dic.Add strKey, rng.EntireRow.Range("A1:C1")
        End If
    Next

    i = 0
    Tabelle2.UsedRange.Clear
    For Each it In dic.Items
        i = i + 1
        Tabelle2.Rows(i).EntireRow.Range("A1:C1").Value = it.Value
    Next
    Set dic = Nothing
    Exit Sub
errh:
    MsgBox Err.Description
End Sub
```

Listing 10.41: Einsatz des Dictionary-Objekts zum Filtern von Duplikaten

Erläuterungen

Sie sollten zuerst einen Verweis auf die *Scripting Runtime*-Bibliothek setzen (Menübefehl *Extras/Verweise*). Damit haben Sie Zugriff auf das Objektmodell im Objektbrowser und Intelli-Sense beim Programmieren. Außerdem können Sie die hier genutzte frühe Bindung verwenden (siehe ▶ Kapitel 2).

Festzustellen ist zunächst, dass Sie ähnlich wie beim *Collection*-Objekt vorgehen können. Das Listing 10.42 zeigt das »Äquivalent«.

```
Sub SeekForDuplicatesCol()
    Dim col As New Collection
    Dim rng As Range
    Dim rngFirstColumnUsed As Range
    Dim i As Integer

    On Error GoTo errh
```

Excel und andere Anwendungen steuern

```
Set rngFirstColumnUsed = Intersect(Tabelle1.UsedRange, Tabelle1.Columns(1).Cells)

On Error Resume Next
For Each rng In rngFirstColumnUsed
    If rng.Row > 1 Then
        col.Add rng.EntireRow.Range("A1:C1"), rng.EntireRow.Range("A1") & "#" & _
            rng.EntireRow.Range("B1") & "#" & rng.EntireRow.Range("C1")
    End If
Next

On Error GoTo errh
Tabelle2.UsedRange.Clear
For i = 1 To col.Count
    Tabelle2.Rows(i).EntireRow.Range("A1:C1").Formula = col.Item(i).Formula
Next
Set col = Nothing
Exit Sub
errh:
    MsgBox Err.Description
End Sub
```

Listing 10.42: *Lösung des Problems mit Hilfe des Collection-Objekts*

Hier fällt der etwas gewaltsame Umgang mit *On Error Resume Next* auf, der es aber ermöglicht, nur solche *Key*-Werte in der Sammlung *col* unterzubringen, die es dort noch nicht gibt. Im *Dictionary*-Objekt *dic* aus Listing 10.41 können Sie dieses Problem eleganter angehen, da es die Möglichkeit gibt, mit *Exists(key)* die Existenz eines Schlüssels abzufragen.

ACHTUNG: Rufen Sie *dic.Item(key)* ohne Existenz-Prüfung auf, wird (anders als beim *Collection*-Objekt) kein Fehler erzeugt, sondern ein bislang nicht existierender Eintrag ohne Warnung angelegt. Code zum Experimentieren mit diesem Verhalten finden Sie im Modul mod-Tests der Beispielmappe.

Das ist nicht der einzige, aber ein schwerwiegender Unterschied. Andere Unterschiede bestehen in der anderen Reihenfolge der Parameter beim Aufruf von *Add* sowie in der unterschiedlichen Verwendung der *Item*-Eigenschaft. Das *Collection*-Objekt verträgt hier den Index und den Schlüssel, das *Dictionary*-Objekt möchte bei *Item* den Schlüssel und fordert den Index bei *Items*. Verwenden Sie den Index zum Ansprechen eines Eintrags, so läuft er beim *Collection*-Objekt ab 1, beim *Dictionary*-Objekt ab 0.

Interessant ist nun beim Sammeln die Tatsache, dass Sie in beiden Fällen die *Range*-Objekte, die die ersten drei Zellen der jeweiligen Zeilen darstellen, als solche in Ihre Auflistungen aufnehmen und sich um nichts kümmern müssen. Formeln, Werte, Formatierungen – alles wird im *Dictionary* aufbewahrt (auch in der *Collection*).

Deshalb ist das Auslesen auch sehr komfortabel, wenn auch gewöhnungsbedürftig,

```
Tabelle2.Rows(i).Range("A1:C1").Value = it.Value
```

ist doch eine sehr kurze Form der Übertragung von Zellinhalten.

Im Unterschied zum *Collection*-Objekt können Sie das *Dictionary* mit *For Each* durchlaufen.

HINWEIS: Das *Dictionary*-Objekt finden Sie nicht im Objektmodell des *Windows Script Host*, obwohl sich dort wie auch in der *Scripting Runtime* das *FileSystemObject* befindet. Im Ausgleich fehlen *WshNetwork* und *WshShell* (sehen Sie hierzu die vorhergehenden drei Beispiele).

10.26 Steuerung der Entwicklungsumgebung

Den Quellcode finden in der Begleitdatei *K10-04.xls*.

Problem

Im Abschnitt ▶ »10.1 Fremde Anwendungen per VBA starten und steuern« am Anfang dieses Kapitels haben Sie erfahren, dass es nicht unproblematisch ist, Verweise innerhalb von VBA-Projekten zu setzen, da nicht klar ist, ob die geforderte Bibliothek auf dem Rechner, an welchen die Mappe mit dem Projekt verteilt wurde, auch vorhanden ist. Manchmal hat ein Entwickler die Absicht, Quellcode während der Programmausführung oder im Zuge von Ereignissen nachzuladen.

Ein Entwickler möchte die Entwicklungsumgebung dahingehend beeinflussen, dass Formalien im Quellcode geprüft bzw. eingehalten werden, dass Quellcode (etwa über Word) farbig ausgedruckt werden kann u. v. a. m.

Lösung

Einen möglichen Ansatz zur Lösung der angesprochenen Aufgaben bietet die Automation der Entwicklungsumgebung selbst. Die ersten beiden Problemkreise sollten innerhalb der jeweiligen Projekte, der dritte durch COM Add Ins (siehe ▶ Kapitel 13) angegangen werden.

Voraussetzung zur Beeinflussung der Entwicklungsumgebung einschließlich des dort befindlichen Codes ist allerdings Vertrauen in den Entwickler, da die Sicherheitseinstellungen hinsichtlich der VBA-Projekte wie in Abbildung 10.15 vorgenommen werden müssen. Dieses Dialogfeld finden Sie im Menü *Extras/Makro/Sicherheit* von Office 2002- und Office 2003-Anwendungen. Für Office 2000 stellen die Sicherheitseinstellungen noch kein Hindernis dar.

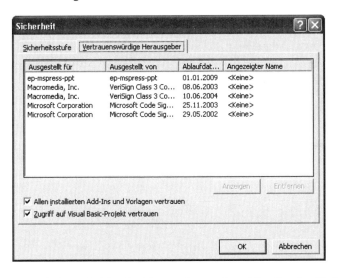

Abbildung 10.15: Dem Zugriff auf VBA-Projekte vertrauen – nur so kann Code per Programm erzeugt werden

Das Listing 10.43 zeigt Ihnen den groben Einstieg in die Beeinflussung der Entwicklungsumgebung bzw. des VB-Projekts der Mappe mit dem Code. Es wird versucht, einen Verweis auf die passende *Word*-Bibliothek zu setzen und Quellcode einzufügen, der diesen Verweis benötigt.

```vba
Const cstrWordGUID = "{00020905-0000-0000-C000-000000000046}"

Sub Workbook_Open()
    Dim objComp As VBComponent
    Dim objReference As Reference
    Dim blnToAddReference As Boolean
    Dim blnToCreateClass As Boolean
    Dim intMinor As Integer

    On Error GoTo errh
    Select Case Application.Version
        Case "11.0"
            intMinor = 3
        Case "10.0"
            intMinor = 2
        Case "9.0"
            intMinor = 1
        Case Else
            MsgBox "Versionskonflikt."
            Exit Sub
    End Select

    blnToAddReference = True
    For Each objReference In ThisWorkbook.VBProject.References
        If objReference.GUID = cstrWordGUID Then
            If objReference.Minor > intMinor Then
                MsgBox "Es liegt ein Versionskonflikt vor."
                Exit Sub
            Else
                blnToAddReference = False
                Exit For
            End If
        End If
    Next

    If blnToAddReference Then
        ThisWorkbook.VBProject.References.AddFromGuid cstrWordGUID, 8, intMinor
    End If

    blnToCreateClass = True
    For Each objComp In ThisWorkbook.VBProject.VBComponents
        If objComp.Name = "clsEventClass" Then
            blnToCreateClass = False
            Exit For
        End If
    Next

    If blnToCreateClass Then
        Set objComp = ThisWorkbook.VBProject.VBComponents.Add(vbext_ct_ClassModule)
        objComp.Name = "clsEventClass"
        objComp.CodeModule.AddFromString "Public WithEvents wdApp as Word.Application"
    End If

    Set objComp = Nothing
    Exit Sub
errh:
```

```
        Select Case Err.Number
            Case -2147319779
                MsgBox "Bibliothek nicht registriert"
            Case 48
                MsgBox "Dll kann nicht geladen werden"
            Case Else
                MsgBox Err.Description
        End Select
        Set objComp = Nothing
End Sub
```

Listing 10.43: Während der Laufzeit – Verweise setzen, Code schreiben lassen

Erläuterungen

Im ersten Teil der Ereignisprozedur *Workbook_Open* wird ermittelt, welche Excel-Version verwendet wird, um darauf die passende Word-Version abzustellen. Die Word-GUID-Zeichenkette befindet sich in einer Konstanten.

TIPP: Die Ermittlung der GUID ist nicht schwer und Sie müssen nicht in die Registry gehen. Schreiben Sie den Code

```
Dim objRef as Reference
For Each objRef in Thisworkbook.VBProjekt.References
Next
```

in eine Testprozedur und setzen Sie einen Haltepunkt in die *For*-Anweisung. Nun können Sie die *References*-Auflistung ins Überwachungsfenster ziehen und haben alles auf einen Blick. Auch die Word-GUID – falls Sie vorher einen Verweis darauf gesetzt haben.

Entscheidend ist allerdings noch die Eigenschaft *Minor*, die die Versionen unterscheidet.

Anschließend wird geprüft, ob der Verweis bereits existiert. Er sollte es eigentlich nicht, da beabsichtigt ist, ihn bei Nichtbenötigung wieder zu entfernen (Listing 10.44). Es gelingt nicht, per VBA eine unterbrochenen Verweis auf eine höhere Word-Version zu löschen, das Objekt ist zwar vorhanden (in der *References*-Auflistung), aber eine *Remove*-Methode schlägt fehl.

Ist der Verweis vorhanden oder wurde er gesetzt, wird geschaut, ob es das einzufügende Klassenmodul bereits gibt, wenn nicht, so wird es hinzugefügt. Dieses Hinzufügen kann durch Angabe von Codezeilen in einer Zeichenkette erfolgen oder aber durch Lesen einer Textdatei, wie dies in ▶ Kapitel 4 beschrieben wurde.

ACHTUNG: Das Hinzufügen von Code setzt das Codeprojekt zurück und löscht damit die Werte aller globalen Variablen. Deswegen ist es nicht möglich, sich in Listing 10.44 auf den eingefügten Verweis global zu beziehen, um sie wieder zu entfernen.

```
Private Sub Workbook_BeforeClose(Cancel As Boolean)
    Dim objReference As Reference
    Dim objReferenceToRemove As Reference
    For Each objReference In ThisWorkbook.VBProject.References
        If objReference.GUID = cstrWordGUID Then
            Set objReferenceToRemove = objReference
            Exit For
        End If
```

```
          Next
    ThisWorkbook.VBProject.References.Remove objReferenceToRemove
End Sub
```

Listing 10.44: Verweise entfernen – die Wahl des Zeitpunktes ist nicht einfach

In Listing 10.44 wurde das *Workbook-BeforeClose*-Ereignis genutzt, um den Verweis zu entfernen. Hier ist die Lücke im Projekt, da dies ein erneutes Speichern vom Nutzer verlangt. Dies könnte man ihm zwar still und heimlich in die Ereignisprozedur hineinmogeln, aber das ist so anwenderfreundlich nicht. So kann es im Ausnahmefall passieren, dass bei späterer Weitergabe der Mappe der im *Workbook_Open* erwähnte Versionskonflikt zum Tragen kommt. Genau genommen ist auch das eingefügte Klassenmodul zu entfernen.

Sie sollten im vorliegenden Beispiel unbedingt Aufwand und Nutzen für den Programmierer und Anwender abwägen. Das Hineinziehen gemeinsamen Quellcodes in VB-Projekte verschiedener Mappen ist sicher besser als das Kopieren von Code innerhalb der Projekte, da hier die Pflege aufwändig wird. Allerdings sind die Code-Dateien dann immer mit den Mappen zu führen. Alternativen sind Add-Ins und COM-Add-Ins (▶Kapitel 13) sowie das Anbinden von .NET-Assemblies und die Erzeugung von Smart Documents (▶ Kapitel 14).

In ▶ Kapitel 13 finden Sie noch ein Beispiel für ein Add-In in der Entwicklungsumgebung: Code der Projekte in ein Word-Dokument exportieren.

11 API-Funktionen nutzen

Durch den Einsatz von API-Funktionen (*API* ist die Abkürzung von *Application Programming Interface*) lassen sich VBA-Programme in ihrer Funktionalität nicht unwesentlich erweitern. Die Delegierung von Aufgaben an das Betriebssystem oder andere installierte Programme ist allerdings keine alltägliche Aufgabe des VBA-Programmierers im doppelten Sinn: Sie kommt nicht oft vor und ist hinreichend kompliziert. Letzteres wird durch folgende Argumente unterstützt:

- API-Funktionen befinden sich in der Regel in Laufzeitbibliotheken (DLL-Dateien), damit steigt die VBA-Entwicklungsumgebung aus dem Debug-Prozess weitestgehend aus.

- Kleinste Fehler bei der Implementierung können zum Absturz des VBA-Programms (inklusive Excel oder einer anderen Office-Anwendung) wenn nicht des Rechners selbst führen.

● Der Zugriff auf die Dokumentation der benutzten Funktionen gestaltet sich schwierig. Auf der Website *msdn.microsoft.com* finden Sie jedoch alles zu Hunderten von Funktionen der Windows-API. Entwickler, die mit VB 6 oder der Developer Edition von Office 2000 arbeiten, verfügen über den API-Viewer, der vorbereitete Textdateien nutzt, um Deklarationen, Konstanten und Typen zu 99 % fehlerfrei in den Deklarationsteil ihrer Module (nur dort ist die Deklaration erlaubt) übertragen zu helfen.

Die folgenden Abschnitte können im Rahmen dieses Buches naturgemäß nur einen kleinen Einblick in sich ergebende Möglichkeiten liefern. Die meisten Dinge, die Sie aus den vorgestellten Lösungen heraus weiter entwickeln können, werden sich nur durch Studieren und Probieren (besser Trial and Error) erschließen und wirkungsvoll in Ihre Applikationen integrieren lassen.

Sie finden die vom API-Viewer benutzten Dateien *win32api.txt* und *mapi32.txt* im Ordner *K11_00*. Öffnen Sie diese Dateien mit dem Windows-Editor, können Sie die gewünschten Deklarationen über die Zwischenablage in Ihren Quellcode übernehmen.

11.1 Windows-Version ermitteln

Den Quellcode zu diesem Abschnitt finden Sie in der Begleitdatei *K11_01.xls* im Ordner *K11_01*.

Problem

Sie möchten Informationen über den Installationsordner des Betriebssystems sowie über dessen Version in Ihrem Programm nutzen, etwa um bei verteilten Anwendungen zur Laufzeit entsprechend reagieren zu können.

Lösung

Übernehmen Sie den Quellcode aus Listing 11.1 in ein Modul Ihres VBA-Projekts.

ACHTUNG: Mit *Declare* beginnende Anweisungen dürfen nur in »normale« Module, nicht jedoch in Klassenmodule geschrieben werden.

```
Public Declare Function GetWindowsDirectory Lib "kernel32" _
     Alias "GetWindowsDirectoryA" (ByVal lpBuffer As String, _
                                   ByVal nSize As Long) As Long
Public Declare Function GetVersionEx Lib "kernel32" _
     Alias "GetVersionExA" (lpVersionInformation As OSVERSIONINFO) As Long

Public Type OSVERSIONINFO
    dwOSVersionInfoSize As Long
    dwMajorVersion As Long
    dwMinorVersion As Long
    dwBuildNumber As Long
    dwPlatformId As Long
    szCSDVersion As String * 128
End Type

Sub Info()
    Dim strDirectory As String * 255
    Dim lngDirectory As Long
    Dim inf As OSVERSIONINFO
```

```
lngDirectory = GetWindowsDirectory(strDirectory, 255)

Debug.Print lngDirectory
Debug.Print Left(strDirectory, lngDirectory)

inf.dwOSVersionInfoSize = 148
GetVersionEx inf

Debug.Print inf.dwOSVersionInfoSize
Debug.Print inf.dwMajorVersion
Debug.Print inf.dwMinorVersion

End Sub
```

Listing 11.1: *Informationen zum Betriebssystem holen*

Erläuterungen

Eine Besonderheit bei der Rückgabe von Zeichenketten wie *strDirectory* in der Funktion *Get-WindowsDirectory* besteht in deren Deklaration als *String* von fester Länge. Vergessen Sie diese Art der Deklaration, führt das nahezu ausnahmslos zu einem Programmabsturz.

Der von der Funktion gelieferte Wert *lngDirectory* gibt hier an, wie lang die Zeichenkette ohne NULL-Werte ist. In vielen anderen Fällen wird so eine Information nicht gegeben, so dass sie im Programm zusätzlich ermittelt werden muss (siehe die Funktion *DeleteNULL* im ▶ Abschnitt »11.4 Windows-Registry lesen und ändern«).

Die Besonderheit der Struktur *OSVERSIONINFO* besteht im Umstand, dass deren benötigter Platz *dwOSVersionInfoSize* (in Bytes) vor Aufruf von *GetVersionEx* festgelegt werden muss. Er ergibt sich aus 128 + (5 * 4) für jeden *Long*-Wert. Die Art der gegebenen Informationen wie *dwMajorVersion* ergibt sich aus deren Namen. Die Übersetzung der Zahlenwerte nehmen Sie aus Tabelle 11.1 und Tabelle 11.2.

Wert	Betriebssystem
5	Windows Server 2003
5	Windows XP
5	Windows 2000
4	Windows NT 4.0
4	Windows Me
4	Windows 98
4	Windows 95

Tabelle 11.1: *Erklärungen der Rückgabe dwMajorVersion*

Wert	Betriebsystem
2	Windows Server 2003
1	Windows XP
0	Windows 2000 ▶

Wert	Betriebsystem
0	Windows NT 4.0
90	Windows Me
10	Windows 98
0	Windows 95

Tabelle 11.2: Erklärungen der Rückgabe dwMinorVersion

Die Namen der Funktionsparameter in den Deklarationen wurden hier wie in allen anderen Abschnitten so gelassen, wie sie aus der im Vorspann genannten Textdatei entstehen. Sie können sie also nach Ihrer Konvention anpassen. Achten Sie jedoch darauf, dass die überwiegende Anzahl der Parameter über *ByVal* deklariert werden muss.

Der Name nach dem *Alias*-Schlüsselwort der Funktionen ist der, der von der benutzten DLL-Laufzeitbibliothek benötigt wird. Seine Benutzung erlaubt also die Anpassung des Funktionsnamens selbst an Ihre Bedürfnisse.

HINWEIS: Neben der Struktur *OSVERSIONINFO* gibt es auch *OSVERSIONINFOEX* mit einer größeren Anzahl gelieferter Details. Zum Vergleich von Forderungen an das Betriebssystem mit den tatsächlich vorhandenen Gegebenheiten wird in der MSDN die Funktion *VerifyVersionInfo* empfohlen.

11.2 Ordner und Dateien öffnen über *ShellExecute*

Den Quellcode zu diesem Abschnitt finden Sie in der Begleitdatei *K11_02.xls* im Ordner *K11_02*, der auch die aufgerufene Beispieldatei *test.doc* enthält.

Problem

Sie möchten eine Datei mit dem zugehörigen Programm öffnen, ohne das Programm zunächst selbst zu starten.

Lösung

Die Funktion *ShellExecute* aus Listing 11.2 erledigt die gewünschte Aufgabe.

```
Public Declare Function ShellExecute Lib "shell32.dll" Alias "ShellExecuteA" _
        (ByVal hwnd As Long, ByVal lpOperation As String, _
         ByVal lpFile As String, ByVal lpParameters As String, _
         ByVal lpDirectory As String, ByVal nShowCmd As Long) As Long


Public Const SW_SHOWNORMAL = 1
Public Const SW_SHOWMAXIMIZED = 3
Public Const SW_SHOWMINIMIZED = 2


Sub ShowDoc()
    Dim hwnd As Long
    ShellExecute hwnd, "open", ThisWorkbook.Path & "\test.doc", vbNullString, vbNullString, SW_SHOWNORMAL
End Sub
```

```
Sub OpenFolder()
    Dim hwnd As Long
    ShellExecute hwnd, "explore", ThisWorkbook.Path, vbNullString, _
                 vbNullString, SW_SHOWMAXIMIZED
End Sub

Sub OpenFolderForSearch()
    Dim hwnd As Long
    ShellExecute hwnd, "find", ThisWorkbook.Path, vbNullString, _
                 vbNullString, SW_SHOWMINIMIZED
End Sub
```

Listing 11.2: Öffnen von Dateien und Ordnern

Erläuterungen

Sie haben unter VBA zu *ShellExecute* wenigstens zwei Alternativen:

- Sie nutzen die *Shell*-Funktion mit dem Nachteil, dass Sie den Pfad zur Anwendung selbst (in Listing 11.2 ist das Word) kennen und angeben müssen. *ShellExecute* öffnet alle Dateien, deren Erweiterungen dem Betriebssystem bekannt sind.

- Sie setzen einen Verweis auf die Programmbibliothek des Programms, welches die Datei öffnen soll (mehr zu Verweisen finden Sie in ▶ Kapitel 10) oder arbeiten mit *CreateObject*. Für Word ist das problemlos, andere Anwendungen erlauben das Setzen von Verweisen jedoch nicht. An anderen Stellen kann zwar das Objekt erstellt, jedoch nicht problemlos zur Ansicht gebracht werden.

Geben Sie der Funktion als zweiten Parameter die Zeichenkette *print* mit, werden Dateien gedruckt.

Das Öffnen von Ordnern kann auch mit der *ShellExecute*-Funktion vorgenommen werden, auch der Suchordner wird angezeigt. Hier sind wohl die in Excel integrierten Dialogfelder und die Office-Objekte *FileDialog* sowie *FileSearch* die besseren Alternativen. Auch die Nutzung des Windows Script Host wie in ▶ Kapitel 10 ist eine komfortable Angelegenheit, wenn Sie *Datei*-Dialogfelder selbst anfertigen wollen.

HINWEIS: Beim Parameter *hwnd* handelt es sich um eine Fensterbezugsnummer. Mehr zu Fenstern erfahren Sie im ▶ Abschnitt »11.8 Fenster listen, finden, aktivieren und schließen« weiter unten in diesem Kapitel.

11.3 INI-Dateien lesen und schreiben

Den Quellcode zu diesem Abschnitt finden Sie in der Begleitdatei *K11_03.xls* im Ordner *K11_03*, der auch die benutzte Beispieldatei *myIni.ini* enthält.

Problem

Sie möchten Werte und Informationen, die Ihre Anwendung benötigt, beim Start lesen und während der Sitzung oder beim Beenden dauerhaft hinterlegen.

Eine brauchbare Lösung kann unter Excel dadurch entstehen, dass diese Werte in (vielleicht sogar per VBA durch *Visible = xlVeryHidden*) ausgeblendete Arbeitsblätter geschrieben werden. In einigen Situationen kann das jedoch dazu führen, dass der Anwender zum Speichern der Mappe gezwungen werden muss.

Eine Alternative besteht in der Verwendung von INI-Dateien oder Registrierungseinträgen. Diese Alternative kann vor allem auch bei Add-Ins und COM-Add-Ins (▶ Kapitel 13) erfolgreich eingesetzt werden.

Lösung

Der Ansatz zum Schreiben und Lesen von INI-Dateien besteht in den beiden Funktionen *GetPrivateProfileString* und *WritePrivateProfileString* sowie deren Einsatz nach dem Muster von Listing 11.3.

```
Public Declare Function GetPrivateProfileString Lib "kernel32" _
    Alias "GetPrivateProfileStringA" (ByVal lpApplicationName As String, _
    ByVal lpKeyName As Any, ByVal lpDefault As String, _
    ByVal lpReturnedString As String, ByVal nSize As Long, _
    ByVal lpFileName As String) As Long
Public Declare Function WritePrivateProfileString Lib "kernel32" _
    Alias "WritePrivateProfileStringA" (ByVal lpApplicationName As String, _
    ByVal lpKeyName As Any, ByVal lpString As Any, _
    ByVal lpFileName As String) As Long

Const strIniName = "myIni.ini"

Sub WriteIni()
    WritePrivateProfileString "Section", "Key1", "Eintrag1", _
        ThisWorkbook.Path & "\" & strIniName
    WritePrivateProfileString "Section", "Key2", "Eintrag2", _
        ThisWorkbook.Path & "\" & strIniName
    WritePrivateProfileString "SectionA", "KeyA", "EintragA", _
        ThisWorkbook.Path & "\" & strIniName
End Sub

Sub ReadIni()
    Dim strDummy As String * 256
    Dim intSizeToUse As Integer
    Dim intSizeToRead As Integer
    Const cstrDefault = "Standardwert"
    intSizeToRead = 100
    intSizeToUse = GetPrivateProfileString("SectionA", "Key", cstrDefault, strDummy, _
        intSizeToRead, ThisWorkbook.Path & "\" & strIniName)
    MsgBox Left(strDummy, intSizeToUse)
End Sub
```

Listing 11.3: Lesen und Schreiben von Informationen in INI-Dateien

Erläuterungen

Die Wirkung von *WriteIni* ist unter Beachtung des Ergebnisses

```
[Section]
Key1=Eintrag1
Key2=Eintrag2
[SectionA]
KeyA=EintragA
```

selbsterklärend. Wichtig ist der Umstand, dass *WritePrivateProfileString* die INI-Datei anlegt, wenn sie noch nicht vorhanden ist. Ist die Datei vorhanden, wird sie ohne Warnung überschrieben, wobei der Überschreibvorgang keine Einträge löscht und selbstständig Duplikate vermeidet!

Etwas komplizierter ist der Lesevorgang innerhalb von *ReadIni*. Die zu liefernde Zeichenkette ist in einer *String*-Variablen fester Länge aufzunehmen. Vergessen Sie diese Deklarationsweise, stürzt das Programm ab.

Der Funktion *GetPrivateProfileString* geben Sie über *intSizeToRead* mit, wie viele Zeichen des Schlüsselwertes Sie lesen möchten. Im Ergebnis wird durch *intSizeToUse* mitgeteilt, wie viele Zeichen vor dem ersten Auftreten des NULL-Bytes verwendet werden können. Diese Information nutzen Sie in *Left(strDummy, intSizeToUse)* zur Wiedergabe einer »korrekt eingekürzten« Information.

Die Konstante *cstrDefault* legt fest, welcher Wert geliefert wird, wenn der gesuchte Eintrag nicht vorhanden ist (etwa beim ersten Start des Programms).

HINWEIS: Die benutzten API-Funktionen haben große Ähnlichkeit mit den VBA-Funktionen *GetSetting* und *SaveSetting*, die in ▶ Kapitel 13 zum Einsatz kommen. Diese Funktionen lesen und schreiben allerdings Einträge der Windows-Registrierung, was mancher Programmierer vermeiden möchte.

Benutzen Sie die API-Funktionen und INI-Dateien, müssen Sie natürlich auch auf entsprechende Datei-Schreibrechte achten, wenn die Anwendung verteilt werden soll, und den Speicherort entsprechend wählen.

11.4   Windows-Registry lesen und ändern

Den Quellcode zu diesem Abschnitt finden Sie in der Begleitdatei *K11_04.xls* im Ordner *K11_04*.

Problem

Sie möchten Informationen der Windows-Registrierung über Benutzer, installierte Programme, besondere Ordner, Spracheinstellungen u.a. erfragen und in Ihrem Programm entsprechend auswerten.

Lösung

Der Lösungsansatz zum Zugriff auf Schlüssel der Windows-Registrierung liegt in den API-Funktionen, die in Listing 11.4 deklariert werden.

```
Public Declare Function RegOpenKeyEx Lib "advapi32.dll" Alias "RegOpenKeyExA" _
    (ByVal hKey As Long, ByVal lpSubKey As String, ByVal ulOptions As Long, _
     ByVal samDesired As Long, phkResult As Long) As Long
Public Declare Function RegQueryValueEx Lib "advapi32.dll" Alias "RegQueryValueExA" _
    (ByVal hKey As Long, ByVal lpValueName As String, ByVal lpReserved As Long, _
     lpType As Long, lpData As Any, lpcbData As Long) As Long
Public Declare Function RegSetValueEx Lib "advapi32.dll" Alias "RegSetValueExA" _
    (ByVal hKey As Long, ByVal lpValueName As String, ByVal Reserved As Long, _
     ByVal dwType As Long, lpData As Any, ByVal cbData As Long) As Long
Public Declare Function RegEnumValue Lib "advapi32.dll" Alias "RegEnumValueA" _
    (ByVal hKey As Long, ByVal dwIndex As Long, ByVal lpValueName As String, _
```

```
        lpcbValueName As Long, ByVal lpReserved As Long, lpType As Long, _
        lpData As Any, lpcbData As Long) As Long
Public Declare Function RegCloseKey Lib "advapi32.dll" (ByVal hKey As Long) As Long


Public Const HKEY_CURRENT_USER = &H80000001
Public Const KEY_QUERY_VALUE = &H1
Public Const REG_SZ = 1

Sub ExcelPosition()
    Dim strValue As String * 256
    Dim dummy As Long
    Dim lngKey As Long
    RegOpenKeyEx HKEY_CURRENT_USER, "Software\Microsoft\Office\11.0\Excel\Options", _
                0, KEY_QUERY_VALUE, lngKey
    dummy = RegQueryValueEx(lngKey, "Pos", 0, REG_SZ, ByVal strValue, 256)
    RegCloseKey lngKey
    Debug.Print DeleteNULL(strValue)
End Sub

Sub ReadInfoFromCurrentUser()
    Dim dummy As Long
    Dim lngKey As Long
    Dim lngIndex As Long
    Dim strName As String * 256
    Dim strValue As String * 256

    RegOpenKeyEx HKEY_CURRENT_USER, "Software\Microsoft\Office\11.0\Common\General", _
                0, KEY_QUERY_VALUE, lngKey
    dummy = RegEnumValue(lngKey, lngIndex, strName, 256, 0, REG_SZ, _
            ByVal strValue, 256)
    While dummy = 0
        Debug.Print DeleteNULL(strName), DeleteNULL(strValue)
        lngIndex = lngIndex + 1
        dummy = RegEnumValue(lngKey, lngIndex, strName, Len(strName), 0, REG_SZ, _
                ByVal strValue, Len(strValue))
    Wend
    RegCloseKey lngKey
End Sub

Function DeleteNULL(str As String) As String
    Dim intPos  As Integer
    intPos = InStr(1, str, Chr(0))
    DeleteNULL = Left(str, intPos - 1)
End Function
```

Listing 11.4: *Windows-Registrierung im Griff*

HINWEIS: Das Listing 11.4 zeigt nur »lesende« Beispiele. Auf das Schreiben in die Registrierung mit Hilfe der Funktion *RegSetValueEx* soll hier verzichtet werden. Die Gründe sind:

- Jeder schreibende Eingriff kann unvorhersehbare Folgen haben, selbst wenn man sich ganz sicher ist, nichts falsch gemacht zu haben.

- Wollen Sie dennoch einen »Versuch wagen«, so sind die Funktionen des Windows Script Host *RegRead* und *RegWrite* etwas einfacher im Gebrauch. Mehr zum Windows Script Host erfahren Sie in ▶ Kapitel 10.

○ Die VBA-Funktionen *GetSetting* und *SaveSetting* lesen und schreiben in einem ausgewählten Bereich der Registrierung: *HKEY_CURRENT_USER\Software\VB and VBA Program Settings*. Dieser sollte für »individuelle« Einträge einer VBA-Lösung (inklusive COM-Add-Ins) ausreichend sein.

Erläuterungen

Bevor Sie Zugriff auf einen Schlüssel haben, muss dieser mit *RegOpenKeyEx* geöffnet werden. Durch diese Funktion wird dann eine Zugriffsnummer (Handle) *lngKey* geliefert, mit deren Hilfe alle lesenden und schreibenden Funktionen, also auch *RegQueryValueEx*, auf den Schlüssel und seine Werte zugreifen.

Die Prozedur *ExcelPosition* ermittelt die Fensterposition (linke obere Ecke, Größe) von Excel für den »Normalzustand«. Diese Werte werden durch Excel beim Beenden gespeichert und können von anderen Anwendungen, die Excel aufrufen wollen, zur Positionierung des Fensters vor dem Aufruf genutzt werden.

Sie sollten am Ende der Prozedur den Schlüssel durch *RegCloseKey* wieder schließen.

Die zweite Prozedur erlaubt den Durchlauf durch alle Einträge des gegebenen Schlüssels, deren Anzahl und Namen nicht bekannt sein müssen. Im Erfolgsfall des Lesens durch *RegEnumValue* wird durch diese Funktion die Zahl 0 geliefert. Den Durchlauf erzwingt der Zähler *lngIndex*.

Eine Besonderheit ist die Funktion *DeleteNULL*. Da Zeichenketten fester Länge benutzt werden (müssen), sind nur die Zeichen interessant, die vor dem ersten *NULL*-Byte stehen. Dessen Position wird ermittelt und der Rest abgeschnitten.

11.5 Namen spezieller Verzeichnisse ermitteln

Der Quellcode zu diesem Abschnitt befindet sich in der Begleitdatei *K11_05.xls* im Ordner *K11_05*.

Problem

Sie benötigen Pfadangaben zu speziellen Ordnern, die durch Windows »vordefiniert« sind.

Lösung

Zur Angabe der Pfadnamen des temporären Verzeichnisses, des Windows-Installationsverzeichnisses sowie des System-Verzeichnisses von Windows können Sie API-Funktionen wie in Listing 11.5 verwenden.

```
Public Declare Function GetTempPath Lib "kernel32" Alias "GetTempPathA" _
    (ByVal nBufferLength As Long, ByVal lpBuffer As String) As Long
Public Declare Function GetSystemDirectory Lib "kernel32" Alias "GetSystemDirectoryA" _
    (ByVal lpBuffer As String, ByVal nSize As Long) As Long
Public Declare Function GetWindowsDirectory Lib "kernel32" _
    Alias "GetWindowsDirectoryA" (ByVal lpBuffer As String, _
    ByVal nSize As Long) As Long

Sub GetInfo()
    Dim strPath As String * 256
    Dim lngSize As Long
```

```
    lngSize = GetWindowsDirectory(strPath, 256)
    Debug.Print Left(strPath, lngSize), lngSize
    lngSize = GetSystemDirectory(strPath, 256)
    Debug.Print Left(strPath, lngSize), lngSize
    lngSize = GetTempPath(256, strPath)
    Debug.Print Left(strPath, lngSize), lngSize
End Sub
```

Listing 11.5: Spezielle Verzeichnisnamen ermitteln

Erläuterungen

Alle drei Funktionen haben einen Rückgabewert, der die Anzahl der Zeichen vor dem ersten *NULL*-Byte der ermittelten Zeichenkette *strPath* (notwendigerweise eine Zeichenkette fester Länge) liefert. Das nutzen Sie zur endgültigen Ausgabe.

Die Abbildung 11.1 zeigt den Schlüssel *HKEY_CURRENT_USER\Software\Microsoft\Windows\CurrentVersion\Explorer\Shell Folders* mit Pfadangaben zu speziellen Ordnern und liefert damit einen weiteren Lösungsansatz: Entweder nutzen Sie Techniken zum Auslesen der Werte wie im vorigen ▶ Abschnitt »11.4 Windows-Registry lesen und ändern« oder Sie bemühen den Windows Script Host wie in ▶ Kapitel 10 beschrieben.

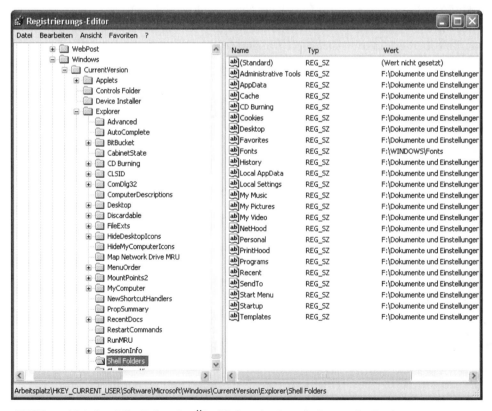

Abbildung 11.1: Spezielle Ordner im Überblick – ein Ausschnitt aus der Registry

11.6 Systeminformationen auslesen

Den Quellcode zu diesem Abschnitt finden Sie in der Begleitdatei *K11_06.xls* im Ordner *K11_06*.

Problem

Verschiedentlich ist es interessant, über Spracheinstellungen und länderspezifische Einstellungen (Datumsformat, Trennzeichen für Listen, Dezimalstellen, Uhrzeiten, Namen von Tagen und Monaten in der jeweiligen Landessprache usw.) Bescheid zu wissen, um bei der Beschriftung von Formularen, der Anzeige von Hilfsdateien, der Auswertung von Zeichenketten und in vielen anderen Situationen geeignet reagieren zu können.

Auch die Ermittlung des aktuellen Benutzers ist eine nicht selten gestellte Aufgabe.

Lösung

Die beiden Aufgabenstellungen haben wieder Beispielcharakter und sollen zu weiteren »Forschungen« anregen.

Die erste Prozedur aus Listing 11.6 ermittelt den Anmeldenamen des aktuellen Benutzers und zeigt den Unterschied zur Eigenschaft *Username* des Excel-*Application*-Objekts (falls nicht beide Namen zufällig übereinstimmen). Die zweite bringt einen Ausschnitt aus den Möglichkeiten der API-Funktion *GetLocaleInfo*. Die verwendeten Konstanten erklären sich weitestgehend aus deren Namen.

```
Public Declare Function GetUserName Lib "advapi32.dll" Alias "GetUserNameA" _
    (ByVal lpBuffer As String, nSize As Long) As Long
Public Declare Function GetLocaleInfo Lib "kernel32" Alias "GetLocaleInfoA" _
    (ByVal Locale As Long, ByVal LCType As Long, ByVal lpLCData As String, _
     ByVal cchData As Long) As Long

Public Const LOCALE_ICOUNTRY = &H5
Public Const LOCALE_SCOUNTRY = &H6

Public Const LOCALE_SCURRENCY = &H14
Public Const LOCALE_SLIST = &HC

Public Const LOCALE_SDATE = &H1D
Public Const LOCALE_STIME = &H1E

Public Const LOCALE_SDECIMAL = &HE
Public Const LOCALE_STHOUSAND = &HF

Public Const LOCALE_SDAYNAME1 = &H2A
Public Const LOCALE_SMONTHNAME1 = &H38

Public Const LOCALE_SLANGUAGE = &H2
Public Const LOCALE_SLONGDATE = &H20

Sub DifferentUsernames()
    Dim strDummy As String * 256
    Dim lngRet As Long
    lngRet = GetUserName(strDummy, 256)
    Debug.Print DeleteNULL(strDummy)
```

```
        Debug.Print Application.UserName
End Sub

Function DeleteNULL(str As String) As String
    Dim intPos As Integer
    intPos = InStr(1, str, Chr(0))
    DeleteNULL = Left(str, intPos - 1)
End Function

Sub LocaleInfos()
    Dim strInfo1 As String * 256
    Dim strInfo2 As String * 256
    Dim lngRet1 As Long
    Dim lngRet2 As Long

    lngRet1 = GetLocaleInfo(0, LOCALE_SCOUNTRY, strInfo1, 256)
    lngRet2 = GetLocaleInfo(0, LOCALE_ICOUNTRY, strInfo2, 256)
    Debug.Print Left(strInfo1, lngRet1 - 1), Left(strInfo2, lngRet2 - 1)

    lngRet1 = GetLocaleInfo(0, LOCALE_SCURRENCY, strInfo1, 256)
    lngRet2 = GetLocaleInfo(0, LOCALE_SLIST, strInfo2, 256)
    Debug.Print Left(strInfo1, lngRet1 - 1), Left(strInfo2, lngRet2 - 1)

    lngRet1 = GetLocaleInfo(0, LOCALE_SDATE, strInfo1, 256)
    lngRet2 = GetLocaleInfo(0, LOCALE_STIME, strInfo2, 256)
    Debug.Print Left(strInfo1, lngRet1 - 1), Left(strInfo2, lngRet2 - 1)

    lngRet1 = GetLocaleInfo(0, LOCALE_SDECIMAL, strInfo1, 256)
    lngRet2 = GetLocaleInfo(0, LOCALE_STHOUSAND, strInfo2, 256)
    Debug.Print Left(strInfo1, lngRet1 - 1), Left(strInfo2, lngRet2 - 1)

    lngRet1 = GetLocaleInfo(0, LOCALE_SDAYNAME1, strInfo1, 256)
    lngRet2 = GetLocaleInfo(0, LOCALE_SMONTHNAME1, strInfo2, 256)
    Debug.Print Left(strInfo1, lngRet1 - 1), Left(strInfo2, lngRet2 - 1)

    lngRet1 = GetLocaleInfo(0, LOCALE_SLANGUAGE, strInfo1, 256)
    lngRet2 = GetLocaleInfo(0, LOCALE_SLONGDATE, strInfo2, 256)
    Debug.Print Left(strInfo1, lngRet1 - 1), Left(strInfo2, lngRet2 - 1)

    Debug.Print Application.DecimalSeparator, Application.ThousandsSeparator
End Sub
```

***Listing 11.6**: Beispiele für Systeminformationen*

Erläuterungen

Die Prozedur *DifferentUsernames* nutzt die API-Funktion *GetUserName*, in der die Zeichenkette *strDummy* mit fester Länge deklariert sein muss (andernfalls stürzt Ihre Anwendung ab). *GetUsername* liefert im Ergebnis nicht wie andere Funktionen (etwa *GetTempPath* aus dem vorigen Abschnitt) die Zahl der Zeichen vor dem ersten *NULL*-Byte in *strDummy*. Deshalb müssen Sie das entsprechende Einkürzen auf die Zeichen vor der ersten *NULL* durch eine Funktion nach dem Muster von *DeleteNULL* selbst erledigen.

GetUsername liefert den Anmeldenamen des aktuellen Benutzers, *Application.Username* den Wert, der im Dialogfeld zu den Excel-Optionen eingetragen ist.

Die zweite Prozedur *LocaleInfos* sorgt der Reihe nach für die Ermittlung von: Ländername und ID (49 für Deutschland), Währungssymbol, Listentrennzeichen, Datums- und Zeittrennzeichen, Dezimal- und Tausendertrennzeichen, lokale Namen des ersten Wochentages sowie des ersten Monats, Spracheinstellung und Datum in der Langform. Die durch *GetLocaleInfo* gelieferten Zeichenketten haben ein Leerzeichen am Ende, was ggf. abgeschnitten werden muss. Der Rückgabewert informiert über die Länge vor dem ersten NULL-Byte und beinhaltet dieses Leerzeichen.

HINWEIS: Es besteht ein Unterschied zwischen Language-ID (49 für Deutschland) und LCID. Das Kürzel steht für *Locale ID*, die Einstellung *Deutsch (Deutschland)* hat die LCID 1031. Zur Ermittlung stehen die Funktionen

```
Declare Function GetSystemDefaultLangID Lib "kernel32" () As Integer
Declare Function GetUserDefaultLangID Lib "kernel32" () As Integer
Declare Function GetSystemDefaultLCID Lib "kernel32" () As Long
Declare Function GetUserDefaultLCID Lib "kernel32" () As Long
```

zur Verfügung.

Für die manchmal notwendige Ermittlung oder Einstellung von Dezimal- und Tausendertrennzeichen hält das *Application*-Objekt von Excel die Eigenschaften *DecimalSeparator* und *ThousandsSeparator* bereit, die gelesen, aber auch geschrieben werden können. Bei der Festlegung werden die Systemeinstellungen bei der Anzeige der Tabellenblätter allerdings erst dann übergangen, wenn dies mit

```
Application.UseSystemSeparators = False
```

ausdrücklich gewünscht wird.

11.7 Tastaturereignisse abfangen

Den Quellcode zu diesem Abschnitt finden Sie in der Begleitdatei *K11_07.xls* im Ordner *K11_07*.

Problem

Mit der *OnKey*-Methode des Excel-*Application*-Objekts können Sie festlegen, wie Excel auf verschiedene Tasten(kombinationen) reagieren soll. Gelegentlich ist auch die umgekehrte Aufgabenstellung interessant: Sie wollen Reaktionen Ihres Programms davon abhängig machen, ob der Anwender eine Taste drückt (oder nicht).

Lösung

Die Deklarationen aus Listing 11.7 befinden sich in einem »normalen« Modul (in Klassenmodulen können keine *Declare*-Anweisungen stehen), die Ereignisprozedur ist die eines Tabellenblattes.

```
Public Declare Function GetAsyncKeyState Lib "user32" (ByVal vKey As Long) As Integer
Public Const VK_RSHIFT = &HA1

Private Sub Worksheet_SelectionChange(ByVal Target As Range)
    Dim lng As Long
    lng = GetAsyncKeyState(VK_RSHIFT)
    If lng = 0 Then
```

```
    MsgBox "Geändert"
   End If
End Sub
```

Listing 11.7: *Worksheet-Ereignisse abhängig vom Tastendruck*

Erläuterungen

Die Anweisungen innerhalb des *If…End If*-Blocks werden dann nicht ausgeführt, wenn zusätzlich zum Wechsel der Markierung mit der Maus die rechte Umschalt-Taste gedrückt wird.

Es gibt eine Reihe von Konstanten, die verschiedene Tasten ansprechen lassen (*VK_CANCEL = &H3, VK_DELETE = &H2E, VK_DOWN = &H28, VK_ESCAPE = &H1B, VK_F1 = &H70* u. v. a. m.).

Durch den Einsatz von *VK_LSHIFT = &HA0* lassen sich so etwa Mehrfachmarkierungen verhindern:

```
lng = GetAsyncKeyState(VK_LSHIFT)
If lng > 0 Then
    Target.CurrentRegion.Range("A1").Select
End If
```

11.8 Fenster listen, finden, aktivieren und schließen

Den Quellcode zu diesem Abschnitt finden Sie in der Begleitdatei *K11_08.xls* im Ordner *K11_08*.

Problem

Steuern Sie andere Anwendungen (solche der Office-Suite, VB 6.0-Programme u.a.) innerhalb Ihres VBA-Projekts »fern«, so ist es oft hilfreich zu wissen, in welcher Position sich die Fenster dieser Anwendung befinden (sofern es überhaupt bereits ein Fenster gibt), um diese zu positionieren bzw. zu schließen.

Lösung

Die folgenden Listings zeigen einen Ausschnitt aus den Möglichkeiten, die in API-Funktionen stecken. Allen Prozeduren gehen die notwendigen *Declare*-Anweisungen sowie Vereinbarungen zu benötigten Konstanten voraus:

```
Public Declare Function FindWindow Lib "user32" Alias "FindWindowA" _
    (ByVal lpClassName As String, ByVal lpWindowName As String) As Long
Public Declare Function EnumWindows Lib "user32" _
    (ByVal lpEnumFunc As Long, lParam As Any) As Long
Public Declare Function GetWindowText Lib "user32" Alias "GetWindowTextA" _
    (ByVal hwnd As Long, ByVal lpString As String, ByVal cch As Long) As Long
Public Declare Function GetClassName Lib "user32" Alias "GetClassNameA" _
    (ByVal hwnd As Long, ByVal lpClassName As String, _
     ByVal nMaxCount As Long) As Long
Public Declare Function SendMessage Lib "user32" Alias "SendMessageA" _
    (ByVal hwnd As Long, ByVal wMsg As Long, _
     ByVal wParam As Long, lParam As Any) As Long
```

```
Public Declare Function SetWindowPos Lib "user32" _
        (ByVal hwnd As Long, ByVal hWndInsertAfter As Long, ByVal x As Long, _
         ByVal y As Long, ByVal cx As Long, ByVal cy As Long, _
         ByVal wFlags As Long) As Long
Public Declare Function ShowWindow Lib "user32" _
        (ByVal hwnd As Long, ByVal nCmdShow As Long) As Long


Public Const WM_CLOSE = &H10
Public Const HWND_TOP = 0
Public Const SWP_NOSIZE = &H1
Public Const SWP_NOMOVE = &H2
Public Const SW_SHOWNORMAL = 1
```

Listing 11.8: *Deklaration der API-Funktionen und Konstanten*

Das Listing 11.9 erzeugt im Direktfenster eine Liste aller Fenster mit ihren Zugriffsnummern (Handles), Fenster-Titeln und den zugehörigen Klassennamen der Anwendung.

```
Sub ListAllWindows()
    Dim lng As Long
    lng = EnumWindows(AddressOf GetInfo, 0)
End Sub

Function GetInfo(ByVal hwnd As Long, lpar As Long) As Long
    Dim strTitle As String * 64
    Dim strClass As String * 64
    Dim lngTitle As Long
    Dim lngClass As Long
    lngTitle = GetWindowText(hwnd, strTitle, 64)
    lngClass = GetClassName(hwnd, strClass, 64)
    Debug.Print hwnd, Left(strTitle, lngTitle), Left(strClass, lngClass)
    GetInfo = 1
End Function
```

Listing 11.9: *Auflistung aller Fenster*

Das Listing 11.10 ermöglicht Ihnen (wenn Word gestartet wurde), den geheimnisvollen Klassennamen *OpusApp* zu entdecken (der von Excel heißt übrigens *XLMAIN*).

Die Kenntnis eines Klassennamens erlaubt den einfachen Zugriff auf Fenster, da Titel manchmal wechseln und der Zugriff dann Glückssache wird. So positioniert der Code aus Listing 11.10 das Word-Fenster an die gewünschte Stelle.

```
Sub FindWord()
    Dim lng As Long
    lng = FindWindow("OpusApp", vbNullString)
    SetWindowPos lng, HWND_TOP, 10, 10, 200, 200, 0
    ShowWindow lng, SW_SHOWNORMAL
End Sub
```

Listing 11.10: *Ein Fenster von Word finden und positionieren*

Und die an das Word-Fenster geschickte Nachricht aus Listing 11.11 schließt dieses.

```
Sub CloseWord()
    Dim lng As Long
    lng = FindWindow("OpusApp", vbNullString)
    SetWindowPos lng, HWND_TOP, 0, 0, 0, 0, SWP_NOMOVE Or SWP_NOSIZE
```

```
        Debug.Print SendMessage(lng, WM_CLOSE, 0, 0)
End Sub
```

Listing 11.11: Das gefundene Word-Fenster schließen

Erläuterungen

Am trickreichsten ist wohl *ListAllWindows* aus Listing 11.9. Die hier verwendete Funktion *EnumWindows* braucht einen Zeiger auf die Funktion, die ausgeführt werden soll, wenn ein Fenster gefunden wird. Das erfolgt mittels *AddressOf* und der Angabe von *GetInfo*. In dieser Funktionsprozedur werden Zeichenketten fester Länge deklariert, die die Angaben zu Titel und Klasse aufnehmen sollen. Vergessen Sie die Deklaration der Länge, stürzt das Programm ab.

Die beiden Funktionen *GetWindowText* und *GetClassName* erfahren im dritten Parameter, wie viele Zeichen Sie lesen wollen und informieren im Gegenzug durch ihren Rückgabewert darüber, wie viele Zeichen vor dem ersten NULL-Byte gefunden wurden. Das nutzen Sie, um die Zeichenketten »korrekt« durch die *Len*-Funktion einzukürzen.

Eine besondere Aufmerksamkeit erfordert der Parameter *hwnd*. Es handelt sich hier um eine Zugriffsnummer (Handle), die den Zugriff auf das jeweilige Fenster gestattet. *EnumWindows* ist so konstruiert, dass es diese Information an *GetInfo* übergibt.

HINWEIS: Wenn Sie in der MSDN nachschauen, so finden Sie neben *EnumWindows* auch *EnumWindowsProc*. Die Beschreibung dieser Funktionsprozedur stellt die Anforderungen an die in *EnumWindows* aufzurufende Funktion, im vorliegenden Falle also *GetInfo*, bereit.

Die Zugriffsnummer spielt auch in Listing 11.10 und Listing 11.11 die tragende Rolle. Allerdings müssen Sie sich nun selbst um die Ermittlung von *hwnd* kümmern. Mit *FindWindow* haben Sie aber alles in der Hand. *SetWindowPos* positioniert das Fenster mit den angegebenen Parametern. Die bitweise Verknüpfung der Konstanten zu *SWP_NOMOVE Or SWP_NOSIZE* ignoriert die vorhergehenden vier Nullen in den Parametern und zeigt das Fenster in der »normalen« Position.

TIPP: Wollen Sie ein Fenster an die Oberfläche bringen, so ist die API-Funktion *BringWindowToTop* erste Wahl. Auch sollten Sie mit solchen Funktionen wie *GetActiveWindow*, *SetActiveWindow* und *SetForegroundWindow* sowie den Konstanten *HWND_TOPMOST* und *HWND_NOTOPMOST* Ihre Erfahrungen sammeln. Es lassen sich hier gute Steuerungsmöglichkeiten für benutzerdefinierte Formulare oder Meldungsdialogfelder »ferngesteuerter« Anwendungen umsetzen.

Schließlich ist es *SendMessage*, die eine Nachricht an ein Fenster schickt (hier die Aufforderung zum Schließen). In weiterführender Literatur werden Sie viele Beispiele finden, wie sich dadurch die Flexibilität eines Programms erhöhen lässt. Das Abfangen von Fensternachrichten wird weiter unten in diesem Kapitel im ▶ Abschnitt »11.10 Flexibilität durch Subclassing« skizziert.

11.9   Zeitgeber einrichten

Den Quellcode zu diesem Abschnitt finden Sie in der Begleitdatei *K11_09.xls* im Ordner *K11_09*.

Problem

Excel bietet mit der Methode *Application.OnTime* gute Möglichkeiten der zeitgesteuerten Ausführung von Prozeduren. Ergänzt werden die Möglichkeiten durch die VBA-Funktion *Timer*, die eine Zeitmessung im Vergleich zu Mitternacht umsetzt.

Um auf benutzerdefinierten Formularen wie in Abbildung 11.2 eine laufende Uhr anzuzeigen, eine Fortschrittsanzeige umzusetzen oder einen Countdown durchzuführen, eignen sich spezielle API-Funktionen hervorragend.

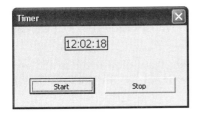

Abbildung 11.2: *Test einer laufenden Uhr*

Lösung

Die Lösung besteht in der (vorsichtigen) Verwendung von *SetTimer* und *KillTimer* wie in Listing 11.12.

```
Public Declare Function SetTimer Lib "user32" (ByVal hwnd As Long, _
       ByVal nIDEvent As Long, ByVal uElapse As Long, _
       ByVal lpTimerFunc As Long) As Long
Public Declare Function KillTimer Lib "user32" _
       (ByVal hwnd As Long, ByVal nIDEvent As Long) As Long
Public Declare Function FindWindow Lib "user32" Alias "FindWindowA" _
       (ByVal lpClassName As String, ByVal lpWindowName As String) As Long


Public glngTimer As Long
Public glngXL As Long

Public Function WriteTime() As Long
    UserForm1.Label1.Caption = Format(Now, "hh:mm:ss")
    WriteTime = 1
End Function

Private Sub cmdStart_Click()
    glngXL = FindWindow("xlmain", vbNullString)
    glngTimer = SetTimer(glngXL, 1, 1000, AddressOf WriteTime)
End Sub

Private Sub cmdStop_Click()
    KillTimer glngXL, 1
End Sub

Private Sub UserForm_QueryClose(Cancel As Integer, CloseMode As Integer)
    KillTimer glngXL, 1
End Sub
```

Listing 11.12: *Zeitgeber einsetzen*

API-Funktionen nutzen

Die Deklarationen sowie die Funktion *WriteTime* müssen sich in einem »normalen« Modul befinden, die anderen Codezeilen gehören zum Quellcode des Formulars *UserForm1*.

Erläuterungen

Die Funktion *SetTimer* verlangt als ersten Parameter die Zugriffsnummer auf ein Fenster, an welches der Timer gebunden sein soll. *FindWindow* sucht deshalb nach dem Excel-Fenster (der Klassenname lautet *XLMAIN*). Mehr zum Umgang mit Fenstern finden Sie im vorhergehenden Abschnitt.

Der zweite Parameter gibt eine Nummer an, mit deren Hilfe der Timer identifiziert werden kann. Im dritten Parameter legen Sie fest, in welchem Abstand (Millisekunden) der Zeitgeber »tickt«.

Eine Besonderheit ist das vierte Argument. Es verlangt einen Zeiger auf die Prozedur, die mit dem Tick ausgeführt werden soll. Der *AddressOf*-Operator übernimmt für Sie die Arbeit, die Funktionsprozedur (hier *WriteTime*) im Speicher zu finden.

Auf keinen Fall dürfen Sie vergessen, den Zeitgeber mit Hilfe von *KillTimer* zu löschen, wenn er nicht mehr benötigt wird. Das kann im Ermessen des Anwenders liegen (durch Klick auf *cmdStop*) oder automatisch erfolgen müssen (etwa wenn das Formular geschlossen wird: *QueryClose*). *KillTimer* verlangt die Fensterzugriffsnummer des aufrufenden Fensters im ersten und die Timer-Identität im zweiten Argument.

11.10 Flexibilität durch Subclassing

Der Quellcode zu diesem Abschnitt befindet sich in der Begleitdatei *K11_10.xls* im Ordner *K11_10*.

Problem

Unter der Wirkung von Subclassing kann man sich, grob gesprochen, vorstellen, dass Nachrichten an Fenster abgefangen werden, um sie durch eigene Nachrichten zu ersetzen.

Für die Schaltflächen der Office-Symbolleisten haben Sie die Möglichkeit, deren *Click*-Ereignis mit einfacheren Mitteln zu »unterwandern«, indem Sie die Ereignisprozedur eines mit Hilfe von *WithEvents* deklarierten Objekts vom Typ *CommandBarCommandButton* oder *CommandBarComboBox* selbst schreiben und mit *FindControl* das gesuchte Steuerelement mit Ihrem Objekt identifizieren (Beispiele hierzu finden Sie in ▶ Kapitel 9 und in ▶ Kapitel 13).

Etwas schwieriger ist der Eingriff in Dialogfelder der Office-Anwendungen. Ein gutes Anwendungsbeispiel ist hier etwa die Wahrung von Corporate Design, indem Sie versuchen, die Anzeige von Farbdialogen unter *PowerPoint* entsprechend zu unterdrücken.

Ein mögliches Anwendungsbeispiel unter Excel kann sein, das Einblenden ausgeblendeter Arbeitsmappen zu verhindern.

Lösung

Die folgende Lösung zeigt das prinzipielle Vorgehen und ist in diesem Sinne ein Beispiel.

Das Dialogfeld *Einblenden* von Excel erscheint nach Aufruf des Menübefehls *Fenster/Einblenden*. Der Code aus Listing 11.13 muss also das *Click*-Ereignis des Menüs abfangen und sich dann in das Dialogfeld einschalten. Das Listing 11.14 setzt um, was nach dem Erscheinen des Dialogfelds gewünscht ist.

```
Public WithEvents cbc As CommandBarButton

Private Sub cbc_Click(ByVal Ctrl As Office.CommandBarButton, CancelDefault As Boolean)
    MsgBox "Los geht's"
    SetTimer glngXL, glngTimer, 10, AddressOf FindDialog
End Sub

Private Sub Workbook_Open()
    Set cbc = Application.CommandBars.FindControl(ID:=866)
    glngXL = FindWindow("XLMAIN", vbNullString)
End Sub
```

Listing 11.13: *Click-Ereignis einer Schaltfläche abfangen und auf das Dialogfeld warten*

Die Codezeilen aus Listing 11.13 befinden sich im Klassenmodul *DieseArbeitsmappe*, die aus Listing 11.14 müssen in einem »normalen« Modul untergebracht werden.

```
Public Declare Function FindWindow Lib "user32" Alias "FindWindowA" _
        (ByVal lpClassName As String, ByVal lpWindowName As String) As Long
Public Declare Function SetTimer Lib "user32" (ByVal hwnd As Long, _
        ByVal nIDEvent As Long, ByVal uElapse As Long, _
        ByVal lpTimerFunc As Long) As Long
Public Declare Function KillTimer Lib "user32" _
        (ByVal hwnd As Long, ByVal nIDEvent As Long) As Long
Public Declare Function SetWindowLong Lib "user32" Alias "SetWindowLongA" _
        (ByVal hwnd As Long, ByVal nIndex As Long, ByVal dwNewLong As Long) As Long
Public Declare Function CallWindowProc Lib "user32" Alias "CallWindowProcA" _
        (ByVal lpPrevWndFunc As Long, ByVal hwnd As Long, _
        ByVal Msg As Long, ByVal wParam As Long, ByVal lParam As Long) As Long

Public Const GWL_WNDPROC = (-4)
Public Const WM_LBUTTONDOWN = &H201
Public Const WM_KEYDOWN = &H100
Public Const WM_SYSCHAR = &H106

Public glngTimer As Long
Public glngXL As Long
Public glngOriginal As Long

Sub FindDialog()
    Dim lng As Long
    Dim strTitle As String * 64
    Dim r As Long
    lng = FindWindow(vbNullString, "Einblenden")
    If lng > 0 Then
        KillTimer glngXL, glngTimer
        glngOriginal = SetWindowLong(lng, GWL_WNDPROC, AddressOf DoMyThings)
    End If
End Sub

Function DoMyThings(ByVal hw As Long, ByVal uMsg As Long, ByVal wParam As Long, _
                    ByVal lParam As Long) As Long
    On Error Resume Next
    Dim blnClick As Boolean
```

```
Dim blnOK As Boolean
Dim blnAltO As Boolean
blnClick = (uMsg = WM_LBUTTONDOWN)
blnOK = (uMsg = WM_KEYDOWN And wParam = 13)
blnAltO = (uMsg = WM_SYSCHAR And wParam = 111)

If blnClick Or blnOK Or blnAltO Then
    MsgBox "Dieses Dialogfeld kann nur mit der Escape-Taste geschlossen werden."
Else
    DoMyThings = CallWindowProc(glngOriginal, hw, uMsg, wParam, lParam)
End If
End Function
```

Listing 11.14: Die Funktionalität eines integrierten Dialogfeldes wird ersetzt

Erläuterungen

Im *Workbook_Open*-Ereignis wird die Menüschaltfläche mit der ID 866 ermittelt (das ist *Fenster/Einblenden*) und das Objekt *cbc* mit dieser Schaltfläche identifiziert.

HINWEIS: Die Begleitdatei *K13_05.xls* aus ▶ Kapitel 13 beinhaltet Code zur Ermittlung der IDs sowie eine Liste der IDs und Schaltflächensymbole.

Außerdem wird die Zugriffsnummer des Excel-Fensters ermittelt, um einen Zeitgeber in dem Moment zu initialisieren, wenn die Schaltfläche gedrückt wurde (mehr zu Zeitgebern finden Sie im vorhergehenden Abschnitt). Dieser Zeitgeber hat die Aufgabe, das Erscheinen des Dialogfelds *Einblenden* registrieren zu helfen. Die eigentliche Arbeit hierzu erledigt die Prozedur *FindDialog*, deren Adresse durch *AddressOf* der Funktion *SetTimer* mitgeteilt wurde.

Wurde in *FindDialog* das Dialogfenster bemerkt, kann und muss der Zeitgeber über *KillTimer* abgeschaltet werden und mit *SetWindowLong* das eigentliche Subclassing beginnen. *SetWindowLong* übergibt in diesem Fall durch den Parameter *GWL_WNDPROC* mit Hilfe von *AddressOf* das Abfangen von Nachrichten an *DoMyThings*, welches wiederum die Nachrichten analysiert und den linken Mausklick (*uMsg = WM_LBUTTONDOWN*), das Drücken der Taste Eingabe (*uMsg = WM_KEYDOWN And wParam = 13*) sowie das Drücken von Alt+O (*uMsg = WM_SYSCHAR And wParam = 111*) abfängt. In allen anderen Situationen werden die Originalnachrichten durch

```
DoMyThings = CallWindowProc(glngOriginal, hw, uMsg, wParam, lParam)
```

an das Dialogfeld weitergeleitet.

HINWEIS: Der Aufbau einer Funktion wie *DoMyThings* muss bestimmten Regeln folgen. Diese werden in der MSDN unter *WindowProc* beschrieben.

Die Zeile

```
On Error Resume Next
```

ist hier nicht Bequemlichkeit, sondern wohl die einzige sinnvolle Methode, bei der Vielzahl der eingehenden Nachrichten vernünftig auf Fehler zu reagieren.

TIPP: Setzen Sie ein

```
Debug.Print uMsg, wParam, lParam
```

an den Anfang von *DoMyThings* und beobachten Sie nach dem Schließen des Dialogfelds, was sich alles im Direktfenster angesammelt hat.

11.11 E-Mail-Nachrichten senden

Der Quellcode zu diesem Abschnitt befindet sich in der Begleitdatei *K11_11.xls* im Ordner *K11_11*.

Problem

Excel bietet über den Menübefehl *Senden an* die Möglichkeit, Mappen oder Arbeitsblätter per E-Mail zu verschicken. Wollen Sie den Inhalt einer E-Mail individuell aus Informationen, die sich in der Arbeitsmappe befinden, zusammenstellen, so haben Sie wenigstens zwei Varianten zur Auswahl:

- Sie automatisieren Outlook wie in ▶ Kapitel 10 beschrieben oder

- Sie nutzen API-Funktionen wie im folgenden Lösungsvorschlag.

Lösung

Das Listing 11.15 zeigt die prinzipielle Vorgehensweise zum Senden von E-Mail-Nachrichten.

```
Public Declare Function MAPISendMail Lib "MAPI32.DLL" Alias "BMAPISendMail" _
     (ByVal Session&, ByVal UIParam&, Message As MAPIMessage, Recipient() _
      As MapiRecip, File() As MapiFile, ByVal Flags&, ByVal Reserved&) As Long


Public Type MAPIMessage
     Reserved As Long
     Subject As String
     NoteText As String
     MessageType As String
     DateReceived As String
     ConversationID As String
     Flags As Long
     RecipCount As Long
     FileCount As Long
End Type

Public Type MapiRecip
     Reserved As Long
     RecipClass As Long
     Name As String
     Address As String
     EIDSize As Long
     EntryID As String
End Type

Public Type MapiFile
     Reserved As Long
     Flags As Long
     Position As Long
     PathName As String
     FileName As String
     FileType As String
End Type
```

```
Public Const MAPI_TO = 1
Public Const MAPI_DIALOG = &H8
Public Const SUCCESS_SUCCESS = 0

Sub SendEmail()
    Dim msg As MAPIMessage
    Dim rec(0) As MapiRecip
    Dim fil() As MapiFile
    Dim lngResponse  As Long

    msg.RecipCount = 1
    msg.FileCount = 0
    msg.Subject = "Test"
    msg.NoteText = Tabelle1.Range("A1").Value

    rec(0).RecipClass = MAPI_TO
    rec(0).Address = "SMTP:ep@dr-e-pfeifer.net"
    rec(0).Name = "EP"

    lngResponse = MAPISendMail(0, 0, msg, rec, fil, MAPI_DIALOG, 0)
    MsgBox lngResponse
End Sub
```

Listing 11.15: *Einfacher Sendevorgang (Inhalt der Zelle A1)*

Erläuterungen

Die folgenden Erläuterungen beziehen sich auf eine lokale Arbeitsplatzinstallation von Outlook (ohne Exchange Server).

Die Codezeilen von Listing 11.15 müssen sich in einem »normalen« Modul befinden. Neben der Deklaration von *MAPISendMail* bedarf es dreier benutzerdefinierter Datentypen. *MAPIMessage* dient der Aufnahme von Nachrichtenparametern wie Anzahl der Empfänger, Betreff und Nachrichtentext. Ein Datenfeld vom Typ *MapiRecip* nimmt Empfängerangaben auf. Wichtig sind *RecipClass* und *Name*. Steht der Empfänger im Adressbuch, so reicht der Name zur Identifikation aus, *Address* muss also nicht angegeben werden. Schließlich können Sie durch entsprechende Daten vom Typ *MapiFile* auch Anlagen verschicken.

MAPISendMail braucht Datenfelder für Empfänger und Anlagen. Das wurde in *SendEmail* entsprechend berücksichtigt.

Verzichten Sie auf das Flag *MAPI_DIALOG* (setzen dort also den Wert 0 ein), wird die Nachricht nicht angezeigt, sondern ein Sicherheitshinweis (ab Version XP) eingeblendet, der den Zugriff einer Anwendung auf Outlook signalisiert.

Über *lngResponse* empfangen Sie die Rückgaben von *MAPISendMail*. Ist der Wert gleich 0, verlief alles erfolgreich.

11.12 Hilfedateien aufrufen (HTMLHelp)

Der Quellcode zu diesem Abschnitt befindet sich in der Begleitdatei *K11_12.xls* im Ordner *K11_12*, der auch ein kleines Hilfeprojekt enthält.

Problem

Sie wollen Ihre Anwendung (Arbeitsmappe, Add-In, COM-Add-In) mit Hilfetexten ausstatten. Diese befinden sich in kompilierten Hilfedateien (Endung *chm*), die mit dem *HTML Help Workshop* erstellt wurden.

HINWEIS: Der *HTML Help Workshop* steht zum freien Download auf der Website von Microsoft zur Verfügung. Eine sehr ausführliche Beschreibung nahezu aller Möglichkeiten finden Sie in: *Steve Wexler – Das offizielle Microsoft HTML Help Autoren-Kit*, erschienen 1998 bei Microsoft Press.

Lösung

Ein »normales« Modul nimmt den Code aus Listing 11.16 auf.

```
Public Declare Function FindWindow Lib "user32" Alias "FindWindowA" _
      (ByVal lpClassName As String, ByVal lpWindowName As String) As Long
Private Declare Function HTMLHelp Lib "hhctrl.ocx" Alias "HtmlHelpA" _
      (ByVal hwndCaller As Long, ByVal pszFile As String, ByVal uCommand As Long, _
       ByVal dwData As Long) As Long

Const HH_DISPLAY_TOPIC = &H0
Const HH_HELP_CONTEXT = &HF
Const HH_CLOSE_ALL = &H12

Public Function ShowHTML(hWnd As Long, strHlpFile As String) As Boolean
    Dim lngRet As Long
    ShowHTML = False

    lngRet = HTMLHelp(hWnd, strHlpFile, HH_DISPLAY_TOPIC, 0)
    If lngRet <> 0 Then
        ShowHTML = True
    End If
End Function

Public Function ShowHTMLContext(hWnd As Long, strHlpFile As String, _
      lngTopicID As Long) As Boolean
    Dim lngRet As Long

    ShowHTMLContext = False
    lngRet = HTMLHelp(hWnd, strHlpFile, HH_HELP_CONTEXT, lngTopicID)
    If lngRet <> 0 Then
        ShowHTMLContext = True
    End If
End Function

Public Function CloseHTMLHelp(hWnd As Long, strHlpFile As String) As Boolean
    Dim lngRet As Long

    lngRet = HTMLHelp(hWnd, strHlpFile, HH_CLOSE_ALL, 0)
    CloseHTMLHelp = True
End Function
```

Listing 11.16: *Die Grundfunktionen zum Aufruf kompilierter Hilfesysteme*

Der Code aus Listing 11.17 steht in einem benutzerdefinierten Formular, welches drei Schalt-flächen zum Aufruf der Hilfe im Allgemeinen, zum Aufruf einer speziellen Hilfeseite (Abbildung 11.3) sowie zum Schließen der Hilfedatei besitzt.

```
Const gcstrHelpfile = "Hilfeprojekt\beispiel.chm"
Dim lngHwnd As Long

Private Sub UserForm_Activate()
    lngHwnd = FindWindow(vbNullString, "Help")
End Sub

Private Sub UserForm_QueryClose(Cancel As Integer, CloseMode As Integer)
    CloseHTMLHelp lngHwnd, ThisWorkbook.Path & "\" & gcstrHelpfile
End Sub

Private Sub cmdClose_Click()
    CloseHTMLHelp lngHwnd, ThisWorkbook.Path & "\" & gcstrHelpfile
End Sub

Private Sub cmdContext_Click()
    Const clngTopic = 20
    If Not ShowHTMLContext(lngHwnd, ThisWorkbook.Path & "\" & gcstrHelpfile, _
        clngTopic) Then
        MsgBox "Datei nicht gefunden."
    End If
End Sub

Private Sub cmdHelp_Click()
    If Not ShowHTML(lngHwnd, ThisWorkbook.Path & "\" & gcstrHelpfile) Then
        MsgBox "Datei nicht gefunden."
    End If
End Sub
```

Listing 11.17: *Diverse Aktionen mit der Hilfedatei*

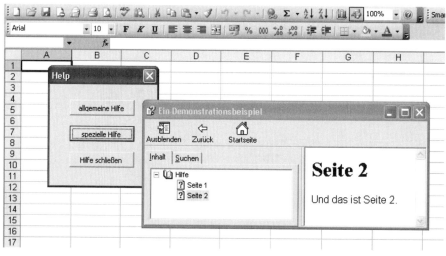

Abbildung 11.3: *Individuelle Hilfen anzeigen*

Erläuterungen

Die Deklarationen in Listing 11.16 sind Standard und bedürfen sicher keiner weiteren Erklärungen.

Damit der Aufruf der Hilfedatei korrekt an das benutzerdefinierte Formular gebunden wird, ist dessen Fensterzugriffsnummer bei der Aktivierung zu ermitteln (*FindWindow* in Listing 11.17, *Help* ist der Fenstertitel des Formulars). Mehr zum Umgang mit Fenstern erfahren Sie im ▶ Abschnitt »11.8 Fenster listen, finden, aktivieren und schließen« in diesem Kapitel.

ShowHTML verlangt neben der Fensterzugriffsnummer nur die Angabe des Pfades zur Hilfedatei, *ShowHTMLContext* zusätzlich die einer Kontext-Konstanten. Der Wert von *clngTopic* wurde im Hilfeprojekt so definiert, dass der Sprung auf »Seite 2« gelingt.

11.13 Sound abspielen

Der Quellcode zu diesem Abschnitt befindet sich in der Begleitdatei *K11_13.xls* im Ordner *K11_13*, der auch die benutzte WAV-Datei enthält.

Problem

Das Abspielen von Sound ist sicher eine gute Unterstützung für den Gebrauch mancher Anwendungen (Arbeitsmappen, Add-Ins, COM-Add-Ins). Neben einfachen signalisierenden Klängen kann das unterstützende Wort eine gute Hilfe sein.

Lösung

Der Lösungsansatz besteht im Einsatz der API-Funktion *sndPlaySound* wie in Listing 11.18.

```
Public Declare Function sndPlaySound Lib "winmm.dll" Alias "sndPlaySoundA" _
    (ByVal lpszSoundName As String, ByVal uFlags As Long) As Long
Public Const SND_ASYNC = &H1

Sub Play()
    Dim strFilename As String

    strFilename = ThisWorkbook.Path & "\logoff.wav"
    sndPlaySound strFilename, SND_ASYNC
End Sub
```

Listing 11.18: *Sound zum Einsatz bringen*

Erläuterungen

Der Code aus Listing 11.18 ist sehr kurz und lädt zum Experimentieren mit den Flag-Konstanten ein.

11.14 Fehlerbehandlung

Der Quellcode zu diesem Abschnitt befindet sich in der Begleitdatei *K11_14.xls* im Ordner *K11_14*.

Problem

Setzten Sie API-Funktionen ein, können Sie innerhalb dieser keine Fehlerbehandlung durchführen. Wurden Funktionen nicht richtig deklariert bzw. falsche oder fehlerhaft deklarierte Parameter übergeben, führt das im »harmlosesten« Fall zum Absturz Ihrer Anwendung, in schlimmeren Fällen zum Ausstieg weiterer Anwendungen oder gar zum Absturz des Systems.

Haben Sie alles richtig gemacht, kann es trotzdem passieren, dass der Aufruf einer API-Funktion einen Fehler verursacht, der dann aber in der Regel auffangbar ist.

Lösung

Die Lösung besteht im Einsatz der *LastDllError*-Eigenschaft des *Err*-Objekts. Das Listing 11.19 demonstriert das an einem Beispiel, in welchem versucht wird, ein Fenster zu schließen, welches nicht existiert.

```
Public Declare Function FindWindow Lib "user32" Alias "FindWindowA" _
     (ByVal lpClassName As String, ByVal lpWindowName As String) As Long
Public Declare Function SendMessage Lib "user32" Alias "SendMessageA" _
     (ByVal hwnd As Long, ByVal wMsg As Long, ByVal wParam As Long, _
     lParam As Any) As Long
Public Const WM_CLOSE = &H10
Public Const ERROR_INVALID_WINDOW_HANDLE = 1400&

Sub ErrorTest()
    Dim lng As Long
    lng = FindWindow("myWindow", vbNullString)
    SendMessage lng, WM_CLOSE, 0, 0
    If Err.LastDllError = ERROR_INVALID_WINDOW_HANDLE Then
        MsgBox "Fehler: Fenster nicht gefunden."
    End If
End Sub
```

Listing 11.19: Beispiel einer Fehlerbehandlung

Mehr zum Umgang mit Fenstern erfahren Sie im ▶ Abschnitt »11.8 Fenster listen, finden, aktivieren und schließen« in diesem Kapitel.

Erläuterungen

Beachten Sie, dass im Falle von *Err.LastDllError <> 0* nicht auch *Err.Number <> 0* ist. Damit funktioniert eine Fehlerbehandlung über

```
On Error GoTo errh
```

nicht.

Es gibt eine Unzahl von Fehlerkonstanten in der Win32-API. Einzelheiten entnehmen Sie bitte der Dokumentation auf der Webseite *msdn.microsoft.com/library/default.asp?url=/library/en-us/debug/base/system_error_codes.asp*.

12 Excel und die Markup-Sprachen

Mit Office 2000 hat HTML (Hypertext Markup Language) in dessen Anwendungsprogramme Einzug gehalten, es wurde sogar ein Editor zur Bearbeitung des HTML-Quellcodes der Dokumente von Excel, Word und PowerPoint zur Verfügung gestellt: der Microsoft Skript-Editor. Sie finden ihn im Untermenü *Extras/Makro*. Das ist etwas irreführend; denn mit Makros und VBA hat dieser Editor wenig zu tun. Er ist auch mehr als nur ein Editor, da er die Entwicklungsumgebung für aus den genannten Anwendungen entstehende HTML-Projekte liefert. Natürlich steht diese Entwicklungsumgebung im Handling der VBA-Entwicklungsumgebung sehr nahe.

Die Office-Webkomponenten nutzten bereits ab Version 2000 neben HTML auch XML (XML, Extensible Markup Language) zur Aufbewahrung von Daten und Formatierungen.

Excel 2002 war das erste Programm neben Project 2002 und Access 2002, welches den Export/Import seiner Dokumente im XML-Format unterstützt. Arbeitsmappen lassen sich unter Einhaltung eines Schemas als XML-Dateien ablegen und aus diesen wieder rekonstruieren (allerdings unter Verlust der VBA-Projekte in diesen Mappen).

Den eigentlichen Durchbruch im XML-Bereich gibt es mit Office System 2003. Nicht nur Excel beherrscht den Umgang mit XML-Daten, sondern für Word ist eine eigener XML-Dialekt (WordprocessingML) entstanden, und mit InfoPath wurde ein völlig neuer Weg der Formulargestaltung und Datenerfassung eingeschlagen.

Aus dieser Sicht der Entwicklung heraus wird es in diesem Kapitel neben VBA-Programmierrezepten auch solche zu VBScript unter Einbeziehung von HTML und XML geben.

Grundkenntnisse der Markup-Sprachen HTML und XML werden vorausgesetzt, hinsichtlich der Details muss auf weiterführende Literatur sowie die Offline-Hilfe, die in verschiedenen SDKs (Software Development Kits) als Download von *msdn.microsoft.com* zur Verfügung steht, verwiesen werden.

12.1 Den HTML-Export steuern (statisch)

Den Quellcode zu diesem Beispiel finden Sie in der Begleitdatei *K12_01.xls*, das exportierte Diagramm in *Diagramm.htm* und den zugehörigen Hilfsdateien (Ordner *K12_01*).

Problem

Das Speichern von Arbeitsmappen als Webseite (dieser Begriff ist nicht ganz korrekt, denn bei Mappen mit einem nichtleeren Blatt, welches nicht das erste der Mappe ist, entstehen mehrere Seiten) sowie das Veröffentlichen von Arbeitsmappen oder ihrer Teile als HTML-Dateien ist von der Benutzeroberfläche her durch entsprechende Dialogfelder gut durchführbar. Dennoch kann es sein, dass Sie innerhalb einer Arbeitsmappe, eines Add-Ins oder COM-Add-Ins diese Vorgänge im Code kontrollieren möchten.

Lösung

Das Listing 12.1 zeigt den Export eines Diagramms, welches sich nach dem Vorgang als (statisches) Bild auf einer Webseite befindet.

```
Sub PublishDiagramm()
    Dim objPubl As PublishObject
    Dim objChart As ChartObject
```

```
    Set objChart = Tabelle1.ChartObjects(1)
    Set objPubl = ThisWorkbook.PublishObjects.Add(SourceType:=xlSourceChart, _
        Filename:=ThisWorkbook.Path & "\Diagramm.htm", Sheet:=Tabelle1.Name, _
        Source:=objChart.Name, HtmlType:=xlHtmlStatic, DivID:="myChart", _
        Title:="Diagramm")

    objPubl.Publish
    objPubl.Delete
    Set objPubl = Nothing
End Sub
```

Listing 12.1: HTML-Export per VBA – hier der Export eines Diagramms

Erläuterungen

Der Quellcode in Listing 12.1 steht in engem Zusammenhang mit dem Dialogfeld zum Veröffentlichen von Informationen aus Abbildung 12.1.

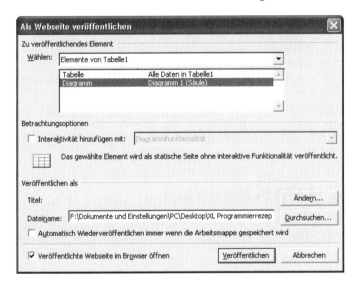

Abbildung 12.1: Dieses Dialogfeld bildet den Hintergrund für das Vorgehen in einem VBA-Programm

Die Variable *objPubl* wird durch die *Add*-Methode der *PublishObjects*-Auflistung belegt und bildet so ein konkret zu veröffentlichendes Objekt. Diese Methode benötigt einige Parameter, mit deren Hilfe der Export zielgerichtet gelingt.

Da ist zunächst *SourceType*. Hier entscheiden Sie, welcher Art das zu veröffentlichende Objekt sein soll. Die Möglichkeiten lauten: durch den AutoFilter definierter Bereich (*xlSourceAutoFilter*), ein Diagramm (*xlSourceChart*), ein bestimmter PivotTable-Bericht (*xlSourcePivotTable*), ein Druckbereich (*xlSourcePrintArea*), eine durch MS Query entstandene Abfragetabelle (*xlSourceQuery*), ein vorgegebener Zellbereich (*xlSourceRange*), ein ganzes Blatt (*xlSourceSheet*) sowie die gesamte Mappe (*xlSourceWorkbook*).

Das Argument *HtmlType* entscheidet darüber, ob ein statischer Export vorgesehen ist (*xlHtmlStatic*) oder aber ob Interaktivität auf der Seite vorhanden sein soll. Die möglichen Belegungen in diesem Fall zielen auf den Einsatz der jeweiligen Office-Webkomponente: Spreadsheet (*xlHtmlCalc*), Chart (*xlHtmlChart*) und PivotTable (*xlHtmlList*).

Excel und die Markup-Sprachen   **583**

Das Argument *DivID* verdient besondere Beachtung. Wird nämlich ein Objekt mehrfach auf dieselbe Seite publiziert, so wird das *DIV*-Tag mit dem *ID*-Attribut benutzt, welches durch *DivID* charakterisiert ist. Lassen Sie das Argument weg, wird bei jedem neuen Veröffentlichen das jeweilige Objekt auf der HTML-Seite erneut hinzu gefügt, vorausgesetzt, Sie benutzen das gleiche Ziel. Letzteres ist durch

```
objPubl.Publish Create:=True
```

bzw.

```
objPubl.Publish Create:=False
```

im Detail beeinflussbar, da durch *Create* bestimmt wird, ob die Zieldatei neu anzulegen ist oder nicht.

HINWEIS: Dieses Beispiel setzt einige HTML-Grundkenntnisse voraus. Das beschriebene Verhalten des *DIV*-Tags können Sie nur im Quellcode der HTML-Datei nachvollziehen.

Die Anordnung des Diagramms und andere Formatierungen der Webseite lassen sich auf dem beschriebenen Weg nicht steuern. Insofern folgt VBA genau der Bedieneroberfläche von Excel.

In Listing 12.1 wird das *PublishObject* aus der Liste der bereits veröffentlichten Teile, die auch im Dialogfeld aus Abbildung 12.1 sichtbar gemacht werden kann, nach der Veröffentlichung entfernt. Wollen Sie darauf verzichten, können Sie durch

```
objPubl.AutoRepublish = True
```

dafür sorgen, dass bei jedem Speichern der Arbeitsmappe der aktuelle Stand des Diagramms erneut veröffentlich wird.

12.2 Der Zugriff auf HTML-Projekte

Den Quellcode zu diesem Beispiel finden Sie in den Begleitdateien *K12_02.xls* bzw. *K12_02.htm* (Ordner *K12_02*). Beide Dateien sind hinsichtlich ihres Verhaltens unter Excel identisch.

Problem

Sie möchten per VBA auf das HTML-Projekt einer Arbeitsmappe zugreifen und dieses manipulieren.

Lösung

Das, was sich mit Listing 12.2 gut anschaut, wird in der Praxis zum Puzzlespiel.

```
Sub Export()
    Dim objProj As HTMLProject
    Dim objItem As HTMLProjectItem
    Dim strHTMLPath As String

    strHTMLPath = Replace(ThisWorkbook.FullName, ".htm", _
        ThisWorkbook.WebOptions.FolderSuffix)
    Set objProj = ThisWorkbook.HTMLProject
    For Each objItem In objProj.HTMLProjectItems
        Debug.Print objItem.Name
```

```
    Next
    objProj.HTMLProjectItems("Tabelle3").SaveCopyAs strHTMLPath & "\Meine Tabelle.htm"
End Sub

Sub Import()
    Dim objProj As HTMLProject
    Dim objItem As HTMLProjectItem
    Dim strHTMLPath As String

    strHTMLPath = Replace(ThisWorkbook.FullName, ".htm", ThisWorkbook.WebOptions.FolderSuffix)
    Set objProj = ThisWorkbook.HTMLProject
    Set objItem = objProj.HTMLProjectItems("Tabelle3")
    objItem.LoadFromFile strHTMLPath & "\Meine Tabelle.htm"
End Sub
```

Listing 12.2: Export und Import des HTML-Codes eines Tabellenblattes

Erläuterungen

Das Listing 12.2 setzt voraus, dass die so genannten Hilfsdateien des HTML-Projekts in einem eigenen Ordner gespeichert werden, dessen Name sich aus dem Namen der Arbeitsmappe (diese muss als Webseite mit Endung *htm*) abgespeichert sein sowie einem Suffix zusammensetzt. Letzteren erfragen Sie aus *ThisWorkbook.WebOptions.FolderSuffix*.

Der Export gelingt mühelos, sollte jedoch in den genannten Ordner erfolgen. Anderenfalls sorgen die Automatismen von Excel, die für den HTML-Code verantwortlich sind, dafür, dass das einzelne Blatt im Internet Explorer nicht angezeigt werden kann, da die restlichen Dateien nicht gefunden werden. Wie viele das sind, erkennen Sie nicht notwendig an der Auflistung *HTMLProjectItems*, da die Dateien *filelist.xml* und *tabstrip.htm* nicht dazu gehören.

HINWEIS: Der Microsoft Skript-Editor (Menübefehl *Extras/Makro*) erlaubt einen Blick hinter die Kulissen. In seinem Projekt-Explorer finden Sie die Dateien, die den *HTMLProjectItems* entsprechen. Haben Sie die Datei als *xls*-Datei abgespeichert, zeigt der Projekt-Explorer diese neben den Tabellen auch an.

Vorsicht ist jedoch beim Manipulieren des HTML-Quellcodes im Skript-Editor geboten. Excel kontrolliert diesen sehr stark, sodass die meisten manuellen Änderungen beim Speichern der Datei wieder verloren gehen.

Wie Sie im nächsten Abschnitt erfahren, sind die Manipulationsmöglichkeiten am exportierten Blatt unter Excel sehr beschränkt, für den Import wird also angenommen, dass das exportierte Blatt mit FrontPage oder einem anderen Programm neu gestaltet wurde und sich mit den Hilfsdateien in einem Ordner befindet.

ACHTUNG: Der genannten »Neugestaltung« sind enge Grenzen gesetzt, da Excel das Blatt »lesen können« muss.

Leider kennt die *HTMLProjectItems*-Auflistung keine Add- oder Remove-Methode. Hinzufügen und Entfernen ist also ist über die *Worksheets*-Auflistung durch das Hinzufügen und Entfernen von Tabellenblättern zu erledigen.

12.3 HTML-Quelltext in veröffentlichten Dokumenten per VBA verändern

Den Code zu diesem Beispiel finden Sie in der Begleitdatei *K12_03.htm* und ihren Hilfsdateien (Ordner *K12_03*). Das durch Veränderung entstehende Beispiel befindet sich in der Datei *farbtest.htm*.

Problem

Sie möchten den HTML-Quellcode einer zu veröffentlichenden oder veröffentlichten Arbeitsmappe oder ihrer publizierten Teile per VBA kontrollieren.

Lösung

Leider sind Ihnen hier durch das Objektmodell restriktive Grenzen auferlegt.

Das Listing 12.3 zeigt den wohl einzigen Zugriff auf den Quelltext.

```
Sub SourceCode()
    Dim pri As HTMLProjectItem

    Set pri = ThisWorkbook.HTMLProject.HTMLProjectItems(1)
    MsgBox pri.Text 'Vorsicht, auch beschreibbar
End Sub
```

Listing 12.3: Spartanischer Zugriff auf HTMLProjectItems

Erläuterungen

Die einzige Möglichkeit des Zugriffs auf den Quellcode besteht in der *Text*-Eigenschaft des *HTMLProjectItems*.

Achten Sie darauf, dass die Anzahl der vorhandenen *HTMLProjectItem*-Objekte davon abhängt, ob die Arbeitsmappe als HTML-Seite(n) gespeichert wurde und ob das einzige »gefüllte Blatt« obenauf liegt. In diesem Falle verträgt die *HTMLProjectItems*-Auflistung als Parameter zur Rückgabe eines ihrer Mitglieder neben dem Index auch den Namen der Arbeitsmappe, in allen anderen Fällen den der Tabellenblätter.

ACHTUNG: Dieser Zugriff ist lesend und schreibend. Das bedeutet, dass beim Zuweisen einer Zeichenkette Vorsicht geboten ist, um das Tabellenblatt nicht unbrauchbar zu machen. Denken Sie an die ständige Wechselwirkung zwischen Excel-Ansicht und Quellcode im Microsoft Skript-Editor.

Im ▶ Kapitel 10 finden Sie zahlreiche Beispiele zur Automation anderer Anwendungen. Zu diesen gehört auch *FrontPage*, konnte aber im genannten Kapitel nicht berücksichtigt werden.

Bevor Sie den Code aus Listing 12.4 testen, setzen Sie einen Verweis (Menübefehl *Extras/Verweise*) auf die beiden FrontPage-Bibliotheken *Page Object Reference Library* und *Web Object Reference Library*. Die Existenz zweier Bibliotheken kann auf die Tatsache zurückgeführt werden, dass FrontPage im Prinzip zwei Aufgaben erledigt: das Editieren von Webseiten und die Verwaltung von Webs.

```
Sub UseFrontPage()
    Dim pbo As PublishObject
    Dim fpApp As FrontPage.Application
```

```
Dim fpDoc As FrontPageEditor.FPHTMLDocument

Set pbo = ThisWorkbook.PublishObjects.Add(xlSourceRange, ThisWorkbook.Path & _
        "\farbtest.htm", Tabelle1.Name, _
        Tabelle1.UsedRange.Address, xlHtmlStatic, "myDiv")
pbo.Publish True

Set fpApp = New FrontPage.Application

fpApp.LocatePage pbo.Filename

Set fpDoc = fpApp.ActiveDocument
fpApp.ActiveWebWindow.Visible = True
fpDoc.body.Style.backgroundColor = "lightblue"
fpApp.ActivePageWindow.Close True

Set fpDoc = Nothing
fpApp.Quit
Set fpApp = Nothing
End Sub
```

Listing 12.4: Durch FrontPage-Automation veröffentlichte Webseiten anpassen

In Listing 12.4 wird nur eine Änderung durchgeführt: der Hintergrund der Webseite wird hellblau eingefärbt. Dazu ist die FrontPage-Anwendung zu aktivieren, die Sichtbarkeit (*Active-WebWindow.Visible = True*) dient nur Kontrollzwecken. Mit *LocatePage* wird die Seite, die beim Publizieren entstand, in den Editor geholt und *ActiveDocument* greift nun auf den Quellcode der Seite zu. Nach der Veränderung wird das Fenster geschlossen (*Close*), wobei der Parameter *True* ein Speichern erzwingt. Überraschender Weise ignoriert FrontPage 2003 den *Quit*-Befehl.

HINWEIS: Das Seiten-Modell von FrontPage ähnelt sehr stark dem *DOM* (*Document Object Model*) des Internet Explorers und kann natürlich im Rahmen dieses Buches nicht näher beleuchtet werden.

Auf diesem Wege lassen sich alle gewünschten HTML-Tags, also auch Skripte zur Dynamisierung der exportierten Seiten, unterbringen. Wie Sie im nächsten Beispiel sehen, hält für Skripte aber das Office-Objektmodell, welches automatisch beim Anlegen von Code unter Excel als Verweis hinzugefügt wird, gemeinsam mit dem Excel-Objektmodell bereits Werkzeuge bereit.

12.4 DHTML-Skripts automatisch anlegen

Den Quellcode zu diesem Beispiel finden Sie in der Begleitdatei *K12-04.xls*, das zu importieren Skript in *K12-04.vbs*. Die Ergebnisdatei wurde in *published.htm* hinterlegt (Ordner *K12_04*).

Problem

Arbeitsblätter lassen sich mit wenig Aufwand »interaktiv« gestalten, das heißt, dem Anwender wird zusätzlich zur Funktionalität mit Formularen und Dialogfeldern die Arbeit erleichtert. Im Hintergrund steht jeweils ein VBA-Code. Leider (vielleicht auch wie zu erwarten) wird dieser beim statischen oder interaktiven HTML-Export »vergessen«, Schaltflächen erscheinen auf statischen HTML-Seiten als inaktive Bilder und auf interaktiven HTML-Seiten – also Seiten mit Webkomponenten – gar nicht.

Sie möchten auf einer statischen HTML-Seite auf *Click*-Ereignisse reagieren, Farben ändern, vielleicht sogar Animationen einbringen.

Lösung

Der Lösungsansatz für dieses Problem besteht im Schreiben und Einbinden von Skripts. Das kann in der Sprache JavaScript oder auch VBScript erfolgen, wobei hier auf letztere wegen der Nähe zu VBA Bezug genommen werden soll.

Das Listing 12.5 zeigt den Weg zum automatischen Erstellen von Skripts in der HTML-Seite des entsprechenden *HTMLProjectItem*-Objekts.

```
Sub PublishWithEffects()
    Dim fso As FileSystemObject
    Dim txt As Scripting.TextStream
    Dim strCode As String
    Dim rng As Range
    Dim scr As Script
    Dim pbo As PublishObject

    Dim ie As Object

    On Error GoTo errh
    Set fso = New Scripting.FileSystemObject
    Set txt = fso.OpenTextFile(ThisWorkbook.Path & "\k12_04.vbs")
    strCode = txt.ReadAll
    txt.Close
    Set txt = Nothing
    Set fso = Nothing

    Set rng = Tabelle1.Range("A1")
    rng.ID = "myRange"

    For Each scr In Tabelle1.Scripts
        If scr.ID = "myScriptID" Then
            scr.Delete
            Exit For
        End If
    Next

    Tabelle1.Scripts.Add rng, msoScriptLocationInBody, _
      msoScriptLanguageVisualBasic, "myScriptID", , strCode

    Set pbo = ThisWorkbook.PublishObjects.Add(xlSourceRange, ThisWorkbook.Path & _
            "\published.htm", _
        Tabelle1.Name, Range("A1:D16").Address, xlHtmlStatic)
    pbo.Title = "Unerwartet?" 'Doppelbedeutung
    pbo.Publish True

    Set ie = CreateObject("InternetExplorer.Application")
    ie.Visible = True
    ie.Navigate ThisWorkbook.Path & "\" & pbo.Filename

    pbo.Delete
    Set pbo = Nothing
    Set ie = Nothing
```

```
    Exit Sub
errh:
    MsgBox Err.Description
End Sub
```

Listing 12.5: *VBScript-Skripts durch VBA vor dem HTML-Export automatisch hinzufügen*

Das Listing 12.6 liefert eine Idee, wie auf *Click*-Ereignisse und Mausbewegungen auf der exportierten HTML-Seite reagiert werden kann. Bewegt der Anwender den Mauszeiger über die Zelle der HTML-Seite, die der ursprünglichen Zelle des Arbeitsblattes entspricht, färbt diese sich gelb ein. Ein Mausklick führt zur Änderung des Zellinhalts, verlässt die Maus die Zelle, ist alles wie bisher.

```
Dim varWert
Sub myRange_onmouseover
    myRange.style.backgroundColor="yellow"
    myRange.style.cursor="hand"
End Sub

Sub myRange_onclick
    If varwert="" Then
        varWert=myRange.innerText
        myRange.innerText="Na so was."
    End If
End Sub

Sub myRange_onmouseout
    myRange.style.backgroundColor=""
    If varWert>"" Then
        myRange.innerText=varWert
        varWert=""
    End If
End Sub
```

Listing 12.6: *Ein Skript, welches auf Klickereignisse und Mausbewegungen reagiert*

HINWEIS: Das Listing 12.6 bringt nur die Idee. Natürlich können Sie mit entsprechendem Aufwand auch dafür sorgen, dass sogar Was-wäre-wenn-Analysen dynamisch ablaufen. Wobei in solchem Falle der Einsatz der *Spreadsheet*-Webkomponente vielleicht vorzuziehen ist.

Dynamik bringen Sie auch mit AutoFormen und Bildern ins Spiel. Das Stichwort hierzu kann VML (Vector Markup Language) heißen. VML ist die XML-Sprache, in der Office-Zeichnungsobjekte auf HTML-Seiten abgelegt werden. Wollen Sie Bewegung innerhalb einer oder mehrerer Zeitlinie(n), stehen Ihnen die Werkzeuge von HTML+TIME zur Verfügung.

Da beide Themen etwas weit von Excel entfernt sind, können sie leider nicht in dieses Buch aufgenommen werden.

Erläuterungen

Im ersten Teil des Codes aus Listing 12.5 lesen Sie mit Hilfe des *FileSystemObject*-Objekts den Skript-Code aus der angegebenen Datei. Damit dies so funktioniert, setzten Sie vorher einen Verweis (Menübefehl *Extras/Verweise*) auf die *Scripting Runtime* oder den *Windows Script Host* (siehe ▶ Kapitel 10).

Mit

```
Set rng = Tabelle1.Range("A1")
rng.ID = "myRange"
```

weisen Sie der Zelle Ihrer Wahl eine *ID* zu. Diese Eigenschaft wird zum Wert des *ID*-Attributs im *TD*-Tag auf der HTML-Seite, das die Zelle beschreibt.

Da Sie beim Einfügen des Skripts sichern müssen, dass es nicht zu Inkonsistenzen und Doppelbelegungen kommt, ist es sinnvoll, dem *SCRIPT*-Tag auch eine *ID* zu geben. Diese soll *myScript* heißen. Damit ist es möglich, vor dem Veröffentlichen nachzuschauen, ob es ein Skript mit dieser *ID* bereits gibt. Ist dies der Fall, kann es entfernt und durch seine aktuelle Version ersetzt werden. Dieses Ersetzen geschieht durch

```
Tabelle1.Scripts.Add Anchor:=rng, Location:=msoScriptLocationInBody, _
    Language:=msoScriptLanguageVisualBasic, ID:="myScript", ScriptText:=strCode
```

wobei die benannten Argumente hinreichend Auskunft über das Geschehen geben.

TIPP: Setzen Sie nach dieser Codezeile einen Haltepunkt, können Sie im Microsoft Skript-Editor (Menübefehl *Extras/Makro*) verfolgen, was mit dem HTML-Quellcode Ihrer Tabelle geschieht. Der Wechsel zwischen diesem und der üblichen Arbeitsblatt-Ansicht muss u. U. durch Aktualisierung (eine entsprechende Symbolleiste erscheint automatisch) unterstützt werden.

Was hinter dem Vorgang des anschließenden Veröffentlichens steckt, haben Sie im ▶ Abschnitt »12.1 Den HTML-Export steuern« erfahren. Interessant ist an dieser Stelle die *Title*-Eigenschaft des *PublishObject*-Objekts. Hier wird nicht nur der Seitentitel (*TITLE*-Tag der HTML-Seite) festgelegt, sondern auch eine Überschrift über den Tabellenausschnitt eingefügt.

Achten Sie noch auf den möglichen Aufruf des Internet Explorers über *CreateObject*.

TIPP: Wollen Sie mehr über die Automation des Internet Explorers erfahren, nutzen Sie statt der nicht typisierten Bindung die typisierte Bindung, indem Sie einen Verweis auf die *Microsoft Internet Controls* setzten und Ihren Code mit

```
Dim ie As New InternetExplorer
```

einleiten.

Der Skript-Code aus Listing 12.6 bereitet dem VBA-Programmierer keine Überraschungen. Beachten Sie aber, dass VBScript eine Variablendeklaration mit *As* nicht zulässt.

TIPP: Wollen Sie mehr über mögliche Objekte, Eigenschaften, Methoden und Ereignisse innerhalb des *Document Object Models* (das ist Objektmodell, welches hinter einer Seite steht, die im Internet Explorer angezeigt wird) erfahren, so nutzen Sie den Microsoft Skript-Editor, nach Möglichkeit unter FrontPage, da auch hier IntelliSense im weiten Sinne funktioniert.

Weitere Informationen zur Automation anderer Anwendungen finden Sie in ▶ Kapitel 10.

12.5   Den HTML-Export steuern (interaktiv)

Den Quellcode zu diesem Beispiel finden Sie in der Begleitdatei *K12_05.xls*, das exportierte Spreadsheet in *Spreadsheet.htm* (Ordner *K12_05*).

Problem

Das Speichern von Arbeitsmappen als statische Webseite per VBA wurde im ▶ Abschnitt »12.1 Den HTML-Export steuern (statisch)« ausführlich beschrieben. Sie möchten Webseiten mit Interaktivität speichern und gehen im Prinzip analog vor.

Lösung

Das Listing 12.7 zeigt den Export einer interaktiven Tabelle (Webkomponente *Spreadsheet*), welche sich nach dem Vorgang als ActiveX-Steuerelement auf einer HTML-Seite befindet.

```
Sub PublishSpreadsheet()
    Dim objPubl As PublishObject

    Set objPubl = ThisWorkbook.PublishObjects.Add(SourceType:=xlSourceRange, _
        Filename:=ThisWorkbook.Path & "\Spreadsheet.htm", _
        Source:="Export", HtmlType:=xlHtmlCalc, DivID:="myExport", _
        Title:="Vorwärtskalkulation")

    objPubl.Publish
    objPubl.Delete
    Set objPubl = Nothing
End Sub
```

Listing 12.7: HTML-Export mit Interaktivität – hier der Export eines Tabellenausschnitts

Erläuterungen

Der Quellcode in Listing 12.7 steht wieder in engem Zusammenhang mit dem Dialogfeld zum Veröffentlichen von Informationen aus Abbildung 12.1. Der Unterschied zum statischen Export besteht im Kontrollkästchen, welches Interaktivität ein- bzw. ausstellen hilft.

Die Variable *objPubl* wird durch die *Add*-Methode der *PublishObjects*-Auflistung belegt und bildet so ein konkretes zu veröffentlichtes Objekt. Die entsprechende Wahl der Parameter entscheidet über die Art des Exports.

Mit *SourceType* wählen Sie die Art des zu veröffentlichende Objekts. Als Möglichkeiten stehen zur Verfügung: durch den AutoFilter definierter Bereich (*xlSourceAutoFilter*), Diagramme (*xlSourceChart*), bestimmte PivotTable-Berichte (*xlSourcePivotTable*), Druckbereiche (*xlSourcePrintArea*), durch *MS Query* entstandene Abfragetabellen (*xlSourceQuery*), vorgegebene Zellbereiche (*xlSourceRange*), ein ganzes Blatt (*xlSourceSheet*) sowie die gesamte Mappe (*xlSourceWorkbook*).

Als Quelle (*Source*) wurde der benannte Bereich *Export*, der in der Beispieldatei eine Vorwärtskalkulation im Handel beinhaltet, ausgewählt.

Wird das Argument *HtmlType* nicht angegeben, erfolgt statischer Export, der auch mit *xlHtmlStatic* im Code deutlich gemacht werden kann. Neben der in diesem Abschnitt beabsichtigten Wahl von Spreadsheet (*xlHtmlCalc*) stehen Ihnen in anderem Zusammenhang noch Chart (*xlHtmlChart*) sowie PivotTable (*xlHtmlList*) zur Verfügung.

Das Argument *DivID* ist wichtig, da es über den Platz der Webkomponente auf der Webseite entscheidet. Wird ein Objekt mehrfach auf dieselbe Seite publiziert, so wird das *DIV*-Tag mit dem *ID*-Attribut benutzt, welches Sie durch *DivID* vorgeben. Geben Sie das Argument nicht an, wird bei jedem neuen Veröffentlichen das jeweilige Objekt chronologisch auf der gleichen HTML-Seite erneut hinzu gefügt. Dem können Sie allerdings durch

```
objPubl.Publish Create:=True
```

entgegenwirken, da so eine eventuell bereits bestehende HTML-Seite überschrieben wird.

HINWEIS: Das Layout auf der Webseite lässt sich auf dem beschriebenen Weg nicht steuern. Das Programm folgt genau der Bedieneroberfläche von Excel.

Anders als durch statischen Export entstehende Seiten lassen sich Seiten mit Webkomponenten nicht sinnvoll mit Excel bearbeiten. Auch haben Gedanken um das Hinzufügen von Skripts wie im ▶ Abschnitt »12.4 DHTML-Skripts automatisch anlegen« hier keinen Platz, da sich der gesamte Zahlen- und Datenbestand anders als bei statisch veröffentlichten Mappen oder ihrer Teile nicht in HTML-Tabellen, sondern in Parametern der Webkomponente befindet. Eine Manipulation der Webkomponente (Daten und Verhalten) gelingt über deren XML-Inhalte (siehe den ▶ Abschnitt »12.6 XML-Daten einer Spreadsheet-Webkomponente extrahieren«) bzw. über das Objektmodell der jeweiligen Webkomponente. Diese Objektmodelle sind dem von Excel dort, wo gleiche Funktionalität vorhanden ist, sehr ähnlich. Dave Stearns beschreibt das außergewöhnlich spannend in *Programming Microsoft 2000 Web Components* (erschienen 1999 bei Microsoft Press).

12.6 XML-Daten einer Spreadsheet-Webkomponente extrahieren

Den Quellcode zu diesem Beispiel finden Sie in der Begleitdatei *K12_06.xls* im Ordner *K12_06*. Dieser beinhaltet auch die benötigte Datei *Spreadsheet.htm* aus dem vorigen Abschnitt sowie die erzeugte XML-Datei *Spreadsheet.xml*.

Problem

Der Datenbestand und das Verhalten einer *Spreadsheet*-Webkomponente auf einer Webseite wird beim Öffnen der Seite im Internet Explorer wesentlich durch die XML-Daten der Webkomponente bestimmt. Sie möchten diese Daten in einer Datei im XML-Format speichern bzw. Daten aus einer XML-Datei der entsprechenden Webkomponente zuordnen.

Lösung

Diese Aufgabe ist mit Bordmitteln von Excel allein nicht zu bewerkstelligen. Allerdings kann die VBA-Entwicklungsumgebung zum Schreiben eines entsprechenden Programms genau so genutzt werden wie die von VB 6 oder VB.NET.

```
Sub SaveXML()
    Dim xmldoc As MSXML2.DOMDocument
    Dim ie As SHDocVw.InternetExplorer
    Dim doc As MSHTML.HTMLDocument
    Dim obj As MSHTML.HTMLObjectElement
    Dim strXML As String

    Set xmldoc = New MSXML2.DOMDocument
    Set ie = New SHDocVw.InternetExplorer

    ie.Navigate ThisWorkbook.Path & "\Spreadsheet.htm"
```

```
    Set doc = ie.Document
    Set obj = doc.getElementById("myExport_Spreadsheet")
    strXML = obj.getAttribute("XMLData")
    xmldoc.loadXML strXML
    xmldoc.Save ThisWorkbook.Path & "\Spreadsheet.xml"
    ie.Quit
    Set ie = Nothing
End Sub
```

Listing 12.8: *XML-Daten aus der Webkomponente Spreadsheet extrahieren*

Erläuterungen

Damit Sie den Quellcode zielstrebig aufbauen können, sind einige Vorbereitungen nötig. In ▶ Kapitel 10 haben Sie erfahren, wie Verweise auf Fremdbibliotheken genutzt werden können, um sich deren Objektmodelle zu bemächtigen und diese Fremdanwendungen (Word, Power-Point, Media Player u.a.) zu steuern. Auch in diesem Beispiel nutzen Sie Werkzeuge, deren Möglichkeiten unerschöpflich sind. Dazu setzen Sie Verweise (Menübefehl *Extras/Verweise*) auf

● die *Microsoft Internet Controls*, das erlaubt den Zugriff auf den Internet Explorer und das von ihm anzuzeigende bzw. angezeigte Dokument

● die *Microsoft HTML Object Library*, welche Ihnen die Bestandteile einer HTML-Seite (Tags werden zu Objekten mit Eigenschaften, Methoden und Ereignissen) offen legt

● eine *Microsoft XML*-Objekt-Bibliothek der Version Ihrer Wahl, was das einfache Abspeichern der gewonnenen Informationen gestattet.

Alternativ ist auch die Benutzung von FrontPage wie im ▶ Abschnitt »12.3 HTML-Quelltext in veröffentlichten Dokumenten per VBA verändern« denkbar.

Zur Ausführung des Quellcodes nutzen Sie die im ▶ Abschnitt »12.5 Den HTML-Export steuern (interaktiv)« erzeugte Beispieldatei *Spreadsheet.htm*. Diese wird mittels der *navigate*-Methode automatisch durch den Internet Explorer geöffnet, ohne dass Sie ein Fenster des Internet Explorers sichtbar machen müssen.

Mit *getElementById* suchen Sie nach dem durch Excel automatisch eingefügtem *OBJECT*-Tag, welches die *Spreadsheet*-Webkomponente aufnimmt. Dieses hat die ID *myExport_Spreadsheet* bekommen, dabei ist der erste Teil *myExport* der ID-Wert, den Sie dem umschließenden *DIV*-Tag beim Export zugewiesen haben (Listing 12.7). Ohne diese explizite Zuweisung ist der Zugriff fast unmöglich, da Excel hier Namen mit einer Nummerierung verwendet, die sich der Erfassung per Code weitestgehend entziehen. Die Methode *getAttribute* leistet den Rest der Hauptarbeit, wenn Sie ihr den Namen *XMLData* des entsprechenden Parameters des Objekts übergeben haben.

TIPP: Schauen Sie sich zum besseren Verständnis des Programmcodes unbedingt die Webseite mit der Webkomponente im Quellcode an (dazu reicht ein Editor wie Notepad.exe). Und nutzen Sie Haltepunkte im Programm, damit sich Ihnen die Objekttypen und Eigenschaften der benutzten Objekte in den Fremdbibliotheken im Überwachungsfenster offenbaren können.

Das Objekt *xmldoc* als *DOMDocument*-Objekt der MSXML-Objekt-Bibliothek kann abschließend durch *LoadXML* die gewonnene Zeichenkette aufnehmen und durch seine *save*-Methode die Datei am angegebenen Ort ablegen. Sie können den Internet Explorer durch *Quit* schließen

---

Excel und die Markup-Sprachen

und sollten das erzeugte Objekt zumindest dann auf *Nothing* setzen, wenn Sie noch weitere Programmschritte planen.

ACHTUNG: Die exportierte XML-Datei bekommt unter Excel 2003 ein auf Excel abzielendes Symbol und kann mit diesem Programm geöffnet werden. Auch wenn Sie Excel 2002 installiert haben, versteht dieses die XML-Datei.

Dies legt die Vermutung nahe, dass auch Excel-Arbeitsmappen, die als XML-Kalkulationstabellen gespeichert werden, als Quelldateien für die Spreadsheet Webkomponente verwendet werden können. Das wird im ▶ Abschnitt »12.8 Webkomponenten als ActiveX-Steuerelemente einsetzen« in die Tat umgesetzt.

Die hier beschriebene Vorgehensweise bezieht sich auf Excel 2002/2003 und muss unter der Vorgängerversion 2000 entsprechend angepasst werden, da dort die Webkomponente *Spreadsheet* sowie die beim Export resultierende HTML-Seite noch einen anderen Aufbau haben.

Am Rande: Mit Office System 2003 wird eine Lizenz der Webkomponenten in den Versionen 10 und 11, mit Office XP in den Versionen 9 und 10 und mit Office 2000 in der Version 9 erworben. Andere Lizenzierungsmöglichkeiten der Office-Webkomponenten gibt es nicht.

12.7 HTML-Seiten mit Chart-/Spreadsheet-Webkomponenten automatisch bearbeiten

Den Quellcode zu diesem Beispiel finden Sie in der Begleitdatei *K12_07.xls*, die erzeugte HTML-Datei in *Chart.htm* (Ordner *K12_07*).

Problem

Der Export einer Arbeitsmappe oder ihrer Teile mit Interaktivität verläuft sowohl »per Hand« als auch per Code in vergleichsweise starren Bahnen. Anders als im ▶ Abschnitt »12.4 DHTML-Skripts automatisch anlegen« hat das Hinzufügen von Skripts zur Steuerung der HTML-Seite weder über den Microsoft Skript-Editor noch über VBA-Code Sinn. Es bleibt wohl nur ein Weg in Anklang an die Überlegungen aus dem ▶ Abschnitt »12.3 HTML-Quelltext in veröffentlichten Dokumenten per VBA verändern« übrig.

Lösung

Eine Lösung sollte stets Aufwand und Nutzen vergleichen. Wird nur wenige Male exportiert, sollte das Ergebnis in einem HTML-Editor (etwa FrontPage) den Bedürfnissen angepasst und Skripts unter Umständen aus separaten Dateien über ein *LINK*-Tag gezogen werden.

Wird der Export häufig durchgeführt und dabei stets die exportierte Datei neu erzeugt (Parameter *Create* der *Publish*-Methode aus Listing 12.7 wird *True* gesetzt), kann der HTML-Quellcode durchaus wiederum mit Hilfe des *FrontPage*-Objektmodells gestaltet werden.

Der Code aus Listing 12.9 ergänzt die veröffentlichte HTML-Seite um zwei »Hyperlinks«, die wechselseitig das exportierte Diagramm (*Chart*-Webkomponente) und die darunter liegende Datenquelle (*Spreadsheet*-Webkomponente) ein- bzw. ausblenden. Außerdem wird der beim Export erzeugte Abstand zwischen den Webkomponenten etwas vergrößert, um so den Gesamteindruck der Seite aufzulockern.

```
Sub PublishChartAndData()
    Dim objPubl As PublishObject
    Dim objChart As ChartObject

    Dim fpApp As FrontPage.Application
    Dim fpDoc As FrontPageEditor.FPHTMLDocument
    Dim fpObj As FrontPageEditor.FPHTMLObjectElement
    Dim fpPar As FrontPageEditor.FPHTMLSpanElement
    Dim fpScript As FrontPageEditor.FPHTMLScriptElement

    Dim strScript As String

    Set objChart = Tabelle1.ChartObjects(1)
    Set objPubl = ThisWorkbook.PublishObjects.Add(SourceType:=xlSourceChart, _
        Filename:=ThisWorkbook.Path & "\Chart.htm", Sheet:=Tabelle1.Name, _
        Source:=objChart.Name, HtmlType:=xlHtmlChart, DivID:="myChart", _
        Title:="Verkehrsdelikte")

    objPubl.Publish Create:=True

    Set fpApp = New FrontPage.Application

    fpApp.LocatePage objPubl.Filename

    Set fpDoc = fpApp.ActiveDocument
    fpApp.ActiveWebWindow.Visible = True
    fpDoc.all("myChart_Chart").insertAdjacentHTML "beforeBegin", _
            "<SCRIPT id=myScript></SCRIPT>"
    Set fpScript = fpDoc.Scripts("myScript")
    fpScript.Language = "VBScript"
    fpScript.defer = True

    strScript = "Sub ChangeDisplay(obj)" & vbCrLf
    strScript = strScript & "If obj.Style.display = ""block"" Then" & vbCrLf
    strScript = strScript & "obj.Style.display = ""none""" & vbCrLf
    strScript = strScript & "Else" & vbCrLf
    strScript = strScript & "obj.Style.display = ""block""" & vbCrLf
    strScript = strScript & "End If" & vbCrLf
    strScript = strScript & "End Sub" & vbCrLf

    fpScript.innerText = strScript
    fpScript.insertAdjacentHTML "afterEnd", "<SPAN id=""mySpan""></SPAN>"
    Set fpPar = fpDoc.all("mySpan")
    fpPar.Style.fontFamily = "Arial"
    fpPar.Style.Color = "blue"

    fpPar.innerHTML = "<SPAN onmouseover=""this.style.cursor='hand'""" & _
        "onclick=""ChangeDisplay(myChart_Chart)"">" & _
        "Diagramm aus-/einblenden</SPAN><SPAN style=""width:20px""></SPAN>" & _
        "<SPAN onmouseover=""this.style.cursor='hand'""" & _
        "onclick=""ChangeDisplay(myChart_Spreadsheet)"">" & _
        "Daten aus-/einblenden</SPAN>"

    Set fpObj = fpDoc.all("myChart_Chart")
    fpObj.Style.display = "none"
    fpObj.insertAdjacentHTML "afterEnd", "<BR>"
```

```
    Set fpObj = fpDoc.all("myChart_Spreadsheet")
    fpObj.Style.display = "none"

    fpApp.ActivePageWindow.Close True

    Set fpDoc = Nothing
    fpApp.Quit
    Set fpApp = Nothing
    objPubl.Delete
    Set objPubl = Nothing
End Sub
```

Listing 12.9: Die Webseite mit Diagramm und Daten erhält den letzten Schliff

Erläuterungen

Damit Sie erfolgreich mit dem Objektmodell von FrontPage arbeiten können, setzen Sie einen Verweis (Menübefehl *Extras/Verweise*) auf beide FrontPage-Bibliotheken: *Page Object Reference Library* und *Web Object Reference Library* (vergleichen Sie hier auch die Überlegungen aus dem ▶ Abschnitt »12.3 HTML-Quelltext in veröffentlichten Dokumenten per VBA verändern«).

Der Export der Webkomponente wurde weiter oben im ▶ Abschnitt »12.5 Den HTML-Export steuern (interaktiv)« ausführlich beschrieben.

Am Umfang des restlichen Quellcodes verstehen Sie noch einmal die Überlegung zu Aufwand und Nutzen. Die Methode *insertAdjacentHTML* erlaubt das Hinzufügen von HTML-Code an ausgewählter Stelle. Dabei leisten *ID*-Attribute der Tags gute Dienste, da so die Lokalisierung über die *all*-Auflistung hinreichend komfortabel ist. Das eingefügte Skript, welches den Ansichtenwechsel umsetzen soll, lautet im »Klartext«:

```
<SCRIPT id=myScript language="VBScript">
    Sub ChangeDisplay(obj)
        If obj.Style.display = "block" Then
            obj.Style.display = "none"
        Else
            obj.Style.display = "block"
        End If
    End Sub
</SCRIPT>
```

Angesprochen wird das Skript durch *Click*-Ereignisse der *SPAN*-Tags, in denen die hinweisenden Texte untergebracht wurden, etwa

```
onclick="ChangeDisplay(myChart_Spreadsheet)"
```

Dabei sind die Objektnamen leicht bestimmbar. Zum Namen, den Sie beim Export für die *DIV-ID* festgelegt haben (hier *myChart*), kommt automatisch durch Excel der Anhang *_Chart* für das Diagramm und *_Spreadsheet* für die Datentabelle.

Auf Grund dieser Namen ist es Ihnen auch möglich, das Verhalten der beiden Objekte mit den Webkomponenten zu steuern.

HINWEIS: Prinzipiell ist es denkbar, durch wie oben erzeugte Skripts die Webkomponenten selbst zu dynamisieren und auf *Click*-Ereignisse und anderes entsprechend reagieren zu lassen. Auf diese Weise sind Was-wäre-wenn-Analysen interaktiv auf der Webseite denkbar. Steht man vor einer solchen Aufgabe, ist es überlegenswert, den Programmieraufwand nicht unter VBA zu leisten, sondern mit dem Projekt in die FrontPage-HTML-Umgebung zu wechseln und dort den Microsoft Skript-Editor einzusetzen.

Im nächsten Beispiel soll exemplarisch eine solche Dynamisierung vorgestellt werden, wobei die Webkomponenten als ActiveX-Steuerelemente auf PowerPont-Folien liegen.

12.8 Webkomponenten als ActiveX-Steuerelemente einsetzen

Den Quellcode zu diesem Beispiel finden Sie in der Begleitdatei *K12_08.ppt*, die notwendigen XML-Datendateien heißen *Spreadsheet.xml* und *ChartData.xml* (Ordner *K12_08*).

Problem

Sie möchten XML-Daten, die hinter einer *Spreadsheet*-Webkomponente stehen sollen, dieser durch einen Programmcode zuordnen und das Verhalten der Webkomponente als ActiveX-Steuerelement auf einem Windows-Formular oder einer PowerPoint-Folie ebenfalls per Code steuern. Die Daten der *Spreadsheet*-Webkomponente sollen in einer *Chart*-Webkomponente visualisiert werden.

Lösung

Der Ansatz aus Listing 12.10 und Listing 12.11 muss im Rahmen dieses Buches kurz ausfallen. Die Ähnlichkeit der Objektmodelle der Webkomponenten und Excel hilft beim Erstellen anspruchsvollerer Lösungen. PowerPoint ist ein gutes Medium zur Darstellung der Effekte.

```
Private Sub cmdGetData_Click()
    Spreadsheet1.XMLURL = ActivePresentation.Path & "\Spreadsheet.xml"
End Sub

Private Sub cmdSzenario_Click()
    Dim rng As owc11.Range
    Set rng = Spreadsheet1.ActiveCell.Range("C1")
    Dim sh As Shape
    On Error Resume Next
    For Each sh In Slide1.Shapes
        If sh.OLEFormat.ProgID = "Forms.OptionButton.1" Then
            If sh.OLEFormat.Object.Value = True Then
                rng.Value = sh.OLEFormat.Object.Caption
                Exit For
            End If
        End If
    Next
End Sub
```

Listing 12.10: *Daten holen und Szenarien durchspielen*

Die Abbildung 12.2 zeigt die Wirkung: Je nach Wahl der Optionen wird das Blatt neu durchgerechnet. Neben der direkten Eingabe von Werten und Formeln in die Webkomponente ist also auch die VBA-Steuerung umsetzbar.

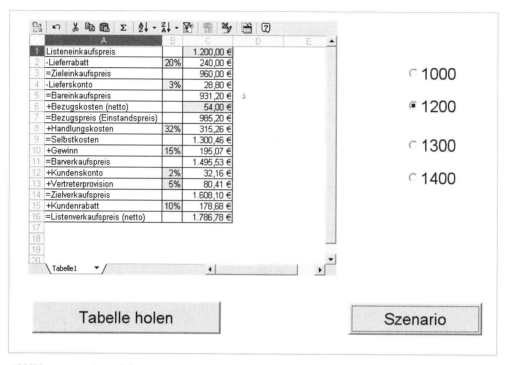

Abbildung 12.2: *Spreadsheet-Komponente auf einer PowerPoint-Folie – Kalkulation vor Publikum*

```
Private Sub cmdLoadData_Click()
    Spreadsheet1.XMLURL = ActivePresentation.Path & "\ChartData.xml"
End Sub

Private Sub cmdCreateChart_Click()
    Dim cht As ChChart
    Set ChartSpace1.DataSource = Spreadsheet1
    While ChartSpace1.Charts.Count > 0
        ChartSpace1.Charts.Delete 0
    Wend
    Set cht = ChartSpace1.Charts.Add
    cht.HasTitle = True
    cht.Title.Caption = "Verkehrsdelikte"
    cht.Type = chChartTypeColumnStacked
    cht.PlotArea.Interior.Color = vbWhite
    cht.Axes(1).HasMajorGridlines = False
    cht.SetData chDimCategories, chDataBound, "B3:B5"
```

```
        cht.Axes(0).HasTitle = True
        cht.Axes(0).Title.Caption = "Monate"
        cht.SetData chDimSeriesNames, chDataBound, "C2:E2"
        cht.SeriesCollection(0).SetData chDimValues, chDataBound, "C3:C5"
        cht.SeriesCollection(1).SetData chDimValues, chDataBound, "D3:D5"
        cht.SeriesCollection(2).SetData chDimValues, chDataBound, "E3:E5"
End Sub
```

Listing 12.11: *Daten holen und visualisieren*

Auch der Effekt von Listing 12.11 lässt sich am besten am Bild zeigen (Abbildung 12.3).

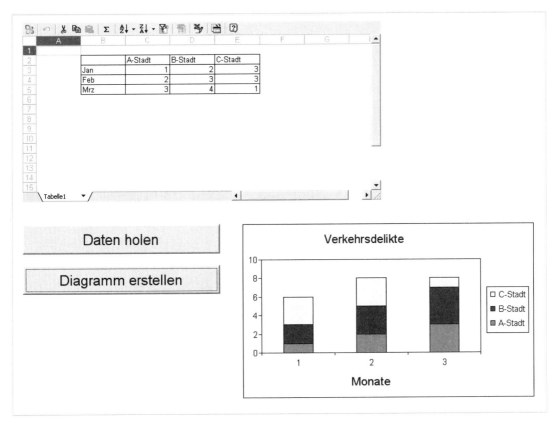

Abbildung 12.3: *Daten live holen und sofort in ein Diagramm umwandeln*

Erläuterungen

Sie beginnen mit einer PowerPoint-Präsentation Ihrer Wahl und ziehen über die *Steuerelement*-Symbolleiste durch Wahl der Schaltfläche *Weitere Steuerelemente* die benötigten Webkomponenten, die Sie in der Liste der registrierten Steuerelemente finden, in der gewünschten Größe auf der Folie auf. Diese Steuerelemente arbeiten nur während der Vorführung so wie erwartet.

In der VBA-Entwicklungsumgebung von PowerPoint sehen Sie die Folien der Präsentation, auf welchen sich Steuerelemente befinden, als Objekte im Projektexplorer und können den Quell-

---

Excel und die Markup-Sprachen

code in diesen Klassen unterbringen (Vorsicht: Wird die Folie gelöscht, verschwindet auch der Quellcode).

Der Ladevorgang der Daten nutzt die Eigenschaft *XMLURL* der Spreadsheet-Komponente. Die in der angesprochenen XML-Datei befindlichen Daten haben Sie entweder per Code extrahiert (siehe den ▶ Abschnitt »12.6 XML-Daten einer Spreadsheet-Webkomponente extrahieren«) oder eine entsprechende Arbeitsmappe als XML-Kalkulationstabelle gespeichert.

Der Rest der Quellcodes ist ohne Besonderheiten. Hinsichtlich des Objektmodells der Webkomponenten muss auf die einschlägige Spezialliteratur verwiesen werden, wobei die Offline-Hilfe einige gute Anregungen beinhaltet (suchen Sie nach einer Datei namens *owcvba10.chm* oder *owcvba11.chm*).

Beachten Sie, dass PowerPoint den Zustand der Webkomponenten in der Präsentation während der Sitzung behält, beim Beenden aber nicht speichert.

HINWEIS: Natürlich können Sie Ihr in ▶ Kapitel 10 zur Steuerung fremder Anwendungen gewonnenes Wissen mit dem aus ▶ Abschnitt »12.5 Den HTML-Export steuern (interaktiv)« und ▶ Abschnitt »12.6 XML-Daten einer Spreadsheet-Webkomponente extrahieren« mischen und den gesamten Export von interaktiven Webkomponenten in eine PowerPoint-Präsentation aus Excel heraus vollständig automatisieren. Auch hier wird der Nutzen den Aufwand begrenzen müssen.

12.9 Listen im XML-Format speichern

Den Quellcode zu diesem Beispiel finden Sie in der Begleitdatei *K12_09.xls*, die exportierte XML-Datendatei heißt *auslaufartikel.xml* (Ordner *K12_09*). Der Pfad zur Datenbank in der Begleitdatei ist unter Umständen entsprechend der Situation auf Ihrem Rechner anzupassen.

Problem

Bereits mit Excel 2002 (XP) gibt es die Möglichkeit, eine Arbeitsmappe als XML-Kalkulationstabelle abzuspeichern (ohne VBA-Projekt, ohne Diagramme und andere Objekte). Die entstehende Datei entspricht dem XML-Schema für Excel-Workbooks und kann in Excel oder der *Spreadsheet*-Webkomponente geöffnet, bearbeitet und gespeichert werden.

Dieser Vorgang ist nicht zu verwechseln mit dem Import oder Export von Datenlisten, die im XML-Format vorhanden sind oder entstehen, wie er ab Excel 2003 möglich ist. Im Unterschied zum obigen Vorgang heißt der Auswahlpunkt beim *Speichern unter* auch *XML-Daten (*.xml)* und benötigt mindestens eine XML-Zuordnung zur Arbeitsmappe (siehe den ▶ Abschnitt »12.14 XML-Zuordnungen unter Office 2003«).

Sie möchten in einer Excel-Version vor 2003 Listen aus einem Tabellenblatt im XML-Format ablegen bzw. unter Version 2003 den Export ohne XML-Zuordnungen umsetzen.

Lösung

Die Lösung besteht in einem Code-Ansatz wie in Listing 12.12 unter Nutzung einer eingebundenen Fremdbibliothek (*Microsoft XML*-Objekt-Bibliothek in einer Ihnen zugänglichen Version ab 2.0).

```
Sub Export()
    Dim xmlDoc As New MSXML2.DOMDocument
    Dim xmlCache As New MSXML2.XMLSchemaCache
    Dim pi As MSXML2.IXMLDOMProcessingInstruction
    Dim ndRoot As MSXML2.IXMLDOMNode
    Dim ndArtikel As MSXML2.IXMLDOMNode
    Dim ndArtikelName As MSXML2.IXMLDOMNode
    Dim ndArtikelNr As MSXML2.IXMLDOMNode
    Dim ndLiefereinheit As MSXML2.IXMLDOMNode

    Set pi = xmlDoc.createProcessingInstruction("xml", "version=""1.0""")
    xmlDoc.appendChild pi
    Set ndRoot = xmlDoc.createNode(1, "data", "")
    Dim rng As Range
    For Each rng In Tabelle1.QueryTables(1).ResultRange.Columns(1).Cells
        If rng.Row > 1 Then
            Set ndArtikel = xmlDoc.createNode(1, "Artikel", "")

            Set ndArtikelNr = xmlDoc.createNode(1, "Artikel-Nr", "")
            ndArtikelNr.Text = rng.Value
            ndArtikel.appendChild ndArtikelNr

            Set ndArtikelName = xmlDoc.createNode(1, "Artikelname", "")
            ndArtikelName.Text = rng.Offset(0, 1).Value
            ndArtikel.appendChild ndArtikelName

            Set ndLiefereinheit = xmlDoc.createNode(1, "Liefereinheit", "")
            ndLiefereinheit.Text = rng.Offset(0, 4).Value
            ndArtikel.appendChild ndLiefereinheit

            ndRoot.appendChild ndArtikel
        End If
    Next
    xmlDoc.appendChild ndRoot
    xmlDoc.Save ThisWorkbook.Path & "\auslaufartikel.xml"
End Sub
```

Listing 12.12: Der Weg von der Liste auf einem Arbeitsblatt in eine XML-Datei

Erläuterungen

Zum besseren Verständnis des Quellcodes und seiner Aufgaben kann hier die Abbildung 12.4 dienen, sie zeigt, wie die exportierten Daten nach dem Öffnen der exportierten XML-Datei im Internet Explorer erscheinen.

```
<?xml version="1.0" ?>
- <data>
  - <Artikel>
      <Artikel-Nr>5</Artikel-Nr>
      <Artikelname>Chef Anton's Gumbo
        Mix</Artikelname>
      <Liefereinheit>36 Kartons</Liefereinheit>
    </Artikel>
  - <Artikel>
      <Artikel-Nr>9</Artikel-Nr>
      <Artikelname>Mishi Kobe Niku</Artikelname>
      <Liefereinheit>18 x 500-g-
        Packungen</Liefereinheit>
    </Artikel>
  - <Artikel>
      <Artikel-Nr>17</Artikel-Nr>
      <Artikelname>Alice Mutton</Artikelname>
      <Liefereinheit>20 x 1-kg-Dosen</Liefereinheit>
    </Artikel>
  - <Artikel>
      <Artikel-Nr>24</Artikel-Nr>
      <Artikelname>Guaraná Fantástica</Artikelname>
```

Abbildung 12.4: *Auslaufartikel der Nordwind-Datenbank nach dem XML-Export*

Um sich die Arbeit des Schreibens von Listen zu sparen, bereiten Sie den Export durch eine Abfrage der *Artikel*-Tabelle in der *Nordwind*-Datenbank (Sie finden diese im Ordner *Samples* Ihrer Office-Installation) auf *Tabelle1* vor. Dem Programm *MS Query* oder seinem Assistenten geben Sie als Abfragekriterium mit, dass nur solche Artikel angezeigt werden sollen, die Auslaufartikel sind.

Damit der Code in Listing 12.12 so funktioniert, setzen Sie einen Verweis (Menübefehl *Extras/Verweise*) auf eine *Microsoft XML*-Objekt-Bibliothek Ihrer Wahl. Im Wesentlichen durchläuft das Programm die erste Spalte des durch die Abfrage entstehenden Bereichs (*QueryTables(1).ResultRange*) und extrahiert von dort die *Artikel-Nr* (Spalte 1), den *Artikelnamen* (Spalte 2) und die gegebenen *Liefereinheiten* (Spalte 4).

Damit alles in wohlgeformte XML-Bahnen gelangt, ist mit *createProcessingInstruction* die Zeile zu erzeugen, die das Ergebnis als XML-Dokument ausweist. Dabei ist die Erzeugung und das Anfügen von Knoten an das Dokument immer vom gleichen Prinzip:

- das *DOMDocument*-Objekt erzeugt ein Knoten-Objekt mit *createNode* (*createProcessingInstruction* oder *createAttribute* folgen dem gleichen Rhythmus)

- mit *objNode.Text* erhält der Knoten seinen »Wert«

- durch *objParent.appendChild* bekommt der erzeugte Knoten seinen Platz in der Struktur als »Kindknoten« von *objParent*.

Die *save*-Methode sorgt abschließend für das dauerhafte Abspeichern auf der Festplatte.

HINWEIS: Ausführliche Informationen zum *XML DOM* (XML Dokument Objektmodell) finden Sie im Microsoft XML SDK, welches gemeinsam mit den Microsoft XML Core Services zum Download auf der MSDN-Website zur Verfügung steht.

12.10 Daten aus XML-Dateien in Tabellenblätter schreiben

Den Quellcode zu diesem Beispiel finden Sie in der Begleitdatei *K12_10.xls*, die zu importierende XML-Datendatei heißt *auslaufartikel.xml* (Ordner *K12_10*).

Problem

Der Import von Daten aus einer vorliegenden XML-Datei ist nicht ohne Probleme, da der Aufbau der Datei (die Knotenstruktur, das Vorhandensein von Attributen, mögliche Nicht-Text-Einträge usw.) genauestens bekannt sein muss.

Ein Import »von Hand« gelingt in den *Excel*-Versionen ab 2000 mit unterschiedlichem Ergebnis:

- Excel 2000 versteht XML nur in Zusammenhang mit einer XSL-Transformation als Webabfrage

- Excel 2002 erkennt darüber hinaus beim Öffnen in der XML-Datei eingebundene XSL-Formatierungsanweisungen und fragt mit einem Dialogfeld, ob diese verwendet werden sollen oder nicht

- Excel 2003 bietet neben den genannten Features beim Öffnen die Zuordnung des aus der XML-Datei vermeintlich resultierenden Schemas an die Arbeitsmappe an. Außerdem gibt es bei bereits zugeordnetem Schema spezielle XML-Import-Möglichkeiten.

Von den beschriebenen Möglichkeiten ist jene abzugrenzen, die das Öffnen einer XML-Kalkulationstabelle (ab Version 2002) betrifft.

Sie möchten den Import in eine Liste auf einem Tabellenblatt per Code umsetzen.

Lösung

Für den Import wird angenommen, dass die Daten aus dem vorhergehenden Abschnitt wie in Abbildung 12.4 vorliegen und eine entsprechende Liste entstehen soll. Das Listing 12.13 zeigt den Codeansatz.

```
Sub Import()
    Dim xmlDoc As New MSXML2.DOMDocument
    Dim ndlArtikel As MSXML2.IXMLDOMNodeList
    Dim ndArtikel As MSXML2.IXMLDOMNode
    Dim ndlDetails As MSXML2.IXMLDOMNodeList
    Dim ndDetails As MSXML2.IXMLDOMNode
    Dim i As Integer

    i = 1
    xmlDoc.async = False
    xmlDoc.Load ThisWorkbook.Path & "\auslaufartikel.xml"
    If xmlDoc.parseError.errorCode <> 0 Then
        MsgBox xmlDoc.parseError.reason
```

```
    Else
        Tabelle1.UsedRange.Clear
        Set ndlArtikel = xmlDoc.documentElement.selectNodes("Artikel")
        For Each ndArtikel In ndlArtikel
            Set ndlDetails = ndArtikel.selectNodes("*")
            For Each ndDetails In ndlDetails
                Select Case ndDetails.nodeName
                    Case "Artikel-Nr"
                        Tabelle1.Cells(i, 1).Value = ndDetails.Text
                    Case "Artikelname"
                        Tabelle1.Cells(i, 2).Value = ndDetails.Text
                    Case "Liefereinheit"
                        Tabelle1.Cells(i, 3).Value = ndDetails.Text
                End Select
            Next
            i = i + 1
        Next
        Tabelle1.UsedRange.Columns.AutoFit
    End If
    Set xmlDoc = Nothing
End Sub
```

Listing 12.13: Aus XML-Daten entsteht eine Liste auf einem Tabellenblatt

Erläuterungen

Damit der Code aus Listing 12.13 so funktioniert, setzen Sie einen Verweis auf eine *Microsoft XML*-Objekt-Bibliothek der Version Ihrer Wahl (Menübefehl *Extras/Verweise*).

Sie deklarieren neben dem *DOMDocument* verschiedene »Einzelknoten« (*IXMLDOMNode*) sowie »Knotenlisten« (*IXMLDOMNodeList*) in Abhängigkeit von den zum Import erwarteten Daten. Die *selectNodes*-Methode eines Knotens liefert dessen Unterknoten je nach gewählter Abfrage-Zeichenkette. Die so entstehende Auflistung durchlaufen Sie dann in einer *For Each*-Schleife.

Da die Reihenfolge der Unterknoten eines *Artikel*-Knotens beliebig sein kann, hilft Ihnen die *Select Case*-Anweisung bei der richtigen Zuordnung in die Spalten der entstehenden Tabelle.

TIPP: Sie sollten die *async*-Eigenschaft des Dokuments auf *False* setzen, damit das Laden der Datei abgewartet wird, bevor es im Code weiter geht.

Da es beim Parsen des Dokuments zu Fehlern kommen kann (etwa wenn dieses nicht wohl-geformt ist oder an der gewünschten Stelle gar kein Dokument dieses Namens liegt), ist das Abfangen der entstehenden Fehler über *xmlDoc.parseError* guter Stil. Sie können sowohl die Fehlernummer als auch die Beschreibung (die hier *reason* heißt) zurückgeben lassen.

HINWEIS: Ausführliche Informationen zum XML DOM (XML Dokument Objektmodell) finden Sie im Microsoft XML SDK, welches gemeinsam mit den Microsoft XML Core Services zum Download auf der MSDN-Website zur Verfügung steht.

12.11 Validiertes Laden und Speichern von XML-Listen

Den Quellcode zu diesem Beispiel finden Sie in der Begleitdatei *K12_11.xls*, die zu importierende XML-Datendatei heißt *Artikel.xml* und das verwendete XML-Schema *Artikel.xsd* (Ordner *K12_11*).

Problem

Der im ▶ Abschnitt »12.9 Listen im XML-Format speichern« vorgenommene Export sowie der Import von XML-Daten aus dem ▶ Abschnitt »12.10 Daten aus XML-Dateien in Tabellenblätter schreiben« haben eine entscheidende Lücke. Es werden zwar Fehler, die durch Nichtvorhandensein der Datei oder Nichtwohlgeformtheit der Dokumente entstehen, abgefangen. Aber: Es erfolgt keinerlei Prüfung, ob die Daten gültig sind im Sinne von:

- ○ zulässige Struktur des Dokuments

- ○ erforderliches und zulässiges Auftreten der Daten

- ○ zulässige Daten-Formate.

Diese Anforderungen lassen sich durch zugeordnete XML-Schema-Dateien umsetzen. Das können DTD (Document Type Definitions), XSD (XML Schema Definition Language Schemas) oder XDR (XML Data Reduced Schemas) sein.

Sie möchten die Gültigkeit der XML-Dokumente im Code durch zugeordnete XSD-Dateien prüfen lassen.

Lösung

Der Lösungsansatz besteht im Vorhandensein einer XML-Schema-Datei.

TIPP: Mit Hilfe von Microsoft Access ab Version 2002, mit Hilfe von InfoPath aus Microsoft Office System 2003 sowie der Entwicklungsumgebung von *Visual Studio .NET* lassen sich je nach Vorgabe aus Tabellen bzw. XML-Datendateien automatisch Schema-Dateien generieren. Diese sind nach entsprechender Anpassung für alle Gelegenheiten einsetzbar.

Das Listing 12.14 zeigt eine mögliche Schema-Datei, die den Daten aus den beiden vorhergehenden Abschnitten Gültigkeit verleihen hilft. Diese Datei wurde unter Access 2003 aus der *Nordwind*-Datenbank-Tabelle *Artikel* durch Export in eine XML-Datei automatisch erstellt und anschließend für die Zwecke dieses Abschnitts aufbereitet.

```
<?xml version="1.0" encoding="UTF-8" ?>
<xsd:schema xmlns:xsd="http://www.w3.org/2001/XMLSchema">
    <xsd:element name="data">
        <xsd:complexType>
            <xsd:sequence>
                <xsd:element ref="Artikel" minOccurs="0" maxOccurs="unbounded" />
            </xsd:sequence>
        </xsd:complexType>
    </xsd:element>
    <xsd:element name="Artikel">
        <xsd:complexType>
            <xsd:sequence>
                <xsd:element name="Artikel-Nr" minOccurs="1" type="xsd:int" />
```

```
            <xsd:element name="Artikelname" minOccurs="1">
                <xsd:simpleType>
                    <xsd:restriction base="xsd:string">
                        <xsd:maxLength value="40" />
                    </xsd:restriction>
                </xsd:simpleType>
            </xsd:element>
            <xsd:element name="Lieferanten-Nr" minOccurs="0" type="xsd:int" />
            <xsd:element name="Kategorie-Nr" minOccurs="0" type="xsd:int" />
            <xsd:element name="Liefereinheit" minOccurs="0">
                <xsd:simpleType>
                    <xsd:restriction base="xsd:string">
                        <xsd:maxLength value="3" />
                    </xsd:restriction>
                </xsd:simpleType>
            </xsd:element>
            <xsd:element name="Einzelpreis" minOccurs="0" type="xsd:double" />
            <xsd:element name="Lagerbestand" minOccurs="0" type="xsd:short" />
            <xsd:element name="BestellteEinheiten" minOccurs="0" type="xsd:short" />
            <xsd:element name="Mindestbestand" minOccurs="0" type="xsd:short" />
            <xsd:element name="Auslaufartikel" minOccurs="0" type="xsd:boolean" />
        </xsd:sequence>
      </xsd:complexType>
   </xsd:element>
</xsd:schema>
```

Listing 12.14: Beispiel einer XSD-Datei zur Validierung von Artikeln aus der Nordwind-Datenbank

Zum Experimentieren mit Gültigkeitskriterien können Sie den Code aus Listing 12.15 verwenden. Dieser schreibt die importierten Daten nicht in ein Tabellenblatt (wie Listing 12.13), sondern baut einfach das *DOMDocument* auf und stellt es so im Falle seiner Gültigkeit zur weiteren Verwendung zur Verfügung.

```
Sub ImportValidated()
'    Dim xmlDoc As New MSXML2.DOMDocument40
'    Dim xmlCache As New MSXML2.XMLSchemaCache40

    Dim xmlDoc As New MSXML2.DOMDocument50
    Dim xmlCache As New MSXML2.XMLSchemaCache50

    xmlCache.Add "", ThisWorkbook.Path & "\artikel.xsd"
    Set xmlDoc.Schemas = xmlCache
    xmlDoc.async = False

    xmlDoc.Load ThisWorkbook.Path & "\artikel.xml"
    If xmlDoc.parseError.errorCode <> 0 Then
        MsgBox xmlDoc.parseError.reason
    Else
        MsgBox xmlDoc.XML
    End If
End Sub
```

Listing 12.15: Lesen und prüfen – dank einer zugeordneten XML-Schema-Datei

Wird die durch das Schema geforderte Gültigkeit verletzt, erscheint eine Fehlermeldung (*xmlDoc.parseError.reason*), deren Text von der verwendeten MSXML-Objekt-Bibliothek abhängt. Die Meldung von Version 5.0 sieht aus wie in Abbildung 12.5 gezeigt.

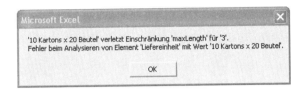

Abbildung 12.5: *Ausführliche Informationen bei Verwendung von MSXML 5.0*

Erläuterungen

Der Aufbau einer Schema-Datei wie in Listing 12.14 erschließt sich bei umfangreichen Dateien nicht unbedingt auf den ersten Blick. Es handelt sich ebenfalls um eine XML-Datei, deren in diesem Zusammenhang wichtigste Zeile

```
<xsd:schema xmlns:xsd="http://www.w3.org/2001/XMLSchema">
```

lautet. Hier wird der Namensraum *xsd* deklariert und damit auf die XML Schema Definition Language abgestellt.

Anschließend gibt es einen Hinweis darauf, dass die Einträge im Wurzelknoten (der *data* heißen muss) komplexer Art (also Knoten in Knoten, u. U. mit Attributen) den Namen *Artikel* haben müssen. Dabei brauchen solche Knoten nicht unbedingt vorhanden zu sein (*minOccurs = 0*), die Anzahl nach oben ist nicht beschränkt (*maxOccurs = unbounded*).

Im zweiten Teil folgen die Definitionen der Unterknoten von *Artikel*. *Artikel-Nr* und *Artikelname* müssen vorhanden sein, alle anderen Einträge sind »freiwillig«. Ist jedoch ein Eintrag unter *Liefereinheit* vorhanden, muss es sich um eine Zeichenkette von maximaler Länge 3 handeln. Und das ist Gegenstand Ihrer Experimente mit Listing 12.15, denn in der *Nordwind*-Datenbank steht für die Länge dieser Zeichenkette der Wert *25*.

Das Listing 12.15 setzt einen Verweis (Menübefehl *Extras/Verweise*) auf die *Microsoft XML*-Objekt-Bibliothek ab Version 4.0 voraus (die Deklarationen von Objekten ist entsprechend der nicht verwendeten Version auskommentiert).

Durch die beiden Anweisungen

```
xmlCache.Add "", ThisWorkbook.Path & "\artikel.xsd"
Set xmlDoc.Schemas = xmlCache
```

wird alles in die Wege geleitet, was die Validierung ermöglicht (ein Schema wird in eine Sammlung von Schemas aufgenommen und diese dem Dokument zugeordnet). Damit wird der Umfang möglicher Fehlermeldungen erweitert.

Möchten Sie, dass der Import fehlerfrei läuft, ändern Sie im folgenden Ausschnitt aus Listing 12.14

```
<xsd:element name="Liefereinheit" minOccurs="0">
    <xsd:simpleType>
        <xsd:restriction base="xsd:string">
            <xsd:maxLength value="3" />
        </xsd:restriction>
    </xsd:simpleType>
</xsd:element>
```

die Zahl *3* in *25*.

Sie können auf einfache Art auch das Beispiel aus Listing 12.12 im ▶ Abschnitt »12.9 Listen im XML-Format speichern« um eine Validierung erweitern. Dazu deklarieren Sie wie in Listing 12.15 ein *XMLSchemaCache40*-Objekt und ersetzen die *Save*-Anweisung zum Speichern durch eine Validierung mit entsprechender Reaktion:

```
Set xmlDoc.Schemas = xmlCache
Set err = xmlDoc.validate
If err.errorCode <> 0 Then
    MsgBox err.reason
Else
    xmlDoc.Save ThisWorkbook.Path & "\auslaufartikel.xml"
End If
```

Tritt ein Fehler auf, werden die Daten nicht exportiert.

HINWEIS: Ausführliche Informationen zu XML-Schemas finden Sie im Microsoft XML SDK, welches gemeinsam mit den Microsoft XML Core Services zum Download auf der MSDN-Website zur Verfügung steht.

12.12 XML und XSL »per Hand«

Den Quellcode zu diesem Beispiel finden Sie in der Begleitdatei *K12_12.xls*, die exportierte XML-Datendatei heißt *auslaufartikel-formatiert.xml*, zur Formatierung werden *auslaufartikel.xsl* und *artikel.css* verwendet (Ordner *K12_12*).

Problem

Obwohl es u. U. wenig Druck gibt, aus Excel heraus erstellte HTML-Seiten nachträglich zu beeinflussen, hatten Sie in den ▶ Abschnitten »12.1 Den HTML-Export steuern (statisch)« bis »12.4 DHTML-Skripts automatisch anlegen« die Möglichkeiten und Grenzen solch Tuns kennen gelernt.

Ist jedoch XML im Spiel, so ist dies eine gute Gelegenheit, die Daten und deren Formatierung bei der Ausgabe zu trennen. Wenn also ein Export von Listen im XML-Format erfolgt, dann bietet sich an, die entsprechende Formatierung gleich mit bereit zu stellen.

Lösung

Es gibt verschiedene Lösungsansätze der HTML-basierten Formatierung bereitgestellter XML-Listen (den Internet Explorer als Browser vorausgesetzt):

- Sie binden die XML-Daten als *Data Islands* in den HTML-Quellcode ein (diese Methode ist starr und entspricht in Handling und Wirkung dem Veröffentlichen statischer Arbeitsblätter mit Listen).

- Sie erzeugen HTML-Quelle und XML-Daten als separate Dateien und verweisen in den *Data Islands* auf die externe Quelle (die Trennung von Inhalt und Form findet also statt).

- Sie erzeugen die XML-Daten, eine HTML-Quelldatei und eine XSLT-Datei und verwenden eine Skriptsprache zur Durchführung der Transformation (XSLT, Extensible Stylesheet Language Transformations).

Sie erzeugen XML-Daten und lassen diese durch eine XSL-Transformation in eine HTML-Datei »umlenken« (der ▶ Abschnitt »12.13 XML-Smarttags (MOSTL)« zeigt die Vorgehensweise an einem anderen Beispiel).

Sie erzeugen eine XML-Datendatei und verweisen innerhalb dieser auf die XSL-Transformation.

Die beiden letzten Wege bieten sich als einfachste Möglichkeiten beim Datenexport aus Excel an. Um beispielsweise den Verweis auf die XSL-Datei zu setzen, erweitern Sie das Listing 12.12 durch zwei Zeilen,

```
Set pi = xmlDoc.createProcessingInstruction("xml:stylesheet", "version=""1.0"" type=""text/xsl""
href=""auslaufartikel.xsl""")
xmlDoc.appendChild pi
```

Listing 12.16: Kleiner Trick, große Wirkung: die XML-Daten werden automatisch formatiert ausgegeben

um nach dem Öffnen der erzeugten XML-Datei im Internet Explorer eine Darstellung wie in Abbildung 12.6 zu erhalten.

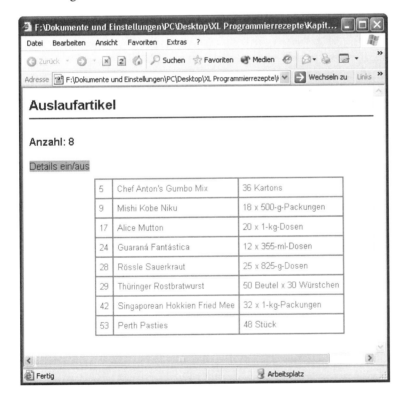

Abbildung 12.6: Dynamisch steuerbar und übersichtlich formatiert dank XML und XSLT

Erläuterungen

Sie bereiten alles wie im ▶ Abschnitt »12.9 Listen im XML-Format speichern« vor: In einem Tabellenblatt Ihrer Wahl stellen Sie eine Abfrage auf die *Artikel*-Tabelle der *Nordwind*-Datenbank, der als Kriterium mitgegeben wird, nur solche Artikel anzuzeigen, die Auslaufartikel sind. Die entstehende Liste befindet sich im *ResultRange*-Bereich des zugehörigen *Query-Table*-Objekts und kann nun mit den Mitteln aus Listing 12.12 exportiert werden. Der Einschub aus Listing 12.16 sorgt dafür, dass beim Öffnen der Datei im Internet Explorer dieser die Formatierung erkennt und entsprechend umsetzt.

HINWEIS: Auch Excel ab Version 2002 erkennt das eingebettete Stylesheet und reagiert beim Öffnen der Datei mit einem entsprechenden Dialogfeld zur Verwendung der Formatierung. Probieren Sie es aus.

Die Formatierungsdatei (XSL-Transformation) kann aussehen wie in Listing 12.17.

```
<?xml version="1.0" encoding="UTF-8" ?>
<xsl:stylesheet version="1.0" xmlns:xsl="http://www.w3.org/1999/XSL/Transform" xmlns:user="http://www.dr-e-
pfeifer.net/xlCookBook">
    <xsl:template match="/">
        <xsl:param name="Gesamt" select="count(//Artikel)" />
        <html>
            <head>
                <link rel="stylesheet" type="text/css" href="artikel.css" />
                <script language="JavaScript">
                    function ToggleDisplay(obj)
                        {
                        if(obj.style.display=='none')
                            obj.style.display='block';
                        else
                            obj.style.display='none';
                        }
                </script>
            </head>
            <body>
                <table border="0" width="600" cellspacing="0" cellpadding="0">
                    <tr>
                        <td>
                            <h1>Auslaufartikel</h1>
                            <hr color="#663300" />
                            <p class="highlight">Anzahl: <xsl:value-of select="$Gesamt" /></p>
                            <p class="normal">
                                <a class="menu"><xsl:attribute name="href">
                                        JavaScript:ToggleDisplay(tb)
                                    </xsl:attribute>Details ein/aus</a>
                            </p>
                        </td>
                    </tr>
                </table>
                <table id="tb" style="display:none" border="0" width="600"
                    cellspacing="3" cellpadding="0">
                    <tr>
                        <td>
                            <table align="center" border="1" bordercolor="gray"
                                cellspacing="0" cellpadding="6">
                                <xsl:for-each select="//Artikel">
                                    <tr>
                                        <td class="normal">
                                            <xsl:value-of select="Artikel-Nr" />
                                        </td>
                                        <td class="normal">
```

```
                    <xsl:value-of select="Artikelname" />
                </td>
                <td class="normal">
                    <xsl:value-of select="Liefereinheit" />
                </td>
            </tr>
        </xsl:for-each>
        </table>
            </td>
        </tr>
    </table>
    </body>
</html>
    </xsl:template>
</xsl:stylesheet>
```

Listing 12.17: Beispiel einer XSLT-Datei, die Informationen zu Auslaufartikeln aus einer XML-Datei formatieren hilft

Diese Datei ist wieder eine XML-Datei, deren »Kern« aus HTML-Code besteht, welcher im wesentlichen eine Tabelle aufbaut. Dieser Aufbau wird durch spezielle XSLT-Anweisungen unterstützt. Diese erkennen Sie an dem Namensraum *xsl*. Das interessanteste Element ist hier *xsl:for-each*, da so die gesamte XML-Artikel-Liste durchlaufen und Zeile für Zeile in die HTML-Tabelle aufgenommen wird. Mit Hilfe von *xsl:param* können Sie Berechnungen durchführen lassen und in einem Parameter speichern, der an geeigneter Stelle Verwendung finden kann. Dynamisiert werden kann das Ganze durch eingebettete Skripts (hier wurde JavaScript verwendet, jedoch ist auch VBScript denkbar).

Ein solches Vorgehen ist im Falle von Datenlisten flexibler als das im ▶ Abschnitt »12.4 DHTML-Skripts automatisch anlegen« besprochene Konzept des Hinzufügens von Skripts für den HTML-Export oder die Manipulation veröffentlichter statischer HTML-Dateien. Der Excel-Anwender muss sich nur um die korrekte Ausgabe der Daten kümmern. Unter Excel 2003 stehen hierzu fertige Hilfsmittel bereit, die auch per Code angesprochen werden können (siehe den ▶ Abschnitt »12.14 XML-Zuordnungen unter Office 2003«). Ansonsten oder als Alternative nutzen Sie das Dokument-Objektmodell von MSXML und schreiben den Export-Code wie oben skizziert.

HINWEIS: Hinsichtlich des Aufbaus und der Möglichkeiten von XSLT muss an dieser Stelle auf die einschlägige Literatur oder das Microsoft XML SDK, welches gemeinsam mit den Microsoft XML Core Services zum Download auf der MSDN-Website steht, verwiesen werden.

Möchten Sie das Ergebnis des so selbst gestalteten Exports der Liste sofort im Browser sehen, ergänzen Sie Ihren Quellcode (Listing 12.12/Listing 12.16) um die Zeilen:

```
strFullName = ThisWorkbook.Path & "\auslaufartikel-formatiert.xml"
xmlDoc.Save strFullName

Set ie = CreateObject("InternetExplorer.Application")
ie.navigate strFullName
ie.Visible = True
```

Excel und die Markup-Sprachen

12.13 XML-Smarttags (MOSTL)

Den Quellcode zu diesem Beispiel finden Sie in der Begleitdatei *K12_13.xls*, die exportierte XML-Datendatei heißt *sample.xml*, zur Transformation wird *fl-sample.xsl* verwendet. Das transformierte Ergebnis befindet sich in *fl-sample.xml* (Ordner *K12_13*).

Die Pfadangaben in der Beispielliste beziehen sich auf Beispieldateien zu diesem Kapitel und sind entsprechend der konkreten Gegebenheiten anzupassen.

Problem

Smarttags für die Office-Anwendungen Word, Excel, PowerPoint und Outlook sowie daraus resultierend für im Internet Explorer angezeigte HTML-Dokumente können auf zwei verschiedene Weisen erzeugt werden:

- durch Smarttag-Listen oder
- durch Laufzeitbibliotheken (DLL-Dateien), die mit Hilfe der Office Developer Edition, von Visual Basic 6.0 oder einem Programm von Visual Studio .NET erstellt werden.

Die letztgenannten lernen Sie in ▶ Kapitel 13 und in ▶ Kapitel 14 kennen, die erste Gruppe soll Inhalt dieses Abschnitts sein.

Smarttag-Listen sind XML-Daten, die einem ganz bestimmten Schema, dem MOSTL-Schema, folgen (MOSTL, Microsoft Office Smart Tag Lists).

Sie möchten aus einer Liste mit Informationen, die sich auf einem Excel-Arbeitsblatt befinden, eine Smarttag-Liste erstellen.

Lösung

Der Lösungsansatz besteht aus folgenden Schritten:

- Bereitstellung einer Liste auf einem Tabellenblatt (Abbildung 12.7), die folgende Informationen enthält: Beschriftung erscheinender Smarttags, Hyperlinkziele als Aktionen der Smarttags und Begriffe, die Smarttag-sensitiv sein sollen, also das Erscheinen der Smarttags bewirken
- Erzeugung des gewünschten XML-Dokuments (nicht notwendig als Datei, Listing 12.18)
- Transformation der XML-Daten in ein Dokument (Datei), welches dem MOSTL-Schema entspricht (die Transformationsanweisungen befinden sich in einer XSLT-Datei, Listing 12.19)
- Speichern der Smarttag-Liste im Verzeichnis *Programme/Gemeinsame Dateien/Microsoft Shared/Smart Tag/LISTS*.

	A	B	C	D
1	Beschriftung	Datei	Pfad	Begriffe
2	Diagrammexport	Diagramm.htm	F:\Dokumente und Einstellungen\PC\	Diagramm, Diagramme, Chart
3	HTMLProjekt	K12_02.xls	F:\Dokumente und Einstellungen\PC\	HTML, HTMLProject
4	Spreadsheet	K12_06.xls	F:\Dokumente und Einstellungen\PC\	Webkomponente, Spreadsheet

Abbildung 12.7: Aus der Liste entstehen Smarttags, die Verbindung zu Dateien und Ordnern herstellen

Das Listing 12.18 zeigt, wie aus der Liste ein XML-Dokument (*DOMDocument*) extrahiert werden kann.

```
Sub CreateSmartTagList()
    Dim xmlDoc As New MSXML2.DOMDocument
    Dim pi As MSXML2.IXMLDOMProcessingInstruction
    Dim ndRoot As MSXML2.IXMLDOMNode
    Dim ndEintrag As MSXML2.IXMLDOMNode
    Dim ndTagName As MSXML2.IXMLDOMNode
    Dim ndTerme As MSXML2.IXMLDOMNode
    Dim ndDatei As MSXML2.IXMLDOMNode
    Dim ndPfad As MSXML2.IXMLDOMNode
    Dim ndBeschriftung As MSXML2.IXMLDOMNode
    Dim rng As Range
    Dim xslDoc As New MSXML2.DOMDocument

    Set pi = xmlDoc.createProcessingInstruction("xml", "version=""1.0""")
    xmlDoc.appendChild pi

    Set ndRoot = xmlDoc.createNode(1, "data", "")
    For Each rng In Tabelle1.UsedRange.Columns(1).Cells
        If rng.Row > 1 Then
            Set ndEintrag = xmlDoc.createNode(1, "Eintrag", "")

            Set ndTagName = xmlDoc.createNode(1, "TagName", "")
            ndTagName.Text = "R" & CStr(rng.Row)
            ndEintrag.appendChild ndTagName

            Set ndBeschriftung = xmlDoc.createNode(1, "Beschriftung", "")
            ndBeschriftung.Text = rng.Value
            ndEintrag.appendChild ndBeschriftung

            Set ndDatei = xmlDoc.createNode(1, "Datei", "")
            ndDatei.Text = rng.Offset(0, 1).Value
            ndEintrag.appendChild ndDatei

            Set ndPfad = xmlDoc.createNode(1, "Pfad", "")
            ndPfad.Text = Replace(rng.Offset(0, 2).Value, "\", "/")
            ndEintrag.appendChild ndPfad

            Set ndTerme = xmlDoc.createNode(1, "Terme", "")
            ndTerme.Text = rng.Offset(0, 3).Value
            ndEintrag.appendChild ndTerme

            ndRoot.appendChild ndEintrag
        End If
    Next
    xmlDoc.appendChild ndRoot
    xmlDoc.Save ThisWorkbook.Path & "\sample.xml"
    xslDoc.Load ThisWorkbook.Path & "\fl-sample.xsl"
    xmlDoc.loadXML xmlDoc.transformNode(xslDoc.documentElement)
    xmlDoc.Save ThisWorkbook.Path & "\fl-sample.xml"
End Sub
```

Listing 12.18: *Extrahieren der Informationen und Umwandeln in eine Datei, die dem MOSTL-Schema entspricht*

Die Anweisungen zum sachgerechten Umformen (Transformieren) der XML-Daten befinden sich in einer XSLT-Datei, deren Inhalt in Listing 12.19 nachzulesen ist. Abgestellt wird dabei auf den Namensraum *FL* und seiner Belegung, der die Funktionalität sichern hilft.

```
<?xml version="1.0" encoding="utf-8" ?>
<xsl:stylesheet version="1.0" xmlns:FL="urn:schemas-microsoft-com:smarttags:list"
xmlns:xsl="http://www.w3.org/1999/XSL/Transform">
    <xsl:output method="xml" indent="yes" />
    <xsl:template match="/">
        <FL:smarttaglist>
            <FL:name>Referenzen</FL:name>
            <FL:description>Der Weg zu Informationen</FL:description>
            <xsl:for-each select="data/Eintrag">
                <FL:smarttag>
                    <xsl:attribute name="type">urn:xlCookBook#<xsl:value-of
                        select="TagName" /></xsl:attribute>
                    <FL:caption>
                        <xsl:value-of select="Beschriftung" />
                    </FL:caption>
                    <FL:terms>
                        <FL:termlist>
                            <xsl:value-of select="Terme" />
                        </FL:termlist>
                    </FL:terms>
                    <FL:actions>
                        <FL:action>
                            <xsl:attribute name="id">A<xsl:value-of select="TagName"
                                /></xsl:attribute>
                            <FL:caption>Datei öffnen</FL:caption>
                            <FL:url>file://<xsl:value-of select="Pfad" /><xsl:value-of
                                select="Datei" /></FL:url>
                        </FL:action>
                        <FL:action>
                            <xsl:attribute name="id">B<xsl:value-of select="TagName"
                                /></xsl:attribute>
                            <FL:caption>Ordner öffnen</FL:caption>
                            <FL:url>file://<xsl:value-of select="Pfad" /></FL:url>
                        </FL:action>
                    </FL:actions>
                </FL:smarttag>
            </xsl:for-each>
        </FL:smarttaglist>
    </xsl:template>
</xsl:stylesheet>
```

***Listing 12.19**: Extensible Stylesheet Language Transformations am Beispiel*

Die Wirkung: Schreiben Sie in einem Word-Dokument oder einer Excel-Tabelle etwa den Begriff »Webkomponente«, wird der Smarttag aktiv (Abbildung 12.8) und Sie werden bei entsprechender Entscheidung zur Datei oder dem Ordner geführt, in welchem sich die Informationen zum Begriff befinden. Da Sie Word-Dokumente als HTML-Dateien abspeichern können, steht der Erstellung eines HTML-basierten *Information Retrievals* nichts im Wege.

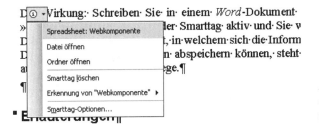

Abbildung 12.8: *Bereits beim Schreiben dieses Kapitels zeigte sich der eingerichtete Smarttag*

HINWEIS: Die vorgestellte Idee ist ein Beispiel und steht so stellvertretend für viele Einsatzmöglichkeiten sowohl von XSL-Transformationen (der HTML-Export aus dem ▶ Abschnitt »12.12 XML und XSL »per Hand«« ließe sich auch mit den Mitteln der direkten Transformation der XML-Knoten umsetzen) als auch Smarttags.

Nachteile sollen jedoch nicht verschwiegen werden. Auf diesem Wege erzeugte Smarttag-Listen sind u. U. sehr lang und es wird die Überschaubarkeit im Dialogfeld zum Menübefehl *Autokorrektur-Optionen/Smarttags* in Mitleidenschaft gezogen. Hier steht als Alternative die in ▶ Kapitel 13 und in ▶ Kapitel 14 beschriebene Erstellung von Smarttag-Laufzeitbibliotheken zur Verfügung. Außerdem ist die Funktionalität von XML-Smarttag-Listen im wesentlichen auf die Bereitstellung von Hyperlinks beschränkt.

Der beschriebene Vorgang, die Smarttag-Liste aus VBA heraus zu erstellen, ist also exemplarisch für das Extrahieren von Daten aus Listen und das Umformen in durch andere Anwendungen benötigte Strukturen. Um die Wirksamkeit von XML-Smarttags zu testen, kann natürlich auch ein kleines Beispiel einer Smarttag-Liste in einem XML-Editor per Hand geschrieben und ausprobiert werden.

Erläuterungen

Der Code aus Listing 12.18 funktioniert in der beschriebenen Weise unter zwei Voraussetzungen: Sie haben einen Verweis auf eine *Microsoft XML*-Objekt-Bibliothek gesetzt (Menübefehl *Extras/Verweise*) und die umzuwandelnden Daten befinden sich auf *Tabelle1* Ihrer Arbeitsmappe wie in Abbildung 12.7 dargestellt.

Der Aufbau der Knotenstruktur wurde im ▶ Abschnitt »12.9 Listen im XML-Format speichern« weiter oben genauer skizziert. Die Liste wird zeilenweise abgearbeitet und die Zellinhalte in Knoten untergebracht.

Als Besonderheit kommt nun die Anweisung

```
xmlDoc.loadXML xmlDoc.transformNode(xslDoc.documentElement)
```

hinzu. Diese übernimmt die Transformation des erzeugten *DOMDocuments xmlDoc* über die Transformationsanweisungen aus *xslDoc*. Voraussetzung für eine erfolgreiche Umsetzung ist die Kenntnis des benötigten Schemas. Die Information dazu und alle anderen neuesten Informationen finden Sie im Microsoft Office 2003 Smart Tag SDK. Der Aufbau der XSL-Anweisungen ist so, wie das zu erzeugende Dokument aussehen soll. Einzige Besonderheit hier: Damit die Knoten der Datenquelle durchlaufen werden, ist *<xsl:for-each>* einzusetzen. Der anzugebende Parameter weist den Weg zu Knoten gleichen Namens. Mit *<xsl:value-of>* wird durchgegeben, was vom gefundenen Knoten gebraucht wird: Unterknoten-Texte, Attribut-Werte u.a. Achten Sie auch darauf, wie Attribute durch das *<xsl:attribute>*-Tag in Knoten eingefügt werden.

Excel und die Markup-Sprachen

Das Listing 12.19 enthält eine Minimalvariante der benötigten MOSTL-Einträge. Zwei Dinge sind dabei besonders wichtig:

○ Jeder *<FL:smarttag>*-Knoten benötigt unbedingt ein eindeutiges *type*-Attribut. Dieses wird durch die *TagName*-Knoten (Listing 12.18) erzeugt, welche als Text den Buchstaben *R* sowie die Zeilennummer aus der *Excel*-Tabelle erhalten.

○ Jeder *<FL:action>*-Knoten braucht unbedingt ein eindeutiges *id*-Attribut. Da es zwei Aktionen pro Smarttag gibt, werden diese durch Kombination der Buchstaben *A* und *B* sowie des genannten *TagName*-Knotens erzeugt.

HINWEIS: Bezüglich der umfangreichen XSLT-Referenz muss auf das Microsoft XML SDK, welches gemeinsam mit den Microsoft XML Core Services zum Download auf der MSDN-Website zur Verfügung steht, verwiesen werden.

12.14 XML-Zuordnungen unter Office 2003

Der Quellcode dieses Beispiels befindet sich in der Begleitdatei *K12_14.xls*, XML-Informationen über Artikel der *Nordwind*-Datenbank befinden sich in der Datei *Artikel.xml*, ein mögliches Schema in der Datei *Artikel.xsd* (Ordner *K12_14*). Die XML-Dateien wurden mit Hilfe von Access 2003 aus der *Nordwind*-Datenbank extrahiert und etwas angepasst.

Problem

Die Zuordnung von XML-Schemas zu einer Arbeitsmappe (aus einer XSD-Datei heraus oder durch Excel-eigene Interpretation einer XML-Datei), das Lokalisieren der Informationen auf einem Tabellenblatt, der Import und die Aktualisierung von Daten sowie der mögliche Export von Daten, die einem zugeordneten Schema folgen – all das sind Vorgänge, die die Excel-Welt mit Version 2003 in eine weitere Dimension führten. Der Umgang mit Arbeitsblättern wie in Abbildung 12.9 wird von vielen Anwendern noch gelernt und trainiert werden müssen, damit XML im Unternehmensgeschehen übergreifend Einzug findet.

HINWEIS: Einen Überblick erhalten Sie im Buch *Excel 2003 – Das Handbuch* (erschienen bei Microsoft Press).

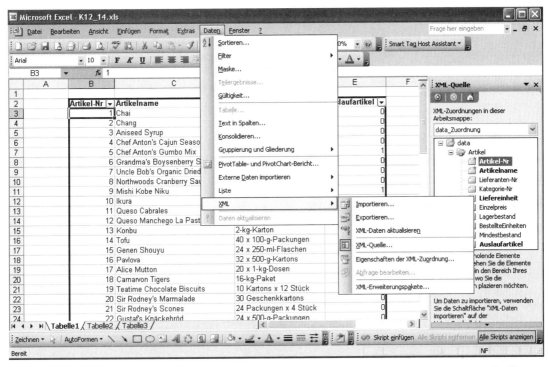

Abbildung 12.9: *XML unter Excel 2003 – neuer Aufgabenbereich, neue Menüeinträge, neue Möglichkeiten*

Sie wollen dem Anwender bei der Bewältigung seiner Aufgaben behilflich sein. Dazu haben Sie zwei Möglichkeiten:

○ Sie nutzen VBA in der Entwicklungsumgebung bzw. Add-Ins/COM-Add-Ins zur Automatisierung der Prozesse oder

○ Sie verwenden *Smart Documents* zur Steuerung des Arbeitsmappe aus selbst definierten Aufgabenbereichen heraus.

Der erste Zugang beginnt bei Objekten, Methoden und Eigenschaften des Excel-Objektmodells (nur Version 2003) und wird in diesem Abschnitt einführend beleuchtet. Der zweite Zugang ist Gegenstand von Beispielen in ▶ Kapitel 13 und in ▶ Kapitel 14.

Lösung

Sie verwenden Quellcode wie in Listing 12.20 zur Zuordnung eines Schemas, zur Platzierung der Datenspalten auf dem Tabellenblatt sowie zum Einlesen und Auslesen von Daten.

```
Const cstrMyMapName = "MyMap"
Dim myMap As XmlMap

Sub CreateXMLMapsAndListObject()
    Dim mapDummy As XmlMap
    Dim blnToMap As Boolean
    Dim lo As ListObject
    Dim lc As ListColumn
```

```
On Error GoTo errh:
blnToMap = True
For Each mapDummy In ThisWorkbook.XmlMaps
    If mapDummy.Name = cstrMyMapName Then
        Set myMap = mapDummy
        blnToMap = False
        Exit For
    End If
Next
If blnToMap = True Then
    Set myMap = ThisWorkbook.XmlMaps.Add(ThisWorkbook.Path & _
                "\artikel.xsd", "data")
    myMap.Name = cstrMyMapName
    'myMap.ShowImportExportValidationErrors = True

    Tabelle1.Range("B2").Select
    Set lo = Tabelle1.ListObjects.Add
    Set lc = lo.ListColumns(1)
    lc.Range.Range("A1").Value = "Artikel-Nr."
    lc.XPath.SetValue Map:=myMap, XPath:="/data/Artikel/Artikel-Nr"

    Set lc = lo.ListColumns.Add
    lc.Range.Range("A1").Value = "Artikelname"
    lc.XPath.SetValue Map:=myMap, XPath:="/data/Artikel/Artikelname"

    Set lc = lo.ListColumns.Add
    lc.Range.Range("A1").Value = "Liefereinheit"
    lc.XPath.SetValue Map:=myMap, XPath:="/data/Artikel/Liefereinheit"
End If
myMap.Import ThisWorkbook.Path & "\artikel.xml"
Exit Sub
errh:
    MsgBox Err.Description
End Sub

Sub Export()
    myMap.Export ThisWorkbook.Path & "\artikel-exportiert.xml", True
End Sub
```

Listing 12.20*: VBA-gesteuerter Import und Export von XML-Daten*

Erläuterungen

In Listing 12.20 wird zunächst geprüft, ob es bereits eine XML-Zuordnung mit Namen *MyMap* gibt, wenn ja, werden am Ende nur Daten importiert. Dazu wird die Auflistung *XmlMaps* durchlaufen und bei Vorhandensein die Schleife verlassen.

Das Hinzufügen einer neuen Zuordnung (*XmlMap*-Objekt) erledigt die *Add*-Methode. Der neu angelegten Zuordnung können Sie Eigenschaften mitgeben, deren Bedeutung sich aus dem Dialogfeld der Abbildung 12.10 ergibt.

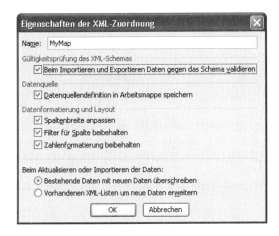

Abbildung 12.10: Einklang von Objektmodell und Dialogfeld

Musste die *Add*-Methode aufgerufen werden, werden bei dieser Gelegenheit die gewünschten Spalten innerhalb eines *ListObject*-Objekts, welches Sie der *ListObjects*-Auflistung hinzufügen, platziert. Die erste Spalte (*ListColumns(1)*) wird beschriftet und der Bezug zur Datenquelle hergestellt. Dazu verwenden Sie die *XPath.SetValue*-Methode. Voraussetzung für den Erfolg ist die genaue Kenntnis der Knotenstruktur, um eine Anweisung wie

```
XPath:="/data/Artikel/Artikel-Nr
```

schreiben zu können. Trotz der begrifflichen Übereinstimmung (*XPath*) verträgt Excel wohl nicht die gesamte Breite möglicher XPath-Ausdrücke, wie sie aus dem Microsoft XML SDK hervorgehen.

Anschließend fügen Sie weitere Spalten Ihrer Wahl hinzu. Offenbar muss die Beschriftung per Code erfolgen, da *ListColumns* diese nicht automatisch aus dem Knotennamen extrahieren.

WICHTIG: Hier verhält sich das *ListColumns.Item* anders als das *Range*-Objekt. Wenn Sie versuchen, die Spalten durch Anweisungen wie

```
Tabelle1.Range("B2").XPath.SetValue Map:=myMap, XPath:="/data/Artikel/Artikel-Nr", Repeating:=True
```

aufzubauen, werden Spaltenbeschriftungen automatisch auf Grund von *Repeating := True* erkannt. Jedoch entsteht bei mehreren Spalten ohne *ListObject* am Ende keine zusammenhängende Liste. Und somit sind die Daten aus dem Tabellenblatt nicht exportierbar.

Der Fehlerbehandlung wurde in Listing 12.20 wenig Beachtung geschenkt. So sind u.U. *ListObjects*-Vertreter auf einem Tabellenblatt namentlich zu differenzieren, zu erkennen und evtl. zu entfernen, um eine Doppelbelegung mit XML-Daten, da diese nicht erlaubt ist, zu vermeiden.

Haben Sie durch

```
myMap.ShowImportExportValidationErrors = True
```

Validierung der importierten bzw. zu exportierenden Daten eingestellt, erhalten Sie beim Import/Export eine Excel-Fehlermeldung, werden jedoch nicht an der Umsetzung gehindert. Ursache des Fehlers ist die Zeichenkettenbeschränkung für *Liefereinheit* in der Schema-Datei aus dem ▶ Abschnitt »12.11 Validiertes Laden und Speichern von XML-Listen«.

Dieses nicht ganz saubere Verhalten von Excel ist Grund für die Überlegungen des nächsten Abschnitts.

12.15 Validierter XML-Import/-Export unter Office 2003

Der Quellcode dieses Beispiels knüpft an das Beispiel des vorigen Abschnitts (Ordner *K12_14*) an und befindet sich in der Begleitdatei *K12_15.xls*, XML-Informationen über Artikel der *Nordwind*-Datenbank befinden sich in der Datei *Artikel.xml*, ein gegenüber dem vorigen Abschnitt abgeändertes Schema zur Erkennung ungültiger Daten in der Datei *Artikel.xsd* (Ordner *K12_15*). Die XML-Dateien wurden mit Hilfe von Access 2003 aus der *Nordwind*-Datenbank extrahiert und etwas angepasst.

Problem

Unabhängig davon, ob der Datenimport- oder Export »per Hand« oder durch VBA-Code erfolgt, ist es möglich, die Daten gegen ein Schema validieren zu lassen (Abbildung 12.10). Jedoch ist der Erfolg ein fraglicher, da zwar eine Fehlermeldung wie in Abbildung 12.11 ausgelöst wird, allerdings zu spät.

Abbildung 12.11: Unbefriedigende Fehlerbehandlung beim Export

Sie werden nach dem Import über ungültige Daten informiert (das Blatt ist also gefüllt, der Schritt ist nicht zurücknehmbar). Und analog ist es beim Export: die Daten werden ausgeliefert und auf die Festplatte geschrieben.

Sie möchten sich gegen die beschriebenen Risiken absichern.

Lösung

Zur Lösung gibt es zwei Ansätze. Der erste besteht in der Benutzung der Methoden *ImportXML/ExportXML* statt *Import/Export* des *XmlMap*-Objekts. Sie können die Daten vorher in ein *DOMDocument* laden lassen und dieses gegen ein Schema validieren (Einzelheiten finden Sie im ▶ Abschnitt »12.11 Validiertes Laden und Speichern von XML-Listen«). Im Erfolgsfall übergeben Sie anschließend die Zeichenkette, die hinter der Eigenschaft *Xml* des *DOMDocuments* steht, an das *XmlMap*-Objekt.

Der zweite und etwas kürzere Ansatz nutzt Eigenarten der *ImportXML-/ExportXML*-Methode.

Dabei können Sie auch mixen und auf der erwähnten Validierung aufsetzen sowie *Workbook*-Ereignisse nutzen. Die Einzelheiten sehen Sie in Listing 12.21/Listing 12.22.

```
Sub Export()
    On Error GoTo errh
    Dim result As Variant
    Dim strData As String
    result = myMap.ExportXml(strData)
```

```
    If result = xlXmlExportSuccess Then
        myMap.Export ThisWorkbook.Path & "\artikel-exportiert.xml", True
    Else
        MsgBox "Export nicht möglich - Daten ungültig"
    End If
    Exit Sub
errh:
    MsgBox Err.Description
End Sub

Sub Import()
    Dim myMap As XmlMap
    Dim strDummy As String
    Dim xmlDoc As New MSXML2.DOMDocument
    Dim response As Variant

    Set myMap = ThisWorkbook.XmlMaps("MyMap")
    xmlDoc.Load ThisWorkbook.Path & "\artikel.xml"
    strDummy = xmlDoc.XML
    response = myMap.ImportXml(strDummy)
    If Not (response = xlXmlImportSuccess) Then
        Tabelle1.ListObjects(1).DataBodyRange.ClearContents
        Tabelle1.ListObjects(1).Resize Tabelle1.Range("B2:D3")
        MsgBox "Import wurde abgebrochen - Daten ungültig"
    End If
End Sub
```

Listing 12.21: *Alles unter Kontrolle – Validierung beim Export/Import*

Erläuterungen

Das Beispiel setzt die im vorigen Abschnitt begonnenen Unternehmungen fort.

Damit der Quellcode aus Listing 12.21 funktioniert, setzen Sie einen Verweis auf die *Microsoft XML 4.0*-Objekt-Bibliothek (Menübefehl *Extras/Verweise*). Somit haben Sie Zugriff auf die dort befindlichen Objekte, Methoden und Eigenschaften.

Die Prozedur *Export* aus Listing 12.21 nutzt den Rückgabewert von *ExportXML* (beim Export in eine Zeichenkette). Ist dieser Rückgabewert gleich *xlXmlExportSuccess* (= 1), wird der physische Export in eine Datei ausgelöst.

Auch die *ImportXML*-Methode des *XmlMap*-Objekts gibt eine Erfolgsmeldung zurück, wenn versucht wird, Daten aus einer Zeichenkette einzulesen. Diese Zeichenkette muss aber erst aus der entsprechenden XML-Datei erfasst werden. Dies geschieht mittels eines *DomDocuments*, dessen *XML*-Eigenschaft die Zeichenkette beinhaltet. Durch die *ImportXML*-Methode werden die Daten in jedem Fall in das Tabellenblatt geschrieben, also auch wenn der Rückgabewert verschieden von *xlXmlImportSuccess* ist. Das müssen Sie durch entsprechende Aufräumarbeiten im betroffenen *ListObject*-Objekt kompensieren.

```
Private Sub Workbook_BeforeXmlImport(ByVal Map As XmlMap, ByVal Url As String, _
        ByVal IsRefresh As Boolean, Cancel As Boolean)
    Dim xmlDoc As New MSXML2.DOMDocument40
    Dim xmlCache As New MSXML2.XMLSchemaCache40
    If Map.Name = cstrMyMapName Then
        xmlCache.Add "", ThisWorkbook.Path & "\artikel.xsd"
        Set xmlDoc.Schemas = xmlCache
```

```
    xmlDoc.async = False
    xmlDoc.Load ThisWorkbook.Path & "\artikel.xml"
    If xmlDoc.parseError.errorCode <> 0 Then
        MsgBox "Daten ungültig. "
        Cancel = True
    End If
    Set xmlDoc = Nothing
    Set xmlCache = Nothing
    End If
End Sub
```

Listing 12.22: *Gesichert, weil validiert – das Ereignis des Imports wird zum Moment der Prüfung*

Das Listing 12.22 hingegen nutzt das *BeforeXmlImport*-Ereignis, liest dort das Schema der Zuordnung nochmals ein – *SchemaCache*-Objekt und die *Schemas*-Auflistung des *XmlMap*-Objekts scheinen sich nicht zu vertragen – und validiert die vorliegende XML-Datendatei gegen dieses Schema. Schlägt die Validierung fehl, so wird mit *Cancel = True* der Import abgebrochen.

WICHTIG: Dieser Abbruch löst einen auffangbaren Fehler aus, eine Erscheinung, die sonst nicht typisch für den Ereignis-Abbruch ist (mehr zu Ereignissen in ▶ Kapitel 9). Sie müssen also dort, wo Sie den Import angestoßen haben, entsprechend handeln.

HINWEIS: Nutzen Sie hier Code der Begleitdatei zum Experimentieren, wobei Sie etwa die zulässige Zeichenlänge der *Liefereinheit* in der XML-Schema-Datei *artikel.xsd* ändern, um gültige bzw. ungültige Daten zu erhalten.

Nach einer solchen Änderung der Schema-Datei ist diese der Arbeitsmappe neu zuzuordnen (dazu können Sie die Prozedur *CreateXMLMapsAndListObject* nutzen, wobei Sie vorher auch die Liste entfernen müssen), um Inkonsistenzen zwischen der Schemavalidierung durch Ihren Code und der durch Excel zu vermeiden.

12.16 XML-Anfragen an den SQL Server (HTTP)

Der Quellcode dieses Beispiels befindet sich in der Begleitdatei *K12_16.xls*, Voraussetzung ist ein SQL Server mit SQLXML-Funktionalität zur Nordwind-Datenbank.

Problem

Der SQL Server 2000 ist in der Lage, XML-Anfragen auf verschiedenste Weise zu empfangen und zu beantworten. Der Vorteil eines solchen Vorgehens liegt sowohl in Aspekten der Sicherheit (es werden nur Zeichenketten übergeben) als auch in der durch verwendete Schema-Dateien gewährleisteten Flexibilität des Datenaustauschs. Damit steht eine gute Alternative gegen den Datenimport über MS Query bzw. Code-gesteuerte Anfragen über DAO/ADO.

HINWEIS: Es würde den Rahmen dieses Buches sprengen, auch nur annähernd auf Details einzugehen. Diese finden Sie zum Beispiel in der Dokumentation zu Microsoft SQLXML 3.0 Service Pack 1.

Sie möchten eine XML-Anfrage stellen, die Informationen aus der *Nordwind*-Datenbank in eine Excel-Tabelle schreibt.

Lösung

Das Listing 12.23 zeigt den prinzipiellen Ansatz mit Hilfe einer *Microsoft XML*-Objekt-Bibliothek.

```
Sub RequestFromSQLServer()
    Dim objHTTP As New MSXML2.XMLHTTP
    Dim xmlDoc As New MSXML2.DOMDocument
    Dim ndRoot As MSXML2.IXMLDOMNode
    Dim strQuery As String
    Dim nd As MSXML2.IXMLDOMNode
    Dim i As Integer

    Set ndRoot = xmlDoc.createNode(1, "root", "")
    strQuery = "http://iisserver/nwind?sql=SELECT companyname, " & _
               "contactname FROM customers FOR XML AUTO"
    objHTTP.Open "GET", strQuery, False
    objHTTP.send
    xmlDoc.loadXML "<root>" & objHTTP.responseText & "</root>"
    i = 1
    For Each nd In xmlDoc.documentElement.selectNodes("customers")
        Tabelle1.Cells(i, 1).Value = nd.Attributes(0).Text
        Tabelle1.Cells(i, 2).Value = nd.Attributes(1).Text
        i = i + 1
    Next
    Tabelle1.UsedRange.Columns.AutoFit
End Sub
```

Listing 12.23: Daten »wandern« webbasiert vom Server in die Anwendung

Erläuterungen

Voraussetzung für das Funktionieren des Codes ist nicht nur ein Verweis auf die *MSXML*-Objekt-Bibliothek (Menü *Extras/Verweise*), sondern vor allem die korrekte Einrichtung eines Microsoft Internet Information Servers (hier *iisserver*) und dem dortigen virtuellen Verzeichnis *nwind* zur *Nordwind*-Datenbank. Diese Einrichtung ist im oben genannten ausführlich SDK beschrieben.

Die zu übergebende SQL-Zeichenkette folgt den üblichen Regeln und wird durch den Zusatz *FOR XML AUTO* erweitert. Die XML-Zeichenkette, die in *responseText* zurück kommt, ist kein XML-Dokument, da es kein Wurzelelement gibt. Das können Sie aber durch den kleinen Trick in der *loadXML*-Methode ausbessern und haben dann ein vollwertiges *DOMDocument*, welches sich mit XML-Methoden wie *selectNodes* auswerten lässt.

Damit diese Auswertung funktioniert, ist die weitere Struktur der Antwort genau zu analysieren. Die Daten kommen nicht als Knoten, sondern als Attribute und deren Werte beim Client an. Das ist anders als im Beispiel des ▶ Abschnitts »12.10 Daten aus XML-Dateien in Tabellenblätter schreiben« weiter oben. Und dabei ist es entscheidend, wie Sie die SQL-Abfrage formuliert haben: Verwenden Sie *SELECT CompanyName FROM Customers*, dann spiegelt sich Groß-/Kleinschreibung auch in den Namen der Knoten und Attribute wieder. Und das ist bei XML sehr wichtig.

HINWEIS: Für Anwender von Excel 2003 bietet sich an, diese Vorgehensweise zum Import von XML-Daten zu nutzen, die die Zellen füllen, die durch XML-Zuordnungen belegt werden sollen (siehe den ▶ Abschnitt »12.14 XML-Zuordnungen unter Office 2003«). Dies setzt

---

Excel und die Markup-Sprachen

allerdings voraus, dass eine solche Zuordnung existiert. Und das wiederum ist an eine XML-Schema-Datei gebunden, zu der die zu importierenden Daten »passen«.

12.17 Informationen aus einem Webservice verarbeiten (Amazon, HTTP)

Der Quellcode dieses Beispiels befindet sich in der Begleitdatei *K12_17.xls* (Verzeichnis *K12_17*), Voraussetzung für die Anwendbarkeit ist ein Internet-Zugang.

Problem

Amazon war eines der ersten Unternehmen, welches Entwicklern nicht nur einen XML-Webservice anbot, sondern auch ein entsprechendes Developer Kit (kostenfrei zum Download) bereit stellte. Die Nutzung von XML-Webservices außerhalb des eigenen Unternehmens scheitert oft an der kostenpflichtige Lizenzierung oder der undokumentierten kostenfreien Nutzung. Beides kann sich als Hürde erweisen, die es bei XML-Webservices im eigenen Unternehmen und dem dortigen Intranet nicht geben sollte. Auch der private Anwender kann von XML-Webservices im Internet Nutzen ziehen (oder mit Hilfe der Visual Studio .NET-Entwicklungsumgebung einen XML-Webservice für das Heimnetz selbst erstellen).

Sie möchten Informationen der Amazon-Website tabellarisch in eine Arbeitsmappe integrieren.

Lösung

Die Lösung aus Listing 12.24 folgt im Wesentlichen den Anleitungen, die durch das Amazon Web Service Developer Kit gegeben werden. Informationen zu diesem Kit finden Sie unter http://www.amazon.com/webservices.

```
Sub GetXML()
    Dim xmlDoc As MSXML2.DOMDocument
    Dim strURL As String
    Dim strToSearch As String
    Dim strAssociatesID As String
    Dim strDeveloperToken As String

    strAssociatesID = "webservices-20"
    strDeveloperToken = "D2ED5GR7A6RZ7Y" 'Token aus dem Kit
    strToSearch = InputBox(Prompt:="Suchbegriff", Default:="Eckehard Pfeifer")

    Set xmlDoc = New MSXML2.DOMDocument
    xmlDoc.Async = False
    xmlDoc.preserveWhiteSpace = False
    xmlDoc.validateOnParse = True
    xmlDoc.resolveExternals = False

    strURL = "http://xml-eu.amazon.com/onca/xml3?t=webservices-20&dev-t=" & _
        strDeveloperToken & "&KeywordSearch=" & _
        strToSearch & "&mode=books-de&type=heavy&page=1&f=xml&locale=de"

    xmlDoc.Load strURL

    If xmlDoc.parseError.errorCode <> 0 Then
        MsgBox "Fehler"
```

```
        Else
            xmlDoc.Save ThisWorkbook.Path & "\query-result.xml"
            InsertIntoTable xmlDoc
        End If
End Sub
```

Listing 12.24*: Abfrage: Welche Bücher gibt es bei Amazon?*

Und der Code aus Listing 12.25 übernimmt einen Teil der Ergebnisse auf das gewünschte Tabellenblatt.

```
Sub InsertIntoTable(xmlDoc As MSXML2.DOMDocument)
    Dim ndDetails As MSXML2.IXMLDOMNodeList
    Dim ndDetail As MSXML2.IXMLDOMNode
    Dim ndTitle As MSXML2.IXMLDOMNode
    Dim ndManufacturer As MSXML2.IXMLDOMNode
    Dim ndAuthors As MSXML2.IXMLDOMNode
    Dim ndAuthor As MSXML2.IXMLDOMNode
    Dim strAuthor As String
    Dim i As Integer

    i = 1
    Tabelle1.UsedRange.Clear
    Set ndDetails = xmlDoc.selectNodes("//Details")
    For Each ndDetail In ndDetails
        Set ndTitle = ndDetail.selectSingleNode("ProductName")
        Set ndManufacturer = ndDetail.selectSingleNode("Manufacturer")
        Set ndAuthors = ndDetail.selectSingleNode("Authors")

        If Not ndTitle Is Nothing Then
            Tabelle1.Cells(i, 1).Value = ndTitle.Text
        End If

        If Not ndManufacturer Is Nothing Then
            Tabelle1.Cells(i, 2).Value = ndManufacturer.Text
        End If

        If Not ndAuthors Is Nothing Then
            strAuthor = ""
            For Each ndAuthor In ndAuthors.selectNodes("Author")
                strAuthor = strAuthor & ndAuthor.Text & ", "
            Next
            strAuthor = Left(strAuthor, Len(strAuthor) - 2)
            Tabelle1.Cells(i, 3).Value = strAuthor
        End If
        i = i + 1
    Next
    Tabelle1.UsedRange.Columns.AutoFit
    Exit Sub
errh:
    MsgBox Err.Description
End Sub
```

Listing 12.25*: Ausgewählte Informationen werden in eine Liste eingetragen*

Excel und die Markup-Sprachen

Erläuterungen

Der Code aus beiden Listings dieses Abschnitts läuft in dieser Form, wenn Sie einen Verweis auf eine *Microsoft XML* Objekt-Bibliothek der Version Ihrer Wahl setzen (Menübefehl *Extras/Verweise*).

Um die Informationen aus dem Web zu holen, benötigen Sie den korrekten Aufbau der Zeichenkette *strURL* aus Listing 12.24. Das Developer-Token in *strDeveloperToken* ist das aus dem genannten Kit, Sie können aber Ihr eigenes beantragen.

Da der Webservices ein vollständiges *DOMDocument* liefert, verfahren Sie so, als ob sie dieses von einer lokalen Festplatte lesen würden (*xmlDoc.load*-Methode, siehe den ▶ Abschnitt »12.10 Daten aus XML-Dateien in Tabellenblätter schreiben«). Mit dem *parseError*-Objekt haben Sie die Möglichkeit, den korrekten Download zu kontrollieren.

Das Listing 12.25 erhellt sich, wenn Sie einen Blick auf die XML-Daten werfen, die Sie bei Ankunft durch die *save*-Methode auf Ihrer Festplatte hinterlegen können. Die Abbildung 12.12 zeigt einen Ausschnitt der Knotenstruktur.

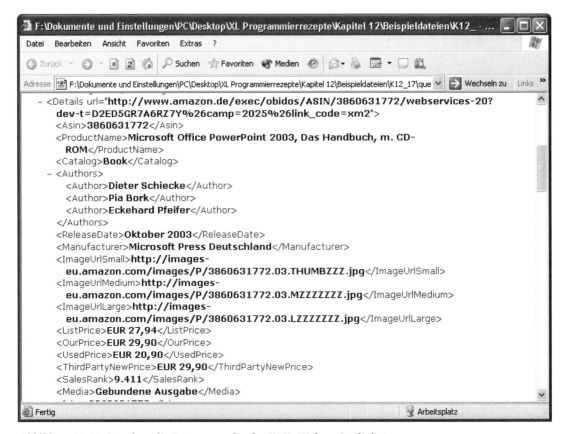

Abbildung 12.12*: So sehen die Daten aus, die der XML-Webservice liefert*

Mit *selectNodes("//Details")* holen Sie sich eine Auflistung aller gefundenen deutschsprachigen Bücher (das steckt hinter *mod=books-de* aus Listing 12.24) und durchlaufen diese. Beim

Durchlauf erfassen sie die Informationen zum Titel (*selectSingleNode("ProductName")*), dem Herausgeber (*selectSingleNode("Manufacturer")*) sowie dem(n) Autor(en) (*selectSingleNode("Authors")*). Da Letztere mehrere sein können, bauen Sie sich die Zeichenkette entsprechend aus den Einzelknoten zusammen.

Das Ergebnis erscheint auf dem Tabellenblatt *Tabelle1*.

HINWEIS: Nutzen Sie Excel 2003, können Sie aus den herunter geladenen Informationen in der Datei *query-result.xml* ein XML-Schema erstellen. Dazu öffnen Sie die Datei einfach unter Excel, welches das Schema im Hintergrund anlegt, ohne es physisch auf der Festplatte zu hinterlegen. Dadurch entsteht eine XML-Zuordnung, deren Felder Sie auf einem Tabellenblatt per Hand oder Code platzieren und mit einer nächsten Abfrage füllen können (siehe den ▶ Abschnitt »12.14 XML-Zuordnungen unter Office 2003«). Sie können auch mit der Entwicklungsumgebung von Visual Studio .NET die Schema-Datei automatisch erstellen lassen oder eine von Ihnen gewünschten mit einem beliebigen XML-Editor selbst anlegen.

Bezüglich der umfangreichen Referenz zum XML Document Object Modell sowie der Erstellung von XML-Schemas muss auf das Microsoft XML SDK, welches gemeinsam mit den Microsoft XML Core Services zum Download auf der MSDN-Website zur Verfügung steht, verwiesen werden.

12.18 Informationen aus einem Webservice verarbeiten (Webservice Toolkit, Google)

Der Quellcode dieses Beispiels befindet sich in der Begleitdatei *K12_18.xls* (Verzeichnis *K12_18*), Voraussetzung für die Anwendbarkeit ist ein Internet-Zugang.

Problem

Wie im vorangegangenen Beispiel erwähnt, ist es nicht ganz einfach, einen kostenfreien XML-Webservice zu finden, dessen Einträge in Excel einen Sinn ergeben. Die Entscheidung fiel hier auf den Google-Webservice, da hierzu nur eine Anmeldung bei Google (*www.google.com/apis*) erforderlich ist, um einen (kostenfreien) Lizenzschlüssel zu erwerben.

Sie möchten eine Tabelle mit Suchergebnissen einer Google-Suche automatisch füllen.

Lösung

Perfekte Hilfe zum Abfragen eines Webservice, der die WSDL-Dateien (WSDL, Web Service Description Language) offen legt, ist das Office XP Web Services Toolkit, welches in der Version 2.0 für Office XP und als Microsoft Office 2003 Web Services Toolkit für Office System 2003 auf *msdn.microsoft.com* zum Download bereit steht.

Den »einzigen« Code, den Sie selbst schreiben müssen, deutet Listing 12.26 an.

```
Dim clsWebservice As clsws_GoogleSearchService
Const cstrKey = "Ihr Google-Key"

Sub GetInfo()
    Dim clsResult As New struct_GoogleSearchResult
    Dim i As Integer
    Dim strSearchText As String

    On Error GoTo errh
    Set clsWebservice = New clsws_GoogleSearchService
    'MsgBox clsWebservice.wsm_doSpellingSuggestion(cstrKey, "huntyng")
    strSearchText = InputBox(Prompt:="Suchtext:", Default:="Excel VBA")
    Set clsResult = clsWebservice.wsm_doGoogleSearch(str_key:=cstrKey, _
        str_q:=strSearchText, lng_start:=0, _
        lng_maxResults:=10, bln_filter:=False, str_restrict:="countryDE", _
        bln_safeSearch:=False, str_lr:="lang_de", str_ie:="", str_oe:="")
    Tabelle1.UsedRange.Clear
    For i = 0 To clsResult.endIndex - clsResult.startIndex
        Tabelle1.Cells(i + 1, 1).Value = clsResult.resultElements(i).URL
        Tabelle1.Cells(i + 1, 2).Value = clsResult.resultElements(i).title
    Next    Tabelle1.UsedRange.Columns.AutoFit
    Exit Sub
errh:
    Select Case Err.Number
        Case 9
            MsgBox "Keine Resultate"
        Case Else
            MsgBox Err.Description
    End Select
End Sub
```

Listing 12.26*: Google-Abfrage – XML befindet sich »nur« im Hintergrund*

Lassen sie sich aber nicht von der Kürze beeindrucken, denn das Testen eines Webservice ohne ausreichende Informationen gestaltet sich zum Geduldsspiel, da Fehlermeldungen aus Tausend und einer Ursache entstehen können.

Erläuterungen

Wenn Sie das Web Services Toolkit installiert haben, so zeigt es sich als zusätzlicher Eintrag in der Entwicklungsumgebung im Menüpunkt *Extras*: *Web Service References* (2003) bzw. *Webdienstverweise* (XP). Klicken Sie auf diesen Menüpunkt, erscheint ein Dialogfeld wie in Abbildung 12.13 .

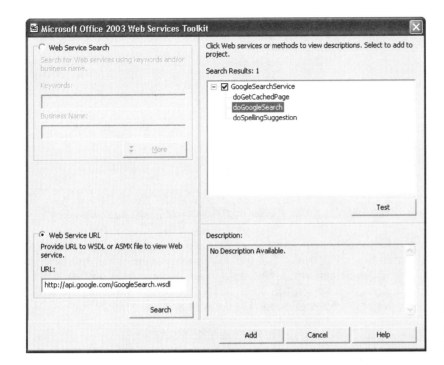

Abbildung 12.13: Das Verbindungsdialog-feld zu einem Web-service

Die anzugebende URL erfahren Sie aus dem von Google bereit gestellten Developer Kit. Alternativ können Sie auch den Web Service Search von Microsoft verwenden, gelangen dort unter *Keywords* wie *Currency* oder *ZIP* zu englischsprachigen Diensten, die eine Lizenzierung erfordern.

Fügen Sie den gewünschten Dienst ein, so erstellt die Entwicklungsumgebung ein oder mehrere Klassenmodule, deren Inhalte aus der WSDL-Datei des Anbieters konstruiert werden. Die Übernahme der XML-Daten geschieht hier nicht über HTTP wie im vorigen Beispiel, sondern es wird automatisch ein Verweis auf eine *Microsoft SOAP Type Library* (die Version ist von der Office-Version abhängig) gesetzt. Das zur Übertragung verwendete Protokoll ist also SOAP (Simple Object Access Protocol).

Um den resultierenden Quellcode in den Klassen müssen Sie sich nur wenig kümmern (wenn alles funktioniert).

In Listing 12.26 erstellen sie eine Instanz von *clsws_GoogleSearchService*, diese Klasse hat das Toolkit angelegt (Abbildung 12.14).

Abbildung 12.14: *Das Toolkit sorgt für den Rahmen-Quellcode*

Welche Methoden Sie verwenden können und welche Parameter in welchen Situationen zurück gegeben werden, erkennen Sie außer in der Dokumentation vor allem durch IntelliSense beim Codeschreiben und durch das Setzen von Haltepunkten an interessanten Stellen, um so das Überwachungsfenster zu studieren. Setzen Sie etwa einen Haltepunkt nach der Zeile *Set clsResult...*, bringt das Überwachungsfenster Licht ins Dunkel wie in Abbildung 12.15.

Ausdruck	Wert	Typ	Kontext
⊟ clsResult		struct_GoogleSearchResult/struct	modQuery.GetInfo
⊞ directoryCategories		Variant/Object(0 to 0)	modQuery.GetInfo
documentFiltering	Falsch	Boolean	modQuery.GetInfo
endIndex	10	Long	modQuery.GetInfo
estimatedTotalResultsCou	34300	Long	modQuery.GetInfo
estimateIsExact	Falsch	Boolean	modQuery.GetInfo
⊟ resultElements		Variant/Object(0 to 9)	modQuery.GetInfo
⊟ resultElements(0)		Object/struct_ResultElement	modQuery.GetInfo
cachedSize	"101k"	String	modQuery.GetInfo
⊞ directoryCategory		struct_DirectoryCategory/struct_C	modQuery.GetInfo
directoryTitle	""	String	modQuery.GetInfo
hostName	""	String	modQuery.GetInfo
relatedInformationPr	Falsch	Boolean	modQuery.GetInfo
snippet	"Handbuch <b>Excel</b> <b>VBA	String	modQuery.GetInfo
summary	""	String	modQuery.GetInfo
title	"<b>excel</b>-center: Handbuch <	String	modQuery.GetInfo
URL	"http://www.excel-center.de/exce	String	modQuery.GetInfo
⊞ resultElements(1)		Object/struct_ResultElement	modQuery.GetInfo
⊞ resultElements(2)		Object/struct_ResultElement	modQuery.GetInfo
⊞ resultElements(3)		Object/struct_ResultElement	modQuery.GetInfo
⊞ resultElements(4)		Object/struct_ResultElement	modQuery.GetInfo

Abbildung 12.15: *Unverzichtbar in »fremden Landen«: das Überwachungsfenster*

So erkennen Sie also, dass die Resultate (*resultElements*) von *startIndex* bis *endIndex* durchlaufen werden können (Achtung: Die Indizes in Klammern sind um *1* zu reduzieren, da das Array *Null*-basiert ist.). Und bei diesem Durchlauf haben Sie die Möglichkeit, Seitentitel bzw. *URL* abzufragen und in Ihre Tabelle zu übernehmen.

13 Add-Ins und Laufzeit-Bibliotheken erstellen und nutzen

Das Anliegen dieses Kapitels steht auf zwei Füßen:

- Oft kann beobachtet werden, dass in Code implementierte Zusatzfunktionalitäten einer Arbeitsmappe auch in anderen Mappen benötigt wird. Die einfache Copy&Paste-Methode funktioniert zwar schnell, die möglicherweise zuhauf entstehenden Duplikate des Quellcodes erschweren aber dessen Wartung und Pflege und damit auch die eigentliche Wiederverwendbarkeit.

- Zusatzfunktionalitäten nicht nur der Wartung wegen auszulagern, sondern mit Bausteinen die Funktionalität von Office-Programmen generell zu erweitern, ist ein Sahnehäubchen auf dem ohnehin schon schmackhaften Gericht der VBA-Programmierung.

Für das erste Standbein stehen wenigstens drei Wege zur Auswahl, die alle ihre Berechtigung haben:

- Aufbewahrung von Prozeduren und Funktionen (Makros) in speziell dafür angelegten Arbeitsmappen. Diese Methode ist einfach umzusetzen, der Nachteil ist, dass solche Mappen Sicherheitsanfragen stellen (es sei denn, der Code ist signiert) und u.U. mit ihrer Oberfläche den Arbeitsvorgang stören.

- Nutzung der persönlichen Makroarbeitsmappe *Personl.xls*. Diese befindet sich im Startordner von Excel, wird also zu Beginn einer Sitzung geöffnet. Sie bleibt unsichtbar, da es sich um eine automatisch ausgeblendete Arbeitsmappe handelt.

- Nutzung von Add-Ins. Das sind spezielle Arbeitsmappen, die mit der Dateiendung *xla* abgespeichert wurden. In der Regel steht als Speicherort ein spezieller Ordner im *Anwendungsdaten*-Verzeichnis des Nutzers zur Verfügung. Es handelt sich nicht um ausgeblendete Arbeitsmappen im üblichen Sinne, sie lassen sich also nicht wie die *Personl.xls* über den Menübefehl *Fenster/Einblenden* anzeigen. Der Makrosicherheit von Add-Ins wird im Dialogfeld *Sicherheit/Vertrauenswürdige Herausgeber* vertraut oder nicht. Die dort vorgenommen Einstellung betrifft auch den Code der *Personl.xls*.

Das Auslagern von Zusatzfunktionalität in spezielle Laufzeitbibliotheken (so genannte COM-Add-Ins, die Dateiendung lautet in der Regel *dll*) kann nicht aus der Standardversion von Excel selbst erfolgen. Sie benötigen hierzu Zusatz- oder eigenständige andere Programme wie

- Die *Microsoft Office Developer Edition*. Die letzte Version lautet hier XP, kann aber auch für Office System 2003 Verwendung finden, wenn dieses die vorhandene Version Office XP ersetzen soll.

- *Microsoft Visual Basic 6.0*. Das ist eine Entwicklungsumgebung, die nur sehr lose mit Office in Verbindung steht. Die verwendete Programmsprache ist allerdings VBA und somit ist zumindest der Quelltext an vielen Stellen für Office-VBA-Entwickler keine Überraschung.

- *Microsoft Visual Studio .NET* mit den darin enthaltenen Programmiersprachen. Von diesen hat Visual Basic naturgemäß die größte Affinität zu VBA. Weitere Einzelheiten zu diesem Aufgabenkreis erhalten Sie in ▶ Kapitel 14.

Smarttags (ab Office XP) und Smart Documents (ab Version 2003) beruhen auf Laufzeitbibliotheken. Deshalb ordnen sie sich thematisch nahtlos in dieses Kapitel ein.

13.1 Die persönliche Makroarbeitsmappe für oft benutzte Zusatzfunktionalität

Den Quellcode zu diesem Beispiel finden Sie in der Begleitdatei *K13_01.xls* (Ordner *K13_01*), er ist dort auskommentiert, damit beim Übertragen in die persönliche Makroarbeitsmappe keine Konflikte entstehen.

Problem

Sie möchten die persönliche Makroarbeitsmappe einrichten und dort Funktionen zur Kreisberechnung platzieren, die Sie in anderen Arbeitsmappen nutzen wollen.

Lösung

Zeichnen Sie mit dem Makrorekorder irgendein Makro auf und lassen Sie es in der persönlichen Makroarbeitsmappe speichern (Abbildung 13.1).

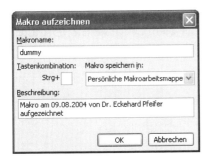

Abbildung 13.1: *Entscheidung für eine persönliche Makroarbeitsmappe*

Schließen Sie Excel, beantworten Sie die Frage nach dem Speichern der *Personl.xls* mit »Ja« und starten Excel neu. Nach dem Neustart steht die persönliche Makroarbeitsmappe als VBA-Projekt in der VBA-Entwicklungsumgebung bereits. In einem (evtl. neu anzulegenden) Modul können Sie dann Quellcode wie aus Listing 13.1 unterbringen. Das aufgezeichnete Makro können Sie natürlich entfernen.

```
Public Function Kreisberechnung(Radius As Range)
    Dim varValue As Variant
    Dim pi As Double
    On Error GoTo errh

    If Radius.Cells.Count > 1 Then
        varValue = Radius.Cells(1, 1)
    Else
        varValue = Radius.Value
    End If

    If IsNumeric(varValue) Then
        pi = WorksheetFunction.pi
        Kreisberechnung = Array(varValue * 2 * pi, varValue * varValue * pi)
    Else
        Err.Raise 20000
    End If
    Exit Function
errh:
```

Add-Ins und Laufzeit-Bibliotheken erstellen und nutzen

```
    Kreisberechnung = Array("#WERT!", "#WERT!")
End Function
```

Listing 13.1: Kreisberechnungen in einer Matrix-Funktion

Erläuterungen

Der Code aus Listing 13.1 erzeugt durch die *Array*-Funktion eine Matrix-Funktion für Tabellenblätter. Das heißt, Sie können zwei nebeneinander liegende Zellen anklicken, dort die Funktion mit Bezug auf die Zelle mit dem *Radius*-Wert eintragen und durch Strg+Umschalt+Eingabe abschließen.

TIPP: Möchten Sie nicht nebeneinander, sondern untereinander liegende Zellen für die Ausgabe verwenden, ersetzen Sie die entsprechende Codezeile durch

```
    Kreisberechnung = Array(Array(varValue * 2 * pi), Array(varValue * varValue * pi))
```

Etwas störend ist der Verweis auf die Datei *Personl.xls* in so verwendeten Formeln. Das passiert nicht, wenn Sie Add-Ins statt dieser Mappe einsetzen.

Da die persönliche Makroarbeitsmappe eine »ganz gewöhnliche« Mappe ist, die im Unterschied zu anderen Mappen in der Regel allerdings ausgeblendet bleibt, können Sie dort alles tun, was Sie möchten:

- ❍ Funktionen programmieren
- ❍ Benutzerdefinierte Dialoge aufbauen
- ❍ Ereignisse des *Application*-Objekts nutzen (▶Kapitel 9)

und vieles mehr.

13.2   Add-Ins erstellen

Beispiele für Add-Ins finden Sie in den Ordnern *K13_02* bis *K13_07*.

Problem

Sie möchten oft verwendeten Code und Funktionalität an zentraler Stelle verwalten und/oder Dateien mit diesem Code und der Funktionalität anderen Anwendern zur Verfügung stellen.

Lösung

Sie legen als Ausgangspunkt eine ganz normale Arbeitsmappe an und bringen den von Ihnen gewünschten Quellcode in Modulen und Klassenmodulen des VBA-Projekts unter. Sie speichern die Arbeitsmappe als Add-In mit Dateiendung *xla* (Dialogfeld *Speichern unter*, Dateityp *Microsoft Office Excel-Add-In (*.xls)*, leider der letzte Eintrag in der langen Liste).

Erläuterungen

Einige Dinge sollten Sie beim Erstellen von Add-Ins beachten:

- ❍ Bei der Auswahl des gewünschten Dateityps werden Sie in den »normalen« Aufbewahrungsordner für Add-Ins geführt. Diesen müssen Sie allerdings nicht zwingend verwenden.
- ❍ Der *Speichern unter*-Befehl von Excel speichert die aktuell von Ihnen bearbeitete Arbeitsmappe als Add-In und blendet dieses wieder aus, vor Ihnen bleibt die Mappe mit der En-

dung *xls*! Mit anderen Worten: Weitere Veränderungen am Code spiegeln sich nicht automatisch im Add-In wieder.

- Binden Sie das Add-In über den Add-In-Manager (Menü *Extras/Add-Ins*) an die Anwendung an, können Sie den Quellcode in der VBA-Entwicklungsumgebung sehen. Sie erkennen unter den Eigenschaften des *DieseArbeitsmappe*-Objekts die Eigenschaft *IsAddIn* mit Wert *True*.

- Diese Eigenschaft mit dem Wert *True* ist verantwortlich, dass Quellcodeänderungen verloren gehen, wenn Sie sie nicht explizit in der VBA-Entwicklungsumgebung speichern lassen. Schließen Sie Excel ohne eine Speicherung des veränderten Add-Ins, erfolgt keine Nachfrage und Ihre Mühe war umsonst.

- Installierten Add-Ins kann hinsichtlich der Makrosicherheit durch die Einstellung in Abbildung 13.2 »global« vertraut werden.

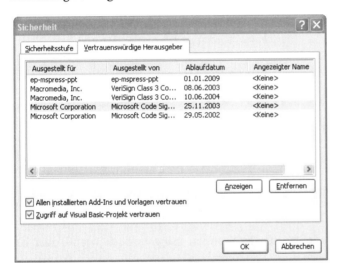

Abbildung 13.2: *Installierten Add-Ins vertrauen*

TIPP: Um im unteren Teil des Dialogfelds zum Add-In-Manager (Abbildung 13.3) einen aussagekräftigen Text angezeigt zu bekommen, schreiben Sie diesen Text in die Dateieigenschaften der Arbeitsmappe, Eigenschaft *Kommentar*, bevor Sie die Mappe als Add-In abspeichern.

Die *Title*-Eigenschaft bestimmt den angezeigten Namen, fehlt der *Title*-Eintrag, wird der Dateiname ohne Endung angezeigt.

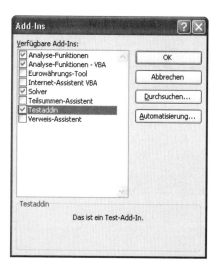

Abbildung 13.3: Der Kommentar der Arbeitsmappen-eigenschaften wird zum Anzeigetext des Add-Ins

13.3 Symbolleisten einrichten und andere Aufgaben von Add-Ins

Die Begleitdatei hat den Namen *K13_03.xla* (Ordner *K13_03*).

Problem

Mit Hilfe von Add-Ins lässt sich die Funktionalität von Excel, die ja ohnehin schon überwältigend ist, erweitern und/oder individuell anpassen.

Sie möchten ein Add-In mit benutzerdefinierten Funktionen, Eingabemasken und/oder einer benutzerdefinierten Symbolleiste ausstatten.

Lösung

Sie legen zuerst eine neue Arbeitsmappe an, versuchen dort, soviel Funktionalität einzubauen, wie Sie möchten und wie Testversuche der Wirksamkeit es erlauben. Anschließend speichern Sie die Mappe als Add-In, wobei Sie die Hinweise aus dem ▶ Abschnitt »13.2 Add-Ins erstellen« beachten. Das Listing 13.2 zeigt den Quellcode eines Beispiel-Add-Ins, welches eine Symbolleiste mitbringt, die das Eigenschaften-Dialogfeld der aktiven Mappe per Schaltfläche einblendet und die Schaltfläche deaktiviert, wenn keine Mappe geöffnet ist.

```
Public WithEvents xlApp As Application
Dim cb As CommandBar
Dim cbc As CommandBarButton

Private Sub Workbook_BeforeClose(Cancel As Boolean)
    On Error Resume Next
    cb.Delete
End Sub

Private Sub Workbook_Open()
```

```
    Dim cbl As CommandBarControl

    On Error GoTo errh
    Set cb = Application.CommandBars("TestAddIn")
    While cb.Controls.Count > 0
        cb.Controls(1).Delete
    Wend
    cb.Visible = True
    Set cbc = cb.Controls.Add(Type:=msoControlButton, temporary:=True)
    cbc.Style = msoButtonCaption
    cbc.Caption = "Test"
    cbc.OnAction = "Test"
    Set xlApp = Application
    Exit Sub
errh:
    Select Case Err.Number
    Case 5
        Set cb = Application.CommandBars.Add(Name:="TestAddIn", temporary:=True)
        Resume Next
    Case Else
        MsgBox Err.Description
    End Select
End Sub

Private Sub xlApp_WorkbookActivate(ByVal Wb As Workbook)
    cbc.Enabled = True
End Sub

Private Sub xlApp_WorkbookBeforeClose(ByVal Wb As Workbook, Cancel As Boolean)
    If (xlApp.Workbooks.Count = 1) And (Not Wb Is ThisWorkbook) Then
            cbc.Enabled = False
    End If
End Sub

Public Sub Test()
    Application.Dialogs(xlDialogProperties).Show
End Sub
```

Listing 13.2: *Add-In mit eigener Symbolleiste*

Der gesamte Code aus Listing 13.2 mit einer Ausnahme befindet sich im Modul *DieseArbeits-mappe* des Add-Ins, die Test-Prozedur wurde in einem normalen Modul untergebracht.

Außerdem wurde in die Begleitdatei noch die Funktion zur Kreisberechnung (Listing 13.1) eingebunden, damit der Unterschied zwischen Funktionsaufrufen aus der persönlichen Makro-arbeitsmappe und aus Add-Ins deutlicher wird (siehe ▶ Abschnitt »13.1 Die persönliche Mak-roarbeitsmappe für oft benutzte Zusatzfunktionalität«), es fehlt nämlich in den Formeln der Verweis auf die Mappe, in welcher die Funktion implementiert wurde.

Erläuterungen

Das Anbinden eines Add-Ins an die Excel-Anwendung im Dialogfeld des Add-In-Managers löst in diesem Add-In genau so wie in jeder anderen Mappe das *Workbook_Open*-Ereignis aus. Wird das Add-In wieder »abgeklemmt«, kommt es zum *Workbook_BeforeClose*-Ereignis. Sie nutzen nun beide Ereignisse zum Aufbau der Symbolleiste. Zunächst wird geschaut, ob eine

Symbolleiste mit dem Namen *TestAddIn* bereits vorhanden ist. Sie sollte es eigentlich nicht sein, deshalb wird beim *Set*-Befehl ein Fehler auftreten (Nummer 5), der abgefangen wird und in der Fehlerbehandlung wird die Symbolleiste erzeugt.

Gibt es zufällig eine Symbolleiste gleichen Namens, ist der anschließende »Löschdurchlauf« durch alle Steuerelement der Symbolleiste sicher etwas hart. Sie könnten deshalb den Quellcode auch erweitern, indem Sie jeder von Ihnen hinzugefügten Schaltfläche einen *Tag*-Wert mitgeben, der diese Schaltfläche auszeichnet. Und beim Aufbau der evtl. vorhandenen Symbolleiste löschen Sie die Schaltflächen nicht, sondern nutzen die *FindControl*-Methode, um Schaltflächen mit den von Ihnen bestimmten *Tag*-Eigenschaften zu finden und zu steuern:

```
Set cbc = cb.FindControl(Tag:="Test")
If cbc Is Nothing Then
    Set cbc = cb.Controls.Add(Type:=msoControlButton, temporary:=True)
End If
cbc.Tag = "Test"
```

Die Anweisung *On Error Resume Next* im *Workbook_BeforeClose*-Ereignis ist hier nicht so schlimm, wie vielleicht an anderen Stellen, wo es durch eine solche Fehlerbehandlung zum Chaos kommen kann. Hat der Benutzer die Symbolleiste entfernt, kann sie natürlich nicht mehr durch den Code gelöscht werden und der *Delete*-Befehl wird einfach übergangen. In der Begleitdatei ist der Code so gehalten, dass die Symbolleiste nur gelöscht wird, wenn sie durch das Add-In erzeugt wurde, ansonsten werden nur die Schaltfläche des Add-Ins entfernt.

Sicher haben Sie die unscheinbare Anweisung

```
Set xlApp = Application
```

gemeinsam mit

```
Public WithEvents xlApp As Application
```

entdeckt. Sie sorgt dafür, das Ereignisse des *Application*-Objekts genutzt werden können. Diese helfen, den Einsatz der Schaltfläche *Test* auf der Symbolleiste auf den Fall zu beschränken, dass es überhaupt eine Mappe gibt, von der Eigenschaften angezeigt werden können. Es ist vor allem das *xlApp_WorkbookBeforeClose-Ereignis*, welches Aufmerksamkeit verdient. Sie unterscheiden hier durch

```
(Not Wb Is ThisWorkbook)
```

den Fall, dass das Add-In selbst und nicht eine andere Mappe geschlossen wird. Unterscheiden Sie hier nicht, kommt es beim Deinstallieren des Add-Ins zu einem Fehler, da die globalen Variablen *cb* und *cbc* bereits nicht mehr existieren. Der Grund: *Workbook_BeforeClose* tritt vor *xlApp_WorkbookBeforeClose* ein und damit ist das Add-In »eigentlich schon nicht mehr da«. Mehr zu Ereignissen finden Sie in ▶ Kapitel 9.

Sie erkennen, dass hier unter Umständen ein sehr geduldiges und präzises Testen notwendig ist. Vergessen Sie dabei nicht das Speichern des Add-Ins nach Quellcode-Anpassungen, da Sie hierzu beim Deaktivieren/Deinstallieren nicht aufgefordert werden.

HINWEIS: Genau genommen reicht das Zählen geöffneter Arbeitsmappen nicht aus, um die Schaltfläche zu aktivieren bzw. zu deaktivieren. Arbeitsmappen können über ein oder mehrere Fenster verfügen, die zum Teil oder insgesamt ausgeblendet sind. Es ist also sinnvoll, sichtbare Fenster als Kriterium der aktivierten Schaltfläche zu sehen. Das Listing 13.3 zeigt den Ansatz für eine Zählfunktion.

```
Function VisibleWindowsCount() As Integer
    Dim intVisibleWindows As Integer
    Dim wbOpened As Workbook
    Dim wnd As Window
    For Each wbOpened In xlApp.Workbooks
        For Each wnd In wbOpened.Windows
            If wnd.Visible = True Then
                intVisibleWindows = intVisibleWindows + 1
            End If
        Next
    Next
    VisibleWindowsCount = intVisibleWindows
End Function
```

Listing 13.3: Sichtbare Fenster zählen – gibt es keine, haben manche Schaltflächen nichts zu tun

13.4 Die Position von Symbolleisten steuern

Die Begleitdatei hat den Namen *K13_04.xla* (Ordner *K13_04*).

Problem

Bringen Add-Ins eigene Symbolleisten mit, ist es für den Anwender angenehm, dass er diese beim Neustart von Excel dort findet, wo er sie beim Beenden der letzten Sitzung abgelegt hat. Sie möchten dem Anwender eine solche Lösung zur Verfügung stellen.

Lösung

Es gibt verschiedene Ansätze für eine mögliche Lösung:

○ Sie hinterlegen die benötigten Informationen in einer Textdatei (Endung *ini*) und nutzen Dateioperationen (siehe ▶ Kapitel 4), um in diese Dateien zu schreiben oder aus ihnen zu lesen. Problematisch in so einem Fall ist es immer, zu bestimmen, wo solchen Dateien aufbewahrt werden sollen. Oft wird der Ordner *Anwendungsdaten* des aktuellen Benutzers eingesetzt, da es dort in streng regulierten Arbeitsumgebungen (etwa Unternehmen) die wenigsten Probleme gibt, über die erforderlichen Lese- und vor allem Schreibrechte zu verfügen. Die Bestimmung dieses Ordners mit Hilfe der entsprechenden Windows-API-Funktionen ist möglich, auch Windows-Registry-Zugriffe sind denkbar. Unter Umständen lässt sich auch die Information aus den Eigenschaften *StartUpPath* oder *TemplatesPath* des *Application*-Objekts extrahieren, doch gibt es hier eine gewisse Unsicherheit, da der Nutzer die Einstellungen ja vollkommen verschieden von den üblichen Vorgaben vorgenommen haben kann.

○ Sie nutzen Registry-Methoden des *Windows Script Host*-Objektmodells (siehe ▶ Kapitel 10), die durch die *WshShell*-Klasse bereit gestellt werden (*RegDelete*, *RegRead*, *RegWrite*), um Position und Erscheinung von Symbolleisten zu hinterlegen. Auch hier gibt es Unsicherheiten, welche Registry-Zweige genutzt werden können, da wiederum Lese- und Schreibrechte existieren.

○ Sie nutzen VBA-eigene Methoden (*GetSetting*, *SaveSetting*), die Einträge im Zweig *HKEY_Current_USER\Software\VB and VBA Program Settings* (Abbildung 13.4) vornehmen.

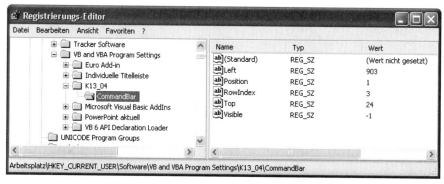

Abbildung 13.4: *Registry-Einträge zum Beispiel dieses Abschnitts: Position und Sichtbarkeit*

Es wird das Beispiel aus dem vorigen Abschnitt fortgesetzt, das Listing 13.4 zeigt deshalb nur die Unterschiede zu Listing 13.2.

```
Const cstrCommandBarName = "K13_04"

Private Sub Workbook_BeforeClose(Cancel As Boolean)
    On Error Resume Next
    If blnItsMyCommandBar Then
        SaveSetting cstrCommandBarName, "CommandBar", "Position", cb.Position
        SaveSetting cstrCommandBarName, "CommandBar", "Top", cb.Top
        SaveSetting cstrCommandBarName, "CommandBar", "Left", cb.Left
        SaveSetting cstrCommandBarName, "CommandBar", "RowIndex", cb.RowIndex
        SaveSetting cstrCommandBarName, "CommandBar", "Visible", CInt(cb.Visible)
        cb.Delete
    Else
        cbc.Delete
    End If
End Sub


Private Sub Workbook_Open()
    Dim intVisibleWorkbooks As Integer
    Dim intPosition As Integer

    On Error GoTo errh
    Set cb = Application.CommandBars(cstrCommandBarName)
    cb.Top = GetSetting(cstrCommandBarName, "CommandBar", "Top", 0)
    cb.Left = GetSetting(cstrCommandBarName, "CommandBar", "Left", 0)
    cb.RowIndex = GetSetting(cstrCommandBarName, "CommandBar", "RowIndex", 500)
    cb.Visible = CBool(GetSetting(cstrCommandBarName, "CommandBar", "Visible", -1))
    cb.Protection = msoBarNoCustomize 'hindert VBA nicht am Anfuegen
    ... 'hier steht der restliche Code
    Exit Sub
errh:
    Select Case Err.Number
    Case 5
        intPosition = GetSetting(cstrCommandBarName, "CommandBar", "Position", _
                    msoBarTop)
        Set cb = Application.CommandBars.Add(cstrCommandBarName, intPosition, _
                False, True)
        blnItsMyCommandBar = True
```

```
        Resume Next
    Case -2147467259  'Rowindex kann nicht gesetzt werden
        Resume Next
    Case Else
        MsgBox Err.Description
    End Select
End Sub

Private Sub xlApp_WorkbookBeforeClose(ByVal Wb As Workbook, Cancel As Boolean)
    If (VisibleWindowsCount = 1) And (Not Wb.IsAddin) Then
            cbc.Enabled = False
    End If
End Sub
```

Listing 13.4: *Erweiterung des Beispiels um Registry-Eintragungen zu Position und Sichtbarkeit der Symbolleiste*

Erläuterungen

Die beiden genannten Methoden folgen folgender Syntax:

```
Function GetSetting(AppName As String, Section As String, Key As String, _
        [Default]) As String
```

und

```
Sub SaveSetting(AppName As String, Section As String, Key As String, Setting As String)
```

Die Abbildung 13.4 hilft beim besseren Verständnis der Argumente:

- *AppName* ist der von Ihnen vergebene Name für das Projekt (das Projekt muss selbst nicht so heißen, es ist ein Name zur Orientierung), der als »Hauptschlüssel« im genannten Zweig auftaucht

- *Section* ist die nächste Hierarchieebene, die Sie nutzen, um Eintragungen inhaltlich zu gruppieren. In unserem Beispiel ging es nur um die Symbolleiste des Add-Ins.

- *Key* ist eigentlich nicht die richtige Bezeichnung für den Namen des Eintrags, denn es handelt sich nicht um einen Schlüssel – im Sinne des Registry-Editors.

- *Setting* ist der Wert des Eintrags *Key*.

Achten Sie auf Folgendes: Beim Lesen ist es zwar nicht notwendig, den *[Default]*-Wert für den Fall anzugeben, dass es noch zu keiner Speicherung von Informationen kam. Hier einen sinnvollen Wert einzutragen, ist aber besser, als Überraschungen zu erleben.

Außer den genannten Methoden gibt es noch *GetAllSettings(AppName As String, Section As String)*, welches ein Feld mit allen Einträgen der genannten *Section* liefert und mit einer Schleife von Unter- bis Obergrenze (*LBound*, *UBound*) durchlaufen werden kann und *DeleteSetting(AppName As String, [Section], [Key])* zum Löschen von Schlüsseln (*AppName, Section*) und Einträgen (*Key*). Werden für die optionalen Parameter keine Werte angegeben, wird alles gelöscht, was sich in der Ebene befindet. Diese Methode kann sicher auch mit Erfolg während des Debuggens eingesetzt werden, um so sich einnistende Einträge schnell zu entfernen.

ACHTUNG: Sie können sich zu jedem Zeitpunkt mit *Regedit.exe* in die Registry einklinken, um dort die Wirkung Ihres Codes zu überprüfen. Denken Sie aber daran, dass alle Eingriffe, die Sie mit diesem Editor vornehmen, nicht »ungefährlich« sind. Fehlbedienungen sind nie auszuschließen und können die Funktionsfähigkeit des Betriebssystems und der installierten Programme beinträchtigen.

Die Information, die abgelegt und geholt werden, stecken in den Eigenschaften *Top*, *Left*, *Position*, *RowIndex* und *Visible* des *CommandBar*-Objekts. Hinter *Position* verbirgt sich eine Zahl, die u. a. angeben kann, ob die Symbolleiste frei schwebt oder an einem Rand der Anwendung angedockt ist. Diese Zahlen sind in Konstanten hinterlegt, die in der *MsoBarPosition*-Aufzählung untergebracht wurden. Es gehören *msoBarFloating* und *msoBarTop* dazu.

Mit *RowIndex* bestimmen Sie die Position (reihenweise), die Ihre Symbolleiste in der Gruppe der angedockten Symbolleisten einnimmt. Der Default-Wert wurde mit *500* sicher etwas übertrieben ausgewählt, er bewahrt Sie aber vor einem unnötigen Durcheinanderwirbeln der Symbolleisten beim Installieren Ihres Add-Ins.

Da in der Registry nur Zeichenketten aufgenommen werden, ist es nötig, mit den booleschen Werten *True* und *False* für die *Visible*-Eigenschaft sorgfältig umzugehen. Beim Schreiben (*SaveSetting*) wird mit *CInt* aus dem booleschen Wert eine Zahl gemacht (die man mit *CStr* noch in eine Zeichenkette umwandeln könnte, aber das macht VBA von selbst). Damit wird aus *True* der Wert *minus Eins* und aus *False* der Wert *Null*. Würden Sie hier sofort *CStr* zur Umwandlung einsetzen, wird in der deutschsprachigen Entwicklungsumgebung aus *True* der Wert *Wahr* und aus *False* der Wert *Falsch*. Das würde beim Zurücklesen Aufwand bereiten (*If...Then*) und nur in der deutschsprachigen Umgebung funktionieren. Durch die Umwandlung in eine Zahl können Sie die Zeichenkette bei *GetSetting* mit *CBool* wieder in einen Wahrheitswert umwandeln (obwohl auch hier aus *minus Eins* der Wert *Wahr* entsteht, wird dieser durch VBA als *True* interpretiert).

In diesem Zusammenhang sei auf die *Protection*-Eigenschaft des *CommandBar*-Objekts verwiesen. Weisen Sie hier den Wert *True* zu, kann zwar mit Code auf die Gestaltung der Symbolleiste eingewirkt werden (eine Ausnahme sehen Sie im ▶ Abschnitt »13.5 Das Problem der Symbole auf Schaltflächen«), der Anwender hat aber keine Chance, über den Menübefehl *Ansicht/Symbolleisten/Anpassen* selbst einzugreifen.

HINWEIS: Da dies schon das zweite Add-In in diesem Kapitel ist, welches im Add-In-Manager installiert oder deinstalliert werden kann, muss *xlApp_WorkbookBeforeClose* in Listing 13.4 leicht modifiziert werden. Es reicht nicht mehr, nur das Schließen des aktuellen Add-Ins zu überwachen, sondern jedes Add-In löst beim Schließen dieses Ereignis aus. Deshalb wird nun mit *Not Wb.IsAddin* getestet.

13.5 Das Problem der Symbole auf Schaltflächen

Der Quellcode befindet sich in *K13_05.xla*, das verwendete Schaltflächenbild befindet sich in *symbol.bmp* (Ordner *K13_05*). Hinzu kommt eine Datei *schaltflächen.xls*, die die integrierten Symbolleisten-Steuerelemente, deren Beschriftungen, *FaceId* und Symbole auflistet.

Problem

Schaltflächen auf Symbolleisten können mit Textinformationen zu ihrer Bedeutung/Bedienung belegt werden, was eventuell zu Lasten des verfügbaren Platzes geht. Symbole sind Platz sparend, müssen aber in der Eingewöhnungsphase durch den Anwender erst verinnerlicht werden.

Sie möchten Schaltflächen auf Symbolleisten von Add-Ins mit Symbolen versehen.

Lösung

Werden Symbolleisten dynamisch aufgebaut, stehen Ihnen für die Verwendung von Symbolen auf den Schaltflächen verschiedene Lösungsansätze zur Verfügung:

- Die Bitmaps befinden sich in Dateien, die auf der Festplatte liegen und werden beim Initialisieren des Add-Ins dynamisch geladen. Wollen Sie Add-Ins weitergeben, müssen auch die Bilddateien mit verteilt werden. Das ist unter Umständen nicht ganz unproblematisch, erfordert es doch Erläuterungen, was mit welchen Dateien zu tun ist, und Disziplin beim neuen Anwender.

- Werden die Symbolleisten innerhalb von »gewöhnlichen« Arbeitsmappen dynamisch aufgebaut, sieht man oft den Trick, dass die Bilder für die Symbole auf einem ausgeblendeten Tabellenblatt hinterlegt und von dort beim Aufbau der Symbolleiste geladen werden.

- Da beim Editieren von Add-Ins (die *xls*-Datei wurde als *xla*-Datei abgespeichert) in der VBA-Entwicklungsumgebung Tabellenblätter der Datei nicht mehr sichtbar sind, erweist es sich als angenehm, Bilder für Schaltflächen auf einem benutzerdefinierten Formular zu hinterlegen, welches evtl. nur die Aufgabe der Bildaufbewahrung übernimmt. Von dort werden beim Aufbau der Symbolleiste während des Aktivierens des Add-Ins die Bilder geholt und den Schaltflächen zugewiesen.

HINWEIS: Prinzipiell ist es möglich, auch die Symbole der integrierten Schaltflächen zu verwenden. Das sollte aber im Allgemeinen – der Übersichtlichkeit wegen – nur dann geschehen, wenn die Aktionen, die Sie den Schaltflächen zuweisen wollen, wenigstens in einem lockeren Zusammenhang mit der ursprünglichen Bedeutung des Symbols stehen. Die Abbildung 13.5 zeigt eine Liste der integrierten Schaltflächen mit Beschriftung, Id- bzw. FaceId-Nummer und zugehörigem Symbol.

	A	B	
106	&Kombinationsfeld Liste-Text	471	
107	&Kombinationsfeld Dropdown-Text	475	
108	&Bildlaufleiste	447	
109	&Drehfeld	468	
110	Steuerelementeigenschaften	222	
111	&Code	488	
112	Raster	485	
113	&Dialogfeld ausführen	470	
114	&Aufzeichnung beenden	2186	
115	Relativer Verweis	896	
116	Abfrage &bearbeiten...	1950	
117	Da&tenbereichseigenschaften...	1951	
118	Para&meter...	537	
119	Daten akt&ualisieren	459	
120	&Aktualisierung abbrechen	1953	
121	&Alle aktualisieren	1952	
122	&Status aktualisieren	1954	
123	Fe&hlerüberprüfung...	6122	
124	Sprung zum 0&Vorgänger	485	

Abbildung 13.5: Beschriftung, FaceId und Symbol der integrierten Schaltflächen in einem Tabellenblatt

Sie finden diese Informationen in der Begleitdatei *Schaltflächen.xls*.

Der Code aus Listing 13.5 zeigt, wie die Symbole der integrierten Schaltflächen, aber auch Symbole aus einem benutzerdefinierten Formular auf die individuell eingefügten Schaltfläche gelangen.

Add-Ins und Laufzeit-Bibliotheken erstellen und nutzen **643**

```
Private Sub Workbook_Open()
    Dim intVisibleWorkbooks As Integer
    On Error GoTo errh
    Set cb = Application.CommandBars(cstrCommandBarName)

    Set cbcMyControl = cb.FindControl(Tag:="AddInsManager")
    If cbcMyControl Is Nothing Then
        Set cbcMyControl = cb.Controls.Add(Type:=msoControlButton, temporary:=True)
        cbcMyControl.Tag = "AddInsManager"
    End If
    cbcMyControl.Style = msoButtonIconAndCaption
    cbcMyControl.Caption = "Add-In-Manager"
    cbcMyControl.OnAction = "AddInsManagerShow"

    cbcMyControl.Picture = usrWithIcon.imgIcon.Picture

    Set cbcOpen = cb.FindControl(Id:=23)
    If cbcOpen Is Nothing Then
        Set cbcOpen = cb.Controls.Add(Type:=msoControlButton, temporary:=True, ID:=23)
    End If

    Set xlApp = Application
    If VisibleWindowsCount = 0 Then
        cbcMyControl.Enabled.= False
    End If
    Exit Sub
errh:
    Select Case Err.Number
    Case 5
        intPosition = GetSetting(cstrCommandBarName, "CommandBar", "Position", _
                msoBarTop)
        Set cb = Application.CommandBars.Add(cstrCommandBarName, intPosition, _
                False, True)
        blnItsMyCommandBar = True
        Resume Next
    Case -2147467259 'Rowindex kann nicht gesetzt werden u.a.
        Resume Next
    Case Else
        MsgBox Err.Description
    End Select
End Sub
```

Listing 13.5: *Nur wenig Code, und Schaltflächen haben ein individuelles Aussehen ...*

Erläuterungen

Das Listing 13.5 baut auf den Listings der beiden vorhergehenden Beispiele auf, bringt aber nur den Teil, der für die aktuelle Aufgabe interessant ist.

Sie bereiten das Beispiel vor, indem Sie ein benutzerdefiniertes Formular dem VBA-Projekt des Add-Ins hinzufügen (Name *usrWithIcon*). Auf diesem platzieren Sie ein *Image*-Steuerelement (Name *imgIcon*), welches als *Picture*-Eigenschaft eine *bmp*-Datei Ihrer Wahl zugewiesen wird (in der Begleitdatei heißt diese Datei *symbol.bmp*). Es sollte sich um ein 16 x 16 Pixel großes Bild handeln, welches im 16-Farben-Format abgespeichert wurde (hierzu eignet sich *Paint.exe* von Windows sehr gut). Das Bild wird dann in das Formular eingebettet, der Bezug zur Quelle auf der Festplatte verschwindet. Das ist wichtig für den Fall, dass Sie im Nachhinein das Bild anpassen wollen. Sie müssen es nach jeder Änderung dem *Image*-Steuerelement erneut als *Picture* zuweisen.

Bei Bildern auf benutzerdefinierten Formularen und Schaltflächen von Symbolleisten handelt es sich um *IPictureDisp*-Objekte der *stdole*-Objektbibliothek, die automatisch in Office-VBA-Projekte eingebunden wird. Diesen Umstand machen Sie sich zu Nutze, um mit der Anweisung

```
cbcMyControl.Picture = usrWithIcon.imgIcon.Picture
```

alles umzusetzen – die von Ihnen eingefügte Schaltfläche *cbcMyControl* erhält das Symbol.

WICHTIG: Sie dürfen die *Protection*-Eigenschaft der Symbolleiste erst dann auf *True* setzen (siehe ▶ Abschnitt »13.4 Die Position von Symbolleisten steuern«), wenn die Übergabe des Bildes erfolgt ist. Ansonsten kommt es zu einem Laufzeitfehler, den Sie im Debug-Modus nicht mehr beheben können, was zu einer umständlichen Suche nach einer möglichen Fehlerursache führen kann, an der Sie letztlich schuldlos sind.

Mit der beschriebenen Methode können Sie auch die Symbole von integrierten Schaltflächen verändern.

Verwenden Sie integrierte Schaltflächen, wird deren Symbol automatisch durch Angabe der *Id* (im Beispiel ist es die Schaltfläche *Öffnen* mit *Id = 23*) übernommen. Mit Hilfe der Eigenschaft *FaceId* können Sie das Symbol integrierter Schaltflächen auch auf eigenen Schaltflächen verwenden, ohne dadurch etwa schon die Funktionalität zu übernehmen. Die Eigenschaft *FaceId* stimmt mit der Eigenschaft *Id* für integrierte Schaltflächen zahlenmäßig überein. Leider haben eigene Schaltflächen stets *FaceId = 0*, sodass hier ein gezielter Zugriff misslingt.

HINWEIS: Die *stdole*-Objektbibliothek enthält die beiden Methoden *LoadPicture* und *SavePicture*. Mit Hilfe dieser Methoden haben Sie unter anderem die Möglichkeit, den Icon-Editor für die Office-Schaltflächen zu umgehen. Sie können jedes Symbol als *bmp*-Datei abspeichern und jeder Schaltfläche die in einem Grafikprogramm überarbeitete Bilddatei zuweisen. Hier der »Pseudocode«:

```
Set cbc = Application.CommandBars.FindControl(Id:=nn)
SavePicture cbc.Picture, "c:\picture.bmp"
set cbc = Application.CommandBars.FindControl(Id:=mm)
cbc.Picture = LoadPicture("c:\picture.bmp")
```

13.6   Verfügbarkeit von Add-Ins überwachen

Der Quellcode befindet sich in den Begleitdateien *K13_06.xla* (Add-In) sowie *K13_06.xls* (Datei, die das Add-In benötigt). Beide befinden sich im Ordner *K13_06*.

Problem

Sie wollen ein Add-In erstellen, welches nur von gewissen Arbeitsmappen genutzt wird. Die Arbeitsmappen sorgen beim Öffnen selbst dafür, dass das entsprechende Add-In durch den Add-In-Manager angebunden wird. Das Add-In muss den Fall abblocken, dass es zu zeitig, also bei noch geöffneten abhängigen Mappen deaktiviert werden kann.

Lösung

Die Lösung liegt in den entsprechenden Ereignissen der Arbeitsmappen sowie des Add-Ins. Hinzu kommt, dass Sie den Arbeitsmappen Kennzeichen (etwa eine benutzerdefinierte Eigenschaft) mitgeben, die auf die Abhängigkeit zum Add-In hinweist.

HINWEIS: Die letztgenannte Methode wird auch durch die Visual Studio Tools für Office System 2003 genutzt. Diese stellen ein Zusatzpaket zur Entwicklungsumgebung von Visual Studio .NET dar, mit dem es gelingt, Excel-Arbeitsmappen- und Word-Dokument-Funktionalität in Laufzeitbibliotheken außerhalb von Office zu verlegen (Siehe ▶ Kapitel 14).

Das Listing 13.6 zeigt zunächst die Dinge, die notwendig sind, damit eine Arbeitsmappe ihr Add-In findet bzw. installiert. Der Code benutzt das *FileSystemObject*, um zu prüfen, ob die Add-In-Datei existiert. Sie setzen deshalb einen Verweis auf die *Windows Script Host* Objekt-Bibliothek (Menübefehl *Extras/Verweise*, siehe auch ▶ Kapitel 10).

```
Const cstrTitle = "K13_06"
Const cstrAddInName = "K13_06.xla"
Private Sub Workbook_Open()
    Dim wbAddIn As AddIn
    Dim blnInstalled As Boolean
    Dim fso As New FileSystemObject

    On Error GoTo errh
    For Each wbAddIn In Application.AddIns
        If wbAddIn.Name = cstrAddInName Then
            wbAddIn.Installed = True
            blnInstalled = True
            Exit For
        End If
    Next
    If blnInstalled = False Then
        MsgBox "Arbeitsmappe: Das Add-In wird installiert."
        Set wbAddIn = Application.AddIns(cstrTitle)
        wbAddIn.Installed = True
    Else
        MsgBox "Arbeitsmappe: Das Add-In ist installiert."
    End If
    Exit Sub
errh:
    Select Case Err.Number
        Case 9
            If fso.FileExists(ThisWorkbook.Path & "\" & cstrAddInName) Then
                Set wbAddIn = Application.AddIns.Add(ThisWorkbook.Path & "\" & _
                            cstrAddInName) 'Erstinstallation
                Resume Next
            Else
                MsgBox "Arbeitsmappe: Fehlgeschlagen, Datei nicht vorhanden."
            End If
        Case Else
            MsgBox Err.Description
    End Select
End Sub
```

Listing 13.6: Ein Add-In per Code installieren

Das Listing 13.7 soll demonstrieren, in welcher Reihenfolge Ereignisse beim Installieren/Deinstallieren von Add-Ins eintreten.

```
Public WithEvents xlApp As Application
Const cstrDocProperty = "_K13_06"

Private Sub Workbook_AddinInstall()
    MsgBox "Add-In: Add-In installiert"
End Sub

Private Sub Workbook_AddinUninstall()
    Dim Wb As Workbook
    If CountDependents > 0 Then
        MsgBox "Add-In: Eine Arbeitsmappe wird nicht funktionieren."
    End If
    MsgBox "Add-In: Add-In deinstalliert"
End Sub

Private Sub Workbook_BeforeClose(Cancel As Boolean)
    Dim addItsMe As AddIn
    Dim response As Integer
    Const cstrTitle = "K13_06"

    On Error GoTo errh
    If CountDependents > 0 Then
        response = MsgBox("Add-In: Es gibt noch abhängige Mappen. Soll " & _
                        "deinstalliert werden?", vbYesNo)
        If response = vbNo Then
            Set addItsMe = Application.AddIns(cstrTitle)
            addItsMe.Installed = True
            Cancel = True
        End If
    End If
    Exit Sub
errh:
    MsgBox Err.Description
End Sub

Private Sub Workbook_Open()
    MsgBox "Add-In: Add-In geöffnet"
    Set xlApp = Application
End Sub

Private Sub xlApp_NewWorkbook(ByVal Wb As Workbook)
    Dim response As Integer
    response = MsgBox("Add-In: Soll das Add-In benutzt werden?", vbYesNo)
    If response = vbYes Then
        Wb.CustomDocumentProperties.Add cstrDocProperty, False, _
            msoPropertyTypeBoolean, True
    End If
End Sub

Function CountDependents()
    Dim wbDummy As Workbook
    Dim intCountDependents As Integer
    On Error GoTo errh
```

```
    For Each wbDummy In Application.Workbooks
        If wbDummy.CustomDocumentProperties(cstrDocProperty).Value = True Then
            intCountDependents = intCountDependents + 1
        End If
    Next
    CountDependents = intCountDependents
    Exit Function
errh:
    If Err.Number = 5 Then
        intCountDependents = intCountDependents - 1
        Resume Next
    End If
End Function
```

Listing 13.7*: Ereignisse beim Anbinden und Lösen von Add-Ins an die Anwendung*

Erläuterungen

Abbildung 13.6: *Haken dran oder weg – die Kontrolle über die dann eintretenden Ereignisse ist wichtig*

Beide Listings erschließen sich in ihrer Wirkung zum Teil, wenn Sie das Dialogfeld des Add-In-Managers (Abbildung 13.6) im Blick behalten:

⊙ Der Klick auf die Schaltfläche *Durchsuchen* mit anschließendem Einbinden des Add-Ins entspricht der *Add*-Methode der *AddIns*-Auflistung. Eine *Delete*-Methode für diese Auflistung gibt es nicht.

⊙ Setzen Sie den Haken in das Kontrollkästchen eines Add-Ins Ihrer Wahl, wird das Add-In »installiert«, das heißt, das *Workbook_AddinInstall*-Ereignis der Arbeitsmappe, die das Add-In beinhaltet, wird aufgerufen. Das Ereignis tritt nicht ein, wenn Excel gestartet wird und der Haken bei der letzten Sitzung gesetzt wurde.

⊙ Nach dem *Workbook_AddinInstall*-Ereignis tritt das *Workbook_Open*-Ereignis der Arbeitsmappe, die das Add-In verkörpert, ein.

⊙ Entfernen Sie den Haken eines Kontrollkästchens in Abbildung 13.6, tritt zunächst das *Workbook_AddinUninstall*-Ereignis der Add-In-Arbeitsmappe ein. Diesen Prozess können Sie nicht aufhalten, es gibt keinen *Cancel*-Parameter.

- Wollen Sie den Anwender am Deinstallieren hindern, müssen Sie das nachfolgende *Workbook_BeforeClose*-Ereignis einbeziehen. Sie können jedoch in diesem Ereignis nicht prinzipiell durch *Cancel = True* eine Deinstallation unterbinden. Das würde nämlich dazu führen, dass Excel nicht mehr geschlossen werden kann.

HINWEIS: Beachten Sie bitte: Es gibt eine *Workbooks*-Auflistung und eine *AddIns*-Auflistung. Für Mitglieder beider Auflistungen treten *Workbook_Open* und *Workbook_BeforeClose*-Ereignisse ein. Für die Mitglieder der *AddIns*-Auflistung allerdings nur in Zusammenhang mit Setzen/Entfernen des Häkchens im Kontrollkästchen des Add-In-Managers. Ist eine Arbeitsmappe ein Add-In, so ist ihre Eigenschaft *IsAddIn* gleich *True*, in dem Fall kommt es noch zu den Ereignissen *Workbook_AddinInstall/ Workbook_AddinUninstall*.

Das Listing 13.6 zeigt, wie auf einzurichtende Add-Ins bzw. auf bereits in der Liste der Add-Ins befindliche Elemente zugegriffen werden kann:

- Befindet sich eine Datei noch nicht in der Liste aus Abbildung 13.6, ist es die *Add*-Methode, die den vollständige Pfad zum Add-In verlangt.

- Befindet sich das Add-In in der Liste, ist es *AddIns.Item(Index)* oder kurz *AddIns(Index)*, welches den Zugriff gestattet. *Index* ist eine Zahl oder die *Title*-Eigenschaft. Dabei ist *Title* nicht mit dem Namen der Arbeitsmappe identisch, im Normalfall fehlt die Dateiendung *xla* zusammen mit dem Punkt.

TIPP: Den Titel eines Add-Ins ändern Sie durch die integrierte Dokumenteigenschaft Titel. Dazu setzen Sie etwa die *DieseArbeitsmappe*-Eigenschaft *IsAddIn* im Eigenschaftenfenster der VBA-Entwicklungsumgebung temporär auf *False*. Das macht die Add-In-Datei zu einer Arbeitsmappe, deren Fenster in der Anwendung zu sehen sind. Nun rufen Sie den Menübefehl *Datei/Eigenschaften* auf und passen den Titel an. Anschließend setzten Sie *IsAdd-In* gleich *True*, dürfen aber später das Speichern nicht vergessen. Mappen mit der genannten Eigenschaft – also nicht die Dateiendung *xla* allein ist das Entscheidende – werden von Excel ohne Nachfrage geschlossen.

Interessant in Listing 13.7 ist die Funktion *CountDependents*, die die Arbeitsmappen zählt, die das Add-In benötigen. Greifen Sie mit

```
CustomDocumentProperties(cstrDocProperty)
```

auf eine Eigenschaft zu, die es nicht gibt, wird ein Fehler erzeugt. Diesen fangen Sie ab, reduzieren die Zahl der scheinbar gefunden Arbeitsmappen um 1 und können mit *Resume Next* diese Reduktion aufheben. Hier sind auch andere Lösungen wie

```
Set prop = wbDummy.CustomDocumentProperties(cstrDocProperty)
If Not prop Is Nothing Then
    intCountDependents = intCountDependents + 1
End If
```

denkbar, wobei Sie in der Fehlerbehandlung, die auf die evtl. erzeugten Fehler der *Set*-Anweisung notwendig ist, auf die Reduktion um 1 verzichten können und nur im Code weitergehen, da das *prop*-Objekt leer bleibt.

Zum Schluss:

```
Private Sub xlApp_NewWorkbook(ByVal Wb As Workbook)
```

wurde über

```
Public WithEvents xlApp As Application
```

möglich. Es gelingt so, prinzipiell Ereignisse des *Application*-Objekts abzufangen (▶Kapitel 9) und speziell beim Anlegen einer neuen Arbeitsmappe per Meldungsfenster nachzufragen, ob der Anwender für die Arbeit mit dieser Mappe das Add-In einsetzen möchte. Im Falle einer positiven Antwort wird die benutzerdefinierte Dokumenteigenschaft, die vom Add-In abhängige Mappen charakterisiert, angelegt und mit dem entsprechenden Wert *True* versehen.

TIPP: Verwenden Sie für den Namen der Mappe bzw. den Titel des Add-Ins globale Zeichenketten-Konstanten im Kopf der Module wie in Listing 13.6. So ersparen Sie sich bei Anpassungen und Änderungen die Suche nach eventuellem Vorkommen der Zeichenketten im Code sowie unnötige Fehler für den Fall, dass Sie doch die eine oder andere Anpassungsnotwendigkeit übersehen haben.

13.7 Prozeduren und Funktionen von Add-Ins in anderen VBA-Projekten einsetzen

Der Quellcode befindet sich in den Begleitdateien *K13_07.xla* (Add-In) sowie *K13_07.xls* (Datei, die das Add-In benötigt). Beide befinden sich im Ordner *K13_07*.

Problem

Das Beispiel des vorigen Abschnitts nutzte ein Add-In, um die Funktionalität (hier die benutzerdefinierte Funktion für Berechnungen am Kreis) von Arbeitsmappen zu erweitern. Außerdem ist es möglich, die Ereignisse des Add-Ins zu nutzen, um die Anwendung selbst zu steuern (Symbolleisten hinzufügen, auf Öffnen und Schließen von Mappen, das Aktivieren/Deaktivieren von Fenstern reagieren u. v. a. m.).

Etwas anders ist die Situation, wenn Sie innerhalb des Codes eines VBA-Projekts (einer Mappe oder eines anderen Add-Ins, jedoch nicht eines Word- oder PowerPoint-Dokuments) auf die selbst geschriebenen Funktionen und Prozeduren (weniger auf Ereignisse) eines Add-Ins zugreifen wollen.

Lösung

Der Lösungsansatz geht davon aus, dass Sie in einem Modul des Add-Ins die statistische Funktion aus Listing 13.8 untergebracht haben.

```
Type tpStatistics
    Max As Double
    Min As Double
    Avg As Double
End Type

Function StatFunc(ar() As Double) As tpStatistics
    Dim i As Integer
    Dim iMin As Integer
    Dim iMax As Integer

    Dim fMax As Double
    Dim fMin As Double
    Dim fAvg As Double

    iMin = LBound(ar)
```

```
    iMax = UBound(ar)

    fMax = ar(iMin)
    fMin = ar(iMin)

    For i = iMin To iMax
        If ar(i) > fMax Then
            fMax = ar(i)
        End If

        If ar(i) < fMin Then
            fMin = ar(i)
        End If

        fAvg = fAvg + ar(i)
    Next

    StatFunc.Max = fMax
    StatFunc.Min = fMin
    StatFunc.Avg = fAvg / (iMax - iMin + 1)
End Function
```

Listing 13.8: *Statistische Funktionen im Eigenbau*

In einem Modul der »rufenden« Mappe können Sie nun einen Test mit Listing 13.9 durchführen.

```
Sub Test()
    Dim myArray(1 To 3) As Double

    myArray(1) = 1
    myArray(2) = 3
    myArray(3) = 5

    Debug.Print Statistics.StatFunc(myArray).Max, _
        Statistics.StatFunc(myArray).Min, Statistics.StatFunc(myArray).Avg
End Sub
```

Listing 13.9: *Aufruf der extern vereinbarten Funktion*

HINWEIS: Wie Sie dafür sorgen können, dass das benötigte Add-In auch installiert ist, haben Sie im ▶ Abschnitt »13.6 Verfügbarkeit von Add-Ins überwachen« kennen gelernt.

Erläuterungen

Mit der *Type...End Type*-Deklaration aus Listing 13.8 erledigen Sie zwei Dinge: Sie benötigen nur *eine* Funktion für die drei Rückgabewerte *Maximum*, *Minimum* und *Mittelwert* aus einer Datenreihe und beim Aufruf von *StatFunc* wirkt IntelliSense zur besseren Übersicht. Da die Deklaration in einem Modul untergebracht ist, ist die Funktionsprozedur öffentlich und Sie können auf den Zusatz *Public* verzichten.

Die Berechnungen in Listing 13.8 sind unspektakulär. Die Vereinbarung von *iMin* und *iMax* als Unter- bzw. Obergrenze für den Laufindex (statt des wiederholten Aufrufs von *LBound* und *UBound*) ist sicher nicht umwerfend für einen Perfomancegewinn, deutet aber einen solchen in komplexeren Codefragmenten an.

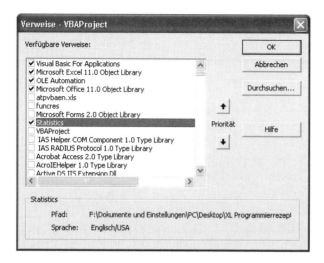

Abbildung 13.7: Erfolgreich verweisen – der Name des VBA-Projekts muss eindeutig sein

Damit Sie die vereinbarte statistische Funktion in einem anderen VBA-Projekt nutzen können, müssen Sie zunächst einen Verweis auf das Add-In setzen (Menübefehl *Extras/Verweise*).

ACHTUNG: Damit es beim Setzen des Verweises nicht zu einer Ablehnung Ihrer Absicht kommt, muss der Name des zu verweisenden VBA-Projekts eindeutig sein (Abbildung 13.7). Die Namensvergabe für VBA-Projekte wird gern übersehen, da der Entwickler ja die Unterscheidung in den Mappennamen hat. Eine Änderung des Namens kann im Eigenschaftenfenster des Projekts vorgenommen werden.

Aus Abbildung 13.7 erkennen Sie auch, dass die Datei, auf die verwiesen wird, nicht unbedingt ein Add-In sein muss, es funktioniert auch mit »normalen« Mappen. Werden diese aber von der Excel-Oberfläche her nicht benötigt, ist ihr Erscheinen eher störend.

Nachdem der Verweis gesetzt wurde, erscheinen öffentliche Prozeduren im Objektbrowser. Beim Schreiben des Codes setzen Sie der Verwendung der in Frage kommenden Prozedur einfach den Namen des VBA-Projekts voran, auf welches verwiesen wurde, gefolgt von einem Punkt. Das VBA-Projekt – in unserem Fall *Statistics* – wird damit zu einem Objekt wie *ThisWorkbook* oder *Range*.

HINWEIS: Leider können Sie auf die eben beschriebene Weise keine selbst definierten Klassen in fremden VBA-Projekten ansprechen. Ein Versuch wie

```
Sub Klassentest()
    Dim cls As Statistics.clsTest
    Set cls = New Statistics.clsTest
End Sub
```

schlägt fehl, da Klassen in VBA-Projekten nur zwei Instanzierungs-Varianten kennen: *Private* oder *PublicNotCreatable*.

Wollen Sie per Verweis auf Methoden oder Eigenschaften zugreifen, die sich in selbst definierten Klassen befinden, müssen Sie diese in öffentliche Methoden und Eigenschaften der Klasse *DieseArbeitsmappe* umlenken. In vielen Fällen wird es dann weniger umständlich sein, von vornherein den Code in *DieseArbeitsmappe* zu implementieren.

13.8 Den Solver in VBA-Projekten nutzen

Der Quellcode zu diesem Abschnitt befindet sich in der Begleitdateien *K13_08.xls* (Ordner *K13_08*), die gleichzeitig ein vorbereitetes Modell für den Solver bereit hält.

Problem

Sie möchten den Anwender einer Arbeitsmappe, in welcher ein Modell der linearen Optimierung umgesetzt wurde, bei der Ausnutzung des Solvers zum Finden optimaler Lösungen durch eine Benutzerführung unterstützen.

Lösung

Der vorgestellte Lösungsansatz baut auf einem Tabellenblatt auf, welches folgende Aufgabe modelliert (lineare Optimierung, Gewinnmaximierung bei beschränkter Kapazität):

Auf einer Verladerampe können mit Hilfe zweier Technologien A und B Güter der Beschaffenheit 1 und 2 verladen werden. Die Zahlen des Modells befinden sich in Tabelle 13.1.

	Gut 1	Gut 2	Kapazität
Technologie A	5 h/ME	2 h/ME	24 h
Technologie B	1 h/ME	5 h/ME	24 h
Arbeitskräfte	6 h/ME	6 h/ME	36 h
Gewinn	500 /ME	800 /ME	

Tabelle 13.1: *Daten zum Modell*

Wie sind Verladeaufträge anzunehmen, damit der Gewinn maximal wird?

Bezeichnen x resp. y die gesuchten Mengeneinheiten (ME) des zu verladenden Gutes 1 bzw. 2, dann sieht das unterzulegende Ungleichungssystem so aus:

```
5x + 2y <= 24
x + 5y <= 24
6x + 6y <=36
x>=0
y>=0
```

und die zu maximierende Zielfunktion hat die Gestalt

```
500x + 800y zum Maximum
```

Die mögliche Umsetzung auf einem Tabellenblatt kann aussehen wie in Abbildung 13.8

	A	B	C	D	E	F	G	H	I
1									
2			Matrix		x, y	Erg. Multipl.		rechte Seite	
3			5	2	0	0		24	
4			1	5	0	0		24	
5			6	6		0		36	
6									
7		Fkts.-Koeff.	500	800				0 max. Gewinn	
8									
9									

Abbildung 13.8: *Umsetzung des Modells auf einem Arbeitsblatt*

Sie erkennen in dieser Abbildung die Koeffizienten aus Tabelle 13.1 in der Matrix und Zielfunktion. Für x und y wurde zunächst der Wert Null angenommen (alle Aufträge werden abgelehnt), damit ist der Gewinn auch Null und sicher nicht optimal, weil es noch freie Kapazitäten gibt.

Das Ergebnis der Multiplikation entsteht durch die integrierte Matrix-Funktion *MMULT*, welche Matrizen (hier die Koeffizientenmatrix mit dem Vektor der gesuchten Variablen) multipliziert. Die gleiche Funktion wird genutzt, um den Zielfunktionswert zu ermitteln.

Wenden Sie nun den Solver per Hand an, sind die Einträge im Dialogfeld aus Abbildung 13.9 entsprechend vorzunehmen und der Lösungsvorgang durch die Schaltfläche *Lösen* anzustoßen.

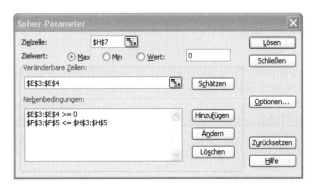

Abbildung 13.9: *Die Solver-Einträge des Modells*

Die Lösung lautet dann: maximaler Gewinn von *4350* mit $x = 1{,}5$ und $y = 4{,}5$ (ME).

Die beschriebenen Vorgänge lassen sich nun genau so im Quellcode einer Prozedur umsetzen (Listing 13.10).

```
Sub ApplyTheSolver()
    SolverReset
    SolverAdd Tabelle1.Range("E3:E4").Address, 3, 0
    SolverAdd Tabelle1.Range("F3:F5").Address, 1, Tabelle1.Range("H3:H5").Address

    SolverOk Tabelle1.Range("H7").Address, 1, , Range("E3:E4").Address

    SolverSolve userfinish:=True
End Sub
```

Listing 13.10: *Bedingungen hinzufügen und lösen – per Code*

Erläuterungen

Das A und O für Quellcode wie in Listing 13.10 ist der Verweis auf das Solver-Add-In (Menübefehl *Extras/Verweise*). Haben Sie das Add-In installiert, erscheint es automatisch in der Liste der möglichen Verweise (Titel: *Solver*).

HINWEIS: Die Datei *Solver.xla* befindet sich im Installationsordner von Excel, Unterordner *Makro\Solver*, der Titel lautet *Solver*. Damit können Sie die im ▶ Abschnitt »13.6 Verfügbarkeit von Add-Ins überwachen« beschriebenen Techniken anwenden, um sicherzustellen, dass das Add-In beim Öffnen der Mappe installiert ist.

Die *Solver*-Funktionen sind in der Offline-Hilfe sehr ausführlich beschrieben. Sie müssen sich allerdings per Hand zu den Seiten begeben, da F1 weder im Code noch im Objektbrowser entsprechende Informationen anbietet. Sie finden dort vor allem die notwendigen Informationen zur Angabe der Vergleichsoperatoren in den Nebenbedingungen: Kleiner gleich ist 1, gleich ist 2, größer gleich ist 3, ganzzahlig ist 4 und 5 schränkt die Lösung auf 0/1 ein.

Dort, wo Sie zur Angabe von Zellreferenzen aufgefordert werden (*SolverAdd* – fügt Nebenbedingungen dem Modell hinzu, *SolverChange* – ändert die Nebenbedingungen für im Modell vorhandene Zellen, *SolverOK* – setzt alle anderen Vorschläge im Modell, die keine Nebenbedingungen sind), ist es sinnvoll, immer *rngObject.Address* statt nur *rngObject* zu schreiben. Manchmal reicht die kürzere Form zu, manchmal nicht.

Beachten Sie, dass der Solver am aktiven Tabellenblatt festgemacht ist. Die Funktion *SolverGet* informiert Sie darüber ob auf dem aktiven Blatt der Solver schon einmal benutzt wurde (das ist vor allem für den Einsatz von *SolverAdd* und *SolverChange* interessant).

Mit *SolverSave* und *SolverLoad* haben Sie die Möglichkeit, so genannte Problemmodelle zu hinterlegen (entspricht dem Vorgang *Modell speichern* bzw. *Modell laden* im Dialogfeld *Optionen* des Solvers). Diese bestehen aus jeweils einer Zelle für jede Nebenbedingung sowie drei weiteren mit Informationen zu Solver-Einstellungen. Das können Sie nutzen, um verschiedene Szenarien zu einer Was-wäre-wenn-Anlayse per Code verschmelzen zu lassen, indem Sie verschiedene vorgegebene Problemmodelle auf einem Tabellenblatt hinterlegen.

SolverSolve führt letztlich die Rechnung aus. Interessanterweise bedeutet *userfinish:=True*, dass der Nutzer den Dialog zum Erzeugen von Berichten usw. nicht zu sehen bekommt.

Letztlich ist es auch denkbar, mit Hilfe benutzerdefinierter Formulare die Zahlen im Modell durch den Anwender variieren zu lassen und den Solver zur Berechnung anzustoßen.

HINWEIS: Alle aufgeführten Methoden des Solvers sind Funktionsprozeduren mit Rückgabewert. Liefert etwa *SolverSolve* nicht Null zurück, konnte keine Lösung gefunden werden. Dies können Sie natürlich nutzen, um im Code entsprechend zu reagieren:

```
Response = SolverSolve(True)
If Response <> 0 Then
    MsgBox "Keine Lösung gefunden"
End If
```

13.9 Signierte VBA-Projekte verwenden

Problem

Für den Fall, dass der Anwender die Sicherheits-Einstellung so vorgibt, dass nicht allen installierten Add-Ins vertraut wird (Abbildung 13.2), kann es sinnvoll sein, Add-Ins oder auch die VBA-Projekte von normalen Arbeitsmappen zu signieren. Damit besteht die Möglichkeit, in den Kreis der vertrauenswürdigen Herausgeber aufgenommen zu werden und damit die Nachfrage zur Aktivierung von Makros nur beim ersten Einsatz des VBA-Projekts positiv zu quittieren.

Lösung

Es gibt Unternehmen, die kostenpflichtige Zertifikate an überprüfte Software-Unternehmen überreichen. Für Office-Entwickler besteht jedoch auch die Möglichkeit der Selbst-Zertifizierung. Sie geschieht mit Hilfe der Datei *selfcert.exe*, die im Installationsverzeichnis von Office abgelegt ist. Ab Version 2003 gibt es einen Shortcut zu dieser Datei im Startmenü *Alle Programme/Microsoft Office/Microsoft Office Tools/Digitale Signatur für VBA-Projekte*.

Erläuterungen

Die Schritte im Einzelnen:

○ Sie rufen das genannte Programm auf und geben im nachfolgenden Dialogfeld einen aussagekräftigen Namen für das digitale Zertifikat. Mit *OK* wird ein Zertifikat erstellt.

○ Rufen Sie die VBA-Entwicklungsumgebung auf und gehen zum Menüpunkt *Extras/Digitale Signatur*. Es öffnet sich ein Dialogfeld, welches Sie zur Auswahl eines Zertifikats auffordert.

○ Im darauf erscheinenden Dialogfeld wie in Abbildung 13.10 erkennen Sie das von Ihnen mit Hilfe von *selfcert.exe* erstellte Zertifikat am Namen wieder.

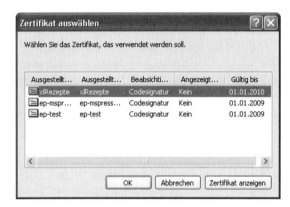

Abbildung 13.10: *Zertifikate stehen zur Signatur von VBA-Projekten bereit*

○ Lassen Sie sich Ihr Zertifikat anzeigen. Die Anzeige verrät, dass dieses Zertifikat nicht vertrauenswürdig ist.

○ Auf der Registerkarte *Details* des noch offenen Dialogfeldes zur Anzeige von Zertifikaten haben Sie die Möglichkeit, das Zertifikat in eine Datei zu kopieren. Folgen Sie dem Assistenten und wählen Sie am Ende einen aussagekräftigen Dateinamen. Achten Sie auf die Dateiendung *cer*.

○ Schließen Sie nun alle noch offenen Dialogfelder der VBA-Entwicklungsumgebung.

○ Gehen Sie im Windows-Explorer an die Stelle, an der sich die *cer*-Datei befindet, und klicken Sie doppelt auf die Datei.

○ Sie bekommen wieder eine Zertifikatsanzeige und können nun das Zertifikat auf Ihrem Rechner installieren (es sind also drei Schritte: erstellen, in eine Datei speichern, installieren).

○ Folgen Sie dem Assistenten und schließen Sie offene Dialogfelder mit *OK*.

Wenn Sie nun erneut in der VBA-Entwicklungsumgebung unter *Extras/Digitale Signatur* die Details Ihres Zertifikats anschauen, sehen Sie, dass es vertrauenswürdig ist und als vertrauenswürdige Signatur am VBA-Projekt hängt.

Unabhängig davon, ob es sich bei der so signierten Mappe um ein Add-In handelt oder nicht: Der Anwender, der die Mappe einsetzt, wird beim ersten Mal (wenn er die Sicherheitseinstellungen auf *Mittel* oder *Hoch* eingestellt hat bzw. nicht allen installierten Add-Ins vertraut) nach der Akzeptanz der Makros in der Mappe gefragt und entscheidet sich u. U. für ein beständiges Vertrauen in das Zertifikat.

TIPP: Signierte Projekte können durch andere Entwickler, die nicht das ursprünglich verwendete Zertifikat besitzen, nicht verändert werden, ohne dass das VBA-Projekt seine Signatur verliert.

HINWEIS: Werden signierte Dateien auf einem anderen Rechner eingesetzt, muss dort das Zertifikat aus dem Dialogfeld *Details* der ersten Sicherheitswarnung heraus genauso wie oben beschrieben installiert werden.

13.10 COM-Add-Ins mit der Developer Edition erstellen

Der Quellcode zu diesem Abschnitt befindet sich in der Begleitdatei *K13_09.vba* (Ordner *K13_09*), die erzeugte Laufzeitbibliothek heißt *K13_09.dll*.

Problem

Die bisherigen Betrachtungen zu Add-Ins bezogen sich auf Excel-Arbeitsmappen, die mit der Dateiendung *xla* abgespeichert werden und durch die Eigenschaft *IsAddIn = True* des Objekts *DieseArbeitsmappe* zu Excel-Add-Ins werden.

Im Unterschied zu Excel-Add-Ins sind COM-Add-Ins flexibel einsetzbar, lassen sich durch Installationsprogramme im Allgemeinen ordnungsgemäß auf einem Rechner für einen oder alle Anwender installieren und registrieren und zeigen, da der Quellcode nicht mehr interpretierend abgearbeitet wird, eine höhere Performance.

HINWEIS: COM steht für Component Object Model. Dabei handelt es sich um eine Spezifikation, die den Kommunikationsprozess zwischen Schnittstellen beschreibt und hilft, die Existenz von Objekten innerhalb eines Programms überwachen zu lassen.

Zur Erstellung von COM-Add-Ins können verschiedene Entwicklungsumgebungen eingesetzt werden:

- die Developer Edition von Microsoft Office (bislang letzte Version ist XP, welche aber auch nach einem Update auf Office System 2003 noch verwendet werden kann)
- Programme wie Visual Basic 6.0 oder C++
- die Programme von Visual Studio .NET.

Sie möchten ein COM-Add-In für eine Office-Anwendung mit der Microsoft Office Developer Edition erstellen.

Lösung

Haben Sie die Microsoft Office Developer Editon installiert (es handelt sich um ein eigenständiges Produkt), gibt es in der VBA-Entwicklungsumgebung im Menüpunkt *Datei* zwei neue Einträge: *Neues Projekt* und *Projekt öffnen*. Projekte in diesem Sinne werden in Dateien mit der Endung *vba* gespeichert.

Entscheiden Sie sich für ein neues Projekt, haben Sie in der Folge die Wahl zwischen einem leeren Projekt und einem Add-In-Projekt. Entscheiden Sie sich beim ersten Mal für Add-In-Projekt, da so die benötigte Projektstruktur erzeugt wird.

Haben Sie alle Schritte der nachfolgenden Erläuterungen abgearbeitet, speichern Sie am Ende nicht nur die Projektdatei, sondern erstellen die zugehörige Laufzeitbibliothek (Datei mit Endung *dll*). Diese ist voll funktionsfähig, da die VBA-Entwicklungsumgebung alles notwendige zur Registrierung auf dem System (Windows-Registry) erledigt.

Erläuterungen

Sie haben sich für ein neues Projekt/Add-In-Projekt entschieden und sehen die VBA-Umgebung in einem Bild wie in Abbildung 13.11.

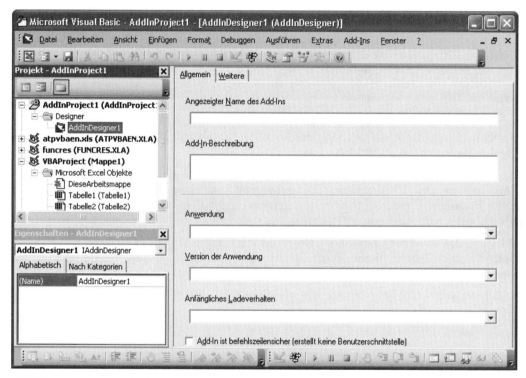

Abbildung 13.11: *Die Oberfläche des COM-Add-In-Designers*

Es wurde ein neues Projekt angelegt (*AddInProject1*), in welchem sich ein Designer-Modul *AddInDesigner1* befindet. Sie sind zunächst aufgefordert, notwendige Eigenschaften in der Objekt-Ansicht einzutragen:

O *Angezeigter Name des Add-Ins*: Dieser erscheint im Dialogfeld *COM-Add-Ins* der jeweiligen Anwendung (Abbildung 13.14). Dieses Dialogfeld wird mit dem Menüpunkt *COM-Add-Ins* aufgerufen, der nach der Installation von *Office* noch nicht sichtbar ist. Um ihn sichtbar zu machen, passen Sie eine Symbolleiste Ihrer Wahl an, indem Sie *Anpassen/Befehle/Extras/COM-Add-Ins* herausziehen.

- *Anwendung*: Im Listenfeld wählen Sie die Anwendung aus, für die Sie das COM-Add-In erstellen wollen. Das muss nicht die Anwendung sein, aus der heraus Sie die VBA-Entwicklungsumgebung gestartet haben. Im Gegenteil, es ist oft einfacher, ein COM-Add-In für Excel unter Word zu entwickeln oder umgekehrt.

HINWEIS: Diese etwas widersprüchlich erscheinende Aussage ist in folgendem begründet: Sie können die Wirkung von COM-Add-Ins aus der VBA-Entwicklungsumgebung heraus durch Debuggen wie gewohnt beobachten (Menüpunkt *Ausführen/Projekt ausführen*). Jedoch wird dabei die wichtige Ereignis-Prozedur *OnConnection* nicht ausgeführt.

Entwickeln Sie unter Word ein COM-Add-In für Excel, sollten Sie im Dialogfeld, welches nach *Extras/Eigenschaften von AddInProjekt1* erscheint, auf der Registerkarte *Debuggen* wie in Abbildung 13.12 dafür sorgen, dass die Anwendung, für die Sie das COM-Add-In entwickeln, beim Start des Projekts ebenfalls gestartet wird. Gleiches gilt für andere Anwendungen.

Abbildung 13.12: *Starten eines externen Programms beim Debuggen – so gelingt der Test für Excel unter Word*

Ansonsten müssen Sie nach jedem (größeren) Programmierschritt die *dll*-Datei erzeugen und Excel neu starten, um zu sehen, ob alles funktioniert. Das ist etwas nerven- und zeitraubend.

- *Version der Anwendung*: Hier wird die aktuell auf dem Rechner vorhandene Version angezeigt. Der Grund sind die Einträge in die Registry. Für niedrige Versionen entwickelte COM-Add-Ins sind in aller Regel auch für höhere Versionen einsetzbar; umgekehrt eher nicht. Sie sollten das beim Start (*OnConnection*-Ereignis) berücksichtigen und einen Versionstest durchführen.

- *Anfängliches Ladeverhalten*: Hier wird bestimmt, zu welchem Zeitpunkt das COM-Add-In gestartet werden soll. Oft wird man hier den Zeitpunkt wählen, der mit dem Aufruf der Anwendung übereinstimmt (*Startup*).

Das ist zunächst alles.

Im Weiteren wird angenommen, dass Sie die Entwicklungsumgebung unter Word gestartet haben und ein COM-Add-In für Excel erstellen wollen.

Add-Ins und Laufzeit-Bibliotheken erstellen und nutzen **659**

Wechseln Sie aus der Objekt-Ansicht in die Code-Ansicht. Als erstes müssen Sie einen Verweis auf die Excel-Bibliothek (Menübefehl *Extras/Verweise*) setzen, wenn Sie Objekte, Methoden und Eigenschaften des Excel-Objektmodells so nutzen wollen, wie Sie es gewohnt sind (mehr zu Verweisen erfahren Sie in ▶ Kapitel 10). Haben Sie die Absicht, das COM-Add-In mit eigenen Symbolleisten auszustatten, ist ein weiterer Verweis auf die Office-Bibliothek sinnvoll.

Im Code-Fenster sehen Sie ein Objekt mit dem Namen *AddinInstance*. Dieses verfügt über zwei wichtige Ereignisprozeduren (*OnConnection*, *OnDisconnection*). Nutzen Sie diese zum Auf- und Abbau von Symbolleisten, zur Zuordnung des durch *OnConnection* übergebenen *Application*-Objekts, damit Sie dessen Ereignisse im Griff haben u. v. a. m. Das Listing 13.11 verschafft Ihnen einen kleinen Einblick.

```
Public WithEvents xlApp As Excel.Application
Dim cb As CommandBar
Public WithEvents cbb As CommandBarButton

Private Sub AddinInstance_OnConnection(ByVal Application As Object, _
                        ByVal ConnectMode As AddInDesignerObjects.ext_ConnectMode, _
                        ByVal AddInInst As Object, custom() As Variant)
    Set xlApp = Application
    Set cb = xlApp.CommandBars.Add("K13_09", , , True)
    Set cbb = cb.Controls.Add(msoControlButton, , , , True)
    cbb.Caption = "Datum"
    cbb.Style = msoButtonCaption
    cb.Protection = msoBarNoCustomize
    cb.Visible = True
End Sub

Private Sub AddinInstance_OnDisconnection(ByVal RemoveMode As _
        AddInDesignerObjects.ext_DisconnectMode, custom() As Variant)
    On Error Resume Next
    cb.Delete
End Sub

Private Sub cbb_Click(ByVal Ctrl As Office.CommandBarButton, CancelDefault As Boolean)
    On Error Resume Next
    InsertDate xlApp.ActiveCell
End Sub
Private Sub xlApp_NewWorkbook(ByVal Wb As Excel.Workbook)
    Dim response As Integer
    Dim wsh As Worksheet
    response = MsgBox("Soll das COM-Add-In Aufgaben übernehmen?", vbYesNo)
    If response = vbYes Then
        Set wsh = Wb.Worksheets(1)
        InsertDate wsh.Range("A1")
        wsh.Columns(1).AutoFit
    End If
End Sub

Sub InsertDate(rng As Range)
    rng.Value = Now
    rng.NumberFormat = "dd.MM.yyyy hh:mm"
End Sub
```

Listing 13.11: *Funktionalität in einem COM-Add-In*

Was wird in Listing 13.11 im Einzelnen erreicht? Wird das COM-Add-In durch Excel geladen, baut es eine Symbolleiste mit einer Schaltfläche auf. Diesen Aufbau können Sie genau so ausbauen wie in den entsprechenden Abschnitten weiter oben in diesem Kapitel.

Die Schaltfläche *cbb* wird in diesem Beispiel nicht mit der *OnAction*-Eigenschaft aktiviert, sondern durch die Deklaration über *WithEvents* kann das *Click*-Ereignis abgefangen (siehe ▶ Kapitel 9) und das aktuelle Datum in die aktive Zelle eingetragen werden.

Da auch *xlApp* über *WithEvents* deklariert wurde, stehen die Ereignisse des *Application*-Objekts bereit. Hier wird *NewWorkbook* genutzt, um zu fragen, ob in *A1* das aktuelle Datum eingetragen werden soll.

Nachdem der Quellcode geschrieben wurde, geht es ans Testen und Debuggen. Dazu gehen Sie zum Menüpunkt *Ausführen/Projekt ausführen* oder nutzen die entsprechende Schaltfläche der Standardsymbolleiste der Entwicklungsumgebung (deren Name frei zu »Voreinstellung« übersetzt wurde).

Haben Sie nicht bereits die Einstellungen wie in Abbildung 13.12 vorgenommen, werden Sie jetzt dazu aufgefordert. Excel sollte starten und ein Meldungsfenster erscheinen. Dieses ist allerdings durch Excel verdeckt, da es in der VBA-Entwicklungsumgebung erzeugt wurde. Das passiert mit der übersetzten *dll*-Datei nicht mehr.

Sie können nun wie bei all Ihren Unternehmungen in der VBA-Entwicklungsumgebung arbeiten: Haltepunkte setzen, schrittweise Code abarbeiten, Überwachungs- und Direktfenster nutzen, Module und Klassenmodule dem Projekt hinzufügen usw. (Abbildung 13.13)

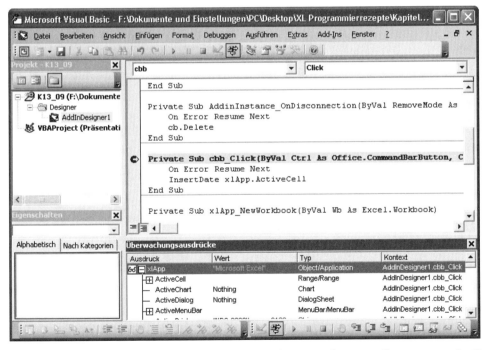

Abbildung 13.13: *COM-Add-Ins in der VBA-Entwicklungsumgebung erstellen – nur wenige Unterschiede zu »normalen« VBA-Projekten*

Sind die Tests abgeschlossen, sollten Sie nicht einfach die Projektausführung anhalten (gleiche Schaltfläche wie beim Start der Projektausführung), sondern Sie sollten Excel schließen. Dann tritt das *OnDisconnection*-Ereignis ein, welches Sie nutzen, um die Symbolleiste zu entfernen.

Ist alles perfekt, so erstellen Sie über *Datei/nn-dll erstellen* die Laufzeitbibliothek, das COM-Add-In. Starten Sie Excel nun, geht alles von selbst: Die Registry-Einträge, die die VBA-Entwicklungsumgebung vorgenommen hat, führen dazu, dass Excel das COM-Add-In kennt und startet.

HINWEIS: Sie können das Aktivieren und Deaktivieren von COM-Add-Ins im Dialogfeld aus Abbildung 13.14 per Hand steuern, um so bei laufender Anwendung Wirkungen zu testen.

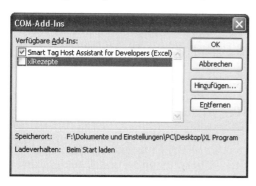

Abbildung 13.14: Die Liste registrierter COM-Add-Ins einer Anwendung

Achten Sie auf Folgendes: Wurde ein COM-Add-In erstellt und führen Sie einen erneuten Test (nach Anpassung und Änderung des Quellcodes) in der VBA-Entwicklungsumgebung durch, wird das COM-Add-In aus der Liste in Abbildung 13.14 entfernt. Damit es wieder erscheint, muss die Laufzeitbibliothek erneut erstellt werden.

TIPP: Eine Laufzeitbibliothek wie aus diesem Abschnitt können Sie mit Hilfe der Datei *regsvr32.exe* registrieren bzw. die Registrierung entfernen. Der Aufruf im Dialogfeld *Start/Ausführen* lautet für die Registrierung

```
regsvr32.exe "vollständiger Pfad\Name der dll"
```

und für das Entfernen der Registrierung

```
regsvr32.exe "vollständiger Pfad\Name der dll" /u
```

13.11 Quellcode an Word senden – ein COM-Add-In-Beispiel

Der Quellcode zu diesem Abschnitt befindet sich in der Begleitdatei *K13_10.vba* (Ordner *K13_10*), die erzeugte Laufzeitbibliothek heißt *K13_10.dll*.

Problem

Sie suchen nach einer Möglichkeit, den Quellcode Ihrer VBA-Projekte auch farbig ausdrucken zu können.

Lösung

Sie schreiben ein COM-Add-In für die VBA-Entwicklungsumgebung. Den Ansatz für den Code des COM-Add-Ins finden Sie in Listing 13.12.

```
Public WithEvents cbb As CommandBarButton
Dim vbeApp As VBE

Private Sub AddinInstance_OnConnection(ByVal Application As Object, _
        ByVal ConnectMode As AddInDesignerObjects.ext_ConnectMode, _
        ByVal AddInInst As Object, custom() As Variant)
    Dim cb As CommandBar
    Set vbeApp = Application
    Set cb = vbeApp.CommandBars("Voreinstellung")
    Set cbb = cb.Controls.Add(msoControlButton, , , , True)
    cbb.Style = msoButtonCaption
    cbb.Caption = "Code-Export"
End Sub

Private Sub AddinInstance_OnDisconnection(ByVal RemoveMode As _
            AddInDesignerObjects.ext_DisconnectMode, custom() As Variant)
    On Error Resume Next
    cbb.Delete
End Sub

Private Sub cbb_Click(ByVal Ctrl As Office.CommandBarButton, CancelDefault As Boolean)
    Dim vp As VBProject
    Dim cp As VBComponent
    Dim intCountOfLines As Integer
    Dim i As Integer

    Dim wdApp As Word.Application
    Dim wdDoc As Word.Document
    Dim wdPar As Word.Paragraph

    Dim arKeyWords()
    arKeyWords = Array("Sub", "End", "If", "Then", "Else")

    On Error GoTo errh
    set vp = vbeApp.ActiveProject
    Set wdApp = GetObject(, "Word.Application")

    Set wdDoc = wdApp.Documents.Add

    For Each cp In vp.VBComponents
        Set wdPar = wdDoc.Paragraphs _
                .Add(wdDoc.Paragraphs(wdDoc.Paragraphs.Count).Range)
        wdPar.Style = WdBuiltinStyle.wdStyleHeading1
        wdPar.Range.Text = cp.Name & vbCrLf

        intCountOfLines = cp.CodeModule.CountOfLines
        For i = 1 To intCountOfLines
            Set wdPar = wdDoc.Paragraphs.Add
            wdPar.Range.InsertAfter cp.CodeModule.Lines(i, 1)
            If Left(wdPar.Range.Text, 1) = "'" Then
                wdPar.Range.Font.Color = wdColorDarkGreen
```

```
            End If
        Next
    Next

    For i = LBound(arKeyWords) To UBound(arKeyWords)
        With wdDoc.Content.Find
            .ClearFormatting
            Do While .Execute(FindText:=arKeyWords(i), MatchCase:="True", _
                     MatchWholeWord:=True, Forward:=True) = True
                .Parent.Font.Color = vbBlue
            Loop
        End With
    Next

    wdApp.Visible = True
    Set wdApp = Nothing
    Exit Sub
errh:
    Select Case Err.Number
        Case 429
            If wdApp Is Nothing Then
                Set wdApp = New Word.Application
                Resume Next
            End If
        Case Else
            MsgBox Err.Description
    End Select
End Sub
```

Listing 13.12: Code-Export aus der VBA-Entwicklungsumgebung in ein Word-Dokument

Erläuterungen

Es wird angenommen, dass Sie die Developer Edition von Microsoft Office installiert haben. Dieses COM-Add-In lässt sich aber genau so gut (der Debug-Prozess ist sogar einfacher) unter Visual Basic 6.0 oder Visual Basic .NET erstellen.

Starten Sie Excel und wechseln Sie in die VBA-Entwicklungsumgebung. Erstellen Sie dort ein neues Projekt und entscheiden Sie sich für Add-In-Projekt. Die ersten Schritte und Erläuterungen zum Debuggen finden Sie im ▶ Abschnitt »13.10 COM-Add-Ins mit der Developer Edition erstellen«. Die Anwendung, für die Sie das COM-Add-In erstellen, ist die VBA-Entwicklungsumgebung (*Visual Basic for Applications IDE*).

Sie setzen zunächst über den Menübefehl *Extras/Verweise* Verweise auf die Word-Objektbibliothek (wegen der Ausgabe in ein Word-Dokument), die Office-Objektbibliothek (wegen einzurichtender Symbolleisten bzw. Schaltflächen) und auf die Objektbibliothek der VBA-Entwicklungsumgebung (Microsoft Visual Basic for Applications Extensibility). Mehr zur Automation mittels fremder Objektbibliotheken finden Sie in ▶ Kapitel 10.

Damit Sie beim Debuggen gute Unterstützung haben, sollten Sie dafür sorgen, dass beim Ausführen des Projekts eine Office-Anwendung startet, in der Sie in die VBA-Entwicklungsumgebung wechseln und dort die Wirkung des COM-Add-Ins beobachten können (Abbildung 13.12). Diese Anwendung sollte nicht Excel sein, da Sie bereits unter Excel arbeiten, und auch Word ist nicht so günstig, da es wegen der Ausgabe in ein Word-Dokument zu Überschneidungen zwischen den jeweiligen VBA-Projekten kommen kann. Nehmen Sie PowerPoint als Alternative und richten Sie bei dessen Start in der dortigen VBA-Entwicklungsumgebung ein Modul ein, dessen Code dann exportiert werden kann.

HINWEIS: Wenn Sie das erste Mal die Laufzeitbibliothek erstellt haben, wird diese in die VBA-Entwicklungsumgebung aller Office-Programme integriert, also auch in die unter Excel. Damit ist es aber nicht mehr möglich, nach Code-Änderungen eine neue Variante des COM-Add-Ins zu erstellen, solange die VBA-Entwicklungsumgebung »die Hände darüber hält«. Sie müssen im Menü *Add-Ins* den *Add-In-Manager* aufrufen, bekommen ein Anzeige wie in Abbildung 13.15 und entladen das von Ihnen gerade entwickelte COM-Add-In.

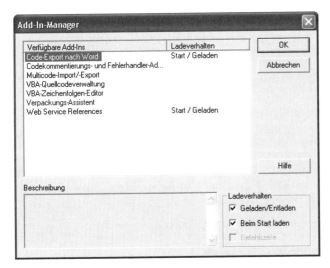

Abbildung 13.15: Das Ladeverhalten von COM-Add-Ins der VBA-Entwicklungsumgebung steuern

Der Code aus Listing 13.12 birgt wenig Überraschungen.

Im *OnConnection*-Ereignis des *AddinInstance*-Objekts identifizieren Sie das zurück gegebene *Application*-Objekt mit Ihrer Anwendung, hier also der VBA-Entwicklungsumgebung. Das erleichtert das Programmieren, da so IntelliSense genutzt werden kann. Sie fügen der Symbolleiste, die *Voreinstellung* heißt, eine Schaltfläche hinzu. Da diese über *WithEvents* deklariert wird, nutzen Sie deren *Click*-Ereignis zum Ausführen des von Ihnen gewünschten Exports. Im *OnDisconnection*-Ereignis vergessen Sie nicht, diese Schaltfläche wieder zu entfernen.

In der genannten *Click*-Ereignisprozedur richten Sie ein neues Word-Dokument in einer laufenden oder neu zu erzeugenden Word-Umgebung ein und durchlaufen dann alle *VBComponent*-Objekte der *VBComponents*-Auflistung des aktiven VBA-Projekts. Dort ist es jeweils das *CodeModul*-Objekt, welches Einblick in den Quellcode erlaubt. Diesen suchen Sie nun Zeile für Zeile ab (die Anzahl der Zeilen wird durch *CountOfLines* geliefert) und übernehmen ihn in das Word-Dokument. Dabei wird (der Einfachheit halber) nachgeschaut, ob die Codezeile mit einem Kommentarzeichen beginnt. Ist das der Fall, wird das Export-Ergebnis grün eingefärbt. Es werden so allerdings nicht alle Kommentare in einem Code-Stück erkannt.

Ist das Dokument erstellt, wird das *Find*-Objekt von Word eingesetzt, um alle Schlüsselwörter, die Sie im Datenfeld *arKeyWords* erfasst haben, zu finden und blau einzufärben.

HINWEIS: Einen Hinweis zum Registrieren der Laufzeitbibliothek finden Sie im vorhergehenden Abschnitt.

13.12 Verteilung von COM-Add-Ins

Problem

Die Weitergabe von Excel-Add-Ins (Dateiendung *xla*, zur Erstellung lesen Sie die ersten Abschnitte dieses Kapitels) ist relativ unproblematisch. Sie werden entweder über den Add-In-Manager oder eine Arbeitsmappe mit entsprechendem Quellcode zum Aufruf des Add-Ins (siehe ▶ Abschnitt »13.6 Verfügbarkeit von Add-Ins überwachen«) eingebunden.

COM-Add-Ins sollten in aller Regel durch ein Installationsprogramm auf dem Zielrechner installiert und auch deinstalliert werden. Erfahrene Anwender können auch den Tipp am Ende von ▶ Abschnitt »13.10 COM-Add-Ins mit der Developer Edition erstellen« umsetzen.

Lösung

Die Developer Edition von Microsoft Office beinhaltet einen Verpackungs- und Weitergabe-Assistenten.

Erläuterungen

Sie rufen den Assistenten dadurch auf, dass Sie über das Menü *Add-Ins* der Entwicklungsumgebung den Add-In-Manager starten und im darauf erscheinenden Dialogfeld (Abbildung 13.15) das Assistenten-COM-Add-In laden. Dann steht der Eintrag im Menüpunkt *Add-Ins* zur Verfügung.

Der Assistent startet mit einem Dialogfeld wie in Abbildung 13.16.

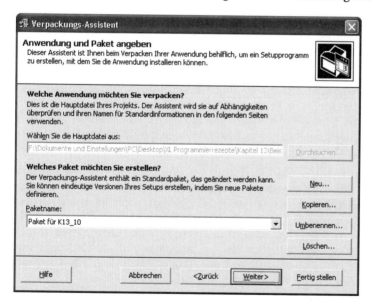

Abbildung 13.16: *Start des Verpackungsassistenten*

Er führt Sie nahezu selbsterklärend über mehrere Schritte bis zum fertigen Installationspaket. Dies entsteht in einem Ordner Ihrer Wahl. Im Ordner mit dem VBA-Projekt werden Informationen zum erstellten Paket gespeichert, sodass vorgenommene Individualisierungen während der Arbeit des Assistenten nicht verloren gehen, wenn Sie einen erneuter Verpackungsvorgang einleiten.

Das COM-Add-In lässt sich über die erzeugte Datei *Setup.exe* installieren, die Deinstallation geschieht über *Start/Systemsteuerung/Software*. Während der Installation/Deinstallation sollten alle Office-Programme geschlossen sein.

13.13 Smarttag-DLLs erstellen

Als Begleitdateien finden Sie im Ordner *K13_12*: Eine VBA-Projektdatei *K13_12.vba* sowie daraus exportierte Designer-Dateien (Erweiterung *dsr*) zum Import in Ihr Projekt. Im Unterordner *VB6* befindet sich ein Visual Basic 6.0 Projekt, die Projekt-Datei heißt *K13_12.vbp*. Außerdem finden Sie Muster zum Registrieren der Smarttag-DLLs.

Problem

Mit Office XP wurden (programmierbare) Smarttags eingeführt, die die Arbeit mit Tabellenblättern und Word-Dokumenten dahin gehend erleichtern helfen, dass dort eingetragene Schlüsselwörter dazu führen, passende Informationen zum Schlüsselwort per Knopfdruck parat zu haben. In ▶ Kapitel 12 finden Sie Informationen zu XML Smarttag-Listen, in diesem Abschnitt geht es um die Erstellung von Laufzeitbibliotheken, die Smarttag-Funktionalität bereit stellen.

Stellen Sie sich folgende Ausgangssituation vor: In einem Unternehmen werden verschiedene Artikel hergestellt oder verkauft. In unserem Beispiel sind das Schulhefte für die Fächer Deutsch, Mathematik und Musik. Jeder Artikel steht in verschiedenen Ausführungen bereit (in unserem Fall in den Heftgrößen A6 bis A3), jede Ausführung hat ihren Preis und es gibt einen gewissen Rabatt.

Schreibt nun der Anwender das Wort »Notenheft« in eine Tabellenzelle, erscheint ein Smarttag wie in Abbildung 13.17.

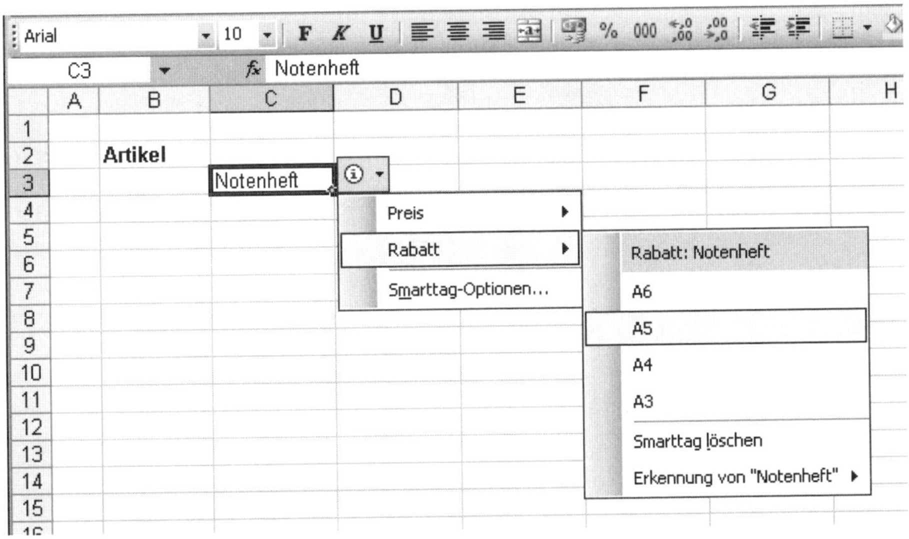

Abbildung 13.17: Informationen auf Knopfdruck

Je nach Wahl der Aktion wird der Preis rechts daneben bzw. der Rabatt in die Zelle darunter geschrieben. Sie können sich sicher auch wesentlich aufwändigere Aktionen im Ergebnis vorstellen.

HINWEIS: Im Beispiel werden sowohl die Schlüsselwörter als auch die Aktions-Informationen fest im Code »verdrahtet«. In der Realität eines Unternehmens werden die Informationen sicher aus zentralen Quellen gezogen (XML-Anfragen an einen SQL Server, XML Webdienste u. a., ▶ Kapitel 12).

Lösung

Eine Entwicklung von Smarttag-Laufzeitbibliotheken ist mit den Standard-Mitteln der VBA-Entwicklungsumgebung nicht umsetzbar. Sie benötigen wenigstens die Microsoft Office Developer Edition, besser sogar Visual Basic 6.0 oder Visual Basic .NET (oder andere Programmierumgebungen).

Die hier beschriebene Lösung nutzt die Developer Edition für Office XP, die Smarttags sind für Excel 2003 bestimmt. Der folgende Programmierablauf ist für alle Entwicklungsumgebungen von der Sache her gleich, die Programmierung von Smarttags für Excel XP unterscheidet sich auch nur marginal.

In jedem Fall sollten Sie sich das Microsoft Office Smarttag SDK für die jeweilige Version, welches auf *msdn.microsoft.com* zum Download bereitsteht, anschauen.

Die Schritte zum Erfolg:

- Sie erstellen ein neues Projekt in der VBA-Entwicklungsumgebung, wobei Sie diese nicht aus Excel, sondern aus einem anderen Office-Programm heraus aufrufen sollten, um später den Debug-Prozess richtig durchführen zu können. Sie müssen sich hier für ein Add-In-Projekt entscheiden, wobei Sie dieses nicht für eine spezielle Anwendung bestimmen (siehe ▶ Abschnitt »13.10 COM-Add-Ins mit der Developer Edition erstellen«), sondern nur den Umstand ausnutzen, dass Klassenmodule der VBA-Entwicklungsumgebung öffentlich nicht erstellbar sind, AddInDesigner-Module jedoch diesen Mangel nicht haben. Unter Visual Basic 6.0 erstellen Sie ein ActiveX-DLL-Projekt mit entsprechenden Klassen.

- Sie fügen dem Projekt ein weiteres AddInDesigner-Modul hinzu (das gesetzte Häkchen unter *Einfügen/Komponenten/Designer/AddInClass* bringt einen Eintrag in das Menü *Einfügen*, den Sie dann nutzen können). Nennen Sie Ihr Projekt etwa *K13_12* und das erste Designermodul *SmartTagRecognizerMOD*, das zweite *SmartTagActionMOD*. Hier wird vorbereitet, was später passiert: Ein Objekt (*SmartTagRecognizerMOD*) beobachtet das Eintragen in Zellen und gibt die Information über gefundene Schlüsselwörter in einen »Zwischenspeicher« (als *PropertyBag* bezeichnet). Die Auflistung solcher Zwischenspeicher wird durch das andere Objekt (*SmartTagActionMOD*) regelmäßig auf die Informationen abgesucht, für die es selbst zuständig ist.

- Sie fügen dem Projekt ein normales Modul *modGlobal* zu, welches globale Informationen aufnehmen kann.

- Sie setzen einen Verweis auf die *Microsoft Smarttags 2.0 Type Library*, unter Office XP ist es die Version 1.0, die zur Verfügung steht.

Nachdem Sie den Quellcode, der weiter unten im Einzelnen angegeben und erläutert wird, geschrieben haben, können Sie Ihr Programm testen, Fehler entfernen, anpassen und korrigieren. Dieser Test muss jedoch vorbereitet werden. Gehen Sie dazu in folgenden Schritten vor:

- Führen Sie das Projekt aus.

- Schauen Sie mit dem Registry-Editor *Regedit.exe* in die Windows-Registry und suchen Sie dort nach Daten, die den Text *K13_12.SmartTag* mit Ergänzung um *RecognizerMOD* bzw. *ActionMOD* enthalten. Der gefundene zugehörige Schlüsselname ist identisch mit dem Wert des Eintrags *AppId*.

- Bereiten Sie mit *Notepad.exe* eine Textdatei *Register.reg* vor, in die Sie folgendes eintragen:

```
Windows Registry Editor Version 5.00
[HKEY_CURRENT_USER\Software\Microsoft\Office\Common\Smart Tag\Actions\{7F956F38-A3D1-44E0-A319-D184A3F3C9E7}]
[HKEY_CURRENT_USER\Software\Microsoft\Office\Common\Smart Tag\Recognizers\{F9F2D5B4-FE54-425A-811C-6F9DAEB0D8C5}]
```

Die *AppId* ist entsprechend der von Ihnen gefundenen Werte abzuändern.

- Speichern Sie die *reg*-Datei ab und erzeugen Sie eine weitere *Unregister.reg*, in der Sie folgendes unterbringen (wieder passen Sie die *AppID*s an):

```
Windows Registry Editor Version 5.00
[-HKEY_CURRENT_USER\Software\Microsoft\Office\Common\Smart Tag\Actions\{7F956F38-A3D1-44E0-A319-D184A3F3C9E7}]
[-HKEY_CURRENT_USER\Software\Microsoft\Office\Common\Smart Tag\Recognizers\{F9F2D5B4-FE54-425A-811C-6F9DAEB0D8C5}]
```

- Doppelklicken Sie im Windows-Explorer auf die Datei *Register.reg*. Dadurch werden die notwendige Einträge vorgenommen, an denen Excel die Existenz der Smarttag-Laufzeitbibliothek erkennt. Durch die Datei *Unregister.reg* ist es Ihnen leicht möglich, die Registrierung später wieder aufzuheben.

- Setzen Sie verschiedene Haltepunkte in Ihren Code und starten Sie Excel. Ist alles korrekt, sollten Sie mit dem Debuggen beginnen können, wenn das Programm einen Haltepunkt erreicht.

ACHTUNG: Die Developer Edition kennt wohl keine Projektkompatibilität. Erstellen Sie später die *dll*-Datei, so bekommt diese eine neue *AppId*, sie müssen also andere Registrierungsdateien anfertigen. Unter VB 6 können Sie sich diesen neuen Aufwand sparen, wenn Sie Projektkompatibilität (*Projekteigenschaften/Komponente*) vereinbaren.

Jeder Umgang mit der Registry birgt Gefahren, sodass die vorzunehmenden Einstellungen eine gewisse Erfahrung des Entwicklers voraussetzen. Wollen Sie die Smarttag-Laufzeitbibliotheken an andere Anwender verteilen, sollten Sie nicht die Developer Edition zur Entwicklung verwenden, da der dortige Verpackungsassistent keine Möglichkeiten kennt, aktiv die Registrierung der Smarttags zu unterstützen. Für Visual Basic 6.0 gibt es den Visual Studio Installer (kostenloser Download von der Microsoft-Website ist möglich), mit dessen Hilfe eine korrekte Verteilung möglich wird.

Erläuterungen

Die Smarttag-Objektbibliothek 2.0 stellt vier Schnittstellen (in der Version 1.0 sind es zwei) zur Verfügung, die Sie in Ihrem Projekt implementieren müssen. Das heißt, jede Prozedur oder Eigenschaft der jeweiligen Schnittstelle muss wenigstens in Ihrem Quellcode deklariert werden, selbst wenn sie in Ihren Überlegungen keine Aufgaben übernehmen soll.

Sie bereiten die Implementierung der Schnittstellen im Modul *SmartTagRecognizer* durch

```
Implements ISmartTagRecognizer
Implements ISmartTagRecognizer2
```

---

und im Modul *SmartTagAction* durch

```
Implements ISmartTagAction
Implements ISmartTagAction2
```

vor. Die Einträge stehen zu Beginn der Module, in der Version 1.0 entfallen die jeweils zweiten Zeilen.

In der Objektauswahlliste erscheinen nun die so eingeführten Objekte, in der Prozeduraus-wahlliste sind alle Einträge wenigstens ein Mal anzuklicken, damit ihre Deklaration im Quell-code erscheint (Abbildung 13.18).

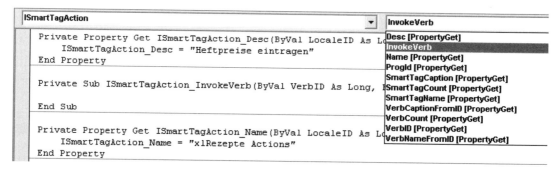

Abbildung 13.18: *Vollständige Implementierung aller Methoden – etwas aufwändig, aber mit schönen Ergebnissen*

Haben Sie den Code wie im Folgenden beschrieben vorbereitet (bzw. aus den Begleitdatei ko-piert oder importiert) und Ihr Projekt ausgeführt, geschieht der Reihe nach Folgendes: Wird Excel gestartet, trifft es zunächst auf

```
Private Sub AddinInstance_Initialize()
    gintCountKeyWords = 3
    ReDim garKeyWords(gintCountKeyWords)
    garKeyWords(1) = "notenheft"
    garKeyWords(2) = "mathematikheft"
    garKeyWords(3) = "deutschheft"
End Sub
```

des Recognizer-Moduls. Es soll also auf drei Schlüsselwörter reagiert werden, die den Heftar-ten entsprechen. Die Variable *gintCountKeyWords* ist wie das Feld *garKeyWords* für das Modul global vereinbart, da sie noch gebraucht werden.

Als nächstes wird mit

```
Private Property Get ISmartTagRecognizer_Name(ByVal LocaleID As Long) As String
    ISmartTagRecognizer_Name = "xlRezepte"
End Property
```

der Name des Smarttags abgefragt, da er so in der Liste im Dialogfeld *AutoKorrektur-Optionen* erscheinen wird. Durch *LocaleID* ist hier Mehrsprachigkeit möglich (Deutsch (Deutschland) = 1031, Englisch (US) = 1033 usw.), da dieser Wert durch die Prozedur vom System abgefragt wird und in einer *Select Case*-Anweisung verarbeitet werden kann.

Die nächste Begegnung erfolgt mit

```
Private Property Get ISmartTagRecognizer_Desc(ByVal LocaleID As Long) As String
    ISmartTagRecognizer_Desc = "Hefte erkennen"
End Property
```

wo es um die Beschreibung des Smarttags geht.

Mit

```
Private Property Get ISmartTagRecognizer_ProgId() As String
    ISmartTagRecognizer_ProgId = "K13_12.SmartTagRecognizerMOD"
End Property
```

erfährt Excel den eindeutigen Programmnamen der durch die Laufzeitbibliothek bereitgestellte Klasse, um anschließend über

```
Private Property Get ISmartTagRecognizer_SmartTagCount() As Long
    ISmartTagRecognizer_SmartTagCount = 2
End Property
```

zu erfahren, dass es zwei Smarttags anzuzeigen gibt (vgl. Abbildung 13.17)

Nun wird es etwas kompliziert. Die Smarttag-Recognizer werden durch eine *SmartTagID* durchnummeriert, diese reicht aber zur Identifikation gegenüber der Klasse mit den Aktionen nicht aus. Deshalb sind die folgenden Anweisungen

```
Private Property Get ISmartTagRecognizer_SmartTagName(ByVal SmartTagID As Long) _
                As String
    Select Case SmartTagID
        Case 1
            ISmartTagRecognizer_SmartTagName = gcstrSmarttagName1
        Case 2
            ISmartTagRecognizer_SmartTagName = gcstrSmarttagName2
    End Select
End Property
```

notwendig. Die beiden globalen Zeichenketten-Konstanten werden im Modul *modGlobal* hinterlegt.

Damit ist das erstmalige Abtasten beendet.

Schreiben Sie nun in eine Zelle des Tabellenblattes das Wort *Notenheft*. Nach der Eingabe springt der Debugger wieder an und trifft auf.

```
Private Sub ISmartTagRecognizer2_Recognize2(ByVal Text As String, _
        ByVal DataType As SmartTagLib.IF_TYPE, ByVal LocaleID As Long, _
        ByVal RecognizerSite2 As SmartTagLib.ISmartTagRecognizerSite2, _
        ByVal ApplicationName As String, _
        ByVal TokenList As SmartTagLib.ISmartTagTokenList)
    Dim i As Integer
    Dim intPosition As Integer
    Dim intKeyWordLen As Integer
    Dim stPropertyBag1 As ISmartTagProperties
    Dim stPropertyBag2 As ISmartTagProperties

    Text = LCase(Text)
    For i = 1 To gintCountKeyWords
        intPosition = InStr(Text, garKeyWords(i))
        intKeyWordLen = Len(garKeyWords(i))
```

```
        Do While intPosition > 0
            Set stPropertyBag1 = RecognizerSite2.GetNewPropertyBag
            Set stPropertyBag2 = RecognizerSite2.GetNewPropertyBag
            RecognizerSite2.CommitSmartTag gcstrSmarttagName1, intPosition, _
                intKeyWordLen, stPropertyBag1
            RecognizerSite2.CommitSmartTag gcstrSmarttagName2, intPosition, _
                intKeyWordLen, stPropertyBag2
            intPosition = InStr(intPosition + intKeyWordLen, Text, garKeyWords(i))
        Loop
    Next
End Sub
```

Der Zellinhalt wird durch *Text* wiedergegeben und in der Prozedur in Kleinbuchstaben verwandelt, damit die Zeichenkette zu den Schlüsselwörtern passt. Das Ergebnis wird auf Schlüsselwörter untersucht. Werden diese gefunden, wird die gebündelte Information der Liste der *PropertyBag*-Elemente hinzugefügt, um so dem Aktions-Objekt sichtbar zu werden.

Damit ist die Arbeit des Recognizers beendet.

Jetzt beginnt das *SmartTagActionMOD*-Modul seine Arbeit. Zuerst erscheint

```
Private Sub AddinInstance_Initialize()
    gintActions = 4
End Sub
```

wo mitgeteilt wird, dass vier Aktionen vorbereitet sind. Mit

```
Private Property Get ISmartTagAction_Name(ByVal LocaleID As Long) As String
    ISmartTagAction_Name = "xlRezepte Actions"
End Property
```

kommt es auch für diese Klasse zur Namensabfrage und zur Abfrage der Beschreibung sowie der Identität

```
Private Property Get ISmartTagAction_Desc(ByVal LocaleID As Long) As String
    ISmartTagAction_Desc = "Heftpreise eintragen"
End Property

Private Property Get ISmartTagAction_ProgId() As String
    ISmartTagAction_ProgId = "K13_12.SmartTagActionMOD"
End Property
```

Die Prozedur

```
Private Property Get ISmartTagAction_SmartTagCount() As Long
    ISmartTagAction_SmartTagCount = 2
End Property
```

bestätigt die Anzahl der zu bedienenden Smarttags und

```
Private Property Get ISmartTagAction_SmartTagName(ByVal SmartTagID As Long) As String
    Select Case SmartTagID
        Case 1
            ISmartTagAction_SmartTagName = gcstrSmarttagName1
        Case 2
            ISmartTagAction_SmartTagName = gcstrSmarttagName2
    End Select
End Property
```

stellt Namensgleichheit fest.

Nun werden mit

```
Private Property Get ISmartTagAction_SmartTagCaption(ByVal SmartTagID As Long, _
        ByVal LocaleID As Long) As String
    Select Case SmartTagID
        Case 1
            ISmartTagAction_SmartTagCaption = "Preis"
        Case 2
            ISmartTagAction_SmartTagCaption = "Rabatt"
    End Select
End Property
```

der Reihe nach die Beschriftungen erkannt, wobei die Zuordnung der Namen für jede *Smart-TagID* über *ISmartTagAction_SmartTagName* einzeln abgefragt wird. Wieder wird es etwas komplizierter, denn es müssen den Aktionen jeder Schaltfläche (*Verbs*, *A6* bis *A3* in Abbildung 13.17), deren Anzahl mit

```
Private Property Get ISmartTagAction_VerbCount(ByVal SmartTagName As String) As Long
    Select Case SmartTagName
        Case gcstrSmarttagName1
            ISmartTagAction_VerbCount = 4
        Case gcstrSmarttagName2
            ISmartTagAction_VerbCount = 4
    End Select
End Property
```

ermittelt wird, eindeutige Kennzeichner (*VerbID*) aus der Position (*Index*) durch

```
Private Property Get ISmartTagAction_VerbID(ByVal SmartTagName As String, _
        ByVal VerbIndex As Long) As Long
    Select Case SmartTagName
        Case gcstrSmarttagName1
            ISmartTagAction_VerbID = VerbIndex
        Case gcstrSmarttagName2
            ISmartTagAction_VerbID = VerbIndex + 100
    End Select
End Property
```

übergeben werden. Da es zwei Smarttags sind, die erkannt werden müssen, kann die *VerbID* nicht aus der Position selbst, sondern nur durch eine weitere Unterscheidung, hier durch Addition von *100* für das zweite Smarttag, erstellt werden.

Erst jetzt werden aus der *VerbID* die Beschriftungen der Schaltflächen konstruiert:

```
Private Property Get ISmartTagAction2_VerbCaptionFromID2(ByVal VerbID As Long, _
        ByVal ApplicationName As String, ByVal LocaleID As Long, _
        ByVal Properties As SmartTagLib.ISmartTagProperties, _
        ByVal Text As String, ByVal Xml As String, ByVal Target As Object) As String
    Select Case VerbID
        Case 1, 101
            ISmartTagAction2_VerbCaptionFromID2 = "A6"
        Case 2, 102
            ISmartTagAction2_VerbCaptionFromID2 = "A5"
        Case 3, 103
            ISmartTagAction2_VerbCaptionFromID2 = "A4"
```

```
        Case 4, 104
            ISmartTagAction2_VerbCaptionFromID2 = "A3"
    End Select
End Property
```

Das geschieht hier für beide Smarttags auf identische Weise. Die beiden letzten Schritte werden für alle Smarttags und die Positionen ihrer Schaltflächen wiederholt.

Nach der Abarbeitung der vorhergehenden Schritte befindet sich das Smarttag-Symbol auf dem Tabellenblatt und »wartet« auf eine Aktion des Anwenders. Klickt dieser etwa wie in Abbildung 13.17, meldet sich der Debugger erneut:

```
Private Sub ISmartTagAction2_InvokeVerb2(ByVal VerbID As Long, _
        ByVal ApplicationName As String, ByVal Target As Object, _
        ByVal Properties As SmartTagLib.ISmartTagProperties, ByVal Text As String, _
        ByVal Xml As String, ByVal LocaleID As Long)
    If InStr(LCase(Text), "noten") Then
        Select Case VerbID
            Case 1
                Target.offset(0, 1).value = 2.2
            Case 2
                Target.offset(0, 1).value = 2.9
            Case 3
                Target.offset(0, 1).value = 3.3
            Case 4
                Target.offset(0, 1).value = 4.1
        End Select
    Else
        Select Case VerbID
            Case 1
                Target.offset(0, 1).value = 1.2
            Case 2
                Target.offset(0, 1).value = 1.9
            Case 3
                Target.offset(0, 1).value = 2.3
            Case 4
                Target.offset(0, 1).value = 3.1
        End Select
    End If
    Target.offset(0, 1).numberformat = "0.00  "
    Select Case VerbID
        Case 101, 102, 103, 104
            Target.offset(1, 0).value = 0.1
            Target.offset(1, 0).numberformat = "0.00 %"
    End Select
    Target.offset(1, 1).Select
End Sub
```

Die gewünschte Aktion wird auf Grund der erkannten *VerbID* ausgeführt. Der Eintrag in die Nachbarzellen verwendet das zurückgegebene *Target*, welches im Falle von Excel ein *Range*-Objekt ist. Da hier auch noch einmal der Text des erkannten Schlüsselwortes zurückgegeben wird, können Sie Notenhefte wegen der besonderen Lineatur teurer machen als die anderen beiden Heftsorten.

TIPP: Haben Sie das Microsoft Office Smarttag SDK herunter geladen, probieren Sie unbedingt die dort integrierten Beispiele aus. Nutzen Sie auch die verschiedenen Anleitungen, die Sie unter *msdn.microsoft.com* finden.

13.14 COM-Add-Ins mit VB 6 erstellen

Im Ordner *K13_13* finden Sie ein Visual Basic-Projekt, welches das Beispiel aus dem ▶ Abschnitt »13.11 Quellcode an Word senden – ein COM-Add-In-Beispiel« umsetzt (*K13_13.vbp* und die zugehörigen Dateien).

Problem

Sie möchten mit Hilfe von Visual Basic 6.0 ein COM-Add-In für Excel erstellen.

Lösung

Im ▶ Abschnitt »13.10 COM-Add-Ins mit der Developer Edition erstellen« wurde die Office Developer Edition verwendet, um den Vorgang der Herstellung von COM-Add-Ins zu beschreiben, im ▶ Abschnitt »13.11 Quellcode an Word senden – ein COM-Add-In-Beispiel« finden Sie ein Beispiel eines COM-Add-Ins für die VBA-Entwicklungsumgebung.

Unter Visual Basic 6.0 verlaufen die Arbeitsschritte völlig analog.

Erläuterungen

Sie erstellen ein neues Projekt und wählen den Projekttyp *Addin*. Es entsteht ein Beispielprojekt, in welchem sich ein Add-In-Designer sowie ein Formular befinden. Die Objektansicht des Designers ist die aus Abbildung 13.11, sodass Sie die dort gegeben Beschreibungen der Einträge zu den Eigenschaften des Add-Ins übernehmen können.

Auch sind die Ereignisprozeduren der Designer-Klasse die gleichen wie unter der Developer Edition (es sind die gleichen Designer).

Wollen Sie ein COM-Add-In für Excel komfortabel programmieren, vergessen Sie nicht, einen Verweis auf die Excel-Bibliothek zu erstellen. Soll das COM-Add-In der Anwendung eigene Symbolleisten hinzufügen, ist ein Verweis auf die Office-Bibliothek günstig, da sich in dieser die *CommandBars*-Auflistung und alles was sich daraus ergibt, befindet.

Beachten Sie beim Ausprobieren der Begleitdatei, dass Sie die richtigen Verweise setzen: auf die aktuelle Word-Bibliothek, auf die aktuelle Office-Bibliothek und auf die *Visual Basic for Applications Extensibility*. Verwechseln Sie Letztere nicht mit der *Visual Basic Extensibility*, das ist die Umgebung von Visual Basic selbst.

13.15 Informationen in Echtzeit liefern – der Excel Real Time Data Server

Sie finden im Ordner *K13_14* eine Arbeitsmappe *K13_14.xls*, die die Real Time Data Server aus den Unterordnern *VB6* bzw. *MOD* benutzt. Um die RTD-Server auszuprobieren, können Sie die Projekte aufrufen und starten oder die bereits erzeugten Laufzeitbibliotheken mit Hilfe von *Regsvr32.exe* auf Ihrem Rechner registrieren lassen.

Problem

Excel stellt seit der Version XP eine Schnittstelle zur Verfügung, die *Excel Real Time Data Server* heißt. Diese Schnittstelle kann in jeder Entwicklungsumgebung implementiert werden, die in der Lage ist, Laufzeitbibliotheken zu erstellen. Dazu gehören unter anderem die Microsoft Office Developer Edition (die letzte Version XP ist auch für Office 2003 verwendbar, wenn dieses durch ein Update installiert wurde), Visual Basic 6.0 und Visual Basic .NET. Die Entwicklung mit der Developer Edition ist nicht unbedingt zu empfehlen, da es hier bei größeren Projekten zu einer Reihe von Instabilitäten während der Entwicklung kommen kann, durch die manchmal ganze Projekte unbrauchbar werden.

Excel scheint auch das einzige Office-Programm zu sein, welches ohne weitere Programmierung die in Echtzeit erzeugten Information empfangen kann. Das erledigt die integrierte Funktion *RTD*. Durch einen Verweis auf die Excel-Bibliothek kann natürlich in anderen Projekten *WorksheetFunction.RTD* eingesetzt werden.

In diesem Abschnitt wird die Realisierung einer ganz einfachen Aufgabe umgesetzt, die es erlaubt, die laufende aktuelle Uhrzeit in Tabellenzellen darzustellen. Denkbar sind aber wesentlich komplexere Dinge: Abrufen von Serverauslastungen, Häufigkeit von Verbindungsaufrufen, Druckeraufträgen, E-Mail-Eingängen, Abrufen von XML Webdiensten (siehe ▶ Kapitel 12) aus dem Internet mit Informationen zu Aktienkursen oder aus dem Intranet mit Informationen zu Umsätzen, Verkaufszahlen usw.

Lösung

Die Lösung besteht in der Herstellung einer Laufzeitbibliothek, die im Quellcode-Projekt aus einem Klassenmodul mit dem Code aus Listing 13.13 und einem normalen Modul mit dem Code aus Listing 13.14 besteht.

```
Implements Excel.IRtdServer

Const strTopic1 = "Stunde"
Const strTopic2 = "Minute"
Const strTopic3 = "Sekunde"

Const lngTopicCount = 3

Dim lngTopicId1 As Long
Dim lngTopicId2 As Long
Dim lngTopicId3 As Long

Private Function IRtdServer_ConnectData(ByVal TopicID As Long, Strings() As Variant, _
            GetNewValues As Boolean) As Variant
    Select Case Strings(0)
        Case strTopic1
            lngTopicId1 = TopicID
            IRtdServer_ConnectData = strTopic1
        Case strTopic2
            lngTopicId2 = TopicID
            IRtdServer_ConnectData = strTopic2
        Case strTopic3
            lngTopicId3 = TopicID
            IRtdServer_ConnectData = strTopic3
    End Select
```

```
End Function

Private Sub IRtdServer_DisconnectData(ByVal TopicID As Long)

End Sub

Private Function IRtdServer_Heartbeat() As Long
    IRtdServer_Heartbeat = 1
End Function

Private Function IRtdServer_RefreshData(TopicCount As Long) As Variant()
    Dim arDummy(1, 2) As Variant
    TopicCount = lngTopicCount
    arDummy(0, 0) = lngTopicId1
    arDummy(1, 0) = Format(Now, "hh")
    arDummy(0, 1) = lngTopicId2
    arDummy(1, 1) = Format(Now, "nn")
    arDummy(0, 2) = lngTopicId3
    arDummy(1, 2) = Format(Now, "ss")
    IRtdServer_RefreshData = arDummy
End Function

Private Function IRtdServer_ServerStart(ByVal CallbackObject As _
                Excel.IRTDUpdateEvent) As Long
    Set gudeCallBack = CallbackObject
    glngTimerID = SetTimer(0, 0, 1000, AddressOf SendNotification)
    IRtdServer_ServerStart = 1 'wichtig
End Function

Private Sub IRtdServer_ServerTerminate()
    KillTimer 0, glngTimerID
End Sub
```

Listing 13.13: *Das Herz des Servers schlägt regelmäßig*

```
Public Declare Function SetTimer Lib "user32" (ByVal hwnd As Long, _
    ByVal nIDEvent As Long, ByVal uElapse As Long, ByVal lpTimerFunc As Long) As Long
Public Declare Function KillTimer Lib "user32" (ByVal hwnd As Long, _
    ByVal nIDEvent As Long) As Long

Public glngTimerID As Long
Public gudeCallBack As Excel.IRTDUpdateEvent

Public Sub SendNotification()
    On Error GoTo errh
    gudeCallBack.UpdateNotify
    Exit Sub
errh:
    KillTimer 0, glngTimerID
End Sub
```

Listing 13.14: *Zeitgeber ist eine Funktion des Windows-API*

Erläuterungen

Erstellen Sie ein Projekt (Name *RealTime*) mit einem Klassenmodul (Name *clsRTDS*) und einem normalen Modul (Name *modTimer*). Verwenden Sie die Office Developer Edition, funk-

---

tioniert kein normales Klassenmodul, da dieses keine öffentlich erstellbaren Objekte erlaubt. Sie greifen hier wieder zum Trick aus dem ▶ Abschnitt »13.13 Smarttag-DLLs erstellen« und verwenden eine Add-In-Designer-Modul, ohne in Wirklichkeit ein COM-Add-In für eine Office-Anwendung erstellen zu wollen.

Setzen Sie einen Verweis auf die Excel-Bibliothek und schreiben Sie möglichst viele Teile des Quellcodes auf, bevor Sie den ersten Test starten. Wenn sich nämlich in Ihrem Quellcode Fehler befinden, kann es passieren, dass Excel den Server nicht versteht, obwohl Sie die Fehler bereits korrigiert haben.

ACHTUNG: Die Codezeile

```
Implements Excel.IRtdServer
```

führt dazu, dass das Objekt *IRtdServer* in der Objekt-Auswahlliste erscheint. Sie müssen nun alle Prozeduren, die in der Prozedurauswahlliste zu diesem Objekt angezeigt werden, wenigstens ein Mal anklicken, damit sie im Quellcode deklariert sind. Unabhängig davon, ob Sie die Absicht haben, diese Prozeduren zu verwenden oder nicht. Bei einigen haben Sie jedoch strikte Anforderungen an die Verwendung, ohne die der Server nicht funktioniert.

Setzen Sie einen Haltepunkt in *IRtdServer_ServerStart* und starten Sie Ihr Projekt. Nach dem Start rufen Sie Excel auf und schreiben in eine beliebige Zelle einer beliebigen Tabelle folgenden Funktionsaufruf:

```
=RTD("RealTime.clsRTDS";;"Sekunde")
```

Statt *Sekunde* können Sie auch *Minute* oder *Stunde* verwenden, werden dann aber nicht unbedingt sofort etwas beobachten können. Dieser Aufruf folgt der Regel

```
=RTD("ProgId";"Servername";"Topic1";"Topic2";...)
```

Die *ProgId* setzt sich also aus dem Projektnamen und dem Klassennamen zusammen. Der *Servername* ist der eines Servers im Netzwerk, auf dem sich die Laufzeitbibliothek befindet und kann weggelassen werden, wenn es sich um eine lokale Laufzeitbibliothek handelt. *TopicN* sind die Themen, zu denen Sie vom Real Time Server die Information wünschen.

Nachdem Sie den Eintrag der Funktion abgeschlossen haben, springt der Real Time Server an, die Code-Ausführung bleibt beim Haltepunkt stehen und Sie können die Unterhaltung durch schrittweise Codeabarbeitung beobachten:

- ● *IRtdServer_ServerStart*: Das Ereignis tritt ein, wenn der Server gestartet wird, das Programm der Laufzeitbibliothek also läuft. Sie nutzen dass, um einen Timer zu initialisieren, der jede Sekunde (=1000 ms) dafür sorgt, dass ein Update der Informationen erfolgt und Excel über dieses Update informiert wird. Durch

```
glngTimerID = SetTimer(0, 0, 1000, AddressOf SendNotification)
```

wird also aller Sekunden die Prozedur *SendNotification* aufgerufen, die Sie im Modul *mod-Timer* deklariert haben (Listing 13.14). Das ist dank *AddressOf* möglich. Die Rückgabe von

```
IRtdServer_ServerStart = 1
```

ist wichtig und informiert Excel über den erfolgreichen Start des Servers.

- ● Anschließend wird *IRtdServer_ConnectData* aufgerufen. Hinter *String()* stecken die angefragten Themen *Topic1*, *Topic2* usw., die Sie in Abhängigkeit vom Wortlaut für den Verlauf der Sitzung über die gelieferte *TopicID* mit einer zu merkenden Zahl *lngTopicIdN* verbinden.

Der Einfachheit halber gibt es nur ein Unterhaltungsthema, sodass nur *String(0)* eine Rolle spielt.

- Kurze Zeit später fragt Excel an, ob denn der Server noch tätig ist, was *IRtdServer_Heartbeat* auslöst. Hier antworten Sie mit der Rückgabe von *1*, können das allerdings auch von äußeren Umständen abhängig machen (Internet-Verbindung steht noch oder wurde getrennt, Netzwerkdrucker sind noch vorhanden usw.) und ggf. mit *0* antworten. Leider können Sie diese Funktion nicht nutzen, um Excel gleich über das Update zu informieren, es scheint keinen Weg am Timer oder anderen Ereignissen vorbei zu geben.

- Schließlich kommt es zu *IRtdServer_RefreshData*. Hier geben Sie an, zu wie vielen Themen Sie Auskunft geben wollen (*TopicCount*) und schreiben die Auskünfte in ein zweidimensionales Feld. Dieses nimmt also Paare von Werten auf, deren erster in *lngTopicIdN* die gemerkte *TopicID* und der zweite die gewünschte Information zur Uhrzeit (*Stunde, Minute, Sekunde*) beinhalten. Das Feld wird der Funktion *RefreshData* als Wert übergeben und gelangt so auf den Weg zum Tabellenblatt.

- Schließen Sie die Mappe mit der Tabelle, wird *IRtdServer_ServerTerminate* aufgerufen, was Ihnen die Möglichkeit gibt, den Timer still zu legen, bevor das Programm geschlossen wird.

TIPP: Sie werden beobachten, dass die Uhr nur aller zwei Sekunden aktualisiert wird. Das liegt an der Eigenschaft *ThrottleInterval* des *RTD*-Objekts von Excel. Dieses ist bei der Installation auf 2000 ms eingestellt und kann nur durch Programm-Code so verändert werden, dass es zu Aktualisierungen von Real Time Informationen in anderen Zeitabständen kommt. Schreiben Sie ins Direktfenster der Excel-VBA-Entwicklungsumgebung etwa

```
Application.RTD.ThrottleInterval=1000
```

und Sie werden den Ein-Sekunden-Takt beobachten können. Dabei kann die Anzeige natürlich der Systemzeit um 999 ms hinterher hinken bzw. wegen der Rundungseffekte etwas voreilig sein.

HINWEIS: Soll der Real Time Data Server auf einem Server im Netzwerk laufen, so ist auf den Clients die Registrierung der Laufzeitbibliothek (ProgId und CLSID) notwendig. Diese Werte stehen in der Registry des Entwicklungsrechners und sind geeignet zu verteilen. Außerdem sind die DCOM-Zugriffsrechte auf Server und Client entsprechend einzustellen. Informationen dazu finden Sie im Artikel Q285888 der Microsoft Knowledge Base.

13.16 Smart Documents für Office 2003 mit Visual Basic 6.0 erstellen (XML-Erweiterungspakete)

Eine vorbereitete Begleitdatei namens *K13_15.xls* finden Sie im Ordner *K13_15*. Dieser Ordner enthält außerdem eine Datei zum Herabstufen der Sicherheitseinstellungen bei der Installation von XML-Erweiterungspaketen sowie zwei Unterordner (*VB6* und *Solution*). Im ersten befindet sich das VB-Projekt dieses Abschnitts, im zweiten alle Dateien, die zum unten beschriebenen XML-Erweiterungspaket gehören.

Problem

Smart Documents sind intelligente Dokumente, deren Daten auf XML-Zuordnungen beruhen und die Dokumentsteuerung (Arbeit mit einer Tabelle oder einem Word-Dokument) über weite Strecken durch einen zusätzlichen Aufgabenbereich (dieser heißt *Dokumentaktionen*, vgl. Abbildung 13.19). Damit kann der für manchen Anwender sicher ungewohnte und teilweise auch schwierige Umgang mit XML-Zuordnungen, XML-Datenimport und -export und XML-Schema-Dateien durch eine Laufzeitbibliothek gesteuert werden, die sich auf dem lokalen oder einem zentralen Rechner befindet und bei Bedarf gemeinsam mit anderen Dateien als XML-Erweiterungspaket (XML Solution) installiert und einer Arbeitsmappe zugeordnet werden.

Dieser Abschnitt begleitet Sie bei der Erstellung eines solchen Smart Documents, wobei die Entwicklungsarbeit mit Visual Basic 6.0 erfolgt. Prinzipiell sollten sich benötigte Laufzeitbibliotheken auch mit der Office Developer Edition erstellen lassen. Da der Debug-Prozess relativ ungewohnt ist (es gibt nahezu keine Fehlermeldungen der zu implementierenden Schnittstelle), kann sich das aber als Geduldsspiel erweisen. Natürlich ist die Entwicklung auch mit den Programmen von Visual Studio .NET möglich.

Lösung

Folgende Schritte sind im einzelnen zu planen und durchzuführen:

- Erstellen einer Arbeitsmappe oder Arbeitsmappenvorlage, die die Berechnungsschritte oder Datenauswertung für das Problem mit den bewährten Excel-Mitteln umsetzt (Abbildung 13.19)
- Erstellen von XML-Schema-Dateien für den Datenimport und/oder Datenexport.
- Aufnahme der XML Schema-Dateien als XML-Zuordnungen und Zuordnung der XML-Knoten zu den entsprechenden Zellen des Tabellenblattes

HINWEIS: Mehr zum Umgang mit XML-Daten und der Anwendung von Schema-Dateien finden Sie in ▶ Kapitel 12 dieses Buchs, in *Excel 2003 – Das Handbuch* (Microsoft Press) sowie im *Microsoft XML SDK*, welches mit den *Microsoft XML Core Services* installiert wird, die in der neuesten Version zum Download auf der Microsoft-Website bereit stehen.

- Erstellen eines Visual Basic 6.0-Projekts vom Typ ActiveX-DLL
- Erstellen von Zusatzdateien, wie HTML-Dateien als Hilfedateien, XML-Dateien als zu importierende Datendateien u. a.
- Erstellen eines so genannten Manifests, welches als XML-Datei konzipiert ist und die Installation des Erweiterungspakets durchführt
- Anbinden des XML-Erweiterungspakets an die Arbeitsmappe
- Test des Projekts und ggf. dessen Verteilung

Erläuterungen

Erstellen Sie zuerst eine Arbeitsmappe, die Berechnungen wie in Abbildung 13.19 durchführt. Dabei sind *Kreditsumme*, *Zinssatz* und *Tilgungssatz* einzugebende bzw. zu variierende Größen, die *Monatsbelastung* errechnet sich aus *Kreditsumme*(Zinssatz+Tilgungssatz)/12* und die Berechnung der *Laufzeit* nutzt die finanzmathematische Funktion *RMZ* mit den Argumenten *Zinssatz/12*, *Monatsbelastung* und *minus Kreditsumme*.

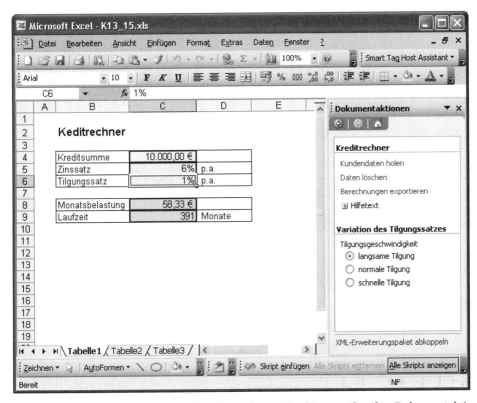

Abbildung 13.19: *Ein einfacher Kreditrechner, dessen Funktionen über den Dokumentaktionen-Arbeitsbereich gesteuert werden können*

Speichern und schließen Sie die Arbeitsmappe.

Bereiten Sie zwei XML-Schemadateien wie in Listing 13.15 und Listing 13.16 vor.

```
<?xml version="1.0" encoding="utf-8" standalone="no" ?>
<xs:schema xmlns:xs="http://www.w3.org/2001/XMLSchema"
targetNamespace=www.dr-e-pfeifer.de/xlRezepteInput
    xmlns="www.dr-e-pfeifer.de/xlRezepteInput" elementFormDefault="qualified">
    <xs:element name="inputData">
        <xs:complexType>
            <xs:all>
                <xs:element name="Kreditsumme" type="nonNegativ" minOccurs="1"
                    maxOccurs="1" />
                <xs:element name="Zinssatz" type="nonNegativ" minOccurs="1"
                    maxOccurs="1" />
                <xs:element name="Tilgungssatz" type="nonNegativ" minOccurs="1"
                    maxOccurs="1" />
            </xs:all>
        </xs:complexType>
    </xs:element>
```

```
<xs:simpleType name="nonNegativ">
    <xs:restriction base="xs:float">
        <xs:minInclusive value="0" fixed="true" />
    </xs:restriction>
</xs:simpleType>
</xs:schema>
```

Listing 13.15: XML-Schema-Datei für den validierten Import von XML-Daten

Zur Erstellung verwenden Sie einen beliebigen XML-Editor (im einfachsten Fall *Notepad.exe*). Der Aufbau ist klar, es werden beim Import nichtnegative Zahlen erwartet, deren Erscheinen in der XML-Datendatei unter den genannten Knoten *Kreditsumme*, *Zinssatz* und *Tilgungssatz* genau ein Mal erfolgen darf. Wichtig ist der verwendete Namensraum *www.dr-e-pfeifer.de/xl-RezepteInput*, der eindeutig sein soll und ansonsten von Ihnen frei gewählt werden kann. An diesem »erkennt« später die Laufzeitbibliothek, dass sie bei Auswahl so zugeordneter Zellen aktiv werden muss und das Verhalten des Aufgabenbereichs steuert.

```
<?xml version="1.0" encoding="utf-8" ?>
<xs:schema targetNamespace="www.dr-e-pfeifer.de/xlRezepteOutput" elementFormDefault="qualified"
    xmlns="www.dr-e-pfeifer.de/xlRezepteOutput" xmlns:xs="http://www.w3.org/2001/XMLSchema">
    <xs:element name="outputData">
        <xs:complexType>
            <xs:all>
                <xs:element name="Monatsbelastung" type="nonNegativ" minOccurs="1"
                    maxOccurs="1"></xs:element>
                <xs:element name="Laufzeit" type="xs:nonNegativeInteger" minOccurs="1"
                    maxOccurs="1"></xs:element>
            </xs:all>
        </xs:complexType>
    </xs:element>
    <xs:simpleType name="nonNegativ">
        <xs:restriction base="xs:float">
            <xs:minInclusive value="0" fixed="true" />
        </xs:restriction>
    </xs:simpleType>
</xs:schema>
```

Listing 13.16: XML-Schema-Datei für den validierten Export von XML-Daten

Der wichtige Namensraum heißt jetzt *www.dr-e-pfeifer.de/xlRezepteOutput*.

Öffnen Sie Ihre Arbeitsmappe und ordnen Sie die XML-Schema-Dateien dem Tabellenblatt zu. Dazu rufen Sie den Menübefehl *Daten/XML/XML-Quelle* auf und klicken im nun erscheinenden Aufgabenbereich auf die Schaltfläche *XML-Verknüpfungen*. Das dann sich öffnende Dialogfeld sollte nach der Zuordnung der Schema-Dateien aussehen wie in Abbildung 13.20.

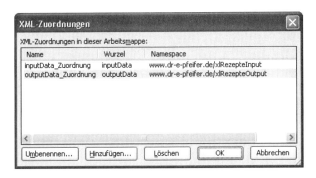

Abbildung 13.20: *XML-Zuordnungen, an den Namensräumen (Namespace) zu identifizieren*

Achten Sie auf die automatische Namensvergabe. Sie erfolgt durch Ermittlung des Wurzelknotennamens und dem Hinzufügen von *_Zuordnung*. In der englischsprachigen Version wird *_Map* hinzugefügt. Sie können diese Namen durch *Umbenennen* ändern, brauchen den Wortlaut aber in Ihrem VB-Projekt.

Ziehen Sie nun die Knotenbezeichnungen aus Abbildung 13.21 per Drag & Drop auf die Zellen, in denen die dazu passenden Werte stehen.

Abbildung 13.21: *Die Zuordnung der Knoten zu den Zellen geschieht mittels Drag & Drop*

Damit ist die Arbeit an der Arbeitsmappe abgeschlossen und Sie können diese speichern und schließen.

Legen Sie ein neues Projekt unter Visual Basic 6.0 an und wählen Sie den Projekttyp ActiveX-DLL. Geben Sie dem Projekt den Namen *Kredit* und dem (einzigen) Klassenmodul den Namen *clsKredit*.

HINWEIS: Sollten Sie die Entwicklung mit der Developer Edition von Office durchführen, müssen Sie statt eines Klassenmoduls ein AddinDesigner-Modul (ohne ein COM-Add-In erstellen zu wollen) verwenden, da nur solche Klassen öffentlich Objekte erstellen können.

Setzen Sie einen Verweis (Menüpunkt *Projekt/Verweise*) auf die *Microsoft Smart Tags 2.0 Type Library* (diese kommt mit Office System 2003) und beginnen Ihren Code mit der Anweisung

```
Implements SmartTagLib.ISmartDocument
```

Diese Anweisung bezieht sich darauf, dass die Schnittstelle zum Erzeugen eines Smart Documents der Smart Tags Objektbibliothek angesprochen wird und nunmehr jede durch diese Schnittstelle bereit gestellte Prozedur implementiert werden muss. Das erreichen Sie zunächst formell, indem Sie jede Prozedur der Prozedurauswahlliste wenigstens ein Mal anklicken und so die Deklaration in Ihrem Code veranlassen.

Bereiten Sie einige Vereinbarungen vor:

```
Private Const cstrInputNamespace = www.dr-e-pfeifer.de/xlRezepteInput
Private Const cstrOutputNamespace = www.dr-e-pfeifer.de/xlRezepteOutput


'das ermoeglicht den Start ohne individuelle Schemata
Private Const cstrDefaultTypeName = http://schemas.microsoft.com/office/smartdocuments/2003#default


Private Const cstrTypeNameInputKreditsumme = cstrInputNamespace & "#Kreditsumme"
Private Const cstrTypeNameInputZinssatz = cstrInputNamespace & "#Zinssatz"
Private Const cstrTypeNameInputTilgungssatz = cstrInputNamespace & "#Tilgungssatz"


Private Const cstrTypeNameOutputMonatsbelastung = cstrOutputNamespace & _
        "#Monatsbelastung"
Private Const cstrTypeNameOutputLaufzeit = cstrOutputNamespace & "#Laufzeit"


Private Const cintNumberOfTypeNames = 6


Private strSolutionDir As String
```

Sie erkennen die Namensräume der XML-Schema-Dateien wieder. Diese werden genommen, um Typen (Teile des Aufgabenbereichs) passend zu den zugeordneten Zellen zu erstellen und zu benennen. Wird eine solche Zelle angeklickt, zeigt der Aufgabenbereich den zugeordneten Typ. Es wird sechs solcher Typen geben. Diese Namensvergabe erinnert stark an den Umgang mit Smarttag-Listen (siehe ▶ Kapitel 12) und Smarttags (siehe ▶ Abschnitt »13.13 Smarttag-DLLs erstellen«).

Der nun folgende Quellcode ist in gewissem Sinne minimal und folgt der Reihenfolge des Abarbeitens, wenn die Arbeitsmappe erstmalig auf die Laufzeitbibliothek zugreift bzw. der Anwender in zugeordnete Zellen klickt. Bis zum Debuggen müssen Sie allerdings noch etwas Geduld haben.

Es beginnt mit:

```
Private Sub ISmartDocument_SmartDocInitialize(ByVal ApplicationName As String, _
        ByVal Document As Object, ByVal SolutionPath As String, _
        ByVal SolutionRegKeyRoot As String)
    strSolutionDir = SolutionPath & "\"
End Sub
```

In diese Prozedur bringen Sie alles, was am Anfang geschehen soll, *SolutionPath* ist der Ort, an welchem das XML-Erweiterungspaket nach dem Download installiert wird. Download heißt während der Entwicklungsphase, dass die von Ihnen bereitgestellten Dateien auch an diesen Ort kopiert werden. Das sollten Sie bei Funktionsstörungen, die aus fehlerhaftem Quellcode stammen, beachten und u. U. die kopierten Dateien löschen, wobei in manchen Fällen auch noch Eingriffe in die Registry notwendig sind, um Erinnerungen zu entfernen. Der Ort der Speicherung lautet im vorliegenden Fall vom Prinzip her *Anwendungsdaten\Microsoft\Schemas\xlRezepteVB6\xlRezepte_VB6_Kredit*.

Als nächstes wird festgelegt, wie viele Erscheinungsformen (Typen) der individuelle Aufgabenbereich haben soll:

```
Private Property Get ISmartDocument_SmartDocXMLTypeCount() As Long
    ISmartDocument_SmartDocXMLTypeCount = cintNumberOfTypeNames
End Property
```

Weiter oben waren sechs Typen vereinbart worden. Diese werden jetzt aufgebaut. Zunächst bekommt jeder der Reihe nach seinen eindeutigen Namen:

```
Private Property Get ISmartDocument_SmartDocXMLTypeName(ByVal SmartDocID As Long) _
        As String
    Select Case SmartDocID
        Case 1
            ISmartDocument_SmartDocXMLTypeName = cstrDefaultTypeName
        Case 2
            ISmartDocument_SmartDocXMLTypeName = cstrTypeNameInputKreditsumme
        Case 3
            ISmartDocument_SmartDocXMLTypeName = cstrTypeNameInputZinssatz
        Case 4
            ISmartDocument_SmartDocXMLTypeName = cstrTypeNameInputTilgungssatz
        Case 5
            ISmartDocument_SmartDocXMLTypeName = cstrTypeNameOutputMonatsbelastung
        Case 6
            ISmartDocument_SmartDocXMLTypeName = cstrTypeNameOutputLaufzeit
    End Select
End Property
```

Parallel zum Namen wird die Beschriftung zugewiesen:

```
Private Property Get ISmartDocument_SmartDocXMLTypeCaption(ByVal SmartDocID As Long, _
        ByVal LocaleID As Long) As String
    Select Case SmartDocID
        Case 1
            ISmartDocument_SmartDocXMLTypeCaption = "Kreditrechner"
        Case 2
            ISmartDocument_SmartDocXMLTypeCaption = "Eingabe der Kreditsumme"
        Case 3
            ISmartDocument_SmartDocXMLTypeCaption = "Variation des Zinssatzes"
        Case 4
            ISmartDocument_SmartDocXMLTypeCaption = "Variation des Tilgungssatzes"
        Case 5
            ISmartDocument_SmartDocXMLTypeCaption = "Verlag"
        Case 6
            ISmartDocument_SmartDocXMLTypeCaption = "Verlag"
    End Select
End Property
```

Beide Prozeduren wechseln sich ab, bis alle Typen durchlaufen wurden.

Nun wird festgelegt, wie viele Steuerelemente auf jedem der Teile (Typen) angeordnet werden sollen:

```
Private Property Get ISmartDocument_ControlCount(ByVal SmartDocXMLTypeName As String) _
      As Long
   Select Case SmartDocXMLTypeName
      Case cstrDefaultTypeName
         ISmartDocument_ControlCount = 4
      Case cstrTypeNameInputKreditsumme
         ISmartDocument_ControlCount = 2
      Case cstrTypeNameInputZinssatz
         ISmartDocument_ControlCount = 2
      Case cstrTypeNameInputTilgungssatz
         ISmartDocument_ControlCount = 2
      Case cstrTypeNameOutputMonatsbelastung
         ISmartDocument_ControlCount = 1
      Case cstrTypeNameOutputLaufzeit
         ISmartDocument_ControlCount = 1
   End Select
End Property
```

Diese Informationen wurden hier fest codiert. Sie können sich vorstellen, dass man auch einen dynamischen Aufbau ins Auge fassen kann. Das *Microsoft Smart Document SDK* hat hier wenigstens ein Beispiel, in welchem die Informationen zum Aufbau des Aufgabenbereichs vollständig aus XML-Informationen in externen Dateien aufgebaut werden. Das erlaubt ein Höchstmaß an Flexibilität, ist aber auch nicht einfach umzusetzen.

Leider können die Steuerelemente nicht mit einem Namen angesprochen werden, jedes muss in Abhängigkeit von seiner Position auf dem Teil (Typ) des Aufgabenbereichs und des Teiles selbst unterschieden werden. Dazu werden *ControlID*s wie im folgenden Codestück vergeben:

```
Private Property Get ISmartDocument_ControlID(ByVal SmartDocXMLTypeName As String, _
      ByVal ControlIndex As Long) As Long
   Select Case SmartDocXMLTypeName
      Case cstrDefaultTypeName
         ISmartDocument_ControlID = ControlIndex
      Case cstrTypeNameInputKreditsumme
         ISmartDocument_ControlID = ControlIndex + 100
      Case cstrTypeNameInputZinssatz
         ISmartDocument_ControlID = ControlIndex + 200
      Case cstrTypeNameInputTilgungssatz
         ISmartDocument_ControlID = ControlIndex + 300
      Case cstrTypeNameOutputMonatsbelastung
         ISmartDocument_ControlID = ControlIndex + 400
      Case cstrTypeNameOutputLaufzeit
         ISmartDocument_ControlID = ControlIndex + 500
   End Select
End Property
```

Also: die Steuerelemente des jeweiligen Teils haben einfache fortlaufende Nummern, die des zweiten sind Hunderter-Nummern, die des dritten Zweihunderter-Nummern usw. Die fortlaufenden Nummern ergeben sich aus der Reihenfolge (*ControlIndex*) auf dem Teil. Diese Vergabe hat sich bewährt, da kaum mehr als Hundert Steuerelemente Platz haben. Sie können sich aber auch eine andere Systematik überlegen.

Durch die folgende Namensvergabe über

```
Private Property Get ISmartDocument_ControlNameFromID(ByVal ControlID As Long) _
        As String
    ISmartDocument_ControlNameFromID = "xlRezepte" & ControlID
End Property
```

gelingt es, aus dem VBA-Projekt dieser oder anderer Mappen oder Add-Ins auf den Aufgaben-bereich *Dokumentaktionen* per Code zugreifen zu können. Interessanter Weise gelingt das über die *SmartTags*-Auflistung des Tabellenblattes, der *Index* ist der Typname des Teils, den Sie ansprechen möchten. Und das, was passieren soll, ist die gewünschte Eigenschaft eines Mit-glied der *SmartTagActions*-Auflistung des gewählten *SmartTag*-Objekts, die als *Index* den eben eingeführten Namen akzeptiert.

Nun muss noch festgelegt werden, von welchem Typ die zu platzierenden Steuerelemente sein sollen. Dazu wird deren *ControlID* benötigt:

```
Private Property Get ISmartDocument_ControlTypeFromID(ByVal ControlID As Long, _
        ByVal ApplicationName As String, ByVal LocaleID As Long) As C_TYPE
    Select Case ControlID
        Case 1, 2, 3
            ISmartDocument_ControlTypeFromID = C_TYPE_LINK
        Case 4
            ISmartDocument_ControlTypeFromID = C_TYPE_HELPURL
        Case 101
            ISmartDocument_ControlTypeFromID = C_TYPE_HELP
        Case 102
            ISmartDocument_ControlTypeFromID = C_TYPE_TEXTBOX
        Case 103
            ISmartDocument_ControlTypeFromID = C_TYPE_LINK
        Case 201, 202
            ISmartDocument_ControlTypeFromID = C_TYPE_LINK
        Case 301
            ISmartDocument_ControlTypeFromID = C_TYPE_RADIOGROUP
        Case 302
            ISmartDocument_ControlTypeFromID = C_TYPE_RADIOGROUP
        Case 401
            ISmartDocument_ControlTypeFromID = C_TYPE_LINK
        Case 501
            ISmartDocument_ControlTypeFromID = C_TYPE_LINK
    End Select
End Property
```

Damit sind die Vorbereitungen getroffen, die eine Platzierung von Steuerelementen erlauben. Es folgen nun Prozeduren, die aufgerufen werden, wenn das Steuerelement platziert wird. Die-se Prozeduren haben den Begriff *Populate* im Namen. Im vorliegenden Beispiel sind das:

```
Private Sub ISmartDocument_PopulateHelpContent(ByVal ControlID As Long, _
        ByVal ApplicationName As String, ByVal LocaleID As Long, _
        ByVal Text As String, ByVal Xml As String, ByVal Target As Object, _
        ByVal Props As SmartTagLib.ISmartDocProperties, Content As String)
    Select Case ControlID
        Case 4
            Content = strSolutionDir & "help.htm"
            Props.Write "ExpandHelp", "False"
```

```
        Case 101
            Content = "<html><body>Kreditsumme, kann variiert werden</body></html>"
    End Select
End Sub
```

(Hilfetexte können als Zeichenketten codiert oder aus externen Dateien importiert werden, *Props.Write* ist eine Anweisung an die Eigenschaften des Steuerelements, die im SDK gut dokumentiert ist) und

```
Private Sub ISmartDocument_PopulateRadioGroup(ByVal ControlID As Long, _
        ByVal ApplicationName As String, ByVal LocaleID As Long, _
        ByVal Text As String, ByVal Xml As String, ByVal Target As Object, _
        ByVal Props As SmartTagLib.ISmartDocProperties, List() As String, _
        Count As Long, InitialSelected As Long)
    Select Case ControlID
        Case 301
            Count = 3
            List(1) = "langsame Tilgung"
            List(2) = "normale Tilgung"
            List(3) = "schnelle Tilgung"
    End Select
End Sub
```

(hier werden drei Optionsschaltflächen aufgelegt).

Damit ist der »Konstruktionsverlauf« abgeschlossen, der Aufgabenbereich wartet auf Aktionen des Anwenders (wobei viele der obigen Prozeduren immer wieder wegen des Neuaufbaus des Aufgabenbereichs durchlaufen werden).

Es gibt nun eine Reihe von der *ControlID* abhängige »Aktionsprozeduren« (dieser Begriff stellt den natürlichen Zusammenhang zu Smarttags heraus, siehe ▶ Abschnitt »13.13 Smarttag-DLLs erstellen«). Hier sind es:

```
Private Sub ISmartDocument_OnRadioGroupSelectChange(ByVal ControlID As Long, _
        ByVal Target As Object, ByVal Selected As Long, ByVal Value As String)
    Select Case ControlID
        Case 301
            Select Case Selected
                Case 1
                    Target.Value = 0.01
                Case 2
                    Target.Value = 0.02
                Case 3
                    Target.Value = 0.04
            End Select
    End Select
End Sub
```

(der Klick auf eine Optionsschaltfläche löst bei *Target*, das ist die zugeordnete Zelle, und seiner Umgebung entsprechendes Verhalten aus),

```
Private Sub ISmartDocument_OnTextboxContentChange(ByVal ControlID As Long, _
        ByVal Target As Object, ByVal Value As String)
    Select Case ControlID
        Case 102
            Target.Value = CDbl(Value)
    End Select
End Sub
```

(der Inhalt eines Textfeldes – *Value* – wird an *Target* oder seine Umgebung übermittelt) und

```
Private Sub ISmartDocument_InvokeControl(ByVal ControlID As Long, _
        ByVal ApplicationName As String, ByVal Target As Object, _
        ByVal Text As String, ByVal Xml As String, ByVal LocaleID As Long)
    Select Case ControlID
        Case 1
            Target.XmlMaps("inputData_Zuordnung").Import strSolutionDir & _
                "Kundendaten.xml", True
            Target.Parent.range("C4").Select
        Case 2
            Target.XmlMaps("inputData_Zuordnung").Import strSolutionDir & _
                "reset.xml", True
        Case 3
            Target.XmlMaps("outputData_Zuordnung").Export strSolutionDir & _
                "output.xml", True
            MsgBox "Export durchgeführt."
        Case 201
            Target.Value = 0.05
        Case 202
            Target.Value = 0.09
        Case 401, 501
            Dim ie As Object
            Set ie = CreateObject("Internetexplorer.Application")
            ie.navigate2 http://www.edv-buchversand.de/mspress/default.asp
            ie.Visible = True
    End Select
End Sub
```

(das sind die Anweisungen für die Link-Steuerelemente, die die Aufgaben von Schaltflächen übernehmen können).

In der letzten Prozedur wird auch der Im- und Export von XML-Daten umgesetzt (vgl. Sie hier auch die Beispiele in ▶ Kapitel 12).

Leider können Sie immer noch nicht ans Debuggen gehen. Sie müssen zuerst eine Manifest-Datei (*manifest.xml*) anlegen (mit einem XML-Editor oder *Notepad.exe*). Der Aufbau von Manifestdateien ist im SDK ausführlich dokumentiert, das Listing 13.17 zeigt die »Minimalstruktur« einer selbstregistrierenden Laufzeitbibliothek (der Name ist aus dem Beispiel) sowie der benötigten Hilfsdateien.

```
<?xml version="1.0" encoding="utf-8" ?>
<SD:manifest xmlns:SD="http://schemas.microsoft.com/office/xmlexpansionpacks/2003">
    <SD:version>1.0</SD:version>
    <SD:uri>xlRezepteVB6</SD:uri>
    <SD:solution>
        <SD:solutionID>xlRezepte.VB6.Kredit</SD:solutionID>
        <SD:type>smartDocument</SD:type>
        <SD:alias lcid="1031">xlRezepteVB6</SD:alias>
        <SD:file>
            <SD:type>solutionActionHandler</SD:type>
            <SD:version>1.0</SD:version>
            <SD:filePath>k13_15.dll</SD:filePath>
            <SD:CLSID>{97B03868-F6A2-4B23-84EB-87501EB3A34A}</SD:CLSID>
            <SD:regsvr32>true</SD:regsvr32>
        </SD:file>
        <SD:file>
```

```
        <SD:type>Other</SD:type>
        <SD:version>1.0</SD:version>
        <SD:filePath>Kundendaten.xml</SD:filePath>
    </SD:file>
    <SD:file>
        <SD:type>Other</SD:type>
        <SD:version>1.0</SD:version>
        <SD:filePath>reset.xml</SD:filePath>
    </SD:file>
    <SD:file>
        <SD:type>Other</SD:type>
        <SD:version>1.0</SD:version>
        <SD:filePath>help.htm</SD:filePath>
    </SD:file>
  </SD:solution>
</SD:manifest>
```

Listing 13.17: *Beispiel einer Manifest-Datei im XML-Format*

Die CLSID holen Sie sich, nachdem Sie Ihr Projekt gestartet haben (ohne Excel aufzurufen), aus der Windows-Registry. Sie suchen dort nach dem Schlüssel *Kredit.clsCredit*, Unterschlüssel *CLSID*.

Speichern Sie das Manifest dort ab, wo sich die Hilfsdateien befinden. Eine der zu importierenden Hilfsdateien (*kundendaten.xml*) liefert eine Kreditsumme und vom »Kunden« gedachte Zins- und Tilgungssätze und sieht aus wie in Listing 13.18.

```
<?xml version="1.0" encoding="UTF-8" standalone="yes"?>
<ns1:inputData xmlns:ns1="www.dr-e-pfeifer.de/xlRezepteInput">
    <ns1:Kreditsumme>4500</ns1:Kreditsumme>
    <ns1:Zinssatz>0.07</ns1:Zinssatz>
    <ns1:Tilgungssatz>0.03</ns1:Tilgungssatz>
</ns1:inputData>
```

Listing 13.18: *Fiktive Daten zum Import, der korrekte Namensraum ns1 erlaubt die Validierung*

Gleich ist es soweit. Sie müssen nur noch einen kleinen Eingriff in die Sicherheitseinstellungen von Excel unternehmen. Diese sind nach der Installation so eingerichtet, dass nur signierte XML-Erweiterungspakete akzeptiert werden. Mit einer Textdatei (*SetupSecurity.reg*), deren Inhalt durch

```
Windows Registry Editor Version 5.00

[HKEY_LOCAL_MACHINE\Software\Microsoft\Office\Common\Smart Tag]
"DisableManifestSecurityCheck"=dword:00000001
```

bestimmt ist, können Sie durch Doppelklick im Windows-Explorer diese Einschränkung temporär umgehen. Bei jedem Versuch, ein XML-Erweiterungspaket zu installieren, möchte *Excel* die Sicherheit wieder heraufstufen.

Setzen Sie einen oder mehrere Haltepunkte in den Code des gestarteten Projekts. Starten Sie Excel und öffnen Sie die von Ihnen entwickelte Arbeitsmappe. Gehen Sie zum Menüpunkt *Daten/XML/XML-Erweiterungspakete* und ein Dialogfeld wie in Abbildung 13.22 erscheint.

Abbildung 13.22: XML-Erweiterungspakete auf dem Rechner installieren, aktualisieren, löschen und an Arbeitsmappen anfügen

Über *Hinzufügen* suchen Sie die von Ihnen angelegte Manifestdatei, quittieren die Aufforderung zur Erhöhung der Sicherheitsstufe, wählen den nun im Dialogfeld erscheinenden Eintrag aus und fügend das XML-Erweiterungspaket über *Anfügen* an Ihre Mappe an. Der Aufgabenbereich *Dokumentaktionen* mit den von Ihnen gestalteten Inhalten sollte erscheinen bzw. der Debugger im Haltepunkt stehen bleiben. Sind alle eventuellen Haltepunkte durchlaufen, können Sie mit dem Aufgabenbereich experimentieren: Kundendaten holen, Einträge zurücksetzen, Zins- und Tilgungssätze variieren.

TIPP: Haben Sie das Microsoft Office Smart Document SDK herunter geladen, probieren Sie unbedingt die dort integrierten Beispiele aus. Nutzen Sie auch die verschiedenen Anleitungen, die Sie unter *msdn.microsoft.com* finden.

Das ist eine neue Dimension der Programmierung von Arbeitsmappen, herausfordernd, spannend und interessant.

Excel und Visual Basic .NET? Die Entwicklung der etwa letzten drei Jahre macht es notwendig, dass sich Office-Entwickler Schritt für Schritt in neue Technologien um das Microsoft .NET-Framework, die Entwicklungsumgebung von Visual Studio .Net und damit verwandten Themen einarbeiten. Dafür sprechen folgende Gedanken:

- VBA als Programmiersprache der Office-Produkte wird nicht mehr weiter entwickelt. Aus Kompatibiltätsgründen wird es die Excel-VBA-Entwickler sicher noch in einigen Versionen begleiten und für »Arbeitsmappen-Lösungen« Verwendung finden.

- Visual Basic 6.0, in welchem letztlich VBA eingesetzt wird, ist die letzte Version in einer langen Traditionslinie. Als Werkzeug für Lösungen, die nicht nur die einzelne Arbeitsmappe oder ein Word-Dokument betreffen, hat es einen festen Platz unter den Entwicklungswerkzeugen (siehe ▶ Kapitel 13) eingenommen. Sein Nachfolger und auch in zunehmenden Maße die noch junge Programmiersprache C# werden über kurz oder lang von diesem Platz Besitz ergreifen.

- Neue Technologien, die sich um Intranet und Internet ranken – SharePoint Team Services, XML-Webservices, die Steuerung mobiler Endgeräte usw. – bringen Sicherheitsanforderungen mit sich, denen die »alten« Werkzeuge nicht gewachsen sind. In zunehmenden Maße wird Funktionalität nicht am Arbeitsplatz, sondern an zentraler Stelle bereit gestellt.

- XML als Sprache, die nicht nur das formgerechte Einkleiden von Daten bewerkstelligt (▶ Kapitel 12) stellt spätestens mit Office System 2003 den Entwickler vor neue Herausforderungen.

- Neue Methoden der Suche nach Informationen und deren Übermittlung, wie sie in Smarttags und Smart Documents von Excel und Word 2003 umgesetzt werden können, lassen sich in der »neuen« Entwicklerwelt einfacher erstellen, erproben und verteilen.

In diesem Buch kann es nicht darum gehen, die Mächtigkeit des .NET Frameworks und eine diese Mächtigkeit nutzende Entwicklungsumgebung auch nur annähernd einführend zu beschreiben. Sondern es geht darum, den Umstieg von VBA an einigen wenigen Beispielen so vorzunehmen, dass der VBA-Entwickler eigentlich gar nicht merkt, dass er sich schon mitten im Neuen befindet.

Sie werden viele Gemeinsamkeiten entdecken, mehr Gemeinsamkeiten als Unterschiede. Der Quellcode ist so lesbar, als ob Sie ihn in der gewohnten VBA-Entwicklungsumgebung erstellt hätten. Dort, wo es signifikant anders ist, wird dies in Hinweisen erläutert.

Auch die Entwicklungsumgebung von Visual Studio .NET selbst verhält sich in großer Analogie zur VBA-Entwicklungsumgebung von Office oder der von Visual Basic 6.0. Einen Unterschied gibt es allerdings, der am Anfang schmerzt: Sie können zwar Ihren Code wie bisher durch Haltepunkte, Überwachungsfenster und schrittweises Abarbeiten debuggen, Sie können aber während dieses Prozesses keine Quellcode-Änderungen vornehmen. Das ist ähnlich wie beim Microsoft Skript-Editor zur Dynamisierung von HTML-Seiten (siehe ▶ Kapitel 12). Die gute Nachricht: dies wird in der nächsten Version von Visual Studio schon anders sein.

Die Visual Studio Tools für Office sind ein eigenständiges Produkt (gehören also zu keiner Version des Visual Studio .NET) und wurden einführend in *VBA-Programmierung mit Microsoft Excel – Das Profibuch* (erschienen bei Microsoft Press) beschrieben. Mit dem Erwerb der Visual Studio Tools für Office erwirbt man gleichzeitig die Standard-Version von Visual Basic .NET. Das sollte in jedem Fall einen Versuch wert sein, den Umstieg vorzubereiten.

14.1 COM-Add-Ins erstellen

Das Begleitprojekt (*K14_01.sln* mit allen Dateien) finden Sie im Ordner *K14_01*. Außerdem können Sie der Datei *schaltflächen.xls* die Id, FaceId und das Symbol der integrierten Excel-Schaltflächen entnehmen.

Problem

Sie möchten ein COM-Add-In erstellen, welches Excel als Anwendung mit zusätzlicher Funktionalität ausstattet.

HINWEIS: Mehr zu COM-Add-Ins finden Sie in ▶ Kapitel 13.

Lösung

Das im Folgenden beschriebene COM-Add-In bringt eine eigene Symbolleiste mit, die es gestattet, neue Arbeitsmappen einzurichten, über die (und nur die) das COM-Add-In die Kontrolle ausübt, auch wenn sie abgespeichert wurden und zu einem beliebigen Zeitpunkt wieder bearbeitet werden.

Haben Sie wenigsten die Professional Edition von Visual Basic .NET installiert, dann begleitet Sie ein Assistent bei den ersten Schritten. Legen Sie also ein neues Projekt an und wählen Sie als Projekttyp *Gemeinsames Add-In* im Ordner *Andere Projekte\Erweiterungsprojekte* (Abbildung 14.1).

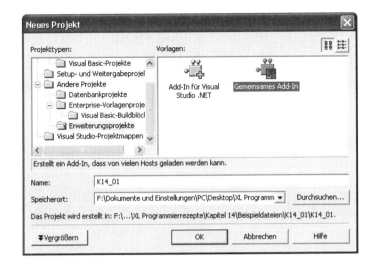

Abbildung 14.1: *Der bei diesem Projekttyp folgende Assistent kann den Einstieg erleichtern*

Nachdem Sie den Namen und Speicherort Ihrer Wahl eingetragen haben, beginnt mit *OK* der Assistent seine Arbeit und führt Sie in fünf Schritten zum fertigen Projekt (der konkrete Code steht natürlich noch aus). Diese Schritte sind selbsterklärend; der Schritt 2 in Abbildung 14.2 deutet an, dass COM-Add-Ins für mehrere Anwendungen zuständig sein können. Im vorliegenden Fall ist nur die Erweiterung von Excel ins Auge gefasst.

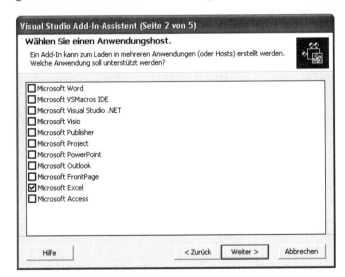

Abbildung 14.2: *COM-Add-Ins können mehrere Anwendungen gleichzeitig steuern helfen und ergänzen*

Im letzten Schritt werden Sie gefragt, ob das COM-Add-In nur für den aktuellen Benutzer oder für alle Benutzer des Computers entwickelt werden soll. Sie sollten sich hier nur für den aktuellen Benutzer entscheiden, damit das COM-Add-In in der Liste der Excel zur Verfügung stehenden COM-Add-Ins angezeigt wird und dort bei Bedarf aktiviert oder deaktiviert werden kann. Das hilft auch in der Entwicklungsphase.

HINWEIS: Um die Liste der COM-Add-Ins sehen zu können, müssen Sie eine Symbolleiste von Excel individuell um die Schaltfläche *COM-Add-Ins* erweitern. Sie finden diese beim *Anpassen* unter *Befehle/Kategorien/Extras*.

Wenn der Assistent seine Arbeit beendet hat, wird das Projekt im Projektmappen-Explorer gemeinsam mit einem Projekt zum Verteilen des COM-Add-Ins (Setup-Projekt) angezeigt (Abbildung 14.3).

Abbildung 14.3: Der Assistent richtet nicht nur das Projekt selbst ein, sondern auch ein passendes Setup-Projekt

Das Quellcode-Gerüst kann nun gefüllt werden. Dies wird in einzelnen Schritten erläutert.

HINWEIS: Haben Sie eine Version von Visual Basic .NET, die den Projekttyp aus Abbildung 14.1 nicht anzeigt, wählen Sie den Projekttyp *Visual Basic-Projekte/Klassenbibliothek*. Es reicht dann allerdings nicht, nur den vollständigen Quelltext dieses Beispiels zu übernehmen, sondern Sie müssen:

⊙ Verweise auf die benötigten Bibliotheken setzen. Das sind die *Extensibility* (Menübefehl *Projekt/Verweis hinzufügen.../.NET*) sowie *Excel 11* und *Office 11* (Menübefehl *Projekt/Verweis hinzufügen.../COM*),

⊙ das Projekt für COM-Interop registrieren lassen (Menübefehl *Projekt/Eigenschaften*, Registerkarte *Konfigurationseigenschaften/Erstellen*) und

⊙ die Registrierung als Excel-COM-Add-In veranlassen. Das kann durch eine Textdatei (Endung *reg*) mit folgendem Text geschehen (Achtung: Einträge in die Registry sollten immer mit Vorsicht erfolgen):

```
Windows Registry Editor Version 5.00

[HKEY_CURRENT_USER\Software\Microsoft\Office\Excel\Addins\K14_01.AddIn]
"FriendlyName"="K14_01"
"Description"="Test für Excel"
"LoadBehavior"=dword:00000003
```

Erläuterungen

Der Quellcode beginnt mit

```
Imports Office = Microsoft.Office.Core
Imports Extensibility
Imports System.Runtime.InteropServices
Imports Excel = Microsoft.Office.Interop.Excel
```

```
<GuidAttribute("5F91E7B9-1FC0-44EE-835C-1CAE4E8BD0C7"), ProgIdAttribute("K14_01.AddIn")> _
Public Class clsAddIn
```

Die *GUID* wird durch den Assistenten vergeben. Können oder wollen Sie den Assistenten nicht benutzen, finden Sie im Menü *Extras* einen Generator, der solche Zifferngruppen erstellt. Sie sollten in jedem Fall das *ProgId*-Attribut sofort (also vor jedem Probelauf) an Ihre Bedürfnisse anpassen. Spätere Änderungen erfordern tiefe Eingriffe in die Registrierung.

HINWEIS: Die Zeilen, die mit *Imports* beginnen, gibt es unter VBA nicht. Solche Anweisungen setzen keine Verweise auf die Bibliotheken, sondern sie helfen, Quellcode kürzer schreiben zu dürfen. So kann dann etwa

```
Dim Wb As Excel.Workbook
```

statt des längeren

```
Dim Wb As Microsoft.Office.Interop.Excel.Workbook
```

verwendet werden. Schreiben Sie nur

```
Imports Microsoft.Office.Interop.Excel
```

sieht die Deklaration von *Wb* so aus:

```
Dim Wb As Workbook
```

Es folgen die Deklarationen im Klassenmodul der Klasse *clsAddIn* (mehr zu Klassen unter VBA finden Sie in ▶ Kapitel 3, in ▶ Kapitel 10 sowie in ▶ Kapitel 13):

```
Implements Extensibility.IDTExtensibility2
Dim WithEvents applicationObject As Excel.Application
Dim cb As Office.CommandBar
Dim WithEvents cbbNew As Office.CommandBarButton
Dim WithEvents cbcAct As Office.CommandBarComboBox
```

Die *Implements*-Anweisung haben Sie bereits in Zusammenhang mit Smarttags, Smart Documents und dem Excel Real Time Data Server in ▶ Kapitel 13 kennen gelernt. Sie bedeutet, dass Sie eine Schnittstelle eines fremden Objekts implementieren, also deren Funktionalität in Ihrem Code bestimmen. Dazu müssen alle bereitgestellten Prozeduren wenigstens im Code deklariert werden, was Ihnen per Klick auf alle Einträge der Prozedurauswahlliste gelingt. Die Verwendung von Add-In-Designern in der Developer Edition von Office bzw. unter Visual Basic 6.0 (siehe ▶ Kapitel 13) hatte Sie von dieser Arbeit befreit, da der entsprechende Quellcode durch die Designer mitgebracht wird.

Das *WithEvents*-Schlüsselwort deklariert die Objekte so, dass deren Ereignisprozeduren verwendet werden können (sofern solche vorhanden sind). Die damit in Zusammenhang stehenden VBA-Möglichkeiten sind in ▶ Kapitel 9 beschrieben.

Sie nutzen nun das *OnConnection*-Ereignis des *Extensibility.IDTExtensibility2*-Objekts, welches beim Anbinden des COM-Add-Ins an Excel eintritt, um die notwendige Funktionalität vorzubereiten:

```
Public Sub OnConnection(ByVal application As Object, _
    ByVal connectMode As Extensibility.ext_ConnectMode, _
    ByVal addInInst As Object, ByRef custom As System.Array) Implements _
    Extensibility.IDTExtensibility2.OnConnection
  applicationObject = application
```

```
Try
    cb = applicationObject.CommandBars("K14_01")
Catch ex As Exception
    cb = applicationObject.CommandBars.Add(Name:="K14_01", _
        Position:=Office.MsoBarPosition.msoBarBottom, Temporary:=True)
End Try
While cb.Controls.Count > 0
    cb.Controls(1).Delete()
End While

cbbNew = cb.Controls.Add(Office.MsoControlType.msoControlButton, Temporary:=True)
cbbNew.Style = Office.MsoButtonStyle.msoButtonIcon
cbbNew.FaceId = 18
cbcAct = cb.Controls.Add(Office.MsoControlType.msoControlDropdown, Temporary:=True)
cb.Protection = Office.MsoBarProtection.msoBarNoCustomize
cb.Visible = True
FillComboBox()
End Sub
```

Zunächst wird *applicationObject* mit der Anwendung (also Excel) identifiziert. Somit haben Sie ab jetzt Code-Zugriff auf die Anwendung. Es wird geprüft, ob es eine Symbolleiste namens *K14_01* bereits gibt, wenn nicht, wird sie eingerichtet. Damit Sie die Schaltflächen bestimmen können, wird die Symbolleiste »gesäubert« und anschließend um eine Schaltfläche mit Symbol (diese soll neue, durch das COM-Add-In verwaltete Arbeitsmappen erzeugen) sowie ein Kombinationsfeld (soll vorhandene, durch das COM-Add-In verwaltete Mappen anzeigen und auswählen lassen) erweitert. Die *Protection*-Eigenschaft wird so gesetzt, dass der Anwender die Symbolleiste nicht anpassen kann.

HINWEIS: Sie vermissen sicher die *Set*-Anweisung bei der Belegung von Objekten. Diese ist unter Visual Basic .Net ersatzlos gestrichen, Objekte werden also wie Zeichenketten oder Zahlen nur durch Gleichheitszeichen belegt.

HINWEIS: Eine Besonderheit von Visual Basic .NET ist die Fehlerbehandlung. Sie können zwar wie unter VBA auch mit *On Error* arbeiten, aber mit dem *Try...End Try*-Block ist die Sache übersichtlich und perfekt. Die komplette Syntax lautet

```
Try
    [ tryStatements ]
[ Catch [ exception [ As type ] ] [ When expression ]
    [ catchStatements ] ]
[ Exit Try ]
...
[ Finally
    [ finallyStatements ] ]
End Try
```

In den *tryStatements* versuchen Sie, Anweisungen, die einen Fehler produzieren können, auszuführen. Tritt der Fehler tatsächlich ein, haben Sie in den *catchStatements* Gelegenheit zu reagieren. Im vorliegenden Fall kann die Symbolleiste nicht angesprochen werden, wenn es sie noch nicht gibt. Sie könnten auch anders herum herangehen: Sie versuchen, die Symbolleiste neu einzurichten, der Fehler wird ausgelöst, wenn bereits eine Symbolleiste des geforderten Namens vorhanden ist. Mit *exception* haben Sie den Fehler sogar richtig im Griff und könnten in Abhängigkeit vom Fehlertyp reagieren. Die *finallyStatements* beinhalten solche Anweisungen, die nach erfolgreicher Fehlerbehandlung durchzuführen sind, wenn Sie nicht mit *Exit Try* den Block verlassen haben.

HINWEIS: Die Anweisung

```
cb.Protection = Office.MsoBarProtection.msoBarNoCustomize
```

sieht etwas umständlich aus. Aber: Die Entwicklungsumgebung kennt nur solche Objekte, Eigenschaften und auch Konstanten aus Aufzählungen, zu denen sie »direkt hingeführt« wird. Also schlägt

```
cb.Protection =msoBarNoCustomize
```

– anders als unter VBA – fehl. Sie könnten dem allerdings durch einen *Imports*-Befehl entgegen wirken:

```
Imports Office.MsoBarProtection
```

und so den Weg zur Aufzählung *MsoBarProtection* ebnen.

Die Prozedur *FillComboBox* übernimmt die Aktualisierung der Listeneinträge:

```
Sub FillComboBox()
    Dim wb As Excel.Workbook
    Dim bln As Boolean
    Dim i As Integer
    Dim strName As String
    Dim intActualIndex As Integer
    cbcAct.Clear()
    For Each wb In applicationObject.Workbooks
        Try
            bln = wb.CustomDocumentProperties("xlRezepte").value
        Catch ex As Exception
        Finally
            If bln Then
                cbcAct.AddItem(wb.Name)
                bln = False
            End If
        End Try
    Next
    strName = applicationObject.ActiveWorkbook.Name
    For i = 1 To cbcAct.ListCount
        If cbcAct.List(i) = strName Then
            intActualIndex = i
        End If
    Next
    cbcAct.ListIndex = intActualIndex
End Sub
```

Diese Aktualisierung geschieht auf Grund der benutzerdefinierten Dokumenteigenschaft *xlRezepte*, die neue, unter Wirkung des COM-Add-Ins erstellte Arbeitsmappen erhalten. Bis auf die im obigen Hinweis erläuterte Fehlerbehandlung enthält der Code nichts VBA-fremdes. Im ersten Teil wird die Liste an Hand der offenen Arbeitsmappen gefüllt, im zweiten Teil wird dafür gesorgt, dass der Name der aktiven Arbeitsmappe aktuell angezeigt wird.

Damit die Schaltfläche der Symbolleiste arbeiten kann, wird hinter deren *Click*-Ereignis Folgendes gelegt:

```
Private Sub cbbNew_Click(ByVal Ctrl As Office.CommandBarButton, _
        ByRef CancelDefault As Boolean) Handles cbbNew.Click
    Dim wb As Excel.Workbook = applicationObject.Workbooks.Add
```

```
Dim wsh As Excel.Worksheet
wb.CustomDocumentProperties.add("xlRezepte", False, _
    Office.MsoDocProperties.msoPropertyTypeBoolean, True)
    wsh = wb.Worksheets(1)
    wsh.Range("A1").Value = Now
    wsh.UsedRange.Columns.AutoFit()
    FillComboBox()
End Sub
```

Einer neuen Arbeitsmappe wird somit die genannte benutzerdefinierte Eigenschaft mit auf den Weg gegeben und deren Wert auf *True* gesetzt. Durch Setzen des Wertes im Eigenschaften-Dialogfeld zur Arbeitsmappe auf *Nein* lassen sich Arbeitsmappen bei Bedarf vom COM-Add-In abkoppeln.

HINWEIS: Eine Deklaration wie

```
Dim wb As Excel.Workbook = applicationObject.Workbooks.Add
```

ist unter VBA nicht erlaubt. Sie müssen diesen Komfort nicht unbedingt nutzen und können die Sache wie gewohnt in zwei Zeilen schreiben:

```
Dim wb As Excel.Workbook
wb = applicationObject.Workbooks.Add
```

HINWEIS: Viele VBA-Programmierer machen sich mit einer Anweisung wie

```
wsh.Range("A1") = Now
```

die Standardeigenschaft eines Objekts zu nutze. Obwohl es funktioniert, ist es doch nicht schön. Das ist aber sicher nicht der Grund, weshalb es nun nicht mehr funktioniert: Objekte haben unter VB .NET keine Standardeigenschaft.

Öffnet der Anwender das Kombinationsfeld und wählt einen Eintrag aus, wird die entsprechende Arbeitsmappe aktiviert. Grund ist die *Change*-Ereignisprozedur des Kombinationsfeldes:

```
Private Sub cbcAct_Change(ByVal Ctrl As Office.CommandBarComboBox) _
        Handles cbcAct.Change
    Dim wb As Excel.Workbook = applicationObject _
                .Workbooks(cbcAct.List(cbcAct.ListIndex))
    wb.Activate()
End Sub
```

HINWEIS: Das Schlüsselwort *Handles* ist unter VBA unbekannt. Es wird hier automatisch verwendet und gibt Ihnen die Möglichkeit, den Prozedurnamen selbst frei zu wählen.

Abgerundet wird die Wirkung des COM-Add-Ins, indem Sie verschiedene Ereignisse des *Excel-Application*-Objekts nutzen, um das Kombinationsfeld zu aktualisieren (mehr über diese Ereignisse unter VBA finden Sie in ▶ Kapitel 9):

```
Private Sub applicationObject_NewWorkbook(ByVal Wb As Excel.Workbook) _
        Handles applicationObject.NewWorkbook
    FillComboBox()
End Sub

Private Sub applicationObject_WorkbookDeactivate(ByVal Wb As Excel.Workbook) _
        Handles applicationObject.WorkbookDeactivate
    FillComboBox()
End Sub
```

```
Private Sub applicationObject_WorkbookActivate(ByVal Wb As Excel.Workbook) _
        Handles applicationObject.WorkbookActivate
    FillComboBox()
End Sub
```

Damit die Symbolleiste nicht »herum liegt«, wird sie – wenn das nicht schon der Anwender irrtümlich getan hat – beim Deaktivieren des Add-Ins (*OnDisconnection*-Ereignis) entfernt:

```
Public Sub OnDisconnection(ByVal RemoveMode As Extensibility.ext_DisconnectMode, _
        ByRef custom As System.Array) Implements _
        Extensibility.IDTExtensibility2.OnDisconnection
    Try
        cb.Delete()
    Catch ex As Exception
    End Try
End Sub
```

Starten Sie Ihr Projekt und anschließend Excel als externes Programm, indem Sie dazu den entsprechenden Eintrag in den Projekteigenschaften (Menüpunkt *Projekt/Eigenschaften*, Registerkarte *Debuggen/Externes Programm starten*) vorbereiten und beginnen Sie zu testen. Denken Sie dabei daran, dass Sie Haltepunkte setzen und auch das Überwachungsfenster nutzen sollten. Für Code-Änderungen ist das Programm abzubrechen, wobei Sie zuerst Excel schließen sollten.

14.2 Visual Studio Tools für Office 2003 einsetzen

Sie finden ein Beispielprojekt mit Namen *K14_02.sln* mit seinen Dateien sowie eine Arbeitsmappe (*K14_2.xls*), die die durch das Projekt erstellte Assembly nutzt, im Ordner *K14_02*.

Problem

Mit Visual Studio Tools für Office werden Laufzeitbibliotheken erzeugt (so genannte *Assemblies*, Dateiendung *dll*), die (ganz knapp formuliert)

- den klassischen VBA-Code in einer Arbeitsmappe (einem Word-Dokument oder einer Word-Vorlage) ab Version 2003 ganz oder teilweise ablösen (können)

- so genannten »managed code« umsetzen, das heißt, die Verwaltung während der Programmausführung obliegt der CLR (Common Language Runtime), die auch entsprechende Sicherheitsanforderungen an die Ausführung überprüft.

Damit ist es möglich, Funktionalität der Dokumente ggf. an zentraler Stelle bereit zu stellen, da dort Pflege, Wartung und Aktualisierung flexibler vorgenommen werden können.

Mit diesen Laufzeitbibliotheken wird Dokument-orientiert gearbeitet. Sie betreffen in der Regel – anders als COM-Add-Ins (siehe ▶ Abschnitt »14.1 COM-Add-Ins erstellen«) – gezielt die Erweiterung der Funktionalität eines oder mehrer konkreter Dokumente, weniger die der gesamten Applikation.

In diesem Abschnitt wird ein Beispiel für eine Arbeitsmappe skizziert, deren Funktionalität durch eine Symbolleiste erweitert wird. Diese hilft, Arbeitsblätter alphabetisch zu sortieren und erlaubt den Zugriff auf gewünschte Arbeitsblätter aus einem Kombinationsfeld heraus.

Lösung

Haben Sie die Visual Studios für Office installiert, beginnen Sie mit einem neuen Projekt vom Typ *Excel-Arbeitsmappe* aus dem Ordner *Microsoft Office System-Projekte/Visual Basic-Projekte* (Abbildung 14.4)

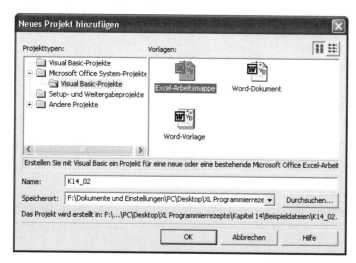

Abbildung 14.4: *Drei Projekttypen stehen für Office System 2003 bereit*

Ein Assistent begleitet Sie im einzigen Schritt, wo Sie entscheiden, ob Sie eine neue Arbeitsmappe anlegen oder eine bereits bestehende verwenden wollen. Das Projekt ist von der Struktur her fertig. Notwendige Verweise, wie Sie sie aus ▶ Kapitel 10 und ▶ Kapitel 13 sowie dem ▶ Abschnitt »14.1 COM-Add-Ins erstellen« kennen, sind bereits gesetzt (auf die *Excel-, Office-, MSForms*-Bibliotheken und auf die VBA-Entwicklungsumgebung).

Erster Quellcode ist auch eingetragen: *Imports*-Anweisungen, Ereignisprozeduren für das Öffnen und Schließen der angelegten Mappe und ein nicht zu ändernder Eintrag, der später beim Öffnen der Mappe das richtige Klassenmodul anzusprechen hilft.

Erläuterungen

Im Folgenden wird der Quellcode in seinen Einzelheiten vorgestellt und erläutert. Die Unterschiede zu und Gemeinsamkeiten mit VBA stehen dabei im Mittelpunkt.

Am Anfang des Codes stehen die durch den Assistenten angelegten Codezeilen

```
Imports System.Windows.Forms
Imports Office = Microsoft.Office.Core
Imports Excel = Microsoft.Office.Interop.Excel
Imports MSForms = Microsoft.Vbe.Interop.Forms

' Office-Integrationsattribut. Gibt die Startklasse für die Arbeitsmappe an.
' Nicht ändern.
<Assembly: System.ComponentModel.DescriptionAttribute _
    ("OfficeStartupClass, Version=1.0, Class=K14_02.OfficeCodeBehind")>
```

Die *Imports*-Anweisungen bewirken keinen Verweis auf die genannten Bibliotheken, sondern dienen dazu, den »Weg« zu den benutzten Klassen (Objekten) an zentraler Stelle im Code zu hinterlegen. Die Anweisung

```
Imports Excel = Microsoft.Office.Interop.Excel
```

erlaubt es Ihnen, später ein Arbeitsmappenobjekt in der Kurzform

```
Dim Wb As Excel.Workbook
```

statt in der langen Variante

```
Dim Wb As Microsoft.Office.Interop Excel.Workbook
```

zu deklarieren.

HINWEIS: Zu den Unterschieden zwischen VBA und Visual Basic .NET lesen Sie bitte auch die Hinweise des ersten Abschnitts in diesem Kapitel.

Der Code in der Klasse *OfficeCodeBehind* (den Namen sollten Sie beibehalten) beginnt mit

```
Public Class OfficeCodeBehind

    Friend WithEvents ThisWorkbook As Excel.Workbook
    Friend WithEvents ThisApplication As Excel.Application
    Dim cb As Office.CommandBar
    Dim WithEvents cbb As Office.CommandBarButton
    Dim WithEvents cbp As Office.CommandBarComboBox
```

Dabei stammen die ersten beiden Deklarations-Zeilen aus der Feder des Assistenten, der Rest ist spezifisch für dieses Projekt: eine Symbolleiste und darauf zwei Steuerelemente.

Achten Sie auf das Schlüsselwort *WithEvents*. Dadurch ist der Zugriff auf die Ereignisprozeduren der jeweiligen Objekte möglich. Mehr über Ereignisprozeduren erfahren Sie in ▶ Kapitel 9.

HINWEIS: Das Schlüsselwort *Friend* gibt es auch unter VBA, dort allerdings nur für Prozeduren und nicht wie hier auch für Objekte. Es bewirkt, dass die Objekte in der gesamten Assembly sichtbar – also durch Code ansprechbar – sind, und nicht nur in der Klasse, in der sie deklariert wurden. Wird auf die Bibliothek ein Verweis gesetzt, sind nur als *Public* deklarierte Objekte sichtbar.

Die beiden durch den Assistenten bereit gestellten Ereignisprozeduren für das *Workbook*-Objekt *ThisWorkbook* füllen Sie wie in Listing 14.1.

```
Private Sub ThisWorkbook_Open() Handles ThisWorkbook.Open
    Try
        cb = ThisApplication.CommandBars(Index:="K14_02")
    Catch
        cb = ThisApplication.CommandBars.Add(Name:="K14_02", temporary:=True)
    End Try
    cb.Visible = True
    cbb = cb.Controls.Add(Type:=Office.MsoControlType.msoControlButton)
    cbb.Style = Office.MsoButtonStyle.msoButtonCaption
    cbb.Caption = "Ordnen"
    cbp = cb.Controls.Add(Type:=Office.MsoControlType.msoControlComboBox)
    FillComboBox()
End Sub
```

```
Private Sub ThisWorkbook_BeforeClose(ByRef Cancel As Boolean) _
        Handles ThisWorkbook.BeforeClose
    Try
        cb.Delete()
    Catch
    End Try
End Sub
```

Listing 14.1: *Standardereignisprozeduren für die Arbeitsmappe*

Es wird zunächst versucht, auf eine Symbolleiste zuzugreifen, die im Normalfall nicht vorhanden sein sollte. Deshalb unterliegt der Zugriff einem Versuch, der mit einem Fehler enden kann. Visual Basic .NET verträgt hier auch die aus VBA bekannten Befehle um *On Error*, jedoch ist der *Try...End Try*-Block flexibler und übersichtlicher im Gebrauch. Zur Syntax schauen Sie sich bitte den entsprechenden Hinweis im ▶ Abschnitt »14.1 COM-Add-Ins erstellen« an. Da es in längeren Codestücken mehrere Fehlerursachen geben kann, ist es gut, die *Catch*-Zeile ausführlicher in der Form

```
Catch ex As Exception
```

zu schreiben. Dann kann *ex* untersucht und je nach Ergebnis reagiert werden.

Die erste Prozedur aus Listing 14.1 veranlasst über *FillComboBox* das Füllen des Kombinationsfeldes.

```
Sub FillComboBox()
    Dim wsh As Excel.Worksheet
    cbc.Clear()
    For Each wsh In ThisWorkbook.Worksheets
        cbc.AddItem(wsh.Name)
    Next
    cbc.ListIndex = ThisWorkbook.ActiveSheet.index
End Sub
```

Listing 14.2: *Ein Kombinationsfeld wird mit den Namen der Tabellenblätter gefüllt*

In Listing 14.2 gibt es zu VBA nur den Unterschied, dass Prozeduren beim Aufruf ihre Parameter immer in Klammern führen (also nicht nur Funktionsprozeduren). Jedoch nimmt Ihnen diese Arbeit die Entwicklungsumgebung ab.

Damit die Schaltfläche und das Kombinationsfeld ordnungsgemäß arbeiten, werden ihre entsprechenden Ereignisprozeduren wie in Listing 14.3 genutzt.

```
Private Sub cbc_Change(ByVal Ctrl As Office.CommandBarComboBox) Handles cbc.Change
    ThisWorkbook.Worksheets(cbc.ListIndex).activate()
End Sub

Private Sub cbb_Click(ByVal Ctrl As Office.CommandBarButton, _
        ByRef CancelDefault As Boolean) Handles cbb.Click
    Dim intCount = ThisWorkbook.Worksheets.Count
    Dim ar As Array = Array.CreateInstance(GetType(String), _
            ThisWorkbook.Worksheets.Count)
    Dim wsh As Excel.Worksheet
    Dim i As Integer
    For Each wsh In ThisWorkbook.Worksheets
        ar(wsh.Index - 1) = wsh.Name
    Next
    ar.Sort(ar)
```

```
    For i = 1 To intCount
        ThisWorkbook.Worksheets(ar(i)).move(after:=ThisWorkbook.Worksheets(intCount))
    Next
    ThisWorkbook.Worksheets(1).activate()
End Sub
```

Listing 14.3: Steuerelemente werden aktiv – Ereignisprozeduren statt OnAction

Prinzipiell lässt sich auch wie unter VBA die *OnAction*-Eigenschaft nutzen, um im klassischen Sinne »ein Makro zuzuweisen«. Die hier vorgeschlagene Methode, die Sie bereits in ▶ Kapitel 9 kennen gelernt haben, bietet jedoch den Vorteil, innerhalb der Ereignisprozedur das Steuerelement *Ctrl* in der Hand zu behalten. Sie könnten damit zum Beispiel einen Wechsel des Symbols oder der Beschriftung an übersichtlicher Stelle auslösen.

HINWEIS: *Array*s (Felder) haben wie auch *String*s (Zeichenketten) einen erheblichen Wandel gegenüber VBA vollzogen. Sie sind zu Objekten geworden. Die *ar*-Deklaration zeigt, wie mit *CreateInstance* ein solches *Array*-Objekt erzeugt wird. Der Lohn für diese Mühe ist etwas wie der Aufruf zum Sortieren. Ohne Mühe seitens des Programmierers sortiert sich ein Feld von selbst: *ar.Sort(ar)*.

Die aus VBA bekannten Zeichenketten-Funktionen *Left*, *Right*, *Len* u. a. gibt es immer noch. Aber es ist auch Folgendes möglich:

```
Dim strDummy As String = "Meine Zeichenkette"
MsgBox(strDummy.Length)
```

statt

```
MsgBox(Len(strDummy))
MsgBox(strDummy.Substring(1, 3))
```

statt

```
MsgBox(Left(strDummy, 3))
```

und viele mehr.

Achten Sie auch auf die Möglichkeiten der gleichzeitigen Deklaration einer Variablen und der Zuweisung eines Wertes.

Sie möchten nicht, dass andere als Tabellenblätter in der Mappe vorkommen und somit im Kombinationsfeld gelistet werden. Also blocken Sie das Einfügen »falscher« Blätter (etwa Diagramme) im entsprechenden Ereignis ab (Listing 14.4).

```
Private Sub ThisWorkbook_NewSheet(ByVal Sh As Object) Handles ThisWorkbook.NewSheet
    Dim wsh As Excel.Worksheet
    Try
        wsh = DirectCast(Sh, Excel.Worksheet)
    Catch ex As Exception
        MsgBox("Nur Arbeitsblätter erlaubt")
        Sh.delete()
    Finally
        FillComboBox()
    End Try
End Sub
```

Listing 14.4: Nur Arbeitsblätter sind erlaubt

Excel und Visual Basic .NET   **705**

HINWEIS: Die *DirectCast*-Umwandlung gibt es in VBA bedauerlicher Weise nicht. Es gibt unter VB .NET wenigstens zwei Möglichkeiten des Einsatzes:

- Sie können prüfen, ob ein Objekt vom vorgegebenen Typ ist. Das Ereignis aus Listing 14.4 tritt ein, wenn überhaupt ein Blatt eingefügt wird, also ist *Sh* ist nur vom Typ *Object* und Sie wissen noch nichts genaues. Versuchen Sie jetzt den Wandel mit *DirectCast* zu einem *Worksheet* zu kommen, so gelingt das nicht, wenn *Sh* ein Diagrammblatt meint. Also wird ein Fehler ausgelöst.

- Sie können nicht typisierte Objekte zu typisierten Objekten machen, damit a) der Code schneller läuft, wenn das Objekt oft gebraucht wird, und b) IntelliSense beim Code-Schreiben hilft.

  Am Rande: den Typ *Variant* gibt es nicht mehr, er wird vom Typ *Object* übernommen. Die Entwicklungsumgebung reagiert entsprechend, wenn Sie aus Versehen *Variant* geschrieben haben und korrigiert den Fehler automatisch.

Damit alles rund läuft und die Liste des Kombinationsfeldes immer aktuell ist, vervollkommnen Sie den Code noch an zwei Stellen wie in Listing 14.5.

```
Private Sub ThisWorkbook_SheetActivate(ByVal Sh As Object) _
          Handles ThisWorkbook.SheetActivate
    FillComboBox()
End Sub


Private Sub ThisWorkbook_SheetDeactivate(ByVal Sh As Object) _
          Handles ThisWorkbook.SheetDeactivate
    FillComboBox()
End Sub
```

Listing 14.5: An den richtigen Stellen reagieren

Nun bleibt nur noch eines zu tun: Die Assembly ist verantwortlich für »ihre« Mappe. Mit anderen Worten, ist diese nicht aktiv, hat die Symbolleiste keine Funktion und muss »verschwinden«, nicht nur ausgeblendet sein; denn dann könnte der Anwender sie ja auch einblenden. Sie nutzen dazu wieder zwei Ereignisse, diesmal aber solche des *Application*-Objekts (Listing 14.6). Verantwortlich ist die *Enabled*-Eigenschaft.

```
Private Sub ThisApplication_WindowDeactivate(ByVal Wb As Excel.Workbook, _
          ByVal Wn As Excel.Window) Handles ThisApplication.WindowDeactivate
    If Wb Is ThisWorkbook Then
        cb.Enabled = False
    End If
End Sub

Private Sub ThisApplication_WindowActivate(ByVal Wb As Excel.Workbook, _
          ByVal Wn As Excel.Window) Handles ThisApplication.WindowActivate
    If Wb Is ThisWorkbook Then
        cb.Enabled = True
    Else
        cb.Enabled = False
    End If
End Sub
```

Listing 14.6: Symbolleisten erscheinen und verschwinden

Ein Wort zur Sicherheit. Entwickeln Sie die Assembly, hat der Assistent diese dem .NET Framework als vollkommen sicher mitgeteilt. Sie erkennen das, indem Sie *Start/Verwaltung/Microsoft .NET Framework 1.1-Konfiguration* anklicken und zu einem Snap-In wie in Abbildung 14.5 gelangen.

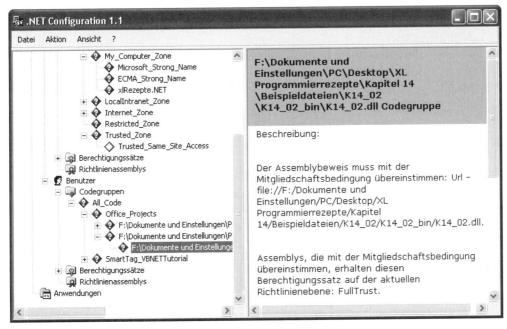

Abbildung 14.5: Sicherheitseinstellungen für das .NET Framework

Sie können in diesem Snap-In mit *Aktion/Neu* neue Codegruppen generieren (und müssen das auch tun, wenn Sie nur die Funktion der Begleitdateien ausprobieren möchten). Dabei werden Sie durch einen Assistenten begleitet.

Soll eine Arbeitsmappe eine Assembly nutzen, die im Netz steht, kann der eben genannte Weg ebenfalls »per Hand« beschritten werden, sinnvoller ist jedoch die Verwendung von Batchdateien, die auch durch Administratoren in entsprechenden Umgebungen gefahren werden können. Der Inhalt einer solchen Batchdatei sieht etwa so aus:

```
D:\WINDOWS\Microsoft.NET\Framework\v1.1.4322\caspol -pp off -ag 1.1 -url "file://pfadangabe/*" FullTrust -n
Namensangabe
D:\WINDOWS\Microsoft.NET\Framework\v1.1.4322\caspol -pp on
```

Und woher weiß eine Arbeitsmappe, dass es für Sie Funktionalität von außen gibt? Es ist durch die Visual Studio Tools umgesetzt wie im ▶ Abschnitt »14.1 COM-Add-Ins erstellen« im Falle Ihres Add-Ins: Es gibt Einträge in den benutzerdefinierten Eigenschaften der Arbeitsmappe entsprechend der Abbildung 14.6.

Abbildung 14.6: So wird die Verbindung zwischen Arbeitsmappe und Assembly hergestellt

Diese sollten nicht verändert werden, es sei denn, die Lage von Arbeitsmappe und/oder Add-In haben sich verändert.

14.3 Smarttags erstellen

Im Ordner *K14_03* finden Sie ein Begleitprojekt (*K14_03.sln*) und die zugehörigen Projektdateien. Beispieldateien zur Registrierung der Smarttags sowie zum Einrichten eines .NET-Vertrauensbeweises finden Sie in entsprechend bezeichneten Unterordnern.

Problem

Smarttags sind intelligente Objekte, die Schlüsselwörter in Word-, Excel- oder PowerPoint-Dateien (ab Version XP/2003) erkennen, den Weg zu weiteren Informationen oder Schritten weisen und auf Klick des Anwenders den vorgeschlagenen Weg gehen. Dabei kann Verschiedenes passieren:

○ die Adresse eines Hyperlinks wird angesprungen. Diese Aktion des Smarttags haben Sie in Zusammenhang mit XML-Smarttag-Listen in ▶ Kapitel 12 kennen gelernt.

○ Informationen aus Datenbanken, XML-Dateien, XML-Webservice-Angeboten oder aus anderen Quellen werden angezeigt und ggf. in das Dokument eingefügt

○ es werden weitergehende Veränderungen am Dokument durchgeführt (Fußnoten eingefügt, Berechnungen durchgeführt u. a. m.)

HINWEIS: Schauen Sie sich in diesem Zusammenhang das in ▶ Kapitel 13 besprochene Beispiel an. Notwendige Detailinformationen und verschiedene Beispiellösungen finden Sie im Microsoft Smart Tag SDK, welches auf der Microsoft-Website zum Download bereit steht. Achtung: Vergessen Sie nicht, die häufig vorgenommenen Pfadeintragungen auf Ihre Umgebung abzustimmen.

Sie möchten den Anwender bei der Berechnung geometrischer Flächen und Körper unterstützen. Denkbar ist so eine Aufgabe unter anderem in interaktiver Lernsoftware. Das Beispiel lässt sicher aber problemlos auf andere Anwendungsgebiete übertragen: Aktienkurse, Preislisten, Umsätze usw. usf.

Schreibt der Anwender ein Schlüsselwort – hier soll dieses *Geometrie* heißen – in eine Zelle, werden ihm geometrische Berechnungen für verschiedene geometrische Gebilde wie in Abbildung 14.7 angeboten.

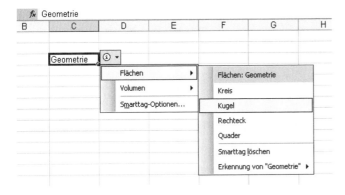

Abbildung 14.7: *Smarttag in Aktion – Angebot geometrischer Berechnungen*

Je nach dem, für welche Berechnung sich der Anwender entscheidet, werden einige Leerzeilen eingefügt, die notwendigen Zellen für Eingaben von *Radius*, *Länge*, *Höhe* oder *Breite* vorbereitet und in eine Ergebniszelle die notwendige Formel zur Berechnung eingetragen. Schreibt der Anwender seine Werte in die vorbereiteten Zellen, steht das Ergebnis wie in Abbildung 14.8 zur Verfügung und er kann es mit eigenen Überlegungen vergleichen.

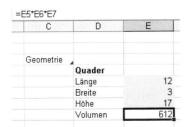

Abbildung 14.8: *Abhängig von der Absicht werden notwendige Zellen generiert*

Lösung

Beginnen Sie mit einem Visual Basic .Net Projekt vom Typ *Klassenbibliothek* aus dem Ordner *Visual Basic-Projekte* und nennen Sie das Projekt *K14_03*. Bevor Sie fortfahren, sollten Sie sich zweier Sachen widmen:

- Das Begleitprojekt bietet auch die Möglichkeit an, die Assembly für COM-Interop registrieren zu lassen, der dann notwendige Quellcode wurde auskommentiert. Dann ist es nicht notwendig, die .NET-Konfiguration im entsprechenden Snap-In (Abbildung 14.5) anzupassen und Vertrauen für die Assembly aufzubauen. Im folgenden wird die Version besprochen, die ohne COM-Interop-Registrierung auskommt und dafür Sicherheitsanforderungen genügt (verwalteter Code). Die .NET-Konfiguration verändern Sie im genannten Snap-In, indem Sie dort eine neue Codegruppe einrichten und den Anweisungen des Assistenten folgen. Schneller geht es, eine Batchdatei ausführen zu lassen, die Befehle nach folgendem Muster umsetzt.

```
f:\windows\microsoft.net\framework\v1.1.4322\caspol.exe -polchgprompt off -user -addgroup 1 -allcode Nothing -name
"xlRezepte" -user -addgroup xlRezepte -url "file://vollst. Pfad zur erzeugten DLL, in der Regel bin-Verzeichnis/*"
FullTrust -name "Geometrie"
f:\windows\microsoft.net\framework\v1.1.4322\caspol.exe -polchgprompt on
```

⊙ Excel muss durch Registry-Einträge darüber informiert werden, dass die Smarttag-Assembly vorhanden ist. Dies kann per Hand (Achtung, Einträge in die Registry über *Regedit.exe* sind mit außerordentlicher Vorsicht vorzunehmen) oder aber mit Hilfe einer kleinen Textdatei (Endung *reg*) geschehen, deren Inhalt sich wie folgt aufbaut (bitte passen Sie die Pfade entsprechend an und klicken Sie nach dem Speichern doppelt auf die Datei im Windows-Explorer):

```
Windows Registry Editor Version 5.00

[HKEY_CURRENT_USER\Software\Microsoft\Office\Common\Smart Tag\Actions\K14_03.SmartTagAction]
"Filename"="F:\\Dokumente und Einstellungen\\PC\\Desktop\\K14_03\\bin\\K14_03.dll"
"Managed"=dword:00000001

[HKEY_CURRENT_USER\Software\Microsoft\Office\Common\Smart Tag\Recognizers\K14_03.SmartTagRecognizer]
"Filename"="F:\\Dokumente und Einstellungen\\PC\\Desktop\\K14_03\\bin\\K14_03.dll"
"Managed"=dword:00000001
```

ACHTUNG: Die Schlüsseleinträge *K14_03.SmartTagAction* und *K14_03.SmartTagRecognizer* folgen dem Muster *Programmname.Klassenname*. Dabei sind die Klassennamen die Namen der im Projekt einzurichtenden Klassen. Es wird zwischen Groß- und Kleinschreibung unterschieden!

Benennen Sie die im Projekt bereits bestehende Klasse in *SmartTagRecognizer* um und fügen Sie eine weitere Klasse hinzu, die *SmartTagAction* heißen soll.

Setzen Sie nun einen Verweis auf die *Microsoft Smart Tag 2.0*-Objektbibliothek (Menübefehl *Projekt/Verweis hinzufügen*, Registerkarte *COM*. Damit stehen die Schnittstellen *ISmartTagRecognizer*, *ISmartTagRecognizer2* und *ISmartTagAction*, *ISmartTagAction2* zur Implementierung bereit.

HINWEIS: Wenn Sie Office XP benutzen, so handelt es sich um die Objektbibliothek der Version 1.0. Es entfallen die Schnittstellen mit der Nummer 2 am Ende, der Code ist entsprechend zu modifizieren.

Erläuterungen

Sie beginnen in beiden Klassenmodulen mit

```
Imports Microsoft.Office.Interop.SmartTag
```

oberhalb der eigentlichen Klassendefinition.

HINWEIS: Die *Imports*-Anweisung setzt keinen Verweis auf die entsprechende Objektbibliothek. Sie hilft aber, den langen und umständlichen Bezug zu einem Objekt im Code zu verkürzen. Statt

```
Microsoft.Office.Interop.SmartTag.ISmartTagAction.Name
```

müssen Sie nur kurz

```
ISmartTagAction.Name
```

schreiben.

Die Klassendefinition beginnen Sie im Klassenmodul *SmartTagRecognizer* mit

```
Public Class SmartTagRecognizer
    Implements ISmartTagRecognizer
    Implements ISmartTagRecognizer2

    Dim garKeyWords() As String
    Dim gintCountKeyWords As Integer
```

und im Klassenmodul *SmartTagAction* mit

```
Public Class SmartTagAction
    Implements ISmartTagAction
    Implements ISmartTagAction2

    Dim gintActions1 As Integer
    Dim gintActions2 As Integer
```

Die *Implements*-Anweisung gestattet es, die Methoden der Schnittstellen zu implementieren. Dazu müssen alle Methoden im Quelltext vorkommen, was Sie dadurch erreichen, dass Sie jede Methode wenigstens ein Mal aus der Prozedurauswahlliste zum jeweiligen Objekt auswählen. Dabei können durchaus manche der Prozeduren leer bleiben.

Die global deklarierten Variablen werden an verschiedenen Stellen im Code benötigt.

Die weiteren Erläuterungen folgen dem Ablauf des Programms ab dem Moment, wo Excel die Assembly erkennt. Dabei wird die Recognizer-Klasse zuerst angesprochen.

```
Private Sub ISmartTagRecognizer2_SmartTagInitialize(ByVal ApplicationName As String) _
         Implements ISmartTagRecognizer2.SmartTagInitialize
    gintCountKeyWords = 2
    ReDim garKeyWords(gintCountKeyWords)
    garKeyWords(1) = "geometrie"
    garKeyWords(2) = "berechnung"
End Sub
```

Sie legen fest, wie viele Schlüsselwörter es gibt und wie diese lauten. Durch die Kleinschreibung begegnen Sie manchen Rechtschreibfehlern.

HINWEIS: Sie können den Ablauf nachvollziehen, indem Sie dafür sorgen, dass beim Start der Programmausführung auch *Excel* als externes Programm startet (Menüpunkt *Projekt/Eigenschaften*, Ordner *Konfigurationseigenschaften/Debuggen*). Setzen Sie außerdem einen Haltepunkt in die gerade besprochene Prozedur. Denken Sie aber daran, dass während des Debuggens keine Codeänderungen möglich sind.

Es folgen

```
Private ReadOnly Property ISmartTagRecognizer_Name(ByVal LocaleID As Integer) _
        As String Implements ISmartTagRecognizer.Name
    Get
    Return "xlRezepte"
    End Get
End Property
```

(der Name des Smarttags wird festgelegt),

```
Private ReadOnly Property ISmartTagRecognizer_Desc(ByVal LocaleID As Integer) _
     As String Implements ISmartTagRecognizer.Desc
   Get
       Return "Geometrie"
   End Get
End Property
```

(es ist möglich, eine Beschreibung anzugeben) und mit

```
Private ReadOnly Property ISmartTagRecognizer_ProgId() As String _
     Implements ISmartTagRecognizer.ProgId
   Get
       Return "K14_03.SmartTagRecognizer"
   End Get
End Property
```

bekommt der Smarttag eine eindeutige Identität. In

```
Private ReadOnly Property ISmartTagRecognizer_SmartTagCount() As Integer _
     Implements ISmartTagRecognizer.SmartTagCount
     Get
         Return 2
     End Get
   End Property
```

wird bestimmt, wie viele Auswahlmöglichkeiten dem Anwender angeboten werden. In diesem Fall sind es zwei (Abbildung 14.7)

HINWEIS: Die *Return*-Anweisung gibt es unter VBA nicht. Es gelingt so, den Rückgabewert der Eigenschaft festzulegen, ohne den Eigenschaftsnamen zu verwenden. Die unter VBA notwendig einzusetzende Rückgabe wird aber von Visual Basic .NET auch verstanden.

Die unter VBA vorzunehmende Aufteilung in *Property Let* und *Property Get* wird durch die Platzierung der Blöcke *Let...End Let* und *Get...End Get* in den Code einer einzigen Prozedur umgesetzt. Die Art der VBA-Deklaration wird nicht unterstützt.

Smarttags werden im weiteren Programmverlauf nicht durch ihre Position (Abbildung 14.7), sondern durch einen eindeutigen Namen angesprochen. Deshalb wird

```
Private ReadOnly Property ISmartTagRecognizer_SmartTagName(ByVal SmartTagID _
     As Integer) As String Implements ISmartTagRecognizer.SmartTagName
   Get
       Select Case SmartTagID
           Case 1
               Return gcstrSmarttagName1
           Case 2
               Return gcstrSmarttagName2
       End Select
   End Get
End Property
```

durchlaufen. Die Namen wurden global in der Form

```
Public Const gcstrSmarttagName1 As String = "xlRezepteNET#Körper"
Public Const gcstrSmarttagName2 As String = "xlRezepteNET#Flächen"
```

hinterlegt und gelten für beide Klassen. Die letzte Prozedur wird so oft durchlaufen, wie es die Zahl der Smarttags verlangt. Damit sind die Vorbereitungen für die Funktionalität erledigt, das Programm wartet auf die Eingabe von Text durch den Anwender.

Wird diese Eingabe in eine Zelle abgeschlossen, meldet sich der Debugger wieder mit

```
Private Sub ISmartTagRecognizer2_Recognize2(ByVal Text As String, _
      ByVal DataType As IF_TYPE, ByVal LocaleID As Integer, _
      ByVal RecognizerSite2 As ISmartTagRecognizerSite2, _
      ByVal ApplicationName As String, _
      ByVal TokenList As ISmartTagTokenList) Implements _
      ISmartTagRecognizer2.Recognize2
   Dim i As Short
   Dim intIndex As Short
   Dim intTermLen As Short
   Dim stPropertyBag1 As ISmartTagProperties
   Dim stPropertyBag2 As ISmartTagProperties

   Text = LCase(Text)
   For i = 1 To gintCountKeyWords
      intIndex = InStr(Text, garKeyWords(i))
      intTermLen = Len(garKeyWords(i))
      Do While intIndex > 0
         stPropertyBag1 = RecognizerSite2.GetNewPropertyBag
         stPropertyBag2 = RecognizerSite2.GetNewPropertyBag
         RecognizerSite2.CommitSmartTag(gcstrSmarttagName1, intIndex, intTermLen, _
                     stPropertyBag1)
         RecognizerSite2.CommitSmartTag(gcstrSmarttagName2, intIndex, intTermLen, _
                     stPropertyBag2)
         intIndex = InStr(intIndex + intTermLen, Text, garKeyWords(i))
      Loop
   Next
End Sub
```

Der Text wird nach den Schlüsselwörtern durchsucht, und wenn passende gefunden werden, wird diese Information mit Hilfe eines *PropertyBags* in eine Auflistung geschickt. Diese wird durch den anderen Teil des Projekts, der nicht fürs Erkennen, sondern für Aktionen zuständig ist, regelmäßig abgefragt, um solche Smarttags zu entdecken, auf die reagiert werden muss.

HINWEIS: Der Typ *Short* ist unter VBA nicht bekannt. Es handelt sich um 16-Bit-Ganzzahlen mit Vorzeichen. Sie können aber wie gewohnt auch *Integer* verwenden.

Die aus VBA bekannten Funktionen *LCase*, *InStr* und *Len* stehen nach wie vor zur Verfügung, obwohl es Alternativen gibt (vgl. Sie den entsprechenden Hinweis im ▶ Abschnitt »14.2 Visual Studio Tools für Office 2003 einsetzen«)

Damit ist die Aufgabe der Recognizer-Klasse erledigt und es werde Prozeduren der Action-Klasse aktiv.

Zuerst ist das

```
Private Sub ISmartTagAction2_SmartTagInitialize(ByVal ApplicationName As String) _
         Implements ISmartTagAction2.SmartTagInitialize
   gintActions1 = 2
   gintActions2 = 4
End Sub
```

wo festgelegt wird, wie viele Schaltflächen als Aktionsangebote zu jedem Smarttag aufgelegt werden.

Wie auch beim Recognizer kommt es zu formalen Festlegungen in

```
Private ReadOnly Property ISmartTagAction_Name(ByVal LocaleID As Integer) As String _
    Implements ISmartTagAction.Name
  Get
      Return "xlRezepte Actions"
  End Get

End Property Private ReadOnly Property ISmartTagAction_Desc(ByVal LocaleID _
          As Integer) As String Implements ISmartTagAction.Desc
  Get
      Return "Geometrie"
  End Get
End Property

Private ReadOnly Property ISmartTagAction_ProgId() As String Implements _
    ISmartTagAction.ProgId
  Get
      Return "K14_03.SmartTagAction"
  End Get
End Property
```

bevor über

```
Private ReadOnly Property ISmartTagAction_SmartTagCount() As Integer Implements _
    ISmartTagAction.SmartTagCount
  Get
      Return 2
  End Get
End Property
```

Übereinstimmung in der Anzahl der Smarttags hergestellt wird. Erneut bekommt jeder Smarttag seinen eindeutigen Namen, wodurch die Action-Klasse die Informationen der Recognizer-Klasse ebenso eindeutig zuordnen kann:

```
Private ReadOnly Property ISmartTagAction_SmartTagName(ByVal SmartTagID As Integer) _
    As String Implements ISmartTagAction.SmartTagName
  Get
      Select Case SmartTagID
          Case 1
              Return gcstrSmarttagName1
          Case 2
              Return gcstrSmarttagName2
      End Select
  End Get
End Property
```

Die Smarttag-Auswahlschaltflächen werden der Reihe nach beschriftet

```
Private ReadOnly Property ISmartTagAction_SmartTagCaption(ByVal SmartTagID As _
    Integer, ByVal LocaleID As Integer) As String Implements _
    ISmartTagAction.SmartTagCaption
  Get
      Select Case SmartTagID
          Case 1
              Return "Volumen"
          Case 2
              Return "Flächen"
      End Select
```

```
        End Get
End Property
```

und anschließend festgelegt, wie viele Aktionsschaltflächen zu jedem Smarttag gehören sollen:

```
Private ReadOnly Property ISmartTagAction_VerbCount(ByVal SmartTagName As String) _
        As Integer Implements ISmartTagAction.VerbCount
    Get
        Select Case SmartTagName
            Case gcstrSmarttagName1
                Return gintActions1
            Case gcstrSmarttagName2
                Return gintActions2
        End Select
    End Get
End Property
```

Nun muss jede der Aktionsschaltfläche eine eindeutige *VerbID* bekommen, anhand derer sie angesprochen werden kann. Die Position allein tut es nicht, da auch der Smarttag eine Rolle spielt (Abbildung 14.7):

```
Private ReadOnly Property ISmartTagAction_VerbID(ByVal SmartTagName As String, _
        ByVal VerbIndex As Integer) As Integer Implements ISmartTagAction.VerbID
    Get
        Select Case SmartTagName
            Case gcstrSmarttagName1
                Return VerbIndex
            Case gcstrSmarttagName2
                ISmartTagAction_VerbID = VerbIndex + 100
        End Select
    End Get
End Property
```

Die Aktionsschaltflächen des ersten Smarttags bekommen fortlaufende Nummern (*VerbID*), die sich aus der Position (*VerbIndex*) ergeben. Die des zweiten bekommen fortlaufende Hunderter-Nummern, die des dritten würden Zweihunderter-Nummern bekommen usw.

HINWEIS: Diese Art der Identifizierung finden Sie auch bei Smart Documents wieder (siehe ▶ Abschnitt »14.4 Smart Documents für Office 2003 erstellen« und das entsprechende Beispiel aus ▶ Kapitel 13).

Nun wird eine Feinheit abgefragt: Aktionsnamen, mit deren Hilfe etwa aus den VBA-Projekten der Arbeitsmappe auf die Smarttag-Aktionen zugegriffen werden kann. Hierzu dient die *SmartTagActions*-Auflistung eines *SmartTag*-Objekts, die neben einer Zahl auch den Namen als Parameter versteht, um das erforderliche *Item* anzusprechen. Auch wenn Sie diese Namen nicht nutzen wollen, müssen Sie sie dennoch definieren, da andernfalls die Assembly nicht korrekt arbeitet.

```
Private ReadOnly Property ISmartTagAction_VerbNameFromID(ByVal VerbID As Integer) _
        As String Implements ISmartTagAction.VerbNameFromID
    Get
        Select Case VerbID
            Case 1
                ISmartTagAction_VerbNameFromID = "VKugel"
            Case 2
                ISmartTagAction_VerbNameFromID = "VQuader"
            Case 101
```

```
                ISmartTagAction_VerbNameFromID = "FKreis"
            Case 102
                ISmartTagAction_VerbNameFromID = "FKugel"
            Case 103
                ISmartTagAction_VerbNameFromID = "FRechteck"
            Case 104
                ISmartTagAction_VerbNameFromID = "FQuader"
        End Select
    End Get
End Property
```

Alle Aktionsschaltflächen müssen beschriftet werden, was durch

```
Private ReadOnly Property ISmartTagAction2_VerbCaptionFromID2 _
        (ByVal VerbID As Integer, ByVal ApplicationName As String, _
        ByVal LocaleID As Integer, ByVal Properties As ISmartTagProperties, _
        ByVal Text As String, ByVal Xml As String, ByVal Target As Object) As String _
        Implements ISmartTagAction2.VerbCaptionFromID2
    Get
        Select Case VerbID
            Case 1
                Return "Kugel"
            Case 2
                Return "Quader"
            Case 101
                Return "Kreis"
            Case 102
                Return "Kugel"
            Case 103
                Return "Rechteck"
            Case 104
                Return "Quader"
        End Select
    End Get
End Property
```

gelingt. Die letzten drei Prozeduren werden so oft aufgerufen, bis alle Schaltflächen abgearbeitet sind.

Damit ist alles vorbereitet, damit etwas passiert, wenn der Anwender auf das Smarttag-Symbol klickt. Die Schwerarbeit der Aktion leistet nach dem Klick auf die Aktionsschaltfläche die Prozedur

```
Private Sub ISmartTagAction2_InvokeVerb2(ByVal VerbID As Integer, _
        ByVal ApplicationName As String, ByVal Target As Object, _
        ByVal Properties As ISmartTagProperties, ByVal Text As String, _
        ByVal Xml As String, ByVal LocaleID As Integer) Implements _
        ISmartTagAction2.InvokeVerb2
    Dim i As Integer

    For i = 1 To 5
        Target.offset(1, 0).entirerow.insert()
    Next

    Select Case VerbID
        Case 1
            Target.offset(1, 1).value = "Kugel"
```

```
            Target.offset(1, 1).font.bold = True
            Target.offset(2, 1).value = "Radius"
            Target.offset(2, 2).interior.color = &HCCFFCC
            Target.offset(3, 1).value = "Volumen"
            Target.offset(3, 2).formula = "=4/3*PI()*Z(-1)S^3"
        Case 2
            Target.offset(1, 1).value = "Quader"
            Target.offset(1, 1).font.bold = True
            Target.offset(2, 1).value = "Länge"
            Target.offset(3, 1).value = "Breite"
            Target.offset(4, 1).value = "Höhe"
            Target.offset(2, 2).interior.color = &HCCFFCC
            Target.offset(3, 2).interior.color = &HCCFFCC
            Target.offset(4, 2).interior.color = &HCCFFCC
            Target.offset(5, 1).value = "Volumen"
            Target.offset(5, 2).formula = "=Z(-3)S*Z(-2)S*Z(-1)S"
        Case 101
            Target.offset(1, 1).value = "Kreis"
            Target.offset(1, 1).font.bold = True
            Target.offset(2, 1).value = "Radius"
            Target.offset(2, 2).interior.color = &HCCFFCC
            Target.offset(3, 1).value = "Fläche"
            Target.offset(3, 2).formula = "=2*PI()*Z(-1)S"
        Case 102
            Target.offset(1, 1).value = "Kugel"
            Target.offset(1, 1).font.bold = True
            Target.offset(2, 1).value = "Radius"
            Target.offset(2, 2).interior.color = &HCCFFCC
            Target.offset(3, 1).value = "Fläche"
            Target.offset(3, 2).formula = "=4*PI()*Z(-1)S^2"
        Case 103
            Target.offset(1, 1).value = "Rechteck"
            Target.offset(1, 1).font.bold = True
            Target.offset(2, 1).value = "Länge"
            Target.offset(3, 1).value = "Breite"
            Target.offset(2, 2).interior.color = &HCCFFCC
            Target.offset(3, 2).interior.color = &HCCFFCC
            Target.offset(4, 1).value = "Fläche"
            Target.offset(4, 2).formula = "=Z(-2)S*Z(-1)S"
        Case 104
            Target.offset(1, 1).value = "Quader"
            Target.offset(1, 1).font.bold = True
            Target.offset(2, 1).value = "Länge"
            Target.offset(3, 1).value = "Breite"
            Target.offset(4, 1).value = "Höhe"
            Target.offset(2, 2).interior.color = &HCCFFCC
            Target.offset(3, 2).interior.color = &HCCFFCC
            Target.offset(4, 2).interior.color = &HCCFFCC
            Target.offset(5, 1).value = "Fläche"
            Target.offset(5, 2).formula = _
                "=2*(Z(-3)S*Z(-2)S+Z(-3)S*Z(-1)+Z(-2)S*Z(-1)S)"
    End Select
End Sub
```

HINWEIS: Dieser Code sieht fast aus wie VBA-Code unter Excel – der Unterschied sind die kleinen Buchstaben bei *offset* usw. Diese kommen dadurch zu Stande, dass sie so in den Code-Editor eingegeben wurden und IntelliSense nicht arbeitet, da kein Verweis auf die Excel-Bibliothek gesetzt wurde. Setzen Sie einen solchen Verweis, ist *Target* immer noch ein nicht typisiertes Objekt. Sie müssen dieses durch die *DirectCast*-Umwandlung, die Typen umwandelt, einem *Range*-Objekt zuweisen und dann funktioniert alles wie in der VBA-Entwicklungsumgebung.

Neben *Target* (was auf *Excel-*, *Word-* oder *PowerPoint*-Objekte zielt) haben Sie noch *ApplicationName* als Rückgabewert in dieser Prozedur. Somit können Sie Smarttags so programmieren, dass sie in verschiedenen Anwendungen mit unterschiedlichen Aktionen reagieren.

HINWEIS: Prinzipiell besteht auch die Möglichkeit, Smarttags für Office 2003 mit Hilfe von Manifesten als XML-Erweiterungspakete zu installieren (siehe ▶ Abschnitt »14.4 Smart Documents für Office 2003 erstellen«). Die Einzelheiten hierzu finden Sie im Microsoft Smart Document SDK.

14.4   Smart Documents für Office 2003 erstellen

Im Ordner *K14_04* finden Sie einen Ordner *Projekt* mit allen Dateien zum Projekt *K14_04.sln*. Der Ordner *Solution* enthält das fertige XML-Erweiterungspaket, Duplikate davon befinden sich zum Test des Quellcodes auch im Ordner *bin* des Projekts. Der Ordner *Trust* enthält die Dateien zum Einstellen der .NET-Konfiguration sowie zur Umstellung der Sicherheitseinstellungen für XML-Erweiterungspakete. Im Ordner *Schemas* finden Sie die eingesetzten XML-Schema-Dateien.

Problem

Smart Documents sind intelligente Dokumente unter Excel und Word 2003, die den Anwender bei der Bearbeitung und Nutzung von Arbeitsmappen und Dokumenten durch einen zusätzlichen Aufgabenbereich (dieser heißt *Dokumentaktionen*) unterstützen. Voraussetzung für die damit angebotene Funktionalität sind

- XML-Zuordnungen, das heißt, gewissen Zellen eines Arbeitsblattes oder Textstücke eines Dokuments wurden die »Knoten« von XML-Schema-Dateien zugeordnet, sodass ein gezielter Import und Export von XML-Daten ermöglicht wird. Mehr zu XML-Zuordnungen und XML-Schemas finden Sie in ▶ Kapitel 12.

- die Anbindung eines XML-Erweiterungspakets über ein XML-Manifest. Dieses löst das Kopieren benötigter Dateien, die zum Funktionieren des Smart Documents benötigt werden (Assemblies als Laufzeitbibliotheken, Datendateien im XML-Format und verschiedene andere mögliche Hilfsdateien) in den lokalen Schema-Speicher des Anwenders (*C:\Dokumente und Einstellungen\UserName\Lokale Einstellungen\Anwendungsdaten\Microsoft\Schemas*) aus und registriert das Paket.

In diesem Abschnitt werden Sie bei der Erstellung eines Projekts unter Visual Basic .NET unterstützt, welches eine Assembly erzeugt, die folgendes umzusetzen hilft. Auf einem Tabellenblatt wurden Informationen zu Bestelldetails durch XML-Zuordnungen belegt, die den Import konkreter Bestelldaten aus XML-Dateien erlauben. Es soll eine Rechnung erstellt werden, in die Mehrwertsteuer und Skonto einfließen, der Anwender soll bei der Erstellung durch einen speziellen Aufgabenbereich unterstützt werden (Abbildung 14.9).

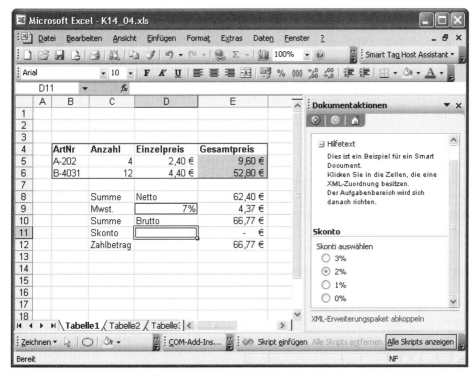

Abbildung 14.9: *Rechnungslegung auf XML-Basis*

HINWEIS: Beachten Sie bitte auch das entsprechende Beispiel in ▶ Kapitel 13. Details zu allen Fragen um Smart Documents sowie eine Reihe von Beispielprojekten hält das Microsoft Smart Document SDK bereit, welches von Microsoft-Website herunter ladbar ist.

Lösung

Bereiten Sie eine Arbeitsmappe vor, die Berechnungen wie in Abbildung 14.9 umsetzt. Dazu nutzen Sie zwei XML-Schema-Dateien, die die Knotenstruktur für die Bestelldetails (Listing 14.7) sowie Knoten für die beiden Prozentsätze bereit stellen (Listing 14.9).

Das Schema aus Listing 14.7 kann mit Hilfe der *Visual Studio .NET* Entwicklungsumgebung erstellt werden, wenn Sie in diese eine XML-Datendatei (Listing 14.8) laden und die Erzeugung über den Menüpunkt *XML/Schema erstellen* anstoßen. Die Einträge zu den Namensräumen, die automatisch erzeugt werden, passen Sie entsprechend an.

```xml
<?xml version="1.0"?>
<xs:schema targetNamespace="www.dr-e-pfeifer.net/xlRezepteNETinput" xmlns="www.dr-e-pfeifer.net/xlRezepteNETinput"
xmlns:xs="http://www.w3.org/2001/XMLSchema" xmlns:msdata="urn:schemas-microsoft-com:xml-msdata"
attributeFormDefault="qualified" elementFormDefault="qualified">
  <xs:element name="Bestellungen">
    <xs:complexType>
      <xs:choice maxOccurs="unbounded">
        <xs:element name="Bestellung">
          <xs:complexType>
            <xs:sequence>
```

```
                <xs:element name="ArtNr" type="xs:string" minOccurs="1" />
                <xs:element name="Anzahl" type="xs:float" minOccurs="1" />
                <xs:element name="Einzelpreis" type="xs:float" minOccurs="1" />
            </xs:sequence>
          </xs:complexType>
        </xs:element>
      </xs:choice>
    </xs:complexType>
  </xs:element>
</xs:schema>
```

Listing 14.7: *XML-Schema für Bestelldaten*

Die angepassten Namensräume sorgen dafür, dass die zu erzeugende Assembly die Zellen erkennt, für die ihre Aktivität abgefordert wird.

HINWEIS: Details zu vielen Fragen um XML und XML-Schemas finden Sie in verschiedenen Versionen des Microsoft XML SDK, welche zusammen mit den Microsoft XML Core Services auf der Microsoft-Website zum Download bereit stehen.

XML-Daten, die zu diesem Schema in Listing 14.7 passen, sind zum Beispiel die aus Listing 14.8.

```
<?xml version="1.0" encoding="utf-8"?>
<Bestellungen xmlns="www.dr-e-pfeifer.net/xlRezepteNETinput">
    <Bestellung>
        <ArtNr>A-202</ArtNr>
        <Anzahl>4</Anzahl>
        <Einzelpreis>2.40</Einzelpreis>
    </Bestellung>
    <Bestellung>
        <ArtNr>B-4031</ArtNr>
        <Anzahl>12</Anzahl>
        <Einzelpreis>4.40</Einzelpreis>
    </Bestellung>
</Bestellungen>
```

Listing 14.8: *XML-Daten mit Bezug zu einem Schema, welcher die Validierung gegen dieses Schema erlaubt*

Das Listing 14.9 zeigt Schema und Standard-Datenbestand für die Prozentsätze in der Rechnung.

```
<?xml version="1.0"?>
<xs:schema targetNamespace="www.dr-e-pfeifer.net/xlRezepteNETprozente"
xmlns="www.dr-e-pfeifer.net/xlRezepteNETprozente" xmlns:xs="http://www.w3.org/2001/XMLSchema"
elementFormDefault="qualified">
  <xs:element name="Prozente">
    <xs:complexType>
      <xs:sequence>
        <xs:element name="Mwst" type="xs:float" minOccurs="1" maxOccurs="1"/>
        <xs:element name="Skonto" type="xs:float" minOccurs="1" maxOccurs="1" />
      </xs:sequence>
    </xs:complexType>
  </xs:element>
```

```
  <xs:element name="DataSet">
    <xs:complexType>
      <xs:choice maxOccurs="1">
        <xs:element ref="Prozente" />
      </xs:choice>
    </xs:complexType>
  </xs:element>
</xs:schema>

<?xml version="1.0" encoding="utf-8"?>
<Prozente xmlns="www.dr-e-pfeifer.net/xlRezepteNETprozente">
    <Mwst>0.16</Mwst>
    <Skonto>0.02</Skonto>
</Prozente>
```

Listing 14.9: *Schema und gültige Daten*

Sie ordnen nun die Knoten der Schema-Dateien den entsprechenden Zellen Ihres Tabellenblattes mit der Rechnung zu. Dazu gehen Sie zum Menüpunkt *Daten/XML/XML-Quelle* und klicken im erscheinenden Aufgabenbereich auf *XML-Verknüpfungen*. Im darauf erscheinenden Dialogfeld fügen Sie die XML-Schema-Dateien hinzu, sodass das Dialogfeld aussieht wie in Abbildung 14.10.

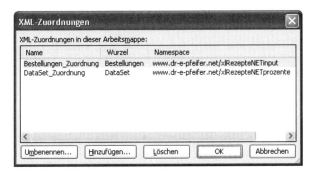

Abbildung 14.10: *Dialogfeld zu XML-Zuordnungen einer Arbeitsmappe*

Achten Sie auf die angezeigten Namensräume (*Namespaces*) sowie auf die *Namen* der Zuordnungen. Diese werden automatisch vergeben, können aber von Ihnen umbenannt werden. Diese Namen werden im Quellcode der Assembly wieder verwendet.

Der Aufgabenbereich *XML-Quelle* sollte nach dem Hinzufügen der Schemata aussehen wie in Abbildung 14.11. Die Zuordnung Zelle – Knoten erfolgt durch Drag & Drop.

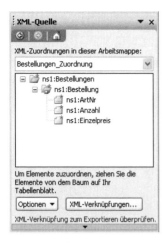

Abbildung 14.11: *Knotenstruktur einer XML-Zuordnung*

HINWEIS: In *Microsoft Excel 2003 – Das Handbuch* (Microsoft Press) ist der Umgang mit XML-Daten (Import und Export) sowie Schemas-Dateien ausführlich beschrieben. Sehen Sie sich auch die entsprechenden Abschnitte im ▶ Kapitel 12 dieses Buchs an.

Sie können die Arbeitsmappe speichern und schließen, wobei es gut ist, vorher einige Import-Experimente mit Daten Ihrer Wahl durchzuführen, um das ordnungsgemäße Arbeiten des Schema zu testen.

XML-Erweiterungspakete werden durch Manifeste installiert und an Arbeitsmappen angebunden. Sie sollten die Manifest-Datei bereits jetzt konzipieren. Der Aufbau von Manifesten, die wiederum XML-Dateien sind, wird im Smart Document SDK ausführlich beschrieben, sodass Listing 14.10 nur die für dieses Beispiel notwendige Grundstruktur zeigt.

```
<?xml version="1.0" encoding="utf-8" ?>
<SD:manifest xmlns:SD="http://schemas.microsoft.com/office/xmlexpansionpacks/2003">
  <SD:version>1.0</SD:version>
  <SD:uri>xlRezepte.NET</SD:uri>
  <SD:solution>
    <SD:solutionID>{2C15C226-7C53-469a-87FA-98FABC20EF38}</SD:solutionID>
    <SD:type>smartDocument</SD:type>
    <SD:alias lcid="1031">xlRezepte.NET</SD:alias>
    <SD:file>
      <SD:runFromServer>False</SD:runFromServer>
      <SD:type>solutionActionHandler</SD:type>
      <SD:version>1.0</SD:version>
      <SD:filePath>K14_04.dll</SD:filePath>
      <SD:CLSNAME>K14_04.clsK14_04</SD:CLSNAME>
      <SD:managed>True</SD:managed>
    </SD:file>
    <SD:file>
      <SD:type>Other</SD:type>
      <SD:version>1.0</SD:version>
      <SD:filePath>bestellung.xml</SD:filePath>
    </SD:file>
    <SD:file>
      <SD:type>Other</SD:type>
      <SD:version>1.0</SD:version>
```

```
      <SD:filePath>reset.xml</SD:filePath>
    </SD:file>
    <SD:file>
      <SD:type>Other</SD:type>
      <SD:version>1.0</SD:version>
      <SD:filePath>prozente.xml</SD:filePath>
    </SD:file>
    <SD:file>
      <SD:type>Other</SD:type>
      <SD:version>1.0</SD:version>
      <SD:filePath>hilfe.htm</SD:filePath>
    </SD:file>
  </SD:solution>
</SD:manifest>
```

Listing 14.10: *Inhalt des Manifests*

Im *solution*-Wrapper eingeschlossen sind alle Dateien, die zum Erweiterungspaket gehören: die Assembly (*K14_04.dll* wird die fertige Laufzeitbibliothek heißen, die in ihr umgesetzte Klasse hat den Namen *clsK14_04*), drei Dateien mit XML-Daten und eine HTML-Datei mit etwas Hilfetext. Dabei wird hier davon ausgegangen, dass sich alle Dateien im gleichen Ordner wie das Manifest befinden.

Hinter *solutionID* steckt eine eindeutige Bezeichnung für das XML-Erweiterungspaket. Sie können diese selbst bestimmen, besser ist es aber (wenn es viele Erweiterungspakete geben wird), mit Hilfe der Datei *guidgen.exe*, die zur Entwicklungsumgebung von Visual Studio. NET gehört, eine solche ID zu erzeugen. Es gibt dafür einen Eintrag im Menüpunkt *Extras*.

HINWEIS: Der im weiteren vorgestellte Code für Visual Basic .NET setzt verwalteten (managed) Code um. Der Quellcode des Begleitprojekts enthält auskommentierte Zeilen, die auch eine COM-Interop Registrierung der Assembly erlauben. Dazu ist im Menüpunkt *Projekt/Eigenschaften*, Ordner *Konfigurationseigenschaften/Erstellen* der entsprechende Haken am Kontrollkästchen zu setzen. Wählen Sie diese Variante, so braucht die Assembly keinen Vertrauensbeweis. Die Manifest-Datei ist aber hinsichtlich der Assembly durch die Zeilen

```
    <SD:file>
      <SD:type>solutionActionHandler</SD:type>
      <SD:version>1.0</SD:version>
      <SD:filePath>K14_04.dll</SD:filePath>
      <SD:CLSID>{1CBCDADD-7B4B-4cec-BE80-492488FB7C5F}</SD:CLSID>
    </SD:file>
```

abzuändern. Die CLSID ist die der Klasse.

Den Vertrauensbeweis im Falle verwalteten Codes tragen Sie in das Snap-In ein, welches sich nach *Start/Verwaltung/Microsoft .NET Framework 1.1-Konfiguration* zeigt (Abbildung 14.5), wobei ein Assistent Sie unterstützt. Oder Sie verwenden eine Batch-Datei mit den Zeilen (die Promptzeichen (»>«) zeigen jeweils den Zeilenbeginn und gehören nicht mit in die Batch-Datei).

```
>C:\WINDOWS\Microsoft.NET\Framework\v1.1.4322\caspol -pp off -ag 1.1 -url "file://C:/Dokumente und
Einstellungen/Username/Lokale Einstellungen/Anwendungsdaten/Microsoft/Schemas/xlRezepte_NET/{2C15C226-7C53-469a-
87FA-98FABC20EF38}/*" FullTrust -n xlRezepte.NET
>C:\WINDOWS\Microsoft.NET\Framework\v1.1.4322\caspol -pp on
```

Sie erkennen, dass die *solutionId* gleichzeitig den Installationsordner bestimmt und dieser als vertrauenswürdig erscheint. Als Entwickler arbeiten Sie trotzdem im Ordner Ihres Projekts, die Entwicklungsumgebung sorgt dafür, dass alles funktioniert.

Erstellen Sie abschließend ein Visual Basic .NET-Projekt (Name *K14_04*) vom Typ *Klassenbibliothek* und nennen die Klasse *clsK14_04*. Setzen Sie einen Verweis auf die Microsoft Smart Tag 2.0 Objektbibliothek (Menüpunkt *Projekt/Verweis hinzufügen*, Registerkarte *COM*).

Damit sind alle Vorbereitungen abgeschlossen, der Quellcode kann geschrieben werden.

Erläuterungen

Sie sollten auf den Debug-Prozess warten, bis Sie wenigstens ein notwendiges Grundgerüst des Codes geschrieben haben. Der Grund dafür ist der: haben sich Fehler eingeschlichen, die die zu implementierende Schnittstelle betreffen, kommt es beim Anfügen des XML-Erweiterungspaketes an die Arbeitsmappe zu einer lapidaren Meldung wie in Abbildung 14.12. Und oft beginnt dann eine Suche, die zur Geduldsprobe wird.

Abbildung 14.12: *Diese Fehlermeldung lässt wenig Spielraum*

Haben sie diese Fehlermeldung hinter sich gelassen oder nie gesehen, sollte das Debuggen wie immer ablaufen.

Die folgenden Erläuterungen der zu implementierenden Prozeduren folgen dennoch den Schritten, die der Debugger nach einem Haltepunkt in der Einstiegsprozedur durchläuft, da so auch der innere Zusammenhang deutlicher wird.

Zu Beginn des Codes schreiben Sie eine Anweisung wie die folgende:

```
Imports Microsoft.Office.Interop.SmartTag
```

Diese setzt nicht den Verweis auf die Objektbibliothek, sonder hilft, vollständige »Klassenpfade« der Form

```
Microsoft.Office.Interop.SmartTag.ISmartDocument.SmartDocXMLTypeName
```

in der Kurzform

```
ISmartDocument.SmartDocXMLTypeName
```

zu schreiben. Die Klassendeklaration beginnt mit

```
Public Class clsK14_04
    Implements ISmartDocument
```

Es wird also die durch die Smart Tag Library bereit gestellte Schnittstelle *ISmartDocument* implementiert. Das bedeutet, jede der Prozeduren dieses Objektes muss in Ihrem Code deklariert werden, unabhängig davon, ob Sie diese Prozeduren auch nutzen werden. Sie erreichen das, indem Sie in der Prozedurauswahlliste jede Prozedur wenigstens ein Mal anklicken.

Mit den nächsten Zeilen, in denen Sie auch die Namensräume der vorbereiteten XML-Schemas wieder erkennen, treffen Sie einige notwendige Vereinbarungen:

```
'diese Schemata muessen vorhanden sein, damit es beim Klicken ins Worksheet klappt
Private Const cstrInputNamespace As String = "www.dr-e-pfeifer.net/xlRezepteNETinput"
Private Const cstrProzenteNamespace As String = _
        "www.dr-e-pfeifer.net/xlRezepteNETprozente"

'das ermoeglicht den Start ohne individuelle Typnamen
Private Const cstrDefaultTypeName As String = _
        "http://schemas.microsoft.com/office/smartdocuments/2003#default"
'die element names sind die aus dem zugeordneten Bestell-Schema
Private Const cstrTypeNameArtNr As String = cstrInputNamespace & "#ArtNr"
Private Const cstrTypeNameAnzahl As String = cstrInputNamespace & "#Anzahl"
Private Const cstrTypeNameEinzelpreis As String = cstrInputNamespace & "#Einzelpreis"

'die element names sind die aus dem zugeordneten Prozente-Schema
Private Const cstrTypeNameMwst As String = cstrProzenteNamespace & "#Mwst"
Private Const cstrTypeNameSkonto As String = cstrProzenteNamespace & "#Skonto"

Private Const cintNumberOfTypeNames As Short = 6

Private cstrSolutionDir As String
```

Sie erkennen fünf Typnamen (Typen sind die Erscheinungsformen des Aufgabenbereichs), die mit den zugeordneten Zellen korrespondieren sowie einen allgemeinen, der sich auf alle anderen Zellen bezieht.

Der Prozess der Ausführung startet mit

```
Private Sub SmartDocInitialize(ByVal ApplicationName As String, _
        ByVal Document As Object, ByVal SolutionPath As String, _
        ByVal SolutionRegKeyRoot As String) Implements _
        ISmartDocument.SmartDocInitialize
    cstrSolutionDir = SolutionPath
End Sub
```

wo mit *SolutionPath* der weiter oben bereits beschriebene Installationsordner des XML-Erweiterungspakets zurück gegeben wird und Sie sich später darauf beziehen können, um Zugriff zu den Hilfsdateien zu haben. Durch die Rückgabe von *ApplicationName* können Sie Lösungen bauen, die sowohl unter Excel als auch Word sinnvoll arbeiten.

Es folgt

```
Private ReadOnly Property SmartDocXMLTypeCount() As Integer Implements _
        ISmartDocument.SmartDocXMLTypeCount
    Get
        Return cintNumberOfTypeNames
    End Get
End Property
```

um festzulegen, wie viele Dokumenttypen (Erscheinungsformen des Aufgabenbereichs) es geben wird.

HINWEIS: Die unter VBA bekannten *Property Let* und *Property Get* werden in Visual Basic .NET in einer Prozedur durch *Get...End Get*- und *Let...End Let*-Blöcke erfasst.

Mit *Return* wird der Rückgabewert in Funktionsprozeduren vereinbart.

Jeder Typ bekommt auf Grund der durch *XMLTypeId* gegebenen Reihenfolge seinen eindeutigen Namen:

```
Private ReadOnly Property SmartDocXMLTypeName(ByVal XMLTypeID As Integer) _
      As String Implements ISmartDocument.SmartDocXMLTypeName
   Get
      Select Case XMLTypeID
         Case 1
            Return cstrDefaultTypeName
         Case 2
            Return cstrTypeNameArtNr
         Case 3
            Return cstrTypeNameAnzahl
         Case 4
            Return cstrTypeNameEinzelpreis
         Case 5
            Return cstrTypeNameMwst
         Case 6
            Return cstrTypeNameSkonto
      End Select
   End Get
End Property
```

Die Prozedur wird für alle Typen, also sechs Mal, durchlaufen, wobei sie sich mit

```
Private ReadOnly Property SmartDocXMLTypeCaption(ByVal XMLTypeID As Integer, _
      ByVal LocaleID As Integer) As String Implements _
      ISmartDocument.SmartDocXMLTypeCaption
   Get
      Select Case XMLTypeID
         Case 1
            Return "Abrechnung"
         Case 2, 3, 4
            Return "Bestelldetails"
         Case 5
            Return "Mehrwertsteuersatz"
         Case 6
            Return "Skonto"
      End Select
   End Get
End Property
```

abwechselt, die für Beschriftungen der Typen zuständig ist. Außerdem wird parallel dazu in jedem Durchlauf über den Typnamen festgelegt, wie viele Steuerelemente auf dem jeweiligen Typ platziert werden sollen:

```
Private ReadOnly Property ControlCount(ByVal XMLTypeName As String) As Integer _
      Implements ISmartDocument.ControlCount
   Get
      Select Case XMLTypeName
         Case cstrDefaultTypeName
            Return 1
         Case cstrTypeNameArtNr, cstrTypeNameAnzahl, cstrTypeNameEinzelpreis
            Return 3
         Case cstrTypeNameMwst
            Return 3
         Case cstrTypeNameSkonto
```

```
                Return 1
            Case Else
                Return 0
        End Select
    End Get
End Property
```

Ähnlich wie Sie es bei Smarttags im ▶ Abschnitt »14.3 Smarttags erstellen« gesehen haben, ist es nicht möglich, die Steuerelemente nur an Hand ihrer Position zu bestimmen. Steuerelement-Namen gibt es aber nicht, deshalb wird zu einem »Trick« gegriffen:

```
Private ReadOnly Property ControlID(ByVal XMLTypeName As String, _
        ByVal ControlIndex As Integer) As Integer Implements ISmartDocument.ControlID
    Get
        Select Case XMLTypeName
            Case cstrDefaultTypeName
                Return ControlIndex
            Case cstrTypeNameArtNr
                Return ControlIndex + 100
            Case cstrTypeNameAnzahl
                Return ControlIndex + 200
            Case cstrTypeNameEinzelpreis
                Return ControlIndex + 300
            Case cstrTypeNameMwst
                Return ControlIndex + 400
            Case cstrTypeNameSkonto
                Return ControlIndex + 500
        End Select
    End Get
End Property
```

Aus Typ-Namen (die durch ganze Hunderter vertreten werden) und Steuerelement-Position (*ControlIndex*) wird die Identität des Steuerelements (*ControlID*).

Dennoch bekommt jedes Steuerelement einen Namen, aber nur für den »Verkehr nach außen«, also etwa zur Nutzung in VBA-Projekten der jeweiligen Mappen.

```
Private ReadOnly Property ControlNameFromID(ByVal ControlID As Integer) _
        As String Implements ISmartDocument.ControlNameFromID
    Get
        Return "K14_04" & ControlID
    End Get
End Property
```

Sie dürfen auf diese Angabe nicht verzichten, auch wenn Sie solche Namen nicht nutzen möchten, da die Assembly sonst nicht funktioniert.

HINWEIS: Der Zugriff auf die Steuerelemente des Aufgabenbereichs aus VBA-Projekten heraus erfolgt über die *SmartTagActions*-Auflistung von *SmartTag*-Objekten. Diese Auflistung nimmt als *Index* eine Zahl oder den oben vergebenen Namen.

An Hand der *ControlID* wird festgelegt, welcher Art jedes Steuerelement sein soll:

```
Public ReadOnly Property ControlTypeFromID(ByVal ControlID As Integer, _
        ByVal ApplicationName As String, ByVal LocaleID As Integer) As C_TYPE _
        Implements ISmartDocument.ControlTypeFromID
    Get
        Select Case ControlID
```

```
            Case 1
                Return C_TYPE.C_TYPE_HELPURL
            Case 101, 201, 301, 102, 202, 302
                Return C_TYPE.C_TYPE_LINK
            Case 103, 203, 303
                Return C_TYPE.C_TYPE_HELP
            Case 401, 402, 403
                Return C_TYPE.C_TYPE_LINK
            Case 501
                Return C_TYPE.C_TYPE_RADIOGROUP
        End Select
    End Get
End Property
```

Mögliche Konstanten werden durch IntelliSense angezeigt und erklären ihre Bedeutung aus ihrem Namen. Links übernehmen die Aufgaben von Schaltflächen.

Es folgend nun die Prozeduren, die das Veröffentlichen der Steuerelemente auf dem Aufgabenbereich verfolgen und bei dieser Gelegenheit auf Grund der *ControlID* Funktionalität hinterlegen. Da ist zunächst

```
Private Sub PopulateHelpContent(ByVal ControlID As Integer, _
        ByVal ApplicationName As String, ByVal LocaleID As Integer, _
        ByVal Text As String, ByVal Xml As String, ByVal Target As Object, _
        ByVal Props As ISmartDocProperties, ByRef Content As String) Implements _
        ISmartDocument.PopulateHelpContent
    Select Case ControlID
        Case 1
            Content = cstrSolutionDir & "Hilfe.htm"
            Props.Write("ExpandHelp", "True")
        Case 103, 203, 303
            Content = "<html><body>Daten durch obige Links holen oder " & _
                    "entfernen.</body></html>"
            Props.Write("ExpandHelp", "False")
    End Select
End Sub
```

zur Ausstattung von Hilfe-Elementen. Es ist möglich, den Text von außerhalb zu importieren oder direkt als HTML-Zeichenkette in den Code zu schreiben. Das Objekt *Props* ist im SDK gut beschrieben, *LocaleId* gestattet Mehrsprachigkeit, *Target* greift auf Objekte der Arbeitsmappe oder des *Word*-Dokuments zu. Das setzt der Phantasie keine Grenzen.

In diese Gruppe gehört auch

```
Private Sub PopulateRadioGroup(ByVal ControlID As Integer, _
        ByVal ApplicationName As String, ByVal LocaleID As Integer, _
        ByVal Text As String, ByVal Xml As String, ByVal Target As Object, _
        ByVal Props As ISmartDocProperties, ByRef List As System.Array, _
        ByRef Count As Integer, ByRef InitialSelected As Integer) _
        Implements ISmartDocument.PopulateRadioGroup
    Select Case ControlID
        Case 501
            Count = 4
            List(1) = "3%"
            List(2) = "2%"
            List(3) = "1%"
            List(4) = "0%"
```

```
        End Select
End Sub
```

zum Einrichten von Optionsschaltflächen.

Bleibt nun nur noch festzulegen, was passieren soll, wenn der Anwender den Aufgabenbereich bedient. Auf Optionsschaltflächen wird wie in

```
Private Sub OnRadioGroupSelectChange(ByVal ControlID As Integer, _
        ByVal Target As Object, ByVal Selected As Integer, ByVal Value As String) _
        Implements ISmartDocument.OnRadioGroupSelectChange
    Select Case ControlID
        Case 501
            Target.value = Value
    End Select
End Sub
```

reagiert, *Target* gibt das Ziel der Wirkung an (es ist eine zugeordnete Zelle). Weitere Prozeduren, die mit »On« beginnen, stehen für andere Steuerelemente zur Verfügung.

Den Abschluss bilden die Link-Elemente. Auf sie wird wie in

```
Private Sub InvokeControl(ByVal ControlID As Integer, _
        ByVal ApplicationName As String, ByVal Target As Object, _
        ByVal Text As String, ByVal Xml As String, ByVal LocaleID As Integer) _
        Implements ISmartDocument.InvokeControl
    Select Case ControlID
        Case 101, 201, 301
            Target.parent.parent.XmlMaps("Bestellungen_Zuordnung").Import(cstrSolutionDir & _
        "bestellung.xml", True)
        Case 102, 202, 302
            Target.parent.parent.XmlMaps("Bestellungen_Zuordnung").Import(cstrSolutionDir & _
        "reset.xml", True)
        Case 401
            Target.value = 0.16
        Case 402
            Target.value = 0.07
        Case 403
            Target.value = 0
    End Select
End Sub
```

zugegriffen. Sie erkennen die Namen der Zuordnungen, der Import von XML-Daten wurde in ▶ Kapitel 12 genauer untersucht. Die letzten drei Einträge erzeugen verschiedene Mehrwertsteuersätze in der Rechnung.

TIPP: Das Projekt ist nur ein Beispiel. Die Aktionen der letzten Prozedur wurden fest codiert. Besser ist es in vielen Situationen, die Werte aus Datenbanken, XML-Dateien oder anderen Quellen zu ziehen. Vielleicht wird der Mehrwertsteuersatz im nächsten Jahr gesenkt. Steht die Zahl dann außerhalb der Assembly, so bleiben Sie flexibel.

Das SDK hält ein Beispiel bereit, in welchem praktisch alle Informationen für den Aufgabenbereich aus einer externen XML-Ressourcendatei gezogen werden.

Wenn Sie noch dafür sorgen, dass beim Ausführen des Projekts *Excel* als externes Programm startet (Menüpunkt *Projekt/Eigenschaften,* Ordner *Konfigurationseigenschaften/Debuggen),* kann der Test beginnen. Nach dem Start des Projekts öffnen Sie in Excel die vorbereitete Arbeitsmappe und gehen zum Menüpunkt *Daten/XML/XML-Erweiterungspakete.* Es erscheint ein Dialogfeld wie in Abbildung 14.13.

Abbildung 14.13: *XML-Erweiterungspakete anfügen*

ACHTUNG: Die Sicherheitseinstellungen von Office System 2003 sind nach der Installation so, dass nur signierte Manifeste akzeptiert werden. Um das für Entwicklungszwecke zu umgehen, ist eine Änderung der Windows-Registry notwendig. Diese führen Sie am besten mit Hilfe einer Textdatei, Endung *reg,* durch, auf die Sie im Windows-Explorer doppelt klicken. Der Inhalt der Textdatei ist folgender:

```
Windows Registry Editor Version 5.00

[HKEY_LOCAL_MACHINE\Software\Microsoft\Office\Common\Smart Tag]
"DisableManifestSecurityCheck"=dword:00000001
```

Bei jedem Versuch, ein Manifest zu laden, wird dann eine Sicherheitswarnung erzeugt, die Sie auffordert, die Sicherheitseinstellungen wieder heraufzustufen.

Suchen Sie unter *Hinzufügen* nach Ihrer Manifest-Datei, das XML-Erweiterungspaket erscheint dann in der Liste der verfügbaren Pakete. Fügen Sie es durch *Anfügen* an die Arbeitsmappe an. Nach dem Schließen des Dialogfeldes sollte der Aufgabenbereich *Dokumentaktionen* wie in Abbildung 14.9 erscheinen und Sie können Ihr Tabellenblatt steuern. Haben Sie einen Haltepunkt in den Quellcode gesetzt, können Sie den Ablauf verfolgen. Korrekturen des Quellcodes sind allerdings unter Visual Basic .NET während des Debuggens nicht möglich.

HINWEIS: Mussten Sie den Quellcode anpassen, dann ist es notwendig, das XML-Erweiterungspaket nicht nur abzukoppeln, sondern im Dialogfeld aus Abbildung 14.13 zu löschen. Das liegt daran, dass die Assembly sich im Installationsordner des Pakets befindet. Um diesen Aufwand zu sparen, können Sie das Manifest (auch temporär) dahin gehend abändern, dass Sie den modifizierten Eintrag

```
<SD:runFromServer>True</SD:runFromServer>
```

verwenden. Allerdings müssen Sie dann noch den .NET-Vertrauensbeweis für Ihr Projekt-Bin-Verzeichnis erstellen.

Anhang

A Argumente für integrierte Dialogfelder

Dialogfeldkonstante	Argumentliste(n)
xlDialogActivate	window_text, pane_num
xlDialogActiveCellFont	font, font_style, size, strikethrough, superscript, subscript, outline, shadow, underline, color, normal, background, start_char, char_count
xlDialogAddChartAutoformat	name_text, desc_text
xlDialogAddinManager	operation_num, addinname_text, copy_logical
xlDialogAlignment	horiz_align, wrap, vert_align, orientation, add_indent
xlDialogApplyNames	name_array, ignore, use_rowcol, omit_col, omit_row, order_num, append_last
xlDialogApplyStyle	style_text
xlDialogAppMove	x_num, y_num
xlDialogAppSize	x_num, y_num
xlDialogArrangeAll	arrange_num, active_doc, sync_horiz, sync_vert
xlDialogAssignToObject	macro_ref
xlDialogAssignToTool	bar_id, position, macro_ref
xlDialogAttachText	attach_to_num, series_num, point_num
xlDialogAttachToolbars	
xlDialogAutoCorrect	correct_initial_caps, capitalize_days
xlDialogAxes	x_primary, y_primary, x_secondary, y_secondary
xlDialogAxes	x_primary, y_primary, z_primary
xlDialogBorder	outline, left, right, top, bottom, shade, outline_color, left_color, right_color, top_color, bottom_color
xlDialogCalculation	type_num, iter, max_num, max_change, update, precision, date_1904, calc_save, save_values, alt_exp, alt_form
xlDialogCellProtection	locked, hidden
xlDialogChangeLink	old_text, new_text, type_of_link
xlDialogChartAddData	ref, rowcol, titles, categories, replace, series
xlDialogChartLocation	
xlDialogChartOptionsDataLabels	▶

Dialogfeldkonstante	Argumentliste(n)
xlDialogChartOptionsDataTable	
xlDialogChartSourceData	
xlDialogChartTrend	type, ord_per, forecast, backcast, intercept, equation, r_squared, name
xlDialogChartType	
xlDialogChartWizard	long, ref, gallery_num, type_num, plot_by, categories, ser_titles, legend, title, x_title, y_title, z_title, number_cats, number_titles
xlDialogCheckboxProperties	value, link, accel_text, accel2_text, 3d_shading
xlDialogClear	type_num
xlDialogColorPalette	file_text
xlDialogColumnWidth	width_num, reference, standard, type_num, standard_num
xlDialogCombination	type_num
xlDialogConditionalFormatting	
xlDialogConsolidate	source_refs, function_num, top_row, left_col, create_links
xlDialogCopyChart	size_num
xlDialogCopyPicture	appearance_num, size_num, type_num
xlDialogCreateNames	top, left, bottom, right
xlDialogCreatePublisher	file_text, appearance, size, formats
xlDialogCustomizeToolbar	category
xlDialogCustomViews	
xlDialogDataDelete	
xlDialogDataLabel	show_option, auto_text, show_key
xlDialogDataSeries	rowcol, type_num, date_num, step_value, stop_value, trend
xlDialogDataValidation	
xlDialogDefineName	name_text, refers_to, macro_type, shortcut_text, hidden, category, local
xlDialogDefineStyle	style_text, number, font, alignment, border, pattern, protection
xlDialogDefineStyle	style_text, attribute_num, additional_def_args, ...
xlDialogDeleteFormat	format_text
xlDialogDeleteName	name_text
xlDialogDemote	row_col
xlDialogDisplay	formulas, gridlines, headings, zeros, color_num, reserved, outline, page_breaks, object_num
xlDialogDisplay	cell, formula, value, format, protection, names, precedents, dependents, note
xlDialogEditboxProperties	validation_num, multiline_logical, vscroll_logical, password_logical ▶

Dialogfeldkonstante	Argumentliste(n)
xlDialogEditColor	color_num, red_value, green_value, blue_value
xlDialogEditDelete	shift_num
xlDialogEditionOptions	edition_type, edition_name, reference, option, appearance, size, formats
xlDialogEditSeries	series_num, name_ref, x_ref, y_ref, z_ref, plot_order
xlDialogErrorbarX	include, type, amount, minus
xlDialogErrorbarY	include, type, amount, minus
xlDialogExternalDataProperties	
xlDialogExtract	unique
xlDialogFileDelete	file_text
xlDialogFileSharing	
xlDialogFillGroup	type_num
xlDialogFillWorkgroup	type_num
xlDialogFilter	
xlDialogFilterAdvanced	operation, list_ref, criteria_ref, copy_ref, unique
xlDialogFindFile	
xlDialogFont	name_text, size_num
xlDialogFontProperties	font, font_style, size, strikethrough, superscript, subscript, outline, shadow, underline, color, normal, background, start_char, char_count
xlDialogFormatAuto	format_num, number, font, alignment, border, pattern, width
xlDialogFormatChart	layer_num, view, overlap, angle, gap_width, gap_depth, chart_depth, dough-nut_size, axis_num, drop, hilo, up_down, series_line, labels, vary
xlDialogFormatCharttype	apply_to, group_num, dimension, type_num
xlDialogFormatFont	color, backgd, apply, name_text, size_num, bold, italic, underline, strike, outline, shadow, object_id, start_num, char_num
xlDialogFormatFont	name_text, size_num, bold, italic, underline, strike, color, outline, shadow
xlDialogFormatFont	name_text, size_num, bold, italic, underline, strike, color, outline, shadow, object_id_text, start_num, char_num
xlDialogFormatLegend	position_num
xlDialogFormatMain	type_num, view, overlap, gap_width, vary, drop, hilo, angle, gap_depth, chart_depth, up_down, series_line, labels, doughnut_size
xlDialogFormatMove	x_offset, y_offset, reference
xlDialogFormatMove	x_pos, y_pos
xlDialogFormatMove	explosion_num
xlDialogFormatNumber	format_text ▶

Dialogfeldkonstante	Argumentliste(n)
xlDialogFormatOverlay	type_num, view, overlap, gap_width, vary, drop, hilo, angle, series_dist, series_num, up_down, series_line, labels, doughnut_size
xlDialogFormatSize	width, height
xlDialogFormatSize	x_off, y_off, reference
xlDialogFormatText	x_align, y_align, orient_num, auto_text, auto_size, show_key, show_value, add_indent
xlDialogFormulaFind	text, in_num, at_num, by_num, dir_num, match_case, match_byte
xlDialogFormulaGoto	reference, corner
xlDialogFormulaReplace	find_text, replace_text, look_at, look_by, active_cell, match_case, match_byte
xlDialogFunctionWizard	
xlDialogGallery3dArea	type_num
xlDialogGallery3dBar	type_num
xlDialogGallery3dColumn	type_num
xlDialogGallery3dLine	type_num
xlDialogGallery3dPie	type_num
xlDialogGallery3dSurface	type_num
xlDialogGalleryArea	type_num, delete_overlay
xlDialogGalleryBar	type_num, delete_overlay
xlDialogGalleryColumn	type_num, delete_overlay
xlDialogGalleryCustom	name_text
xlDialogGalleryDoughnut	type_num, delete_overlay
xlDialogGalleryLine	type_num, delete_overlay
xlDialogGalleryPie	type_num, delete_overlay
xlDialogGalleryRadar	type_num, delete_overlay
xlDialogGalleryScatter	type_num, delete_overlay
xlDialogGoalSeek	target_cell, target_value, variable_cell
xlDialogGridlines	x_major, x_minor, y_major, y_minor, z_major, z_minor, 2D_effect
xlDialogImportTextFile	
xlDialogInsert	shift_num
xlDialogInsertHyperlink	
xlDialogInsertNameLabel	
xlDialogInsertObject	object_class, file_name, link_logical, display_icon_logical, icon_file, icon_number, icon_label
xlDialogInsertPicture	file_name, filter_number ▶

Dialogfeldkonstante	Argumentliste(n)
xlDialogInsertTitle	chart, y_primary, x_primary, y_secondary, x_secondary
xlDialogLabelProperties	accel_text, accel2_text, 3d_shading
xlDialogListboxProperties	range, link, drop_size, multi_select, 3d_shading
xlDialogMacroOptions	macro_name, description, menu_on, menu_text, shortcut_on, shortcut_key, function_category, status_bar_text, help_id, help_file
xlDialogMailEditMailer	to_recipients, cc_recipients, bcc_recipients, subject, enclosures, which_address
xlDialogMailLogon	name_text, password_text, download_logical
xlDialogMailNextLetter	
xlDialogMainChart	type_num, stack, 100, vary, overlap, drop, hilo, overlap%, cluster, angle
xlDialogMainChartType	type_num
xlDialogMenuEditor	
xlDialogMove	x_pos, y_pos, window_text
xlDialogNew	type_num, xy_series, add_logical
xlDialogNewWebQuery	
xlDialogNote	add_text, cell_ref, start_char, num_chars
xlDialogObjectProperties	placement_type, print_object
xlDialogObjectProtection	locked, lock_text
xlDialogOpen	file_text, update_links, read_only, format, prot_pwd, write_res_pwd, ignore_rorec, file_origin, custom_delimit, add_logical, editable, file_access, notify_logical, converter
xlDialogOpenLinks	document_text1, document_text2, ..., read_only, type_of_link
xlDialogOpenMail	subject, comments
xlDialogOpenText	file_name, file_origin, start_row, file_type, text_qualifier, consecutive_delim, tab, semicolon, comma, space, other, other_char, field_info
xlDialogOptionsCalculation	type_num, iter, max_num, max_change, update, precision, date_1904, calc_save, save_values
xlDialogOptionsChart	display_blanks, plot_visible, size_with_window
xlDialogOptionsEdit	incell_edit, drag_drop, alert, entermove, fixed, decimals, copy_objects, update_links, move_direction, autocomplete, animations
xlDialogOptionsGeneral	R1C1_mode, dde_on, sum_info, tips, recent_files, old_menus, user_info, font_name, font_size, default_location, alternate_location, sheet_num, enable_under
xlDialogOptionsListsAdd	string_array
xlDialogOptionsListsAdd	import_ref, by_row
xlDialogOptionsME	def_rtl_sheet, crsr_mvmt, show_ctrl_char, gui_lang ▶

Dialogfeldkonstante	Argumentliste(n)
xlDialogOptionsTransition	menu_key, menu_key_action, nav_keys, trans_eval, trans_entry
xlDialogOptionsView	formula, status, notes, show_info, object_num, page_breaks, formulas, gridlines, color_num, headers, outline, zeros, hor_scroll, vert_scroll, sheet_tabs
xlDialogOutline	auto_styles, row_dir, col_dir, create_apply
xlDialogOverlay	type_num, stack, 100, vary, overlap, drop, hilo, overlap%, cluster, angle, series_num, auto
xlDialogOverlayChartType	type_num
xlDialogPageSetup	head, foot, left, right, top, bot, hdng, grid, h_cntr, v_cntr, orient, paper_size, scale, pg_num, pg_order, bw_cells, quality, head_margin, foot_margin, notes, draft
xlDialogPageSetup	head, foot, left, right, top, bot, size, h_cntr, v_cntr, orient, paper_size, scale, pg_num, bw_chart, quality, head_margin, foot_margin, draft
xlDialogPageSetup	head, foot, left, right, top, bot, orient, paper_size, scale, quality, head_margin, foot_margin, pg_num
xlDialogParse	parse_text, destination_ref
xlDialogPasteNames	
xlDialogPasteSpecial	paste_num, operation_num, skip_blanks, transpose
xlDialogPasteSpecial	rowcol, titles, categories, replace, series
xlDialogPasteSpecial	paste_num
xlDialogPasteSpecial	format_text, pastelink_logical, display_icon_logical, icon_file, icon_number, icon_label
xlDialogPatterns	apattern, afore, aback, newui
xlDialogPatterns	lauto, lstyle, lcolor, lwt, hwidth, hlength, htype
xlDialogPatterns	bauto, bstyle, bcolor, bwt, shadow, aauto, apattern, afore, aback, rounded, newui
xlDialogPatterns	bauto, bstyle, bcolor, bwt, shadow, aauto, apattern, afore, aback, invert, apply, newfill
xlDialogPatterns	lauto, lstyle, lcolor, lwt, tmajor, tminor, tlabel
xlDialogPatterns	lauto, lstyle, lcolor, lwt, apply, smooth
xlDialogPatterns	lauto, lstyle, lcolor, lwt, mauto, mstyle, mfore, mback, apply, smooth
xlDialogPatterns	type, picture_units, apply
xlDialogPhonetic	
xlDialogPivotCalculatedField	
xlDialogPivotCalculatedItem	
xlDialogPivotClientServerSet	▶

Dialogfeldkonstante	Argumentliste(n)
xlDialogPivotFieldGroup	start, end, by, periods
xlDialogPivotFieldProperties	name, pivot_field_name, new_name, orientation, function, formats
xlDialogPivotFieldUngroup	
xlDialogPivotShowPages	name, page_field
xlDialogPivotSolveOrder	
xlDialogPivotTableOptions	
xlDialogPivotTableWizard	type, source, destination, name, row_grand, col_grand, save_data, apply_auto_format, auto_page, reserved
xlDialogPlacement	placement_type
xlDialogPrint	range_num, from, to, copies, draft, preview, print_what, color, feed, quality, y_resolution, selection, printer_text, print_to_file, collate
xlDialogPrinterSetup	printer_text
xlDialogPrintPreview	
xlDialogPromote	rowcol
xlDialogProperties	title, subject, author, keywords, comments
xlDialogProtectDocument	contents, windows, password, objects, scenarios
xlDialogProtectSharing	
xlDialogPublishAsWebPage	
xlDialogPushbuttonProperties	default_logical, cancel_logical, dismiss_logical, help_logical, accel_text, accel_text2
xlDialogReplaceFont	font_num, name_text, size_num, bold, italic, underline, strike, color, outline, shadow
xlDialogRoutingSlip	recipients, subject, message, route_num, return_logical, status_logical
xlDialogRowHeight	height_num, reference, standard_height, type_num
xlDialogRun	reference, step
xlDialogSaveAs	document_text, type_num, prot_pwd, backup, write_res_pwd, read_only_rec
xlDialogSaveCopyAs	document_text
xlDialogSaveNewObject	
xlDialogSaveWorkbook	document_text, type_num, prot_pwd, backup, write_res_pwd, read_only_rec
xlDialogSaveWorkspace	name_text
xlDialogScale	cross, cat_labels, cat_marks, between, max, reverse
xlDialogScale	min_num, max_num, major, minor, cross, logarithmic, reverse, max
xlDialogScale	cat_labels, cat_marks, reverse, between
xlDialogScale	series_labels, series_marks, reverse ▶

Dialogfeldkonstante	Argumentliste(n)
xlDialogScale	min_num, max_num, major, minor, cross, logarithmic, reverse, min
xlDialogScenarioAdd	scen_name, value_array, changing_ref, scen_comment, locked, hidden
xlDialogScenarioCells	changing_ref
xlDialogScenarioEdit	scen_name, new_scenname, value_array, changing_ref, scen_comment, locked, hidden
xlDialogScenarioMerge	source_file
xlDialogScenarioSummary	result_ref, report_type
xlDialogScrollbarProperties	value, min, max, inc, page, link, 3d_shading
xlDialogSelectSpecial	type_num, value_type, levels
xlDialogSendMail	recipients, subject, return_receipt
xlDialogSeriesAxes	axis_num
xlDialogSeriesOptions	
xlDialogSeriesOrder	chart_num, old_series_num, new_series_num
xlDialogSeriesShape	
xlDialogSeriesX	x_ref
xlDialogSeriesY	name_ref, y_ref
xlDialogSetBackgroundPicture	
xlDialogSetPrintTitles	titles_for_cols_ref, titles_for_rows_ref
xlDialogSetUpdateStatus	link_text, status, type_of_link
xlDialogShowDetail	rowcol, rowcol_num, expand, show_field
xlDialogShowToolbar	bar_id, visible, dock, x_pos, y_pos, width, protect, tool_tips, large_buttons, color_buttons
xlDialogSize	width, height, window_text
xlDialogSort	orientation, key1, order1, key2, order2, key3, order3, header, custom, case
xlDialogSort	orientation, key1, order1, type, custom
xlDialogSortSpecial	sort_by, method, key1, order1, key2, order2, key3, order3, header, order, case
xlDialogSplit	col_split, row_split
xlDialogStandardFont	name_text, size_num, bold, italic, underline, strike, color, outline, shadow
xlDialogStandardWidth	standard_num
xlDialogStyle	bold, italic
xlDialogSubscribeTo	file_text, format_num
xlDialogSubtotalCreate	at_change_in, function_num, total, replace, pagebreaks, summary_below
xlDialogSummaryInfo	title, subject, author, keywords, comments ▶

Dialogfeldkonstante	Argumentliste(n)
xlDialogTable	row_ref, column_ref
xlDialogTabOrder	
xlDialogTextToColumns	destination_ref, data_type, text_delim, consecutive_delim, tab, semicolon, comma, space, other, other_char, field_info
xlDialogUnhide	window_text
xlDialogUpdateLink	link_text, type_of_link
xlDialogVbaInsertFile	filename_text
xlDialogVbaMakeAddIn	
xlDialogVbaProcedureDefinition	
xlDialogView3d	elevation, perspective, rotation, axes, height%, autoscale
xlDialogWebOptionsEncoding	
xlDialogWebOptionsFiles	
xlDialogWebOptionsFonts	
xlDialogWebOptionsGeneral	
xlDialogWebOptionsPictures	
xlDialogWindowMove	x_pos, y_pos, window_text
xlDialogWindowSize	width, height, window_text
xlDialogWorkbookAdd	name_array, dest_book, position_num
xlDialogWorkbookCopy	name_array, dest_book, position_num
xlDialogWorkbookInsert	type_num
xlDialogWorkbookMove	name_array, dest_book, position_num
xlDialogWorkbookName	oldname_text, newname_text
xlDialogWorkbookNew	
xlDialogWorkbookOptions	sheet_name, bound_logical, new_name
xlDialogWorkbookProtect	structure, windows, password
xlDialogWorkbookTabSplit	ratio_num
xlDialogWorkbookUnhide	sheet_text
xlDialogWorkgroup	name_array
xlDialogWorkspace	fixed, decimals, r1c1, scroll, status, formula, menu_key, remote, entermove, underlines, tools, notes, nav_keys, menu_key_action, drag_drop, show_info
xlDialogZoom	magnification

B Tastencodes für die *SendKeys*-Anweisung

Taste	Tastencode
A bis **Z**	A bis Z
Alt	%
Bild ab	{PGDN}
Bild auf	{PGUP}
CapsLock	{CAPSLOCK}
Druck	{PRTSC}
Einfg	{INSERT} oder {INS}
Eingabe	{ENTER}oder ~
Ende	{END}
Entf	{DELETE} oder {DEL}
Esc	{ESC}
F1-F16	{F1} bis {F16}
NumLock	{NUMLOCK}
Pause	{BREAK}
Pfeil links	{LEFT}
Pfeil oben	{UP}
Pfeil rechts	{RIGHT}
Pfeil unten	{DOWN}
Pos1	{HOME}
Rück	{BACKSPACE}, {BS} oder {BKSP}
ScrollLock	{SCROLLLOCK}
Strg	^
Tab	{TAB}
Umschalt	+

Stichwortverzeichnis

Stichwortverzeichnis

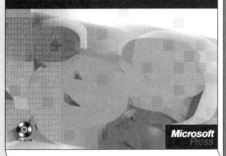